U0737651

## 《100个百岁老人的传奇》

# 推荐语

新世纪青年为跨世纪老人采写传记，既为我们保留了鲜活而珍贵的历史记忆，也为年轻人了解历史、感悟人生、成长进步提供了绝佳的机会，还为全社会孝老敬亲提供了生动的范例，是一件十分有意义的事情。中华民族根深叶茂，生生不息，苦难与辉煌，体现在这些百岁老人身上。本书图文并茂、事真情切，为我们重现了历史，也为我们展现了未来，有益于传承文明、启迪人生，有益于创造美好新生活。

——中共中央党校（国家行政学院）社会和生态文明教研部主任 龚维斌

这次社会实践活动，意义深远，成效显著。“零零后对话零零后”，对大学生来说，是一堂生动的人生课，是一次能力的提升、思想的启迪，将会让他们受益一生。本书是青年人关注关爱老年群体的优秀范例，以写传记的方式表达关爱，深得老年人心理需求，可传承历史、弘扬文化，值得全社会青年人学习和借鉴。

——北京师范大学党委副书记 李晓兵

这本书是一部用爱与温暖书写的传记，记录了百位百岁老人在一个世纪里的生命故事。中国是传记古国，也是传记大国。书中的百岁老人，是中华民族绵延千年的爱与智慧的化身，他们的生活曾经“树木丛生，百草丰茂”，他们的一生曾经“日月之行，若出其中。星汉灿烂，若出其里”。我们今天将之“歌以咏志”，将之记录和讲述，是幸福的，更是有意义的，因为，唯有爱的传承才如钻石般恒久远，一颗永流传。

——《传记文学》主编 斯日

◎中国西部人才开发基金会　主编

# 100个百岁老人的传奇

魏礼群　题写

中国言实出版社

**图书在版编目（CIP）数据**

100个百岁老人的传奇 / 中国西部人才开发基金会主编 . -- 北京：中国言实出版社，2019.12

ISBN 978-7-5171-3269-1

Ⅰ. ①1… Ⅱ. ①中… Ⅲ. ①人物—生平事迹—中国—现代 Ⅳ. ①K820.7

中国版本图书馆 CIP 数据核字（2019）第 245515 号

**出 版 人** 王昕朋
**总 监 制** 朱艳华
**责任编辑** 严 实
**责任印制** 佟贵兆
**封面设计** 刘 云

**出版发行** 中国言实出版社
地 址：北京市朝阳区北苑路 180 号加利大厦 5 号楼 105 室
邮 编：100101
编辑部：北京市海淀区北太平庄路甲 1 号
邮 编：100088
电 话：64924853（总编室） 64924716（发行部）
网 址：www.zgyscbs.cn
E-mail：zgyscbs@263.net

**经 销** 新华书店
**印 刷** 徐州绪权印刷有限公司
**版 次** 2019 年 12 月第 1 版 2019 年 12 月第 1 次印刷
**规 格** 710 毫米 ×1000 毫米 1/16 60.5 印张
**字 数** 950 千字
**定 价** 190.00 元 ISBN 978-7-5171-3269-1

# 本书编委会

顾　　　问：魏礼群　王金祥　郑科扬　戴桂英

主　　　编：汪文斌

副　主　编：赵秋雁　于小雷　陈志朝　马　景

执行副主编：梁　婧

# 出版前言

为纪念新中国成立 70 周年，中国西部人才开发基金会于 2019 年 3 月，启动了“百年中国 万岁父母”社会公益项目，旨在倡导全社会用写传记的方式来爱老孝老，弘扬中华传统美德。

2019 年 7 月，中国西部人才开发基金会联合北京师范大学，招募 100 余名志愿者，开展了“走访百岁老人 感悟奋进祖国”社会公益活动，大学生志愿者走过中国 22 省、89 市，采访了 100 余名百岁老人，并将老人的故事写成传记，编辑成《100 个百岁老人的传奇》一书。

这部书，是中国多个行业、地区，不同性别、民族的百名百岁老人的故事，从不同的视角呈现出中国从 1919 年以来，100 年的沧桑巨变。全书分为三个部分：妇女的解放、国家的解放、生产力的解放。书中的妇女，是旧中国妇女受压迫的典型代表，被裹脚、被卖作人妻、被封建礼教束缚，承受奴役之苦，最终沐浴着新中国灿烂的朝阳，获得新生；书中的军人，是中国近现代史上为了民族独立、人民解放、国家统一而奋不顾身的最可爱的人，他们前赴后继、浴血奋战、保家卫国，最终迎来新中国的成立；书中各行各业的建设者，有教师、医生、工程师、基层干部、文艺工作者等，他们用自己的毕生精力和辛勤劳动，在平凡的岗位上，做出了不凡的成绩，是新中国繁荣昌盛、伟大复兴的奠基者。

通过这个社会公益项目，我们倡导一种新的“孝爱”方式——听父母讲故事，和父母进行一次深度的交流和沟通，并为父母写传记。快节奏的生活方式和巨大的生活压力，使得青年子女没有足够的精力和时间去陪伴老人，而老人对新知识新事物的认知趋于缓慢，和外界交流贫乏，有的甚至出现“终日不说一句话”的状态。有一位百岁老人这样对志愿者说：“我已经很久没有和别人提起过去那些事儿了，连我自己，都要忘记了……”我们希望，年轻人能够传承孝爱文化，一起关心关爱老年人，为父母写一篇传记，用传记把他们的一生最值得回忆珍藏、最值得传承的故事记录并留存下来，哪怕是一个历史瞬间，一段岁月经历，让孝爱永恒。

岁月很长，视频和照片都是片段，我们的父母，经历了太多，唯有传记，有脉络、有故事、有生气、有感悟，生动不失真实，完整且可永恒。传记，对老人和家人来说，都是一笔宝贵的财富，在老人百年之后，后人再读传记，将能够生动地再现那段风云岁月，让后代感悟先辈的人生经历和奋斗历程。

只有倾听，才会了解；只有了解，才愿记录；只有记录，才能永恒。我们相信这一活动将会是一个全新的，有温度、有感悟、有意义的孝爱方式。这是一本故事书，也是历史书和孝爱书，书中的历史事件、养生之道、处世之方、心得体会等能够为社会各界从不同角度提供参考素材，有着重大的社会意义和历史意义。

**本书编委会**

**2019 年 12 月**

序

# 人生易老　岁月如歌

王金祥

我国已经进入老龄化社会，形势严峻，到2020年，全国60岁以上的老龄人口将超过2.5亿。为积极应对人口老龄化，中共中央、国务院印发了《国家积极应对人口老龄化中长期规划》（简称《规划》）。《规划》指出，人口老龄化是社会发展的重要趋势，是今后较长一段时期我国的基本国情。《规划》强调，积极应对人口老龄化，是贯彻以人民为中心的发展思想的内在要求，是实现经济高质量发展的必要保障，是维护国家安全和社会和谐稳定的重要举措。《规划》部署了应对人口老龄化的具体工作任务，要构建家庭支持体系，建设老年友好型社会，形成老年人、家庭、社会、政府共同参与的良好氛围。

老人，是我们党和国家的宝贵财富，在革命、建设、改革的不同时期，曾经为新中国的解放、共和国的创立、国家的建设和发展呕心沥血，贡献出宝贵的青春年华。老人，是优秀文化的承载者，老年人的优良品行、处世之道潜移默化地影响着家庭和社会成员，他们艰苦奋斗、不怕困难的精神带动着一代又一代青年人不断成长和成熟。

党的十八大以来，以习近平同志为核心的党中央对发展老龄事业做出了一系列战略部署，重视老龄工作，关心老龄事业，关爱老年人。在2019年春节团拜会上，习总书记讲“夫孝，德之本也”。行孝，历来是做人的根本，是家庭和睦、社会安定、民族团结的基本要素，是中华民族的传统美德，是爱国主义情怀的感情基础和道德基础。

2019年7月，中国西部人才开发基金会联合北京师范大学开展的“走

访百岁老人 感悟奋进祖国 ”的社会实践活动，充分展现了当代青年人积极向上，勇于承担社会责任的精神风貌，寻访百名百岁老人实为不易，为每位老人留下近万字颇具文采的传记更加难得。

2019 年，正值新中国成立 70 周年，这些百岁老人正是新中国一路走向繁荣富强的亲历者、建设者、奋斗者和见证者。百岁老人的故事，就是中国故事，这本书可以让更多人通过老人的真实经历更直观、生动地了解到国家发展的光辉历程，百岁老人百年人生路，是百年中国的伟大复兴路！

这是一次成功的社会实践活动，更是中国现阶段孝老爱老方式的成功探索。北京师范大学的百名志愿者，是孝爱的先行者，他们和老人的沟通、交流以及对话，牢牢抓住了现在老年人最需要的精神和心理层面的需求，让老人感受到了无比的关爱。他们为老人所写的传记，是老人、家人以及整个社会的宝贵财富，传记可以让老人永恒，让孝爱永恒。这种进行采访、交流并写传记的方式，是一种全新的孝爱方式，极具社会意义和推广价值。

《100 个百岁老人的传奇》为全社会提供了好的典范，一本好书，写出 100 个老人让人感动的故事。爱老孝老，是全民族的责任，我们要积极推动社会参与，号召全民行动，广泛动员社会力量，倡议全社会“为父母写传记 用墨香传孝心”，大力弘扬中华民族的传统美德，营造孝老敬老爱老的良好社会风尚。让我们在新时代，用新方式，共同为老年人创造幸福的新生活！

# 目 录



## 妇女的解放

## 国家的解放

## 生产力的解放

# 妇女的解放

1949 年以前，头顶的三座大山——政权、族权和夫权，让千千万万中国妇女深陷苦难。1949 年以后，新中国新社会新制度，让妇女获得彻底解放。这是人的解放，妇女从被压迫者翻身撑起半边天，成为新中国的主人翁和建设者。她们建设美好生活，享有美好生活，创造美好生活。她们的故事，流淌着生命之歌、生活之歌和岁月之歌。

# 一蓑烟雨浮尘若空

## ——龚国清老人传记

陆小雨 北京师范大学 化学学院 2018 级

### 人物生平

龚国清，江西南昌人，生于 1917 年 5 月 1 日。家中排行第二，上有一哥哥，下有一弟弟和一妹妹，年龄差三四岁，兄弟姐妹在新中国成立前相继去世。曾跟随家人逃到湖南躲避水灾，在袜子厂做工。1940 年，在母亲以死相逼下，无奈回老家与素未谋面的男人成婚；因为吃不饱和过度劳累先后流产 3 次……婚后育有 2 女，丈夫于 1970 年去世。现与大女儿大女婿居于江西省南昌市。

龚国清老人照（王晶莹　摄）

### 一、那时花开漫山遍野

少年时的龚国清，最是喜欢扎着两条大麻花辫子，走路时在耳边甩来甩去，像两只毛茸茸的小兔子似的。如果这时候能再穿上一身碎花裙子配上一双新纳的布鞋，那简直是美极了。可是这些是龚国清从来不敢奢望的，因为家里穷，连饭都吃不饱，哪有钱买这些？不仅如此，小小年纪的她还要做一些与其年龄不相符的粗活。这不，眼下就需要她将好不容易割的一捆粗大的树枝弄回家好生火做饭。山上的路可不好走，满山的荆棘在龚国清的手上腿上不断划过，虽然已是午后，可残阳下的余温仍不容小觑，一道道微红的口子在闷热空气的笼罩下有些刺痛。尽管如此，龚国清却是喜欢这段每日的必经之地。为什么不呢，满山的花儿在风中摇曳，红的粉的黄的白的，龚国清叫不出它们的名字，但这一点都不影响她对它们的喜爱。野鸟唱着随心所欲的歌儿，知了拉着鸣弦声声附和，真想忘记贫穷，忘记饥饿，忘记疲惫，忘记时间……可这一切又怎么能够，背上的树枝越发沉重，龚国清拂去脸颊旁的汗珠，小小的躯干曲弓着，又将大大的背篓往上提了提，不知道和压着孙大圣的五指山相比，哪个更沉重呢。不远处已经升起袅袅炊烟，灰白色的烟气与暮霭交融在一起，飘飘荡荡。龚国清加快了脚步，还有太多事情要做呢。

村里的屋子零零散散地立在山脚林间，那时候很穷，根本用不起瓦砖，砍来结实的树干构建起房子的框架，糊上夹着茅草的黄泥，屋子就成形了。龚国清的家便是这其中的一间。龚国清双手扶着背后的藤篓，用头顶开了屋门，径直地走向厨房。厨房是用茅草堆积起来的棚子，风一吹咿咿呀呀地叫着，仿佛随时都有可能塌下。龚国清刚卸下重重的柴火，便听到屋内传来的哭声，她皱了皱眉头，无奈地走了过去。一岁大的弟弟在苇草编织成的草床上嗷嗷大哭，这是饿的，中午喝下的米汤早就被消耗尽了。妹妹在旁边不知所措地站着，稚嫩的脸庞挂满歉意，眼泪在眼眶里打转，随时都有可能决堤而出，是啊，毕竟只有四岁呀！可是又有谁怜惜龚国清这位瘦弱的少女，她也只有十岁呢。父亲、母亲与大哥哥外出劳作去了，芒种季节是农民又爱又恨的，这是一年中最忙的时候，一天两头看不到太阳，只为这一年秋收时能有个好收成。爸爸妈妈的辛劳龚国清都看在眼里，记在心上。

安抚了弟弟妹妹，她来不及休息，便开始麻溜地干起挑水起火做饭的活儿来。晚饭简单得不能再简单了，白花花的米水里沉淀着稀稀拉拉的饭粒儿，再配上前不久挖回来的红薯，田间采回的野菜。就这，干了一天活儿的一家子却吃得格外香，似乎面前摆的是山珍海味似的。

龚国清的肩膀酸痛无比，可是她不想说出来，不想破坏这个难得的安逸时刻。等明天，明天早点上山，最好能上到山顶上，那里视野最好，可以看到满山遍野的花儿在风中起舞，说不定还会有花蝴蝶，那一定美极了，想着想着，龚国清陷入了梦乡……

## 二、天若有情天亦老

1936年的夏天，天气是那样的闷热，大地像蒸笼一样热得人们喘不过气来，地上的土块被晒得滚烫滚烫的，几只黑褐色的大肚蟋蟀仿佛安了弹簧似的，不安分地蹦来跳去。墨色的浓云挤压着天空，一道道电光像银蛇一样在黑云中窜着，轰鸣的雷声先是沉闷又迟钝地低低滚动，而后随着狂风肆虐搅乱漫山遍野的植被，一声声惊雷迅疾地从苍茫深处直射而出，在耳边轰然炸响。雨，如根根银剑疾射而下，狂猛暴戾地射向每一个角落，似乎要把上天的怒气倾泻干净。屋外一片黑蒙蒙，犹如地狱一般。龚国清从未见过如此大的雨，弟弟妹妹吓坏了，像两块膏药似的紧紧贴着她。屋子在剧烈地震动，屋顶漏了好几处，屋内也是湿漉漉的。姐弟三人蜷缩在角落，父亲母亲试图挽救摇摇欲坠的房子，可是一切都是徒劳，雨实在太大了。轰隆一声，连唯一能遮蔽风雨的屋子也抵抗不住这肆虐的狂风暴雨了，吓得龚国清赶紧拉着弟弟妹妹往外跑。远处地势稍低的稻田早已变成汪洋一片，多少人一年来的辛勤劳作就这样化为了虚无。父亲叹着气直摇头，母亲抱着孩子们流下了无奈的泪水，没有了土地，没有了房子，接下来这一年全家人何去何从?

抱着一丝希望，父亲带着全家人坐上了前往湖南的火车，父亲的弟弟居住在那里。龚国清回忆说，那是一段既难过又害怕也激动的旅程。在这之前，龚国清去过最远的地方就是砍柴的那座高山，这次不仅出了村子，还能坐上火车，虽然离开村子的理由是那么的让人难过。龚国清第一次知道，火车是那么的长，就像一条绿色的巨蛇趴在地上。每一节车厢都很拥挤，龚国清和家人自然是买不起坐票的，一家人蹲坐在车厢的最末端，这里空间比较大，是父亲好不容易为家人占到的绝佳位置。龚国清好奇极了，车上熙熙攘攘，有的人靠着座位睡着了，而有的在激动地聊着她听不懂的天。窗外的绿树白云不断向后倒退。龚国清不知道火车跑了有多远，车窗外白天变成黑夜再到白天，火车的颠簸加上睡眠的缺乏让龚国清在好奇激动过后出现了严重的吃不消，原来坐火车是那么难受的事情，好在湖南长沙就要到了。

龚国清记得下了火车之后又走了很长的泥路，坐着牛车才来到叔叔家。叔叔家也不大，推开木门，里边是一个半圆形的小院子，门的对面是三间紧紧挨着的黄土茅草房。中间是叔叔婶婶的房间，原本剩下的两间房分别住着叔叔婶婶的四个孩子，因为龚国清一家的到来，只好腾出了一间给龚国清一家人居住。屋子很小，但是龚国清却很满足，因为这里没有狂风也没有暴雨，不用担心房子突然塌陷。叔叔婶婶虽也是贫困人家，可是却善良热情，自己吃什么便也会有龚国清一家人的一份。

可这毕竟是打扰了人家，叔叔婶婶积攒下来的一家人一年的口粮会因为自己一家的到来提前消耗完的，于是当有人问要不要去袜子厂做工时，龚国清毫不犹豫地答应了。

袜子厂在长沙城里。为了每天能生产出更多的袜子，工人们早早便得起床，挑棉花籽，整线，摆模具……往往一坐就是一整天。来到这做工的都是穷苦人家出身，为了生存，大家都在咬紧牙关坚持着，生怕稍有懈怠而被解约。

对于龚国清来说，这可是一个再好不过的机会了。在这里，不需要会写字，也不需要会复杂的操作，只要能吃苦耐劳足矣，而吃苦耐劳龚国清是最不怕的。更重要的是，为了让工人将更多的时间花在做袜子上，工厂施行包吃包住的制度，虽然是几十号人挤在一个平房里睡大通铺，吃的是干瘪的馒头配咸菜，龚国清却是再满足不过了，因为她不用打扰叔叔婶婶的生活，更何况每个月还能领到零花钱呢，还有什么事情能比这更让人开心的呢。

## 三、纸鸢欲飞情丝绕

龚国清回忆说，为了减少叔叔婶婶的负担和压力，在湖南找不到谋生手段的父亲母亲在雨季结束后就带着弟弟妹妹返回了江西老家，在那里至少还有土地可种。而龚国清喜欢上了湖南，喜欢上了在袜子厂的生活，就独自一人留在了湖南。龚国清说，湖南长沙之旅是她这一生中最重要的一段时光，而这一待就是 4 年。

那段时间，时局动荡不安。1937 年，爆发了震惊中外的卢沟桥事变，日本帝国主义发动了全面侵华战争，猖狂地在中华大地上肆虐，血流成河，民不聊生。与此同时，不屈服的中国人也开始了全面抗战。

龚国清不太识字，可就算是不看报纸上的文字，她也感受到了一丝丝的紧张与害怕。袜子厂在悄悄发生变化，往常她们需要编织出大量的袜子，而那段时间袜子量减半了，并且多出了很多灰蓝色的布，他们不仅仅要编织袜子，还要将这些灰蓝色布料制成衣服。工友们开始议论纷纷，龚国清心里是明白的，是的，她永远都忘不了这一身的灰蓝色，忘不了那凛冽寒风中穿着一身灰蓝戎装的高大身影。

那还是在江西老家时发生的事情。龚国清回忆，那是一个寒冷的冬日，她约好朋友淑芬一块儿到村外的山上拾柴火。山路本来就很崎岖，再加上刺骨的寒风呼呼地吹个不停，两个衣着单薄的女孩就计划在山脚下拾点干树枝便回家。突然，在不远处的杂草堆出现了一个人。龚国清回忆说，那是一个她从来没有见过的人，穿着一身破旧的衣服，嘴唇上留着让人不喜欢的两撇八字胡，背后还背着一支带着刺刀的长长的枪。直觉告诉两个女孩，面前这个男人不是好人。果然，那个男人大步向她俩走来，脸上的笑令人毛骨悚然。两个小女孩吓坏了，丢开手上抱着的树枝便往回跑。山路杂草丛生，吓坏的少女们躲进了高高的杂草堆背后，脸上挂着泪珠，在寒风中瑟瑟发抖，不敢发出一点响声。对于女孩们的逃跑，男人似乎很生气，他用女孩们听不懂的语言愤怒地喊着。龚国清和淑芬紧紧地挨着。突然，淑芬大喊了一声，只见一把长长的刺刀从她的前胸透过了后背，鲜血顺着刀尖滴在了枯草上，而站在草堆另一侧手持长枪的恶魔发出了粗鲁的笑声。龚国清被眼前这一幕吓坏了，她想喊救命，可是喉咙像被药膏黏住一样，怎么都喊不出来。她想站起来逃跑，可是双腿仿佛没了骨头怎么都站不起来。恶魔将刺刀轻松地从淑芬身体中拔出，向着龚国清的方向高高举起。龚国清抱住头，双眼紧闭着，眼泪不断地从眼角中涌出。突然，随着砰的一声在龚国清耳边响起，不知什么东西重重地压在了龚国清身上。她睁眼一看，是那个恶魔。于是她大喊着，挣扎，推开了恶魔，从枯草中站了起来。可能是惊吓过度，还未站稳，龚国清便感到眼前一黑，又倒了下去，刹那间，她看到了一个身着灰蓝色衣服的高大身影……再次醒来，龚国清已经躺在了家中。听家人说，她在山上遭到了日军的袭击，是一位红军战士在恶魔的刺刀下救了她，并将她送回了家，而淑芬由于失血过多不幸离开了……从那之后，龚国清心中埋下了一颗小小的种子。

龚国清一丝不苟地缝制着一件件灰蓝色的军装，在她眼里，这是世上最美的衣服。与此同时，龚国清发现袜子厂悄悄地多了一些不一样的人。身为工人的他们有着自己的制服，而那段时间时不时有穿着便服的人出现在袜厂，他们从不在袜厂长时间停留，只是在袜厂的某间房里短暂讨论便离开了。偶尔的一次机会，龚国清得以靠近那间房子，得知他们是一个地下党组织，目的是给中国工农红军发出电报，把残暴的日本鬼子赶出中国的领土，将无辜的中国老百姓从战争水火中拯救出来。龚国清心中那颗小小的种子悄悄地发起了芽，她想加入他们，成为他们中的一员。她痛恨恶魔般的日本鬼子，他们滥杀无辜惨无人道，要不是他们，中国人的生活何至于那么苦呢。并且在来湖南的这几年，在工友的帮助下，龚国清已经识得了不少的字，她想自己能为红军做点事情，以报当年的救命之恩。

就在龚国清认真地为自己的未来打算的时候，她接到了来自江西老家的母亲的信，信上写着邻村的一农民，比龚国清年长 4 岁，来家中提亲，希望能与她结婚，虽然家境贫寒，并非富贵人家，但家中有块良田，而自己家也是世代耕种，一样不是富贵人家，也算是门当户对，因此家人已经替她答应下了这门婚事，希望她早日返回江西成婚。信中还特意提到了龚国清已经 23 岁，和她一样大的女孩早已成家，孩儿都能帮忙干活了，要不是因为家中实在穷困，何至于现在才成亲呢，好不容易有人来提亲，肯定是不能错过的了。龚国清自然是不愿意的，她还有理想，她还想加入中国共产党为国效力呢。然而母亲又怎么能眼睁睁地看着自己的女儿冒险呢，母亲一封封的信不断地从江西老家寄出，催促她早日回家完婚，甚至不惜以死相逼。母亲只是希望龚国清这一生能平平安安稳稳当当地做个平凡人，打仗她是不敢想的，虽然母亲也痛恨战争，可是对女儿的爱更占了上风。

龚国清反抗过，挣扎过，可是古人曰百善孝为先，那是自己的母亲啊，怎能因为自己的理想而成为无情无义的人呢，龚国清默默地流下了眼泪，无奈地走向了一条陌生的道路……

## 四、陌上桑落道不尽悲秋

风雨过后的江西老家又恢复了以往的生活，砍柴，洗衣，做饭，下地劳作，收割庄稼。穷苦人家战战兢兢地进行生活中的每一道程序，小心谨慎，生怕哪一步做错了会触犯天怒，而遭到残酷的惩罚。

林间，琥珀色的夕阳带着淡淡的朦胧，点点细碎的残阳越过树叶的间隙撒满了弯曲的小道。龚国清左手抱着装有洗好衣服的木盆，右手拎着洗干净的野菜，吃力地走在回家的路上。头顶上飞过一群叽叽喳喳的鸟儿，龚国清多想像它们一样，无忧无虑地在天空中飞翔啊，飞过那座大山，她想再回湖南看看。可是肚子阵阵的剧痛将她拉回了现实中，从早上开始龚国清便觉得肚子不舒服，却由不得她细想便开始忙碌地干起活来。终于忙完了一天的活儿，龚国清拖着疲惫的身子慢慢地走着，她低头看了看微微隆起的肚子，想着这是她的第一个孩子，只希望能平安顺利地降生。

一年前，她遵循父母之命嫁到了这里。仪式极其简单，没有轿子，没有鞭炮声，没有红盖头，一切安静得像一滴水掉进了汪洋大海中。要不是当龚国清睁开眼睛时，四周都换了模样，她甚至会觉得一切都没发生过。“新家”比自己的家要好很多，虽也是黄土夹杂茅草和成的土房，但更大，也更结实，父母也就放心地把龚国清嫁了过来，虽然并不十分清楚女婿的脾性，但是怎么说都会有地方睡觉，有口饭吃。丈夫是个典型大男子主义的农民，右腿有点跛，为人虽勤快能干，但脾气不好，有时甚至会动手打人。龚国清是位极能忍耐的女子，嫁出去的女儿泼出去的水，更何况父母家中的情况也不好，她便选择默默承受了这一切。

如果说眼泪是自己擦掉了，是不是就可以当成没有流下过呢。此时，龚国清毫无生气地躺在草席上，她抚摸着平瘪的肚子，想喊想哭，可除了眼泪控制不住地涌出眼角，她什么都干不了。本来再过 6 个月，她就能拥抱她的第一个孩子了，可这发生了什么？龚国清仍能感受到傍晚的那阵剧痛，来得那么突然，让她不知所措，一抹亮红色浸染了粗麻布编织成的旧裤子，是那么的扎眼。她心想，也好，至少孩子不用和自己一起受苦。龚国清无奈地安慰自己……而让龚国清没想到的是，在接下来的十年，这抹亮色又先后出现了两次。

沧海桑田，这十年里发生了太多的事情。父亲母亲在龚国清嫁过来的第三年相继去世。1949 年，中国人民取得了持续了十多年的抗日战争，三年解放战争的胜利，中国人民从此站了起来。1952 年，龚国清诞下了她的大女儿，3 年后又诞下了二女儿。日子仍然不富裕，可是不管再累再苦，龚国清都将女儿送进了学校接受教育，而这一切在丈夫看来是那么的荒唐，为此龚国清没少和丈夫争吵过。1970 年，丈夫去世，龚国清也已经成为了一位 53 岁的妇人，大女儿也初中毕业，在镇上的一家小企业上班，日子就这样一天天过去了……

## 五、一蓑烟雨浮尘若空

2019 年，龚国清已是 102 岁的老人，与大女儿大女婿共同生活在江西。虽然不再有战争，不再有饥饿，不再有寒冷，老人却没有浪费这来之不易的幸福。每天的生活一切从简，却感到格外的舒服从容。早上会去公园和同伴们散散步，累了就靠着石凳歇歇，迎着微风，看着充满活力的少年嬉笑打闹。午后会去老年活动中心打打麻将，和朋友们喝喝茶，好不优哉。采访将要接近尾声，龚国清感叹着："我这一生啊，太苦了，真的太苦了，有时候我都不知道自己是怎么熬过来的，可好在最终还是熬过来了，还赶上了改革开放的好时光。现在真的是很幸福，很满足了，希望你们也能好好的啊，要珍惜啊！"

回忆就像一架老式留声机上的一张旧歌片，咿咿呀呀，呀呀咿咿，倾诉支离破碎的命运荒凉，漫阅无尽无止的岁月沧桑，最后汇成一首悠扬的乐曲，飘进人的心窝，这首乐曲的名字叫作《人生》……

## 采访手记

熬过春夏，也熬过秋冬。

时间总是留不住的，日复一日年复一年。岁月的浮尘穿过时光的阁楼，黯然了容颜，朦胧了记忆，曾经的爱别离苦，曾经的悲痛欲绝，被岁月涤荡着，慢慢地沉入心底，不是刻意忘记，也无须铭刻于心，它是命运，是必经之路，回首望去，走过了也就罢了，仿佛梦一场。

南方就是喜欢下雨呀，采访那天，细雨如烟如雾，无声地飘洒在空地的瓦砾堆里，淋湿了地，淋湿了房，淋湿了树。不远处，一位穿着朴素黑色上衣，棕黑色长裤的老奶奶手提一袋水果，撑着伞在雨中行走。后来才知，这便是龚国清奶奶。也是那一刻，我下决心一定要好好采访这位奶奶。102 岁，跨越两个世纪的期颐之人，行动已不再灵活，走五步歇一步，只为能给我们递上水果，而此前我们从未谋面。

雨，下大了。噼里啪啦敲打着房窗，房屋到处湿漉漉的，屋内却是舒适温馨。这样的雨天，适合回忆，适合念想，奶奶笑着，故事便开始了……

听着奶奶的故事，我的眼眶湿润了，奶奶温柔地握住我的手安慰道："小姑娘没事嘞，那个时候谁不苦呢，熬过去就好了，你看，现在生活不就好了吗，没事的……"说罢还投来了灿烂的笑容，仿佛孩童般纯真，我知道，这正是接受时光洗礼后，沉积下来的祥和与平静。

采访结束时，屋外已经放晴，空气里满是清新湿润的味道。刚刚仿佛做了一场梦，这场梦的名字叫作人生。

老人与志愿者合照（张晓杰　摄）

# 别了苦难，犹见甘来

## ——郭秀真老人传记

李寒蒙 北京师范大学 金融学院 2018级

### 人物生平

“山中难寻千年树，世上难得百岁人。”他们走过百年峥嵘岁月，依然精神矍铄……

郭秀真，生于1923年农历四月十三，96岁，家住河南省周口市商水县。老人饱经历史风雨，一生坎坷，备受艰辛，吃尽了人间苦头。16岁成为人妻，18岁迎来第一个孩子，25岁经历丧夫之痛，30岁背井离乡，46岁失去了一只眼睛，92岁终于在轮椅上停下了奔波的脚步。如果每个人的人生都是由光与影组成，第三者视角总会觉得郭奶奶的一生太多苦难，而于她而言，过去了的都已烟消云散，活在当下是对生活最好的交代。郭秀真育有三子两女，如今四世同堂，最小的重孙已经4岁了。

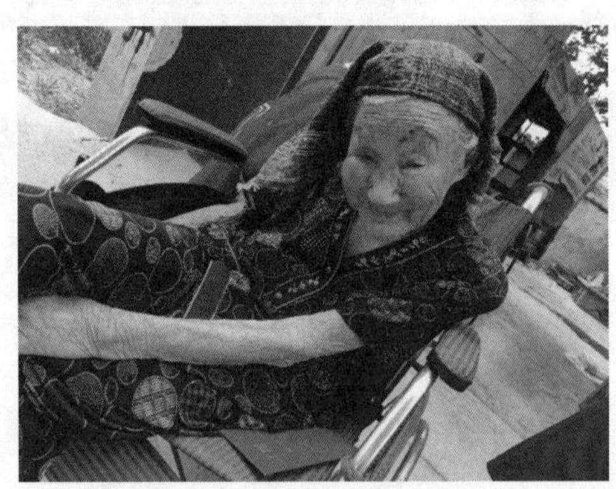

郭秀真老人照（李寒蒙 摄）

## 一、可怜天下慈母心

郭秀真16岁嫁到周口市商水县，便在这里扎下了根。老人早些年曾经吃过很多的苦，吃糠咽菜是常事，她清楚地记得，1940年她刚结婚不久，家中没有什么粮食，她和丈夫常常靠吃马齿苋等野菜充饥，她反复强调连树皮都是大家不可多得的食物。她曾连续7天没有吃一粒粮食，家境殷实的人家会有一些杂面馍馍（杂粮面制成）用来充饥，对当时的郭秀真而言，那已经是一件太过奢侈的事情了。郭秀真18岁成了母亲，困苦年月，缺吃少穿，医疗条件极差，在怀孕期间不幸染上疟疾，对饮食都无法保障的家庭而言，可谓是雪上加霜。但作为母亲的她十分期望自己孩子的到来，所以她四处求医，希望能挽留孩子的生命。幸运的是，上天没有残忍剥夺她做母亲的强烈愿望，一位土中医治好了她的疾病，并成全了母亲对未出生孩子的爱。她会说，自己没有什么文化，家境贫困，逢人遇事自己常常没得办法，但自己不知道什么是放弃，也不知道怎么放弃。

## 二、辛苦奋斗养活一家人

郭秀真与丈夫结婚以来，并没有享上一天清福。郭秀真丈夫是1936年入党的共产党员，担任村长职务。而当时，日本人到处烧杀抢掠，无恶不作，各村为了防止收获的粮食被日本人抢去，有的就把粮食深埋地下，叫作“坚壁清野”。但这并不能守住粮食，在日本人的残忍掠夺之下，村民们被洗劫一空。作为村长，面对日本人恶狼般的掠夺，痛恨于心，便组织村里百姓一同反抗。日本人恼羞成怒，将作为村长的他抓了起来，加之酷刑，遣返示众。郭秀真回忆当时丈夫被送回时的情景，身上的棉袍早已结了一层厚厚的冰。面对这样的情况，郭秀真热泪盈眶，一边烤火取暖，一边小心地慢慢地往下扒冰冻的棉袍。正是因为那次的酷刑，使他身患风寒，身体情况一落千丈，大不如前，回家后不久就与世长辞。这对于年轻的郭秀真而言，无疑是天大的打击，她该如何只身一人养育这5个孩子呢？

“人不能有傲气，但不能没有傲骨。”为了坚守这份傲骨，郭秀真坚决不同意改嫁，她毅然决然地选择自己将5个孩子养大。这对于20多岁的她而言，可以说是一件几乎不可能的事情，在当时那个时代，因饥饿而死去的人并不在少数，但她作为一个母亲，她不想放弃任何一个孩子生的权利。日本人对村民的迫害不仅仅在于烧杀抢掠，妇女们为了躲避被日本人抓走强迫成为“慰安妇”，家无宁日，不敢踏出家门半步。郭秀真和其他妇女一样，很少能够在家睡觉，往往躲到村东的坟场过夜。也许正是丈夫的缘故，让郭秀真对日本人恨之入骨，在丈夫与世长辞后，她便加入了中国共产党，希望在共产党的带领下，将日本人赶出中国。当时村民们对郭秀真的印象是性格刚烈、不屈不挠、隐忍坚强。村里的百姓出于同情和敬佩，对他们家十分照顾，正是村民们的无私帮助使得郭秀真在生活的巨大挑战面前仍能毅然前行。日本人被赶走后，郭秀真的生活才开始有点起色，才迎来了好日子。32 岁的郭秀真担任了小王楼妇救会主任。郭秀真经常组织村落中的妇女们召开组织生活会，还组织妇女唱歌、跑步、出操、做军鞋等，为党和政府做了一些妇女们力所能及的工作。

## 三、芳华易逝，人生非易事

新中国成立后，作为中国共产党员的郭秀真生活也有了好转，孩子们逐渐成长，国家逐渐富强，让她对日后的生活又重燃了希望，谁承想造化弄人。本以为丧夫之痛已经让这个家支离破碎，但一场大火将这个家重燃的希望之火再次残忍扑灭。在郭秀真 45 岁那年突然遭遇大火，一家人慌忙逃命，本不富裕的家就这样被无情的大火洗劫一空，以至于连仅有的几张老照片也葬身火海。作为母亲的郭秀真刚逃出火海，发现小儿子没有出来，她奋不顾身地冲入火海。母爱在这种危急时刻总是能发挥着撼人心弦的力量，郭秀真竟然将陷入昏迷的儿子抱出了火海。当她再次从火海中出来，脸上已经布满了密密麻麻的水泡，但此时的她已经忘却了身体的痛苦，一心一意想着就是儿子的安危。由于这场突然的大火，郭秀真的右眼被浓烟熏伤，从那之后，郭秀真的右眼便时常流泪，视力也逐渐下降。但此时连家都没了的郭秀真已顾不上自己的眼睛，她想的第一要义就是如何把这个家重新建立起来，生活还要继续。据她回忆，当时自己有过一瞬间驾鹤西去的念头，但作为一位母亲她不能，她的离开能让自己逃离痛苦，但带给孩子们的则是更加沉重的痛苦，她无法这么做。因此，她重新站起来了。在当时的生产队，她一介女流每天从事着多于其他妇女三倍的劳动量，这其中的劳累与痛苦她不曾说过半句。但家境每况愈下，家里经济条件依然不好，郭秀真眼睛又不好，这时的大儿子已经逐渐成人，放弃上学的机会，毅然决然地帮助母亲开始了养家糊口的劳作。郭秀真提到大儿子放弃学业这件事，眼泪夺眶而出，因为这件事，她总觉得特别对不起孩子，是家境的窘困剥夺了孩子上学的权利，对一个母亲而言，心痛却又无奈。

如果说人生的阴影部分到这里应该有所转变了，但无限的希望总是伴随着无限的失望。家中的惨淡郭秀真看在眼里，别人家生活有所好转的情况下，自己的孩子们却过着为吃饱皱眉的生活。而这时候，她的眼睛又进一步地恶化了，原本右眼还尚且模糊地看得见，逐渐已经无法感知光明。郭秀真意识到自己眼睛的情况不尽如人意，但她此时此刻实在没有多余的钱用来医治自己的眼睛。朋友和邻里乡亲也发现了郭秀真眼睛的问题，大家热心地凑了一些钱让郭秀真去看眼睛。可郭秀真是个要强的人，强烈的自尊心让她再三推脱亲朋好友的慷慨相助。在亲朋邻里的再三坚持之下，郭秀真才去了医院。刚刚被亲朋们雪中送炭的温暖感动，却又当头一棒被打回了现实。医生告知郭秀真，治疗已经太晚了，只有两种方案：一是不做手术，眼睛会糜烂，可能会伤及另一只眼睛；二是把右眼割掉，不会影响左眼的视力，但右眼丧失全部视力。面临这样的抉择，郭秀真毫不犹豫地选择了后者。5个孩子尚未全部成人，只有老大具有劳动能力，但又不能独当一面，如果自己双眼失明，那这5个孩子之后该怎么办。郭秀真说："当时一心想着，无论怎么借钱都要把手术做了，无论如何也不能拖累孩子们。" 就这样，郭秀真成为了只有一只眼睛的单亲妈妈。面对生活的种种不幸，郭秀真内心更加平静，她也更加相信美好的生活是通过自己的双手创造出来的。她想每天唉声叹气地生活也不会有任何转机，与其叹息生活的不公，不如用自己的努力创造更好的生活。她打趣说，那时候的自己都没空抑郁，全身都有一种牛劲支撑着自己拼命工作。

## 四、老当益壮当自强

郭秀真家的院中，堆满了玉米皮，都是邻居剥后，隔院墙扔过来的，让老人当柴烧。前些年，老人还能踩着椅子，爬到迎门的桌子上，贴花纸，迎门的墙壁上，那花花绿绿的各类剪纸、手工艺品，都是老人亲手制作的。郭秀真几乎常年不吃肉，自己更没有买过肉，从不挑食，粗细都下，平时就吃个煮鸡蛋、鸡蛋花、馒头、面条、烙饼等。老人爱吃油饼，自己在土灶生火燎铛，烙出香喷喷的油饼，用没有牙的牙床嚼烂；即使快要变馊的食物老人也舍不得扔掉，在锅里一热，照吃不误。她常说“现在扔了的东西都比以前的东西好一百倍”，她的勤俭节约大概也源自于对生活艰辛的深刻体会。郭秀真虽已年近百岁，但她的胃口很好，早饭一块饼一碗粥，中午还能吃下一碗面条，对于上了年龄的人，好多人不吃晚饭，但郭秀真晚饭照吃不误，在她看来，真的是“人是铁饭是钢，一顿不吃饿得慌”。

郭秀真老人爱热闹，村中遇有红白事，她总想参加，但儿子考虑她年龄比较大，担心出什么意外，总是不让她参加，老人对此表示很不满意，常常吐槽儿子的“瞎操心”。在老人腿脚利落的时候，她经常一手拄着拐杖，手提个坐墩到街旁与几位老人拉家常，聊闲天。但去年的一个雨天，郭秀真起床做饭时，不幸滑倒在地摔断了大腿骨，由于老人有 90 多岁的高龄，医生无奈地摇摇头不建议进行手术，从此，郭奶奶便失去了行走能力，只能借助轮椅进行简单的挪动。这对于爱走动的郭秀真而言，心里的难受不知从何说起。老人提起她的腿总说“老了老了，连腿都不中用了，现在连抬都抬不起来了……”对于要强的她而言，失去运动能力就意味着之后的生活都要靠儿子照顾，她内心十分不愿意成为儿子的拖累或是负担，以至于在她丧失劳动能力后闷闷不乐，食欲大减。但好在郭秀真是一个积极乐观的人，经历过生活暴风雨的洗礼，面对这些辛酸她也能慢慢地调节自己的消极态度。

郭秀真一般起床很晚，起床后，休息一会儿，然后开始吃早饭。午饭后要睡上大约两个小时，醒来后，她总喜欢让儿子推着自己出去看看，她不喜欢因为自己双腿的原因就与世隔绝。在她的日常生活中，每天不可缺少的就是晚上的新闻联播，她常说，从新闻联播中能看到每天国家发展的轨迹，对国家发展情况的了解是每个公民都应该力所能及的事情。正是这样的思想赋予了老一辈共产党人爱党敬业、心系国家的爱国热情。于她而言，对国家的关注是生活的一部分，没有新中国的成立，自己怎么也不会生活得如此美好。“共产党好着呢，政府对我们这些平民百姓可关照了，常常前来慰问，我这晚年生活没什么顾虑的，每天吃国家的喝国家的，还有什么可愁的！”提起中国共产党，郭秀真脸上的笑意便浮现出来，她常常在晚辈面前讲，当年日本人对中国人的迫害，惹得家家户户都妻离子散，鸡犬不宁，一提及日本侵华她都眼里含着愤恨。加入共产党是她认为做得最为正确的一件事。“新中国的建立是全体中国人民共同努力的结果，在共产党的领导下我们才能自救，中国才能自立自强，你们这些晚辈生活条件这么好，怎么能不珍惜现在的生活呢！”

## 五、家庭和睦，家风悠扬

郭秀真一辈子吃苦耐劳，辛勤肯干的精神影响着子孙后代，后辈们能吃苦、能奋斗。老人儿子说：“母亲教我们做人首先要有人品，不能把自己的利益看得太重，要有集体观念、邻居观念，不管做什么都不能太自私，凡事应该考虑别人，不能只顾自己，远亲不如近邻，多帮助邻里乡亲对自己没什么坏处。你们要记得吃亏是福，我们是吃惯了苦的，后辈都是吃苦耐劳的人，都勤快。虽然现在生活好了，但你们也不能浪费，要懂得勤俭才能持家。”对于母亲一直以来的吃苦耐劳，作为晚辈的他们都看在眼里，从母亲身上真正体会了“巾帼不让须眉”的大气凛然。

感恩，是郭秀真反复在儿女耳边强调的两个字。“勿以恶小而为之，勿以善小而不为”，在她身上淋漓尽致地展现了中国女性的坚忍与顽强，她时时刻刻不忘提醒子女要记得感恩。“感恩身边的每一个人。父母的养育之恩，让自己学会了应该如何做人；夫妻之恩，让自己感受到家庭的温暖，明白了要肩负更多的家庭责任；朋友的帮助之恩，让自己无论在什么时候都不会感到孤独；即便是与自己有过节的人，也值得被感恩，正因为他们的存在，你才能真正有所成长，体验成长的要义。要感恩身边的每一个人，懂得感恩是对别人帮助自己的一种回应，是自己表达感激之情的方式。懂得感恩的人才能发现生活的智慧，才能真正体会生活的奥秘。”郭秀真的日记本遭遇大火之后只剩下一页字迹，就是这段话。她将仅剩的这页纸贴在了床头，时刻提醒自己记得感恩。大儿子是和她最为亲近的孩子，他说从小到大母亲告诫他一定要知恩图报，常怀感恩之心，慢慢地他长大成人后也潜移默化地将感恩传递给了自己的孩子，就这样一代一代地传递下去，顺应了母亲的希望，成为懂得感恩的一家人。

“好男儿志在四方，把家业留在家里，把爱留给兄弟。”这是兄弟几个始终铭记的母亲的话。一母同胞，母亲郭秀真从小教育他们应该相互扶持，兄弟之间有难同当，有福同享，生而为人就应该懂得孝顺，懂得感恩。她平生不喜与人争，所以在孩子的教育上，她也不希望孩子们因为利益或是老人的赡养问题引起不必要的争吵，团结才能发挥兄弟的力量。包容是兄弟相处过程中最为重要的因素，几个兄弟必须共同努力，才能让这个家变得更好，生活才能有所改善。团结，立家之本，也是立人之本。

## 六、意不在长寿，长寿自来矣

说起郭秀真长寿的秘诀，她先是含蓄一笑：“长寿哪里有什么秘诀，活这么大没什么好的，你看我现在不就是个拖累吗，唉！”老人虽然这么说，但眼里并不是暗淡无光而是充满希望。老人的长寿离不开日常的饮食，也真是应了老人的“人是铁饭是钢”，她吃饭多素食，爱喝粥，但她所说的粥并非白米粥，老人在能自理的时候经常熬制五花八门的粥来喝。老一辈人认为，粥油是粥的精华所在，也正因如此，郭秀真总喜欢把粥熬得久一点。“现在生活条件好多了，顿顿都能吃上馒头，可我还是戒不掉撇粥油这个习惯。”郭秀真平常的食物里很少会出现荤腥，她总觉得年纪大了，吃这些肉食不好消化，吃些青菜有什么不好呢。当问及她的养生食谱的时候，老人一脸匪夷所思。但随后话锋一转，她对饮食方面滔滔不绝，大概是做了一辈子的饭，对着锅碗瓢盆过了大半辈子，她再熟悉不过了。老人喜欢吃豆制品，几乎每天都要吃上，每顿饭七分饱便足够了，从不暴饮暴食。

90 岁之前，郭秀真还经常在院子里面种些花草以及蔬菜，她总说自己种出来的食物吃起来也放心，电视上每天报道那么多的垃圾食品，让她这老太太看着都胆战心惊。即便后来儿子孙子执意不让她种菜之后，她还是不能让自己落个清闲。她是个特别爱干净的婆婆，总把家里收拾得干净利落，她的双手生来就被赋予了把一切整理得井井有条的天分，彰显了中华民族妇女形象的勤劳与吃苦耐劳。郭秀真从不闲着自己，每天混吃等死的日子太没有价值了，她反倒喜欢让自己繁忙充实地生活着。勤劳是大自然赋予人们的能力，郭秀真从行动上诠释了中国人民的智慧与勤劳。正所谓生活是靠双手创造出来的，她不曾计较生活的苦难，而是更加期望生活赋予自己拼搏奋斗的力量。

在邻里间提及郭秀真，大家的评价总是如出一辙，脾气特别好、心地善良、隐忍坚强总是出现频率最多的形容词，郭秀真一生所经历的苦难可以说远超常人，但她从不止步于这些苦难。虽然生活过得不易，但她始终相信未来会有希望。也正是这种希望支撑着她不断地坚持下去，只身一人养育 5 个孩子长大成人。无论提及什么样的困难，郭秀真总会笑笑说："过去了，都过去了，不提啦！"生活的智慧在于向前看，无论曾经的日子对自己有多么残酷，都应该怀着感恩之心，感谢它们带给自己的成长，而往后呢，一切都值得期待。"原来的日子里，谁曾想过有这等好日子啊，过去的苦日子没什么好怀念的，珍惜自己现在的每分每秒不挺好"。

从郭秀真儿子那里得知，老人有着超乎常人的隐忍能力。"几十年来，从来没有见过她和谁生过一次气，别人做得再过分，她也总是会笑笑说：有什么可生气的，最后受气的还是自己。"在她的儿子看来，她总是这么不爱与人争论，甚至天生不具备与人争辩的能力。与郭秀真交谈的过程中，有一次她问我："给你推荐本秘籍《莫生气》。"说完带有老人的一丝得意。这种淡泊宁静以致远的心态贯穿她的一生，也正是这种不与世俗争芳菲的心态，让她能够保持自己内心的一方净土。

## 七、几度春秋，苦尽甘来

沧桑变化几十年，转眼已经近百个春秋。郭秀真的这一生，苦难从未停下脚步，但她也从未向命运低头。大概中国正因为有这样坚忍不拔的人民，国家才有富强之光。每次提起经历的苦难岁月和现如今的生活，老人感慨万千，激动地说：过来不能提，没法过，现在好了，乡里县里都有照顾，国家还让领老人补助，对自己也照顾得很好，和过去比，真是好到天上了，好得没法说！对郭秀真而言，当下的生活状态，才真的是苦尽甘来，值得庆幸的是，自己有幸目睹国家一路走来的伟大成长历程！

## 采访手记

“山中难寻千年树，世上难得百岁人。”他们走过百年峥嵘岁月，依然精神矍铄……

几度春秋，春花秋月何时了？夏天，即便没有太阳依旧闷热。敲开一扇布满岁月痕迹的木门，迎面坐着的就是年近一百的郭秀真老人。走进门的时候，郭秀真老人还在闭目养神，院子里郁郁葱葱的爬山虎给人留下的不只是炎炎夏日的阴凉，更有生命的生机与旺盛之态。一位白发老人静静地躺在生机盎然的庭院里，一时间，竟不忍心打破这样的平静。

如果人的一生是由阴影与光明组成的，那么郭秀真老人的一生经历大概占据了太多阴影部分，如果不是心生光明，我们也无法看到这样一位“从风雨中走出，留下一身淡泊”的老人。

“郭老太可不是个一般人哦，老太太一生经历了太多。先是丧夫，二十出头带着 5 个孩子艰难生活，生活刚刚有点起色，她又不幸染上疟疾，失去了一只眼睛，险些双眼失明。前几年，还经常在村头见她与人闲谈，但近两年好像又摔断了腿，好久没见她出门了。这个村落沧桑变化几十年，郭奶奶是最好的见证人了……” 村民口中的郭奶奶有着不约而同的统一性，每当提及郭奶奶，听到最多的形容词不过是“一辈子没过几天好日子”“除了苦难就是艰辛”“心肠特别好，从来不和人争吵”等。别人口中的郭奶奶，为郭奶奶的人生增添了神秘色彩，也更加令我对这样一位风雨中毅然前行的母亲形象充满了好奇。

第一次触碰郭秀真老人的手掌，笔者的心头一惊。

一百年的岁月会改变什么？山河流水不舍昼夜、太阳依旧起起落落、树木芬芳凋零盛开、人们的奔波忙碌在一百年中不经变化。但这一百年最珍贵的体现方式，就是一位位期颐老人的岁月痕迹，一道道的皱纹是对苦难与坚持的最好诠释。握着老人的手，我们身上共同流淌着中华民族的血液，所感受到的是生命的力量，是对中国近百年发展的见证。当郭秀真回忆起往昔岁月时，脸上没有一点顾虑，多的是对苦难与磨练的释怀。她常说，如果一生没有波折，那也太枯燥了。印象最为深刻的就是她脸上常挂的笑容，经历过抗日战争的动荡不安，也曾被迫背井离乡，但经过这一切的风吹雨打，她微笑着一路走来。从她身上笔者看到了中国女性的坚忍与顽强，这大概是民族赋予她的独特气质。

志愿者与郭秀真老人及其儿子合照（家人协助拍摄）

# 半生浮华，半生坎坷
## ——张氏老人传记

刘源 北京师范大学 信息管理与信息系统系 2017 级

### 人物生平

张氏，女，1912 年出生（具体出生月日不详），108 岁，生于河南省南阳市新野县王集镇。张氏 23 岁结婚，丈夫是本县孟庄人。他们育有两子一女，次子早逝，丈夫也未能陪她走过人生的全部旅程。女儿随子女远迁南阳市市区，仅有大儿子在身边随侍。目前，张氏身体还算硬朗，但听力欠佳，腿脚有些不便。张家目前五世同堂，但子孙大都在外工作、求学，张氏独居在大儿子住处不远处，大孙子常在身旁侍奉。

她是大地主的女儿，嫁给了同为地主的丈夫，生了 3 个被称作“小地主”的孩子。她前半生享受荣华富贵，后半生历尽艰难坎坷。她就是张氏，她一生最伟大的功绩就是生了 3 个孩子。

张氏老人照（张鹏程　摄）

## 一、父亲离世，母女相依为命

1911 年，是清政府统治中国的最后一个年头，也是中华民国成立的第一年。在这一年的年初，在父母的殷切期盼下，张氏出生了，是个女孩。在她的父母看来，虽然她不能传家立业，但有她这个姐姐带着下面的弟弟也是极好的。张氏自打懂事起，就等待着弟弟的到来，被各种亲朋好友叮嘱着要好好照顾尚未出生的弟弟。因为只有弟弟才是家里家业的继承人，才是她们母女的根。只有她有了弟弟，以后出嫁之后才有人为她撑腰。可惜她这辈子，都没能等到弟弟的降生，她“幸运地”成了方圆几百里绝无仅有的独生女。

在张氏 5 岁的时候，她的父亲死了。她不知道父亲到底怎么死的，也不知道父亲什么时候死的。在她残存的模糊的记忆里，她只记得：有一天，有人回来通知了母亲关于父亲的死讯，并带回了父亲的遗体。从那之后，年幼的张氏知道，她只有母亲可以依靠了。

对于父亲的葬礼，年幼的张氏心中无甚印象，印象中只有母亲仿佛从来没有断过的哭声和家里人来人往的忙乱。父亲出殡那天，张氏不被允许出门，不被允许送葬，不被允许上坟，更不会被允许为自己的父亲刨𡋟[1]。

父亲死后，母亲为其守节，张氏为其守孝，时间一晃就是 3 年。张家是远近有名的大地主，如今只剩孤儿寡母，各种牛鬼蛇神开始上蹿下跳。恰逢母亲的娘家遭难，失去了原本属于自己的土地和房产。不知出于什么原因，母亲把家中大半的土地拱手让人。母亲的娘家庇佑着母女二人，张氏在寡母的陪伴下渐渐长大。这母女二人，孤苦伶仃，相依为命。

## 二、梦回那年，二月十九

民国的河南农村，虽动荡不安，但大人物之间的斗争和博弈，又与普通的小女孩有什么关系呢？对于一个农村的女孩子来说，读书是最大的奢望，庙会是一年到头的期盼，她们才不管你炮火轰鸣，血肉横飞，谁也不能阻止她们去嬉戏打闹，看那锣鼓喧天的热闹。

[1] 下葬仪式的一种，指在“打穴”之前，即挖好棺材洞穴之前，在选定的地方打一个木桩，由子女用铁锹锄头等工具在打桩的范围内用力挖三下。

在张氏 10 岁的时候，母亲就开始给她裹脚了。张氏不觉得这有什么不对，她认识的每一个有身份的女人都裹着小脚，她也一样。她对于裹脚唯一的印象就只有日日夜夜不停地疼，脚一开始根本不能下地。裹了脚之后，以前毛毛躁躁的张氏，也就如母亲所愿地待在屋子里面学着做活。在没有裹脚之前，张氏是可以像个男孩一样去母亲的娘家在教书的爷爷那里读书的。张氏说："我一辈子都记得爷爷，是爷爷给了我读书的机会。虽然就学了没两年，但那是我这辈子离知识最近的时候。现在老了，以前学的东西早就忘完了。"

学业的终止，是从张氏被裹了脚开始的，也是从张氏被认为长大了开始的。张氏长大了，母亲要求她在家里学着做活，不要去学堂再瞎耽误时间了。以前的那个时候，谁不会做活谁就会被看不起，人人都要会做活。对于一个女孩子，尤为如此，哪怕是地主家的独生女，若是不做些针线活，也是要被人背地里嚼舌根子，以后嫁不出去的。从此，张氏的少女生活，被限定在了四四方方的闺房之中。对于不能出门的张氏来说，一年中难能可贵的放风的机会，就是庙会了。其中她最为期待的，要数泌阳的二月十九会了。

二月十九会，是泌阳当地最盛大的庙会之一。泌阳的庙会上应有尽有，有唱戏的，有玩把戏的，也有耍捞杆的。泌阳二月十九上的戏，大都是请一个剧团，用木杆和木板，在山坡上搭起一个高高的戏台子唱戏，一般唱的是豫剧。母亲喜欢看戏，因此每逢有庙会，大都会带着张氏前往庙会看戏。唱戏的在唱戏之前，要进行破台。张氏最喜欢看戏班子破台了，等台破了，大戏开场了，母亲就会在会场坐定开始看戏，张氏就可以四处溜达，去看看耍玩把戏的了。

"玩把戏"其实就是玩杂技。杂技表演场地简单，只要有块空场地就可以。玩把戏的人准备好了，铜锣哐哐敲几下。人们听见这锣声，见到玩把戏的人来了，就会一起前往围观。人们喜欢看杂技，玩把戏的班子周围聚集的人总是最多的，被围得里三层外三层。眼尖的张氏总是能迅速找到玩把戏的人，挤到最前面去看。

泌阳当地玩的杂技种类很多，有玩刀剑的，有上刀山的，还有鹞子翻身的，还有一些别的。玩刀剑的最擅长的就是表演"刀杀活人"，直观上看上去就是一个人拿着一把真刀，把刀插进身体里或者手臂上，然后一边向人们展示，一边巧舌如簧地直求施舍："有钱的捧个钱场，没钱的捧个人场。""三块五块不算少，一分一毛皆心意。""在家靠父母，出门靠朋友。"上刀山，就是表演者赤脚爬上插着许多锋利无比的钢刀的铁柱上面，直到刀山的顶端，然后表演各种高难度的动作。之后，从刀山的另一面顺着刀刃走下来。结束时，上刀山的人手掌、脚底板都没有伤痕。整个过程惊心动魄，引得人们时而屏息凝神，时而发出阵阵惊呼。至于鹞子翻身，很像奥运会的竞技体操中的单杠项目，也是在一条单杠上面，表演者时而单挂一钩，时而双挂一钩，非常惊险刺激。

到了傍晚，天色渐渐暗了下来，就会看见玩捞杆的了。捞杆，就是用钢丝扎个特别长的架子，用绳子绑紧之后在长架子上缠上一条长的绳子，把许多烟火绑到绳子上面，然后把钢丝塑造成小老鼠、龙或者是其他的动物形象。但是遗憾的是，现在的庙会已经没有玩捞杆的了，取而代之的是多种多样的烟花、各种各样的发光玩具。

张氏多想回到过去的少女时代，回到过去和小姐妹们一起逛庙会的时光，回到过去那无忧无虑的岁月。可惜，时光无法倒流，年迈的张氏只能一遍又一遍地咀嚼回忆，静静地等待着死神的召唤。

## 三、三月三，嫁人家

阳春三月，春风微拂，万象更新，人们纷纷走出家门去户外呼吸新鲜的空气，洗去冬天积于身上的污浊。农历的三月初三，古称“上巳节”，是人们郊游踏青的好时光，也是盘古庙会举办的时候。但是 1935 年的三月三，23 岁的张氏没能再一次跟母亲一起去逛庙会，她离开了家，而且从此很少再回来。二十几里的路不远，但是对于当时的母女二人来说，这二十几里是一辈子难以逾越的鸿沟，从此两地分隔。

那年三月三，张氏在母亲的催促下，天还没亮就起床梳妆打扮，等待迎亲队伍的到来。一开始她倒也没什么感受，但当她看到母亲红着眼圈给她盖上头红，泪水不知为何就是止不住地往下流。她想再回头看看母亲的身影，但是一摇一晃的花轿抬着她越走越远，渐渐地，连家里的房子都看不见了，她方才意识到，以后这里就再也不是她的家了。

到了夫家，拜了天地，闹了洞房，早起拜了公婆，她就成了张家的媳妇，这一晃，就是 84 年。84 年，她从媳妇熬成婆，有了儿子，有了孙子，有了重孙，有了玄孙。这其中的酸甜苦辣，风风雨雨，又怎么说得清。

## 四、嫁作新妇，侍奉公婆

生儿育女是人生之要事，关乎传宗接代、家业兴旺，自古以来备受重视。过去，如果妇女婚后多年不孕，或者生育数胎不成，或者只生女不生男，就会被人议论，被婆家嫌弃，被丈夫欺侮，要么被迫跟随家人四处求子，被当成生育工具一样生下一个又一个的孩子，直到有了一个儿子才能停下宛如母猪下崽一样的行为；要么直接被休，被抛弃，被迫遣返回娘家，重新开始新的轮回或结束自己的人生。

孟庄张家不算是一个特别大的家族，家中不过兄弟二人，张氏嫁的是张家的二爷；张家也不甚富庶，仅有一顷多地，也只是雇了些人种种田地、做做饭、套套磨、养养牲畜，张氏嫁过来还是要做些活的。怀孕之后，张氏害喜，就很少再做些什么了，只是做些轻省的绣活。

张氏嫁入张家的日子很好，是孟庄张家人千挑万选出来的一等一的好日子，但再好的日子，也无法让张氏怀孕。6 年，说长不长，说短不短。对于嫁入张家 6 年没有怀孕的张氏来说，这是无比煎熬而痛苦的 6 年。在这 6 年里，她跟着丈夫走进附近的各大山头，什么盘古山、华山，甚至是湖北的武当山，全都留下了夫妻二人虔诚的身影。每逢庙会，去盘古庙里拜送生奶奶，去华山庙拜华山爷奶，去武当山庙拜送子观音，这些都是必修的功课。为了生孩子，张氏见过的“神医”数不胜数，喝下的汤药不计其数，但没有任何效果。因为没能生孩子，张氏面对冷脸的婆婆只能强打精神堆着笑脸伺候，面对愈加早出晚归的丈夫只能小心侍奉，对生儿育女的妯娌内心充满了羡慕和嫉妒，看着已经能跑能跳的侄子心里越发的手足无措。

“我真的不能生孩子吗？我会不会被休？我要是被休了，我回家该怎么面对老母亲？”丈夫怀疑的眼神，婆婆的冷遇，庄上众人的议论，让张氏快要被思想压力压垮了，快要被各种背地里的闲话击溃了，快要承受不住这令人崩溃的一切了。

万幸的是，张氏嫁入张家的第六年，终于怀上了第一胎。同样幸运的是，家中长辈根据张氏的行止、饮食嗜好和身形变化，认定张氏怀的是男孩。张氏终于怀上了孩子，终于能够在老张家挺直腰杆了。待产的张氏，终于不用每天战战兢兢地过活了，每天闲在家里，也不必伺候公婆，平日里闲着无非是给孩子做个虎头帽，缝制一下各式婴儿服装，做几个颔水帕儿，纳几双小鞋，做着这些轻省的事情。待大儿子降生，张氏彻底在张家站稳了脚跟，有了话语权，张氏的生活愈发好过起来。

张氏的大儿子出生以来，张家人百般呵护，千般疼爱。他从小就胖乎乎的，长得结结实实的，招人疼爱。谁见了他都要说一声“这孩子带个有福的样子”。他也不负众望在抓周的时候先抓了文具，引得众人啧啧称叹，直夸到这孩子以后读书是要有大出息的，老二媳妇你就等着享福吧！张氏生的儿子前途一片光明，使得她在张家的处境愈发好了起来。大儿子出生之后，张氏又接连生了小儿子和小女儿。从此，再没有长舌妇对张氏的生育能力说三道四了。日子一天天过着，孩子一点一点长大。

在张氏的大儿子 6 岁那年，张家发生了重大变革，张氏的人生境况发生了天翻地覆的变化。那一年，是 1948 年。

1947 年 12 月，河南省泌阳县全境解放。1948 年 4 月，邓小平同志来到泌阳县泰山庙镇苗庄寺村，在村民姚秀德家中召开了桐柏二地委、泌东县、泌西县及区委及营以上干部会议，讨论相关地区的土改问题。泌阳县境内的土改工作全面展开，地主张家被打倒了。

由于张家风评素来很好，不存在欺压佃户的行为，张家人虽收地租但同样下地劳作，而且张家人对共产党态度良好，因此当时张家人只是被没收了世代积攒的财富和全部的田产，被游街示众，被限制了人身自由，被关起来进行思想改造。

遭遇如此大的变故，也没有把张氏打倒，她说：“虽然我们的财产没了，但我们有手有脚有脑袋，只要老张家还有人，我们迟早重新会立起来！”

## 五、闹剧一场，悄然落幕

荀子有云：“人之初，性本恶。”有的人以德报怨，有的人以怨报德。邪恶的人总是不惮于在别人落魄的时候对别人释放最大的恶意。

张家的钱被没收了，地被分了，张家败落得一无所有。哪怕就是安安分分地待在村子里哪都不去，大部分时间也都不出门，但也时常会有恶毒的言语钻入张氏的耳朵里。

逢年过节，张氏总是要去大哥家里走动。有的老婆子就开始念叨："地主家的人又开始了，又开始串门子了。你说人家咋就那么不要脸呢？"

张氏的大儿子出门溜达溜达跑一跑，想找人一块玩。小孩子们边跑边唱："小地主！小地主！大家快看啊！小地主又出来了！"土块是最轻的，石头也不是最重的。"地富子弟"的身份，让他没有资格对任何人还手。

哪怕是张氏端坐在家，白天有时候还会来点老婆子欺负人。那老婆子恶声恶气地说："昨天俺拿你们粮食了，你不愿意？"不待张氏言语，那老婆子就接着："知道你不愿意，你不说也知道。你们这些地主啊，就是表面一套背后一套，心里做着事。"

在没有厕所的农村，晚上要想上厕所就要放个尿罐，张家的尿罐就被迫时常换新。张氏时常听见有人站在墙根下高声说："今天晚上就让你不能尿尿，没有尿罐看你咋尿尿，看你加个尿罐多舒服！气不死你！"

张氏不愿再多说。沉默良久，张氏说："以前的故事说不完。现在没有这了。现在政策好。啥都不说你，就让你好，谁有三灾八难了救济。现在咱家好了，跟以前一样了，他们谁也还是没有咱家好。"

## 六、子死夫亡，兀自坚强

自从 23 岁离开南乡，张氏很少回娘家，只知道母亲一直过得还不错，没有受到磋磨，安详地离开了人世，离开了远方的女儿。现在张氏已经 108 岁了，她对于母亲的印象早已被时光消磨得所剩无几。虽然时间带走了她对母亲音容笑貌的记忆，但带不走一个女儿对母亲的眷恋和依赖，一切不言的爱体现在张氏讲起母亲时眉眼的每一处细节。

张氏的大儿子身体每况愈下，小儿子早逝，女儿随子女迁居南阳，丈夫离世，张氏有时不禁会发出悲怆的哀鸣："我为什么还活着！我真的活得够够的了！"张氏像小孩子赌气一样咒着自己，却也是内心真实的存在过的想法。张氏无言，但她眼里的落寞和孤独无声地诉说着一切。

当谈及养生之道，张氏笑了。这么多年了，多少人向她求教如何长寿。她的答案一致无二："我活这么多年，也没吃啥特别的，没用啥特别的。喝的是压出来的井水，吃的是粗茶淡饭，住的是平砖瓦房，平日里的生活是孩子们伺候着我。和其他的老太婆没什么两样。”

这就是张氏，一个普普通通的老人，无功无过，无喜无悲。

## 七、儿行千里母担忧

虽然漫长的岁月将张氏打磨得沉静，亲人、爱人的离世使得张氏悲痛欲绝，与女儿的长久分离惹得张氏魂牵梦绕，但在其张氏内心一直支撑着张氏的是对于儿女的爱和责任。“我还活着的时候，无论啥时候，你女儿就还是有妈妈的，无论啥时候，想我了总还能见见我；我要是真没有了，她要该多难过啊。啥也不胜有个妈啊！”

笔者在采访张氏的过程中，张氏反复叮嘱笔者：“无论什么时候，都要记得回家看看。无论离家多远，都要记得家里有个妈在挂牵着你，在想着你。”“你出门也想家啊。现在交通方便，多回家看看啊。你和你妈要多视频，多聊天，但是视频聊天和见面还是不一样的，你还是要多回来看看你妈妈啊！”

张氏 23 岁离开了母亲，自此鲜少见面；张氏的女儿 20 岁离开了她，自此也是少有见面的机会。母女之间相互的爱和陪伴是张氏内心最深的执念，也是张氏一生的痛。

## 采访手记

夏日的泌阳，虽然颇为炎热，但却难得地拥有分外清爽的早晨。我坐着老爷牌老年电动三轮车，一颠一颠地驶向记忆中村庄的方向。

村庄里的树木依然如往日般郁郁葱葱，树上的蝉儿依然聒噪着响个不停，池塘里的青蛙依然活泼地跳来跳去，老人依然每天在窗边苦苦等待，村庄的一切都一如既往，仿佛从未改变过。

村庄变了吗？越来越少的人，越来越多的空房，日益荒芜的小径，都在无声地诉说着村庄的没落。村庄变了，村庄变得愈发安静，愈发平和，愈发孤寂，一如这村庄里的老人。

采访者与张氏合影（张鹏城 摄）

这是一座普通的村庄，庄里盖着普普通通的房子，房子里住着普普通通的老百姓。这也是我的老家，我的二太姥姥就住在这里，她叫张氏。

其实在这次采访之前，我从未见过张氏。在我采访开始时，她整个人都很局促不安，不知道该说什么，甚至连肢体都有点不协调。但是，跟随我循序渐进的问题，她逐渐放开了自己，渐渐沉浸在对过去的回忆里，将自己百年的人生娓娓道来。

在我们交流的过程中，张氏反复不断地向我强调："常回家看看，别忘了在家里等你的妈。"一字一句，发自肺腑，引人深思。我不知道张氏为何一遍又一遍地重复着，无论如何，原因都不重要，我听到了，我记下了，我思考了，我受教了，我一定会尽兑现！

# 印记

## ——周孙氏老人传记

崔丹 北京师范大学 刑事法律科学研究院 2018 级

### 人物生平

周孙氏，女，1917 年 5 月 11 日出生，102 岁，家住山东省聊城市东阿县鱼山镇周庄村。她生于旧时代的平凡家庭，并无甚感人之大事。但因其一生伴随着国家的枯荣与沉浮，故平凡之中却也见证了时代走过的印记。裹脚、织布、推磨、婚嫁、农耕、战争、饥饿、贫穷、绝望、希望……她的一生平常而不平淡，平凡而不平庸。

周孙氏老人照（受访人提供）

### 一、少年识得愁滋味

周庄村位于黄河岸边，是远近闻名的“长寿村”。小小的村落仅有 400

人左右，80 岁以上的老人却有 20 个之多。连有 1000 多人的邻村，长寿老人的数量也不及它多，确实是配得上“长寿”之称了。老人们并不寂寞，儿孙孝敬之余，他们经常聚集在村落一隅聊一聊以前的事情。这不，慵懒的夏日午后，枝繁叶茂的杨树为被太阳炙烤着的大地撑起了一片阴凉之处。树荫底下围坐着纳凉的农人，102 岁的周老太太坐在中央，手里摇晃着那略显破旧的蒲扇，在蝉声的裹挟下，平静地讲述着她走过的一生。

“裹下脚学下活，模样不济说不着。” 老人笑着说道，“小时候我做活的本事可大嘞。”1919 年五四运动爆发，“爱国、进步、民主、科学”的思潮传遍整个神州大地，但进步的思想若要渗透到每一个中国人的血液里、毛孔中，还需要相当长的时间。同时期的女孩仍需恪守在她们看来亘古不变的规律中，7 岁裹脚，学着做女人该做的一切：纺线、织布、纳鞋、插花（现在一般称插花为绣花）……从早至晚，由冬到春。

“喔喔喔——”周孙氏家中响起了清脆嘹亮的鸡鸣声，将黑暗笼罩的大地划开了一道口子。紧接着，屋前屋后、左邻右舍群鸡呼应，鸡鸣声此起彼伏，惊醒了沉睡的村舍，驱走了农人的美梦。

周孙氏兄弟姐妹 5 人睁开惺忪的睡眼，打着哈欠慢吞吞地起床。想到今天尚有做不完的活，看到母亲早已坐在织布机前熟练地来回穿梭着梭子，年纪尚幼的周孙氏不免加快了穿衣服的速度。兄弟姐妹虽多，但在生产力尚不发达的农村，终日为吃穿而忙碌，童年的他们鲜有玩耍、嬉戏和打闹的机会。

匆匆吃完油水稀疏的便饭，周孙氏的大弟弟自觉走到牛棚旁，吃力地拉着大他几倍、重他几倍的牛往家门外走；二弟弟则走进低矮的磨坊推磨。石磨是扁圆形的，它由两块大小不一的磨盘组成，小磨盘在上，大磨盘在下。在人力的推动下，经由两扇磨盘的来回挤压，用水浸泡过的小麦等谷物由颗粒状变成粉末状。推磨是份枯燥乏味的苦差事，且需消耗很大的气力，日子好过一点的家庭一般会饲养驴等牲畜用来拉磨，诸如周孙氏一般的大部分贫苦家庭则要人力劳作。

弟弟们忙得不亦乐乎，周孙氏姐妹也不会无事可做，她们需要分工合作进行织布。若说推磨是力气活，简单而枯燥，织布则是技术活，烦琐而复杂：

纺线、浆线、签线、缠线、拴机、递胜、织布……经线和纬线在手上一来一回地倒替着，被裹的小脚在织布机的踏板上来回地踩动着。

“纺线是织布的前提，布织的好不好全在线上。”周孙氏说道。因此，仅仅将棉花纺织成线这一个步骤，就要消耗不少心力。首先需要将棉花籽从棉花中剔除，将蓬松的棉絮用手搓成细长紧凑的条状；再将其一点一点地放在纺车上面纺成细如发丝的线；最后将纺好的线一捆捆地分批次放到锅中。锅里已提前备好了由面粉与水融合而成的面汤，掌握好火候，将纺线与面汤一起煮。随着时间的推移，面汤逐渐贴附到线的表层，深层乃至融合，有了面粉的加入，使本来轻易能扯断的线变得强韧而结实，织出的布才能有较好的质量，卖一个好点的价钱。

织布虽不是件很容易的事情，在周孙氏看来，却早已是得心应手，因为除去吃饭与睡觉，她童年大部分的时间都在织布机上度过的。织布的时间过得很快，仿佛一转眼的工夫，清晨就变成了黄昏。那时候的中国，一切都是最原始的样子。虽说没有鳞次栉比的高楼大厦，没有大规模的工业生产，但也没有空气污染，因此，傍晚农村的景色是极美的。晚霞布满天际，落日的余晖洒满村落，树上的叶子散发出金色的光辉，红褐色的土房子也像是穿上了彩色的衣裳……然而，夕阳虽美，却难以将光投射进仅有一扇窗的土房子。在看不见的时候，周孙氏点起菜油灯照亮黑暗的屋子，那盏微弱的菜油灯散发的光芒虽极其有限，但对于周孙氏姐妹而言已是极好的待遇了，毕竟还有不少的家庭舍不得点灯。于是，她们乐呵呵地坐在织布机前手脚并用地忙活着，不知疲倦……

“平时也玩，但很少，”周孙氏说，“印象最深的是玩线球”。纺线、织布剩下的残线和碎线舍不得扔掉，有心的母亲便将其收集好，攒起来，攒多了再耐着性子一圈圈地把它们缠成球状给孩子当玩具。然而，做活老到的她们剩下的残线和碎线极少，所以线球在孩子们的眼中是不可多得的宝物。每当拿到母亲缠好的线球，周孙氏都会视若珍宝，迫不及待地把玩。线球是实心的， 她便使出九牛二虎般的力气拍打，再开心地瞪大眼睛，盯着它一下一下吃力地弹起、落下，弹起、落下……市场经济下，如今，各式各样的球类玩具充斥市场，篮球、足球、乒乓球、棒球、羽毛球、玻璃球……谁还会玩那早已被扔进历史垃圾堆里的线球？可恰恰是那线球，带给了童年时期的周孙氏无尽的欢乐。

日子就这样一天天地过着，转眼间大人变成了老人，小孩变成了大人，18 岁的周孙氏也到了该出阁的年纪。

## 二、催妆衣里定姻缘

远处依稀传来嘹亮的喇叭声，循声而去，最先映入眼帘的是穿着整齐的 4 名男子抬着一顶红色的轿子欢快地行走在路上。细细观察这一行人，只见迎亲的人走在队伍的最前面，步履轻快，笑容洋溢；吹喇叭的人鼓着腮帮子，左右摇晃着身体紧随其后，吹的是《百鸟朝凤》，声音悠扬，婉转动人；排在后面的是 4 名打灯人，他们手持竹竿分列于花轿前后，竹竿上系着圆鼓鼓的灯笼，红色的蜡烛摇曳着微弱的光芒，像极了羞答答的姑娘。队伍两侧挤满了看热闹的人，人们踮起脚尖、昂起头颅、瞪大眼睛看着这排场并不气派的队伍，认真听着从唢呐里传出的声音，嘴里时而谈论着、评论着。

本应头戴红帽、身着红袍、脚蹬黑靴、骑着高头大马的新郎官去了哪里？细细打听一番才知，那个时候的农村，除了地主以及大户家庭，新郎官接新娘子并不流行。

作为新娘子，周孙氏正蒙着红盖头，汗流不止地坐在轿子里。她头戴马尾簪，身着红色催妆衣，脚穿木底高靴，双手紧紧地握着织布机上的胜子，漫长而焦虑地等待着。她将要面对的，是素未谋面却要共度一生的男人，是他和亡妻所诞下的 3 个孩子，是一个全新的家庭。

“紧张到流汗吗？”

“紧张……也热。”周孙氏答。

原来，无论酷暑还是严冬，当地女子结婚时的习俗是着棉衣。新婚女子最外层穿的是男方送来的含有催促结婚之意的催妆衣，里层则是红色的棉袄和棉裤。甚至于那木底高靴，都要夹着薄薄的一层棉絮。周孙氏出嫁之时正值夏季，当炙热的太阳灼烧着大地、空气中尽是滚滚热浪之时，人们将单薄的衣服穿在身上已感到喘不过气来，一身棉衣包裹在身的周孙氏更是免不了煎熬。

身体的煎熬事小，内心的不安事大。18 岁的周孙氏坐在花轿里面，心脏加速地跳动着。她希望轿子不要停，而她，就这样一直地坐在轿子里。因为，她担心还是一个孩子的她做不好3个孩子的妈妈，担心她照顾不好双目失明的婆婆，担心她男人将来对她不好，担心……但是，秉承“父母之命，媒妁之言”而结婚的她，哪里有选择嫁与不嫁的余地？男方家里有地，闺女嫁过去能吃饱饭，父母很满意这门亲事，焉有不应之理？在那个“能吃上饭是天”的年月，他们哪里还顾得上女儿精神上的幸福。

目的地到了，那顶颤颤悠悠的轿子最终还是停住了。迟疑片刻，周孙氏小心翼翼地从轿子里走下来，听到的是周围欢呼声一片。她将捧了一路，寓意着家庭兴旺的胜子郑重地交于夫家。行过拜堂礼后的周孙氏正式嫁为人妇。

## 三、不堪回首忆往事

束发结簪是女子成年的象征。在古代，女子过了15周岁便已被看作成年人，是为及笄之年，若已婚配，便可束发结簪。婚后，周孙氏一改从前梳单长辫的习惯，转而将长发盘起，绾成发髻，再以木簪将其固定，俨然一名成年人的模样了。

成年当然不仅仅体现在外在穿着打扮的改变，更意味着离开了父母的庇佑，独自一人咬牙与这艰难的世道搏斗。结婚后，周孙氏承揽了全部的家务活，洗衣做饭、照顾家人自不在话下，此外，婆媳之礼是她必须要遵守的。婆媳之礼最早可追溯至汉代，唐宋明清最为盛行，民国时期，封建礼数还未消失殆尽，婆媳之礼理应遵循。唐代典籍《女孝经》之舅姑章曾云：“女子之事姑舅也，敬与父同，爱与母同。守之者义也，执之者礼也。鸡初鸣，咸盥漱衣服以朝焉。冬温夏凊，昏定晨省，敬以直内，义以方外，礼信立而后行。”《女孝经》作为女子修身立德的经典教科书，对于大字不识的周孙氏来说虽很遥远，却践行得只字不差，周孙氏做到乃至超越了将婆婆如亲生父母般对待。冬天让婆婆保持温暖，夏天让婆婆保持凉爽，晚上服侍就寝，早上省视问安，每日侍奉汤水，请示一天饮食……

承揽家务之余，周孙氏还需要和丈夫共同承担地里的农活，因为，公公早已过世，除了丈夫，家中再无其他壮年劳力。务农，对胆小的周孙氏来说，是个巨大的挑战。因为，周孙氏害怕虫子，见到虫子就头皮发麻，心里哆嗦。

可是在那个年代，还没有杀虫剂这等高科技农药，地里蠕动着的虫子几乎多过了地里生长着的庄稼。

秋天对于周孙氏而言是矛盾的，一方面丰收季节，硕果满满，是令人喜悦的；另一方面，虫子也可以借丰收之际大快朵颐地饱餐一顿，密密麻麻的虫子堆积在粮食上贪婪地啃食，是令她苦恼的。每当秋天来临，四方形的小小院子里便堆满了一个个咧着嘴笑的黄澄澄的玉米。瘦小的周孙氏坐在马扎上，认真而又紧张地为包裹严实的玉米剥下一层层衣裳。剥玉米时的她，纵然是小心谨慎到了无以复加的地步，但还是会触摸到那一只只蠕动着的、没有筋骨的、软糯糯的生物。触摸之后，她手上一哆嗦，瞬间能将玉米扔到很远很远的地方，稍稍平复心情，再蹑手蹑脚地将玉米捡回，重复之前的工作……看着丈夫佝偻着身子，踉跄着将满载玉米的木质独轮小推车一趟又一趟地推回家时，她脸上挂着微笑，心却是颤抖的。

心虽颤抖，却还不足以是梦魇。真正令周孙氏恐惧的是她嫁为人妇 2 年（1937 年）后的一段时光。1937 年对于每一个中国人来说都是值得铭记的一年，对于时代的亲历者来说，则是不愿意提起的一段岁月。这一年之后，日军开始全面侵华，中国军民死伤无数，中华大地满目疮痍，而那原本宁静的小村庄已不复往昔。

1937 年底至 1938 年春，日军大举进攻华北平原，华北重镇太原、郑州、济南相继沦陷。覆巢之下焉有完卵？聊城市处于鲁西北地区的冀鲁豫三省交界地带，该市所辖 8 个县区，8 县区所辖 126 个乡镇自然也逃不出日军的魔爪。仅周孙氏成长、生活的小小乡镇，就设有 2 个日军建立的军事碉堡，密切监视着这里人们的一举一动。

战争期间，人性的恶就像脱缰了的马，因得不到约束而恣意奔跑。那时的日军是“死神”，所到之处皆是毁灭，杀人、放火、强奸、抢劫、活埋……周孙氏眼睁睁地看着自己数也数不清的邻里乡亲被杀害，一户又一户的家庭被洗劫一空。“人们整天东躲西藏，女孩打扮得越丑越好，脸上涂满了锅底灰，就是这样，有些人还是会被日军带走，带出去就再也回不来了……”说完，周孙氏的眼里早已噙满了泪水。

## 四、风雨之后见彩虹

1949年，中华人民共和国成立了，自此再没有日军侵华，再没有全面内战，举国上下一片欢呼，全体中国人民由衷地感谢毛主席，感谢共产党为他们带来了来之不易的幸福。陕北民歌“东方红，太阳升，中国出了个毛泽东，他为人民谋幸福，他是人民大救星……共产党像太阳，照到哪里哪里亮，哪里有了共产党，哪里人民得解放……”是周孙氏张口就来，耳熟能详的歌曲。

新中国成立初期，一切百废待兴，全国人民在共产党的领导下撸起袖子加油干，信心十足地建设富强的社会主义国家，中国这头雄狮微微苏醒。可是1959年全国出现了罕见的自然灾害，受灾范围之大，新中国成立以来从未有之。产粮大省山东、河南等地更是旱灾频发，严重影响了农作物的生长，灾害直接影响了农民的温饱问题。

屋漏偏逢连夜雨。没过多久，周孙氏的男人倒下了，天塌了。“记不清多少日子了，只知道他在床上躺了5个多月。”周孙氏说。尚有老人需要赡养，有孩子需要抚养，家中不能没了主心骨，不能没了顶梁柱，“让老伴儿好起来”是她当时唯一的念头。从此，她在生产队劳动更加卖力了，为的是能多挣点工分，多换些粮食，一点点地喂给生命垂危的老伴儿。那时她晚上常常在梦中惊醒，惊醒后的她总是习惯性地摸一摸睡在身旁的老伴儿。“还好，有温度，他还在。”心里这样想着，周孙氏便又能忐忑地睡下。

功无枉使、地不亏人。在周孙氏每日的悉心照料下，老伴儿逐渐恢复了体力，不再是整日昏昏欲睡，能扶着墙走些路了，过些日子，能下地干活了。这不禁让我想起了柳永的诗句“衣带渐宽终不悔，为伊消得人憔悴”。

老伴儿的身体一天天好转，周孙氏看在眼里，心里乐得能开出花来。让她更开心的是，经此磨难，整个国家的经济也缓慢地复苏，人民的生活水平逐渐改善，生活质量日渐提高，一切都是蒸蒸日上的样子。

## 五、期颐之年享天伦

期颐，也称人瑞，指百岁（以上）之人。儒家经典著作《礼记·曲礼上》：“百年曰期颐”是其最早出处。南宋理学家朱熹将“期”解释为“周匝之义”，“颐”解释为“谓当养而已”。“周匝”即一周，有圆满的意思，人能活到百年，见识世间风风雨雨，岂不圆满？年老之人，大多行动不便，耳不聪，目不明，衣食起居皆需依傍于儿女。老人期待儿女如那长大后的乌鸦一般，行“衔食反哺”之恩，是为“期”之本意。

正如“期颐”二字所表达的含义，周孙氏晚年生活无比幸福。农村，有儿子新盖的砖瓦大房子，宽敞的院子栽满了各色花卉与水果蔬菜，红色的大门象征着热情与希望；城市，有女儿购买的精致小楼房，房子不大却温馨无比，收拾得更是一尘不染。天气变暖之时，周孙氏便住在儿子的大房子里，天气转凉之后，就转移阵地，搬到女儿温暖的小楼房。周孙氏更喜农村，因为那里有她最热爱的土地和最熟悉的乡亲。周孙氏腿脚不好，每天子女都会推着她遛弯儿，她则静静地坐在轮椅上，乖巧得像个孩子。行走至人多的地方，他们便会停下脚步，与这里的人们闲聊畅谈，而时间就在这群可爱的人儿中间慢慢消逝……

周孙氏说：“俺舍不得离开这个世界，俺还要看着国家越变越强。”见识了国家的积贫积弱，才更渴望国家的繁荣富强。年岁已高的她，忘不了的是关心国家大事。一台收音机置于床前，每天早晚听新闻，已是她多年来养成的雷打不动的习惯。周孙氏常常将“强军梦、中国梦”挂在嘴边，仅有的两个孙子全部都是军人，能够为国家安全助力，为国家荣誉增光，她感到尤为自豪。

周孙氏，一个世纪老人，对世界、对国家、对亲人怀有无比眷恋的情感，我想，这就是老人的长寿之道吧！因依恋而不舍，因不舍而永生。

## 采访手记

“一个老年人的死亡，等于倾倒了一座博物馆。”高尔基先生将老人比作博物馆是不错的。因为，即便是最平凡的老人，其丰富的阅历，也能让历史走过的齿轮更加清晰。周奶奶作为世纪老人，历经百年风雨，伴随着旧中国走过了历次战争和新中国成立后的巨大变化，实属不易。

印象最深的是周奶奶笑着表达对党和国家感激之时的情形。仍记得她拉着我的手，嘴里不停地念叨着：“国家一个月给我发 400 块钱，我一个老婆子哪里花得完……是共产党带领我们过上的好日子啊！”我默默听着，心中不由感慨万分。或许只有亲身历经了战火频发的年代，才能深刻理解新中国由贫苦到富强的艰辛与不易，才更加懂得知足与感恩吧！

看着周奶奶慈祥的微笑，听着她满怀感激的话语，我不禁想到：每一位老人都是鲜活历史的亲历者与见证者，是连接过去与现在的桥梁与纽带。有他们的存在，那略显沧桑的历史图像才能变得清晰，他们若是无声息地消亡，没有留下存在的印记，对我们的民族和国家而言，无疑是一笔巨大的精神损失。因此，我们这一代人，应该多关心身边的老人，多去了解他们过去的经历，唯有如此，我们才能记住他们，而他们才会永远“活着”。

老人与志愿者合影（孙玉　摄）

# 自成一世界

## ——贾氏老人传记

刘阳 北京师范大学 人工智能学院 2017级

### 人物生平

贾氏，女，汉族，农民，102岁，1917年5月23日出生在山东省菏泽市定陶区张湾镇贾沟村，现居住在山东省菏泽市定陶区张湾镇赵屯行政村。兄弟姐妹6人，1个哥哥2个弟弟，2个妹妹，目前只有她自己健在。1937年结婚，共生育5个子女，1965年底老伴积劳成疾去世。目前老人身体状况良好，只有点耳聋眼花，平时生活基本能自理，自己单独住一个小院。

贾氏百岁留影（受访人提供）

### 一、儿时苦乐

1917年，“一战”仍在进行，国内掀起了文学革命，政局风云变幻，但这些并不能影响鲁西南一户普通的农村人家，相比之下，一个孩子的出生更多地影响了这个家庭。贾沟村里，一个女婴出生了，她有一位哥哥，家里只有两间破旧的、布满蜘蛛网的土房子。在那个缺衣少食的年代，一个孩子的出生并不能给这个家庭带来多少喜悦，父母也没有心情给她取名字，作为家里的第一个女孩，“大妮”便成了她的名字。

年幼的记忆总是模糊的，那些平淡的过往也许从未在记忆里停留，那些不甚重要的事，也在百余年的时光中被渐渐遗忘，仍然能够回忆起的，是一乐与一痛。

一乐便是与同龄人的游戏。老人在五六岁时，父母亲已经给她添了弟弟妹妹，白天的大部分时间里，她需要帮忙照看，最令她开心的时候，就是父亲或母亲在家时，她可以在村里和同龄人玩一会儿。在没有什么玩具的年代，一群孩子在村里跑一圈也很开心，同时，他们总可以用满地的黄土发明一些游戏。

比如，挖一堆土，学着大人的模样假装给小猪垒猪圈，然后捉只小虫子放在用土围的“小猪圈”里，看它到处乱爬，一群同龄的孩子围成一圈鼓掌欢呼。还有，打坷垃仗，就是找一片土坷垃（泥土块）比较多的地方，把别的村子里的小朋友当敌人，女孩子负责在后面搬运坷垃，男孩子在前面向对方扔坷垃。

说起儿时的游戏，老人的表情并没有太大的变化，但语速快了一些，像小孩子急切地想介绍自己的宝贝。随着年龄的增长，老人也许已经无法理解这些游戏对孩子们的吸引力，但这些游戏带给她童年的快乐已经融入了记忆，与儿时挂钩。

一痛便是裹脚了。虽然清朝时缠足已被下令禁止，民国时期也推行禁缠足政策，但在偏远的鲁西南，一些地方仍然沿袭着裹脚之风。在那个相亲只看脚不看脸的年代，“三寸金莲”是美女的象征。为了将来找个好婆家，她无法逃脱裹脚的命运。于是，刚满 6 岁没几天，母亲就用一米多长的白色棉布把她的脚紧紧地缠了起来，经过几个月反复多次的缠裹，她的 4 个小脚趾已经向大脚趾靠拢了，原来正常的脚掌已经像个纺锤形，那些游戏也离她越来越远。

痛不痛？答案不言而喻。老人的儿子说，老人现在走路久了就疼得厉害。

此时，我用心地打量一下老人，她的神情依旧不变，只淡淡地说了两句便不再多言，定定地望向门外。对老人而言，再谈及裹脚一事已没有多少愤怒、悲伤，那个时候的女孩皆是如此，不能埋怨，相比之后经历的诸多痛苦，也无须埋怨。

## 二、读书之梦

20 世纪 20 年代，农村孩子上学的年龄一般是比较大的，但并不是所有的孩子都能走进学堂，特别是女孩，想进学堂更是不易。学堂离她家并不远，但是，她想读书的梦却遥不可及，每每看到同龄的男孩去学堂读书，她的内心充满了渴望与幻想：学堂的情景到底是什么样？在学堂到底有多快乐？……她无比渴望自己有一天也能在学堂里正儿八经地念书，但这一切因为旧思想观念的影响成了永远的泡影，以至于老奶奶终生不识一字。

最近一段时间里，3 岁的重外孙女在村西头幼儿园里上学。一次，老人的大儿子去接外孙女放学，顺便把老人带到了学校门口散步。看到装修气派、漂亮的学校大门，老人突然像小孩似的缠着儿子非要到校园里走走、到教室里坐坐。最后老人的儿子征得了学校的同意，圆了老人家的梦。踏入校门的那一刻，老奶奶就像第一天刚入学的小朋友一样，对校园的一草一木都要亲自闻一闻、摸一摸，坐到小朋友的椅子上，拐杖放到一边，双手放到书桌上，两眼紧盯着黑板，仿佛有老师在讲台上授课。回到家里，老奶奶一直念叨："上学真好，学校真漂亮，我还想再去一次，孩子都得好好读书。"

## 三、"豪华"嫁妆

不能读书，又早早裹了小脚的农家女孩，小小年纪就开始帮家里做一些力所能及的家务了，特别是作为家中老大的她，六七岁便跟着母亲学习纺棉织布。冬日闲暇日子里，母亲手把手教过几遍后，她就能够上手了，但无法达到熟练的程度——纺出的棉线总是粗细不匀。经过几个季节的练习，她才逐渐熟悉纺棉的技巧，但手也被冻伤了。后来，她又学会了在夜里纺棉花，当时家里点不起煤油灯，一般都是父母用小瓶子自制个小灯，不到万不得已是舍不得点的，所以她又开始跟着母亲学习摸瞎纺棉。刚开始时，她纺出来的棉线总是无法形成纺锤形的穗子，但经过无数个黑夜的摸索，她终于练就了很好的纺棉本领，有时候一夜就能纺成 3 个棉穗。

日子在年复一年的劳作中过去，她马上就要 18 岁了。邻村的媒婆将她介绍给了 3 公里之外的村子里的一个赵姓小伙子，对方虽然同样家境贫困，但是媒妁之言、父母之命不得违抗。在当时的农村，组建家庭的初衷都基本不与爱情挂钩，只是在婚后，夫妻双方之间的"情"慢慢成了亲情，这个"情"，跨越了爱情的阶段。

一年之后，婚期将至，贾氏的母亲却愁得寝食难安，因为贾氏的哥哥前年刚结婚，4 个弟弟妹妹需要养活，家里连做一件新衣服的钱都凑不齐，更不要说买陪送的嫁妆了。但会做木工活的父亲却一直有个心愿：第一个女儿出嫁了，无论多么困难，都一定要给孩子做几件漂亮的家具。

最后，父亲决定伐掉院子里的一棵榆树和一棵梨树，用手锯一锯一锯地将两根原木做成木板，简单地晾晒一段时间，待到木板湿度不大时，父亲亲自为女儿做起了嫁妆。一个月后，那些木板在父亲这个能工巧匠的手下变成了 4 件嫁妆，又经过对外部木面打磨、刷漆的处理，4 件嫁妆变得非常漂亮，做工细致，刻工精美，装饰讲究。4 件嫁妆分别为一个装被子和衣服的柜子，一个带抽屉的长条桌，一把时尚的围椅，还有一个奢侈的梳妆盒。这一套豪华的嫁妆做工十分精致，让当时许多姑娘心生羡慕。只是经过 80 多年的时光磨损，目前留下的只有老人最爱的梳妆盒底座和残缺的椅子架了。其余的家具作为老人大女儿的嫁妆陪嫁出去了，当正好是 1960 年，老人不忍心让自己的闺女空手嫁过去，怕婆家人瞧不起，于是把自己心爱的嫁妆送给了她。

## 四、勇挑重担

嫁到赵屯村后，人们对她的称呼变成了"贾氏"，生活按部就班地进行着。她晚上边干活边哄孩子睡觉，唱着纯朴的歌谣：小老鼠，上灯台，偷油吃，下不来，骨碌骨碌滚下来；小镰刀弯又弯，拿着镰刀上南山……生活虽然谈不上富裕，却尚可基本糊口，只是接下来的几年甚是艰辛。

1960 年前后，老人家的粮食收成并不好，全家的吃饭问题成了眼前最大的困难。

难熬的时光终于过去，老奶奶想着，终于可以让日子喘口气了，一家老小也可以好好在一起了。可是，也许她注定在 40 多岁时要经历诸多坎坷。

多年辛苦劳作的老爷爷得了痨病，由于无钱求医，只能用农村的土办法进行治疗。老奶奶说，得这种病原因是老爷爷一直出太多苦力又长期吃不饱饭。老爷爷兄妹 6 人，他排行老二，仅有的一个哥哥 10 多岁就去沈阳参军了，三弟从小就上学，还有两个妹妹和一个弟弟年龄尚小，由于父亲去世较早，所以家里的重活、苦活都由老爷爷一个人承担了。老奶奶嫁过来之后，接连生了 5 个孩子，一个大家庭将近 10 口人需要吃饭穿衣。虽然老奶奶心灵手巧、勤劳贤惠，但由于裹了小脚，无法下地干重活，只能在家照顾一家人的饮食起居，喂养牲畜家禽，纺棉织布。

1965 年底，大儿子刚刚放假回家，病了一个冬天的老爷爷撑不住了，带着万般的不舍离开了全家老小。此时，家中还有 3 个孩子未成年，15 岁的大儿子在上高小，二儿子 12 岁，三女儿 9 岁。老爷爷的突然离世，对老奶奶来说，就像天塌了一样，家里的顶梁柱没了。生活的全部重担落到了老奶奶一个人身上，她有过绝望，但看着年迈的婆婆和年幼的孩子都需要吃饭穿衣，她默默下定决心：我一定要撑起这个家，相信好日子一定会到来！柔弱的、小脚的老奶奶内心变得无比坚强，每天天不亮就去树林里扫落叶，去地里割猪草；白天跟着生产队里的男劳力一样干着重活；晚上等孩子们都睡了再纺棉、织布，给老人孩子做鞋子和衣服。

## 五、春风来了

20 世纪 80 年代初，伴随着改革开放的春风，农村联产承包责任制的号角终于也在鲁西南这个偏僻的小乡村——赵屯村吹响了。此时，老奶奶已经接近 70 岁，但她依然精神矍铄、干劲儿十足，好像又焕发出青春的活力，干活的激情不因年高而衰退，对生活的热爱不因即至悬车之年而减弱，她有一个美好的梦，对于能实现这个梦更是深信不疑。

春天，是播种的季节，更是充满希望的季节，她在自己的田地里如同其他中年人一样，精心打理并用心呵护自己的庄稼苗，小苗在和煦春风里来回摇头，好像在向她致意。她看到充满活力而又旺盛的庄稼苗时，内心都充满喜悦，因为她知道，这都是满满的希望。每当此时，她历经世事沧桑的脸上都洋溢着幸福的笑容。此时，我不禁想起杜甫有诗云“酒债寻常行处有，人生七十古来稀”，然而老奶奶的“古稀之年”可谓是“壮年”。

夏天，炎热的太阳下，依然会经常出现老奶奶的身影，劳碌的背影充满着毅力，硬朗的身子骨流露出倔强，头顶的草帽只能为她微微遮阳，脖子上的围巾也不能阻挡汗水浸湿她的衣裳……此时，我的内心被深深地触动，不禁一阵酸楚，而老奶奶流露出来的表情，并没有展现出生活的艰辛，而是充满着骄傲与自豪，为在古稀之年能独立劳作而骄傲、能自食其力而自豪。

秋天，收获的季节到来，她内心充满着对好年景的期盼，当然，上天也非常眷顾这些不负生活的人，你不负生活，生活也必不负你。果然，她喜获丰收，灿烂的笑容表露出了她对生活的满足，对慢慢会过上丰衣足食的日子充满信心与希望。她虽然不能读书看报，但始终相信，在党的领导下，一切都会变得越来越好。

是的，没错，一切真的变得越来越好了，老奶奶那个美好的梦——能够丰衣足食，终于实现了。

但老奶奶连做梦都想不到的还有更多，随着改革开放的不断深入，各项惠民利民政策不断推出，全国各族人民都沐浴在党的春风里。

2005 年 12 月 29 日，第十届全国人民代表大会常务委员会第 19 次会议通过了《关于废止农业税条例》的决定。意味着自 2006 年起，农民再也不用交公粮了，一切丰收成果归属于自己。此时，老奶奶已将近 90 岁，儿女们也早已不让她独立劳作了。由于取消农业税，农民已再无负担，老奶奶与家人的生活得到更加明显的改善，物质和文化生活都有了质的飞跃。

随着经济的不断发展，国家对农村老年人的关爱越来越多。2011 年起，山东省开始对老年人发放高龄津贴与养老金。老奶奶的大儿子说，2019 年，老奶奶一年能享受到国家发放的 6000 多元津贴。如此一来，老人的基本生活得到了有力的保障，生活质量也得到了极大提升。老奶奶经常说：“现在党的政策真是好啊！老百姓种地啥也不用上交了，反而国家还发给种地补贴，老人还发生活补助，看病还给报销，每季度医生都来家里给免费查一次体，小孩上学也不要钱了，小胡同都成水泥路了，原来大地主也不能天天吃白馍呀，现在天天都可以吃肉啦！儿孙们都在城里买上楼房和小轿车了……”

老奶奶及其家人发自内心的感慨，让我深深地体会到：国家各项惠农利民政策的落实，极大地增强了人民的获得感、幸福感和安全感。

## 六、勤俭依旧

“老奶奶的两只袜子怎么不一样？”无意间低头，我发现老奶奶脚上穿的两只袜子颜色不一样，左脚蓝色、右脚白色。“是老人眼神不好，穿错了吗？”我心想。

看到我满脸疑惑，老人的大儿媳禁不住哈哈大笑起来，无奈地说：“实在是太节俭了，这些年来，袜子如果一只烂了，就留着好的那一只，等着配另一只不烂的穿。我们做儿女的，也都顺着她，只要老人开心高兴就好。”

老人的大儿子在旁边补充说：“老母亲的衣服只求干净整洁就好，有时候一件花布衫都穿十多年，还经常对孩子们说：衣服只要不是烂得无袖无领了都不要扔。洗衣服用的水从来不肯直接倒掉，都是用来冲拖把或者刷比较脏的器皿。每次身体生病时，都是去地里找点野草，到家煮煮就当药喝了，没有去诊所看过病，不吃药打针，都是自己扛过去。”

谈及养生之道，老人的饮食起居与我的认知并无太大差别，六七点钟起床，与家人一起吃饭，不多吃肉，经常喝粥，早上一个鸡蛋，每天一壶水，晚上七点钟睡觉，十分规律。但让大家有些意外的是，老人的脾气并不是很好，比如听到不爱听的话就控制不住自己，立即生气发火，但气一会儿就没事了，从不生闷气。这几年老人的听力并不太好，也不太能讲话。老人的儿子告诉我，“聋哑”对老人而言，不能算坏事，许多时候，年迈的老人听不到，会减少她生气的次数，心情没有大起大落，更加平和，或许也是长寿之道。

采访即将结束时，老奶奶又习惯性地把头转向了院子里，静静地望着某处出神，若有所思，和笔者刚入家门看到她那一刻的神情一模一样。细细去看，老人的眼眶中有些许泪水，似在怀念，似自成一个世界。何尝不是呢？百余年的时光对浩瀚宇宙来说，着实微不足道，但对老人而言，已足够漫长，漫长到可以经历所有的起起落落，经历无数生命的离去与开始。岁月让老人的听力不再敏锐，眼睛也不再清澈，或许这是给老人更多的机会去咀嚼过去的光阴，在记忆之海中游荡，时而拾取一个碎片，也许又有了不同的体会。那个内心的世界，她为缔造者，定义了何为信念，何为追求，并且用一生去坚守。笔者相信，她做到了，从而取得了内心的平静与圆满，更多的人与事已再难融入其中。

## 采访手记

2019 年 7 月 27 日下午，在家人的陪同下，笔者满怀激动与好奇，前去采访了一位年逾百岁的老人。冒着炎热的酷暑，笔者很快便来到了位于鲁西南的这个普通的村落。这是一个典型的中国式院落布局的村庄，家家房屋虽不是统一布局，但户户坐落有序。在老奶奶年近 50 岁的孙子的带领下，笔者顺利地到达了老人的家。3 间普通的简陋瓦房为正屋，院落大门为一简易门楼，位于院南部正中央。院内虽为土地，但不失整洁，东南部分为一片菜地，西南部分则为果树花木与之相映，其余为空地，方便老人在院里自由活动。

志愿者与老人合影（陈丽　摄）

看见老奶奶时，她正在屋里坐着休息，虽然不认识笔者，但仍起身热情地招呼笔者入座，说着浓浓的方言，虽然有点儿听不懂，但依然可以感受到老人的和蔼可亲。

刚开始采访时，笔者难免有些不知所措，但慢慢找到了状态。在了解到老奶奶的经历后，笔者不由感叹：

百寿老人　小脚行大道　持家有方

平淡生活　大爱暖乡亲　育儿有道

# 耕不完的田地，道不尽的一生

## ——赵雪玉老人传记

张雨露 北京师范大学 艺术与传媒学院 2017 级

### 人物生平

赵雪玉，女，1924 年 2 月 20 日出生，农民，96 岁，家住在山东省菏泽市成武县大田集镇陈胡同村。19 岁嫁给大自己 21 岁的丈夫，更名陈赵氏，膝下原有 3 女 1 男，二女儿 21 岁早逝，丈夫在她 63 岁时去世。老人一生历经磨难，却积极乐观。如今儿孙满堂，阖家幸福。

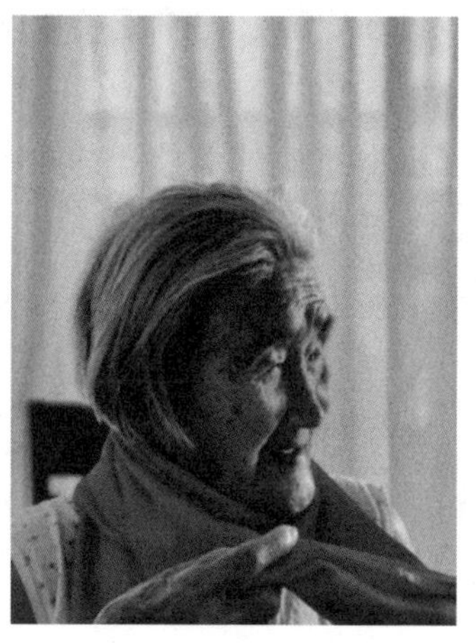

赵雪玉老人照（张雨露　摄）

### 一、年少已识愁滋味

赵雪玉于 1924 年出生于山东省菏泽市定陶县黄店镇赵庄的一个农民家庭，在那个艰难的时代，生活捉襟见肘。1943 年，19 岁的赵雪玉嫁到了 50

公里外的成武县大田集镇陈胡同村，嫁给了比她大 21 岁的丈夫，生活开启了新的篇章。可这在那个交通并不发达、信息不灵通的年代，这段传奇的经历也饱含着独属于艰苦年代的辛酸。

那年，村里来了个外乡挑担卖货的人，赵雪玉的母亲便上前和卖货郎聊起家常，问他家乡收成怎样，能不能吃上饭，想把女儿嫁过去。生意人一听这个情况，也自然而然成了媒人。但实际上赵雪玉的丈夫家也穷，早年因为长辈失手打死来家中偷牛的恶霸，一家人被迫卖地赔偿，所以赵雪玉的丈夫到 40 岁也没有人上门提亲，但是她的丈夫很有才华，在村里被称为“算盘能手”，凭这个手艺给村里算账目，备受尊敬。赵雪玉的母亲也是个开明的老人，本着谁家能吃得上饭、能让孩子过上好日子为原则，同意了这门亲事。相亲时，是赵雪玉的小叔子代替哥去见的赵雪玉的家人，所以赵雪玉是嫁过去后，才发现自己的丈夫已经 40 多岁了。

赵雪玉的母亲得知真相后，心疼女儿，让她实在不行就回家。但在男尊女卑的时代生活的赵雪玉却有自己的想法，她告诉娘家人：嫁鸡随鸡，嫁狗随狗，不回去了。

“我一直把他当有年纪的人照顾，馍都是给他单独做，他也没给过我气受。”这是她提起丈夫说得最多的一句话。赵雪玉婚后把家里收拾得井井有条，对公婆孝顺，与妯娌相处和睦，年龄最小的她脏活累活都抢着干，丈夫把一切都看在眼里，对赵雪玉也疼爱有加。

“我嫁到陈家，虽然日子过得穷，但是他（丈夫）没给过我气受。”赵雪玉面带笑容地说。

在那个动荡的年代，能够生存下去已经很困难了，哪由得自己选择夫婿和人生，生活的不幸，反而更让赵雪玉懂得了知足常乐。

## 二、绝境中生存

世间最大的痛，莫过于白发人送黑发人。赵雪玉一共生育了 3 女 1 男，不幸的是二女儿在一岁多时发高烧，在那个医疗条件差的年代，由于打针治疗的不专业，二女儿落下后遗症，生活不能自理，医生断定她活不过成年，心痛的赵雪玉不相信，竟然将二女儿拉扯到了 21 岁才去世。最小的孩子出生时，赵雪玉已经 40 岁了，公婆和丈夫年事已高，照顾几个孩子、丈夫和老人的担子便全部落在了赵雪玉的肩膀上。

几年后赵雪玉的丈夫 71 岁，突然得了脑血栓，落下腿残疾的病，只能扶着高板凳一步步挪动，赵雪玉丝毫没有怨言，悉心照顾丈夫直到去世。那时她最小的儿子还在上学。赵雪玉独自带着儿女坚强地生活，用瘦小的肩膀扛起了重担，直到女儿出嫁，儿子娶妻。

可是好景不长，儿孙满堂的赵雪玉本该享受天伦之乐，却因为儿媳的突然去世，生活发生了极度的转变。那时，儿子刚结婚十年，儿媳突发脑出血，留下了一双儿女，一个 8 岁，一个 6 岁，一个家庭一夜之间崩塌了。为了养活年幼的儿女，赵雪玉儿子只好外出打工赚钱，已经 70 多岁的赵雪玉重新当起了母亲，将孙子和孙女拉扯大。

虽然生活艰苦，但赵雪玉总是能把承受的压力转换为生活的动力，用乐观坚强的心态感染着孩子们，经常教孩子们一些脑筋急转弯、歌谣以及当时的励志歌曲。作为一名农民，用自己的双手创造财富是赵雪玉的人生座右铭，纺棉、织布、绣花……心灵手巧的她乐在其中，家里用的被单和衣服都是赵雪玉一针一线用勤劳的双手做成的。

学无止境。赵雪玉虽然出身贫寒，没有接受教育的机会，但是她却抓住生活中每一个学习的机会，年轻的时候，赵雪玉边照看孩子，边跟丈夫学习珠算、识字，积极去扫盲班学习。“一二三，模范班，学文化，搞生产，一亩实现千百万……”采访赵雪玉老人时，她出口成章，向我们背诵了很多革命号子，还有民间说书《罗生算卦》，一口气说了 10 分钟。

“我会唱《东方红》，以前吃大锅饭之前，都要唱这首歌，人家才给打饭。我感谢共产党，共产党像太阳，照到哪里哪里亮，哪里有了共产党，哪里人民得解放。”赵雪玉老人虽没有文化，却分得清是非黑白，在她的记忆长河中，承载了太多时代变迁和民间知识。几十年前，在农村静谧的夜里，虫叫声和犬吠声此起彼伏，年轻的赵雪玉和孩子们躺在床上，看着房间屋顶的横梁，给孩子们讲共产党的故事，毛泽东带领的中国共产党建立了新中国，带领人民走向了富强，百姓从此翻了身，所以时刻不能忘记他们。在赵雪玉老人的心目中，对毛泽东的敬爱超越了一切。她用自己的一言一行教会了儿女们学会感恩，这种心态和思想便像家训一样代代相传，影响着家人们。

全家福（张雨露　摄）

## 三、烽火硝烟的日子

这一代的百岁老人是最值得敬仰的，因为他们经历了太多时代的变迁和磨难，他们的奋斗一点一滴地堆积，才换来如今的幸福安康。赵雪玉老人提起战争，眼眶总是会湿润，本以为战争会让她印象深刻，她可以像聊自己年少时期那样侃侃而谈，但事实上，这段残酷而黑暗的时代带给她的，更多的是沉默。

赵雪玉嫁到丈夫家时正处于抗日战争时期。1937 年，日军在北平附近挑起卢沟桥事变，中日战争全面爆发，举国上下掀起了抗日的热潮。1945 年 8 月，日军宣布无条件投降，中国人民取得了抗日战争的最后胜利。这时候，定陶、菏泽、鄄城 3 个县的残余汉奸队，龟缩在菏泽城里，如丧家之犬，惶惶不可终日，人民对此无不义愤填膺，纷纷要求解放菏泽城，消灭汉奸队，菏泽光复战役爆发。解放战争时期，中国人民解放军晋冀鲁豫野战军主力南渡黄河，出击外线，在山东省西南部地区对国民党军作战，这便是历史上有名的鲁西南战役。在这样的烽火硝烟中生活过，赵雪玉老人的话是可信的：“八路军是好的，来村里都不拿老百姓粮食，而日本人看到全部都拿走了。”赵雪玉提到这段艰苦岁月时有些激动，她的知识储备有限，没有华丽的辞藻去表达，但是从她发亮的眼神中，体会到了她对八路军的赞赏和感激。

1943年冬，一整个连的八路军经过长途跋涉后，将队伍驻扎在了赵雪玉家所在的陈胡同村。日本军队十分猖狂，对八路军穷追猛打，隐蔽在百姓家的八路军们很多都遍体鳞伤。赵雪玉老人自己省吃俭用，在家中为八路军烙饼，并且每天送过去。路很远，尽管赵雪玉也很饿，但是一个都不舍得吃。路上非常危险，需要与日军周旋，一路上胆战心惊，怕被他们发现，就这样坚持了十多天。有一天，赵雪玉听到远方枪弹雨的呼啸声，深知这又是一场残酷的战斗。第二天，她照常去送烙饼。没有枪声，没有说话声，汗流浃背的赵雪玉推开了院子的门，眼前的一幕深深地刻在了她的脑海里，永远无法忘怀："一个人都没有咯，都死光了，饼就没有人吃了……"赵雪玉的声音有些颤抖。

整个院子被洗劫一空，门上、窗户上满是子弹孔，房间一片死寂，无数具尸体躺在地上，血流成河。赵雪玉看到眼前的场景，大脑一片空白。后来赵雪玉才知道，原来前一天夜里，日军发现了八路军隐蔽的地方。为了掩护老百姓不受伤害，八路军牺牲了好多人，幸存的战士便转移了。从那以后，赵雪玉对日军的仇恨与日俱增，赵雪玉坚信日军残忍的暴行终有一日会得到应有的惩罚，从而也坚定了她要为抗战做出贡献的决心。赵雪玉虽然只是普通的老百姓，但是却在生活中积极支持正义，为战争的胜利奉献出了自己的力量，正是这一点一滴力量的积累，才会迸发出巨大的力量。

1944年的夏天特别闷热。那年也正处在抗日战争的关键阶段，不断有八路军和日军路过村子。

一天，年轻的赵雪玉背着一岁的大女儿在农田里干活，路过的30多名八路军向赵雪玉亲切地招手，询问庄稼的收成。赵雪玉没有想到的是，巨大的危机正在逼近。大概过了两个小时，日本部队气势汹汹地追了过来，足足有200多号人。其中一名领头的日军粗暴地找上赵雪玉，质问八路军的去向。赵雪玉听着女儿被吓的哭声，看着一把把枪指向自己，心如乱麻，但她抑制住了自己的恐慌，表现出平静的神态，毅然决然地指向了相反的方向。

赵雪玉仿佛听到自己的心跳声，如硬物撞击一般。她意识到骗了日军，后果有多么严重，日军追不到八路军，必定会返回杀掉她。等到日本军队走远后，她便用尽全身力气拼命地往农田深处跑去，踮着三寸金莲跑到筋疲力尽，跑到头昏脑涨，背后女儿的哭声让赵雪玉措手不及，她要在日军意识到上当然后返回的时间间隙里，躲到他们发现不了的地方，不然等待她们母女的便只有死亡。每一分每一秒，都是与死神的殊死搏斗。终于，熟悉地形的赵雪玉藏在一大片隐蔽的高粱地里，一直等到天黑才敢出来，在这期间，她能清晰地听到附近扫射的枪声和日军气愤的辱骂声。赵雪玉眼泪大颗大颗地从脸庞滑落，却大气不敢喘一口。日军找不到赵雪玉，便悻悻地离开了，赵雪玉和大女儿就这样幸免于难。我问她："后不后悔给日本军队指错方向？"赵雪玉坚定地告诉我她不后悔。八路军救千千万万的百姓于水深火热之中，尽管自己九死一生，也要用实际行动回报他们，这是赵雪玉对战争印象最深的一件事，也是她最自豪的事情。

"大难不死，必有后福，以后就是活一天赚一天。"

## 四、苦尽甘来

96 岁的赵雪玉四世同堂，最小的曾孙刚几个月大，快要差了一个世纪。她身体还很硬朗，就是有些耳背，儿女们跟她说话，都要紧紧贴近她的耳朵，重复很多遍，她还是会经常听错。每次家庭聚会，她都会静静地坐着，笑眯眯地看着儿女、孙子们说说笑笑，她也自得其乐。这应该就是赵雪玉老人的天伦之乐吧。

本来老人一直在农村老家生活，但是因为行动不便，村里的道路坎坷不平，曾摔倒过两次，身体健康出现暂时的问题。赵雪玉的家人们经常从农村把她接到城市的养老公寓住，等到养好身体再回家。赵雪玉住不惯城市，她还是喜欢农村的生活，这里让她更自在。赵雪玉老人在家的时候，经常把自己家里小菜园的杂草除得干干净净。家人们怕她劳累，不想让她干活，只想让她舒舒服服地歇着。可是赵雪玉老人却觉着闲下来不自在，她已经习惯了忙碌劳作的生活，无奈之下儿女们便让她做些剥蒜、收拾棉花等轻松的家务活。春天和秋天，天气不冷不热，赵雪玉在 3 个儿女家轮流住，夏天和冬天农村没有空调和暖气，子女们就把她接到城里的养老中心，时常去探望她。赵雪玉老人无论到哪里住都很知足，她在跟我们讲述自己的故事时，从来没有说过邻里亲戚的缺点，相反，在她的眼中，每一个人都很善良，每一个地方都有好风景，每一天都有美好的期待。她的长寿秘诀，除了粗茶淡饭的饮食之外，还有良好的心态，对生活永远充满感激和期望，对任何事怀有一颗童心和好奇心。

有一次，赵雪玉的外孙女带她去游乐场玩，面对琳琅满目、五颜六色的游乐设施，她感叹着时代变化之快，几十年前的她根本想象不到世界如此绚丽多彩。她年轻时的世界，只有泥泞的村庄土路，青赭色的砖房，褐色干枯的棉花柴，绿色的树叶和漆黑带着点点星光的天空……赵雪玉老人看到一辆卡通儿童车，上面坐满了嬉笑玩耍的小孩子，她赞叹不已，家人们问她想不想坐，她露出了孩子般的笑容，想要体验一下。赵雪玉的双手细细长长的，年轻时候的她用这双手创造了无数的财富，如今这双手因为岁月的侵蚀变得肤色暗沉，星星点点的老年斑爬满了手臂。此时她正用这双手扶住蓝色儿童车的把手，车子开动的一刹那，她张大了嘴，开心地露出了灿烂的笑容。

赵雪玉的家人也把她当成老小孩看待，他们觉着赵雪玉一生经历了太多的磨难与痛苦，想要在她晚年补偿应得的幸福，时不时地带她兜兜风、去公园欣赏风景，听她唱歌、听她诉说过去的事情，她的外孙女还会把她的生活以视频的方式记录，发到抖音和朋友圈，留住更多老人的影像——那是属于赵雪玉的黄金时代，即使那个时代硝烟四起、苦难缠身。

“姥娘，现在新中国成立已经70周年啦。”赵雪玉的孙女附身，贴着她的耳朵说。

“70年，好长时间喽，共产党和毛主席领导人们得解放，我现在熬出头了，享福了，你们的日子过得好，要好好学习、好好工作，为社会做贡献！你们看我现在多好啊，外孙女在成武（县城）、孙女在菏泽上班，曾外孙女在北京上学，我以后去哪儿都不用愁了！”赵雪玉自豪地说。

“奶奶，你能活到100岁！”赵雪玉的孙女告诉她。

“活到100岁，好！我活到100岁。”赵雪玉底气十足，被孙女逗乐了。

赵雪玉对养生之道有着自己的看法。最重要的是有一个好的心态，她从来不说别人的不好，不管是家人还是左邻右舍做出什么事情，她都从来不生气。其次是饮食的健康和良好的作息，不挑食，多吃五谷杂粮和蔬菜，保证充足的睡眠，晚上不去想不愉快的事情，永远对第二天的生活怀有憧憬，不管生活带给她多大的压力。

磨难是生活的必经之路，懂得幸福生活的来之不易，而更加珍惜每一份小美好。真正的豁达，是在十分的痛苦中，品尝其中一分的甜。

## 采访手记

关于艰苦的岁月
充满感慨
对于幸福的生活
充满感激

陈赵氏老人是笔者的太姥姥。这次拥有着采写人和外孙女的双重身份。

2019 年 7 月 28 日下午，笔者来到养老中心，轻轻地推开太姥姥的房间，正在休息的她听到声响缓缓坐了起来，眼神落在了笔者的身上，随即绽放出了孩童般的笑容。

“露露来啦！”

她的语气中满是惊喜和疼爱。96 岁的她虽然有些耳背，但是身体硬朗，思维清晰。前段时间因为摔伤，家人把她从农村接到养老中心疗养，已经五世同堂的她，儿孙们的名字都记得清清楚楚。

太姥姥的精神状态很好，看到给她带的礼品、丝巾和红包，以为是我给她买的，喃喃嗔责，说来就来带什么礼，让我自己留着，一边说一边把她柜子里的水果和牛奶都塞到我的手中。等跟她解释这些礼物的来源，并跟她介绍了学校组织的采写专项活动后，她才接受了。之前也经常听家人说起太姥姥的故事，她大半辈子生活艰苦，对现在的好日子格外珍惜，总想把好的都留给儿孙。

采访过程中，当问起她现在的生活现状时，她非常开心，“现在吃得饱穿得暖，熬出头了”，她的脸上洋溢着笑容，像个孩子，“我的孙子孙女都长大了，我现在享福了”。

太姥姥经历了近百年的时光，见过太多人和事物的变迁，她长寿的秘诀就是以积极乐观的心态面对生活，并善于发现生活中好的一面，另外，粗茶淡饭，规律的生活作息也是她身体硬朗的原因。

老人与志愿者合影（高香萍　摄）

一百年会改变些什么？河水依旧不舍昼夜，山川依旧枕卧寒流，但岁岁年年人不同。百年的岁月在太姥姥脸上刻上一道道皱纹，看着她布满老年斑的皮肤，握着她的手，感受着笔者血管里流淌着同样的血液。太姥姥在那个日寇猖獗、饥饿笼罩的年代，加之太姥爷的去世，她承受着巨大的压力，用野菜和树皮养活了孩子们。如果没有太姥姥的辛勤劳作，就没有我们如今幸福安逸的生活，笔者也从自己的家庭变迁史看到了新中国成立 70 年后，千千万万百岁老人的家庭缩影。

# 温柔行者

## ——王伯兰老人传记

郎玮 北京师范大学 外国语言文学学院英语系 2018级

### 人物生平

王伯兰，女，民国十二年（1923）农历六月十一生人，96岁，祖籍山东省潍坊市，现居山东省潍坊市坊子区坊城街道办事处蒋家村28号。王伯兰生于农村家庭，幼时辛勤做工，经历日军侵略，25岁出嫁，相夫教子，与国同行。为人善良温和，开明通达，在平凡岁月中体悟人生。

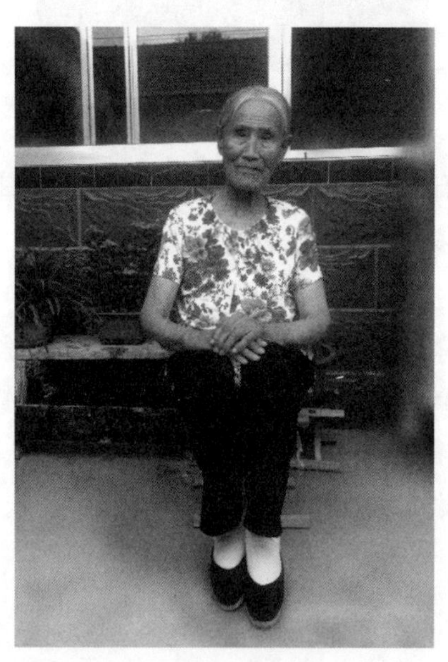

王伯兰老人照（郎玮　摄）

## 一、印象

位于山东半岛中部的潍坊市坊子镇是一个有着5000年悠久历史的小城镇。光阴荏苒，生命来往，在这个小镇眼里，再平凡不过。

民国十二年（1923）农历六月十一巳时，太阳未至中天，婴儿的啼哭声、屋外聒噪蝉鸣、天井里高大黑槐上隐隐约约的鸟叫声，各种声音混杂，宣告着王家石埠王维信家二女儿的降生。

王家世代以耕田为业，按现在的计量标准，田地数量50亩有余，家里有两头驴，一匹骡子，两头猪，家境也算殷实。带着为人父的欢愉，父亲给她取名“伯兰”。兰为王者香，芬馥清风里，只愿她一生淡然前行，一路淡淡芳香。

王家房屋坐北朝南。大门口以北有两棵高高的黑槐树，夏天到来，槐树枝叶繁茂，树荫近乎可以覆盖整个天井。生长在院子东侧的两棵楸树造型独特，枝干弯曲向东探去，像伸展的手臂。天井西侧则是一株圆枣树与一棵杏树，每年三四月，黄澄澄的杏子挂满枝头，酸涩的味道，现在还留在她的记忆里。后院零零散散长着几株荆树，到春天会开出好看的紫花。

小时候，王伯兰常与年纪相仿的女孩子一起玩耍，她们用绳子做皮筋，边哼唱口诀，边欢快跳跃。从地上随意捡起一把小石子，就可以一起比赛“拾波狗”[1]——抓起小石子扔到空中，接住的越多，也便越厉害。她也喜欢“打皮球”，所谓“皮球”，即将家里的废旧毛线一圈圈紧紧缠成球，将毛线球拍到地上，它会再次弹起来，这便是孩子们的“打皮球”游戏了。

那时候，街上尽是玩耍的小孩子，拾小石头、打皮球，嬉笑打闹，一直到太阳落山才恋恋不舍地回家。待夕阳西下，小燕归巢，家家户户飘起炊烟，倘若孩子们没玩尽兴，约上自家兄弟姐妹，大门口也是不错的玩耍之地。

王伯兰有一个大她三岁的姐姐，两个弟弟。孩子们之间吵吵闹闹是家常便饭。新颖好玩的玩具，刚出锅且热腾腾的窝窝头，刚摊好的煎饼，都可以成为他们争夺的物品，吵闹归吵闹，兄弟姐妹们的感情却丝毫不受影响。

---

[1] 拾波狗：我国北方部分地区的传统游戏之一。一般是几个人比赛，弄七八块小石子，先把一块石子放在手里，然后抛向空中，谁没有接住谁就输了；然后依次玩两块石子、三块、四块……谁玩的石子越多而能全部接住，谁就是赢家。

王伯兰自家后院有 3 间屋子，其中一间屋子为书房，听父亲说起，家里曾经雇师傅到书房教孩子，“私塾”，是她最早接触到的有关学校的概念。满天繁星下，她也曾幻想自己可以挥毫泼墨，吟诗作对。

只是，那个时代没有女孩子上学一说。看着两个弟弟陆续入学读书，她心里涌起一股莫名情愫。“闺房女子就该大门不出，二门不迈”，这一世俗束缚像无形镣铐，将她锁在家里，承担起一个女孩子对于家庭应尽的义务，揽活做工，补贴家用。

六七岁时，王伯兰便跟着姐姐王秀英做各种杂活，干活甚至成了姐妹俩在家的唯一消遣。杂活类型多样，比如“接网子”、包烟卷等。所谓“接网子”，即发制品初加工。王伯兰和姐姐一起，将厂家提供的大量长头发两根对接打结，一根根头发相接之后形成发网，发网的样式与复杂程度各异，6 扣、8 扣、12 扣；纯黑、纯白、黑白相间……

枯燥单调的工作一天天重复，有时头发缠成一团难以梳理，有时纤细的发丝会划破她细嫩的手掌，从黎明曙光初现，到夕阳余晖收敛，苦与累已成为日常。做好一批，姐妹俩将发网挂起，等待厂家验收。6 扣的发网一捆能换 4 毛钱，12 扣的则能挣 1 块 2 毛钱。其他诸如卷烟卷、包烟一类的活，一天也能挣几毛钱。她年龄虽小，却异常懂事，自己所做有其价值，苦也值得。

闲云潭影日悠悠，物换星移几度秋。曾一起玩耍的姑娘们不见了身影，两个弟弟陆续进学校读书，家里的田地播种一季又收获一季。王伯兰不知道的是，平淡生活表面之下，生命的潘多拉盒子正在缓缓开启。

## 二、折翼

9 岁那年，等待王伯兰的是那时每个女孩子都要经历的一道坎——缠足。

为何要缠足呢？家里人告诉她，“要想嫁出去，找个好婆家，就必须要缠足。”“三寸金莲”才是女人脚的标准样子。倘若不缠足，那可能不仅找不到好婆家，连婆家都是找不到的。

虽然只有 9 岁，王伯兰对于这种疼痛已有了大致的了解，身边大一些的女孩子、村里的妇女，个个都是小脚，姐姐的缠足经历，她也是知道的。

当这一天真正来临的时候，她带着未知的忐忑与惧怕，将双脚伸向宿命一般又长又宽的白布，她看着母亲将白布一圈一圈紧紧缠到自己脚上，脚趾关节被折向脚底发出的声响，骨肉拉伸产生的锥心疼痛，如刀刻石，刻进生命。

之后几天，她只要下地走路就会疼到出一身冷汗，夜晚自己偷偷解开白布，到白天会被更加用力地缠回去。唐僧给孙悟空念的紧箍咒也不过如此吧，兴许要想成长，只得度此劫。可这不曾经过理性检验的陋习，又为何应当存在呢？

女子断骨，蝴蝶折翼。

## 三、黑暗

坊子这座小城镇占据着相对重要的地理位置。1914 年 8 月"一战"爆发以来，日本与德国争夺坊子主控权，控制胶济铁路并占领沿路矿山，同年 9 月，日本铁道联队率部队占领了坊子及坊子煤矿。1916 年，日本在此设立了外交领事馆——坊子出张所，并陆续有日本侨民来经商定居。

1937 年，也便是王伯兰 14 岁那年，抗日战争全面爆发，日本在坊子镇设立宪兵队，承担当地警察职能，监管督查驻军。宪兵队在坊子的驻地名为百大营，距离王家石埠村也不过几里，日本鬼子日夜外出扫荡，烧杀抢掳，无恶不作。

王伯兰曾目睹日军暴行。大清早，石埠山上站岗的村民看到一行持枪黄衣日本宪兵队，匆匆忙忙跑回村子报信。"日本鬼子来啦！"

村里人闻声行动，他们带上家里有价值的东西逃窜，最多留一位老人在家看门。宪兵队从百大营驻地出发，身着一身土黄色军装，脚蹬高至大腿的皮靴，气势汹汹进村，挨家挨户扫荡，能抢则抢，抢不走则烧，更有甚者放狗追逐撕咬无辜老百姓，身强力壮一些的被掳去修路采煤，较弱一些的则被生生活埋，所至之处，十室九空。

王伯兰义愤填膺，恨不得自己变成扛起冲锋枪的战士与恃强凌弱的日军一决高下。但无奈，自己正值手无缚鸡之力的豆蔻年华，碰到日本鬼子进村扫荡，只有一个选择——逃。

她和姐姐带上家里的饼、窝头，以备充饥之用，跑向更远的村子或者田地，找地方躲起来，屏住呼吸，杂乱的脚步声、村里人的耳语声，清清楚楚的心跳声。这种压迫感与恐惧感，比噩梦可怕百倍。

这种被阴云笼罩的生活一直持续了 10 年。随着 1945 年中国人民抗日战争的胜利，驻扎在坊子的日本鬼子也开始大规模撤退，昔日耀武扬威的日本鬼子如今落荒而逃，可谓大快人心！

## 四、花轿

日本驻军坊子这 10 年中，动乱有之，反抗有之，平民生活亦有之。

王伯兰身边的女伴们陆续奉父母之命媒妁之言出嫁，只有她仍在闺中。

在父母包办婚姻的年代里，王伯兰的父母也在帮女儿寻觅着合适的夫婿。只是这一寻觅，就是将近 10 年，转眼王伯兰已到了 25 岁，成为村里人眼中“找不到婆家的老大姑娘”。她虽然嘴上说着“在家里多好，在家里享福”，心里还是暗自有些担忧，如果一直这样拖下去，会不会真的没有人要，只能自己一个人孤零零地过了？

为何王伯兰久久未能出嫁呢？一方面，日本鬼子在坊子地区扫荡侵略，社会动荡；另一方面，父母包办婚姻的传统使得女孩子们不具备自主选择权，也不具备争取婚姻自主的能力，只能依靠父母进行选择；再者，在这追求家庭条件“门当户对”的年代，要看对方家里条件如何，找个合适的人家更是一件难事。

终于，1947 年的一天，父母告诉王伯兰，婆家找到了，对方是蒋家村的一个 19 岁的小伙子，名字叫作蒋之俭，听旁人评价，他是一个“长得很秀气”的男人。未来，在这一刻有了隐隐约约的形状，这一天，终于还是到了。

女儿出嫁，准备嫁妆是一道必不可少的工序，父母为她备好柜子、箱子、四四方方的炕桌子、镜子，所需家具，尽可能备齐，父母对于女儿无声的爱，此刻也显现出来；媒人携来订婚证书，红底黑字，一笔一画，清清楚楚；给邻人、亲朋好友送去请帖之后，婚礼也便提上日程。

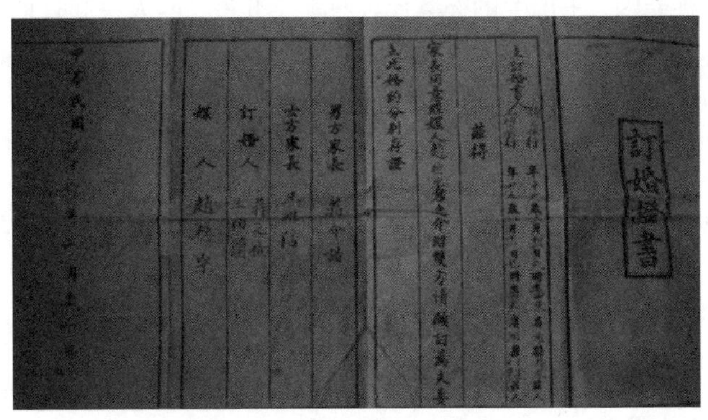
訂婚證書

男方家長

女方家長

訂婚人

媒人

王伯兰老人的订婚证书（郎玮　摄）

坐在4人抬起的花轿上，王伯兰感受着周围的一切，喜庆的喇叭声、铜锣声从轿子前方传来，8支大彩旗迎风招展，女童挑着4盏红灯笼，朝蒋家村方向缓缓移去。她妆容精致，凤冠霞帔，红袍绿带，长长的耳环随着花轿有节奏地起伏。红衣服与红盖头遮住了她此刻的泛红的面容，去往新郎家的路，仿佛无限漫长。

抵达蒋家，王伯兰小心翼翼走下花轿，新郎官蒋之俭用一根红绳牵着她，身后有两名女伴陪同。院内摆一桌子，桌上放置红蜡烛，几支香静静燃烧，桌腿上拴着一只活公鸡，昂首踱步。

走进屋子，拜过天地，拜过高堂，婆家人将公鸡从桌腿上解开，扔到屋顶上放生，获得自由的公鸡扑棱棱扇着翅膀，消失在众人眼中。

公鸡，即“吉”，取“吉利”之意，寓意婚事美满，万事吉祥。

少了红盖头的遮挡，眼前的男人确如旁人评价，清秀且高大英俊。王伯兰心里暗自欢喜，爱情，这一曾经距自己十分遥远的事情，此刻竟触手可及。

新的生活将在这里开始，往后余生，身为人妻，相夫教子。

## 五、年轮

婚后，王伯兰在蒋家住下，料理家务，洗衣做饭。每年农历正月十六，她便会带上孩子，带上看望爹娘的物品回娘家，一住就是一两个月，一直到寒食再回蒋家。

由于种种原因，王伯兰的婆婆比她只大了几岁，两人一起打理家内杂事、做工、喂养孩子，婆媳关系非常融洽。丈夫待她也体贴，她渐渐对这个家庭生出一种温暖的归属感。

蒋家也是田户人家，男人进田种地，女人在家做针线活。

在那时，并无“服装店”一说，穿衣戴帽都靠自己缝纫，仅仅是做衣服这一件活，也足够女人们日复一日年复一年地忙碌。

从脚上穿的鞋、鞋里垫的鞋垫儿，身上的裤子褂子，到头顶的帽子，一家人大大小小的衣服，都是王伯兰和她婆婆一针一线缝出来的。她的手也因为长期使用针线和顶针而磨起了茧子。

农村没有时钟，也未通电，村里人仍旧保持着日出而作、日落而息的传统生活状态。通过公鸡打鸣估计时间，已成为村里人的必备技能。

村里公鸡第四次打鸣，王伯兰便按惯例起床，准备一家人的早饭——扒灰、添水、加篦子、放干粮、烧火、开锅之后加玉米面，等淡粥熬好、干粮温热，她便停止放柴火，余温萦绕，炊烟从烟囱飘出，袅袅散去。将简单的早饭摆上桌后，王伯兰会在第五次鸡啼声中起身切一碗咸菜，等家里人起床吃饭。

在农村，设施落后，消息闭塞，人们前一天与后一天的生活其实无异。太阳会照常升起落下，公鸡会按照自己的生物钟在定点高声啼叫，男人清晨出门，傍晚归家，女人们忙着做饭做针线活，一天的流程就是在这样的往复中逝去。

只是，历史的车轮不会因为表面平静而停止向前滚动。

1948 年，坊子镇获得解放。

1949 年 10 月 1 日，伴随着礼炮 28 响，天安门城楼上传出郑重宣告，中华人民共和国诞生。

## 六、夭折

王伯兰 28 岁那年，终于有了第一个孩子。

看着这个新添的小生命，王伯兰与丈夫蒋之俭都欣喜不已，她心里想着该给孩子取什么名字，想着这个小娃娃将来一定可以成就一番事业。只是她没想到，意外比未来抢先一些。

“小孩一生下来就生疹子、生痘子，痘子有指头肚大小，看着真可怜。”

所谓“生疹子”，即“麻疹”；所谓“生痘子”，即“水痘”。现在看来一剂疫苗就能防疫的传染病，在那时却成为了一年之内夺走一村 40 条小生命的无情恶魔。

在较落后的地区，孩子一旦患病，就等于被判死刑。小孩子喝不下草药，当时也没有药物可以治疗孩子的麻疹或水痘，就算只是轻微的流行感冒、腹泻，都可能取走这个孩子的性命。

死刑同样判给了她第一个孩子。当这个小生命在痛苦中永远合上双眼时，丧子之痛，她初次有了切身体会。自己的亲骨肉，未来得及好好看看这个世界，也未能弥补她的缺憾进学堂学习，更未能有所成就，便匆匆离去，王伯兰心中满是郁结与愧疚。

按照村里的习俗，小孩子夭折是不可以埋葬的，大多用篦子或干草包起来，放到村后的水沟里，再用铁锹铲土稍微覆盖一下，送葬便算结束。

深夜，村后传来阵阵狗吠声，一声，一声，像锤子砸铁钉一般钉进王伯兰心里，锥心刺骨。

直到王伯兰 30 那年，她才有了一个女儿。之后，陆续有了 4 个孩子，其中一个未能逃过传染病的厄运离世。2 个女儿，2 个儿子，成为了她生命里的色彩。

## 七、行者

新中国成立后不久，村里就组建起生产队、农业生产合作社，家里的田地一并上交集体进行统一管理耕种。丈夫在队里负责赶大车运物资，大车是分配到的，车轮为木质，时间一久，磨损严重，赶车行进时会有节奏地上下颠簸。生产队建成之后，村里开始吃食堂，按户分配农具，并以抽签的方式分配队内物资，以示公平。

1955 年，家里添了一个男孩子，比大女儿小 3 岁。丈夫在队里赶车，王伯兰在队里套牛推磨，两个孩子在家里，大女儿偶尔来帮她做点活，日子还算安稳。

接下来，蒋家与大多数中国家庭一样，经过“大跃进”与三年困难时期。

身处困苦，却未曾放弃希望。正是在这种信仰的支撑下，在为人妻、为人母的责任感激励下，王伯兰得以熬过这最为困苦的 3 年。

1962 年，“调整巩固充实提高”八字方针发布。

小至村落，大至国家，都在慢慢恢复元气，人们的生活也逐渐有了烟火气息。

那时候，家里的孩子虽然顽皮，倒也听话。

王伯兰与丈夫都是淳朴的庄户人家，在教育孩子方面没有什么高深的大道理，与孩子聊天时“要好好做人”的劝诫，孩子离家前一句“出去别跟别人打仗”的叮咛，孩子从学校回来后“出门拔草喂兔子”的催促，都成了孩子们印象里母亲的教育记忆。

言传之外，更有身教。

20 世纪 70 年代初，大女儿也到了出嫁的年纪。先后有两三个媒人上门提亲，到这时，包办婚姻的色彩已经削弱很多，大女儿能够见到上门提亲的对象，并有了自己做出选择的自主权。就像王伯兰所说的，“女儿愿意才可以”。之后，大女婿以青年的执着每天上门帮女儿做工，久而久之，也便确定了关系。

女儿出嫁，按照习俗是要做被子陪送过去的。怀着忐忑的喜悦，王伯兰到好几里远城镇的集市上买来做被子用的棉花。背着这份沉甸甸的幸福回家后，她才发现，商家多找给她二三十块钱。二三十块钱，在当时可是一笔不小的数目啊，自己上门的钱财，留下也不会有人知道。但她转念一想，商家辛辛苦苦摘棉花、弹棉花，起早贪黑运到集市上卖，结果因为失误而有这般损失，换位思考一番，她做出了选择——搭上好几里路把多找的钱还给商家。

诚信做人、善良处世，无须言语，实践便足够。

## 八、相夫

1978 年，改革开放的春风开始陆续从中央吹向全国各地，“生产队”“合作社”“集体食堂”，五六十年代被推至顶峰的词汇逐渐淡出人们的视野。

1982 年，家庭联产承包责任制推广到坊子，生产队陆续解散，家家户户重新分配到一定田地进行自主经营。分地之后，蒋家分到一辆大车、一些耕种必需的农具，像铁锨、二叉子等，一家的基本生产需要得以满足。

生产队取消之后，王伯兰的丈夫蒋之俭一边种地，一边用空余时间回收废旧瓶子，年纪再大一些，他到坊子街的工厂看大门，一月给 60 块钱工资，24 小时轮班，即守一天一夜，再休息一天一夜。这种对精力体力要求极高的工作，让谁来做都很难吃得消。王伯兰看在眼里，疼在心里，她能做的，只是给丈夫准备好下一天的食材，整理好铺盖，送他出门，再迎他回来。

到了八九十年代，儿女都已成家立业，田地交由两个儿子耕种，无须上缴公粮，也不再养马拉差，儿子、儿媳们都孝顺，王伯兰半生操劳，到这时才不需要鸡啼而起，不需要因为没得吃而担惊受怕，一家人和和气气，日子缓缓流逝。

1997 年，丈夫 69 岁，因年迈离职。回家之后，他开始放羊。只是丈夫养的羊，命都不长，三只明明来年二三月份便可以生羊仔的母羊，总是在年底离奇患病，永远留在了旧的一年中。

就这样过了七八年，2005 年冬天，丈夫已经给家里的母羊找好了种羊，并相信它可以挺过寒冬见到春天，顺利生下一只小羊，再卖一笔钱。他想得没错，只是这一次，是蒋之俭永远留在了旧的一年。而这只怀孕的老羊，成了丈夫留给王伯兰的最后念想。

不会打理，也不舍得卖，王伯兰只得找儿子帮忙，她每天模仿丈夫的样子用玉米、麻糁、粗面兑水喂羊，摩挲着老羊的毛发，思绪飘回丈夫还在身边的日子。

老羊和小羊最终还是卖掉了。毕竟，生活总要继续。

## 十、暖春

“现在过得很好，这么多年头一次觉得自己过得这么好。”

提及现在的生活，王伯兰脸上绽开笑颜。

“吃得好，穿得好，不用干活，愿意去哪儿玩就去哪儿玩，已经十五六年没有自己动手做饭了。”她看一眼身边的大儿子，又笑了起来，“两个儿子都在附近，很享福！”

论及养生，老人摆摆手：“哪里有什么养生之道啊，好好吃饭，好好睡觉，有个好心态，就行啦！”

话虽如此，家人陪伴，心态平和，开明通达，活在当下，知足常乐，温柔行走，正是老人的养生之道。

虽然年龄日渐增长，她的心境却不曾被年龄束缚，而是勇于尝试，勇于挑战。

儿女、儿媳、孙子孙媳，皆待她如宝。66 岁那年，她亲自爬上泰山，用小小的脚攀登一晚上，观赏日出，一览众山小。去过两次青岛，她也不晕船，随着海浪摇晃，游览海底世界，开心得像个孩子。去寿光看过菜博会，去临朐爬过云门山，游过峡山、见过北海，登上安丘青云山的白云塔，旁人不禁夸赞：“这么大年龄都能爬上来，真厉害！”闲暇周末，孙子一家会带她到潍坊各种大楼里吃饭、玩耍。过年的时候，她穿上大儿媳妇送的正红色唐装，格外精神。

老人精神上积极开明，身体也健康，像一个老小孩，跟重孙子重孙女们一起，与其说是她哄孩子，倒不如说是孩子们哄她。她没事便在家里浇浇花，出门逛逛公园，老人爱吃肥肉，兴起甚至爱喝点儿啤酒。到了晚上，她会记起好多以前的事情，一边怀念感慨，一边倍加珍惜如今的幸福生活。

如今啊，如今……
如今，衣食无忧，生活多彩；
如今，四世同堂，儿孙绕膝；
如今，时代开明，尊老敬老；
如今，社会安定，国家富强。

## 采访手记

拜访老人那天，正值盛夏。午后，一家人在淅淅沥沥的小雨中出发，雨势一路变大，刚出门忐忑的心情，反而在雨声中慢慢平静下来。

老人与志愿者的合影（郎琨　摄）

老人住在大儿子家，刚进门，就见老人端端正正地坐在沙发上，衣衫整洁合体，头发也打理得很整齐。见笔者进来，她起身招呼笔者快快坐下，拿桌上的水果给笔者吃。采访开始之前，笔者走上前坐在老人旁边，握住老人的手，这是一双怎样的手啊，枯瘦沧桑，却温暖有力。老人手心的温度给了笔者力量，采访顺利开始。

从小时候接杂活、缠足，到见证日本鬼子扫荡，再到成亲，成家，成人，丧子之殇、丧夫之痛……困难时期的坚毅与隐忍，岁月打磨之后丝毫未损的善良与开通，一一呈现在笔者的眼前。老人的故事像一张泛黄的老唱片，小心翼翼放到留声机上，缓缓旋转，一圈一圈，时而平静悠扬，时而跌宕起伏，咿咿呀呀，唱着属于她自己的声音，也映射出时代的辗转变迁。

采访结束后不久，老人迎来了她的 96 岁生日，在家人为她准备的生日宴上，老人带上纸质小王冠，拍着手，听家里人为她唱生日歌，笑得像个孩子。

百年中国，历史由千千万万平凡百姓书写，王伯兰老人并非中国百年进程中力挽狂澜的伟人，也没有惊天动地的故事，她只是在平凡的生活中，像一位温柔行者，平和、善良、坚忍，温柔了时光，也被岁月温柔以待。

# 愿你温柔对待生活

## ——王渠氏老人传记

殷子涵 北京师范大学 艺术与传媒学院 2018级

### 人物生平

王渠氏（出嫁从夫后再未用过本名，原名无从考证，遵从老人记忆，文中未出嫁前化名小霞），女，汉族，1911年3月27日出生，今年108岁，江苏徐州丰县人，1929年出嫁，丈夫王金升，一辈子以农业为生，育有2子5女。老人家性格温和善良，睿智通透，一生与人为善，如今重孙辈的人已到了成年的年纪，儿孙满堂，一大家子的人相处和睦，母慈子孝。

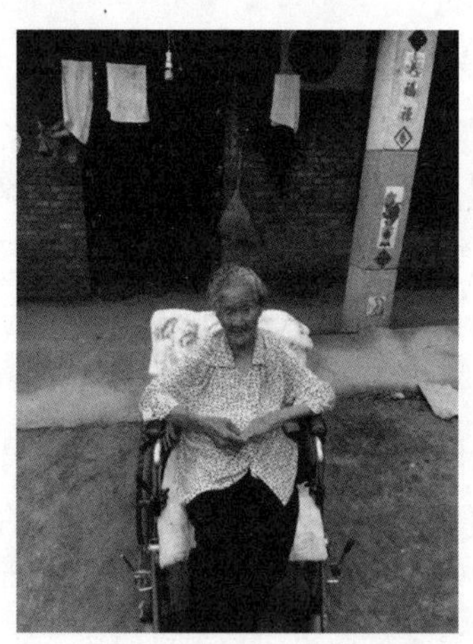

王渠氏老人照（殷子涵　摄）

### 一、土地与饥荒

“快，快，那棵树！”门外传来一阵窃窃私语，伴随着树枝折断和撸树叶的声音，门口不多的还有叶子的柳树上几个晃动的身影，地上被阳光打蔫的柳树叶越来越多，大门“吱呀”一声：“少摘点儿，给俺家留点儿。”一个枯瘦的身影有些急切地从院子里走出来，语气不强硬却带着不容置疑的味道，看到树上的人都悻悻地兜着刚刚摘的叶子下来走了之后，转身回到院内，地上堆积着煮好的柳树叶，她用棍子撇了撇，使得叶子与土地的接触面积更大一点，“嘶”，一不留神，一根不小的木刺插入手掌之中，她瞥了一眼用中指和拇指的指甲盖将其拔出丢进灶台里，仅仅用唾液沾湿了一下，沾了点土捂上止血。回到厨房，她拿了一个大盆将院子里的叶子淘起来，此时的她已然当了许久的王渠氏，生活使得她学会了各种劳作，所有的叶子翻进盆里，地上是一片灰绿色的水渍，她眨眨眼将快流到眼睛里的汗水抹开，扬了扬头，透过破败的院门看到太阳走着与过去完全相同的路径缓缓落入地平线，落下一抹不那么刺眼的霞，这个月才过了一半啊。她把这个月最后一点粮食倒进盆里，大幅度地搅拌着，尽量使每一片柳树叶沾上面糊，最后一屉柳叶面窝窝已经是几片柳叶上将将挂着一点点糙米面，锅里的蒸汽一股股地冒出，模糊了泥土糊的墙，像极了这发了霉一般的生活，锅里的糙米面和着柳树叶子散发出的苦涩味道，在她那时的记忆里，却是带着绝望的香甜。

“那柳树叶子哪能吃啊，拉嗓子，还又苦又涩，那时候没办法呀，煮了之后摊在地上，得是那种土路，让那个水渗到地里去，就能把那苦味儿去掉一些。”老人的儿子回忆起那柳叶面窝窝的味道时如是说，“那时候地里又不长东西，村里面的树叶子基本上都被撸完了，好多树树皮都给薅没了，能不饿死就不错了，那时候俺爹去山西干啥子去了俺也忘了，家里没吃的了，咋办？后来俺娘就带着俺和俺妹去要饭，三姐和大姐就留在家里等着。”

那时候老大有十几岁了，老三大概七岁的光景，母亲离开后，家里已经两天揭不开锅了，那时候各家的地里都荒得厉害，俩孩子在家大眼瞪小眼，老大摸摸索索终于找到小筐子里还有两把谷糠，舍不得吃，饿得实在不行了，两个人就分别捻一点点吃。谷糠很快也吃完了，老大便把老三留在家里，在晚上的时候偷偷爬到田里去偷，那田里只有大葱。半夜三更，一个小小的身影拿着铲子走路都不稳当，却还是猫着身子给妹妹带回来一小把羊角葱。“单吃葱那哪受得了啊，但饿得又没办法，每天睡觉前啃一口，辣得直吸溜气，就上床睡觉了。”老大如今也已是年逾古稀的高寿老人了，回忆起这一段时却仿佛有一种童真的自豪，“后来就再没去偷那葱了。”据老人讲述，后来她就趁晚上去各种她觉得可能有东西的地里乱扒，“俺娘说过，有力气就去找吃的，哪怕找不着也比在家饿死好！”结果还真让她在田旁边扒到两个甜菜疙瘩，她讲到这里的时候右手攥起拳头，左手在上边绕圈比画着，“有这么大两块疙瘩，可给俺高兴坏了！”但由于太久没有吃到饱饭，都没什么力气拎回去，她抱着那俩疙瘩一路走走停停，回到了家，就这样又撑了三两天。

“那天舅爷把我俩叫去跟老大说，西边大路溜边上有毛草根儿，让老大带着俺趁夜里去刨，刨完之后舅爷给用火燎了一下，记得那盘草根真香，真好吃。”一直没怎么开口的老三跟我们补充了后面的一段经历，“后来俺娘就回来了，一回来看见俺就哭啦，俺娘那时还以为老大饿死了就剩俺一个了嘞，其实俺那时也没饿死。”讲到这里时老三还笑了出来，三个老人并排坐着，眉眼间都不约而同地染上些笑意，她们每个人讲那最困难的时期自己的经历的时候，竟几乎没有一丝难过，更多的是历劫过后的岁月静好，仿佛过去的磨难都已被时间过滤掉了苦涩，揉进她们美好的回忆里去，留下的只剩心安与对当下的珍重。

“和那时候比呀，现在可是神仙般的日子哟！”阳光下，老人环顾着周围笑着说，“俺那时候讲‘楼上楼下，电灯电话’。这眼前不是，啥没有啊？”老人用力地从轮椅上坐起来，伸出右手颤颤巍巍地向前够去，直到手碰到了地里庄稼的叶子，满足地笑了，眼底的幸福感漾开了整张脸的线条，这是老一辈农民对土地对庄稼那种发自心底的亲近与眷恋。

“还记得那时候俺爹揣一大麻布口袋，驮在牛身上，走老远去找保长，交皇粮，其实每次交完之后家里就不剩多少吃的了。”王渠氏老奶奶回忆起从前的日子，对交皇粮的场景记忆犹新。诚然如此，土地支撑粮食，粮食支撑人民，而人民撑起国家。在交粮这件事上，老人的孙子补充道：“之前国家说不收粮了，还说要给农民发补助，奶奶高兴啊，一直不相信，在地里边坐着，摸着田埂子来来回回地说过去种地都要交皇粮的，这门子皇粮不用交了，还给钱让种地，这日子真好！”老人一家都是祖祖辈辈的农民，至今大部分孩子也都还是靠种地为生，老人看向农田的眼神中充满了温柔与依赖，仿佛带着人类原生的对土壤的亲切与感念。

王渠氏所在的王家在李河也算是比较体面的人家，在过去的时候，家里有十几亩地，养活一家人不成问题。尽管如此，家里还是只养得起一头牛，但由于土壤碱性偏重，一头牛犁不动地，整个李河的人家多半都会和别家搭伙种地，一家出一头牛，两头牛一起犁两家地。“地的肥力不行，种子也都是自己家留的，没有好的品种，有的玉米棒子上就长几个粒儿，现在一亩地能赶当时十亩地，那时候没有化肥，仅有的肥料就是自己家养的牛产的牛粪，要不就让孩子背着筐子到外面捡牛粪去，上到地里就算是上肥了；没有农药，只能自己搁地里捉虫子，捉不着的就只能让它吃了。”而现在的李河，农田一片欣欣向荣，机械化作业也逐步推开，各家纷纷加固了小楼房，买上了小汽车，就在我们采访中途，老人的重孙子开着一辆新买的轿车回来看老人，老人忍不住摸着车身，回头冲重孙子竖起来一只大拇指。

“那饿得不行的时候怎么留种子呢？”“那哪能吃种子呢？饿死了也不能吃种子呀！来年还要种地呀！”老人们脸上诧异而笃定的神情中，可以看到中国农民骨子里的坚韧。在农民眼中，再饿也不能吃种子，许多年过去，变的是生活条件，变的是科学技术，不变的是老一辈人对土地的信任与敬畏，更是对耕作的尊重与坚守。

## 二、出嫁与家庭

记忆中噼里啪啦的爆竹声在街边响起，那是1929年8月22日。“渠家的闺女出嫁了！”“模样俊一小丫头，竟然嫁到李河续弦去了，可惜了喽。”“这年头能吃上饭就不错了，留在家里，只能等着饿死，嫁出去不错啦！”就是在这样的熙熙攘攘中，小霞（化名）坐上了前往李河的牛拉的平板车，孤独地去向一个未知的世界。这是她第一次坐四个轱辘的车子，也是第一次穿上这红色的大褂，劣质的布料在太阳的炙烤下暴露无遗，不一会脖子和袖口的皮肤上都印上了深浅不一的红，像她的名字那样，不刺眼的红。老人回忆起这一段时，手中捻着盖在膝盖上的蚕丝被，还能清晰地形容那布料拉手的质感和粗糙的匝线，眉宇间带着似有似无的笑意，从中不难窥得这场婚礼于她而言那种历久弥新的珍贵。像王渠氏这样智慧的女人，无论生活多么寒碜，都能咀嚼出丝丝缕缕的甜。

在那个少女18岁就要嫁人的年代，30多岁的王金升已经算是个中年人了，上一个妻子难产离世不久，便娶了小霞过门，吃不饱穿不暖的战乱年代，爱情是富贵人家才值得考虑的事情。小霞是三座楼出了名的美女，聪明伶俐，却被乱世赶上，各座城外战火纷飞，日军即将过境，政府征兵数量不断提升，作为渠家唯一的男丁——渠善（化名），小霞的哥哥谎称眼瞎才躲过一劫，造化弄人，没过多久，渠善的眼睛真的看不见了，这使得渠家本就窘迫的生活雪上加霜，哥哥嫂子再养不起妹妹，将她嫁出，也算是放她一条生路。老人的眼神黯淡下来，分离换来的生路终是令人难过的。出嫁从夫，自打那一天起，小霞这个名字便再没出现在过她的生命中，取而代之的是温和端庄的王渠氏，老人平和的表情使得脸上的沟壑舒展开来，让我隐隐觉得，倘若能温和地面对生活，处变不惊，成长也并不是一件可怖而难过的事。

当年出嫁的少女一转眼已经坐上了长辈的位置，一辆崭新的红色轿车开进院子，老人至今都记得那个场景，车轱辘还是漆黑的，途经的地方扬起的尘土都仿佛一朵朵绽开的花，大红色的车身洋溢着喜庆，两边的后视镜再宽一点就要擦到大门的框上，这是王家嫁孙女的陪嫁，老人坐在床上，看着孩子们把一床床绣好的喜被搬上车里，还有电视机和电风扇的纸壳子，机器早已送入二人在城里的新房，看着远处新郎官的接亲的车队慢慢靠近，老人略显混浊的眸中似乎闪现了光。“奶奶当时握着我的手慢慢地收紧，很快我的手就出了汗，另一只手捋着我的喜服的一角，我当时还听到她说着‘出嫁了真好，咱小桂香（化名）都出嫁了，这风风光光的，多好。’”老人最小的孙女这样向我们描述她出嫁时老人的模样，现如今，她的孩子也快要成家立业了。

中国传统的大家族人丁兴旺，但是人际关系错综复杂，若要处理好这一大家子人的各色矛盾，还得靠老人家的睿智与通达情理。婆媳关系自古是中国人难以调和的家庭矛盾之一，王家的儿媳却出奇一致地对这个婆婆交口称赞，都说婆婆要将儿媳当女儿看待，但又有几个人能够真正做到，王渠氏却是如此。

在一次家庭矛盾中，大儿子和媳妇尊兰闹了矛盾，那时年轻气盛，大儿子打了尊兰一巴掌，尊兰当即离开了家门，一整天都没有回来，老人带着全家人满村寻找一直到深夜，才在隔壁村的一家亲戚那里找到，儿媳妇赌气出走，在那时足足值得王家人好好教育一通，尊兰后半夜跟着回到家之后，却只是进了王渠氏的房间，躺在被子里，尊兰装作睡着的样子，听到的却是老人家的哭泣，老人一边轻轻捋着尊兰露在被子外的胳膊，一边小声啜泣着“乖乖，你可吓死俺了，安全回来就好，你可吓坏娘了，俺训老二了，下次可不敢这样跑了……”言语间尽是担心牵挂后的难以平复，尊兰没忍住，连忙从被子里探头出来，冲着王渠氏一个劲儿地笑，“嘿嘿，吓着娘了，俺以后不跑了。”那一夜，尊兰到入睡时依然紧紧拉着王渠氏的手。

王渠氏有两个儿子，自然便有两个儿媳，大儿子的媳妇尊兰和二儿子的媳妇翠莲家长里短免不了常常产生矛盾，王渠氏就常常到两个儿子家里看看，一家媳妇这边有什么忙不过来的了，王渠氏主动去帮忙，同时让另一家的儿媳妇去帮助有困难的一方，老人虽是温和，但说一不二，二者最初的不情不愿，在这么一来二去的相处中，变成了真正的互帮互助，误会也因长期的沟通而解除。

孩子与表兄弟之间的矛盾也是不可避免的，成年之后更是如此，二儿子就曾因利益问题与表兄产生争执，并非大事，却使得两家绝交了不短时间，一次正赶上那位表兄家办丧事，二儿子下完地一回来，老人便拉着他的手说，刚刚表兄来找过他，请他前去帮忙，没见他人，便先去了。听母亲这么说，二儿子便飞快赶往，两兄弟便化解了矛盾，许多事情都说开了，两家人也恢复了正常的相处，一大家子人又和谐如初。“说到底，都是自个儿带大的孩子，自个儿熟悉，都不是不讲理的，把话说开了，一家人能有多大的仇呢？”老人笑眯眯地看着儿孙们，从她的慈眉善目中渗透着家主的威严。

不但对自家人熟稔温情，骨子里的善良更是体现在她对别家人的关照上。“渠奶奶是个什么样的人？善良啊！”五十多岁的连涛（化名）在我们一旁坐下说，“俺爹还是渠奶奶抚养大的。”那年她刚刚结婚没多久，连涛爷爷就被抓去当壮丁，就剩连涛父亲一个三四岁的小孩在家，虽然王家在当时算得上中农，但抚养这样一个小孩并不是一件容易的事，更何况当年王渠氏也才十七八的样子。但她不愿意看着邻居家的小孩陷入必死的境地，王渠氏最终还是把他抱回了家。如今不仅连胜（连涛父亲，化名）长大成人，连他的孙子都已成家立业，最终护下的是一整条血脉。当年她以一个柔弱的身躯力排众议，背后受了多少指指点点，个中又有多少辛酸，王渠氏不曾提起，我们也无从得知，但从老人看着连涛的温暖笑容中便可看出，老人从未后悔当年救过那个孩子。

## 三、关于现在

如今老人家已是子孙绕膝六世同堂，过上了老人曾经想都不敢想的“楼上楼下，电灯电话”的生活，百岁老人每月有当地政府 300 元的补助，农村人之前是没有按月拿过工资的，这 300 元虽然并不算多，在老人眼里却是意义非凡，许多年过去了，每当孙子从城里带回那 300 元的时候，老人都郑重其事地双手接过，成就感与喜悦溢于言表。

老人如今和儿女生活在一起，最小的女儿如今也是 60 岁高龄了，几家却还坚持每隔几个月让老人换一家住，一来是各家孩子都能和老人亲近一些，二来也怕老人总在一个地方待久了无聊。留在村里的孙辈几个孩子轮流照看着几个老人，已经在城里生活的几个重孙辈的孩子们也常常回家来看望老人，也会带一些新鲜玩意供老人消遣，比如有质地轻柔的蚕丝，有雕花精致的戏匣子，等等，盘点着孩子们送来的这些礼物，老人的眉宇间尽是欣喜，甚至还带着点炫耀的骄傲感，好不可爱！

老人年轻的时候是村里唯一一个开小卖部的，小孩子都爱来这里买零食，老人也喜欢小孩子，便会在兜里揣上糖果，只要有小孩子来就给一个，因而到今天老人兜里的糖果也没有断过，只要有小辈们来看望她，就往手里塞糖，虽然时代已经进步，一块糖果已经不复当年的吸引力，孩子们还是会开心地接过，老人也会为孩子们的笑脸而舒展开脸上的皱纹。

老人家的勤劳仿佛是长在骨子里的，虽然如今已经有 108 岁了，却还是闲不下来，家里门上常年挂着干玉米，老人闲着无聊就坐到门下顺手搓搓玉米粒，家里人怕她累着，不愿意她多干活，却是几天就要被催着换门上的玉米了。

谈到长命百岁，王渠氏一家人都表示，不过图个天伦之乐，儿孙孝顺，老人自身心灵通透，才是最大的养生秘方。

全家福（受访人提供）

面对如今的幸福生活，王渠氏最想对年轻人叮嘱的就是：“现在生活这么好，大家都开心就好呀！知足常乐呀！”“大家都开心就好”，看似简简单单的几个字，却是老人一生所奉行的行事准则。蔡康永说：“高情商从来都不是委屈自己，而是在捍卫自己真实想法的同时，让大家都体面，自己也开心。”王渠氏是一个有这样大智慧的人，一生与人为善，不委屈任何人，像一缕风，聪明地周旋调和周围人的矛盾，同时也舒服地做自己。

## 采访手记

在采访王渠氏老人之前，“长命百岁”对笔者而言不过是常常出现在饭桌上或拜年时对他人的一句代表吉祥的祝福，笔者无法想象一个走过百年风霜岁月的生命，应是在以什么样的姿态面对生活，以为更多的会是藏在皱纹中的难过与沧桑，不想竟是沉于眼底的平静温和。

采访过程中，老人给笔者最深的印象就是睿智与温柔，老人说话总是慢慢的，轻轻的，没有什么大幅度的表情，讲到最艰难的时候，只是时不时地看向远处，不时停下来咂咂嘴，而讲到一些珍贵的美好的记忆之时，嘴角会微微上扬，为恬淡的表情增添上一丝温暖。百年的时光使她波澜不惊，所有苦难与幸福都生长成了如今的平静。

通过与老人周围的人聊天了解到，老人年轻时是出了名的美人，却一直不愿照相，这令笔者这个学电影热爱影像的人有些疑惑，后来确实在采访中发现，老人的情绪最激烈的时候便是抵触相机的时候，老人的孩子解释道，老人一直坚定地不想在身后留下太多影像，老人家讲究被收进相片上是不吉利的。一代人有一代人身上的烙印，长时间的采访已是对老人体力精力的极大挑战，便没有强求与老人合影。我们新生代，拥有超高的物质生活支持，充满活力却也溢着浮躁戾气，或许时常回首看看那些离土地与历史更亲近的人，才懂得温和宽厚的力量吧。

采访最后，笔者与老人道别，老人拉着笔者的手，一遍遍地重复着："小娃子真好啊！常来家里玩啊！"温柔慈祥，看着几位老人挥手道别，笔者心中一时五味杂陈，王渠氏老奶奶的一生坎坷颇多，她有太多的理由悲泣，却依然欣喜。她以温善和智慧与生活握手言和，不曾怨人，百年岁月匆匆流去不曾带走她的善良通透，她在内心深处悄悄地将所有不幸与难过埋葬，仅留美好的回忆放在心底，历经雨雪风霜，却眉眼如初晴朗，而我们身处最好的时代，却常常为一点小事怨天尤人，满身蛮横地对待世界又口口声声说是生活的暴击改变了我们，是不是因为我们总是充满戾气地面对生活，才使得怨气愈烈，渐渐泯灭了最初的温和?

愿你我都能温柔地对待生活，也能被这世界温柔以待，永存善念，温暖纯良通情理，知足常乐，便是百岁老人王渠氏的人生哲学。

# 苦涩甘甜，柔以济之

## ——郭乔氏老人传记

李龙骄 北京师范大学 心理学部 2018 级

### 人物生平

郭乔氏，1923 年出生于山东临沂凤凰庄一户地主家中，童年反抗缠足未果，15 岁遇日寇侵略家园，幸得表哥表嫂庇护。21 岁嫁人，夫家也是地主，故得吃穿不愁，但由于战乱，新婚之年便是别离之年，丈夫投军，夫妻两人别离 6 年。重聚之后，夫妻携手熬过了被戴帽批斗、饥荒灾年、失子之痛，终在 1978 年迎来了改革开放，去掉了帽子、分到了土地，日子一天天好了起来。现在，虚岁 97 的郭乔氏独自生活在村中老屋里，每日有小辈们前来送饭、聊天，小屋里常有四世同堂景象。活过了战乱饥馑、天灾人祸，郭乔氏始终爱笑。她的笑中藏着的，是一个普通人随时代浮沉却也竭力掌舵人生的坚强力量。

郭乔氏老人照（蒋嘉浩 摄）

## 一、时在中春，阳和方起

郭乔氏是与毛主席创办的《新时代》杂志同年出生的。出生时，两层高的小楼里，亲人、丫鬟、长短工人人带笑，喜着乔家院儿里又添了一位千金。当年那个小楼里没有人对《新时代》有所耳闻。家人喜得千金，万望她好，定得照着老一套做安排——给她裹脚、教她无才之德、为她说个好媒，安静过完这一生就好。

1923 年的山东，军阀敛财，匪患昭著，但乡村向来是阵痛最晚到达的神经末梢，人们仍日出而作，日落而息，汗滴禾下土，郭乔氏所生长的临沂乡野仍然平静。这片土地所生养的人喜种高粱、麦子。秋收时节，在这片土地上生活的孩子，即使生在地主家、住在两层楼的蜜罐里，身上也沾着野气。毕竟是在一茬一茬高粱里跑大的孩子呀，高粱那淋漓的红色，是染在骨子里的。

## 二、父母生我，胡俾我瘏?

能疯跑的年纪很快便过了，女孩儿一旦开始懂事，规矩便接踵而至。

正值五六岁，不被允许读书、被催促着裹脚的郭乔氏常常躺在麦田里，张目对日，思考人生。什么《新时代》杂志于她，自然也是闻所未闻，但时代的变化绝不可能是悄然无声的，即便偏远如小村、幼小如她，也听到了新风。

女孩儿掐一支最大最饱满的麦穗，放在手里轻轻地搓，小脑瓜里思忖着刚听说的城里的学校有女孩儿开始上学了的消息。“可为什么村里人都觉得荒唐呢？”她想。轻轻把手里的麦皮吹走，“也罢，反正不上学也挺好玩儿的。”

母亲舅妈姐姐嫂嫂们一直说：“要是不裹脚，就只能嫁给要饭的。”但她却又听说，城里的女孩子开始不裹脚了。她郁闷地把白中透着点儿青的麦粒塞进嘴里，一边嚼一边想：“缠了脚又疼，又跑不动，城里人都已经不缠了，我为什么要缠呢？”麦粒的甜味儿被嚼出来了，伴着满足而大声地吞咽，她下定决心，要开始人生的第一次反抗，绝不裹脚。

她与母亲舅妈姐姐嫂嫂们拉锯了一整年，甚至连七岁时母亲去世，她都要赌气似的说一句："死了也好，死了便没人给我裹脚了。"

她没有想到，战胜她反抗的是眼泪。母亲去世后，舅妈开始照顾她、管束她，承担起母亲的角色，不给她一点机会感受没娘的孩子的凄凉滋味。舅妈对"不裹脚就只能嫁给要饭的"这一点深以为然，实在是为这个漂亮小千金的将来忧心，只要一提到裹脚便要哭。舅妈断了线一样的泪珠子瓦解了她的坚定，裹脚布上了脚，舅妈认真地缠着，手中的白布是好归宿的通行证，小女孩儿咬住唇忍住泪，不在该哭的时候哭泣是她最终的反抗。

## 三、烨烨震电，不宁不令

不知是更该叹郭乔氏的幸运还是不幸。

1930 年，她度过了人生的第一个 7 年后，没了娘。幸得舅妈视如己出。就连父亲考虑续弦，也因孩子们害怕后娘如同故事里一贯的狠毒后母一般可恶，便速速作罢了。

1937 年，又是一个 7 年，抗日战争全面爆发。1938 年 3 月，临沂保卫战打响，英勇的先辈们以一万余人的牺牲换来了光荣的胜利，台儿庄战役迎来了第一场大捷。1938 年 4 月 21 日，张自忠撤军以后日军侵占临沂城，为泄心头之愤，连续 10 天屠洗临沂城，城中被害居民总计 2840 余人，加上城郊被杀的，总计 3000 人以上。那一年，郭乔氏 15 岁。

15 岁的少女啊，整日听着城里传来的血色的消息，有风吹草动便仿佛听到了鬼子的脚步。幼小如她，娇宠如她，也夜夜牵着家里的牲口跑到枯水的河中，借着河岸的掩藏过夜，家中只留男丁，以免鬼子的深夜洗劫。后来，她被家人安排到了相对安全的表哥家中躲难。

睡在河床上时，一呼一吸都是牲口的臭味，天上一闪一闪的星星也像是刀尖冷冷的光，她好不容易止住了对鬼子突然出现在眼前的恐惧合上了眼，梦中却是家中的父亲哥哥们被鬼子抵到了墙角。终于，挤在表哥家的床上，回味着表嫂省给她的白馒头在嘴里留的香，听着表哥表嫂唠着些安慰的话，她安心地睡了。梦中，鬼子已经被打跑了，她也长大了，她可以让身边的每一个人感受到表哥表嫂曾给她过的那种温暖。

## 四、之子于归，百两成之

星辰浮浮沉沉，时间偷偷过去，她感念着温柔，长成了温柔。21 岁的她面若清风抚过的柔软桃花，虽在丫鬟侍奉下长大，却一点没有富裕人家小姐的铜臭气和娇贵气，待父兄弟妹、远近亲友，没有人敢说一句不周到。

曾奔跑在高粱地里的那个野气、倔强的小女孩儿就此不见了吗？骨子里的脾气，哪儿会被裹脚布缠住，哪儿会被时间消磨？她柔如蒲苇，却也韧如蒲苇。早到了谈婚论嫁的年纪，她敬重着媒妁之言，却也执着地要听自己的心意，要过一辈子的人，定要是自己看得中眼的。

她倔强着，浪漫着，甚至在和丈夫郭文林的第一次见面里，也并不觉得这就是自己的好郎君。说来也巧，第一次见面时，19 岁的郭文林也并不对这个媒人口中绝顶好的姑娘感到倾心。但缘又是多么奇妙，媒人好说歹说，两人竟都同意了再会一次面。谁知，这第二次会面，姑娘小伙儿便相互对上了眼。

21 岁的郭乔氏从两层楼的小院儿里坐上轿子被抬到了郭家小平房，跟了两个丫鬟、几箱嫁妆和闹得喜气冲天的锣队鼓队。丈夫家里也算个地主，但只是个有 40 亩地的小地主，比起有楼、有丫鬟的娘家来说可差远了。大喜两周之后，娘家的两个丫鬟也回了娘家，从此再不是被服侍的乔家小姐，而是用心尽力服侍丈夫公婆的郭乔氏了。

## 五、式微，式微，胡不归？

丈夫郭文林读过书，口才佳，厨艺更是远近闻名，其实 40 亩地供给家中吃穿用度绰绰有余，但耐不住乡亲们一有酒席便请他做饭，十里八村的红白喜事都被他承包了。

旁人看来，郭乔氏这是下嫁，可在郭乔氏自己看来，这可是修得的好姻缘，如意的好郎君。就在成亲的这一年，两人的大闺女儿出世了。

谁不希望故事就这样童话一般地进行下去，然而，1943 年的山东，在日寇铁蹄的践踏下满目疮痍，覆巢之下，安得完卵？ 1943 年，是她成亲的那一年，是她迎来第一个孩子的那一年，也是她与丈夫六年别离的开始。

丈夫郭文林迫于家乡流血漂橹的惨象，怀着一腔报国杀敌的热情，投了国民党的军队。可是战争中的普通人啊，没有统观全局的上帝视角、没有燃着烈火的圣剑，不过是带着一身虱子、跟着部队屎尿汗的味道行进，没有壕沟就挖、遇到炮火便躲、听到命令就开枪，而已。久了，自己也不知道自己身在何方，敌人是谁了。

1943 年，随着抗日战争困难局面的到来，国民党部队开始大批投敌，变成伪军。狠心把新婚的妻子和初生的女儿放在脑后，想要保家卫国的郭文林也被战争的恶臭熏得不知方向，在硝烟中跟着队伍的步伐被时局带到了敌方的阵营，尚晕晕乎乎就成了日军维持会的一员。

同是 1943 年，中共中央山东分局、山东军区政治部发出《关于坚持边沿区对敌斗争的指示》，提出贯彻“敌进我进”的方针，坚持在反“蚕食”斗争中开辟新的游击区。10 月，山东省民兵数占全省人口总数的 3.19%，自卫团员数占人口总数的 14.5%。冬，八路军山东军区发起冬季政治攻势。日军官兵效忠天皇、宁死不降的武士道精神被严重削弱，被俘投降数量逐渐增加。同时，山东军区大力开展对伪军、伪组织的政治瓦解和团结争取工作。郭文林在维持会中被八路俘虏军，而被俘虏竟成了从晕头转向中走出来的契机，他无负初心，转投了八路军。接着的五六年，他与戎马为伴，不知走破过多少双鞋，不知躲过了多少枪弹，不知忍受了多少伤痛，他从抗战的困难时期走向了辉煌胜利，从解放战争的打响走到了新中国的成立。

6 年！郭乔氏与丈夫从相知到相离只有不到一年，盼郎归却盼了 6 年。其中有一年，365 日仅有一封书信至，还有 3 年，丈夫音信全无，下落不明。日日夜夜，希望是黑夜里摇曳的烛火，是信念、是慰藉，却也明明暗暗、似有似无，投下绝望的阴影。万幸，她本就不是脆弱的人，加之动荡的时代逼着她坚强，她用她那柔弱身体所能承受的最大的力量掩藏着失望和悲伤，坚持着温柔地、平常地服侍着公婆、拉扯着女儿、给长短工做着一日三餐……在黑暗和鲜血中微笑所需要的勇气和力量恐怕并不比在黑暗和鲜血中爆发所需要的要少。

前线上英勇无畏的战士们推进着历史的车轮，村庄里坚忍不拔的主妇们维持着生活的继续，郭乔氏和她的丈夫是千千万万平凡而不屈的脊梁的缩影。

## 六、人之为言，苟亦无信

从 1943 年新婚到 1950 年，人道七年之痒，于郭乔氏却是沧海桑田、生死未卜后的久别重逢。没有“相悲问何年”，只有“共此灯烛光”，她好不容易盼得了重聚，绝不要把时间和力气用在哭诉和抱怨上。即便漫漫长夜后，荫翳仍然在，她也要把灰暗的日子过出些颜色来。

是因为生在地主家，嫁到地主家，所以她从小没有挨过饿；也是因为生在地主家，嫁到地主家，解放初期，她的一切都成了众矢之的。

嫁妆被收缴了去、雨天会被拉出去扫泥泞的街、男人被拉到山上背沙石填路……她分明委屈，毕竟从未见过父兄丈夫做过任何剥削之事，一辈子以温柔待人为座右铭的自己更是无辜，却也继续朝着生活微笑着。她是村中的巧妇，从前入冬时常有邻居拿着布和随着孩子长大不再穿得下的棉袄找她帮忙缝缝改改，她向来乐意为之。如今戴上了“公敌”的帽子，却仍有人排着队找她帮忙缝棉袄，她不仅不记怨，反而高兴还有给大伙儿帮忙的机会，乐呵呵地缝完了这家缝那家。

日久见人心，她金子一样的心不可能不被看见。在邻村里就有地主被套上枷锁游街，远方还传来流言说有多少地主被砍下了脑袋时，她和丈夫只是被分到了些不讨好的苦力活儿，除此之外再没有被为难过。

即便生活艰难，她仍温柔地对待着这个世界，世界也还她以温柔相待。

## 七、子兴视夜，明星有烂

挣工分的那几年，日子虽然穷苦，但总算是暂时告别了战乱别离。少时可衣来伸手、饭来张口的日子一去不复返了，但身边站着爱的人，心头念着上老下小，即便身在陋巷，甚至食不果腹，却也能将如流云般缥缈的幸福稳稳抓住。

公公婆婆一天天老去了，膝下的孩子慢慢多了起来，能做事的人在变少，要吃饭的人在变多，气候却在变坏。从没有做过农活的她也决心下地挣挣工分，拿起镰刀、背起背篓，斗志昂扬地跟着大嫂去割草。足蒸暑土气，背灼炎天光，她笨拙地模仿着大嫂的姿势和手法，津津有味地和野草做斗争。太阳落山，大嫂的背篓里的草已经满到冒出了小丘，她大汗淋漓却也只装上了小半篓。

下工的丈夫见了她的小半篓劳动成果，从此再不让她下地。他想要宠着她，想要一人担下生活所必需的劳累；她心疼着他，迫切地想要分担他肩头的重负。她不再下地了，一来是让丈夫安了心，二来她意识到挣工分于她，的确不是人尽其才。

既然嫂子们都会干地里的活儿，丈夫和他的兄弟们更是都得早出晚归，那她何不一人担起一大家人的一日三餐呢？从此，她便是一大家人里起得最早睡得最晚的，到了农忙时，她一人得做二十多个人的饭菜。与鱼肚白一起升起的袅袅炊烟，是她的似水柔情；灶下柴堆里燃烧的，是她的似火热情；粗面煎饼里嚼出的甜味，是她对生活不灭的希望；单调寡油的食材变出的花样儿，是她把生活过出蜜来的魔力。

## 八、后稷不克，上天不临

三年自然灾害时，郭乔氏的婆婆病了。

服侍病人并不是简单的事情。不仅是熬药喂饭、端屎倒尿，还要听病人痛苦的呻吟、忍受病人暴躁的脾气和感知病人绝望的情绪。多少个黄昏，她清算着粮食粮票，忧心着眼看着瘦下来的孩子们；多少个黑夜，她听着婆婆的呻吟，与婆婆一起彻夜不眠；多少个黎明，她饿着自己来让上工的丈夫可以多吃，掩住疲惫冲孩子们微笑……

一日，婆婆痛苦得厉害了，她分不出时间来照顾孩子，5 岁的二女儿便跟着挣工分的丈夫去田里做活了。5 岁的小孩儿再不像从前，在地里有麦子可以捻、有高粱地可以钻，有的只是闷声不吭、愁眉苦脸做着活儿的大人。或许是追一只会飞的小虫，或许是想掬一捧凉水，没有人看见是怎么回事，小女孩儿一个人跑到了河边，不知河水无情，下一秒便无助地被冰水胁住。

在家中忙活的郭乔氏听到街上传来的消息，疯了似的飞奔到河边，看到的只有黑黑河水；她的心犹如被洪水冲溃，两眼发黑，只知道迈开双腿同卷走了女儿的河水一同奔向下游。她再也记不得自己在望见水面上的女儿时是为什么没有号啕大哭或是直接晕厥，也记不得自己是怎样跳下河去用尽全身力气抓住孤独漂荡的女儿的。她只记得，并且怎么也忘不了的，是抱着女儿的尸体，像被人抽去了骨头似的瘫坐在河岸野草堆上，灵魂仿佛和身上的水一起在蒸腾，天地轰然倒塌。

但生活从不因怜悯苦痛而大发慈悲，饥荒的岁月，她没有资本沉湎于悲伤。她就像一汪涌出的温泉，濯濯气靖，温润琮琤，深处，是岩浆地热的滚滚热力。她没有倒下，甚至没有说过一句怨，用一个母亲的惊人力量承住了一个母亲的最大伤痛。见过了死神的威力，她更要用尽全身的力量让黑暗的死亡不得靠近所爱之人。

## 九、将翱将翔，弋凫与雁

幸是长久勤劳，加之手足亲友一向同甘共苦、相互扶持着，难关总算挺了过来。

到了1963年，她在40岁的年纪迎来了小女儿，家中便有了三个儿子和两个女儿。但仍是因为地主帽子，家里的孩子即便再是读书的料，也只被允许念书念到五年级。学校里的小孩儿不懂事，总是指着画着说儿子女儿们是“地主羔子”，少不得被孤立和欺负。

幼时她觉得裹脚不合理，又委屈又气愤又倔强地说出那句“母亲死了也好，死了便没有人给我裹脚了”。而今那股委屈劲儿和野气又上来了，她对孩子们说道：“有人叫你们地主羔子，你们便叫他们穷人羔子！”

地主的帽子是在1979年摘下来的，一家人终于在哪里都可以挺直了腰板做人了。摘下帽子的前一年12月，党的十一届三中全会在京召开，全方位的拨乱反正开始进行。

1982年，分田到户如火如荼地进行，家庭联产承包责任制确保了种豆之人得豆，种瓜之人得瓜，日子便是越过越舒心了。

## 十、宜尔子孙，蛰蛰兮

日子像手中飞舞的针线，高粱一年一年地红，人一年一年地老。六七十岁的她和二儿子住在一个院子里，从不叹什么韶光易逝、年华不再，满足地享受着有所居、有所食、有所爱的生活。

1985年，家里添了电视机。小小的铁盒子里演绎着大千世界、百味人生，都是她见闻之外的东西。她喜欢看电视中的各式人物、各种故事，即便只是看到这些她不曾拥有过的经历和感情，她也感到快乐和满足，更别提她看到女儿孙女儿们不再像自己似的裹小脚、看到孙辈儿们不像自己的儿女似的没有机会一直念书时心中的感念了。

她与二儿子、二儿媳一起住了20多年，成日院儿里欢笑阵阵，母女婆媳之间从来没有过矛盾。她最常叮嘱女儿和孙女儿的话便是“要好好对公公婆婆”——这一句她践行了一辈子也从中获得了莫大的幸福的话。

乡下的土房子里，一到夏季，便总会有蚊子苍蝇嗡嗡烦人。20世纪90年代时，灭蚊剂还是新鲜玩意儿，外孙女家在城里买回来了一瓶。郭乔氏在聊天时听到外孙女婆婆说了一句家里蚊子苍蝇多，便立刻跑到外孙女家里，私自拿了灭蚊剂送到外孙女婆婆家里。却也怕虫子扰了外孙女一家，拿着苍蝇拍在房里认认真真地伏击了一个下午。

浑金璞玉，大抵便是她拿着苍蝇拍的认真模样吧。

## 十一、君子万年，福禄艾之

90多岁的郭乔氏一个人住在简单的泥土芦草房里，有三个儿女住在附近，三家人轮流着给老人送一日三餐，不时有亲友们上门来找她唠唠嗑儿。

而今她的腿脚不似原来方便了，眼睛也看得不大清晰了，回忆起从前的故事来讲着讲着便得停顿，不时无奈摆摆手嘴里念叨“糊涂了唉”。可有些东西，是时间所改变不了的。她即便大门少出、安居在床，也非常爱笑，笑里是淡然对待苦难的达观、是认真拥抱生活的热情。每每有人来看望她，她总要把客人拉到床边并肩坐下，双手相握才开始说话，聊完天，她必得起身，拄着拐将来客送到门口。除了国家补助的月度体检，她并不去刻意地检查身体，从不觉得自己身体会出些什么大问题。即便身上偶有什么不舒服，她也不愿跟家人们提及，怕添麻烦，觉得挺挺就过去了。

不沉湎于苦痛、不计较鸡毛蒜皮、不忧心莫须有，认真感受箪食瓢饮间的质朴乐趣，能笑则笑，能爱则爱，活得像阳光下的小孩儿般乐观舒畅，便是她自认为不足道的养生之道和人生哲学了。

沧海桑田，面容会被时光摧残，柳腰玉背终会佝偻，不变的只有温柔的微笑和坚韧的灵魂。

郭乔氏所生所长的年代波澜壮阔，但她的生活似乎限于乡野土房、三餐厨房，吟游诗人不会为她的悲痛和高光驻足歌唱。何况她在她的至暗时刻也不曾嘶吼悲痛或是轰然倒塌，幸得美满时也并不欣喜若狂、忘苦忘忧，她活过了战乱、饥荒，见过了干戈寥落、饿殍满地，但她始终只是微笑着，不声不响地承受重击，也不会忘记平静地细品每一点幸福。罗曼·罗兰写过："世界上只有一种英雄主义，就是在看清生活的真相之后仍旧热爱生活。"郭乔氏就是这样的一位女英雄。

## 采访手记

7 月的临沂如同一个大焖锅，蒸腾的水汽和汗气把笔者这些外来人和土生土长的本地人们炖在了一起。但郭乔氏奶奶住的地方，仿佛被暑气遗忘，连时间也要走得慢些。

在奶奶女儿、儿媳和小曾孙的陪同下，笔者乘着颠颠簸簸的火三轮驶过坑坑洼洼的土路，寻到了奶奶的家门。泥墙是被时光吻过的土黄色，柴门上方残存的春联横批写的是"郎才女貌"。

奶奶的皱纹里藏满了故事，但她能顺畅地讲出来的已经不多了。儿女们感叹说，过年那阵都还清醒着呢，这几个月却是一天天糊涂了。还好，笔者反复问，家人们变着法儿引导，奶奶缓缓地拾起了过去，遇见了回忆。笔者从远方来，握住陌生老人的手，似乎只为听故事、见世界，实际是任重道远——笔者所对抗的是遗忘、是终结，所记下的是历史、是永存。

一间小小的门堂，是起居室、是餐厅、是厨房，爬满了红锈的吊扇下，三代人围坐在奶奶身旁——奶奶的儿女、小曾孙和笔者。笔者吃力地相互理解，诚恳地相互分享，普通话和临沂土话飞在空气中，竟撞出一阵阵爽朗的笑声。奶奶很爱笑，说会儿话便招呼笔者吃西瓜、香蕉、小饼，一吃完便又硬塞些其他东西，总之笔者的手上和嘴里不能空。给奶奶戴上红丝巾时，我一直告诉奶奶好看！真漂亮！奶奶便笑得合不拢嘴了。奶奶活过了战乱、饥荒，见过了干戈寥落、饿殍满地，到老，却仍像小孩儿一样爱笑、像小孩儿一样一心想要对人好。

不该被世界遗忘的东西，笔者将用尽全力去写——写奶奶的微笑，写微笑中藏着的苦难、写长久以来支撑着这微笑的精神。

志愿者给郭乔氏戴上的红丝巾（蒋嘉浩　摄）

# 女人这辈子

## ——孙唐氏老人传记

张曼玉 北京师范大学 心理学部 2018 级

### 人物生平

孙唐氏，女，1921 年 12 月 27 日出生于山东临沂的一户农民家庭，排行老二。7 岁裹脚，15 岁定亲，18 岁出嫁。她没有名字，娘家姓唐，丈夫姓孙，就成了孙唐氏。“嫁汉嫁汉，穿衣吃饭”的俗语，为她的一生做了最真实的注解——伺候公婆、操持家务、忍受家暴、生儿育女，她用坚韧书写了那个时代的女人，苦难而艰辛的一辈子。

孙唐氏老人照（张曼玉　摄）

### 一、裹小脚，找婆家

小时候，她的家里有 20 多亩地，不愁吃不愁穿，童年生活无忧无虑。她最喜欢和村子里的小伙伴们一起捉知了，找个开枝杈的木棍缠上从房子一角扯下来的蜘蛛网，就可以拿着它来粘住趴在树上的知了。受到惊吓的知了一听见动静，眨眼的工夫就飞走了，很难捉住它。

如果有谁捉住了知了，小伙伴们就别提有多高兴了，用手折断知了的翅膀，这样它就不会飞跑了。一群孩子围在一起，拿起一根树枝在地上画个起跑线，把捉到的知了们都放在地上，看看谁的知了跑得快。

她还喜欢和小伙伴们玩泥巴、捏泥人、抓石子儿……

天真欢乐的童年似乎怎么也过不完。

7岁那年的夏天，她和往常一样，吃完饭准备出门找小伙伴们玩。她的娘亲却让她在家待着，不准出去。她感到很奇怪，为什么今天不可以出去玩？小伙伴们还在外头等着她呢。

“都这么大了，该裹脚了。”

一听“裹脚”二字，她猛地抽搐了一下。村里裹过脚的大姑娘们，经常给她们这群小孩子讲裹脚的疼痛：不能走路，睡觉也不敢动弹；闷起来的脚会溃烂流脓，严重的时候就像是被数千只蚂蚁叮咬似的，又疼又痒。

之前村里有个女孩害怕裹脚偷偷溜走了，后来还是被官府的人硬生生地给逮回来了，挨了一顿打后，还是被裹上了脚。

她满脑子都是裹脚疼痛难忍的画面，惶惶不安。终于鼓足勇气问：“娘，我能不裹脚吗？”她娘一听，非常气愤：“哪有姑娘不裹脚的？不裹脚的姑娘将来找不到好婆家哟！”

在当时社会环境下，女孩子裹脚没有任何商量的余地，但当这一天真正来临的时候，她却不知该如何面对。裹脚的断骨之痛让她望而生畏，不裹脚又怕不好看找不到好婆家，相互矛盾的想法在她幼小的心里碰撞。

这时，村里的几个男人来了。她感觉到了接下来要发生的事儿，突然想要逃离。没等她动身，这几个男人使劲儿摁住乱踢乱打的她，把她的胳膊和腿都死死地夹住了。她娘走到跟前，用热水给她洗脚。擦干后，拿着布条，紧紧地将除了大拇指外的四个脚趾向脚掌上扣，她甚至感受到了脚趾的折断声。她忍不住尖叫，滚烫的泪水，挣扎着突起的青筋，乞求的眼神……似乎都太弱小。

一层又一层的裹脚布紧紧地勒住小脚，再用针线紧绷绷地将裹脚布缝起来，生怕她偷偷松开。

动弹不得又疼痛难忍，她终于被禁锢在“三寸金莲”的审美里。

在她 9 岁的时候，家人就安排 6 岁的弟弟上私塾了。她眨着好奇的眼睛想象着什么是上私塾。上私塾就是背书写字吧？姐姐和她从没听说过女孩儿上私塾的事儿。

弟弟放学回来时，嘴里总是念叨着听不懂的话：“人之初，性本善，性相近，习相远……”还有“之乎者也”什么的，虽然很艰深晦涩，但她却好生羡慕，能读书、会识字儿是件多么了不起的事情啊！

“男儿才是读书郎，女孩子啊，只盼能找个好婆家。”她爹娘总是这样对她说。在她的认知里，男孩子上私塾学识字，女孩子裹小脚找婆家就像吃饭睡觉一样是一件再自然不过的事情。

## 二、父母之命，媒妁之言

15 岁那一年，她已经长成一个大闺女了。爹娘都夸她开朗活泼，还是个干活的能手：割麦子、拔花生、掰玉米都不在话下，哪怕是裹了小脚，也不比那些所谓的“天足”差。

有一次，正在地里干活的她，被其他村里的人瞧见了，觉得这个姑娘很是能干，就将她的情况介绍给了同样为中农家庭的孙家。

“父母之命，媒妁之言”，那个时候的庄户人家，定亲是不需要和闺女商量的，也根本不需要让两个人见面，双方父母商量好了条件就可以了，门当户对的，就为她定下了这门亲事。

我定亲了？她既期待又害怕。

她不知道将来要娶她的那个人是谁，长什么样，那又是个怎样的家庭，她甚至都不知道自己究竟愿不愿意。当然，也容不得她不愿意，命运从来就不掌握在她自己的手里。

她知道，女孩子总是要找婆家的。她娘总说：“嫁鸡随鸡，嫁狗随狗。对方就算是个瞎子、瘸子，你也得给我嫁。”

她有点担心，结婚毕竟是影响一辈子的大事，怎么在爹娘的口中就说得这么轻松和无所谓呢？她不知道嫁过去的生活会是什么样子，虽然害怕，可她时常又忍不住地憧憬着美好的婚姻。

她想象那个人的样子，他的声音，他的性格，在梦里、在风里、在她的泪光里……

18 岁那年，她终于出嫁了。

为了不让对方看不起，她的爹娘为她准备了丰厚的嫁妆——一套上好的木柜。她感觉自己做了足足的准备，但仔细一想，却又觉得自己似乎什么也没有准备，就匆匆忙忙地出嫁了。

直到出嫁的当天晚上，她才第一次见到了那个人，那个心心念念的冤家、那个小她四岁的丈夫。她只知道这一天的意义十分重大，却不知道这一天对她真正的含义。

她曾无比憧憬的婚姻，成了又一个苦难的开始。自此，她一直战战兢兢地活着。

## 三、嫁汉嫁汉，穿衣吃饭

公公婆婆家是中农，也有 20 多亩地，公公兄弟 5 人，日子过得还不错，都上过私塾。

不过，丈夫脾气暴躁，易动粗；公公婆婆对她尖酸刻薄，颐指气使……这些，都是她万万没有想到的。

那时候不兴分家，全家十几口人的家务活儿，都得靠着她一人操劳：洗衣服、做饭、喂鸡、收拾屋子……

那个年代没有表，只能听公鸡打鸣，配合着太阳、月亮和星星的位置来判断时辰。

公鸡打鸣，灰蒙蒙的清晨星光点点，东方微微泛起了鱼肚白，这一切都静谧得好像能听到整个世界沉睡时微弱的呼吸声。

“该起床干活了。”她蹑手蹑脚地起床，穿衣洗漱，生怕吵醒还在熟睡中的丈夫和公婆。人算不如天算，她走到院子时，由于天色太暗看不清地上的小瓷盆，不小心踢到了它。

“哐当”一声，随即便是丈夫粗鲁的谩骂：“还让不让人睡觉了？做个饭都能弄出这么大的动静，你还能有点啥本事！”

丈夫偃旗息鼓了，她心道，“还好还好，有惊无险，至少在早上丈夫不会为了打她而耽误睡觉。”想到这里，她的心里竟然还有一丝侥幸的感觉。

她轻轻地捡起小瓷盆，开始麻利地洗衣服了。她弯着腰坐在木凳子上，熟练地揉搓着全家人的脏衣服，累的时候，就直起身子捶捶酸痛的后腰。晾晒完衣服，还没来得及休息一下，她又要赶着去做饭了：提水、烧火、煮饭、炒菜……

在熹微的晨光下，她小小的身影不停地穿梭于院子和厨房之间，就像一枚快速转动的小陀螺，她不敢停下。如果家人醒来时还没把饭做好，就是躲不过去的一顿捶打。

而这捶打，就像是鞭子一样，不停地往她的身上施压，让她不停地连轴转，大气都不敢喘。

公公婆婆起床了，瞥了一下烟囱上冒出的缕缕青烟，瞅了一眼晾晒在绳子上的衣服，没有一句夸奖的话，更没有所谓满意的眼神，便自顾自地开始吃饭了。只是，不停嘟囔的丈夫似乎还在因为把他吵醒而生气。全家人吃完饭后，锅台上的碗筷扔了一堆，乱七八糟的，活像个猪圈。草草地扒拉几口饭，她又开始默默地刷锅刷碗了。

农忙时期，全家人都得出动，下地干活。为了让她干活方便多一个劳力，家里人给她的脚松了绑。

想要美的就裹，想要她多干活就给她松开。

不知该高兴还是怎的，放脚的那天，她的心里五味杂陈。

哪怕是静静地坐着都能汗流浃背的三伏天里，她依旧得扛着锄头、戴着草帽，摇摇晃晃地往地里走去。

一眼望去，地里的玉米秆长得和人差不多高，她钻进玉米地，低着头开始锄草，熟练的动作一板一眼，完全不像是个刚放脚的妇人。

玉米地里密不透风，像个大蒸笼似的。只要一动，层层叠叠的玉米叶子就会在胳膊、脖子、脸上划出一道道深浅不一的口子，汗水流过划伤的地方，先是感觉到很痒，然后就是火辣辣地疼。她强忍着，继续除草，忽然一个趔趄，晕倒在地。她迷迷糊糊地躺在地上，一动不动，只感觉头晕目眩四肢无力。依稀间，她似乎能听见虫子吃玉米叶的沙沙声，感受着脖子上由于划伤传来的灼热。

太阳的白光穿过玉米叶射到她的眼上，她缓慢地从地上爬起来，扶起压弯的玉米秆，站起来继续锄草。

没有水喝，她的嘴巴有些干裂了，大口大口地喘着粗气，走起路来都踉踉跄跄的，却还是得干活。大火球似的太阳慢慢地挪移到了最中间的位置，无风，透过一股一股的热浪，庄稼都好像被扭曲得变了形。

好几次快要晕倒的时候，她都会扶着锄头休息一下，缓一缓身体继续干活，但是她不能休息太久，因为她知道，留给她的时间不多了。汗水顺着额头不停地往下淌，湿透的碎花褂下，能清楚地看到她佝偻着的瘦弱脊骨。

慢慢地，她开始干呕，眼前白晃晃的，扶着锄头的胳膊止不住地颤抖，整个身体都在摇晃，地上的杂草猛地向她脸上扑来，眼前就是一片漆黑。

太阳自顾自地挪移，田野里除了已经晒蔫了的庄稼，没有一个出来干活的农民，热得就连知了都懒得叫了。

太漫长了，时间似乎已经过了一个世纪。

她微微地睁开了眼睛，拨开了眼前的杂草，几只蟋蟀仓皇而逃，阳光刺得眼睛生疼。她突然惊惶地站起身来：差不多该做午饭了吧？完了，完了，她赶紧扛着锄头慌慌张张地往家跑。那瘦弱的身躯在阳光下，越拉越长。

刚走到家门口，还没进门呢，她就听到了来自丈夫的训斥："正说你咋还不回来哩，以为你就死在外头了呢！"公公婆婆的眼神更是让她直哆嗦，"你说说看，要你有啥用，饭都不做了，能把人饿死！今天你也别吃饭了！"

结实的拳头狠狠地砸在她瘦小的背上，她咬紧牙关承受着。要解释吗？下地干活足足热晕了四次，不小心才错过了做饭的时间点。她低着头死死地盯着地上的石块，滚烫的眼泪在眼眶里打转。

"还是算了吧，顶嘴，无非就是身上再多几块瘀青罢了，没用的……"

满身黄土，蓬头垢面，干了一天活儿，她累得受不了了。她真的受不了了，她沉沉地睡去了，想在梦里寻找一些安慰和依靠。

第二天早上，迷迷糊糊的她听见了婆婆的斥责声："天哪！"公公婆婆都已经起床了，她居然还在睡着！

"完了，完了……"她赶紧穿衣起床，满怀惊恐地开始了日复一日的苦难。

## 四、女人这辈子

“女人这辈子，苦啊！”

来自内心的声音，在无数个忍气吞声的日夜里被深深地压抑着，被揉碎在滚烫的眼眶里，被刻印在拳打脚踢的瘀青里，却在一个又一个的梦里，被慢慢抚平。

在那个年代，男人打女人是再正常不过的事情，就像她娘说的：“你不听话，你顶嘴，人家就不要你了，男人不愁娶！”

她听说有这么一个人，之前娶了一个媳妇儿，天天干活照顾一大家子，受不了苦，忍不住气，很快就病倒了；一生病，媒人立马又给介绍个新媳妇儿，就等着原先那个断气。

这也太可怕了！

一句“死个媳妇儿小破财，旧的不去新的不来”，说的就是女人的卑微吧。有条件的男人可以娶好几个媳妇儿，女人啊，厌烦了那就再娶新的。在他们眼里，女人算什么呢？

从断骨之痛，到家暴之伤，身为女人，这辈子为牛为马，为奴为隶。

她啃过树皮，带着孩子们挨家挨户去要过饭；她见过蝗灾，体会过几十亩地颗粒无收的绝望；她斗过土匪，家人也曾被土匪掳走，再也没有回来……

她经历过那个时代人人都经历过的苦难，却也经历着只有女人才能懂得的悲哀。

## 五、苦去甘来

孙唐氏的上半辈子很苦，但她说：“这日子越来越好了……”

此时此刻，98 岁的她坐在石凳上，望着天上的白云，眼睛里的晶莹再次泛滥。这是幸福的泪，她说：“现在的生活太好了，都舍不得死了。”

她的前半生苦难曲折、颠沛流离，活到这个岁数，忽然就不想死了。好不容易过上好日子，她想多享受几年这美好的生活。

98 岁的她和 75 岁的大儿子生活在一起，儿子为她做饭洗衣，陪她聊天散步，生活简朴而又美好。

三孙子和他的媳妇儿也住在附近，经常来看望她，帮她操持家务、做些农活。说起重孙子，她更是满脸的骄傲，重孙子跑到北京上大学，还要出国读研究生嘞！看着自己努力扛起来的家，越来越兴旺富有，她不禁咧嘴笑了起来。

现在，政府每个月都会给孙唐氏发放几百元的津贴，逢年过节还有被子、褥子、油、米、面等生活用品。劳作了一辈子的她，再也不用愁吃穿，再也不用战战兢兢地活着了。孩子们都很孝顺，知道孙唐氏这辈子吃了不少苦，对她更是格外体贴和关心，轮流为她添置家具、买新衣、和她聊天逗她开心。每年过年，四代人齐聚一堂，欢欢喜喜好不热闹，辛苦了一辈子的她，终于可以享受这天伦之乐了。

有人羡慕她的长寿，前来讨教养生之道。这世上哪有什么养生之道呢？不过是吃好喝好，心态好罢了。不愁吃穿，子女孝顺，这辈子，也就足够了。

如今啊，不用裹脚，有吃有喝，还能上学，女性也解放了。

“现在的生活实在太好了，年轻人太幸福了！”

## 采访手记

“公公婆婆不睡觉，我就不敢睡觉！不敢顶嘴啊……怕丈夫打人啊……”

记忆模糊的孙唐氏老人在给笔者讲年轻时候的事情时，却一直断断续续地重复着这句话，望着远方的眼睛里充满着混浊的泪水。我不敢出声，生怕打破这难得的静海。

过了一会儿，她突然喃喃自语了起来。

陷入回忆的孙唐氏老人就像一本翻开了的旧书，颤颤巍巍地，一页一页地，在笔者面前翻过。

揪心。

寂静。

那不是什么伟大的故事，也没有跌宕起伏的情节，不过是一个被旧时代束缚的女性，隐忍的一生。

平凡，却让人感到窒息。

因为是女性，就没有堂堂正正的名字。

因为是女性，就不能上私塾学识字。

因为是女性，就必须裹小脚找婆家。

因为是女性，就理应挨男人的打……

身为女性，她经历过那个时代人人都经历过的苦难，却也经历过只有女性才能懂得的悲哀。

现在，人们常讲“女性解放”，讲“男女平等”，甚至开始高歌“女权主义”……笔者总以为那个女性地位低的时代很遥远，而此时此刻，却那么真实地展现在眼前。孙唐氏沧桑的脸上深深浅浅地烙印着时代的勒痕，是当代人不能忘却的过去。

同为女性，因为生在不同的时代却拥有截然不同的命运。而在这两个时代之间，又经历了多少次的破茧重生呢？

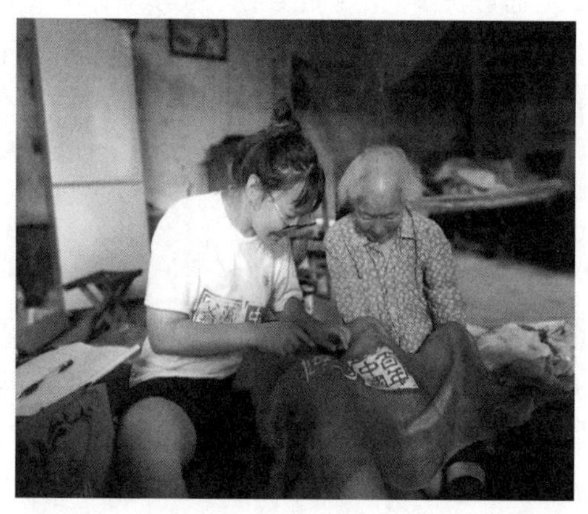

志愿者向孙唐氏老人赠送礼物（张曼玉 摄）

# 见山，见她

王一帆 北京师范大学 环境学院 2018 级

## 人物生平

贺欢欢，女，1920 年 12 月 31 日生，家住山西省永济市蒲州镇薛崖村，是一名普通的农村家庭妇女。平生历尽沧桑，16 岁出嫁，并随丈夫定居薛崖村。一生勤劳朴实，任劳任怨，待人诚恳，很善良，教育子孙三代人在各行各业都有建树，与乡邻相处得很好，受到村民的一致好评。

贺欢欢老人照（王一帆　摄）

## 一、见山是山

1920 年，正处于辛亥革命后，民国初期，那时候社会动荡，民族危亡，国难日深，而那一年正是贺奶奶出生的年份。

人们都说贺奶奶是不幸的，当时贺氏娘家家境不幸，贺奶奶出生 10 天，母亲便去世了，4 岁的时候父亲也相继离世，年幼的贺奶奶靠继母抚养成人。当时家里人希望她可以远离痛苦，常伴快乐，便给她取名为“欢欢”。我看着眼前的这位白发苍苍的老人，心里一阵痛楚，很是心疼她年纪尚小时便历经生活中那么多变故，但她只是保持着脸上慈爱的笑容：“都过去了，没什么的……”，似是对我的宽慰，却也像是喃喃自语，心中的自我排解。

交谈中笔者几次想要引导她讲述自己的故事，但这似乎有些难为了这位老人。一双手在腿上轻轻摩擦着，眉头微皱，几次欲张开嘴，还没发出声音却又合上了，终于她轻轻叹了口气，有些紧张地说“我就是一个很普通的人，也没有什么特别要说的，真的没有什么。”说话的同时还缓缓地摇着头。终于在笔者的一再坚持下，几十年前的往事才从老人口中缓缓道出：“就是当时家里很苦，没有粮食吃，总是在田地里挖野菜。”“日本鬼子进村里，我带着孩子们逃了出去，我们躲进山里，现在想来还是很害怕……”

故事还要从贺欢欢 16 岁嫁入谢家时讲起，丈夫谢长绪是谢家的老三。当时谢家是个书香门第，也算得上是个大户人家，谢长绪的父亲谢金水在镇上是个学识渊博的人，叔叔更是当时镇上唯一的举人。家中上有二老，贺欢欢一人打点了家里绝大多数的家务，同时还负责了两位老人的日常起居。她对老人们非常孝顺，那时候的日子虽然辛苦了些，一家人一起倒也是非常和乐。

但是好景不长。1937 年日寇发动全面侵华战争，1938 年永济陷于敌人之手，人民苦受强敌蹂躏，颇有名望的谢金水扮成老农才得以不为敌人所用，但终日惶惶，携家带眷，东逃西躲，田园荒芜，家道中落，生活难以维系。谢金水为了支撑起一大家子的生活，不得已隐姓埋名在七社小学教学。当公公和丈夫忙着在外谋出路时，贺欢欢为了躲避日军的迫害，常常带着年迈的老人和年幼的孩子四处躲藏，有时不得已要躲进深山中，就这样度过了多年抗战生涯。

抗日战争结束后，乡间的生活再次回归于平静，养育子女，赡养老人，喂养家畜，置办田产……贺欢欢日复一日重复着同样的工作。20 世纪 50 年代初，在扫盲运动中，丈夫谢长绪曾为支队扫盲教师，积极从事扫盲工作，为支队贫困失学青年文盲进行识字教学工作，日夜操劳，从不懈怠，受到县上扫盲组织的表扬。晚年仍积极参加劳动，农业合作化时期，坚持与支队老农早出晚归耕作不辍，69 岁突发脑血栓，遂瘫痪以终。自那以后贺奶奶便与四子思川生活在老宅中，直至今日。

从贺奶奶的身上，我好像看见了很多人。

在山西的小镇中有许许多多像贺奶奶这样平凡的乡村妇女，她们没有读过书，没有工作，她们穷尽一生都劳动在生活的那四方庭院和一亩三分地中，她们付出许多却鲜为人们所关注，她们一生中或许也曾经历过猛烈的悲欢，但在时光的打磨下终是一身平淡。

我看见了许多的人，但那些终究又不是她。

## 二、见山不是山

后来我发现人们所说的山，并非就是我眼前所看到的那山；而眼前这位老人的故事，也绝非是平凡二字所能概括的。

她是一个勤劳的人。1946 年前后，五四新文化运动关于发展和普及教育的思想已经对全国许多城市产生影响，省城各校更是率先受其影响，但是当时山西还处于当地政府的封建割据，教育落后。她的丈夫谢长绪少年时曾就读于太原国民师范学校，国民师范学校颇受五四新文化的影响，并且有很大一批进步教师来到山西教学，但是所有进步人士的思想仍受到当地封建统治的排挤与打击，使得众多青年才俊前途受阻。每每想到这些，谢长绪都感到非常惋惜。因此他回乡后，在历任邻村小学教学中，尽力废止旧的教学思想，注重引导启发学生，对于贫苦子弟一律同等对待，对于成绩优秀的，还努力帮助完成学业。如在庄子村教书时，学生王振中天资聪慧，但家境贫寒无力升学，谢长绪曾亲自带上这名学生到运城平民高小参加考试，使其得以免于辍学，后因学业有成，考入南京黄埔军校，毕业后为该校高教班教官，直至新中国成立后转业为山西省师范学院讲师，这名学生也因此一生不忘谢长绪的恩情，称他为恩师。谢长绪的德行受到百姓们的一致认可，谢家在永济也逐渐变得德高望重，但这也使得家庭的重担全部压在贺欢欢一人身上。

贺欢欢从 17 岁起陆陆续续生养有 8 个孩子，其中 7 个儿子 1 个女儿。此外她还要兼顾两个老人和家里的田地，因此，马不停歇地干活成了她生活中的常态。不知不觉间孩子们在迅速地长大成人，而爬上曾经少女稚嫩脸庞的不仅是皱纹，更有不时会表露在脸上的火爆脾气。

交谈到这里时，贺奶奶陪伴在一旁的外孙也回忆道：从小他便觉得外婆是个顶厉害的人，做起事情来雷厉风行，绝对不能有半点马虎。她粗能干农活，做几十口人的大锅饭，细又擅长于缝纫衣裳、做褥子。在她看来勤劳能干是每个人的天性，懒惰不能干可是要不得，所以每当她看到家里凌乱还无人收拾的时候就很生气，虽然外公是一家之长，对外婆也是尊敬有加。而他和哥哥们从小到大耳边最长萦绕的就是“你们眼里要出活”“小孩勤爱死人，小孩懒巴掌打”这样的苦口劝告，在外婆的耳濡目染下他们也都成长为勤俭持家的人。他也时常会听父辈们说起，外婆年轻时受过太多的苦，肩上的担子太重了，若是没有一点脾气，根本很难坚持下来。

听到这些笔者心中有些诧异，因为妇女似乎总是被刻画成一个大家庭中的失声者，她们待人和蔼，上孝下爱，默默承担家庭的重担，独自消化生活的苦。但也正是这强烈的对比，使得中国农村平凡妇女的形象更加真实生动。而现如今，几十载光阴逝去，膝下 8 个子女早已长成，更甚是有了孩子、孙子，上面的老人故去多年，家中的田产也交由孩子们打理，贺奶奶身上的担子一下子轻了，笑容也慢慢回到了她的脸上。听贺奶奶家里人说，从来就没见老人停下来过。生活不那么忙之后她便在自家院里种上了常吃的果蔬：枣树、柿树、西红柿、辣椒、韭菜……早晨起床后，饭后散步时都在那一小片田地里劳动。每当到了蔬果收获的季节，除了自家日常食用，贺奶奶也会将多出来的与左邻右舍分享。这么多年她也一直坚持为全家人蒸馍，直到 97 岁那年病倒，这才不得不卧床休养。

说到此老人的脸不禁皱了起来，声音里也透露出懊丧：“家里人都很忙的……我帮不上什么忙，却还要他们照顾我……不应该呀……”老人的勤劳由此可见。

她是一个关爱孩子的人。14 年抗战时期，永济人民过的是亡国奴一般水深火热的生活，田园荒芜，家无隔宿之粮。青黄不接的时候，百姓只得用尚未成熟的麦子“拉麦穗”烧烤之后磨制成饼子，连皮带渣，用来充饥。而她宁愿自己忍受饥饿，也要让孩子们吃饱。后来孩子们渐渐长大，二儿子外出支差当夫，贺奶奶便从自己口中省下馒头，留给儿子吃。在那时候，一个馒头里包含了母亲的多少心血和对儿子的爱。

1951年四子思川未满10岁，一日贺奶奶去田间干活，不放心孩子便将他们带在身边，让他们在田间玩耍，此时一只狼突然蹿出，叼起四儿子便走，年仅15岁的三儿子思江拿起一把钢叉飞身向前，将弟弟从狼嘴里抢了回来，在场的还有不少做农活的大人，面对凶狠的孤狼竟无人敢上前，可见当时思江的勇敢。而思川当时已是鲜血淋淋，伤口深及腹腔，但是那时候医疗水平还很落后，只能杀只鸡，用鸡皮粘在伤口上，但一呼吸，鸡皮冲开，人便会休克。当时贺奶奶将四子思川搂在怀里，用手按住鸡皮，整整一夜不敢合眼，手不能松，四子才因此得以脱险。当家里人回忆起这段惊险的经历，无不说正是贺奶奶那份浓浓的母爱，挽救了那么一条小小的生命。

说起孩子们，对于贺奶奶而言最大的遗憾就是在动荡的年代里没有咬咬牙坚持供每个孩子读完书，说着她颤巍巍地举起自己的双手，一个、两个、三个……八个，这么多年过去了，每一个孩子幼时的模样她都记得清清楚楚。

“大儿嘛，他是很聪明的。”

听贺奶奶说她的大儿子思足读书一直读到了高中，后来又考上了同济大学，因为家里拮据，交不起学费，加上对于资质甚好的大儿来说，同济大学并不是他最理想的院校，于是高考后便回到家中一边帮着干活，一边复习准备重考。结果啊，家中的凡事扰了他去，三次参考是考得一次不如一次。最后也失了信心，踏踏实实地开始工作，在村中的学校成了一名教书先生。

二儿子是没上过几天学的，他很懂事，知道家里穷，很小的时候就在村里找活干，帮衬着家里。

三儿子也是没有进过学堂，但他在家中自学了一段时间，新中国成立前逃到西安去，便留在那里参加了工作。

四儿子小的时候受过伤，所以家里就让他在公公谢金水所教的学校里上学，后来家里农活需要劳动力了，想着将他留在身边放心，便让他回家帮着做农活了。

五儿子是家中唯一念过大学的，但这书也念得不容易。他在大儿子教书的小学里读书，虽然没有考上当时市里最好的永中中学，但他在学习上非常有韧劲，一个人带着行李去到永中打工，平时只要有时间就躲在窗外蹭课，自学中学的课程，永中的老师们都很是欣赏这个孩子，便破例让他成了学校里的一名学生，再后来中学毕业，考上了太原农大。

后面的两个儿子读书的年纪正赶上家中条件最不好的时候，全家人的温饱都成问题，还谈何读书呢，因此他们很小的时候便投身于田地了。至于女儿，十六七岁的光景就嫁入吕坂村了，那又是另一个平凡女人的故事了。

不仅是对自己的孩子，贺奶奶对旁人也是极有善心的。贺奶奶幼时家境殷实，但她从没有娇惯出来的毛病，生性善良，平和，也不会嫌贫爱富，反倒总是想方设法接济邻里亲友。20 世纪 90 年代，有一位亲戚的儿子不幸去世，贺奶奶便从她的口袋里拿出了 50 块钱给了那个老太太。在当时，50 块钱可不是一个小数目，她的这一行为也使得许多子孙辈非常震惊。

后来我又采访了贺奶奶的四子思江，谈及母亲思江爷爷言语中充满了敬爱。从他的口中我更是了解到了一个不一样的贺奶奶。

贺奶奶没上过多少学，小学还没毕业便辍了学，有人问起此事的缘由来，她总会戏称："还不是小时候长得太高了，那时候个子蹿得比老师还高，不好意思上学哩。"但从内心里，贺奶奶是个很热爱学问的人，日子清闲下来以后，她便让丈夫教她读书认字，每天中午热得不能出门的时候，她便坐在胡同里读些唐诗宋词，翻看翻看小人书，老年的时候经常会给孙子们讲故事，念唐诗，用她的话来说"不读书怎么行，倒让人笑话了去"。她的求知欲很强，也是个善于思考的人。她曾向孙女问起"引"字，说"这个是不是'拉'字呀"，想来她这样猜测是因为在她有限的知识里，中国的文字以象形字为主，"引"字的左边就像一张"弓"，右边则似一根线，所以对于"引"字她的第一猜想就是拉弓的意思，虽说有些偏差，倒也和古文中"引"字的意思十分契合。

这近百年中贺奶奶扮演过许多的角色，为人女，为人媳，为人母，为人祖母，为人曾祖母，甚至为人曾曾祖母，她尽职尽责尽心做好每一个角色，操劳一生，辛苦一生，为儿女幸福奉献一生。她是山西小城中一个平凡的乡村妇女，也是父母心中最孝顺的孩子，丈夫身后最得力的助手，孩子们眼中最为敬爱的母亲，于很多人而言，她的存在无可替代，堪称"最"。

## 三、见山还是山

终于，笔者明白不论人们说到的山有多少种含义，山终究还是山；而不论她被赋予了多少种角色，经历过多少喜乐，她也总会是她，一个平凡的百岁老人。

平凡或是伟大，似乎自古就是一个很有哲理的问题，但是于贺奶奶而言似乎显得无足轻重。人生已经走过了近百年了，很多东西或许曾想过、追求过，但如今都已放下。

如今家中五世同堂，她也享受到了天伦之乐，子孙满堂。薛奶奶就住在贺奶奶家对门，年纪相差无几的两个老人平日里是顶好的姐妹，家里孩子都出去干活，无人照拂的时候，两个老人便相互扶持着，一起坐在门口聊天，晒太阳，日子好不惬意。若是谁家到了饭点还没做饭，也无须着急，轻轻叩响门环，姐妹就会端两碗饭出来，一起享用这顿美食。

当被问起养生之道时，贺奶奶似乎有些诧异："没有什么的，我现在老了，胃口不好，每天就吃得下两碗稀饭，累了我便躺在床上睡会儿，不累了就出去散散步，也没有什么特殊的养生方法。"

但是后来笔者还是问到了一些养生的小秘诀，贺奶奶将它称为养生十诀：头是精明之府，日梳三遍百病除；脚称第二心脏，常搓涌泉保健康；日咽唾液三百口，一生活到九十九；朝暮叩齿三百六，七老八十牙不落；人之肾气通于耳，扯拉搓揉健全身；夫妻之间互捶背，解疲强身又防癌；每天揉腹一百遍，同和气血脾神清；清瘦健美助血运，勤伸懒腰效最高；合谷内关足三里，日按一遍健全身；日撮谷道一百遍，致病消疾又延年。这些听起来简单，却是一代又一代传下来的良方。

此外，笔者想于老人而言最好的养生之法可能还是有个好心态，好心情。谈及此想起思川爷爷跟我回忆起的一件小事，一次暑假里思江爷爷带着妻儿一起回乡看望母亲，饭间思江爷爷年纪尚幼的女儿使起了小性子，对贺奶奶说到"我不喜欢你嘛"。虽说童言无忌，但是话一出口，全家都很是紧张，思江爷爷也马上训斥了孩子，但贺奶奶仍是笑眯眯地对小女孩讲："你不喜欢我，但我喜欢你呀，你是思江的女儿，我宝贝你哩。"贺奶奶的性情从这件小事上便看得出来。

贺奶奶说她这一生终究没能读多少书，除了去西安的医院照顾生病的婆婆，几乎没有走出过那个小县城，孩子们总是自责工作太忙不能时常陪在她的身边，没有机会带她到外面的世界去看看，但其实她的心里已经非常满足了，在这个小村庄都快生活一辈子了，她哪也不想去，自己啥也不图了，就希望孩子们都能健健康康，顺顺利利的，这样她就开心喽。

她说出这些话时，笔者感觉到了她眼中的光。她扭头看向窗外的院子。午后的阳光透过院墙洒落一地，满目金黄，屋檐投下的阴影为暖阳镶上一道灰边，好似一张相片将时光定格。看向窗外的她，轻轻地笑了。

这一年，见山，见她，见她们，忆百年。

## 采访手记

砖墙瓦顶，黄土覆地
百余载时光
白墙斑驳，脚下坑洼
当时少年白了头。

说来也巧，贺奶奶住处便是在表哥奶奶家对面，此次采访的对象已是多年的老邻居了。

听表哥奶奶说她和贺奶奶已经是多年的好友了，平时两家的子女们大多外出劳作，两个老人便成了相互的陪伴。

此时中午刚过，贺奶奶家人刚吃过饭正在院中笑谈，而贺奶奶则在表哥奶奶的陪伴下打扮好安静地坐着，在等待着我的到来。

初次见贺奶奶便觉着她身上有一股子端庄的气质，换上了新衣服，将头发收拾妥帖，腿并拢，双手轻轻放置于腿上，看见我进来，脸上便扬起微笑，让我们立刻就亲近起来。交谈中感觉浑然不像是一个已经 99 岁的老人。

采访前笔者有想过，学校组织这样一个口述史的采写专项活动，就是想要笔者通过聆听并为全国各地老人撰写传记的方式，为他们将时光留住。

问及现在的生活，奶奶面露苦涩：我老了，每天就躺在床上，不能为家里多做些什么了。流露出的尽是对生活的不甘。后来我们还聊了许多，贺奶奶给笔者的感觉就是一生中经历了太多的苦难，其间一定有过猛烈的悲欢，但在时光的打磨下，终于是归于平静。

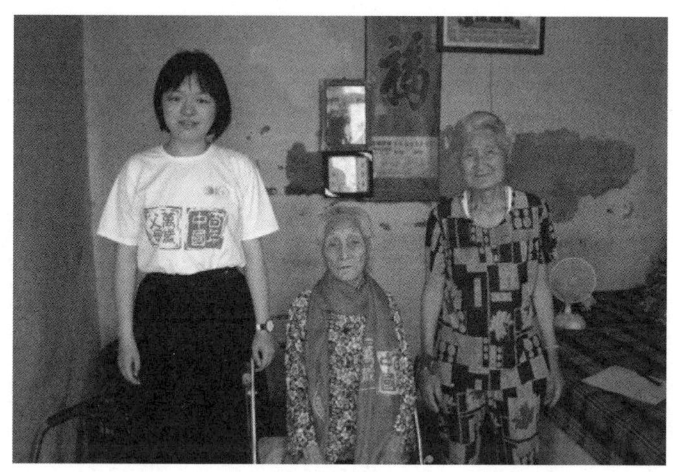

贺欢欢老人与志愿者合影（老人家人协助拍摄）

吃苦耐劳，其实是很多家中老人的亲身经历并教会我们的。他们常说年轻人只有经历一些生活的考验，才能够快速成长，学会担当。同时，乐观上进的心态才能让我们于困境中守住自己的锋芒。这些都是老一辈教的。

祝全国的老人们身体健康，祝我们的祖国万寿无疆。

# 窗前的守望者

## ——吕宏英传记

张昕毅 北京师范大学 法学院 2018 级

### 人物生平

吕宏英，女，民国五年（1916）生人，现年 103 岁，祖籍安徽省滁州市，现居安徽省滁州市琅琊区明光西路滨湖小区 36 号楼 501 室。吕宏英生于务农家庭，年轻时丈夫因病去世，一人撑起 7 口之家的全部经济负担。为人温和善良，生活态度积极向上，干干净净、齐齐整整，历经岁月变迁，平凡而伟大。

吕宏英老人照（龚文婕 摄）

### 一、“为了争一碗粥掉了一颗牙的日子再也不会有了”

“您年轻的时候知道五四运动吗？”

吕宏英老人摆了摆手。“那个时候的滁州还只是个小县城，信息也很闭塞。更何况，那个时候，每天睁眼后的念想就是今天怎么才能吃到饭。”

1919年，五四运动发生，中国的历史由此翻到了新的一页。但是对于一个乡下的年轻小姑娘来说，这一场轰轰烈烈的运动并没有给她的生活带来什么明显的改观。她逐渐长大，但是最大的梦想仍然是每天都能吃上饱饭。

那一天，邻居家传来了小城里发放救济粥的消息，对于已经多日没有吃到饱饭的吕宏英一家来说，无疑是一个好消息。

吕宏英的婆婆带着家中尚且年幼的一个孩子去了小城，算算时间，救济粥应该还没有分完，她们现在赶去，还能吃上一口许久未尝过的小米的味道。

小城中领粥的人很多很多，大多都是从离小城不远的郊区来的人。吕宏英的婆婆带着孩子到了领粥的地方时，粥所剩不多了。

她们排起了队，盼望着能喝上一口热粥。前面还有3个人，粥应该还够她们分到一碗。

盛粥的大缸见了底，最后只倒出了3碗粥。

最前面的一群人急了眼，三碗粥引起了一群人的争抢。

“给我！”

“我的！是我的！”

“走开！你在我后面！抢什么抢！”

争抢中，吕宏英的婆婆倒下了，当她再次爬起时，她的嘴中已经有了一丝甜腥味。

土黄的地面上，那一点白色是那么扎眼。

她在争抢中摔掉了自己的牙齿。

……

她回家了，吕宏英看到，婆婆的一颗牙齿没了，她不好多问，婆婆哭着把这件事说了出来。

这一幕在年纪尚小的吕宏英心中永远地刻了下来。她不想过这样的生活，但是20世纪30年代的一个普通家庭，只能在城市的一角过着这样全家居住在一起、饱腹都是一种奢望的生活。

时间在艰难困苦中慢慢走过，吕宏英迎来了新中国的成立，也目送自己的丈夫在极差的医疗条件下英年早逝……花甲之年，改革开放在小城滁州的凤阳县小岗村开始了，物质生活条件逐渐得到了改善。她早已不再干活来挣钱养家了，儿女们很孝顺，孙子孙女们也降生，那是一个充满希望的时代，生活中不再充满灰色和土黄色，更多的阳光照进了她的生活。

“您是怎么撑过那段最艰难的岁月的呢？”

“感觉到累的时候，我就想到了那颗牙。我的孩子们都是好孩子哟，我不能让他们过那种日子。”老人断断续续地说了一句话。

“国家对我们真好呀！感谢国家！”老人又补充道。

说完这句话，老人示意她有些累了。

前半生的生活，给吕宏英太多的负担，她的背逐渐佝偻，但她仍然扛起了这个家的大梁，她让5个孩子平安长大，让他们走进学堂，看他们工作成家。

坚强如她也会累，需要休息了。

窗外，和谐社会，青春笑傲，正义公平行大道。

## 二、“净是一种生活态度”

吕宏英老人给人的第一感觉就是爱干净。老人的家人说，老人即使在最苦的日子里，也要求子女必须把家里收拾得整整齐齐、穿洗得干干净净的衣服。走进老人的卧室，床上的被子铺得连一丝褶皱也没有，窗前的小桌上，整整齐齐地摆放着一些瓶瓶罐罐。床头柜上最显眼的地方摆着安徽省老龄工作委员会办公室送给老人的“百岁寿星”纪念牌。据吕宏英家人说，老人每隔一段时间都要擦一擦这黄色的纪念牌，然后小心翼翼地把它放回原处。

床头柜上放着一些药品、一袋小面包和其他的一些老人常用的物品，东西不少，但丝毫不显得凌乱。本以为这是老人的家人整理的，在与老人的交谈中，老人说到现在她的房间仍然还是她自己一个人在打扫和整理，说完这句话时，老人的脸上露出了孩子般的自豪的表情。老人的家人说，既然老人爱干净，就让她多做一做她喜欢做的事儿，她也很享受自己整理房间、打扫卫生的时光。这种干净、整洁，已成为了老人的生活习惯，成为了一种生活态度。

新的一天，阳光正好，就这样把自己的房间打扫，把破旧的都收拾好。

这样的生活虽然简单，但是充满了乐趣和对未来的憧憬。提起自己这个爱干净的习惯时，老人简单的话语中满是一种淡淡的骄傲，因为屋子干净、整洁，就不会对明天失掉希望，就永远相信明天会更好，在那个连生存、吃饭都是问题的时代，老人让自己、让子女都养成了这样的好习惯。这种“干净整洁，满怀希望”的态度，在老人的后辈们看来也成为了一种生活的必要，这已经不仅仅是一个简单而积极的生活态度，或许这就是老人传承给子女们的优良的家风。

老人看着卧室明净的窗，将当年的事娓娓道来。

在新中国还未成立的时候，老人和她的丈夫仍然在过着被战争摧残的生活。那时老人还住在低矮的平房中，还不能让一家人都能吃上一口热饭。吕宏英老人和丈夫有五个子女，那时的物质条件很差，在生活的重压下，老人也不得不去做工。洗衣服、纳鞋底，老人因为没有很高的文化水平，体力也不足以支撑她去工厂做一些收入较高的工作，只能做这些简单的小工来为家庭增加一些微薄的收入。“在现在这个时候，谁愿意去干这些挣不了多少钱的工作呢？但那个时候没有办法呀，不干就吃不上饭了。”细微的声线、缓慢的语速，老人想到当年艰难的生活，语气中满是一种被生活所迫的无奈。

吕宏英老人的丈夫在这个家最为艰难的时刻因病去世，养育 5 个子女的重担那一刻全部压到了她一人的肩上。每天她早早地出门，在阳光还未照亮大地时就开始了工作，她走进一家又一家的家门帮人干活，用工作数量的增加来让收入显得不那么微薄。她白净的双手渐渐长出了老茧，修长的手指上有了生活的痕迹，但是这并没有改变她对生活的信心。她仍然要求子女整理好衣衫再去上学，在难得的闲暇时间，她会习惯性地整理家中的物品，擦一擦窗户上的灰尘，让更多的阳光照进灰色的生活。

那是 20 世纪 40 年代，滁州这座安徽东部的小城还没有比较完善的基础设施，小城的街道中每天人来人往，伴随着让人习以为常的尘土飞扬。人们穿着蓝色、绿色的衣服，随着他们走进家门的不仅仅是工作后的劳累，还有街道上飘扬的尘土。吕宏英老人如往常一样走出家门开始了新一天的劳动。她拿起了一件件或军绿色或蓝色的脏衣服，将它们在水中浸泡、漂洗，洗净以后又将它们一一晾起。走过了一家又一家，她终于回到了自己的家中。家中的儿女已完成了作业，她喝了一碗稀粥，吃了几口咸菜，在夜晚的灯下开始纳鞋底。家中倒是有不少人，孩子们聊着天但并不吵闹，这个家已经习惯了这样的生活。

这样的故事，在这座城市中并不稀奇。吕宏英每天晚上推开家门，窗明桌净，整洁如新。

劳累了一天的吕宏英，躺下不久便已入眠。窗外的横杆上，洗净的衣服在夜晚的微风中轻轻晃动，天空中还有星星，生活也还有希望，第二天她又开始了同样的生活。

这样的生活她已经习惯，辛苦、充实而简单，她靠自己的双手将 5 个孩子养大，又将“干净整洁，满怀希望”的生活态度教给了孩子们。走过了百年岁月，她的衣服仍然干净清爽，她的房屋仍然整洁明亮，改变的是生活条件，不变的是洁净的房屋与满怀希望的生活。

心同流水净，身与白云轻。

## 三、“书，一定要读！”

新中国成立了，大女儿也到了可以读书的年龄。家里的条件并没有改善多少，吕宏英从旧社会中走出，也没有接受过多少教育，但是她坚持让女儿去读书。

“书，一定要读，不要你有多高的文化，但是一定得读书。”老人说起让 5 个儿女接受教育这件事毫不含糊，她没有读过书，但是她相信只有读书才能改善生活。

于是她把 5 个儿女相继送进了学校，让他们接受书香的洗礼。从此，这个家多了琅琅的读书声。周末的阳光下，母亲不在家的日子里，孩子们拿着课本读着那些已经熟读的文章，从中汲取知识的力量。大女儿早早懂事，她知道当自己学成之后，就可以去工作，为这个家、为母亲减轻一些压力。

工厂招工，吕宏英有了正式的工作，她如从前的日子一样早早地起床，披着晨辉走出家门，不过目的地变成了工厂，在那里她可以干一些简单的工作，也拥有了一份更稳定的收入。孩子们都已经走进了学校，他们也已经可以为自己分担操持家务的疲劳。“孩子们长大了，读了书以后就能过好日子了。”老人说起自己的孩子，满是骄傲。

这是一个从旧社会走出的女子，虽然没有接受过五四风雷的思想熏陶，但是她也明白读书的重要。“读了书才知道怎么过得好，我没读过书，我过的是苦日子，饭都吃不上，我要孩子们读书，要他们都能吃饱饭、过好日子。”老人不明白读书能给人带来什么改变，她只是希望孩子们能过上好日子，但她相信在这个新的时代不读书还要过苦日子，所以她坚持把 5 个孩子送进了学校，也将她撑起的这个家送向了美好的明天。

大女儿赵奶奶在初中毕业后，高昂的高中学费让她不得不离开学校。赵奶奶没有丝毫怨言，她走出了学校，走进了工厂，找到了一份工作。当赵奶奶领到她第一个月的工资时，她将自己的一部分工资拿了出来递给了母亲。已是期颐之年吕宏英至今仍感慨万千：“孩子懂事、孝顺，发工资都拿一部分出来给家里用。”虽然老人已很难流畅地说完这句话，但是老人脸上的笑，是她藏不住的喜悦。

5 个孩子都从学校走出并找到工作后，每个月都将工资的一部分拿出来送给母亲，这成了兄弟姐妹们的一种习惯。聊到子女孝顺时，吕宏英老人的眼神很坚定，她说：“孝道是一定要教给孩子的，我们从小在家里学到的好的东西，我也要让我的孩子们学。”老人没有读过书，她没有读过姜诗涌泉跃鲤，也没有读过黄香扇枕温衾，她知道的不过是年幼时家人说过的“羊有跪乳之恩，鸦有反哺之义”。吕宏英老人将孩子送到了学堂读书，让他们接受文化的滋润，在家中，她潜移默化地教给孩子们的，就是中华民族的传统美德，老人相信，这种美德经过了几千年还能传承下来，一定有它的道理。

“我不知道这些东西好在哪里，但要是它能让孩子们都做个好人，它就是好的。我让孩子们读书，也是想让他们都做好人。”老人的追求很简单，5 个孩子中最高学历也不过是初中毕业，但是他们无一例外都是邻里口中称道的好人。老人一提起子女，脸上就笑开了花：“孩子们好，都特别好！”老人简单的话语中，蕴含着无限的自豪。

2018 年的除夕夜，全家聚到了一起，孙辈们在一起忙活了一整天，做了一顿丰盛的年夜饭。吕宏英老人的外孙女提起这件事，笑着说：“外婆可高兴了，脸上的笑挂了一整天。”老人频频点头，嘴角又勾起了一个幸福的笑容。窗外的阳光洒了进来，老人的笑更显灿烂。

老人没有听说过什么是天伦之乐，儿女孝顺、孙辈成才、自己的身体健康、全家能团圆，这或许就是她享受的天伦。

## 四、“撑过去就会有好日子过了”

一个家，一位老人，五个孩子，二十年，一个母亲。

这就是吕宏英老人口中的“平凡生活”的一个真实写照。

老人提起往日的生活时，寥寥数言过后就不再继续说下去了。在老人看来，那些日子都很平凡，这是她作为一个母亲应该承担的责任。

洗衣服、纳鞋底，这些简单的手工活，最开始让吕宏英支撑起了这个家。新中国成立后，她有了一份正式的工作。孩子已经长大，需要更多的营养；父母已经老去，能给她分担的压力也变得更少了。

这个家不能就这样垮了！孩子们还小，他们还没过上好日子。丈夫虽然已经离去，但这个家不能堕落，而要变得更好。

“什么日子都要过，不去干工，孩子和爸妈怎么办？”老人说道，“苦是苦点，但是还能撑着，撑过去就会有好日子过了。”

她在月亮还未落下时就起床，走进厨房热了热昨晚剩下的稀粥，咬了几口已经变冷的馒头，然后她出了家门。她不再去别家洗衣，而是沿着她熟悉的那条路走向了工厂。工厂里机器轰鸣，吕宏英的耳朵已经习惯了那样的噪声环境。她和熟悉的工友打了声招呼，走到了自己的工位上，开始了新一天的、一如往日的重复性的工作。

孩子们都已上学，他们可以一起去学校，那条吕宏英眼中通往未来的路大女儿已经非常熟悉，她可以带着弟弟妹妹去上学，不用自己再操心。上课的时候，学校里很安静，只有不时传出的琅琅的读书声打破这令人心安的宁静。

工厂和学校间的距离不算近，在城市的两块区域里，这个家庭的 6 个“年轻人”在为了生活而努力着。吕宏英在轰响的机器声中为这个家提供着物质基础，5 个孩子在悦耳的读书声中为了这个家的明天而奋斗。

太阳渐渐落下，吕宏英擦了一把额上的汗水，揉了揉被机器轰鸣围绕了一天的耳朵，向着家走去。推开家门，孩子们在写作业，但锅中已经煮上了粥，足够每个人都喝上满满一碗。她炒了一碟青菜，新鲜蔬菜的香气让正在写作业的孩子们高兴不已。开饭了，这是这一家每天难得的快乐时光。饭后，懂事的孩子将碗筷收拾、洗净并摆放整齐，而吕宏英习惯性地将衣服洗净、晾好。低矮的房子中，光线有些昏暗，母亲在缝补衣物，孩子们写完了作业，聊着在学校的趣事。屋外的星辉下，年迈的婆婆在乘凉。这样的生活虽然清贫，但也不乏乐趣。

夜深，所有人入眠，家中寂静无声。窗外的衣衫在微风中摇晃，等待着明日太阳的升起。

这是一个普通家庭在这座五线小城中的平凡的一天。

即便在那样的生活压力下，吕宏英的心情依然很平静，她抱着对明天的希望，日复一日地走进工厂，夜复一夜地用小小的针尖补贴家用。她用脚步丈量着生活，用双手擦去窗上蒙着的尘埃，用她并不强壮的身体守护着这个家庭。

生活还是一如以往的平凡，吕宏英也还是那个平凡的工人，一个普通的母亲，一个孝顺的儿媳。平凡的日子就这样一天天地过去，这个家庭的生活条件在子女开始工作后变得好了起来。过往的困难时光不再，生活翻开了新的一页，这个平凡的家庭仍然过着平凡的日子，每个人都没有对未来的生活有什么畏惧，因为他们相信，再困难的日子，“撑过去就会有好日子过了”。

凡是过去，皆为序章。

## 五、“这是一个新的时代”

1978 年，农村改革的火焰从安徽省滁州市凤阳县小岗村燃起，滁州这座小城也就这样开始了它的蜕变之旅。进入花甲之年的吕宏英，子女都已成家立业，她自己也到了退休的年龄。老人已经不需要再为这个家庭的生存而操心了，生活越来越好了。老人说：“老百姓都能过好日子了，这是国家的功劳啊！”

老人并不清楚 1978 年以后对于新中国来说是一个多么重要的时间段，她向往的好日子终于到来：“别人跟我说，这是新的时代来了。”

吕宏英老人退休了，滁城小巷中晨起穿梭的背影、家中灯下做出的布鞋、工厂里流下的汗水，都成为了记忆，成为了过去。在这个新的时代，老人的

5 个子女成长为了这个家庭的支柱，成为了国家新一代的建设者。

这是一个新的时代，明天的阳光会好，老人可以在和煦的阳光中坐下，享受着闲适时光。吕宏英老人把家中的物品都收拾好，将屋子好好地打扫。“这样的生活多好！”老人笑着说道，她终于过上了她向往的生活。

吕宏英老人带着孙辈的孩子们一起生活，度过了她平静而充实的花甲之年。她的脸上多了岁月留下的痕迹，她用她的双手擦去了蒙在生活上的灰霾，半生走过，她的灵魂干净而纯洁，她迈过了从心所欲而不逾矩的年华，吕宏英老人又怀着对生活的热爱走过了她的耄耋之年。

老人说起现在的生活，只有合不拢嘴的笑：“今天真是个新的时代，国家对我们好，社区也关心我们老人，现在的生活太好了！”在不久前的端午节，社区和老龄工作委员会的人来看望吕宏英老人，还给她带了粽子和水果。“现在国家特别关心我们这样的老人，你们年轻人一定要好好读书，国家对大家都这么好，年轻人一定要好好回报。”老人说到这里，眼中已经有了泪光在闪烁，她或许想起了过去为了争抢一碗粥摔掉了一颗牙齿的日子，或许想起了丈夫离去时她的无奈，或许又想起了其他的事。

但这一切都已过去，这是一个新的时代，吕宏英老人站在窗前看着远方，阳光洒在老人瘦小但坚强的身躯上，空气中满是幸福的味道。

这是一个平凡的老人，一个普通的母亲，她平静地讲着她眼中平凡的一生。没有轰轰烈烈的故事，没有惊心动魄的经历，只有她铭刻于心的饱腹是一种奢望的童年，只有她数言带过的独自一人养家的 20 年。爱干净的吕宏英老人仍在用她的双手擦洗着这个家，用她的努力让更多的阳光照进生活。

吕宏英老人经历了最为艰难的童年，战争带来的动荡让她的生活被阴霾笼罩，年幼的吕宏英在饥饿中睡去，梦中有更好的生活，有希望在那里。她的前半生并没有太美好的时光，清晨的朝霞或许记得她的身影，机器的轰鸣或许还混着她坚定的话语，夜晚的月光或许记得她手执针线的模样，半生的忙碌与汗水，成为了吕宏英反抗命运的武器，她逐渐擦洗出了一片净土，那里有阳光照进生活。老人的后半生安宁而平静，她已经在生活给予她的大风大浪中奋斗了近 30 载，她的坚强让她撑过了那段艰难的岁月，她可以笑谈前半生奋斗的岁月，也可以静看新时代的大江大河浪潮翻涌。这个平凡的老人，经历过穷困潦倒的生活，经历过以一己之力供养整个家庭的时光，曾经灰暗的生活并没有让这个老人脸上沾上泥土，在她漫长的生命中与命运而战。“我过了苦日子，也过了好日子，现在国家对我们好，这个时代太好了。”老人一直认为自己是个平凡的人，是个普通的母亲，她此生此心已无憾。

半生辛劳，半生幸福，“没有神的光环，握紧手中的平凡”。

还是一个平凡的早晨，吕宏英老人的儿媳拎着刚刚出笼的小笼包和一碗清早起床煮好的粥来到了老人的窗前，老人已经醒来，看到她最喜欢吃的小笼包老人欣喜不已。家里人知道她爱吃小笼包，每隔一两天就会去老街那家店里给老人买上一笼。老人已经拿不动炒勺了，儿女们就轮流来给老人做饭，然后陪她聊一会儿。随着年龄的增长，老人的精力也在衰减，聊到累的时候，儿女就会帮她盖好被子，让为了这个家劳累了半生的母亲好好休息一会儿。

老人睡着了，她的脸仍然朝着窗的方向。

窗外阳光正好。

## 采访手记

那是一个阳光明媚的早晨，当我走进吕宏英老人家中时，老人没有如往常一样躺在床上，她站在窗前，不知望向何方。见吕老没有拿拐杖就从卧室走到了卫生间，老人的外孙女龚阿姨可吓坏了，赶忙把吕老扶回屋中躺下。

老人焦急地问起龚阿姨的母亲，也就是她的大女儿赵奶奶的情况。赵奶奶最近身体不适进了医院，吕宏英老人听说后每天都要问家人赵奶奶的身体情况。龚阿姨打开了视频通话，让这对母女隔着屏幕聊起了天，老人悬着的一颗心才算是放了下来。

老人的卧室很干净。据龚阿姨说，老人特别爱干净，即使在那段最艰难的日子里，老人也一直让家中保持干净、整洁。小小的屋子里，地砖被擦得铮亮，茶几上整齐地摆放着茶具。这么多年来，老人一直自己打扫屋子，直至今年，老人的身体差些了，家人就没有让她再打扫整个屋子，但老人自己的卧室仍然由老人自己打扫。“对外婆来说，这种爱干净就是一种生活态度，要对生活有积极向上的态度。”龚阿姨说道。

年轻时的苦难并没有压垮吕宏英老人，只让她更加坚强，她不会忘记那些苦难，但生活永远要向着太阳升起的方向。

采访期间，老人有些疲倦，我们轻轻退了出去。老人睡着了，面朝窗的方向，窗外满是明媚的阳光。

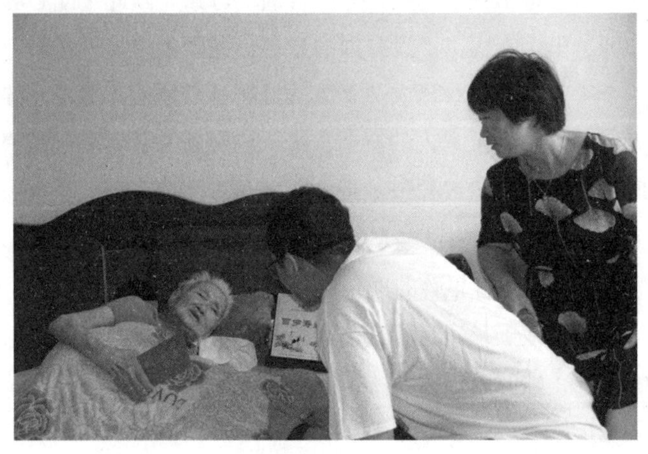

吕宏英老人与外孙女及志愿者（王士英　摄）

# 风雨彩虹，铿锵玫瑰

## ——徐贵娥老人传记

徐亚楠 北京师范大学 教育学部 2017级

### 人物生平

徐贵娥，女，民国十六年（1927）1月29日生，92岁，祖籍山西五台，现居山西省五台县大建安村大西巷10号。徐贵娥一生生活艰辛，经历日本扫荡、走西口等艰难岁月。自学接产技术，免费接生，义务服务，与祖国一同成长，在清贫中坚信生活的美好，用自己的双手创造幸福生活。

徐贵娥老人照（王宝月 摄）

### 一、订娃娃亲

徐贵娥原本兄弟姊妹5人，天灾人祸，最后只剩下自己和三弟相依为命，家人的离去令她痛心，却又无奈。徐贵娥家境贫寒，吃糠咽菜，无依无靠，衣服百补千补，布满补丁。

父母为了女儿将来可以有一个好的依靠，在其 5 岁的时候便定了娃娃亲。按照当时的习俗，女子出嫁前本该要和丈夫见一见，但由于徐贵娥丈夫在 11 岁时因生病导致声带受损，无法说话，两人在结婚之前都没有见过面，直到 17 岁直接步入了婚姻，组成一个小家。徐贵娥是一个传统的中国农村妇女，想着“嫁鸡随鸡，嫁狗随狗”，内心坚定地认定这便是自己一生的伴侣与依靠，与丈夫两人开始携手生活，共同打拼，一生共育有 3 儿 1 女，维持着家里 8 口人（父母、夫妻两人，4 个孩子）的生活。

尽管徐贵娥身上有传统女子的品质，但她并不觉得身为女子只能在家中缝缝补补，照顾老人和孩子。徐贵娥凭借踏实肯干、积极学习的精神，靠自己的双手撑起一片天。在实行生产小队时期，她是小队的头等劳力，有时候干得比青壮年还多，用自身践行着“女人撑起半边天”的口号。徐贵娥除了进行日常工作，还作为一名产婆，免费接生，义务服务。更利用自己的空余时间，在 30 多岁的时候学习装石板、磨石板；在 50 多岁的时候学习磨豆子、做豆腐，来协助丈夫维持生计，经常干活干到双手发麻，半夜还需要甩甩手来活动活动，缓解缓解。徐贵娥提到在装石板的时候，每天还带着自己的女儿一同前往，那时候女儿经常流鼻血，身体不太好，不放心留她一个人在家里，那就索性带着孩子一起。尤其是在丈夫生病期间，更是担起整个家庭的重担。

徐贵娥用最朴素的热情对待生活，生活很苦，但却有自己的坚守。她坚信什么事都要努力做到最好，就连做的豆腐也远近闻名，打出了自己的招牌。不幸的是，徐贵娥的丈夫在 69 岁时因病离开了人世。徐贵娥用自己柔弱的肩膀撑起整个家，帮助孩子们娶妻生子，生活艰难地向前迈进。

全家福 （受访人提供）

## 二、接生工作

“你弟弟家有孩子了吗？”“有了，孩子都 9 岁了呢。”徐贵娥老人看着笔者的母亲询问道。一开始笔者还有点迷惑这段对话的出现。接着徐贵娥老人解释道：“时间真快，你弟弟当时还是我接生的呢。”笔者开始惊讶于世间缘分的奇妙，眼前这位老奶奶竟然是自己舅舅出生时的产婆，因而更加迫切地想要走近这位老人，了解这位可敬的老人。

20 世纪 60 年代医疗设备落后，育儿知识缺乏，导致很多孩子一生下来就生病甚至夭折。而这座深处黄土高原的小山村更加不可能学习到外面的知识。为了降低患病风险、提高新生儿的存活率，徐贵娥在其 35 岁时便开始自学接产医术，不断探索，积累经验。在摸索的过程中，徐贵娥十分注重接产工作前的准备工作，尤其是消毒工作，在其将近 40 年的接产工作中一直严格执行，绝不马虎。正是这种认真负责的态度，保证了绝大多数孩子可以顺利降生，降低患病率，提高了接产新生儿的存活率。徐贵娥几乎承担起建安乡周围大大小小 6 个村里所有产妇接产的工作，在从业生涯中大概接生了 2000 多名新生儿，最多的时候一个月就能接生 60 多个孩子。孩子们在她手中感受到这个美丽世界，发出第一声啼哭。在接生的过程中，有的孩子在出生后似乎已经没有生命特征，连父母都准备放弃，但徐贵娥绝不轻易放弃，她会想尽一切办法来挽救这个小生命。

交通条件与通信设施的落后与不便，使得徐贵娥经常在深夜或者自己手头有其他工作的时候被急急忙忙地叫走，连晚上也总是睡得不踏实，但她总是毫不犹豫地起床或是放下自己手里的活，跟随前往。无论是炎天暑月，还是冰天雪地，徐贵娥都会以最快的速度赶去产妇家中。有一年夏天晚上，雷雨交加，路上的积水已经到小腿了，山路走起来尤其危险。徐贵娥在赶去产妇家的路上不小心被绊倒，摔伤了手腕，但想着孩子和产妇情况更紧急，她忍着剧痛，在顺利完成接产工作后，才开始顾及自己的伤势，前往当时的诊所查看伤情。说到这里时，徐贵娥老人摸了摸自己那凸起的手腕，这就是那次摔倒的后遗症，记载了徐贵娥无怨无悔为这座小山村接产工作所付出的辛劳，将自己平凡却伟大的力量贡献给了那个时代。

就连徐贵娥的重孙子，都是老人亲自给接产下来的。直到 70 多岁时，还有想请老人帮忙接产的人，徐贵娥只得委婉拒绝，因为她知道自己年龄大了，医院的医疗水平越来越高了，在正规医院生产对产妇和孩子会更好，不再需要自己接产，应该积极鼓励大家前往医院生产，徐贵娥仍会热心地为大家讲解一些哺乳及产后注意事项。“医者父母心”，徐贵娥用一生在践行着。

## 三、战争年代

徐贵娥记得特别清楚，自己10岁那年，在农历八月十一那天，日本人来到自己村里的情景。一说日本人来了，吓得全村人赶紧都跑去隐蔽的地方。特别是女孩子们，会使劲往自己脸上抹脏东西或者用头巾罩起来，防止坏人欺负。日本兵对于年老体弱的，不是打就是杀；徐贵娥清楚地记得，在村里的小戏台那里，日本人将一些村里人用刺刀刺死，尸体在那里放了很久很久，很多无辜的人被残忍地杀害。讲到这里，徐贵娥的眼角流出晶莹的泪珠。生灵涂炭、暗无天日的日子一直围绕在身边，村里为了躲避日本人的烧杀抢掠，特意修了很多地道，用来躲避，大家都在盼望着早日将他们赶走，但又不知道何时是出头之日。

日本人无条件投降的那天，上午的时候徐贵娥赶去田里干活，路过村里后茶窑的时候还可以看到日本兵。下午的时候，村里和隔壁镇一直发出信号弹，徐贵娥在田里看到日本人落荒而逃，但并不知道究竟发生了什么，后来才得知日本人被我们打跑了，全部都逃跑了，他们无条件投降了。

当回忆起这段历史时，徐贵娥看着远方默默微笑，面庞平静而温暖。

徐贵娥的父亲当时在村里学校当伙夫，负责给老师们做饭。后来才得知当时很多的老师其实都是地下共产党员。当时条件艰苦，在那个狭小的学校里，地下共产党员为解放全中国而默默地工作着，还要随时面对敌人的搜查。

终于等到1948年农历九月，徐向前元帅带领解放军解放了太原。在解放的过程中，徐贵娥的丈夫用自家仅有的一头驴，驮着子弹去支援前线，为解放自己的家乡贡献一份力量。解放后，日子才真正有了盼头。

## 四、走西口岁月

徐贵娥孩子较多，外加丈夫体弱多病，分口粮的时候6个人才能领到5

个窝窝头，实在没办法维持生活，于是徐贵娥两口子决定带着 13 岁、12 岁、7 岁、4 岁的 4 个孩子一同去口外（内蒙古）走西口，想要闯一闯谋生活，但口外的生活也充满坎坷。

由于之前从来没有出过远门，只听过和知道内蒙古冷，当时也没有特别厚的和好的衣服给孩子们穿。尤其是小女儿刚到内蒙古，下车后就被冻坏了，当时在爸爸的怀里都已经冻僵硬了。旁边的路人好心地告知："赶紧往那边有烟囱的地方跑，那里是食堂，那里热。"等到一家人跑到食堂的时候，里面的工作人员根本不敢开门，担心一家人太饿进去会抢东西。在徐贵娥的苦苦哀求下，再加上询问过后得知一家是五台人，对方才放心让一家人进去，这时，徐贵娥老人拍着笔者的手骄傲地说："人家知道我们五台人不会抢东西。"

进去之后，徐贵娥夫妻两人着急把孩子往火炉边上靠，结果却遭到劝阻。一开始两人还有点不解，经对方解释才知道，那样会伤到孩子。之后，公社食堂的工作人员还给递过来热水，并且把自己的大皮袄脱下来给女儿盖上，徐贵娥紧紧地握着女儿的手，女儿才慢慢地缓过来。

徐贵娥一直不停地说着感谢，没他们，她的小女儿就回不来了。徐贵娥在描述这段往事的时候，频频看向在身边的女儿，诉说着感谢。尽管生活给予徐贵娥很多苦难，但她仍然坚强面对，充满感恩。

徐贵娥一家在口外待了 13 个月后，得知老家队里已经可以分到足够的口粮、不再挨饿的消息后，动了想要回家的念头。一方面觉得自己的家还在建安，根在建安；一方面又不放心家里的老人，决定带着孩子们回来。她们一家走西口的想法很简单："我只想出去的时候带出去 4 个，回来的时候再带回来 4 个，就行了。"

由于物质的匮乏，拾柴、挑菜、捡煤似乎是那个岁月里最平常不过的事情。徐贵娥一生都勤俭节约，做事情有条有理，尤其是在饥荒面前，为了保证一家老小最起码有东西吃，徐贵娥利用空余时间带着孩子们不断挖野菜。晚上孩子们休息了，夫妻两人又把野菜挑好洗好放在菜缸里腌制好，不知多少个日夜才将野菜凑满整整一缸，想着关键时刻可以应急。

那一缸野菜在他们走西口的时候起了大作用，原本是留给自己婆婆的食物，然而当邻居们得知徐贵娥家有一缸野菜的消息时，由于实在是太饿了，有的人拿着钱想要买点。而徐贵娥的婆婆也是一位好心人，谁家来的时候，用手攥一个团团免费送给邻居们，这样就算在开水里泡一点儿，也有点味道，可以充充饥，大家也可以好一点儿。就这样，一缸野菜帮很多人渡过了难关。

徐贵娥在提及逝去的老伴时，缓缓道来，丈夫一直都体弱多病，但却特别正直善良。徐贵娥感慨丈夫真是可怜死的，不像自己还能享受到国家越来越好的日子。丈夫是一个特别老实的人，就连在饥荒时候，饿得前胸贴后背了，别人难免会去偷点东西回来吃，但丈夫一定不会，从来没有伸手去拿别人的一点东西。轻轻的嗔怪既是对老伴正直人品的肯定，更是一种深深的思念。

## 六、养生之道

在当代人的眼里，对于食不果腹的认知好像只是停留在历史课本中，停留在旧时光里。但对于徐贵娥这代老人来说，却是前半生最深刻的记忆。尽管现在物质生活丰富，食材的种类也越来越多样，孩子们也变着花样给徐贵娥老人提供更好的食物，但徐贵娥始终坚持吃饭只吃七分饱，不会吃太撑。无论看到多么好吃的食物，只会适量食用。尤其对于特别油腻的东西，尽量少吃，在主食方面，还是喜欢吃馒头、窝窝头等。徐贵娥一生都在践行勤俭节约的优良美德，看到散落在路边的食物，她会觉得格外的心疼，还会忍不住责怪，谁家又浪费了粮食。徐贵娥的孩子们也会告诉她，现在是社会好了，不怕饿了。但徐贵娥觉得无论多会儿都应该珍惜粮食，杜绝浪费。

徐贵娥一直坚持自己能干的事情坚决自己来干。尽管 92 岁高龄，仍然坚持自己做饭、洗衣等。

## 七、安享晚年

在拜访老人的过程中，不知不觉已到了老人要吃水果的时候。由于徐贵娥老人已经没有牙齿了，女儿拿着桃子一口一口耐心地喂其食用。下午的时候，正好赶上徐贵娥老人应村委会的要求前往农村信用合作社办理银行账户，方便之后的国家补贴发放，笔者有幸可以一同前往。这是徐贵娥老人第一次来到村里新建的农村信用社办理业务。她可能是担心打扰到别人，用轻轻的声音询问三儿子自己在哪里，当得知自己在农村信用合作社时，老人嘴里轻声嘟囔，我还以为是邮局呢。徐贵娥老人打量了好久，禁不住地说着：“国家越来越好了，生活越来越好了。”在一旁陪同的时候，看着徐贵娥老人的儿子对母亲悉心照顾，担心母亲走路太累，特意借来电动三轮车来回载着母亲。十月恩胎重，三生报答轻。尽孝不一定惊天动地，轰轰烈烈，而是体现在点点滴滴温情之中，便是孩子们在为母亲提供最好的晚年。

徐贵娥是一名普通的农村老人，却是千千万万老人的缩影，见证着一百年来中国的发展变化。徐贵娥的一生经历风雨，遭受了时代给予的很多苦难，风雨之后，彩虹也格外显得美丽动人。

徐贵娥在国家和家人的照料下，感受着时代的进步，物质生活的富裕，精神文化的充实。徐贵娥年龄大了后，很喜欢看电视，虽然有点耳背，听不见声音，但她说通过画面仍然可以了解祖国当下的发展，关心国家大事，感受国家日新月异的变化，希望国家越来越好。

在采访的最后，徐贵娥老奶奶紧握笔者的双手，告诉笔者一定要多读书，好好读书，为祖国做贡献。

## 采访手记

长大后，自己的思乡之情愈发浓烈，每次心情不好的时候总是迫切地想回家，想要安静地躺在自己的小床上。每当夏日清晨，总想在村庄的麦田里来回走走。一百年来，这个美丽的小地方经历了怎样的变迁，这样一个偶然的机会，在走近百岁老人的过程中，有幸可以跟随年近百岁的徐贵娥老人，去探访这段历史。

也许与徐贵娥老人的缘分就是这样的奇妙，在采访的过程中，竟然得知徐贵娥老人是舅舅出生时的产婆。这位可爱可敬的老人在身为产婆的40年里，迎接了2000多个小生命来到这个美丽的世界，发出第一声啼哭。生活给予这位老人众多磨难，炮火连天、食不果腹、露宿街头……但在徐贵娥口中娓娓道来时，平静中透露着坚强，她依靠自己的双手与智慧，乐观地生活着。

走近徐贵娥老人，身上不仅有一种责任感，想要将发生在老人身上，令其难忘的事记录下来；更是一种亲切感，想要走进其内心，一同去重温过去的岁月。当徐贵娥老人讲述自己一辈子的心路历程时，笔者忍不住悲伤着她的悲伤，开心着她的开心；当老人握紧笔者的双手，叮嘱笔者要好好学习时，每一句看似普通的话语，每一个看似简单的动作，都是老人对后辈给予的关爱与期望，笔者不禁将老人的手握得更紧。当采访已经步入尾声，笔者却产生了不舍之情，想要聊更多的话题，想要给老人分享当下更多有趣的事情。分别时刻，徐贵娥老人坚持送出门口，夕阳照在老人身上，散发着淡淡的光辉……

徐贵娥老人与志愿者合影（王宝月　摄）

# 走过荆棘满路，剑兰温柔以战

## ——田小女老人传记

黄泽雨 北京师范大学 数学与应用数学 2019 级

### 人物生平

田小女，女，1922 年 7 月 24 日出生于湖北省襄阳市襄州区程河镇上王村 8 组。1923 年土匪入侵村庄，随全家逃难。1926 年开始缠足。1940 年 5 月日军进攻襄阳，全家逃难。1941 年经媒人介绍结婚，丈夫是贫下中农。1943 年大儿子出生。1945 年 3—4 月襄阳第二次沦陷，全家逃难。1949–1963 年二儿子、三儿子、四二子、五儿子相继出生。1965 年丈夫去世。1975 年暴发洪水、全家逃荒，2001 年曾孙女出生，四世同堂 。

田小女老人照（黄一格 摄）

## 一、年少时代兵荒马乱

1922 年 7 月 24 日，田小女在襄州区程河镇出生（当时的襄阳道东北部）。中国共产党刚成立不久，普通老百姓还仍然难以看到新时代的曙光，广大农村仍处于极度封建和落后的状态。在那个阴暗的年代里，国内外局势错综复杂，老百姓们想安安稳稳地过日子是一种奢求。

1923 年，她还不满一周岁，那片村庄就遭逢土匪入侵。土匪通常十几二十个一伙，嘴里念叨着听不懂的语言，来势汹汹，一进村子就抢劫财物，为非作歹，残害人民，老百姓们苦不堪言。土匪侵入了邻近的村落，村头几家农舍已经被土匪放火烧光，黑烟久久弥漫在空气中，盘旋在每个人的心头。听到这个消息，她们一家来不及收拾衣物就连夜逃亡。当时她只是一个襁褓中的孩子，还不会走路，就被妈妈抱着四处奔波逃命。他们一路奔走逃出湖北，最终抵达河南省的韩营村，寄住在别人家中，过着寄人篱下的生活。

日子就这么一天天过去，一晃就是好几年，田小女从襁褓中的婴孩长成了儿童。等到土匪风波过去之后，田小女又跟着家里人回到那个她早已印象模糊的家。这是一家人期待了很久的家啊，终于归来时，眼前的一切都暗暗给了她们一家人重重一击。家中的房子因多年没有人居住，已是处处破败，破屋里积了厚厚的一层灰，空气中弥漫着阴暗潮湿的刺鼻气味。地里的庄稼几年没人打理，早已完全枯萎，土地已经荒芜数年。被土匪席卷后的村落看不到生机。

90 多年过去了，当老人再次回忆这段童年时光，并没有太多的伤心难过，她说她有些想不起来当时那样的家是怎么一步步重建起来的。当笔者问她，那个时候有没有很害怕，会不会经常哭泣时，她顿了顿，平静的脸庞上竟然绽放出一丝笑意，她说道："孩子啊，哭有什么用呀，在那个年代只要活下来了生活就得要继续。"

裹脚是那个年代的习俗。这个封建陋习被强加在那个年代的大多数小女孩身上。在她四五岁的时候，妈妈帮她包了脚。裹脚的时候，除大拇指之外，其他的脚趾都要用布使劲往脚心靠拢，然后将布扯紧，再用针线缝合。老人回忆说："那种疼真的……我一辈子都忘不了。"裹完脚之后，有一大段时间，她都无法下床走路，经常疼痛无比，脸色苍白，精神恍惚。直到有一天，她的奶奶实在不忍心看到自己的孙女如此痛苦，就过来偷偷拆掉，然后照着原样，包得松了一点，又包回去。在那个年代的农村，这样的行为是很大胆的。老人说到这有些动了情：“要不是我的奶奶，我真的……我真的不知道我能不能挺过这样的痛苦。”

剩下的年少记忆，便是帮家里人割草，打理一些简单的家务。她的妈妈有 5 个子女，她排行老三，由于家里人口多，经常吃不饱饭。在不闹饥荒的时候，还能喝上粥，米汤里漂着几粒米。如果遇到有自然灾害的困难时期，收成不好，就只能吃米糠、挖野菜。老人回忆说：“我的小时候啊，如果能吃饱一餐啊，那真的是过年了。”

老人断断续续回忆起童年的一些细节。那时候农村每个人都没有其他什么愿望，每天都在盼望的，仅仅是一顿饱饭，没有灾害，没有疾病。在那个艰难困苦的年代，能够活下去已非常不易。通过老人的诉说，我们能感受到那个时期是灰暗和模糊的。饥荒和苦难，是那个年代刻骨铭心的记忆和伤痛。

## 二、血雨腥风的青年时期

那个年代流行包办婚姻，没有现在的浪漫和自由。田小女的婚姻也是媒妁之言。1941 年，19 岁的田小女结婚了，丈夫是邻村的贫下中农。结婚之后，她便到了丈夫家。丈夫家里也是一贫如洗，继续过着艰苦的生活。婚后一年多，田小女的大儿子出生了。大儿子的降生，给这个清贫艰苦的家庭，带来了少有的欢愉和希望。那时候他们夫妻觉得，这辈子就这样在家务务农，把孩子抚养长大，过着平凡普通的稳定日子就很知足。抗日战争全面爆发后，她的家乡襄阳也多次被进攻沦陷，生活又进入到了血雨腥风之中。

老人讲到这段日子，控制不住用手抹去淌下的泪水。在她的记忆中，日本人在进行侵略时，派飞机对地面进行密集的轰炸。那一段时间，战火的硝烟弥漫在整个上空，终日看不见太阳。在日军飞机的侦察之下，大家都只能躲在残垣瓦砾之下，没有人敢生火做饭，没有人敢逃出来。日本人持续密集的轰炸残害了很多很多老百姓，道路上都是齐人高的废墟和遗体。大人都先拿木棍翻开，到处看看，就害怕里面有尸体……那时的田小女只有十几岁，她抱着妹妹坐在一边看着，怕得直发抖。大人们对她说：“小女啊，怕就把眼睛捂住，快别看。”她低着头，什么也不说，只是紧紧地紧紧地抱住妹妹。老人讲到这里，看着我，直摇脑袋，叹息道：“唉……那是真的心里怕啊……把眼睛捂住了，我也好怕。”

老人说，在襄阳第一次沦陷期间，由于日本人来去匆匆，还是有很多老百姓逃过一劫。“飞机轰炸后，日本人放把火就跑了。”由于国民后援部队到来，日本人迅速地撤离。不久，就回到了家中。当时的景象已经是满目疮痍，连河水都被流淌的血染成了红色。年轻的她站在河堤旁，看着面前滚滚淌过的红色河水，看着面前几乎被炸成废墟的家园，在那样的岁月里，她只是千千万万受苦受难者中不起眼的一个。一个手无寸铁的年轻妇女，没有读过书，没有反抗的力量，但她又是那个时代里少数的幸存者，那时的她非常坚毅：“我要活下去，我要我的孩子活下去！”

1945年，襄阳第二次沦陷。这一次的侵略，是毁灭性的。“日本人一来我就跑啊……拼了命地跑，所有的人都是，没有人拿东西，拿了东西也许就没有命了……我只是在一直跑一直跑。一直跑到了河对岸去。”老人说的河叫唐白河，属汉江支流，一直蜿蜒穿过程河镇。当时没有桥，只能靠破旧的摆渡船。没有摆渡人，就靠自己一点点用手划船划到对岸。“当年闹土匪逃难时，我还是个小孩，现在却是我拖家带口，带着儿子逃难了。”老人说，逃到对岸之后，就再也没有什么像样的吃的了，只能天天吃树皮，挖野菜。好多地方的野菜都被挖干净了，露出贫瘠的土壤。由于日军的穷追不舍，那半个月里，老人一家沿着河逃，日夜不休。几乎没有吃过一顿饭，睡过一次觉。除了保护自身的安全，她还要照顾大大小小的孩子。老人说，这种感觉就像末日一样。在老人的记忆里，她早已记不清是怎么度过那一段末日般的岁月，但是至今仍然记得她带着全家返回家中的场景。与多年前闹土匪时逃难相比，这次回来，是真的什么也不剩了，家徒四壁，地里是荒芜的，房子里的一切都是用火烧过的。

“日本人来时，什么也没有放过；日本人走后，什么也没有留下。”老人说到这停了下来，她仰起头，缓缓地闭上了眼睛，举起干枯的手轻轻拭去眼角的泪痕。不知此时她的眼前是不是浮现出当时的画面，耳畔是否回荡起那刺耳的轰鸣声和奔走呼喊的求救声。笔者第一次觉得离那段从小就一直听闻的抗战岁月那么的近，面前的这位老人，是那段岁月的亲历者，如今她已近百岁，这位世纪老人的眼泪包含着太多太多的情感，这背后的深刻和痛苦似一层薄薄的壳，一旦触碰，还是会被刺痛。

## 三、重建家园坚韧前行

1945 年 8 月中旬，日军无条件投降的消息传到襄阳，襄阳人民终于结束了苦难的抗战岁月。这个好消息给襄阳地区的人民带来了极大的鼓舞。在时代的洪流中，手无寸铁的老百姓们根本无法左右自己的命运。但是生活还要继续，必须强迫自己不能放弃生存下去的希望。“没有被日本人杀死就是最大的幸运。”老人说道。当时已经身为母亲的她，勇敢地挑起了生活的重担，带领一大家子，从零开始新的生活。她再一次站在家门口的河堤旁，看远方的朝阳正在缓缓升起，金色的光洒在河水上波光粼粼，唐白河回归了当初的宁静，好像所有的血汗与泪水都随着这河水滚滚向前，再也不会回头。

战后重建的日子仍然是艰难的。村庄、房屋和土地因被敌人大肆破坏而变得满目疮痍，土地里弥漫硝烟，种不了庄稼，房屋遭受了战火的洗礼，也无法居住。说到战后的农村生活，老人以“凄风苦雨”来形容。虽然远离了战火的硝烟，但新一轮的挑战又再次降临。她和丈夫就凭着一双劳动的手，在一片废墟之上，一把土一把泥地搭建自己的土坯房，重建他们自己的家。在荒芜的土地上，开始“日出而作，日落而息”的生活。日子就这样一天天地继续，清贫、艰苦而又漫长。

新中国成立后，中共中央提出了“社会主义新农村”的概念，但是由于当时新中国正值战后重建、国际形势风云变幻、抗美援朝战争的打响以及各种自然灾害频发，老人回忆起那时的农村生活仍然是举步维艰。程河镇气候雨热同期，依傍唐白河，有着充足的水资源、有利的灌溉条件。所以在没有自然灾害时，粮食的收成还算不错。但是一旦发生自然灾害，在夏日洪水泛滥的季节里，村里的家家户户就都会陷入惶恐之中。老人对当时生活的记忆就是“苦”和“饿”。老人回忆说，当时常年吃的都是地瓜干和黑面馒头，玉米和白面一直是非常奢侈的粮食，大米和小麦更是几乎从来没有。

回想起来，这也是在老人的回忆里为数不多不用逃难的日子。虽然饥饿，但生活仍然能凑合着过下去，也称得上安静平稳。1949—1963 年之间，田小女的第二、三、四、五个孩子陆续出生，而且都是男孩。她和丈夫都在家务农，拼命地干活赚钱，养育着 5 个儿子。在那段艰苦岁月里，她和很多普通朴实的农村妇女一样，是凭借独有的那份坚韧隐忍和顽强毅力，一天天坚强地渡过来的，一家人最终还是一步步地向前走着。

## 四、痛失丈夫独撑家庭

1965 年的那一天，她的天突然就塌了。那本应是一个平常的日子。像往常一样，田小女和丈夫在聊着日常琐事，孩子们都还在安静地睡觉。丈夫说想要木梳子梳头，但自己家里没有木梳子，于是田小女就去隔壁家里借木梳子。当她拿着借来的木梳子踏进自己家门时，眼前的场景彻底让她崩溃。丈夫瘫在床上，脸色发白，已经没有了气息。突然的变故彻底打破了原本平稳的生活，这个已经伤痕累累举步维艰的家的支柱在毫无征兆的情况下在这一瞬间倾倒了。田小女一下子瘫在地上，整个人一直在发抖，她的大脑一片空白，随后是撕心裂肺的痛哭。这个家里的顶梁柱，这个老实的汉子，虽然他们结婚时还互相不认识，但是夫妻 24 年一路走来，共同经历了多少的磨难，渡过了多少难关，他们一直都是共同携手一起挺过来的，从来未曾分别过，怎么就出去了一会儿，就阴阳两隔了，怎么这一别就成了生离死别！老人的孩子解释说，当时的医疗水平很落后，老人的丈夫到底是怎么撒手西去的，至今仍是一个谜团。

至此，全家的重担一下子就全压在了她的身上。丈夫去世时，大儿子和二儿子已经能帮忙干一些田里的重活，而最小的孩子刚学会走路，仍然嗷嗷待哺。家里有田地，种花生、摘棉花，都要靠一己之力。失去了丈夫，生活更加艰难了。“我不知道我该怎么办……但每次看到嗷嗷待哺的孩子，我就告诉自己，我不能倒下，我咬咬牙一定要挺过去，我要把孩子养大。”

“我是一个母亲”是中国女性对抗苦难的最有力的武器。一个农村妇女自己独自撑起一个家庭的重担，养育 5 个孩子是多么不容易。而在那个物资极度匮乏的年代，能让孩子们吃上饭就很不容易了。田小女不仅有着中国传统女性的坚强和善良，更有着很多农民难以相比的远见与智慧：田小女对孩子们的教育非常重视，很难想象那个年代那样的家庭，她是如何凭借一己之力，让 5 个儿子全部都上了学、读了书。老人说，她不求孩子们升官发财，但要自己的孩子上学读书学知识。

1970年，当最小的孩子到了上学的年龄，她已经48岁了，家里还有14岁的三儿子和11岁的四儿子在读书。年近半百的她，身体已经不能干很重的农活了，生活的压力已经让她显得过于衰老。乡亲们都劝她，要么不让老三、老四上学了，要么小的就别上了，可是她坚持只要孩子们能读下去她就供下去。孩子们都很努力，二儿子和四儿子还相继入伍参军。

## 五、水边患难水边重生

1975年，河南驻马店下起了特大暴雨。老人说，那是她活这么久，记忆里最大的水。

老人记得洪水来临前，每晚都能听到特别大的、不同寻常的潮声。在洪峰来临前，上游提前发出了警报，她便抱着孙女，和儿子们一起逃荒。老人回忆道，当时她们一家随着人流，从埠口往张寨跑。张寨地势高，当时整个埠口村寨都被洪水完全淹没。她们一家去张寨住了几天几夜，没有粮食。老人至今还清晰地记得，是国家没有忘记她们这些灾民，是国家的直升机在高空投放粮食，是这些粮食救了她们一家人。

暴雨仍不知疲倦地下着，白天如同黑夜；暴雨如矢，雨后山间遍地死雀。

洪水退去，村庄早已不是原来模样。老人家原来住的是土坯房，洪水过后，房屋倒塌，农田完全被淹没，什么也没剩下。

田小女再一次挑起了重建家园的重任。这一次与以往不同，没有了丈夫相互扶持，她一个人带领子女们再建这个家；这一次与以往不同，她已经53岁年过半百，没有了往昔的体力和强健，搬运一砖一瓦都那么力不从心；这一次又与以往不同，有全国人民的扶帮，有子孙的携手。房子，重建起来了；家重建起来了。随着岁月的变迁，孩子们都个个有出息了，开始是将她的土坯房建起来了，慢慢地盖了砖瓦房，到现在还给她建起了两层小楼房！

1992年，田小女的大孙女以优异的成绩考上了武汉大学法学专业。这可是村子里的特大喜事，这么多年村子里的后生们多多少少也有考上大学的，但是能考上这么好的大学还是头一个。录取通知书送到的那一天，大儿子专程带着孙女从城里回来，给奶奶报喜，村子里放起了鞭炮，如同过春节一般的喜庆！

## 六、时光彼岸，剑兰花开

现在的田小女，四世同堂，离那段独自一人带着 5 个孩子到处逃荒的日子已经很远。老人的眼睛已有些混浊，有血丝，向内凹陷的眼眶爬满了岁月的痕迹，那些沟壑被过往的岁月填满。那是时间的沉淀，让人心存敬畏，自觉被感动。

老人一辈子老实本分在家务农，除了天灾人祸，没有离开过故土半步。老人分别经历了躲土匪、逃日本兵祸和逃洪水荒，家园数次被无情地摧毁，然后重建，再被摧毁，再重建。

老人的家中有一整面墙，悬挂的是一张红色背景的毛主席头像。老人用浓重的乡音对我们说着毛主席好、共产党好、新中国好，因为共产党赶跑了日本人，共产党在发大洪水时开飞机往下丢粮食。老人说，今天的和平、安宁和幸福是来之不易的，现在的娃娃们生活幸福了，应该珍惜才是。这句话经老人之口说出，承载的是历史的厚重。

老人现在身体仍然很好。她说，长寿的秘诀很简单，就是心境舒畅，没有思想负担。老人的子女都很孝顺，他们对老人非常尊敬爱戴，他们不用约定，就会主动将老人接到自家住上一段时间。老人的大儿子不无自豪地说，原来的日子真的太苦了，还好他们兄弟几个有一个伟大的母亲，他们才能在几次大灾难和逃难中活下来，并且有饭吃，有书读。

在老人的回忆中，灰暗和苦难是她前半生永恒的基调，但她的坚强和乐观却为此点上了炫亮的高光。这虽然是她个人的经历，却也可以说是中国千千万万农村老百姓的经历，是中国广大劳动人民从旧社会迈向新时代的历史缩影。那个年代的中国妇女经历了太多的苦难，她们一生不言个人的幸福，但是她们用坚韧和大地一样宽广深厚的爱托起了下一代。

老人一直说着她只是个普通人，他们家也只是世代耕种的农民。然而，就是这样的普通人，承受住了怎样的天灾人祸，在数次逃难后仍然回到故土，在被战争洗劫过、被洪水冲刷过的家园，怎样地点燃希望，重建家园，开始新的生活！时光无情地在老人身上留下了印记，却将往事永远尘封在不为人知的角落。老人的经历是一本泛黄却厚重的书。今天我们翻开它，摘录下了其中扣人心弦令人潸然泪下的篇章，然后让它在漫长的时光中继续存放。这是一位农村老人的一生，一位伟大的母亲的一生，其坚韧不拔的精神在新的时代也将焕发新的光彩。

## 采访手记

在这次采访后，笔者终于读懂了这句话：“历史就像老人脸上的皱纹，美在哭笑之间。”

97岁的老人，身体十分健朗，她见了笔者十分热情，紧紧握住笔者的双手，笔者感受到一种非同寻常的力量，这是隔了几代人的交叠，是穿梭百年的对话。笔者为这样的瞬间动容。

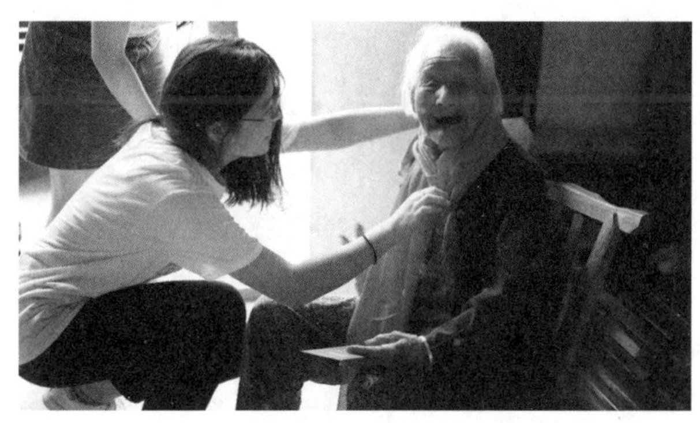

老人戴上红丝巾（黄一格　摄）

在整个采访过程中最令人难忘的大抵是老人的笑，当她讲述那些逃难的艰苦岁月时，作为倾听者都倍感难熬，但是老人在大多数的讲述时都是笑着的。老人的话很朴实，但背后的豁达和独有的那份乐观深深地打动了笔者。时间的长河确实可以带走大部分的痛苦，但老人骨子里的乐观坚强在漫长岁月中成了永恒不变的东西。

快离开时，老人和街坊邻居打起了桥牌，其余3人大抵只有50岁上下，老人一头银丝显得分外突出，但和这些“年轻人”打牌的气势却丝毫不输，她较真，有傲气。很难想象这是刚刚讲述那些往事时还几度哽咽的她。

看着老人在跟我们挥手告别，又一次，无以言表的感受涌上心头。

感谢与您相遇，愿您平安喜乐，愿您岁月静好！

# 人生海海，生生如船

## ——撑船老人张桂娟传记

张雨晨 北京师范大学 教育学部 2017级

### 人物生平

张桂娟，女，汉族，1924年11月6日出生。祖籍江西上饶，现住于江西省鹰潭市月湖区军民路17号4栋2单元。幼年时被婆家抱养成为童养媳，成年后即嫁与撑船人，开始了长达50余年的撑船生涯。人生海海，生生如船，她是万千劳苦大众、百万撑船工中的一员，她的一生就像大浪中的一叶小舟。千帆过尽，她的勤劳朴实、乐观勇敢成为了支撑她、她的家人与一代又一代撑船人宝贵的精神财富。

张桂娟老人照（受访人提供）

### 一、吞舟之鱼

记忆的起点还停留在襁褓时期。那个时候的她宛如一条小鱼，在浩瀚的人海中穿梭，在那条大河里戏水玩耍，无数船只从她身边划过，她也曾努力向上跃过，如今只能依稀记得那些曾经有交集的船只，那个曾有吞舟之势的自己。

她出生于 1924 年，在几个月大时就离开了自己的生身父母，被抱去其他人家做童养媳。都说鱼的记忆很短，她这条小鱼也一样，她的幼年记忆几乎是一片空白，甚至于她都无法记起生身父母的模样和她父母的姓氏。因此那时的她只是一条无名无姓的普通的小鱼，在人世的河流中漫无目的地游着，渴望能够找一艘从她身边经过的舟来登船上岸。

做童养媳的日子几乎占据了她所有的童年记忆：记忆里有一个慈祥的阿妈，对待抱养来的她像是对待亲生子女一样，从未有过苛责和诘难，有的只是给她起了一个好听的名字以及在她裹脚疼痛时的安慰与照顾；记忆中有一个贴心的阿姐，在阿妈去世后，年仅 8 岁的阿姐支撑起了整个家庭，承担了所有家务事，贴心照料比自己小 3 岁的她；记忆里还有一个朝夕相处的阿哥，纵然阿哥仅比她大 10 岁，年纪轻轻的阿哥也是每天出门到外面去撑船挣钱，做事工作以贴补家用。

她的童年仿佛只与这 3 条船有过交集，但大多时候她还是单独一人。阿妈去世后，再也没有一个成年女性带着她做女红编草鞋，再也没有人会帮着她裹脚了；阿姐年纪还小，家务琐事过多也无法一门心思照料她一个小孩子；阿哥长年累月在外撑船，男人本身就不够耐心细心，也无暇照看她这个小媳妇。因此她这条小鱼是在自己的世界中成长起来的。6 岁时自己在家烧柴火，一愣神她摔进了火盆里，胳臂肘被熊熊火焰烧伤，她只有自己采草药处理伤口；10 岁时由于过于操劳染上了病毒性疱疹，手脚生疮难以生火做饭，为了能不影响做家务，她一狠心拔去了自己的指甲。

没有惊涛骇浪，她这条无名小鱼在人世间承受了自己的磨难与风浪，一晃眼她也成为拥有吞舟之势的大鱼了。凭借三艘息息相关的船只，大鱼借力成长，在波涛汹涌的大河中自由遨游，顺势登船吞舟而上。

## 二、泥船渡河

独自经历过病痛，自行处理过伤口，在生活的苦难和磨砺下成长起来的她已经不再是那条柔弱的小鱼了。那个柔弱的婴儿成长为刚毅的少女，离开了裹脚布的束缚，她不甘于待在家中，这条吞舟之鱼开始了登船之后的生活。但纵有吞舟之气概，也不过是国难之下泥菩萨过江的自身难保，她登上的这艘泥船该如何渡过浮动诡谲的长河，到达河对岸的光明世界呢？

早已不记得从哪天起，她的个头已经和阿哥一般高了。寻常家的女子通常都是小脚妇女，待字闺中辅助母亲做做家务事，然后等待结婚出嫁，继续在丈夫家做着家务活。她却不一样，身为童养媳的她也没有经过结婚仪式就象征性地嫁给了阿哥，和阿哥相依为命已经成为一种习惯。阿妈去世后阿姐承担了家中几乎所有家务，她在家中无事可做，更何况她的一双大脚也无法限制她的脚步，于是，她做出了一个大胆的决定，那就是和阿哥一起去撑船。

信江大河从鹰潭城中穿流而过，老话说靠水吃水，一代又一代人在信江上谋生计，从事着与水有关的职业。阿哥家长期以来也是一直在信江上靠撑船运输为生，一艘旧木船就是一家人的支柱和生活来源。她放下手中的布匹针线，抛开家中的锅碗瓢盆，迈着坚毅而稳定的步伐登上了那艘旧木船，和阿哥一起开始了撑船运输的生活。

家中老物件：旧木船（张雨晨　摄）

撑船的工作看似简单，仿佛只需装货、运货、卸货，实则不然，撑船的日子也常常受到天灾人祸和国难的打击。1942 年，她和阿哥把船停在上饶对岸的后港卸货，还未将船停稳，几个日本鬼子就突然从港前的山腰上冲下来，把阿哥抓到山上去做苦力。她带着刚刚出生仍在喝母乳的两个儿子，偷偷地躲在货箱后面，眼睁睁看着阿哥被枪抵着后背由日本人带走却无能为力。失去丈夫的依靠，她悲凉且无助地带着孩子们划船渡河逃回上饶老家。

1945 年日本投降，抗日战争终于赢得了胜利。日本鬼子仓皇失措，想在出逃之前把抓来的苦力杀了。于是就如戏剧中一般，日本鬼子让 8 个人站成一排，一个接着一个用刀刺杀。阿哥见状迅速找机会脱身向山下跑去，躲过一片枪林弹雨滚进了田沟里，侥幸保住了性命。浑身是伤和泥的阿哥渡过河回到上饶，却得知两个儿子因为饥饿和疾病双双离世，她也因悲伤过度而日渐憔悴。难熬的日子总算过去，休养过后他们又找回以前的船开始重操旧业，继续撑船的生活。

在河的对岸就是老家，无论是她艰难地带着孩子划船渡河，还是阿哥摔入田沟泥坑死里逃生，都像是人世长河间的一艘泥船。纵使河对岸就是光明希望，在孤注一掷的时候本身也如泥船渡河，充满了危险与艰辛。国难之下，受到最直接伤害的还是普通的劳苦大众。面临国破家亡，亲人离世，纵是曾有豪情壮志的吞舟之鱼也没了钢筋铁骨般的坚硬外壳。在这段诡谲多变的国难之河中，每个人都是看似易碎破败的泥船，而当象征着全国人民的所有小舟和泥船结合在一起时，却能成为坚硬无比的铜墙铁壁，足以抵御外侮，保卫祖国。

## 三、船骥之托

对撑船人来说，船可谓是生活也是生存的依靠。渡河的泥船再脆弱也能抵抗外敌，简易的木船再破败也是谋生的依托。绝江者托于船，致远者托于骥，霸王者托于贤。她的阿哥是她的依靠，她的那艘木船是得以支撑全家人生活下去的支柱，而解放军则是全国老百姓的船骥之托。

若说撑船时候遇到日本鬼子是国难之下的遭遇，那么遇到土匪劫船对船运者来说无疑是一场人祸。1949 年春，她与阿哥将船停泊在鹰潭，与另一名老板的船进行交接装谷，满载着谷子的船运到贵溪时被船匪盯上了。晚上他们将船停在渡口休息，就听到远方传来热闹的歌声，看起来风平浪静的背后实则是按捺不住的波涛汹涌。她凭借着这么多年来的船运经验立即判断出有人要来劫船了，就迅速躲进了船舱里。阿哥为了掩护家人被四个彪形大汉抓到岸上去，用绳子绑起来了。土匪登船后把船上谷子糟蹋了一番，又把装私人物品的樟木箱子翻得一塌糊涂。然而并没有找到什么值钱玩意儿，于是连纳鞋底的线都抢走了。将船洗劫一空后土匪把阿哥关进了一个老乡家里。躲在舱内的她极力想阻止劫匪的洗劫，但是单凭一个手无缚鸡之力的弱女子面对穷凶极恶的土匪，想去把阿哥救出来却是心有余而力不足。她焦急地等到土匪走远，立刻将船靠岸出发去寻找阿哥，由于过于着急竟忘记了将船拴牢。早春里湍急的河水将那艘孤独破败的木船冲离岸边，并将船推向河心下游地区。黑夜里河岸的寒风凛冽，她一面寻找被土匪关起来的阿哥，一面又无奈地看着越漂越远消失在无边暗夜尽头的木船，黑夜笼罩下的她一瞬间失去了所有的依靠，孤独无助地蹲在岸边啜泣。

初春的黑夜寒冷又漫长，等到一丝清晨的微光绽在河面，波光粼粼的流水闪烁着她的双眼，她看见远处太阳升起的东方，一支整装的军队正在过河渡江而来。是的，解放军来了，人民的救星来了，她突然看到了光明与希望，解放军就是老百姓的依靠，有了解放军她就能找回小船救回阿哥了。解放军的军官听说她的船漂走了，立刻沿河寻找。春日里的河水清冷刺骨，军人们发现船的踪影后，纷纷挽起裤腿入河，最终在解放军帮助下把船拉回了岸边，并救回了被土匪关押起来的阿哥。

“看到解放军就看到了希望。”这是她一直以来存有的信念。解放军对她而言是找回丢失船只的大恩人，是救回被土匪关起来的阿哥的大救星，是彻骨春夜里来自东方的那丝微光，是老百姓的光明和希望。多年以后，她的小儿子也在她的期盼下参军入伍，成为了解放军的一员，成为了大中国的船骥之托。

## 四、舟水之喻

“君者舟也，庶人者水也。水则载舟，水则覆舟。”舟水之喻是政治上的谋略，常年来在水上的撑船经历也让她深谙此道。舟是领导者，水是老百姓。“顺水方能推舟”的大智慧是从生活经验中得出的，也被她运用到了后来的群众工作中。她既是舟又是水，自然懂得舟水之喻，也懂得做人的奥秘。

她是舟无畏似舟，她是水温柔如水。

1952年，土地改革如火如荼地进行着。身为贫下中农的代表，作为具备大智慧的新女性，她被选为妇女主任。当选妇女主任后，她就很少出船了，而是去大队和乡里开会。斗地主分田地是土改的核心工作。身为妇女主任，她长期奔走在为争取妇女权利而努力的道路上。她关注村中那些寡妇孤女等弱势群体的生活，帮助她们摆脱地主的压迫，争取土地和权利。她在看到农民被地主打时，首当其冲用自己的身体挡住了那一个个巴掌；她提倡村中的妇女拿起锄头下地耕种，自己养活自己；她还在批斗大会上勇敢建言，将地主的土地分给更加需要的妇女等弱势群体。在妇女解放运动中，她作为妇女主任以自己的大智慧和大无畏的精神站在了保障妇女生存的风口。同时她还常常去妇女家中慰问，和妇女同志聊天了解情况，也常常召集全村妇女一起来学习如何撑船如何耕种，甚至于教授游泳等技能。身为普通妇女的一员，她凭借生活经验和温柔细腻的陪伴，立在了争取妇女权利的浪尖。

她笑称："我就这文化水平还曾当过一个小官的呢，其实我也就是个普通农民罢了。"回想起当妇女主任的日子，她的脸上满是自豪，那一段隽永的经历是她永久的回忆。妇女主任是官吗？说是也不是。妇女主任是官，正是因为她是官，是极其重要的妇女主任，所以她一马当先地开展妇女解放。她是舟，是妇女们心目当中的领导者，勇敢地站在了保障妇女权利的潮头；妇女主任不是官，她也是普通的劳苦大众的一员，是普通的农民，是一介女子，为了广大受压迫的妇女的权利，她顺应潮流，与万千妇女一同奋战。她是水，是一名普通的妇女，温柔细腻地融入妇女们的生活中。舟水之喻也成为她做人信奉的准则，做舟要无畏似舟，当水也要温柔如水。

## 五、胡越同舟

人生长河中的大风大浪是常有之事，每个人的小舟都有被掀翻的可能。同行者纵使有胡越之分，也会相救如左右手，这种胡越同舟的情谊大抵就是人性最本真的善良和对生命的尊重。

土地改革后，她卸任妇女主任的职务，继续出去撑船谋生。她与丈夫将这些年赚到的钱都用来做一艘新船并加入了上饶灵溪乡工农大队。大队里不止她一家撑船从事船运的撑船工，多家之间也经常为了接运单而争斗不休。某次在修水县有一单货物需要运输，得知后各家相继从上饶起航沿信江出发前往修水县，在距离修水还有七八里路的地方，一户船家还未装货的空船被一阵大风吹翻。船上的夫妇和他们的孩子都落入水中，连带着船上的生活用品也都翻倒入湍急的河水中。虽然都是竞争对手，她还是毅然决然跳入水中帮忙救起孩子，还在自己家的新船上接济遭遇天灾的船家，给他们准备伙食提供衣物，待到对方船修好，却因此耽误了自家在修水的那单货。

船运的生意一直都不太好，撑船其实也是在刀刃上起舞，是在死亡线边缘谋生计。若说国难人祸不常有，天灾确实根本无法预料。曾经有一次到永修县去装谷，由于洪水泛滥看不见水底的暗礁，刚打造不久的新船撞到石头上，船底破了一个大洞，水渐渐漫过船身，所有的稻谷和粮食全被水冲走，他们只好用苦苦积攒下的积蓄去赔商家的货钱，因此好不容易赚来的钱都还没捂热就又一贫如洗了。因为他们的船运经常发生事故，大队里的堂哥为了帮扶他们一家，总是把自家的船和她家的停在一起，一同去接单运货。

苏轼在《大臣论下》中写道："故曰同舟而遇风，则胡越可使相救如左右手。"天灾面前哪有什么胡越之分，同舟者共济，同行者在遇到危难的时候也会摒弃前嫌伸出援手的。"出门在外，总会遇到困难，即使是竞争对手，但毕竟是一个大队的伙伴，总要相互扶持一下。就算是陌生人，我想我也会跳下船去救人，毕竟救人一命胜造七级浮屠嘛。"关系疏远的人处于危难时也会施以援手，纵然自身难保，但在天灾面前，生命至上，善良为本。这一信念将促成胡越同舟相救如左右手的情谊。

## 六、负担舍舟

身背行囊，离船上岸。负担舍舟意味着离开生活了几十年的小船，远离曾经又爱又恨的河水，也意味着新生活的开始和逐步适应。经历过国难、天灾和人祸，最终也逃不开岁月流逝和生老病死，也许离开也是一种新的开始，负担舍舟也是另一种别样的人生。

撑船运货的日子平平淡淡，日复一日年复一年。这些年的奔波跋涉，她已不再是曾经的那个少女了，同丈夫阿哥一样也步入了中年。虽然早年间的两个儿子在抗日战争期间因为饥寒交迫而夭折，但这些年过去了，她与丈夫阿哥又生了三个女儿和一个儿子。转眼间孩子们慢慢长大了，跟随着父母的脚步开始了船上的生活。在修水县载货时他们加入了当地的航运公司合作社，由于远离家乡且航线长期不一致，因此想退社后回上饶老家再进社，但却不被允许。丈夫多次协商无果后，她左右手各牵一个女儿，背后的背篓里还背着小女儿前往航运社去据理力争，带着破釜沉舟的气魄，最终成功退社，回到老家入社继续撑船运货。

然而世事难料，丈夫阿哥意外得病给这个原本就贫苦的家庭带来了巨大的打击：大女儿最先走上母亲曾走过的路，小小年纪就出来帮社里的钢铁厂撑煤船；她带着三个嗷嗷待哺的小孩，还有一个病人开始长途跋涉求医问药。丈夫的病越来越重以致无药可医，在到达上饶医院的第二天就离世了，这对她来说无疑是雪上加霜。

岁月的流逝和生老病死是人生的常态，眼泪不能一直流，她应该振作起来，于是她和大女儿两个人一起撑一艘船，帮钢铁厂运煤。那段日子很艰难，每天天还没亮，她就出家门撑船到铁路码头，目的就是为了多运几船，多挣点钱能够贴补家用。堂妹心疼她家孤儿寡母生活艰难想救济一下，帮忙抚养几个小孩，但是她说就算自己家里没有吃的，也要把孩子接回来自己养。

峰回路转，柳暗花明，她遇见了钢铁厂同样从事转运煤的同事。由于她能干善良，勤劳朴实，并且考虑她家中没有一个成年男丁，生活特别艰苦，于是他们结为夫妻，并共同生育了两个儿子。钢铁厂倒闭后，信江筑建了河坝因而不需要水运了，公司里所有人都舍弃船只回到陆地上来工作。从此以后，她开始在陆上的搬运公司拉板车，直至退休。

负担舍舟意味着结束也未尝不是一种开始。对于撑船人来说离开曾经的船上奔波的生活，离开依靠其生存的水，离开曾经一同撑船的阿哥，都是一种结束。但是来到岸上后继续从事不同于往常的工作，遇见共度余生的爱人，看着孩子们从出生到长大，这也是另一种人生。负担舍舟是人生的真实写照，生老病死是岁月流逝的结果。那些变与不变在永恒的岁月里都一如往常，是结束同样也是开始。

## 七、中河失船

《学问》有言："中河失船，一壶千金，贵贱无常，时使物然。"一个小瓢在失舟的河水中也值千金，万物的贵贱没有定数，再轻微的东西时间也会证明它的珍贵。在她的人生长河中，也许遇到过中河失船，但是她凭借着诸多价值千金的信念，支撑她和她的家庭走向幸福圆满。

（一）注重子女教育

虽然家里穷没有钱，但她还是强调要自己的孩子自己养，非常注重家庭的养育和父母亲的陪伴。虽然她没有文化，也没有读过书上过学，但她却深知教育的重要性。教育创造财富，教育改变人生的信念支撑着她始终坚持让子女接受教育，宁愿自己没有饭吃肚子挨饿，也要为子女提供力所能及的教育机会。最终二女儿读了小学，三女儿读到初中，两个儿子也完成了高中学业。在家庭困难的时候仍然注重家庭养育和教育，这种信念之珍贵值千金重。

（二）家和万事兴

在她眼中的世界很小，小到家就是她的整片天，家和万事兴因而也就是她一直以来秉承的思想观念。小的家庭慢慢壮大，她养育至成年的 6 名子女都已至古稀花甲之岁，现如今子孙满堂，承欢膝下，一派幸福闲适的晚年生活。虽然他们是同母异父，但子女之间分工协作照顾老人，一家人非常团结，逢年过节整个大家庭也正是因为老人这根线而串在了一起，家和方能凝聚大家力量，才能共同迎难而上化解面临的所有困难。

（三）心态积极乐观

退休后的她最喜欢的一件事就是打麻将和扑克牌，她常常一个人在家拿出扑克自己摆牌玩耍，直至 90 岁还依旧能上桌打麻将，打牌的时候也会耍赖皮，年轻人或多或少都会让着她，总之赢了牌很开心，饭也能多吃几口。丰富多彩的生活就是她长寿的秘诀，而乐观的心态则是战胜所有病痛的最好的良方。经年累月的劳作落下了病根，以前贫困没钱治病，现在却能享受国家的退休工资和医保，再加上她积极乐观的心态，三次与病魔抗争，都能够坚持下来，每每都从死亡线上被拉回来。如今的她身体康健，很大程度上都是凭借着这些坚定的信念和乐观的心态。

中河失船是她人生的真实写照，但她没有随波逐流随浪而逝，而是凭借着那外人看上去无用、她却视若珍宝的秘诀继续在人世间的长河中航行。那些秘诀就是看似简单却弥足珍贵，一壶值千金的信念，那些从人生经历中总结出来的简单朴实的道理和智慧。

小城的日子慢慢悠悠，老人的生活平平淡淡。但是岁月在饱经风霜的脸上留下的痕迹，却昭示着那些遥远的回忆，谈不上轰轰烈烈飘飘荡荡，却也是忙忙碌碌起起落落。人世间的长河纵然波涛汹涌，也抵挡不住每一艘船的踏浪前行。张桂娟老人，一名平凡却又不凡的撑船人，她的这艘船在人世之河中留下她来过的痕迹，激起的层层涟漪是她赠予这条大河的一壶千金。人生海海，生生如船。你的这艘船是否也能跟随那些大船继续乘风破浪呢?

## 采访手记

一方水土养一方人，信江，这条横贯上饶、鹰潭的大河灌溉了良田万亩，也养育了一代又一代生活在江边的人们。笔者的家四代人沿江而生，信江在笔者的眼中，不过是老码头公园里的小小沟渠，是泡沫浮桥下的阵阵水花;但是在妈妈的记忆里，信江则是幼时嬉戏抓鱼的好去处，是百吉阁楼外的波涛奔涌；外婆则说信江是用来浣衣灌溉的，上饶水是上饶人的母亲河……在这潺潺流水中，时光也匆匆离去，信江的变化笔者未曾目睹，但却以小见大地感受着信江边人们生活条件的改善。一张老照片激起了笔者的好奇，百年前的信江是什么样子的呢？这个问题答案只有一个人能够回答——百岁老人张桂娟，笔者的太外婆。

### 忆苦

老话说：“世上有三苦，撑船打铁卖豆腐。”撑船排在人生三苦的首位，而张桂娟老人的职业就是一名撑船人。难以想象太外婆曾经度过的艰难岁月:现如今驯服的江水在百年前则是波涛汹涌，再加上国难人祸天灾接连不断，更是苦上添苦，难上加难。

### 思甜

过去的日子苦难多磨，但是太外婆挺了过来，才享受到晚年幸福快乐的生活。生活的快乐美满让人心情愉快，而这种积极乐观的心态正是长寿的秘诀。平凡普通的日子正是因为太外婆的笑脸才明艳了起来，家有一老如有一宝，她的笑容也感染了全家人，促成了这如糖一般甜蜜安稳的日子。

**感恩**

太外婆最常挂在嘴边的一个词就是“感恩”，她明白苦难日子后美好生活的来之不易，因此她非常珍惜和感恩这些美好。她感恩因祖国的繁荣富强才能够身处和平年代，感恩曾经在危难时帮她找回船救回丈夫的解放军，感恩在船翻了的时候帮助她们的堂哥一家，感恩党和国家能够给老人退休工资和医保……

而笔者也要感恩，感恩太外婆的倾心付出让这个家和睦幸福，感恩长辈们的辛苦工作给予我们现在的美满生活，感恩有幸在新中国成立 70 周年之际去采访一位百岁老人，去了解百年前的信江，聆听家庭的历史，感悟祖国奋进的伟大征程。

张桂娟老人与志愿者合影（郑建英　摄）

忆苦思甜方可珍惜当下，学会感恩才能延续未来。

# 峥嵘记忆

## ——朱根宝老人传记

张以文 北京师范大学 外国语言文学学院日文系 2017级

### 人物生平

朱根宝，女，1917年8月29日出生于嘉善，现居嘉善县魏塘街道智果村。二十余岁结婚，经历过日军轰炸，轰炸的时候逃难失去了一个孩子。经历过三年自然灾害，她和孩子们一起吃树皮和糠皮活下来。在“文革”后她担任乡镇的妇女干部，一辈子兢兢业业，退休后和全家人一同居住在二层的自建楼房中；长寿的秘诀是心态和缓、做人和善。

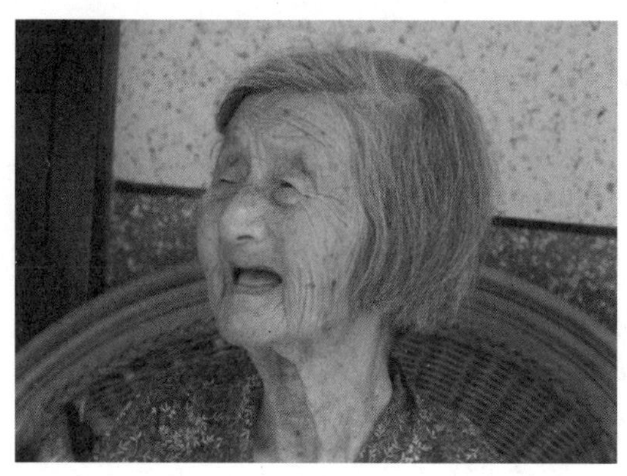

朱根宝老人照（张以文　摄）

### 一、婚礼

嘉善是座小城，位于杭嘉湖平原，原本人们都过着自给自足的小农生活，养蚕缫丝也好，务农种稻也好，都是与世无争的生活。这里毗邻上海，甚至连一江之隔都没有，但是与上海市区的灯红酒绿不同，这边的田园生活更加像是任何一个内陆的小地方。只是抗日战争的开始，打破了这一平静。

朱根宝一家就住在嘉善县一座江南小镇里。这种小城多半都是如此——从祖上好几辈开始，家里就都是江南的人，住在水乡，吃在水乡，兄弟姊妹多半有三四个。当年的朱根宝——在年龄上还是个少女——还没有过 20 岁的生日，但南方地区喜欢算人的虚岁，按照虚岁来说，她已经 21 岁了。当时的她还没有结婚，这在江南地区的乡下，对于 21 的姑娘来说，算是少见的事了。

那时还是民国，虽然中国已推广了新式婚礼，但乡下依旧延续着旧的习俗。已经晚了，该怎么办呢？

朱根宝的父亲咬着根土烟，吐出一团白色浓稠的烟雾。世道已经不再像从前那样，也不能单纯用老思维考虑问题。内陆还算好，沿海各地，让女儿去哪里都不是个万全之策。难道让女儿远嫁吗？家里条件还算是殷实，嫁出去的女儿就像泼出去的水，不仅仅是女儿没法留在身边，女儿的安危也是个难以解决的问题。

朱根宝的父亲吸了最后一口烟，决定了一件事情。

招婿吧。

当时的乡村还是标准的旧社会，结婚便要分嫁娶，女孩子嫁入了别人家，自然就要算是别人家的人。但女孩子到了年龄，说不嫁人，也是行不通的，免不了要被村里乡里的邻居议论，要留住女儿，只剩下这最后一个办法了。

朱根宝是个听话的女孩。父亲和她说了这个决定后，她也只是点点头。这就算是同意了。

招婿在嘉善这边用土话叫作“招女婿”，招女婿招到的人自然也鲜有大户人家，都是小门小户的。朱根宝就这样，和一个泥水匠结婚了。

这样的事情在当年也算是不幸中的万幸，没有自由恋爱与自由婚姻，却也遇上不错的人。结了婚的朱根宝依旧是住在自己的家，从少女到已婚妇女的过渡没有那么明显，一觉过去，踏过了旧社会女子的第二次投胎。

102 岁的朱根宝回忆起当年的丈夫，提起的话也不多，她说泥水匠人好，干活也好，麻利。也许是时间过得太久了，她在回忆的时候半眯着的眼睛透着的眼神也有一些迷离。当年战乱，乡下人家能留下照片的太少了。她没有照片，只有用脑海储存的记忆，而这些记忆就好像是被储存在仓库中的宝物，仓库年久失修，宝物一点一点消失，最终能留下的，也只有从脑海中闪过的刹那影像。

在那个年代，结婚和生子是一起的事情。不论贫富，总是要生孩子的，孩子就像是春天从土里钻出来的苗，自己一点点长大，父母能提供的就是一片土地，能不能活下来，看的是造化。

和泥水匠结婚的那一年，朱根宝有了第一个孩子。孩子出生的时候，泥水匠在屋外等，左右踱步，等待孩子的第一声啼哭，他焦急地搓着手，孩子被抱出来了。是个男孩。此刻的朱根宝和丈夫是幸福的，那种小小的幸福有着忽明忽暗的光芒，在黑夜中闪闪烁烁，时代的风吹着，却没有吹熄。小小的婴儿在襁褓里，只有那么一点点，却柔软了全家人的心。这是战争时代的柔光。

然而，抗日战争愈演愈烈。对于那个年代的人来说，最深刻的记忆是四个字：鬼子来了。

## 二、日军来袭

1937 年 7 月 7 日，随着卢沟桥上的一声枪响，全面抗战开始了。这就像是一声惊雷，炸响在夏季的夜空。

九一八事变起，抗日战争就已经开始了，但是真真切切的战争硝烟还并未弥散到这些沿海的小城。七七事变，却使这座小城的空气中多了一丝原来没有的味道。

朱根宝在 102 岁的时候还是习惯地称呼他们为“日本鬼子”。她在叙述的时候其实显得很平静。为什么会如此平静？这种平静是千锤百炼后的和解，是与自己的内心和解。梦魇总得有散去的一天，梦魇散去，才能见到阳光。

那时的朱根宝只有 20 多岁。日本鬼子进村，是在那个秋冬之交。金秋十月，成了一塌糊涂。

秋冬交替的江南，透着一股阴森森的湿冷，在这之后，天越来越寒，庄稼人的日子越来越难过。仗打了不是一时半会儿了，从一开始的物资紧缺，到后来的时不时有军队路过、征兵，时局的震荡真真切切地体现在了这里。

但黑暗真正来临的时候，猝不及防笼罩了整片天空，刹那间，天昏地暗。

报信的人脸色很难看。他说，报纸上的形势一片惨淡。

血色的黄昏，天边挂着惨白的月牙，报信人说话时呼出口的白色雾气，以及他身上的擦伤和尘土气。战争真的来了，敌人来了。

被扫荡过的村子无人幸免，被杀的被杀，被辱的被辱，投降的也好，反抗的也罢，他们都在被洗劫一空之后，惨死在日本鬼子的刺刀下。白刃进红刃出，已然不仅仅是戏文里的情节了。

来不及思考了，来不及思考了，来不及思考了！

敌人不会给犹豫的时间。

在丈夫匆匆忙忙回家后说给朱根宝听时，已经是迫在眉睫了。没有武器，没有代步车，除了躲藏，只能逃跑。这就是时代的命。

朱根宝此时已经生了第三个孩子。但她还未满 30 岁。依旧是个年轻力壮的妇女。

乡下的孩子总是连着生的，一个接一个，多子多福的好运此刻却成了压在朱根宝心头的一块重石。几个孩子年龄相差不大，也就一两岁，最大的儿子已经会走了，最小的孩子却还是嗷嗷待哺。

“可带不下那么多的孩子啊……”朱根宝看着襁褓中的小宝，如果带着出生还没一岁的孩子一起走，那样只会是徒增累赘。朱根宝的泪水在眼眶里打转，这孩子还只有一点点，那么小，那么软，断奶还没有多久。

泥水匠在翻箱倒柜地拿着细软，但其实也没有很多可以拿的东西，农田人家，无非是柴米油盐酱醋茶，就那么些碎银子和钞票，拿上也装不满包袱。昨天的黑馒头，前天的窝窝，也得装进包袱，这是不可多得的口粮。在这个年代，钱不是硬通货，粮食才是。

其余的就是随身的衣服被褥，打成包背在身上。

“得走了，得走了，不能带着小宝走，你抱不动，村里的人在催了！”泥水匠催促着，拎起二姑娘抱在怀里，大儿子在一旁抱着包袱，眼中还满是不谙世事。他拉了拉朱根宝，眼神中透着不忍。

朱根宝死死地盯着家里一个大水缸。

## 三、逃难路上

小宝被藏在了水缸里。

情理之中，就算是过了几十年，依旧是不忍耳闻。

这件事情在当初其实很好理解。身上的粮草不够，孩子多了，就像嗷嗷待哺的小鸟一样，一声一声催人心碎。小宝还在呼呼大睡的时候，就被悄悄地放入大水缸，盖上盖子，略微隔音。

她看了又看。

其实结果她心里都知道，但却总想留下点遐想。

万一还有一条活路……

“走吧。”朱根宝咬牙说着，和丈夫两个人各抱一个孩子，全村的人连夜狂奔。有人贪心多带，就会被落下，落在队伍后边的时候，谁还有闲心拉你一把？人命关天的时候，却又是在命如草芥的年代。人性的光辉偶尔是会闪耀的，但前提是自己有命去帮。

命运是残酷的。

朱根宝作为农村妇女，没有裹脚，是不幸中的万幸，她不用像一些小脚女人一样拄着拐杖一瘸一拐地跑。向南跑，就这样一股脑地逃难。嘉善这一带都没有山作为掩体，只有无边无尽的水稻田和鱼塘，这片绿色此刻成了遮蔽逃难人的屏障。夜色浓重，模糊了行人的眼，朱根宝的母亲骑着骡子，父亲在前面牵着。这注定是个不眠夜，不能睡，不然一觉醒来，也许面临的就是身首异处。

队伍里的人已经没有那么多了，整个大队逐渐地分成了两队人，青壮年的走得快些，在前；年迈的走得慢些，在后。路上只有短暂的歇脚，村长家的在最前头带路，他们家鞋子一磨再磨，骡子累了，呼哧呼哧地喘着气。

他们终于走出了嘉善。直到到达火车站的时候，朱根宝都像在梦里似的。

原本心里知道，大伙儿都要去避难。但真要离开这片土地的时候，她恍惚了。

枫泾即将沦陷，这个是非之地已经不能再住下去了。火车上，她闭上了眼睛，想做一场梦，也想把现实像梦一样忘记。

## 四、悲惨过往

嘉善成了彻彻底底的沦陷区。

日本人在进犯嘉善的时候，犯下了无数罪行。敌机轰炸了嘉善城，导弹被扔到了车站、花园和各个地方，周边的镇子遭到了洗劫和扫荡，血流成河。没逃走的妇女们有些成了慰安妇。《申报》上的报道直击人心，令人不忍卒读。

再回去的时候，已经过了很久了。

朱根宝在百岁时回忆这段过往，记忆已经十分模糊。记不清是多久，只记得是一段漫长的经历。火车也没能坐很远，安定下来不到几日又得辗转，同行人也有病的、累的，等到再回嘉善，已物是人非了。

那个时候，孩子早就饿死在了缸中。

并没有奇迹的发生。

朱根宝和丈夫哭干了眼泪，把孩子草草掩埋了。看惯生死之后，孩子夭折在苦难日子是常见的事情，朱根宝知道，自己的兄弟姊妹也不是每个都活下来了，能养一个活一个，那是福气，夭折只是天意罢了。

多年后的朱根宝提起这个孩子，印象其实并非很深刻，家家户户都把孩子藏在家里，回去后，孩子多半都是饿死的下场。

多年的抗战在辗转之中结束了。朱根宝一家是抗日战争中最平淡无奇的老百姓，百姓们手无寸铁，要求他们上阵杀敌是强人所难，能够保住性命或许就算是大功一件。

随着日本的投降，战争也在硝烟中结束了，被烧杀掳掠后的村子，也渐渐多了人气。

## 五、褪色的记忆

新中国成立后一波未平一波又起。"文革"时期，工农出身的朱根宝一家并没有受到过多的牵连，偶尔见到受到迫害的人，让她的恻隐之心有点发疼。

但好运没有一直照料好心的朱根宝。

在50多岁的某一年，噩运悄然来袭，朱根宝的丈夫去世了。家里的顶梁柱倒了。朱根宝一夜之间觉得失去了很多再也找不回来的东西。家中就剩下自己一个大人了，朱根宝擦干眼泪后坚定了决心，自己不能就这样倒下。最大的孩子已经成人了，家里有人帮衬着，朱根宝擦完眼泪，生活还得要继续。

当年乡下家里没有数码相机，工农家庭也不爱拍照，一百多岁的朱根宝的家中，已经没有了丈夫的相片了。问她是否还回忆得起丈夫，她始终也只有一句话："他人好，做工也好，是做砖坯的泥水匠。"

记忆是会一点点模糊的，当年的丈夫只有50多岁，如今自己的子女都不止这个年龄了。岁月荏苒，日子一点点变好，朱根宝回忆起当年，只有褪了色的那点记忆，抓不住也摸不着。像是没有底片的老照片，一点一点地泛黄、花白，最终褪去全部的颜色。

## 六、黎明与曙光

新中国百废待兴，重建经济也成了这个地区的重点，行政上也有大变革。

朱根宝的人生也有了新的转折点：她当上了妇女干部。

她没有能上太多的学，当然，在那个年代鲜有能受高等教育的女孩子，所以能够识文断字的人就算是一种人才。朱根宝说的话也都是方言，但当地人说的也都是方言，在交流上没有什么问题。

朱根宝的性格很好，这是她很大一个优点。她说话讲道理，懂分寸，而且擅长和人打交道，妇女干部的官虽然不大，但是也需要细心、耐心的人。与人交往是一门学问，这与数理化不同，需要的是经年的积累。朱根宝见人的时候都是笑眯眯的——从她的脸上就能看出这一点——她时常微笑着，一百多岁的朱根宝微笑，显得慈祥，当时的她微笑，显得平易近人。

朱根宝回忆起妇女干部的日子，说着："工作都是开会……上面传达下来的命令，我们下面去执行，平时就去处理左邻右舍的矛盾……"

妇女干部做的都是最基层的事情，和妇女有关的事情基本上都是朱根宝和同事们的工作。计划生育工作中，朱根宝耐心地和人们解释什么叫优生优育与晚婚晚育。

"小王，这也是响应国家政策。"朱根宝耐心跟年轻人小王和他的妻子解释着计划生育的必要性和重要性，"现在生孩子不比我们那个时候了，要讲究优生优育。孩子生下来也不能放着让他自己长，对吧？"

工作中偶尔也会有一些小摩擦与小矛盾。要改变人们对延续了千百年来的生存繁衍的自然规律、实行计划生育政策必然是有阻碍的，但是朱根宝用她的温柔和热情进行工作。工作不算复杂，大家都能听懂工作内容，但是完成这件事情——非她不可。

“大家都觉得我性格好，做人也好，所以都跟我关系好，有了矛盾也都愿意来找我。”多年后的朱根宝回忆着当年的妇女干部生涯，如是笑着说。

经历过战争年代与和平年代，朱根宝有些唏嘘：“怎么也没想到现在的社会是这样的，变化太大了，根本没法想到现在的好日子。”

朱根宝很晚才退了休，身体一直不错。她提起自己的养生秘诀，也没有太多的话。80 岁到 100 岁的思考已经没有太多的变化，但是她知道一点：“我心态好，做事不着急，性格好，大家都爱和我打交道。”

人活到这个岁数，或许自己都不太清楚为什么自己比周围的人年长这么多。可能这就是上天给这位多灾多难却始终乐观的老人的恩赐吧。

她絮絮叨叨地和家里人聊天的时候，或许才是心灵洗净了铅华，放下了重担，重新返璞归真了。

未来的日子少了一些坎坷，多了一些希望，老人已经走完了她的大部分人生道路，他们这一代人为子孙后代铺设了幸福的道路，可谓是“春蚕到死丝方尽，蜡炬成灰泪始干”。

如今的幸福生活于她或许并非那么印象深刻，因为她记忆里模糊的那个岁月，埋着她最好的年华。

## 采访手记

莫道寿星香烛，莫祝灵椿龟鹤。

只消得，把笔轻轻去，十字上，添一撇。

“百岁老人”是一本活着的历史。

2019 年 8 月，是一个晴朗的天。在连续好几天的烈阳高照的高温天气后，迎来了第一个还算凉爽的日子，这对于老人来说，再适宜不过了。今年，是她 102 周岁，距离她新一岁的生日只有大半个月了。在当地智果村的工作人员陪同下，笔者来到了朱根宝老人的家。这是典型的城乡接合部建筑，朱根宝老人和她的孙女以及曾孙女都生活在同一屋檐下，屋子不大，却倍显温馨。

听闻笔者来了，全家人都很热情，老人住在一楼的小屋里，空调和风扇都有，但她却不爱吹。“太凉了，我还是喜欢自然一点。”朱根宝老人笑眯眯地用方言这样说道。

她看起来是饱经沧桑的脸庞，在一举一动中却有一种慈祥，与老人聊天的时候，发现她总是微笑着。老人讲述了她的一生。提起新中国，她由衷地夸赞。也许是文化水平所限，也许是年龄所限，她说不出太多华美的辞藻，只会一个劲地说“好”，但是这已经是这位百岁老人在历经一生之后，太过沉重的一声赞叹了。

嘉善的酷暑炎热，即使是有云遮蔽，也无法让老人出来很久，还是要以老人的身体为重。最终，老人叮嘱了几位大学生和她自己的曾孙女要好好学习，这也是最为朴素的真理吧。

百岁老人给我们带来的不止是讲述，更多的是近距离感受那个年代，从幸存者的口中听闻的历史，远比书上来的要朴素而震撼。

志愿者与老人合影

# 一瓦顶成家

## ——王春英老人传记

李晨宇　北京师范大学　历史学院　2016 级

### 人物生平

王春英，女，1923 年 3 月 22 日（阴历二月初六）出生。农民。祖籍河南省焦作市温县。伴侣张庭来，两人共育有 3 子 4 女。家住在河南省焦作市温县前岗村中大街。除特殊情况（如逃荒）外，一生从未搬离河南省焦作市温县地区。王春英一家见证了温县在近百年间的发展历程，她的故事也是河南农民百年生活的真实写照。

王春英老人照（李晨宇　摄）

### 一、入门

1923 年，一个新生命诞生在河南省温县大马道街附近的一户农家。彼时，在农村人的观念中，女孩仍要裹脚，但王春英是一个幸运儿，她开始裹脚后不久，便赶上了放脚之风刮进中国广大的农村，她的父母也迅速为她放了脚。所以在这件事上，她并没有受过太多的痛苦。18年过去，邻家有女初长成，王春英人勤快、心又细，从小便帮衬着父母做农活，在村里是出了名的能干。后来，父母也为她订了一门婚事，男方是同县不同村的张庭来。就这样，王春英离开大马道街，来到了前岗村。成亲当日一迈步，从此，踏进了自家的门。

## 二、返家

1940年前后的华夏大地，硝烟四起，黑云压城。在浓密的黑云之下，星点红色蔓延积聚。中国军队同日本军队多次交锋，战线屡次推移。这一天，日本军队和部分皇协军来到了温县地区。皇协军来势汹汹，所过之地一片慌乱。20岁的王春英十分害怕，家里的男人们出了远门，只有她和一名女性亲戚在家。面对凶残的恶人，她们太过弱小，没有反抗的能力，唯一能做的只有躲起来，以此保护自己。当皇协军快到自家门口时，听见声音的王春英颤抖着藏进了衣柜里，紧闭嘴巴，不敢出声。透过柜缝，她看见那些魔鬼将家里的物件几乎全部掀翻。突然，她看到了一双充满血色的眼睛，就在她的面前。害怕，又生生憋住了叫喊。这次混乱中，藏在家内的王春英险中求生，幸运地未被皇协军发现。待他们走后，惊魂未定的她从衣柜中爬出。四周一片狼藉，看着自己不成样的家，她有些发蒙：这个家保护了她，但她却无力护它周全如初。短暂的沉默后，只得收整心里的难过，一点一点地收拾起自己的家。

本以为皇协军事件已结束，可没想到却仅仅是个开头。没过多久，第二次的扫荡不期而至。一收到消息，王春英便开始奋力地奔跑，试图跑得越远越好。奈何人力有限，她还未跑出多远，便让皇协军的车追上了。形单影只的王春英只得就近钻入路边的玉米地，借由玉米秆子那耸立蓬松的身影来遮掩自己。那年正逢旱灾后第二次蝗虫过境，收成不好，地里的庄稼都被啃得七零八落，路边歪斜的玉米秆子上也悬了不少干瘪少粒的棒子。尽管是第二次面对皇协军，可王春英的内心依旧十分害怕，她藏在玉米地里，内心忐忑，耳旁清楚地听见自己的呼吸声，还有逐渐靠近的脚步声。就在这瞬间，一个玉米棒子砸了下来。扑通！惊了王春英的心，也消了皇协军的怀疑。就这样，王春英在她从小长大的家乡田地间，躲过了第二次危机。

静待风波过罢的王春英从玉米地出来后，面临着两个选择：是回家，还是离开？若是回家，难保皇协军不会再来；可若是离去，她和家人又能去哪里呢？当时的王春英，没有渊博的知识，也没有广泛的阅历，除了她的家乡温县，她哪里也不了解，哪里也不知道。再三思索后，王春英选择了前者——她又回到了她的家。这个家并不算好，但在家里，每天下地回来后，她可以见到她的家人，享用热汤饭菜，也不会经历风餐露宿之苦，房屋可遮风挡雨，一床被褥便能护她进入温暖的梦乡。

对于她，一个平凡的农村女子，这些就很好了。再者说，她的家，她的房子，她的家乡，已经保护她平安度过了两次危机。她相信，在自己家里，就是最好的。历经生死危机后，一切都不能阻挡王春英的归家之路，她要和她的家在一起。

## 三、顾家

1949 年 10 月 1 日，中华人民共和国成立，中国大陆就此正式解放。当问及河南省的解放日期，王春英虽已记不清，但十分肯定地说要远比这一天早上许多，大约是在 1948 年的 10 月份前后。那一年，当八路军解放温县之后，温县全体民众立即配合开展了如火如荼的土地革命运动。“打土豪、分田地”，这句耳熟能详的口号，就是对彼时温县最真实的写照。一人分三分地，在这次土地革命中，王春英一家分到了许多土地。在那个年代，对于依地而作的农民们来说，更多的土地就意味着更多的收获。王春英一家以农耕为生，农活是他们最熟悉的劳作活动。在新获得的土地上，王春英和她的儿女们辛勤耕作，也收获众多，这使得家里的境况较从前有了大大改善。

到 20 世纪 50 年代，伴随着中央政策的改变，温县政府也对当地农民实行起了新政策，开始广泛设立互助组。王春英一家联同几户邻居，就组成了一个小组，一起下地上工。“这是合作社最开始的时候。”王春英如是说。由于家里女多男少，所以尽管分到了不少田地、日子有了改善，但王春英一家的生活水平相对而言仍不算高。虽无性命之忧，可仍有温饱困难。在这段日子里，邻居几家给了王春英和她的家人不少的帮助。王春英顾家，她就像船上的桅杆，为儿女们指引前进的方向，是支撑整个家庭继续生活的精神力量。

20 世纪 60 年代时，农民生产合作社最终建立，但这又给王春英他们家带来一个新的难题：生产队记录每人的工分，以此为依据为每户发生活物资。可彼时王春英一家的境况却并不乐观。老伴生病在床不能干活、家中长子早逝、三儿子、三女儿和四女儿尚年幼。当时家中可用的劳力仅有王春英和她的大女儿、二女儿，处在青少年时期的二儿子也可勉强算作半个劳力。八个人的生活负重担压在三个女人和一个少年的肩膀上，实在是太重了。在做农活方面，女性的体力天生弱于男性，一天下来做的活也比男性少。因此，王春英家里人挣的工分都比较低，得到的食物也就少，一家八口常常面临吃不饱饭的窘境。“生男孩肯定比生女孩好啊！”这是老人和她的两个女儿发自内心的想法。这句话放在当今社会，少不得要被冠上性别歧视、老旧思想等名头。但放在当时，却是王春英和家人对美好生活的热切向往和真挚呐喊。她们也是女性，她们也能用瘦弱的肩膀撑起整个家庭。可面对着合作社广阔的田地，即便她们从小就熟悉农活，也不得不承认为了撑起这个家，她们吃了家里少男丁的苦。只有比寻常人家更努力地劳作，她们才有可能更好地生活。

王春英最能帮助家里挣工分的一年，就是温县的合作社实行共吃大锅饭的那年。那一年中，作为一名母亲，她终于不必再为家里的三餐操心，终于可以将自己微薄的力量全部投入到田野间，同自己的儿女一起，为家里挣工分、谋生活。但这样的日子仅仅持续了一年，大锅饭取消后，王春英便不得不又回到了灶台间忙碌，开始为家人准备饮食，而王春英和家里人挣的工分，也退回了从前的状态。

后来，队里又召唤每家出人去郑州修运河。让谁去？这个问题又困扰住了王春英一家人。扛土包是修河工程中最常见的工作，但这份工作对于女性来说却过于困难，即便是健壮的女性也很难扛起一整包土。经过商议，家里最终决定还是由仍在病中的王春英老伴张庭来和她的二儿子两名男性前去，大女儿陪同前去为他们做饭。作为家里的女家长，王春英还是选择留在家里，照顾余下的 4 个孩子。前往修河的两人尽管工作努力，可毕竟体力有限。长女除了饭点时，也时常会帮着一起抱大石块。可即使有长女帮忙，三人挣的工分仍然不算多，未能为家里提供很好的生活物资。而留在家里的五人，虽然也会下地干活，但他们能做的更少，整个家庭仍然处于一种只能得到较低工分的状态。在拮据的生活中，王春英和她的家人一起渡过了近 20 年的艰难岁月。可他们很幸运，家人从未分离。不管遇到任何困难，他们总能一起度过，相互商量，互相支持。

## 四、念家

随着女儿和儿子先后成家，这个大家庭的人丁逐渐地兴旺起来。同儿女一样，王春英的年岁也在逐渐增加。到 20 世纪 70 年代后期，年近花甲的王春英已经慢慢地减少下田耕作的时间，转为在家里替儿女们照顾自家的孙子孙女等小辈。同孩子在一起，王春英自己仿佛也年轻了不少，看着孩子们的笑脸，她很满足，也对未来充满信心。王春英相信，她们家，她的家人，都会一步一步地迈向好生活。

1979 年始，在中共十一届三中全会召开后，改革开放的春风吹遍中国大地。可惜的是，王春英老伴未能享受到这缕春风所带来的温暖。在温县切实步入改革开放之前，王春英的老伴便不幸逝世，他这一去，也带走了王春英大半的精神支撑。从 20 世纪 40 年代到 80 年代，王春英夫妻二人携手走过 40 载春秋，风雨同舟，相互扶持，彼此早已是对方心灵上的慰藉。但此后，就只有王春英一人了。儿女们早就成家立业离开了自己，如今最亲密的老伴也走了。那段时间，王春英的情绪一直很低落，她无心去忙碌农活，也错过了邻里乡亲结伴进城打工的浪潮。后来，随着年龄逐渐增大，她彻底离开了农田，再也不曾拿起她熟悉的农具。但她仍然会在家尽己所能地做些编织活，或为自家所用，或拿出去补贴家用。可再后来，疾病来袭，终究，她什么活都做不动了，只能日日歇在家里。

所幸，她并非一无所有。她的家，自始至终陪在她的身边。从土坯房到瓦片房，再到今天的砖房，这所老房子在 80 年的岁月中历经磨难，又屡换新颜。在原来的土地上，不换址，以新的面貌，陪伴着它的主人。今天，王春英已 90 多岁，但她依然没有搬出这栋房子、这座院子。王春英的两个儿子早已在自家的祖屋旁边另盖新房，老人由他们轮着照料，三个女儿也会在闲暇时回家照料母亲。

他们一家人，不时又会聚集在这栋老房子里，看看老母亲，聊聊老故事。这栋房子，是王春英度过她人生最重要的80年岁月的地方，也是他们永远的家。在这里，王春英夫妇和他们的儿女们，一起经历过生活带来的种种磨难，也一起克服了磨难迎来了美好的生活。即便他们今日各自成家、各有归宿，只余王春英一人仍坚守在这栋房子里，但这里永远都是他们最美好的家，是他们心心念念的归处。

## 五、泪目

自生病以来，王老的精神状态一直不太好。此次再聊起过去的那些往事，她也有些记不清楚了。在访谈刚开始的时间里，王老只是简单地介绍了自己的经历。可当询问起事件具体的时间，老人则说不上来。

实话实说，王老的一生并没有经历过大风大浪。若论她人生中最意外、最富戏剧性的事件，可能也就是当年躲避皇协军搜查的那两次了。可这样的人生究竟是幸福还是不幸福呢？她有着五世同堂，总共七八十号人的大家庭；但同时，那个保护她、陪她成长的人却早早地离开了她。“平淡”，是她的儿女们对王老人生给予的评价。她没有经历过痛彻心扉的巨变，但她的生活从不曾远离跌跌撞撞。就像她听到女儿们讲往日时光后，内心悲苦，并非选择号啕大哭来发泄，而是不住地流泪以抒发心中的抑郁，最终又在无声中归于平常。

老人的性子也是如此。不管遇上什么困难，都不爱吭声，但又永远不会倒下。总是依靠着一股韧劲，带领全家度过艰难。就像一泓清泉碰上投石，水花过后又归于平常。心态宽和，这也是王老最自豪的一个优点。许是年轻时一直忙于参与农活，所以老人的身子骨很是硬朗。在家里，王老也不爱吃什么零嘴，就只吃平常的饭菜和馍馍，没什么特别的要求。但唯有一件事，她特别坚持，那就是每天都要洗澡来保持良好的个人卫生。哪怕是有时候家里忙事情结束得晚，王老也要简单地洗一下身子，才会去睡觉。这个习惯也一直保持到了现在。没事的时候，老人喜欢在自家的院里或门前晒晒太阳，和几十年的老邻居聊聊天，既能锻炼身子骨，也能放松心情。累了困了，便回到家里睡一觉，醒后又是精神十足。王老没有什么特殊的长寿秘诀，每天的生活也不过如此，但就是在这平淡的生活中，一年又一年，迎来了自己第八个本命年，迎来了家里玄孙和玄孙女的出生。

王老是幸福的。她虽然几乎一辈子没有出过河南省，但她一直都待在自己熟悉的地方，和熟悉的人相交往。老人的家庭十分和睦，她的儿女和后代的住处都离她不远，想念彼此时，只需一个电话，人便过来了。直到老人的孙辈和曾孙一辈，家中才有人搬到了市里，可每逢佳节，他们总不忘回家看看，看看王老，也看看老房子。老房子给王春英带来的，不仅是当年躲避皇协军时的庇佑，还有心理的满足和安慰。历经近百年的风风雨雨，人顽强，房子坚挺，过去和现在，在老人身上得到了重叠，在老房子里得到了延伸。

作为一名土生土长的温县农民，王老的一生都同这片土地紧密地联系在一起。她的房子、她的家乡、她的家庭都在这片土地上。而她，就在她的房子里生活,和她的家乡共同成长,为她的家庭里奉献着自己。她的微笑留在了房子里，她的泪水也留在了房子里。她家的老房子，是王老最牵挂的地方，也是她的根。

历史藏在回忆的缝隙间，静静地游荡着，等待后人摘取记录以流传。王老的人生经历看似普通，但又透露出些许的特色，一点一滴的平凡相叠加，最终呈现出独属于她的美好。孤木难成林，千瓦铺成家，而王春英就是自家屋顶最基层的那片瓦。王春英和她的家，就在老地方，以蔚然之姿，悄无声息地立在那里，望世间百年沧桑。

## 采访手记

跟着爷爷，乘着车，迷晕在村中错落的街道里，三转两转，便来到了这座老房子跟前。

房子是老式的水泥房。石灰色的屋墙邻近院外街道，像一位久经风霜的战士般，静默地守卫着里面的主人，暗自诉说着老房子的年代与故事。立在周遭一溜翻新的房屋中间，简单又十分显眼。

屋内迎接我们的是王春英老人和今天来照顾她的大女儿、二女儿。

苦，是王老的女儿们对她人生的总结。回顾她的一生，曾两次面临皇协军扫荡，她也总是在为家里的生活而忙碌奔波。可除却突生横祸，王老本人并未经历过什么与她密切相关的大风大浪。无悲，亦无喜。平平淡淡，安安稳稳。

可这样说又是不准确的，王老的人生也有甜。家中几代小辈的先后降生，对于王老这位大家长而言，实实在在是喜事。家里的房子由最初的土墙，翻新成砖瓦房，再到水泥房，也是喜事。自己过自己的日子，人生没有步入过绝境，亦是喜。

就像白开水一般，无糖，也不涩。可这般的平淡与从容，究竟是人生本如此，还是王老以平和之心包裹住了生活中所有的磕绊？这样的她，我该怎样去描写呢？

老人与志愿者合影（王利君　摄）

# 无私无畏，不负芳华

## ——孔凡荣老人传记

张鹤凡 北京师范大学 数学科学学院 2017 级

### 人物生平

孔凡荣，1920 年 6 月 4 日出生。山东省曲阜市陵城镇程家庄人，在父亲孔庆和领头带民工来到枣庄挖煤窑时随同前来，17 岁时因哥哥参加铁道游击队出嫁到枣庄市黄庄乡。年轻时任枣庄车站大队妇女生产大队大队长，一生无私无畏不争不抢，与丈夫育有 6 个孩子，子辈孙辈皆为各界翘楚，至今仍恪尽家风家规。老人现居枣庄市市中区龙山路君华里。

孔凡荣老人与女儿（受访人提供）

## 一、小院清风

老人有6个子女，王福兰、王福珍、王寅斗、王爱莲、王福英和王福玲。据老人介绍，子女从不攀比，儿媳女婿也是万里挑一，从来都是争着孝顺。在家都是抢着早起偷偷打扫卫生，我怕你多干了活，你怕我多干了活。之前怕老人在家活动时摔倒，一直没有铺瓷砖，可是老人家的水泥地依然是被打扫得一尘不染，眼下明晃晃反射着日光灯的闪光。大伯说小时母亲常常告诉他们，“为儿不图坟上土，为女不图嫁上衣”，他一直都明白，家是用来关心的，而不是用来争抢的，家和万事兴。老人的儿子王寅斗历任枣庄市粮食局食品厂书记兼厂长、枣庄市粮食局劳动服务公司经理、市水产公司书记经理、体改委拍卖行总经理，曾获得市十大优秀党员的荣誉；几位女婿也是在市委党校、外经贸委等国家部门任职。老人的哥哥曾在解放军表彰后前往舟山任第一任县长，老人自己则是当年人民公社运动时期车站生产大队的妇女队长，威望很高，逢年过节至今都会有领导前来探望。老人家算是真正的革命世家。

王寅斗大伯说，提这么多家世，是为了劝诫现在的为人民服务者，提醒他们别忘了该怎样为官。大伯说，自家副县级甚至县级干部最终全部平安落地，就是因为他们两袖清风一心为民。自己任市水产公司经理期间，母亲养成了坚决不吃鱼的习惯，以至于他们家至今没有鱼味。“你说我这个官当的，自己娘可是真遭罪喽。”说到这里，大伯对当下一些干部的风气感到失望，严肃地跟笔者说：“孩子，希望你这篇传记写出来能让他们都看一看，了解了解我们那个年代人民干部的作风。”大伯又转头跟母亲说：“娘，您当初和爹跟我讲的那三句话我现在都记得，您还记得那三句话吗？”老人长舒一口气，似乎在牵引悠长的记忆，慢慢道来，却掷地有声：

长大了，<br>
别做懒种；<br>
别做孬种；<br>
别做坏种。

老人家是孔子后人，这三句虽然不是很严肃正式的名言警句，却继承了孔子对生而为人所应有的自律自强的全部要求。到了孙子辈，孙女婿高焕彬是枣庄市公安局薛城分局刑侦大队长，负责扫黑除恶工作。大伯平时就反复叮咛：一定不要出冤假错案，同时也一定要严格执法。这两项看似矛盾难以两全的要求，以大伯的话说，只要"事事按法处处按理"就没有什么做不到。"按法办"只有短短三个字，在老人口中重复数十年，已经成了家规一般，被老人的家人奉为人生事业的要点。老人说，自己的孙女中还有学医的，有教书的。学医的她要求对待病人像对待自己父母一样，医德医术要两手抓；教书的她要求对待学生要像对待自己的子女一样，知识学多少就用多少。

当笔者试图向老人表示对他们家族为了人民吃得了亏也吃得了苦的敬意时，老人的儿子王寅斗大伯反复提及他们这一辈退休老干部的心情，他表示自己永远感谢党中央，永远感谢主席，永远感谢政府。他至今严格要求自己，仍然投身改革的事业，研究装配式建筑改革，频繁与在任领导互动，提了很多好的建议。他还说一定要把改革进行到底，因为他相信改革一次就有一次的作用，他会永远拥护国家，拥护党，拥护政府。大伯一遍遍一声声谆谆切切一字一顿地感谢与拥护。

2008 年"5・12"汶川地震后，大伯还要求自己孩子参加山东省援川工作警队，别人赴灾区援建都是两个月完事，他的孩子要在那待半年才准许回家。大伯说人活着就是要为社会做贡献，即使自己年近七十了也毫不示弱，这一点像自己的母亲。出于对大伯政治觉悟如何被铸造的好奇，笔者问起了老人对大伯小时候究竟是怎样言传身教的，于是有了下面的故事。

## 二、老街红日

1958 年晚秋。车站街道。已识乾坤大，尤怜草木青。

至今笔者的家乡仍然流传着一句话，"要饭的扒棍不沉不易拄"。

她望向那地排车上晒的地瓜。这是他们一大家子按工分分到的口粮，按理说她该推着地排车回家，喂到自己那 6 个长期营养跟不上的孩子嘴里。

可是她没有，甚至连一块地瓜都没带回家，王寅斗大伯被问到童年最不理解母亲的事情时至今对此记忆犹新。花生收成不好，自己已经很久没吃过油水了，糙面糊糊都算珍肴，平日里萝卜秧子吃到反胃，余生都对那种味道避之不及。可是母亲怎么会有吃的却不给自己呢，母亲为什么要把吃的给邻居呢？这明明是自家工分换的，要供一大家子人吃呢。当时还幼小的他百思不得其解，以为母亲不疼他们了，大伯笑着说。老人听了也是淡然一笑，轻描淡写地说：“那时候咱们邻居家啊，头都肿得跟什么似的。”

大伯说，母亲那时是老火车站车站大队的妇女队长，满心想的都是有人比我们生活得还差，所以这车地瓜一定要送给他们。大伯回忆道，自己当时还小，没有概念，现在想想，我们没饭吃只是少吃饱几顿，但邻居家没饭吃可能就要出人命了。

老人家和灾荒打过交道，由此和粮食有了独特的感情，这交情一下就是数十年。她带头干活，敢为人先，绝不藏私，自己不吃细粮，吃土粮，也要把好的粮食上交国家。整个大队都被她的人格魅力所感染，做起事来一呼百应。老人哥哥后来调任无锡市602粮库主任，儿子王寅斗也是曾经任枣庄粮食局干部。大伯告诉我，自己深知这太平世界的来之不易，一生谨遵老母亲教诲，绝不浪费，保证群众有粮吃。自己种粮食、运粮食、存粮食、分粮食，和粮食系统结下了不解之缘。

老人（左一）与丈夫在枣庄老车站街（受访人提供）

当时的人还饱受虱子的困扰。生产队里两个老人因为瘙痒难耐将衣服泡进了兑了杀虫用的农药的水中。虱子是除了，但他们的皮肤也开始大面积地红肿、溃烂，甚至头发也大把大把地掉落。年轻时的她看在眼里，急得眼泪在眼眶里打转，作为生产大队的妇女大队长，她不愿意老车站街的人有任何人遭罪。可是，肥皂买不到，皂角树也砍得差不多了，她和其他几个妇女一合计，决定每周收集没有女性亲属照看的人的脏衣，用割草的单臂箩筐背衣服爬上小南山，在山腰的泉泊用碱性水在青石上摔打，在崮顶曝晒，晒干后再取回轻便许多的衣物分还乡里。所有这一切工作都是在她完成自己的本分工作之外，不计工分自愿为乡邻做的。她为别人着想，因此别人干起活来也是毫无保留倾尽所有。她还常常下地帮有困难的家庭干活，用老人的话说，当时自己就是“拼命去干”，从未想过其他事，连自己家人都差点顾不上，更别提自己的健康了。后来，老车站街的父亲母亲辈都向自己的子女诉说老人曾经给自家的帮助，整个街道的居民直到现在见面都还热情地跟老人打招呼。身先士卒才能有令即行，老人年轻时就是全心全意为人民服务，从人民中来到人民中去最典型的践行者。正是无数基层干部谨遵这一宗旨，才使得这句难能可贵的话语没有落空。用大伯的话说，老人是无私无畏地真正践行者，从来不争不抢乐意吃亏，现在能身体康健家庭美满，真的是天赐勤人。

大队时期，还发生了一件事，她的丈夫王金财被大队的牛抵伤了，只得回家养伤。这在当年也完全算是工伤，可她一家完全没有向公家索赔求取补贴维持家用的想法，甚至没有上报。不仅没有，家里依然是有一份力出一份力，丈夫也是身体刚刚好转就立刻投入到生产中，说要把之前受伤耽误的时间争分夺秒地补回来，绝不能给公家添麻烦。

积善之家必有余庆，可她们家当时却无余财。长子王寅斗当年连上学的一块五毛钱都拿不出来。1972 年丈夫病逝，还给家里撇下了 680 元的外债。她在这样的情况下毫无怨言，在自己最艰难的时日里反复告诫子女要“为公”。时至今日，王寅斗大伯在和笔者谈话时依然反复使用“无私无畏”这四个字。无私者无畏。

人们常常因为一个人不幸的境遇而轻易地选择宽容他，可是老人那一辈的人同样是生于苦难却依然能心向红日，更加值得敬佩。老人不擅辞藻形容，铿锵岁月在她心底早已化作柔情脉脉。

## 三、鲁南烟火

1938 年元月。鲁南乡村。人生如逆旅，我亦是行人。

孙凡荣走在两排像牙齿般拥挤的青石瓦房间，土路上满是皱了的黑冰碴子。雪是年关前下的，可是这原本松软洁白的雪在来往路人的脚下被踩得瓷实，踩到黑黢，终于又被重新冻结，至今未化。新年刚过，父亲已经重新回到了煤窑工作（原 1878 年官督商办的中兴矿局，1899、1908 曾两次更名，“中兴公司”是中国历史上最大的民族资本企业。老人父亲曾带民工到煤窑工作）。年味也已然很淡了，只有邻居孙婶给孙儿新做的桃木小人还在卖力吸引人们疲惫之余所剩无几的目光。小人是孙婶拿桃枝用柴刀刻的，细炭烫出的眉眼有着与这个忙碌世界格格不入的安然祥和。

孙凡荣回到家中，从瓦缸里一勺勺舀水到铁壶里，想要让哥哥晚上从站房卸货回来就能喝上热水。水未烧开，哥哥却突然冲了进来，一把抓住她的手臂，不顾气喘便瞪大了眼睛一字一顿地说：妮子我……要干革命，要……打鬼子，要当进步青年……她只是在一旁安静地听着哥哥说些平日未曾听过的话语，诸如“民族存亡”、诸如“华夏危急”。很久之后她才知道，七七事变后，1937 年 10 月 3 日，德州沦陷；12 月 26 日，济南沦陷；6 天后，泰安沦陷；又 10 天，济宁沦陷。那时哥哥激动地讲，他在临枣铁路的站房没等到货，却等到了几个外地青年，从青年口中他才得知，外面的县城已经都让日军占领了，华北危急！中国危急！他一边牙关紧咬，一边向她保证，自己要上阵杀敌，报效国家，只要还有一口气，就一定要把日本鬼子赶出家乡的土地。她默默听着，点头不说话，只是当听到哥哥嘱咐她早点找个好人家，一定要好好照顾好自己和老爹时，她这才抿出了离别的苦涩味道。末了，一向懂事的她却只是低声道：“哥，等水烧好了，喝碗茶再走吧。”而哥哥怕赶不上组织转移，等不及就走了。她望着哥哥匆忙离开的背影，呆呆地蹲下，眼睛不知是烟熏还是怎么变得红肿起来。

人们总以为告别是宽裕的，以为告别会是一场酒杯喧嚣的送别晚会，又或是一场盛大浪漫的毕业旅行；可是人生的好多时候，我们都不擅长告别或是不被允许好好告别，许多告别就那么悄然无声地发生了，短促到好像不真实似的。离别后，哥哥孔繁胜加入了共产党，他所在的队伍于 1940 年 1 月 25 日受八路军苏鲁支队命令成立为“鲁南军区铁道大队”。这支由铁路工人、小摊贩、矿工组成的队伍还有一个更为熟悉的名字——铁道游击队。妹妹，也就是本传记的主人，则不久后出嫁，挺过了台儿庄战役的炮火纷飞，挨过了一次又一次的全面扫荡，在铁道游击队破袭铁路、武装请客的时候打配合，搞后勤，使得我军民粮食保收、粮线畅通、军民和睦的传统一直延续到了淮海战役。

蒋介石说，他知道红军有多少人，却不知道自己的队伍到底有多少人。同样是在抗日的艰苦背景下，国共双方军官的做法迥异。国民党的军官层层腐败，有的为了吃空饷不惜让很多壮丁新兵活活饿死。据老人回忆，台儿庄战役前期的国民党守军，号称满编的一个师，其实只有三五千人，这样的一个“师”打不过日本一个中队也是自然的事。与之对比，共产党的队伍却是同仇敌忾拧成一股绳，缴获一把短枪都要第一时间上交给支部。老人还说，日军当时在鲁南地区为了维持自己的统治，虚伪地招募了一群孩子组成铁道纠察队，美其名曰爱国护路，每公里都有孩子持枪查检铁路的完损情况，然后汇报给日军。鉴于孩子还小不愿下手，这支童子兵组成的“伪军”曾经给铁道游击队的任务执行造成了极大的困难。后来铁道游击队在不断有牺牲减员的情况下，依旧把火车上截获的布帛茶叶等物资在有人居住的村庄桥头悄悄扔下火车。这样一来，三番两次捡到救命物资的群众也就彻底相信铁道游击队的性质，暗中给游击队送粮食送情报，游击队这才得以建立微山湖根据地。可惜好景不长，日军搜查不到有着芦苇荡和村民地利人和双重掩护下的游击队，恼羞成怒，终于在1941年对微山湖周边地区发起了全面扫荡，大肆屠杀百姓。游击队员看见远处的火光，不顾自身安危，便从微山湖的藏身小岛杀将出来，奋起反击。此战，游击队队长洪振海同志壮烈牺牲，却最终成功粉碎了敌人的扫荡，也挽救了大部分群众的生命安全。老人回忆道，一个地方有游击队是那个地方的幸运，不会有人怕游击队连累自己而忙着划清界限，她们附近的几个村青壮男性几乎都去打游击了，可是他们村反而是日军不敢贸然进犯的、相对最安全的几个村了，自己也是在哥哥等游击队员的威胁牵制下平安度过了凶险的抗战时期。

国难当头，无数家庭在一天一夜之间各自投入到需要的位置，共赴国难。像这样突如其来的分别，是解放前无数普通中国家庭共同面临的困境，包括了400万或自愿或被迫从军的战士、9500万流徙的难民和流民，上亿个家庭在旧时代的震颤中散若浮萍逆风而行，终于在路的尽头重新相逢。而中国，早已不再是原来的中国。

假如你能在 1938 年的新春遇到那个正走在结冰的土路上的姑娘，告诉她，你未来的数十年将会这样度过，不知道她的步履是否会有些许停顿。人总是被世事推搡着向前，但却可以选择去热爱什么、相信什么。孔凡荣老人一生无私无畏地爱过、坚持过、斗争过、生活过。无负芳华。

## 采访手记

北方一座可爱的小城里，老居民区四周已经建起了二三十层高的公寓，公寓群的名字就叫作未来城，而被未来城环绕的市中心，则属于过去。

笔者从老人家的独栋建筑走出，挥别了执意热情相送的大伯，一个人站在巷口。身前是未来城，汹涌的车流中无数的引擎喘着粗气；身后是小巷，核桃树下晨昏之际的细碎光影落在脸上，这个巷口宛如两个世纪的交界处。

民国二十一年编号 04543 中兴炭场的外工服务证、沉甸甸亮闪闪的优秀共产党员勋章、压在桌玻璃下破获特大拐卖案解救 42 名儿童后的记者采访照片……老人家从父辈、子辈再到孙子辈，是共和国一系列伟大变革的亲历者。四代人的时间，中国不再需要依靠游击队缴获的装备，已经可以对外军售先进武器了；中国再也不会无法供养自己的人民、让其流离失所了。如今的一切，已然非当初可比。可是老人一生无私无畏不争不抢，自己做妇女干部时如此，儿子任领导干部时如此，还要求孙子孙女在各自扫黑专案、重症会诊、教育攻坚的各行各业也要如此。老人和老人的家人，从未改变。或许人生一大乐事便是在你往事浓淡、经年悲喜都早已煮成酒，煎作茶的年岁里，陪你一起看盛世的烟火。岁月待你晴雨交加，霜也凌烈，风也清绝，可你，是青山啊！

再往前走，出了巷口，就是未来城了。

笔者常常在思考，当“90 后”甚至“00 后”的我们谈论信仰时，我们到底在谈论什么？

此信仰非彼宗教信仰，可是即便如此，我们这一代人依旧缺少恒定的相信。我们试图解构一切，用自我调侃来调剂压力，半认真地喊着要以丧治丧，喊着生而为人我很抱歉，开玩笑似的追逐着所谓的个性解放和自我意识的觉醒，而后美其名曰，爱我所爱行我所行。

笔者分不清这些行为艺术是让我们变得更强韧还是更脆弱，是让我们生活更紧致还是更疏离。我们被自己的惯性，被他人的惯性裹挟着、席卷着，我们开始试图自我合理化，染上习得性的无助，日复一日被无力感彻底腐蚀，失掉所有的能量。

笔者想念听到大伯斩钉截铁地告诉我一个人的价值取决于他对社会的贡献时的那种感觉，像儿时我妈妈教我的一样。笔者想念听到大伯和奶奶说起要相信党、相信同志、相信组织的那种不容置疑，这能给笔者久违的归属感和认同。笔者更想念大伯和奶奶说无私者无畏，无事不可为杀伐果决，这能给笔者信仰的势能与力量感。

最后在这个世界和平的日子，笔者可以不关心人类的腥涩欲望，笔者只想祝您诗酒皆称意，彩云也坚牢，祝您鲜衣怒马的少年时日永不逝去；愿笔者拥有如您般万象慈目的眉眼，有如您般无私无畏的心性，愿笔者有一天可以成为您。

老人及家属与志愿者合影（街道居委会　摄）

# 岁月之殇

## ——刘桃元老人传记

向思恋 北京师范大学 人工智能学院 2017级

### 人物生平

刘桃元，女，1924年9月6日出生在湖南省邵阳市邵阳县小溪市乡跳石村一个贫下中农的家庭。20岁的时候嫁给向家村的向希名为妻，生有5儿3女，两个儿子在饥荒年代患病离世，大女儿也溺水而死。20世纪80年代，刘桃元大儿子和大儿媳服毒自尽，没过多久，丈夫突发脑溢血，小儿媳妇也服毒自杀。晚年，刘桃元二儿子和最小的儿子相继患癌症去世，刘桃元抚养孙子长大成人。现如今，刘桃元和自己最小的女儿居住在隆回县城。

刘桃元老人照（受访人提供）

### 一、幼年不识愁滋味

1924年，刘桃元出生之时，国家动乱，战火纷飞，民不聊生，各地的革命军如雨后春笋般涌现。平常人家里若是生了个女孩，一家人定是满脸愁云，怨声载道，觉得生了个赔钱货，养不了几年便会将女儿卖到别人家去当童养媳。但是，刘桃元是幸运的。她出生在一个富裕的家庭中，根本不需要为吃饱穿暖担忧。再加上刘桃元出生之时，村子里的女孩已经不需要裹脚缠足了，外面的战争和痛苦也离这个村子很远，年幼的刘桃元仿佛生活在桃花源中，无拘无束，没有烦恼。爬树掏鸟窝，下河抓鱼虾，上山采野果，这些都是刘桃元的日常活动。那时候她的世界是彩色的，生活是充满希望的，吃什么都是甜的。

当有人告诉刘桃元她父亲去世的消息时，她才只有 10 岁，人去世到底是怎么一回事，刘桃元根本不明白，她只知道父亲出去卖锅炉之后就再也没有回来过了，大家说她父亲是被强盗杀了的，所以尸体也没有找到。母亲失去了以往灿烂的笑容，开始披麻衣；哥哥从私塾回来了，家里需要卖土地才能送弟弟上私塾，而自己也被送到了姑姑家。

10 岁的刘桃元根本无法体会人世间生离死别的痛楚，失去了父亲，刘桃元并没有太多的情绪，只有看到母亲和哥哥姐姐们伤心流泪，悲痛不已的样子，刘桃元才会感觉到难过，但更多的是害怕，害怕自己也会像贫困家庭的女儿一样，卖给别人当童养媳，起早贪黑地干活，还要受尽折磨。刘桃元以为自己从此以后也要过寄人篱下的生活了，不情不愿地来到了姑姑家，她没有想到，姑姑家的条件比父亲没有去世之前家里的条件还要好，再加上刘桃元的姑姑没有子女，自然对刘桃元悉心照顾，刘桃元的生活比之前还要好上许多。小孩子总是懵懂和健忘的，刘桃元很快就从失去父亲的悲伤中走了出来，她甚至比父亲出事之前还要快乐，觉得这个世界真是美好无比。

## 二、少年初识愁滋味

童年的时光仿佛是指缝间的事情，一晃而过，转眼间刘桃元就 20 岁了，正是青春年少的好时光，对于未知的爱情和婚姻充满了幻想。自己以后的夫君会是什么样的呢？是说书人口中行侠仗义、行走江湖的侠客吗？还是温文尔雅、谦谦有礼的读书人呢？又或者是日出而作的农夫，日落而息，勤勤恳恳一辈子？虽然对于别人口中轰轰烈烈的爱情十分向往，但刘桃元知道自己以后嫁给什么人还得母亲做主，富裕的生活并不能保证自己拥有自由的爱情。所以，刘桃元平时也会祷告上天，希望母亲可以为自己选一个好夫婿。

刘桃元的祷告很快便得到了应验，刘桃元的姨母为她介绍了一门亲事，对方是向家村的，家里是中农，男方勤劳，什么活都会做。这门亲事很快就定下来了。结婚前一天晚上，刘桃元睡不着觉了，心里非常激动，但是也很不安。因为结婚之前刘桃元没有见过自己的丈夫，对丈夫的了解全靠媒人的一张嘴，要是丈夫跟媒人嘴里说的不一样，那自己这一辈子会好过吗？刘桃元隐约有点担忧，要知道嫁鸡随鸡嫁狗随狗，这可是自己一辈子的大事啊！

成亲的时候，刘桃元是坐着花轿出嫁的，这成为让她骄傲一生的事情，要知道在当时的环境下，能坐着花轿出嫁的人少之又少，而且刘桃元还带来了家具，首饰等嫁妆。值得高兴的是刘桃元嫁过来之后，发现媒人说的话并没有作假，丈夫家家境殷实，丈夫也勤俭节约，家中大小事丈夫几乎全包了，要不是当时抗日战争的战火已经烧到了刘桃元的家乡，刘桃元肯定觉得自己是世界上最幸福的人了。

1944 年，刘桃元成亲后不久，日军便攻陷了湖南邵阳，平静的日子一去不返，游击队、娘子军、中央军（国民党军队）等抗日队伍时不时地从村口经过；日本人也拿着短刀、长枪到处扫荡、杀戮。村里人每天惶惶不可终日，只要是军队经过，村里人根本来不及去分辨是中国的军队还是日本鬼子，只顾逃命，家里人都顾不上。逃命的时候，有的人逃往土匪窝，有的人逃去自己娘家，有的人干脆跑进深山老林，风平浪静之后才敢出来。有时候三四十个人躲在山洞里，风声鹤唳，睡个觉都不踏实，刘桃元一家就是在这样的环境下度过了将近一年的时光。

“那时候走日本人，我们都怕死了。”（老人把躲日本人叫作走日本人）如今回想起那段时光，刘桃元老人仍心有余悸，字不成句，言语之间都是对日本人、对战争的痛恨。

## 三、中年识尽愁滋味

30 岁之前，刘桃元一家可谓是村里的模范家庭，丈夫在外面干活，刘桃元就在家中加麻（mā），刘桃元与丈夫爱情的结晶也相继出世，一家人其乐融融。可是 30 岁之后，命运的天平发生了反转，灾难接踵而至。

刘桃元 30 岁这年的一天，丈夫让大女儿去井边打水，谁知大女儿一去不返，一直到傍晚刘桃元夫妇才记起大女儿去打水一直没有回来，村里有人说她的女儿掉进井里溺水死了，刘桃元夫妇不敢相信自己乖巧伶俐，懂事听话，长得水灵灵的女儿说没就没了。数小时之后，当女儿的尸体真的从井里捞了出来时，刘桃元才意识到女儿已经离自己远去了。刘桃元和丈夫悲痛万分，肝肠寸断，但是家里还有两个幼小的儿子卧病在床，夫妇俩只好藏起自己的悲伤，为儿子到处寻医问药。谁知世事从来都是福无双至祸不单行，没过多久，生病的两个儿子也离开了人间。刘桃元痛苦万分，真想随 3 个子女一同离去，远离这世间的种种痛苦。但是刘桃元知道自己不能，自己还有年迈的双亲需要侍奉，还有嗷嗷待哺的子女需要抚养。为了还尚在人世的孩子，刘桃元下定决心再苦再累也得努力活下来。

值得高兴的是，在刘桃元和丈夫悉心的照顾之下，另外 3 个儿子和 2 个女儿存活了下来，刘桃元心中十分欣慰，庆幸自己这么些年和丈夫坚持下来了。孩子一天天地长大，苦难的日子终于过去了，土地也分到家家户户了，子女一个个也成家立业了，村里许多人不需要再为吃饱穿暖发愁了。刘桃元以为全家人终于可以好好地过日子了，谁知苦难还不打算放过历尽磨难的刘桃元，大儿子下窑挖煤出了意外，虽是救回了一条命，可是整个人变得憨憨的，没有了之前的聪明机智，出院之后对老婆言听计从，这也为之后的悲剧埋下了伏笔。

1985 年，刘桃元的大媳妇因为家里琐事想不开就想喝农药自杀，第一次自杀的时候被人抢了农药，没有成功。第二次大媳妇带着大儿子一起自杀身亡了。那时候，刘桃元回娘家探亲去了，没想到一回到家就要白发人送黑发人，这也成为了刘桃元一生中最后悔的事情，她总是觉得如果自己在家是可以避免这场悲剧的。想来也真是令人唏嘘，当时的人经历了很多不幸的事情，好不容易活了下来，应该更加珍惜自己的生命才对，谁知却把自己的命看得如此之轻。

失去一个儿子已经让刘桃元痛不欲生了，谁知老天并不打算就此收手，它还要刘桃元继续承受失去至亲之痛。大儿子离开人世没有多久，刘桃元的老伴因为突发脑出血住院了，虽然捡回了一条命，但是刘桃元的老伴从此瘫痪在床，需要人贴身伺候。一路与自己相互扶持、相濡以沫的丈夫突然间遭此横祸，刘桃元义无反顾地担起了照顾丈夫的重任，要知道刘桃元年幼时没有经历过什么苦难，结婚之后虽然日子难过，也一直是丈夫挑起生活的重担，自己突然要担起家庭的责任，刘桃元觉得前方的路实在是难走啊！好在自己还有两个儿子、两个媳妇、两个女儿照顾，路虽然难走却也一步一个脚印走出了一条坦途。

一波未平，一波又起。刘桃元丈夫出院不久后，她的小儿媳妇也服毒自杀了。刘桃元还来不及弄清楚小儿媳妇为什么想不开自杀，村里面各种流言蜚语就传播开了，刘桃元根本无暇顾及，家里还有病重的丈夫需要刘桃元体贴入微的照顾。可是再细心的照顾也敌不过死神对刘桃元丈夫的呼唤，在其瘫痪两年后也撒手人寰了。丈夫的离世给了刘桃元重重一击，她的生命仿佛失去了支撑的支点，摇摇欲坠，好在还有儿子、女儿能够给予安慰。

## 四、老年仍尝愁滋味

刘桃元中年经历了大饥荒，痛失了丈夫、大儿子和两个儿媳妇。晚年的时候，中国在改革开放的推动下经济快速发展，村子里的人都借着改革开放的春风过上了好日子，刘桃元和自己两个儿子也分了家，每个儿子每年给刘桃元固定的生活费和粮食。刘桃元以为自己可以在儿子的赡养下安度晚年，享天伦之乐。可是，生活对刘桃元的打击一个接着一个，根本不让她有喘息的机会。

2013 年，刘桃元的二儿子被诊断为肛门癌晚期，如同宣判了死刑。刘桃元日夜祷告，希望自己能够替儿子承受病痛，但是刘桃元所做的祷告都是无用功，二儿子化疗还不到一年，就匆忙地离开了这个世界。

2014 年，刘桃元 90 岁寿诞之际，她唯一幸存的儿子也就是她最小的儿子又患上了癌症，也是晚期，没过多久也追随父兄的脚步而去。中年丧夫、丧子，老来又接连丧子，刘桃元悲痛欲绝，真想离开这个世界，一了百了。可是她还不能死，她的那些可怜的孙子还需要人抚养照顾。就这样，本来 90 岁高龄应该享清福的刘桃元，在这个时候又承担起了抚养孙子的责任。

对于孙子孙女，刘桃元没有望其成龙、成凤的想法，只希望他们平平安安长大，能够自食其力，做个堂堂正正的人，做事对得起自己良心就好。

刘桃元如今在隆回县城里与自己最小的女儿一起生活。最小的女儿现在也升级做了奶奶，四世同堂，跟女儿住在一起，不愁吃，不愁穿，日子过得比较舒服，外孙，外孙媳妇也孝顺，可是刘桃元心中一直挂念着的仍是成年后过世的 3 个儿子和在外奔波劳累的孙子。

刘桃元的女儿说自己母亲的身体一直都很康健，没有什么大毛病，从年轻的时候到现在一直喜欢喝酒，每顿饭无酒不欢，一说起自己的孙子，刘桃元精神就非常好，说的话也多了起来，即使自己的孙子只是一个最最平凡的学生，刘桃元夸起他来也是滔滔不绝，恨不得把这世界上美好的词全都用上。

说起想跟现在的年轻人说的话，刘桃元老人说："要好好活着，不要做傻事，要好好活着。"一个老人一生中经历过那么多的悲痛，看似已经对生活失去了信心，但是内心还是坚持认为活着才是最重要的。

电影《岁月神偷》中有一句经典的台词："在幻变的生命里，岁月，原是最大的小偷。"对于刘桃元老人来说，95 年的光阴偷走了和自己恩爱两不疑的丈夫，偷走了勤勤恳恳、安分守己的 3 个儿子和 2 个媳妇，偷走了乖巧、懂事的 1 个女儿。95 年的悲欢离合，从老人口中缓缓说出，对于记录的人来说，那只是几个故事，几千字的文章，而对于刘桃元老人来说，那是一辈子的深情。

南方的 8 月永远都是那么燥热，走出刘桃元老人的房子，毒辣辣的阳光径直打在脸上，眼前依旧是村口的河流，村外的青山。回首再看刘桃元老人，她在一片阴影之下小憩，有人说，有阴影的地方就有阳光，刘桃元老人心中也是有一轮阳光的吧，照在她的伤口上，所以呈现给外人的才会是阴影？没有人理会笔者的自言自语。只是耳边河流哗哗的流水声不断清晰，眼前的青山不断走来，似乎也要叙述这 95 年来的风云变幻。

## 采访手记

在去采访刘桃元老人之前，笔者看了一部经典的影片——《岁月神偷》，那几天脑中一直循环播放这部影片。采访完老人之后，发现比起这部电影，老人的一生才是真正的"岁月神偷"。

笔者采访的这位老人虽说已经95岁了，但是按照当地长幼排序的辈分，笔者却是要唤她一声婶娘。婶娘的丈夫很早的时候就去世了，她的5个儿子也都先后离世，早在采访之前，笔者对婶娘的一生悲惨的遭遇有所了解，在采访的时候，一直在考虑怎么用词比较好，笔者不忍跟婶娘谈起这些伤心事，婶娘的侄子安慰我说，没有关系，让笔者尽管问，果然问起这些，婶娘就陷入了长久的沉默之中。

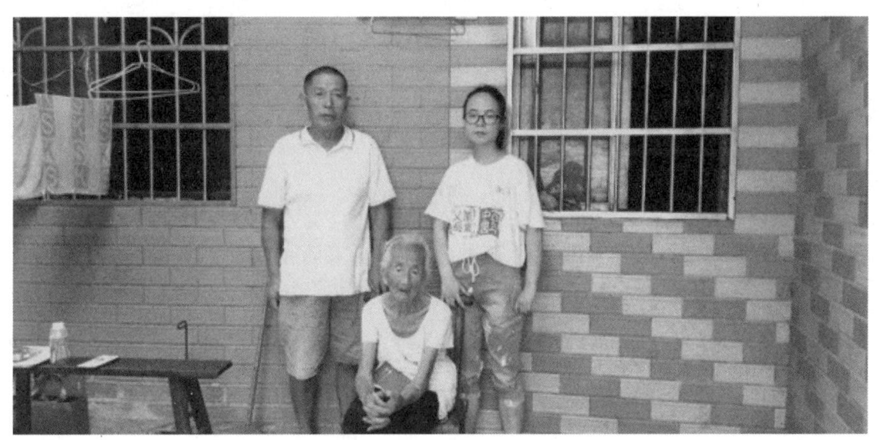

老人、家属及其志愿者合影（向颖　摄）

采访并不顺利，半个小时之后，婶娘已经靠在椅子上打盹了，笔者收拾好了东西，正准备离开，婶娘好像听到了动静，睁开眼对笔者说："要好好活着。"笔者走出婶娘家的时候，外面的阳光非常强烈刺眼，笔者回头望了一眼正在睡觉的婶娘，她在房子的阴影之下，没有阳光晒到她的身上，但是笔者又仿佛看见了她心中那一轮骄阳。

# 善为至宝终生用，心作良田百世耕
## ——罗廷英老人传记

彭海燕 北京师范大学 环境学院 2017 级

### 人物生平

罗廷英，女，1923 年出生于安徽省霍邱县宋店乡南北四村，生辰不详。幼时为人童养媳，无受教育经历，一生农耕为业，育有 3 女 1 子。她在最底层的农村，生活备受苦难，但仍一心向善，行善积德，展现出了强大的韧性和人性光辉，备受村民敬爱。

罗廷英老人照（彭海燕　摄）

### 一、苦生离

我是不知道自己生辰的，毕竟没有娘，哪里能知道自己是哪天生的呢。小时候，别的孩子瞧我没娘，就都爱欺负我，想想我这一辈子都活得苦，竟是从两三岁就开始了。

那时候，我天天跟在爹和哥哥前后，后来哥娶媳妇了，我心里很是高兴，家里终于不是只有几个大男人了。嫂子心细，也照顾我，我只以为家里多了个人热闹，可没有想到，也多了张吃饭的嘴。

上天赏的福气，说收就给收了，很快到了荒年。家里揭不开锅了，开始是每顿一碗饭，后来变成半碗，渐渐碗底也盖不住了，也没有饭了，只有薄薄一层稀粥，一天两顿喝下肚去，反而更饿，爹和哥哥就总看着我叹气。我9岁那年，一天，他们终于领着我去了一户人家，那家人住得很远，我路上走得极慢，许是饿得眼冒金星了吧。

等人家开了门，爹转过头对我说，这里是我的婆家了，就把我往门里撵。我霎时像当头挨了一棒子，泪汪汪地望着他说不出话来——从此我就不算家里人了，他们不要我，把我送给人家了。

婆家心里是有算计的，养我既是为以后娶媳妇做打算，也为了多一个人做活，我就每天出去放牛割草。每天啊，顺着田埂牵着老牛慢慢走，回家要走哪条道、走多久、拐几个弯，都在我心里排演了无数次，可我知道自己回不去了。

说到小时候的这段经历，奶奶混浊的眼里流下了泪水，空洞的嘴里牙齿所剩无几，颤巍巍用力地咬着每个字：“我，我没有家了啊，你知道吗闺女，也没有家人了啊……”

## 二、骨肉缘

浑浑噩噩地过了几年，我长到14岁，就稀里糊涂成了亲。

婆婆有时会打我，可我晓得她是刀子嘴豆腐心，人非草木，她是会心疼我的。有时恍惚之间我也会想，要是娘在的话，该是哪般光景？娘也会白天叉着腰骂我做事不利索，气得拿竹条一下下抽得我生疼，大晚上却担心我，到田里寻我许久，让我赶紧回家吃上口热饭吗？

成亲没几年，我生了个女儿。后来再添还是女儿，直到一口气生了3个女儿。婆婆连连叹我是个没出息的，我心里却很欢喜，这是我的3个女儿，她们一个个像涂了粉面似的白嫩嫩、水灵灵的。我笑一下，她们也跟着笑，我皱一皱眉，她们的小脸也拧巴在一起，真好！她们是这世上与我血脉相连的至亲呀。

待大女儿长到十几岁，这天，家里来了位意外的客人。

我仔仔细细看了又看，惊诧之余，才认出这个笑眯眯的男人竟是我哥哥。他笑眯眯地跨进屋子，笑眯眯地开了口：

“妹子，你嫂子又怀孕了，这都不知道第几个了。”

“那，那这是喜事儿啊。”我有几分生疏地回道。

“好什么好，”他摇摇头，“生下来就扔了算了，我们养不起了。”

我一听，心里就急了，孩子都是从阎王爷手底走了一遭，奔着你老子娘来的，怎么能说不要就不要，这不是作孽吗？哥哥瞧我一脸着急的模样，似是满意了，笑眯眯地走了。

几个月后，我的小侄子出世了，被送到了我家。我求了婆婆留下他——原因无他，我不能眼睁睁看着他饿死啊！

他来的第一晚，我彻夜未眠。半夜，我愣愣地看着这张小脸，想起我以为今生亲人缘分已断的父兄们；想起小时候到了赶集的时候，爹给了哥哥几个钱，叮嘱他上街去给家里人都买点新衣服，再给我买一双胶鞋，我从早上一直等到晚上，哥哥终于回来了，怀里揣着、手里提着的只有给自己买的衣物，哪有半点儿胶鞋的影子；想起爹整日挂在嘴边的女儿是别人家的，不是自家人……我就这样混混沌沌想了许多以为早已忘记的往事。

多年来断了联系的哥哥一朝登门造访，却不为叙旧，只是要给自己的孩子找个去处罢了。

破晓时分，院里的鸡叫了，我的脑子猛地清明起来。管那么多做什么，我只知从今以后，他便是我比亲儿子还亲的孩子了。

## 三、儿女事

我大女儿懂事，却是个顽劣不爱念书的，宁愿在家照顾弟弟也不愿意上学堂去；儿子呢，生了个少爷脾气，却没有少爷命，别的孩子下地干活帮忙、下塘逮鱼捉虾，他从来不去，就爱捧着书看。三伏天，乡下孩子皮实，谁不是一身背心裤衩在乡野里疯蹿，偏他坚持一身长袖长裤，要我说啊就是穷讲究。

干旱终于结束了，各户的庄稼地好好侍弄一番，一年后又是一片欣欣向荣。

我心疼儿子自小离了亲娘，拿他当亲儿子一样养大，自然是舍不得打舍不得骂。像他这样的半大孩子，得了空都被家人老老实实叫去割草了，可他偏不干。我没办法，好言好语哄着他，加之我自己也要下田干活，终于说动了他同我一起去。

我嘱咐他割筐猪毛菜，就安心做我的活去了。过了许久，该回家了，我左右寻不到他，原来是在邻居的地里，我再一看筐里，暗叫大事不妙！这个好赖不分的傻孩子，草没割多少，倒是把人家的庄稼糟蹋了大半筐去！我实在气得不知说什么，再看他的裤脚，糊满了泥巴，泥水滴滴答答顺着裤管淌了一地。我气得骂他糟蹋衣服，他梗着脖子，涨红了脸也不回话，却是一副宁死不屈的样子，仿佛穿个大裤衩就是要了他的命一样。

我叹了口气，自此以后，再也不提让他下地干活的事了，也罢，他既然喜欢，就让他安安心心念书好了。

大女儿到了谈婚论嫁的年纪，我小时候命苦，她的婚姻大事可不能马虎。我和她爹相中了学堂的一位教师，她虽没念过什么书，却意外地和人家颇为投契。大女婿人品端方，教书也教得认真，我是越看越喜欢。只是一点：身量单薄了些，看着有几分文弱。不过教书嘛，不似庄稼人要靠力气吃饭，倒也不打紧。

过了几年，二女儿也嫁人了。对象是个在部队工作的，铁饭碗，厉害着呢！反正仗前些年都打完了，部队如今也清闲。

万万没想到，我对这两个女婿的想法，往后竟都一语成谶了。

大约是20世纪50年代的时候，二女婿招呼都没打一声，就匆匆奔赴前线去了。可怜我女儿，年纪轻轻的，一大家子的重担全落在她身上，不过几年操劳，就落下了一身病根。

后来二女婿回来了，是被抬回来的——他的一条腿在打仗时被炸断了，终身残疾。我苦命的女儿盼回了她的丈夫，可盼回的不是家里的主心骨，是她从此又多了个人要照顾。

## 四、知余庆

好几年过去了，有天丈夫回到家中告诉我，在街上遇到镇里颇有名望的丁医师的儿子了。这可是件稀奇事，丁医师的儿子在城里过得好好的，到咱们乡下来做什么？后来隐隐约约听得些风声，我们晓得他大约是犯了什么事，被“下放”了，得学咱们做农活吃点苦才行。后来我便常常在干活的时候看见他。

那是个很瘦弱的年轻人，站在一帮五大三粗的庄稼汉里极为惹眼，又是从小金贵惯了的，活儿也干不好，看起来病歪歪的，仿佛走几步路就要被风吹倒了。我心疼这孩子，便隔三岔五地请他来家里吃顿饭，有时也会在田里教他怎样割草又快又省力、怎样辨别庄稼的病症。大女婿也很照顾他，后来见他实在不会做活，便让他来学堂一起教书，把自己的工资分一半给他，这孩子是千恩万谢——只怕没有我们多番照顾，他是经不住这样折腾的。

后来他又走了，听说是去参军了。过了好几年，我二女婿回家的时候我才听说，那孩子牺牲在战场上了。为此，我倒愧疚起自己的心思了，不管怎样，女婿人没事已是万幸了。

后来大女婿常常腰疼，他身子骨一直不大好，起初我们以为只是教书累的，每天腰板得那么正那么直，可不要累坏的嘛！我女儿总劝他请些假安心休养一阵子，他立刻就要大声嚷嚷：“这怎么能行！父母把孩子送过来上学是信任我，我不上课不是对不起孩子们吗！”就这样一直拖啊，拖了三四年，直到站不上讲台。

他那时已病得很重了，女儿哭着来家里找我，我们俩，还有她爹，一路抬着女婿走了 3 里路去镇上的医院看病。到医院时已经是傍晚了，看诊的丁医师检查完了直摆手：“这是结石，我们这治不了。”哪里是治不了！那时结石是多么严重的病，丁医师是不敢治啊！

我心里又慌又怕，女婿要是出了事，要的不是我女儿的命吗！

我心一横，膝盖一磕，直直地跪下去，死死盯着丁医师开口：

“你，你还记得你儿子在乡下的时候吗？”

他吓了一大跳，只怕从没见过我这么语出惊人的病患家属。我继续说：

“他当年在生产队改造，我心疼他遭这种罪，什么不会的活儿都教他，有什么吃的也都想着他，我女婿更是……”我的眼泪直直流了下来，“把他叫来学堂教书，同吃同住，当亲兄弟一般对待。我们家帮你儿子的时候没图回报，可，可我求求你今天看在他的分上也救救我女婿，救救我女儿……”

丁医师沉默了，终于同意了当天晚上就给女婿动手术。我深深地给他叩了个头。

我挟恩图报，对不起天上的小丁，可我实在是没有办法。

万幸的是，手术很成功。女婿卧床康复的一个月里，我们也没少受照顾。当时医院里的病人一个月可分得半斤白糖，丁医师给女婿争取了一斤的份例，还把自己的半斤也贴了进去。我几次想去道谢，都被他瞪了回去。待到离去的时候，我最后一次去道谢，他摇了摇头，眼圈红红的：

“我儿命薄，这是你自己行善积德的福报，不用谢我了。”

常言道：积善之家，必有余庆。我想，这大约有一定的道理。

## 五、愿期颐

我儿子书读得是越来越多，脑子也越来越活泛，最后，人竟也活泛走了。他留了个字条，招呼不打一声，就去了上海。算他小子运气好，竟真在那大城市里站稳了脚跟，现在和儿媳妇、孙子一家在上海过自己的小日子呢！

我年纪越来越大了，年轻时一双能干活、能拾掇家务的手，现在连筷子都拿不稳了。但我精神着呢！每天在乡间小路遛弯，看着上学的孩子们，就好像看到儿女们小时候。那天，我走到一个陡坡前停下，几个孩子怯生生地不敢过去，原来是有只大狼狗在路中央挡着。我的气势顿时上来了，双手叉着腰，中气十足地喊道：“孩子们，你们放心过去，我替你们把狗赶走！”

说罢，我便气势汹汹地上前同那畜生对峙，孩子们见状都找机会从旁边溜了过去，有个小姑娘不停回头朝我甜甜地笑，可真甜到我心坎里去了！从那以后，我自告奋勇地承担起了赶狗的工作，每天在这条路上站岗巡逻。一人一狗，剑拔弩张，场面有时甚是滑稽。

一天，我没留神，从那陡坡上摔了下来，这回摔得不轻——我这把老骨头已经不起折腾了。腿断了，人也老实了，走不了路，只能每天搬把椅子坐在院内晒太阳。可别看我这样，每每街坊四邻夫妻吵架动手，我是劝和的好手；有一回闹大了，女人想不开竟要上吊自杀，也幸亏我发现及时救了下来；还有一回，一个四处游荡的瞎子来到村里，饿倒在了路边，也是我贴了几个馍馍给救活的……

奶奶数着自己做过的好事，像小孩子数着珍藏的宝贝，又自豪又高兴。

“你问我长寿的秘诀啊，大概真的是行善积德得来的福气吧！”奶奶笑了，“我不与人计较，因为我待人好，人家也待我好。想想我这辈子还真的救过不少人呢！人心宽了，自然精神就好，闺女，你说是不是？”

她深深地笑了，那笑容如同一簇迎着烈日绽放的花朵，比任何珠宝都绚烂，比任何美酒都芬芳。

当我提起笔，回忆起她的一生时，所念虽皆是饱含泪水与痛楚的苦难，可其中处处闪耀着人性的光辉：

善为至宝，心作良田；
穷且益坚，万难不移。

人生如逆旅，百年过后，皆不过黄土白骨、过眼云烟。

唯有这跨越百年的精神，从此，必定万寿无疆。

## 采访手记

罗廷英老人的家并不难找，穿过七拐八拐的篱笆，笔者轻轻走进那座小屋，抬头便对上了一双慈祥的眸子——罗奶奶正在藤椅上安享早饭后的晒太阳时光。

眼前的人，身着干净的蓝布花褂，消瘦略有些佝偻，一双棕黑的眼睛深陷在眼窝里，脸上满是皱纹与褐斑。可这沟壑里流淌着的是时间的长河，泛黄的皮肤，曾被多少岁月的余晖映照：小时候，她是父兄的累赘，十几岁就做了人家的童养媳；后来，她是饥荒年代同死神争夺家人生命的神明，如今像小山一样高高拱起的驼背也曾是丈夫和儿女的依靠；再后来，她守在村里孩子上学的路上，为他们驱赶恶犬、保驾护航，却不慎摔断了自己一双腿；如今，她已及期颐，燃烧殆尽了自己的人生……

她的一生，正如余华笔下的《活着》，书写自真实的田里乡间，从苦里来，到苦里去。

就在此刻吧，让笔者温暖地握紧她的双手——去倾听一个孤独的灵魂，讲述她独一无二的人生。

那是一个时代的缩影，是一个国家的新生，更是她坚韧活过的勋章。

老人与志愿者合影（时玉珍　摄）

# 一身傲骨伴平生

## ——尚店芝老人传记

彭鑫 北京师范大学 心理学部 2018 级

### 人物生平

尚店芝，女，出生于1920年12月22日，98周岁，祖籍山东临沂，现居于山东省临沂市罗庄区付庄办事处东三冲村253号。一生历尽苦难，但始终坚强。她裹过小脚，逃过荒，有过两次婚姻。1932年她目睹其母被强盗掳走。1937年中日开战，她跟家人一起逃荒。1980年她到临沂市区做保姆，3年后再次回到东三冲，独居至今。一身傲骨，历世间沧桑；一腔柔情，愿世事安详。

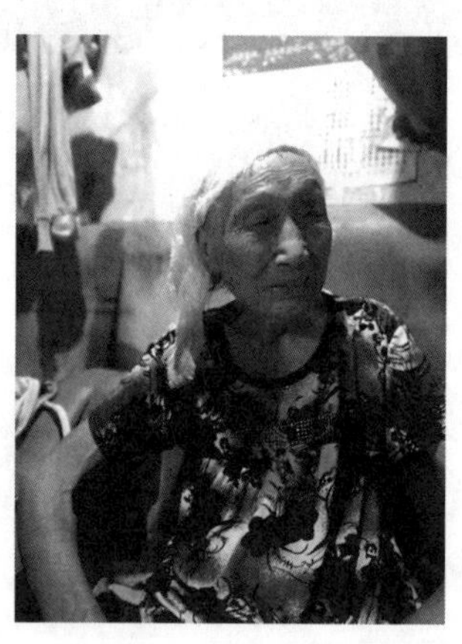

尚店芝老人照（李龙骄　摄）

### 一、儿时初见，只觉当时模样好

在她还不懂写“傲”这一字时，尚店芝是和其他小姑娘一样的，爱幻想，爱调皮，也爱美。

尚店芝好像从小就觉着小小的脚才算好看，她不懂所谓“纤妙小脚”的形状美在哪里，也不知道“步步生莲”的姿态美在何处，只是大人们都说小脚好看，她也似乎就觉得真是这样了。据载，1912 年孙中山便令内务部通令各省劝禁缠足。然直至 1936 年之前，也就是尚店芝 16 岁之前，尚店芝的娘家尚庄（现更名为五四庄）还是保留着缠足的习俗。在她 6 岁以前的日子，耳边总能听到这样的唠叨：“你知不知道，脚要小一点，才能找到好婆家，脚啊，是越小越好。如果姑娘家是一双大脚板，那是没有人家愿意娶的。”那些大娘都说，不裹脚的话，脚趾就像鸭爪子一样丑。她记得村里的姐姐们通常在六七岁时就开始裹脚了，尚店芝看着姐姐们裹脚，觉得有趣极了，想着：我什么时候也能裹脚呢？ 6 岁，什么时候才能到呢？

村子里的时光算不上很快，慢悠悠地却也准时送来了尚店芝的 6 岁。尚店芝看着自己还没怎么长大的脚被裹上了一层又一层厚厚的布，心里感觉好新鲜。一个“傲”字也就这样被一层一层的布裹进了尚店芝的人生。刚开始裹脚，尚店芝只觉得就要有好看的小脚了，哪知道后来，脚开始变得很疼，很疼，长长了的四个脚趾不得不被压在脚掌下面，有时候甚至会流血。关汉卿在《闺怨佳人拜月亭》中写道：“行一步一叹息，两行愁泪脸边垂，一点雨间一行凄惶泪，一阵风对一阵长吁气。”即使这蚀骨的痛出乎尚店芝的意料，但她也没诗里说的那么娇弱，就算疼，也是忍着。她没有像其他小孩子一样痛了就哭，她只说：“不疼。”小小的眼睛就这样闪着坚定。妹妹比自己小 5 岁，记得妹妹在缠足时候的夜里，经常是痛到落泪，那时的尚店芝觉得，裹脚有啥熬不过去的，不就是疼嘛，在睡觉时听到妹妹哭有时候也会掐上妹妹一把，嗔怪妹妹吵到自己睡觉了。然后想着明天要怎么瞒过爸爸好跟侄女儿（按照辈分算的，年龄上跟当时的尚店芝应是相差不大）去爬树，上次爬树把脚都弄破了呢。不过就算脚弄破了，尚店芝量侄女还是爬不过自己，翻个身，就闭上眼睛睡了。“傲”字便也悄悄在她枕边安眠。

## 二、少时再见，始知原来生活艰

小时候的日子过得慢，一天仿佛能过上一个礼拜，但是那个时候的事啊，总归不过是爬树、抓石子、疯跑……一些杂事并不很仔细地存在尚店芝的记忆中。她跟“傲”这一字的故事也不过是爬树的时候摔一跤后就自己爬起来，抓石子输了也不哭，疯跑被责骂全不在意……说起来总还是觉着是美好的。但是后来的 1932 年，却有一件事被记在尚店芝的记忆里很久很久，也是那年，“傲”字进入了尚店芝的意识里。

当时的尚店芝还只有 12 岁。那一年发生了很多事，比如“一·二八”抗战，但是这些尚店芝不知道，她只知道，那一年她亲眼看见妈妈被“马子”（土匪）抢走了，就这样落下了她。后来的尚店芝说出这句话时无意识地减小了音量，接着便开始沉默。

早在民国时期，由于政治黑暗、经济落后、吏治腐败、军阀混战、天灾频生、民风强悍、西方势力的渗透以及日本的扶持和利用等混杂的原因，山东就一直是全国的重匪区，土匪被当地称为马子。在当时，马子会抢劫有钱的人家，靠收赎金获得金银财宝。

尚店芝就在院子里，眼睁睁地看着妈妈被掳走，反抗、挣扎、痛哭，但是谁也拦不住马子。从那时起，她就知道，哭也是没有用的，妈妈也不会幸免于被抢走的灾难。从那时起，“傲”字便与她紧紧相依。在历史上，新中国成立之前，山东的农民种的土地都是可以进行买卖的。所以在母亲被抢之后，家里的 50 亩地被卖得只剩 15 亩了，她知道是为了赎回母亲。但是就算母亲回来了似乎也减缓不了尚店芝看到母亲被抓走时的痛，她的童年蒙上了一层阴影，擦不掉，抹不去，她知道了要活下去，就要更加坚强，就得有一身傲骨。

## 三、青春熟知，更晓其实安稳难

尚店芝不知道，青春年少的她会因着苦难开始“傲”立于世。

1937 年，带着一个衣橱和一个箱子，17 岁的尚店芝出嫁了。没有花轿，没有鞭炮，甚至没有一分安定。那一年，中日全面开战。尚店芝不知道这些，她只知道新婚不久，她看到有一群人端着枪突然闯入村庄，看到飞机大炮突然出现在头顶的天空轰炸土地和房屋，看到机关枪突然就在村子里扫射。飞机“嗖嗖”地投下炸弹，直直地炸到地上，那些绑腿（指日军在小腿上缠着布）的鬼子跑到村里来，说着听不懂的话，砸毁了村里的东西，杀死了村里的乡亲。那时她就呆呆地站着，不知所措。后来，98 岁的尚店芝回忆这场景时，好像那飞机就正在她头顶抛炸弹，手指描着炸弹划过的弧线，嘴里不断蹦出拟声词。

那混乱的日子里，尚店芝看到妇女在烧水时茶壶被打中，那“嘭”的一声，仿佛还在耳边回响；看到子弹一下子射中邻居的腹部，鲜红的血就汩汩地流出来，大家都慌了，也没有人能找到医生，大家就这样看着她一直到她死去。那时候，村里的消息总是传得特别快，谁家为八路军藏过人，谁家为八路军养过孩子，不多久村里就都知道了。那些敢于和鬼子军对抗的人儿多勇敢啊，但是当时的尚店芝哪有闲情逸致为他们唱赞歌呢？日军的侵袭，让本就不算富裕的尚店芝家里更加困难了，家里人开始逃荒，开始去其他村要饭，尚店芝自然也不例外，每天都在奔波，都在逃，吃了上顿没下顿。刚刚出嫁便面临这些，尚店芝心里只觉得慌张极了，害怕极了。那段日子，定是让尚店芝感到痛苦万分的，所以，本该美好的新婚的记忆似乎也被有意识地抹去了。害怕触及，害怕想起。

社会动荡，百姓生活也就不安生。不知是哪一段时间，村东头住了一群兵，领头的兵平日闲散，下面的小兵就时常到村里抢村民的牲畜，隔三岔五地就抓只鸡走。村民们哪里打得过这些当兵的壮小伙们，都害怕极了，生怕那些身强力壮的兵找上自己，所以被抢走了鸡也一声不吭，只呆呆地站在一旁。有一回，尚店芝看到邻居家的鸡被抢，便出声跟邻居说：“你打呀，你揍死他呀！”邻居吓得一动不动，哪里听得进去尚店芝的话。当那些小兵来抢尚店芝家的鸡时，尚店芝可不会轻易妥协，她啊，抓着鸡愣是不放手，跟小兵对峙，尚店芝威胁小兵道：“你要是不撒手，我到村东头找你们的头儿去！”谁知小兵听了竟一下就放开了手，一句话也没说便灰溜溜地走了。此时的尚店芝已是习惯了“傲”在身旁，一身的不屈带给她的勇气让她敢于去挑战黑暗年代。

尚店芝这个“傲气”的姑娘，也曾在混乱的时期“偷过嘴”（偷吃）呢。说不清是什么兵了，只是一群当兵的让尚店芝家给烙饼，那样贫穷的年代，烙出的饼也只能是给当兵的吃，尚店芝自己家里哪能吃上这么充足的饼。连夜烙了三摞饼，谁知第二天乱起来，让尚店芝烙饼的那群兵跑走了，尚店芝知道这个消息后，兜上饼就也逃走了。找一个角落，趁着周围没人，大口大口地咬着饼，恨不得让食物撑破自己的嘴巴，吃着这些饼，她觉得，可能山珍海味也就这滋味了吧。

12 岁定亲，18 岁出门子，尚店芝的父母本以为自己女儿的婚姻会就此安稳一生。但是第一段婚姻却是无疾而终，她不愿与人提起，或是太痛，抑或是当真是不记得了。关于她的第一段婚姻，只听说嫁了个小地主，日子并不好过。对于改嫁，世俗？流言？尚店芝带着一个“傲”字，哪里会怕它们。带着一个女儿，30 岁的尚店芝，在那老封建的年代里改嫁了。在那之后的尚店芝，高高兴兴地为家里添了两个儿子，家里原有一儿两女，尚店芝就有了六个孩子。她知道安稳不易，所以更是尽心照顾着这六个孩子，靠着年轻的劲头，一身的好手艺，还有满脑子的小聪明，让自己也算和和美美地过着小日子。

## 四、始终陪着，慢懂后来底气足

尚店芝的手巧是当时少见的。与“傲”相伴，也难怪能成就她那样不服输的性格。

那时的女子，或许生来便注定要做得一手好针线活。现在我们脚上穿的鞋子都是直接去买的，但是在当时，村里的人们穿的都是手工缝制的布鞋，做鞋子之前都会测量好穿鞋人的脚的尺寸，画一个轮廓做模板，然后剪下来。这个模板，就叫作“鞋样子”。鞋样子可以说是整个鞋子的基础，鞋子做好了合不合脚、有没有形、好不好看，可都得看鞋样子剪得好不好。但是可不是谁都能剪出一个好看的鞋样子的，剪鞋样子也是一门极重要的手艺。如果村里有谁能剪出好的鞋样子来，大家都争着参观呢。尚店芝，就是那个会有人来参观她剪的鞋样子的手巧的姑娘。要是有人想让尚店芝帮忙剪鞋样子，尚店芝现场就能直接剪出一个。不止如此，跟村里大多数妇女一样，尚店芝会纳鞋底，但是尚店芝总能做得比其他人更加独特。那时兴给当兵的人做鞋子，其他人家纳的鞋底也就是正常的一个底罢了，但尚店芝纳的鞋底还多出了一个帮，这样做出来的鞋子就会更加耐穿。这样的创新，让尚店芝引以为傲了好久好久。

不知是天分极佳还是尚店芝学习能力强，有些手艺她竟是一学就会。那时能穿一身合身的衣裳当真不算容易，那做一身衣裳便是更不容易了。在尚店芝尚未出嫁之前，她跟母亲学习了一些做衣服的技巧，在 18 岁出嫁后，只是去瞧着人家师傅教徒弟做衣服，渐渐地，制衣的手艺竟比那师傅正经教出来的徒弟还好。她在 30 多岁时做小生意，炸丸子、做豆腐、烙煎饼，样样都会，家常便饭自然是大家都会的，但是要做得能够出来做小生意的，手艺自然是没的说。尚店芝的三儿媳也是当时村里出了名的好手艺，后来进了门，瞧着婆婆的手艺，那也是赞不绝口。

手艺看了就会这样的能力一直到老了尚店芝都有。60 岁的尚店芝去了城里，忙里偷闲去看那些个手艺人编篮筐，看着一条条细长的材料绕来绕去，弯弯绕绕地就编出了一个精巧的篮筐，这样的篮筐在当时用来装蔬菜水果粮食杂物都可以，而且特别耐用。尚店芝得空就在旁边歪着头瞧着那些艺人编，不久竟也学会了。去了一趟城里，64 岁的尚店芝不仅带回了高于普通农民的工资，更是带着一项新的手艺回到了东三冲。此后的尚店芝，又多了一门谋生的手段，一个篮筐卖 3 块钱，在现在看来可能不多，但在当时，编篮筐卖的钱可是尚店芝家里一笔可观的收入。

十八般武艺在身，尚店芝“傲”得堂堂正正。

## 五、老来清楚，终明不过岁月静

一路走来与“傲”相守，时间越久，“傲”字越是钻进尚店芝的骨头里，年轻时精明，老来哪能糊涂了。

60 岁的尚店芝，进了临沂城里，领着每个月 8 块钱的薪水，给一户人家做保姆，去服侍一个老太太去了。“傲”字相随，去服侍老太太，尚店芝并不觉得低人一等，相反，她为能挣到工资感到自豪极了呢。

孩子们对尚店芝是孝顺得紧。谁叫她“一辈子爱人”呢。

年轻时候的尚店芝出落得十分标致，喜欢打扮的她耳朵上时常戴着一副长长的挂坠耳环。也会时常找找镜子为自己梳妆打扮一番。后来生了孩子，漂亮的挂坠耳环总在她洗衣服或者照顾孩子的时候容易添乱，她看了看孩子，挂坠耳环摘下后便不再戴上。后来生了三女儿的时候，村里开始吃大锅饭，大家都是统一到食堂吃饭，尚店芝也是想方设法照顾孩子、家人。孩子们好，她便觉得好。

二儿子叫刘景亮，当了兵，也继承了母亲的一身傲骨，奖状一张一张地领回家。每次回家一定带上自己跟战友的合照，以免母亲思念。现在，在尚店芝的家里，那一间简单的瓦房，墙壁上还挂着一个早已爬满蜘蛛网的相框，里面重重叠叠的，都是二儿子的照片。三儿子叫刘景光，可以说是现如今最疼爱她的孩子了。三儿媳妇时不时就过来，为她准备一下饭菜，洗一些衣服，陪着聊聊天。生活起居都是三儿媳妇最了解。尚店芝最喜欢三儿媳妇，“她服侍我，待我好。”其他子孙都孝顺极了，老人平日里心情还是十分畅快的。

80岁的尚店芝尚能爬树，身体很是不服老。跟比自己小十几岁的邻居一起养了一群兔子、一群鸡，连兔子窝和鸡窝也是自己动手搭的，有一回爬到兔子窝上还一不小心给摔了一跤。老人是最不经摔的，年龄增大，骨骼也变得更加脆弱，一个不小心就很容易骨折。但是尚店芝身体却足够强壮，运气也是足够好，张庄的医生天天来家里打针，再吃上一些药，也没有去大医院的必要，就这样不久便也好了。现在的尚店芝，身上是丝毫看不出有得病的痕迹。

“茅檐长扫净无苔，花木成畦手自栽。”尚店芝的住所是间老式的平房，虽不能说是砖瓦上无一点儿青苔这般，但尚店芝常常将它收拾得也算是整洁干净。尚店芝那极灵的鼻子是不允许自己家里有一丝异味的。儿子怕尚店芝出门去洗手间不方便，便在房间里置了一个马桶，尚店芝是没事就刷刷洗洗。尚店芝的家里，随风飘来的是院子里种着的丝瓜以及旁边随意生长的野草的味道，没有一丝让人难受的异味。这也难怪邻居来家里一坐便是半天，竟还舍不得走了。尚店芝每次吃完饭也一定是要漱口的，仿佛一种仪式一般。夏日的山东炎热，虽说温度不高，却极让人发汗。逢夏日的晚上，尚店芝是一定要沐浴后才能入睡的。头顶着一个三叶风扇，现在这种风扇在城里已经算是少见了，凉凉的风缓缓吹来，睡着好不惬意。

尚店芝这一生，都是活得极明白的。从尚店芝记事以来，家里便开始用日历，一直到现如今的100岁。尚店芝没有用手机，但是门口正对的墙上，便挂着一个时钟，用来计时，在椅子旁边，也挂着一本小小的日历，每日撕一页，即使100岁了，每日也记得清楚，从未乱过。每日6时晨起，7时便用完早膳，若是需要吃药，那午饭前一个小时，也就是11时吃药，12时午膳，晚上6时或7时晚膳，日日如此。什么时候做什么事，尚店芝心里清楚得很，跟个明镜儿似的。

说起尚店芝，村里人都知道在那条小巷子里住着一位近100岁的老妈妈，这个老妈妈活得可清楚了，不仅那热闹的赶集的日子她牢牢记着，村里每个月的免费体检、国家补助她也记得一清二楚。她知道是每个月28号领，知道每个月140元，知道每半年又有2000元……

看今日的尚店芝，只觉岁月喧嚣也打扰不到她的宁静。时不时地出门遛遛弯，跟邻居一块唠唠嗑，到了饭点便回家了自己用煤球烧一顿饭。吃过饭了，也能自己洗洗衣服，照料一下院子里错落着盘在架子上的丝瓜。然后回到屋里，安静地吹吹风扇，看着院子里铺满阳光或是落满雨水。

夏日的天气总是喜怒无常，眼见着万里无云变成大雨瓢泼。尚店芝小小的院子里积了水，雨水落下来密密麻麻地溅起小水花，煞是好看。屋里不知何时点起了钨丝灯，这边的尚店芝似乎很久没有说过这么许多的话了，屋里安静了下来……

尚店芝跟"傲"的故事暂且就讲到这里，从少时到年老，她的故事还会很长，很长。

尚店芝要强了一辈子，历经风雨未曾害怕，面对苦难从不畏惧。当问及对当代年轻人说的话时，她只是说："给你们爸爸，妈妈，爷爷，奶奶，都捎好！"她一身傲骨，也一腔柔情，唯愿身边人、天下人都好。那些经历过真正的苦难的人，对于我们青年一代，可能不是希望我们成功、成名，他们最想看到的，其实不过是，我们都安好。

## 采访手记

第一次见尚店芝老人时，她拄着拐杖的佝偻身影嵌在被雨水和阳光侵蚀得斑驳的木质门框里，安静而祥和，仿佛是经岁月雕刻的精致艺术品。

"我不怕。"若是你在这里，便能亲眼看到她说这话时的神气，亲耳听到这重复许多次的话里的笃定。这个要强极了的姑娘说："我年轻的时候可壮了"，"我走哪大家都喜欢我"。她清楚地记得那些岁月，记得6岁、12岁、18岁……还有很多她引以为豪却少有机会说出口的关于自己的故事。

最后一次去看她是在傍晚，天气有些闷热，笔者看到她的时候，她如初见时一样拄着拐杖站在门口，朝门外望着。笔者跑过去握住她的手，我能感受到那双满是皱纹和老茧的手也紧抓着自己。平时 6 点起床的她那天 5 点就起了，她说："我杵在门口望了你们一天了。"

这个要强的老人，有太多的话没处讲，太多的经历将被遗忘，太多的孤独无处安放。

但又怎只是她呢？那些老一辈的人，那些要强的老人儿，他们被孤单地遗留在了时光里，没有人知道如何解救他们，甚至没有人想过他们或许是需要被解救的。

采访到一半的时候下起了雨，大把的雨水泼到了院子里，离开的时候，这个要强的姑娘说：记得，给你们爷爷奶奶、爸爸妈妈，都捎个好……我也爱你们，但是没有办法。屋里暖黄色的灯开着，笔者看见她铺满皱纹的眼角泛着水光。

尚店芝（左二）和志愿者合影（ 受访人提供）

# 风雨一百零七载，不舍勤劳与笑容

## ——郑连英老人传记

姜琳玥 北京师范大学 艺术与传媒学院戏剧影视文学系 2018级

### 人物生平

郑连英，女，1912年11月17日出生于湖南省浏阳市，现年107岁。1927年结婚，1929年生下大儿子，之后30年总共生下了12个孩子，其中成家立业的有6个，至今健在的还有4个儿子和1个女儿。一生务农，会多项手艺，勤劳朴实，乐观开朗。从民国元年到共和国七十年华诞，郑连英在一百零七载的岁月里见证了华夏大地一个多世纪的变迁，在历史的滚滚洪流里上下沉浮。

郑连英老人照（受访人提供）

### 一、青葱岁月

清朝末年，西环村还是大瑶乡大地主刘济书家的土地，郑连英的爷爷辈们是从外地来到这里的。刚来的时候自己没有土地，只能像千千万万的外来者一样，在地主的家里做长工，日日夜夜干着“面朝黄土背朝天”的活儿。好在郑家人勤快，逐渐在这里成家立业之后便向地主租赁了5亩土地自己种，又过了好些年，他们终于从贫农变成了中农。

郑连英和丈夫原先是亲表兄妹，郑连英在9岁的时候便被送去男方家做了童养媳，15岁时正式结婚，17岁时夫妻俩的爱情结晶——他们的大儿子，出生了。

30岁之前的日子谈不上美好，在物质匮乏的年代里，能够吃饱穿暖便是最大的满足。郑连英有几个儿女就是在这段时光里被一只名叫贫穷的巨兽吞噬了，还没来得及记住星空的模样就夭折在母亲的襁褓之中。好在这对年轻的夫妇以及其他懂事的孩子们想得开、肯劳作，成为了大浪淘沙过后的幸存者。

## 二、黑色时代

虽然日本帝国主义早在卢沟桥事变之后便在华夏大地上干出了穷凶极恶的勾当，但对于身处于闭塞山区的郑连英而言，夜幕真正降临是在1943年。

那时日军的铁骑踏入了大围山中，郑连英和丈夫带着一家老小躲进了靠近青草村边的大山里。而之所以选择青草村，是因为这里是红军当时驻扎的地方，只有正直勇敢的红军，才能给这些手无寸铁的村民们最坚实的依靠。

可红军们就算是能用武力保护村民，却也无法给村民们提供每天必需的粮食。没有办法的办法就是男人们必须得每晚摸黑、趁鬼子们熟睡时抓紧来到田间进行抢种。

如果忽略年代和其他的外部因素，深夜种田可能还别有一番滋味，因为晚上没有太阳晒，累了往地上一躺，头顶就是璀璨的星空。可偏偏就是最战火纷飞的岁月，是最风声鹤唳的年代，时间不止是金钱，更意味着生命和希望。抢种的每一秒都是匆忙的，流下的每一滴汗水里都有着紧张的情绪，种下的东西意味着活，可种时的任何不小心都有可能招来死神。时至今日，新生的人不知道当时事件的全貌，记忆在老人的脑中也已泛黄，可对战争的仇恨，已经成了一种感觉，深深烙刻在每一个炎黄子孙的心中。

男人们尚且还可以偶尔出门活动，女人和孩子们则是躲进山里完全不敢出来，如果有急事非出门不可，就只能抓起黑泥，往自己的脸上糊，直到连最亲近的人也认不出自己为止，以此来逃避日军的追杀。郑连英的运气很好，日子虽然苦，却还是熬过来了，一家人也没有什么大碍，可她有两个好闺蜜却没有这么幸运了。

那两个女孩有一天出门，没想到正好碰上鬼子，被追了一路。两个女孩拼了命地跑。可女孩子的力量和耐力怎么可能比得上人多势众又穷追不舍的鬼子啊，眼见着跟敌人的差距越来越小，两个女孩都慌了神。怎么办！怎么办！

两个女孩对视一眼，朝着眼前的河流义无反顾地跳了进去。

在郑连英还听得见、能说话的时候，每每提起那两个姐妹就是无限地唏嘘，那时最青春的女儿家啊，就这么白白断送了性命，她们其中一个还是孕妇呀！可是，浏阳河的女儿又是这样的刚烈，宁愿自己魂归山林，也不愿被日军羞辱一分一毫。

1945 年，日军终于被解放军从这片土地上赶跑了，可对于郑连英而言，好日子并没有就此到来。

因为解放战争开始了。

国民党的走狗们隔三岔五就要来村子里抓壮丁，把凡是有劳作能力的男人们都抓进军队里去充数，根本不顾及百姓的意见，就看见一个逮一个。而那些被抓进军队的男人们，从此就与家人断了联系，没有人知道他们被抓去了哪里打仗，也没有人知道他们还会不会回来，女人们和孩子们只能守着家门苦苦无望地等待。

唯一能避免家中顶梁柱们被抓走的办法就是贿赂来抓人的国民党，只要给了这些强盗足够多的粮食，就能够暂时逃过一劫。郑连英家靠着自己的一小块田地，起早贪黑地干着、忙活着，从来不敢停歇，日日缩衣减食地攒粮食，靠着自己勤劳的双手，在这乱世之中苟全性命。

可纵使是这般的艰苦，郑连英在晚年回忆起这些纯黑的噩梦，却也没有多少不甘，这一方面是因为她在这乱世当中运气好，没有受到扛不过去的打击，更多的则是她总有一颗笑对人生的心，再难的事情，她也可以在劳作中忘记痛苦，笑着迈过这道坎。

## 三、流光静好

新中国成立之后，郑连英一家迎来了新生活。

家里被划分为中农，分了田地，有了生活的来源，勤劳的郑连英和丈夫就不再惧怕任何事情，用自己的汗水浇灌出了幸福。这对开明的夫妇更是将自己的每一个子女都送进了学堂，接受教育。

就算是人民公社时期，郑连英也凭借着自己勤劳肯干的双手养活了一大家子人。跟着生产队去晒谷子，她总是动作最麻利的那个，一个人一天可以赚价值三四毛钱的10工分。在当时，那可是相当不错的业绩成果了。

"文革"时期，郑连英和她的二儿子家接待了来"上山下乡"的知青们，十几个知青就住在他们家里，跟着村民们一起干农活。郑连英总是笑容满面、和蔼可亲地招待这些年轻人，手把手地教他们干活，50多岁的她，干活的速度丝毫不输那些年轻力壮的小伙子。

新中国成立之后的三十余年对于郑连英而言是不算大富贵却是岁月静好的，她和丈夫看着儿女们一个个成家立业，有了自己的事业，甚至抱上了孙子孙女，一家人就算没有富甲一方，也没有干过什么惊天动地的大事，却平安稳定。

20世纪80年代，郑连英跟老伴一起住在小儿子家，本已经是退休的年纪，两位老人却停不下手中的活儿。丈夫喜欢种旱烟，郑连英就搓麻绳，夫妻俩每隔十天半个月就会进城一次卖货。清晨天还没亮透夫妇俩就从床上爬起来，用扁担挑着旱烟进城了，卖完旱烟后用卖来的钱给晚辈们买他们喜欢吃的零食，夕阳西下的时候再挑起扁担回村，把一大家子人喊到跟前来，把这些好东西分给他们吃。有些晚辈工作忙，没有及时赶到身边来，两位老人也不嫌麻烦，把好吃的花心思留好，一定要给那些没来的送过去。

到了农忙时，儿女们去田里忙活了，两位老人就帮他们看家，为儿女们免除后顾之忧。

当然，这两位老人也是"毫不客气"的人，儿孙辈送给他们的好东西他们都会收下，只是一定会跟他们说"谢谢"；有时候一些新奇的小玩意儿子女们也没有，郑连英和丈夫还会想方设法地去弄到，从不甘寂寞。

没有电视的年代，清闲的日子里，只要夜幕降临，一大家子人就会围到一起，进行小型家庭联欢晚会。郑连英和丈夫要求晚辈们一人唱一首歌来解乏，尽兴之时，两位老人自己也会跟着唱起来。晚辈们每日新奇有趣的见闻也是这小型晚会上的必备项目，必须拿出来讲讲。在上学的要将当日所学到的知识"汇报上呈"，在工作的要讲讲工作进程和遇到的麻烦事。两位老人也时常回忆过去，向小辈们讲起他们的长辈和自己年轻时的故事。

日子就这样一天又一天地过，大围山的晚风是这世上最清新的风，它带着山间青草的味道，吹进浏阳河畔每一个朴实的农人的心间，温柔了平凡又非凡的岁月。

郑连英人生的又一个转折开始于老伴的逝世。

## 四、老当益壮

郑连英的老伴是在他 83 岁时因病过世的，这本来对郑连英就算一个巨大的打击，却就在这时，她的二儿子也闯了大祸。

1985 到 1990 年期间，二儿子在长沙做生意，一下就亏了 30 万左右，在当年“万元户”就已经算得上是大户人家的时候，30 万称得上是一笔巨款，对于普通的务农人家而言，是根本无法承受的负担。万般无奈之下，也为了不拖累家人，他四处逃债，不敢回家。可就算是这样，他的家还是被法院给查封了。

郑连英一家在暂时与二儿子失联之后，磨难却还是一重一重地接踵而至。郑连英丈夫的母亲病逝，小女儿出嫁，小儿子离婚，一个曾孙溺水，孙媳妇慢性肾炎，老天一下子给这一大家子开了好几个“玩笑”。

这时郑连英从小儿子家搬了出来，住进了孙媳妇家，在孙媳妇忙不过来的时候帮忙照看孩子们。

本来该颐养天年的郑连英重新担起了家里的重任，使自己成为了一个重要的劳动力，在以花炮出名的浏阳，她开始学着自己做花炮纸卖钱。天气好的时候，郑连英还会骑着车，拉着一整三轮车的蔬菜去镇上卖。年近 80 岁的郑连英，丝毫没有想使自己慢下来的迹象，只要家里有任何需要她的地方，她就会义无反顾地冲在最前面，张开自己瘦弱的肩膀，为家人遮风挡雨。

耄耋之年的郑连英老当益壮，活出了完全不同于这个年龄阶段的色彩，就算生活再怎么难，她也绝不倒下，反而愈加坚定地对命运的不公说“不”。她笑对困难，扶持着晚辈们从泥潭中爬起，用自己勤劳的双手告诉晚辈们只要肯劳作就没有克服不了的困难。

## 五、期颐年华

进入 21 世纪，日子又一天一天地好了起来。纵然郑连英的身体尚且硬朗，她的几个孩子还是坚持轮班制地把她供养在身边，每个儿子家都专门为她留了一间房、一张床和一个衣柜。

除了儿女之外，郑连英的好朋友也不少，晚年与她最为交好的是一个比她小十岁的小姑子。虽然这个小姑子可以说上是被郑连英一手带大的，可暮年她们在一起的时候，都是以朋友相称。小姑子每次从别的村子来找郑连英玩，都要留住在郑连英家一两个月。两人吃住同行，不分彼此，形影不离。年龄都在90岁以上的两个老人经常在村子里东走走西串串，听晚辈们讲讲外面新发生的事情，只要是还能做的事情，都愿意自己亲自动手帮帮儿女子孙们的忙。只可惜这个小姑子93岁的时候就过世了，没有陪着郑连英走完一生，彼时记忆已经模糊了的郑连英每年都还要问起自己的孙媳妇："她（郑连英的小姑子）怎么不来了？"孙媳妇只好笑答道："她先走一步啦，谁都没您这么长寿嘞！"

2016年农历正月十三，那日天公不作美，下了一点毛毛雨，已逾百岁的郑连英像往常一样没有拄拐杖在家门口的小山坡上走着，因为地面太湿，一个不小心就滑倒在地。这一摔可不得了，老人本就脆弱的臀骨直接摔成了骨折。

郑连英的家人急坏了，立刻将她送进了附近的中医院。当时很多人都说，老人家年龄这么大了，治好的概率微乎其微，更有悲观者直接说老人恐怕熬不过这一关了。好在郑连英的家人和中医院的大夫们都没有放弃，坚持要尽最大努力把老人治好。

中医院以杨医师为首的十人骨科团队，在对郑连英的身体状况进行了深入分析之后，告诉她的亲属，郑连英可以进行接骨手术。因为郑连英虽然是位百岁老人，心脏功能却很好，可以接受这种强度较高的手术。

奇迹发生了，手术很成功，骨折的腿被医术高超的医生给接上了！更奇迹的事情还在后面，人们常说，"伤筋动骨一百天"，意思是但凡涉及伤及筋骨的事情都需要调养起码一百天，可是，郑连英在手术、卧床休息一段时间之后，居然就可以自己拄着拐杖下床走路了！

风风雨雨一百零七载，郑连英的一生都跟共和国的历史紧密相连，国家的兴衰影响了她的浮沉，可命运时而的不公却从未将她压垮。在一次次跟苍天掰手腕的较劲中，她从来都是那个胜者。粮食不够了，低头种；布匹不够了，低头织；钱不够了，用粮食和布匹换。世界上就没勤劳过不去的坎儿，就没有微笑不能面对的事。

而勤劳与笑容，也正是她之所以长寿的秘诀。

不管多大年纪，郑连英的手都是停不下来的。几岁的时候跟着父母学插秧，十几岁的时候跟着父母学浇水，二十几岁自己挑水施肥，三十几岁教儿女们务农，四十几岁晒谷子，五十几岁帮着儿女照顾孙子孙女，六十几岁和老伴儿去街上卖菜，七十几岁帮着孙子孙女照顾曾孙，八十几岁做花炮纸，九十几岁自己做饭做家务，一百零几岁帮着 90 岁的儿子洗菜。因为手上的活儿停不下来，岁月就也停不下来，上苍也拗不过这个女人，让她在时间的夹缝中自由地穿梭，去到她想去的任何时间角落，不受日月更替的影响。

而在子女和身边亲朋好友的回忆中，郑连英都是一个从没生过气的女人。据郑连英的两个儿子回忆，就算是在他俩最为叛逆的青春岁月里，郑连英都从来没有对他们进行过打骂，犯错时母亲只会好言相向，耐心劝导。

遇见苦难，郑连英笑脸相迎，从半殖民地半封建的民国初年到日寇侵华，从解放战争到新中国成立，从老伴去世到儿子逃债，她一次次挺起腰杆。

面对甜蜜的岁月，郑连英照样笑脸相迎。与别的不少不愿意从儿女子孙出处索取的老人家不同，郑连英从来都愿意将那些“好东西”收下，懂得享受人生。

她每年都要穿新衣服，坚持天天给自己洗澡。偶尔子女忙时忘记了，她还会自己走到子女跟前，用自己特有的手势提醒他们。她每餐更是要吃得舒服，偶尔不合胃口，便自己给自己开起小灶。鸡蛋、红枣、桂圆、党参、粽子以及小酒都是她的最爱，家里的小零食经常也要抓两把来吃。或许是喜欢吃的东西多，郑连英到现在肠胃都很好，她的冰箱里常年放着各种冰棍，她在一天之内吃了十来根冰棍，却依然没有吃坏肚子。

郑连英还像个年轻人一样，喜欢那些外来的新鲜玩意儿。家里所有的电器她都能熟练操作，这些日子里还经常缠着孙媳妇让她教自己用智能手机。

她更是极其爱热闹的人，谁来了都笑着招待，从家里找出各种各样好吃的给客人吃。更爱到每家每户去串门，就算耳朵不好了，也要跟子孙后辈们待在一起，看着他们笑，郑连英自己也高兴。

离别之时，笔者紧紧抓着郑奶奶的手，本来只是想沾沾郑奶奶的福气，却在无意之间感受到了这双手是怎样的粗糙。百年的岁月，不是没有在郑奶奶的身上留下痕迹的，苦难带给人的伤痛也注定是长远的而难以消磨的。可是，就算有伤痕又能怎样呢，那不过是曾经战斗过的证明。对抗时间的最好方式就是不放过时间，用这双粗糙的手去勤勉地抓住它，用最美的笑容去温柔地对待它。

## 采访手记

2019 年 8 月 11 日，经过两个半小时的车程，我来到了湖南省浏阳市西环村，探访那抹红色的踪迹。西环村是浏阳市里一个看起来再普通不过的小山村，坐落在大围山深处，被青山绿水所环绕。笔者紧张兴奋而期待，只因为知道这个小村庄因为一位老人变得不那么普通，而笔者，即将见到她。

这位老人就是郑连英奶奶。出生于民国元年的郑奶奶今年已经 107 岁了，现在由她的子女儿孙等组成的一大家子一共有 135 人。一个世纪的风风雨雨在奶奶的脸上留下了不少痕迹，可却从未改变她的笑靥。看到有从远方来的客人专程赶来看她，奶奶很高兴，在她孙媳妇的搀扶之下从床上爬了起来，自己拄着拐杖就走出了卧室。

笔者扶着奶奶在她二儿子家的客厅坐下，因为奶奶的耳朵已经完全聋了，笔者只能在她孙媳妇和二儿子的帮助下听他们娓娓道来郑奶奶的一生。

从郑奶奶儿子的讲述中，笔者仿佛纵身跃进了时光的长河，一路向上回溯，来到了那些个战火纷飞的日子。

郑奶奶是一本活历史书，看着她，就看见了她曾经历的那些岁月，看见了中华民族百年来的兴衰沉浮。

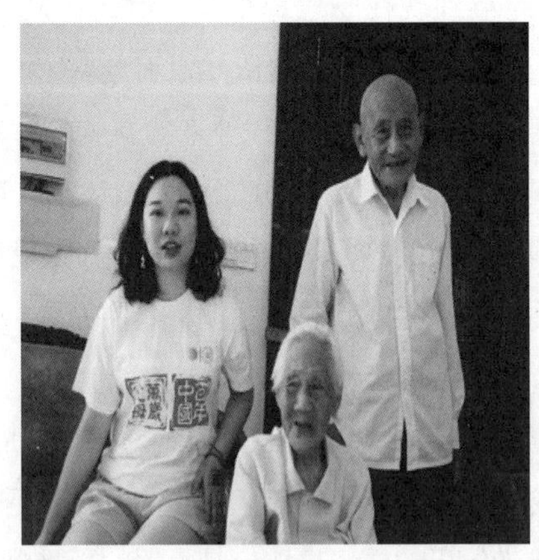

郑奶奶及其大儿子与志愿者合影（姜琳玥　摄）

# 草原上半世奔忙，阳光下家国正好
## ——沃佩莲老人传记

吴昱升 北京师范大学 文学院 2016级

### 人物生平

沃佩莲，达斡尔族，1926年4月24日出生于黑龙江省，后前往内蒙古扎兰屯民族学校读书，毕业后回到富拉尔基参与土地改革运动。1945年扎兰屯解放，次年加入内蒙古自治运动联合会东蒙总分会群众工作队，并通过联合会入党。1949年与丈夫结婚之后，随丈夫前往牙克石各地区工作。1980年退休，现居住于内蒙古自治区呼伦贝尔牙克石市。

沃佩莲老人照（杨颖斐 摄）

### 一、奔忙：为谁辛苦为谁甜

1945年8月，苏联红军出兵东北。中国人民经过了14年的浴血奋战，最早沦于敌手的东北地区终于迎来了解放的曙光。8月13日解放博克图，日本侵略者策划成立的伪兴安北省垮台。人们终于看到了日本侵略者的败亡，然而，呼伦贝尔大草原并没有就此平静，土地问题、民族问题、匪患依然没有解决，在这里奋战20余年的中国共产党人面临着新的挑战。在中国共产党的领导下，内蒙古地区成立了内蒙古自治运动联合会，领导内蒙古的自治运动。无数仁人志士为了草原的安定不辞辛劳，甚至很多人远路奔波来到呼伦贝尔，为这里奋斗半生之后也未归家乡，定居草原。沃佩莲就是其中的一位。90余年的风风雨雨，从受人欺侮到奋起反抗，从百废待兴到繁荣富强，沃佩莲见证了牙克石地区日新月异的变化。如今她也到了颐养天年的年纪，每次站在阳台边望着这座小城的一砖一瓦，想起自新中国成立之初为这片土地流下的汗水，都会忍不住感慨一句：新时代太好了！

当日寇的铁骑踏向东北大地，东北人民从未停止过抗争的脚步，不做亡国奴是热爱这片土地的人们坚守的信念。1926年出生于黑龙江省的沃佩莲，便生长于这片充满爱国热情的土地当中。20世纪40年代初，作为达斡尔族人的沃佩莲前往内蒙古地区的扎兰屯，在扎兰屯的民族小学和民族中学读书，毕业于扎兰屯女高。在她上学的时候，人们的民族认同感并不强，一些民族之间也没有严格的区分。虽然她来自达斡尔族，但由于达斡尔族的语言与蒙古族的语言比较接近，一些词汇在两种语言中共同存在，上学的时候沃佩莲曾报自己是蒙古族，直到1954年后，在新中国民族识别工作的第二阶段，达斡尔族才被确定，达斡尔族人也强化了民族认同。此后，沃佩莲回到了解放后的富拉尔基，参与了土地改革运动。东北地区率先解放，也在新中国成立之前进行了土地改革。土地改革的主要形式，就是将地主的土地分给农民，沃佩莲的工作就是每天在田间丈量、分配土地，“当时就是走。”年轻的她不顾夏日的暑气与冬日的严寒，不知疲倦地完成自己的任务，走遍目之所及的土地。然而与她一样的这些工作者并没有工资，每天的温饱来自于统一的“派饭”，今天这几个人去村东家，明天那几个人去村西家，日复一日。纵然工作的条件艰苦，每个人却毫无怨言，也不在乎有没有工资，只顾着埋头苦干，他们想要看到的就是十几年战争之后的美好生活，他们每个人都盼着人民群众能过上好日子，当看到农民们分到土地时满含热泪的双眼，好像重生一般，每个人都知道这些付出是值得的，甚至已经看到了农民们在自己的田地上丰收的图景。“以前不挣钱，干得可好了，没承想现在干工作还有这些钱。”沃佩莲回忆起参加土地改革时的日子，无比怀念。

1946 年，沃佩莲分配到了扎兰屯，参加了内蒙古自治运动联合会东蒙总分会群众工作队，彼时的她是一名教师。沃佩莲有了工资，但还并不是发货币，只是每月领布和粮食等生活必需品以给家用，每天她和同事们一起在学校吃饭。与她一起在工作队工作的，除了内蒙古本地人以及与她一样从附近省份过来的青年之外，还有从山东甚至江南地区远路而来的工作者，他们一同扎根在这片草原。那时的青年一代经历了战火的洗礼，看惯了残酷的战争之后更加珍惜这苦尽甘来，一心以家国天下为己任，追随中国共产党的脚步，哪里需要建设就前往哪里，不远千里，毫无怨言。也正是被中国共产党为人民服务的精神触动，沃佩莲通过内蒙古自治运动联合会加入了中国共产党，成了一名光荣的共产党员。

1949 年，经组织介绍，沃佩莲与同事程世忠相识并结婚。丈夫是山东人，比她年长 12 岁，是牙克石区的第一任区长。然而，结婚之后等待她的不是简单的相夫教子，而是与丈夫一同带着孩子奔走在牙克石各地。沃佩莲戏称自己是“提包干部”，哪里需要自己，不论是什么工作，提着包就可以走马上任。她与丈夫同到牙克石工作，丈夫走到哪里她就跟到哪里，从牙克石到六十二（与下文的“九十七”都是牙克石地区镇的名称，类似于某镇的编码），不久又搬回牙克石，又调到九十七，随后调往图里河，他们几乎有地广人稀的牙克石地区每个地方的记忆。沃佩莲做过政府职员，售货员；学校需要教师，她就去做老师和幼儿园园长；工会缺人手，她就去做工会主席；医院没有人做文字工作，她就去医院做文书。一次次收拾行囊，带着尚在襁褓的孩子们，穿越茫茫草原，而面临的又是新工作的挑战，两个人并肩前行，任劳任怨。他们也是一个时代的缩影，革命精神尚存，每个人珍惜这百年屈辱史之后的新中国，有人为了新中国的成立抛头颅洒热血，就要有人为了新中国的建设远走他乡、半生奔忙。“那时候没有讲价钱的，没有说不同意的。”沃佩莲如是形容当时的政府工作人员。人们争相做好分配给自己的工作，除了养家糊口之外，心中还有一个更高的期待，就是用自己的双手创造这个属于自己的美好的中国。他们也做到了，如今牙克石市发展越来越好，与那一代干部的努力密不可分。国家初创时打下的根基，是日后每一辈人的宝贵财富。“采得百花成蜜后，为谁辛苦为谁甜”，他们为了心中的一份责任，为了无数还要砥砺前行的后来者。

就这样奔波了十几年后，1966 年沃佩莲的丈夫依然在政府工作，沃佩莲则调去了生产队工作。他们一向工作勤恳，人缘与口碑都很不错，人们也都看在眼里，他们是为人们做事的好人。1968 年，大女儿下乡，他们对女儿说“毛主席说要接受贫下中农的教育”，并没有因为有在政府工作的背景而违反政策，而是让自己的女儿按照规定，离开了家。

1976 年，沃佩莲又回到了政府工作。1980 年，奔波半生的沃佩莲在政府退休，在牙克石开始了自己的退休生活。

## 二、传家：遥怜小儿女

革命年代，许多人将自己的青春投入到革命工作当中，等到新中国成立之时已过而立之年却依然孑然一身，沃佩莲的丈夫就是如此。沃佩莲的丈夫是汉族人，从山东来到内蒙古参加工作。1949 年，尚在内蒙古自治运动联合会的沃佩莲经组织介绍与丈夫相识，起初沃佩莲不太同意。两个人没有什么结婚仪式，当时也没有结婚证，在屋子里挂上毛主席的照片，两个人的行李放在一张床上，就算是一家人了。他们之间没有如今人们向往的轰轰烈烈的爱情故事，在忙碌的生命之中，反而自己的终身大事如此的简单，两人就这样相守一生，用时间演绎出最真挚的浪漫。丈夫不识字，新中国成立之后上了扫盲班，沃佩莲与丈夫东奔西走，既处理自己的工作，又为丈夫帮忙。

沃佩莲和丈夫有三个儿子和两个女儿，由于两人的工作调动十分频繁，大女儿出生在牙克石，大儿子出生在六十二，二女儿出生在牙克石，二儿子出生九十七，在图里河工作的时候小儿子出生。每一次调动工作，除了背负行囊，还要照顾几个孩子，如果放在今天来看似乎不可想象。繁忙的工作使得沃佩莲没有太多的时间照顾孩子，在大女儿出生之后，沃佩莲家中请了一位保姆帮忙照看孩子们。一家人虽然聚少离多，但是和和气气，所有人对待保姆也像自家人一样。大女儿回忆道，母亲所有的时间都奉献给了工作，奉献给了党和人民，几乎没有时间陪伴自己的孩子，大多数时候都是保姆陪着他们，孩子们与母亲见面的机会并不多。小时候母亲的工作太忙，甚至没有时间给弟弟喂奶，弟弟在家中饿了就开始大哭，保姆心疼，就去询问他们的母亲在哪里工作。得知沃佩莲那时是政府的文教卫生助理，便抱着孩子前往政府，找到了正在办公、周围围着一群人的沃佩莲。保姆的眼泪夺眶而出，说："沃佩莲啊，你赶紧给孩子吃一口吧！"沃佩莲这才走出人群，看到怀抱之中大哭的儿子。即便家中与单位并不遥远，却在工作之时如远隔山川，只能"遥怜小儿女"，不过儿女们都知道，母亲为了更多人的事业工作，是一件值得自豪的事情。每年除夕的时候，也是为数不多的全家团圆之时，沃佩莲会给孩子们带他们喜欢吃的"光腚糖"（东北地区的一种糖果，透明，里面有花瓣形状的花纹，大多数做成球状或者橘瓣状），甜甜的糖果是孩子们每年最大的快乐之一。有一年搬家，搬到新房子的时候刚好是除夕，房子里面空空如也，孩子们本以为这个年就这样草草过去了，不会有糖果吃了，没想到母亲依然拿出了一大把"光腚糖"，孩子们纷纷围过来，欣喜若狂。无论工作多忙，无论未来的生活中有多少不确定，沃佩莲始终记得过年时这一点仪式感，每时每刻她从未忘记自己的儿女。作为一个母亲而言，她或许没有日夜陪伴在子女身边，但是她为祖国工作的热情深深感染了她的子女，也是子女日后工作的榜样。她是一位伟大的母亲，也是一位值得儿女骄傲的母亲。

即便沃佩莲与丈夫都在政府工作，他们却从未因此给子女谋求特殊的福利。大女儿准备下乡，孩子们的叔叔就在生产队，他们完全可以为孩子寻求便利，但他们没有像其他人一样，只是把自己的女儿当作普通的知识青年，按照规定办事。直到大家都已经回到故乡，大女儿才又回到家中，也因此，大女儿到了30多岁才结婚。就如同沃佩莲说的："我们家就没有走后门一说。"大女儿是儿科医生，也是政协委员，二女儿是小学特级教师，大儿子是邮电局的局长助理，二儿子早年做过外贸生意，小儿子接了她的班，是文广局的工作者。一家人几乎都从事公共服务行业，每个人都凭借自己的努力走上了自己的工作岗位，也在父母的精神引领之下，在自己的工作岗位精益求精，为国家奉献青春。如今，沃佩莲的儿女们也到了退休的年龄，她的孙辈们继续传递着这份热忱努力奋斗。沃佩莲一家人几乎都是党员。她的孙子说："我们都是追随奶奶的脚步入党，这既是奶奶的要求，也是我们响应奶奶的号召。"

"我们一家子有四个党员，都可以成立一个党支部了。"沃佩莲指着孙子笑着说。沃佩莲一家也可称得上民族团结的典范，自己与丈夫分别为达斡尔族和汉族，她的家中一共有四个民族，分别是达斡尔族、汉族、满族和蒙古族。

沃佩莲年轻时与孩子们（杨颖斐　摄）

93 岁高龄的沃佩莲早已四世同堂，儿孙们对她都是孝顺有加，关怀备至。两年前，老人得了心梗，身体不如以往，沃佩莲也把事情放心地交给了孩子们，自己“退居二线”，成为大家庭的“后勤指挥部”。所谓“耕读传家久，诗书济世长”，真正传家久、济世长的并不是耕读与诗书本身，比耕读更重要的是耕读时的勤勉，比诗书更重要的是诗书中的品德。“家有一老，如有一宝”，沃佩莲带给孩子们的爱国与敬业的精神，也会随着家庭中一代又一代人的成长传承下去。

## 三、晚年：夕阳无限好

1980 年，沃佩莲从政府退休，终于不再奔忙的沃佩莲安安稳稳地过着退休生活。比起在牙克石多地辗转的年轻岁月，退休生活倒显得有些单调，偶尔出去遛遛弯，或者有时间出去旅旅游，难得的平静日子倒也悠闲自在。每一周老干部活动中心的活动，沃佩莲雷打不动地参加，只是这两年的身体不如以往才参与得少了一些。沃佩莲还参加了合唱团，并且专门有一个记录歌曲的笔记本，誊录自己喜欢演唱的歌曲。即便神采不复以往，唱起歌来还是中气十足，一家人唱起《革命人永远是年轻》，好似回到了年轻时的意气风发，也看到了一家人薪火相传的革命精神与其乐融融的幸福生活。

除了老干部活动中心的欢歌笑语，沃佩莲与自己的老同事们经常致电问候。曾经在联合会一起工作的人如今已寥寥无几，尚有联系的有一位同事，她从江南来到内蒙古，到现在也已70多年，定居在呼和浩特。前些年沃佩莲前往呼市，见到了一些老同事，聊一聊模糊了的过去，聊一聊无限美好的未来。同龄人的共同语言是最多的，对于新中国成立之后出生的人们来说，新中国就是生命中的全部，尤其是改革开放后长大的“80后”“90后”“00后”以及“10后”，在国家稳步发展中成长，在老辈人看来是多么幸福的一件事！而对于期颐之年的老人来说，他们见到了侵略者，打倒了反动派，也经历了新中国初创时的艰难探索，他们或许不如年轻人了解日新月异的变化具体在哪里，说不上来新的科技、新的行业，但是却比年轻人更加珍惜这来之不易的十里繁华，比年轻人更加容易享受生活中的幸福，比年轻人更加关注社会、关注祖国。

退休之后，沃佩莲每天必不可少的事情就是看新闻，即便到了90岁的时候还会每天看报纸上的时事，有时还会做笔记。近来眼睛不复以往般明亮，便在子女的劝说之下不再做笔记了，然而每天听新闻联播仍日日如旧。老辈人的家国情怀体现在每时每刻对国家的关注上，这种纯洁的热忱正是新时代的青年人所需要的。“你们生活在辉煌的时代，更应该努力前行，我年岁大了做不了什么，国家发展得越来越快，该轮到你们好好干了。”沃佩莲如此告诫年轻人，还加了一句，“遵守纪律，别犯错误”。

如今，沃佩莲住在老年公寓中，孩子们经常前来陪着她聊聊天，吃吃饭。两个女儿都已经退休，她们经常帮助母亲回忆回忆过去的事情。沃佩莲的身体一直很硬朗，最喜欢吃的当数内蒙古最有特色的手把肉，甚至可以说无肉不欢，比年轻人吃得还多，偶尔尽兴之余还会喝一点点酒。当然，“喝酒吃肉”并不是沃佩莲的长寿秘诀，更主要的是不挑食，多运动，尤其是要多动脑子，不能因为觉得自己老了就不再动脑筋。沃佩莲还有一套独创的健身的体操，睡觉之前都会做一遍，即便只是揉肚子、踢腿等简单的动作，每次总会觉得舒筋活络、神清气爽。89岁时，她去了香港和澳门，回来的时候度过了自己的90岁生日，全家人聚齐为她贺寿，也拍摄了一张全家福，她挂在自己的床头。全家福中，唯一尚在怀抱的是她的小重孙女，今年也到了上学的年纪。能看见家中三代年轻人的幸福成长，也是沃佩莲最大的骄傲。

正在夕阳无限好，也无须惆怅近黄昏。平淡的生活继续，沃佩莲偶尔会和孩子们聊起年轻的故事，自己讲起来似乎平淡无奇，在她的眼中那时的革命工作者都如此兢兢业业，自己不过是他们之中的一个；而听故事的人却觉得波澜壮阔，为了让祖国更好这一信念，从风华正茂工作到苍颜白发，而年轻的自己得遇如此的长者，该是多大的荣幸。沃佩莲粲然一笑，站在阳台边望着外面的风景感慨万千：新时代会越来越好。

## 采访手记

时间在不经意间成为过往，定格在往日的岁月中，无法复刻。当我们老去，我们也只能珍惜电影胶片中年轻的自己；自己和他人的记忆只剩下了碎片，每个人都是这些时间碎片的藏身处。当我们拾起这些碎片的时候，我们也在回味一个人、一群人生命中的点滴，而我们记录下来的这些文字，便是生命的重量。

跟随着沃佩莲奶奶的孙子到达老年公寓的时候，沃佩莲奶奶刚好醒来。奶奶见到笔者很开心，挽着笔者的胳膊坐在床边。与我一同去采访的同学说，这个场景就像是茶余饭后，一家人听奶奶讲过去的事情，充满了家庭的温馨。奶奶虽然已经 93 岁，精神依然矍铄，不过或许是见到笔者有些紧张，也或许多年前的事情已经模糊了，她的回忆都是一些碎片。但是从这些碎片当中，笔者看到了一个新中国成立之初奔波劳碌的人，又对现在充满了骄傲与自豪。

沃佩莲奶奶与志愿者合影（施艺　摄）

现在的年轻人很难被一些情感所打动。许多话语在人们看来只是语言与修辞，没有任何触动心灵的东西。文字的力量是巨大的，笔者一直相信，但是总有文字所不能及的地方。“绝知此事要躬行”，而有些时代我们不曾见过，当我们真正和老人们去交谈，我们会发现一颗纯粹的心灵：做好我能做的事，做好我应该做的事。新的时代，在生活中能感受到一种催人奋进的力量，就已经足够了。

# 纵岁月艰深，愿以歌赠你

## ——浦荣华老人传记

赵璇 北京师范大学 思想政治教育系 2018级

### 人物生平

浦荣华，女，1922年11月25日生于北京市北城德胜门鼓楼西大街香厂胡同3号，现年98岁，居住于内蒙古自治区乌兰察布市丰镇市北城区东二路10号。1945年于北京与丈夫万建华结婚，1956年随丈夫支边来到内蒙古，其间在内蒙古上山下乡，后定居丰镇。

浦荣华老人照（宋佳薇 摄）

### 一、未识愁滋味

1922年，北京。北京的冬天寒冷而干燥，不久前的一场雪把整座城包裹在了白色之中。鼓楼载着雪，静静地观察着城中人。不远处的四合院里，浦家的第七个孩子出生了。哥哥姐姐们好奇地凑过来，围住抱着妹妹的母亲，叽叽喳喳地讨论着妹妹的名字。窗外积雪未化，瑞雪丰年，于是，父亲以“荣华”为名，祈愿女儿来日如桃李荣华，祈愿来年雨顺风调。

四合院里的日子平平静静，浦荣华在父母和哥哥姐姐的呵护下长大。外面新奇的东西太多了，样样都对浦荣华充满了吸引力。父亲停在院子里的老式自行车是浦荣华最向往的东西。即使父亲三令五申绝对不能骑着它出去玩儿，浦荣华还是和四姐在后海附近的空地上偷偷学了骑车，趁父亲出去办事，她和四姐便溜进父亲的房间，偷偷摸摸地把车钥匙揣进兜里，推着和自己差不多高的自行车，一路从家到了五道口。

“那时候哪懂什么是愁啊，每天嘻嘻哈哈像个男孩子，骑车摔了跤也不懂哭，抹抹脸又跑着去玩了。”浦荣华说。关于小时候，她记忆最深的就是父亲的那辆自行车。对于孩子来说，在那些看似平凡的岁月里，即使有无数的伤疤，但最终留在记忆里的，都是治愈的过程。

在所有的姐妹里，浦荣华和四姐的关系最好。四姐是浦家孩子里成绩最好的，因为成绩好，四姐读书读到高中家里都没缴过学费，平时因成绩好得来的笔和本，四姐都会拿出来分给浦荣华。“我脑子笨，也不爱学习，和我四姐没法比。”浦荣华笑着说，“但每天去上学我挺开心的，和我四姐一起，也没什么烦恼。”

“我四姐和我四姐夫也是在读书的时候认识的，四姐在女校，四姐夫在男校，当时我和我四姐夫的作业都是我四姐帮忙写的。”好像重新回到在学校读书的时光，调皮的妹妹调侃着交了男朋友的姐姐，姐姐红着脸追着跑掉的妹妹，一路荡漾着笑声，直到两人闻到属于妈妈饭菜的味道。

浦荣华的第一张艺术照，是18岁时在北京陆光照相馆拍的。正是最爱美的年纪，浦荣华为完成这次体验，提前几天就做各种准备。母亲带着她做了头发，是当下最时兴的发型，是从西洋那边传过来的。在照相馆，18岁的浦荣华兴奋地挑选着裙子，束腰长裙勾勒出少女曼妙的曲线，再配上一双黑色小皮鞋，浦荣华的紧张盖过了兴奋。她有些不知所措地坐在镜子前，摄影师为镜子里的姑娘涂上口红，少女娇艳欲滴。相机发出刺眼的白光，记录下浦荣华最美的年华。照片里的浦荣华开心地笑着。笑容是少女独有的颜色，灿烂却不刺眼，明媚而又天真，似乎是树林深处的神灵，拥有让时光不褪色、岁月不流转的神奇魔力。

老人的第一张艺术照（受访人提供）

80 年过去了，后来浦荣华还拍过不少照片，可剩下的只有这一张了。许多照片经历了岁月的辗转，最后都寻不见了。可偏偏这张，不知怎的就留了下来。黑白照片捎上了岁月的灰与黄，底下“陆光”的标志也只能依稀辨认。老人拿着照片，笑着问身边人：“像我吗？”嘴角勾起的弧度与照片上的笑容重合，时光在脸上刻下的道道痕迹也掩饰不住眉眼间跳动的喜悦。时光带走美人的皮与骨，带不走美人心中的灵光。

少年不识愁滋味，那样青春的年纪就算经历过些什么现在听来有些残忍的回忆，也终会被那些细碎的美好覆盖。一生那么短，一瞬又那么长，何其有幸，经历过的闪闪发光最终成为记忆中跳动的精灵，那些无比灿烂的初春和深秋，那些未经雕饰的天真和自由，无论在哪个时代，都是让人欢欣雀跃的无价之宝。

## 二、韶华轻许，岁月无双

1945 年，浦荣华生命中值得纪念的一年。这一年春天，她将自己的生命与另一个人紧紧联系在一起。浦家的姑娘们都大了，亭亭玉立。家里的姐姐们一个个都嫁了，便开始为作为小妹的浦荣华张罗人生大事。

“我还小啊，年龄小也不懂，人家介绍我就同意了，就把我照片给我姐姐，让人家递过去（给男方）。”万建华是江西人，正是血气方刚的年纪，看了浦荣华的照片便倾了心，从此挂念起那远在北京的姑娘。情人眼里出西施，本就清秀的浦荣华在万建华眼里成了“电影明星”，美得不可方物。南方软水赋予的温润性子浸在万建华骨子里，恰好和浦荣华有些淘的小孩心性互补，两人就这样开始了远隔1200公里的恋爱。“当时也不懂去打听什么，就觉得他人很好，就够了。”浦荣华献给爱情的那些年岁，从遇见万建华开始。

这段感情最终修成正果，从万建华由江西来到北京开始。那些恋爱期间作为交流媒介的书信，成了这段感情最好的媒人。女孩的娇羞和男孩无微不至的关怀，最终在婚姻里化为表达爱意的真实存在。比浦荣华大两岁的万建华，仿佛早就褪去了专属少年的青涩，承担起了对一个家庭的责任。

“他性情好得很呢，我俩一辈子没吵过嘴，他老让着我。”关于婚后的相处，浦荣华不断地重复着这句话。从江西到北京，遥远的路途只因一人变得不再漫长，我既去寻你，必会好好待你。而生活当然不止有童话的美好，当两人身处困局之中，生计成为问题，原本打算在北京定居的两人，开始了奔波。

万建华是商人，生意难做的那几年，浦荣华跟着万建华走南闯北。从北京回到万建华老家江西，又漂流至湖南湖北。南方的日子对于浦荣华来说并不好过，第一次离家，毫无在外生活经验的她，即使有万建华相陪也显得有些不知所措。他在外打拼，她在家照顾子女，日子也稍微安稳些。家里孩子多，粮食少，常常面临前胸贴后背的窘境。为了让在外工作的万建华能够吃饱，浦荣华经常只靠喝稀饭来填饱肚子，甚至有时一碗清水里滴几滴酱油就是浦荣华一天的食物。碰到万建华早起开会学习，浦荣华提前几天就开始攒着粮，等到他出门那天早上早起为万建华下碗面垫补肚子。浦荣华和孩子剩不了多少可以吃的东西，就先尽着孩子吃。浦荣华一天饿着肚子，也不抱怨一句。

“我也饿啊，可挣得少，粮食就少，他工作得多吃，孩子们正长身体不能不吃，那我就少吃点。”晚上就一锅糊，一人一个山药，一家人就这样，一点点地支撑着那段苦日子。

讲起与万建华共度的那段岁月，即使是食不果腹的苦日子，浦荣华也一直笑着。他们的爱情，似乎真的是“从前书信很慢，车马很远，一生只够爱一人”。没有太多华丽的辞藻，一句“这不是电影明星吗”就那么说进了心坎里，说够了一辈子。我认定了你，就是你了。北京的等待和守候，江西的渴望和温柔，拥着跨越山海的那份赤忱，带着信笺里潜着的喜乐和忧愁，他们换来了彼此得以依靠一生的责任，换来了义无反顾的长久，换来了过尽千帆唯你一人的浪漫与芬芳。

就像夜空与星星，我予你胸怀宽广，你送我璀璨点点。韶华轻许，陪你看岁月无双。

## 三、生命之恩，无悔报之

“我这辈子最感谢我妈。”浦荣华在提到自己母亲的时候说。

小时候，浦荣华的父亲在衙门里收银，一辈子也没当上官儿，收入也不多，维持着整个家。父亲工作，母亲就在家照顾他们几个孩子。7 个小孩，大的小的满院子乱窜，看住这个看不住那个，母亲从未抱怨过，7 个孩子一样精精致致地被照顾着。

“我妈对我影响挺大的，小时候有段时间挺难的，家里的事我父亲也帮不上什么忙，全靠我妈一个人撑着，她一句也没抱怨过，所以后来我结婚以后经历那么难的日子，想想过去我妈，我咬咬牙也就挺过来了。”

等孩子们都成了家有了各自的生活，操劳了一辈子的母亲终于倒下了。母亲得了一种叫“缩骨痨”的病，生活不能自理。浦荣华的丈夫此时被派到内蒙古支边，她本要随行，而母亲重病，让她陷入了纠结中——丈夫初到内蒙古，人生地不熟，生活需要人照顾；而且丈夫在那边已经替她安排好了百货商场的工作。姐姐们都和婆婆住在一起，旧社会，嫁到别人家的女儿再回娘家照顾母亲，难免会被人说闲话。两个哥哥都在外地成家立业，好像能留在母亲身边的，只有自己。

于是她写了一封长长的信寄给在内蒙古工作的丈夫，说她决定留在北京照顾母亲。丈夫回信说担心她的身体。那时的浦荣华甚至忘了自己仍在月子里的特殊身体状况，一心只惦念着母亲。最后，她选择了留在母亲身边，放弃了内蒙古的工作，在母亲身边一待就是整整 8 年。

丈夫考虑到她的身体，问她是不是可以请人帮忙照顾母亲，她在家里盯着就好，也可以减轻她的负担。浦荣华试着找了几个护工，可干不太久就都辞职了——母亲的病太难伺候。最后只能浦荣华亲自上阵，偌大的四合院里只有她和母亲，母亲睡着的时候，院子里安静得令人发慌，但也只有在这样的时候，浦荣华才能歇下来，考虑下顿饭要给母亲做什么，母亲保持什么样的姿势才能睡得更舒服。母亲的病日益加重，丧失了自主进食能力，吃饭时，浦荣华就一口一口地喂；母亲无法自主排便，浦荣华就用自己的手帮助母亲排便；碰上大晴天，浦荣华就把母亲抱到院子里的藤椅上晒太阳。她看着院子里的果树抽新芽、长绿叶、结小果，最后落叶入泥，见证着她与母亲的8年。

母爱是伟大的，母爱换回的爱亦是伟大的。浦荣华母亲生命的最后8年，伴着女儿爱的馈赠。“我不后悔，一点也不后悔。”浦荣华如是说。孩子总是扮演着索取者的身份，当孩子学会给予，人们总是觉得难能可贵，殊不知，每一份爱，都拥有着跨越时代和空间的共同意义。孩子与母亲对彼此的爱，终是殊途同归。就像《看见》里说的那样：“生和死，苦难和苍老，都蕴含在每个人的体内，总有一天我们会与之相逢。”

“我们终将浑然难分，像水溶于水中。”

## 四、每段经历都是生命的馈赠

浦荣华跟着丈夫支边，最终在丰镇落地生根，算来已经有60多年了。乡音难改，浦荣华依旧操着一口地道的北京话。在北京鼓楼西面的四合院里，住着太多属于浦荣华的回忆。

被问到是否想回北京看看，浦荣华有点失落。那时偷偷骑着父亲自行车穿梭过的小路已经被柏油覆盖，承载着无数美好的四合院如今也已经被高楼替代。记忆中有关那座城的记忆，似乎真的只留在记忆里了。浦荣华太久没回去过了。

“其实回不回去都一样，我需要的东西在这儿都有，况且身体也经不起颠簸了。”浦荣华现在所拥有的归属感，来自于内蒙古的这座小城，这里承载着她的年年岁岁。北京，丰镇，都是浦荣华的家。

浦荣华说，身上的热情与善良，是北京那座城赋予她的。在艰难的年岁里，她碰巧在自家院子外看到一个鼓囊囊的包裹，她看着眼熟，便叫来了隔壁独自生活的老人——她似乎见老人背过。老人看到包几乎要落泪——包里有几十万元，是老人一辈子的积蓄。家里的狗把包叼了出来，在厨房做饭的老人丝毫没有察觉。

“我一辈子就做了这么一件好事，街道还给了我模范。”浦荣华用手比画出奖状的形状。来了丰镇之后，浦荣华仍然闲不住地在街道里忙忙活活，街道主任对这个热心肠的北京姑娘赞不绝口：“老万怎么娶到这么好的媳妇咧！”

浦荣华说，这辈子值得最骄傲的，就是帮助别人之后心里的满足感。家里的孩子们受到浦荣华的影响，都成了“别人家的小孩”，来丰镇的第二年，浦荣华家就被评为“五好家庭”。

“整个街道就我们一户人家是五好家庭。”浦荣华满满的都是骄傲。

因为照顾母亲，浦荣华错过了在百货大厦工作的机会，可她是个闲不住的人，除了在家相夫教子，当附近学校的老师生病请假的时候，她就跑去学校帮忙代上课。浦荣华什么都能教，所以到后来，一旦有老师请假，教导主任就会联系她。“我性格好，学生们还挺喜欢我。”浦荣华说。当老师的这段经历让她收获了来自学生的爱，甚至到现在，她还记着一些学生的名字。

日子总是不平静。丈夫被调到乡下工作，浦荣华带着孩子随行。从小在城里生活的浦荣华刚进村的时候闹了不少笑话：把农民堆起来的肥堆当作坟墓，下地里干活的时候把谷子认成玉米……现在说起来，浦荣华都忍不住笑出声来。那是浦荣华觉得最难的一段日子，可她还是咬咬牙，扯一身粗布衣服，开始了面朝黄土背朝天的生活。

“是叫打坷垃吧，我后来才知道。啥都不会我就一点一点学，为了挣点工分儿，给家里减轻点负担。”

生命里来自黄土的厚重，是丰镇带给浦荣华的。两座城，一个大，一个小；一个繁华，一个朴实；一个热情，一个安静。它们以不同的模样出现在浦荣华的生命里，并以不同的方式留下痕迹，所有在城中发生的好的坏的，都会在以后的以后，以一种命中注定的方式，皈依到浦荣华的生命中，值得怀念，值得铭记。

## 五、家人闲坐，灯火可亲

推开门，头顶是小院圈起的四方蓝天，眼前是葱葱郁郁专属于夏天的绿意。浦荣华独自一人坐在院里的小凳子上，面带微笑，笑容里带着岁月赋予的温柔和娴静。小院里的绿来自于老人自己种的蔬菜，如黄瓜、辣椒、豆角以及一些花花草草。不大的院子被老人打理得井井有条，墙边的果树仿佛穿过岁月，与十多年前北京四合院的那棵伴她成长的树相重合，记录着那些无比珍贵的岁月。

老人已记不清楚在这个小院里住了多久，只是小平房的铁门槛已经锈迹斑斑，门上的挂着的门帘也已经辨别不出颜色，客厅的茶几上铺着褪了色的桌布，上面放着陪老人打发过无数无聊日子的老式收音机，浦荣华把它擦得一尘不染，磨损的地方也因此显得有些突兀；红白色的暖水壶似乎呼应着这一切，安安静静地立在一边。

小小的卧室是浦荣华休息的地方，北方专属的炕头冬暖夏凉，一张小木桌立在炕中央——那是浦荣华和家人吃饭的地方。炕旁边的那张小沙发，是浦荣华的专属座位，在她伸手就可以够到的地方，躺着一个魔方、几本《老年世界》杂志和一部智能手机。浦荣华爱玩魔方，甚至算是转魔方的“高手”，她转坏过三个魔方，这是外孙给她买的第四个。浦荣华也爱看书，一看就是一下午，小院替她送走午后的阳光，天色渐渐暗下来，她才放下书去准备晚饭。

“我可爱看呢，里面的故事很有意思。”浦荣华拿着最新一期的杂志，满脸笑容地说。浦荣华的女婿是当地小有名气的诗人，每次出了书就会第一时间寄给浦荣华，浦荣华每每提起自己的这位姑爷，语气里都是满满的自豪。

浦荣华最喜欢的地方，是卧室门口的“玻璃墙”。浦荣华让女儿把每个子女的照片都贴在了玻璃后面，平时想谁了，就趴在玻璃上细细端详一番。浦荣华不爱用相册，合上的相册压在柜子里，就像尘封了的记忆，再久也懒得拿出来回忆。这些照片放在浦荣华抬眼就能看见的地方，她觉得自在很多。

“这个是我大儿子的第二个儿子，现在在加拿大定居了；这是我二儿子的女儿，现在在包头呢，也是大学毕业……”老人用充满喜悦的语气介绍着儿子女儿孙子外孙，眼角眉梢都是笑意。在加拿大的孙子经常给浦荣华从国外带一些新鲜玩意解闷，老人实际并不感兴趣，但总是愉快地收下，然后小心翼翼地保存在柜子里；外孙家住得不远，经常过来陪浦荣华吃饭，也经常会给老人买些新衣服。在浦荣华的立柜里，整整齐齐地码着厚厚的一摞新衣服。

“穿不完，她还在给我买，浪费钱。”浦荣华抱怨中难掩欣慰。

照片墙旁边的花瓶里插着一束干花，是浦荣华特意拜托人帮忙做的。这束花是浦荣华 95 岁生日的时候家人们送她的，“那么大一束，我抱都抱不下。”浦荣华一边说一边用手臂做出怀抱状，脸上掩饰不住的笑意。

提起家人，浦荣华总是开心得像个孩子一样。四世同堂，她看着自己的孩子成家立业然后像她一样为人父为人母。当孩子们带着她的爱努力地生活，不断地收获美好，浦荣华就觉得幸福，而那些漂流至天南海北的孩子们，他们一定知道，有些勇气，来自于家里一直默默关心着他们的那位老人，即使她不说，她也是这个大家庭里无可替代的支柱。

## 六、生命有境，热爱无限

说来有些惭愧，去记录前的笔者看着窗外淅淅沥沥的雨，心情有些低落。人们习惯于歌颂美好，但对于看客来说，别离苦痛似乎更能引起内心的情感波动。老人说，在她的记忆里，极少有那些印象极其深刻的事情，她调侃自己说年纪大了，其实，有些痛苦，存在在记忆里便是对日后的折磨，而忘记，或许是它们最好的归宿。这一定是浦老人长寿的原因之一。

从北京到丰镇，浦荣华总在记着美好。老伴儿去世以后，她就自己住在这个小院子里，种种菜浇浇花，有时还给在附近工作的儿子做做饭。

浦荣华 98 岁了，说起长寿之道，她还是挂着慈祥和蔼的笑容。“没什么特殊的方法，心情好，什么事我都不放在心上，都会过去的，没什么大不了。”大概正是这种豁达的心态，让浦荣华在近百岁的年纪还能独立经营自己的生活，不给子女添麻烦，老人的精神气让年轻人看了都羡慕得很。

“希望大家都好好的，生活越来越好了，能享受的东西也多了，好好照顾身体，天天开心。”老人说。

是一种很奇妙的感觉，或许来自于小院里生机勃勃的绿意，或许来自于浦老人总是挂在脸上的笑容，或许来自于浦老人言辞里的积极向上，让人感觉似乎不是与一位近百岁的长辈进行了交流，而是与一位历尽沧桑却依旧充满热情的朋友来了一次难得的久别重逢。她用对生活和生命的态度证明，一切的真相，便是除却所有浮华的表层，活在当下，坦然而琐碎。生活的意义，在于无止境的热爱与追逐。

我听见回声，来自山谷和心间
以寂寞的镰刀收割空旷的灵魂
不断地重复决绝，又重复幸福
终有绿洲摇曳在沙漠
我相信自己
生来如同璀璨的夏日之花
不凋不败，妖冶如火
承受心跳的负荷和呼吸的累赘
乐此不疲。

不忘来时的路，才能走好未来的路。笔者将永远铭记这次相遇，心怀感恩。感谢他们用百年岁月，为众人谱了一曲亘古之歌。

## 采访手记

内蒙古难得的连绵雨在 8 月来临，笔者也在 8 月，终于要去采访浦奶奶。几天的小雨把这天的天空洗得格外澄澈，笔者坐在去往浦奶奶家的车上，兴奋盖过了紧张。

笔者和帮忙拍照的小伙伴在奶奶家门口会合。在这座小城里，浦奶奶家所在的小山是离天空最近的地方。推门而入的瞬间，一片绿意撞进了视野。大门正对的果树上几颗红果随着枝条摇曳着，与天空一起构成了无比和谐的画面。浦奶奶正坐在院子里晒着太阳，看到笔者进来，奶奶露出了如照片上一样灿烂的笑容。突然，笔者的陌生感消失殆尽，好像第一次见面的浦奶奶与笔者是认识多年的朋友。

屋子不大，却十分整洁干净。老式录音机、电视旁的立柜，充满岁月感的茶壶，浦奶奶坐在沙发上，笑着看笔者满脸新奇地拍着这些见证时光的老物件。

采访过程中，笔者几乎没有从浦奶奶口中听到类似“痛苦”“难熬”这样的字眼，奶奶一直笑着，说她在人们所谓艰难岁月里的“小幸福”，说着如今子孙满堂的“大幸运”。

采访结束后，笔者注意到了被奶奶打理得井井有条得小院，临走奶奶还摘了自己种的黄瓜送给笔者。奶奶拉着笔者的手，“要常来啊，来看奶奶，欢迎你们！”

浦荣华老人为志愿者介绍院中绿植（王珏　摄）

看客最喜看别离苦痛，浦奶奶身上苦难之后的豁达，却让笔者真实地体会到了人生百态终归于平静的不凡之处，愿我们都是看过纷繁却依旧充满热情的人，可能平凡但绝不平庸。

# 平凡农妇不平凡，半生辛苦半生甜
## ——吴映珍老人传记

吴佳芮 北京师范大学 教育学部 2017 级

### 人物生平

吴映珍，女，汉族人，出生于 1915 年 5 月 25 日，居住于四川省广元市昭化区王家镇。吴映珍是土生土长的农民，小时候曾经历过一段时间的缠足，后不再缠足，是“半缠脚”。吴映珍 16 岁时结婚，时年丈夫雷明忠 14 岁，她在婚礼时经历过在灵堂举办婚礼、别人家客人抢席，婚后家里又遭遇过抢劫，后来经历了丈夫被抓壮丁、家里耕牛被抢走的磨难。吴映珍老人现由最小的儿子及儿媳妇照顾，五世同堂，安享晚年。

吴映珍老人照（吴佳芮　摄）

老人的一生，跌宕不辍，104 个年头，104 个春夏秋冬，老人的故事，像是一本厚重的书，待人细品。吴映珍老人虽已百岁有余，也不曾上过学、念过书，可她仍精神矍铄、耳聪目明，对经历过的事情记忆深刻，那些故事仍历历在目……

## 一、自是人间一粟，也当竭力生存

吴映珍老人是 1915 年 5 月来到这个世界的，出生在那动荡的岁月，便已注定了她在这个世界上要经历 30 多年的贫穷落后与不平等的社会生活。

### （一）缠足

缠足这一残害妇女的陋习在中国持续了几百甚至上千年。在吴映珍所处的时代，女孩子到了四岁多就开始缠足了，用布带从脚尖往后紧紧缠着，不论白天还是晚上，始终不得取下布带，不论多么痛苦。如果有人偷偷地取下了，便少不了一顿暴打。人们如果体会过穿小鞋的感觉，就会知道小鞋穿在脚上，人是无法顺利行走的，而且折磨得脚非常疼痛，可缠足比那痛楚不知多上多少倍！缠足折磨得那些妇女走路听起来像是在舂米，看上去像是在踩高脚[1]。令人痛心的是，缠足不是一时的，对于那个年代的女孩子来说，缠足是一辈子的！从老人所说的现象来看，那时缠足桎梏已经走到了尽头，当时盛行的“三穿耳，四缠足”的习俗已经受到了冲击，有的女孩子已经不缠足了，但在这种陋习被革除的时候，却仍有人在“陪葬”，有一些比吴映珍年纪还小的女性反而缠成了小脚。不幸中的万幸，吴映珍虽经历过缠足的痛苦，但时间相对而言是短暂的，她的坚决不从使得她能够从缠足的桎梏中脱离出来，但比她年长几岁的女孩子却没能幸免。

### （二）婚礼在灵堂举行

当时的家在雷家四合院，一院子共用一个堂屋。吴映珍 16 岁到雷家与雷明忠结婚时，在堂屋举行婚礼。可不巧的是，雷姓院子中一位吴映珍应叫李大妈的长辈在前两年去世了，堂屋内还停放着灵柩，已经停放两年多了，

[1] 踩高脚：这里的踩高脚是孩子们的一种玩耍的方式，用同身高差不多的带钩的木棒两个，两只手分别握住木棒的上端，脚踩在钩内行走，重心非常不稳。

按照当时风水先生的说法，灵柩停放的时间不到 3 年不能下葬。遇到夫妻俩结婚一事，到底应该怎么办呢？雷映寿（雷明忠的养父）就同丧主说："我就抱养了一个儿子，你们一定得想想办法。"（那时雷明忠 14 岁，吴映珍 16 岁）于是他们就把灵柩移靠一侧墙壁，再用晒席[1]作帘，隔着灵柩，在堂屋的另一半边完成了婚礼。

夫妻俩的婚礼上还有一桩怪事，与他们同期完婚的还有上边院子的另一户人家，由于那一户人家缺吃，本来在上边院子吃酒的客人到雷家来抢席了。

### （三）关于丈夫雷明忠

吴映珍是 16 岁与雷明忠为亲的，是由雷明忠的一位舅母牵线的。当时雷家还算是富足，从夫妻俩结婚时被抢席就能看出。正因为这点，加之夫妻俩结婚时家里收了点礼，棒老二[2]就惦记了。棒老二把雷映寿（雷明忠的养父）的双手反翦吊着，逼问他那些财产的下落，当时，年轻的夫妻俩就躲在对面山上，能看得见，却没有什么办法。

雷明忠是从另一处雷姓抱养过来的（不远同派），其生父为雷映魁，养父为雷映寿，二人为堂兄弟。当时的规矩是：亲房没有才能抱外房（一种说法：没有亲房，有疏房。意思是，首选是亲房）。因此，雷明忠既有生父母，又有养父母。

### （四）吴映珍父亲逝世

吴映珍老人说到小时候的光景。小时候常遭荒年，没有吃的太可怕了。没粮食就吃野菜、野果，野菜吃光了，人们就尝试吃各种东西，棕树的果，枇杷树的皮，后来以至于吃一种白色的细土，他们给这种白色细土取名为"神仙面"，因为如果直接说是"土"的话，就不能也不敢吃了，在取"神仙面"的时候还要点香，要虔诚地作揖。小孩子见到各类草果，首先想的是能不能吃。春天马桑树发芽时，红红的，非常诱人，小孩子就乱吃，当时少不了中毒呕吐。适逢荒年，虽然对食物的渴求非常大，但不能吃的东西始终是不能吃，艰难地吃下几口，人便感到坠痛难忍。

[1] 晒席：俗称垫席。竹子编成的，用来晒粮食，与睡觉的竹席相似，但比睡觉的竹席要大很多。

[2] 棒老二：不远处的穷人，他们蒙着头，用锅灰抹了脸，化装抢劫。

在一个荒年，饥饿产生水肿痛，更无钱医治。吴映珍的父亲便在这荒年之时逝世了。吴映珍的父亲在弥留之际，家人问他想吃什么，他拌了拌嘴，可谁又能实现那临终遗愿，哪怕是一口！

### （五）遭遇盗匪

在当年，雷家还算日子能过，但仅仅是能够勉强过活的程度都让盗匪惦记。公公雷映寿曾把粮埋在一里开外的荒岩下。有一次，棒老二来了，雷映寿没来得及逃脱，被棒老二抓起来吊着拷打，逼他说出粮食的下落。躲得较远的一家人听着雷映寿的惨叫，急得没办法。

吴映珍说道：旧社会的抱儿子[1]难当。公公雷映寿是一个不大说话的古板人，常拿着长烟杆，稍有不慎，就敲到了头上。那时没有什么塘堰，从事农耕只能听天由命（完全取决于气候），有年大旱，苗枯土裂，雷映寿让雷明忠（不过 15 岁）到井里挑水去浇秧。坡陡弯急路远，又是严重的干旱，一桶水浇上去眨眼间就没了，甚至连湿润的痕迹都难以找到。雷明忠努力担了一天，明知道这一点的父亲雷映寿却抱怨连连，硬是要说是因为他贪玩没有努力担水，才使得浇的水都不见了。

那时候，土地贫瘠，雷明忠耕水田，黏性很强的泥牢牢地粘在铧头上（也叫死黄泥[2]），没法犁田。从这头拖到那头，农民都明白那艰难的滋味。遇到贫瘠的死黄泥田，死黄泥牢牢地粘在铧头上，因此犁地也难进入土里，所以在操作时，人不得不使劲地压犁。死黄泥导致牛拉不动，人也特别劳累。

### （六）丈夫蒙难

吴映珍和雷明忠成家后的四五年间，灾祸不断，公公婆婆相继离世，而且在那时，抱儿子是受歧视的，因此，雷映寿死后，院子有一个雷明忠的同辈，甲长，硬要夫妻俩为已故的雷映寿做道场，也就有了后来被抓壮丁一事。为了祭祀逝者，雷明忠便央求了一人和他一起，背着三斗多黄豆，去八十里

[1] 抱儿子：即抱养的儿子。雷明忠的生父为雷映魁，养父为雷映寿，是雷映寿的“抱儿子”。

[2] 死黄泥：犁田遇到肥沃的土壤，泥巴就从犁头上翻过去像翻书那样轻松，但是要是遇见了死黄泥，那就不好犁田，一块泥巴裹在铧头上，铧头翻不动，地也就不能犁。

开外的三川，卖黄豆买纸。谁知遭遇国民党抓壮丁，雷明忠一行两人都没逃脱，可家里人哪知道这些情况啊，每天都盼望着亲人归来。当时信息不便，等候在家的人宛如火燎地熬了几天，隔了几天才打听到令人窒息的消息：两人被抓了壮丁！这个消息无异于晴天霹雳，两家人的心顿时都被击碎了。

雷明忠于腊月被抓，又熬过了两月之久，即次年二月份，雷明忠托人捎口信回来，这才有了壮丁营的下落。吴映珍把两三个月大的孩子托亲戚喂养，与婆婆（雷明忠的生母）一块前去找人，边走边问，走了三天才到达。幸亏婆婆的脚缠得不太厉害，也是半缠脚，才能够行走得那么久、那么远。到了壮丁营之后，得知人是不能回来了，吴映珍和婆婆只好返回。因为丈夫的生父母都健在，他们就帮着栽种，日子也还算过得下去。

好在几个月后，雷明忠总算逃回来了。追击他的枪弹在耳旁嗖嗖划过，从壮丁营逃回来为避免被认出，他便脱下了军装，换上与其他老百姓交换的衣服伪装起来，逃过追查，他也睡过放尸骸的山岩，虽然经历了多番波折，但总算是逃回来了。又过了几个月，与雷明忠一起被抓的人也逃回来了。

**（七）勤劳、坚强，生命的钥匙**

老人时常讲起那些过去。

缺吃饿死，生病而死，是最揪人心的事情。饥饿——寻找食物——乱吃——中毒——引发疾病（水肿病）——死亡，这样的情况时常发生。

生病了，缺医缺药，没有钱，也没有足够的医疗条件医治，便只能寄希望于打锣鼓、发神。

难产夺去了多少母子的生命，得了“产后寒”丧命又知多少！当时的孕妇非常害怕梦见公鸡，据说那是“血王鬼”，会使孕妇难产。同时，当时还有一个传言：“儿奔生，娘奔死”，孕妇听到了都吓得不轻，经常哭。

在当时，儿童生病后只能听天由命，根本就没有免疫之说，医疗条件也非常落后，因天花、麻疹等疾病，许多儿童死于非命！一个小地方，乱葬坟、火匣子岩（放小孩尸骸的木箱）就有好几处！

人们住的少有瓦房，多数人都住在茅草屋，甚至还有人住在岩洞。

终于熬到了新中国成立，由于丈夫雷明忠有一定的文化，新中国成立以后，就在当地当了一名干部。

新中国成立以来，吴映珍参与修建过到王家的第一条马路，修过黑狗湾、磨盘垭水库，同时还一直从事着天长日久的庄稼活。丈夫雷明忠常年工作在外，挣工分。吴映珍便在家全心照顾几个孩子，为几个孩子缝补浆洗，劳累有加。吴映珍曾患过眼疾，在患眼疾的那几个月，常用口咬衣缝，来为孩子除虱子，无论多苦多累都觉得生活有奔头。

九十多岁时，吴映珍还时常从地里拔草喂鸡，做清洁等。

百余岁时，她拄着棍子在地里拔草，玉米收获时节，她仍做着剥玉米苞叶的活。

吴映珍从不挑食，有玉米糁、面糊这样一些简单的食物，她就非常满足了，从不挑剔。她还有一个习惯就是喜欢喝水，吃稀饭也要喝开水。

吴映珍对孩子仁慈、宽容，从不过分要求。孩子脾气再爆、再差，她都原谅和包容。

几年前吴映珍老人百岁生日，其子雷贵春写下了这样一副对联：历经百年春秋斗转星移逢盛世，悟透两回天命国泰民安数今朝。

## 二、不朽一生中的平凡点滴

老人生于1915年，老人的百年，亦是百年中国在四川东北部的一个缩影。老人的一生中，没有太多波澜壮阔的经历，可以说，老人的一生都是在王家镇度过的。但是，老人的人生智慧，却是对后人影响深远的。

当问起老人何以如此长寿的“养生之道”时，老人微微地笑着，不似在诉说什么特别的养生之道，更像是在与后辈分享着自己的一些生活习惯。老人喜欢喝酒，从3岁时便开始喝酒了，小时候自家酿酒，便趁大人不注意偷偷地喝，一来二去，喝酒便成了生活的一部分。老人喜喝白酒，但并不酗酒，而是每天喝上20g左右的白酒。但是近几年身体状况不如从前，酒也不像往年那样每天都喝，而是时不时地喝上一些。除了喝酒，老人还提到了要多睡觉，上了年纪之后，人就喜欢睡觉，每天需要更多的睡眠和休息。在谈到老人的“长寿之道”时，老人激动地说道：“都要活到两百岁！两百岁！”从老人的语气中，可以感受到老人对后辈的真切祝福。

老人得以如此长寿，不仅仅与老人的生活习惯有关，还有许多其他的因素。

一是老人乐观的心态。从老人的生平、后人的描述中，能感受到老人是一个十分坚强且乐观的人，面对饥荒、遭遇盗匪、丈夫被抓壮丁、丧子等悲痛经历时，从未说过放弃，而是一直咬牙坚持，老人的后人形容老人“遇到事情想得开”“容易满足，从不要求什么”，这些朴素的话道出了老人开阔的胸襟、乐观的性格。关于老人的乐观和坚强，老人之子雷贵春说道：“我想，在艰难困苦中磨炼出了父母的坚强意志，为了家庭老小，再大困难都需要去努力解决。”其实，无论是艰苦的生活还是富足的生活，无论前方等待我们的是未知的挑战还是磨难，我们都应该像老人一样积极乐观地面对、坚韧不拔、不言放弃。

二是后人的孝敬与悉心的照顾。老人的子女、孙子孙媳、曾孙，对待老人都十分孝敬，无微不至地照顾着老人。老人年龄大了容易失禁，他们都细心地为老人打整干净。有一段时间老人容易半夜醒来，睡在旁边的儿媳也会立刻就醒来照顾老人，他们还常常给老人喂饭，希望老人能够多吃点，将身体养好。没有任何一个人对上了年纪、行动不便、身体也不太好的老人表露过丝毫的嫌弃，全家人都在竭力地照顾老人。

三是其他人的帮助。有许多其他的人在关心着老人。在其他人的帮助中，其中最为特别的是老人的“专属医生”马国忠带领的一路人。马国忠本是当地的一名医生，并不是老人的“专属医生”，但是马国忠十分关心老人的身体健康，对待老人也十分上心，渐渐地，好似成了老人的“专属医生”。以马国忠牵头，还有几个王家医院的年轻人，每次都有五六个人来家中给老人检查身体，他们都不怕老人臭、脏，而是悉心地给老人做检查，做心电图、查血压等。说到其他人对老人的帮助，老人的儿媳王秀芳感谢道：“我们妈妈能活到今天，我们更感谢的是马国忠医生，无论天晴还是下雨都是随叫随到。还要感谢我们的邻居，我们不在家的时候都是他们送饭送水。想对大家说一声谢谢！”

说到对年轻人的祝福，老人真挚地祝愿道：“一辈比一辈高，一辈比一辈强！”

老人的质朴、坚强、乐观、善良，使得她从艰苦岁月中走来，而始终怀有对美好生活的期待，容易满足的心态让我们看到了一个诠释“知足常乐”的生动的例子。老人的一生平凡而普通，但她的生活哲学与智慧，却是不朽的。

走进吴映珍老人，走进那不平凡的岁月，走进那半生辛苦半生甜的人生，是这个夏天最值得纪念、最有意义的一件事。

历史不会忘记，我们将会铭记：在王家镇金星村的雷家边有一位健在的百岁老人叫吴映珍，她生于 1915 年。百年风雨，百年沧桑，她遭受过落后的社会与吃人的制度所带来的劫难，经历过新中国成立之初的那种艰辛，更感受到了改革开放以来党和政府的温暖。她的一生无法用简单的语言概述，苦甜参半是最真实的写照。她用坚韧、乐观的心应对着一个又一个磨难，用迸射光芒的眼睛望向未来。

## 采访手记

笔者曾问自己："一个时代，一段历史，如何不被时光磨灭，如何得以传承，如何得以被后人铭记？"

笔者无数次地把答案找寻：那一本本厚重的历史书，那些流传下来的老物件，那后人口中的"我的爷爷""我的祖母"，那渐渐泛黄的老照片……这个夏天，笔者找寻到了不一样的答案：时代的摄影师——百岁老人。

此次笔者采访的老人名叫吴映珍，在与祖祖[1]见面之前，笔者的内心是紧张的。但是一见到老人，看到她闲适地坐在椅子上，阳光轻轻地在她的身上洒下一层光晕，看到老人的笑容，笔者的心也柔软了起来。

老人与志愿者合影（刘欢　摄）

老人的一生是平凡的，没有太多雄伟壮阔的经历，只有一位普通农村妇

[1] 祖祖：当地对曾祖母、曾祖父的称呼。吴映珍老人的辈分对应为曾祖母。

女的缓缓岁月；老人的一生是坎坷的，从那个年代走来的人，没有谁的生命是一帆风顺的，缠足、饥荒、孩子夭折、丈夫被抓壮丁、五十来岁时丧子的痛心……似乎岁月总是在老人人生的不同时期施以磨难；老人的一生是伟大的，她从风雨岁月中走来，不善言辞、面容沉静，但她坚定的双目承载了太多对生活的表白，她用坚韧、乐观战胜着一个又一个磨难。岁月考验着她，岁月亦善待着她。

“流光容易把人抛。”采访百岁老人，亦是走入那早已消散的时光，找寻历史的痕迹。百年中国，百岁老人，中国从百年风雨中坚韧走来，老人也在百年风雨中走来。作为后人，我们不愿忘记，我们不会忘记，我们更会铭记这些历程、这些坚持，再好好地走下去，走向更远、更美好的未来。

七月盛夏，太阳高照，微风轻抚。一进入庭院内，便看到老人闲适地坐在椅子上，右手拿着蒲扇，左手端着盛着稀饭的碗，轻轻扇动着手中的扇子。上午的阳光明亮而不燥热，暖暖地洒在老人的身上，映衬着老人平和而从容的面容，在老人的身上，透露出与令人易感烦躁的夏日不一样的宁静与淡定。

# 小河边

## ——晋华珍老人传记

王婷洁 北京师范大学 法学院 2017 级

### 人物生平

晋华珍，1915 年 12 月 30 日生，简阳市涌泉镇人，现居青羊区清溪东路。出生就被亲生父母丢下，成为弃婴，被人收养后同自己的母亲一起出嫁。一生清苦，做了一辈子农活，勤劳肯干。曾 3 次嫁人，总共生育一子四女，四女皆夭折。1950 年搬至成都，在此居住 60 余年。

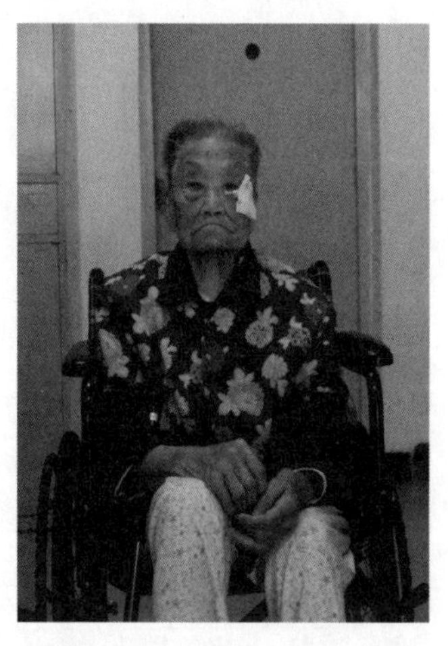

晋华珍老人照（王婷洁 摄）

### 一、她出生在小河边

晋华珍，90 多岁的她，故事很长很长。如果坐在这里听上一天的话，你能从简阳的河边与大院穿越到石人路的白菜田与牛场。

这个很长很长的故事，正是就这样缓缓在另一条小河边荡漾开来。

涌泉寺里的人都觉得奇怪。

这两天，环溪河边总是传来婴儿的哭声，白天黑夜不绝于耳。但在那样一个家家都生活极其拮据的年代，没有人会真的去到河边找这个声音源头处的婴儿。也许人们是想去的，毕竟人心从来不是铁打的，人也没有他们自己想象中的那么冷漠。可是在生活的重压下，人们不敢轻易地增加自己的负担——多一张嘴，又给她吃什么呢？她在河岸上哭了 3 天，声音越来越小，气息也越来越弱，纠结了又纠结，一位好心的姑娘还是把她抱回了家，她不能眼看着这个可怜的婴孩就要这样活生生被饿死。啼哭的婴孩也并没有来自多远的地方，她不过就是隔壁白家刚生的女儿，遭如此罪只因为那句“女娃子，不稀罕了”，就硬生生地刚出生就被白家人丢在了小河边，任凭别人捡去，又或是活活饿死。她的命运，也就像这曲折的小河，从此曲折飘摇。

袁家姑娘是她叫妈妈的人，其实那个时候，袁家姑娘还是个未出阁的姑娘，我们很难想象，一个还未嫁人的女儿，要如何养育一个孩子。她说：“我是吃苞谷羹长大的。”在那个年代，只有家里富裕些的人家才吃得上米。现在看来用米汤养育小孩的饭菜足够寒酸，而在那时已然是一种奢望。鞋子是母亲以前的，衣服是母亲穿过的，尽管生活条件不富裕，但是她是真的喜欢这位“小妈”。

她的这位“小妈”个子不高，性格却是出了名的，且先不说性格，村里的人都叫她“袁大脚”。她是个大脚——在那个“大脚板，不稀奇”的年代，没有裹脚的女性是很难出嫁的。她的牛脾气可也是在村里出了名的，涌泉镇盛产花椒，人们便用“花椒”来形容袁姑娘的性格——麻、辣！其实，她能把这个孩子捡回家中来养，就足以看出她的非同一般了。

这样的姑娘自然是难嫁的，和那个时候大家娶亲都给彩礼钱不同，这个大姑娘可是赔了嫁妆才说到了人家，当然也只是嫁给了贫寒的人家。

母亲嫁人后，这个小女儿也才有了名字，她姓晋，叫晋华珍。和一般的孩子不同，至少和她母亲的以往的生活不太一样，晋华珍并没有童年，小时候的事她不记得，从母亲的描述里，她得知自己生来便几乎没有玩耍的机会。作为一个家庭的大女儿，自然是负担了最重的活，一边要帮着爸爸妈妈做事，另一边弟弟妹妹也需要她来照顾。

小一些的时候，晋华珍跟着母亲一起干活，配合着推磨。华珍需要洗弟弟妹妹的衣服，夏天的时候还好，到了冬天，虽然南方的气温比不上北方的寒冷，但那环溪河冰冷刺骨的水仍然把华珍的手冻得僵直。刚开始她还能搓搓手缓解，后来搓手也变得没有效果，只得把手揣着，放在腋下取暖，一来二去，反倒将衣服湿了，她觉得更冷了。可是衣服还没有洗完，手哪怕是僵了硬了甚至是直了，也只有硬着头皮把衣服洗完了，每次洗完衣服，就像能去半条命似的。地里的农活也是不用多说的，闲暇些的时候，还要捡路上的枝丫卖掉，补贴家用。

日子就这样消磨着，春去秋来，晋华珍也慢慢长大了。

## 二、裹脚是两代人的故事

### （一）她是袁姑娘，她不裹脚

虽说裹脚是那时候专属于妇女的传统习俗规定，但晋华珍的妈妈袁姑娘，愣是没有裹脚。她小时候一听要裹脚，一溜烟就跑出了家去，到了深夜才敢回家，回家之后她母亲硬是把人绑在床上给她裹脚。她当时为了反抗母亲，蹬青了母亲的脸，最后也无济于事，还是被缠了裹脚布。这件事并没有就此消停，当母亲把裹脚布越裹越紧，越紧越痛以后，这位“不知天高地厚”的小姑娘，寻了一把剪子，索性把这裹脚布剪了去才畅快。母亲也不肯就此罢休，把剪子藏了起来，剪一次又绑她一次，就再裹了一次……她脾气也是倔极了，没有剪刀甚至拿菜刀将裹脚布“碎尸万段”了。

如同一场拉锯战，母女俩就这么斗上了。直到有一天，母亲哭着告诉她：“儿啊，你可知道啊，此时给你裹脚你是要恨我，可是不给你裹脚，你是要恨我一辈子的……”那时的袁姑娘哪里听得进去这些话呢，撒欢似的一溜烟跑了，再没有寻思过裹脚有关的事。最后呢，她当然还是没有裹脚的。她不是没有听到村里有人嘲笑她，那些阴损刻薄的话，那时候的她并没有把这些放在心上。

### （二）大脚姑娘也要嫁人

到了袁大姑娘嫁人的年纪，小时候任性的后果才逐渐显露了出来，虽然已经到了说人家的年纪，既没有媒婆上门，也没有人家前来提亲。况且，一个未出嫁的女儿，哪有带着个小女儿嫁出去的道理，这不是一下就多了两张嘴——哪里吃得消啊！眼看着自家姑娘的年纪越来越大，老两口也只能干着急。

这时的袁姑娘看见母亲为自己的婚事焦心和操劳，甚至有的时候默默地流下了眼泪，她才开始为自己小时候的举动感到不安和悔恨。那个时候，她从来没有想过怪罪那个时代，怪罪给予女性的她们本不应该承担的压迫。她虽然以自己的方式在反抗，但是她并不是为这个时代的女性反抗，甚至不是在为自己的命运反抗，她只是简单在与自己的父母对抗罢了。

直到有一天，媒婆来给大脚姑娘说了一门亲事，对方虽然条件并不好，但是袁爸妈寻思着他人也老实，便赔了嫁妆让姑娘嫁了过去。

### （三）她是晋大姑娘，她裹脚了

转眼间，晋华珍到了裹脚的年纪。虽然她只有 4 岁，但是对于整个家庭来说，晋华珍的劳力尤为重要，她的弟弟刚出生不久，母亲干不了重活，一切家务都需要她帮衬着。晋华珍的母亲深知这脚是不得不裹的，那些自己曾经受过的歧视的目光和闲言碎语，母亲不希望女儿再经历一次，也不希望女儿在长大了以后和自己一样痛苦，和自己一般悔恨。在拖了一年以后，在晋华珍 6 岁那年，母亲拿起裹脚布，给晋华珍裹脚了。晋华珍甚至比一般的小孩更加懂事，像是一只不懂得反抗的羔羊。母亲在给她裹脚之前，给她讲了自己以前的故事。也许晋华珍是真的善良，她害怕自己任何一丝的反抗，会触动母亲内心的疼痛，她清楚地知道，比起母亲这些年来的苦楚，自己现在所承受的疼痛算不了什么。当爷爷奶奶拿母亲的大脚羞辱母亲的时候，小小的晋华珍心中就隐隐作痛。当旁人对自己的母亲指指点点的时候，晋华珍似乎想要为母亲打抱不平，却也找不到理由，只能把酸楚往心里憋，不显露在脸上，免得母亲看见要更加难过了。她裹脚的时候，不哭不闹，比起害怕，更多的或是内心的坚毅和平静。

### （四）放不开的裹脚布

这脚才裹了两三年，政府禁止缠足的政策就推行到了四川一带，大批的年轻女童都响应号召，放开脚来。晋华珍也就是在那时，解开了自己的裹脚布。用她自己的话说，当她的前脚掌重新踏上地面的那一刻，她感受到了从未有过的轻松：不需要再步履维艰地在家里走动，结束了不能负重太多、稍微多一些东西就得慢慢地反复搬运好几次才能结束的生活，晋华珍是惊喜的。

然而放开脚容易，放开束缚人们思想的枷锁却没有那么简单。到了晋华珍嫁人的时候，她仍然因为自己的脚被人嫌弃。在那个推行男女平等和一夫一妻制步履维艰的年代，放开女性的裹脚布容易，真的要解放女性又是何其艰难。在绝大多数时候，时代都把歧视的矛头指在女性头上对她们任何出格的行为百般指责，而女性似乎只能默默承受这些痛苦。

## 二、三人围城

### （一）仓促的婚姻是一本烂账

尽管家里的生活清苦又忙碌，但在晋华珍的照顾下，还算过得去，看着弟弟妹妹一天天长大，晋华珍的心里有了些许成就感和一份久违的安宁。安于苦涩的生活是温柔的人才能拥有的一种心性，能在平凡中找到满足的人才更容易获得幸福，晋华珍大概就是这样的人吧。如果可以做出选择，她大概希望这样的生活能够一直持续下去，在岁月静好中期待着渐入佳境。

直到15岁那年，她平静的生活被打破了。

15岁的晋华珍憧憬过婚姻，但是她更害怕的是结婚带来的并非想象中的美好，她自认为聪明能干、勤劳节俭，但是从她知道的乡邻的故事里，这并不足以处理好一个女人与自己新家的关系。她犹豫，甚至有些害怕，害怕丈夫会虐待她，害怕公婆的欺压——甚至有时候幻想着，她能反抗吗，会反抗吗？尽管这些念头一溜烟就在她心中跑过了，她的不安却没有随着这些念头的消失而消散开来，反而是堆积在她心里，随着日子的流逝逐渐发酵。

李家来提了亲，这场婚事也就算定下了。说了个好日子，很快就安排。晋华珍没有表露出任何不满的情绪，没有任何反抗的意思，默默接受了这一切的安排——因为她听到了一句话："这年头，大脚还是不好嫁呀。"晋华珍本以为，在各地的女儿相继放开裹脚布以后，"大脚"便不再成为嘲笑人的话语。

在李家的这段日子，晋华珍过得并不好。家庭的贫穷，婆家的不重视，通通向晋华珍涌来，那种似乎陷入深深绝望的恐惧，得不到丈夫的理解和关心。

在一个寒冷的夜晚，晋华珍的丈夫因为感染了风寒，离开了人世，他走得那样仓促，给这场本来就短暂的婚姻画上了句号。可就在这时，晋华珍发现她怀孕了。这个孩子的到来伴随着丈夫逝去的悲伤，让晋华珍又悲又喜，不知道是应该继续待在这个并不能让她感到温暖的家，还是走出门去，另寻出路。在她彷徨之际，上天又和她开了一次玩笑——那天她在洗衣服，当她端起那盆水，她感觉到腹部剧烈的阵痛，然后她流产了。

当她收拾好行囊离开这个家的时候，这场两年不到的婚姻，也就什么也没给晋华珍留下了。

### （二）大宅门的有苦难言

回晋家待了一年多以后，家里卖去了所有的物件，给晋华珍置备了一份嫁妆。于是晋华珍再嫁，嫁进了许家。许家在当时算得上地主家，大富大贵算不上，但是至少没有之前过得辛苦了。理论上来说，在许家的生活应该比从前过得轻松些，但事实却并非如此——婆婆并不喜欢她，连同她的孩子也不喜欢。

晋华珍嫁进晋家以后生了两个女儿，每一个却都在出世后不久又悄然离开了。晋华珍伤心难过，并不明白这样的厄运为什么要一次又一次地降临在自己身上。不久之后，晋华珍又生下了一个女儿，由于之前的失子之痛，晋华珍对这个女儿倍加悉心照顾，可是婆婆却让她把这个孩子扔了。听到婆婆竟然说出这话，晋华珍哗哗地哭着说道："这是我的孩子啊，你看她啊，她的眼珠骨碌骨碌地转，怎么舍得丢啊……"晋华珍双手死死护住她的孩子，生怕谁抢了去。她似乎想起了曾经的自己，那个被无情遗弃在河岸边的婴孩，那个啼哭了 3 天的小女孩，她似乎也回到了那个时候，哪怕这么多年过去，被人遗弃的不安仍然埋藏在晋华珍的心中。她哭啊哭，刚生了孩子的身体还很虚弱，不多久便哭得昏了过去。婆婆见她那么坚决，也就打消了扔掉这个女儿的念头。

然而命运再次和她开了个玩笑，这个女儿的身体比之前女儿身体更加虚弱。不久后，竟又离开了她。

每一个孩子的离开都是晋华珍心中的一场灾难，同样的灾难一次又一次地上演，对她的影响一次大过一次，直到某一天，晋华珍发现，自己又怀孕了。高兴之余，又满是担心害怕，害怕这个孩子也不能逃过这一劫。10 个月以后，孩子出生了，这次出生的，是个男孩。晋华珍对这个男孩也是关怀备至，格外喜欢，希望因为生了男孩，能得到婆婆的重视，至少，少些恶语相向也好。在那个重男轻女的年代，晋华珍有这样的想法其实并不奇怪，如果能生出男孩，母亲的日子也许会好过些吧。

但婆婆的态度并没有因为男孩的降生而改变，晋华珍一直对此疑惑不解，直到有一次无意间撞到婆婆与他人聊天，谈到她时连连摇头，说她是二婚的女人。

听到这话，晋华珍愣住了。“大脚”“二婚”这些词，都是别人给她贴上的标签，只要和这些词沾边的女人，无论多么任劳任怨，多么勤劳肯干，多么善解人意，都只会遭人唾弃，没有被人称赞的。

她为这个家付出了这么多，却要受这样的委屈，原因仅仅是那些她无能为力的不能决定的曾经。她觉得自己好苦，她觉得做女人好苦，身不由己还要受这世上的条条框框所束缚。但日子就是这样，好也是不好也是，都没有给人挑挑拣拣的道理，只能默默承受，冷暖自知。

如果日子一直这样下去，也算安稳，尽管婆婆时不时刁难，但有老公和孩子陪在身边，日子总归是过得去的。可是命运的齿轮从来就没有停止转动，生活的尖酸刻薄从来也没有停止作弄。1949 年 12 月，四川各地相继解放，一场席卷川内的“庆解放，斗地主”的运动就此开始，许家作为当地的地主未能幸免。平时无冤无仇也算得上相处和睦的乡邻一股脑冲进许家打砸抢烧，而晋华珍的丈夫就在这场硝烟中去世了。为母则刚，从没想过反抗的晋华珍，却在此时下定决心，一定要和命运斗争到底。

她从简阳一路向西走，可是她不管到了哪里，都容不下她。在最困难的时候，她甚至摸过水沟里的小虾充饥。看着孩子的脸，晋华珍生出了一种她从未有过的勇敢和坚毅，她要走下去，为了孩子，她也要走下去。直到走到成都，她才在摸底河边找到了安身之所，也许她停下来的理由，是看见了摸底河——它和自己家乡的环溪河是如此相似，乡愁让晋华珍停下了脚步。晋华珍说，刚到成都的那个冬天，她鞋子是没有的，衣服只有一身，就这样一无所有。

### （三）小桥流水弯弯

在石人路的日子过得辛苦，晋华珍一个人独自拉扯着年幼的孩子，既要种地干活，又要料理家事，每天晚上都忙到深夜，累到躺下就可以睡着。但是那个时候晋华珍的想法很简单，这样种地、生活，然后把孩子养大。

晋华珍从没有想过，自己在这个时候，能够遇到一个真正珍爱自己的人。那天，晋华珍背着农具从地里回家，夏天的热气让她有些喘不过气来，当她踏上摸底河上的小桥，一阵清凉的风吹来，晋华珍的嘴角不禁泛起了微笑。她停下脚步，转过头去迎着风，却看见了夏日里在河边乘凉的谢郎。有的时候，爱情来得就是这么不讲道理，也许仅仅是因为你看见我的时候我微笑着，而你看到我的时候也是。几天以后，谢郎到晋华珍家中提亲了。

36岁的晋华珍早已没了16岁的青春貌美，面对突如其来的示爱，她有些手足无措。她实在想不出，一个带着孩子的36岁的女人，有什么过人之处，当想起自己前两段婚姻中的遭遇，她更加不敢相信现在发生的一切。那些“大脚”和“二婚”的说法，总是在晋华珍脑中挥之不去，她可以为了自己的孩子勇敢地来到成都，却没有为自己的幸福再迈出一步的勇气。后来，谢郎亲自到她家找她，说他自己不介意晋华珍有个孩子，他会视他如己出，他也不介意之前晋华珍的经历，他欣赏晋华珍的勤劳和善良，他还说，他会尽心尽力照顾晋华珍。

晋华珍放下了心中的顾虑，组建了新的家庭。尽管日子还是清苦的，但夫妻二人相敬如宾，互相照顾，过得也算是和和美美。这种平凡安稳的幸福感，是晋华珍小的时候，在自己的小妈的照顾下，才能体会到的。

晋华珍再次怀孕的时候，已经快40岁了，能再怀上孩子，实属上天恩赐。不久，晋华珍的孩子出生了，一男一女，子女双全，只一个“好”字罢了，却是这世间的家庭最向往的平凡的幸福。在晋华珍眼里，那段生活幸福得不像话了，她自己应该是这世上最幸福的人。可是上天也许就是一个喜怒无常的孩童，虽可以给予人快乐，也会因为嫉妒轻易地剥夺人的幸福——这个一家人心爱的女儿，随着严冬的到来，被呼啸的北风带走了娇小的生命。祸不单行，在那个寒冷的冬天，丈夫也因为感染了风寒却没有钱医治，离开了她。晋华珍的生活，又这样从天堂跌到了谷底，当她用一抔黄土送走了自己心爱的丈夫，她告诉自己要坚强地生活下去，街坊邻里，没有人看见晋华珍掉了一滴眼泪。

后来，人们时常看见晋华珍背一大背篓的牛草去卖给奶牛场，刚开始是背五六十斤，后来是七八十斤，最后，晋华珍那硕大的背篓里，是一百多斤的牛草。这个背篓，一背就是三十多年，寒来暑往，只有这个背篓陪着晋华珍，每天都要走上十几里的山路，去到能把牛草换成钱的地方，养了儿子，再养孙子。乡邻里说，从背面看去，硕大的背篓挡住了晋华珍，头手都是看不见的，只能看见背篓下的一双小脚，滑稽又令人心酸。

## 三、安然晚年

1991年，孙子高中毕业以后开始外出打工，负担起了晋华珍老人的生活。1993年石人路附近土地征收，老年人的社保采取买断制度，孙子用自己攒下的积蓄为晋华珍奶奶买了社保，晋婆婆的生活才算轻松了起来。

晋婆婆原来的房子，就在石人路公园里面。所以从那以后，晋华珍就常来石人路公园里坐着，有的时候，就和在公园里散步的人聊聊天，一来二去，大家都知道了石人路公园里有这么一个健谈的婆婆。晋婆婆的故事一直讲到她103岁那年，在104岁的那个冬天，晋婆婆的腿脚越发不灵便了，只能靠轮椅代步，也很少出门了。老房子没有电梯，上下楼又极为不便，再后来，孙子将晋婆婆送到养老院来，有人照顾，晋婆婆终于不用劳作，能够享受她的晚年余生。

## 四、生则善，苦则抗

对于晋婆婆来说，生命如同一条曲折的河流，所有的幸福都转瞬即逝，而更多的，是她对生命的坚持和那一份活下去的坚强。尽管这一生，她没做出一番事业，只是一个极其普通的农村妇女，但她在这波折的一生中所展现出的坚毅是如此令人钦佩而动容——她是一个平凡的可怜人，但也是伟大的令人尊重的母亲。她这一生所坚守的信念只有两个：其一，为人“善”，善良是最简单的品格，但是它也是最难达到的，最容易在一生中轻易丢失的品格。她认为，一个人可以过得不好，但是一定不能因为自己糟糕的处境而选择损人利己。其二便是与命运抗争的坚强。晋婆婆说，她过了很多年逆来顺受的生活，对于父母的安排、婆家的命令从来都是不敢不从，但是她的生活并没有就此好转，后来她鼓起勇气去过自己的生活，尽管生活还是很苦涩，但是她却在这样的生活中找到了自我，并由衷地觉得踏实。

## 采访手记

一世辛劳
艰辛与快乐做伴
苦难与温柔长存

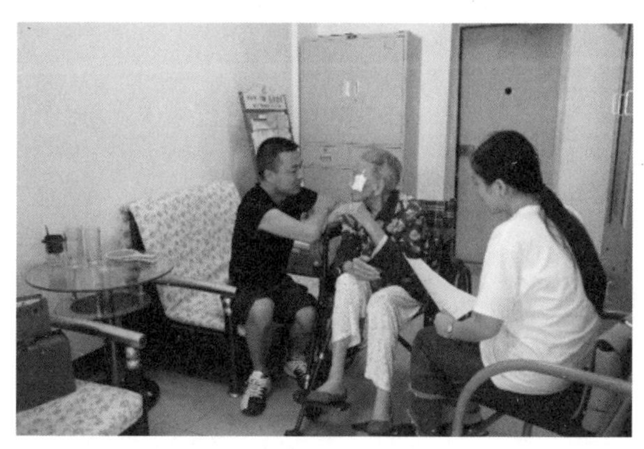

晋华珍的孙子（左一）协助志愿者询问老人（ 郭冰蕊  摄）

人与人之间的相遇总是需要一点缘分的加持，在连续几天跑了许许多多社区之后，终于在石人路社区得到了晋华珍老人的住址信息，几经波折找到养老院。

联系了晋婆婆的孙子以后，笔者约好时间一起来到了养老院，对晋婆婆进行采访。晋婆婆耳朵虽然听不太清了，但意识仍然很清醒，她给笔者讲起她的出生，讲起简阳的小山村，讲起她家边的那条小河沟。老人的生活充满了苦楚和艰辛，但她脸上却充满对生活的感恩，那种平和温暖，把她所受的苦难消磨成了平淡的故事，当老人再次提起，她心中都难再起波澜。

晋婆婆的孙子谢先生说，前些年晋婆婆还和他们住在一起，只是近些年腿脚不太灵便了，上楼极不方便，楼里又没有电梯，才让婆婆住到养老院来了，他有空也一定会来看望晋婆婆。晋婆婆笑称自己是孙子的包袱，是他的麻烦，但是谢先生认为家有一老如有一宝，和晋婆婆一起生活是他们的福气。

回家以后，晋婆婆的故事一直在笔者的脑海中挥之不去，遥远年代的遭遇似乎让人难以理解，但是那样的遭遇，在那样的年代，似乎也只是众多颠沛流离的女性普遍的经历罢了，幸运的是，晚年的晋婆婆终于获得了持久的平静的幸福，让她可以忘却所有的忧愁。

# 蹚过苦难，坚韧平凡

## ——庞兴珍老人传记

王雨欣 北京师范大学 生命科学学院 2018级

### 人物生平

庞兴珍，1916年6月20日出生，103岁，家住四川省什邡市师古镇金龙村。14岁嫁入张家，膝下共育有二女一子。42岁时丈夫病逝，老人放弃再婚，一人将儿女抚养成人，用艰苦奋斗撑起了一个家。如今儿孙满堂，一大家人其乐融融，乐享天伦。

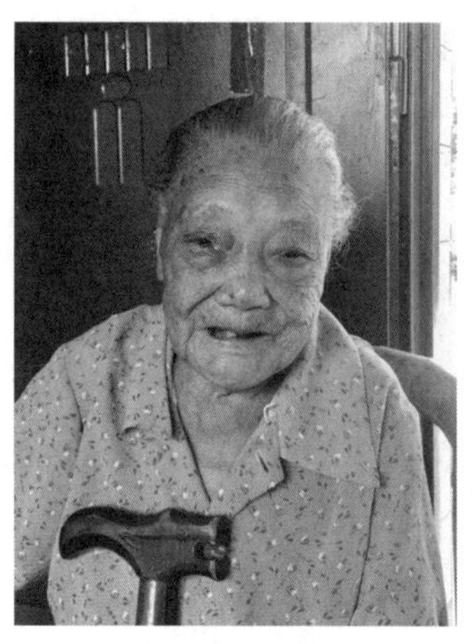

庞兴珍老人照（王雨欣 摄）

### 一、苦难旧忆

庞兴珍本是彭县（今彭州市）人，1930年，刚满14岁的庞兴珍背上行囊，告别家乡，以张家新娘的身份来到了什邡云西。什邡，这个原本冠以异乡名称的地方，最终成了接下来的 90 年里庞兴珍口中的家。

翻开记忆的书卷，画面泛黄褪色。还是少女的庞兴珍本能地对别离感到害怕。乡间尘土飞扬，天边云卷云舒。混乱的世道对于天真的乡野少女来说十分遥远。她不懂时代风云，也不懂高深知识，她放在心里的，不过一片乡土。

庞兴珍一直都是勤劳温顺的女人。她极爱干净，她的双手生来便有把一切整理得井井有条的天分。哪怕是在 103 岁高龄的现在，庞兴珍也一直坚持清早起床后先洗脸，然后用梳子一丝不苟地将满头银丝收拢束好，换上衣服，用最整洁舒适的形象面对生活。如果再早几年，这具身体还勉强能干活的时候，在土灶上生火准备早饭也是庞兴珍每天必不可少的功课。庞兴珍的后代每每回想起这位长辈时，莫不称赞她的勤劳能干，言语中的骄傲无须掩饰。

但就是这样淳朴踏实的庞兴珍，却没有得到她应得的对待。

庞兴珍与丈夫的第一个孩子是个女儿。但在重男轻女思想盛行，对传宗接代无比重视的旧社会，连女性自己也理所当然地认为儿子比女儿更珍贵。庞兴珍有过一个男孩，己卯年间出生的，活泼可爱，天真烂漫。庞兴珍将所有的关爱与期望倾注在他身上，看着他一天天茁壮成长，幻想着他长大成人娶妻生子，过完幸福美满的一生，直到他的身高永远停留在齐腰时。

孩子夭折了。

庞兴珍已经记不得那段时间自己是怎样过来的，只觉命运不公。然而，儿子的夭折还不是庞兴珍苦难的终点。就在孩子过世之后没多久，家里的白事便被红事替代——丈夫又娶了一名妻子。

“娃娃刚死，他就又结了一个！又结了一个小婆子！”庞兴珍如今回想起来，言语中也充斥着愤恨与委屈，发红混浊的眼眶中蓄起眼泪，“他说你模子不好，造出来的货是瘪的，这次要换一个模子……这骂人骂得好难听嘛……”

“结个小婆子，来就生了几个女娃娃，后来又生了儿子张小娃。他喜欢得不得了，每次云西赶场他把张小娃背着，一场都不落。娃娃丁点小，就晓得抓着爸爸喊‘爸爸，给我买花花’，‘爸爸，我要啃鸭脑壳，我要鸭脚脚’……”

很难想象当年的庞兴珍究竟遭受了多大的委屈。孩子夭折，丈夫再娶。看着父子俩其乐融融，亲密无间，丈夫是自己的丈夫，孩子却是自己丈夫和别的女人的结晶，庞兴珍的心中充满了痛恨与委屈。然而，在男权至上的封建农村，庞兴珍丈夫再娶与否似乎也不需要过问她这个妇道人家的意见。明明她才是他的第一任妻子，是这个家名正言顺的女主人，但在这里她却找不到自己的位置。她成了这个家里最受气的那一方。

如今，一夫一妻制的观念早已深入人心。在法律的保护下，男女双方地位平等，都应当忠于一人。这样一对一的爱情模式在今天是约定俗成理所当然的，但在旧社会，却似乎成了一种奢望。

庞兴珍的奢望也没能变为现实。

庞兴珍至今还认为丈夫再娶的原因是自家男孩的夭折，自己没能为张家多添男丁。所以，在悲痛委屈之余，庞兴珍同时也在自责，拍打自己不争气的肚皮，被一种深深的无力感压得喘不过气。但孩子也去了，婚也结了，木已成舟，生活的齿轮依然滚滚向前，生存的重担不会放过任何一个靠天吃饭的庄稼人。

油菜花、麦子、水稻、烟草……占据庄稼人生活最主要的部分的还是繁重的劳动。张家并非是富贵之家，需要吃饭的嘴却不少。庞兴珍刚刚生产不满七天，连月子都没坐完，就又要奔赴土地这片战场。镰刀扬起，阳光给磕磕巴巴的刀锋打上一层光晕，然后就听见麦子齐腰斩断的悲鸣。庞兴珍佝偻着腰背，直喘粗气。哪怕是给脚套上两双鞋，这双被人工变畸形的脚也承受不了这样的劳动量，每走一步都疼得钻心。但承受不了也别无选择。上有公婆，下有孩童，劳动是养家糊口的唯一方法。庞兴珍咬了咬牙，继续拖着产后虚弱的身体干活。

“嫁到张家来以后好造孽哦……”庞兴珍满是皱纹的脸微微抽动着，组合成一种痛苦难言的表情。

一桌饭菜摆好，庞兴珍正想坐下吃饭，婆婆把眼睛一瞪：“要吃，就去碗柜那边吃！”不敢忤逆公婆，庞兴珍连忙端着饭碗下了桌，连去饭桌夹菜都不敢。

庞兴珍每年只被准许回两次娘家，腊月里一次，六月里一次。有一次回娘家前，婆婆给了一封潮糕。庞兴珍接过定睛一看，糕点不知道存放了多久，上面爬满了黑色的霉斑，包装纸也脏得不行。庞兴珍听婆婆的话去湔氏的金婆婆家换一张纸，别人建议她另买一封，庞兴珍苦笑摇头。婆婆的话不敢违背，更何况手上没钱，怎么另封一包?

就这样，日头升了又落，庄稼长了又收，日子一天天过去。可就在庞兴珍 42 岁那年，家里的顶梁柱却倒下了。

事情发生得很突然。病来如山倒，正值壮年的丈夫被病魔压垮，问遍医院也没有起色，没过多久就撒手人寰，留下带着三个儿女的庞兴珍。家里没有男人，生活有多艰难，不用说都可以想象。周围人都劝庞兴珍再嫁，生活上也好有个照应。但回想起自己嫁到张家后受到的不公，忍下的气，庞兴珍看着自己的三个儿女，突然义无反顾地固执了起来：

“我不嫁。攒生攒死，也要让儿子昌富把媳妇娶了，把两个女嫁了。”

## 二、为了儿女

庞兴珍放弃了再嫁，她把自己的一生都奉献给了儿女们。她没读过书，大字不识一个，只会靠土地生活。没关系，那就踏踏实实地干农活，勤劳的人总不至于饿死。三伏暑天，凛冽寒冬，旭日初升，星光满天，庞兴珍忙碌在田间地头，灯下桌前，起早贪黑，养家糊口。即便如此，也只能勉强度日，家中贫困的局面依旧。

没钱，怎么娶媳妇？只能去借。恰巧有同乡当兵回来，手里有些钱。庞兴珍便上门借。好说歹说，总算是借到了 80 元。1969 年的 80 元对于寻常人家来说也不是小数目了，有人愿意帮助庞兴珍，也让她感受到了被信任的滋味。庞兴珍拿出 60 元折给了女方家里，剩下的钱用来置办了酒水，才把儿子的终身大事办好。18 岁的小姑娘，正是如花的年纪，也勤劳能吃苦，庞兴珍越看越满意。后来说起这件事时，庞兴珍都会开玩笑地说自己这一借，就借了个好媳妇。如今在这个家生活了 50 年的儿媳回想起自己的婆婆，也是深感自己遇到了个好婆婆。

自己的儿女中，庞兴珍最喜爱的还是那宝贝的二儿子张昌富。所以有了昌富之后，庞兴珍疼爱他疼爱得不得了，捧在手心怕摔了，含在嘴里怕化了，家里有什么好东西总是第一个想到他。街坊邻居都知道庞兴珍是把儿子惯大的。也正是如此，昌富养成了争强好胜的习惯，遇事总想着出人一头，好几次和侧室的儿子大打出手，有一次甚至闹到了派出所。事实上昌富原本也是很勤劳的人，年轻时也常常帮助自家大姐和小妹干农活。但后来经历的一切，让他很难再以积极的心态面对一切。一次事故，昌富的腿变成了三级残疾，只能依靠双拐行走。腿部的伤残，生活的不顺，各种重担都压在身上，压得这个原本高傲的男人变得不再想面对沉重的现实。抽烟、酗酒等恶习逐渐在他身上体现，庞兴珍看在眼里，疼在心里，但也无可奈何。

说起自己的小女儿，庞兴珍叹了口气，也苦。庞兴珍还记得她上幼儿园时，站在草垛边死活不走，但只要盛一碗菜给她，不用管是什么，就开开心心地去学校吃饭了；有一次小女儿去大女儿家，姐姐给妹妹盛了一碗饭，看着她吃了，然后又给她一碗，让带回去给妈妈吃。结果一碗饭，小女半路上就吃完了。原因无他，饿得心慌了。

庞兴珍一直惦记着还要把小女儿给嫁出去。鲁家有男孩在部队上，庞兴珍便寄了张自家小女儿的照片去。婚事大致说好了，却遭到了儿子昌富的坚决反对："他们屋头十二口天井，你快放给人家啊！"意思就是男方家里一穷二白，连屋顶都没有，住的地方都成了天井，嫁过去有你好受的。昌富不喜欢，不答应，庞兴珍本打算为小女置办的礼物也不了了之。但好歹到了这里，三个儿女都有了归宿，庞兴珍这么多年来一直紧绷的神经也终于可以稍微放松一下了。

## 三、苦尽甘来

现在的庞兴珍，如果一家人都坐在一起，那就是不折不扣的五世同堂。

庞兴珍膝下有二女一男。大女儿育有二儿三女，孙辈如今也都有自己的孙子孙女了，最大的超过了20，最小的也有两岁了；二儿子膝下有两个女儿，如今较小的也大学毕业参加工作了；小女儿的孩子便是秀秀，秀秀有一个儿子。现在庞兴珍最大的愿望就是看着自己的曾孙娶媳妇。

百岁大寿时，这个家的后辈们从各地赶回来，一家人一起拍了一张全家福。这张全家福可不得了，前排的坐板凳，中间的站整齐，后排的插空露脸，个个脸上都洋溢着骄傲与自豪。庞兴珍作为这次的主角，坐在最前面，黑底的衣服上绣满了大红的花，"福"字作花心，好不喜庆！

庞兴珍虽然年岁大了，但对过去发生的所有事都记得清清楚楚，孙子重孙子重重孙老老小小几代人她都能分辨。她还能记得自己小女儿的生日是四月十七，大女儿是九月十四，辛巳年出生，并且一直对有一年自己想去探望大女儿却被风雨挡回去的事感到遗憾。

被问到印象最深刻的事，庞兴珍毫不犹豫地说是七十大寿时，自己的小女儿给自己添置了件新衣，一家人一起去广汉看灯会。灯会热闹，但是最好的还是和自己的家人在一起。现在谈起，庞兴珍还是会觉得不好意思："扯了一件大红大红的衣服……哎哟，都七十了，还穿那么红的衣服……"嫌弃完，又露出欣慰怀念的温柔目光。

庞兴珍的一天，就像几乎所有赋闲在家的老人一般，清静，平淡。大清早起床，照例先把自己收拾一番，满头银发梳理得服服帖帖。早餐是混了蛋白粉的稀饭，这蛋白粉还是秀秀买的。年纪大了，牙齿不好，只能吃容易吞咽的食物。吃过早饭，庞兴珍坐在沙发上发一会儿呆，或者坐在院子里的石板上，有时在院子里走一走，散散步。庞兴珍近些年几乎不会走出这个院子，平日里和儿子儿媳住在一起。这个家，虽然庞兴珍年岁最大，但她从来不是单纯被照顾的一方。庞兴珍身体还行的时候，家中掌厨的位置一直没换过。哪怕是已满百岁，庞兴珍还坚持每天早起为一家人做饭，直到最近才从厨师位置上退下来。

谈及养生之道，庞兴珍的儿女们一致认为良好的生活习惯是最重要的原因。庞兴珍一直以来就非常自律，非常爱干净，即使再忙再累，也坚持将一切整理得巴巴适适。哪怕逐渐行动不便，庞兴珍也坚持隔天擦拭身体，每天清晨洗脸梳头，让自己的身体时刻保持在最清爽、最舒适的状态。许多老人身上都或多或少有一些让人不大舒服的味道，但和庞兴珍坐在一起，从来不会有这种感觉。庞兴珍的一日三餐极其简约清淡，但必不可少的是那每天的一杯小酒。她不会贪杯，一小杯足以让生活平添滋味，同时也不会伤及身体。庞兴珍如此长寿的另外一个重要的原因，就是乐观豁达的人生态度。一直同住的儿媳评价她是个温顺的人，从来不会与人生是非。笑一笑，十年少。生活中庞兴珍也经常笑，哪怕年轻时经历无数困难坎坷，到老在她眼里也都作过眼云烟。自律的生活，豁达的心态，安定的晚年生活，种种因素加起来，一起成就了庞兴珍的长寿秘诀。

在庞兴珍居住的村子里，几乎人人都知道这位善良的老人。俗话说得好，人老是个宝。庞兴珍如此长寿，闻名而来的人也不少。街坊邻居们家里有新生命出生的时候，常常会到庞兴珍家里来讨要一件老人穿过的衣服，期望孩子平安少病。有的人更甚，趁庞兴珍午睡，竟然偷走了她家里的碗。现在说起这个，庞兴珍依旧哭笑不得。

2019年上半年的时候，庞兴珍生了一场大病，慢阻肺。疾病如同山洪溃堤，医院雪白的床托着生命垂危的老人，如同一节失去生命力的枯枝在浪潮中浮沉。能活到这个年纪已经很不容易了，见识了这么多风风雨雨，如果老天执意要召她回去，那也是没办法的了。家人们这样想着。但众人均没有料到的是，庞兴珍居然挺过了这一劫，就像她年轻时坚强跨过无数劫难一般。老人虽老，但她不畏苦难，认真生活的心依旧鲜活。秀秀为庞兴珍拍了一段康复后坐在病床上吃饭的视频发到朋友圈，配上文字：“谢谢各位的关心和关注，103 岁的老外婆在中医院医护人员的精心治疗后康复出院。”

## 四、伟大的平凡

庞兴珍老人的一生谈不上有多么风云变幻，波澜壮阔，这只是一位普通农村妇女的往事。但老人的生活，就如同一条流淌着苦难的河，没有大风大浪，只有从不间断的苦难。老人立在河中，沿着河道逆流而上，静静地感受着绵延不断的苦难的洗礼，然后步伐坚定地迈过它。庞兴珍老人蹚过的是苦难的河流，而支持她不断前行的，是一颗自始至终不曾改变的坚强生活的心。

如此一位善良可爱、坚忍不拔的老人，走过苦难后获得的幸福是上天对她最好的回报。在这里，笔者衷心地祝愿庞兴珍老人身体健康，合家欢乐，平安幸福!

## 采访手记

走进庞兴珍老人的家，第一个感觉是安详。普通的农家小院，翻新的水泥地面，家犬侧卧，玉米挂满墙。这里祥和的氛围似乎也预示着这里的主人平和不争的性格。

笔者去时，正是午后，老人刚从午休中醒来。可能是染病，老人的眼睑不正常地肿胀着，在皱纹横生的脸上显得十分突兀。

老人起身，穿上外套，老人的孙女为她披上红丝巾。鲜红宽大的丝巾包裹着老人的身体，显得格外瘦小。笔者想搀扶一下老人，却被拒绝了，她说她自己可以照顾好自己。

就像老人坚强地走过这一生一般。

老人讲述时，脸上的褶皱痛苦地扭曲着，浮肿的眼睑慢慢变红，眼眶里的眼泪逐渐蓄积，却又掉不下来，在眼前蒙上一层膜。她抬起手去擦眼泪。那双手，是一双典型的劳动的手。皮肤因长时间的风吹日晒而变得暗沉、粗糙；关节粗大，指甲增厚、变硬，指甲缝里隐藏着顽固的污垢。摸上去，能明显感受到皮肤下松弛的肌肉，让人一阵心疼。

但艰苦的日子毕竟是过去了。

“现在的生活好哦……”谈及当前的生活，老人如此感叹道。

如今的老人，享受着五世同堂的天伦之乐。平日里和儿子儿媳一起居住，家中虽然贫困，但国家补助加上儿女补贴，生活也不会差到哪里去。家中还有一只猫，很黏老人。只要老人一招呼，它立马闻声而来，趴在老人脚边，慵懒而温顺。

一切，就像老人客厅墙上挂着的字一般——“仁者寿”。老人温顺仁慈的性格，坚忍不拔的品质，也许才是她长寿的秘诀。

庞兴珍老人与志愿者合影（陈旭英　摄）

# 汤小姐　王太太

## ——汤爱玲老人传记

武晓萌　北京师范大学　环境学院　2018 级

### 人物生平

汤爱玲，女，1925 年 3 月 18 日生，山东省聊城市阳谷县安镇薛寨村人，家庭妇女。生于当地大地主家庭，后家道中落，与其夫一同苦心经营，方得家庭和美。育有一女，与其婿任教大学。其夫曾为大队书记，在战争中立功负伤。

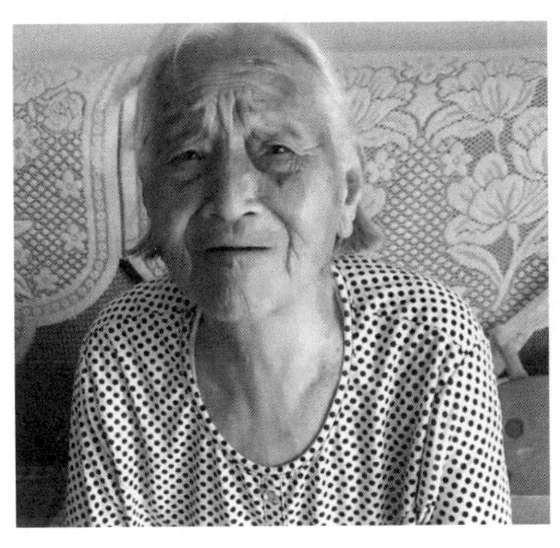

汤爱玲老人照（武晓萌　摄）

### 一、汤二小姐

蹚过齐溪的玉米株，踢着压满厚厚一层黄土的小桥过了河，从村头铺进去一条路，路两旁尽是灰绿的田地，很远处才隐隐有邻村的村舍。沿着路往村里走，四方的田野簇拥出一处处院子来，皆是漂亮的二层小楼。地里长的东西像地里过活的人一样，勃勃的生趣上，总蒙着这一层土。华北平原上，冀鲁交界处，这里是绿之海，是土之海，是汤之海——汤海乡。

这个村庄似乎被时间遗忘，却从未被时间丢下。走进村子的你回回头，把那柏油路换成土路，让那平板小石桥再旧些，夷了田里远处的几架大棚，你正这样想着，听，背后这半空的村庄似乎喧腾起来，一个赤膊穿粗布裤鞋的汉子扛着锹走过，你讶然回头，只见那一片小院都合作一处大院，小楼从不知第几进院落里耸起。院后平地挖起池塘和才到腰的葫芦沟[1]。啊，这倒是哪一年的汤海了？

你倒是问那长工："老师，给谁家扛活[2]？"

他半开玩笑地答你："汤二小姐的活计！"

"偌大的汤家，为啥就是二小姐的活计？"

"东家的二小姐，人看着弱气，脾气大！东家不让她管事，她非得管，半个当家！"

要真见了汤二小姐在楼上戳花[3]，这话你可未必信。那十一二的姑娘身材比同龄的女孩儿小两圈，看着手上的活计，低眉顺目的，偶尔咳一阵，似乎揣着些不适。她手上的是给小弟弟绣的肚兜，弟弟是后妈生的，她姐弟关系一辈子都最好。此时大姐嫁去了远处顶富庶的大家，大哥娶了亲，二哥正和王家的佳燕小姐打得火热。这佳燕大她六七岁，却最与她相善，二小姐这天夜里便歇在佳燕家。

二小姐这夜睡得不踏实，到黎明噩梦尽了，才睡过去，昏昏沉沉却被佳燕喊醒了。她看见佳燕圆圆的温柔的脸颤动着，看见自己家的人急得转悠，看见几里沟沟坎坎的路掠过，最终看见自家半边已尽烧毁的院子。娘抱着啼哭的弟弟朝她扑过来，她接过弟弟哄着，直看到爹和哥哥们过来，才说了句"家里人都没事"。

那段记忆不甚清晰，后来有人说二小姐打小能处事，却少有人知她多少次从梦里吓醒——她当时竟被魇住了。"我身体不行，胆子也小，"二小姐晚年淡然解释，"可怕的事，我一件也记不清，都被吓过去了。"

[1] 葫芦沟，旧时村庄的排水设施，深约一米，中有填平处，可供人通过，无雨时干旱。

[2] 扛活，谓长工打工。

[3] 戳花，谓女子绣花。

自然她当时也不知道，数千里外的东北就在这个夏天也燃起了一把冲天的烽火，兵燹所到，就没有她家人齐全那么幸运了。这年是 1937 年。

## 二、王太太

对闭塞的小村而言，战争还是遥远而朦胧的事，第八手的战况，不过是人们茶余饭后的谈资。汤家的院子重新建起来了，虽然值钱的东西烧了不少，家境不复当初，田产也折损了一些，却仍是汤海最阔的一家。二哥如愿将世交的王家的小姐佳燕娶过门，二小姐却也是许人的年纪了。与嫁入豪富的大小姐不同，她嫁给了王村一个小户，离开了 300 亩地的娘家，进了才 20 亩地的夫家的门。这是她自己选的人，颇有些文化，能写一笔好字，最让她喜欢的，却是他不是万事依她，而是有自己的道理这点。父母宠爱女儿，听其所愿。至于其间隐藏的家道中落的悲凉，二小姐直到为人母才体会得出。从今以后，她就成了王太太——但娘家人还是称呼她为“二小姐”或“二妮儿”。

新媳妇二小姐不摆小姐架子，善打点又勤快能干，里里外外收拾得利利索索，不少小地主日渐式微，王家倒是愈发的兴盛了。但婆婆却私下里忧心忡忡地对儿子说：“她身子骨差，又咳嗽，不像个能生养、能过得长的。”

一语成谶。在多子多福盛行的年代，王太太一生只一个女儿，倒不是她身子骨的问题，而是做丈夫的婚后不久就去当了八路军，琴瑟相谐的日子的寂静终于被华北平原的枪声打断了。开始她还知道他在哪里，很快那人的音信几乎消失了，她只知道，那是个很远、很危险的地方。但丈夫走得越远，战争离她却越近了。

那又是一段把她“吓过去”而破碎又模糊的岁月。有人报“日本鬼子来了”！她和家人，还有四邻的乡亲就跑出去避一避，日本人走了再回家。面对被打砸一通后的家，刚回来的风尘满面的她不是蹲坐在那里哭号，而是歇也不歇，摇摇地去整理收拾，泼到桌椅上的水和泥，也擦得干干净净。就像——

就像她丈夫明天就会回来。

丈夫没有回来，佳燕回来了。回娘家的佳燕没有一丝喜色，王庄被认为组织力量对抗日军，已经被蹂躏得飘飘摇摇，佳燕家作为王庄最大的院子，自然首当其冲。那座两位小姐少时一同玩笑打闹、说说闺中私话的小楼，也和别的小楼一样，断壁残垣，倾圮前最后勉强支撑。王村的屋舍人口，一派破败凋零。

“地主家有一村的地，就该护着这个村。”王太太忆起这段故事，只说这一句就沉默了许久。平常百姓不拥有什么，背井离乡尚是黯然销魂，她们是将脚下这个村视为一颗祖传的价值连城的明珠，自己不过是它的守护者，弃它而去，其锥心之痛可想而知。

比日本人更可怕的是汉奸，村民将他们不分职位地叫作“翻译”，出卖国家语言与出卖国家土地，罪过相等。日本人来时，王太太尚能勉力维持，汉奸来时，她终于顶不住了。

汉奸进村的消息，比鬼子进村传得更远、更快、更可怕，一口气没喘过来的王村，又一次成了敌人的目标。眼看着满嘴没个人话的翻译在村里逐渐多了起来，惶惶终日的王太太和汤太太，安排好各自王村的家人，决定逃往汤海汤家。这叫“逃荒”，但当时不旱不涝，没虫没病，放在太平岁月，怎会是荒年呢——这是少有的“兵荒”，更是仅有的“国荒”。

但一再的犹豫，她们逃得还是晚了，汉奸已经在试图封锁王村。王太太和佳燕见墙藏身，见树蔽形，在旱着的葫芦沟里猫着腰，恨不得让自己的呼吸都消失在风里。离村远了，终于没有可供躲藏之处了，两人只好拼命地跑，楼上戳花的小姐，家里管事的太太，此时像拉柴火的骡子，扬起一路黄土。汉奸将一些村民三三两两地抓起来拿刀（或者枪）指着的情景她们见多了，只祈祷着不会挨到自己身上。眼前是王村村口的大桥了，过了桥就出村了。

“上哪儿去，你俩？上哪儿去？”一把枪抵在王太太腰上。那声音至今回响在她半聋的耳朵边，是熟悉的口音。她和佳燕紧紧拉着手，一动不敢动了，力气大得仿佛要把彼此的手掐断。

桥那边有两人过来，朝她们招手：“不关她们的事！你们俩，快走走走！”

硌着腰的枪下去了，王太太已经认出一个是王村出来的乡长，体面话一句也来不及讲，拉着还没明白过来的佳燕就跑，边跑边往后看，唯恐那汉奸追上来。一口气跑出二十里，看着周遭都陌生才停下来——竟是慌不择路，跑到了邻镇。心思渐渐稳下来，还是佳燕带她回的汤海——她被叫作二小姐的地方。

早有人见了两个小姐回报汤家，二哥远远迎出来，一手搂着妹子，一手扶着娘子回家，大哥还是兄长训弟妹的口气："自己跑过来干什么？家里没人接你们就别来！"声音却是颤抖不止，没有严厉，只有后怕。

那段岁月的"逃荒"，仅有这一段在二小姐心里清晰如昨日。后来，一家四代人坐着牛拉的车子，收拾简单的行李，去远处相对平和的崔庄逃荒了。临行前二小姐最后地看向汤家，看向她少女时代的小楼。

1945年初，日本人撤出汤海王村一带，战争也接近尾声。战后的日子，与战时一样，除了揪心的疼，就是扎心的苦。即使有再多真金白银，也填不上人们内心的血洞。自然也不会有人，赔二小姐一个家，赔她做闺女时的小楼，还有，赔她一个意气风发，总爱昂着头大阔步走路的丈夫。

丈夫是被扶着进来的，他在战争中伤了一条腿，子弹擦过胳膊打进小腿，连着骨头带着血肉炸开了花。至于负伤的具体情形，二小姐什么也没问，丈夫什么也没说，什么峥嵘岁月，什么荡气回肠，那时全都不过是午夜惊回的梦魇罢了。

王村是不必回的了，就连汤海，也几乎夷为平地。但王太太家却在走投无路之际，迎来了新的转机。

解放战争打响，解放军找到了这位负伤致残的战友家，送来了共产党批给的砖瓦一应建材，帮着在原先大院的一角，建起了新的宅子。物料既有保障，人手又很充足，宅子建得相当迅速。虽然彼时家里已经不得不以藜藿糟糠为食，眼看着宅子就要完工，二小姐还是做了饺子，买了些肉食，既为庆贺，也为感谢。她自然先给最疼爱的弟弟盛了一份。

八九岁的弟弟却没有接过来："我不吃，给干活儿的吃吧。"

做姐姐的一下子红了眼眶。她看着刚刚修起的屋子，不过是几间平房围出一个小小的院子，却是一家人劫后重生的开始。但弟弟的话撞进她心里，让她忧心，今后还要有多少劫，哪一日才能看见战前般的自在日子呢？回想自从老院被焚的那个夜晚以来的这些年，一段段细节不甚清晰，其苦痛却异常分明的经历，她如同一个人在暴风雨中奔跑，什么也看不清，浑身却被风雨打得生疼。看着弟弟，二小姐心中家人又一次一齐闯过死劫的欣慰渐渐淡去，取而代之的是对全家生活江河日下，甚至没有给弟弟留下一点合家美满的记忆的歉疚。

尽管，这不是她造成的，也绝非她一人能改变的。

她没有再对弟弟说什么，把饺子和肉食端给了家里的男人和解放军战士们。她切切地注视着他们，看这些不比她大多少的年轻人，围在灶台，就着不甚精致却已是尽其所有的饭食，大笑着谈天说地，没有一丝担忧。他们既然能给她一个新家，也许，也能给她一个新的生活吧。

自此，王太太一家人多田少，但在家里人尽力操持下，生活渐渐好了起来，虽然清苦，但总还温饱。二小姐珍爱家人，关心村民，但全靠着别人救济混日子的闲汉懒婆，她是最瞧不上的。

能重新安家立业，多亏了王太太的丈夫。家人都知道二小姐两口为一家牺牲犹多，故而很是尊重，即便夫妻同住妻家有“入赘”的骂名，一家人也从不作此想。毕竟是年轻人，生活安定后，丈夫的腿逐渐恢复过来，身体上生龙活虎起来，心情也好了很多。他是见过大世面的人了，在军队里摸爬滚打，在战场上冲锋陷阵，才干本领，超出这些一向闭塞的乡下人不知多少，也颇有一些见识和主张。王太太向来也是有主见的，夫妻愈发情投意合了。

最令他们欢喜的便是，他们的女儿在 1945 年出生了。但从小身体不好的二小姐，生育后愈发瘦弱了，情况时好时坏，甚至险些离世。这时仍是战火纷飞，村民中绝大多数仍过着吃饭都是问题的日子，他们的家园重建，也远没有汤家来得顺利。也只有在这样的汤家，王太太才撑了过来。也是因为这一段凶险，她再没有生育第二个孩子。

## 三、新生

新中国成立的消息传来，村民跟着普天同庆的国家一同欢呼雀跃，只有悄悄关注着战事动向的丈夫，才有最为真切的感动。很快，他被任命为大队书记。他虽不姓汤，却在汤海颇受人尊重，家里又最为优渥，乡亲们倒是都服气。

王太太不懂什么是“划成分”。此后好多年她才知道其中原委：要按当初她作闺女时，她家自然要被划为地主，多亏了那一把天降的大火，将祖上留下的古董珍玩毁了八九分，从此失了做地主的资格。她丈夫是负伤立功的光荣战士，领导也千方百计地照顾。更兼丈夫是很有威望的大队书记，一家人又富而不骄，与邻为善，被划为富裕中农。

弟弟是个极聪明有头脑的主儿，不愿只是仗着田地过活，过年时扎鞭炮，红白事上操持宴席，农闲时起大早蒸馒头卖，家里过得愈发红红火火。1956年，这位汤家三公子迎娶了范家小姐。范家祖上下南洋做生意，即使糟了战乱，家里仍是鲜花着锦，烈火烹油；这位新娘长得出挑另论，难得的是仪态沉稳，举止优雅，王太太与新弟媳一见如故，喜欢得简直胜过了弟弟——也许，在新媳妇身上，有太多她当年作闺女时的影子吧。

王太太替范小姐收拾婚房和陪嫁。宝石摆满了窗台，挂蚊帐用的金钩上镶着玉。但包括王太太在内，大家不认得这些都是什么，只道是漂亮的石头，珍贵的玩意儿，渐渐都失落了。那时的乡里人，最视为珍宝的，就是自己的脑子和身子。石头再漂亮，也不能吃穿啊。

分家后，王太太和丈夫住得离弟弟远了。丈夫的工作意味着大量的人事接洽，王太太善交际，逐渐深交了不少旧识，又结交了一些新知，教育女儿又是颇有良方，生活充实远非普通农妇可比。

## 四、难忆

王太太觉得日子从1962年开始就走了上坡路。女儿读书，还上了大学，认识的后来的丈夫也是书生。二人都掌握了不少真才实学，这成了这个家庭的第二笔本钱——后来到80年代，女儿女婿双双任教大学。

王太太有两个外孙和一个外孙女，自小受着良好的教养。小外孙进了市里的人事局工作，在工作包分配的年代，那是一份美差。小外孙于是将家人的工作都安排到市里，一家人妥妥帖帖都抱上了"铁饭碗"。对她和丈夫，儿孙很是孝敬。只是年纪愈大，二小姐愈发多心和要强。一大家人什么事，非得她来主管才最适宜，女儿只应听她调遣。虽没少争执，但女儿从没有跟母亲真的生过气，尽力忍让着，就过去了。

但并不意味着每个人都容让二小姐的多心和要强。弟弟的小女儿出生了，弟弟和弟媳有太多活计要忙，供着几个孩子念书和一家人生活。二小姐命令他们的大女儿放弃念书，回去照顾妹妹，大女儿自然不肯，跟这个霸道的二姑妈闹得鸡犬不宁，互相没个正眼。还是温柔的弟媳出来劝着，让大女儿安心念书，自己照顾小女儿，又兼之弟弟一家都很疼爱小女儿，二小姐这才作罢。但姑侄的梁子算是结下了，弟媳年纪不大就去世后，她断言称，这一半是给野心太大的弟弟气的，一半是给不知道分担家务的大侄女累的。

二小姐也感到自己在变老了。她认识的人多，到了八九十年代，姓汤的、姓王的，不管什么姓氏，一片都是密集的讣告。一片悬在枝头的树叶看到秋风卷起一片金黄，就知道自己也该枯萎了。认识那个要强的她的人越来越少，她的眼泪就越来越多，闻事、触景、睹物，都免不了让她记起往日的种种，潸然泪下。

最悲痛的一次，就是 1994 年丈夫的去世。她放弃了军属的补助——虽这笔钱不是急缺，但毕竟是一个不小的数字。她不想每个月还要专门有人来揭开这处伤疤，提醒她只剩她一个了。

好劝歹劝，已经住在城里的女儿终于以“重孙太小需要照顾”为由，将她从毕生守护的汤海，接到了城里大学旁的别墅。二小姐终于又住上了几十年前她自己做闺女时的二层小楼。可如今，佳燕姐姐已经不在，她连戳花也不必了……

二小姐终生吃素，晚年更是到了不肯见肉的地步，家里做荤菜和素菜，都是用两个锅。如果还有谁对肉忌口到这种程度，那就是弟媳范小姐了。两位小姐都是从旧中国到新中国最广大农村家庭变迁的见证者和亲历者，她们最清楚这段岁月对最广泛的乡下群众意味着什么。只是范小姐去世得早，二小姐的“斋宴”，少有人能赏识得了了。

但听说小侄女将弟弟接到了一街之隔的小区，二小姐说什么也要去看望。“昨天我梦见你娘了。”只对小侄女说这一句，她的泪就下来了，“她下去了倒好，我们都老了，哪里也去不了了。”

“您想去哪儿啊？”侄孙女握着她的手问她。她只是哭，劝了好久方住。

她想去，汤海啊！

## 采访手记

见面时，汤奶奶在弟弟家，两人正在客厅沙发上拿家乡话聊天取笑，笔者听不懂那么正宗的方言，只见弟弟摇着蒲扇，姐姐拿着折扇翻来覆去细细打量一阵，似乎不喜欢，伸手抽走了弟弟的大蒲扇，扇得满意了，这转头才看向我。

她穿着碎花衣衫和暗色裤子，里面还套了一双长长的肉色袜子，脚上一双绣花布鞋，都是乡村的粗布。她的背有些驼，坐在沙发上却给我一种挺拔端庄的错觉。

这时阿姨端来了无花果，奶奶拿一个给笔者，自己取一个做示范，“从屁股上剥，光吃里面的芯。”说话间已经剥好两个。

奶奶真是讲究得很，又颇有点小任性。笔者和搭档在水杯里倒了水她碰都没碰，阿姨把水倒进碗里，她才肯赏脸。她的牙齿并不好，笔者蒸来苹果放上勺子给她吃，她不用金属的勺子，一定要木质的筷子。不过吃一个小孩拳头大小的苹果，吃前吃后，她都去洗手，让笔者和搭档两个伸手就抓的“野孩子”自惭形秽……

问及老人的长寿，奶奶噘起了嘴：“我怎么还没死呢？我也不知道。”于是花了两个小时的时间，将十里八乡的亲戚朋友的死徐徐说来，其间也轻描淡写地提到她丈夫，好像一个老裁缝细细说着衣服上的每一处补丁。

笔者听她念叨那张千丝万缕缠缠绕绕的关系网，略略懂得了。奶奶的那些讲究，是多少年来的习惯，与闺中密友谈心事时，她手里也是一把蒲扇；给父母端水时，她用的必是一只瓷碗；喜欢的男孩爬上树给她摘一只无花果时，也许就是从“屁股”开始剥的……

志愿者与老人合影（武晓萌　摄）

# 华发不语，土地无言

## ——余光珍老人传记

刘艳婕 北京师范大学 地理科学学部 2017级

### 人物生平

余光珍，女，生于1919年1月5日，现居于重庆市垫江县曹回镇河南村5组，一生兢兢业业，耕于田间，波澜不惊。10岁时她亲身目睹了一场战争，18岁嫁入河南村与丈夫相守一生，行至晚年，子孙满堂的同时许多亲朋好友也相继离去，还有她一人安居于此，土地相伴。

余光珍老人照（刘艳婕　摄）

### 一、生于不凡的年份

蝉鸣不断，暖风拂面，这又是一个一如既往炎热的夏天，但对于余光珍来说，这却又是一个与众不同的季节。

从重庆市垫江县城区出发，坐 40 分钟的大巴，走过蜿蜒曲折的水泥路，一次次地上坡、下坡，便可到达一个名不见经传的小村庄——河南村，甚至镇上的一些居民也有不知道它的。然而，他们大多却知道这里面住着一位身体健朗依旧的百岁老人——余光珍。

重庆的夏天总是离不开炎炎烈日，而在这个寂静的小村庄里，有一排裸砖、瓷砖相间的房子，背靠竹林，面朝田垄，却显得十分祥和而又清凉。在其中一幢裸砖建筑的堂屋内，有一位头发花白的老人，身旁放着一根光滑的深色木拐，手摇一把简单却不粗糙的蒲扇，安详地坐于一架古朴的木椅上——这便是余光珍了。走近了你可以看到，如今的她，头发虽然已经花白，但仍有部分顽强的发根坚持着“本色”；皮肤虽然布满沟壑，但却不见干枯；身材虽然矮小，但却并不羸弱；身着一件轻薄的碎花衫，脚踩一双小巧的花布鞋，面挂一抹宁静祥和的微笑，一双神采依旧的眼睛注视着院前的田地，一直延伸到远方。这便是她“坐时望田、立时看田、行时观田”的日常之一，生活的一切几乎都与土地紧紧相连，不管是现在，还是从前。这一切都无声地向人们诉说着她与这片土地的故事。

1919 年伊始，余光珍于此非凡之年降生在了平凡的河南村，这个平凡的农民家庭中的年轻夫妇也迎来了他们人生中的第一个孩子，而她一双明澈的眼睛还无法窥探彼时动荡的时局，无法理解人群沸腾的呼声，只是在世代都是农民的家里，自然而然地继承农民的身份，将她一生的汗水与血泪都无声地奉献给这片深沉的土地，也一生未曾离开，这片生她养她的土地。确实，这片土地禁锢了她的脚步，阻断了与外界的交融，隔离了外世的纷扰，却也孕育了无数生命，养活了她的祖祖辈辈、子子孙孙。

## 二、无忧无知巧稚童

总角之年总是最为无忧、快乐的一段时光，还没有挥洒不尽的汗水，还没有牵肠挂肚的家庭，也还没有时局动荡的忧愁。

余光珍从小就身躯娇小，但却以之成了父母最坚强的后盾。作为庄稼人，父母总是鸡鸣破晓前起，夕阳西下方还，生活的时时刻刻都在劳作，照顾弟弟妹妹以及做饭的任务就落到了老大余光珍的肩上。对于那时的余光珍来说，父母的话几乎就是一切，说一不二，因而她想的、做的都围绕着一件事儿：帮助父母，尽己所能。所以，自小本就十分乖巧懂事的她，每一天上午就照料弟弟妹妹，背着、抱着又哄着；时间差不多了，便早早地开始准备一家人的午饭，剥胡豆、削红薯，踩上板凳，熟练地抄起锅铲，做大锅菜；做好了又急急忙忙地带着弟弟妹妹，将之送给田间劳作的父母。如此寒来暑往，日复一日，却没有一日厌倦——虽然要照顾小孩，但所幸那时的孩子都十分乖巧，不吵不闹，十分安分；一锅菜，供全家，虽然总是简单至极、菜少汤多，但是与邻里乡亲话着家长里短，小小的余光珍心中依旧充满了纯真的满足与幸福。这份幸福，不仅在于认为自己发挥了作用，也在于她享受着其中的乐趣。

在每日劳动之余，余光珍最珍惜、最愉快的时光便是与乡里同龄的孩子们一起玩耍。他们有时一起出去割猪草，背着大箩筐，奔跑在山坡上，满载而归；有时一起去放牛，几个小孩儿骑在宽敞的牛背上，沐浴阳光，笑迎和风，嬉戏欢唱。如此生机勃勃、欣欣向荣，仿佛年轻的生命都不知困倦，不觉辛劳，反而在精疲力竭中感受到无限的欢欣、喜悦，并期待着明天，再次迸发活力。不过余光珍最喜欢的，还数屋旁那座小山坡，喜欢在上面奔跑，在上面静躺，仰望天空，手衔花草。那一双明亮透彻的眼睛，倒映着纯净的世界，流露出少年人独有的纯真，以及未历经磨难的稚童对生命的期许。

然而，人生总是有这样那样的遗憾，余光珍最大的遗憾便是一直无法弥补学问的“缺席”。20世纪二三十年代，国家遭遇内忧外患之际，一批有识之士奋起救国，展开了一场“乡村建设运动”。当一处处乡农学校在各县城中兴办起来之时，河南村还是那个小村庄，也还是只有那一个小学堂。那个年代，普通女子还没有读书的权利，余光珍也不例外，何况她还只是一介农民之女。但是，也许是由于没有得到的东西总是具有一种莫名的吸引与诱惑，那时的余光珍对其充满了向往；但同时，也充满了恐惧。因为“女子无才便是德”，女子读书便是不“德”，就是靠近学堂、去附近玩耍都是不被允许的，一旦为之，换来的就只有挨骂。三弟、四弟是去读过书的，尤其是三弟，书念得好，更是让她钦羡不已。于是有一次，她还是忍不住偷偷地去看了，但是还未有何实质性的见识便被父母知道，劈头盖脸就是一顿骂——“你一个妹儿家去看着干什么！”言语之间满是指责与无奈，更是有失望——给家里丢脸了，尤其是在这看重面子的农村。念及于此，余光珍回忆道："就是想去，你不得去啊！不敢去！学校门口都不敢去跨。想又如何？想都不敢想！"从那以后，她便不再去了，"不可靠近、不敢跨门"成了那时的她对学堂最后的印象。

这就是年幼的余光珍，简单而又纯真，乖巧却不失渴望，但渴望终究泯然。

## 三、初见真实经离合

转眼10年的时光飞逝而过，余光珍也到了加入"庄稼人"大队伍的时候，父母做农活的手艺，也自然而然地传到了自己的手上。刚刚上手，她本来应该继续与土地亲密相处，也应该与现实相安无事，但此时生活却着实给了她不小的打击，让她见识了何为真实。

辛亥革命之后，整个四川一度被军阀混战的硝烟包裹，本来宁静的乡野，常年与外隔绝，不曾料到此时会有军阀至此一战，叫人措手不及。那一天，范哈儿（绰号，原名范绍增）与罗央辉是在下午开战的，开战的原因已无所查证（可能是抢地盘）。两拨人马在村民房屋的地坝前直接开了火，一时间硝烟四起，房屋瓦舍分崩离析，村民们四处流窜，逃离激战现场，才10岁的余光珍同其他孩子们一样，还带着弟弟妹妹躲到屋子里黑漆漆的角落，纵使吓得瑟瑟发抖，也不忘抱着懵懂无知的弟妹并不断安抚，生怕子弹不长眼，见人就崩。屋子外面，枪声震天，喧哗不堪，屋子里面却静得出奇，静得可怕，每一分每一秒对几个年幼的孩子而言都仿佛无比漫长，无比煎熬。等到战况缓和、枪声渐弱后，几人虽然依旧控制不住地害怕，但也稍稍从慌乱之中冷静下来，这时他们看到，在烟火弥漫的道路旁，有一道别致的风景线——一个披着棉被的女人搭起炉灶在烙饼，热气腾腾。"老板娘！快点给我烙粑粑，烙麦粑！"一个士兵粗犷道。披着棉被的年轻女人回道："马上！"说着便麻利地烙好了饼，接过士兵的几分钱，将麦粑递给了士兵，又低头继续忙碌了。她的头发有些凌乱，但是神色却十分镇定，几乎不见一丝战争带来的慌乱，这就是余光珍的母亲。为了一家人的生计，母亲不畏战火的纷扰，虽然危险，但终是所为有所值。第二天上午，两边又打了一仗，余光珍内心的恐惧虽有所减少，但依旧藏着不敢出来，乃至最后谁胜了、队伍怎么走的都不知道。这于普通人而言，已是足够非凡的经历，但孰料，生活对余光珍的打击却不止于此——余光珍的父亲失踪了，同时还有其他几个男村民。

消息一出，余光珍举家陷入了焦虑，担心着父亲的安危，期盼着他只是藏了起来，一时没有回家，母亲也不住地安抚着老人与孩子们。但是直到第二天，父亲依旧杳无音讯。余光珍看到，母亲的神色疲倦又有些呆滞，眼睛下面有深深的乌青，但她只是把脸一捂，便再次抄起了农具，迈向这片养育全家的土地，一如既往地开始劳作——徒伤悲又能如何？老人孩子等着吃饭，日子还是得过。但是，人生似乎又充满了惊喜。一直到好几天之后，就在大家几乎都已经不抱希望时，父亲步履蹒跚、风尘仆仆地回来了，余光珍的面庞也湿润了。原来，他是被那些士兵当劳力带走了，越走越远，饥寒交迫，于是趁夜黑风高逃跑了。但是，没有吃食，不认识路，又能跑到哪里去呢？无意间，他逃到一位老婆婆家中，可这家中竟也有士兵！好在老婆婆是个心善的，将他藏于床底，日日收集士兵吃洒的饭食，洗净煮沸，只为他吃口有热气儿的。天寒地冻，父亲在床底待到士兵离去已是几天后，彼时他的后脑勺已被冻得秃了一块，最后，不认路的父亲才被婆婆的孙子送到了村子附近，得以归家，有惊无险。为此，余光珍心中十分感谢那位无名的婆婆，每每说起，都是满满的感激、钦佩之情，只因当时路途遥远，又别无长物，竟是错过了报答的机会，只将这份恩情记在心中，将她记在心里。不过自此，男子倒是也不敢上街了，以防被“看上”，被拉去“挑”。

## 四、媒妁嫁娶为人母

庄稼在地里一寸寸地长，日子就这样一天天地过，自几年前的战事过去后，余光珍的少年生活便波澜不惊地过着。直到有一天，一个说话尖声尖气的女人到了家里，在平静的湖面掀起圈圈涟漪，并在几年后引得阵阵回响，伴随余生。她后来才得知，这个女人，便是村里牵线的媒婆，恰知有个与自己年纪相仿、家庭状况相当的对象，便与父母相商，说定了这趟媒。自此，余光珍便知道，自己未来的丈夫已经选定——没有挣扎，没有反抗。但是真要说起来，她确实是连这个“丈夫”姓甚名谁、年龄几许、家住何方、为人如何等都一概不知。就是好奇，也不能问，不敢问，亦无可问。只是这样一来，她的心里就多装了一件事、一个人，有时会在田间发呆，有时会在梦中想象，有时会在山坡冥想。

韶华飞逝，18岁转眼便至，媒婆再次上门，通知可以成礼了——父母之命，媒妁之言，你娶我嫁，只是水到渠成。余光珍忆及此时徒有感叹“今非昔比”。余光珍披上了嫁衣，怀着一丝悸动与期待，坐上了花轿，一路上唢呐相送，算不上热闹非凡，但也足够让她紧张、激动，乃至今天一切仿佛都还历历在目。进了门，便是媳，离开了父母，离开了家，也终于见到了“如意郎君”的真容。只是这一见，便是一生。他长她两岁，身形比娇小的余光珍仅高出半头多，同样消瘦但年轻有力，时光正好。这一年，抗日战争在枪炮声中爆发，余光珍在唢呐和爆竹声中出嫁。没有浪漫的邂逅，没有曼妙的爱情，没有豪华的婚礼，只有不需许诺的一生一世。直到99岁，丈夫都一直陪伴着她，自始而终。

成家之后，余光珍既是妻子，也成了5个孩子的母亲。她与丈夫的相处，对孩子的教育，都残留着老一辈的影子，由此也足以见那时封闭农村的传统影响之深远。由于这种匹配婚姻带来的陌生感，余光珍与丈夫的交流很少，但也算是相敬如宾，齐心协力。经过岁月的淬炼，他们的关系在慢慢靠近，但比起夫妻更像伴侣。至于孩子们的童年，几乎是自己的翻版重演。她仍记得他们的乖巧懂事，一言既出，其行必果；也记得为他们的担心，近水忧其溺，坎坷恐其摔。这时的她不知道有一群人来到了重庆，也不知道全国教育会议的召开，更不要说理解这对她、对孩子有何影响。她只知道，除却田间生活，孩子们与自己又有了一个明显的不同——他们可适龄入学，有书可读，不仅是儿子，女儿们也能进学堂！这于她而言无疑是弥补了一大缺憾。她就这样，种着自己的庄稼，中午等着孩子们回家吃饭，孩子们仅在放学归家后帮一点忙。相比从前，负担有所增加，但是疲惫却不曾抗议，孩子们能够上学给了她足够的力量与安慰，她便不觉累了。

桃李之年，花尽其妍。但明明同样是最好的年纪，她却无法展露最好的样子。20岁的余光珍生活中的艰难和恐惧，不是我们如今能够想象的——衣服不能穿好的，会被偷走；鞋也不能穿好的，会被偷走；甚至是被子都不能盖好的，还是会被偷走……因为“棒老二”这群乡间土匪不会让这些金钱来源逃过他们的眼睛。“月黑风高杀人夜”，他们手持枪支，行为蛮横，门开则冲，门闭则破；躲藏则已，反抗则打；衣裳、草鞋、棉被，来者不拒——乡间恶霸，果真为所欲为。每每入夜，余光珍一家听到动静便四散逃离，隐匿于后坡树林。只可怜不幸的二嫂，裹了小脚跑不利索，落入贼手，被套头火烧，险有性命之忧。余光珍看到，二嫂的脊背到腰窝，都烧出了亮泡，惨不忍睹。她心疼的同时更是攥紧了拳头，紧得似乎要捏出水来，但终是无力地放开了——她无能为力。天寒地冻，北风呼啸，家里被洗劫一空后，余光珍和家人只得用收割剩下麦草编织成被，搭着蓑衣，也比一无所有来得好些。这样的日子，直到后来解放了才是个头，他们判的该判，抓的被抓，人没了，东西却也回不来了，那段岁月，就像二嫂背上的疤，终是消不去了。

## 五、散尽悲欢释余生

虚虚幌幌几十年的光阴流逝，余光珍已经经历了太多，不论是非黑白，还是善恶美丑；不论是喜极而泣，还是肝肠寸断；也不是没有见过出生死亡，但她对生离死别真正的认知，是从父亲的逝世开始的。

或许是乡土柔情，草木盛了，收成多了，村庄也复苏了，余光珍渐渐地走出父亲逝世的悲痛，再次投身到土地的怀抱中，继续举起锄头，挥动手中镰刀，笑看生活越变越好。

山城的夏天除了高温，所幸有雨水相伴，它短暂地洗去炎热，带来宜人的清凉。但是 1979 年的雨却变了味，直接导致了一场突如其来的大水。这不是末世之灾，却成了可怜人的生死之劫。其中有一位年轻的妇人生生被大水冲到了数村之外，与家人和世界永远告别。这场事故，让曾经历了灾荒之年的余光珍震撼之余，更觉生命之渺小、脆弱。是了，生老病死，人各有命，她自然无法与强大的自然力量抗衡，只是在此后的生命中，她的心中多了一份坦然——斯已矣，奈之若何？

所以，当母亲在 96 岁高龄离开之际，余光珍已将满腔的悲伤化为一面止水的平静，风过无痕。她告诉自己，不要忧伤，你们已经相伴一生，离合悲欢遍经，人间真情历尽，这一刻，时光不老，岁月静好。改革开放的春风吹遍了大江南北，身边的万千世界日新月异，只是慢慢地，自己的骨肉至亲一个个地离去，曾经能够互诉衷肠之人越来越少，着实会觉内心孤寂。但好在少了却不是没有，余光珍对此也已释然——若要陪伴，还有妹妹、儿女、孙子、曾孙、玄孙，辈辈俱在；若是一人，自己身体尚好，土地尚在，独立尚可，同时也令子女轻松，少添负担，相安无事。正因如此，余光珍直到古稀之年仍在地里活动，一度编织箩筐贩卖自立，至今坚持自己动手下厨，动作利落，手法娴熟；日出而起，入夜而息。这样的生活模式正如她坚持并践行的长寿秘诀真经：应季饮食，规律作息；晨夕一行，坦然心境。再后来，门前的路铺上了水泥，新时代的到来又一次刷新了余光珍对现实的认识，并带来无限惊喜。社会民生极大改善，社会保障一一落实，食所欲食，衣所欲衣，往欲所往，余光珍就是看田看地，也可老有所依。在余光珍看来，政策变，生活变，政策好，生活好。言语之间，自豪流露，感恩无限。

如今，仓廪已实，无忧当初的饥肠辘辘、饥不择食；衣橱已丰，不复曾经的一冬一袄、一夏两衫。余光珍期颐之年，一生圆满，儿孙满堂，他们有的自食其力，凭手艺赚钱；有的心系群众，为民服务；有的仁心妙手，悬壶济世。纵使不是人人皆为英雄才俊，但也都脚踏实地、问心无愧。她已做了自己能做的一切，任凭后代潇洒恣意，后顾无忧，只愿他们勤勤恳恳学习，安安分分做人，兢兢业业做事，平平安安一生。

百年巨变，世纪沧桑，生活仿佛和从前一样，又和从前不一样。至少，在余光珍的心里，那一湾止水，又少了一份孤独与寂寥，多了一份放下的坦然与真诚的感恩，释怀了往昔种种，唤醒了骨子里平凡的自豪。她的故事也在这个季节，从自己日渐遗忘的回忆走向了永恒的文字传承。

云，照样在天上飘；风，依旧自顾自地吹；人，默默地低头在路上走；日子，还将一天比一天好。最终，她的故事，还要轮到土地为她坚守传承。

## 采访手记

“瘦弱而低调”，这是笔者对余光珍老人的第一印象。她面庞瘦削，四肢纤长，衣着朴素，面带慈祥的微笑，拄着一根已被磨得光滑无比的拐杖，让人感受到她身上平静却不失乐观向上的气息。

在进一步的采访中，余光珍老人在诉说她人生经历的同时，也展示出了她始终如一的活力——采访全程精力充沛，余光珍老人除了吃饭时喝的汤，就没有另外再喝水了，但她却丝毫不觉得累，伴着夏天的炎热与阵阵蝉鸣，也未感烦躁。宁静得像一湾湖水，却又中气十足、精神饱满，她似乎一点也不像百岁高龄的老人。

余光珍老人及其家属与志愿者在堂屋的合影（彭罗曼　摄）

兜兜转转几十年，一直在田间耕耘，到了现在，还在这里，守望土地。言谈之间，尽是对自己农民身份的自豪，对故去亲人的怀念，对人生百态的感叹和对子子孙孙的牵挂。这些丰富的情感无不使我在采访过程中为之动容，仿佛在经历她诉说的故事，触摸她描述的人，一点一滴，均是简单真挚。

余光珍老人全程都说得很快，与孩子相处平和，偶有欢笑。人生起落，她都一语带过，没有粉饰，更无夸大，潜沉而低调。她一切言行仿佛都在诉说：无谓过往，而今唯愿秉持宁静，坚守释然。

属于余光珍老人的时代，我们难以感同身受，但在我们的时代，我们希望竭尽所能。

# 历经沧桑百年，遍尝苦辣酸甜

## ——曾详英老人传记

张维 北京师范大学 法学院 2017级

### 人物生平

曾详英：女，1922年10月8日出生，现97岁，祖籍重庆，家住重庆市江北区南桥寺金色年华小区。沧桑百年，遍尝苦辣酸甜，一生经历过许多苦难，吃不起饭也要坚持读书，大轰炸下勇敢坚毅背着奶奶躲炸弹，和丈夫婚后家里贫困，再累也要喂养养女长大，历尽坎坷，心态良好，依然乐观生活。

曾详英老人照（张维 摄）

### 一、苦：吃不起饭也要读书

人生而不过平凡，柴米油盐间饱含着苦辣酸甜，苦的是磨练，辣的是坚毅，酸的是温柔，甜的是幸福。四季轮回，春华秋实，这位老人一生，遍尝苦辣酸甜，历经岁月变迁，百年时光一瞬间。回首漫漫人生路，从青涩懵懂到成熟稳重，再到白发苍苍，人生的坎坷磨练带来了悠长的韵味。

1922 年，时值中共一大召开后的一年，重庆依旧如常，老百姓的生活还很艰苦。曾详英出生在重庆市江北区石子山村，家里就她一个小孩，本该作为独生子女享受父母关爱的她，却依旧食不果腹，衣衫褴褛。为了生这个孩子，她的母亲难产去世，省吃俭用的父亲也在不久去世，襁褓中的婴儿无知，对于这个世界的辛苦，她还丝毫不知。

父母去世后，本就一贫如洗的家里更添惆怅，孩子到底让谁抚养，这个问题摆在了面前。爷爷奶奶家里只能勉强吃得上饭，爷爷奶奶也在犹豫要不要把孩子送人，但孩子的五叔站出来，毅然决然地抱过孩子。这个单身的男人，一辈子没有娶过媳妇，舍不得将自己侄女送人，他从爷爷奶奶手中接过重担，把孩子当成自己的亲生女儿。在那个女子不受重视的年代，曾详英无疑是幸运的，避免了被送人。

童年时期的曾详英，或许是从小没有了父母的缘故，比其他同龄小孩子更加懂事。从小跟着五叔长大，当别的小孩都在蹦蹦跳跳玩游戏的时候，她要做很多活，不仅帮着五叔做农活，还有家里的大大小小的事。年纪虽小，但她每天早晨五点半都要起床去给五叔做早餐，早饭后，五叔去山上割鱼草，一担一担挑去鱼塘,年龄尚小的她担不动,便帮着五叔割鱼草。等到农忙时节，要去田间地头干活，还要给五叔送饭。8 岁之前的她，过的就是这样的生活，尽管清贫困苦，没有父母的陪伴和关爱，但却小小年纪早当家，快乐地成长。

都说女子无才便是德，这种观念在当时也深入人心，学校里大多都是男孩去读书，每个家庭都不喜欢女孩去念书，贫苦人家更是不会让女孩去上学。但五叔把曾详英当成了自己的女儿，心疼这孩子从小的困苦，觉得只有读书才能改变孩子命运。在曾详英 8 岁的时候，五叔带着她去当地唯一一所学校——石子山翠文小学，但由于家里太贫穷，拿不出学费，学校刚开始是拒绝接受曾详英入校的，但拗不过五叔，五叔向学校提出帮学校厕所挑粪，以此来免除孩子的学费。因此，8 岁的曾详英能够有机会免费读书，即使穷到吃不起饭，五叔也坚持让曾详英读书，这样看来，曾详英一点也不苦，甚至可以说有点幸福。

上了小学的曾详英，平日里也没有那么多时间去帮五叔做事，只能更加早起，每天早上 5 点起床，雷打不动给五叔和自己做早餐，然后背上五叔给她做的布包就去上学。曾详英家住在山脚，学校又在山坡顶上，每天相当于要爬一整座山去上学，山路又崎岖，通常要绕绕弯弯，而曾详英摸熟了上学的近路，硬是每天坚持前几名到达教室。那个时候的上课条件很艰苦，没有正式的桌椅板凳，没有黑板多媒体，只有先生和一群渴望知识的小孩。没有课本，学生便拿着老师的书誊抄；粉笔不够，老师便在泥地上用树枝丫写字。上午下课后，曾详英就急匆匆赶回家，幸运碰到五叔在家的时候，她还能吃得上午饭。偶尔五叔去其他村子里帮别人干活时，她就没有午饭可吃，自己做又得烧柴火，来不及上下午的课，因此，她一般都是空着肚子又赶忙往学校去，只有晚上才能吃上一顿饱饭。曾详英回忆到这段往事的时候，还习惯性地摸摸自己的肚子，仿佛此时肚子也是空的。饥一顿饱一顿的童年生活，导致了小学时的曾详英瘦瘦黄黄的，还被人打趣儿道“像一棵小树苗儿”，于是她每天除了读书之外，还增加了一项“课余娱乐”，便是跳高，没有绳，便自己假想着手里拿根绳，以此来跳高。

曾详英在当时读的学校，教授的是旧学，只有国语和数学。除了先生课堂上教书，她平时最喜欢读书看报，但她买不起报纸，她便想了办法，在先生们办公室外的垃圾里，会有日期已过看完的报纸，她每次上完课便去垃圾里翻开那些报纸，拿回家读得津津有味。偶尔运气好的时候，她甚至能捡到一些先生不要的古书，比如《红楼梦》《弟子规》等。印象中最深的一次，是做饭烧柴火的时候捧着一本《二十四孝》，被其中的故事所吸引，导致锅里的饭全部煳掉了，那是曾详英第一次被五叔骂，虽然被骂得狗血淋头，但是曾详英知道五叔不是责怪她读书误事，而是担心她的安全，如果不慎引发火灾，那会给这个本就贫苦的家庭带来更多不幸。

1934 年，在读完小学后，曾详英继续在石子山翠文中学读初中，由于她上课认真，也掌握一些课外故事，敢于向老师提问等，成绩一直位于班级前几名，先生也非常喜欢她，认为这个小孩虽然是个女子，但是继续读书，未来一定大有作为。但是，读完两年初中，准备升入高中阶段时，家里的顶梁柱五叔却因为这些年的辛劳农活，病倒在了田地里。家里没有了粮食来源，为了能让五叔和自己吃得上饭，曾详英决定不读高中了。但一个女子，也参加不了工作，只能接过五叔肩上的庄稼农田。山上再也看不到那个蹦蹦跳跳上学的女孩，而田间地头多了一抹汗流如雨的身影。

## 二、辣：我们都要活下去

1936年，对于曾详英来说，是不平凡的一年。五叔因为扛不过病痛的折磨，离开了人世，曾详英自此没有了报答五叔的机会。五叔去世后，曾详英再次沦为孤儿，当时的她已经能够独立生活，也有劳动力供自己吃上饭，当时她的爷爷奶奶也逐渐年迈，家里唯一的劳动力五叔去世，劳动力下降。虽然曾详英从小都知道当初差点被爷爷奶奶拿去送人，但是为了整个家能够活下去，能够吃得上饭，她选择了跟爷爷奶奶一起生活。

跟爷爷奶奶一起生活的曾详英，更加懂事。家里的米，是她走了七八公里山路一步步背回家的；家里的田地，是她挑着扁担，一趟趟来回浇灌的；家里的大大小小，是她起早摸黑辛勤劳动换来的。幸运的是，第二年，同村的一个亲戚给她介绍了一份工作。这个亲戚知道她作为女子读到了初中，当时能够读到初中已经非常厉害了，于是劝她去教书，地点在重庆市广梁坝。

十来岁的曾详英尚且是个孩子，但也需承担起家里的重担，她决定去广梁坝教书，教小学国语和数学。每天早早地就走十来公里到学生家里，给孩子们授课，在教书的时候自己也能够回忆起那些知识，虽然渴望学习更多知识，但是家里的条件艰苦，无奈之下，能够回忆以往学习的内容，对她来说也是幸福的。她的学生中有男生有女生，她经常强调“男女都要有文化，知识能够改变命运，好好读书，努力会有收获”，那个年代的孩子们没有现在的浮躁，也没有现在精彩纷呈的娱乐生活，孩子们除了忧心能否吃饱饭的问题外，几乎一心扑在了学习知识上。

这样简单而纯粹的教书生活让曾详英感到幸福，但这样的幸福也没有持续多久。1938 年的初春，山城还是一个封闭而又偏僻的城市。这座城市时常下雨，天气雨雾蒙蒙。“襟江背岭，浓雾蔽城，易守难攻”，历史，让这座山背后的城市，走上了政治舞台的中央。重庆作为中华民国战时首都，遭到了持续性的轰炸。日本军部将重庆确定为首要进攻的地方，采用大规模战略轰炸。回忆起那几年，曾详英老人暗自抹泪。

那时候的重庆，依旧雨雾蒙蒙，雾气却不是因为天气，而是来自日军的炸弹。曾详英和其他重庆人一样，对那时的回忆都是如雷声般持续不断的炸弹声，漫天的烟火，仿佛在燃烧，就连夜晚也经常听到炸弹声，睡不敢睡，怕一睡就再也醒不过来。

曾详英的家在山脚下，离市内防空洞非常远，也是因为如此，曾详英躲过了最凄惨的大隧道惨案。当时，她家房子下有个崖洞，不是人工开凿的防空洞，而是天然形成的崖洞，崖洞很大，村里人通常都是在此处躲避日军的炸弹。曾详英的奶奶因为腿脚不便，当日军的炸弹丢下的时候，经常来不及往崖洞跑去。当时，日军经常直接空袭市民，给重庆市民造成极大恐怖。也不知道日军什么时候不炸了，有时候警报刚一解除，轰炸机又来了，次数多了，曾详英的奶奶也绝望了，对她说"我活了这么大岁数也够了，应该死了，你们赶紧逃命吧。"但是曾详英未曾放弃她的奶奶，每次都是背起自己的奶奶往崖洞跑。曾详英经常会在家里把饭煮好，装在盆子里，等炸弹来袭的时候，背着奶奶，抱着饭带进崖洞里吃，这成为曾详英那几年日常生活的组成部分。

轰炸和大火中的重庆可以说是人间炼狱，曾详英亲眼看到自己同村的人被炸弹炸飞，村里的土墙泥巴还沾着人的肉皮，这对于十来岁的曾详英来说，是无法言说的害怕。背起奶奶躲轰炸，村里人都夸她勇敢有孝心，但她自己知道内心有多害怕，每次手心里都是汗，害怕自己和奶奶就此被炸弹炸死，睡觉的时候也经常被一点声音惊醒。有一次真正打雷的时候，曾详英以为是日军的炸弹又来袭，赶紧背上自己的奶奶往崖洞跑去。直到现在，曾详英对雷声还一直感到害怕，"雷声"记录了那个年代日军的残暴罪行，血腥轰炸让太多重庆人流离失所，家破人亡，但曾详英靠着自己的坚毅勇敢，让自己和家人都活下来了，"怕啊，当然都害怕。心里唯一的念头是，一定要让自己和家人活下去"。

这样颠沛流离的生活一直持续到抗战胜利，大轰炸后整座重庆城到处都是破壁残垣，曾详英的家中也是被炸得破烂，和大多重庆人一样，曾详英一直期盼着抗日战争的胜利，那一年的 8 月 15 日，重庆浴火重生，曾详英和村里的村民一起为抗战胜利而欢呼。

## 三、酸：再累也要让孩子长大

1949 年新中国成立后，人们迎来了幸福的生活。此时 27 岁的曾详英还未结婚，年龄已大，家里还有爷爷奶奶两位老人，也没办法远嫁，于是曾详英嫁给了村里一名老实的男人。男人虽然老实，但却身体不好，才二十几岁身体就生了病。夫妻两人结婚一两年一直未生育，村子里一对夫妻家里生了十个孩子，曾详英听说他们要将其中的小女儿送人时，劝说他们不要抛弃孩子，但是那对夫妻家里实在是快揭不开锅了。曾详英这时决定，自己接手这孩子，就像当年自己被五叔接过手一样，她将自己的想法告诉了丈夫，丈夫也是个善良的人，两人决定一起抚养孩子长大。

曾详英老人结婚时的嫁妆（张维　摄）

在孩子还是婴儿的时候，曾详英扮演了一个“润物细无声”的温柔慈母角色。曾详英没有生过孩子，刚开始也的确不知道怎么养孩子，但是人都是在环境下一步步改变的。为了孩子的营养，她专门养了一只羊，挤羊奶来喂孩子。孩子夜里哭泣，曾详英就整夜没睡，用手轻拍着孩子，哄孩子入睡。孩子发高烧，她走三四公里路去找老村医给孩子治病。

等孩子稍微长大一点后，曾详英扮演了一个“刀子嘴豆腐心”的严厉母亲的角色。家里条件差，从小她就要求孩子做事，“人必须做事，只有有钱小姐才不用做事”，孩子不做事，会被她打，那个时候的生活困难，但孩子还是很听话，孩子知晓家里生活困难，经常抢着干活。

为了让孩子能读得上书，曾详英和丈夫把一屋子东西都卖了，两人甚至把床都卖了，到后来把门前的门板卸下来，两人睡木头门板。两人最大的心愿就是希望下一代能够多读书，要有文化，尽管两人没有亲生的孩子，但他们把这抱养的孩子当成自己的孩子来疼爱。既严格要求孩子，又温柔关爱孩子。家里有的尽量都给孩子，家里没有的也争取给孩子。

在改革开放后，人们生活逐渐改善，曾详英家中生活条件也逐渐好转，家里一家老小能够吃饱饭。在恢复高考后，曾详英也有机会重新教书，还是教小学，经常拿自己的故事举例子，言传身教，春风化雨，教育自己的学生做友善仁爱之人。

## 四、甜：新社会生活甜蜜蜜

1985年，63岁的曾详英有了自己的孙子，曾详英像其他平凡的老人一样，时常给孙子讲述自己年轻时候的故事，让孩子忆苦思甜。旧社会生活困苦，没东西吃，她经常调笑自己是“从嫩胡豆吃到老胡豆”，而新社会因为中国共产党的带领，人们生活日益改善，吃穿什么都有，衣食住行得到保障。而最重要的一点是，新社会不分男女，男子与女子一样，大家都是平等的，大家都有机会好好读书。

曾详英把家庭看得很重，或许是从小被五叔抚养长大，也或许是当年的《二十四孝》影响久远，曾详英时常给自己的女儿和孙子讲述二十四孝里的故事，叮嘱自己的下一代，“年轻人要努力，以后才能做大事”，强调“孝”，让一代又一代传承孝道。曾详英也要求自己家里吃穿要节约，衣服破了用针线缝缝补补又拿来穿。自己女儿爱美，买了新衣服就打算扔了旧衣服，但曾详英都是把旧衣服拿来改改自己继续穿。

曾详英如今已经97岁，平日里的生活已经有了自己的习惯。早上一定要吃一个水煮鸭蛋，中午吃七八分饱，晚上不吃饭。每日必须要坚持泡脚排汗，揉搓双脚，捶打脚底心，还要蹬脚，用双手当作梳子梳头发和揉头皮。也不想过去那些糟心事，所以心态特别好，对待生活乐观向上。曾详英的坚持得到了回报，她的身体一直很健康，除了现在记忆不太好，其他方面都比同龄老人看着年轻。

曾详英女儿的亲生父母曾来找过她，想重新认回女儿，她女儿没有答应但也没有拒绝，一直坚持照顾年迈的曾详英，事事不假他人之手。曾详英常给自己女儿说“你要添福添寿的，我要怎么感谢你，这样照顾我”，其实正如曾详英一直以来给家庭的教育一般，孝是最基本的，正是曾详英年轻时对女儿的细心关爱，把她当成自己的亲生女儿，才有了如今的回报。人世间最昂贵的东西不是金银珠宝，也不是房子车子，而是善良与爱。

每个人的人生都不一样，或许因为这样，我们才是独特的个体。对于曾详英来说，人生的滋味，是吃不起饭也要坚持读书的“苦”，是大轰炸下勇敢坚毅背着奶奶躲炸弹的“辣”，是再累也要喂养养女长大的“酸”，是新社会生活后甜甜蜜蜜的“甜”，正是遍尝这苦辣酸甜，才给了曾详英不平凡的人生韵味。

## 采访手记

花凋无影，叶落无声。
荏苒的时光如梭，
平凡的岁月万千人走过，
但不平凡的路风也过雨也过，
风雨过，依然且行且珍惜。

2019 年 7 月 13 日下午，太阳炙烤着大地，暑气浓烈。老人和她女儿坐在楼道里乘凉，表明来意后便跟随老人一起进了她家，老人拄着拐杖腿脚不便，笔者提着礼品想前去搀扶，老人却一口回绝，坚持要自己走自己的路。到了老人家中，仿若回到了童年，棕榈木床和大蒲扇，透露着古朴的气息，听说屋里大部分是老人的陪嫁品，这些年岁久远的物品里承载了老人经历的岁月，在古香古色中听老人娓娓道来。

整个采访过程中，老人传递出的是一种积极向上的心态。讲到当年读书有多不容易的时候，老人暗自抹泪，重复叮嘱我好几遍：“年轻人一定要努力，要有文化，多读书。”那个年代的人太明白知识的重要性，没有华丽的辞藻，老人用最质朴的话传达给年轻人最纯粹的大道理。“我只是一位平凡的老人，活得比别人久一点。”老人一直强调自己是个平凡人，但平凡中也能感受到历尽艰辛挺过来的不平凡。恰逢新中国成立 70 周年，老人也一直强调旧社会的黑暗痛苦，新中国成立后的美好生活。老人的故事深深感染了笔者，作为当代青年人，更应该在幸福的生活中继续前行。

曾详英老人在家中和志愿者合影（张维　摄）

# 平生多苦难，还迎曙光来

## ——蓝圆仔老人传记

黄陈凤 北京师范大学 法学院 2018级

### 人物生平

蓝圆仔，女，1920年8月18日生，畲族，福建省漳州市华安县高安镇坪水村人。新中国成立前畲族受尽歧视与排挤，全村都只能居住在地势崎岖的山村里，靠务农为生，没有人能接受教育。蓝圆仔老人18岁成家，40岁时丈夫死于饥荒，独自抚养儿女，毕生务农，受尽磨难。如今，99岁高龄的她有些耳背，走路也已不太灵便，但当家人帮她穿上绣着精致花纹的畲族服饰之后，她露出了欣喜的笑容。

蓝圆仔老人穿着畲族服饰（黄陈凤　摄）

### 一、苦难

1920年8月18日，蓝圆仔出生在崇山峻岭之中的畲寨里，也在这畲寨里住了一辈子。“蓝”是畲族的大姓，不同于当今总有些人羡慕少数民族享受的国家优惠政策，当时畲族在人口大多为汉族的闽南地区举步维艰。虽然闽南地处沿海，敢闯敢拼、善于经商是闽南人的名片，但闽南大面积的山地又使得各个聚落星星点点地分布在山岭的夹缝之中，聚落之间交通不便，天然的屏障导致了“十里不同音，百里不同俗”的状况，小小聚落里的闽南人也更加保守排外。在高山与大海汇聚的闽南地区，外向与保守，也同时汇聚在闽南精神之中。新中国成立前民族之间的矛盾本就存在，而在闽南地区，畲族相对于汉族而言属于少数，又加上山村里信息闭塞，村民的思想观念比较保守，畲族被当作外来异族，受尽村子里普通百姓的欺负，社会地位低下，蓝圆仔不得已随着其他畲族人搬迁到人迹罕至的半山腰上，平常外出时还要为了防着土匪抢劫，带着一把劈刀。甚至到了每天睡前，她都要把所有门窗关牢。这样的生活给她和其他村民们带来诸多不便，但他们也没有其他办法，只能忍气吞声。

为了在受欺负和土匪作乱的环境下谋生，蓝圆仔和其他乡民一样，很小就开始务农，新中国成立前畲寨里的人，没有几个是上过学的。又由于畲寨地处大山之间，14 年的抗日战争甚至都没有对这个小小的村寨产生影响，只不过还是个小姑娘的蓝圆仔时而会看到飞机从头顶飞过，所幸的是飞机炮火的轰鸣声并没有打破村寨里一如既往的平静，村民们过着日出而作、日落而息的生活。

畲寨在半山腰上，基本没有平坦的土地，又因为山势陡峭，蓝圆仔只能在梯田耕作。但梯田面积狭小，在人多地少的情况下粮食总是不够，有时就需要进行开荒，可是在半山上开荒又岂是易事，家里的一部分梯田全靠着蓝圆仔和她的家人一锄头一锄头开辟出来。在梯田上耕作与在平坦的土地上耕作不同，劳作更加辛苦。那时土地的亩产量很低，蓝圆仔一家和其他农民一样只能靠天吃饭。如果碰上旱涝灾害，就有可能是颗粒无收。尤其是碰上旱灾，村里那么多水田，家家户户都需要用水，旱灾一来村里的农户们总会因为用水的问题起争执，甚至还可能会为此而斗殴。春日插秧时，即便天气已经开始回暖，老人至今都能记得双脚踩在水田里时，那种刺骨的寒冷。插下秧苗以后，她还得小心呵护秧苗长大，经常到水田里除草，过去没有什么除草的机器，全靠她人工把杂草一棵一棵踩倒。即便务农辛苦，所得也并不丰厚，但在没有其他的谋生方式，畲寨又闭塞不通的情况下，蓝圆仔一家人别无选择，已经嫁人的她也并无怨言，只是想着和丈夫一起多做些活维持家里生计，把儿女抚养成人。除了地里种的水稻、红薯、芋头，她还得时常去更深的山林之中采一些野菇、蕨菜、苦菜补贴家用，闽南的山地崎岖难行，全靠村民自己开辟道路，她常常要走很远的山路采摘野菜，砍柴或者砍些喂牛用的茅草。走了一辈子崎岖难行的山路，她年纪大时，膝盖常常不适。

## 二、无常

日子就这样一天天地过，直到解放战争后新中国成立。畲寨地处偏僻、交通不便，解放战争也没有影响到这个只有百来人的山村，蓝圆仔老人并不明白解放战争意味着什么，但她记得，新中国成立后他们家因为土地改革分到了一些田地，村里成立了互助组，全村吃大食堂。但好景不长，蓝圆仔的丈夫没多久过世了，那时她已经40岁，但家中孩子尚有年幼者，生活的重担全都落在了她一人身上。蓝圆仔不仅要去山上的梯田种粮食，还要饲养猪、牛、鸡鸭之类的家畜、家禽，但当时养猪并不是件容易的事，她只能去山上割些野菜，收集一些人吃不了的菜叶、地瓜藤之类的，再把它们放在大锅里炖一锅猪食，对于蓝圆仔一家而言，把猪卖掉总归是多了一项经济来源。蓝圆仔老人印象最深的就是养牛，尤其是冬天，畲寨所处的地方海拔高，大多数牛能吃的草都挨不过霜冻，所以在冬天到来之前就要为牛过冬做准备。她在每年秋收的时候要提前把稻草收集起来，扎成草垛，冬天到了之后，就用这些干草喂牛。但有些时候她还是得去山上割草，有一种牛能吃的草可以在冬天存活，但这种草的边缘十分锋利，总是割伤她的手。严冬里天寒地冻的，她的手本来就已经冻裂了，手上划伤的、冻裂的口子都是鲜血直流，十分难熬。牛既可以充当劳动力，又可以直接卖掉获得收入，养牛对于蓝圆仔一家而言是除了种粮食以外的头等大事。除此之外，猪和鸡鸭的粪便也会被蓝圆仔收集起来用于堆肥，牛粪会被她单独收集起来，等着到了冬天的时候卖给种蘑菇的农民。蓝圆仔就这样尽可能地多做一些除了种地之外的副业来养活一家人，回到家以后，她还要操心家里大大小小的事。虽然儿女已经能帮着干活了，但她总是不放心，常常在外面干了一天农活以后，回到家里还要洗衣做饭。

蓝圆仔的丈夫过世时，她的儿子只有十几岁，如今他已经做了爷爷，他说母亲那时总是白天都待在田里干活，想着能多挣些工分，回到家还要打理自家的菜地，再给孩子们洗衣做饭，她基本没有时间和精力去管教自己的孩子。大儿子过去曾与母亲一同到深山之中伐木，扛着碗口粗细的杉木再一路走出深山，如果一根木头实在太沉，就把它劈成一截一截的木棍，再背着它们走出深山。有时他们会去深山中砍竹子，回到家后修剪成竹片，再一捆一捆地把竹片从畲寨中挑下山卖出去，畲寨本就已经在大山之间，走到比畲寨更深的山林间，然后再把竹子背下山卖出去，个中辛苦恐怕难以言喻。他说母亲每天忙得没有时间管教他和其他孩子，但在与母亲一起挨过困苦的过程里，或许他已经从母亲身上获得了与命运抗争的力量。

老人的儿子又笑着说："现在的孩子都'好命多啦！'"好命"是闽南语中的说法，是幸运的意思。老人儿子口的一个"苦"字背后究竟发生了什么，只能留在那一辈人的回忆中。

## 三、曙光

蓝圆仔一家依然继续在田地里耕作，他们是中国千千万万农民中的一员，他们只能通过自己的双手和汗水养活自己和儿女。令人欣喜的是，新中国成立后，民族平等和民族团结成为我国解决民族问题的政策，他们不再受到排挤和欺负，走到哪里都很安全。当然那时的生活水平还是无法与如今相比的，蓝圆仔老人只能拿着分到的布票和粮票买到需要的东西，有时碰上粮食不足的情况，还得吃返销粮。即便生活水平依然不佳，但畲族人获得了和各族人民平等的地位，蓝圆仔老人还是十分欣慰。

之后镇上建立了小学，蓝圆仔的孙子也到了上小学的年纪，她眼见着自己的孙子能有学上、有书读，心里十分欢喜。但是从村里到镇里上学，山路不好走，路途又远，在没有交通工具的情况下，孙子得走路去上学，已经60多岁的老人虽有些心疼却也无可奈何，因为她知道，现在好不容易有了条件，孩子无论如何都得去读书上学。那时候蓝圆仔老人和儿孙一大家子住在一起，准备一家人的饭菜时，都是用土灶台上的一口大锅熬一大锅稀饭，稀饭对于蓝圆仔一家人虽不能说是奢侈品，但总还会碰上无米下锅的时候，这时一大家子就可能只能靠着用红薯抽丝熬成的粥填饱肚子。家里有米的时候，老人家想着孙子要早起赶着去上学，不能让小孩饿着走那么远的山路，得给孙子做点粥，可是如果一大早就熬一大锅粥，家里其他人吃的时候粥早就凉了。于是老人家总是一大早起来用一个小小的煤油炉子给孙子熬一碗粥，煤油在那时还不叫煤油，闽南语里管它叫“番仔油”，就是洋油的意思。小孙子吃饱了以后，高高兴兴地就往镇上跑去了，老人还有其他活要干，没法送孙子去上学，就总是站在门口，看着孙子小小的背影消失在黑夜中。自从孙子上了小学，老人家每天都早早起来用煤油炉子给孙子做点什么，她其实并不明白孙子每天都在学校学些什么，但她总说：“孩子们得去上学啊，上了学才能有出息，才不用过这苦日子。”

蓝圆仔六七十岁时还不愿意休息，劳作了一辈子，那时候她的腿脚已经不好了，可是她总操心儿孙们的生活，觉得自己还能干点活减轻他们的负担。虽然儿孙们也时常劝她照顾好自己的身体，别再干这么多农活了，但蓝圆仔总是不听。在山上田间走了大半辈子，她没法在家里闲坐着，老想着上山干些农活。后来，她的膝盖的确无法再支撑着她上山下山了，但儿女们都知道，虽然她现在身体不行了，心里还是不愿意当那个闲坐着的人。

又过了几年，坪水村终于建立了小学，村里的孩子们终于不用再一大早摸黑走着山路去镇上的小学上学，然而受闽南传统观念的影响，当时男孩上学的机会比女孩多，毕竟那时大家的生活水平还是不高，有的家庭一年赚到的钱除了供一家人基本生活外，实在无法供所有孩子上学，所以在有的家庭里，女孩并没有上学的机会。但无论如何，这是一个良好的开端。

## 四、光明

让老人欣慰的是，近 30 年来，国家大力发展基础教育，村里的孩子，不论男女都能有学上，村里的大学生也多了很多。蓝圆仔老人自己没有条件上学，她看着自己的儿孙拥有比自己更好的受教育条件，过上了更好的生活，就觉得自己受过的苦都是值得的。改革开放前，蓝圆仔老人和其他乡民一样务农为生，家里几乎没有任何现代化电器，砍柴生火是每天必做的事情，家里用水靠着一口水井。而改革开放后，家庭联产承包责任制在中华大地上广泛实施，农民种地也更有干劲了。畲乡地处半山，地势崎岖、交通不便，这成了阻碍畲乡发展的重要原因之一，于是政府在大山间修建了蜿蜒盘旋的公路，畲乡的农副产品终于有途径可以向外运输，更多村里的人也有机会去外面的世界看看。家家户户都用上了基本的家用电器和自来水，近几年来，村里的汽车也多了起来。乡民可以继续在家务农，也可以外出谋生，许多人有条件学习一门技术，收入水平提高了不少。蓝圆仔老人也有了一众子孙，一大家子几年前拍的全家福就已经上上下下有了三排人。

近几年，坪水村开始发展畲乡旅游，村道两边一栋栋楼房依山势而建，黄墙灰瓦，美观整齐，旅游业的兴起带动了当地农业、手工业及服务业的发展。坪水村从一个人口只有100来人的穷乡僻壤，成为现在拥有700多人口的美丽山村。蓝圆仔老人提到村里的变化也十分高兴，可惜的是她已经走不动路了，没有机会走出大山去外面的世界看看，也很难听见别人说话，每天大多数时间就坐在天井旁的木椅子上，看着自己的曾孙嬉戏打闹，可她还是笑着说："孩子们过得好就足够了，我们老人家不要紧的。"蓝圆仔老人为儿女辛劳了一生，她过去总是忙得没有时间教育自己的子女，但她的坚强、她的奋斗和她吃过的苦，都是被儿女看在眼里的。虽然她没有读过什么书，但也明白受教育的重要性，她是一位平凡而伟大的母亲。

## 采访手记

盛夏时节，笔者来到了福建省漳州市华安县高安镇坪水村，99岁高龄的蓝圆仔老人居住的地方，也是一个畲族聚居的村落。车沿着蜿蜒的盘山公路向上，经过新修建的寨门就进入了畲乡。可以看到整个畲乡建在半山腰上，地势非常高，但家家户户都建起了楼房，外墙颜色统一，应该是近年来政府发展畲乡旅游的成果。与一些没有被推倒的老房子相比，现在畲乡人民的居住条件提高了一大截。

老人所居住的房屋大概修建于20世纪80年代，是闽南传统民居的样式，一进门就能看到门边摆着许多石制和木制农具。老人正坐在天井旁的一把椅子上，家人把她从椅子上搀扶起来，她拄着拐杖，慢慢地走到门口一处比较宽敞的地方接受我们的采访。

她的家人说老人家年纪大了，耳朵听不太清楚，很多事情也记不清了，所以接下来采访的过程中，很多问题都是老人的儿子代为回答的。而且过去条件艰苦，老人自己并没有留下年轻时的照片。她跟当年村里的其他人一样，没有条件上学，所以特别希望后辈能好好学习，好好工作，过好自己的生活。

蓝圆仔老人是一个很普通的农民，与中国千千万万农民一样，大半辈子都是面朝黄土背朝天，她身上没有什么惊天地泣鬼神的英雄事迹，但她坐在那儿，说着她一生中发生的故事时，依然有着足以触动人心的力量。一个99 岁的老人的一生，淡淡的悲伤与欢喜交织着，就像每一个平凡的人的一生一样，令人动容。

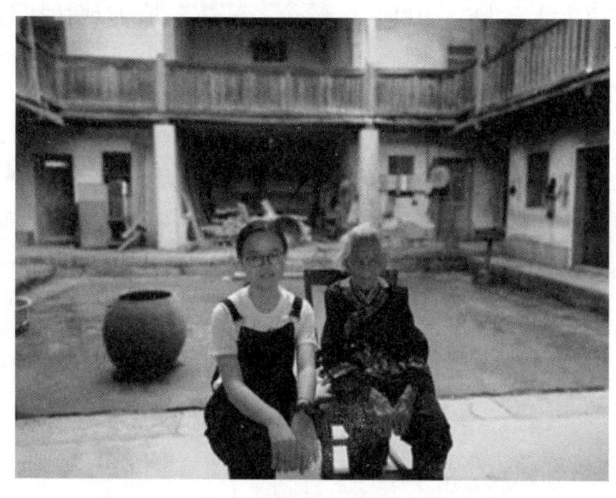

蓝圆仔老人与志愿者合影（黄陈凤　摄）

# 百年沧桑，自有荣光

## ——张西荣老人传记

史霈雯 北京师范大学 环境学院 2018 级

### 人物生平

张西荣，女，汉族，清光绪三十四年（1908）三月十六生人，111 岁。出生于河南省社旗县天桥乡，现居住于社旗县唐庄乡郭楼村。有一个哥哥和一个妹妹，在家中排行第二，没有读过书，不识字。与丈夫育有 4 子 2 女，丈夫去世得早，她一人将儿女抚养长大，历尽艰辛。心态豁达，与儿孙共享四世同堂之乐。

张西荣老人在院中散步（王艺琳　摄）

### 一、一场战乱　铁骑狂飙正纵横

1908 年 4 月 16 日，河南省社旗县天桥乡一个世代务农的贫苦家庭增添了一位新成员。排“西”字辈，父母选“荣”字为她取名张西荣。她一生曲折艰难，在漫天黄土中徘徊百年，被历史的洪流裹挟着，踉踉跄跄、跌跌撞撞往前走。她虽未曾给家族谋得一份光辉荣耀，但她的人生确实是属于自己的一份荣光。

在 20 世纪初的中国大地上，农民阶级备受压迫，霍乱、麻疹、痢疾等流行病肆虐，残害着中国百姓的健康，然而饥饿、贫困、落后是更可怕、更广泛的疾病。张西荣已不记得是否有兄弟姊妹因病早夭。和父母不同，张西荣自己有 6 个孩子，4 儿 2 女。提及丈夫，张西荣的记忆则模糊得多，孩子们的父亲没能和她长久相伴，早早地在贫病交加中“老去了”。上下三代，张西荣的家族一直和土地打交道，土地给了她活下去的机会，是她生的依赖。但也是她这唯一的依赖，给她带来了两次无法忘记的“生死劫难”。

**（一）惊心炮火**

“日本人轰炸早一点，接下来是国民党轰炸，那是哪一年，我弄不清。就是那样轰炸，把那儿炸干了，哎呀，屋里哭，咱在那吓得哭。那飞机飞来，把天都罩黑了。”

“一有飞机来就赶紧跑，往山营寨里跑。给人都吓死了。”

战火肆虐那几年，张西荣 30 多岁，大大小小的孩子在膝前围了一群。内心再强大的汉子，听着那震天响的炮声，看着那横飞的血沫红肉和四溅的沙石黄土，心也要跟着大地震颤不已。张西荣一个生长于农村的弱女子，还要看护一群年纪不大的孩子，当轰炸来临、惊呼四起时，她的内心是怎样的惊惶畏惧？

对于这样骇人的事，张西荣也叙述得很简略。她没有赘述细节，也没有说明拖着大大小小的孩子踉跄逃往山营寨时她是怎样的感受，让听者不安的，是她的讲述里那种感官的直接性和未言明的毁灭性。

那段时间，村里人心惶惶、鸡犬不宁，一听到飞机轰鸣声或是看到空中黑影，人们就赶忙扔下手中活计，把孩子聚到一起奔向村外搭建的山营寨。山营寨已经成了他们的第二个家，一有轰炸，村民们便要在那里待上一段时间，那是村民们的安身之所。

很多人都曾被破裂的弹片或飞溅的石块所伤，张西荣的姑姑就是其中一个。曾经有一枚炸弹掉在她身边，炸飞的弹片擦腰而过，她瞬间跌倒，血流如注，被丈夫拉起来扶走，至今后腰处留有一道明显的伤疤，张西荣对此印象深刻。惊天炮火是那时生活的底色，没人说得清那些年到底死了多少人，她只记得大家总是在跑，总是在躲。这场战争对张西荣的影响不言自明，那清晰又深刻的战火记忆，无疑在她漫长的人生轨迹中刻下了深深的一笔。

### （二）频繁扫荡

“那小日本天天来抢东西呦，开着那大卡车，进门就抢，给那粮食啊，肉啊都抢跑，那粮食一车一车地往外拉，吓死个人呦。”

日本鬼子每隔一个多月便会来村里扫荡一次，来时头上戴着铁头盔，脚上穿着黑皮靴。他们有时天不亮就来了，来就抢东西，抢女人。只要听见狗叫，家家都急忙打听：“是不是小鬼子又来了？”得到肯定的回答后便迅速把贵重物品和粮食藏起来，藏完东西就赶快逃跑。村里人种的萝卜、红薯、青菜，养的鸡鸭鹅、牛羊猪，都被洗劫一空。日本兵甚至开着卡车到村里，逼着各家各户把家里的粮食交出来。村里人本就存粮不多，除了交税，留下来的粮食勉强够养活全家人，这样一来便是真的揭不开锅了。“连女人绣的衣裤帽子，都被他们翻出来拿走了。”提到这个，张西荣仍然有些气愤。抢夺、推搡、辱骂、鸡飞狗跳，是张西荣这段记忆里的关键词。

## 二、一次灾祸　忆往昔峥嵘岁月稠

### （一）骇人饥荒

“饿得呀，啥都敢吃，俺还记得那时候好不容易翻出来个枕头，也不知道是啥时候的，那时候俺娃儿就饿得不行了，俺赶紧烙成饼叫他吃了。”

1942 年，河南爆发旱灾，政府的持续压榨，使旱灾很快演变成了饥荒，这是第一场让张西荣在鬼门关前走了一遭的饥荒。尽管从出生起，就没有过吃饱喝足的好日子，但粮食的匮乏、饥饿的蔓延，在那一年达到了顶峰。那一年，饥饿与死亡取得了直接的联系。所见之处是荒芜干裂的土地，裂痕遍布的农田仿佛人们干裂的嘴唇和破碎的心。

起初，富裕一些的家庭还有白面、玉米吃，后来吃的东西越来越少了，家家都在挨饿。村里的榆树皮都被人们扒干净，平时鸡都不愿意吃的谷糠成了好东西。但谷糠全是粗纤维，人的肠道无法消化，张西荣几岁的儿子吃谷糠吃得大便都拉不下来，张西荣不得不用小木棍帮儿子抠出来。

那时儿子饿得小脸焦黄，耷拉着脑袋，几天不睁眼。眼看着儿子要饿死，张西荣不禁想放声大哭。但她知道，哭没有用。于是她在屋里翻找，终于找到了一点儿干榆树皮和一个填了稻谷皮的枕头，这个枕头已经有十多年了。她急忙把榆树皮掰碎，和稻谷皮一起磨成面，烙了 6 张饼。那饼一嚼便是满嘴的糠，一股怪味儿，让人想要呕吐。她看着儿子闭着眼大口大口地吃，在一旁呜呜地哭。

张西荣的叔伯嫂子听见屋里的动静便来看，一看他们连一粒粮食都没有，眼看就要饿死了，回家给他们拿了 3 斤野菜糠面，里面掺了一点高粱面。张西荣拿出一些做了 5 个锅贴。对十几天没碰粮食的张西荣来说，掀开锅盖时涌出的粮食的香味儿以及叔嫂对她和儿子的救命之恩，成为这场让他们离死神只有一步之遥的饥荒中的一抹暖色，也让她感念了一辈子。

直到现在，张西荣还时常说起那时的艰难。饥荒带给她的是生死一线的惊惧、苦痛的回忆和融入骨血的对粮食的珍视和爱惜。

### （二）携子讨饭

“俺一个女人家去要饭，丢死个人了，那也不中啊，不去要饭俺娃儿就真饿死了。”

张西荣知道，自己和孩子不能一直靠着亲戚邻里的救济生活。一是大家存粮都不多，剩下的不过是勒紧裤腰带、从嗓子眼里抠出来的，二是干旱还未缓解，饥荒没有一点结束的迹象，过不了多久大家的粮食都会被吃完。饥饿、虚弱，让张西荣的大脑一直处于停滞状态，她的胸腔里只剩下一股热气和一声最朴素的呐喊：“活着”！终于，从来没有出过远门的张西荣做了一个大胆的决定：带着孩子去邻村讨饭！

张西荣对这件事多少觉得有些羞怯和畏惧，自己从未出过远门，嫁出去后更是连村都没出过，路上不知会生出什么是非来。况且自己是个女人家，女人从来都是在屋里洗衣做饭、相夫教子的，不该出来露脸，何况是讨饭这样丢人的事。但饿死儿子在张西荣眼里是天大的罪恶，让孩子活下去已经变成了支撑她坚持下去的唯一想法。

张西荣背着小儿子上路了。村里来了个陌生人，大家都要窃窃私语一番，张西荣时不时感受到从面前身后射来的目光，羞愧得没处躲藏。在这个时候背着孩子来的女人，大家一看便知是来讨饭的。家里没存粮的人家，看见她也会绕道而行。

开始的两天，张西荣无论如何都鼓不起勇气张口讨饭，每晚都饿着肚子回家。看着自己发软发抖的腿和孩子们面黄肌瘦的小脸，她最终还是放下了胆怯和自尊。让她无限感激的是，即使大家都吃不饱，但还是尽己所能救济着走投无路、外出讨饭的人。在最艰难的岁月，也有最温暖的人心。

## 三、三态农妇　昼出耘田夜绩麻

### （一）裹脚与放脚

“我小时候还兴缠脚。大一点儿就开始缠了，我妹妹比我还晚，就是后来又放了，俺们俩都是大脚。”

“人说脚大没人要，婆家不稀罕。那我这就到婆家屋里去，我婆家也没嫌过我，我老汉也没嫌过我，我就这光脚就在地里干活，背柴火。要是我是个小脚，我不只能搁屋里坐着，我还咋上地里干活哩，还咋去讨饭吃哩，那不得饿死了？”

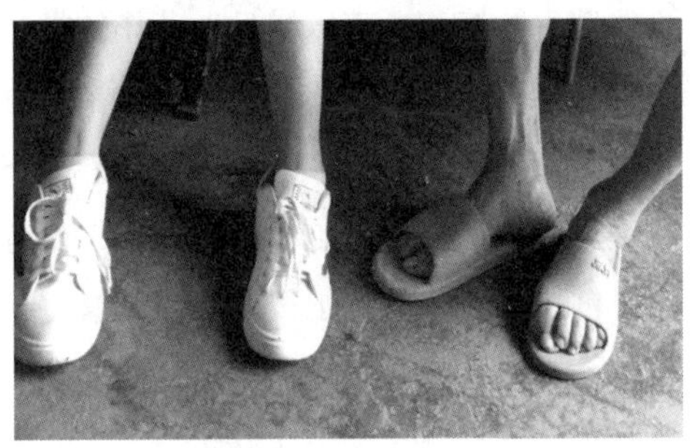

志愿者（左）和张西荣（右）的脚（王艺琳　摄）

把脚裹得很早很紧，是有钱人家的专利，讲究三寸金莲，做的绣花鞋能放进茶碗里。穷人家的女孩也裹脚，她们裹脚时的年纪要比有钱人家的女孩裹脚时的年纪大。贫困和灾祸常常能战胜社会习俗，只因“屋里穷得很，都没钱给买裹脚布”。

张西荣和她的妹妹也缠过脚，但没过多久，村里就开展了反对缠足运动，对进行缠足的穷苦家庭予以处罚。村里坚持给女孩裹脚的家庭，看到来检查的人便赶紧跑开，把女孩关在屋里不让出去。尽管有人进行了一番坚持和抵抗，但最终还是没能挡住时代前进的洪流。张西荣就是在那个时候放了脚。因为裹脚的时间不长，脚部变形并不严重，看上去是很正常的样子。

张西荣十分庆幸有这样一双天足，它们让日常生活和劳动更加容易。如果没有一双正常的大脚，她也无法想象，在随后的艰苦年代里，她如何活下来，还把一群孩子抚养长大。

### （二）纺棉织布

“织布嘛，就跟门口儿的一起，还能拍拍话儿，织的有花的、有道道的、块块的，你看有人家织的啥好，就学着织啥。”

“那时候俺们一家老小穿的衣服穿的鞋，都是俺给做的。那油灯熏着，成夜成夜地做，眼涩得睁不开了才去睡一会儿。”

说起奶奶辈，大多数人的脑海中都会浮现出昏黄灯光中的老花镜、眯起的眼和不断翻动勾挑的枯手。纺线、织布、做针线活，是当时农村妇女们最典型的标签，也是她们勤劳、节俭和心灵手巧的具体表现。

张西荣到了 9 岁的时候，母亲为她架好了纺车。和其他许许多多同龄的姑娘们一样，她被要求学习纺棉花，夜以继日地劳作的母亲是她的楷模和激励。她犹记得刚开始时，自己是如何笨拙，并受到母亲严厉的斥责的。张西荣刚开始学习时为此付出了极大的努力，她趁母亲纺棉织布时在一旁仔细观看，一天天不断尝试。这仿佛是一种与生俱来的禀赋，少有年轻姑娘们无法胜任这项工作，张西荣自然也不例外。她很快学会了这些技能，并使它们成为贯穿她大半生的活动。

新中国成立后的最初几年，妇女继续在家纺织，天没亮就起床或熬夜为家里做棉线和棉布。那时物资极度匮乏，城市里的人们拿着布票换取衣物，而张西荣家中十多口人，所有人穿衣纳鞋的材料几乎都是她提供的。

在夜间，妇女的主要家务除了照顾幼小的孩子，就是在一盏油灯下做针线活。油灯的灯芯燃烧时，会冒出黑烟和刺鼻的气味，那是张西荣对夜晚最深刻的记忆之一。白天，妇女们忙着洗衣做饭、下地干活，晚上还要为丈夫和孩子补衣纳鞋。

为长身体的孩子准备鞋子是一项特殊的挑战。鞋底由棉花和碎布料制成，用一针一线将一层层糊起来的碎布细密地缝好。春秋穿的鞋子的鞋面用一层棉布，冬天穿的则用两层，中间夹上棉絮，这样更加保暖。但两双鞋子通常不够孩子们穿一年，不到三四个月就要换一双新鞋。

在无数个几乎无眠的夜晚，伴随着那微弱如豆的灯光，那针线摩擦的声音，那随着寒夜加重的湿冷气息，张西荣尽了最大的努力让家人穿着舒服一些。

### （三）下地干活

“俺没缠过脚，天天就跟男人一样下地干活儿，三伏天站在大太阳地里给人晒得呦，那汗顺着脖子往下流。”

农忙季节，穷人家的女人通常都要去地里劳动，就像一句俗语说的那样：“麦典糜黄，绣女下床。”因为有一双天足，走路、干活都很方便，张西荣就成了家里干农活的主力。到了播种、浇地、收割这样任务重又急迫的阶段，妇女们几乎没有时间回家照顾幼小的孩子。张西荣就用篮子把孩子提到地里去。把孩子放在地里，放在她跟前。有时害怕地里有虫子和蛇，就把孩子背到背上。在地里掰玉米时，玉米叶子拉着孩子的脸，留下一道道扎眼的血痕。

三伏天是最让人惧怕的时候，从中午十一二点到下午二三点，空气中涌动的热浪、脚下即将沸腾的土地把人们包围在令人畏惧的高温空间中，炙烤、干涸、沉闷，低气压的氛围闷得人喘不过气来，却还要奋力挥动胳膊、挥动锄头。太阳晒得人大汗淋漓、两眼发黑。高温一边让汗水把头巾、汗衫浸湿，一边把汗水蒸发，在洗得发皱发黄的衣服上留下一道道白色痕迹。“足蒸暑土气，背灼炎天光”，张西荣没读过书，不知道这样的诗句，但她心中一定有着相同的感受。

## 四、一场秋梦，年华老去

如今张西荣已有 111 岁高龄，辗转于 4 个儿子的家中，每个月换一次地方。年轻时腿部受了湿气，老了便经常腿疼，但仍挡不住她天天出门散步遛弯的热情。她喜欢吃甜食和肥肉，却不幸得了糖尿病和高血压，孩子们只能哄着骗着帮她控制饮食。张西荣的日常饮食也比较朴素清淡，每天的荷包蛋是必备的，再来点青菜和水果。虽然疾病缠身，但第一眼看上去，老人的精气神儿很好，跟健康人没什么两样。说到自己的长寿，张西荣把它归功于遗传，她的母亲活到了 100 多岁高龄，哥哥也有 90 多岁。但在家人们看来，老人长寿还在于她的好心态。她总是像个孩子一样，直接表达自己的想法，有事情不闷在心里，不高兴了就直接告诉家人。

回忆过往时，张西荣脸上很少会有触动，只有提及与死神擦肩而过的时刻，她才会显出痛苦神色。那些百年风霜侵袭雕刻留下的深深沟壑里，掩藏着多少时代的秘密？一百多年光阴已过，记忆早已荒芜，但流血、饥饿、分离和死亡却是她人生中无法抹去的浓重印记。老人讲述的每一个故事，不仅经过了忘却和重忆的编码组合，还经过了声调和场景的加工调试。笔者只能尽己所能用文字再现。此后，这些故事仍将在某个特定时刻为某些特定的聆听者而发，带给人们无尽的体悟和思考。

不叹人生苦短，
亦恋山远水长。
那时山河悖乱，腥风血雨，
终不掩大地普照的一片阳光。

## 采访手记

7 月 21 日，为了亲眼看一下老人的情况，笔者决定在正式采访前先去一次。到达时，奶奶正在家门口的树荫下乘凉，扶着一把椅子靠在树边，手里摇着一把大蒲扇。从奶奶身边经过时，笔者看见奶奶黄褐色的皮肤和沟壑纵横的面庞，一双眼睛有些许混浊，眼袋下垂，松松垮垮的似两条卧在眼下的蚕宝宝。见有生人来访，奶奶露出些许疑惑神色，但很快又复眯眼放空之态，没有动作。第一次去主要是踩点找找地方，再和家人沟通一下，而且下午有其他事情，因此笔者未多做停留。临走前，笔者到门口和奶奶简单聊了几句，挥手告别时，奶奶几欲张嘴想说些什么。

第一次正式采访在 7 月 23 日，这其实是第二次去见奶奶。到时奶奶正在屋里睡觉，笔者便没有打扰，先和家人聊了起来。没过多久，奶奶从屋里出来，推着椅子颤巍巍地走过来。笔者起身去搀扶，却被她轻轻推开。听家里人说，奶奶不喜欢让别人搀着，坚持自己走路。

在院中落座后，笔者便开始了正式采访。奶奶年纪很大了，因此听力不太好，笔者的声音稍微小些她就听不到了。兴许是笔者皱眉的表情被她看到，她语带自责："唉，老了呀，耳朵听不见了，听不见了也不知道说啥，成天当个哑巴。"说罢摆摆手，脸上沟壑因难过而愈发深重。笔者不由鼻头一酸，奶奶历经沧桑，数度磨难，定有千言万语却无处诉说。采访过程虽不顺利，但奶奶也在全力配合着笔者，时不时的眼神交流更让笔者感受到她的慈爱之情。

第一次采访时，负责照顾奶奶的小儿子有事不在。周六，她小儿子恰好在家，便在一旁陪同采访。途中，小儿子不经意地提起母亲带着他们兄弟姊妹讨饭吃的往事，一下子打开了奶奶的话匣子，苦痛深重的回忆涌入脑海，尘封几十年的往事娓娓道来。

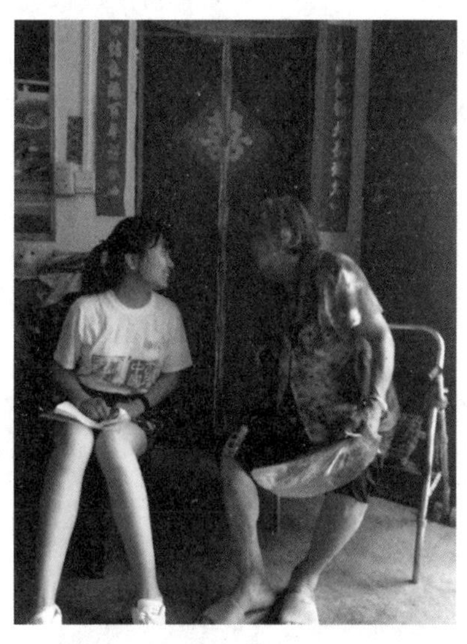

老人与志愿者交谈（王艺琳　摄）

仿佛已经知晓似的，分别时奶奶喃喃地说："走啦？以后没时间再来了吧？"是啊，几天后我便要回京返校，下次回家便是新年。虽真心祝愿奶奶福寿绵长，但我心所愿终抵不过岁月摧残。奶奶一生吃苦，百年受累，但亲眼看着子孙枝繁叶茂，享四世同堂之乐，也算得一生圆满了！

# 时光褶痕

## ——牛美荣老人传记

邵京菁 北京师范大学 教育学部 2017 级

### 人物生平

牛美荣，女，生于 1921 年，祖籍河南省新乡市长垣县丁栾镇杜沙邱村，现居长垣县方里镇靳宋庄村。其父为牲口经济人（买卖牲口中介），母亲在其 11 岁时去世，家中兄弟姐妹 6 人。牛美荣家境贫寒，勤劳做工，待人谦和。19 岁出嫁，相夫教子，养育了 9 个孩子。一生经历了洪水、抗日战争等大事。

牛美荣老人照（邵京菁 摄）

### 一、且望红尘乱世

1921 年，河南新乡。狂风席卷着黄土漫天飞扬，枯树丫在风的肆虐摧残下摇摇晃晃。本已贫瘠的土地现今露出一道道的印痕，像极了老人柴火般的骨头，满目狰狞。“这日子越来越难喽”，“世道变化了”，“这是要变天啊”……在温饱线下挣扎的人们饭后之余的闲谈只剩下对未来命运的担忧。“听说了吗？村头那家新媳妇生了一个女孩儿”，新生的这个女孩好像给大家单调痛苦的生活带来了些许温暖，让大家在目睹许多人死亡的时候看到了生的希望。这个女孩儿就是牛美荣老人。

牛美荣老人生于一个普通的农村家庭，母亲在家务农并照顾姊妹两人，父亲在外做生意，虽说生活不富裕但大体可以过得去。生活原本可以这样一直简单地走下去，日出而作，日落而息，一大家子其乐融融。但是命运却毫无征兆地将魔爪伸向了他们家，老人 11 岁的时候，母亲病逝。望着母亲的坟头，老人几度绝望，哭晕过去。她不知道怎么才能忘记失去母亲的痛苦，不知道如何安慰同样失去妻子的父亲。她想要逃避，想要跑得远远的，但却又是那么无力，她发现原来在命运面前自己的抗争是多么渺小。可是能有什么办法呢，生活还是要继续向前走啊。本来就贫穷的日子在没了女主人之后一下子失去了重心，生活变得一团糟，家里的大小事务全部压在了老人和老人的奶奶身上。因此很快，老人的父亲又娶了另外一个女子，也就是老人的后妈。老人的父亲迎娶了新妻子之后，又给老人添了 4 个弟弟。老人回忆道：“在新的家庭里，我和后妈承包了家庭的所有琐事。后妈干主力，我在旁边打下手。生活过得很艰难，但幸运的是后妈对我还不错，因为她不敢不听婆婆的话……”老人回忆着曾经以为天要塌下来的事情，现在神情却没有丝毫变化。那种淡然好像是在讲别人的故事一样，自己只是一个旁观者。也许这就是时间的魔力，它将我们的记忆变得模糊，将我们心中的难过冲刷殆尽。我们想向生活抱怨些什么，我们想向命运哭诉些什么，但时间久了好像我们都忘了当初是为什么要哭泣与难过，可能我们也只能从时间那里去找寻答案。

“小小姑娘，小小姑娘 / 大眼睛长睫毛圆脸蛋 / 看哪都好 / 就是看她的大脚板、大脚板 / 没人要……”问到老人裹脚的事情时，老人缓缓哼出这样一曲小调。哼完小调后，老人看着自己的小脚接着说：“没办法啊，都是那个年代。当时如果我们不裹脚，就不容易嫁出去。你看现在我的脚，它已经完全伸不直了，前面的脚趾已经不行了……”老人反抗，但哭号、逃跑都没有用，封建礼教将她们身体和思想紧紧禁锢，想向命运抗争，却发现自己什么力量都没有。当问起老人想裹脚吗，老人边说边一遍遍摩擦自己的小脚：

“谁想啊，但没办法，大家……都在裹。”老人五六岁开始裹脚，每天都用布条将自己的脚缠住。到七八岁的时候，布条缠得越来越紧。老人的脚趾向后弯曲被脚板踩在脚下，布条紧紧地裹住，一圈又一圈，这一裹就是十年。裹脚初期，脚因为太过疼痛没办法走路，老人就坐在纺车前不分昼夜嗡嗡地纺花。一边是刺骨的疼痛，一边是长期枯躁的体力活，我无法想象老人是如何度过那段艰难的岁月，也许在无人知道的黑夜哭泣了无数次。

15 岁，裹脚成功。老人的脚无须再紧紧缠住，走路也不疼痛了，因为长期的身体折磨已经麻痹了脆弱的感官知觉。望着老人的小脚，心中有种说不出的压抑感，同情、委屈、惊讶多种感觉都交织在了一起。历史产物的最终归宿应该是什么样的？

## 二、笑叹烽火狼烟

1938 年，河南郑州。侵华日军攻陷徐州，并沿陇海线西犯，郑州危急，武汉震动。国民党的军队纪律涣散，溃败而逃，阻挡日军进攻郑州迫在眉睫，“此诚危急存亡之秋也”。不断有将军向蒋介石建议要以水代兵阻挡日军的侵略，蒋介石处于两难的境地。蒋在珍再次献策，应决堤以黄河水阻挡日军前进。蒋介石最终还是选择了决堤，而地点就选在了郑州花园口堤坝处。

决定后国军马上动手画线，决定相隔 50 米之距掘两道决口，由大堤内侧对准河床底部平行地掘进，决口外宽内窄，呈倒“八”字形。花园口决堤完全靠人工挖掘，未用一两炸药。花园口决口后，奔腾的黄河水顺着贾鲁河迅速下泻。此时正值雨季，黄河上游河水暴涨，花园口决口处被迅速冲大，同时被淤塞的赵口也被大水冲开。赵口和花园口两股洪水汇合一起，如脱缰野马，奔泻而下的黄河水，卷起滔天巨浪，由西向东奔泻的河水冲断了陇海铁路，浩浩荡荡向豫东南流去。淹没了中牟、尉氏、扶沟、西华、淮阳等地，又经颍河、西泥河，注入蚌埠上游的淮河，淹没了淮河的堤岸，冲断了蚌埠附近的淮河铁路大桥。蚌埠向北经曹老集至宿县，也都成了一片汪洋。

89 万人民因为洪水流离失所，此时家在黄河下游的牛美荣老人也未能幸免，所在的整个村庄都被洪水淹没。放眼望去，只能看见在洪水中摇摇晃晃挣扎的屋顶，其余的一切全化为乌有。黄河中下游地区此前经常被洪水淹没，所以每个村子在高处都设有避水台。老人的村庄一共有两个避水台，一个高一点，一个低一点。滔滔洪水从远处奔腾而来，村子里的人们四散逃跑，幸运的是老人一家人都跑到了高一点的避水台上。跑得慢的人只能躲到低一点的避水台上或者直接被洪水冲走。但即使躲到高避水台上，肆虐的洪水还是不断上升，不停地拍打避水台上的人们。受惊的人们就好似浮萍，等待着随时被洪水淹没的命运。老人回忆道："我们躲到避水台上，眼睁睁地看着村子里的其他人被冲走。他们嘴里喊着'救命啊，救命啊'，但是我也不会水，谁都没办法救啊！"老人说完揉了揉混浊的双眼。在避水台上日子实在难熬，没有饮用水，老人就用缸舀黄河水，将水中的沙子沉淀下来之后做饭；储存的粮食也逐渐见底了，老人一家人就开始吃树皮，靠喝水来填饱肚子。日子一天天过去，洪水并没有下降的趋势，水位反而越来越高，低一点的避水台即将被淹没。高避水台的人们和低避水台的人们隔水相望，仅仅十米左右的距离，一边可能是生，另一边可能就是死。低避水台的人们不断地向这边呼喊："救救我们吧，我们马上就要被淹了！"是生还是死取决于这边高避水台上的人们，但是会水的有几个人？救还是不救？最后人们还是选择了前者，因为实在不忍心眼睁睁地看着同一个村子里的人被淹死。高避水台的人们将能找到的所有竹子编起来，绑在一起做成了一个水筏。对岸的人们坐在水筏上，两个小伙子再用绳子将竹筏缠在自己身上，两个人在前面游，将后面竹筏上的人们运送到对岸。来来回回十几趟，低避水台处的人们终于全部都转移了过去。又过了十几日，洪水渐渐消退了，村庄的样子渐渐也能显露出来了，但是洪水过后的村庄早已面目全非了。土垛、矮房子、小树……一切都被洪水冲掉了，大水裹挟着泥沙以及上百万人们的性命和家当滚滚向东流去，只给人们留下了残垣断壁。老人的家同样也被洪水冲塌了，但幸运的是老人保住了性命。

## 三、空忆荒草孤城

1940年，老人19岁。"邻家有女初长成"，老人也到了该谈婚论嫁的年纪。当时那个年代，年轻人不能提前见面，连父母也不能见对方孩子，只是靠媒婆的介绍双方父母见面。结婚那日，大红的花轿停在老人家门口，唢呐、打鼓的声音十分响亮，仿佛在向全世界宣告今天他们结婚了。足抵红莲，红衣素手，锦盖下莞尔娇羞，一袭红色嫁衣映衬着老人桃花般的容颜。老人不曾想到，有一天结婚的主角也会变成自己，当曾经无数次幻想的场景真正到来的时候竟有一点点错愕。迈出闺房，即为人妻。

嫁过去的日子过得很艰难，但幸运的是老人的婆婆对她特别好，所以尽管困苦,但一家子可以团结在一起跨过困难。老人回忆到自己的婆婆时说:“婆婆对我特别好，当时每到10月份各家的婆婆都会给儿媳棉花，让她们能够织布做衣服和卖钱。别人的婆婆都是给儿媳3斤棉花，只有我婆婆给我4斤棉花。我就在家纺织卖布，同时也可以将老头子的过冬衣服做出来。”生活平淡地过着，日子不容易但是夫妻两人却十分恩爱。老人笑着说：“我和老头子没有吵过架，他的脾气特别好，而我也不是那种事儿多的媳妇，所以一大家子过得很好。”“执子之手，与子偕老”也许就是天下最美的誓言了吧，不羡慕那些轰轰烈烈的爱情，反而那种平平淡淡的爱情最让人动容，因为相濡以沫慢慢变老可以抵挡世间所有的艰难困苦。

老人养育了9个孩子：7个儿子，2个女儿。在孩子小的时候，老人的生活过得特别难，往往是吃了这顿没有下顿。做饭时等到该要下米的时候，却发现缸里一点米都没有了，老人便又拿着碗到处向街坊邻居借米做饭。生活稍微宽裕些时，又将向邻居借的米还回去。胡萝卜、土豆、草根、榆树皮……我们可以想到的以及我们想不到的都可以成为那时候的食物。吃不饱怎么办？那就喝水，直到喝水喝胀了。孩子们白天去上学，中午回到家帮父母干农活，推粪、拉磨、割草。生活困苦，但老人却丝毫没有放松对孩子们的教育。因为家庭经济困难，基本的温饱尚不能解决，所以前几个孩子只能向命运妥协，不得不止步于初中。老人深知知识可以改变命运，同时怀着对前几个孩子的愧疚，下定决心即使砸锅卖铁也要供接下来的几个孩子读书。所以当七儿子提出要读大学时，老人没有丝毫的犹豫，不顾家人的反对，牵着家中唯一的一头牛就到集市上卖了。老人紧紧握着那一沓钱，郑重地交给了七儿子，而又赶紧转身偷偷擦掉眼中的泪花，出神地望着那已经空掉的牛棚。是幸运也是必然，老人将接下来的孩子全部都培养成才了，生活好像不那么苦了，老人开始对未来有了期待。

但事情往往不尽如人意。2004年是特别的一年，那一年陪伴老人整整

65 年岁月的老伴因病去世了。“我爹之前身体特别好，但是一场突然的大病就带走了他。还是他血压高不在意，如果平时多锻炼也不会这样……”老人的儿子哽咽地说道。相濡以沫到老的老伴去世也许就是老人一生中最大的软肋了吧。很羡慕老一辈之间的爱情，他们的感情是缓缓的，不像现在这么急匆匆。曾经传递爱意的信封早已泛黄，信封上的地址也早已拆迁，写信的姑娘老了，读信的阿郎去世了，但信中饱含的情意永远不会因为时光的流逝而变质。

## 四、但见春风又绿

2019 年，老人 98 岁。时光荏苒，转眼已是 2019 年，老人即将迎来她的百岁寿诞。老人独自住在一个院子里，9 个孩子轮流照顾老人，每人每次照顾 15 天。照顾老人的孩子在那段时间里便和老人睡在一起，老人一间房，孩子一间房，房间离得特别近，便于老人喊孩子。15 天里一个孩子主要照顾老人，其他孩子也经常回来看老人。老人笑呵呵地跟我说：“他们都特别孝顺，做到这样就已经很不错，想吃什么他们都给我买。现在我们家已经足足 140 口人啦！” 其实老年人最大的心愿也莫过于儿女孝顺、子孙满堂，而老人恰恰两者都拥有。

老人现在依旧每天 5 点多起床，简单洗漱之后推着自己的拐杖车在院子里溜达。将菜园的杂草除掉、给蔬菜浇水、抖抖挂在菜叶上的露珠、将昨晚未来得及收拾的农具摆放整齐……干完一系列活之后，子女也将早饭做好了。早餐很简单，就是北方最常见的小米粥，配菜也是十分家常的白菜。早饭结束后，有时在屋里转悠收拾房子，有时推着车到外面和其他老人唠嗑，直到晌午。日子就这样一天天地过着，很单调，但也十分幸福。谈到老人的养生秘诀时，老人的儿子笑着回答道：“哪有什么养生之道，就是和咱们一样，少吃、多动、心态好，对生活永远保持积极的态度，都可以长寿！”老人告诉我们，饭要八分饱，不要太满；做事要勤快，多动。同时还有任何时候都不能丧失对生活的信心，要保持乐观的心态。未来那么长，哪有说得准的事儿，只顾笑着向前走就是啦！

“老人家，您过去想过现在生活会这么好吗？”“当然没有，谁敢想这个啊！当时觉得吃饱就可以了，怎么也不会想到会有今天。现在的孩子实在是太幸福了，什么都有，不用再挨饿了啊……”老人激动地讲着过去到今天的变化，不断地夸赞如今的富强幸福，眼睛闪闪的，充满了对未来美好的希冀。浩渺的历史长河中，发生过千千万万个故事，沉寂中交织着喧嚣，沧桑中回荡着起落，不管是欢欣抑或痛苦，都留存于我们的血液中、镌刻于我们的骨骼上，也将会在现在熠熠发光。如今祖国正以肉眼可见的速度发展着，从前被人瞧不起的中国现在正在傲然崛起，沉睡的狮子已经醒来，一条巨龙已腾空而起。

老人的一生就是最最普通农民的一生，没有太多荣耀的经历，也没有太多刻骨铭心的悲痛，很多时候就是平平淡淡的日子。少年、中年、老年、暮年，每个阶段的故事串联起来便是老人的一生。将其记忆，与历史融为一体。

## 采访手记

时光在老人的身上留下了道道褶痕
但终究是一件温暖的事情
因为仅跨越百年便已足够美好

采访完老人感觉自己跨越了一个世纪，感受了其中满含的悲欢离合。心中郁结，总是回忆着老人讲述的过去，惶惶发愣，不知是自己停留在过去还是过去的自己来到了现在。在采访的时候静静听着老人讲述过去的事情，故事太长，长到不知道从哪里开始讲起；故事太碎，碎到不知道如何将它串联成百年人生。一直不敢提笔，害怕自己写的文章不能完整描述老人的一生，同时也害怕自己仅仅用一篇文章就概述了老人的一生，最后得出原来一生也不过就这么回事儿的感慨。

但关于老人的事情太多太多，辛酸的、快乐的抑或是痛苦的……笔者不禁开始疑惑，一百年的时间里竟然可以发生这么多的事情。听老人讲述完，很庆幸知道一生承载的不仅是一个人的生命，更是一个时代的记忆。可不是就那么一回事儿，而是大有名堂。

百岁时光，万件点滴。时间留给我们一道道丑陋的褶痕，但同时也留给了我们最温暖的回忆。

愿奶奶福寿绵长，但我心所愿终抵不过岁月摧残。奶奶一生吃苦，百年受累，但亲眼看着子孙枝繁叶茂，享五世同堂之乐，也算得一生圆满了！

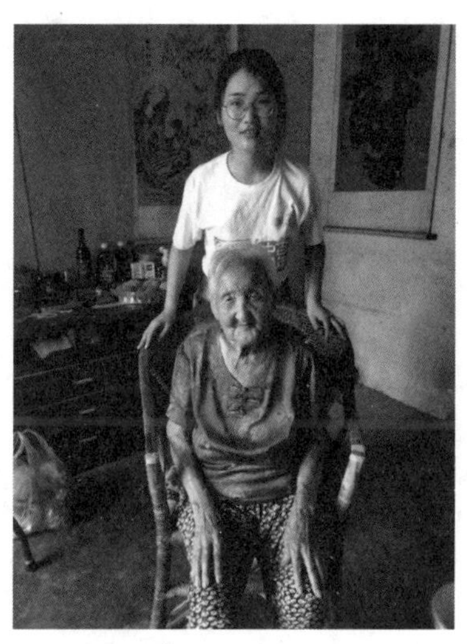

老人与志愿者合影（靳利伟　摄）

# 国家的解放

那些年，是黑暗和光明的历史较量。岁月峥嵘，战火纷飞。抗日战争、解放战争、抗美援朝，亿万中华儿女前仆后继、浴血奋战，无数将士用生命和鲜血换来了崭新的中国，赢得了民族的独立和国家的解放。新中国新社会，子弟兵成了建设者，扛枪的肩扛起了锄头。是他们，在摧毁一个旧世界后，又建立了一个新世界，红五星永远闪耀在共和国的旗帜上！

# 戎马一生

## ——王兆寅老人传记

郭靖一 北京师范大学 经济与工商管理学院 2017级

### 人物生平

王兆寅，男，汉族，1925年11月出生，河南省周口市川汇区商水县城关乡王道平村人，1942年加入国民革命军胡宗南一军一六七师，后加入八路军彭德怀部一纵三五八旅，1948年8月加入中国共产党。抗日战争时期，曾参加灵宝山战役、南阳战斗等；解放战争时期，曾参加榆林战斗、西宁战斗等。1950年参加抗美援朝战争，曾协助炮八师四六团九连指挥战斗。抗美援朝战争结束后到沈阳炮校学习一年多，后派驻到商丘。1955年在鄢陵武装部工作，后调往商水县武装部工作，1982年离休。

王兆寅老人照（郭靖一　摄）

### 一、英雄出少年

1925年，王兆寅出生在商水县城关乡的一个普通农民家庭，父亲勤快，母亲手巧，家里生活虽不富裕但也过了温饱线。为人父母望子成龙，8 岁那年，家里还有两个年幼的弟弟，父母也毅然将身为长子的他送进了私塾。《孟子》《论语》教会了 8 岁的王兆寅“仁”“和”“孝”，只上了一年私塾，得知自己家里将再添人丁的王兆寅，不忍父母辛劳，跑到地主家，接下了放牛的活计。

1937 年，“七七事变”，抗日战争全面爆发，读过书的王兆寅知道国家需要他。

1938 年，日军大举入侵中原。同年 6 月，鹿邑、太康、淮阳等县相继沦陷，日军铁蹄践踏区内大部分村镇，人民生命惨遭涂炭。不甘心做亡国奴的周口儿女奋起反抗，抗日怒火遍地燃烧。有的自发组成抗日武装，开展轰轰烈烈的抗日游击战；有的加入新四军游击支队，开赴抗日前线英勇杀敌；有的进入国民党军队，在正面战场浴血奋战，抗日烽火燃遍豫东大地。

1938 年太康县沦陷后，各阶层的思想动态非常复杂，有抗日的、有动摇的、有当汉奸的、有当顽匪的。一些人打着抗日的旗号，成立了各种名目的地方武装。群众说当时是“五里一队长，十里一司令”。抗战开始时，共产党的抗战力量比较小，而敌人的力量却比较大。在敌强我弱的情况下，要取得抗战胜利是非常困难的。中共太康县党组织按照党中央提出的“为争取千百万群众进入抗日民族统一战线”的方针，积极团结社会各阶层人士共同抗日，提出“抗日不分阶级、不分先后，团结抗日、共同对敌”的口号。

当时张爱萍将军来到豫东一带，以鹿邑为基地领导抗战工作，开辟敌后抗日根据地。发动群众建立健全农村各种抗日组织，如儿童团、妇救会、自卫团等。王兆寅义无反顾加入了儿童团，成为一名小小的通信员。常常跟着游击队装扮成讨饭的小孩，侦察敌情，传递情报。一次，王兆寅随游击队乔装打扮到日军控制区淮阳侦察。淮阳有一户财主，女儿嫁给了日本人，这户人家仗着日本人的势力，在这一带耀武扬威。游击队决定会一会这个财主，敲打敲打他，杀一下他的威风。游击队员带着王兆寅径直走进这家客厅，财主正要赶他们出去，突然，黑洞洞的枪口顶住了财主的胸腔。游击队员压低声音说：“别动！我们是淮阳游击队。”那财主听罢，双腿一软，差点跪在地上。游击队一字一顿地警告财主，日本鬼子兔子尾巴长不了，要给自己留点后路，给女儿留条生路，做一个有良心的中国人。那财主双手作揖，头点得像捣蒜，连连称是。游击队命令他不准为日本人做事，不准欺负百姓，要为抗日游击队捐些枪支、弹药。游击队告诉他送枪支、弹药的地点、时间。不久，那财主按要求，把枪支、弹药送到指定地点。以后，游击队要求他做的事情，基本上有求必应。王兆寅跟随抗日游击队，乔装打扮，侦察日本驻地地形和碉堡，为游击队打击日本鬼子提供准确和重要情报。

## 二、流血抗日

1942 年，经历了 6 年战争摧残的中原，早已不复当年的肥沃，只余零星的枪响在寒夜中警示战争的惨烈。弟弟妹妹们一天天长大，土地收成却一年不如一年，家里余粮已然见底，为了 10 斤粮食和省下一个人的口粮，17 岁的王兆寅加入了国民革命军。

战争时期，不仅战斗很残酷，而且后勤保障十分艰难，特别是战士的粮食供应极为艰难。王兆寅参军这年，正是抗日战争进入最艰苦的时期，吃饭等给养问题日益突出。王兆寅和他的战友们在行军打仗时吃饭问题始终是最难解决的一件事。当时，王兆寅和战友们的穿戴有“三破”，即破袜子、破鞋、破军装，往往是冬无棉衣夏无单衣，吃饭经常是一天两顿或一天一顿，甚至是一天两天吃不上饭。如果是在根据地或群众基础好的地方，吃饭、住宿等保障还好点，尤其是转到敌占区作战，生活保障就极为困难了。为尽量不影响战斗力，保证抗日武装生存下去，部队就紧密联系地下党和地下情报人员，发动群众给部队捐送军粮等物资。虽然群众觉悟很高，军民关系也很好，但老百姓也很穷，连自己的生活也难以维持，就是在这种情况下，老百姓还是偷偷地通过地下交通网向部队送干粮。当时在山东，老百姓最好的主食就是高粱面窝窝头，他们自己舍不得吃，尽量把高粱面窝窝头送给部队。王兆寅和战友们一天能领到一两个干窝窝头。由于行军打仗很紧张，连水也喝不上，根本别说每顿饭吃菜了，最好的时候是在农村或集市上买点醋，窝窝头蘸着醋吃。时间一久，战士们就大便干结，给他们造成了很大痛苦。就是在这样的艰难条件下，王兆寅他们没有退缩，他们十分感激老百姓的恩情，更加坚定了打击日本侵略者的决心和勇气，最终取得了抗战的一个个胜利。

刚刚入伍的他主动加入侦察队，这对于王兆寅来说既是最为熟悉的任务，当然也是最为危险的任务。他还记得，入伍第二年的一天，他和所在班的十多个战友外出执行任务，在淮阳县南部一个地方同一批日伪军不期而遇，随即战斗打响。日伪军凭借人多、武器精良，展开了对王兆寅他们的疯狂围攻，妄图一举消灭他们。王兆寅和战友们英勇顽强，沉着还击，借助树木、庄稼、沟坎作掩护，打退了敌人数次轮番进攻。激烈战斗持续半个多小时后，由于敌我力量悬殊，他们十多个人伤亡惨重，最后只剩下几个人。情况越来越危险，加之外无力量支援，为了保存实力，王兆寅他们决定撤退。几个人形成战斗队形，交叉掩护着后撤。凶残的敌人紧追不放，疯狂地扫射，子弹像雨点般嗖嗖地从头顶、身旁飞过。撤退途中，突然王兆寅的右胳膊肘被打中了一枪，因为敌人的子弹是炸子，顷刻间伤口处血流如注。战友们一看，立即停下来，迅速还击顶住敌人的追击，另一个战友立刻给他进行了简单包扎。情况越来越糟，他们边还击边撤退，还一边商议怎么办。最后，几个人决定分开，分散敌人的追击力量，各自向不同的方向撤退。由于王兆寅受伤，撤退的速度慢，那位给他包扎的战友就一直陪着他一块后撤。王兆寅忍着剧痛，咬牙拼力摆脱了敌人的追击。因连续作战和受伤失血，王兆寅的身体很虚弱，已经走不动了。经过观察，他们发现不远处有一片坟地，这位战友就决定把他隐藏到坟地里。在战友的搀扶下，他们到坟地后，为了避人耳目，不被发现，战友就造了一个假坟头，里边留下一点空间，把他隐藏在了假坟里。

一切弄停当后，战友就对他说，准备离开给他弄药和食物，把伤养好。临走时他们还商议，为了安全，他们之间实行单线联系。受伤的王兆寅忍受着伤痛，一声不吭地躺在假坟里，每天由战友偷偷地给他送药送饭，等待着早日伤愈归队。这样的情况持续几天后，突然，有一天王兆寅从天明等到深夜也不见战友过来，他不知道发生了什么事情，一种不祥的预感立刻充满了他的头脑，但由于伤势严重不能动，没有更好的办法，他只能等下去。一天，两天，三天，一直到第七天，战友还是未出现，他已奄奄一息，认为自己这次要“交待”了。正在这危急时刻，他的战友又突然出现了，给他带来了救命的药和食物。原来是这位战友外出弄药和食物时，不小心被敌人给抓了，敌人拷问他，他坚决不承认是游击队员，敌人一连拷打关押了他七天，最后也没从他口中得到什么信息，也找不到什么证据，就不得不把他放了。放出来的第一时间，他首先想到的是受伤的王兆寅，不顾伤痛，弄了药和食物立刻给他送来了。在战友的关切照料下，躺在假坟里的王兆寅身体逐渐恢复，伤口也开始愈合，在这片荒凉的坟堆里，王兆寅获得了第二次生命。经过一段休养，在能够行动后，他们二人逃出了坟地，踏上归队的征程，重新投入了新的战斗。

当时，地方游击队的生活条件和战斗环境十分艰苦，他们经常吃不到食物，接连几天挨饿是平常事。但他们凭着一腔抗战热血，与敌人展开殊死斗争。1944 年 4 月的一天，王兆寅率游击队在淮阳县城与敌人先头部队遭遇，但敌人的大部队迅速跟进过来，而王兆寅率领的游击队只有十几名队员，于是他们便边打边撤退，并迅速钻进了黄水洼的芦苇荡内。敌人很快封锁了芦苇荡，并不停地向芦苇荡内扫射。芦苇荡内水深苇茂，敌人不敢贸然深入，于是就驻扎在附近，对芦苇荡内的游击队实施封锁。游击队只好撤往芦苇荡深处躲避敌人，并在荡内湿地宿营。一连几日敌人也没有撤退的迹象。芦苇荡内没有任何食物，队员们饥饿难耐时就挖芦苇根、采水萍棵（一种水生植物）充饥。到了夜里，队员们衣服单薄，被冻得瑟瑟发抖。几天后的一个深夜里，根据地的一位老大娘绕开敌人的封锁线，用漂在水上的木盆为队员们送来了野菜团子和炒面，并给游击队带来了情报，队员们个个激动得热泪盈眶。当时正是青黄不接的季节，根据地的群众在日伪军烧、杀、抢政策下生活极其艰难，但他们宁愿自己少吃或不吃，也要冒险给游击队送食物。就这样，王兆寅率游击队员们以芦根、野萍、炒面、黄水为食物，坚守芦苇荡十多日，在人民群众帮助下，成功跳出日伪军包围圈和封锁线，并迅速重返战场。事后游击队员们用顺口溜总结说：

一仗打四县（淮县、太康、杞县、西华），
两日吃一餐。
日晒水虫来叮咬，
入夜衣单难耐寒。
炒面就着黄水咽，
芦根野萍充饥实。
军民合力勇杀敌，

打得日军心胆寒。

## 四、艰苦解放

1945年，日本投降，举国欢庆，王兆寅满心想着家中的父母和已经定亲的爱人，期待着早日的团聚。但身处胡宗南部队的他，再次被卷入了战争的旋涡。当面对自己幼时所信仰的部队时，王兆寅满是心碎，他第一次发觉枪原来是扣不动扳机的，到达东北的第一晚，他便逃回家乡加入了彭德怀的部队。

老人谈到加入八路军时，第一次笑了，他说："那是他幼儿时就萌生的想法,虽然当时第一反应是感到艰苦,但却凭着心中的那一团火坚持了下来。"

王兆寅刚参加八路军时，生活条件非常艰苦，春天时，战士们还能挖野菜充饥，冬天经常连野菜也没得吃。记得有一次，为使部队改善一下伙食，附近老乡送来了家里仅有的一点儿黄豆芽。因为菜少，十几个战士就围着一小碗水煮黄豆芽。班长看着大家吃，要求战士们每吃两口饼，才能吃一口菜，多吃一口菜，班长就要点名。王兆寅因为饿，无意中多吃了一口菜，被班长点了名，他当即就委屈得眼泪汪汪，再也没有夹一口菜吃。

饭后，王兆寅向班长做了检讨。他认识到，在解放战争极其艰难的环境中，人民群众把自己舍不得吃的一碗黄豆芽递给人民战士，我们没有理由为自己多吃一口或少吃一口而闹情绪。也正因为如此，这一小碗黄豆芽使他终生难忘。

当时军装不能正常供给，就给每人发几尺白粗布。王兆寅没有自己做过衣服，拿着白布发了愁。他见大伙用绿色植物把白布染成了绿色，也学着采摘一些绿树叶子，与白布放在一起用手揉搓，让绿树叶子的汁液浸染在白布上，白布就变成绿色的了。染好的布晾晒干以后，请裁缝帮助剪裁一番，就自己动手学着缝军装。刚开始捏不住针，针扎不准，免不了扎在手指上，手指流血了，就用碎布条把手指缠一下，继续学着做。有时衣服片子缝错了，只好拆了重缝。费了九牛二虎之力，衣服终于做好了。王兆寅穿上自己亲手缝的军装，心里别提有多高兴啦，行军打仗都觉得格外有精神。那时吃的也很差，粮食不能正常供应。没东西吃怎么办呢？就吃野菜充饥。山野菜、嫩树叶子战士们都吃过。最令王兆寅老人记忆深刻的事是“炒面蛋子”。一次，他们要准备行军的干粮。怎么才能把生面块做熟呢？一个战士急中生智，就在锅里放些砂子，等把砂子烧热了，再把生面块团捏成一个个小面蛋子放在锅里翻炒，慢慢地这些生面蛋就变成焦黄色，发出诱人的香味。炒熟的面蛋子放在嘴里尝尝，还挺好吃。战士们就把炒熟的面蛋子从砂子里拣出来，装进袋子带在身上，作为行军路上的干粮。

## 五、抗美援朝

1949 年 10 月 1 日，中华人民共和国成立。面对优厚的回乡待遇，王兆寅仍然选择了留在部队保家卫国。他回忆道：“当时也没有多想，感觉自己想要继续当个兵。”平静的时光只维持了一年，三八线烽烟起，毛主席发起“抗美援朝，保家卫国”的号召，王兆寅再次迈入了战场。

“雄赳赳，气昂昂，跨过鸭绿江”，作为久经沙场的老战士，王兆寅带着十多个年轻的志愿军一起跨过了鸭绿江。鸭绿江不好过，飞机炮弹轰轰响，这是王兆寅行军中最难的一次，联合国军的武装力量远超之前所有的敌人，炮弹像雨点一样不住地下落，只能蒙着头向前冲。周围都是轰隆隆的响声，偶尔伴随着一声怒吼，王兆寅知道又有一个同伴要掉队了，“不能停，不能停”，这句话回荡在每个人的脑海里。王兆寅记得清楚，队伍里最壮实的那个小伙子，只是停下来捡了个背包就再也看不见了。到山沟沟里集合时，王兆寅清楚地记着再也没有看到他……

到了朝鲜战场，王兆寅清楚地认识到敌我差距太大了，对方先进的炮车，充足的弹药，使得大家伤亡惨重。但朝鲜多山，志愿军们都在山里打，王兆寅充分发挥自己在游击队的经验，带领着队友们，夺机枪，炸炮车，并称用“敌进我退，敌退我埋”的战术战斗了整整 3 年。

1953 年 7 月，抗美援朝接近尾声。

但是残局如何收场，敌人设下埋伏继续制造混乱怎么办？王兆寅作为老兵，又在抗美援朝的战场上指挥过战斗，于是他作为“维和部队”留下了。他觉得战友们不能白白牺牲，大家一起打下的和平，他要维护到底。

1955 年，从军多年的王兆寅退居二线，复员进入武装部工作。

## 六、纸上春秋，与伟大时代同行

1999 年，澳门回归，老人说那是他后半辈子最高兴的时候。但正是在所有人都倒数着欢庆着 21 世纪的到来时，陪伴了老人一生的爱人离去了。那年的冬天特别挨，少了老伴的陪伴，老人不再喝药酒，精神也慢慢低落下来。但上天好像并没有看到老人一生的辛劳，不幸的事接踵而至，老人唯一的女儿也因为意外触电离去了。接二连三的打击，使老人一蹶不振，一向硬朗的身体倒下了。

老人戎马半生，辛劳一生，不屈不挠的精神早已刻在了骨子里。党和国家的慰问，一枚枚勋章摆在面前，老人意识到党和国家需要他，作为历史的见证者，他要传承革命的精神。经过多年的疗养，老人重振了精神，谈起自己的养生之道，老人笑着摆摆手，“哪里有什么养生，就是比别人多动动而已”。

“嘭”又一个进球，老人再一次挺直了腰板，仿佛再次回到了年轻时的峥嵘岁月。

## 采访手记

采访的第一步是寻找采访对象，笔者去到当地的民政局老龄委科，恰好赶上他们刚做完寻找百岁抗战老兵的任务，笔者便拿到许多地址资料，一家家地找过去。记得很清楚总共找了 13 位老人，8 位在医院，4 位已经去世，这使笔者深刻认识到了此次任务的意义之重要，便打起万分精神去访谈王兆寅老人。

王兆寅老人身子骨还很健朗，但讲话已经有一些含糊了，听力也出现了一些问题，这使得访谈很难进行。在谈到人生经历时，老人往往只对重要的事儿留有些许印象，会有几句简单的回答。但这简单的几句话就已经向我们勾勒出当年抗战的艰苦岁月。

这几次采访都是在老人的家里进行的，每次前去都会看到老人在吃水果，老人说现在的水果多呀，各种各样的但就是没那么甜了，老人每天早晚都会吃水果，这想必就是老人独有的养生之道吧。除此之外，老人每天还都会去足球场转一转，时不时地下来走一走碰一碰球，每当碰球的时候老人总会笑得特别灿烂，保持着快乐的心情过好每一天，这也是老人告诉我们的养生之道。

老人与志愿者合影（霍坤　摄）

# 燃烧平凡的生命

## ——张建钦老人传记

蔡沛杰 北京师范大 法学院 2018 级

### 人物生平

张建钦，男，1923 年出生。祖籍河南。家住河南省漯河市舞阳县章华镇岭张村。20 岁被国民党军队抓壮丁参军，彼时女儿不到一岁；26 岁随傅作义部投诚；29 岁参加抗美援朝战争；31 岁归乡任村会计，后务农。

张建钦老人照（胡晓东 摄）

### 一、如梦：一夜之间发生命运的转变

1943 年冬，寒风如挣脱了牢笼的猛兽，在漫无边际的平原上呼啸。风中依旧弥漫着令人窒息的硝烟味道，大地在荒芜中沉寂，不愿揭开昔日的创伤。

屋内，母亲逗着襁褓中的孩子，炭火窜起的光影中映着他们的笑颜。火光将影子拉长，仿佛此刻，时光也被拉长，在夜空中划出一条长长的轨迹。战火纷飞的年代，这片刻的安宁、团圆与欢乐显得弥足珍贵。

然而，在黑夜之后的，并不一定是黎明的曙光。由于前线溃败过快，前几个月国民党抓的新兵根本无法满足战事需要。侥幸逃过国民党前一次抓兵的张建钦，这次便没有那么幸运了。

无奈，本应安安稳稳、阖家幸福过完一生的愿景被子弹无情地打破，碎了一地。为了生计，他不得不将新婚的妻子和不满周岁的女儿留在家中，被迫跟随国民党部队走上战场，踏上生死未卜的漫漫长路。

刚刚入伍的他，没有权利选择，便被分到了重机枪排，成了一名机枪手。在国民党军队里，新兵就要做最苦最累的活，除了扛机枪，还有干不完的杂务、挨不完的打和骂。想来无论是谁，心中更多的都是抱怨和不断燃起的、渴望逃离的怒火，但他并未向这不公的世道屈服。

虽然是因抓壮丁而来，但眼前的局势，他很清楚——日本鬼子已经打到了家门口，这些烧杀抢掠的恶人企图占领自己的家乡！不仅妻女、乡亲们，甚至这片土地，都在紧紧抓着活命的最后一根稻草，在狂风肆虐中颤抖着。家难国难面前，身为男子汉大丈夫，既已从军，理应扛起枪，担起重任，保家卫国，为乡亲们而战，为家乡而战，为国家而战。不知是世态炎凉还是天气寒冷，刚入伍这一年的冬天，西北风刮得很猛，将地里的杂草掀起一浪又一浪。

“当时新入伍，没有棉衣穿，排长怕我受冻，就把他自己的棉衣给了我。”老人说这话时，语气很平淡，仿佛是与人谈起一日三餐。但我们根本无法知晓，在几十年前，那样看似遥远的寒冷冬日里，在十分陌生的环境下，一件棉衣的温暖，能融化多少冰雪，也能使一位无奈入伍的新兵，燃起心中对于坚定自己前行道路的熊熊希望。

## 二、执着：不忘初心 奉献革命事业

跟随部队，一路行军，从平顶山到登封，一具又一具战死的尸体，一户又一户因战争而流离失所的乡亲，哀鸿遍野，肉眼可见，触目惊心。在一次又一次的经历中，张建钦对战争建立起了初步的认知。在登封中岳庙，他真正加入了自己从军生涯的第一场战役。

这是一场阻击战。

第一次在战场上握着重机枪的他，心中充满了对战争和死亡的恐惧。直接和死神面对面的博弈就足够令人退缩，更何况他身后还有父母妻儿为他日夜悬心。

但他同样知道，自己杀掉的敌人越多，获得胜利的机会就越大，才能保卫自己的家乡、让妻女安心地生活。随着第一声枪响，他手握重机枪向日寇扫射，放倒一波又一波冲锋的敌人。此时，对战争的恐惧早已抛诸脑后，烧红的枪管正如他火热的内心，充满着保家卫国的斗志，耳边不断地响起冲锋号，心中不断地重复二字：杀敌！杀敌！杀敌！一天一夜的激战，他已记不清是怎样躲过重重炮火，死里逃生。枪膛里的弹壳不断蹦出，划出了一条条夺目的生命线。终于，他所在的部队大获全胜。

然而，令人出乎意料的是，战斗取得胜利本应团结军心，但许多战友却偷偷溜走当了逃兵。同班的战友劝他说："何必帮老蒋打仗？出生入死也换不来什么好处。还不如偷偷溜回家，好好过日子。"张建钦忆起家中的妻女，想象着妻子边照顾蹒跚学步的女儿，边打理烦琐之事的忙碌身影，心里打起了退堂鼓，夜里辗转难眠。

但转念一想：小日本还没被打跑，现在就算是回家也没有办法过上好日子。国民党部队虽待我不好，但最起码也是在和小日本打仗，是在保家卫国。我应该留下来，为了今后的好日子，为了祖国的好日子继续杀敌！于是，他坚定自己的想法，坚定自己作为一位士兵的信念，没有成为逃兵，而是跟着国民党部队一路南下继续同日寇作战，从河南到湖北，从湖北到川渝，从川渝到贵阳，一路行军，走过春夏秋冬。

虽然条件艰苦，很多时候食不果腹，只能找来什么吃什么，饥饿和身体上的疲累动摇着他，但他并未因此退缩。在他心里，只要上了战场便不畏惧牺牲，脑中只有英勇杀敌的信念。手中的机关枪指引的是前进的正义之路，不仅扫射着无恶不作的日寇，还宣泄着对他们烧杀抢掠、无所不为的愤怒，更燃烧着他和同胞对于和平安定的希望之火，支撑起保卫国家的无畏长城。

哪怕是败多胜少，张建钦也从未退缩。

战场上，他一直都是最积极的那个，手中的重机枪，是干掉日本人的武器，是守卫妻女和乡亲们性命的盾牌，是将自我生命如同子弹出膛般迅捷而又不假思索燃烧的见证。因为他心中清楚，自己所做之事，所杀之敌，不仅仅只是为了某一个人，更是在为自己的妻女，自己的乡亲，自己的家乡。

当冲锋号响起，他见证战火四起，目睹着一班十几个人在火光中一个个倒下，独留他和副班长在硝烟中呛着土，蒙着灰，坚守阵地的孤独身影。秉持着心中的信念和勇气，终于，在经过两年多的艰苦作战后，1945 年 8 月，他在广西等到了日本鬼子投降的消息。霎时间，举国上下，鞭炮锣鼓齐鸣。张建钦知道，自己在国民党军队受的这些苦，挨的骂和打没有白费，自己在战场上的出生入死没有白费，身边战友的牺牲亦没有白费。

他很幸运，在初入伍的两年，能够在无情的炮火中存留下性命，在国家和民族大战中贡献属于自己的一份英勇之力，见证着中华民族反对帝国主义斗争的胜利。

看着这位已近期颐之年的老人的眼中闪烁着的充满希望的灵动，仿佛那一刻，能听见他匍匐在坑道旁的怒吼。

老人身着的普通黄色夹克实际上是抗战胜利 70 周年纪念版。衣服看上去很新，老人穿着还略显不习惯。他额前深深浅浅的一道道沟壑，如同他的经历，镌刻着属于他的生命荣光。

留寸头的习惯他依旧保留到现在，纵使花白，依旧精神爽朗。他拿起毛巾擦了擦因为假牙易掉落而渗出的唾液，继续往下说。

正当他沉浸在胜利的喜悦中，盘算着回家该如何好好陪陪自己的妻女时，上级突然下达了新的命令："去东北打红军。"红军是什么？当时的他只知道有国民党军队，从未听说过红军。难道是新的日本人？张建钦心生疑惑，但作为军人，面对命令，绝无二话。于是，从广州乘军舰到秦皇岛，在秦皇岛下船准备同"红军"作战。直至第一声枪响于山海关，他才知道原来"红军"也都是中国人，只是属于一个叫共产党的军队。"都已经打跑了日本鬼子，怎么又要和中国人打仗？"他在心里犯着嘀咕。

然而，仅仅是一名士兵，虽有疑惑与不解，但无论如何也影响不了时局。山海关战场上，工事面前，是与自己流着同样祖先血液的中国人，张建钦怎么也不想扣动扳机。他的心情与当年同日本人作战时完全不同，都是打仗，打日本鬼子时他从不眨眼，而面前的"自己人"，他一瞬间陷入了纠结的深渊。身后是如山军令，眼前同为华夏儿女，在抉择的路口，每一枪，子弹出膛的声音都显得迟钝。在同红军作战的两年中，张建钦也陆陆续续听说了一些传闻：红军的领头人毛泽东其实是不想打内战的，但国民党的领头人蒋介石却执意打仗，非要让骨肉相残。

这下，他觉得自己现在打仗已经不是为了乡亲们，为了家乡了，而是为了满足蒋介石的好战之心。自责和愧疚一股脑地涌上胸口。幸运的是，他属于傅作义的部下，1949 年 1 月，傅作义率部投诚将张建钦从深渊中救出，也带给他“共产主义救中国”的信念。在解放军的部队里，锻炼、跑操、规律的生活作息、优良的作风、纪律性强的特点给予他关于军队的完全不同的认识。

通过文化知识的学习，他逐渐明白相比于背信弃义的国民党和纪律涣散的国民党军队，共产党才是值得信任的，解放军这支作风优良的部队才是值得他为之效劳，值得为之出生入死的。

投诚后，张建钦同解放军队伍一起，从天津南下。统一中国的信念深入人心，无数的国民党军队都折服于共产党领导下的解放军。“打过长江去，解放全中国”，他把这口号喊得响亮。

如今他喊起这句口号，质朴而有力，更多的是骄傲与自豪。这已不仅仅只是一句口号，更成了他的一种信念，一种保家卫国平天下的信念，一种出生入死捍正义的信念。

1949 年 10 月 1 日，中华人民共和国成立。当张建钦在军营中得知这则消息时，他的兴奋甚至超过了日本鬼子被打跑时的喜悦。他虽然并不清楚这对中国和中国人民来说是多么意义重大的历史节点，但他知道，自己的家乡可以远离纷飞的战火，自己的乡亲们可以免受战争之灾，这是走向和平和安定之路的一大步。

新中国成立后，张建钦又随部队一路南下，同白崇禧部作战，解放全中国的口号在心中回响，愈战愈勇。这种信念的光芒，像是不断燃烧的火球，逐渐扩大，普照大地。终于，中国大陆基本解放。

然而，和平却并没有张建钦想象中来得那么快。孰料，“三八线”烽烟骤起。麦克阿瑟带领的联合国军剑指鸭绿江，我国志愿军雄赳赳气昂昂，跨过鸭绿江，保家卫国，奋勇冲杀。1952 年 10 月，本在广州学习文化知识的他再次肩负起军人的使命，成为志愿军。乘火车到武昌，换上了新的志愿军服装。新的军装在身，新的任务亦在身——抗美援朝，保家卫国。从武昌一路乘车北上，这次，火车途径了 9 年未归的家乡——漯河。

老人说起时，我原以为他会将这 9 年未归的思乡之情尽数坦露。但笔者小看了一个普通战士的拳拳赤诚之心，老人严肃而又肯定地说："我不想家！"因为他知道，自己此时不仅仅是一个父亲，一个儿子，一个丈夫，更是一名军人，是一个兵！自己身上依然担负着保家卫国之重任，还有战死的战友们留下的为和平而战的夙愿等着自己去实现。

在大义面前，他的脊背一直是坚挺而厚实的。他十分坚定，坚守着自己所认为对的事情，一路前行。

列车停在了鞍东，他们无心休整，鹅毛大雪中，他们不惧严寒、不畏艰难，星夜兼程，跨过鸭绿江，奔赴前线。

由于装备差距过于悬殊，战斗时间只能尽量控制在夜晚。在一次战役中，联合国军的大炮把山头都削掉了一层，猛烈的炮火照亮了战场，虽在夜里却如白昼，张建钦和战友躲在反斜面的坑道里，只能趁着炮火停了之后赶紧翻身出坑道，在山头阻击联合国军进攻。

他一遍一遍从坑道翻出，忍受着一遍又一遍灼人的泥土。一场战役结束后，全排只剩下寥寥无几的三四个人，但志愿军们凭借着勇气与毅力在寒冷的冬夜一遍遍书写着新生中国的不屈奋斗史。又经过了几个月出生入死的鏖战，终于换来以美军为主的联合国军在停战条约上签字的好消息。

彼时的张建钦并不了解抗美援朝到底意味着什么，只是知道自己又和战友们一起打赢了这场正义之战，成功地实现了保家卫国的使命，实现了死去战友们的夙愿。

## 三、如水：平凡人书写了传奇

老人如今谈起抗战，几个词便带过，言语中满是平淡。而笔者无法想象，也不敢去想，这一场场鏖战，子弹是怎样一次又一次从他耳边"嗖"地飞过，炮火产生的烟尘是如何一层又一层蒙上他的脸，日子是如何滚烫地轮回，生与死之间的距离是如何一遍遍被拉得极近。

而现在，他就这么祥和地坐在椅子上，将拐杖放在两手交错的臂弯里，弓起的脊背显得他更加弱小。1954 年 2 月归国，11 年行军生涯，死里夺生，他终于有了复员回家的机会。

张建钦知道自己保家卫国的使命已经完成，心心念念家中父母和妻女，于是选择了复原回村，回去建设家乡。刚回到家的张建钦就担任了村里的第一任会计，继承在军队中训练出来的意志与态度，他工作兢兢业业。

老物件照片——转业登记表（胡晓东　摄）

半年后，村组织进行调整，本着不给组织添麻烦的心态，他并未要求继续担任村中的干部，而是选择了自己祖祖辈辈的老本行——下农地，种好田。

农场如战场，张建钦拿出了自己当兵时冲锋陷阵的态度，将自己余下的一生都投入进了这份祖辈的期望中，播撒进这一片自己以命相拼而存留下来的土地，同时，将自己前半生的荣光也归于岁月。

老人的话极尽朴实，用方言将他前半生的画卷平淡而又简朴地摊在我的面前。实实在在的农民模样，从不主动在人前将自己从军的经历讲述。他就这样安安稳稳，眼神如孩童般纯净，面对我们这些“外来人”，显得生疏而又紧张。

笔者讶异于老人的朴实，是前半生经历辉煌却仍本分地坚守自我，是再将这段辉煌记忆启封时仍极尽平实，在通向未来的道路上继续迈步前行！

在生产队的工作，晨起而作，日落而息，兢兢业业，毫无怨言。虽身为一名退伍老兵，政府却并未进行特殊照顾，但他也并未向政府提出要求，在几十年的劳作中，锄起锄落，他将汗水挥洒，在日光中绘出一道道绚烂的七彩曲线。

他的勤恳与质朴，在老人的朋友——一位70多岁的老人眼中，是真切而真实的。老人朋友从未听老人说起过他11年的从军经历。谈起对老人的评价，这位朋友不假思索地说出了“非常老实”四字。诚然，即便是仅仅一天的采访相处，谈话间老人不断地邀请我们吃西瓜，从头至尾都耐心地回答笔者不断产生的疑惑，离开时执意走出院儿门目送我们离去的背影，在遇见这位已近期颐之年老人的过程中，尤其是在经历世事之后甚至在与生死直面后，他依然保持着最为真心的赤诚和与人相处的随和，向世界伸出他虽显瘦弱但仍温暖的臂膀，温暖相拥。

他匍匐在坑道旁英勇杀敌，他在日光之下挥起锄头将泥土扬起，他在深夜冰冷的街道上弯下腰清理在夜晚也沉寂的尘土，一幕幕，如电影倒带一般真实地在眼前展开。

如此近，面对一位前辈，一个农民，一位在精神上更令人尊敬的抗战英雄。这是一段如今看来不可思议的故事，这是一个笔者已无法真实触碰到的时代，从头至尾，最令笔者动容的，是老一代在开创新时代时所挥洒的情怀，一种深至底土，高至星空的情怀。

改革开放后，中国人民在致富的道路上一步一步迈着艰难却坚实的步伐。忆起当初，河南作为传统农业大省，开放之路显得更为坎坷。政府派人慰问抗战老兵时，向老人询问家中是否有困难，老人毅然决然地说：“有吃有喝没有困难！”待慰问人员走后，他一转头，又开始为家中的温饱操心。

事实上，家中穷得揭不开锅，家中7口人吃了上顿没下顿，但因怕给政府添麻烦，他坚信自己可以自力更生，以一己之力撑起整个家。老人弓起的背脊，是对自我的担当，对家庭的守护，对祖国的绝对信任，他的背影书写着属于他自己的人性光辉。

老人给自己的儿子取名张爱国——这不仅仅是一个充满时代特色的名字，亦饱含一位见证了新中国之成立与成长的老兵对自己孩子最朴素的嘱托。

所有炽热的报国之心，在这一刻，只化为简简单单的二字，在老人的生命里，在老人儿子的生命中，书写着最为真挚的坚定！

时光细细碎碎，如麦粒一般洒在院子里。每日的生活，如无风时的麦浪，平静却又撰写着属于自己的时光。和普通老人一样，他热爱听戏，即使是离着几十里地的村庄里有唱戏班的演出，他都要走着去看上那么几场。

令笔者感到意外的是老人对于打牌有自己独特的热爱，试想，傍晚村口的杨树底下，一位弓着背、拄着拐杖、因假牙易掉而显得口齿不清的老人，在赢牌时上扬的苹果肌和带着笑意的三角眼，在蒲扇上下舞出的带着蝉鸣的风中，亦是老顽童独有的乐趣……

谈起长寿秘籍，他很认真地道出一字一句："我不挑食，还会经常走路，之前一直下地干活，现在……干不动了。"笔者猛然想到了一句话：所有的农民都是土地的儿子。或是前半生饱经忧患，如今一切安稳平淡来之不易，老人将他所有宏图化为简简单单的一锄、一犁、一拐杖。故事将在这里画上一个句号，而老人一直坚定地、一步一个脚印，走向未来和远方。

笔者在这里停下笔，回想起临走前和老人的约定：若是老人能活到百岁，定会参加他的百岁宴。

霎时，所谓生命的距离，是笔者站在青春的起点，望向老人所处的生命的根。这看似遥远的生命的圆，也可能只是一次重生的轮回。

老人在圆上所描绘出的轨迹，是平淡而又不平凡的一幅水墨。平淡如清墨，老人的一生是许多普通人生活的缩影，人生经历谈不上惊天地泣鬼神，所取得的成就也并不足够显赫，然而我们一直在每个人生阶段，做自己所认定的事情，无论是否源自自我选择，挥别昨日的月光，继续迎接未知的篇章。

但正是许许多多的普通人，这些绝大部分仍将柴米油盐酱醋茶拼成日子的人，一齿一齿推动社会的巨轮前进，将自我的汗水、情怀、执着铸成巨大的帆，驶出风暴，换来今日的和平幸福。在时代的洪流中，绝大部分人都只是沧海一粟，人们无法选择时代，但可以选择如何面对自己的生活。

闷热盛夏，蝉依旧在杨树上鸣唱，树旁的院儿里住着河南省漯河市舞阳县章华乡岭张村的老人，他的名字是张建钦。

向您致敬，祝您健康长寿！

## 采访手记

未曾想过自己可以用笔挑开记忆的封条，抹去灰尘、重填色彩，让一段平凡却伟大的时光在我眼前流转、丰满、重现。借着采访的契机，我得以听到来自河南省舞阳县章化镇岭张村的百岁老人张建钦讲述他的故事，了解一个伟大的时代。

这是一个不大的院子，四四方方围出了一片天。院儿后的杨树在盛夏闷热的蝉声中固执地延伸，铺出一片绿叶交错，将房屋守护在一片阴凉之中。

一辆三轮和同样上了年纪的拖拉机安然地停在院子里平整的水泥地上，就像从地里长出来似的，和瓜啊果儿的没什么两样。目睹日落日出、花开花谢和时光流淌，默默对着延伸向远方的路。红白相间的两栋平房干净利落地列于四级台阶之上。

门前，一把藤椅沉浸在刚晒过麦子的香气中。

村子里的宁静祥和，如同绸缎将我包裹。在门口站着，不敢跨过这门沿儿锈迹斑斑的墨绿色铁门，不愿打破这安详。但我深知自己作为一名记录者，肩上和笔下所担负着的是一位老人平淡而不平凡的岁月记忆。

走进院子，便见一位拄着拐杖的老人笑盈盈地从平房内迎了出来。虽说老人右手拄着拐杖，食指还钩着一条白色毛巾，走起路来左右微晃，但步子却扎实有力，步速也出人意料地快。我快步上前，老人赶忙将手里的拐杖和毛巾换至左手，伸出右手和我问好。我双手握住老人的手。即使先前知晓老人务农，但直到肌肤相触时，我才真真切切地感受到生活和时光的厚重。

老人的手，骨节分明却不至于瘦骨嶙峋，指甲整整齐齐地剪成圆弧形，掌心粗糙但温暖。握手时，他操着河南口音不断地重复你好，看向我的眼神略显生疏却真挚。只见他穿着一件普蓝色的老式衬衫，中间扭上几个纽扣，外套一件黄色涤纶夹克，极尽普通，没什么花纹式样，衬衫的下摆露在夹克外，顺着灰色短裤向下。

他牵着我的手领着我进了院子，转身搬了两把椅子，认真摆好，行动举止间胸前一排功勋章碰撞在一起，回响着的是佝偻的身躯走过的一路荣光。

很幸运能够有这样一次机会与一位跨越了近一个世纪的老人对话。老人精神头很好，初见之时根本看不出来已经有96岁高龄。在采访中，老人对志愿者的提问回答思路相对比较清晰，并不糊涂。听老人的家人说，老人平日其实并不爱与别人讲自己参加抗日战争、解放战争和抗美援朝战争的事情，11 年行军生涯从来不会作为一种炫耀的资本，在老人眼中这不过是自己的一段平常经历罢了，与其他人种地、做工的生活并没有什么不同，在采访的过程中，老人娓娓道来似若平常之事。老人用亲切的话语带笔者一同走进 96 年的沧桑岁月。作战之艰苦惨烈、生活之贫困窘迫……在这一个个鲜活的经历背后，让笔者感受最深的是老人的心态："有吃有喝就行""不给国家添麻烦""哪里需要就往哪里去"，一天的采访中，从未听过老人抱怨任何事情，更多的时候都是在感谢。笔者想老人的这种心态、这种对待生活的态度正是我们需要学习的。真的很荣幸亦很开心能够有这样一次机会可以与一位年近期颐的老人来一场跨世纪的沟通与采访，用自己的笔触记录下一位老人的沧桑一生。

老人与志愿者合影（胡晓东 摄）

# 织出的红色人生
## ——何国曾老人传记

张悦荷 北京师范大学 法学院 2017 级

### 人物生平

何国曾，女，1919 年 7 月 20 日出生，祖籍河南，家住河南省确山县石滚河镇何大庙村前三组。15 岁时参加革命，1943 年参加新四军第五师，1948 年底参加淮海战役，2017 年被评为“河南省巾帼楷模”，2019 年 4 月 20 日举办百岁寿诞。

何国曾老人照（受访人提供）

### 一、忆往昔峥嵘岁月稠

何国曾出生在新民主主义革命这段历史洪流的开端，1919 年，这股洪流迅猛且湍急，将何国曾大半辈子的岁月都卷了进去。1933 年的中国，是内忧外患的中国，日本鬼子侵了华攻了山海关，国民党却只着眼于内部剿匪“剿”

红军，情势非常急迫。在那些战火纷飞的日子里，在 1933 年那个急需革命力量的年代，年仅 15 岁的何国曾随夫从军（何国曾自小便与何大庙焦老家的周鲁明定下娃娃亲），一猛子扎进了革命队伍中。“进军队至少要 18 岁的呀，我年龄小够不上资格，可是我就是想入伍就是想从军！还好我个子够高，才能进了新四军！”从老人含混不清的语句中，我仿佛能触碰到那个不及玉米丛高的女孩子沸腾着的热血。

1943 年，何国曾加入新四军第五师，在后方部队的卫生队和军工被服厂从事后勤工作。河南北部的冬天是萧索的，北风穿万水过千山，刀子般划过脸上，路尽人茫茫，大雪和弥漫的硝烟也为这座城市笼罩上一份不见天日的沉寂和阴郁。刀尖和枪口都结了霜，彻骨的冷。何国曾就负责在被服厂为前线战士缝下棉鞋与被褥，她手上功夫好，穿针引线和裁剪均灵巧而迅捷，纳鞋底厚而密实、缝制棉衣棉裤挡风御寒、编织被褥柔软而蓬松。针线在她手上就像有了生命，翩翩起舞，给军营中的战士们勾勒出温暖和平的愿景。

枪声铮鸣响，难解这光荣几多量。硝烟弥漫，何国曾随着丈夫周鲁明所在的部队驻扎在村里充当战时力量。此时，星星之火尚未达到燎原的态势，在人手短缺的情况下，在国民党探子加紧注意的困境中，何国曾和部队战士冒着被敌人发现的危险，半夜在村子里走动以迷惑敌方，维护军中暂时的安宁。蒙着灰，顶着呼啸而来的寒流，揣着一颗惴惴的心，提着枪，何国曾透过浓重的雾气盯着暗处的敌人，像个护食的猫。“敌人来了，大家都跑，我不跑！我会做手工也会打枪，敌人不来我就给村里人织织衣服做做鞋，敌人来了我就是个战斗的兵！”耳边老人的沉沉的声音震颤了我的心。

何国曾对革命事业的忠诚隐含在手中的一针一线里，隐含在炮火下窸窸窣窣的脚步声中。

## 二、素手抽针冷，那堪把剪刀

炮火声随着时间推移逐渐散去，斗转星移、年华暗换，人们奋斗的目标也开始从追求和平向追求富裕的美好生活转变。何国曾亦是从战场上不输须眉的巾帼成了为生产致富奔波的农家妇人。几十年过去了，何国曾犹记着在被服厂的手艺并以此为业，也就成了村里的巧手能人儿。大集体期间，村子成了一个大家庭，全村人的服装被褥自然都由何国曾一手缝制，没有谁收到衣服不津津乐道的。一件衣裳8个工分，一条裤子6个工分，就这样，一副针线，织就了一家子的和美生活，也织出了一个村子的温暖记忆，烙上了这个时代的烙印。

历史的脚步从不停歇。随着家庭联产承包责任制的推行，包产到户形式逐渐普及，人们的生活大变样了。何国曾仍操着那手针线，只不过多了一台吱吱呀呀的缝纫机，更是如虎添翼罢了，每年能缝制上千件衣服。在儿媳禹莲枝的帮忙下，何国曾的纺织手艺更是连成了一条从种植棉花、采花晾晒、弹棉花、纺线织出成品、拿进村销售一环扣一环的生产流水线，织出了邻里和睦、织出了阖家幸福。

1982年，改革开放的春风吹满地，全国人民都踏上了致富的道路。可这春风似乎避过了何国曾的家里，转身奔向别处。随着丈夫的去世，家庭重担就落在了何国曾身上，生活上自给不足、极为困难。吃的是红薯干，喝的是红薯粥，每日粗茶淡饭只求能够果腹，带着5个儿子蜗居于3间茅草房。家贫，就连儿子娶媳妇也仅仅只有薄薄的100元经费进城置办婚事。在这忍饥挨饿的日子里，何国曾的好手艺就是生活下去的曙光。除了将缝制的衣服拿出去售卖，她还免费为村民修补衣物，村民自然也就回馈以日常的关心和扶持。在这几十年间寒冷而苦涩的岁月里，这一针一线融化了冰雪，是这一大家子温暖的源头。“俺老婆子是真的很坚强，日子那么苦她也一个人熬过来了，啥也没抱怨过。”儿媳妇骄傲地感慨着，对着自己的婆婆笑着竖起大拇指。

如今，随着科技的发展越来越快，市场上的衣服花样也是颇多，纺织机器越来越先进，原始的纺织工具逐渐被岁月遗忘。何国曾逐渐老去，眼睛昏了、花了，再也看不清那密密麻麻的针脚，听不见嘎吱嘎吱的踏板声，量不准那层层叠叠的布料，但留下的这台缝纫机却凝固了时间，踏板换了一块又一块，它仿佛是一位苍老的兵，仍伫立在那里为这一家人遮风挡雨，它承载了几十年的温暖，记录了何国曾一生的勤勉。

## 三、老人寿百岁，寒松岁月长

2019年4月20日，这天是平凡的一天，天朗气清、惠风和畅，但这天对何国曾老人来说又是不平凡的、可以反复回味、可以拿来说道说道的特殊的一天。这天虽不是何国曾老人的生日，但村里考虑到天气等多方面的原因，为她精心准备了百岁寿诞，并请来了她失散多年的两位战友董花和周荣清共祝期颐之欢乐。“祝你生日快乐，祝你生日快乐……”一首生日歌，数千村民共合唱，这歌声中饱含的不只是祝福，还杂糅着对这位百岁老人的无限敬意。歌声闭，掌声落，军礼起，三位头发花白的寒松老人不约而同地举起颤巍巍的手，向她们共同度过的军人岁月敬礼、向珍重的队友敬礼、向老百姓敬礼、向 70 年来风雨中成长的祖国敬礼，她们身板挺拔不再，眼神却依旧坚定而赤诚。

期颐之年的何国曾、99 岁的董花、98 岁的周荣清虽然不住在同一个村子，但都有个共同的身份，那就是抗战老兵。时间回溯几十年，她们义无反顾地站在同一根命运的红线上，作为陈少敏的部下共同参与了号称“小延安”的确山地区的革命事业。还记得当年蹦蹦跳跳、麻花辫轻晃，纺织时共谈悄悄话，是些个天真活泼的红色少女。但在岁月的淘洗下，随着部队解散等革命形势的变迁，她们的生活回归了平静，梳起了圆发髻，乌发染上银灰，直至如今白雪落满头、五世同堂，她们才得以再次相逢。道声珍重，道声“你们好吗？”三双紧握的枯树般的手，泪水不知何时已经决堤。老人们听力早已衰退，听不清老友的碎碎念，只能根据对方的口型才能顺利对话；记忆也变得混沌不清，早已不知说了多少遍“你还好吗”，不知握了多久的手，不知垂泪几次。这段承载了无数思念和牵挂的、跨越了一个世纪的重逢也引得围观的村民们感动不已。如今只有何国曾老人腿脚还很灵便，另两位老人都坐上了轮椅，三个人参差不齐地立在那里，好似三座永恒的丰碑。

为庆祝母亲百岁大寿，寿诞当天，何国曾老人的儿子特意请来剧团表演母亲最爱的戏剧曲目。不管身体多硬朗，老人的年纪终究还是摆在那里，尤其是这几年，听力下降的厉害，不大声吼她是听不见的。这戏曲传入她的耳朵，就像在鼓膜处塞了一团棉花，只能陆陆续续听见几个音节。她坐在太师椅上，眯着眼睛囫囵地附和着，不着曲调地哼着《穆桂英挂帅》，仿佛一瞬便梦回到曾经在硝烟中斗争的革命岁月，自己也曾是个不让须眉的女兵。

谈到长寿秘籍，老人的儿子告诉我们，老人很注意清淡饮食，饭量大，有时就像个贪吃的孩童管不住嘴，爱吃甜食，不知不觉间便可吃下 3 个馒头、面条、蒸蛋、蒸鱼各一份；荤素搭配也很均衡，平时多吃青菜、蛋类和鱼肉这类高蛋白的食物。

老人家里有个绿油油的小院儿，里面长满了花花草草，杏树、桂花树也有了年份，院里停放的电动三轮车经了年岁，车身的漆字都模糊了，一切看起来都是古朴而又和谐的模样。每天早上天刚蒙蒙亮，雾气还没散透，老人便会拿着扫帚、扶着那永恒弯驼的背清扫庭院，伴着远处村户家里传来的鸡鸣声，也算是几十年如一日的晨练活动了。老人虽然 100 岁了，身体还是硬朗的。她坚持每天饭后百步走，吹着院儿里穿堂而过的小风，还时不时会在村头溜达几圈，拿着蒲扇听着蝉鸣，和邻居亲人唠上几句家长里短，生活好不惬意自在！

谈起长寿的秘诀，心态好也是重中之重。虽说老伴离世，老人不免会有些许孤独，但她却知晓排遣之法，平日里总是乐呵呵的，始终保持一颗年轻的心态，说是顽童也不为过。“夕阳西下回光艳，与比朝阳光不逊”，她不愿老气横秋，亦不愿故步自封，要把 100 岁当作一个新的起点来看待才是。听老人的孙媳妇说，当时的生活艰难，老人 50 岁时就愁白了头发，没过几年更是头发全白了。没想到今年 100 岁时，头顶正中竟冒出了黑发，可不是奇观嘛！听说的人都对这位神奇的老太太啧啧称奇。

## 四、白发红颜，真有所得

不知何时，手里又被塞进一块冰西瓜，何国曾老人眯着昏花的眼笑盈盈的，满眼的热情堪比灼人的骄阳，“吃啊，吃啊，多吃点，不急啊，西瓜多着呢！”说罢还贴心地为我递上干净的抽纸，如同对自己的亲曾孙女一般和蔼。老人是闲不下来的性子，当讲到自己当兵打枪的往事时，一时兴起地闹着要唤儿孙辈把自己的奖章、奖状和奖杯都翻箱倒柜拿出来，催促得急着呢；一边又抖落着身上的汗衫，将“向抗战老兵致敬”这几个字捧到我的面前，一字一顿：“这是政府发给我的衣服，最难的时候是政府帮扶家里走过来，老了、不中用了，政府也一直每月发放补贴，我们都得感谢国家、感谢政府啊！”说着说着，满是褶皱的眼窝里便蓄上了泪水，那一汪似要倾倒下来一般。老人的孙媳妇在一旁悄声对我说：“唉，老太太年纪大了，这两年也糊涂了起来，这裤子呀，其实是家里刚给她买回来的新衣服。哎，你可别说漏嘴咯，得告诉她这是国家奖励她发的衣服，不然她可不穿呢！挑剔着哪！”待儿媳将奖章递给老人，老人抖着手掌接过，当我双手捧起奖章为她戴上，她又满脸欢喜地笑了起来，眼睛弯得像座桥，脸上的褶皱甚至都延伸到了银霜般的发丝里，变脸快得倒当真像个三岁孩童，也像六月的天。

何国曾老人年纪虽大，一身傲骨犹在。虽然老人已经百岁，手脚早已不那么活络，但她却没有染上其他老人的通病——邋遢。茶余饭后，老人总不忘漱口，并手脚麻利地将自己的假牙冲洗干净，出门在外也绝不允许有例外，一天三次从不缺席。冬天再冷，洗澡也从不拖沓，孙媳妇常笑称她“讲究极了”！何国曾年轻时就自立，家里再困再难也是暗自咬牙挨过，如今这身傲骨也没有丢掉。吃饭路上会经过一段陡峭的台阶，年轻人怕老人跌倒，老人便会一把甩开那些搀扶的手，仿佛要证明自己般的小跑起来，步伐快而稳健，拦都拦不住，背影看起来稚气得很。

何国曾从小家教便很好。年轻时温婉而知礼仪，年老了也是谦逊如玉。当笔者为她献上“百岁老人”项目准备的丝巾时，她笑着双手接过，还不忘用方言道谢。7 月的正午是说不出的闷热，太阳毒辣且直射，老人总是悄悄把我拉到阴凉地里休息……正是生活中这些细碎的瞬间，让我看到了大家闺秀应当具有的礼仪和风骨，何国曾老人是个发光的存在。

何国曾老人佩戴奖牌和“百岁老人”丝巾（张悦荷　摄）

## 五、以国为国，以天下为天下

《管子·牧民》中写道："以家为家，以乡为乡，以国为国，以天下为天下。"短短四句话，就是何国曾老人一生的写照。

15 岁时，年龄不够，没办法也要想办法冲上去入伍。鸦黑长发的年纪，她把几十年的青春和热血用针线串起，纳进一件件军衣一双双军鞋中去。做人妇为人母，她始终心系新中国，为自己孕育的五儿二女起名字时也不忘刻上"建设新国家"五字的烙印。脑后的圆发髻染上霜雪时，丈夫去世，两个兄弟何国栋、何国恒也在欲火奋战中离世，如今陈列在鄂豫皖革命纪念馆中，她带着那份思念独自铿锵着。

如今的何国曾已达期颐之年，对国家的那份热爱也沸腾了足足一个世纪。她常常念叨着对党的赞美："不能忘党恩啊！没有共产党哪里有新中国！我们都是新中国成立后才能站起来的人。你看我每个月 2000 元、每年 20000 元的津贴，都是国家赋予我们的馈赠啊！我们这些中华人民共和国的老兵永远都没有被遗忘。我们的幸福晚年、子孙满堂，都是托共产党的福……"她也常常道些让晚辈们鼻酸的肺腑之言："我老了，也就没用了，我早点死也好，给国家省点钱，让国家去培养更多的栋梁……"她教导儿孙的话早已扎根在孩子们心中："孩子们要学好，一方面要帮助别人，另一方面不能拿别人的东西，不要沾别人的光，要一辈子做个好人……"她的谆谆教诲都不只是说说而已，她以身作则了一辈子："做个勤俭节约的人，粮食都是农民拼了命地努力得来的，我们不能糟蹋粮食，不能糟蹋一粒粮食！"这些座右铭就是老人生命轨迹的延伸，从这一代蔓延到无穷尽的远方，和祖国山河同在。

## 采访手记

以家为家，以乡为乡，以国为国，以天下为天下。

——《管子·牧民》

刚报名了"百岁老人"项目，爸爸就帮我联系到了何国曾老人。老人是爸爸的好兄弟的奶奶，是市里出了名的长寿老兵。采访之前，我对老人的了解就只停留在"刚满一百岁""年轻时参军"等这些关键词上，只想着这肯定是个很骄傲、很有本领的老人，于是在前往老人家的路上我心中不免有些惴惴和紧张，怕冒犯到老人。

没想到，一进门，这种顾虑便完全打消了。还没站定，老人便把我拽进了大门，咿咿呀呀地为我递来西瓜，热情得好像是这夏日里正午的太阳。

老人年纪大了，牙齿都脱落了，话中掺杂着浓厚的口音，我大多时间是听不懂老人的讲述的，只好靠着老人的孙媳妇在旁边慢慢地为我翻译出来。但是老人讲到自己的抗战故事时，眼中饱含的深情却能引起所有人的共鸣，一屋子男女老少仿佛都被拉入了那个炮火纷飞的年代，切实体会了老人的红色热血。不只是口齿不清，随着年纪的增长，老人讲话的思路也不甚清晰，说话经常颠三倒四。但有句话，她来来回回说了不下三次："我早点死也好，给国家省点钱，让国家去培养更多的栋梁。"每当听到这句话，我的鼻子总是酸酸的。我想着：一百年来，老人的热血永远是滚烫的，永远为国家而沸腾。

何国曾老人和志愿者合影（张文涛　摄）

# 草根老人的平凡之路

## ——靳月英老人传记

晋浩然 北京师范大学 法学（卓越） 2018 级

### 人物生平

靳月英，1923 年出生，女，河南省鹤壁市淇县黄洞乡鱼泉村人。丈夫冯清海为保护战友挡了子弹，英勇牺牲，当时她年仅 24 岁。从此一个人支撑整个家庭，努力为党为国家工作了一辈子。靳奶奶曾先后四次作为全国人大代表、拥军模范代表、全国绿化先进人物，受到周恩来、刘少奇等中央领导人亲切接见。曾获得政府奖励表彰 100 多次，荣获国家级荣誉称号 5 个、省级荣誉称号 16 个，被誉为共产党员的楷模。她曾为解放军战士做鞋垫 3500 双。1988 年以来，她带领家人及村民节衣缩食，自买树苗，在荒山植树，营造“八一”纪念林一片。

靳月英老人为前线战士制作鞋垫（受访人提供）

这位老人从苦难中走来，有着平凡而光辉的一生。

## 一、山河破碎，国恨家仇

在靳奶奶的回忆中，孩提时的童真快乐几无所存，山河破碎、日寇来犯是最早的记忆。

这个地区是农村，日本鬼子并不是很多，不过抗战时期，有两件事老人印象最深。

来时残暴异常：日本鬼子四处抓人，强行拖人替他们蹚地雷，后面大卡车紧随其后，不去给他们清除雷障就要被他们活活碾死。相当于拿我们做肉盾，为他们开辟道路。

走时判若两人：在抗战胜利的那一天，飞来一架飞机，漫天扔下无数传单：日本鬼子投降了！投降前日本人嚣张跋扈，如洪水猛兽，所过之处鸡犬不宁，投降当天还看到日伪军抢夺烧杀，肆无忌惮；投降后任民众殴打一声不敢吭。

有一个现象发人深思：少量日本人却能占领旧中国大片地区。靳奶奶一声长叹：之所以打日本鬼子困难，主要还是因为旧中国人心太散。

靳奶奶的丈夫就因保护战友死在日伪军枪口下，当我们国家的军队打跑了日本人，消灭了伪军，这坚定了奶奶一辈子拥军的信念。

## 二、万蝗横行，饿殍遍野

电影《1942》以1942年河南大旱，千百万民众背井离乡、外出逃荒的历史事件为背景。这里位于豫北地区，与《1942》有所不同，发生大灾荒是在1943年，旱灾还不是很严重，主要是大蝗灾。蝗虫（俗称蚂蚱）连吃三年，实在是太骇人。这些蚂蚱，飞起来遮天蔽日，落下去厚厚一层，不露地皮，人一脚下去都能踩死蚂蚱无数。所过之处天地为之变色，庄稼全无。

这蝗灾到底怎么过来的谁也说不清楚，十分突然，民众猝不及防。蝗灾刚兴起的时候，还是红头黑蚂蚱，个头比较小，但是爬得到处都是。除了这些蚂蚱，还有放芽佬也是漫山遍野，把苦刺等各种带刺的植物都吃得精光精光的。

那年头天旱，那地皮那么硬，蚂蚱都能把尾巴弄到地皮底下，在那里繁殖，第二年又是无数的蚂蚱。后来，在蚂蚱幼虫刚露头的时候，村民就都在地上挖壕沟，沟底弄一层小麦的秸秆，找一双破鞋，找一根棍子，把鞋捆在棍子上，“啪嚓啪嚓”撵那些幼虫，随便一撵都是半个壕沟，然后用火烧用土埋，想尽办法杀灭。当时这个样子，怎么可能有庄稼，基本就没什么吃的。这些蚂蚱什么庄稼都吃，又非常之多，村民根本护不过来，转瞬间就什么都不剩了。幸好这个蚂蚱不吃绿豆，当时靳奶奶家里种了一些绿豆，还能稍微顶一顶。山上的野生枣树也比较多，村里都没什么人了，人少枣多，秋后没有吃的，就天天上山拾枣吃。

蝗灾一开始的时候村里大部分人都去逃荒了，街边要饭的人随处可见，刚开始要饭还能讨点吃的，后来那些殷实一点的家庭都大门紧闭，因为要饭的人越发多了起来，刚出去一个就又进来一个，人都不断了，真算得上是络绎不绝。讨饭越发困难，路边饿死的人越来越多。村里一男人到县城讨饭的时候饿死，被狗吃了。

都去逃荒了，村里街上就没什么人了，一条街也就一两户人，甚至整一条街一户人都没有。靳奶奶所在这条街就只有他们一家没走，本来收拾好了准备逃荒，被家中长辈拦下，说现在家里就这几口人，逃荒回来也不知道还有没有这些人，不让走。但是家里也确实没什么吃的，在刚开始还有钱的时候就去城里买别人的“各粮”，这个“各粮”里面有高粱、小麦、绿豆等各种五谷杂粮。卖家弄一个箩筐，在下面抽两根条，漏下来的就是买家的，然后把掉下来的粮食扫扫带回家。后来就只买得起麸皮，那时候的麸皮非常精细，没有一点杂质。再后来没钱了就想尽办法找关系托人去借别人的粮食，借一斗回来就得还五斗。再往后实在没办法了，就卖家里面的木床，用瓶瓶罐罐之类的换粮食，家里能换的基本都换成吃的了，一次就换一块不到巴掌大的小花生饼，硬得摔都摔不动，得放在锅里蒸蒸才勉强能吃，而且每次出门都得捧一杯土，回来了撒一撒，把脚印盖着。

笔者：“撒土盖着脚印干啥？”

靳奶奶：“撒土盖着脚印证明没人。”

笔者：“为什么要这样？”

靳奶奶：“怕有人来收赋税，也怕有人来偷东西。”

笔者："那时候灾荒那么严重还有人来收赋税、收粮食的吗？"

靳奶奶："怎么没有！"

然后，随便就举出一些地主、小军阀的名字（靳奶奶到现在还能清晰记得那些剥削阶级的名字，可见当时他们的压迫有多么严重）。"那时候还有人半夜掘墙，在墙上捅一个窟窿，把里面的东西偷走卖掉。"

"那时候有啥偷啥，有啥卖啥。我们家里面一共两条被子，都薄得很，冬天冻得受不了，一家人挤一块睡觉。有天拿出去晒了，差点被人偷走。"靳奶奶："冬天又冷，还生得满身虱子，没有办法处理，就只能生一堆火，把衣服脱下来，一抖擞，'咔啪咔啪'乱响。"

## 三、解放战争，解放自己

抗战胜利恍如隔世，靳奶奶以为从此可以过上太平日子，谁知不然，国共内战再次爆发。

那时候解放军住在山里，天黑下山，国民党部队在城里，白天过来。解放军为咱们谋利益，老百姓当然都跟着解放军干，咱们老百姓参军很多都是自愿的。晚上解放军下山扒铁路、掀道轨、锯线杆，当年不比现在，拿起手机可以随时通话，那时候从北京到南京可能就那一根铁丝，解放军下来把他们通信的铁丝给它盘了。

这个时期鱼泉村这里没有打大仗，主要就是各方势力拉锯，除了解放军和国民党部队，还有各式各样的地方小军阀、地主武装、民团、地痞恶霸等，你方唱罢我登场。除了解放军过来，那老百姓根本就没法过日子。瞧你家里有男人，晚上过来把家里男人抓走，不是拉去当壮丁就是强迫替他们卖命；瞧你家里有俩钱儿，门口给你贴个条子让你交钱，你不给他们送钱去就麻烦了，人都给你弄不见了。老百姓晚上睡觉门口都安上地雷，以防返乡团、民团（被解放军打跑的地主豪强组成的反革命团体）千百年过去了，老百姓依然是这种苦难日子，不曾有过根本改变。是解放军、是共产党让老百姓受苦成为历史，才不用提心吊胆，才活出了人样。

不久，解放军领着大军下江南，"解放军还在我们这里住过"，靳奶奶骄傲地提到这一点。

刚解放有政委下驻基层，身上穿的是黑粗布衣服，脚上踩的是破烂鞋，根本都看不出是个领导，一个政委还没个老百姓穿得好呢。

靳奶奶意味深长地说："那可是个政委啊！"

那时候当干部的，白天在这里，晚上就换地方了，今天在这里睡，明天就换地方了，甚至一夜换好几个地方。咋回事？底下的匪队发现这些干部就把他们命带走了。刚解放那时候村里土匪多啊，还有特务。干部就组织村民打匪队除特务。有次剿匪队长在棚上睡觉，匪队扔上去好几颗手雷，幸好都没响（那时候大部分都是土手雷，没有经过专门培训制作的，质量比较差，手雷不响的事时有发生）。为了防止反革命分子蒙混过关，平常谁有什么事情要出远门都要到村里开路条，无论是谁，在路口要道只有拿着路条才能通行。每个路口旁边有两三个民兵拿着枪，谁要是来了没有路条那就是坏人，就都得拴着，不让走。最后总归一处，没有问题的放走，查出来谁有问题立即惩处。就这样经过一两年时间，终于荡平匪队。

## 四、快乐生活把欢唱

新中国成立之后，20 世纪 50 年代初是老百姓最高兴的时候。再不受到压迫，剿匪之后，生命安全有了保障，晚上睡觉再也不用担惊受怕，夏天晚上睡觉热，甚至连门都不关。政府全面推行土改，老百姓都有自己的土地了，这土地可是农民的命根子，有地种就有吃的、有穿的，夫复何求？在地里干活，一边锄地一边唱着歌，在路上走着都哼着歌，人们都高兴得吃不住劲（超级高兴）。在以前那个旧世界要吃的没吃的，要穿的没穿的，弄不好命都没了。这一解放，一土改，村民整个生活就完全不一样了，民众是发自内心的高兴啊！

干了一天活，就步行去看夜戏。以前听的都是农民唱的老戏，1947 年兴起了新戏，步行去镇里，十几里地。有时候为了看戏剧表演，会徒步更远去县里看。靳奶奶现在对《白毛女》印象最深，觉得唱得最好，特别摄人心魄。

新中国成立后人的精神面貌焕然一新，特别有精气神，而且人民的安全也有了极大的保障。新中国成立前人民饱受战争之苦，生命如草芥，被日伪军、国民党、民团恶霸践踏，朝不保夕，人人自危。可我们中国共产党建立了新中国后不一样，这是一个切实为人民谋利益的党和政府，老百姓发自内心地拥护爱戴啊！

## 五、快速发展，与幸福相拥

解放后刚开始是单干，后来成立互助组，几家合种地，互相协助；后来就有了初级社，每一户的牲口、犁，大家都可以用；1956 年成立高级社，鱼泉村隶属高级社的名字叫“五花社”，这包括的地方可就大得多了，不过成立了一两年就散了。那时候还成立有集体农庄，你想买什么东西，吃的穿的等等，在里面可以随便拿，愿意拿多少就拿多少，社里仅仅记着数。好多人觉得那是国家集体的东西，不舍得拿。那时候集体农庄弄来几辆收割机、拖拉机、耕地机，村民都是第一次见这些东西，纷纷过来围观，形成人潮。不时有人对着这些大机器揶揄：“竟然不用人推，也不用牲口，看你咋犁地。”耕地机一直往前开到粪跟前，又有人说：“看你咋走，看你在粪跟前咋弄。”那个犁可以抬升，驾驶员把犁一下子吊起来。“哟嗨，它还会撅尾巴嘞！”人们都笑了起来，当时的人们以前谁都没见过这些东西。

靳奶奶第一次走远路去看电影，说那一次放映的是苏联的《十月革命》，周围几个乡镇的人都大老远过来看，很多人以前都没看过电影，这是头一回。看到一段正在激战的，人群中有人惊呼：“哟，这打得身上还流血呢，画布上的人在流血。”人们都不知道是咋回事，都是一脸惊奇，感觉不同寻常。

头一次到北京开会，在北京街上，看见有卖香蕉的，靳奶奶很好奇这是什么东西，黑乎乎的像皂角（皂角树上结的皂角，可以洗衣服，以前没有肥皂，农村人都是用皂角代替）一样，而且那时候吃香蕉都不知道怎么吃，都是学着别人（那时候因为交通运输不方便，运输的时间长了或者一直被冻着，香蕉外皮都是黑色的，不像现在黄澄澄的）。到开会地点找厕所一直找不到，别人说前面就是，靳奶奶感觉不可思议：“这哪是厕所呀，这比我们家客房还好啊！”

去北京开会回来了，靳奶奶到村里宣传国家政策蓝图：“国家说了，以后咱都是楼上楼下，电灯电话。这个电灯灯头都是朝下的。”有人还非常严肃地说：“你这是瞎说的！那可能不可能？这辈子能天天吃一顿面条都不得了。灯泡朝下也是瞎说了，谁家的灯头朝下，灯头朝下那咋能亮，胡说八道。”

因为那时的煤油灯、蜡烛等，都是朝上的，村里面谁也没见过朝下的灯泡，解释半天愣是没人相信。

有次去城里买东西，快回来的时候天已经有点黑了，靳奶奶看见有一家房上挂着一个明晃晃的东西，不亮了用个棍子去后面搅几下就亮了，后来才知道后面那是个沼气池，用沼气发电。

## 六、做人民公仆

过去的干部不好当啊，有一句俏皮话："干部春天是红人，夏秋是忙人，冬天是罪人。"春耕种地，干部去管理；5月和秋后忙着收获粮食；冬天场光地净，没有活了，就该去县里开会了，组织干部们反思自己的问题，严查干部是否投机或者贪污，整治干部问题。开会的时候旁边都是人民群众，那时候干部哪敢贪污？县长也不敢。有次县长去开会了，有人见他家院里晒着绸被子，当面指责批评："你看老百姓盖的啥，老百姓穿的啥？你县长成县太爷了，这是享乐主义、官僚主义。"县长盖的被子比人民群众稍好一点就被严肃批评。那时候号召走群众路线，干部每天和老百姓在一块，有时候吃饭在村民家里，老百姓做什么饭干部就吃什么饭，吃过饭不用吭声，把粮票和钱给老百姓放那里就行了，一顿饭也不贪不占。

靳奶奶退休前一直是基层干部，那时候当干部虽然不好当，但她觉得那才是一个干部应有的样子，那整风运动是很有必要的。就像习主席指出的那样，整治"四风"不能有间歇期，久久为功。

## 七、绿野行动

鱼泉村群山环绕，但是以前山上都是光秃秃的，土少、水少、石头多。自从退休之后，靳奶奶总也闲不住，就想做点实事，于是自发行动去山上植树，绿化荒山，后来又动员家里人逐渐拉起一支植树小分队。冬天刨坑，春天栽种，夏秋管理。想要在光秃秃的石头上栽树难啊，一天最多能刨两三个坑，山上又旱，成活率低，但是靳奶奶并未放弃。

靳月英老人带领群众上山栽树（受访人提供）

1995 年春，淇县号召干部群众“向靳月英学习，向太行山宣战”，全县当年 22 万人，每天出动 10 万人义务劳动，植树造林，连着种了两三年，大家坚持不懈才有如今这漫山遍野的绿意。

以前经常听到生在和平年代的人说什么活下来就已用尽了全身的力气。在那些战争年代、灾荒岁月，用靳奶奶的话来说：“那都不是人过的时光。”多少人从中走过多少艰难才到今天，我们又有什么理由叫苦叫累呢？靳奶奶之前的生活那么苦，却从未抱怨过什么，已过耄耋之年，却依然能走远路，爬大山，干农活，栽树苗，这是一位怎样的老人呀！靳奶奶一生获荣誉无数，但现在依然保持朴素的作风。

这也是老人长寿的重要原因，虽然自己普普通通，但可以努力去做有意义的事情，造福人民，我为人人，人人为我。如果我们每个人都这样，这该是一个多么有活力的社会呀！

## 采访手记

首次去采访，心里还是非常忐忑的，担心的不仅是笔者能否胜任这次采访工作，更是即将面对这位“大人物”的紧张。开车前往鱼泉村的路上，笔者爸爸就跟笔者说，他二十多岁的时候就已经听说靳月英奶奶的事迹了，就在前几年去山里，途经鱼泉村的时候，还经常见靳奶奶扛着锄头要去山上栽树呢。听爸爸这么一说，笔者当时心里就在想：如此高龄，却又如此勤劳能干，这是怎样一位令人敬佩的老奶奶呀！

拐过路口，开车过桥，远远便看见政府专门为靳月英老奶奶修建的拥军广场，还有街边靳奶奶事迹宣传壁画。壁画上，一位年迈的老人杵着锄头，面带微笑看向远方，她的身边是郁郁葱葱的山林。

刚下车，我们便向巷里走去，看见一位老大爷和一位老奶奶，说明来意，老大爷指着老奶奶说："这就是靳大娘啊，你们来采访了，以前来采访靳大娘的人可多着呢，都开好几辆小轿车来。"听到这样的话，笔者心头一紧："我这种毫不专业的采访人能行吗？"不过靳奶奶并不在意那些。

因为笔者长期在外上学，不懂很多家乡方言，刚开始确实遇到了一些困难，但是通过奶奶家人的介绍和引导，我们逐渐熟悉了起来。说着说着，笔者情不自禁地握着靳奶奶的手，这是一双因长期劳作而形成厚茧的手，这斑驳的手掌是岁月的痕迹，让我感触良多，笔者越发想去了解靳奶奶和这一双手背后的故事。

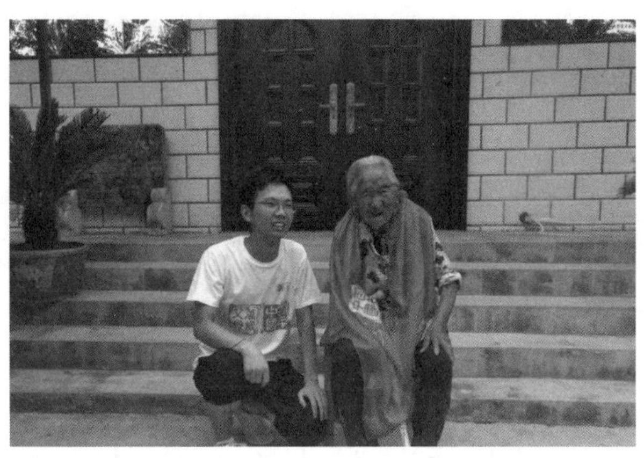

靳月英老人和志愿者合影（晋九州　摄）

# 谱就动人乐章

## ——刘辛文老人传记

施一鸣 北京师范大学 法学院 2017 级

### 人物生平

刘辛文，男，1924 年 7 月 3 日生，现居山东省菏泽市成武县辛集村。刘辛文生于普通家庭，在兄长的影响下，他毅然选择参军。军旅生涯结束后，负过伤的他带着几个孩子生活。于国家，他是一位见证了祖国峥嵘岁月的军人；于家庭，他是一位可亲可敬的父亲、爷爷……

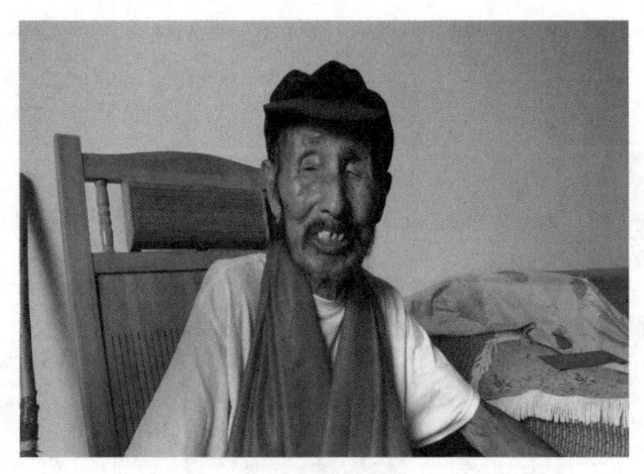

刘辛文老人在家中（施一鸣　摄）

### 一、简单的纯真乐章

1924 年的一天，山东一户人家的庭院里传来了阵阵婴儿的啼哭声。“呀，是个男孩。”新生命的降临对一个家庭来说本应该是幸福的，可是，对于一个生活条件拮据、孩子众多的家庭来说，物质上的雪上加霜盖过了新生命降临带来的喜悦。

孩童时代的刘辛文虽然生活在物质匮乏的环境里，却拥有着无限的爱和温暖。小时候的生活简单又快乐，跟哥哥姐姐和小伙伴们在家门口捏泥巴都能玩上一天。此时，生活的重担还不曾向孩子们倾斜，它只敢轻轻地试探，仿佛害怕压倒他们稚弱的肩膀。

20 世纪初的乡村孩童普遍没有学上，刘辛文也像他们一样，打小便帮衬着家里人干些轻巧点儿的活来贴补家用。跟着家里人下地干活的那些日子里，刘辛文学着割草、收粮，掌握了一定的农业耕作技术。对于儿时的他来说，这些为生活奔波的日子与其说是劳动、干活，不如称之为玩耍、找乐子。家人的陪伴和劳作的体验也成为刘辛文孩童时代宝贵的精神财富。

幸福的时光总是溜走得那么快。长他 11 岁的大哥为了补贴家用，选择了外出挣钱，因此刘辛文跟大哥见面的时间很少。几年之后，刘辛文的爷爷奶奶先后去世，这对一个六七岁的孩子来说无疑是沉痛的打击。他忘不了祖父母带给他的殷切教导，忘不了他们为生存奔波的背影，更忘不了爷爷奶奶粗糙的双手曾带给他的温暖。

刘辛文跟随父母继续生活。“那时候的日子真是艰辛，家里穷到揭不开锅。”老人长叹一口气，说道。

## 二、激昂的征战乐章

1945 年，抗日战争取得胜利。1946 年，解放战争在国内拉开了帷幕。

解放战争的炮火打响后，很多群众自发组织为解放军战士运送补给，刘辛文便是其中一员。谈到为解放军运送物资的初衷，刘辛文说，除了从小家里人给自己树立的观念，哥哥们的行为也带给了他很大的影响。原来，在抗日战争中，刘辛文的兄长们英勇参军，他们的所作所为不断地激励着刘辛文要多为国家贡献自己的力量。面对内战，面对举国上下千万个家庭的支离破碎，刘辛文毅然决然地选择为解放军运送补给，并亲眼见证了解放成武的那场战役。

这段经历让年轻的刘辛文看到了解放军战士英勇无畏的战斗精神，也见识到了战争给家庭带来的沉痛打击。1947 年，23 岁的刘辛文选择了跟随解放军上前线杀敌。谈到这里，他不禁回忆道：“很多人都怕死，村子里真正上前线战场的人并不多。当时看到解放军战士们每天都冒着生命危险为国家和百姓战斗，我就想，自己可不可以为他们做点实事，哪怕一点都好。”就这样，刘辛文随军一路南下，迂回于淮海北侧。

战争塑造着一个崭新的中国，而战场上的枪林弹雨铸就了解放军战士的铮铮铁骨。在密集的炮火声中，刘辛文同志一直冲在战争前线，奋勇杀敌。

在一次战斗的过程中，刘辛文英勇负伤，彼时，弹片划伤了他的背部，刘辛文一度昏倒在战场上。时至今日，我们仍能看到他后背上留下的深深疤痕——这是战争在一个人身上刻下的印记，是他英勇斗争、不怕牺牲的标识，更是一个人选择人民立场、选择共产党的坚定信念之体现。提到这里，老人的孙子说：“当时的医疗和物质条件都不好，弹片刺进了身体，在军队上没能取出来，返乡后个人又没能力去看病、做手术，就一直拖着了。那次负伤不仅让他退出前线战场，还很大程度上影响了正常的生活。”

“后悔吗？”“不后悔，怎么可能后悔！”

刘辛文毅然决然地加入了解放军、选择了党，党和解放军也坚定地选择了他。从军过程中，刘辛文光荣地加入了中国共产党。

## 三、厚重的艰苦乐章

旧时，人们都会选择较早地结婚生子，刘辛文也不例外。20 岁时，他便与自己的爱人结为夫妻。小两口的日子虽过得清贫，但也有些许的甜蜜。婚后不久，战争蔓延到了自己的家乡，原本平静的生活被炮火声打破。之后，刘辛文选择了随军作战，而负伤使他无法再前往一线战场，只得返乡。作为一名曾经英勇战斗的前线战士，组织上为他提供了县里的一份工作，这也是为他的基本生活提供一份保障。但在刘辛文看来，他不希望自己为国家添麻烦：自己没读过书，即使能在县里工作，又能真正地为百姓和国家做些什么呢？他更希望有真才实干的人来县里工作，只有这样，党和国家的根基才能稳固。“这也算是我为国家做的一点贡献吧。”刘辛文叹了一口气说道。话毕，老人望向前方沉默良久。

再回到辛集村这片土地上，刘辛文终于过上了安静平和的日子。可好景不长，他的妻子患上了重疾，当时的医疗条件非常有限，妻子的身体每况愈下。1958 年，刘辛文的妻子撇下三个孩子离世。

当时，三个孩子年龄都很小，最大的 11 岁，最小的才两岁有余。为了养活自己和家里的孩子们，刘辛文不仅种了地，还经常给别人干些零活。由于战争中的负伤和有限的医疗条件，他背部的弹壳一直没能取出来，这意味着日后很多重活他都不能干。微薄的收入只能勉强维持一家人的基本生活。但刘辛文又做出了一个重大的决定——让家里的两个男孩儿都去读书。这在现在看来是再正常不过的，可对于当时刘辛文的家庭来说却是十分艰难——上学要交学费；两个男孩儿都去读书，家里只剩刘辛文这一个劳动力；另外，由于当时交通和教育条件都不好，村子附近根本没有中小学，孩子们每次都要步行很久才能到达学校。好在，刘辛文作为一名老兵，组织上对他在生活上有一定的物质帮扶，这在某种程度上缓解了家里的生活压力。但是，生活的重担依旧压弯了刘辛文挺拔的脊背。几年间，和两个上学的孩子相处时间甚少的刘辛文连想念的时间都少有，他必须尽可能地多干些活来贴补家用。

那个年代大家重男轻女的观念甚重，刘辛文唯一的女儿留在家里跟着父亲帮衬着干些活。

为了更好地照顾孩子们，刘辛文选择了终身不再娶。多年来，他自己一个人把三个孩子拉扯大。这样艰苦而平静的生活一过就是十几年。十几年间，孩子们“男大当婚女大当嫁”，生活也慢慢变好了。

## 四、如今的幸福乐章

“现在的生活条件好太多了。”提及如今的生活，这是刘辛文老人说得最多的一句话。“你看现在多少人家都有小轿车，这在以前是想都不敢想的。”老人用最朴实无华的语言道出了自己眼中的生活所发生的天翻地覆之变化。

刘辛文说，孩子们的生活越来越好了，小孩儿们从小成长的环境比他们那时候好太多，现在不论男孩儿女孩儿都能背上书包去读书，接受的教育足以改变他们一生了。坐在老人身旁沙发上的几个玄孙咯咯地笑着，老人望着他们，也不自觉地笑了起来，并起身抱起了最小的玄孙。

老人抱着玄孙竟毫不费力，在 95 岁的年纪还保持如此硬朗的身体，这与他平时的饮食习惯、生活态度等有着密切联系。

刘辛文老人平常的饮食非常规律，一日三餐从不落下，餐食并不复杂，但荤素搭配得很均衡。

“我平时吃饭都是去孙子孙女家吃。”说到吃的，刘辛文老人眼角流露出了笑意。原来，孩子们为了更好地照顾老人，便让他隔几天轮换着去各自家里吃饭，这样一来，老人的伙食便有了保障。一家人虽然不住在同一个院子里，但浓浓的亲情是割舍不断的，而且老人和孩子们居住的地方离得很近，平时走一会儿就到了。“每天跟他们一起吃饭，虽然比不上顿顿鸡鸭鱼肉的家庭，但吃得也非常好。他们从来不会在生活上克减什么。”刘辛文老人骄傲地说。

平时老人每天都早睡早起。晚上六七点吃完晚饭，他都会到胡同口坐一会儿。如果有邻居也在，就跟大家一起聊会儿天。8 点的时候老人就准时上床休息了。

“白天的时候他经常自己骑着车子出去遛弯儿。就昨天，他还骑到了北边的桥上。”刘辛文老人的孙子在一旁补充道。原来，笔者走进胡同便注意到的那辆自行车就是老人经常骑的车子。不知为何，笔者心里泛起一股暖流，打心底里为这位年已近百却拥有健康身体的老人感到高兴。

“咯咯咯……”笔者的思绪被身旁小孩子们的笑声拽了回来。看着一家和睦的美好场景，笔者向刘辛文老人问道：“您之前有没有拍过全家福？”听罢，老人应了一声，便起身走到旁屋取出了一个布袋子。袋子不仅裹了好多层，而且袋口又被绳子紧紧缠了一圈。笔者伸出手想要帮忙打开却被老人拒绝了，想必，袋子里装的一定是他非常珍爱的物品。

袋子一层一层被打开后，中间用布包裹着的一沓东西，其中便是有刘辛文老人一家的合影。“相片上的人不全，但这是我们唯一的全家福了。”照片上最中间坐着的便是刘辛文，子孙们围在老人身边，一家人幸福的笑脸就这样被定格在了相片上。

袋子里还有其他物件，包括军人证、党员证等重要证件。这时，旁边一个早已褪去色彩的小册子引起了笔者的注意，拿近一看发现上面赫然写着“中国共产党党员十项条件”这几个字。

老人将这个 1965 年印发的册子保存至今，实属不易。“我常常怕屋子里有老鼠把这些东西给啃坏了，就把它们用好几层布和袋子包起来系上，这样即使有老鼠也不会被啃坏。”老人骄傲地说着，脸上露出了孩童一般的神情。

刘辛文也谈到，自己从 1947 年加入中国共产党以来见证了国家的太多奇迹。中国能脚踏实地、一步步地实现从无到有、从有到优的伟大转变，都离不开党的坚强领导和人民的辛勤付出。在国家面临内忧外患、百姓面临生存难题时，是中国共产党将全国各族人民拧成一股绳，从而迸发出无穷尽的力量。国家的进步为科技发展奠定了坚实基础，而科技的发展又大大提高了家家户户的生活水平，这是人民群众在日常生活中实打实地能感受到的发展。用刘辛文老人的话说，就是“多亏了有中国共产党”。

老人的孙子笑着说：“他常跟我们提，现在生活好了咱们也不能肆意挥霍，勤俭节约才是值得发扬的优良传统。”听了这句话，不住地点头表示赞同。同时，也不禁感慨，刘辛文老人经历过战争年代的困苦，懂得幸福生活的来之不易所以更加珍惜，而老人将这份对生活的珍惜不断地传达给自己的子子孙孙，不断地将勤俭节约的好习惯传播下去，这一点更加难能可贵。

## 五、平静的生活乐章

或许是刚进门时心情太过激动，当笔者从老人的堂屋里走出来时，才注意到原来屋旁还栽有枣树、柿子树，树上都挂满了果实。人们常说“字如其人”，此刻笔者更愿它是“树如其人”——若没有刘辛文老人细心的照料，我们又怎能看到这抹清凉的绿、庭院又怎能充满新生的盎然呢?

走出家门，刘辛文老人和他的家人们向笔者挥手告别。

坐在回家的车上，笔者看到了老人骑车遛弯的那座桥。一个恍惚，笔者仿佛看见了一位 95 岁高龄的老人骑着那辆深蓝色自行车缓缓驶过桥面的景象——右手旁的云彩被染上了夕阳火红的余晖，左手边的庄稼正争抢着沐浴最后的一缕阳光，桥下的河水缓缓地向西流淌，慢慢地滋润田地，水面上映出余晖的绚烂和作物的生机。极远处汽车发出的鸣笛声不能使这里的宁静泛出一丝涟漪。车子上那位踩着脚蹬的老人正享受着身旁和谐、宁静的景色，心里回想着自己人生中发生的那些事……

## 采访手记

8 月的一天，作为采访人员的我和协助工作的同学前往位于成武县辛集村的刘辛文老人家。随着距离不断缩小，我的心情也愈发激动。走到辛集村中部，我们便看到了热情的支书。

在他的带领下，我们拐进了一个胡同。刚踏进去，我便注意到一辆自行车——深蓝颜色的车子透露着岁月打磨过的痕迹。正在我盯着车子看的时候，书记指了一下："这里就是要采访的老人家了。"

走进门，我最先看到的是刘辛文老人和其孙子、孙媳的盈盈笑脸，从这份热情里我感受到了他们对待生活积极向上的乐观态度。老人身子很好，虽然拄着拐杖，但仍能跟上家人的步子。看到老人这么健康，我心里不禁泛起一股暖流，也在内心真诚地希望他的生活和身体状态能一直这么好。

接着，我们一起进了屋。

老人坐在木椅上，缓缓谈起了他的一生……

刘辛文老人居住的地方给笔者的第一印象就是简单、朴素——简单的木床上叠放着被子，顶部挂有一个小电扇，沙发旁边放置了一把稍大的木椅……

由于年事已高，刘辛文老人的听力不是很好，讲话时咬字有些不清晰，因此在采访过程中一些事情由老人的孙子孙媳代为讲述。作为一名光荣的老兵，刘辛文老人讲到自己参军的经历时非常兴奋，声音都高亢了许多。

刘辛文老人与志愿者交谈（孔志媛　摄）

彼时听老人讲述战争年代故事的笔者怎么也不会想到，身上带着战争留下伤病的刘辛文老人竟在物质条件极度匮乏的情况下孤身一人把三个孩子拉扯大，并供着其中两个孩子读书。更想不到眼前这位对生活充满信心的老人竟经历了那么多的辛酸往事。

笔者愿意把他的人生比作一首歌，从前奏开始，把它慢慢地讲述给你听……

# 谈百年人生，忆峥嵘岁月

## ——丁文传老人传记

丁爽 北京师范大学 刑科院 2018级

### 人物生平

丁文传，生于1919年6月30日，家住山东省青岛市黄岛区大村镇戴家尧村。抗日战争时期，丁文传积极参加地方武装，与死神两次擦肩而过，后又在八路军的领导下，与日军展开了守卫家乡的殊死搏斗。解放战争时期，冒死冲破国民党的封锁线，将三根鸡毛信及时送出。∂抗美援朝时期，自发捐出大部分积蓄，为祖国买飞机大炮做贡献。农业合作化及人民公社时期，被评为全村最优秀的饲养员。改革开放时期，和女儿一起开了全村唯一的面粉厂……

丁文传老人照（丁爽 摄）

### 一、幼年当家

在浩如烟海的中华历史长河中，1919年5月4日这一天熠熠生辉，让人难以忘怀。那时天安门前聚集了数千名义愤填膺的学生。瘦削的肩膀挑起了沉重而伟大的爱国情怀，他们振臂高呼，声声竭尽血气，“誓死力争，还我青岛”，“外争主权，内除国贼”。自此，轰轰烈烈的五四运动正式拉开序幕。一时间，全国各地人士爱国主义情怀高涨，奔走相告。在此期间，地处山东青岛的偏远小村庄——戴家尧，传来一声婴儿的啼哭，丁文传就这样在和着血与泪的时代呱呱坠地了。

世道不太平，新生儿洪亮的啼哭声并未给这个徒剩四壁的家带去丝毫的喜悦，添丁无疑使本就苦难窘迫的一家人的生存雪上加霜。丁文传6岁那年，母亲不堪疾病和贫穷的双重打击离开了人世。失去母亲对一个6岁的孩子来说无疑是巨大的痛苦，据丁文传自己描述：“我难以接受母亲去世的事实，连续很多天吃不下饭，白天就自己跑到河边发呆，晚上闭上眼睛的时候耳边一直回响着母亲熟悉的声音。”逝者已矣，可生者仍旧要活下去，更何况贫苦人家的孩子连悲伤的时间都是短暂的，残酷的现实在身后时刻鞭打着自己往前看。幼小瘦弱的身躯很快承担起家庭的重任，洗衣、做饭、做农活已然是这个年仅6岁的孩子的家常便饭。日子一天天过去，丁文传转眼便到了上学的年龄。面朝黄土的父亲虽未读书识字，但却十分清楚教育的重要性。“我那时根本不想去读书，一心只想着帮家里干活，为父亲分担生活压力。母亲去世以后，父亲从未对我发过脾气。可父亲却因为这个非常生气，他气得把我拴在桌子腿上。不给饭吃也不给水喝，让我好好反省。”丁文传苦笑着说，“我是个倔脾气，饿了好几天，和父亲僵持了好几天，到最后父亲也没有改变我的主意。我现在还记得父亲给我解开绳子时的那个无奈又心疼的眼神，只是当时年纪太小，读不懂父亲的用意。”

## 二、“母亲”来了

丁文传10岁那年，一位女人走进了他的家里，成了他的“母亲”。

母亲去世后的几年间，很难想象，幼小的他是如何在灶台前生火做饭，是如何下地锄草浇水，又是如何悉心照顾比自己小两岁的弟弟的。这对于现如今生活条件优渥的你我真的无从想象。有时站在村口，看着同龄的伙伴尽情嬉戏玩耍，听见胡同口传来温柔的呼唤小伙伴回家吃饭的声音，丁文传的心里满是羡慕。夜半时分，母亲慈祥的面孔总会浮现在自己的脑海中，像往昔一样亲切地叫着他的乳名。可当他高兴地奔向自己的母亲时，母亲却突然消失了。他在梦里一遍又一遍地呼喊着自己的母亲，眼角沁满了泪水。每每这时父亲被他的呓语惊醒，悄悄帮他擦拭掉眼角的泪水，轻轻地用手安抚着他。也就是这个时候，父亲暗自下了决心。

几天后，父亲带了一个女人回来，告诉丁文传从今以后这就是他的母亲。他不能接受，这样来历不明的女人怎么能是他的母亲！看着眼前这陌生的脸庞，他叫不出“母亲”两个字。在很长的一段时间里，他都以异常冷漠的态度对待眼前这个女人。可他不得不承认这个女人把家里收拾得井井有条，也将他兄弟二人视如己出。丁文传的心渐渐地被眼前这位后妈融化了。在她身上，丁文传感受到了时隔已久的母爱。他终于直面自己的内心，接受了这个女人成为他的母亲。后来母亲又为这个家庭添了新的生命。三弟的到来让丁文传暗下决心，以后要做一个真正的男子汉，成为这个家里可以倚仗的天！

## 三、男大当婚

1937 年卢沟桥事变，抗日战争全面爆发，北平、天津等地相继沦落。日本占领南京，对 30 万手无寸铁的同胞们实施了惨绝人寰的南京大屠杀，整个南京城生灵涂炭，哀鸿遍野。一时间，全国上下人心惶惶。村子里人人忧心忡忡，战事频频已然影响到这个原本平静的小村子。日军的惨无人道的行径更是让这个 18 岁的青年燃起了保家卫国的壮志，参军的想法一直在丁文传的脑海里萦绕着。但是转眼间，丁文传也已经到了成婚的年龄。所谓男大当婚，本着“父母之命，媒妁之言”的古训，他同西陈家庄的一女子举办了婚礼。由于家境贫寒，结婚当天新娘的礼服和婚礼用品都是女方出资筹办的。小夫妻两人之前从未见过面，也谈不上有什么感情基础。可日子一天天过去，两个人在相处的过程中更加了解彼此，感情也日渐深厚。慢慢地，妻子看出丁文传的心并不在眼前的这个小家，也明白丁文传心里的报国之志。

看着这么善解人意的妻子，丁文传更加坚定了参军抗日的决心。

## 四、地方武装

1938年，距离婚礼过去也不过几个月，丁文传却再也无法忍受日本人的残暴行径，一心只想参军。在妻子的支持下，他毅然决然地离开家乡，加入了胶州地方武装，参加抗日活动。这支武装队伍的带头人是一位叫姜黎川的年轻人。他和丁文传有着同样的抱负和志向，那就是将日本人赶出中国。然而，地方武装力量终究是有限的。虽然同志们有一腔热血，但是由于缺乏正确的领导，抗日过程非常坎坷。一次与日本军队周旋时，地方武装部队处于下风，被迫通过高粱地完成掩护撤退。日方弹药充足火力猛烈，对着高粱地一顿扫射，炮火轰鸣，硝烟弥漫，子弹扫掠过处，伴着惨烈的哀号声，战士们接二连三地倒下，血流满地。炮火轰炸之处，断肢残躯连同泥土和高粱四处抛散，鲜血染红了整片高粱地。子弹两次擦过丁文传的身体，仅在毫厘之间，当时的他离死神也只有一步之遥。惊魂未定的场面一下子浮现在笔者面前："您当时该有多紧张啊，不会害怕吗？"老人此刻的眼神里透露着一股坚定和信念，语重心长地说："只要能把小鬼子赶出我们国家，死了我也心甘情愿！"此次交锋部队损失惨重，同时也让战士们意识到没有正确有力的领导是行不通的。

## 五、水深火热

当时，地方除了有丁文传所参加的地方武装力量之外还存在着三种恶劣"势力"，即一边和日本人合作，一边和地方武装合作的"墙头草"；既不和日本人合作，也不和地方武装合作的，搜刮老百姓粮食的"土匪"；对日本人点头哈腰的令人憎恶的"汉奸"。百姓们当时饱受战争和三大"势力"的盘剥，命如草芥，苦不堪言。村庄也没了以前的安宁与和谐，取而代之的是满目疮痍和遍地哀号。看到这般景象，丁文传痛恨欲断，他不禁感叹自己的力量太过渺小，仅靠自身并不能力挽狂澜，带老百姓走出水深火热之中。他也深深地意识到有一个强有力的组织领导革命的重要性。当时无奈的他只能回到家乡，尽自己全部的力量去帮助村民，甚至将自家仅存的一点儿粮食也拿出来救济其他人。

## 六、悲喜交加

1940—1942 年，惨无人道的日本军方在中国部分地区实施了骇人听闻的细菌战。鼠疫、疟疾等恶劣传染性疾病在全国范围内肆虐，丁文传的家乡戴家尧——这个安静偏远的小村庄也未能幸免。村里陆续有人感染了一种急性伤寒，传染性极强，在当时的医疗水平下，这种伤寒无疑是不治之症，被感染者只能在病痛中等待末日的来临，家人们也束手无策，只能眼睁睁地看着自己的亲人在绝望和痛苦中离去。丁文传回忆起当时的情景悲愤交加：“当时村里很多人都因为那场瘟疫去世了，我的父亲也死于那场瘟疫。”那时的丁文传对日本人的痛恨达到了极致，他在心里暗暗起誓，“总有一天，我让小日本血债血偿”！

1942 年，时年 23 岁的丁文传迎来了自己的第一个孩子。孩子的到来对丁文传来说，是一件大喜事。新生命的到来总算是让丁文传一家在苦难的生活里看到了慢慢燃起的星星烛光。

## 七、报仇雪恨

“八路军要来我们这边了！”

听到消息的丁文传喜出望外，这对于当时对小日本恨之入骨的丁文传来说，是一个千载难逢的好机会。因为他心里清楚，八路军是来帮助老百姓打鬼子的。从这以后，丁文传每日都到村东头眺望，望眼欲穿。等待的日子是漫长的，但好在八路军的身影终于映入了丁文传的眼帘。

八路军在村里设立了根据地，领导着村民一起抗战，丁文传也成了其中的一员。当时戴家尧东边的茂甲村被日本人占领着，日军在村内烧杀抢掠无恶不作。日军的下一步作战计划就是要拿下戴家尧，战斗一触即发。当时的战局对我方非常不利，除却盘踞在茂甲村的大量日军，在山东头日军有一个排的兵力，并且在距离戴家尧不远的泊里镇，日军还有一个团的兵力，呈现包围之势。而戴家尧根据地的八路军只有一个连的兵力，再加上民兵也不过百余人，情况一度非常危急。

茂甲村的日军想要攻占戴家尧必须过河。为防止日军过河，八路军带领丁文传及其他民兵在村头安了一门土大炮。放了三炮，鼓了两炮，在千钧一发之际，丁文传屏气凝神，再次努力地瞄准大桥，用尽全身力气拉响了第三炮，只见大桥随着炮火的轰隆声顷刻之间坍塌了！这一炮成功地拖延了日军登岸的时间，日军要想上岸必须采取其他的方法过河，这为远在 140 余里外的六连的到来争取了支援时间。当时每位战士都将生死置之度外，在枪林弹雨中穿行，浴血奋战，誓死守卫戴家尧。大家齐心协力终于等来了救援，安全地守住了戴家尧，日军战败退回茂甲庄，从此以后再也没能过河。除此之外，丁文传还在八路军的组织领导下参与破袭了作为当时日军交通运输的必经通道的海清路，捏住了敌人的喉咙。

当然，并不是每次战争都是胜利的。在诸城董家庄一战中当地的一个女村民和伪军勾结，将所知的战略会议内容全部透露给日方，导致战争失败。不过好在撤退及时，未造成不应有的伤亡。

回忆起这段峥嵘岁月，老人激动的心情难以言表，总算是能够为死去的乡亲报仇雪恨了。

## 八、三根鸡毛信

1945 年 8 月 15 日，日军向我方递交投降书，14 年抗战终于取得了胜利。再后来，解放战争的号角吹响了。戴家尧拥护共产党的领导，成立了村民小组，丁文传担任村民小组长，负责下达共产党的政策和战略方针。后来藏马县民工大队要组建一个警卫班，负责警卫和护送重要信件，藏马县民工大队从当时的东十字路和戴家尧调了 10 个民兵，丁文传有幸成为其中一员。

有一次，警卫班需要护送三根鸡毛信给其他民工大队。“三根鸡毛信代表情况非常紧急，必须在最短的时间内送达。”丁文传见我们疑惑的表情后补充道。但是要想尽快送达，必须穿越国民党的封锁线。这对于送信的人来说，无疑是九死一生。“我去！”当时的丁文传听到后脱口而出。因为在当时的警卫班里，无论体力还是勇气，丁文传都是最合适的人选。就这样，丁文传带着三根鸡毛信就出发了。据丁文传爷爷回忆，为尽快地把信送到，他都是抄小道，一路狂奔，甚至连口水都来不及喝，跑到筋疲力尽也不敢停，同时还要小心观察附近有没有国民党的眼线。到达国民党封锁线附近时，已经是深夜了，月亮昏晕，星光稀疏，整个大地在黑沉沉的夜色的笼罩下似乎都沉睡过去了。封锁线周围特别的安静，远方的村落不时地会传来几声狗吠，不远处的两座碉堡上架着两架机关枪，中间是高达四五米的铁网，碉堡上的灯四处转着，观察着周边的情况。一旦有点风吹草动，机关枪便会立即扫射。

丁文传大气都不敢喘一声，静静地趴在草丛里，将草盖到身上当掩护，全身上下只有两个眼珠子滴溜溜地观察封锁线的情况，当观察到铁网左侧的时候，他的眼睛一下子停住了，皱着眉头用力瞅了几秒钟后，紧皱的眉头舒缓开了，嘴角也微微上扬。原来铁网左侧有个缝隙，而他的体型应该刚好可以穿过去。当机立断，他悄悄地从身边摸了一块石头，说时迟那时快，当搜查灯的光转到其他地方时，他便迅速起身，用力一抛，将石头扔进封锁线里面。这时，机关枪立马转过去朝石头落地的方向密集扫射。丁文传趁乱从封锁线的缝隙中穿过，神不知鬼不觉地穿过了敌人的封锁线，及时地将信送给了民工大队。回来的时候，丁文传巧妙地绕开国民党的封锁线，顺利地回到了藏马县民工大队。凭借着自己的机智和勇气出色地完成了上级指派的任务，丁文传受到了领导的表扬。直到此时此刻，丁文传还记得领导调侃他道："你啊你，你小子命可真大！"

## 九、15 元钱

1950 年 10 月，美军攻击朝鲜，中共中央做出"抗美援朝、保家卫国"的战略决策，迅速组成中国人民志愿军入朝参战。当时新中国成立不久，百废待兴，因此购买飞机大炮对于当时的新中国来说是笔不小的开支。举国上下自发组织捐钱，全国人民都在为抗美援朝贡献自己的一分力量。对于一向极具爱国责任感的丁文传来说，必然十分积极地响应号召。丁文传毅然决然地将家里的积蓄拿了出来，捐了 15 块，这样的一笔数目在当时是令人震惊的。据丁文传的大儿子回忆，"父亲捐完钱后，我们家里都快揭不开锅了"。但是丁文传不曾后悔自己的决定，"但凡祖国需要我，我一定还是会冲在前面”。

## 十、最好的饲养员

为促进农业的社会主义改造，将小农经济改造为社会主义经济，我国于新中国成立初期便开始走向农业合作化的道路。当时的戴家尧也紧紧追随共产党的领导，将散落的个体农民集中起来，走集体化和共同富裕的道路。虽然有人对此抱有怀疑的态度，但是绝大多数农民都积极响应，将自己的土地上交集体。丁文传在众位乡亲的推荐下，担任生产队的饲养员，负责照顾生产队的牲畜。其实这在当时并不是一个小任务，因为牲畜是当时农民除土地以外最重要的物品。看得出大家伙对丁文传足够信任，才会让他负责这项任务。

丁文传所在生产队的队长李庆和是丁文传特别要好的发小，两人从小一起在田间劳动，一起挣工分，感情十分要好。后来，丁文传的大儿子也在同一个生产队里任会计。整个生产队配合得十分默契，次次在众多生产队中拔得头筹。而且丁文传凭借着他出色的饲养技术、认真踏实的态度，被评为村里最好的饲养员。

## 十一、带儿求医

新中国成立以后，百姓过上了不再担惊受怕的和平日子，戴家尧也逐渐回归了正常的生活。丁文传和妻子一个主外一个主内，将日子打理得井井有条，虽然生活依旧清贫，但看见眼前这般平和的光景，丁文传此时是打心眼里感到知足，但谁也没想到此刻的平静很快被一场即将来临的暴风雨所湮没。

丁文传的大儿子一直是自己的骄傲，自己虽然一天书都没读过，但是他却一直非常重视孩子们的学习。大儿子也很争气，自小学习成绩优秀，也踏实肯干，是全家人的希望。但是命运总是爱捉弄人，在所有人对眼前这个大儿子极其放心的时候，儿子却出事了。儿子在初中读了一年半以后，原本活泼开朗、一向健谈的儿子变得郁郁寡欢，整日闷闷不乐，也不愿意提及学校的事情，甚至变得有点神经兮兮。丁文传和妻子立马就察觉到了儿子的不对劲，儿子却什么也不肯说，便急匆匆地赶到学校了解情况，原来儿子在学校受了很大的冤枉，同学一度都敌视排斥他，虽然误会最终解除，但是这让儿子的心中留下了很深的阴影。他害怕自己的事情会让父母担心，一直将事情放在心里，最终导致精神方面出现问题，得了严重的精神衰弱和抑郁症，最后不得不辍学。

丁文传看见原本优秀的儿子变成现在这样，心里非常着急，四处打听治疗的方法，带着他四处求医，但是当时的医疗条件并不好，交通又不方便，求医之路处处碰壁，辗转多地未得良方。但是丁文传并没有就此放弃。功夫不负有心人，最终父子二人奔波到青岛治好了儿子的病，而这一条治病之路他们走了整整十年。这十年，儿子错过了最好的学习时间，也错过了在诸城水库当施工员的机会，但是对于饱受十年担心之痛的丁文传来说，这都算不了什么，他只希望儿子能够平安，能够健康。上天还是眷顾丁文传一家的，儿子治好了病，最终也凭借着自己的学识顺利地在生产队当上了会计。

## 十二、发家致富

1978 年改革开放的春风吹遍了全中国，1983 年戴家尧村也实行了大包干，将土地分发给农民，实行包产到户。当时已是花甲之年的丁文传从公社领到了几块土地，心里非常开心。“虽然土地不是自己的，但是种的粮食都是自己的啊！”这一举措在当时极大地提高了农民的积极性。

受到改革开放热潮的影响，这个小村庄也慢慢地发生着变化。农民不再一味地以土地为生，开始做起了小买卖，日子越过越红火。一向要强的丁文传看到此情此景，心里不免有些着急，但无奈年事已高。就在这时，丁文传的二女儿和丈夫跑到他面前，说自己想开个面粉厂，来问问他的意见。这一下子燃起了丁文传的希望，他立马起身拍桌，“我赞同！”当时的戴家尧并没有统一制造面粉的地方，村民大多要跑到镇上或者隔壁的村将小麦磨成面粉。很多村民都看到了这个契机，但大多缺少勇气，不敢把自己的钱给搭上。丁文传出钱出力全力支持二女儿，面粉厂的生意如火如荼地进行着。

“正直做人，敬业干事”一直是丁文传家的家训，二女儿一直秉持这个理念经营面粉厂，从不偷工减料，价钱也一直多年未涨。当地村民都去他家面粉厂磨面粉，其他村的村民也都慕名而来。面粉厂逐渐扩大，也给当地的村民提供了就业的机会。丁文传看到眼前这般景象，心里颇感欣慰，“是共产党的政策好啊！让老百姓过上了好生活”。

## 十三、惋惜哀痛

1987年某一天，一向生意红火、顾客络绎不绝的面粉厂，突然大门紧闭。丁文传家的大门挂上了白绸，乌云黑压压地逼近屋檐，整个房屋显得沉闷又安静。突然一阵痛哭声和喇叭声打破了此刻的安静，几行披麻戴孝的人顺着喇叭声迈着沉重的脚步，从房间里哭着喊着出来，这痛哭声让人听了心碎。丁文传的妻子在这一天去世了。

丁文传在人前并没有哭泣。他一个人蜷缩着坐在炕头，望着窗外的乌云，眼里却没有任何光彩。来吊唁的人担心他，劝他保重身体。他努力忍住自己内心的悲痛，木讷地重复着没事没事，继续望着窗外的乌云，没有任何表情。当大家都走了以后，他一直忍着的泪水顺着眼角安静地流下来。他一生要强，也一生倔强，不愿让人看见他的悲伤。

丁文传的妻子比他大6岁，无论是干革命还是做其他重大决定，妻子一直都默默地支持他，不曾有过一丝抱怨。有时候丁文传钻牛角尖，妻子也能巧妙地化解矛盾，这个家庭能够如此和睦，离不开妻子的隐忍与操劳。“还没享福就走了，唉！”谈起自己的妻子，丁文传一脸惋惜哀痛的表情。正当我们为提起老人的伤心事而感到自责的时候，丁文传却面带笑容地叮嘱我们：“你们可得好好地珍惜眼前人啊！”

## 十四、安享晚年

妻子去世以后，孩子们担心丁文传一个人照顾不好自己，便想接丁文传来一起住。丁文传起初一直拒绝，但架不住孩子们的好意，便搬进了大儿子的家里，一直住到现在。早年间，丁文传腿脚还算灵便，他时不时地跑到地里去帮孩子们种种地，看看庄稼。“现在干不动啦！人不服老，不行咯。”丁文传笑着说。

丁文传最喜欢干的事便是到村东头的大树底下乘凉，和村里的年轻人分享自己年轻时的经历，怎样参加抗日战争，又是怎样打日本鬼子的。在谈及老爷爷的长寿秘籍时，老爷爷不好意思地直摇头："哪有什么长寿秘籍啊。"这时候，老爷爷的大儿子笑了笑："我父亲一生不抽烟不喝酒，也不挑食，虽然性子急了些，但是从来都是有事说事，不憋在自己的心里，有问题就解决。"

虽然儿孙有成并且十分孝顺，但至今丁文传都过着简朴的生活，仍然居住在简陋的房舍里。每当儿孙让他搬到宽敞崭新的房子里，他总是摇摇头拒绝，一点商量的余地都没有。"到了这把年纪不愁吃不愁穿，能够亲眼见证国家越来越强大，我已经十分满足了。"

百年春秋，沧海桑田，老人亲身经历的生活变迁在平淡中堆砌成一个个精彩绝伦的小故事，带我们一起回忆并感动着。从青年时代的意气风发，无法力挽狂澜的世事沧桑与无奈，到现在的宠辱不惊，看庭前花开花落，去留无意，看天空云卷云舒，人生总是在希望和失望中扬帆启航，漂向远方。纵观老人的一生，酸甜苦辣，悲欢离合，终将被岁月洗尽铅华，俯仰之间，扬手是春，落手是秋，一扬一落之间，已过百年。

## 采访手记

2019 年 7 月 17 日上午，烈日当头，天气像蒸笼一样，又闷又热。我和小伙伴怀着紧张又兴奋的心情出发前往要采访的老人家。老人家门外种着很多花儿，篱笆上的黄瓜藤上结了一个又一个的"绿宝石"，空气中弥漫着一股田园气息，使我们在炎热的夏天里找到了一丝清凉处，忐忑的心情找到了栖息之所。

初见老爷爷，我们的内心比较诧异，老爷爷虽已百岁，但是与同龄人比起来显得较为年轻，除却头顶的头发以及胡子变得花白，两边的头发以及眉毛都还是浓郁的黑色。我们给老爷爷戴上红丝巾，和老爷爷拍了照片，便进屋开始了正式的采访。

丁文传一家人和志愿者合影（高健　摄）

老爷爷是个非常平凡的农村人，大字不识，但是有一颗强烈的报国之心。无论是在抗日战争、解放战争，还是抗美援朝时期，老爷爷都以自己的方式贡献着自己的力量，不曾迟疑，也不曾胆怯。在那个社会动荡、民不聊生的战争年代，老爷爷不畏生死、大义凛然，舍小家为大家。老爷爷总结自己的一生，义正词严地说出了“正直做人，敬业干事”八个字，眼神充满坚定与期待。看着老爷爷坚定的眼神，想象着老爷爷当年所处的环境，我的眼睛有些湿润，这是何等的勇气和气魄！

老爷爷虽然是历史长河中的一个小人物，但是他所经历的事情，注定让他在自己的生命长河里熠熠发光。似水流年，岁月静好，愿吾辈能继续发扬华夏儿女的民族精神，正直做人，敬业干事，为新时代祖国的繁荣发展贡献自己的力量。

# 为党为民，公正合宜

## ——尚义勋老人传记

胡文媛 北京师范大学 环境学院 2018 级

### 人物生平

尚义勋，男，1920 年 2 月 12 日出生，汉族，离退休老人。祖籍山东，现居山东省青岛市平度市。幼时家境贫苦，但懂事爱钻研，曾亲历抗日时期解放平度战役，1949 年加入中国共产党，1947 年起连续 30 多年在政府部门任职，认真负责，一心为民，多获称赞。离休后，工于书画，怡情养性。如今心态开朗平和，安享天伦。

尚义勋青年照（受访人提供）

### 一、少年家贫，幸遇母慈先生贤

1920 年小年夜，胶东半岛的一个小村庄里洋溢着春节将至的喜庆氛围，1919 年的五四运动似乎未给村民们带来多大的思想冲击，1921 年中国共产党的成立尚未到来，平平常常的日子缓缓流淌着。人们规规矩矩地祭灶，欢欢喜喜地期待着新年的到来。可是这一天对于尚锡林和李书英一家来说却并非一般平常，伴随着一声嘹亮的啼哭，夫妻二人迎来了家中的又一个小生命，只怕灶王爷也因新生命的降临而开心得忘记了向上天汇报这一家一年里的过失了。

义，公正合宜之意。父亲为他取此字，似是为他的一生早早定下一条为人处世的准则。处事公正，待人合宜，正是尚义勋一生所奉。

尚义勋6岁时，父亲尚锡林因患急病不幸去世，只剩下母亲和6岁、9岁的两个孩子，本就贫寒的家境至此更是雪上加霜。

废止缠足的法令虽然早在1912年就已经下达，可是千年的陋习想要破除绝非一朝一夕之功，下达，落实，皆是困难重重，思想的转变只怕最为困难。如果说封建社会是棵歪脖树，那么，缠足就是这棵歪脖树上长出的苦果子。咽下这枚苦果，女人的命运之路便走得颠簸不平，磕磕碰碰。母亲李书英便是缠足的遗毒的受害者之一，可是，这位小脚母亲为了能更好地照顾两个孩子，拒绝改嫁，硬是以一人之力将两个孩子抚养长大。白天，李书英挪着一双小脚颤巍巍地去地里干农活，同男人们一样汗滴禾下土；晚上，便在昏暗的灯下用麻搓成的绳子纳鞋底，一针一针纳进了夜间的月光柔和，纳进了母亲的爱意滴滴点点。

父亲去世以后，外公和舅舅见家中生活维持得艰难，便教尚义勋制作豆腐，以此补贴家用。从前农村制作豆腐程序复杂耗时长，黄豆需要提前泡软，先用石磨磨成豆浆。尚义勋与母亲配合，一人用勺将黄豆添到石磨里，一人把石磨杆一前一后地拉来推去，单是磨豆成浆这一项便要进行几个时辰。下面还要滤去黄豆渣，煮豆浆，撩豆腐皮，点盐卤，最后加压成豆腐。一道道工序，都是母子二人的时间力气加上耐心细心慢慢成就的，手工精制而成的不只是一块块方正白嫩的豆腐，更是蕴于其中的寻常人家对幸福生活的向往与追求。一家人都期盼着这豆腐果真能如人们所说的那样为家里带来福气。

都说穷人家孩子早当家，母亲行走不便，外出卖豆腐的任务便由尚义勋承担。十来岁的孩子个子本就不高，更何况是在那个吃饱饭都是一个奢侈的愿望的年代。大人用的扁担年幼的尚义勋根本不能撑起，于是他便省去绳子，直接将篮子挂在扁担的两端，这样两个篮子才勉强离开地面。可是，这种挑担子的方式也有弊端，就是不稳定，可是对于当时的尚义勋来说，没有更好的办法了。于是每天村里便多了这样一个小小的人儿小心翼翼地担着两筐凝聚着母子俩心血的豆腐四处叫卖。一次经过河湾时，因为肩膀酸痛，尚义勋费力将扁担换到另一个肩膀，却导致两个篮子在光滑的扁担上失去了平衡，两筐豆腐似是受够了半天的颠簸，毫不顾忌主人的感受，一齐滑落，掉进了水里。尚义勋又惊又怕，冲去水边抢救。他不敢想也不愿想，但是，就在一瞬间，一晚上的辛苦，今天的收入，明天的成本，都随着被水冲走的豆腐一同破碎。小小的他虽然明白“男儿有泪不轻弹”，却还是忍不住蹲在水边哭了出来。

小时候在村里私塾念书，每天中午放学后要回家吃饭。先生还在收拾学生们上午的作业时，尚义勋便一个人回了教室，问起来，只说吃过饭就回来了。可是都是住在一个村里的人，又如何藏得住秘密。先生遇见他母亲随口问起中午吃的什么，才知道家里根本没有饭吃，尚义勋甚至没有回家。先生又生气又心疼，回家抓了个饼子便急急地赶回学校，要他拿着，他却还嘴硬说已经吃饱了。先生只得喝道：吃饱了也得吃！他见先生生了气，这才收下。先生家里也并不殷实，不过是家里有钱的学生交学费，没钱的送些东西，这样过着罢了。这份以严肃为伪装的善意尚义勋记了一生，也传递了一生。

他喜欢写字，除去先生的指导，也会自己研究字体，临摹练习，后来竟写得比先生还要好上一些。逢上村里有喜庆事或是年节时候，先生便会叫他替自己写些字。

## 二、抗日艰苦，斗智斗勇保家园

1937年7月7日，日军发动全面侵华战争，1938年进犯平度，在平度建据点，修炮楼，奴役百姓，抢夺财物，平度人民陷入深重的灾难之中。

在蟠桃镇公沙村舅舅家里，尚义勋第一次与日本人相遇。日军进村时，舅妈和尚义勋来不及逃出去，舅妈让身材还小的他藏进麦秸垛里，自己装成聋子。“有没有八路？”日军四处搜寻，一边恶狠狠地盘问。舅妈装作听不见日军的话，只对着自己家的驴子“啊！啊！”地大叫。日军见问不出东西，又用刺刀朝驴子身后的麦秸垛里刺了几刀，骂了几句便离开了。日军走后，舅妈慌忙扒开麦秸去找尚义勋，万幸的是，他虽已经吓到一句话也说不出，日军的刺刀却并未刺中他。

又一次与日本人过招是在自己村里。日军从平度县城来，到每个村里收饼收粮。日头很毒，日军不愿自己出力气，便要村里出一个替他们负责的人，村里无人敢出面。这时尚义勋站了出来，拎起袋子和铜锣，挨家挨户吆喝着收烙饼，学着日军的样子把锣敲得震天响。走到后街一片玉米地，日军已经看不到自己的地方，尚义勋把手里东西全部一扔，迅速钻进玉米地跑掉了。

不只勇斗日军，尚义勋还曾险些因为伪军的告密丧命。有一天邻村官家上观有人结婚，请来了乔家的吹手，这边正热热闹闹，忽然听到尚德勋、尚成勋说后街有人被抓了，叫赶紧去救人。这时，尚义勋及其余几人正被绑着走到两村中间的土地庙前。吹手们都急忙扔了唢呐赶过去，为首的人抽出藏在身上的手榴弹，大喊："抓活的！"喊话间扔出手榴弹来制造声势，绑人的伪军都吓破了胆，吹手们立即冲上去抓人，尚义勋和其他被抓的人趁势逃了出来。只是那颗手榴弹爆炸的声音太大，尚义勋没有任何准备更是没有任何防护，被震坏了耳朵，此后听力一直未完全恢复。原来，请来的吹手的另一层身份是地区情报站的地下党，而伪军本来要抓的是情报员尚修尧，却错抓成了尚修永和他的儿子尚智勋，尚义勋也在情报站工作，只是为了不让家人担心，出去工作从来不敢让家里人知道，但是伪军领头的官新明是这一片地区的土匪头子，对这些事了如指掌。这种抓捕让尚义勋无言以对，官新明的叛国行径让他愤怒不已，而被捕后不知悔改最终被枪毙在 20 岁的花季又让他无比痛心。

1945 年日本宣布投降后，胶东军区部队在整个胶东半岛向敌伪展开了猛烈的反攻。自 1938 年起，平度就成为日军在胶东的重要屯兵场和蚕食、"扫荡"大泽山抗日根据地的重要据点。经过多年经营，平度城的工事已经相当坚固。在经过深思熟虑之后，许世友将军确定了分两步走的初步攻城作战方针：第一步先占城关消灭伪军张松山部；第二步再集中兵力攻城。攻城部队组成东西两个梯队，西梯队为主攻。1945 年 9 月 7 日晚上 8 时半，攻城开始。尚义勋作为尚家上观民兵连长，在这场战争中主要参与的是西梯队的作战，即是主攻部队的作战。攻城令下，身处梯队的尚义勋带领扛梯子的民兵最先冲上前去，为后续的作战部队搭好攻城的道路。守关伪军不堪一击，大部被歼，一部分逃往城内。西、东、南三关被我军占领。翌日，战斗继续，向敌人纵深处猛插，并最终取得胜利。“一晚上就打下来了！”这是普通百姓口中的解放平度，语气中全是钦佩。[1]

## 三、革命工作，赤脚书记为人民

尚义勋 1947 年 4 月参加革命工作，1949 年 3 月加入共产党。

1958 年，尚义勋在山东省干部文化学校学习时，住在益都（现青州）。暂住的村里不知什么原因起火，村子很大，人很多，可是面对大火，村里人全都无动于衷，只要自己和自己的财产能够保全，根本不在乎其他人死活。尚义勋赶到时，一位老大娘住的屋里已经满是熏烟，围观的人不少可是没有人想要采取行动。尚义勋抓住身边人询问：“住在里面的老大娘出来了没有？”“没有。”听完，尚义勋二话不说，脱了衣服蒙住脸便冲进屋子，把老大娘抱了出来。高温、缺氧、烟尘，随便一项都是可以要人性命的，可是那一瞬间，他根本没有去想这些，只想着要救人！而这个人，还是一位与自己无亲无故的老人。他不管，行公正合宜之事，是他的理所当然。

1963 年，省干校毕业以后尚义勋来到昌里公社做党委副书记，一干就是 17 年，公社社员们都亲切地称呼他为“赤脚书记”。

当时没有汽车，公社的干部下乡视察大都骑自行车。如果没有急事，他常常不骑自行车，而是提着粪箕下乡，一路走一路拾取牲畜或人的粪便。“庄稼一枝花，全靠肥当家”，可是在那时，要想买到化肥，一没门路二没钱，因此少有农民用得上。没有化肥，农家肥得跟得上，要不庄稼就没有好收成。尚义勋拾了粪总是随手倒进路边的田里，默默呵护这些田野里的精灵、社员们的生活希望。

到了秋天种麦子的时候，尚义勋常在田间地头溜达，看社员们犁地，有时也会亲自下地帮助村民们把地垄理直。

不只精通田地里的活计，尚义勋也做得一手好木匠活。因为自幼喜欢钻研，跟村里的木匠学手艺，一边学一边自己研究，不久便能自己独立做箱子、衣柜、桌子等日用品。

[1] 许世友 . 许世友回忆录 [M]. 北京：解放军出版社，1986:422−430.

少年时对书法的热爱也成了他服务群众的方式，随着年岁增长，越来越多的人注意到尚义勋书法的精进，年节时便向他讨春联、要福字。看到大家对自己写的字的认可，尚义勋只有用心写下对他们的祝福来答谢，年年如此，不收任何报酬。

那会儿领导干部过春节都不准回家。一年年三十晚上县长胡本安打电话来昌里公社查岗，尚义勋一接起电话，县长便听出了他的声音，当场电话里表扬："好伙计！我还以为你走了！"他回答道："不叫我走我能走吗？"说完两人在电话里一同大笑起来。

一次正月里有天刚起床就有人来报告说，在昌里四中大门前死了个人。尚义勋胆子并不算大，听到这个消息吓了一跳，但还是要赶去看看。到了现场，便看一个人躺在学校门前的一个小沟里。尚义勋胆战心惊地下去仔细查看了一番，尽力控制住自己颤抖的手伸去那人鼻子下面试了试，发现还有呼吸，于是立刻叫人送去了镇上店子医院抢救。在公社时期，人们铭记于心的是集体主义，集体的一员需要救治自然是先救人要紧，什么家属责任人，什么医疗费，都可以之后再谈。后来因为抢救及时，那人醒了过来，原来是过年出去串门一时高兴喝醉了，回家路上不慎摔进了沟里，那晚下了小雪，在这冰天雪地里躺了一晚冻僵了。回家之后那人给医院送来食盒表示感谢。医生却说："要不是公社里派人来了消息，我们也救不了你啊，救你的这人是公社副书记尚义勋啊！"于是两个食盒一个留在了医院，一个被抬到了公社党委，无论如何一定要尚义勋收下。

## 四、举案齐眉，贤妻在内夫心宽

1943年，尚义勋与妻子赵桂敏经人介绍认识，没经历过什么轰轰烈烈感天动地的爱情故事，认识了，结婚了，平平淡淡过日子就是了。

由于家境贫寒，尚义勋常年在外工作，家里又有老人和孩子需要照顾，全部生活重担就压在赵桂敏肩上。尽管每天早出晚归，操持一家人的生活，仍入不敷出。

自然灾害最严重的时期，有次家里实在揭不开锅了，她带着仅有的十几元钱，步行20多里路来到了蟠桃镇乔家村想买点红薯干。可是由于劳累和饥饿，竟晕倒在地。一位老大娘见此情景，回家取了两个红薯送给她。看着这救命的红薯，她多么想以此缓解自己的饥劳啊，可想到家里的老人和孩子，她硬是没舍得吃，怀揣两个红薯回到了家。

多年来，若是没有妻子在家悉心照料，只怕尚义勋也会应付不暇，做不到如此尽职尽责地一心服务人民。

尽管家务繁重，赵桂敏的思想仍然很上进，对知识的渴求激励着她要克服一切困难学习文化。大女儿不到一岁时，南邻办起了扫盲班。但是家里的老人孩子离不开人照顾。聪明的她，每到上课时候，便会搬来梯子，搭在扫盲学习班的后窗上听人讲课。一只耳朵听着课，另一只耳朵还要听着孩子哭、老人叫。等到家里其他人都睡了，她还要抱着借来的课本和笔记继续学习。就这样，她的文化程度不断提高，从一开始怎么识字，到后来学会自己查字典，甚至可以独立写信了。但是一心追求进步的赵桂敏并未就此满足，她曾偷偷报名，想要去县里的报社工作，去和文字打交道，认识更多的字，学到更多的道理。但是家里上有老下有小，必须要有人来照顾，丈夫离家，为党尽心做事，为人民奉献自己，做妻子的必须要尽力配合。操持好家务，料理好人事，尽孝于老人，尽慈于孩子。她明白道理，在自己和家庭之间，她选择了成全家庭。自己给自己做思想工作有多难，只有她自己知道。我们知道的，是她最终放弃了自己“走出去”的想法，安安静静地走过了一生。

## 五、离退休后，书画怡情心坦荡

1980年退休后，尚义勋也不曾闲下来。从工作中抽出身来的他又重新拾起了自己的书画事业。

早年间，尚义勋刚到昌里公社就任党委副书记的时候，见到公社的照壁大而平整，却只是被粉刷成了白色空着，不禁觉得有些浪费。于是便叫人中午午饭时买回了明亮的红漆和刷子，写上了大字：团结、紧张、严肃、活泼。当时崔云亭在平度师范做老师，吃过饭闲步到公社，看到原本空白的照壁上新添的八个大字，心中不禁又惊又喜。惊的是空了这么久的白照壁，居然有人不经商议，说写就写，这人还真是大胆；喜的是这笔力，这字体，蕴名家之影而又不是一味模仿，自成一派。于是便询问公社干部这字出自什么人之手，众人回答说是新来的尚副书记。还有人打趣问道：“崔老师要去拜访拜访吗？”崔云亭也不推辞，接道：“当然要去！”由此开始了两人的友谊。

崔云亭对书法可谓“专攻”。自幼练字，寒暑不辍，持之以恒。工资收入多用于购置法帖，住处法帖盈箱；曾给大商号书写偌大的“茶”字、“布”字等门头字，赢得好评；为平度城北诸多人家书写碑文，颇受称道。最为关键的是，他为人老实，不做坏事，待人热心真诚。人缘好，字易求，共事的老师们求取字画，崔云亭来者不拒，有求必应。三年困难时期，没有好纸，更没有宣纸，求字者送来的都是平度造纸厂出的粗糙纸张：有一种纸呈浅灰色，是用旧报纸加工成的，纸面上残留着原来的文字；另一种纸呈浅黄色，是用麦秸加工成的，纸面上留存着一寸多长的麦草。他也不嫌弃，照写不误，不惮劳碌，兴致盎然。一次在书法比赛中得了第二名，崔云亭还对尚义勋说：“尚书记您要是不嫌弃，我给您写一幅。”于是，一幅《沁园春·雪》至今仍然悬挂在尚义勋家中，它不仅是两人友谊的见证，也是两人对彼此书法水平的肯定。

每年小年这一天，尚义勋都会亲自执笔书写“福”“寿”二字，贴在家里大门上，再写一对春联，年年如此。有一年小年的前几天，由于身体原因，尚义勋住进了医院，这年的小年便是在医院度过的，可是这个习惯他仍要坚持下去。家人只得临时用面板为他搭了一张“桌子”，毛笔是前一天晚上才泡的，写起来还有些硬，但是当他挥毫，似乎周围的一切都不重要了，他又是那个健康强壮、精神抖擞的尚义勋，一切如旧。

有道是“书画同源”。尚义勋除喜欢研究书法以外，也喜欢研究绘画，同样开始于青年时期，经过半生沉淀，他的工笔画也形成了自己的绘画方式和绘画特点。与书法不同的是，书法始于先生指点，结合喜爱与研究而成，而绘画则缺少了指点之人，他完全是自己成就自己。爱一门，钻一门，精一门。

谈及长寿之道，“书画延年”是一部分，另外很大的一部分大致应归功于心态。健康长寿并不是找来的，不做坏事做好事，健康长寿自然就来了。人做好事心里坦荡，睡觉睡得都安稳，做坏事心里就会有心事，觉得对不起自己对不起别人，心里不痛快了，身上又怎么会痛快呢。

做好事，尚义勋不仅身体力行，更是把它作为家训一代一代传下去。他曾想让女儿放弃计量局的工作去化肥厂上班，因为“年轻人应该上一线锻炼锻炼”；教导她们要“脏活累活抢着干”；与人相处要“不争抢利益，不计较得失，不与人争辩”；结婚后务必敬爱公婆，绝对不能与他们争吵；人的一生做一两件好事并不难，难的是一辈子做好事……

心胸坦荡之人才最真诚，像孩子一般真诚。离休之后，过年时，尚义勋还会像孩子们小时候那样，也是像自己小时候那样，领着孩子们放炮仗。最为规规矩矩的方法应该是把炮仗稳稳地搁在地上，用一根点燃了的香点着长长的引线，然后快速跑开，跑得远远的。可是这样只能听见一声响的玩法，尚义勋和孩子们早就玩腻了，有了需求，各种各样新奇的玩法就诞生了。最初的尝试是一只手拿一段香，另一只手拿炮仗，点着，看着引线上冒起金色的烟花一般的火花，迅速扔出去，听着引线快速燃烧发出的“刺刺”声忽然飞远去，在目标“攻击”的方位爆炸，仿佛自己也成了一位用手榴弹战场杀敌的英雄。后来，扔炮仗不足以满足他的玩心，于是又有了新的尝试。炮仗放在地上引燃，再寻来废弃了的铁碗，将点燃了的炮仗迅速用铁碗扣住，爆炸产生的强烈气流便会把碗炸飞；后来孩子们觉得铁碗的重量过于小了，还想试试炮仗的威力到底可以达到多大，于是便把碗换成了蒜臼子，没想到仍然成功地把蒜臼子炸了起来。

90 多岁时他突然想再要要当年做民兵时候用的红缨枪，外甥女辗转为他买来，他便当真在院子里舞起枪来，仿佛又回到了当年作为连长带着兄弟们一起训练的日子，一套枪舞下来，那时少年的意气风发恍然重现眼前。

如今已是四世同堂的尚义勋在当今安泰和平的中国安享天伦，一生的沧桑岁月都已过去，回首往事，虽未几番冲锋陷阵，沙场拼搏，似乎不够跌宕不平，波澜壮阔，然而，既为经历百岁人生之人，即可展现百年中国之态。随着新时代新画卷的展开，旧的画卷正缓缓合上，可是中华民族五千年悠悠历史尽数在这陈旧的长卷上书写，它是由一个个平凡如你我的生命组成，是由一个个尚义勋所经历的百年组成，我们不能淡忘期间的任何一个百年，我们应该铭记每一位百岁老人简单却也有着不可复制的辉煌的一生。

回首百年历史，致敬百年中国。

## 采访手记

第一次打电话的时候，阿姨说：“老人最近身体状态不太好，可能会让你们失望啊。”笔者心里一凉。回想起老师说过的采访记录百岁老人的生命历程是多么刻不容缓，而笔者却不以为然，觉得自己的假期才刚刚开始，时间还早。但是一瞬间我意识到，对于他们而言，一天都耽误不起。

第一次去尚爷爷家，情绪低落，但是爷爷的状态并没有笔者想象的那么不好，笔者进门的时候爷爷甚至已经穿戴整齐坐在桌旁等笔者了。陪着爷爷跟笔者聊天的是爷爷的四女儿，阿姨表示很乐意支持笔者的工作，只是担心爷爷“说不了多少东西”。阿姨是好意，可是笔者心里却忐忑又紧张，仿佛阿姨是在下“逐客令”，心里渐渐生起了畏难的情绪。笔者尝试启发阿姨是否听过爷爷的什么故事，阿姨像是被笔者点醒，说：有故事啊！这才打开了话匣子。

尽管爷爷这一次并未亲口讲些什么，但是爷爷的故事和经历吸引了笔者，爷爷的生活态度也让笔者钦佩而向往，于是便打消了顾虑，决定好好地了解爷爷的故事并记录下来分享下去。

第二次去的时候，爷爷正在看电视，精神状态比上次好了不少。在阿姨的帮助下，爷爷讲了很多年轻时候印象深刻的事。笔者提出要爷爷对青年人说一段话，爷爷以自己的故事为例，说：“青年人一定要多做好事，不要做坏事。”这个话题过去很久之后，爷爷还是会反复重复这句话，每一次都是语重心长。话虽简单朴实，却是一辈子都应当恪守的道理。

尚义勋老人与志愿者合影（逄晓斌　摄）

# 愿守一抔土　不忘当年勇
## ——宋金合老人传记

宗小雯 北京师范大学 地理科学学部 2017级

### 人物生平

宋金合，男，1921年2月8日出生于山东省青岛市胶南县隐珠镇店头村。1946年加入中国共产党，1947年参加解放战争中的胶东保卫战，曾七天七夜抬送伤员没有休息。新中国成立后，又担任村里的生产小队队长和民兵排长，负责安排管理生产情况和维持村中的秩序。现在和家人一起生活在村庄拆迁后盖的楼房里。

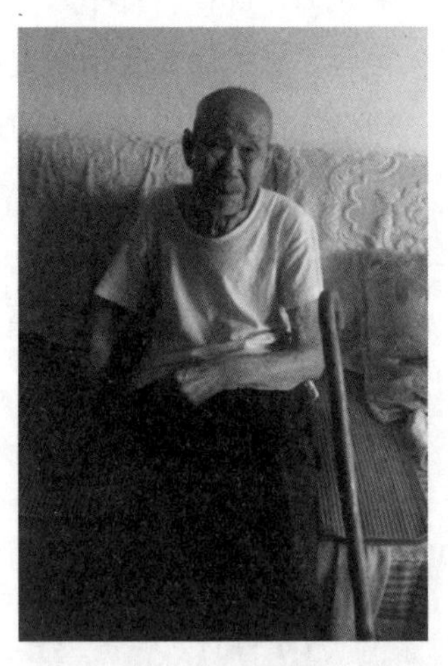

宋金合老人照（卢梅　摄）

宋金合，一个和土地有着一生缘分的人，如果不是时代的船刚好划到他身边，或许他这一生都会在家乡的土地上辛劳耕耘，和家人过着一日三餐的生活，几十年如一日地等待着日出与日落，渐渐老去。

## 一、田间地头少年郎

宋金合于 1921 年 2 月 8 日出生在山东省青岛市胶南县隐珠镇名叫店头的村庄。村庄不大，有一百来户人家，东面与北面靠小珠山，向南 3 里路就是黄海，西距胶南县城约 7 里。他出生那天正是正月初一，农历新年的开始，仿佛预示着宋金合的一生，也如同一年中的 365 天一样，有着灿烂辉煌的高光时刻，但剩下的大多数，是不温不火、细水长流却用心经营的平淡日子。

当时的中国，土地还掌握在地主手中，继承了贫农身份的他，一出生就注定要过着辛劳和清贫的生活。家中共 5 口人，有一个姐姐和一个妹妹，因父亲患有气管炎不能干重活，田里大部分的农活只能由母亲来承担。家里没钱供孩子们去私塾读书认字，为了不饿肚子，他六七岁时便开始给地主放牛、放羊，年龄稍大一点就开始种庄稼收庄稼。等十五六岁长成身强力壮的小伙子了，便去离家十几里之外的灵山卫做小时工挣钱。挣到的钱除了给父亲抓药看病外，就补贴点家用。他年纪虽小，却已经体会过为生活打拼的滋味了。

而他的父母，虽然没有受过正式教育，身上淳朴、从容、温和、乐观的品质却影响了宋金合，即使在他成为一位鬓发斑白的老人之后，这些特质也依然没有消减，来拜访的陌生人只要听上他讲一段话再陪他静静地坐一会儿，便会同意这样的说法。

伴随着乡间飞扬的尘土和锄头砸地的声音，宋金合一天天地长大了。从童年到青年，从年少当家到娶妻生子，成为真正的一家之主。与此同时，中国也正走到了关键的历史节点上。

## 二、战火硝烟报国志

1946 年的某一天，宋金合在家里，接待了来自杨家山里的一位客人。那时的他或许不会知道，这位看似仅是拜访亲友的人，却让他的一生从此走向了另一条道路。杨家山，是抗日战争时期击退日军、组织抗日斗争的革命老区，同时也是共产党地下党组织的基地之一。那人前来，便是借着走亲访友之名，在各村发展地下党员。朴素的房间里，对坐的两个人谈天说地，聊古论今，从近代农民所受的压迫苦难聊到当今的国家格局与政治形势。宋金合正是少年意气之时，又亲眼见证了这些年中国所遭受的蹂躏和身边人的苦难，心底自然藏着一份热血情怀。而身为农民的他，当听到“共产党反对剥削和压迫，让人民当家做主”时，不禁豁然开朗，仿佛心头那若隐若现的火星一下子被点燃了。宋金合越听越为之振奋，那光明的前景，那拥有自己土地的愿望，那和平安定、不必受地主剥削和战乱侵扰的美好生活，一切仿佛都近在眼前。

那天的谈话后不久，宋金合就以那位客人作为入党介绍人，秘密地成为一名中国共产党党员。此后，共产主义成为这个年轻人心中耀眼的光亮，而为了继续将这星星之火发展成燎原之势，他也介绍了另外几名积极上进的同志入党，为心中的这份信仰带来更多的守护者。而这些都是他瞒着家人和其他人自己悄悄进行的。为了防止别人告密，表面上他和平时一样，干活种地不辞辛劳，而私下里则和党组织秘密联络。如此地谨言慎行，竟连妻子和儿子都瞒过了，直到新中国成立之后，他再度提起往事，家人才得知他共产党员的身份。

1947 年，解放战争进行得异常激烈，宋金合所处的胶东地区也是华东战场上的交战地之一。宋金合所在的胶南县贯彻中央“五四”指示，积极进行土地改革，并掀起“保家保田，参军支前”运动，男性青壮年悉数从征、支前。闻此，宋金合心底那少年报国的志向又被点燃，他积极响应号召，与家中怀孕待产的妻子告别后，便即刻奔赴了前线。他和同样来自胶南的党员以及其他热血青年们一道，跟随华东野战军第七纵队作战，担任抬送伤员的任务。

他们向东出发，到达莱阳城附近，在那里进行了此次征程的第一战。当真正的战斗来临时，再怎么充分的思想准备都会显得微不足道。虽然不是亲自持刀扛枪打敌人，但抬着担架在枪林弹雨中穿梭，耳边不时传来炮弹划破空气的呼啸声，空气中刺鼻浓郁的火药味，还有时不时被炸飞起来的泥土块和尸体，这一切都让他这个战场上的新人感到陌生又恐慌。冲锋向前的战友们被突如其来的机关枪扫射击中在地，鲜血直流。生平第一次目睹的惨烈，成为之后多少次午夜梦回的主题。直到现在，70 多年过去了，战场上的那些场景仍历历在目，他每次回忆起来都不禁老泪纵横。但不管几次差点倒下也好，几场惊心动魄也罢，看着周围的人前赴后继，不曾有一个临阵脱逃，也不曾有一个因为害怕牺牲就畏缩不前，宋金合也渐渐地克服了害怕和恐惧，内心变得越来越坚强。他慢慢习惯并熟练掌握了自己的工作，和老乡抬着担架一次次在战场上飞快地穿梭。他知道时间就是生命，跑得越快，受伤的战士就能得到越及时的救治。

经历过一次次作战后，大家发现在奉命支援前线的几个县中，只有包括宋金合在内的胶南县人在战争中无一死伤。而在被赞扬或是被问到秘诀时，他也只是谦虚温和地笑笑："哪有什么秘诀，不过也就是按照指令，领导让干啥我们就干啥罢了。"也许事实确实如此，宋金合本人也不知道究竟是因为巧合还是真的有什么秘诀，但在50多年后，老人再次提起那段往事时，言语中还是掩饰不住自豪之情。

有了第一战的经验，宋金合一行人继续跟随七纵队东去。在经历了越来越多的战斗之后，除了能够更熟练地运送伤员和躲避弹片，他也向解放军们学习了一些作战的知识。之前的一次战斗中，因为没有看管好水路，导致有些敌人偷偷坐船逃跑。所以这次在作战之前，七纵队队长便先命人暗中看守好海岸线附近的船只。而结果也自然不出他们所料，当仓皇逃到海边的国民党士兵自以为可以就此逃之夭夭时，却没想到正中解放军的下怀，简简单单几声枪响，连炮弹也没用上，就轻松让他们败下阵来。站在远处的宋金合只听到一阵短暂的枪声，完全不及平日时的激烈，却也是结束了，却也是胜了。这样的场面让他不由得对解放军心生敬佩之情，他明白了巧妙地运用智慧在战斗中同样是一柄克敌利剑。

此后，他们又继续解放了几处村镇。而其中令宋金合印象最深刻的便是诸城一役，每每提起便不由得哽咽。那几天是他生命中最灰暗的几天。敌方控制的东边炮台不断补充着炸药，炮弹几乎无间断地发射出来，满目所及硝烟弥漫，爆炸声带走了一条条年轻鲜活的生命，壕沟里七倒八歪地躺着许多人，很多运送伤员的人也被炸伤。宋金合看着和他同行的几个人，抬着担架一趟趟往返，能归来的却越来越少，到最后只剩他一人。想到不久之前还和他们一起因为没有死伤而被表扬的场景，那时还天真地以为这是上天的庇佑，却刹那间阴阳两隔。一张张熟悉的面孔，从家乡到战场，却无法再一同回到家乡了。心里悲痛哀悼着，眼泪落下来了却来不及抹去，又要赶着运送新一批伤员。那一刻，宋金合心底渴望和平的愿望也愈发强烈起来：要和平，只有和平！

经历了诸城的生死离别，宋金合跟随七纵队继续前行。他心里越来越清楚地知道，现在所经历的战争、所牺牲的战友们，都是为了换取之后的和平。在行军经过的一个村中，他们发现了之前逃脱的一个人的踪迹，队长便下令对其实施追捕。经过一番努力后，虽最终将其困住，但还是无法抓到本人。大家商议之后决定放弃，一方面的考虑是他已被困住无法逃脱，而更重要的是因为追捕已经破坏了很多房屋和田地，实在有愧于心，不可再让老百姓承担这些了。这一切宋金合都看在眼里，记在心里。追捕了一路的人就在眼皮底下，但他们并不只是想要一时的解恨，而是选择顾全大局，以老百姓为重。眼前的这支军队，让他觉得没有跟错人，自己当年入党时在红旗下握紧拳头所说的誓言，正在被他们践行着。

而这时，上级也正好传来要他们回去复员的命令，一队人便即刻返程来到掖县。在那里，领导开会决定让支前的同志们就地解散回家。宋金合领命后便收拾了东西出发，心里想着正好趁过年之前赶回家去和家人团聚，便不禁加快了脚步。回到家里，他发现妻子早已为他生下了第二个儿子，虽然在外面算着日子也料到了孩子的降临，但半年枪林弹雨摸爬滚打重回到家的安适和见到新生命的喜悦，仍然让他不由得心头一暖。

这一程，从夏至冬，从酷暑当头到大雪纷飞。也曾连续七天七夜不敢休息，强打着精神在路上运送伤员；也曾亲身经历过生离死别：素不相识的、一面之缘的、知根知底的；也曾厌恶过战争而最后理解这是走向和平的必经一步；也曾去了那么多地方，留下了那么多一辈子都无法忘却的记忆，那么多次坚定了自己的信念。他始终在心里期待着：一个洗刷了杀戮与战争的、崭新的中国。

## 三、愿系余生尘与土

终于，又经历了两年的风霜雨雪，新中国建立了。宋金合心向往之的时代，也终于到来了。天安门城楼上那令亿万人热血沸腾的时刻，轰轰烈烈的土地改革，让自由和土地两者都不再是奢望。

1953 年，村里开始进行农业改造，建立了农业生产合作社，将土地和生产资料统一经营，成果按劳分配。平日里表现积极的宋金合被任命为村中一支生产小队的队长，管理20多户人的生产和分配事宜。因为踏实肯干和吃苦耐劳，宋金合小队的收获成绩总是十分优异，也正是如此，村里也总把成绩最差的队分配给他。此外，有什么外出学习的机会，也总是少不了要叫上宋金合。

一次，宋金合带领的小队分到了别人挑剩的十几亩薄田，大家觉得种不出什么庄稼，但他仍是接过了这个任务。过了不久，他和村里的书记一起去红石崖大窑，学习了那里的先进技术和种植经验。回村后，宋金合就做了一件令其他人费解的事：他带领小队成员去村旁边的水湾中挖水底淤泥，深一脚浅一脚地，又把挖出的淤泥一车车地运回地里。有人提出质疑，他却让他们只管照做。后来大家才知道，宋金合挖来的淤泥，是要晒干碾碎后作为肥料翻到地里，这样一来，薄田也可种庄稼了。之后他便和队员们一起，在田里种上红薯。而这巧妙的搬用淤泥的法子，也是他结合外出学习到的方法和自己的领悟想出的。一天天过去了，红薯苗渐渐长高，长势十分旺盛。有一天，上级领导来村里视察种植情况，顺便考察书记和队长们外出学习的成果。当他们走到宋金合小队负责的地里时，看到满目的红薯苗都长势良好，便不由得赞许他能够学以致用，肯钻研吃苦。

到了秋天，也到了宋金合田里红薯收获的季节。那一季，大丰收。宋金合小队的产量在全村位居榜首。因为红薯量大，队员们在收获后将其切片制干时，直接动用了铡，而不是使用平日里用的刀。晒成的红薯干，在堆满了家里的仓库之后，又卖掉换了钱，按劳动多少分给了队员们。听闻这一消息，村里的其他人不由得对宋金合又羡又敬，他带领最差的队在最贫瘠的土地上，竟还有了如此好的收成。但只有宋金合自己知道，“逆袭”的秘诀，也不过只是那比别人多一点的勤奋和劳碌，还有认真思考对抗贫瘠的日日夜夜。

除此之外，宋金合还担任了村里的民兵排长，负责维持秩序。大家一起种田，一起吃饭，虽然总免不了发生一些小矛盾小摩擦，但宋金合也总能用他那沉稳平和的性格帮忙化解。而且那个年代里民风淳朴，村里人平日里相互照应，也有着一股凝聚力，不管谁家有什么需要，像是盖房垒墙之类的，只要说一声，其他人都会尽自己所能给予帮助。而每到这时，宋金合又会展现他的另一重身份——瓦匠。从小就为生活奔波和劳碌的他在年轻时就曾虚心向村里的老人学习泥瓦匠技术，掌握了一门生存的技能。

日子就这么一天天地过去，直到1979年左右，村里开始实行家庭联产承包责任制，宋金合这20多年的队长身份才卸下。之后，他又继续在自家负责的田地里辛勤耕种，继续着与土地相伴的生活。

已有了两个儿子的宋金合，只和女儿有过一段短暂的缘分。女儿降生后第二天，全家都沉浸在迎接新生命的喜悦中，但谁都没料到，就在家里人忙里忙外的时候，独自待在炕上的婴儿会遭遇意外。家里养的狗在跳上炕的时候，正巧一爪子抓伤了她的脸，或许是惊吓和感染的双重原因，宋金合的第一个也是唯一一个女儿就这样，在来到这个世上还不足两天的时候，便夭折了。而之后，他也再未生育其他子女。这一变故，一直梗在宋金合心中，不论是没有照顾好女儿的愧疚，还是从此再无女儿的遗憾，都伴随着他直到现在，提起来总不免带着伤感之意。

66岁的时候，和宋金合同岁的结发妻子过世。有人来为他介绍续弦之事，女方要求宋金合婚后也要搬到她的村庄同住。考虑到要离开自己生活了大半辈子的村庄还有左邻右舍，宋金合最终还是拒绝了，之后也未再娶，一直和两个儿子生活在一起。

2014年，当地政府因发展需要，要对部分原有的村庄进行拆除和重新规划建设。宋金合也离开居住了90多年的村庄，搬到了现在的九龙社区，平时的生活起居由两个儿子每月轮流照顾。

到2019年，宋金合已经整整98岁了，身体还很硬朗，虽佝偻着和地面成几近90度的背，却也有着老人斑也挡不住的红润脸色。作为新中国成立前的老党员，又参与了解放战争的他，现在也享受着应有的待遇，在每年建党节和春节的时候，都会有黄岛区里的领导前来慰问，平时村干部也经常上门走访。日子闲了，也干不动农活了，宋金合除了在家里和儿子一家人聊天说话、看看电视和逗逗曾孙女之外，就是去小区里溜达几圈，看看打扑克的下象棋的。因为这几年耳朵背，怕打扰其他人，原本爱听的戏曲也很少听了。他吃饭清淡，家里人做什么便吃什么，从不挑食。脾气也还是一如既往地温和，这么多年来，家人都很少见他发火。而这样的饮食习惯和良好心态也是他自己的养生秘诀。记忆力还不错，尽管不像前几年似的，连打仗时路过的具体村庄名都能记起，但仍是可以一个人滔滔不绝地说上一个多小时当年的事。宋金合如今过着“做梦也没想到”的舒坦日子，而剩下的，就是继续好好活着。

他生命的前 28 年，生活在近代中国最为艰难动荡的时期，在压迫动乱之中谋生存，又正好遇上那两年的热血澎湃，留下相伴一生的回忆；后面的 70 年，更是亲自见证了新中国从百废待兴至意气风发，不论何时都始终守在自己的村庄中，守在土地里，从生产队队长到最后即使无须靠种地谋生也停不了干农活。而他的父母、妻子、儿子，也都和他一样，将一生浓缩为几十次的春种秋收。他活于时代之中，在洪流中划了自己的那一桨；又仿佛游离于时代之外，居于村中不过问外界喧嚣，只管那地里的收成和村中的事务。

一生的时间何其长，所历之事也无法一一道尽，这里有的，只供不熟悉他的人，粗略了解罢了。

## 采访手记

写完了传记，笔者总觉得自己像是个小说家，创造了一个人物。所有的文字都是在采访之后，对爷爷已经有了一个大概的印象后才写的，可毕竟和他只一起待过短短的几个小时，这些印象未必准确全面。它们就如同文学作品中主人公的人物设定一样，决定了整篇传记的基调。在写到一些事件中爷爷没提及的小细节时，笔者也会根据这些印象来适当补充。不知道爷爷本人看到后会是什么样的想法，是不是会嫌写得不够全面、不够真实，那些省略的是否是他想要写出来被记录下来的，那些情感是否并不是他当年所想。也许笔者并不是替他写传记的最好人选，未和他经历过同样的年代，也没一起生活过，就连生活阅历也无法相提并论。笔者想着或许记录是做这件事最重要的原因了，记录下些什么，让后世子孙铭记，对他这一生有个大略的了解就好。

除了有第一次写传记的感悟，了解了爷爷这一生，也不免有些感慨。经历了那么多年的风霜，看上去再朴实无华的老人也都有段心底的往事。百年时间，说长不长，说短也不短，世界本就是瞬息万变的，在时代的背景中，只要努力地生活，每个人都会有着自己独一无二的故事。

宋金合老人与志愿者合影（卢梅　摄）

# 昆嵛山下不老松

## ——王淑贞老人传记

刘佳琳 北京师范大学 地理科学学部 2018级

### 人物生平

王淑贞，女，曾用名王国兰，现年104岁。1916年生于山东省威海市文登区界石镇闫家泊子村。17岁时嫁与革命烈士刘振海，育有一子一女。1936年丈夫去世后，成为昆嵛山游击队的交通员。1939年正式入党。1947年后先后担任闫家泊子村妇救会长、青救会长。

王淑贞老人生日照（受访人提供）

### 一、蕙兰初绽

1915年，王国兰出生在山东省文登区界石镇闫家泊子村的一户人家里，她的家里并不富裕。那些年，水灾、旱灾、虫灾接踵而至，地里的收成不好，一家人吃了上顿没下顿。除了天灾，还有韩复榘、刘珍年等封建军阀盘踞胶东，为了争夺地盘混战不断。更可恨的是，军阀和官府勾结，利用流氓和特务进行反动统治，横征暴敛，百姓本就艰难的日子雪上加霜。

虽然日子苦，但王国兰的爹娘没有那些重男轻女的想法，待家里唯一的闺女那是掏了心窝子一般好。王国兰还没绑脚的时候，就随着爹娘上山挖野菜，下地干活。搁到现在，六七岁的小女娃正在爸妈怀里撒娇，但王国兰早就知道爹娘的不容易，想着法子帮爹娘干点儿活，不让爹娘劳累。

20世纪20年代，共产党开始在昆嵛山一带活动，军阀便又加征了“讨赤”费[1]。日子越来越难过了，王国兰的父亲不得不出门接些活计，多挣点钱来维持家里的生计。只是，在那个年代，替别人做活儿能挣多少钱全由雇主定。挣钱多的活儿早被人领走了，王国兰的爹只能多干些活，挣够一家人的吃喝。在王国兰的记忆里，家里虽然过得苦，却也很幸福。爹不忙的时候，就到河里抓鱼给媳妇孩子吃。娘一边埋怨父亲有这力气不如多挣些钱回来，一边把锅里的水烧开，把处理好的鱼下锅。捞出来的鱼大半是归了父亲的，娘心疼爹在外面干活，拦着孩子，把鱼往丈夫碗里夹。然后给眼巴巴盯着鱼的孩子盛上一碗汤。爹却趁着娘不注意，把鱼肉夹到孩子的碗里。讲到这里，老人的眼睛眯成一条缝，不由自主地咂巴着嘴，仿佛在回味那份美味的鱼汤。

然而，这样的幸福却在王国兰17岁那年终止了。她的父亲在出门跑活的时候发生了意外，过河的时候淹了水，不幸去世了。爹没了。娘怕吓着她，没给她看乡亲们捞出来的爹的身子。那几天，王国兰魔魔怔怔的，在山上挖野菜的时候，总觉着听见爹的声音，回过神来，才想起那个疼她的爹已经走了。

父亲生前为王国兰说了一门亲事，定的是同村的小伙儿刘振海。刘振海是方圆几百里有名的帅小伙儿，勤快，能干活，逢年过节的也常给大家唱歌助兴。提起他，乡里的人都要夸上几句。父亲去世后，刘振海常来王国兰家里帮忙，时不时地带些饼子给她。王国兰在山上干活的时候，刘振海也去跟她一起干。刘振海跟她承诺，以后会带她过上好日子。一段时间下来，王国兰也被这个诚挚的小伙子打动了。爹虽然去了，却给她留了一个照顾她的人。

18岁那年，在舅舅和母亲的操持下，王国兰出嫁了。她来到了一个新

---

[1] 刘常青.《中共文登地方史》，[M].济南：山东人民出版社，2002年版。

的家庭，开始了新的生活。她的命运也从这一刻开始发生了改变，一扇崭新的大门正在向她打开。

## 二、云破月来

1931 年，抗日战争爆发。东北的沦陷为全国人民敲响了警钟。而在威海，这个从 19 世纪就饱受日本侵害的小城里，对抗日本的斗争更是从未停止过。这一年 12 月 25 日，文登的几名学子自发成立了中国共产党在文登的第一个小组。1933 年 3 月，中共莱阳县委书记张静源根据中共山东临时省委指示，在牟平县刘伶庄建立中共胶东特委，领导莱阳、文登、荣成等县党组织。特委机关在牟平、莱阳、烟台等地活动。从此胶东地区有了党的统一领导机构。与牟平县同在昆嵛山下的界石镇，也成了中国共产党抗击日本侵略势力的重要基地。

对于共产党，王国兰也有些了解。前两年她随爹进过城，那时就有人在街上贴标语，写着“打倒国民党”“打倒贪官污吏”“废除苛捐杂税”“共产党万岁”。王国兰不识字，这些话是她听别人念的。念这些话的人还啧啧感叹：“这些学生啊，就不该让他们去念书。都念了些什么东西！城里被他们搞得是越来越乱了！”爹跟她说，让她别理这些字，也别理这些人。“我们自己的日子都过不好，这些事儿我们别去沾惹。”王国兰点头应了，但她模模糊糊觉得，这些事和自己不是全无关系。她听爹说，每年要给官府交二十多种税。爹每每提起这些，都咬牙切齿。“哪有这么收税的，这不是吸咱们的血吗？”这么看来，贴标语的那些人干的也不是坏事儿。王国兰在心里默默想着。

嫁进刘振海家之后，王国兰不止一次觉得自己嫁对人了。虽然吃的也没多好，但公公婆婆都是宽厚的人，不说把她当亲闺女一般疼，也从没刁难过她。她和丈夫两个人的日子过得是甜甜蜜蜜的。老人说起这些的时候，虽然口齿不太清楚，可那双泛着水光的眼睛却把一切都表露得明明白白。“那时候他还常陪我回娘家呢。我妈自己在家，孤孤单单的，我也不放心。我不说。他倒能看出来我心里藏着事儿，都是他带我回去的。那时候没有牲口骑，也没有车坐。每次到娘家，俺俩都手牵手走着去。”老人讲到这里，轻轻眨了几下眼，嘴角微微翘起，仿佛回到了那段幸福的时光。

刘振海家里是为共产党做事的。在她还没嫁给刘振海的时候，她就知道他们家里的情况。那时候，她也不清楚共产党究竟是干什么的，也没多想。嫁给刘振海之后，丈夫跟她解释了共产党的使命：打倒日本鬼子和官僚、资本家，让百姓当家做主。“现在的官府早就不顾老百姓的死活了，那些军队只顾着自己搜刮油水，欺负我们老百姓，还勾结日本鬼子。只有打倒他们，我们老百姓才有出路，日子才能有盼头。我们要让他们知道，我们虽然穷，但也不是随便他们欺负的！”

丈夫慷慨激昂的声音一直回响在王国兰的脑海里。她决定支持丈夫的工作，她相信丈夫说的，这就是他们好日子的开头，他们夫妻俩都要为了这未来的好日子拼一把。丈夫经常出门，干的都是体力活，必须得吃饱饭，可家里就这么点儿粮。为了不让丈夫饿肚子，她总会把地瓜、饼子塞在丈夫的布包里，自己在家里偷偷吃糠和荞麦。糠和荞麦都是糙粮，也不像地瓜饼子那样有甜味。丈夫在外面为了他们全家人的好日子拼命，她也不能给丈夫拖了后腿。虽然能做得不多，但是只要能尽量给丈夫支持，王国兰就觉得心里甜丝丝的。

当时，刘明达家是党的地下联络点，昆嵛山红军游击队的领导人经常在他家开会。刘明达的主要任务是负责里外传递信息。王国兰跟婆婆承担了为联络点开会、办事的同志做饭、送饭的任务。为不出意外，她们想了个法子。每次送饭，她们都假装到菜园里摘菜或到草铺子里拿草，顺便将饭送进洞。如果发现敌情，两人也用同样的方法及时报信。这样的活说起来容易，实际上干起来却得打起一百个精神。伪军加大了对村子的监察力度，王国兰时不时就能听到村子里的枪声，吓得她胆战心惊。虽然她有时也害怕敌人找上门来，但是她坚定地相信，只有坚持把这条路走下去，才能看到有好日子的那天。

在这样苦中带甜的日子里，王国兰给刘振海生了一个闺女。刘振海开心得不得了，从前每天从外头回来，他都累得瘫在炕上。但是现在一看见孩子，就喜滋滋地抢过来抱。王国兰不想他累着，却拗不过他，看着丈夫脸上的笑，她的心里都是甜的。丈夫出去干的都是枪口上的事儿，一个不小心就会没命，有时刘振海回来的时候身上难免带了几道伤。她给丈夫清理伤口的时候，他咬着牙，不肯叫疼。但王国兰从没忽略丈夫脸上豆大的汗珠。看着丈夫身上的伤，她很揪心，恨不得能替丈夫挨上那一刀。丈夫看见她皱着眉头，却反过来安慰她："别看我挨了这一刀，那些狗崽子可吃了我好几个枪子呢！嘿嘿，有他们遭罪的。"王国兰被他的话逗笑了。刘振海说，跟敌人斗争就是要豁出命去。只有他拼了命，才能早点给她和家里的孩子一个好日子。"到时候你们娘俩就等着享福吧！"

## 三、桃园望断

昆嵛山原本是敌人力量的薄弱地带，然而随着共产党的发展，敌人对共产党的围剿越来越严密，昆嵛山的革命形势越来越严峻了。1935 年，胶东特委决定发动农民武装暴动，时间定在农历十一月初一，后称"一一四暴动"。由于对敌人力量和革命形势的误判，暴动失败了。革命形势愈发艰难，胶东大地一片白色恐怖。暴动的残余力量转战昆嵛山，成立了昆嵛山红军游击队，继续打击敌人的势力。

王国兰从丈夫口中听说了他们起义失败的事。从那天起，丈夫早出晚归，白天几乎见不到他的人影。伪军好几次来家里搜查，把家里翻得乱七八糟，走的时候还常常把家里的粮食带走。王国兰早顾不得粮食了，一心盼着丈夫能平安。王国兰的公公刘明达被日伪军怀疑与昆嵛山红军有联系，便将他抓到界石"联庄会"，给他坐了"老虎凳"。但刘明达什么也没说，敌人拿他没办法，只好把他给放了。

形势越来越严峻。这时候，王国兰发现自己怀孕了，在刘振海和公公的劝说下，王国兰带着孩子回到娘家。刘振海让她安心在娘家带孩子，等形势好了再接她回来。王国兰也知道，自己如果待在家里，反而会耽误刘振海的行动，便回娘家和母亲生活。哪承想，这一走，就再没能见到丈夫。

丈夫一直没有消息传来，王国兰心焦不已。她只能安慰自己，没有消息就是最好的消息。娘也跟她说，让她放宽心，养好肚子里的孩子才是最重要的。她只能在心里祈祷丈夫能够平安归来。

然而，天不遂人愿。那天王国兰从山上干活回来，刚进门就觉得家里不对劲。进了屋里，听到母亲的啜泣声，她心里咯噔一下。她刚想问母亲到底发生了什么，就看到一个男人在炕上坐着。她认得这个男人，他是丈夫的战友，有时丈夫还带他到家里吃饭。他跟丈夫一样都是铁血汉子。平时再重的伤也没让这个青年掉一滴眼泪，但此时的他却满脸泪痕。看见王国兰，他忍不住哭出声来："嫂子，哥没了……"虽然有所预料，但真真切切听到这个消息的时候，她还是不愿相信。那天刘振海送她回来，她担心丈夫的安危，再三叮嘱他要注意安全，命没了就什么都没了。临走前刘振海还说："放心吧，我才舍不得我这条命哩！形势好了我就来见你跟闺女，还有你肚子里这个大胖小子！"她脸蛋有些发红，嗔怪道："你怎么知道这是个小子，说不准就是闺女呢。"丈夫也不跟她争辩，嘿嘿一笑："我就是知道。走咯！"丈夫那神采飞扬的面孔还在眼前，她怎么能相信丈夫就这么没了呢？

看着近乎昏厥的王国兰，屋里的两个人赶忙过来安慰她。她也强迫自己冷静下来。她不能就这么垮了。丈夫没了，她肩上还有两个孩子。她得把孩子养好，公公婆婆也需要她来赡养。这份责任心让王国兰坚强起来。她让娘帮她照看孩子，她跟着丈夫的战友回家。那个青年说，刘振海是为了他们游击队的胜利而牺牲的。"前些天晚上，海哥带着我们去打汪德全那个狗腿子，把他干掉了。哥就想着再去杀一个地头蛇，给老百姓除害。结果他们早就有防备，还没摸到他们的据点，我们就中了埋伏。哥那时候就受伤了。但是他也没跟我们说，还掩护我们突围。结果我们出来了，海哥却没能出来……"青年说到这里，又哽咽了，"第二天我们找到他的时候，他肠子都露出来了……眼看是活不成了……哥说，让我们把他送回家，别带着他拖累队伍。大娘照顾着海哥，可海哥还是没能挺过来。"王国兰听着青年的讲述，早已泣不成声。她知道丈夫向来是好样的，她该为丈夫感到骄傲。

回到家里，婆婆让她看丈夫最后一眼。看见丈夫的那一刻，前所未有的愤怒充满了她的胸腔。丈夫的脖子是被针线缝起来的！一直在旁边的青年开口了："嫂子，我没想瞒你，就是怕你受不住。那……那帮汉奸！他们不是人！他们找到哥家里，看见哥死了也不放过，把他的头割了，拿到汪疃集上挂着。大娘拼了命才把哥的头抢回来……"面对这样的羞辱，王国兰没有哭，也没有昏厥。她知道哭没有用，眼泪浇不灭她心里复仇的火焰。她恨上了那群狗汉奸，她发誓，一定要为丈夫报仇，把丈夫没走完的路走下去。

## 四、芳菲相续

丈夫去了没几个月，王国兰和刘振海的儿子降生了。听着儿子响亮的哭声，王国兰的心里重新燃起了希望。家里只剩下孤儿寡母，反动势力就对刘家放松了警惕。但是他们没想到，王国兰这个小脚女人接过了丈夫手里的火炬，继续为革命事业奋斗着。

在公公的介绍下，王国兰成了党的一名联络员，主要任务是为游击队传递消息。当时，村子东北方向大约三里的山上有座庙，那里就是信息交换的“秘密基地”。王国兰要做的，就是在庙里放下已写好的“信息纸”，或取走石块下已放好的“信息纸”。

那时的昆嵛山游击队已经有了一定的群众基础，反动势力防老百姓像防贼一样，在村里遇到老百姓都要“按例”搜查。怕被敌人发现身上的信件，王国兰想了个法子，把写有情报的纸张放在发髻里，然后插在头上。有些情报很紧急，不管是白天还是晚上，一定要及时送到。若是常往庙里跑，敌人一定会起疑心。为了不遭敌人的怀疑，白天，王国兰装作提篮挖菜，趁着没人偷偷跑到庙里；晚上就假装上庙祈福烧香。靠着这些法子，王国兰顺利避开了敌人的搜查，成功把情报送到，一次也没被敌人发现。

王国兰投身革命事业，最忧心的就是照顾不到孩子。丈夫去的时候，大女儿才刚 3 岁，儿子更是刚生下来就没了爹。孩子正是需要爹娘照顾的时候，她却随时都得准备着去送信。那天刚出门，她就听见屋里传来孩子的哭声。若是回去照顾孩子，又耽误送信的时间，可能会误了大事。幸好隔壁家的嫂子碰巧在门口，她便央求嫂子帮她照看孩子。嫂子痛快地答应了。送完信回来，她拿了两个地瓜饼子准备送给嫂子，感谢她的帮助。嫂子却不愿收了：“妹子，你们家的情况我也多少知道一点。你也不容易，咱们乡里乡亲的就别客气这些了。你再用着我帮忙的时候就尽管说，嫂子能帮的一定帮！”

锦上添花易，雪中送炭难。革命事业正是最艰难的时候，这份恩情一直被王国兰记到现在。老人说起这件事的时候，感叹道：“这个世界上还是好人多啊！”那时，老人笑着，脸上满是欣慰和满足。

1939 年 10 月 11 日，王国兰正式加入了中国共产党，并改名王淑贞。当年的入党申请书到现在还保留在家里，可见这位老人对党和革命事业的支持和热爱。

## 五、风雨渐尽

1937年7月7日，日本发动卢沟桥事变，12月24日，中共胶东特委在文登县天福山成功举行抗日武装起义。以昆嵛山红军游击队为基础，组建了山东人民抗日救国军第三军第一大队，壮大了中共胶东特委领导下的人民抗日武装力量，成为胶东地区对抗日本侵略者的重要力量。为了响应党中央的号召，带领人民群众参与革命，在胶东特委的指示下，胶东各地纷纷成立青救会，把革命的种子撒播到更多青年人心中，将革命的火炬传递到青年人手里。

王淑贞也是青救会的重要成员。在党内干部和人民群众的推动宣传下，越来越多的人了解革命，也逐渐参与到革命中来。王淑贞的切身感受说服了很多乡亲们："我们都被鬼子跟老官府害过呀，大家日子都不好过。但是那时候，谁敢站出来？当了这个出头鸟，就成了官府的眼中钉。现在不一样咯，有共产党带着我们，大家都是一条心的，劲儿用在一起，就肯定能成大事！"

她在村子里给大家讲革命，讲起共产党的信念，整个人都是发着光的。她说，跟着党走，就是为了自己的好日子拼命，拼下来的都是老百姓自己的。她自己不识字，却鼓励村里的孩子和青年人读书学习。她跟村里的孩子们说，读书了，有本事了，这是自己的东西，谁也拿不走。有了本事，就能让自己和一家人过上更好的生活。

令她感到欣慰的是自己的孩子们。孩子小的时候，她没能亲自照看孩子，这让她一直很愧疚。孩子慢慢懂事了，她就跟孩子讲他们父亲的故事，讲他宁死也不做敌人俘虏的精神。她曾跟孩子感叹自己没能给他们一个好日子，孩子们却不依了："娘，我们的日子过得很好。爹是英雄，为了我们家，为了乡亲们提前走了。等我们长大了，我们就让娘过上更好的日子！"她看着孩子们稚嫩的小脸蛋，喜极而泣。生活依然清苦，但王淑贞的心里充满了希望。常有军队打胜仗的消息从外面传来，她相信，离过上好日子的那天不远了。

1945年8月15日，日本宣布无条件投降，抗日战争取得胜利。然而，蒋介石发动内战使得中华大地再次陷入了战火。为了支持解放战争，从1947年起，王淑贞先后担任阎家泊子村青救会长、妇救会长，组织老百姓支持解放战争。王淑贞带领村里的女人们为军队准备军鞋、军粮等军需物资，照顾伤病员。她常常和别人说，虽然女人不能上战场打敌人，但是谁也不能小瞧了她们做的贡献。

1949 年 10 月 1 日，中华人民共和国成立。五星红旗如一轮红日，在这个小山村升起。那天，王淑贞与所有为革命事业奋斗过的人一起，为自己的解放，为自己能当家做主而欢呼。她一直期待并为之奋斗的好日子终于来了。

## 六、松柏常青

新中国成立后，王淑贞没有去别的地方，一直在这个生她养她的小村子里，担任村里的妇女主任，一直干到1983年。两个孩子上了学，也特别有出息，一个当上了老师，一个成为一名机关干部，也都纷纷成家立业，有了自己的孩子。王淑贞最喜欢的，就是让孩子们到家里来。孩子有时带了东西回来给老人，倒要听老人的念叨："别带这些东西回来。家里有地，有菜，还有鸡蛋吃。缺了东西我去镇上集市买，逛逛街也乐呵，你们过好你们的日子，不用老是为我操心。"她也不愿去儿孙的家里住，"孩子长大了，就应该出去过他们自己的日子。我的日子过得挺好的，孩子们有孩子们的日子，他们都大了，怎么过日子的我也不去管。人啊，各有各的福气。"

王淑贞年岁也大了，孩子们都知道她年轻时吃过的苦，想让她好好休息，等着孩子们孝顺就行了。可她却没觉得自己老："我还能下地干活，能做饭。别看你们年轻，干起活来谁干得好也说不定呢！"作为一名老党员，她一直以身作则。只要有村里召集党员开会，老人从来没有迟到。"人啊，就得多动弹。我每天干活晒太阳，自然就没病没灾。"王淑贞笑呵呵地说。

现在，老人 104 岁高龄，儿女已经去世了，她和儿媳住在一起，由孙子们轮流照顾。对现在的生活，老人特别满足。吃得饱，穿得暖，日子过得也顺心。若不是去年过年的时候摔了一跤，老人现在还能干活。用老人自己的话说：甭管多少岁，我也不觉得我老！

老人 104 岁生日那天，天福山起义纪念馆的女讲解员们带着生日蛋糕和鲜花，来为老人祝寿，听老人讲革命故事和战斗经历。当讲解员们满含深情地齐唱《革命人永远是年轻》这首歌时，王淑贞老人的眼里闪动着泪花。

革命人永远是年轻

他好比大松树冬夏常青

他不怕风吹雨打
他不怕天寒地冻
他不摇也不动
永远挺立在山巅
在山巅……

## 采访手记

第一次到老人家拜访是一个上午，笔者来到村子里。村子不大，却很干净。老人就住在靠近田边的一户人家中。在拜访之前，笔者还有些许忐忑，担心老人或家属不愿意接受采访。但刚走进村中，便看到老人的家人在村口等待，说是担心笔者找不到路。这份质朴的热情打消了笔者的顾虑。

老人的家不算大，除主屋外，只有东边一个厢房。"哎！来啦！进来坐！"笔者尚未迈进主屋的门，就听见这声洪亮的招呼声。在之后的交流中得知，这位老人是王淑贞老人的儿媳。也只有她与老人平时住在一起。听到我们的来意之后，便向笔者介绍了老人的近况："老婆子精神着呢！能吃能睡，除了不能下地走，什么都好得很！"

王淑贞老人已经105岁高龄了，视力略微模糊，耳朵也几乎聋了，只能靠着助听器勉强听到别人的声音。老人现在虽是卧床，却仍然把自己收拾得很整洁。头发梳理得一丝不苟。手上戴着一枚金戒指，耳朵上挂着耳环。听到有人来看她，老人略带混浊的眼眸有了些光芒，脸上也扬起了笑容。在采访过程中，老人有时略有些糊涂，一模一样的故事说了好多遍，说着自己的故事，又同笔者讲起了一些老人家的道理，说着说着就泛起了泪光。"我看你是个好孩子，我说这些，你也别嫌弃我唠叨……""我们做这些事情，现在国家好了，社会好了，你们也好了，我觉得自己也是有功的。可是我也老了，躺在床上不能动了，哪儿也去不了……"

听到老人的话，笔者心里很不是滋味。听老人的儿媳说，老人前些年身体还很硬朗，经常走动，也能干活，做饭，收拾家什么的都不成问题。"就是去年过年的时候一个不仔细摔了一跤哟……不然啥都能干。现在也还好，也没啥别的病痛的。""唉！不说这些了，你们大老远来也辛苦了，留下来吃个包子再走啊！千万别客气！”笔者推辞不过，便坐下来，边吃包子，边和婆婆聊天。

“她天天躺着，儿子闺女走得早，现在就是几个孙子轮着伺候，平时我俩唠唠嗑。”婆婆边说着，边给炕上的老人盛了一个包子。“吃饭啦！”老人便撑起半个身子，一点一点吃着那个包子。“你看这胃口多好，这么大岁数了，真有福气啊！”婆婆一边感叹着，一边说，“你们也多吃点！看这小身板，胃口还不如我老婆子。”听着婆婆洪亮的声音和爽朗的笑声，笔者不由感叹，婆婆虽然年纪大了，却有这样的精气神。而王淑贞老人即便卧床也坚持打理自己。这样的生活态度，怕是很多年轻人也比不上吧。

吃过饭，笔者与老人告别，婆婆坚持送我们到外面：“我这腿前两年做了个手术，没啥大事，你们来一趟不容易，门外杏子熟了，带两个走啊，我们俩老婆子在家也吃不了多少。”说着把杏子塞到笔者手里。

车子驶离村庄。笔者默默回想着和老人的交流。如果不是这次采访，笔者或许不会想与老人有这样的交流。有幸采访一次百岁老人，体会到了老人的人生智慧。但在平时的生活中老人总是被忽略。“家有一老，如有一宝。”老人是值得我们珍惜的宝藏啊！

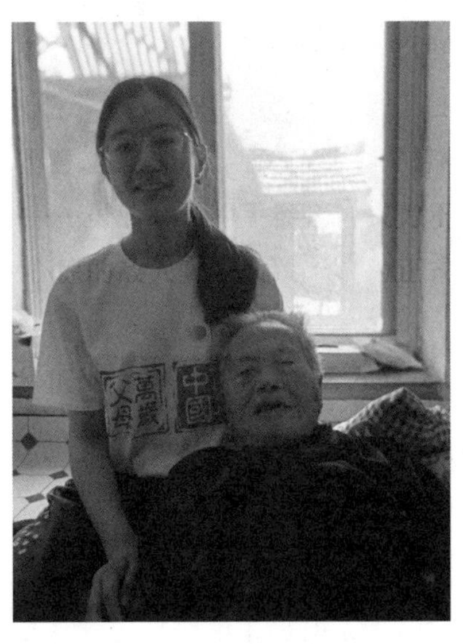


王淑贞老人和志愿者合影（段晓宇　摄）

# 期颐身，赤子心

## ——张子文老人传记

刘宇昂 北京师范大 环境学院 2017 级

### 人物生平

张子文，男，汉族，1924 年 3 月 16 日生，中国共产党党员，籍贯山东省淄博市。曾参加淮海战役，解放周村、维县、济南战役，担任华东野战军渤海纵队机枪连副班长，18 次负伤，多次与死神擦肩而过。复员后先后担任周村区粮食局股长、周村区供销社股长，工作勤勉，被评为劳动模范。退休后仍坚守党员初心，以社会长治久安为己任，积极参与反邪教活动。

张子文老人照（刘宇昂　摄）

### 一、峥嵘岁月，金戈铁马为家国

1948 年，24 岁的张子文如愿以偿地成了华东野战军渤海纵队重机枪连的一名士兵，年轻的他暗下决心，一定要听从指挥、奋力战斗，为了家国，也为了自由。虽说自古男儿上沙场都希望建功立业，但当时的张子文并没有想那么多，因为他有一个更加迫切的愿望，那便是通过自己的实际行动赢得党组织的信任，成为一名光荣的中国共产党党员。

打仗的日子，总是过得格外紧张，时间也就在这枪炮声的罅隙中不知不觉过去了。张子文先后跟随部队参加解放周村、维县的战役，两场战役皆取得胜利，周村、维县得到了解放，张子文也因其卓越的表现得到了组织的肯定。两场战役过后，张子文在当时的班长和文化干事的介绍推荐下正式入党，成为一名光荣的共产党员。从那一天开始，“为共产主义奋斗终生，随时准备为党和人民牺牲一切”便成了张子文的人生信条和坚定不移的行为准则。

张子文老人年轻时的从军照（受访人提供）

上战场难免会受伤，但是每当想到自己的血是为党为国家而流，只要自己还能坚持，即便是天大的痛楚也可以默默承受。张老在战争期间共严重负伤18次，时至今日我们仍可以在他的身上、腿上看到当年作战时留下的斑斑伤痕。在参加淮海战役时，张子文的左腿不幸中弹负伤，血流不止，连长便急忙让他停止作战去疗伤，但是他却说：“哪有战士仗还没打完就下战场的，兄弟们都还坚持在这里，我是共产党员，轻伤不下火线！”说完他便继续坚持战斗。但张子文当时已经连续作战三天三夜，连长看这个年轻的士兵“倔得很”，而他的伤势又如此严重耽搁不得，最后只能便派两个战士硬生生把他架走了。

还有几次，张子文也都是死里逃生，从死神手中幸运地捡回一条命。在济南战役的城防突破战中，他所在的队伍接到命令负责冲锋，时任重机枪连副班长的他自然身先士卒冲在前面。当时战斗用的重机枪是日本产的大正三年式重机枪，机身加弹箱重量将近 40 公斤，张子文就是要背负着这 40 公斤的重量沿着梯子爬上城墙。济南城工事防御能力强，火力防范严密，城内的守卫发现解放军的进攻后十分惊恐，使用各种火力进行阻击，张子文所在的队伍遭遇了猛烈的反击，其身边的战友也接连负伤。敌方的火力逐渐加强，张子文身负重物无法躲避敌方攻击，却依旧硬着头皮往上爬，虽说有后方队友的火力掩护，但仍有两侧暗弹防不胜防。说时迟那时快，一枚子弹眼见直冲张子文的头部飞来,来不及闪躲,张子文只得低头紧闭双眼,只听清脆的“嘭”一声，飞来的子弹擦着张子文的后颈而过，最后将他贴身背着的小弹盒击落，在其后颈上留下一条血淋淋的痕迹,而他本人也抱着枪支滚了下去。虽然负伤，但至少保住了性命，倘若那子弹的飞行方向稍有偏移，后果便不堪设想。

讲述完这些故事后，张老停下来，笑了笑说：“我也算是福大命大的人了。”语气里，有回忆自己当年英勇事迹的自豪，有对生命无常、战争无情的无奈，也有对曾经并肩作战的战友的怀念。之后张老从茶几底部拿出一副望远镜，充满怀念地说，他当时视力不好，连长就送给他这个望远镜勘察情况。这副望远镜虽说是老物件了，却未曾覆满尘埃，十分干净，些许损坏之处，也被张老用胶带仔细地修复起来了。想必张老将其放在如此方便拿取的地方，定时常拿出擦拭、观看，睹物思人，借以怀念那戎马倥偬的峥嵘岁月，怀念那些已经逝去却又永留心中的可爱的人。

被问及现在是否还能敬军礼,张老笑了:“敬军礼那当然是没有问题的！”说罢，努力挺直了一下腰背，抬起胳膊，大臂与肩持平，手指指向太阳穴，对着镜头敬了一个标准的军礼。虽然皱纹已经爬满脸庞，头发也已稀疏花白，但就在这样一个简单的军礼中，张老自有一种沉淀于时间、战场的独特气质，岿然之势、凛然之威油然而生，作为一名老兵的骄傲自豪，溢于嘴角眉梢。一条条皱纹、一缕缕白发，凝结着那段冰与火的洗礼、诉说着血与泪的挽歌。

今日的我们出生在和平年代，自然无法切身地体会战争的苦痛。而历史从不应该只有课本上的宏大叙事、抽象结论，每一位像张子文先生一样的老人，都是一部“活的历史”，虽然当初热血方刚的青年如今已近于百岁之寿，过往经历的细节也不能回忆得十分清晰，但他们九死一生、跌宕起伏的际遇，本就是见证时代变迁最好的“回忆录”，与他们的交谈，更像一场跨越岁月天堑的时空对话，愈发让人真切地感到历史的厚重感。

## 二、和平年代，党徽在身守初心

新中国成立后，张老复员来到淄博市周村区，在粮食局任股长，以一名党员的高标准严格要求自己，对待工作勤勤恳恳、一丝不苟，并时常进行自我反思，多次被评为劳动模范。在张老留存的一个20世纪50年代初期的硬皮日记本上，扉页上赫然写着“赠给：模范张子文”，想来这应是张老勤勉劳动获得的奖励，里面写满了密密麻麻的工作日志，其工作之勤且坚可见一斑。后来周村成立供销社，需要基层干部，由于张老工作成绩突出，政府就抽调他去供销社担任股长，虽说粮食局不愿意放走这样一位能力强、肯吃苦的干部，但是出于大局考虑，也为了张子文能够更好地发展，服从了上级调配。张老就这样在供销社继续散发着自己的光和热，直至退休。

退休后，张老仍不忘自己作为一名党员的义务，党徽在身，责任在肩。前些日子，张老在街上看到有人偷偷散发宣传法轮功的传单，将传单塞到小区住户的门缝中，出于自身高度的社会责任感，便将那些已经被散发出去的传单依次收回，然后上前制止非法人员的行为。那歹徒看到年迈的张老将他好不容易散发出去的传单都收了回来，觉得可气又好笑，带着嘲讽的语气说：“老爷爷，您是县长、区长啊，还是公安局的？这么大年纪了就别多管闲事儿了啊，快回家一边儿歇着去吧！”张老镇定地回答道：“你不要管我多大年龄，我是一名共产党员，你在这里做违法乱纪的事情，我就有义务监督、制止你。你难道不知道法轮功是邪教吗？！”歹徒听到张老这么说，反倒来了兴致，试图给他洗脑：“你有所不知，法轮功是给群众造福的，你只要信法轮功，生病了不吃药不打针也会好。前几年在北京天安门前面有几个法轮功大师，往身上倒汽油自焚，你看那个火烧得多旺啊，但是他们并不觉得疼。”“你说什么？只要信法轮功，就火烧也不会感到疼痛？”“没错。”“你也信法轮功？”“是啊，我还是个小头目呢！”听歹徒这么说，张老也不与其多废话，接着便拿出打火机烧向歹徒的手指，歹徒疼得嗷嗷乱叫。“你不是说信法轮功就不会疼吗，那还叫什么？走，跟着我去派出所！”看出这个老人不好惹，那歹徒便想逃之夭夭，张老不顾自己的安危，叫来周围的人帮忙，合力将歹徒制服送到了派出所。“对反党反社会主义的邪教分子，必须严惩！”张老目光坚定地说。

时至今日，张老仍每日坚持自觉佩戴党徽。于张老而言，这枚小小的徽章代表的不仅是一个荣耀的身份，更是这几十年来对自我的要求、对正义的坚守、对美好的向往，是用他的一生去履行24岁朗读那段誓词时对党和国家郑重的承诺。就像张老所说：“‘不怕死、不怕伤，吃苦在前、享乐在后’就是一个党员应该始终铭记并且做到的。”一个中国共产党员，也只有做到这般，才有资格配得上那枚小小徽章散发的光芒。

对于当代的年轻人，张老也有寄语：“你们出生在很好的年代，一定要好好学习、天天向上、报效祖国。习主席的方针政策都很好，要坚定不移地跟着党走！”

## 三、一生所系，亲友常伴人常乐

说到张老的家人，张老从橱子里找出了一个已经泛黄的相册。看着里面的那些老照片，张老情不自禁地又打开了话匣子。用镇上领导的话说，张老他们家不仅是“革命家庭”，更是“革命有功家庭”。长其两岁的表兄曾参加抗日战争，在战争中不幸牺牲；他的叔叔也参加战斗成了烈士。当翻到四弟的照片时，张老的脸上再次浮现出了自豪的神情。张老的母亲共育有儿女七人，五男两女，张老现在还在世的兄弟，便只有四弟一人了。用张老的话说，四弟“很聪明，文化程度也高，工作能力也强”，曾加入解放军，并且通过自己的努力当上了连长，还参加了天安门前的阅兵式，接受毛主席的检阅。后来辞去工作回家做了农民，过着清闲的日子，也算悠然自得，前几日还给张老写信，说家乡的变化很大，让哥哥回家看看。

张老现在的妻子张奶奶，是他的第四任妻子，比张老年轻一些，也是动作麻利，耳聪目明。整个家里也被张奶奶收拾得井井有条，干干净净。这些年来在她的照顾下，张老不仅心情愉快，身体也十分硬朗。一同生活十几年，两人已十分默契。就拿二人从公园回来停车这一过程来说，张奶奶下车打开车库门，张老将车驶入、停车、落锁，张奶奶帮丈夫摘下太阳帽，挂在墙上，待他走出车库后将门锁上，张老在门口稍作等候，最后二人互相搀扶着上楼。

这得是多少年的磨合熟悉，才能培养出这样无须言语的默契。张老笑着说，他的第一个老伴，婚后两年多就去世了，连个孩子也没留下；第二个老伴，养育了三女一男，还来不及过好日子就去世了；唯独和张奶奶，在一起生活了十几年，感情很好，日子也过得十分舒坦。张奶奶记忆力强、思想觉悟高，多亏她自己才能健康快乐地活到这把岁数。说到这儿，他深情地看了张奶奶一眼，又哈哈大笑起来。

张老夫妇身体都如此硬朗，对于他们长寿的秘诀，张老笑说，首先心情要好，他一直都是一个心态很好的人，整天乐乐呵呵的不留烦心事儿。其次生活要规律，尤其是饮食，“早上吃好、午饭吃饱、晚饭吃少”是他几十年来一直坚持的饮食原则。“你们现在的年轻人哪，就喜欢吃很多肉，还是要注意适量，你看我这么大年纪了，都没怎么有肚腩，比好多小年轻还强哩！”张老摸着自己的肚子，打趣地说道。“年轻人哪，一定要好好对待自己的身体！”张老多次感叹。此外，张老也一直坚持适当地锻炼身体，只要天气好，他都会和妻子一起去公园里遛遛弯儿，散散心。

“我的目标就是活到一百二十九，在这之前阎王爷来叫我也不走！”听到张老这雄心壮志像顺口溜似的，在场的人都被逗笑了。但是每一个人心里，也都怀着同样真挚的祝福，希望张老可以梦想成真。

## 采访手记

这么多年来
他一直坚持每天佩戴党徽
党徽在身，便是责任在肩

他是个战士
战争年代，和平年代
为人民而战，为正义而战
年近期颐，心若赤子
老兵不死，只是凋零

2019 年 7 月，笔者在张子文先生现居地所在社区负责人、联络人邵祺昌先生的带领下和家父的陪同下前往张老家中进行采访。

采访结束后，笔者的心情仍沉浸在那一段段峥嵘岁月里久久不能平复。这些故事遥远而又仿若触手可及，从一个老兵的视角为我们重现了那一段波澜壮阔的历史。虽然年近期颐，但张老却始终真真切切以社会安定为己任，对国家、对人民怀着赤诚肝胆。也正是因为有无数像张老这样的人无私地为社会负重前行，才有我们眼前这一片国富民安。

笔者感到十分荣幸能够借此活动机会与张老交谈，听他从自己的视角，讲述这将近一个世纪的风雨和变迁。也感到十分欣慰和自豪，整个国家和社会，近些年都在越来越重视对身边老人、老兵的探寻和关怀。越来越多的人开始透过历史的帷幔，去发现那些淹没在宏大叙事中的动人细节。

从遗忘到重新发现、从宣传到引发共鸣，这不仅意味着一个社会历史意识的觉醒，更象征着一个国家历史共识的形成。 怀着超越历史纷争的宽阔胸怀，挖掘更多被时间尘埃覆盖的往事，不过于纠结他们经历的功过荣辱，只高扬他们对国家的赤胆衷心，是这个社会更加文明的进步、更加恢宏的气度。当越来越多有时代意义的故事从历史的洪流中被打捞，这份历史温情，也必然会像春天的暖风般在普罗大众的心湖中荡起层层涟漪。这涟漪，连接的是一颗颗炎黄子孙跳动的心，唤醒的是中华民族的认同感和凝聚力。

老兵不死，只是逐渐凋零。

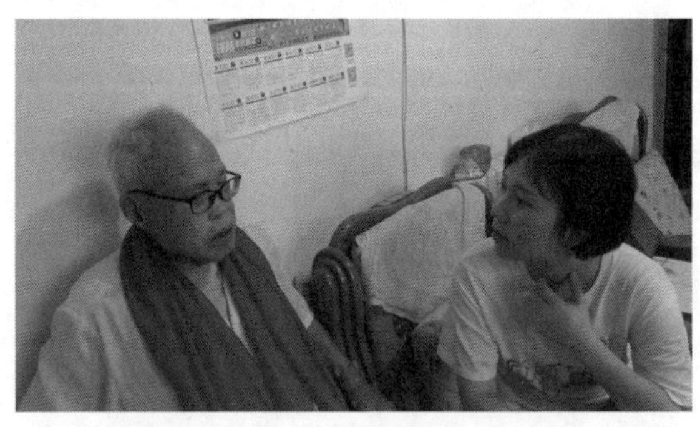

张子文先生与志愿者合影（受访人提供）

# 正道沧桑间

## ——张树贵老人传记

刘雨杰 北京师范大学 心理学部 2018级

### 人物生平

张树贵，1929年生人，病逝于2019年7月30日中午，祖籍苍山县神山镇老屯村，现改为临沂市罗庄区付庄办事处东三冲。年少时当过儿童团副团长，1946年入党，次年参军，做过卫生员、文化教员、通讯员、司务长……随军南征北战，参加过解放战争，抗美援朝战争。多次荣获二等功、三等功。在洛阳战役和淮海战役中，两耳被炮弹震伤，后听力消失殆尽。

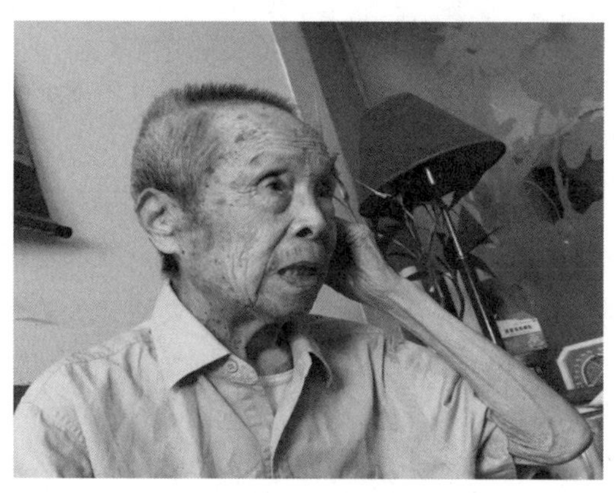

张树贵老人在讲故事（刘雨杰　摄）

### 一、读罢头飞雪，但记得斑斑点点，几行陈迹

1938年，鬼子大举进攻临沂。

这一年，张树贵9岁。秋天，其父张海涛（字振业）奔赴位于沂南岸提

镇的“抗大一分校”，后做战地服务团团长。

父亲走后寄回两封家书：一封问家中是否平安；第二封说全国大部分地区已沦陷，临沂恐难幸免，若有危急情况赶紧逃跑，什么都可以不要，只要把两个孩子（张树贵和他妹妹）看顾好就行。

两封家书之后，再无丝毫音讯。

张树贵的爷爷四处打听儿子消息未果，隐隐觉得儿子出事了，自个儿喝闷酒，终是忍不住眼泪纵横，“我就不该让他去上大学，参加革命啊！”

12 年后，张树贵行军途中部队恰巧驻在临沂东三冲，暂住 10 个月。爷爷看着身着军装的张树贵，高兴、自豪之情难以言表。那时爷爷已因肺结核而卧床，每每张树贵回家，爷爷都从床上坐起和他一起拉拉家常，精神才得以好些，后来听说张树贵将出发至连云港驻军，伤感流露，“你这一走不知什么时候再见面。”

一语成谶，此地一别，再见生死两隔。

爷爷在 1952 年病故。那时张树贵行军在外，未能见爷爷最后一面，唯有痛哭一场。

很多年后，80 年代的某天，确切消息传来，父亲张海涛于 1940 年在作战中牺牲，享年不到 30 岁，被追封为烈士。

他们逝去了，但张树贵心里记得。晚年的他常在桌前拿起纸笔，任回忆的斑驳画卷徐徐展开：

儿时，我和妈妈、爷爷、奶奶、叔父住在一起。爷爷总穿手织布做的大衿上衣，理着帽缨子发型。他爱喝酒，每天至少两次，虽然喝得勤，但他有酒量，从来不醉。他喝酒和别人不一样，找块咸菜，削棵大葱，有时我母亲给炒上两个鸡蛋，他就自己找个地儿喝，也会到酒铺去。一些时候，他把我喊到跟前倒上半盅酒：“你要是不从小学着喝，到大你也不会。”可惜我始终没学会喝酒。

爷爷精细安排好地里作物种植，从不误农时。家中一牛一驴，也常牵去给亲友帮帮忙。园里菜长得喜人，他就拿到城里去卖，卖完也从不空手回来，总给我带不少好吃的。农闲时，他就领着我上园下湖，讲自己从前如何逮鱼、新鲜热豆腐是什么滋味，云云。

我记事起，爷爷就喜欢讲过去的事情给我听。说自从张家被诬赖了人命官司，所有地都卖光了。爷爷难受，更把希望寄托在孩子们身上。他早起晚睡，勤俭持家，奋斗了几年，家里又有了 30 多亩地。孩子们都上学读书了。身形魁梧的大儿子张海涛 13 岁就考上了临沂第一所乡师师范学校，在校期间加入中国共产党，毕业后在临沂双井口小学教书。二儿子张海滨也在那里读书。爷爷的心情才同从前一般舒坦了。

我父亲先后任教于茶山、兰陵，后来组织派他去南京以教书为名做地下工作。1937 年七七事变后时局动荡，日本侵略者日渐疯狂，大举进攻、屠杀。我们都被迫退学回家。南京大屠杀前夕，奶奶病危，他方才乘着超员严重的渡船，历尽艰险回到家中。

父亲就在家乡的学校教学生唱抗日歌曲、排演节目来宣传抗日。他也不知道从哪里找了个收音机，每天晚上在一个基督教堂接收、播放延安的新闻，全庄人都去听，后来的就围着窗户、门口。有听不懂的，他再给讲解，讲现在共产党的形势如何，发展怎么样……

父亲热心肠，点子也多。一次，父亲听闻众匪徒攻打王庄，急中生智，找来一杆军号，上到炮楼顶端朝着王庄的方向吹起了集结军队的号令声。人人都说，若非张海涛这一小计，后果不堪设想。

那时常有很多人来找父亲，像丁梦孙及其夫人郑老师、俺村的张准亭、高树屏、张家轩等，有时一起唱京剧、拉京胡、唱抗日歌曲；有时密谈组织的事、如何宣传抗日；云云。

1938 年 2 月，奶奶病故，家里被悲痛笼罩着。

4 月，丁梦孙、郑仃云、张准亭他们弄来了两麻袋子弹，藏在家里大门过道的柴火垛里面，我好奇地伸手摸了摸，父亲看到说："你怎么又光着腚来啦？去穿上衣服，到别的地方玩吧。你在这听见啥了，看见啥了，可千万不能和别人说。"我悻悻然准备离开，走前听见"有了这玩意儿，就能对付鬼子啦，咱们快去丁庄开会去吧"。后来才知道他们是去距离我们村 6 里路的丁庄村参加临郯青年抗日救国团的成立大会，同时组织成立了童子军。

父亲守孝百日后，在丁梦孙介绍下奔赴抗大一分校。兵荒马乱的年岁，百姓白天怕鬼子汉奸，夜里怕土匪抢劫，没一天安生日子。与奶奶伉俪情深的爷爷在悲痛之余一个人扛起了家中所有重任。

1942 年初冬，大家跑出庄子躲避日本鬼子和维持会的扫荡，下午以为敌人走了，乡亲们陆续回庄。谁知此时敌人忽然关上四个圃门开始抓人，先进庄的八九人，包括爷爷在内，被关进监狱逐个审问，问谁是张海涛的爹，皮鞭沾着凉水糅，灌辣椒面，绑板子上，脚下放砖头……庄里这些人都知道爷爷就是张海涛的父亲，可没有一个人暴露他的身份，大伙说“要死咱一起死”。数月后姑母托人用好多大洋才赎回人来。爷爷回家第一件事就是摆酒席宴请同被抓的乡亲，他们在酒桌上抱头痛哭。后来，爷爷在家训中加上：不能忘恩负义，老庄邻比亲戚还亲！

国民党还乡团占领临沂东三冲之后，三天两头上我家问张海涛的消息，阴阳怪气地问爷爷：“你家大兄弟来信了吗？前几天解放军过黄河可又淹死不少，你也不打听打听？”“我心里有数！”爷爷说。汉奸的区长总上我家动员叔叔给他当秘书，也想让我“为皇军服务”，爷爷就没给过好脸，说“你别来了，俺家没有当汉奸的，赶紧走吧，再不走我说话更难听！”

1943 年，由于汉奸告密，父亲藏在菜园地里的革命书籍被鬼子发现，爷爷又是心疼东西，又是害怕，带一家老少仓皇跳东边围墙逃走，一个多月后我才从姥姥家回去，看到父亲物品被尽数焚毁，家中一片狼藉，唯余陈烬，门前扔着些许未被抢掠的旧物。

…………

童年的记忆根植，终将开花结果。

## 二、恰同学少年，红缨做伴

十几岁是让人听着就觉得美好的年纪。理想在此时萌芽，荷尔蒙会带来热血和勇气。

1943 年，张树贵 14 岁。那时，庄上有两个组织吸引着少年们为之“抛头颅、洒热血”——姐妹团和儿童团。他们做什么呢？姐妹团递消息、动员参军、纳鞋底，儿童团站岗、放哨、查路条。

在张树贵心中，中国共产党儿童团是特别重要的存在，它像是“国家安全局”，起到保证人民安全的重大作用。1930 年，共青团五届三中全会召开，在决议案中指出，儿童运动的性质是“共产主义儿童运动”，任务是“以共产主义精神教育儿童”，口号是“准备着，时时刻刻准备着”。共青团从中央到各级团部，都设立儿童局，领导儿童团工作。

张树贵挑起儿童团副团长的工作，深感责任重大，他一吹哨子，儿童团就集合，然后他给大家分配工作，“你去南边，你去北边……”

每一个路口都有儿童团的岗哨。他们在哨口一站，手中稳拿红缨枪，细细盘查过往人员。碰到认识的村民就允许通行，赶集的、走街串巷的还不少；碰见不认识的就喝道：“停，你得拿出路条来！”路条就像身份证一样，证明你是哪个地方的，证明你是好人。要是没有路条，“对不起，你回去吧，哪来的哪去。”总有些没带路条的人就不乐意了，可你要是硬闹硬闯，儿童团可不是吃素的，上去便把来人捆了。张树贵满脸得意，心里想：“要想有一个坏人过去都没门儿！”

这先礼后兵的法子不只用于站岗一项工作上。在解放区，国民党所制钱币、日本所制钱币和银圆不准在市场上流通使用。让小兵碰见了，先提醒你不要用；要是你不听，就没收，之后统一上交管理局。

有时鬼子和汉奸来扫荡，这些十几岁的少年们不甘躲起来。可是既没有真枪实弹，也没有精兵强将的他们又能做些什么呢？好在他们勇敢坚毅又聪慧。张树贵和小伙伴们拿着些粗劣的手榴弹，在敌人周围排兵布阵、分散躲避开来，趁其不意进行攻击，嘴里喊着：“打啊！”“杀啊！”“打倒日本帝国主义！”……虽然“冒牌手榴弹”威力不够大，但是这劲头足以让本就有几分胆战心惊的敌人吓一大跳了，为正式阻击的准备工作争取了宝贵时间。

恰同学少年，风华正茂；书生意气，挥斥方遒。儿童团的身后是党支部或共青团、妇联的领导，是坚实的抗战力量，所以少年们才能用聪明的头脑和坚定的意志，为抗战胜利做出巨大贡献。儿童团也持续培养出了一大批优秀的革命接班人。

1955 年张树贵被授中尉（受访人提供）

## 三、战地黄花分外香，秋风劲，胜春光

### （一）“我们都是飞行军”

革命之路是前行不息的。

1946 年，张树贵正式加入中国共产党。次年春天，国民党大军进攻山东地区，彼时 17 岁的张树贵也自愿入了伍，在临沂周围参加游击队（又名武装工作队）。他深感游击队实在是个神奇的队伍：飞檐走壁，日行千里，会麻雀战等多种战术，神出鬼没。临沂城北、城西、城东，哪儿都是他们战斗过的地方。

2 月，游击队碰到正规部队，村里干部和部队联系说：“这儿有几个青年要参军，你们收不收？”对方很高兴地说：“你们要是介绍，我们就收！”三四个青年就此参加了解放军，张树贵便是其中一员，正式加入了华东野战军第三纵队。

### （二）“他们于我如父如母”

张树贵在华东野战军做了一名通讯员，负责给首长送信，保卫、照顾首长。不管什么天气，只要有信要送，通讯员就得奔忙。树贵知道自己肩头责任重，他各地方跑，即使行军百里，也照送不误，从不喊累。行军时，背上五天的饭、一杆枪、四个手榴弹、一袋子弹，身上得有五六十斤，两条腿跑起来却要超过国民党的汽车轮子！虽然他们有车，咱们可以抄近路啊。为躲避敌人白天的飞机，时常是每日傍晚起行军至次日早上，日行近百里。

他的第一任首长是教导员周文志，是一名曾四渡赤水的老革命，在战争中受伤变成严重残疾，经常生病。1947 年，孟良崮战役中，国民党 74 师师长张灵甫被人民解放军战士击毙。此战获胜后，要行军上博山去。第二天行军前，张树贵领到一双新鞋，是打孟良崮得来的战利品。他们出门，开始爬山，这时天下起了雨，没到山顶，鞋的牛皮就变软，鞋底开了。他只好把鞋扔下，光脚爬山。山路坎坷，一路上尽是小碎石，再加上下雨湿滑，70 里路程，张树贵一个人落在后面，咬着牙硬走，晚了两小时才赶上大部队。

到了目的地西夏村，张树贵才得以到河沿上洗脚，发现双脚破得不堪入目，扎得满是小窟窿。

此时恰好遇到周教导员派来找他的人。教导员闻讯也赶了过来，看见河边的张树贵，问："你这是怎么了？"

"鞋，山还没上去呢就坏啦！"

"赤脚来的？"

"赤脚来的。"

"你咋不和我说哪？"周教导员心疼极了。

这时候，张树贵的孩子脾气上来了，大声道："你先骑马走了，我和谁说？"河沿上掐着脚脖子哭，委屈巴巴说气话："以后我不给你当通讯员了！"

周教导员也不恼，赶紧拿来一双新鞋，给他穿上，找人背了下去。

教导员对他好，像照顾小兄弟，张树贵是知道的，那些给他买的零嘴、开的小灶和细心的关照，他都在心里感念着。

后来周教导员脾气愈发古怪，犯病时神志不清，有时还掏出枪乱射。年轻的张树贵到底是害怕，请求离开。周文志同意了，说："你不当了？也行，那我再找一人吧。"

直到战争结束，这位大他十几岁的哥哥周文志还时常联系张树贵。周文志后来调到了北京工作，曾给张树贵去消息："小张，你复员以后，有什么困难来找我，我给你安排。"经年之后，张树贵复员，与首长联系，却杳无音讯。"年龄大了，早不在了吧？"也已年迈的张树贵看着手里周文志的旧相片，不无惆怅地感慨。

此时的张树贵已萌生不再做通讯员的想法。不过调职之前，他先换了个女首长，名叫何敏，是军队政治协理员，以前是新四军的干部，她两个儿子都在战争中失踪。何敏说："小张啊，你跟着我当通讯员吧，不行的话，之后等我找到一个新的接任你，你再不干呗。我最小的儿子比你大一点，你呀，就和我二儿子一样。"冬天冷，张树贵的衣服和被子都薄，没有多少棉花，何敏就让他盖自己的，还用美国毛毯给张树贵铺着做马搭子。她时常给张树贵买零嘴吃，有发下来好吃的，就给大伙留着，让张树贵随着吃，"你多吃点，不够再去要"。张树贵十分满足，自己委实已足够幸运，一口也没缺。那几年到处行军打仗的他，也没办法给家里的母亲写信。张树贵心里觉着暖，"她就跟俺老娘一样，跟俺老娘一样"。想到这儿，孤身在外的张树贵就红了眼眶。

1947 年底，华野三纵从永城地区向平汉铁路急进，以迅雷不及掩耳之势直逼许昌。天气渐冷，已有白雪飘扬。一片飞来一片寒，可张树贵他们还盖着二两棉花填的被子，穿着单薄衣衫。实在冷啊，那冷劲儿直往骨子里钻。许昌城中商铺遍地，战士们依然严守上级命令：不许拿百姓一针一线——主要就是不能去服装店拿棉衣。老百姓看着他们可怜，想把自家衣服拿出来，可战士们知道，部队纪律不能破坏，也只能拒绝。百姓们眼睁睁看着浴血奋战的战士们挨冻，心中实在不忍，就去找领导谈："俺们明白部队不拿百姓东西。可是这样，他们要冻死啊！好歹暂时穿一下，这都是俺们多余的呀！"好说歹说，百姓们或新或旧的棉衣才送到了战士手中。张树贵得到了一个小红棉袄，接过来，好像一个火红的暖炉，把它穿在军装里头，觉着可暖和了。几天后部队棉衣一运来，那些衣服又如数还给了老百姓。

### （三）硝烟战火中的白衣战士

张树贵终究是转去了第四治疗队，成为一名卫生员，开始学习护理、包扎，救死扶伤。战争中临时医院设备简陋，他们在农村找两三间房子当手术室，扫一扫灰，扯上纱布，消了毒后就开始做手术。张树贵本是一名看护员，年轻的他表现出了优异的学习能力，便被提拔做了护士，跟着医生一起做手术，做手术助手。后来被提拔为见习医生。

1948 年秋，部队行军到达济南，他们首先在北城区先炸开一个突破口，部队进了城，主攻普利门的街道。

攻入济南后，治疗队伍撤到长清区接受伤员。部分医务人员跟着一起上战场，对轻伤员就地治疗，进行伤口包扎；对重伤员，先从战场上把伤员抢救下来，转移到后方医院。轻重伤两边的工作，张树贵都要负责。

初生牛犊不怕虎。张树贵那时候觉得自己不怕牺牲，但当战争开始、枪声响起，子弹在耳旁嗖嗖飞过，恐惧的情绪难免冒头。顷刻过后，又不怕了，眼里只看着敌人在哪个位置，只顾着如何消灭敌人、如何掩护自己、抢救伤员，枪和炮弹的声音一时间竟听不见了。当战役结束，看到有人受伤死亡，想起不久之前近在咫尺的死神，后怕才阵阵袭来。

华野第二次解放开封时，已经进入了淮海战役。

1948 年 11 月到 1949 年 1 月淮海战役结束，大大小小战斗无数。在安徽符离集的战役中，张树贵他们在符离集南门外的一个庙里接收伤员，对他们进行治疗。后被敌人发现，敌机扔下一个大型炸弹，轰的一声，他的耳朵从此被震伤，落下病根。

不知道牺牲是什么概念的时候，他不怕牺牲；顾着信仰的时候来不及害怕；战友的伤亡会让死亡更真切，也会让信仰更坚定。

### （四）文化干事圆失学之憾

儿时，张树贵因临沂被鬼子占领而被迫从小学肄业，在部队也只能抽空自学。

解放战争结束后，战争的硝烟逐渐消散。1951 年前后，全国开始扫盲运动。他终于得以在济南一个中学继续学习深造，之后在部队做了一名文化教员，也算是继承了父亲的衣钵。战士们要学习半天军事课，半天文化课，由于文化水平参差不齐，因材施教就显得格外重要。他们根据之前的文化程度被分为文盲班、小学班、初中班。张树贵教小学班的文化课，教他们学拼音、写汉字。

### （五）年少不识愁，此间不别家

张树贵想起过去的战斗经历颇有一些感慨：那时候年轻，竟也不觉得想家，年长后却格外念家，时时惦记着家里生病的老母亲。

到了要成婚的年纪，别人纷纷给他介绍对象，有电影队的放映员，有教书碰见的学生，有部队上的士兵，等等。张树贵与别人“只要身体健康、成分好”的择偶要求不一样，对他而言，“外地的一律不行，俺家里有个老娘需要好好照料呢。”

1955年，在母亲的操持下，张树贵与16里路外安头村比他小6岁的刘玉梅结婚。行军在外的男儿实在身不由己，竟未能赶回参加自己的婚礼。堂妹张树青抱着一只大公鸡代他与新娘拜堂。好在年轻的新娘知书达礼，深明大义，并无丝毫怨言，既嫁于军人，便接受了一名军嫂可能要面对的分离、漂泊和独自操持的生活。

同年，国防部发布《关于组织预备役师命令》，先后在成都、武汉、昆明、兰州等军区组建预备役部队，接受预编了十几万预备役士兵。张树贵调到第二预备师第六团侦察连，带妻子到了成都，他先在工作队中监督营房建造的工程，后两次参加赶赴西藏平叛任务。

1957年，预备师被取消。摆在张树贵面前的有两条路：选择转到西藏政府工作，提升一级职务；或者在后方待命，复员转业。未经什么犹豫，张树贵报名复员，10月份就带着家属回到临沂老家，经安排在乡镇企业一个制修场工作。

次年三四月份，部队上来人找到张树贵，说：“现在情况有变，部队要全部转东北黑龙江开荒生产。你拿着复员证和我回去吧，回去就恢复原职，还做文化干事。”因为家中还有身体抱恙的老母亲需要悉心照顾，这次不能让她再在家中苦等，自己也不愿有“子欲养而亲不待”的遗憾。就此，张树贵下定决心，彻底挥别了军旅生涯。

1959年起，张树贵与妻子一同转业到临沂造纸厂，工作至退休。

1998年2月，刘玉梅去世了。君至天涯同君去，君归乡里共平生。纵后半生被肺心病相缠，可与夫君相濡以沫已足矣。在63岁的年纪离去，留张树贵独自怀念。

风雨如晦，鸡鸣不已。既见君子，云胡不喜？

## 四、俱往矣，望今朝江天寥廓

“我80多岁的时候，这个六楼一口气就上来了，都不喘的。”说起十几年前的自己，张树贵老人语气中不无得意。退休后，张树贵喜欢拉二胡，还得过山东民乐邀请赛二胡一等奖；爱好书法，擅长舒同体，最开心的莫过于听儿孙演奏民乐。平时自己注意锻炼身体，吃完饭还骑车去找牌友们打一会儿麻将。

平时，他和大儿子一家住在一起，儿孙绕膝。可惜在本该享福的年纪，身体却每况愈下。2011 年，张树贵患上血小板减少性紫癜，耳朵也愈发聋得厉害了。只觉身体一天不如一天，渐渐无法下楼，饭量也减少。有时在睡梦中会无故醒来，便在床边坐上片刻。他肠胃不好，便也不再进食别人眼中的美味珍馐。“人家都说要吃这个、那个特别有营养的东西，但我不这么想，顺其自然就行了。有些东西好像不是那么有营养，只要能吃饱、吃得舒服，那我就吃。再好再贵的东西，吃着不舒服都没用。”张树贵说。

任时光流淌，他品味并珍惜每个日子里的幸福况味。或许他与时间对抗的唯一方式，便是坐在案前，用回忆录的方式记下过往点滴。

2010 年，山东长清竖起了一面老战士纪念墙。上面镌刻着包括张树贵在内的数万名山东老兵的名字。“这些人，那些战友，都年纪大了，联系不上啦。我们这个碑，叫孩子们以后都去看看。”

张树贵爷爷翻开珍藏的相片，一张一张告诉我们：“你看，这也是我的战友，这是我，这是我儿子……”亦会特别欣喜地指着墙上的奖状说，自己的儿孙有多优秀。

他细细叮嘱着朴实的道理：“你们呀，要好好学习，将来成为国家栋梁，参与国家建设。可不能浪费时间！年轻人下功夫好好学习才有出路，国家才有希望、有前途。国家需要你们这样的人才。要再接再厉，上学十年寒窗是很重要，出来以后去实践也同样对成长很有帮助。”

纵然在和平岁月里，张树贵这个老兵时刻惦念着的，不只是自己的后辈，还有国家的未来和希望啊！

您怎么舍得，倏忽间，就离开了呢？

斯人挥手从兹去，那堪凄然相向，以长歌当哭。

但一个人真正的死亡，不以生命体征的消失为标志。

人们不会遗忘，有一位硝烟战火中四处征战的老兵，有一位温润、有书生气的特别可爱的爷爷，所有美好的期许以及传承下来的信念。

## 采访手记

很多再见之后是诀别，但死亡，还是来得太过直晃晃。

归途里我们曾约定日后再来，如今，却不知何处可往。

7 月 30 日下午，采访已结束数日。正在家中伏案整理材料，忽然看到有新消息，来自张冠军叔叔："老父亲于今中午 12 点 50 分去世……"

霎时，脑中嗡一声闷雷，心头像压了块儿石头，浑身动弹不得。原来，长歌当哭确实是必须在痛定之后的。笔者呆坐良久，打开视频回看当日采访情景……

7 月 23 日，笔者与两位朋友首次登门拜访老人。

先和张树贵老人的儿子聊了一会儿，爷爷大抵也听不见，穿戴整洁坐在一旁。见与笔者同来的一个朋友蹲着，就起身伛着背，颤颤巍巍地取来小板凳给他，还不时提醒笔者吃西瓜。

爷爷听不清，笔者就把想问的写在纸上。他每次要戴上眼镜辨认好一会儿，话匣子一打开就合不上。那些讲述，裹挟着临沂的乡音，沾带着老爷子谈吐间的儒雅，飘散于空气中，是连接起我们与尘封的岁月之间的桥梁，带我们回溯至峥嵘的往昔。

曾是敬佩但不能理解历史查证、采访工作的乐趣所在的。但在这次采访过程中，却真切觉得自己成了一个纽带，某种程度上，笔者不是完全的创作者，而是记录者，记存下某个时空里闪烁的碎银。

和爷爷相谈只有一天，粗浅了解其漫漫一生。此行于笔者，所得之物将伴日后余生长路。

那日见时，您精神矍铄。您的家人说，平日您总躺那儿睡觉，就那天特有精气神儿，谁承想隔日忽觉格外疲倦。几日后旧疾复发住院，而今倏忽仙逝。唯遗当日影像与一页叮嘱供我凭吊。

"好好学习，为中华民族的伟大复兴做贡献！祝你们三位同学将来成为国之栋梁！ 老兵张树贵 2019 年 7 月 23 日于临沂市兰山区小区。"

张树贵老人与志愿者交谈（苏晓东　摄）

# 山与川之间流淌的故事

## ——范华庆老人传记

郭志伟 北京师范大学 法学院 2017级

### 人物生平

范华庆，男，汉族，1919年9月20日出生，祖籍山西，家住山西省汾阳市胜利路税苑小区3号楼。中国共产党员，1940年参加革命，任汾阳县抗日民主政府财粮科副科长，隶属山西省新军决死纵队。参加过抗日战争、解放战争，解放后任汾阳县政府财政科副科长，后任峪道河税务所所长，1980年离休。1952年“三反”运动中入狱，被开除党籍，1979年平反。一生历经生死，兢兢业业，晚年家庭美满，儿孙满堂。

青年时期的范华庆（受访人提供）

### 一、陌上少年

他叫范华庆。1919年的初秋，出生在汾阳的一个小村庄。

这片黄色的土地，还没有受到战乱的侵扰，人们日出而作，日落而息，生活一如那祥和的炊烟。如同两个平行时空，千里之外的北京、上海，五四运动如火如荼地进行着，新民主主义革命悄然到来。两年后，中国共产党成立。

而范华庆，将会见证这两个时空的交织。

他是家中最小的孩子，有两个姐姐和四个哥哥。和他的哥哥姐姐不一样，父母对他十分溺爱。当他们到田间放羊割草时，范华庆都在村子里面和其他小孩玩耍。虽然生活很艰苦，但他总是吃得最饱的那一个。

父母似乎在范华庆身上寄予了很大的希望。8 岁那年，他们把他送进了私塾读书。农村孩子读书的很少，家里兄妹 7 人，也只有他一个人去上了学。虽说平日里没干过什么活儿，还喜欢调皮捣蛋，但他在学校里学习得很认真。有书读的日子是幸福的。范华庆每天背着书包，走过田间地头，到学校里读书写字，就这样，他度过了美好的童年。那时的他不会想到，这将是他前半生最平静的时光。

日子一天天过去了。5 年后，范华庆的三哥因病去世，家里也无法再负担范华庆的学费，于是，他结束了上学生涯，回到家中帮家里务农。

## 二、峥嵘岁月

1936 年红军渡过黄河，在汾阳这座小城留下了红色的火种。而在年仅 17 岁的范华庆的眼里，他们只是兵荒马乱时代不断变换的过客，并没有给他留下什么记忆。他只记得阎锡山政府在这块“白地”上大肆地宣传“共产党杀人如草芥，无论贫富皆可杀”的口号。他不知道共产党是什么，但他们似乎并没有传说的那么可怕。

不久之后，日军逼近晋西北。1938 年 2 月，日军占领汾阳县城，残杀群众，奸淫妇女，而阎锡山汾阳县政府和国民党守军早已闻风而逃。从此，汾阳县城成为日军在晋中平川屯兵的重要据点和进攻山区抗日根据地的军事基地。

1938 年 4 月，汾阳县抗日民主政府成立，驻头道川交口村。同年秋，日军血洗中共汾阳县委所在地南马庄，县委迁至关帝山三道川。

“我 1940 年就参加革命了，当时日本鬼子都打到村子里来了，每家得出一个人去当兵。”于是，正值壮年的范华庆投身了共产党的抗日队伍。起初，他被分配到抗日民主政府的公安部门负责警卫工作。在那个局势紧张的年代，县委和政府的工作人员除了做一些基本的行政工作，也要时刻准备上战场，因此，他们也有自己的队伍编制。

范华庆隶属于山西新军决死四纵队，这是中国共产党通过山西牺牲救国同盟会在吕梁地区组建起来的部队，是党当时在该地区可以直接指挥的主要军事力量，主要开展游击战争，打击敌人，协助抗日民主政权。

那段岁月是艰苦的，也是最难以忘怀的。"哎呀，刚出来工作的时候，条件非常差，只拿了一个棉袄，到了头道川没有住处，挖了一个土窑就住进去了。鸡犬还有个窝，我们连窝都没有。"范华庆在这个小土窑一住就是8年，无论春寒冬雪，从没有盖过被子。

投身革命的两年时间里，范华庆看到了共产党人抗日救国的决心。他们纪律严明，不畏牺牲，有着坚定的理想信念。那时的他相信，眼前的共产党一定能救中国。

1942年，范华庆加入中国共产党，调任抗日民主政府财粮科副科长。抗战时期的汾阳县抗日民主政府，在保护生产，组织群众抗日，为抗日部队筹粮和动员新兵方面发挥了巨大作用。作为抗日根据地政府负责财粮工作的同志，范华庆的任务繁重，肩上责任十分重大。"刚参加革命时，汾阳县政府就17个人，那时候党很困难，我们一直都是自给自足。刚开始是一人发一块钱，后来就发一袋小米。"在条件艰苦的山区，根据地政府的17个人，与日军晋西北大部队周旋了6年，从没有想过放弃，他们为着民族的解放运动牺牲着自己的青春乃至生命。

二十出头的范华庆，亲历了战争的残酷。有一次日军扫荡村庄，在窑子里一把火烧死了40多个人，当时革命政权的县长在村子里被日本人发现了，只好钻进茅房的粪坑里面把自己盖住，这才逃过了一劫。日本军队经常上山袭击根据地，范华庆虽然是政府工作人员，但日本人来的时候也得上前线，在抗战的几年里，他几经生死，依然坚持到了最后。

一年秋天，范华庆和几个同志在山上巡查，看见一队穿着与决死队衣服一样的士兵在路边生火做饭，他们高兴地上前准备打招呼，走近才发现是假冒决死队的日本兵。于是他们举起刺刀，和敌人血战，最后只有三个人活着回来，范华庆就是其中之一。

1942年，日军扫荡关帝山，决死队退守三道川，枪林弹雨中，一颗子弹从范华庆的胸膛穿过。那时的他，似乎看到了死神在向自己招手，周围寂静无声，他喉咙中冒出一股血腥味儿。

不知过了多久，他躺在草席上睁开了双眼。战火之中，他被乡亲们救起，当时的医疗条件不好，他们只是在伤口上敷上了草木灰。所幸的是，子弹没有炸开，也没有伤及要害，仅半个月后，范华庆就可以下地走路了。这或许是上天对这位革命青年的眷顾吧。

80 年后的范华庆回想起这段岁月，不无唏嘘。“日本兵死 1 个，我们牺牲 10 个，但是他们人少。1945 年日本投降的时候，日本兵也没回去几个。”老人语重心长地说：“要和平啊！不要战争，不要打仗。”这是一个战争亲历者对这个世界的期许。

在山中熬了 5 年，抗日战争终于胜利了，但范华庆期待已久的和平并没有到来。1946 年，国民党军队突袭中共在中原的集结区，内战遂全面爆发。1947 年，陈赓将军率领部队由晋西南挥师北上夺取汾孝地区，由决死四纵队主力包围汾阳。1948 年 7 月，汾阳全境解放。终于，范华庆走出了居住了 8 年的土窑，搬到了县城。

## 三、山河故人

解放战争进入第三年之际，解放军全面反攻，国内局势发生根本转变，东北、华北和中原地区相继解放。解放军准备南下的同时，南方各省市的干部队伍成了摆在党面前的一大难题。1948 年冬季，中央决定抽调晋、冀、鲁、豫老解放区的干部组建南方各省、市各级领导和干部队伍，动员组织南下接管政权，执行“向全国进军的命令”，配合人民解放军接收新区，开展工作。

汾阳解放后，范华庆仍然担任着县政府财政科副科长，但当时的科长兼任县长秘书，所以财政科的日常工作由他来主持。汾阳县抽调南征干部时，他的很多战友和同事都被派遣到了湖南接管政权，作为财政科的负责人，他留在了汾阳。南下的同志们经郑州、南京、汉口到达长沙，千里迢迢，跋山涉水，从此在那儿安身立命。这些南下干部后来大多成为湖南省政府的高级干部。

林平，是他的战友，亦是他的挚友。

抗日战争时期，他是县政府财粮科的会计。“林平是个书生，字写得好啊，就是胆子小。他打仗的时候，子弹上膛了，他都不敢打，只有我在那的时候他才敢打。”回忆起林平，范华庆边说边举起双手做瞄准的姿势，然后摆手笑道。

1948 年，汾阳县政府欢送南征干部（受访人提供）

1949 年，林平随着南征队伍去了湖南，范华庆在欢送仪式上和他道了别。那时的他们不会想到，这一别竟是 50 年。

茶几上有一幅湘绣，精巧地绣着两只鸟儿落在花枝上的图案，那是 1999 年林平夫妇从湖南回来时给他带的礼物。半个世纪的离别，那时的林平，已经是湖南省水利厅退休的厅级干部。

刘子良，是他的老领导，也是他出生入死的兄弟。

刘子良生于四川。长征时，他随红军来到了汾阳，便再也没有回去过。抗日战争期间，他加入决死队，在抗日民主政府中任财粮科科长，解放后任县财政科的科长。他与范华庆之间的故事，被平分到琐碎的岁月中，范华庆并不记得与他之间什么特别的往事，只是总说，他是一个好人。

离休后的刘子良搬到了榆次，但两人依旧经常联系。“过去他还在的时候，我和老伴经常搭车去看望他。现在他走了，我也走不动啦。”

耳畔频闻故人逝，眼前但见少年多。

故人笑比中庭树，一日秋风一日疏。

## 四、患难真情

解放战争胜利后，国民经济逐渐恢复，人民终于脱离了水深火热的生活。范华庆也从窑洞里搬到了县城，过上了安居乐业的日子。

然而，平淡的日子总是短暂的。为恢复国民经济，打击贪腐现象，1951年冬，党中央发出指示，要求把反贪污、反浪费、反官僚主义作为贯彻精兵简政、增产节约这一中心任务的重大措施。此后，“三反运动”在全国范围内普遍展开。范华庆，汾阳县财政科副科长，不幸地卷入这场风波。

“52年打老虎啊，我被当成大老虎，说我贪污，送进了监狱。”

这个抗战老兵，在头道川的土窑里住了8年，几年没有盖过被子，过惯了艰苦朴素的生活，对钱几乎不感兴趣，怎么会贪污呢？

事情还要从三年前的干部南征说起。1949年，南征的同志们需要经费，可战乱刚结束，生产还没有恢复，大家都在喝小米稀饭，县财政科并没有那么多钱负担。作为财政科的干部，范华庆为此焦头烂额，几乎想尽了所有办法，但百姓家连口像样的锅都没有，怎么凑钱？

解放前，阎锡山的部队在山上种了很多烟土。范华庆看着山坡上那些绚烂的罂粟花，并不知道它们就是残害世人的鸦片。他听人说这些花很值钱，于是找人把它们卖掉了。南下的干部带着这笔钱顺利出征了，范华庆也松了一口气。

然而，在“三反”运动中，他被举报贩卖鸦片、贪污腐败。找人买烟土的钱根本没有入账，知情的人也都走了，他没办法为自己辩解。于是在这场运动中，他被开除党籍，判处两年有期徒刑。这对年轻的范华庆来说简直是晴天霹雳，他不知道自己的未来该何去何从。

但令他欣慰的是，很多人都相信他的为人，相信他是被冤枉的。到了监狱之后，监狱里的工作人员一直保护和关照着他。他没有和犯人们住在一起，而是被安排到劳工宿舍。科长刘子良一直在外面各处奔走，向领导证明范华庆的清白。

不久之后，通过同事和朋友们的努力，范华庆出狱了。由于当时干部紧缺，他被安排到税务所工作，但仍然没有恢复党籍。被开除党籍的那几年，其他人总说，就算你没有党员这个身份，但你在我们心中永远是党员。远在长沙的林平给范华庆的来信中写道：“我们走之后让你蒙受这么大的冤屈，真的很对不起你。”这让范华庆感到十分温暖。后来的范华庆，也总是尽力地去帮助他人，并教育子女在别人有困难的时候要伸出援手。

1979年，党中央决定全面拨乱反正，范华庆平反的机会终于到来了。

南下的干部发来信件，向法院做了证，说那些钱都是他们南征时带走的。最终，法院进行了复查，对原审依据事实不予认定，改判范华庆无罪，彻底为其平反。同年，他恢复了党籍。

27 年的冤屈，终于洗净，这时的范华庆已是花甲之年。

## 五、齐家乐业

范华庆二十出头就参加革命，本已是谈婚论嫁的年龄，却不得不上了战场，把青春年华奉献给了民族解放事业。1948 年解放后，通过单位同事介绍，30 岁的范华庆认识了年仅 17 岁的卫芳卿。当时的卫芳卿还在汾阳实验中学上学，对于比自己年长 13 岁的范华庆，她一无所知，只是隐约带着崇拜之情，想知道这位革命英雄到底是什么样的人。

第二年，他们就在县城里结了婚，婚后育有一儿三女。后来，卫芳卿在汾阳学习拖拉机驾驶，成为汾阳第一位女拖拉机驾驶员。而范华庆出狱之后就一直在峪道河税务任所长一职，直至离休。他们之间的故事，依然是千百个琐碎而平凡的日子。

成家之后的范华庆，仍然一心只在工作上，逢年过节，都会骑着自行车到单位值班，几乎不在家待着。“他的家庭观念不是太重，心思都放在工作上了。家里的事情一般都不考虑，都是我母亲打理。”范华庆的小女儿如是说道。但范华庆的妻子和儿女从没有埋怨过他，他们知道，他的兢兢业业绝不是为了金钱和自己的前途，而仅仅是因为他的信仰与责任。在范华庆的所有的记忆中，大部分都是对党和国家的忠诚，对民族解放和人民幸福的期望。

但他是爱这个家的，说到一生中最幸福的事，范华庆说：“我最高兴的就是我有一个幸福的家庭，一群听话的儿女。”在范华庆的眼里，为人民服务与热爱家庭并不冲突。每一个值班的晚上，他都会惦记着家里的孩子是不是完成了功课，有没有睡觉。

离休后的范华庆居住在二女儿家，平日里由她照料。老伴已经逝世多年，但范华庆从没有感到过孤独，儿女们的陪伴让他的晚年格外幸福。他的后辈们大多已经走出汾阳城，去到了大城市乃至国外工作和学习。

2018 年是老人虚岁百岁之年，子孙都从各地回来为他祝寿。他的女婿为他写下了期颐之年的贺词：

回顾参加革命时，抗日烽火燃山西
与敌周旋山里转，曾经血洒吕梁山
春雷一声震天响，汾阳来了共产党
先是缴械日本兵，随后打败国民党
敲锣打鼓迎胜利，穷苦人民翻了身
国富民强生活好，我们家中喜事多
儿女尽孝各有志，孙辈六个大学生
北京东京汾酒厂，省城还有读书郎
顺心光阴飞如箭，百年弹指一挥间

今年年初，范华庆高兴地抱起刚出生的曾孙，在期颐之年，迎来了四世同堂的大家庭。

## 六、养性修身

经历过艰苦岁月的人，总会懂得安定生活的来之不易。虽然生活条件是越来越好，范华庆始终保持着艰苦朴素的生活方式。他把什么事都看得很平淡，亦不与人斤斤计较，对金钱物质丝毫没有兴趣，从不让家里置备多余的东西。他信奉着知足常乐的哲学，常告诫子女：“钱啊，离开它不行，但多了肯定不是好东西，不要贪钱！”

决定生命品质的，不在八九，而在一二。

范华庆的理想信念坚定，将美好的生活归功于党的领导，始终将共产主义当作自己的信仰，在战场上，在工作中，一直默默无闻地奉献着。多年来，他坚持收看新闻，关注时事政治。说到习近平总书记，他笑着竖起了大拇指：“现在生活好啊，社会治安也好，人民都能安居乐业。”

百岁之龄，必有其养生之道。期颐之年的范华庆喜欢看新闻，经常外出散散步，打打太极，他的精气神总是很好。他的生活很有规律，一直坚持早起早睡，在饮食上从不讲究，粗茶淡饭，不挑食也不暴饮暴食。经历过生死的他，心态一直很平和，这也是他长寿的秘诀之一。

“一生中有什么遗憾吗？”

“我这一辈子啊，问心无愧，也没有怨言。”

金庸说，人生百年，转瞬即过，只要一生行事无愧于心，也不枉在这人世走一遭。一路上有那么多生死离别，那么多暖心的瞬间，早已抚平了他历经风霜雨雪的伤痕。境由心生，平和的心态之于年轻的我们，更为重要。

## 七、和光同尘

有人说百岁老人是“最值得交流的人”中的首位，笔者深以为然。在一幅幅珍贵的老照片前，聆听着这位老人的百年沧桑故事。他的一生单纯又复杂，平凡而又铿锵有力。

他虔诚地守护着这片土地，希望这世界能够和平。尽管清澈的眼眸已经变得混浊，但他所追寻的信仰，并没有因为岁月的流逝而黯然失色。走过这漫漫的一生，他早已看透这浮世，心如止水。

他给我们的感动和启发是一瞬间的、无形的，就像一部电影。

人生路上，步履不停，我们总有太多来不及。“生命的尽头，不是死亡，而是被遗忘”，流星划过天空，请记住它曾经的光芒。

旷野星驰中的小河已经干涸，吕梁山下的故事还在延续。

## 采访手记

山路很崎岖，车身摇晃得令人眩目，我能感受到路上遍布的碎石。听完老人的往事，我们来到故事曾发生过的地方，远处的汾阳城依稀可见，那是一片一望无际的高原。这里是吕梁山脉中的关帝山，也是汾阳县抗日根据地所在地。

《说文解字》上说“川，贯穿通流水也”，大凡有水流的地方都会有平地。关帝山有三道川，我们翻过第一座山就到了头道川，两边的山郁郁葱葱，中间是向着小溪走向的平川，小溪已经干涸了，岸边种着各种庄稼。三道川曾是汾阳县委、抗日民主政府所在地，其旧址依然存留，路边有一些狭小的土窑。

笔者走到路边，向远处看去，范爷爷曾经在这里的故事如电影一般一帧一帧地浮现在笔者眼前，仿佛能看到他身着军装，意气风发，冲锋陷阵；也能看到在寒冷的冬夜，他蜷缩在土窑里颤抖，等待黎明的到来；还看到他与刘子良、林平在傍晚的院子里闲庭信步，谈笑风生。

从一个陌上少年，变成一个白发苍苍的百岁老人，温存着，回望着，这漫漫一生，有多少生死离别，多少人情冷暖。一杯水到底什么味道，只有喝过的人知道。

说起往事，他已然很平静，时而欢声笑语，时而语重心长，他总是能给我们带来无形的感动。经历过战乱的人更知道和平的珍贵，体会过生死的人总能心如止水。活到这年岁，历经多少坎坷，也看惯了离别，但老人的心里仍然清晰地记着那些人，那些岁月。

走过一段路，相遇一个故事，笔者是幸运的。

范华庆老人与志愿者合影（白紫璇　摄）

# 初心如炬度平生

## ——梁子清老人传记

石瑶 北京师范大学 政府管理学院 2018级

### 人物生平

梁子清，男，1924年3月29日出生，祖籍山西阳泉，退伍军人。1947年参军入伍，先后参与石家庄战役、太原战役、平津战役等多场华北解放战役，1951年1月赴朝参与抗美援朝战役，6年戎旅生涯，立下赫赫功名，1953年回国退伍复员。回乡后，一直于东梁庄供销社工作至离休。72载岁月，他初心如炬，淡泊名利，默默奉献，一身铮铮铁骨，一生为国为民。

梁子清老人照（石瑶 摄）

### 一、从军

梁子清老人幼年家中苦寒，常常是吃了上顿没有下顿。抗日战争时期，少年的他亲睹日军如蝗虫一般进村烧杀抢掠、无恶不作的卑劣行径，为民除恶的念头便深深地扎在他的心里，日本鬼子刚刚败逃，又开展了艰苦卓绝的解放战争。经过人民解放军几个月的不懈奋战，1947 年 5 月，阳泉解放，成为中国共产党在夺取全国胜利之前亲手创建的第一座人民城市！阳泉建市，家乡解放，街坊邻居敲锣打鼓，走到街上欢呼呐喊，欢乐的气息从厅厨蔓延到街巷，处处洋溢着胜利的喜悦。

讲到阳泉解放的那一年，老人家的眼眸微微抖动，挥动着手臂，不住地张合嘴唇，舒展那许多的沟壑，自豪与兴奋的神采被释放出来，仿佛回到了那一天。

也正是那年 9 月，他和村里 4 个小伙伴一起参军入伍。据老人回忆，当年的这 4 个人，一个半路做了逃兵，两位牺牲在军旅中，另一位是做炊事兵的，后来退伍回家了。“方便的话，我能问问您当时是哪支部队的吗？”梁子清老人一下坐直了一些，顿住身子，盯着笔者的眼睛：“我是六十六军一九六师五八七团炮兵营的”，这一长串的部队番号他一字不差地清晰吐出，“这个番号在当时国家要求保密，不能轻易向别人暴露的”。

梁子清参军照（受访人提供）

老人忆起当年，在解放北平前夕，人民解放军将北平城围困了七天七夜，围城七层，仅留出一个数丈长的突破口，120个黑洞洞的炮口霸气地停在那里。终于北平和平解放，驻京的原国民党部队整团整军整编入伍解放军，在每个连派一名解放军做指导员。人民解放军华北独立一师、独立二师整编，梁子清老人就在那时正式归入六十六军一九六师五八七团，并与部队一起，从北大楼返回太原。刚整编入解放军的国民党部队也乘坐火车奔赴太原，到榆次附近时，听闻他们准备策反解放军，解放军便立即修改作战计划，两个兵团（六十六军、五十五军）行至超出太原 120 里的地方，牵制地方支援力量，蓄积力量解放太原，其余兵力撤至后方，牵制国民党部队。梁子清的副连长在解放太原的战役中英勇就义，讲至此处，老人有些混浊的声音突然飘忽断续起来，他用手抹了抹眼眶，慢慢呼出那口气，继续讲述那场战役的惊心动魄。

## 二、死战

在包围太原的过程中，梁子清老人正在牢房处站岗时，突遇炮弹来袭，爆炸的轰鸣声由小变大，由远及近，甚至一颗炮弹擦窗而过，整个大地摇摇晃晃。他急忙开窗查看，发现这颗炮弹火线仍在，“上到脑袋里的血一下子回来了”，那炮弹深嵌入房间的外墙壁，这时的他松了口气，幸运地逃过一劫，连忙跑离现场。“幸亏那炮弹没着了，要不然我就没啦”，他拍了拍胸脯，胸腔里回荡他开怀爽朗的笑声。

太原战役中毒气弹投放很多，当时我军物资、财力有限，防毒面具数量少，战士多。如何应对敌人的毒气弹呢？足智多谋的他想到一个好主意：如果敌人放出毒气弹，而手里没有防毒面罩，就近取材，附近潮湿有泥，就用泥巴；附近无泥，就把水浇在地上，迅速把泥抹在口鼻处，防止毒气进入身体，危害生命。“我们的战士好啊，哪里肯把队伍里珍贵的水白白倒在地上，都用的是尿，水壶里的水都分着喝”，数次与死神交臂都未落泪的他，讲到此处情绪竟十分激动，热泪盈眶。这场旷日持久的战役，赢得艰难，赢得漂亮！

太原解放后，部队原本打算转战大同，后突闻大同和平解放的喜讯，梁子清老人便随部队向天津进发。

## 三、远征

1950年的冬天，正在天津驻军休整的梁子清所在的部队接到了重要任务。团长紧急集合，发布紧急出发令：“同志们！今天我们要出发，但行军至何处，武器有几何，我们一概不知，大家和家里通报一声，收拾一下，准备起程吧。”军令如山，许久未归家的梁子清又踏上了抗美援朝的行程，这一别就是几年时光。

1953 年 1 月，梁子清老人第一次遇险。当时，运送粮食、武器等物资的马车伪装藏在墙根，时任副班长的梁子清与一位战士一同上去取粮，耳边忽然传来轰炸机飞行的声音，全身的血液唰地全涌到脑子里，梁子清赶紧寻找掩体，一个猛子跳进马路边的沟渠坑道内。整整一天，天上的嗡嗡声宛如死神的低吟不时响起，梁子清死死地伏在地上一动不动，几颗燃烧弹伴着尖锐的啸声从低空掠过，带动的气流甚至擦着梁子清的身体呼啸而过，干燥冬季里肆意膨胀的火苗点燃了外穿的棉袄，他当机立断脱掉外衣，在坑道里来回打滚灭了火。挨到傍晚时分，天色渐黑，敌人的轰炸机终于飞走，可地上的战火仍在蔓延，三辆马车统统被烧毁，不住窜动的火苗仍在舔舐着马车的破败轮廓；同志们好不容易运送来的子弹、炸弹统统被引燃，向天空炸出一朵朵蘑菇云，响声不绝于耳……历经整整一天的匍匐，梁子清僵硬的身上覆盖了厚厚的一层灰烬和泥土，连里前来寻找的人误以为梁子清牺牲了。

“记得还有一次，是在（行军）那半中间儿的时候”，行军在陡峭的山峰，一侧是裸露的石壁，一侧是万丈的深渊，一条褐色的线沿着山路蔓延。冬日的午后，阳光温暖，徒添困倦。从天蒙蒙亮便已出发，沉默行军半日，机械地重复一步一步，梁子清已有些迟钝，眯着眼睛，轻拽马尾，想稍稍打个盹。忽然风变得凛冽，眼里涌入的光几乎让人睁不开眼，心生一惊，暗道不妙，赶忙后撤一步，一睁眼，发现自己刚才已到悬崖边缘，一脚腾空，再晚一步那后果将不堪设想。睡意瞬间扫空，与死神擦肩而过，抖擞精神，不敢再有半分懈怠。

讲到第三次遇险，梁子清印象更为深刻。“那会儿咱们部队一口气打过了三八线”，中央军委下令要求退至三八线死守。为了防止美军的反扑，我们的部队在过膝厚的雪地里守了三天三夜，绿色的军装就像扎在雪地里的松树，不曾动摇。为了抵御寒冷，将士们不停地在雪地里踏步、蹦跳，不让身体冻僵，也让自己保持清醒，从天地皆白，到一片昏黑，在这片树林扎了三天三夜，就这样，战士们以惊人的毅力守住了三八线。

终于踏上归程，队列行进途中，敌人的战机突然飞来，盘旋在队伍上空，俗话说得好，老兵经验多。浸润沙场多年的梁子清迅速观察和判断周围环境，几米开外，一丈多高的山崖下有一道干涸的水渠，他立即跳入，卧倒。许是察觉到水渠藏人，敌机突然急转直下，几枚炮弹呜呜地冲来，朝水渠俯冲呼啸，梁子清顿感不妙，拔腿就跑，以冲刺的速度跑离战机和炮弹瞄准的方向。身后惊雷响起，悬着的心迟迟不敢放下，“险啊险，当时那个危险哟”，老人拍着心口，仿若沉浸在回忆里一般，脸上仍然挂着逃过一劫的惊险。之后的行军好在无恙，这一路“最可爱的人”顺利返程，抵达东北。

在朝鲜的半年里，刀光剑影，炮火连天，有“铁的纪律”的志愿军，严格恪守“三大纪律八项注意”，尊重朝鲜当地的风俗习惯，坚决做到秋毫无犯。讲话和气，买卖公平，不拿老百姓一针一线，受到当地老百姓的交口称赞。“阿玛尼”（朝鲜语：妈妈、大娘）在志愿军部队离开朝鲜时，拉着志愿军的手，含着热泪说道：“中国沙拉米乔它（朝鲜语：好），美国沙拉美拿巴（朝鲜语：不好）。”

## 四、凯旋

从 1951 年 1 月到 6 月，从严冬到初夏，穿过积雪与草原，梁子清身上穿着的，一直都是那一件出发时统一配发的军绿色棉袄，缝缝补补，打满补丁。讲到这里，他突然笑了，说起回国后做的第一件事，竟是和战友互相掏棉袄里的虱子，“那时候啥念头也没有，就是痒痒，赶紧抓，那口袋里头，棉絮里头，一抓一大把”，老人家还伸出干瘦的右手比画着掏抓的动作，眉眼间已无刚刚的紧张，满是放松。到达故土，脱下旧袄，换上新衣，将满是灰尘与虱子的衣物抛进蒸笼，迎接国内和平安定的新生活。

当时，部队规定，排以上的干部回来后进行学习。当时已任排长的梁子清在学习结束后，面临两种选择：一是留在北京、天津担任当地的治安队长，负责管辖几百人的治安队，举家迁至京、津；二是退伍复员，按照当时的政策要求，凡是参加过抗美援朝战役的志愿军，退伍复员的地方可在全国范围内任意选择。当时上边领导几次三番推荐他去当时发展劲头十足的鞍钢集团。落叶归根。自 1947 年参军入伍的梁子清，六年戎旅生涯，六年未与妻儿团聚，思家心切，决意退伍回到阔别许久的家乡，婉然拒绝领导的举荐，选择扎根家乡。

烽火连六载，家书抵万金。参军离家时，那个伸出肉乎乎的小手轻轻捉他的手的小家伙仅仅两岁，复员回家时，学堂里聪明机灵的儿子已经能够紧紧搂着他的腰哭了。六年从军，辗转作战，远隔万里烽火牵引着心的，就是那寥寥的几封书信里的家长里短，妻子对家里老人的悉心照料，孩子的细心养育，给了枪炮中的梁子清最坚定的意志和最无畏的勇气。

## 五、制盗

退伍后的梁子清一直在郊区东梁庄供销社工作。1981年，离休后的梁子清又被供销社返聘回去工作。一日，正值梁子清和同事看门值守，深夜里突有一束灯光晃过，怕有贼闯入，两人迅速起身，出门察看，果然两个小偷趁夜色偷偷进入供销社，正在翻箱倒柜，企图实施盗窃。看到此景，梁子清急忙吩咐同班的年轻同事去锁住大门，不让他们逃跑。无奈同事胆小懦弱，躲在保安室里不敢出来。梁子清只好孤身上阵，抄起墙边竖立的铁锹，出门大喝："里面的贼，出来！"正欲动手，他犹豫了，"那会儿吧，又怕一下子打死了，得坐牢啊。"梁子清迟迟不敢先动手，却未料两个小偷手持大扳手气势汹汹地从室内冲出，径直向梁子清右臂上来了重重一击，来不及防备，梁子清的右臂已然骨折。他强忍疼痛，唤同伴出门帮忙，可同伴看到形势不妙，仓皇溜走，两个小偷趁机逃跑。开会晚归的村书记恰巧路过此处，连忙打电话上报郊区派出所，并同时召集村内的青壮年集合，前后围堵小偷。

乌漆麻黑的，他们哪知道往哪儿跑？两名小偷的路线南辕北辙，被区里赶来的民兵与警察抓个正着，关入看守所。谁料两名歹徒反抗强烈，竟趁民警不备，爬墙而过，夺枪而逃。此次出逃，惊动全市警力，全力追捕。正是秋收时节，两名歹徒藏匿在河滩边的玉米地里，负隅顽抗，几次警告无效后，公安人员用刺刀诱两人跑出，并开枪将一名歹徒的小腿打伤，最终将两人抓获。

梁子清见义勇为的事迹一传十，十传百，被众人所熟知，村里、区里、市里的领导几次前往医院探望，梁子清陆续收到了公安局颁发的表彰牌匾、区里发的奖励证书等多重表彰。

包容善良的梁子清，并未将同事玩忽职守、胆小先逃的情况上报单位，同事因此也未受到任何处分，保住了一席工位。后来，为表彰梁子清的英勇壮举，阳泉市郊区特颁发一枚"英勇搏斗，见义勇为"的纪念章，送至东梁庄供销社，此时的梁子清，已离休在家，不知那枚纪念章被谁克扣或眼红私藏，下落不得而知，真正的主人却未曾见到。

## 六、平静

今年已经 95 岁高龄的梁子清，精神矍铄，思路敏捷，记忆力尚佳，对当年的事记得清清楚楚。老人随身装着身份证，采访期间为我们展示的复员证和两枚参战纪念章，完完整整地存放在一屜小红木匣内，安置在储物柜的最里层。每个月的养老金、军人津贴、高龄补助，老人记得清清楚楚，悄悄和我们说，民政局每年给 90 岁以上的老人 1200 元，给 100 岁以上的老人 3000 元，老人不无调皮地说："我要多活 4 年，去拿 3000 元哩。"

每天晚上 8 点半睡觉，6 点钟起床，是梁子清老人几十年雷打不动的规律作息。起床之后喝一杯清水，夏天则饮一杯蜂蜜水，做半小时早操。早操是老人的独创，沿袭年轻时部队中习得的几套拳法，再加上一些简单、舒展的拉伸运动，一套早操下来，神清气爽，蓄积一天的饱满活力。

吸烟与喝酒，是梁子清老人迈过花甲之年后主动戒掉的坏习惯。年轻时，烟酒不离，到 60 岁后，主动戒掉，梁子清坦言："人老了，不能拿自己的身体赌爱好，烟和酒，对身体不好，该戒就得戒。"

老人不吃肉，原因得从小时候的一次经历讲起。去舅舅家过年，第一次吃到纯肉馅饺子，一次性进食过多的肉，不好消化，回家之后，大病一场，从此沾不得一点肉味。到部队以后，充分尊重战士的饮食习惯，为补充营养，以炒鸡蛋代替肉，退伍之后，再没吃过肉。现在的三餐也很规律，早上吃两个鸡蛋，一碗红糖米汤，中午一碗米饭，炒个素菜，晚上一块蛋糕或两块饼干，一晚小米粥。

## 七、砥砺

退伍不褪色，离岗不离党。在生命的黄昏，梁子清老人对共产党的信仰更加忠诚。作为一名老共产党员，作为一位光荣的解放军战士，梁子清对共产党员、对新时代的新青年有众多期望，希望生活在和平年代的青年，珍惜现在的幸福生活，每家的日子过得越来越好，希望我青年一代为社会多做一些贡献，积极奉献。

戴上红丝巾，拿上礼物，老人热泪忽然就盈满了眼眶，“这些年啊，在党和国家的领导下，生活条件有了大幅度改善，日子是越过越红火，党和国家也从未忘记我们，忘记那些牺牲在战场的忠骨。我啊要好好活，再多活几年，看着咱们这个国家，变得更加繁荣昌盛、和平富强！”

## 采访手记

多方关系辗转联系到的梁子清老人，23 岁参军入伍，6 年戎旅生涯，立下赫赫功名，先后参加华北解放战役与抗美援朝战争。复员之后，在供销社与盗贼斗智斗勇的传奇事迹更是津津乐道。

进得门来，95 岁高龄的老人家微微佝偻着身子，温和地请笔者坐下，轻轻地向笔者诉说。那些铁马冰河的岁月，沿老人的生动叙事缓缓展开，随之追索过去，在那个世界里，不闻蝉鸣，只见峥嵘。

梁子清老人及家属与志愿者合影（张萍　摄）

今年正值庆祝新中国成立 70 周年，采访一结束，笔者就投身于紧锣密鼓的国庆训练。仿佛冥冥之中的牵线，成长于新时代的新青年，以这样的方式与一名为祖国的建设事业奉献一生的革命老兵相识，穿越 70 载岁月，去感受那个时代那些青年的责任使命与社会担当。

犹记得老人在最后对青年一代的谆谆期望：生活在和平年代的新青年，要珍惜现在的幸福生活，我们生活的社会越来越好，我们的国家也在越来越强，希望我们为社会多做一些贡献，积极奉献。

采访结束，澎湃仍在。愿吾辈青年不忘前辈功劳，奋斗努力，不负时代！

# 几许报国心，抗争半生，济世半生

## ——杨规老人传记

杜悦颖 北京师范大学 环境学院 2016级

### 人物生平

杨规，男，1925年5月26日出生，家住湖北省荆门市。13岁外出求学，历经磨难，后参加抗战。解放后回乡务农遭奸人诬陷，被判至农场，后平反。60多岁从农场出来后行医治病20年，直至耳背严重，因收费低，未给子女留下任何家产。如今四世同堂，乐享晚年。

杨规军校毕业照（受访人提供）

### 一、少年心事当拿云

那是一个动荡的年代……

杨规出生于蒲圻县羊楼洞镇，一个以“砖茶之乡”闻名的地方。“全镇街道，以青石铺成，尚属清洁，惟狭窄过甚，沟中溪水，清澈见底，潺潺之声，不绝于耳，颇饶诗韵。全镇烟囱林立，颇具大观。”被运茶车辆碾出寸余深槽的石板，港口一排排“会呼吸”的吊脚木楼，曲折蜿蜒的小巷街道，这是杨规从小生活的地方。正所谓“羊楼古巷青石幽，洞庄百年木楼秋，千载修得茶香绕，观音泉韵洗风流”。踏入这片土地的人，茶香中，一颗颗浮躁的心都沉静下来。

与镇上的大多数人家一样，杨规的父母与合伙人一起做茶叶生意。茶厂在父母的经营下办得卓有成效，父母是当地小有名气的茶商。杨规幼时便爱看书，书中的图案和文字对杨规有着极大的吸引力，他一坐便是几个小时不动弹。“立身以立学为先，立学以读书为本”，少年的杨规从未离家，白天在当地的民办书堂上学，学习“执德不弘，信道不笃”“居处恭，执事敬，与人忠”的孔孟礼仪。傍晚放学归来，杨规便与弟弟在茶厂嬉戏打闹，或者与小伙伴们玩“打仗”的游戏，杨规必定是指挥的那一个，玩伴们总是信服于他。大抵是遗传了父母的经商头脑，少年的杨规头脑灵活、聪慧过人、成绩优异，经常受到教书先生的夸赞。母亲知书达理，见识长远，为人宽厚且不失坚毅，把家里打理得井井有条。吃完晚饭，杨规经常伏在烛光下的案头，听母亲讲杨家将的故事。杨规喜欢听母亲讲杨家将的故事，听杨家七子如何上阵杀敌，如何保家卫国，听那些令人心潮澎湃、激动人心的故事。从那时起，杨规便立志成为像杨家将一样精忠报国的忠义之士。“怒发冲冠，凭栏处、潇潇雨歇。抬望眼，仰天长啸，壮怀激烈。三十功名尘与土，八千里路云和月。莫等闲、白了少年头，空悲切！”不知不觉中，带兵打仗、从戎报国的壮志豪情已在杨规心底生根发芽。

## 二、学不成名誓不还

时值革命蓬勃发展，日本的魔爪伸入华北，事端频发，暴乱不断。1937 年 7 月 7 日，抗日战争全面爆发。此时，羊楼洞正在夏日的蝉鸣中熟睡。很快，宁静被打破了，四面八方传来的日军入侵的消息让杨规一家感到深深不安，这个仿若世外桃源的小镇瞬间充满恐慌的情绪。街坊邻里的异常举动，街道各处不知所措的言语，杨规哪能不知尸横遍野、百姓流离失所，国家已陷入危局的严峻形势，正在上初中的杨规有了这样一个念头：“我要学好本领打日本人。”捐躯赴国难，视死忽如归，日本军队的炮火炸毁了中国的土地，也重重地砸在杨规的心头。此时的他，爱国如家，愿与日本人斗争到底。知子莫若母，心如明镜的母亲给予了杨规偌大的支持，没有国，何来家。为了让孩子接受更好的教育，母亲托一位在山西做生意的远房亲戚将他带去山西求学。这是杨规第一次离家，离开父母，离开羊楼洞这个养育了他十几年的地方。他不是养在温室里的花朵，尽管心中有着不安与畏惧，那些天，他没有掉过一滴眼泪。终于到了离别的时刻，他笑着拜别父亲与母亲，踏上远方的列车，他不知道，将来等待他的是什么，他只希望，此时弥漫在祖国大地上的硝烟能早日散去。

新的居住地不及家乡湿润，空气被抽走了水分，总是干燥的。冬天总是刺骨的冷，凛冽的寒风卷着纷飞的雪，“初到山西，我确实很不适应”。安定下来后，杨规在亲戚的资助下顺利进入山西民族革命大学继续求学。虽是阎锡山办的学校，但当时正是国共合作时期，学校接受了许多共产党的办学理念，教员中的许多民主人士与共产党员，潜移默化地影响着杨规。政治、军事、革命理论，杨规努力学习知识，宣传抗日，他已经迫不及待地要与敌人战斗。那时的山西并不太平，不断有县镇遭到鬼子的袭击，日本人经过之地，哀鸿遍野。杨规每逢听到日军烧杀抢掠的消息，总是恨自己不能参加战斗。的确，那时的他还没有这个能力，关于作战，要学的还有很多。

又是一个寒风凛冽的冬夜，没有雪，杨规走在街道上，人很少，动物也很少。那天，和往常一样，他要回亲戚家吃饭；那天，血腥之气布满了整个羊楼洞。日本军队的炮火划过这个小镇的上空，一片片茶厂瞬间化为灰烬，街道上再也没有沁人的茶香，欢声笑语顷刻之间不复存在。日本人烧杀抢掠、无恶不作，百家商户家破人亡。幸得茶厂依山而建，杨规的父亲听到远处传来的枪声，组织茶厂的员工躲进了后面的深山里，才逃过日本人的杀戮。杨规走在一家家门店的屋檐下，对这刺骨的寒风毫无办法，心里默念着当天学习的内容，走进了这个革命的熔炉，杨规从来不曾有回头的打算。

各地的战争越来越激烈，炮火声几乎传遍了整个中国，到处销烟弥漫，战斗之地触目惊心。各方部队进驻山西，抗日的烈火一直在燃烧，杨规心中的烈火也一直在燃烧，他渴望学习更多军事知识，去与敌人正面较量。从山西民族革命大学毕业后，杨规打听到军校招生的消息，毅然决然离开山西，报考黄埔军校保定分校。这一次，他不再有那些无谓的感慨与离别的辛酸。杨规第一时间打听了军校的情况，并为进入军校做十足的准备。面对严肃的面试官，杨规毫无畏惧，他坚定地向面试官们讲述自己抗日的决心，态度坚决，他顺利地通过了面试，成为该校的第十七期学员，谁承想，当时的他不过是一个十多岁的少年。

人能尽其才则百事兴。杨规明白，只有努力向学，才能不断精进本领，只有经历过磨难，才能挖掘自己的才能。在校三年，他不愿放过任何一个学习的机会。校舍的走廊、窗前、食堂、训练场，只要能读书的地方，他一定会对着书中的知识钻研到底。杨规善于思考、深谋远虑，对于各种作战情形总能分析得头头是道，成绩优异的杨规颇受校方赏识。毕业后，杨规被分配到贵阳绥靖公署做文职工作。

## 三、敌人未灭不言家

只有经历过，才知道什么是战争。无数个夜晚，杨规辗转难眠，耳边时刻传来上报伤亡人数的声音，挥之不去。战友们在前方战场上流血牺牲，杨规无时无刻不在思考应敌之策。然而，再多的捷报也难以抚慰一丝心痛。抗战的那几年，呼吸的空气都是紧张的，令人窒息。“只要有人死，我心里就难受”，未收天子河湟地，不拟回头望故乡，抗战期间，他从未回家，不是不念家，只是国难当前，何以言家。杨规对家的记忆越来越模糊，离家十几载，不知归期，何曾想，少年一别，竟是见到父亲与弟弟的最后一面。16 岁的弟弟在躲避日本人追杀时，亲眼见到日本人残杀百姓的场景，受到了极大的惊吓，病死在床。父亲也因伤病在杨规 1951 年归乡前去世。

“我不是什么英雄，我只是一个兵”，没有一个日本人死在他的枪杆下，他也没有经历过战场的厮杀，杨规打的是一场脑力的持久战与心理战。1942 年，母亲从老家带着未过门的媳妇来到贵阳，漂泊在外的杨规终于有了自己的家庭。妻子是书香门第，知书达理、与人为善，结婚后夫妻和睦，母亲被照顾得非常好，这也让杨规少了些后顾之忧。

他像一只刺猬，从土里向外钻，他想，再探一点，再探一点，就能看见黎明的曙光了。1945 年 8 月，这个沉痛的国家终于从悲痛中解脱出来，举国上下，鞭炮声、鼓声，连成一片，到处欢声笑语。他终于等来抗战胜利的消息，或许，他终于可以睡个好觉了。

还没收拾好心情，在国民党任职的杨规就听到内战爆发的消息，一切总是来得这么猝不及防。自己人打自己人，杨规看清了国民党的虚伪与荒唐，本是同根生，相煎何太急，受苦的始终是老百姓。1949 年 10 月，贵阳警备司令部开会通知全体人员撤离到台湾，并以高官厚禄许诺。他坚决不愿背离祖国，自己参军本就是为了打日本人，保家卫国，现在要逃离这片土地，这算什么！杨规联系到潜伏在贵阳的共产党地下组织，表明自己的态度，并在共产党地下工作人员的安排下，冒着被抓后受军事制裁的危险，和母亲、妻儿分开躲在老乡家，躲避国民党特工的追捕，直到解放军进入贵阳。杨规回忆，虽然那时的自己无法每天见到太阳，躲在老乡家的那些日子却是异于平常的宁静与温暖。11 月，共产党的队伍在石部长的带领下进驻司令部，得到消息的杨规第一时间从老乡家回到司令部，向石部长交出了自己的国民党军官证件和盼望加入共产党军队的申请书，杨规受到了石部长的热情接待和表扬，得以继续留在司令部工作。因有着良好的教育背景与丰富的抗日经验，杨规受到上级领导的赏识，被派到外地学习。时值收到祖母的来信，得知祖母无依无靠、生病卧床的情况后，为孝敬祖母，杨规举家从贵阳回到老家，侍奉高堂。阔别十几年回到故乡，已不似当年光景，忆起当年种种，不由心生悲凉。可怜父亲被打成地主恶霸，回乡之时，父亲已经去世，年少离家的杨规已记不清父亲的模样。

## 四、悬壶济世报国恩

平反后孩子要接杨规离开农场，但农场领导一再挽留。杨规考虑到爱人身体不好，与孩子们生活在一起总归有个照应，于是接受了孩子们的建议，搬离了农场。之后，杨规申请了行医执照，决定将自己的一点医术奉献给社会，他想，受了共产党的恩，总该为百姓做点什么。六十多岁的杨规参加了荆门市卫生部门的资质考试，与之同考的是一群二三十岁的年轻人，大家对于这位老人的到来表示惊讶与疑惑。然而，这一群考生中，似乎那个已过花甲之年的老人最为自信，考试，他从未怕过。行兵打仗、指挥作战，杨规回忆起那些年的艰苦岁月，如今剩下的只有淡定和从容。说起那天考试的场景，94 岁的杨规满脸洋溢着骄傲的笑容，这位轻微失智的老人表现得像个孩童，原来，在他内心深处，竟是这样骄傲与自豪。

杨规在家附近开了家小医馆，规模虽小，看病的人却往来不绝。“忠于职责日理万机似觉少，廉洁行医额外一分也嫌多”，杨规能感众苦，行医收费一低再低，对外出打工、经济条件不好的病人不收钱或者象征性地收一点，“我受了政府这么多的恩惠，少收一点是应该的。”杨规擅长看皮肤病，有时农村一个队一个队的人结伴来看皮肤传染病，来的人多，连坐的地方都没有，他都是用事先配好的药相送，因此也交了许多朋友。行医治病是他的本分，就算搭钱在里面，他也乐此不疲。杨规行医 20 多年来，家里除了在建设街建了一个占地不到 60 平方米的二层楼的房子外，其他一无所有，直到今日也没有给子女留下任何家产。

杨规年近八旬时耳朵越发不好使了，这是日军炮火的轰炸留下的后遗症，这让他治病越发困难，常因听不清病人的症状而不能做出准确的诊断，在子女的一再劝说下，这才关了医馆。歇业后的杨规也不愿闲在家里，不经常活动筋骨总觉得浑身难受。他坚持每天行走万步，直到 90 岁，生活依然能够自理。

## 五、言传身教润后人

寒来暑往，时间的年轮轧出深深的皱纹，头发由浓密变为稀疏，再由黑色变为花白。杨规喜欢吃甜食，这一生受苦太多，老了总想吃点甜的。子女孝顺，对杨规的照顾无微不至。子女们说，这也是受到了父母言传身教的影响。当年在农场时，65 岁的母亲两眼失明，瘫痪在床，杨规的妻子端水喂饭、喂药，直到母亲去世，外人竟不知是媳妇，以为是女儿。母亲畏寒，家里没有取暖设备，冬天，杨规每夜起来两次，烧水灌进输过液的瓶中，让老人贴在身上取暖。如今，若非杨规习惯了部队的生活，坚持到养老院养老，子女们也不忍心让父亲离开自己的身边。然而，子女岂能不明白父亲的意思，可父亲的脾气，谁也拗不过。

子女的孝心，杨规看在眼里，4 个女儿从未让他操过心。三女儿因在农场时家庭经济条件不济过继给了表兄，四女儿，虽未接受良好的教育，一身本分、踏实的品性也是随了父亲。大女儿和二女儿好胜心强，从小就有不服输的精神，初中、高中也是住读，尽量不给父亲添麻烦，直到成家立业。大女儿师范毕业后，从教小学一年级开始，与学生一样步步升到教高中毕业班，一步一个脚印，勤勤恳恳教书育人，不做半点投机取巧，以优秀的教学品质成为了荆门市原教委第一副主任。二女儿脾气耿直，办事有头脑有主见，雷厉风行。在交通部门工作几十年、凭踏实的工作和优良的业绩，取得了上级部门几十次的表彰。在交通局退休后，现在 74 岁了仍在一家中型房地产公司任财务总监，至今已有 14 年。

读书、看新闻、养花……与大多数老年人一样，杨规过着宁静而平和的老年生活。他对历史十分感兴趣，闲时总爱和子女讲历史故事，他总说："人不能忘本，要知道你们的幸福生活从何而来。"养老院大厅的右侧是一条庭廊，摆着几张长椅与一些花草，杨规总爱坐在长椅上，看着对面的花草出神。

是谁惊扰了时光，是谁拖住了时间的脚步，在这一刹那永恒。文字道不尽岁月沧桑，诉不尽岁月年华，我们能做的，只是让世间留下一点他的印记而已，属于那代人的印记。

## 采访手记

这是市区的一家养老院，规模不大，60 多位老人在这里生活，杨规老人是其中之一。

踏入房门的那一刻，笔者震惊了。床上摆着各种材料，那是杨规老人的女儿杨奶奶准备的，照片、身份证复印件、老兵纪念章、平反证明……还有一封奶奶写给杨规老人的信。见到笔者，杨规老人笑了，有些激动。笔者连忙走近向他问好，杨规老人望着笔者直摆手，指着自己的耳朵，话里杂着些湖南口音："我的耳朵听不见，你有什么想问的，写给我。"杨奶奶搬来凳子示意笔者坐下，紧接着拿起老兵纪念章为杨规老人戴上，"拍照！拍照！"杨规老人看着笔者，眼睛有些湿漉漉的。

采访比想象来得顺利。笔者将问题写在纸上递给杨规老人，杨规老人看了问题总是斜坐着思考，一动不动。遇到想不起来的事，他便轻轻摇头，数着年数，手比成八字，“80 年了，记不得了”，那神情，小孩儿犯了错似的。杨规老人一口湖南方言，笔者有时听不懂，坐在一旁的李伯伯便细心解释，伯伯的话总被杨规老人的“突发奇想”打断，笔者与李伯伯哭笑不得。说到骄傲的事，杨规老人敲着脑袋，“我脑袋瓜子聪明”，一遍又一遍，十分可爱。

采访过程中，老人拿出那枚抗战胜利 70 周年时颁给他的老兵纪念章，一遍又一遍抚摸。“感恩共产党，感谢政府”是他对笔者说的最多的话。

时间过得很快，一上午的时间在不知不觉中溜走了。杨规老人的神情看不出一丝疲惫，交谈中一直对笔者说：“有什么想问的写下来，我看得见。”好像很久没有人这样与他说过话了。

杨规与志愿者合影（杜成科　摄）

# 星星之火，可以燎原

## ——颜贻交老人传记

林劲博 北京师范大学 哲学学院 2017级

### 人物生平

颜贻交，男，1925年12月27日出生，离退休干部。祖籍浙江省温州市，现居浙江省温州市平阳县山门镇文笔街2号。幼时参加游击队，成为交通员，为传递情报出生入死。先后在中国人民解放军浙南游击纵队、中国人民志愿军作战，屡立战功。退伍后，先后在南雁镇政府、东屿乡政府、山门镇政府工作，毕生爱岗敬业，为祖国和人民辛勤工作，多次受到表彰。

颜贻交老人照（林劲博　摄）

### 一、长空雁叫霜晨月

20世纪20年代那个寻常冬日，老人出生在浙江省温州市平阳县山门镇建坑村的一个普通农村家庭之中。这个家庭和那个年代绝大多数的农村家庭一样，没有厚实的房子，没有足够的田地，更缺衣少食，也要面临各种疾病，以及寒冬里萧瑟吹来的海风，一切都并不容易，但困难的生活就那样真实地摆在他们的面前。家族姓颜，按照当地的习俗，中间的字是辈分的象征，老人是“贻”字辈，然后再由父亲将名字定为“颜贻交”。新生儿响亮而富有活力的哭声并没有为这个家庭带来欢乐，相反可能是更加沉重的负担。

家境贫寒，经常食不果腹，新衣服可能直到过年才会有一件。这个家庭中有三个男孩，一个女孩，每个孩子都需要帮助家庭承担一系列的劳动。颜贻交就在这样一个环境下逐渐成长起来，很小的时候就跟随父亲下地种田，帮助父亲处理一些农活。因为家中孩子众多，又缺少金钱，他从小没有经受正规的学校教育，山间和田野，就是他最好的老师——连绵起伏的东南丘陵教会他去坦然面对人一生中的波浪起伏，广阔无垠的田野也培育着他宽广的胸怀。

一家六口人的生活并不长久，在那个贫寒而又疾病肆虐的时代，突如其来的饥荒或者流行病就能轻易夺去人宝贵的生命。颜贻交的两位哥哥相继去世，家里仅仅剩下他和妹妹两个孩子。15 岁的颜贻交突然就成了家里的另外一个顶梁柱，跟着父亲在田间继续辛苦地农作，以求能够填饱一家人的肚子。日出而作，日落而息，是他关于 15 岁之前全部的记忆。

而人生，也在他 15 岁那年发生了重大的转变——他这一生的波澜壮阔都源自 15 岁那年的决定。他忘不掉那个下午，一群拿着土枪土炮的人从他们村子里路过。他害怕是国民党的军队来抓壮丁，一直躲藏在家中不敢出门。但是那群人好像没有像从前路过的国民党军队一样四处抢夺粮食、牲畜，而是挨家挨户地递上传单，和村民友好交流。“咚——咚——”终于有人来叩响了他的房门，他踌躇再三，决定赌一把，打开了房门。门外的人衣衫褴褛，但是精神抖擞，见到他便向他笑了笑，递上了传单，“我们是红军游击队，欢迎加入我们。”说着，门外那人便继续向颜贻交介绍游击队，介绍工农红军，介绍中国共产党。颜贻交将信将疑地听着，不时频频点头，以表示他在认真倾听。介绍到最后，那个人说道：“大家都是穷人，我们就是要为穷人打天下，为穷人谋福利。”直到多年以后，这句话依然被深深铭刻在颜贻交的心中，成了他的初心，也成了他一辈子不懈奋斗的目标。可以说，这句话，彻底改变了他的人生。

游击队离开之后，颜贻交陷入了深深的思考，是在乡下继续难以保证收成的农耕时光，还是勇于参军，为一个更美好的未来而去奋斗，去冲锋陷阵？昏暗的煤油灯在夜空中不规律地闪烁，星星之火，就这样见证了他一个改变人生的决定。数日后，他安顿好家中的种种事项，带上干粮，毅然上山寻找游击队，加入了其中，成为一名真正的红军战士，也正是从这一天起，他的人生注定是为人民而不断奋斗的不平凡的一生。

## 二、雄关漫道真如铁

浙南，平西，这是一个有着悠久革命历史的地区，在这里，粟裕将军带着红军挺进师辗转作战，宣誓出征抗日；在这里，刘英书记冒着巨大风险，召开浙江省委第一次大会，宣告浙江革命的全新时期。

颜贻交加入游击队之后的生活也并不轻松。在当时，游击队的主要活动范围是平西的丘陵地区，在离他们仅仅几公里外的水头是平西、北港地区的重要交通枢纽，许多国民党军队在当地驻扎，并且在多个交通要道都设有关卡。青年颜贻交的主要任务就是作为交通员，利用自己年轻，像小孩子的样貌，穿梭在根据地和国统区之间传递情报。但是很不幸的是，在一次传递情报的过程中，他路过水头时被国民党特务盯上，随后便被秘密抓捕，关进了大牢。在监狱里，残忍的敌人对他实施了各种令人发指的酷刑，不断地鞭打，灌辣椒水，坐老虎凳……但是他咬紧牙关，坚决不透露组织的任何秘密——“不能说，打死也不能说。”多年以后，他回忆起那时的场景，眼中还是会泛起泪花，但目光依然如当初一样坚定。幸运的是游击队的领导们在发现他被捕之后，迅速组织力量成功进行了营救，使得他能够回到游击队继续他的革命斗争。

颜贻交加入游击队之后不久，国民党在抗战时期的第二次反共高潮爆发，震惊中外的“皖南事变”将国民党第二次反共高潮推向了顶峰，也进一步加剧了国共之间特别是南方的国共军队之间的矛盾。颜贻交跟随游击队辗转多地，躲避国民党军队的围剿，也适时出击，成功打击了国民党军队的嚣张气焰。

抗战胜利之后，解放战争又迅速爆发，为了配合各解放战场的战斗，各国统区的游击队在敌人后方展开积极的宣传扩军工作，并且根据实际情况选择合适战机出击，配合各战场的战斗展开。颜贻交所在的浙南游击队也与国民党军队进行周旋，不时有战斗的发生，游击队也成功拔掉了国民党的一个个据点，革命的星火已经逐步在瓯江两岸燃烧开来。到 1948 年 11 月 5 日，经过中共闽浙赣省委批准，中国人民解放军浙南游击纵队正式成立，浙南革命浪潮又一次被推向新的高潮。也正是在这一年，颜贻交经过自己的不断努力，终于成了一名共产党员。随后，颜贻交跟随部队继续参加斗争，在这段时间，他跟随“老海同志”（时任中共平阳县委书记的郑海啸）转战瓯江南北，到丽水进行剿匪，还曾经到宜山攻打大刀会，进一步宣传革命。到 1949 年春，瓯江南北广大的游击根据地已经基本连成一片，国民党军队被迫退守在县城和一些枢纽城镇。

1949 年 5 月 6 日，在经过多轮谈判之后，驻温州的国民党第二〇〇师师长叶芳召开大会宣布和平起义，温州这座古城也终于没有进一步遭受战争的摧残。5 月 7 日，根据之前双方拟定的协议，浙南游击队各部队进入县城、市集进行接收工作。颜贻交也兴奋地跟随部队离开了奋战多年的根据地，进入平阳县城，准备投身新一轮建设家乡的工作。他望着街上奔走相告的人们和随风招展的红旗，一股自豪感不禁油然而生，过去的一切都是值得的，那些在大山里与敌人周旋的日子，那些在黑夜里急行军的日子，那些流过的血、流过的汗，终于换来了一个崭新的家乡。他相信，在人民政府的领导下，这一片土地会焕发全新的生机，而他也可以用自己的双手耕种自己的土地，换来家人的幸福安康——这一年，他已经离开家乡快十年了。

但是天不遂人愿，仅仅几个月之后，几千公里外的朝鲜半岛枪炮骤响——朝鲜战争爆发了。这场战争来得突然，一切的进展都远远超出了人们的预想。颜贻交刚听到这个消息时，以为只是小规模战争，并且发生在国外，应该不会波及到国内，希望可以静下心来好好建设家乡。但随着战争迅速扩大化，一个新的人生转折点又这样横亘在了颜贻交的面前。

朝鲜战争爆发后，美国组建所谓的“联合国军”入朝干预朝鲜战争，在国内，中国政府也展开了大规模的宣传活动，以“抗美援朝，保家卫国”作为号召，鼓励青壮年积极参军，开赴前线，保卫祖国。

颜贻交在收听了几个月的新闻之后发现此次战争的规模已经远远超出了他的预想，多年的军旅生涯让他明白，没有国，何来家？一个新生的社会主义中国必然要面对来自帝国主义的新一轮围剿，而只有打赢眼前的这场立国之战才能为新中国的发展赢得一个真正良好的发展环境，才能有一个和平的中国，人民也才能安居乐业，过上幸福的日子。他望着自己的党徽，想起自己共产党员的身份，为国再次征战沙场的意愿变得越来越强烈。他叫上几个原来在游击队一起奋战的战友，找来一块白布，咬破手指，在上面写道，“共产党员，不畏艰难”——这是一位共产党员铁骨铮铮的誓言，也是一位忠诚的人民战士豪迈热血的宣言。他们数人把这块布交给了当地军分区负责征兵的领导，领导看到这块白布，不由感慨万分，迅速批准了他们入朝参战的申请。很快，出征命令就下来了，要求他们乘坐火车到东北边境集结，准备入朝参战，颜贻交回望这片20多年来从未离开的土地，难免有一丝眷恋，但是，离去，是为了更好的归来，也是为了这片土地更好的未来。

到达东北之后，按照上级的统一整编，颜贻交被分入了第三十八军的一一三师做一名排长，带领四个班50余人——这支三十八军也正是日后的“万岁军”，是一支在朝鲜战场上叱咤风云令敌人闻风丧胆的英雄部队。谈起跨过鸭绿江的时间，颜贻交的记忆非常清晰，“是1950年10月，上面下了命令，要我们连夜渡过鸭绿江。”接到命令之后，颜贻交所在的部队迅速开拔，绵延数十里的行军队伍穿梭在夜色之中，此去，可能便是一生一世不再归来。他转过头，望着河山故里，向南面的家乡深深鞠躬，“那时候，我们都已经抱定必死的决心，没有一个人打算活着回来。要么打赢，要么就死在朝鲜。”多年以后他依然如此强调，手臂挥舞，似乎依旧是那个走在队伍前面，指挥自己的部队迅速跟上的指挥员。

进入朝鲜以后，志愿军迅速投入战争，第三十八军接连参加了第一次、第二次战役。在第二次战役当中，颜贻交所在的一一三师更是发挥了其机动能力强、运动速度快的特点，用两条腿跑赢了“联合国军”的车轱辘，“我们就在山上走啊走，一整天没怎么休息，白天走，晚上也走，就在那里走啊走……”终于他们比美军提前5分钟占领了三所里地区，成功切断了南北敌军之间的联系，并且固守阵地，与敌人激战两昼夜，堵住了敌人多次疯狂的突围进攻。颜贻交回想起当时的场景，至今历历在目，“炮火和子弹就像下雨一样倾泻下来，都是子弹，但是战士们都不退后，就在那里勇敢地阻击敌军，过一会就有战友中弹倒地。我的仇恨更加涌上心头，我们就在那里，决不能后退。”

在战斗中，作为排长，颜贻交始终冲锋在战斗的第一线，指挥他的部队夺取一个个阵地，炸掉一个个碉堡，他在战斗中也多处受伤，但坚持轻伤不下火线，战斗到了战役的最后一刻。

在数次战役之后，中国军队已经把美军从鸭绿江重新赶回了三八线以南，颜贻交所在的部队也在三八线附近与敌继续展开激烈鏖战，阵地反复易手，炮火把土坡都削去了几米。朝鲜的冬天总是寒冷的，漫天的白雪让枪炮有时都难以使用。志愿军战士们缺少棉衣和粮食，但是为了战斗的胜利，他们心甘情愿地趴在雪地里，饿了吃炒面，渴了喝雪水，打退了敌军的一次次进攻。在三八线附近的战斗中，颜贻交带领其部队多次勇敢冲锋，夺取多个重要阵地，并且进行有效的防守，阻止敌人进攻，为一次次战斗的胜利做出了自己的贡献。他们背靠汉江，顽强阻击美军，使得美军难以逾越一步。颜贻交也两次被授予二等功，成了名副其实的战斗英雄。

1953 年 7 月 27 日板门店协议签订，双方实现停火，朝鲜战争告一段落。颜贻交根据上级统一安排，在 1956 年回到国内，随后，他决定递交转业申请，回到家乡工作。上级也同意了他的申请。颜贻交的人生又开始了崭新的华章。

## 三、而今迈步从头越

1956 年，颜贻交回到了阔别已久的家乡，在经受了数年寒风肆虐和炮火交加之后，他终于可以回到这片自己最热爱的土地重新开始自己的生活。上级领导经过多方面的综合考虑之后，决定将其委任为中共南雁镇委书记，负责统筹领导南雁镇的各项党建活动和日常工作安排。

回到家乡之后，他迅速投入到这全新的工作之中。因为没有接受过良好而系统的教育，仅仅只是在部队上学习了一些文化知识，他在刚刚投入工作的时候明显感觉到一些不适应，感到一切都并不轻松。但是他积极学习文化知识和中央各项讲话、政策精神，争取把中央政策和地方实际有效结合起来，为当地的百姓谋取更大的福利。在那个年代，由于物资短缺，买粮是一件很困难的事情，不仅需要金钱，还需要粮票，只有两者匹配才能购买粮食。当时颜贻交一个月只有 27 元工资，还能领到几十斤的粮票，可以满足一家人的基本生活需要。但是为了和群众一起面对困难，也帮助人民渡过难关，颜贻交在政府中带头将自己的粮票分给了有需要的困难群众。

随后，由于工作能力出色，他被调往其他乡镇继续工作，带领当地人民逐步脱贫致富，渐渐走上一条正确的可持续发展的道路。随后，改革开放的浪潮到来，温州作为改革开放的重镇，勇立潮头，极大地活跃了民营经济，促进了当地的经济发展和人民生活水平的提高。而颜贻交也积极落实政策，帮助当地群众自主创业，并且把当地的道路进一步翻修，促进了当地和外界的交流。

到了 20 世纪 80 年代，他深感自己已经对处理事务力不从心，新生代的年轻人也逐渐扛起了建设祖国的任务，并且朝气蓬勃，思想更为现代化。思虑再三，他又向上级请求辞去相关职务，把更广阔的天地让给了年轻人。“我们要相信年轻人，把祖国和未来交给年轻人去建设”，他回忆起那时候递交申请的场景，依旧不住强调，“时代要看年轻人。”

上级感动于他这一份对祖国热爱，对人民忠诚，毫无私心的赤子之心，在批准他的离休申请的同时，也表示将按“干部离休”待遇照顾他以后的生活。颜贻交回到自己在山门的故居生活，但他依然想要为他毕生热爱的家乡做出最后的贡献。他经常与来发放退休金的工作人员说：“我一个老头子，花不了这么多钱，你们拿去给有需要的人吧。”在不得不收下这份来自党和政府的关怀之后，他又拿这笔钱去救济有需要的人，由于自己吃了不少没有文化的亏，他特别重视教育，经常资助一些考上大学但没有钱继续学业的学生，并且捐钱给当地的各类学校进行进一步的建设。

每年到了寒暑假或者建党节、建军节、国庆节等特殊节日，他也总会受邀出席各种纪念活动，向年轻人讲述过去的历史，岁月的故事，他就像一支蜡烛，在岁月浸透之后，也依旧要燃烧自己，为尘世带去光芒。哪怕是在被人认为应该享受天伦之乐的晚年，他也依旧葆有最纯真的赤子之心，想要发挥自己最后的热量。

## 四、苍山如海，残阳如血

老人的一生是为国家，为民族，为人民不断奋斗的一生，谈起家人，他总觉得有一些亏欠。他在 15 岁便投身革命，多年没有回家照顾老母，在短暂的归乡之后又主动报名参加了抗美援朝，直到 1956 年才再次回到家乡。

颜贻交在家乡经人介绍和他后来的妻子成婚，婚后共育有一个儿子和两个女儿，但妻子也因病早逝，早早离开了他们，他工作忙，又难以很好地照顾儿女们。随着儿女的渐渐长大，他们也都离开了他，经常孤身一人在家的他也更加习惯把自己的热情投入到公益慈善事业当中，发挥着自己的余热。

老人给自己的儿子取名叫颜国胜——一个很朴实的名字，也饱含着老人一生当中对祖国的最炽热的忠诚。国胜，国胜，期待自己的孩子依旧能够为国奉献，为国奋斗，希望祖国繁荣昌盛，一路胜利前进。老一辈革命家的愿望总是朴实而又饱含赤诚的。此身，已许国，再难许卿。他始终认为他的一生为国家的繁荣昌盛奉献还不够，他还期许他的儿子，他的孙子，他的子孙后代们，都能为国家的富强而努力，而奋斗。

现在的老人依旧保留着当时在军队时的生活习惯，早早起床收拾洗漱，然后骑自行车到凤岭山下，再拾级而上，登山锻炼。凤岭山上，也是当地的老一代革命者们心底抹不去的回忆。粟裕将军带领红军挺进师在此转战，也在山顶宣誓出征北上抗日，直到他去世也不忘和身边人强调把他一部分的骨灰带回凤岭山安葬；刘英书记也带领省委机关在这里战斗，主持全省工作，甚至把生命留给了这片土地；平西的传奇革命英雄“老海同志”（郑海啸）也曾经在这里领导当地民众坚持斗争，毕生所求，便是百姓能过上幸福的日子……山上的“中国工农红军挺进师纪念碑”的大字历经岁月沧桑也历久弥新，老人时常会攀爬到此处，瞻仰留下的革命遗迹，回想过去的峥嵘岁月。而现在的凤岭山上，也是中共浙江省委党校平阳分校所在地，继往开来，我们，一直在路上。

老人的手依旧在挥动，两眼放射着光芒，他跟笔者不住地讲述过去的不易，又会突然拍打着笔者的肩膀：“现在的生活真的太好了，你们要珍惜啊，娃。”旁边的老式风扇依旧在吱吱呀呀，似乎也在讲述老人一生的功绩。正午的阳光透过窗户洒进小房，照射在墙上每一张表述荣誉的图片上，静默而又闪光熠熠，是老人在这个年纪最好的体现。

而谈起自己的养生之道，他则强调多吃蔬菜粗粮，这不仅有利于身体健康，也能鼓励自己忆苦思甜。同时还要坚持锻炼，才能始终保持身体的活动性。并且在力所能及的范围内尽量帮助他人，也有利于身心愉悦，延年益寿。

采访结束了，老人坚持要送我们一段，他的身手依然矫健，身子也算硬朗，陪着我们走了一段路，送到了村口。一路上可以看到，岁月给他留下了并不壮实的身体，也刻下了难以消弭的皱纹，但是那行走之中带着的军旅风度和身体里对祖国的忠诚之心，从未改变。

老人的一生也是一部中国近代史，他经历了这段岁月里所有的大事。生命的轨迹在日夜不息地向前延伸的时候也时常与国家、民族的命运交织。他的生命里，似乎有那样几个节点，使他不得不面对人生的选择题。而最终，他的选择让自己的人生闪光熠熠。在成长的岁月里，于我们年青一代而言，或许也会有这样那样的选择题突然出现，而要做的就是选你内心最遵从的那个，然后不懈地努力。老人总是强调，他只是一名普通军人，一名普通干部，他所做的一切都只是他希望去做的。他也总是强调，他那些在战场上牺牲，再也没有回来，再也没有看到新中国的战友们，才是真正的英雄。但是，笔者依旧认为，他是那个时代的英雄，他在那个年代奉献了自己的一切。而我们，在新的时代，所要做的，也是做好人生的选择，努力奋斗。

盛夏的阳光热烈而灿烂，洒在渐渐远去的老人的肩上，雕刻出一个闪闪发光的灿烂背影。远远望过去，依旧能看到那个光辉的身影。他是浙江省温州市平阳县山门镇的一位老人，他叫颜贻交，他告诉我们，什么是忠诚，什么是奋斗，什么是热爱。

他是那个时代当之无愧的英雄，他是人民的英雄。

## 采访手记

见到颜老先生的时候正是早上 9 点左右，颜老先生刚刚从山上锻炼完回来，正在家中看电视。一见到我们到来便热情地招呼我们坐下，在了解了我们的采访意图之后，便开始跟我们回忆起他的故事。

颜老先生出身贫农，对于小时候的回忆，他一直在不停地用闽南话重复，“穷，太穷了……”因为穷，他小时候没有吃饱过饭，更没有接受教育。在他 15 岁那年，党领导的浙南游击队在山门一带进行活动，在了解了党为人民谋福利的目标之后，他毅然决然地独自去报名参加了游击队。在参加了游击队之后他干过交通员、警卫员、班长等职务，和日军以及国民党进行持续斗争，随后还参加了抗美援朝战争，回乡之后从事地方工作多年。

笔者在采访过程中感触良多，面前的这位消瘦但精神饱满的老人有着如此光辉灿烂的履历，为国家和人民立下了巨大的功劳，为国家奉献了自己的青春和汗水，甚至愿意奉献自己的生命。而即使是在转业离开军队之后，他也在地方上继续为人民辛勤工作，担任了多个单位的干部，带领群众脱贫致富。毫无疑问的，颜老先生的身上是一个时代的印记，是对国家的热爱，是对人民的忠诚，他的身上有着老一代革命者们的光辉灿烂的精神，不屈不挠的斗志，让人不禁动容。

颜贻交老人与志愿者合影（受访人提供）

# 民族脊梁

## —周凤岐老人传记

陈丹丹 北京师范大学 法学院 2017 级

### 人物生平

周凤岐，男，1926 年 5 月出生，湖南常德天坪乡人，现居常德市武陵区丹阳路柏子园小区。原国民党党员，1942 年入伍，担任七十四军五十七师余程万师部上等通讯兵；1943 年 10 月，参加常德会战，同年报考黄埔军校并于成都分校受训，获少尉军衔；1943 年 12 月加入练习团第一营第三连第三排九班当上等学兵；1944 年 9 月在执法总队通讯排当上士文书；1945 年 8 月日本投降后，在中央训练团重庆分团学院大队三中队当上士文书；1947 年 7 月退伍回乡，之后一直在家随父亲驾船直到退休。

周凤岐老人照（陈丹丹　摄）

## 一、幼年求学

周凤岐老人于 1926 年 5 月出生于常德天坪乡，幼年接受了完整的传统文化教育。教育能够使人格健全，自身文化素养深厚的老人懂得学习的重要性，十分重视学习。刚跟周凤岐老人见面，他便嘱咐我一定要珍惜来之不易的学习机会。他告诉笔者，在以前的年代里，女生是不能读书的，是故他的两个姐姐就没能读成书。周凤岐有两个姐姐，两个哥哥和一个弟弟，包括他在内总共 6 个兄弟姐妹，但是因为家庭条件不好的原因只有周凤岐读过书。正是因为当时读书不易，他才格外重视来之不易的学习机会，并在他一直以来的生活中坚持学习，真正践行了“活到老、学到老”的理念。

与现在普遍在公立或者民办学校学习不同，老人 8 岁时开始学习的地方是私塾。老人是在一个家塾里读书，这个家塾并不要求缴纳定额学费，而是需要给私塾老师交粮食，而且考虑到家庭条件不同，缴纳粮食的数额不是固定的，家庭富裕的多交点，家庭条件差一点的就少交点。因为在一起上学的学生都是周围熟识的人，实在交不上粮食，大家也会互帮互助，帮着孩子凑粮食。塾师多为落第秀才或老童生，老人所在家塾的塾师是同一个村的熟人，还有点亲故关系。按照传统，学生入塾后由塾师个别教授。年幼儿童先识“方块字”，识至千字左右后，教读《三字经》《百家姓》《千字文》。亦有直接教读“四书”的。除读书背诵外，还有习字课。学童粗解字义后，则教以作对，为作诗做准备。“四书”读完后，即读“五经”，兼读古文，并开始学习作文。老人关于私塾的记忆与传统私塾的教学大致相同。他至今仍记得上课学习的是《诗经》《孟子》《弟子规》之类的儒家经典，可能受到改良私塾运动的影响，周凤岐除学习经典之外，也学算术这一类新式教学内容，拓展了其知识面。他学习十分勤奋，在私塾读书时，天不亮就读书、背书，为了加深记忆，晚上还要在昏黄的油灯下默写白天所读、所背内容。在进行采访时，周凤岐老人仍出口成章，随口背出了《诗经》中的《关雎》一诗，可见老人学习基础十分扎实，青少年时期所学的内容老了仍旧记得十分清楚。周凤岐老人深受优秀传统文化的熏陶，加上勤奋和天赋，有着深厚的文学素养。他 12 岁就跟着家族的姑爷为茶馆写茶名、写牌匾、告示来赚取一些零花钱，老年退休后，他还一直帮着小区里的邻居们写对联呢！

## 二、少年心性

周凤岐老人的小时候虽然没有电子产品，但回想起小时候的事情，仍记忆犹新、十分有趣、怀念不已。从民国到新中国，在没有电子产品、可乐和动漫的百年来，孩子们的游戏方式似乎没什么变化。这些一代代流传下来的经典游戏，主要有老鹰抓小鸡、丢手绢、打陀螺、打碑、打波、跳房子等，曾点亮多少代物质资源贫乏时代的孩子们的童年。不过在周凤岐老人小时候，丢手绢有另一个名称，叫“丢草”，游戏原理是一样的，只不过是因为那时候物质条件比较贫乏，没有手绢丢，一般都是丢随处可见的杂草。

在那个物质条件匮乏、人人难以吃饱的年代，不少顽皮的孩子曾千方百计地想要填饱自己那永远饿着的肚子，周凤岐老人就是其中之一。他小时候想偷偷为自己“加餐”，拿了家里的一点米，挖了一些家里的白菜，准备跑到家外做野炊，可惜“出师未捷身先死”，因弄到米之后将其放在上衣口袋里，晚上脱衣服的时候米一下子就漏了出来，被老人的姐姐发现了，本以为接下来一定会被重重惩罚，没想到父母并没有惩罚他，但从此他再也不做这种调皮事了。

老人小时候的生活除了学习和玩耍，有时还要帮助做家务事。虽然家务活辛苦并且无聊，但他也能从中发现乐趣。那时候孩子们都要挖黄花菜——用来喂猪，可能是饥饿的影响，老人发现用开水烫一烫这黄花菜，把它晒干、切成末后，这“猪食”也十分美味呢!

谈起小时候的事，老人十分开心，露出了笑容。但让他遗憾的是那时候的玩伴大多过世了，只有两个人与老人还有联系。说到这，老人觉得自己十分幸运，但同时又因为老友凋零而伤感。

## 三、军旅生涯：磨砺与担当

老人成长为青年后，在七十四军五十七师给领导做文书工作，负责制作工资表、传达信件和口令。七十四军被誉为“抗日铁军”，而五十七师尤以善守著称，代号“虎贲”，被称为“虎贲之师”。《书经》有言：“武王有戎车三百辆，虎贲三百人。”“贲”与“奔”同音同义，意为如同老虎奔入羊群，所向无敌。 由此可见五十七师声誉之高、责任之重。五十七师获得名誉与称赞的根本原因在于其军纪严明。根据老人的回忆，当时进出军营都需要对口令，口令不对是无法进入的。作为通讯兵，周凤岐每天的工作之一就是传达口令，没有交通工具，范围覆盖整个常德城，这些路程全都是靠他的双脚一步步走下来的。当时是固定津贴并且各个军队津贴水平都是一样的。一等兵、二等兵分档次发放津贴，他作为一等兵，当时的津贴是 4 元钱。尽管每月只领 4 元钱，他仍是尽心尽力完成工作，不敢有丝毫放松。

## 四、血泪惊魂：常德保卫战

老人所在的七十四军五十七师在历史上最浓墨重彩的一笔便是血泪交织，但又体现着勇气、责任和担当的“常德保卫战”。

常德保卫战于 1943 年 11 月 18 日开始，持续 16 昼夜，于 12 月 3 日结束。日军出动了 30000 精锐，而常德守军，只有第七十四军五十七师共 8000 人。战前，蒋介石电告第九战区司令长官薛岳和第七十四军军长王耀武：“一定要守住常德，驻军须与城共存亡。”随后又下达“不成功，则成仁”的训令，再次命令第七十四军第五十七师死守常德。师长余程万当即复电:“保卫常德，本师官兵，极感光荣，均抱与常德共存亡之决心……”七十四军五十七师的每一位士兵都用自己的生命践行了师长余程万“不许变更位置”“有一墙守一墙，有一壕守一壕，有一坑守一坑”“与阵地共存亡”的命令，实现了“与常德城共存亡”的诺言。血战 16 日之后，8000 守城勇士中 6000 以身殉国，2000 守城勇士受伤，他们用自己的生命换来了一场惨烈的胜利。

至今，当年英勇无畏的“虎贲之师”成员健在者屈指可数，现今 93 岁的周凤岐老人被称为“最后的‘虎贲’”。回忆起常德保卫战，老人仍记忆犹新。

据周凤岐老人回忆，战前，五十七师所有士兵帮助疏散百姓，不仅在沅江码头出动兵船，免费护送百姓渡河，还派士兵义务担运行李 30 里，不取分文报酬，有一名上等兵因索取了两块光洋的搬运力资，余程万师长得知后当即下令枪毙，并明令全师：“我们虎贲部队，一向就有良好的荣誉，决不能由一二个人断送殆尽……”疏散工作一直持续至 11 月 10 日才结束，此时常德城内已无居民。疏散百姓工作完成后，师长余程万鼓励全师官兵留下家书，交由师部军邮员带走发出。在生死存亡的时刻，周凤岐也向他的父母写了一封家书。虽说是家书，但老人说他和他的战友们都像是在写遗书，充满悲壮。在家书里，周凤岐向父母表达了与城共存亡的决心及对父母的不舍、抱歉，因为他的母亲知道打仗的危险，一直不愿意让他去参军，但在战争年代，没有谁能独善其身，他最终还是走上了战场，面对着随时可能到来的死亡。

周凤岐老人回忆说，整个战争过程异常惨烈，枪声、炮声、喊杀声响彻云天，火光、刀光、血光笼罩全城，早已不是陶渊明笔下与世无争的“桃花源”了，入目只见炮火纷飞、满城疮痍。战士们视死如归，以血肉之躯面对日军的空炸、炮轰、毒攻，与敌人殊死作战，直至同归于尽。每一个人都有一枪使一枪，无枪则使用刀矛或砖石木棒，与日军死拼，直至弹尽人绝。正因战士们英勇无畏，敌我双方虽实力悬殊但战况却激战胶着。日寇攻城不顺，遂展开攻心战，向守军空投招降传单，周凤岐老人现在回忆起招降传单仍是不屑，从小受到的教育让他确信：不成功便成仁。全城守卫士兵团结一心，誓要与常德城共存亡。但因为敌我双方实力过于悬殊，最终常德城还是陷落了。师长余程万眼见粮尽弹绝，援军久盼不来，便决定率残部突围，寻找并迎接援军。但周凤岐因故脱离部队，只能在城中躲藏求生再谋求出城的方法。据他回忆，他当时每天都要盖着尸体才能侥幸不被日军发现，并且日军会用手电搜索死人堆看是否有活口，甚至还会朝死人开枪。因为需要尸体作为屏障，他当时每天全身都沾满了尸体上的血。白天，他在躲藏之际只见数不清的飞机大炮、燃烧弹和尸体，满目火光、刀光、血光。甚至有人被炸弹炸飞，尸体挂在树上还在燃烧。冷血残酷的日本军人以虐杀守城士兵为乐，让士兵不能痛快一死，只能受尽折磨而死。老人回忆起日本军人折磨人的方法，仍觉得不齿和愤怒。他说当时日本军人会把牛蒙住，再点燃火，让牛冲到人群里，将人活活撞死。尽管逃生过程充满危险，可能下一秒就面临死亡，周凤岐还是在逃亡过程中杀死了两个日本军人。其中一个是日本军官，当时这位日本军官在强奸一名未得疏散的20多岁的妇女，被周凤岐撞见，他怒不可遏。尽管手无寸铁，但他以极大的勇气猛地夺了军官的刺刀，并向军官刺去，结束了这位日本军官的性命。第二个是哨兵，周凤岐在夜晚逃生时撞见了一位哨兵在打盹，尽管保存性命最为重要，手无寸铁袭击哨兵充满危险和变故，但回想起这些天来他所看到的日军的暴行与战友们悲惨牺牲的情景，实在不能说服自己悄悄逃生，于是趁哨兵不备，悄悄靠近，突然袭击，又结束敌人的性命。

尽管常德保卫战已过去多年，但回想起来，这段充满血与泪的记忆仍难以被抹去。周凤岐老人直到如今仍旧觉得自己成功逃生的经历过于幸运，每每回想起当年在常德保卫战中的所见、所听、所感，以及最后在日军眼皮子底下成功逃生的经历，都难以抑制自己纷杂的思绪和情感，文学素养深厚的他甚至为这段逃生的经历作了一首诗：

倭官兵哨夜宿营，
石刀刺命赴幽冥。
扑卧尸堆压在身，
阴曹地府走一程。

周凤岐家中摆放的光荣牌（陈丹丹　摄）

## 五、退伍后：精神犹存

脱离队伍后，老人开始在常德市航运公司驾船，周凤岐喜欢驾船这份工作。可别以为驾船像现在这样轻松，当时全是木制船，需要通过摇橹来使船，有时也使用撑杆，有风的时候也会借助风帆来省力。可以想象，当时驾船这份工作是非常辛苦的，水流湍急的时候就更辛苦了。遇上急流时，还要上坡拉纤，有时要拉纤走四五十里路，脚上起的泡都会磨破，就这样与风斗、与人斗。

## 六、伴侣子女：铁骨柔情

和旧时的多数人一样，周凤岐和他的妻子当时是经人介绍认识的，两人于1956年农历三月初八结婚。那时候家里比较穷，是租了三轮车接上新娘在船上结的婚。当时可没有“婚假”“蜜月”之说，据老人描述，他和妻子就近租了一间房住了一两个星期就上船工作去了，结婚时也没有办宴席，也没有钱买喜糖，只放了一挂鞭炮。妻子也是穷苦人家的孩子，能吃苦，结婚之前挑泥巴，嫁给周凤岐后就在一起生活。每天妻子负责做饭、掌舵，周凤岐则负责拉纤。周凤岐老人至今还记得一件关于老伴的趣事儿。当时新婚，因为妻子从未在船上生活过，在船上烧柴火一直烧不燃，最初都是他帮着点燃柴火。

周凤岐夫妻俩一共有5个孩子，现在在世的只有两位了。因为他们一家之前一直在船上工作生活，孩子们接触的最多的便是水，这也给他们带来了极大的危险。他们的两个孩子便都是溺死的，其中的一个孩子还是早夭。世上最悲伤的事莫过于“白发人送黑发人”，谈起死去的孩子，老夫妇俩的情绪都激动了起来，流下了伤心的眼泪。

周凤岐从小接受教育，从学习中受益良多，懂得教育的重要性，因此爷爷奶奶对孩子们的学习都是极力支持，培养所有的孩子读书到高中，然后支持孩子都到大学进修，现在他们的孩子们都十分优秀。

## 七、退休之后：犹可忆当年

尽管今年93岁高龄了，周凤岐老人的身体仍十分康健，这得益于他健康的生活方式。在运动方面，老人每天起床之后适当做运动，用自创的动作进行按摩，他对自创按摩动作这一事十分骄傲，主动向笔者示范了整套按摩动作；在饮食方面，老人饮食均衡，烟酒不沾；在生活作息方面，老人每天午睡1小时左右，晚饭后散步一小时左右，晚上八九点就睡觉，起得也非常早，早睡早起，生活作息极其规律。老人的休闲娱乐方式也十分有益，白天就到附近的老年大学喝茶、看报、练字。采访时，老人为笔者当场读了一段报纸，并写了字，确实声音洪亮，视力极佳，写的字也十分苍劲漂亮。

在采访的最后，老人说出了他心底的话，他很感谢如今社会对抗战老兵的关心，他很感动。并嘱咐笔者说，青少年一辈和老年一辈都要努力，为圆中国梦而努力，为实现习主席所说的新时代、新征程而不懈奋斗。

生命中的每刻都在发光发热，以大无畏的勇气、责任和担当为国家时刻出力，这是抗战老兵周凤岐老人的精神，也是千千万万个抗战老兵的精神。

## 采访手记

一见到周凤岐老人，他便对笔者说："一定要好好学习，女孩儿读书不容易，一定要好好珍惜读书的机会""你们年轻人一定要践行习近平新时代中国特色社会主义思想，为建设国家献出自己的一分力量"。听了周凤岐老人的话，笔者感到一丝丝震惊，因为之前从未接触过抗战老兵，未曾料到老兵的思想境界如此之高。

正式介绍之后，便开始了采访，老人看起来十分精神，回答问题时思路十分清晰，声音也响亮，让人听得比较清楚，精气神一点也不像已经 93 岁高龄。老人关于自己一生的记忆也十分清晰，很多细节都记得十分清楚，比如说一些人名、地名。

整个采访的氛围比较放松，老人也从一开始的稍稍紧张逐渐变得放松，渐渐沉浸在回忆中，并通过讲述让笔者也感同身受，似乎和老人一起经历了他勤奋学习、有时顽皮的少年时代，经历了常德保卫战中的炮火纷飞，惊、忧和悲恸，经历了退伍后辛勤劳作的中年时代，直到最后在老年时代颐养天年。老人在回忆他的一生经历中，对有些时刻仍有些情绪激动。在回忆起读书时天天刻苦的自己时，在回忆起战场上杀死两个日本军人时，在回忆起和奶奶新婚时，在回忆起早夭的孩子时……那些或甜蜜或悲痛或各种情绪交杂的瞬间，笔者意识到，那些时刻已经深深地刻印在了爷爷的骨子里，成了他这一生最深刻的记忆。

采访后，老人的儿子说，现在很少有年轻人愿意和老人聊天，听老人讲过去的事儿了，很感谢笔者愿意花时间来了解老人并帮他写传记。笔者想到 2015 年举办的纪念中国人民抗日战争暨世界反法西斯战争胜利 70 周年阅兵式，更加真切地感受到中国人民在世界反法西斯战争中做出的巨大民族牺牲，这些抗战老兵是中华民族在残酷历史中的脊梁，是过去那些不能忘却的记忆的保留者，甚至可以说是“活化石”，再不重视他们，可能那些宝贵的记忆就会完全消失。笔者懂得了采访百岁老人这个活动有多么重要，也十分感谢“西部基金会”能给笔者和其他志愿者们一个宝贵的机会，去和代表着历史的老人们面对面，听他们讲述自己的过去。笔者从这个活动中，从和老人的交谈中，实在是受益良多。

周凤岐老人与志愿者合影（陈丹丹　摄）

# 迷途归来，但求无愧

## ——凌雨庭老人传记

袁依玲 北京师范大学 教育学部 2018 级

### 人物生平

凌雨庭，又名凌雄，男，出生于1924年1月7日，家住湖南省株洲市。年轻时曾失足赌场，后洗心革面，参军入伍，成为一名建设兵，参与过“靖江分洪”工程，上过抗美援朝战场。一生有过两任妻子，第一任妻子逝世后，再娶，但第二任妻子也较早逝世，后独自抚养孩子长大。

凌雨庭老人照（袁依玲 摄）

### 一、春节前的希望

96年前的那个冬日，大雪覆盖了整个村庄，天空中还飘着片片雪花，一眼望去仿佛置身于雪的王国，静谧而美好；这时，一声啼哭打破了这份宁静，给这个雪的世界添了一丝生气——凌雨庭降生了。

他的降生给这个家庭带来了喜悦，但同时也带来了忧愁。一个新生命的诞生是希望的象征，但是这个一贫如洗的家庭已经有了7个孩子，虽然有的已是少年，可以帮家里分担家务，但有几个还是稚嫩的孩童；看着正在屋里嬉笑的孩子，又低头看着襁褓中的凌雨庭，一生务农的父母眉间有着散不开的忧愁。

春节只有半个月就到了，家里已经有了年味，床边放着几件缝补过的新衣——是给孩子们准备的，还有一件格外小的——是为这个刚出生的婴儿准备的。虽然一个男童的降生加重了这个家庭的负担，但是也意味着将来又多了一个劳动力。春节就要到了，在这个格外寒冷的冬天，这个贫寒的家庭仿佛有了新的希望。

## 二、课本中的世界

作为家里最小的一个，凌雨庭的童年还算是快乐的。哥哥们下地帮忙干农活，他就跟着在田地里玩泥巴，在水沟里摸鱼抓虾；姐姐们在家洗衣服，他也搬着自己的小板凳洗衣服，不过总是洗着洗着就玩起了水，衣服没洗成，倒是把自己身上的衣服都弄湿了；或者三五个小伙伴一起约好下河游泳，上山探险，整个村庄都是他们的游乐场。身上的衣服虽然破破烂烂的全是补丁，脚上也只有一双破草鞋，但孩子总是容易快乐的，在河里摸到鱼，上山捡到鸟蛋都是无比幸福的事情。

对凌雨庭来说，最快乐的时光莫过于在学堂的日子了。那时候，家里是没有钱供他上学的，但是好在有免费的学堂，可以教人读书认字；那时候还不叫老师，大家都称学堂里的老师为教书先生。教书先生有一把长长的戒尺，那是凌雨庭最害怕的东西。上学第一天，凌雨庭就见着了先生用戒尺打学生手心，学生被打得哇哇大哭，他也被吓得哇哇大哭，在先生戒尺的威慑下，他成了学堂里最勤奋的学生。先生教写字，他在家用石头在地上刻着写，用稻草蘸灰写，用水写；先生教读课文，他也在下面摇头晃脑地使劲读；背书他总是背得最快最好的那个，每次背完一篇，先生就会在书上画一个圈，然后布置下一篇课文，被他翻得掉页的课本上画满了圈。

两年后，因家境所迫，他不得不停学去帮人放牛，以减轻家中的负担。在学堂里的两年，是凌雨庭最充实的时光，他从课本上、先生口中，认识到了比这个村庄大很多很多的世界，课本里的世界令他心驰神往。

## 三、几经波折

离开学堂后的凌雨庭当了很多年牧童，每天都带着干粮上山放牛，太阳落下时才能回家，在牛背上的日子风吹日晒，晒得他皮肤黝黑；他去学过缝纫，也学过泥工，但因为种种原因都未能学成。

他去别人家中做工，任人使唤；去白关乡公所当过乡丁，在公所里当差；去河栈中当搬运工，每天累得腰都直不起来。那几年里，他辗转各行各业，渐渐地由一个稚嫩的少年蜕变成了一个成熟稳重的青年。

后来，在表兄的担保下，他进入了火车装卸第五分队工作。火车装卸工作是十分辛苦的，每天他和工友们要徒手搬运几十吨的货物。“吱啦——”随着火车到站的刺耳的声音响起，他们就要开始自己的工作；尤其是到了夏天，经过太阳暴晒了几个小时的车厢俨然成了桑拿房，工作不一会就挥汗如雨，后背的汗液也渐渐打湿了衣服。工作虽然累，但他还是咬牙坚持着，因为一家人还指望着工资补贴家用、维持生计。

## 四、风雨飘摇

1944 年，在工作基本稳定后，他经人介绍认识了自己的第一任妻子，并与其结婚。

可惜好景不长，结婚没几个月，日寇大举犯湘，受到日寇的影响，铁路大面积瘫痪，凌雨庭也因此失去了工作，不得不再次为了生计四处奔波。俗话说“屋漏偏逢连夜雨”，他父亲在此时患上了痢疾，四处求医也无力回天，在这个风雨飘摇的时节去世了。失业、治病、父亲去世，给凌雨庭莫大的打击。家中四哥因妻子去世郁结于心，患上了肺结核；偏偏此时五哥跟随部队参加远征军，去了缅甸，杳无音讯。一切的担子，都落在了刚刚成家的凌雨庭身上。

战争的年代总有一些趁乱作恶的人，当地就出现了一个川子会，四处兴风作浪。凌雨庭刚开始不屑与他们为伍，却遭到川子会的刁难，谋生时四处碰壁，家中的情况越发糟糕。为了刚出生的孩子，也迫于环境压力，他不得不加入川子会。同一年的冬天，他参加了国民党第一集团军抗日谍报组，但是谍报组的工作私密性很强，并且收入很少，为了维持整个家的生计，他退出了谍报组，去了盐矿工作。

盐矿是日本人管理的，把他们当奴隶一样对待，每天早上 5 点就要起床干活，到半夜还不能休息，常常有工人在工作时累晕，并且晕倒后盐矿的负责人也不会管，都靠好心的工人们合力将他们抬到阴凉地休息，进行一些简单的救治。为了拿到那份微薄的工资，凌雨庭咬牙忍受着那非人的虐待。

在被日寇折磨了近两个月后，凌雨庭的身体和心理似乎已经达到了极限，加上川子会的诱导，他那最后一丝与现实斗争的勇气也没有了。他从盐矿逃回了家，放弃了那维持一家人生计的工作，也放弃了那不向命运低头的自己。从那以后，他没有再出去工作，除了在家料理家务以外，每天无所事事，过得浑浑噩噩。

在家闲来无事，他就迷上了赌博，久而久之，成了远近闻名的赌徒，而家中的收入也大多都是赌博赢来的钱。不过赌徒常常是多输少赢，他为了防止自己输，便开始出老千，在当地还流传着他能听色子识点数的传言，但其实只是一些老千手段。这些手段毕竟只是障眼法，有时也会出现一些破绽惹人怀疑，慢慢地，越来越多的人开始怀疑他使诈，又因为常年混迹于赌场，他的名声也越来越差。

## 五、新生

1949 年，是新中国迎来曙光的一年，也是凌雨庭走出泥潭的一年。

在赌场和川子会之间混迹的凌雨庭对这种浑浑噩噩的生活感到厌倦，看着家中以泪洗面的妻子和饿得瘦骨嶙峋的孩子，他下定决心要与这样的自己说再见，要开始新的生活。他与川子会决裂，不再进出赌场，开始四处寻找工作，彻底地告别了过去的生活。当时全国革命进入最终阶段，全国各地都有起义部队开展解放战争。或许是老天也想给凌雨庭一个改过自新的机会，因为一个偶然的机遇，他改名凌雄，投军于长沙起义部队。

在回忆到这一段日子时，老人的眼中闪烁着熠熠神采。他告诉笔者，他这一生本来应该是平凡甚至是堕落的，但是因为成为一名军人，他一生的轨迹完全被改变，让他平凡的一生也闪耀着光芒。

凌雨庭没有成为在战场上厮杀的战士，而是一位在后方保证战场所需的建设兵，修桥搭路，保障前线所需。轰轰烈烈的解放战争解放了一个又一个城市，凌雨庭入伍没多久，毛泽东主席在天安门庄严地宣告新中国成立，全国性的战役基本结束，只存在一些局部的小型战斗。新中国成立后，他作为建设兵去往全国各地支援建设，为新中国的事业奉献着自己的光和热。

为了提高荆江河道安全泄洪能力，缓解与上游巨大而频繁的洪水来量不相适应的矛盾，1952 年春夏之交，荆江分洪工程全面启动。凌雨庭跟随部队由广西来到湖北沙市，参与荆江分洪工程。这次工程得到国家领导人的高度重视，毛泽东主席为工程开工题词："为广大人民利益，争取荆江分洪工程的胜利"；周来恩总理题词："要使江湖都对人民有利"。当时工地上一片欢腾，大家战斗的热情高涨，凌雨庭在工地上激动得涨红了脸，暗下决心一定要发挥自己最大的作用，为人民谋福利。

当时在工地上运输工程所需的材料和物资是十分困难的，没有现在的先进设备，都只能靠人力运输。为了保证材料按时到位，确保工程能够如期完成，凌雨庭和战友们用斗车运输材料，经常有因为推得太快而摔跤的情况，一天下来手臂因为用力过度而涨得通红。在黄天湖排除淤泥的工程中，他基本上是撑到极限才会去休息，九天八夜的奋战，他晕倒了好几次，但一醒来就会重新投入奋战之中。他想要摆脱之前那个浑浑噩噩的自己，他更想要对得起自己现在军人的身份，想要为人民奉献自己。工程提前 15 天完成，凌雨庭看着这个可以守护一方人民的工程，觉得自己这一段时间的辛苦都是值得的。在这次荆江分洪工程施工中，他因表现出色，荣获二等功一次。看着那枚象征着荣誉的勋章，他有些不知所措，他双手颤抖着接过那枚沉甸甸的勋章，心中五味杂陈，有兴奋、有害怕、有紧张……那枚勋章仿佛象征着他的新生，让他更加坚定了为国家、为人民奉献自己一生的决心。

说到这，老人飞扬的神采过后，一丝落寞涌上了他那历经沧桑的脸庞，他告诉笔者，他最遗憾的就是，那枚给了他重新来过的勇气的勋章，没能保留下来。

勋章虽毁，荣誉不改。

## 六、扫盲

荆江分洪结束后，凌雨庭随军开赴海南岛，部队进行修整扫盲。上过几年学堂的凌雨庭，成了几个为数不多的识字的战士。在部队中，有很多人不知道自己的名字怎么写，也不知道亲人的名字。看着那些因为不识字而联系不到家人，也不能给家里人报平安的战友内疚而自责的脸，凌雨庭的心中很不是滋味。他主动提出教大家识字，平日里大家来向他请教他也毫不吝啬，耐心地回答大家一个又一个的问题。

当时部队里的情况很糟糕，有接近一半的人都是文盲——一个字也不认识，有的仅仅认识自己的名字。为了解决部队中的这种情况，凌雨庭配合部队要求，从最简单的字开始教。一开始大家学得很慢，一个字可能刚讲过就忘了，但凌雨庭没有丝毫的不耐心，大家不记得了，他就重新再讲给大家听，还会编一些小口诀帮助大家记忆；有的人不耐烦了，他也会耐心劝导，用他朴实的话语给大家分析利弊，给大家加油鼓劲。

慢慢地他成了大家公认的老师，大家碰到不认识的字，不理解的词语都会来问他。看着大家认识的字越来越多，有的还能看报看书了，凌雨庭的心中暖洋洋的。

## 七、炸不断的钢铁运输线

凌雨庭所在的队伍在海南岛休整扫盲不久，队伍收到返回的命令，每人领了一件大衣后，直开东北兴城。在发棉服时，才宣布："我军迎接了最艰苦、最光荣的任务——抗美援朝。"抗美援朝？凌雨庭心中有些忐忑，但更多的是激动，他心想：终于又有机会可以发挥自己的作用去报效祖国了。那时候抗美援朝战争已经进入白热化的阶段，战场上凶险无比；他知道战场上有多残酷、多危险，但就是怀抱着一颗报效祖国的心，他义无反顾地投身于抗美援朝战场。

在每一件棉衣中，放着三角巾、急救包、慰问信，他就带着这些简简单单的东西奔赴战场。他前往战场时，正值冬天，零下 40 摄氏度的气温是凌雨庭从未经历过的，一路上他咬牙坚持着，决不拖累队伍。跨过鸭绿江后，他所在的队伍与江西上饶铁道工人结合，负责铁道抢修与新修的任务，以减轻敌机封锁的压力，促使铁路运输无阻，保证前方物资供给。在中国人民志愿军赴朝参战期间，所需军事物资和几十万大军的给养全部依赖国内供给，因此，在敌人狂轰滥炸下保证铁路和公路的畅通，把这些物资及时运到前线，就成了十分重要而艰巨的任务。“大军打到哪里，铁路就修到哪里。”在朝鲜战场上，凌雨庭和战友们用血肉铺就了一条“打不烂，炸不垮”的钢铁运输线。

虽然不是在前线，但是他所面临的危险一点也不少。当时敌人策划了空中封锁志愿军后方运输的绞杀战。绞杀战，顾名思义就是美军依仗空军优势，以绝大部分空军和海军航空兵进行长时间毁灭性轰炸，达到切断志愿军后方交通运输线，破坏志愿军前后方联系，削弱其作战力量的目的。凌雨庭和战友们要在敌人狂轰滥炸下保证铁路畅通，这也就意味着，他们时刻在和不知道什么时候会落下的炮弹争夺铁路，当然这同时也意味着，不知道什么时候炮弹就会击中他们；并且，晚上也不能安然入睡，每天都必须有人值班，如果在晚上听到轰炸机的声音，他们就要迅速警戒。说不害怕是假的，但是责任与荣誉一直刻在凌雨庭心中，帮他克服重重困难，让他在高强度的任务和高度紧张的压力下坚持下来。

逢山凿路，遇水架桥，他前无险阻；风餐露宿，沐雨栉风，他前无困难。

## 八、但求问心无愧

抗美援朝战争胜利后，凌雨庭接到新的任务——全力协助朝鲜人民战后重建家园。

当时朝鲜人民对他们很热情，经常给他们送自己缝的衣服、鞋子等日用品，还会给他们拿吃的；但是凌雨庭从来不拿百姓的一针一线，在他心中，他认为一名军人应该是苦自己而不是苦百姓。刚刚经历了战争的朝鲜人民的生活是十分艰苦的，他同情并且心疼那些生活在水深火热中的百姓，他又怎么会收百姓一点点省出来的东西呢？

1954 年，凌雨庭奉命与部分同志回国，待河南漯河一带洪水退去后，他们从东北凤城乘车直达湖南衡山石湾镇，在志愿军转建十团学习到 9 月底。本来归家是一件值得开心的事，但是当他回家时，他的转业证和生活补助费都被扣下，以至于他回家后并没有得到应有的资助。在部队中经历和学习了这么久的凌雨庭早就不是当时为了这些东西斤斤计较的毛小子了，他不在意这些身外之物，只希望自己做的一切能够问心无愧。

他从部队归来不久后，他的妻子突患重病，不治身亡，那时他便开始独自抚养孩子。1956—1957 年，群众选他记全队各户的劳肥；修水库时，又选他当总务。虽然当时家中情况很糟，又有两个孩子需要他抚养，但是他从不以公谋私，从不利用自己的权力来改善家中情况。他认为做人要讲良心，群众选他当总务，他就要对得起大家的信任，不能辜负大家的厚望；并且，当兵的秉性一直保留在他身上从未变过。

凌雨庭平时工作很繁杂，又要照顾孩子，根本忙不过来。1958 年，他经人介绍与第二任妻子结婚，家务便由妻子操持，他在外工作。饥荒、水肿病、社会动荡这一个又一个的困难凌雨庭都一一承受着，他不过多辩解，默默地做好自己分内的事。

可惜命运总爱和他开玩笑，当一切都慢慢好转的时候，他的妻子被人打伤，抢救无效去世。当时的凌雨庭已经 51 岁了，此后家中的一切重担就压在了他一个人身上。给三个女儿找夫家，给唯一的儿子娶媳妇，凌雨庭一点点规划着，看着自己的孩子一个个成家立业，他觉得自己再苦再累也是值得的。

回顾半生，起起落落，但他如今只求问心无愧。

## 九、千帆历尽是暖阳

说到现在的生活，凌雨庭满心都是感谢。

“现在的生活真是太好了，以前哪有这么好的房子住，哪能每天吃得这么好，这都要感谢国家，感谢共产党。”

凌雨庭老人现在和儿子住在一起，孙子也都娶妻生子了，如今一家子已是四世同堂。每天他都会逗自己的重孙女，一家人生活得其乐融融。

在家闲来无事，他也会到处走走逛逛，和左邻右舍聊天，兴致来了还会和大家打麻将，邻居都夸他是个老小孩。虽然年纪大了，但是他还是爱喝酒，家人有时为了他的身体不让他喝，他还会自己偷偷买酒喝，被发现了还不承认，让人忍俊不禁。

虽然早已不在部队之中，老兵的心性是永远不会变的。直到现在，老人还是会每天看新闻，关注国家大事，还会和儿子、孙子一起讨论，经常说得慷慨激昂。

谈到养生，老人说自己也没什么特别的，就是平时心态好，而且不服老，会经常到处走走，做一些力所能及的事情。老人还开玩笑说自己可能是因为时不时打麻将，才没有老年痴呆。老人还说，人不能在老的时候就安然享福，尽管人老了，没有青年人那么年轻力壮了，但是也要尽自己所能，有一分热，发一分光，这样才不会在年老时虚度光阴。

凌雨庭老人的一生走过迷途，迷途归来经历荣誉，荣誉过后踏过苦难。历经千帆，如今是一片暖阳。

## 采访手记

和有些人的遇见总是在千回百转后的回眸瞬间。

四四方方的院子用铁栅栏围着，院前院后都是郁郁葱葱的树，一条水泥路从门前穿过，蜿蜒地向远方延伸着，旁边绿油油的田地中种着各种应季蔬菜，不远处一个水塘里面似乎养着鱼，远处是连绵不断的山。一方水土养一方人，生活在这样一个幽静的村庄里的老人会有怎样的经历呢？

笔者进屋时，老人已坐在屋中等待我的到来，看见笔者来了，便招呼坐下，亲切地问要不要喝水，吃不吃西瓜。在老人热情的招待下，采访正式开始了。虽然在采访之前也了解了老人的一些事情，但是当这些事情从一个真正经历过的人口中说出来时，就多了几分沧桑感和厚重感。

说到抗美援朝战争时，老人神色变得严肃起来，似乎是在缅怀那些日子，缅怀自己的战友。恶劣的环境，战场上的枪林弹雨，时刻盘旋在头顶的轰炸机，受伤甚至是死去的战友……老人都平静地一一述说着，好像在讲述着一件件不是他所经历的事情；只是渐渐地，老人的眼中泛起了泪花，流下了眼泪。笔者有些慌，面对一位耄耋之年的老人的眼泪，不知道其中蕴含的是辛酸、是怀念还是种种情绪的糅杂，一时之间不知如何开口安慰。

哪有什么波澜不惊，海阔天空，只不过是历经风雨不习惯情绪的表露了；若不是这眼泪，旁人又怎能知道老人心中的波涛汹涌。

和老人聊天的过程中，老人常常把笔者逗得哈哈大笑，这样一位曾迷失赌场，两次丧妻，单身40多年，上过战场，经历过饥荒的老人，到现在也没有迷失他的少年心性。或许是因为当过兵，有着军人的秉性和信念，所以尽管历尽岁月的敲打，那股心性也不会被磨去，只会更加熠熠生辉。

愿，白头归来，仍是少年。

凌雨庭老人和志愿者的合影（宾紫钰　摄）

# 为自传记

## ——张正纲老人传记

傅蔚然 北京师范大学 环境学院 2017 级

### 人物生平

张正纲，男，1920年12月19日生，山西省沁源县人。曾任抗日自卫队队长、沁源城关镇街长、抗勤主任、青救会主席，荣获三等功一次、一等功两次。先后在中国人民解放军十五纵队政治部、六十二军政治部负责政治行政管理工作，参与解放华北、西北、西南的战役。新中国成立后，负责冕宁县回龙乡土改工作、西康省商业厅“三反五反”工作，转业后先后任雅安市税务局科长、雅安农干校校长、雅安第三茶场党委书记兼厂长、财税局局长兼党组书记，1982 年离休。

张正纲老人年轻时军装照（受访人提供）

## 一、年老不敢忆往事

张老已经很老很老了。

老到不能再神采飞扬地携着老伙计们爬到山上去，气功与拳脚也再难使出全套，每天的活动改为散步，且须推上轮椅，走一会儿歇一会儿。

张老经历很丰富，他当过张战士、张队长、张校长、张厂长、张局长、张老师……好多好多的名号，随着时间来到又离去。按理说随之得来又失去的还有身上的担子，可张老并不这么觉得，他的儿孙后辈愈来愈多，世界变化得愈来愈快，他愈来愈觉出自己的过往失散了，却并不失效，除了打磨出一个他自己，还该有别的用处。

变老这件事还有一处坏，就是损人神思，张老感到一种压力，现下他尚能读报看文件，可往前十来年他可是能自写七八千字的稿子，声如洪钟一气呵成地讲完的，再过十来年会怎样，谁也说不清楚。张老尽其所能地讲话，年饭、聚会、寿筵，都叫自己的小儿子录音，却仍感到不足，毕竟谁没事的时候从电脑的角落里找录音出来复习呢？且毕竟年纪大了，每次讲都觉得尚有改进的空间，但又无法像纸质的东西能倒回去修改。

是了，该有个纸质的留存，文稿全由自己手写，请儿子帮忙输到电脑里去，再配上插图，趁着整十的大寿印刷出来，封皮选个中国红，上面就印“张正纲同志回忆录”几个大字，也不整什么花哨，印刷完成自己再题上几句赠语，可不美得很？

张老自此打定了写一本回忆录的主意。

## 二、同年悲辛毋多忆，硝烟蔽日见炬光

从哪里开始写起呢？张老陷入了纠结的回忆。

旧的社会，除了万恶无可形容，毕竟劳动人民的家史，除去苦难也无可书写。

父母亲都是出卖劳力的农民，起五更睡半夜之外，还替人摘麻，也仅够挨日子。母亲狠下心，生下他刚满三个月，就去给有钱人家当了奶妈，让亲生儿子靠吃米汤过活。那年头的米汤就是光光的汤水，也没得营养找补，他长得瘦小枯黄，看得母亲直掉眼泪，可除了偶尔避着人做贼似的喂几口奶，

也无他法可想。

8 岁那年，不起眼的一场感冒，伙同贫穷，轻易把母亲带离了人间。父亲一个人无法，只好把小小的他送到舅舅家去，接受从天亮到天黑、成年累月和羊群打交道的生活。他羡慕那些有钱人家的孩子，不用饥寒交迫、挨打受骂之外，还能去上学，那些神气的背着书包的背影，他能在赶羊的山坡上呆看半晌。父亲看出这种渴望，自攒了一些钱，低声下气地向舅舅求情，让 12 岁的他半工半读地读了一年书。

14 岁那年，他算得上壮劳力了，回到家跟着父亲下地，农闲时则到城关当学徒打杂。15 岁时，陕西来的红军打败了晋军，阎锡山迫于蒋介石和日本人的趁火打劫选择联共，百姓的日子好过了一点，他加入了儿童团，作为团员在街上站岗放哨、查路条抓汉奸，迅速地成长起来。

1938 年初，统共也没缓和多久，日本的飞机大炮就炸到了山西沁源，共产党和抗日政府在简陋的条件下组织百姓防空。当时东城门楼上挂了一个几百斤重的大钟，放哨的抗日自卫队听到飞机的声音敲一次，看到飞机敲两次，看到飞机向城里飞敲三次，飞机已到城镇上空急敲，以此警示百姓进防空洞躲避。防空洞是百姓自挖的，又深又大，但当时城关没有防空力量，敌机却连续轰炸甚至俯冲扫射，还是有很多百姓来不及躲避，被炸死炸伤。

那一年，沁源遭遇了日军的首次大扫荡。夏天的一个半夜，抗日决死队挨家挨户拍门："快起！快起！日本鬼子快进城了！"大部分百姓转移到城外，还有没逃掉的，大半被暴怒的日本人杀害了。他一直在东山头，看着抗日决死队和国民党十七军高桂芝的炮弹打向城内，看着那滚滚浓烟，直到日军逃走的那晚，车声、马叫声和后发的激烈枪炮声混成一片，最后是一片消灭后归于潜伏的安静。天稍亮，他和十多个青年疾奔回城，劈头见着满街人畜的尸体，分不清的血肉被乌鸦、麻雀啄食，被狗拖扯，苍蝇满地叮。一个熟识的人被杀死在家门口，一头牛被活活割去了四肢，头和身躯仍在动，眼睛还在流泪。眼泪是流不完的，在那样炎热的夏季，尸体腐烂造成的瘟疫，又夺走了一些小孩和妇女的生命。

工救会、农救会、妇救会、青救会、抗日自卫队等一系列抗日组织在沁源各处宣传，喊口号、贴标语、表演话剧，教百姓高唱"工农兵学商，一起来救亡"。1939 年时他不过是个 18 岁的青年，虽经见母送儿参军、妻子送丈夫参军的抗日热潮，却一直下不定决心。直到县上青救会的领导任云芝找他谈话，言辞恳切而絮絮，他逐渐领悟到生命该有的意义和价值，决定加入青救会。

童年只剩下些不成体系的回忆，18岁之前也不过是熬日子，又或是懵懂恓惶地受兵灾的席卷，要警示后人的不过是“惜命而不怕死”这一句，却希望他们永远用不上，想到这里，张老便觉得不必在此多耗珍贵的笔墨，起码不该开篇谈论。

## 三、抗战六年未解甲，解放四载砺刀光

什么值当放在开篇呢？张老想起前些年的钓鱼岛事件，心里的愤怒依然清晰，又迁怒起消极抗日的蒋介石来，这些血债何尝还清过？后辈子孙若是好了伤疤忘了痛，英烈们九泉之下可怎么安息？来之不易的寿数，不就是为了让自己成为一方铭记的柱石吗？

他提笔，将那段篆刻在心的战火纷飞摹在纸上。

加入青救会几个月后，他过了第一趟生死关。查防空哨的路上，一架狡猾的敌机由北向南虚晃一圈，突然俯冲近地。心知不妙的他立即匍匐，紧接着后背一凉，只觉得衣服都被气流掀起来了，轰鸣的马达声震墙撼树。然后就是一声爆炸，他身旁不远处骤然被轰出一个两米深的土坑，炸飞的泥土几乎将他埋没。许久之后，他耳内依然嗡鸣不止，颤巍巍撑起身子来，才发现方才还有一枚哑弹落得更近，一旦爆炸，性命定然不保。

同年夏，日本人又气势汹汹、闪电般向南扫来，八路军和国民党一路炮击抵抗，边打边退，将日军的前进速度压制到一天20里，为百姓争取时间。日军将被抓的百姓用草绳扎成蚱蜢似的一串，赶往驻地干苦工，尚有逃脱的机会，当然更多的人自此杳无音信。他的姐姐正在生病，虽然成功转移，却没能再走出缺医少药的山沟。

1940年初，日军控制了山西、华北，图谋进一步占领中原，侵吞陕西，狂言将用6个月灭亡中国，为了遏制这股气焰，八路军在夏天发动百团大战，以沁源为总后方，供军队休养、整顿。他带领30多名抗日自卫队员被编入决死纵队二十五团，在沿街欢送中走上前线，到沁县、武乡沿线破坏日军的

交通通信设施。最初他们撬断铁道、砍断电杆，并动员群众一起转移铁轨和电线，一切顺利，后来日军反应迅速，开始用铁线包裹电杆，并用大炮、机枪作掩护，令步兵冲杀。他们一次次鼓起勇气用手榴弹反击，与日军反复撕扯，最终每人背着 40 多斤重的电线完成了任务。

战事最后阶段，二十五团也曾受命阻击包围圈内外的日军，日军潮涌似的外闯，即使是凭借有利地形，二十五团也是牺牲了不少战士才将之打退。庆功那日，他们欢快地将缴获的大炮，轻重机枪，子弹，炮弹等战利品，背上、扛上、抬上、用马车拖上，意气风发地从欢呼夹道的大街上经过，他后来惯用的步枪，就是这次战斗里亲自夺来的。

那之后，日本人把百团庆功的沁源视作眼中钉肉中刺，仅大型扫荡就发动了 6 次，且行事随着正面战场上的失利愈发残酷，甚至报复性地实施杀光、烧光、抢光“三光”政策。日军的纵火组、杀人组、抢劫组，让沁源成了一片火海，尸横遍野，血流成河，沁源百姓被迫空室清野长匿山林后，日军还每天进山搜寻扫射，见人就杀。

张老的大伯父在扫荡中被捉住，虐打和拷问轮番遭受，也不肯吐露八路军和百姓的所在，被泄愤的鬼子活活刺死，家人颤抖着，听着那一声声“没有”“不知道”越来越虚弱，直到死一般的安静浸没了整片林子，才红着眼睛匆匆收敛了那具面目全非的尸首。五伯父一家和村里的百姓藏在煤窑洞里，日军在洞口点燃掺了辣椒的柴火，把呛辣的烟雾扇入洞内，几百人抱作一团，被活活熏死。四伯父四伯母逃出了围杀，却因饥饿和寒冷病死在山中，留下三个堂妹孤苦飘零……

沁源人多的是这样的深仇大恨，日军竟还妄想让被捉的百姓组织维持会，结果自然是沁源城里空荡无人，城外却到处是抗日的烽火。国仇家恨鞭驱着双方成为敌人，但战事持久之后，粮食物资才是一切战斗的引爆点。百姓撤离得匆忙，却记得将物资藏埋，将井口填堵，其中不幸被抓者也并不与日本人妥协，粮食对双方都紧缺，毛泽东同志能发起军民大生产运动通过生产解决粮食问题，而异国他乡的日军，除了存粮，就只靠着运输和抢夺了。

当时日军在沁源各交通要地建立的 13 个据点已只剩下城关和交口，且相隔四五十里，相互无援。县抗日指挥部决定通过捣毁物资进一步打击日军，派出张正纲在内的一个侦察组连夜自驻地出发，两人一队、四人一组，分别从城东南、正南和西北三个方向摸进城关。敌人在各路口都燃了火堆，巡逻哨的手电光晃来晃去，紧张之下，他不慎弄响了铁丝网上的洋铁桶，冷汗立马就下来了。眼见着可能要连累自己的战友，他急中生智，模仿猫儿“咪呜”了几声，才算蒙混过关，在这危险的3个小时，将敌人的粮仓、药库、兵力配置和哨位绘成简图汇报指挥部。隔天零时三十分，两颗红色信号弹腾空而起，他和另两位战友分别带领三个突击队，分三路冲进城关，将棉花捆在长竹竿上，点燃了敌人的粮仓，顿时浓烟滚滚，烈火映红了沁源的夜空。

大批部队在周西岭伏击日本骡马队后，日本人运输只得绕远路开大车，且需派军队护送。1943年夏，他与战友们在城北交通要道上隐藏盯梢，意外撞见日军从沁县运粮的车队，幸而为保险起见，他们早已在路中埋了地雷和手榴弹，用细麻绳牵连着以备引爆。大货车一开到埋雷区，他就把麻绳一拉，立时就是轰隆隆一声巨响，汽车歇火了，护送粮食的日军迅速发现了他们并下车射击，他们也不甘示弱，双方激战了20分钟有余，直到日军从城关派兵增援，他们才边打边撤回到驻地。

军民大生产运动开始后，县抗日指挥部众人和农民一起精耕细作，在收获季一面阻击抢粮日军，一面号召全县快收、快打、快藏。也是在1943年夏，为保抢收百姓的安全，部队和民兵奉命潜伏在城边、路边和麦地边阻挠敌人。发现捣乱的日军时，他正和战友躲在一个被日军烧毁的大庙侧面，敌人非常谨慎，见到建筑物距离20米开外就分散开来，开始弯腰慢行。亏得经验丰富的排长早命他们不可打草惊蛇，他按捺住内心的激动，直等到日本人行进到庙前正路上才发起猛打，手榴弹、各色枪子飞向日军，打得其号叫连连、全军覆没。

1946年，他正式在太岳军区军政大学接受系统的军事、政治、文化学习，当时的军校不只招收普通的学生战士，一些连长排长也借机深造，军区副司令员孙定国常常亲自为他们作形势报告，这段时光打开了他的眼界，令他对革命的前途愈发坚信。次年夏，军区为锻炼学员，将军校迁到临汾前线，让学生和太岳纵队一同作战，力争活学活用。犹记得攻打临汾东关火车站那天，命令刚下达，驻地院子里就抬进了几十副棺材，大家非但没有觉得不吉利，反而充满豪情地定了自己身后事，还在棺材上标记名字，那天的战斗中阵亡了3名战士，合上写有他们名字的棺盖时，山风带远了战友们的哭声。

要打下山西，太原、临汾是关键，要解放全中国，山西太原是关键。攻打临汾之前，他们靠人力掘出了一条两米高三米宽的地道，到城墙下埋了上万斤炸药。前线当晚一直不平静，国民党的飞机苍蝇似的来来回回，时不时在城墙周围轰炸，空中的照明弹把夜晚照成了白天。5时左右，徐向前总指挥一声令下，冲锋号的响声，城墙底下炸药的爆炸声、我军打进城里的炮弹声、轻重机枪的扫射声骤然响起，城里城外，烟火沙石飞溅，大地颤抖得像地震了一样。

临汾解放后，他提前被军政治部从军校里领出来，到行政管理科当了个管理员，在行军打仗时负责机关400多人的衣食住行津贴病护，还要保管银圆、现金和行军时用的马搭，担子很重。因不分昼夜的行军和工作，他疲惫得走路都在打盹，甚至有一次连部队吹号出发都没能把他吵醒，他被落在了休息点，险些被认定是拿着银钱逃跑了，幸好他过往的表现争取到了首长安庆玉的信任，他及时归队后，没有遭到处置。

太原解放后，部队很快又西进，进攻甘、青、宁地区，那里的马鸿逵、马步芳无论如何都不肯缴械，部队经历几天的浴血奋战才将其精锐骑兵围困在沟梁中，骑兵们死伤四散，却依然顽固，逃到乡野装扮成老百姓，偷袭暗杀了不少将士，还曾借叛徒在树梢上挂的红布条定位，对首长的居所发动炸弹袭击。但最终解放军取得了胜利，马鸿逵、马步芳坐飞机逃往台湾后，张正纲在回族老乡家过了一小段平静的日子，除为尊重民族习俗改吃牛羊肉之外，也就是二马过于豪华的住处蝴蝶楼能使他感到略为不适。

1949年11月，所在的兵团改道向四川开进。入川路上不是大山就是草地，贫瘠无人，战士们每人背着半个月的粮食、行李和枪支弹药，平均每天要走近百里路。翻越雪山时，崎岖的山路上积雪往往厚过2尺，下山时人和马都是溜下去的，一不小心掉进山沟，就再也别想爬起来，这段艰难的路走了一个多月。

胡宗南已经逃到了台湾，四川群龙无首，邓锡侯、潘文华心有疑虑，虽要投降，但面对军队改编时又时而开火，引发不少动乱，经邓小平、贺龙等调解后，1950年元旦成都才算彻底解放。12月西康省刘文辉在成都宣布起义，部队进驻当时的西康省会雅安，可没消停多久，从成都、乐山溃退的国民党残兵就到达雅安，与一些地方的反动武装勾结密谋，近2000人一起围攻在雅安城里的解放军。叛军甚至贿赂了保安团的士兵，想与之里应外合，幸而被部队及时发现将保安团调出城区并镇压。炮声响起时，部队还发动学生在大街上跳舞、扭秧歌，百姓们定然想不到这个喜气洋洋的夜晚背后的炽热拼杀。

那以后，四川也算安定了，很快全国也都安定了，张老写到这里，顿了顿笔，他希求这安定永永远远维持下去，可却不希望后世子孙以为，这世上从来就是安安定定。

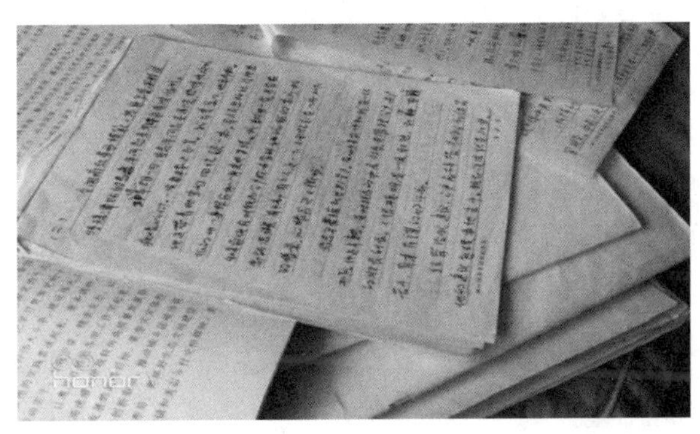

张正纲老人学习习近平到川讲话所做的笔记（傅蔚然 摄）

## 四、辗转何地不耕耘？一腔碧血映天光

张正纲随着部队在西南扎下根来，从此故乡便成了梦里的东西，甚至有时候梦着梦着，山川也成了西南的风貌，唯梦里的人还一如往昔罢了。

新中国成立后，雅安、康定、西昌的土匪恶霸蠢蠢欲动，时不时就造出乱子来，张老进行土改工作的西昌冕宁回龙乡是个少数民族聚集区，情况格外复杂。为了解决当地没有管理机构，全靠武力震慑的问题，他的工作队深入群众，多方调查，将最贫苦的农民组织起来成立农民协会，承担保卫村民安全、组织农会宣传政策、发动群众清匪反霸的工作。为维护地方治安，又将罪大恶极的恶霸地主、乡保长、一贯道总头目和反动的彝族头目逮捕起来，通过农民协会组织召开小会、中会、大会，清算恶霸们的罪行。后来工作队将清匪反霸和土地改革相结合，依照拥有土地的数量和家人参与耕作的情况，将全乡人员划定为地主、富农、中农、贫农、雇农等成分，没收地主的土地房产家财分给贫下中农。

1951 年底，他们将工作交给新建立的乡政府，离开冕宁回到雅安，接连就是三五反运动，本来是打虎队成员的他，受妻子成分牵连，耽误了很长时间才被调到雅安第三茶场任书记，附带接受了让这个新建茶场自负盈亏的艰难挑战。在抓好茶叶主业外，他还组织职工开辟果园、大力发展畜牧，进行农产品深加工，酒水、蜂蜜和玫瑰糖等产品都广受好评。最红火的时候，茶场的收入能使茶场内看病、理发皆不收费，设有广播、电话总机，场里每月放一次电影，篮球队、歌舞队常在附近比赛表演，除托儿所和小学外，还由 8 名茶、农、牧专家技术支持，在场部开办茶、农、牧半工半读学校。

1976 年，几番波折之后他担任了雅安财税局长，为了替国家减轻负担，并确保党政部门的正常运行，他把勤俭节约视为最高原则，一分钱都不肯浪费，年年实现财政收支平衡，甚至有所盈余。他多次出席雅安县、雅安地区财税先进工作者会议，还接受过省委领导亲自戴的红花。

从 18 岁加入共青团，到告别工作了 25 年的财税系统，张老回望这一生 44 年的革命经历，想起早已离他而去的好战友、好同志，想到他们无法享受的好日子，不胜唏嘘。

## 五、汝等老来有此意，可凭血气笑夕光

后来，后来怎么样了呢？转眼间，离开岗位的时间，已经超过了待在岗位上的时间，关于如何过好自己的日子，继续发出光和热，张老自有想法。

将工作交出，第一反应不是轻松，而是无所适从，用他自己的话说，思想上好像仍在上班，怎么也安歇不下。于是他每天都骑上自行车，到各个支农点帮忙，到各生产队走走看看，到村干部处交换意见，最终决定为生产队买回西瓜种子，并帮助农民育苗、管理、销售。当年西瓜果真大丰收，农民多了收入，笑得见牙不见眼，他心里比吃的瓜还甜。

1984 年，县委成立了老干局，他和其他老同志例行每月 15 日学文件，偶尔由组织安排到都江堰、青城山、乐山、峨眉山、长江三峡等地参观。这期间他接触鹤翔庄气功，慢慢觉出了趣味，后来又被老干局派到成都学习马礼堂养气功，请雅安体委牵线，学习峨眉派、五台山，以及多位大师的气功，并考取了雅安唯一的高级气功师证，闲来也在城里城外授课，培养出一批健康老人，至今见面还同他寒暄。1987 年他参加了雅安第一届老年大学，在一年多的时间里学习了书法、拳、剑、气功等课程，两年后当上了雅安太极拳委员会理事，兼老干局太极拳辅导站站长，他还是一个多次获奖的雅安象

棋协会会员，甚至上了报纸。

说实话，汶川地震之前，他不是没遇到过地震，再震能超过那场震聋他耳朵的轰炸？因此心底从未当回事。可是2008年，当他从午觉中惊醒，感受到整个世界都在摇动，听见四下都是骇人的嘎吱声响时，他知道他错了。逃到院子里，儿女们联系不上，鼓起勇气上楼，一切东西仿佛都挪了地方，凳子倒在楼梯上，门窗也脑瘫儿似的歪着，往外一看，两侧房屋的瓦片、砖头和木方都横七竖八地落在地上，零星的地方还见些血迹，听说是有行人被砸中了。缓过气儿来不过5年，距离更近的芦山又发生强震，这趟余震像是不想停，家里是绝不敢过夜的，一家人只好挤在小轿车里，在郊外大马路上轮流睡觉，时不时又听说哪里又出了滑坡、泥石流，心惊胆战。自那以后，恐惧虽然是人之常情，但一般的风暴也吓不着他了。

他是个自律的人，老来更是如此，这么多年了，他没有抽过一口烟，喝过一口酒。自从决定锻炼，他就每天5点半起床，在床上练睡功、座功、净功、季节功，6点半正式起床，到院里、河边、公园练站功、动功、拳剑，9点才吃早饭，风雨无阻。

写到这里，他突然想起一桩趣事，一天锻炼结束后，突然大雨倾盆，他还没在屋檐下站定，两个儿子就前后脚急匆匆打电话来，问他的所在，没等他回话就都开车出了门，结果两对车前灯大眼对小眼，好笑之余，他心里暖融融的，深感自己时刻都被关心着。家庭的温暖还不止于此，7个儿女都是孝顺的，哪怕事业早发展到了别处，也时时回雅安看望他，住在雅安的就更不用说，为他留下好多珍贵的影像。老伴是家里的大总管，他回家稍晚，她就会十分操心，打电话确认他的情况，还日常照顾他看病、查病、打针吃药，平日里吃饭、穿衣、喝水事事都要经手，无微不至。家里少有的意见不一，也是他从中协调，还笑话儿女们气量狭小。

他能健康长寿，还离不开幸福的大家庭，越是看多了变化，他越是这样觉得。哪怕逃出了地震，没有各界的关怀和援助，人们难道能在废墟上过日子？没有改革开放使得国强民富，生活、医疗的所需所用难道从天上掉下来？他自己是在党的滋养下才成长起来的，到老了党对他依然很关心，逢年过节时单位的领导来看望，能耐着性子听他说好久的话，老干科的同志干脆把联系方式直接贴在他墙上，就怕他有了困难不找组织解决，他当然也不肯糟蹋这种情分，但是毕竟不愿组织担心自己，关怀和体谅自然该是种相互的东西！

这些年的日子，老有所学、老有所用、老有所乐，怎么会有人不满足呢？

书写告一段落，往前翻去，近百年的岁月逆流而过，一些不甚甘心或愤懑难平的，又试图从长河里跳出……

他几乎又拿起笔，脑中却突然涌出石成金那首知福歌：

人生尽享福，何苦不知足。
思量愚昧苦，聪明就是福。
思量饥寒苦，饱暖就是福。
思量负累苦，逍遥就是福。
思量离别苦，团圆就是福。
思量刀兵苦，太平就是福。
思量牢狱苦，自在就是福。
思量出门苦，在家就是福。
思量无后苦，有子就是福。
思量疾病苦，健康就是福。
思量死去苦，活着就是福。
苦境一思量，就有许多福。
可惜人世间，几个会享福。
有福要能知，能知才享福。
我劝人世间，不要不知福。
…………

他轻轻地合上了稿纸册页。

## 采访手记

访谈之前，便拜读了老人 90 岁时写的《张正纲同志回忆录》，事件翔实、语言生动，且显出饱经风霜者敞亮的胸怀，笔者这样的小年轻，再难做得更好了，可要直接摘抄借鉴，不能安心。临去仍无巧思，只得列了些琐碎问题，打算写一篇生活化的稿。

迎头看见满头雪白的老人，精精神神地读着习近平到川讲话，突然明白真正纠结的是什么了。笔者素来觉得，文字是会骗人的东西，凡可细细修饰的，最终都不免沦为美化，那么多文辞华美的辞赋，今人看原形也不过尔尔，何况写自传呢？可若非热爱和习惯，哪个近百岁的老人会做这样的事？哪怕最浮夸谄媚的编剧，也不敢杜撰这种剧情！文件旁的数十页百岁自传稿字迹笨拙，百岁老人写自传，难道不该是老人混沌地回忆，家属听着大意记录吗？

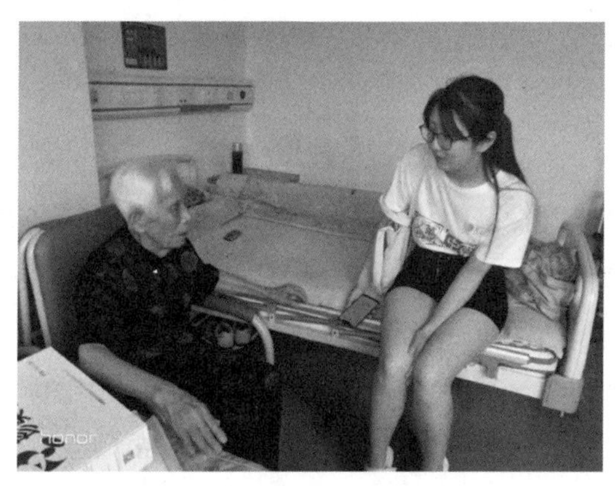

张正纲老人接受志愿者采访（于显忠　摄）

笔者这下彻底觉出自己的狂妄，凝神观察起来。墙上贴着老夫妻俩十几年前的合照，照片里的唐装今天还穿着，小桌上只一小盒脆李子，并一盒油纸包装的高粱饴……回到家中，老人朴素真诚的模样犹在眼前，实在不舍辜负，笔者绞尽脑汁决定以传中传的形式，在生活的空间描写形象，在回忆的空间记录事迹，尽量用真实予当今警示。

毕竟，以小人之心度君子之腹，寻章摘句以验阴暗猜测，披着客观的遮羞布，在来去无踪的网络上随意谩骂，反对就是被正能量洗了脑……不正是如今网络上对英雄的常态？

先烈泉下有知，是会怒发冲冠，掀开棺材盖给小年轻一个教训，还是气定神闲，不肯浪费表情？

# 生在历史里，活在时间外

## ——陈少奎老人传记

刘校宏 北京师范大学 历史学院 2017级

### 人物生平

陈少奎，男，汉族，1922年12月3日出生于四川省合江县白乡石桥支金竹林（四川省泸州市合江县旭照镇内），现居住在合江县密溪乡集中村。他在抗日战争与解放战争时期都曾被拉过壮丁，在解放前是国民党七十六军二十师五十八团机枪连的一名普通士兵。四川解放时他因病返回家乡，在合江土地改革后，定居于密溪乡笔架山山脚，并在那儿一直生活至今，2015年被认证为抗日老兵。

陈少奎老人敬军礼（刘校宏 摄）

### 一、时代变了

1987年的10月1日，在祖国生日这天，时间到了，他要出发了。

那一年，中葡两国签署了关于澳门回归的联合声明，1999年澳门将回归祖国；那一年，蒋经国宣布解除台湾及澎湖地区长达 38 年的戒严；也是那一年，陈少奎的大孙子陈昌民应征入伍，成为一名光荣的中国人民解放军战士，现在，他要出发了。

一家人早早地吃过了早饭，而大孙子陈昌民也早早地穿上崭新的军装、戴上大红花，并带上他母亲准备了一宿的行李，然后一家人高高兴兴地陪他到密溪乡武装部，共同见证他的重要时刻。又是一年新兵入伍的时候，镇上就像过节一般热闹，家人们都陪着自己的孩子，骄傲与祝福里有着不舍和难过。陈少奎也同样如此，但他还有着一种不一样的感觉，他看着自己穿上军装、戴上大红花英姿飒爽的孙子，看着那些和孙子一样满脸激动与期待的小伙子们，看着他们身边高兴而热烈的人们，看着那些写着“参军光荣”“报效祖国”的大红横幅，当年自己被拉壮丁时的场景又涌入脑海，那些好似生离死别的场景，一种感觉在他心中异常的强烈：40 多年过去了，时代变了。

## 二、早年岁月

1922 年 12 月 3 日，陈少奎出生于合江县白乡石桥支金竹林（合江县旭照镇内），他族名陈代兴，属于合江县佛荫镇天堂坝陈氏一支，据家谱记载，他们是明英宗正统十三年（1448）状元彭时的后代。父亲陈世银在他三四岁时因病去世，母亲叫赵国民，一个人苦撑着一大家子。陈少奎在家中排行老七，他有五个哥哥，一个姐姐，还有一个妹妹，一大家子人住在低矮的草房里，靠着务农为生，一贫如洗。

正值壮年的父亲因病去世，让原本儿女众多的一家雪上加霜，陈少奎是自己的哥哥姐姐们拉扯大的，他虽然是家中的小儿子，但是从小老实懂事，很小便开始给家里干活，割草喂牛，学会做祖祖辈辈都在做的农活，为贫困的家庭分担压力。

大概在 1932 年，母亲接来了邻居家年仅 9 岁的梁惠银，她父母双亡，无处可去。不过陈少奎家也没有好到哪儿去，多一个孩子就多一个人吃饭，家里或多或少有些埋怨，但母亲说：“小姑娘太可怜了，我们家里还是有口稀饭吃。”就把孩子收下了，像女儿一样养着，母亲的那份善良深深地印刻在陈少奎的脑海里，终身难以忘记。

陈少奎在田野中渐渐长大，他学会了祖辈的手艺，逐渐成为一个做农活的好手，没有意外，他会经历一个农民的一生：给地主种地，干活养家，然后找个媳妇，生一大堆的孩子，再让他们从小学会割草喂牛、干农活，再成为做农活的好手，然后该找媳妇找媳妇，该嫁出去就嫁出去，而自己最终要么病死、要么累死，然后就埋在地里。没什么安不安逸的，日子总是要过的，过得好不好，都是靠着自己的力气吃饭，只要不懒总是可以将就过的。

人生总会有很多插曲和意外，就如同这历史一样。1931 年“九一八事变”爆发，日本侵占中国东三省，拉开了 14 年抗战的序幕；1937 年日军挑起了“七七事变”，发动全面侵华战争，7 月 29 日北平陷落，7 月 30 日天津弃守，11 月 12 日上海陷落，12 月 13 日“南京大屠杀”惨剧上演；1938 年 10 月 25、26 日间，武汉三镇陷落，国民党政府退入重庆，抗日战争进入了相持阶段……短短两年，日军的铁骑踏遍了大半个中国，大好河山沦陷，战火从东北烧到江南、从沿海直至内陆，到处山河破碎、家破人亡，而这也改变了陈少奎的命运，他将面对自己一生中最特殊的一段时光。

## 三、合江轰炸惨案

那天，不到 18 岁的陈少奎见到了人间地狱。

为了进一步摧毁中国的抗战中枢，扼杀中国军民的抗日意志，日军从 1938 年之后便对重庆等后方重要城市进行有计划、大规模的轰炸，后又将轰炸范围扩展到有战略地位的中小城市，甚至城镇。1939 年重庆“五三五四大轰炸”、1939 年泸州“9・11 惨案”、1940 年 8 月 12 日泸州“8・12 凝光门惨案”……紧挨着合江的两座城市屡屡遭受轰炸，似乎已经在预示着什么。

作为进入四川重要通道上的小城，日机很早就成了合江上空的“常客”，合江的空袭预警也很早便建立起来。每当有日军飞机靠近合江城，合江菜坝的大钟就会响起它震耳欲聋的声音，警示城里的众人赶紧撤离、躲避空袭，然而日军飞机似乎只是借道，对这个不起眼的小城不屑一顾，反复多次后，大家便心生懈怠。

然而那天还是到了，1940 年 8 月 16 日下午 1 点左右，27 架次的日机飞临合江城上空，熟悉的空袭预警钟声早已响起，只听震耳欲聋的声音从三声转为两声，最后变成一声，居民们立即撤离躲避，然而众人看见那些飞机从合江上空飞过，然后向泸州方向飞去，似乎又是虚惊一场，便纷纷不躲避了。然而未曾想到，那些飞机带着炸弹和死亡又飞回来了，它们沿着飞行路径，从上街到南门桥，向合江城及周边地区投掷炸弹，炸毁房屋、生命和所有的挣扎，爆炸引发的大火烧了近半个合江县城，黑夜被照亮，直到第二天大火才基本被扑灭，空气中弥漫着火药、焦炭和绝望的味道。

陈少奎是轰炸之后才到城里的，那些鲜血尸体以及令人窒息的焦炭味道给他留下了深刻的印象。在被轰炸后的合江街头还闪着隐约的火光，到处是断壁残垣，以及一些来不及搬走的尸体，整个街道上哭声、呼喊声和咒骂小日本的声音混杂在一起。民团和自发的合江民众正在进行救援，他们一边搜寻生者、搬离死者，一边扑灭剩余的明火。有新闻记者连夜赶到合江县，拍照取证。陈少奎还来不及害怕就已经傻了，惨无人道的日军以及残酷的战争就这样呈现在他的眼前，刺激到他所有的神经和泪腺，那天传说中的人间地狱就这样出现在合江城里。

## 四、壮丁生涯

### （一）抗日战争时期

抗日战争时期，四川作为全国抗战的大后方，抓壮丁的数量居全国首位，而合江县是四川省抓壮丁较多的县之一。1944年，陈少奎还在门户连（民兵连，由保队副负责的保里面的民兵组织，主要是防范土匪）里听差，最初抓壮丁是按照“三丁抽一、五丁抽二”的原则，而到后来就没有原则了。那年2月又要抓壮丁，保长和保队副就让被选为壮丁的人到一个很宽的会堂里集合，并召集了保里的20个甲长。保长和保队副对壮丁们说，每一次拉壮丁，你们这些当兵的都埋怨我们，说保长、保队副乱来，今天我们就按规矩办事情，要去当兵的是多少，现在会场的人多了些，就捻（抽）纸团来确定最终人选，纸团上按照1、2、3这样的顺序排列，捻到后面的数的人就去当兵。他们把抽签的那个碗，摆到很高的台子上，声称是担心被人看到纸团不公平，所有人只能勉强够得着纸团。陈少奎的四哥就抽到后面的数。

通过职务的方便，陈少奎后来得到消息，那个纸疙瘩其实是作假，当时不去的两个人已经被内定，保长和保队副就把写着前两个数的纸团都放在碗边，所以其他人都不可能抽到那两个数字，不管你如何搅拌，运气多好。陈少奎为他四哥打抱不平，但毕竟四哥是上战场去打日本侵略者，所以他替家人好好地送别了四哥，希望他安心前去、一路平安，那一幕像极了生离死别。过了不久，他四哥就从合江军营回来了。

大概在1945年，陈少奎也被拉了壮丁，虽然他听四哥说军营里的待遇非常不好，但他一是出于无奈，二是也希望能够上战场打日本侵略者，所以便毅然去了军营。他被送到合江，后来又去了泸州，还没有机会上前线打日本，日本天皇就发布了《停战诏书》，宣布无条件投降。1945年8月15日的中午时分，这令人激动万分、让人分外骄傲的消息就传到了陈少奎的军营里，当时真是普天同庆，军营里也像是过节一样，因为战争胜利了，不用再打仗了，可以回家了，后来在那年的下半年，陈少奎就找到一个机会回到了家中。

**（二）解放战争时期**

当兵之前，陈少奎和梁惠银结了婚，第一个孩子是个女儿，夭折了。到1946年，大儿子陈云清出生了，家中非常喜庆，然而这份喜庆并没有持续多久。从1946年年初开始，整个国家已经笼罩在内战的阴影下，虽然重庆谈判刚刚结束，《双十协定》《停战协定》相继签订，然而国共小规模的冲突时有发生。1946年6月26日，国民党30万大军进攻中原解放区，战火烧毁了来之不易的和平，内战正式爆发。

刚消停不久的抓壮丁也随着内战爆发而变本加厉，大概在1947年，正值盛年的陈少奎又被抓了壮丁，他先后被送到合江南关上和泸州军营，最后跟随其他壮丁一起到成都进行训练。他被分到了机枪连，训练的时候一个连拿了一个92式重机枪，两个人操作，一个人拿到枪身，一个人按着枪脚，他打了一次150发，110发中，持续连发带来的巨大后坐力和噪声，一打完，整个人都蒙在那儿，难受得想吐。

经过一段时间的训练后，陈少奎又从成都到了隆昌，成为当地驻防部队的一员。部队里夏、冬天都要发两套衣服，有两件短的、两件长的，两个人一条毛毯，四个人一起睡着，一个月有两块钱的军饷，但一般被上面扣着。当时陈少奎在二班，洗脸帕都没有一块，直到有一天，有一个叫铁孝农（音译）的当过校长的人被抓到了三班，而他给他们一百多号人带来了洗脸帕。

没有人想来当兵，更没有人想打仗，还好他们连队就驻防在隆昌，一直都没有开到前线去，而且还能够勉强吃饱饭，于是他们就整天在屋头耍，唱歌跳舞，打烂牌，像老爷爷一样在军营里混日子。不过就在他们闲来无事混日子的时候，刘邓大军挺进了大别山，接着解放军获得了三大战役的胜利，甚至最后横渡长江、占领了南京……前方国民党节节败退的消息，不断传到隆昌军营里，让众人忧心，而更忧心的是：解放军就要打到四川来了。

果然，战火烧到了四川。1949 年 2 月，国民党七十六军第二十师在西北春季战役中被全歼，之后七十六军退往陕西安康休整，并重建了第二十师。就在毛主席宣告新中国成立的时刻，七十六军已经撤到四川广元地区，也正是在那时，陈少奎所在连队被编入了七十六军第二十师第五十八团，当时的军长是薛碧泉，师长是仝敬鑫。那天，连长把军队番号等信息写下来贴在墙上，告诉大家这个消息，并告诉大家连队将要与大部队会合，并警告那些想做逃兵的人，如果被抓住就要枪毙。

出发集合前，军队给每个人发了 5 双草鞋、一个 5 斤重的米袋，要打仗了，士兵们还没有走上战场就丢了魂，结果在操场集合时好几个人都跑了，连长非常生气，让全连的人去抓跑了的人，最后在中学厕所里面抓到一个，连长当即下令第二天当众枪毙。

第二天清晨，一连人都被拉到水沟边去看行刑，只见两个兵一人拿着一把锄头站在两边，另几个人把逃兵拉到水沟边，看着他把自己洗干净了，然后让他走到行刑队前面，背过身子。在行刑之前，那个将死的男人扭过头用全身的力气吼着，自己是谁来自哪里，如果有老乡认得他，帮他带个信回去，他那最终沙哑的声音勾走了所有人的魂，留下了死一样的寂静。男人死了，他的一生就交待在那里，然后被所有人忘掉。这下，所有人都知道他们必须跟着军队。

然而陈少奎当时已经患了十多天的病，只能喝点开水度日，当时部队还没有出发，他就被连长送到医院里，本来打算多医治一段时间，结果部队得提前开走，陈少奎只能拖着病勉强跟在队伍后面，不久，他就掉队了。

还有好几十里路，陈少奎看到自己还有一块钱，就让班长帮他喊黄包车，班长问他还有多少钱，一块钱是到不了的，然后班长劝他说，你跟到部队去干啥哦？你那条命，现在已经像丢了一半了。于是班长带着他到沟对面的房子里，准备在那儿躲几天然后跑路，一开始很顺利，但是他们刚出门不久就被另一个部队的人当逃兵抓了起来，幸运的是陈少奎和负责人是老乡，于是陈少奎对他说自己病入膏肓了，反正都是要死，就不要在他身上浪费子弹了，然后他就被放走了。

大难不死，陈少奎也真是命硬，他硬撑着与其他逃兵一起走了 100 多公里，回到了合江，终于到家了，而合江也已经解放了。很多年以后，陈少奎才知道七十六军和自己的连队在 1949 年 11 月被人民解放军全歼于新津、邛崃一带，同连的人以及那些和他一起被抓的壮丁们，没有几个人活着回来，而那个最终放他一条命的老乡，在杀了班长之后，自己在第二天也逃走了。

## 五、定居密溪

回家的喜悦没能冲淡疾病带来的痛苦，反而长途跋涉加重了陈少奎的病情，结果他在床上躺了好几个月才勉强捡回一条命。等病好一些之后，陈少奎就到密溪乡笔架山山脚帮自己的二姨做活，因此在 1951 年合江县土地改革时，陈少奎在密溪分到了三间房、两块地，于是便在这里定居下来，当时家里面一共是五个人：母亲、自己和妻子，还有两个孩子。

第一年，家里非常艰难。没有耕牛，只能去借，没有农具，只能去买，还要买猪喂，更糟糕的是第一年没有收获多少稻谷，到第二年正月时粮食就已经吃完了，当时借不到粮食，家人还要吃饭，而且家里还要请人用耕牛犁地，实在是糟糕极了。

好在第一年冬季，陈少奎去了一趟贵州，发现桐油好卖。他就用家乡种的叶子烟（旱烟）到合江 315（供销社）去换桐油，当时一斤叶子烟在 315（供销社）能够换四斤油，之后他就带着桐油到贵州去卖，两边一共要走 300 多里路。母亲她们就在家里编竹扇以及其他的竹制品，然后陈少奎带着这些东西以及自家的农产品到合江或者其他地方去卖，那时候竹扇 8 升米 10 个。那会儿还没有纸扇子，都是竹扇子，所以比较好卖，然而从家里到合江或者其他地方又是很远的路程。

几百里山路，还要背上一百来斤的重物，其辛苦可想而知。然而陈少奎一直都不知道累，因为他知道不管在哪里，只有自己努力，才能够养活一家人，就算汗如雨下，但是之后的生活是可以期待的。渐渐地，靠着自己的力气和智慧，陈少奎一家的生活慢慢好了一些，解决了一家人吃饭的问题，不过也仅仅如此罢了。但即使在贫困时，他们依旧保持着最初的善良与朴实，当时他的一个邻居家困难至极，一个大人一个娃儿，早已经没有粮食吃，饿得快要死了，陈少奎二话没说分了一些粮食给他们，帮他们渡过了难关。

1961 年春天，陈少奎的母亲在病痛中去世了，享年 71 岁。当时陈少奎兄弟六个还剩大哥、四哥和自己，三兄弟家里一样的一贫如洗，于是陈少奎自己主持了母亲的葬礼，让母亲入土为安。那天，陈少奎一天都在忙，从大食堂拿回一些煮烂的红薯就过了一天，空气中充斥着一种贫困、饥饿和焦虑的味道，他看着自己辛苦了一辈子的母亲寒酸简陋的葬礼，不禁泪如雨下。

## 六、逐渐老去

1979 年 12 月，合江县委开始放宽农村土地政策，推行包产到组生产责任制，着手对农村经济制度进行改革。于是，陈少奎家也重新有了自己的土地，并住上了瓦房。全县开始推广荔枝种植，陈少奎也参与其中，在自己家附近种了几棵荔枝树，在勤奋和努力之下摆脱了贫困，解决了温饱问题，过上了相对殷实的生活。

或许受到爷爷的影响，在 1987 年，陈少奎的大孙子陈昌民也走上了当兵的道路。陈少奎看着大孙子穿上崭新的军装，戴上大红花的样子，那一瞬间他觉得自己已经老了。1990 年，夫人梁惠银生病去世，享年 67 岁，想着相濡以沫半个世纪的妻子，不知不觉间就已阴阳相隔，陈少奎不禁老泪纵横。

2015 年 9 月，在同乡抗战老兵陈厚安的介绍以及铁血老兵公益的帮助下，陈少奎被认定为抗战老兵，享受国家和社会的照顾。老人那天非常高兴，就像自己一生的价值都被承认，自己没有在世间白走一遭一样。或许他没有什么特别突出的贡献，然而他对祖国的爱与深情永远应该被铭记，那份赤诚之心永远值得尊敬。

## 七、做一个安静的老爷子

陈少奎爷爷今年已经 97 岁了，精神头还非常不错，他还能颤颤巍巍地走路，生活基本能够自理，虽然记忆力渐渐衰退，有些事情已经遗忘，已经被混杂在一起，而且听力、视力也不太好，但是心态还不错，万事无忧，他经常笑起来就像一个老小孩一样。

说起陈少奎爷爷长寿的秘密，其实一切就藏在他每天的日常生活中。健康的饮食习惯是长寿的一个重要原因，老人每天的饭菜都和家人一样，一天三顿饭，一顿半碗米饭、稀饭或者干饭都行，菜以蔬菜为主，肉食会吃但很少，饭菜清淡，油盐一般较少，而在日常的饭菜和少量水果之外，他不吃其他任何食品，包括牛奶和补品。老人家一辈子都不抽烟，极少喝酒，作为农人他习惯了日出而作、日落而息，平时也多注意休息，很少看电视。而且老人很爱干净，他随时都在身上放着一块干净的毛巾，自己的住处也比较整洁、干净，方便自己的行动。

不过，他也曾经多次生过大病，最严重的一次是在 20 世纪 90 年代时，陈少奎爷爷几乎到鬼门关走了一趟，家人都要为老爷子准备后事了，然而在担任乡村医生的大儿子正确的医治以及家人们认真的看护下，陈爷爷最终坚强地挺了过来。也正是因为如此，老爷爷即使偶尔生病，都能够被家人们及时发现并送医，而且能够随时得到观察和看护。

家人对老爷子非常关心，对他采取任其自由、随心的态度。他们照顾老爷子的生活又很少打扰他的日常、破坏他的生活节奏，他们让老爷子在和睦的家庭里每天都能安静和谐地活着，吃饭、睡觉，看着外面以及聊聊天，就这样平凡闲适地生活。

老人长寿最重要的一点是：保持着乐观的态度和积极的心态。在动乱年代里养成的吃苦耐劳和逆来顺受的性格在老人日常生活里体现得淋漓尽致，他虽然依旧关心着自己的家事，偶尔想起自己曾经受过的气，但是他带着乐观而积极的态度，再加上他略有些糟糕的记忆，让他整天都是万事无忧、与世无争，他最喜欢静静地看着外面的世界，仿佛活在了时间之外。或许时代不断发展，人在不断变老，但是日子依然在继续，未来始终充满着希望和阳光，就像老人脸上淡淡的微笑。

时光白驹过隙，百年中国不老。在陈少奎爷爷身上有着对国家的热爱和苦难中的努力与坚持，也有着一个普通老人质朴的善良和智慧，在他身上折射出的是祖国近百年发展历程的缩影，走近他，就像穿越历史的尘埃，回到时光的起点，走近那段曲折而伟大的岁月、那段不为人知的苦难历程、那段伟大的崛起之路，走近我们的亲爱的百年中国。

## 采访手记

2019年8月10日，笔者第一次见到陈少奎老人的时候，97岁的他坐在家门口静静地看着屋外的世界，仿佛沉浸在历史和回忆之中。他身穿浅蓝色上衣和深蓝色短裤，佝偻着身子，光溜的头上隐约可以看见些许全白的寸发，他面容有些清瘦，眼睛眯小，嘴巴整个地皱在了一起，骨瘦如柴的左手靠在怀里的拐杖上，而右手落在大腿上一块用来擦拭口水的毛巾上，小腿及蓝色拖鞋里的双脚上的红肿痕迹明显可见。

他的精神很不错，在大儿子给他介绍了笔者的来意之后，他很快回过神来，对笔者的到来感到高兴，他那刚刚张开的清澈双眼，转瞬便消失在他的笑容里，他微笑着，张开嘴，露出了仅剩的两颗牙齿。

老人家很喜欢聊天，他的“龙门阵”一摆起，就停不住，他那颇为地道的合江话带着笔者穿过90多年的光阴，经历近百年的中国历史，好像时光倒流，白首又成黑发，老人重返少年。

采访十分精彩，让人不知时间飞快，直到老人闭眼休息，才知道我们应该走了。笔者向老人挥手告别，带着他的鲜活回忆，带着一份难以稀释的感慨和触动。再回头望时，老人正拄着拐杖走着，步履蹒跚，佝偻着背，就像他们那一代人那样走着，只留给笔者一个浅浅的背影。

陈少奎老人与志愿者合影（王熙　摄）

# 明月照人来

## ——刘文玉老人传记

楚谨伊 北京师范大学 法学院 2018级

### 人物生平

刘文玉，男，1922年9月9日出生于山东省，现年97岁，居住于四川省江油市长城街道中心社区。曾于解放战争时期参军，成为中国人民解放军第二野战军第十八军的一员，后为张国华将军的部下，参加过淮海战役、成都战役等，并随军入藏，又随部队驻扎在成都市新津县。后为响应国家三线建设的号召，随部队来到四川省江油市，在长城特钢工作。结婚后与妻子生育有两儿两女，如今已经儿孙满堂。

刘文玉老人照（楚谨伊 摄）

### 一、枕上月光（1922—1945）

"我的老家远，在山东，我从小就出来了，现在家里什么人都没有了……"

刘文玉于1922年出生在山东省，是家里最小的孩子，上面还有两个姐姐、一个哥哥。那一年中国形式上收回了山东的主权，日本为争夺在中国的利益，调整了其侵略方针，以经济侵略为主，必要时施以武力镇压。那是一个动荡的时代，刘文玉的童年也远算不上安逸，吃不饱穿不暖是常有的事，平时的玩乐也就是蹲在地上看蚂蚁，叼着草根和村里的孩子打闹。日子虽然苦，他却从未怨天尤人，而是好好地珍惜与家人在一起的每一刻。

一个夏日的傍晚，他跟着劳作一天的父亲回家，夜色很美，月光连缀成湖水。父亲走在他的斜前方，靠近心脏的那一侧。他和父亲说了好多话，带着孩子独有的天真，语调上扬，笑容灿烂。不知道说到了什么，父亲回过头对他笑，月色跌进他的眼睛里，温柔得仿佛能包容一切。母亲和哥哥姐姐在家里等他们，桌上已经摆好了饭菜，虽然一点也不丰盛，但那碗冒着的热气，丝丝缕缕地温暖了他的记忆。

可是，等到1937年，抗日战争全面爆发后，一切都在风云变幻中坍塌了。日本人的铁蹄踏上了山东，耳边是长久不绝的炮火声，时时刻刻刺激着村里人的神经，夜里人们甚至不敢睡熟，只有当太阳升起，阳光重新照耀在身上的时候，人们才感觉是活着的。

有人说，大丈夫志在家国。每一个少年人都曾幻想过自己扛着枪，在战场上拼搏厮杀的模样，在那个兵荒马乱的年代，多少年轻人毅然决然地踏上战场，挥洒着满腔热血，拼尽全力也要将侵略者的尖刀斩断，誓死也要将侵略者赶出中华大地。他们是被同一个信念联结起来的人，他们不问来路、只问归处。

刘文玉的哥哥也走上了这条用血和泪铸就的路。离家参军前，他问哥哥什么时候可以回来，哥哥望着远方渐渐升起的红日，说："胜利那天，我就回来了。"刘文玉记着哥哥的话，同时在村里跟着村长参加游击战，不过十五六岁的年纪，手指上没有拿笔写字留下的茧，却学会了怎样拿枪，明明应该是不知愁滋味的年纪，却自觉地在兄长不在时迅速成长，学会扛起一个家。他还帮助八路军筹集粮食、救助伤员，为前线的战士们尽自己的一份力量。也许就是那个时候，参军的愿望在他的心里萌芽，逐渐长成一棵参天大树。

刘文玉就这样一边奉献着自己，一边等待着哥哥回家。

可他没有等到。

哥哥牺牲在抗日战场上，连尸体都不知所终，父母也在不久后去世，大姐嫁人，二姐远走。

这是一个残忍的时代。

## 二、峥嵘岁月（1945—1955）

“我是解放战争的时候参的军。”

1948 年，刘文玉 26 岁，加入中国人民解放军。

刘文玉将自己最好的时光献给了橄榄绿的军营，穿越过风雪、品尝过烈日，他拥有一颗热忱的心，滚烫的鲜血在他的胸膛里奔涌，他坚定而无畏地不断向前、向前，目光炽热坚毅，他用深沉的灰绿在自己的青春里画下浓墨重彩的一笔，成为几十年来不可磨灭的记忆。

死亡是战时的军队里最平常的事，昨天还和你调侃谈笑的战友，今天说不定就成了战场上一具冰冷的尸体。死神在他们身后举着寒光闪闪的镰刀，到上战场的时候，谁也不能保证自己能活下来，只能不停地奔跑、奔跑，期望着再快一点，期望着再幸运一点，期望着能看到最终的胜利，日复一日，年复一年。

好在刘文玉看到了。

刘文玉参军后，从山东一路南下，历经战乱，看过了无数生离死别，此去经年，再回故乡的次数寥寥可数，他仍旧思念自己的家乡，可他从未后悔离开。

因为他的信仰，因为他志在家国。

刘文玉参军时（中）（受访人提供）

1950年1月，刘文玉随军入藏。

入藏有很多困难，除了高原空气稀薄，西藏的天候也是个问题。当地有句谚语说：一二三雪封山，四五六霜得苦，七八九正好走，十冬腊月学狗爬。从谚语中可以看得出来，冬春季节是没有办法进西藏的，而夏初融雪时易发山洪，只有夏末秋初比较好走。另外，尊重当地少数民族的习俗也是入藏很重要的一环。

入藏的过程十分艰苦，刘文玉和战友们一起穿过河谷，翻过雪坡，跋山涉水，才终于走入这世界屋脊。站在雪山之上，他张开胸怀，拥抱日光，这是一个青年人最浪漫的展望。

## 三、花朝月夜（1955—1982）

“我们家几代人都在长钢工作。”

刘文玉在30多岁的时候找到了自己一生的挚爱——他的妻子。他人生的前30年一直在漂泊，如果他是孤帆的木船，妻子就是让他停驻的港湾；如果他是飞鸟，妻子就是他疲倦时的归林。在他遇见她的时候，他就相信他们能携手走过余生几十年。他有多爱她呢？我不过指了一下挂在墙上的、他和妻子的照片，他还是一下子笑了出来，那是一种发自内心的愉快。

1955年，刘文玉33岁，对于他来说，是生命中极为重要的一年。那时候他在四川省成都市新津县，这一年，他和妻子迎来了他们的第一个孩子。无论一个男人经历过多少，父亲这个身份总会给他带来新的体会，让他再次成长，刘文玉也不例外。他是个军人，是个顶天立地的男儿，是个可以为妻子遮风挡雨的丈夫，而现在，他是一个父亲。他的孩子还那样小，安安静静地窝在他的怀里。他还不太会抱孩子，手臂到肩背都有些僵硬，过去30多年积累的人生经验似乎全然派不上用场，他有些不知所措。妻子笑着捏了捏他的手，让他不要紧张。刘文玉默默凝视着襁褓中新生的婴儿，这个在枪林弹雨中滚过的男人突然产生了以前从未有过的柔软情绪。

他爱这个孩子，这个上天赐给他的礼物、他的珍宝。

他用那双温暖厚实的手轻轻揽着孩子，又开始畅想这个孩子会怎样长大：

他会先叫爸爸还是妈妈？他会喜欢吃什么？他会长得更像自己还是妻子？他会喜欢唱歌吗？他会想要当兵吗？他想了好多好多，直到妻子唤他，他才如梦初醒：哦！孩子还小呢。

在之后的日子里，刘文玉又与妻子生下了一个儿子，两个女儿，一家六口其乐融融。如今刘文玉老了，是他的大儿子一直在他身边照顾他，其他儿女也常常来看望他。

孩子的到来让刘文玉的家庭变得更加完整，参军十年，他又向着崭新的未来走去。

1958 年，为加强社会主义建设，刘文玉随着部队共 900 多人一起来到江油市，开始建设长城钢厂。

1965 年 12 月 5 日，长钢第一个生产车间——二分厂热带车间建成投产。刘文玉在长钢主要负责行政后勤方面的工作，工作期间，他一直兢兢业业、勤勤恳恳，没有丝毫怠慢。十多年的军旅生涯铸就了他的铁血和坚韧，长钢造就了他的严谨和勤勉。

“父亲是看着钢厂建起来的，我们的家人也都是钢厂的，钢厂就是我们的第二个家。”刘文玉的大儿子说道。

刘文玉在长钢工作 20 多年，别说一砖一瓦，连对这里的一草一木都无比熟稔。都说草木无情，而这里的草木却承载了他太多回忆、太多情感。不仅仅是他，他的妻子、他的孩子、他孩子的另一半……长钢将他们联系在一起，形成了一张用亲情织成的巨大而坚固的网。

## 四、今人犹故人（1982 年—）

“多做公益是对这个社会最好的回报。”

1982 年，刘文玉 60 岁，从长钢退休。

没有了工作压力的同时，日子也清闲了许多。也许是镌刻在一个军人骨子里的责任感“作祟”，刘文玉并不甘心只做一个在社区里喝茶下棋打太极的老爷爷，他觉得自己身子骨很硬朗，还有一身的劲儿，还能做得更多。于是他便开始从事公益事业，只要是听说邻里有什么需要帮忙的地方，刘文玉就会去主动帮忙，不管是打扫卫生，还是照看孩子，他总是尽心尽力地完成，成了社区里鼎鼎有名的志愿者。

后来身体不如以前了，没有办法长久站立，出门也得靠轮椅，即使如此，刘文玉仍然喜欢坐着轮椅出门闲逛，和人聊天。而在公益事业方面，刘文玉不得不停下来，不再每天身体力行地做志愿。然而，他却没有放弃在公益道路上前行的脚步。

他经常教导子女们要多做公益。

刘文玉的孩子们常去做志愿者，带着他的那份心意一起，积极地参与公益活动，回报社会。

如今刘文玉老人已经97岁，虽然身体不似以前强壮，却也仍是个活泼的性子，喜欢屋子外的阳光和空气，而当问到他长寿的秘诀时，老人的儿子回答说："哪有什么秘诀，心情开朗，不操心就好啦。"

我们总说要活得开心，然而说起来简单却总是难以做到。我们总是牵挂的人太多，在乎的事太多，操的心也太多，是是非非、弯弯绕绕，总是让人心力交瘁。情深不寿，慧极必伤，说的就是这个道理。不操心、放得下，这才是长寿的必经之道。如同苏东坡写的那样，不管如何风吹雨打，有这"竹杖芒鞋"，也只管"一蓑烟雨任平生"。多年后回首来路，便是"也无风雨也无晴"。

一生中总会经历大大小小的苦难，前进的道路上也总是布满荆棘。面对苦难，有人选择一蹶不振，有人却选择砥砺前行。如同刘文玉老人一样，敢于斩断荆棘，阅尽万般苦难仍旧保持着一颗赤子之心的，实属难得。阅尽千帆，归来仍是少年，我想，这也是他长寿的原因之一吧。

如今刘文玉老人家里四世同堂，和谐美满，祝愿他身体健康，万事如意。

## 采访手记

他的童年是枕上一段皎白的月光；
他的青年是红日照破的山河万里；
他的中年是响彻经年的机械轰鸣；

他的老年是亲人邻里的言笑晏晏。

笔者和朋友去采访刘文玉老人的那天，他刚出院不久。

笔者从老人的童年开始聊起，其间主要是老人的儿子在与笔者交谈，老人大多时候只是安静地听着，偶尔回应我们几句话，似乎沉入了多年以前的时光。老人有过一段较为平静安稳的少年时期，但一切都在战火纷飞的年代里分崩离析，而他选择了参军，为军营奉献出自己的青春；到了中年，又选择留在一座小城平静度日，勤勤恳恳地工作；退休后又选择从事公益事业。老人的一生无疑是精彩的，虽经历坎坷，但他怀着一颗赤子之心坚定前行，最终苦尽甘来。

采访期间，笔者总是情不自禁地设想要是我也身处那个时代会有怎样的选择，笔者敬佩刘文玉老人的勇敢、坚定和善良，这一切将鞭策着我前行。感谢老人向笔者分享了他的故事，笔者也愿自己像他一样，不忘初心，余生不悔。

采访结束后，朋友开着车带着笔者在江油城里漫无目的地转，兴许是一时兴起，最后追着夕阳开了好久，停下的时候，不远处暖橙色的霞光一点点融进天幕里，恍惚中，笔者从月亮晕影里走马灯似的望见老人的一生，他幼年时那个阳光活泼的笑容，少年时那个踽踽独行的背影，青年时那双坚定无畏的眼睛，中年时那双温暖厚实的手，以及老年时那个和蔼可亲的身影，今人还似故人，明月照人来。

刘文玉老人与志愿者合影（蔡卓明　摄）

# 青松挺且直

——郝顺珍老人传记

廖茁雅 北京师范大学 文学院 2018 级

## 人物生平

郝顺珍，男，1923 年 1 月 24 日出生于山西省长治市武乡县。1947 年于山西参军入伍，解放战争时期曾参加过襄樊战役、淮海战役、渡江战役等战斗。在部队期间，曾任班长、排长、连长。新中国成立后，留任地方，1952 年调至江津十七区武装部，后又到江津区武装部任部长一职。退休后仍在军休老协担任主席，组织离退休军队老干部的文娱活动。几十年来，无论在战场上还是工作岗位上，他永远保持正直、诚实的作风，获得无数嘉奖与勋章。

郝顺珍老人照（袁先芬　摄）

## 一、一生荣光凭谁忆

大雪压青松，青松挺且直。要知松高洁，待到雪化时。

——陈毅《青松》

1945 年，山西日占区，垂死挣扎的日军在当地疯狂地执行“三光政策”。民兵郝顺珍结束了一天的站岗放哨任务，拖着疲惫的身子回到窑洞。谁知，迎接他的不是后方同志的关怀，而是日军的暴力俘获。虽还只是民兵，郝顺珍却已经有了一名战士的机警。身处敌营，他没有暴露身份，在饱受日军苦役后终于被放回。重获自由那天，阳光热烈得有些刺眼，风辣辣地刮在脸上。22 岁的他听不见远处太行山上的阵阵松涛，他也不知道遥远的以后会怎样，但他挺直了腰板，走进了明亮的阳光中。

1948 年，淮海战役，冬天的寒气和敌人的凶险一起席卷而来。没有大衣，没有胶鞋，甚至连炊事班从后方送来的饭都是冷的，但战场上的士兵裹着一件破棉衣仍坚守着，也进击突破着。这是郝顺珍当兵以来最艰苦的一场战斗，也是他日后印象最深刻的一场战斗。飞机轰鸣声在上空骇人地响起，大家都警觉地抬头张望，随时准备作战。突然，一颗炮弹从天而降，轰的一声巨响。醒来睁眼看到的，已是后方安全的蓝天，还有右胸口上一道不小的伤口。可是之后不论多少次战斗，多少次炮响，他还是义无反顾地冲进枪林弹雨中，像从未受过伤的一棵新松。

2019 年，重庆市江津区，在军休干部服务管理中心的老居民楼里，昔日不经世事的新兵小子早已褪去青涩，象征衰老的皱纹和斑点爬上他的皮肤，但他的腰杆始终挺得笔直。昏黄的灯光填满空空荡荡的老房子，几件朴素的家具显然有了些年头，而阳台上一张堆满报刊书籍的小书桌是他最常流连的地方。

从太行山以西的山西老家，到各处转移的战场，再到如今长江之畔这间简朴的房子，郝顺珍老人像一颗太行山上的松子，在每个地方扎根生长。不论经历什么，他永远有最挺拔的身姿和最正直的人格。

## 二、亭亭山上松，瑟瑟谷中风

1923 年隆冬，太行山上一席银装素裹。瑟瑟寒风吹，常绿的松顶上也积着沉甸甸的雪，但枝干始终挺直有力。

太行山西麓的武乡县，一个男孩出生在一间破败的小屋里，他被父母命名为郝顺珍——事事顺意，视若珍宝——这个名字寄托了父母多少的喜爱与祝福。之后三个弟妹陆续降生为这个小家带来幸福与喜悦，但同时也让生活更加困难。作为老大的郝顺珍十分懂事，但懂事得让人心疼：家庭的贫穷让他只上了一年学就辍学了，之后便在家里劳动，帮助父母做一些家务事。

一年又一年，冬去春来，太行山上的小松树逐渐青翠挺拔，郝顺珍也长成了高大结实的帅小伙。如同老舍笔下的骆驼祥子，年轻气盛的他也是个有力气、勤劳肯干的人。但他没有祥子拉车时来去自如的自由洒脱，他在一户人家当长工，日出前而作，日落后才息，用自己的力气与青春补贴家用。虽然劳累辛苦，但每次看到父母弟妹们，他咬咬牙又埋头苦干坚持下去。

似乎还是和往常一样平凡的一天，母亲见到他，却露出了不一样的灿烂微笑。“我看到在招当兵的，就给你报了名。”母亲告诉他。彼时的郝顺珍并不知道母亲的这一举动对他意味着什么，他只是一个听母亲话的好孩子。但母亲脸上挂着兴奋喜悦的笑容，眼睛里闪烁着充满希望的光亮——她仿佛已经看到了儿子在战场上奋勇杀敌、报效祖国的场景，看到了心爱的孩子功成归来、幸福生活的后半生。

“我的母亲在当时是个非常有远见的女人。”

走过半生的军旅生活，96 岁的郝顺珍老人回忆往事时这样评价自己的母亲。当年稚嫩的少年已是年近期颐的老者，他自己也成为父亲、祖父，甚至曾祖父。此时再看母亲当年的选择，他已不仅仅是站在一个儿子的角度，更能以为人父母之心去理解母亲、感恩母亲。

在正式入伍之前，郝顺珍还曾当过民兵，负责站岗放哨。1945 年是日军垂死挣扎的最后时期，他们在当地疯狂地实行“三光政策”，到处抢夺杀戮。郝顺珍在一次站岗放哨换班后，在窑洞内被日军暴力俘获，聪明机智的他没有暴露身份，在被日军苦役几个月后终于得以重获自由。那时的郝顺珍只是个小民兵，却已经有了一名战士的勇敢与机敏。那次死里逃生没有使他害怕退缩，反而成为他勇敢坚定走入军营的契机。

1947 年 9 月，郝顺珍来到山西新兵营参加训练。他没有过秋季入学的兴奋，却在这秋天的新兵营感受到了前所未有的新鲜感。但新鲜感在辛苦的训练中逐渐褪去，士兵保家卫国的天职却成为支撑他走下去的动力。他也曾在休息的间隙坐在训练场迷茫地望着蓝天，也曾在训练时看着远方的太行山咬紧牙关。初秋的风已带有几分凉意，但他一直坚定不动摇。

“亭亭山上松，瑟瑟谷中风”——24 岁，风华正茂，气冲云霄。青松已长成，挺拔多正直。二十几年来，他经历过比这更冷的寒风，更烈的日头。无畏谷中风，直望登山头。

24 岁的郝顺珍，已不再是迷迷糊糊的愣头青年，而是一名为全国人民的解放而奋斗的战士。

## 三、风声一何盛，松枝一何劲

黄河涛涛，奔流向东。步履声声，直奔南方。

新兵训练结束后，郝顺珍随部队南下，第一次渡过了生于斯长于斯的黄河，进入了刘伯承、邓小平所带领的晋冀鲁豫野战军六纵队十七队四十九团。郝顺珍没有想到第一次实战来得如此之快：上午到了武装部，下午就出发了。在河南驻马店，他打了当兵以来的第一仗。

随后大大小小的战斗接踵而至。1948 年 7 月襄樊战役，中原野战军向襄阳、樊城发起进攻。河南开州整训期间，国民党反动派也一直穷追不舍。而后进入战略反攻阶段，郝顺珍所在的部队一路追赶国民党军，这一追就一直追到了淮海战役的战场。

“比较辛苦的战斗的话，淮海战役比较辛苦。那是冬天，炊事班在后方送来的饭都是冷的。那时当兵的战士除了一件棉衣，其他都没有，大衣、雨衣、胶鞋都没有，那时候当兵还是比较辛苦。”

当问起他印象最深刻的战役，老人不假思索地给出了答案。极为简单的语言勾勒出一幅令人动容的画面，但他说起这一切却仿佛在讲一个冬天的普通的故事。

对淮海战役如此难忘还有另一个重要原因：一颗从天而降的炮弹让他右胸口负伤。说起这次受伤，老人仍是云淡风轻的样子。反而是老伴激动地说：“还好没有伤到左边噢。”一边说着，一边用力地指了指心脏的位置，郝顺珍老人却只是哈哈大笑。

淮海战役的胜利，使长江中下游以北地区获得了解放，也为解放军渡江作战奠定了基础。郝顺珍所在的队伍多数战士都来自于北方，不通水性，于是上级安排他们在河沟里学游泳。拍打的浪花晶莹剔透，在阳光下闪闪发光，这也是战争岁月里少有的明亮回忆。但游泳训练也不轻松，郝顺珍每天从早到晚都在河沟里划来划去，手泡皱了也不起身——这是上级的命令，作为副班长的他一定要以身作则。

万事俱备，战争一触即发。炮弹在空中划出一道道弧线，往江对岸射去。一个班，一只船，两名老北京船工，波浪滔滔，渡江而去，千帆竞渡，一往无前。

“渡江战役前有没有感受到战争快要结束了？”

“我老实跟你讲。那时候当战士呢，我不太清楚。反正说走就走，打仗就参加，是听领导指挥的，我们不知道。”

老人的回答令人感慨，当我们这些后人回望历史，感叹革命英雄们的丰功伟绩时，身处于历史中的他们却并不知道自己当时行为的伟大意义，“是兵就要服从命令”，他们只是做好自己的本职工作罢了。

郝顺珍老人年轻时的照片（受访人提供 ）

出太行，过黄河，打淮海，渡长江……转眼回头，已是往事经年。新中国成立的炮声已在天安门前打响，惊天动地；毛泽东主席在天安门城楼上宣布“中国人民站起来了”，城楼下掌声雷动，欢天喜地。可是解放全国的任务还未结束，郝顺珍所在的部队深入西南，直指重庆。

重庆白马山，上有崎岖山路、悬崖峭壁，下有乌江天险，急浪滚滚，是重庆东部的最后一道屏障，解放重庆的军队在此处打了三天三夜。郝顺珍半夜拉肚子，只得待在后方。时为11月，朔风南下，雨雪纷纷。郝顺珍躺在后方望着漆黑的天，仿佛看见白马山那茂密浓黑的山林，枪声、炮声、冲锋的呐喊声在山间呼啸，他闭着眼都能看到战友们冲锋陷阵的身影。但他不会想到，也不愿去想——一同参军、同是地下党员的一名老战友牺牲在这高高的白马山上。“后来我到南川去了，在烈士陵园找他的名字都没有找到。”谈到这里，老人平静的叙述第一次有了些细小的波澜。

“那时候大家都忙着打仗，打了仗以后下来就休息，就学习，研究战术，不考虑其他的。”当再次问及老人与战友们的情谊，他这样说道，“当兵打仗，打到死了就算了。”

“死”这个字从他口里说出来是如此轻松。不过确实是啊，战场上他见过多少死亡，自己也多少次从死亡边上擦肩而过。那他是真的从不惧怕死亡，不害怕牺牲吗？

老人的回答真实而可爱：“那是不可能的事，那个时候也害怕，当兵的时候哪会不害怕嘛？但是怕也没得办法呀！要响应毛主席的号召，解放全国人民。”

当人的本性与人的目标、信仰产生冲突时，我们更能看到人性的光辉。不是不怕死，而是身为士兵就要服从命令！不是不怕死，而是身为战士就要为解放全中国的目标去奋进！穿越几千年的历史，在郝顺珍及众多革命先辈的身上我们看到孟子所言“舍生取义”的现实体现。他们不是钢铁战士，他们也是普通人，是父母儿，是弟妹兄，有的还是丈夫、是父亲，他们也是血肉之躯，也有一颗脆弱的心。但是为了国家，为了人民，他们必须以钢铁般的意志武装自己！

一如山上松，无论烈风何其盛，无论严寒多刺骨，永远挺立，且愈发坚劲。

## 四、冰霜正惨凄，终岁常端正

白马山上，风停了，枪声止了，可是战斗还未结束。

下了白马山，过了江，这里打一个小仗，那里又急调兵力。终于，西南地区的人民都获得了解放。而一眨眼，又到了1950年，“抗美援朝，保家卫国”

的口号响彻军营，但郝顺珍没有被派往前线，而是被留在了重庆荣昌独立营，在当地开展剿匪工作。剿匪结束后，又被调至基干团炮兵连担任代理连长。之后的岁月里，湖南、安徽黄山、四川凉山、重庆江津……郝顺珍永远听从上级安排，上级说去哪里，他就往哪里去。

郝顺珍有一个小记事本，里面记满了重要的时间和事件，还夹着好些小纸条。直到现在，他也能够背出自己打过的每一场仗、待过的每一个团，以及每一个大大小小的时间节点。在交谈中，他有时候突然卡壳，于是皱着眉，双手抱住头，冥思苦想。“噢噢，想起来了！”当他想起后，又豁达一笑，继续饶有兴致地讲述过去的故事。

四处漂泊，辗转多地，却不是像浮萍一样漂在水面上，而是一颗种子：到一个地方，就扎根在一个地方，并努力向上生长，成为一方人民的大树。

这颗种子，最终扎根在了几江之畔——江津。不论是在江津县兵役局民兵科当科长，管理民兵训练和武器，还是在柏林镇当武装部部长，他都认真负责、尽心尽职。不论是在江津区武装部当一般公职人员，还是担任武装部部长一职，他始终诚实正直、正派为职。

直到 1979 年离休后定居江津，这颗种子早已生根发芽，长成一棵粗壮挺拔的大树。从太行山麓到长江之滨，他把太行山的松带到第二故乡，风吹雨打让他更坚强和更成熟，松树端正的品质也成了他的生命底色。

在江津工作期间，郝顺珍老人和老伴李奶奶经单位介绍在一起共同组成家庭，抚育了 4 个子女。相伴半生的老伴李奶奶说，她最欣赏老伴的，就是他的诚实与正直，用她的话讲：“反正他的原则是当荧火虫，不当火柴星沫子。走一方亮一方，正派为职，这是很重要的。”

奶奶说：“诚实很关键。江津县委那些人都说，郝部长是个老实人。他很诚实，没有那些奸诈的心理，这是最好的。”她还讲道，老伴曾经从江津城里走路两天去往坐落在山区的柏林镇。他勤勤恳恳帮老百姓做事，正直不阿地处理公事，获得了柏林百姓的一致好评。去年夏天，郝顺珍爷爷同家人一起去山上避暑时，老百姓见了他都热情地招呼道：“郝部长来了！郝部长来了！郝部长还真精神哟！”

听老伴说着，郝爷爷也激动起来，坐直身子，严肃地说道：“我跟你说小同学，我没想过当官。我不管当班长也好，排长也好，连长也好，还是后来当科长也好，到武装部当部长也好，我都没有考虑过，都是领导安排。我没考虑过升官发财那些事。”爷爷一边说着，一边激动地摆摆手。

老人不是追名逐利之辈，从军队到地方工作，他都保持着一名军人的素养——听从上级的命令。他淡泊名利，又脚踏实地。走一方亮一方，到一方就扎根一方，永远正派为职。

郝顺珍在 1948 年就秘密加入了中国共产党，夫妻二人都是老党员，有着互相契合的价值观，都正直、真诚，从不偷奸耍滑。说起共产党员的作风问题，两位老人都义愤填膺：

“共产党要培养的是真、诚、正、实、干的共产党员，但现在有些干部就是奸、虚、滑、鬼、私！这些就会败坏党的风气和声誉！一个共产党员必须一是一，二是二。正派为人很重要！”他们一字一顿，每句话都说得坚定有力。

年轻时，郝顺珍在工作岗位上从来不偷奸耍滑，无论是管人还是管设备，都规规矩矩、端端正正。离休后，他在军干所担任老年协会主席，每次的活动收费，一分一厘他都算得清清楚楚，绝不多收一分钱。爱看报纸的他现在每天借阅《参考消息》，但老人反复强调：“这是公家订的我拿来看一下，看完我又给它放回去。”他从不贪心，不贪图富贵，不羡慕名利，他选择肩负起自己的责任，做好自己的工作，他用自己一生践行“正”字。

对人民负责，对国家负责，却永远把自己和小家留在最后。

战争结束，等他辗转多地后，等到他终于在江津安定下来，父母却都已经去世了，而当时小妹还小，他便主动将小妹接到身边上学。可是天有不测风云，谁知小妹在初中时被蚊子叮后患上脑膜炎，不幸夭折。

“现在老家没有人了，既然老家没得人我也不想回去了。”依然是轻描淡写的一句话，说者无意，闻者却听出了无限悲凉。

“少小离家老大回，乡音无改鬓毛衰。”老人的普通话带着的浓重山西口音，以及喜吃面食的口味都彰显着他一个异乡人在他乡孤独的坚守。96 岁的他站在时间尽头回望过去，回望家乡，也难免感到孤单。但是好在如今他自己的小家还过着红红火火的生活，身旁还有契合的老伴，膝下还有四个孝顺的儿女。拥有这些，他已觉得满足。

从少年到期颐之年，如今已是夕阳西下，薄暮云云。郝顺珍，这太行山的松已在长江之滨扎根繁衍，枝干遒劲，青翠浓绿，长成了苍老却仍然正直挺拔的古松。

## 五、岂不罹凝寒？松柏有本性

清晨6点，晨光熹微，96岁的郝顺珍老人每天都伴着窗外的第一声鸟鸣起床。吃过早饭，7点便来到户外散步。在江边清晨的雾气中，他沐浴着清新空气散步一个小时便回到家中——重庆的夏天太热了，只有早上能感受到一丝江风的清爽。

回到家，太阳已经升起来了，照在阳台书桌的一隅，堆成小山的书周围纷飞着细小的尘埃。老人坐到书桌前，打开当天最新的报纸，一字一句地仔细阅读。看完报纸，再看看书——虽然没上过多久的学，但他到现在都在学习，像老伴讲的："天天都看书，书从来不会丢。"

虽然在"麻辣之都"重庆居住多年，但老人依然喜好清淡的口味。除此之外也没有忌口，肉也还要吃，但是因为牙齿不好，只能吃肉丸。"馒头，灰面，必吃！"北方家乡好面食的习惯跨越大半个中国和大半辈子也不曾丢掉，郝顺珍老人至今仍然每天必吃面食。

下午午休后，是休闲娱乐时间。电视上的新闻频道、军事频道永远是最有吸引力的，老人有时候也去活动室跟两个老朋友打个小牌动动脑筋。

7点钟，郝顺珍老人总是准时收看新闻联播和天气预报，晚间的海峡两岸也是老人常看的新闻类节目。家事国事天下事，依旧事事关心。而每晚9点，老人一定按时上床睡觉。

"他生活习惯很好，按时起床按时睡觉。饮食很清淡，不吃辣。而且从不抽烟喝酒。"老伴也这样评价。

谈到自己的心态，郝顺珍老人豁达一笑，说："就是不考虑那些。"老人说，吃也好、穿也好他都不考虑，"反正有病就去医。"今年二三月份他生病住了院，"就吃药，就拄拐杖"，还是没有影响他乐观豁达的心态。

"我们老年人就要按照习主席的指示——好好保重身体也要看报纸学习，多动动脑筋。"

那么年轻人呢？

老人一字一顿，格外用力地嘱托道："年轻人更要响应习主席的号召，不忘初心，牢记使命，年轻人是下一代的接班人。"说到这里，他眼里闪着光亮，仿佛看到几十年前做长工的那个青涩少年，看到在枪林弹雨中冲锋陷阵的那个热血青年，看到漂泊四方为百姓干实事的担当的那个踏实壮年……

适逢新中国成立70周年，郝顺珍老人的生命历程几乎和我们国家的发展历程相吻合。谈到见证国家一个又一个十年的复兴历程，老人也感触良多。他回忆70年来祖国的变化：从乱世到新中国成立，"在毛主席和共产党的领导下推翻了三座大山"，中国人民站起来了！改革开放后，国家加速发展，人民的生活也提高了，"现在是不愁吃也不愁穿，吃穿住行都不用考虑了"。

"我们现在的一个感觉就是，没有共产党就没有新中国，没有毛泽东和老一辈无产阶级革命家的领导，我们国家也建设不成今天这个样子。"

"也就是说，所有人都要珍惜这样来之不易的生活是不是？"

"是。"

郝顺珍老人对这来之不易生活的珍惜，不仅体现在他对生活、生命的热爱，还体现在他的节俭上——居住地周围高楼林立，他却一直住在破旧的老居民楼里。家里装修简朴，两个一眼看上去就很有历史的沙发，已经随着一家人辗转多次，保留至今。

老人省吃俭用，却舍得把钱用在该用的地方。2014年云南省昭通永善发生地震，地震灾区伤亡严重。郝顺珍老人了解到灾情后，将300元人民币投进了捐款箱。这份钱不多，但代表了老人的一份心意，对老百姓的挂念，以及一位见证过无数次死亡的战士对生命的敬畏。除此之外，老人还是区关工委开展"爱心代代传"组织的一名成员，常年捐款资助贫困山区儿童，是大家和蔼的"郝爷爷"。

郝顺珍老人不仅和蔼，而且是个十分贴心可爱的老人。不能吹风扇的他坚持开风扇不让我们受热，结束了访谈却偷偷用双手搓头让自己暖和一点。拿出别得满满的功勋章，爷爷还细心地弹了弹勋章上的灰尘，再温柔地摸摸它们。谈到爷爷马上就要一百岁了，他反倒像个孩子一样不好意思地"嘿嘿"一笑，用手比出"三"的数字，说："哈哈哈，还有三年，还有三年！"

走过近百年的人生路，路上有过风，有过雨。

他走过崎岖山路，走过险滩河川，但是他从不畏惧，从不绝望，从不放弃。

他看过冬天冰封大地，也看过春天花开遍野，他永远坚定地、乐观地一直向前走，端正挺拔地走，不走歪门邪道，只走一条道——那就是正道。

“岂不罹凝寒？松柏有本性。”

难道松树不畏惧严寒吗？并非如此，是因为松柏天生有着耐寒的本性——诚实正直，淡泊名利，乐观豁达——是这样的品质让郝顺珍老人走过人生的风风雨雨，也看到了雨后的阳光与彩虹。

“希望就寄托在你们这代人身上，一定要成为国家的栋梁。”临走前他们夫妻二人紧紧握住笔者的手，真切地嘱托着。四季往复，我想我也不会忘记几江之畔这永远端正挺拔的青松。

## 采访手记

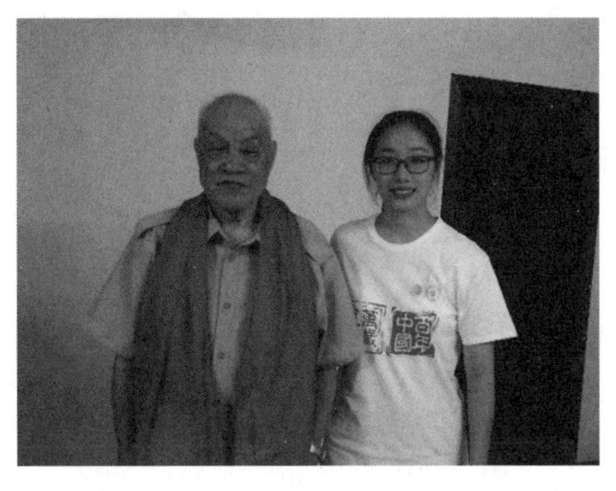

郝顺珍老人与志愿者合影（袁先芬　摄）

此番采访年近期颐的郝顺珍爷爷，着实让笔者感慨万千。

在采访过程中，不论是谈及经历过的大大小小的战役还是一次严重的受伤，老人总是云淡风轻。而笔者听到这些从前只在历史书上读到过的战争时，内心却有着抑制不住的好奇和激动。但是当我们这些后人回望历史，感叹于革命英雄们的丰功伟绩时，身处于历史中的老人及他的战友们却并不知道自己当时行为的伟大意义，他们只是做好自己的本职工作罢了。

此外，在交谈中老人透露出一以贯之的淡泊心态，他顺其自然、享受生活，或许这才是他长命百岁最重要的原因。在竞争激烈的社会里，我们都应该学习郝爷爷淡泊乐观的心态。

采访接近尾声时，郝爷爷及老伴两位老人都反复向笔者强调：“做人，一定要正直！”他们以自身经历告诉笔者为人正直的重要性，并多次嘱咐一定要成为国之栋梁。

采访结束走在回家的路上，笔者内心久久不能平静，郝爷爷和李奶奶嘱托的话在脑海中萦绕。在当下，笔者和大多数年轻人一样，都想着做大事，但郝爷爷他们却想着脚踏实地做好事；我们总是不满足于现状，想要获得更多，但他们却无欲无求、顺其自然；也会有一些人在快节奏的利欲大流中迷失了自我，但他们却用一辈子来践行“爱国”与“正直”。

采访百岁老人，不仅仅是记录他们的故事，还有着学习和传承的意义。

不虚此行。

# 峥嵘岁月，返璞归真

## ——陈万钟老人传记

潘少娟 北京师范大学 文学院 2017级

### 人物生平

陈万钟，出生于1923年6月1日，家住龙海东园镇过田村。谁也不曾想过平日里游走于田埂、山间小路的老人有这样一段辛酸、坎坷、热血、辉煌的过去，两度从军，烽火和硝烟中九死一生；三年村干，半生经商、半生务农。现在，老人已走向生命中的最后一段旅程，早已不在乎功名，但在这新中国成立70周年之际，他谈及的那段峥嵘岁月让人为之动容。

陈万钟老人照（受访人提供）

### 一、替兄从军，少年人的意气

16岁的少年，风华正茂，本该在课堂上孜孜以求，用知识和学问扩展人生的宽度。但是，硝烟弥漫的烽火岁月里，岂能容得下一张安静的书桌，1939年的那一天，保长来到陈万钟家里，懵懂的少年就此远行，一肩挑起家庭的嘱托和乡亲的厚望……

过田村位于蜿蜒曲折的鹅浪山脚下，山脚下是一片片齐齐整整的田野，一年四季，勤劳的过田人民使得原本并不肥沃的土地四季常青，乡民们靠着这一方山水世世代代平静地生活着。当时家里只有兄弟 3 个，陈万钟排行老二，但贫苦的山野并未给予他们过多的馈赠，一切都要靠着双手打拼。因为家里并不富裕，陈万钟在 12 岁的时候才终于能够有机会进入小学，此前都是在田间地头帮父母放放牛羊。他格外珍惜这来之不易的学习机会，但是农民家的孩子一刻也不能得闲，放学回家之后还是要继续帮家里干农活，姐妹们搓麻编草绳，弟兄们也要放牛挑担。清晨太阳还在黑甜的梦中，东边的天空一片灰蒙的时候，小伙子就要起床，顺着山间潺潺的溪流赶着比自己还要壮硕的牛去寻找鲜嫩青草的途中，恰恰可以纵情思考先生课堂上说的那遥远的地方、传奇的岁月；黄昏里踏着破碎的夕阳，嘴里叼着狗尾巴草，伴着老牛沉重的脚步和喘息穿行在崎岖的小路上，这是复习功课的绝妙时间。就这样陈万钟在辽阔的课堂和崎岖的山路间渐渐成长，转眼成了 16 岁的翩翩少年，他读到高小二年级（小学五年级）。

但生活并不会就这么平静下去。

1939 年的一天夜晚，保长来到陈万钟家里说，现在政府在征兵，你们家需要出一丁参军。按照当时国民党的征兵政策，年仅 16 的万钟自然还不到当兵年龄，更别提家中的幼弟。但是此时的大哥新婚燕尔，刚生下第一个孩子，又是家里的主要劳动力，如果哥哥此时去当兵，不但幼小的孩子无人帮忙照料，两个幼弟和老迈的父母难以独立维持生活，一家几口人的生计更成了问题。权衡之下，陈万钟毅然决定，放弃学业代替哥哥入伍。80 年的时间过去了，回忆起从前的事情，尽管当初替兄从军是顺势而为，但是陈万钟老人从未后悔，如果再来一次，他还是会选择当初的道路。

## 二、军旅浮沉，枪炮中的磨砺

奔腾的时间流水一般冲刷着每个人，但是忆起曾经的峥嵘岁月，96 岁的老人仍然历历在目：1939 年，16 岁的陈万钟代替哥哥入伍当兵。带着一股少年的愣劲，陈万钟跟着部队从福建走到江西。虽然时近 80 年，但他仍然难以忘怀当初的岁月。那年他们先去南靖师管区集训，然后从南靖一直步行到江西的火车站，再乘火车到浙江，他还记得当时一下火车，天正下着大雪，那一场茫茫的大雪，一连下了两个礼拜，年轻的陈万钟第一次见到雪，但他还来不及兴奋，就开始起程前往宣城了。他回忆起在路途中的凄苦，仿佛历历在目：

"新兵的时候，生病的很多。病了就抬着走，不幸死了，就扔在路边。手都被绑着，然后军衣穿在外面。晚上就在地上铺一些草。吃饭用桶装着，一大桶。很多人没能抢到饭。一天只吃两顿，他才不管你有没有吃饱呢！（新兵死了）就抓老百姓来当挑夫啊，然后顶替死去的新兵的名字。到了宣城，150 多个福建人被组成福建集中队。他们都不会讲普通话，我会一点，所以就叫我当翻译。"

当年宣城战役打响，日本鬼子疯狂进攻安徽宣城驻地一带。即使顽强抵抗，但双方激烈战斗，白天日军 30 多架飞机出来猛烈轰炸，陈万钟他们就只能躲在山林间，无力反抗；飞机轰炸过后，鬼子的几次夜间进攻均被陈万钟所在的三营官兵奋力击退，他们就找准鬼子射击的亮点还击敌人，当场毙敌 30 多名。在这场战斗中，陈万钟被日本飞机投下的炸弹炸伤了头部，被抬到后方医院医治，至今陈万钟老人的头部还留着一大块伤痕。

人在逆旅，但总不忘家乡的消息。当陈万钟从报纸上看到日本人打到漳州的时候，内心充满了煎熬。火车开到福建时，他因肚子痛下车上厕所，回来没赶上火车，就索性回家，一路卖衣乞讨回到福建，一问才知道，当年一同前往的 150 多名老乡除了他竟无一人回乡。

## 三、再次从军，宿命般的抗争

浩浩抗战 14 年，多少人的青春和鲜血永远留在前线，也留在民族的记忆中。幸运的是，陈万钟九死一生侥幸脱身，回到了故乡的田野上为自己的未来播种希望，谁都以为此后他的一生便应当这样平凡而踏实地度过；然而，命运却偏偏不走寻常路——家乡告急！日本鬼子打过来了！很难想象，一个人的生命中会与抗战狭路相逢两次，而此时，当初的懵懂稚子经过铁血战争和风霜羁旅的层层洗礼，已经成了一个顶天立地的青年。当征兵的消息再次传来，已然变成家庭脊梁的他毅然决然挺身而出，为保家卫国走上疆场。

在华安班受训之后，他跟随着军队一起前往云霄县蟠桃岭。这一场战斗打得如火如荼，国民党的地方部队尽管配备机枪，却还是难敌日本人凶猛的火力进攻。我方将士们咬着牙、忍着伤，顽强地坚持了一天一夜。看着身边朝夕相处并肩作战的战友们一个个倒下，陈万钟的心中难免悲痛，也害怕自己是不是再也回不来了，但是，既然还有一口气在，就要把战斗坚持到底！最后，头上传来了“嗡嗡”的飞机声，他终于流着泪松了一口气。当时正处于中美合作期间，得到了美国飞机的救援，所以日本迅速败下阵来慌忙撤退，陈万钟和战友们扬眉吐气，一起在厦门虎头山接收了日本败军遗留下来的军火。时过境迁，谈起这段往事，老人语气已经平和得不起波澜，但是每次回忆起这个结局的时候眼睛总还是发着光，在漫长的黑暗中，总有人一直愿意去坚守着、去用双手迎接黎明的到来……

## 四、修路搭桥，两代人的无悔

20 世纪 50 年代，黎明九九坑修建大型水库，陈万钟和村里的一群年轻人一起出发，他在那边当炊事员，待了很久。以前的人就靠着这个大型水库发电和饮水之用，现在这个水库已经不再使用，后来也失于管理慢慢崩塌了。

建设时期，陈万钟渐渐到了中老年，几个儿子却逐渐撑起了家里的一片天。当初厦门供水困难，厦门的开港、修北溪、西溪造桥这些工作都少不了儿子们的身影。西溪大桥是一个大型水利工程，当初未曾修建的时候县里常常干旱，农作物颗粒无收，东园镇等几个重要乡镇的百姓前往万松山采石筑桥，一番辛苦换来了半县丰收。提起几个儿子，老人还是如数家珍，特别是考上大学的小儿子更是他一生的骄傲，老人也时时叮嘱笔者好好学习。

## 五、风雨同舟，伉俪情深

1950 年，陈万钟与隔壁村郑泡女士结婚，生下七男三女，由于家庭原因只养大成人五男二女。到现在俩夫妇都已耄耋之年，年老多病，但仍相互扶持，携手风雨。

谈起两人的相识，爷爷开始显得无奈而俏皮，他说自己因为当过国民党兵，身份不好所以婚姻大事到了很晚的时候才有着落。后来一方面是当了村长，更重要的是体格（样子）好，经过了表大姐的介绍，两人喜结连理。爷爷呵呵笑道："当时呀，三四十包喜糖就能把老婆娶回家啦！"

夫妻二人年近期颐，身体近些年也是每况愈下，郑奶奶经过手术，现在只能靠着轮椅行动，行动比较自由的爷爷这时就显现出他的体贴：爷爷爱喝茶，但奶奶不喜欢喝，所以每次喝茶的时候爷爷总会注意着爬起来给奶奶倒一碗米糊，当奶奶枯瘦的双手颤巍巍接过瓷碗的时候，两人相视一笑，这种风雨相携的沧桑或许只有他们才能彼此理解。

## 六、从来忠厚，德高望重

闽南地区的传统，村里的各种大型活动总需要几位德高望重的老人出来主持。因为为人忠厚，既不贪财也不妄言，陈老总在祭祖的时候被邀请来帮助保管东西、记账、说话，村里人也都非常信赖陈老。甚至采访中，老人的二儿子还告诉我们，这些年来国家有了一些老人的抚恤金和抗战老兵的奖金，但是陈老的"工资"可从来没拿回家过，几乎都献出去了。话语间却没有一丝埋怨，反而是满满的理解和自豪。

陈爷爷住在老式的四壁瓦房里，但是重新粉刷整修过，院子里的砖块铺得平平整整的。刚走到门口就传来一阵"咿咿呀呀"的芗剧声，原来是爷爷正在看芗剧，细问之下才知道原来爷爷本人并不痴迷芗剧，而是一位老邻居以前是戏剧演员，常常过来陪老两口聊天，电视是开给她看的。

真诚友善、乐于助人是陈家人多年来的家风习惯。几个孩子自小，父亲就常常教育他们：做人应当真诚，有能力的时候更要努力帮助别人。老父亲更是多年来都一直身体力行，年纪大了还是坚持常常要出门走动，见到村里的小路上石头不平的地方，他就要停下来搬搬石头，不但活动了身体，也给村里人提供了方便。

## 七、不忘感恩，不忘初心

老人时时不忘感恩，作为村里的文化人，虽然只是读了 4 年书，但炊事员、记事员的经历帮助他慢慢习惯于写字和说普通话，直到当兵回来之后还是常常说，所以才被村长选上当了会计。

老人常常激动地告诉笔者：现在的政府给老百姓的日子真是好啊！每个月政府给的生活费和逢年过节乡镇领导的关心慰问，也安慰了这颗沉寂了多年的心灵。

老人的小儿子谈到，父亲一生最感激邓小平这位领导人，他提出了“不管黑猫白猫，抓到老鼠就是好猫”，使得当时父亲这位“四类分子”的黑帽子被摘掉，得以去往厦门开始创业，一家子就此改善了生活，也慢慢不再受到歧视，小儿子成为当时村里第一个大学生或许也得益于此。因为能够深切体会父亲的心理，儿子专门替父亲搜寻相关信息，从邓小平的宣传画中剪下邓公像装裱起来郑重其事地挂在家中墙上，给父亲留下一个念想。每当老人颤颤巍巍地告诉笔者当初的经历时，总不自觉指向墙上的挂画，笔者便清楚，在他的心中一直留存着一片切切深情。

## 八、长寿之方，拙朴且华

当笔者问起老人的长寿之方时，陈老犹豫多时不知如何开口，旁边的邻居们却开始津津乐道：早几年，陈万钟老人身体还甚是健朗，常常一个人蹬着一辆老式的三轮车穿过新修的街道来到邻镇的白水营、山上的龙应寺去逛一逛，呼吸一下新鲜的空气。清晨明媚鲜艳的阳光照耀在老人历尽沧桑爬遍皱纹的脸庞，一片祥和；遗憾的是最近几年一方面身体每况愈下，加上天气炎热，孩子们不放心老人出门就渐渐减少了出行。

陈老思索许久告诉笔者，很多年前，有位医师教过他一套早操动作，说着站起来甩动臂膀拍打肩膀认认真真示范，医师说过晨起拍背百来下、一杯早茶常康健。不爱喝茶的陈老就这么坚持了多年，没有一天落下，谈话间陈老又给屋子里的小辈们各倒了一杯茶。

如今年迈的父母成为儿女放心不下的对象，二儿子一家住得最近，于是承担起了贴身照顾的职责，几个孩子也是每逢周末总要回来陪父母聊聊，一家和乐的氛围使得老人得以尽享天伦。

最重要的原因，或许一直以来心怀仁厚才真正是老人长寿的秘诀。

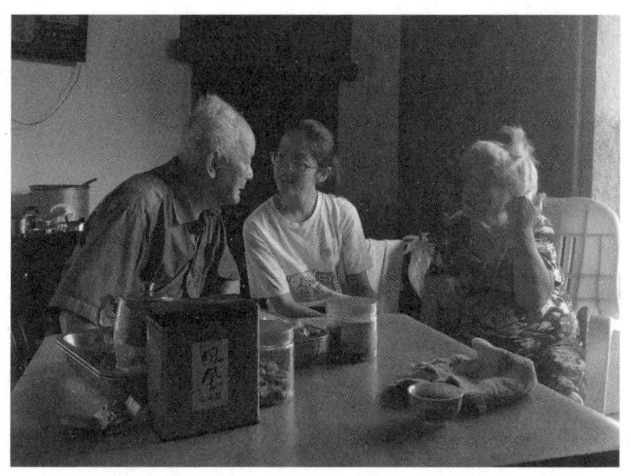

志愿者听陈万钟老人讲故事（潘清辉　摄）

## 采访手记

父亲带着哥哥和笔者两次叨扰陈万钟先生，老夫妇二人皆是热情相待。进门时按照老一辈人的传统，照例要孩子们先拜拜，给老祖宗看看也算作是祈福的一种方式。虽然已近百岁高龄，陈老还是坚持亲力亲为，烧水泡茶忙得不亦乐乎，笔者拦都拦不住，看他拖着沉重的步伐笑呵呵在家中三分地盘忙活，笔者从震惊慢慢平静下来，不由内心敬佩。虽然二老年事已高，听力有损，但却心思敏捷格外体贴，长时间聊天下来总是担心笔者口干舌燥，一直催促大家多喝水，出门前奶奶拉着笔者的手邀请我们留下吃饭，一双干燥的手温暖了笔者的心窝，乡里人的古道热肠在二老身上充分体现出来。

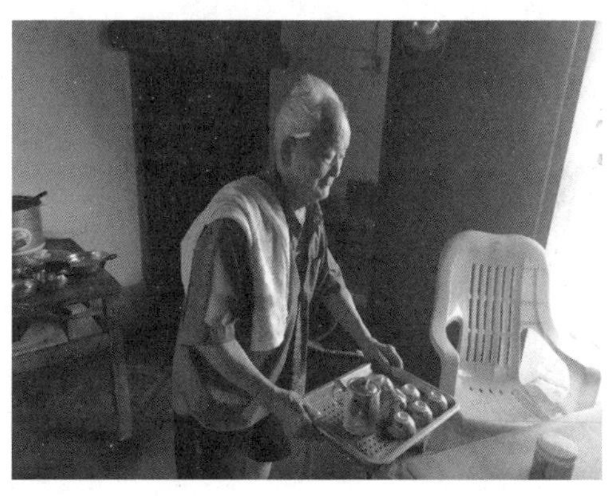

陈万钟老人在给志愿者泡茶（潘清辉　摄）

几次接触下来，笔者想陈爷爷安享晚年的原因跟一家子平和的性格以及和谐的氛围息息相关，四代同堂，亲人即使在外也能够时时刻刻惦记着常回家看看，老人家的喜好也被儿女们牢牢记在心上，无论是父亲平日喜欢的电视频道，还是感念的领导人，都尽心竭力为父亲想着，或许这才是我们走近百岁老人的收获吧！

愿二老身心愉悦安享晚年，健康吃“二百”（闽南俗语，祝福人人都活到 120 岁）。

（因老人身体原因，抗日战争中的故事描述来自老人口述及福建抗日战争采访视频。）

# 木舟划过山海情

## ——姚坤老人传记

郑澜 北京师范大学 法学院 2018级

### 人物生平

姚坤，男，1924年7月19日出生，退伍军人，祖籍原东山县第四区，现居于福建省漳州市漳浦县杜浔镇。平生历尽沧桑，参军于新中国成立之初，土地改革时期，曾清剿过土匪，斗争过地方恶霸，参加过镇压反革命、东山岛保卫战。后又辗转多地参与各类建设，包括去平和开荒，到漳州石油公司进行建设。老人一生积极工作，报效祖国，是老一代军人的真实写照。

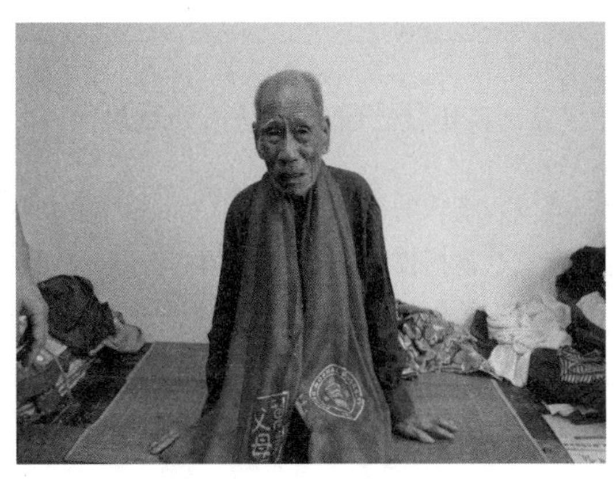

姚坤老人照（郑澜　摄）

### 一、岁月无声

若无人驻足，这座小城里的故事将无人倾听；若无人回望，这些时间中所承载的历史将被滚滚前行的浪潮隐没。岁月从指缝间肆意流逝，如同飞鸟飞过天空，不留痕迹，但万幸的是岁月在匆匆流逝的同时，为我们留下了记忆者，他们经历过岁月的风霜，他们品尝了人生的百味。岁月如歌，他们浅唱低吟；人生似路，他们缓缓前行。

“那时候没有像现在的船，我们都划木舟的。”95岁的姚坤老人喃喃地说。作为大海边上的人，这是他对往昔岁月最诚挚的回忆。

岁月终究在老人的脸上刻下了深深的印记，皱纹满了脸颊，鬓角染霜银发，老人正和朋友轻声交谈，桌上的茶杯里老枞水仙的茶叶沉沉浮浮，热气腾起在空气中形成水雾，老人淡淡地开口讲述，仿佛95年岁月沉浮，如同杯子里的这泡水仙茶，沉淀出醇厚的滋味，但在老人口中却如同水雾一样轻轻地、淡淡地在岁月长河中氤氲。

窗外大雨滂沱，雨水冲刷着杜浔镇新建成的马路与楼房，在这片楼房里居住着从漳浦县古雷镇半湖行政村山脚自然村搬迁过来的村民。古雷镇位于漳浦县南端的古雷半岛上，三面临海，北与杜浔镇北坂村相接，东临浮头湾、台湾海峡，西靠东山湾，面对东山县、云霄县，老人出生于此，也从这里出发，走过东山、平和、漳州多地，最终回到故土，如同一棵大树，深深扎根泥土，枝叶繁茂，为脚下的土地拓出一片绿荫。

## 二、青年壮志酬，戎马不为觅封侯

海浪轻轻拍打海岸，细软的沙子反射出阳光的金黄，海风裹挟着特有的气味将沙滩上的木麻黄吹得摇曳生姿，海边的村落本该平静，就像大海千百年来潮起潮落，村落里的人们日出而作日落而息，地瓜田里待丰收的果实，大海里可以捕捞的鱼虾蟹，就是他们最关心的大事了。但是东面紧紧相依的台湾海峡，让这个在大海摇篮里惬意安憩了几千年的村落注定无法在动荡的年代里独享安宁。

1924年，半湖行政村山脚自然村的姚家迎来了一个新生命，婴儿的啼哭带着朝气为这个家庭带来了新的生气，看着襁褓里纯真的笑脸，父母心中充满喜悦，他们为孩子取名姚坤，朗朗乾坤，坤字寓意着脚下的大地，他们默默祈祷，不求荣华富贵，不求加官晋爵，只求这个孩子能够平平安安，脚踏实地的成长，在他们的设想里，这个孩子的人生像他们一样，在一亩三分地里耕种，用汗水浇灌出质朴又踏实的一生，又或是像周围的渔民一样过着靠海吃海的日子，虽说在浪涛中谋生有些惊险，但祖祖辈辈的手艺自然不会让自己饿着肚子。生活似乎就按照父母的设想稳步前进，姚坤和村里其他的孩子一样，在这片广阔的土地上自由地成长。沙滩上的贝壳，潜伏在石头边上小水洼里的小鱼小虾，是童年最好的玩具，奔跑着踏过翻腾的浪花，朝着大海的那边大声呼喊，再听听大海呼啸着的回答，沙滩上踏下的足迹一天天地长大。

他开始拿起锄头，帮父母耕种土地，23 岁娶妻结婚，日子就这样按部就班地一天天过去。但是村落外的局势并不太平，解放战争的号角在全国各地吹响，辽沈战役、淮海战役、平津战役、渡江战役……国民党军队最终败退台湾岛。开国大典，举世瞩目，“一五”计划，如火如荼，新中国就这样拉开了序幕，带着最蓬勃的朝气，最崭新的生机。但是新中国成立之初危机四伏，国民党残余不肯善罢甘休，他们或在地方负隅顽抗，或抓住机会反扑，云霄县列屿乡的战士们与国民党残部做斗争，将国民党残部赶出大陆，解放云霄列屿乡。在与云霄县相邻的古雷镇，人民支援军队的活动正在展开。也就是在这个关键时刻，姚坤父亲的想法悄然发生了变化，他不再止步于希望这个孩子在这一亩三分地上按部就班地成长，在这个新中国成立、百废待兴的重要关头，在这个齐心协力铲除威胁新中国茁壮成长的毒瘤的重要关头，自己已经年迈无法奔赴战场，眼前这个正值壮年的儿子比起耕种家里的土地，更应该奔赴战场，他相信儿子不仅可以在战场上为祖国效劳，他更相信战场上的漫天黄沙会将他的儿子磨砺成一个更加坚毅的顶天立地的男子汉。于是，他将儿子的名字写在了报名单上。此时的姚坤正在家里的土地上耕作，扬起锄头松动泥土，像之前的每一天一样重复着同样的动作，锄头扬起又落下，看着田里的作物从发芽到成熟，来年再埋下种子，姚坤以为之后的每一天也都会像今天这样，他盘算着今年的收成将会怎样，等这批作物收了，下次该下什么种呢？忽然，手中的锄头一不留神打在了小腿上，鲜血从伤口涌了出来，姚坤回过神来，他低头看了看伤口，摇了摇头：“看来耕地也不能分心，一会儿得去采点草药涂一涂了。”天色渐暗，收拾完东西，姚坤往家走去，他看着腿上的伤，想着该去采的草药，想着今天晚饭家里煮了啥，想着家里烟囱升起的袅袅炊烟……他觉得今天似乎有哪里不同，平时匆匆往家里赶的人似乎少了很多，但是他不知道发生了什么，“兴许是腿上的伤吧，别胡思乱想了”，他深呼吸继续朝前走去。“去村里开会！”一声呼喊传进他的耳朵里，是父亲，他抬头应道：“我先去采点草药，我的腿受伤了！”村里的会向来没有什么着急的事，再说了家里有父亲去就够了。“现在就去！”父亲执着地喊他，“别采了！先开会！”今天似乎真的有什么不同，姚坤不解，他忍着腿上的疼痛，跟着父亲向开会的地方走去。

小小的屋里今天格外的热闹，村里的青壮年都在这里，天色已经昏暗了，屋里点燃的煤油灯将人群的影子投射在墙上，随着窗户里透过的风摇摇晃晃的，村长的手里拿着一个本子，要说些什么呢？姚坤挨着父亲站在房间的角落。他打量着父亲，父亲紧紧抿着嘴，眼神中透露出坚毅，父亲沉默不语，姚坤不敢问，他不知道父亲的眼神里是什么，他隐隐觉得这一切与自己相关。终于，在人群逐渐安定下来之后，村长清了清嗓子：“今天让大家来，是想告诉大家，今天到场的这些年轻人要去参加解放军，参与清剿土匪，解放全境的斗争中去……”接下去的话姚坤没有听清了，只有“报效祖国”“打败敌人”一些只言片语钻进他的耳朵，他的心情有点复杂，他似乎明白了父亲眼神里的含义，是担忧，是期许，更多的是决心与坚毅，他自己呢？热血青年志在祖国，他自然明白保家卫国于他而言是多么神圣又光荣的任务，但他又何尝不犹豫呢？家中有父母，有妻子，那每日相伴的土地，那种面朝黄土背朝天的日子，他生于斯长于斯的故乡，又岂是他一转身就能轻易告别的呢？土国城漕，我独南行的光阴怕是不好受吧。他望向父亲，父亲没有说话，眼中的光却如同在路上叫住他时的语气那般透着不容分说的坚毅，他突然懂了，堂堂七尺男儿岂能当逃兵，国家大义面前自己不能再留恋这安稳的生活。

军装穿在身上，帽子上的五角星格外耀眼，跟随着部队开赴多地，清剿土匪，斗争地方恶霸，镇压反革命，哪里需要哪里就有解放军的身影，自己现在已经是军人了，虽然是作为后勤部参与战役，不能切身体会到枪林弹雨中穿梭的战场风云，但是如果没有后勤的保障，前方的战士们拿什么打败敌人，姚坤坚信自己的工作有着重要的意义。

战火并未停息，姚坤跟随队伍赶赴东山，参与东山保卫战，后来人们把这场战争称为“国共两党的最后一战”。为了粉碎敌人的阴谋，各路人员争分夺秒地赶往东山。16 日拂晓，胡琏所率领的国民党军队在军舰和飞机支援下，进犯东山岛，扬言“反攻大陆”。这时的姚坤正紧跟着大部队，他们要赶紧赶到东山，他们要一鼓作气将反动分子赶出东山，姚坤的步伐少了犹豫，少了踌躇，多了坚定，多了勇毅，他觉得自己已经与身上的军装融为一体，他觉得帽子上五角星一针一线地绣到了他的心里。运送弹药，抢救伤员，在风沙中穿梭，在战壕上奔跑，他的眼前浮现出那片他耕种的土地上长出的庄稼，浮现出那烟囱里缓缓升起的炊烟，甚至是村口的大树，但是有一只黑暗的大手正企图掠夺掉这美好的一切，他知道自己与战友的每一趟奔走都是对前线战士最有力的支持，他也知道前线战士们扛起的枪正对着那只邪恶的黑手，他更知道唯有齐心协力挽手打气才能保卫住这片美丽的家园。

尘埃落定，止戈散马，最终国民党军队纷纷夺船逃命，船舰不等装满即匆匆起航，丢下的军队纷纷缴械投降。东山保卫战，共歼灭国民党 3379 人（毙伤 2664 人，俘 715 人），击沉小型登陆艇 3 艘，击落飞机 2 架，炸毁坦克 2 辆，缴获火炮及火箭筒 46 门、轻重机枪 109 挺、长短枪 512 支和大批弹药以及军用物资。东山保卫战保卫住了东山。姚坤收拾行囊，踏上了回家的路，敌人撤出了东山岛，一切又恢复了平静。这段短暂的军旅生涯却永远镌刻在姚坤的脑海里。以至于几十年后有人再次问起，当年那个踏上戎马生涯的夜晚，眼前这个已经 95 岁高龄的姚坤老人念叨了好几遍，那个傍晚，父亲的喊声，所有的场景都在记忆深处，仿佛事情像昨天刚发生的一般。腿上的伤口早已愈合，甚至连伤疤都消失不见，但那个忍着疼痛去开的会却是这辈子都难以忘怀的。

## 三、归来奔波忙，勤勤恳恳谋发展

峥嵘岁月就此翻过，生活迎来了新的篇章。

东山保卫战结束后，姚坤回到了古雷镇古雷水产公司工作。日子又回到了最初的样子，像村子里的大多数人一样，他在最普通的岗位上，过着最平凡普通的生活。

1954 年国家“一五”计划正在如火如荼地开展，1953 年至 1957 年，这是中华人民共和国工业化奠定初步基础的重要时期，第一个五年计划期间新增的工业生产能力在中国历史上是空前的，同时 1952 年 9 月，中共中央提出了党在过渡时期的总路线，1953 年 12 月，中共中央批准并转发了《为动员一切力量把我国建设成为一个伟大的社会主义国家而斗争》，这个提纲对总路线作了更为完整的表述，其中明确规定："党在这个过渡时期的总路线和总任务，是要在一个相当长的时期内，逐步实现国家的社会主义工业化，并逐步实现国家对农业、对手工业和对资本主义工商业的社会主义改造。"国家大踏步地向前发展，发展的旗帜在全国飘扬，漳州紧跟着号召，大力发展农业、工业。

漳州的平和县，素有"八县通衢"之称。平和古为扬州之城，周为七闽之地，明正德十三年（1518）置县，取"寇平而人和"之意。平和县是福建省重点侨乡之一，也是台胞的重要祖籍地。是原中央苏区县、省重点老区县。当时的平和还是一片荒凉，为了响应国家对于经济大力发展的号召，漳州全市召集人员到平和进行开荒活动，姚坤再次收拾行囊，他要赶去平和参与开荒，在和平的年代里，许多人选择留在家乡，耕种自己的土地，安逸地享受来之不易的平静生活，但是姚坤这次却坚定地选择远行，这次的决心早就在报名的时候就下定了，为什么如此坚定呢？姚坤觉得这是作为一个军人的本分与职责，一日军装穿在身，祖国需要的时候绝对不能退缩，为了岁月静好，选择负重前行，这样的军人才能真正地挺起胸膛。一片片红土地上栽种上了庄稼，贫瘠而荒凉的土地上重新焕发出了生机与活力，泥土里一株株探出脑袋的新芽代表着经济建设发展的希望，正如同垦荒工人脸上绽放出的灿烂的笑容。

1959 年漳州石油筹划建设，积极响应国家对于工业建设的需要。国家提出了"一化三改"的建设路线："一化"就是逐步实现国家的社会主义工业化，这是主体；"三改"即逐步实现国家对农业、手工业、资本主义工商业的社会主义改造。在社会主义建设和社会主义改造同时并举的总路线指导下，党和国家的大旗挥舞，姚坤跟着其他有志青年马不停蹄地赶往漳州，石油建设的基础建设设施是一个大工程，要真正开始着手开发石油，就必须保证这些前期工程毫无遗漏地完成，漳州的烈日灼灼，在骄阳之下扛着大块的建材，运送建设用的水泥材料，一滴滴汗水滴落在脚下的土地，它正在浇灌出工业发展的幼苗。姚坤望向漳州蔚蓝的天空，他似乎看见正在滚滚冒出的浓烟，他似乎看到正在有序运行的工厂，他似乎看到一幢幢拔地而起的高楼，宽阔的马路……阳光正盛，这不会是凭空的幻想。

## 四、归乡享安宁，平平稳稳度岁月

石油公司建设工程准时完工，姚坤的工作已经完成了，他再次收拾行囊，这次的目的地是家乡，这趟旅程终于是归途。日子就像从沙漏中滴落一般嘀嗒嘀嗒地过去，时针分针秒针按照时钟的轨道前行，岁月终归平静。

从石油公司回到家乡之后，姚坤的日子就如同身边大多数人们一样，在古雷水产公司勤勤恳恳工作到退休，与妻子儿女相伴，一日三餐，四季轮回，与国家稳步发展的步伐一致，姚坤的生活也在平静中一天天过去，那段奔走的时光，那段战火纷飞的年代，那段在烈日下垒砌一块块砖头的日子，那段用热血与汗水浇灌出胜利与荣光的岁月似乎就这样被翻过了篇章。没人问及，无人提起，这些日子只有深深地埋进自己的心里，如同一本旧书被翻过了页，不会有人再从头提起。

日子悄然过去，姚坤已不是当年那个凌云壮志的少年，也不再是那个身强体壮的中年，青丝染成白发，皱纹爬上额头，时间将他变成了满头白发的老人。风华正茂的青春岁月渐行渐远。

姚坤老人与志愿者合影（受访人提供）

## 采访手记

采访当天，古雷下着大雨，笔者从龙海驱车赶往古雷，心里带着期待与紧张，这是笔者第一次以采访者的身份去了解一位老人，带着聆听与了解的心态，我们到达了老人家中。

姚坤老人在活动室里等着我们，活动室简洁干净，老人正坐在长椅上看电视上的漳浦新闻，身前的桌子上摆放着茶具、漳州特有的老枞水仙茶和开水，长椅上放着几张报纸。

在笔者的询问下，老人开始讲述自己年轻时的故事，虽然已经 95 岁高龄了，但是老人对于自己年轻时的记忆还是十分清晰的，一个积极工作，报效祖国的老一代军人形象呈现在笔者面前。他喃喃地将故事讲述了好几遍，眼神里是回忆的光芒，我被老人的讲述深深吸引。

笔者问老人：“退伍归来，为什么不在家里好好休息，还要到外地去参加建设呢？”老人说：“因为我是军人。”老人觉得这是一个军人的本分，当年在红旗面前立下的铮铮誓言必定要成为恪守一生的箴言。

老人的全家福（受访人提供）

老人出生在海边，他说以前他们都划木舟的。这是老人感受到的生活最直接的变化。老人拿出收在柜子里的证件给我们展示，一幅几十载岁月的画卷渐渐展开。

采访结束后，雨停了，走在古雷的海边，看着海水裹挟着浪花拍打沙滩，远处海面却安静辽阔，或许用大海才能形容老人，有过惊涛拍岸的荡气回肠，再往前走将是平平静静的一望无际。

正如歌里所唱：“刀剑如梦，笔墨纸砚，伴我真心。”

# 荒野行歌守执念

## ——吴四姑老人传记

廖欣梅 北京师范大学 汉语言文学 2017级

### 人物生平

吴四姑，女，1920年8月出生，新罗区江山镇铜砵村人。她幼年就随父母和哥哥参加红军，被安排在福建军区后方总院担任护士。1930年，医院从上杭迁至四都，吴四姑随院转移，负责护理红军伤员。1934年10月，医院随中央主力红军实施战略转移，吴四姑于1935年初回到家乡龙岩，此后在家务农。

吴四姑老人旅游留影（老人的朋友 摄）

### 一、执念

一进客厅，笔者注意到的除了老人以外，还有那张放大之后裱起来挂在墙上的合影，是老人与习近平主席的。老人给我介绍的时候，脸上洋溢着的满是骄傲和光荣。

那是2014年，全军政治工作会议在福建省上杭县古田镇召开。会议期间，习主席专门把10位老红军代表请到古田党员干部教育基地，听他们追忆历史沧桑、抒发心声感慨。

“赶上了好日子，国家很关心我，习主席很关心我，我有福哟！”四姑老人的眼神已经昏花，可是眼睛里的笑意藏不住。

“在心里，我一直把自己当成一名战士。”老人对笔者说。

1927年，农历丁卯年。

这年，第一次国共合作破裂。

这年，南昌起义爆发，中国人民解放军成立。

但消息的传播速度很慢，在距离事件中心很远的福建省龙岩市江山乡铜钵镇，街市依旧太平。吴四姑8岁了，脸上圆嘟嘟的，一双眼睛清亮的。她的爸爸妈妈是集市上卖鸡鸭的，他们晚上8点睡觉，凌晨三四点起床准备好白天要卖的鸡鸭和动物内脏。吴四姑早上起来的时候，家里通常已经没人了。她给自己梳两个小麻花辫，到集市上吃早餐。

她最喜欢的是集市上花阿姨卖的油饼，刚出锅的金黄金黄，外酥里嫩，芝麻和葱花让油饼增色不少。但是妈妈不允许她吃，因为吃了上火，只允许她买碗糕。碗糕也是花阿姨自制的，用磨好的米浆做成，热热乎乎的时候吃，又绵又松。想要买油饼的时候，只好买3个碗糕，在碗糕的中间再藏一个油饼，故意不路过爸妈的摊子，偷偷带到家门旁的岔路口吃完。在吃的时候，小四姑的心总是揪着，生怕有路过的邻居看见向父母告状。吃完早餐以后，小四姑会帮着父母整理摊子、一起吆喝。四姑的父母是典型的农民，勤快又老实，四姑担心父母会被买东西的人欺负，总是为父母出头，拒绝不合理的讲价。

下午，父母回到家边上的一小块田里，继续劳作。小四姑蹲在边缘看，有时候帮着父母除草除虫。吃过晚饭之后，小四姑和家人坐在家门口的凳子上说着对美好生活的期待。

但是这样安宁的日子没过多久，各家各户开始讨论一些消息，动荡的政局让村民们惶惶不安。听说是白军和红军又闹了一些矛盾，日本帝国主义那边好像也不安宁。四姑偷听到了一些父母讨论的片段，组织镇上十几个她的同龄小伙伴，组成了一支儿童团，名字叫义龙团。他们头发梳得一丝不苟，穿着自己最整洁的衣服在镇上巡逻，过往的村民会摸摸他们的头，夸他们懂事和勇敢。之后一年余的时间，义龙团每天坚持在村里巡逻。

1929 年 5 月，在红四军进军龙岩的关键时刻，龙岩县委领导了全县的武装暴动。此次规模浩大的全县性农民武装暴动，群众习惯称为“十八年（民国）暴动”。江山暴动就是其中的重要暴动之一。四姑所在的这个小组织的名声越来越大，当地农民暴动的组织者找到了他们，希望他们可以配合暴动。

5 月 22 日，四姑和义龙团的其他小伙伴们臂扎红布条到各家各户召集乡亲们集会，配合暴动队员没收地主土豪的粮食分给贫苦群众，宰杀反动富农廖金海的大猪，烧田契，聚餐庆宴，极大地调动了村民们的革命情绪。翌日，铜砵在江山区委领导下暴动了。暴动队员雷厉风行，处决了引起极大民愤的反动分子，罚了地主几千桶谷子，民心大快。

在村子的深处有绵延数公里的“千里屏障”，顺着山崖旁的小路走，可以走到一座被竹林包围着的土地庙，那里常年云雾缭绕，清静得不像人间所在。四姑记得，当时的一名暴动队员提了桶煤油，打算放在这间土地庙的戏台下，准备火烧这一整片山，另一名暴动队员阻止，说不能烧，地主跑了，房子留下，暴动队员们都还可以住进去，将这间屋子没收充公就好。这一个细节，四姑记了九十余年，这是她坚定为红军革命奋斗的情感源头所在。

这场江山的暴动为配合红四军攻克龙岩起着重要的作用，鼓舞了江山人民前赴后继英勇奋斗，也让小小的四姑在心底埋下了正义和真正为人民服务的种子。

## 二、荒野

四姑现在在睡梦中还经常会回到那里，闻到血腥味混杂着湿润的气息。那里原来是一片原始森林，但千百年常青的树已经在战争中被误伤，风从山里最深处吹来，草籽、野花的味道，她还能闻到那么一丁点儿。在这间一片狼藉的医院里，到处是飘浮着的白色，在其中混杂着刺眼的红色血迹和被炮灰弄脏的脸庞。

江山的那场暴动过后，四姑过了 11 岁的生日。那之后，村里被白军占领，他们异常残忍，“看到一个人就杀”，村民们因为愤怒很多都参加了红军。

四姑一家也不例外。为了凑出一些钱买干粮，四姑的爸妈把最小的两个女儿卖掉，带着剩下的六口人去了。哥哥和爸爸在前方直接与敌军对抗，妈妈给红军洗衣服，四姑太小了，只能在后方做一名小护士，帮伤病员涂消毒水、包扎伤口。当被问起“看见血会害怕吗”的时候，四姑老人咧开嘴，“哪里懂得怕呢？还是孩子”。是啊，看着面前这位已经百岁的老人，人们或许会忘记，当时离炮火和死亡那么近的只是一个那么小的孩子。

但是对四姑来说，“还是孩子”也成为一个好身份。红军物资缺乏，没有盐吃，但白军有盐。四姑与其他十二三岁的小孩乔装打扮成客家小妹，穿着碎花小布衣，挎着竹篮，竹篮里是预备拿来装盐的布袋。他们小孩的身份不会引起敌人的怀疑，也就能够顺利通过一道又一道的封锁线，进入敌人的领地中。他们说着不正宗的客家方言，“老板，要三两盐”“我们是兄妹”“多少钱”这几句必要的客家话四姑已经记得滚瓜烂熟。买完盐之后，小伙伴们通常会激动于任务的完成，但是四姑每次都要让他们的情绪稳定下来，带着他们镇定自若地再从敌人的封锁线中走到山中，如若是走得太快，会引起敌人的怀疑，那将是更大的损失。这些承载着四姑小小智慧的盐，将被红军用来做调料和消毒伤口。

在当红军的日子里，四姑像个陀螺，不停地鞭打自己。她白天听军医的安排，消毒、包扎伤口等基本操作已经很娴熟，整个军区后方都知道四姑勤快又勇敢。夜晚，敌人会在众人熟睡时突袭。四姑仍是个孩子，睡得比较沉，就被周围的人抱着跑，有时候跑到中途的时候，四姑才会醒来。那种在狂奔中的失重和坠落感，四姑仍然印象深刻，是她在当红军过程中最害怕、最痛苦的感觉。

四姑到达最远的地方是江西南昌，到了那里之后，长征开始，只有年轻强壮的人才被允许继续前进，她和她的家人只好选择往回走。从南昌到龙岩的直线距离约是 534.3 公里，回来的路很漫长，石头黄土路也并不好走，深深浅浅很耗费体力。而且为了躲避战火，他们只在每天夜晚出行，白天就在寺庙里休息。

到家之后，除了有时候会想起在回家途中死去的母亲之外，四姑的生活逐渐恢复平静。她时不时会独自散步到那个深山里的土地庙，对着土地公鞠躬，祈祷家里事事顺利。

二十几年前四姑还没有那么老的时候，她的儿女带她又一次来到土地庙。这个原来无人去的世外桃源，已经开发成了旅游景点，沿溪摆放了烧烤架，还有错落分布的民宿，让这里多了人烟，却少了故事。

但四姑仍然觉得熟悉，肆意生长的老树古藤的厚重，清溪野瀑的甘甜，危岩峭壁的咸味，长久日晒之后蒸腾起来，混成一阵阵的风。四姑从这阵风里醒过来，身心愉悦，仿佛已经忘记了那些血和痛。

## 三、归来

四姑逐渐长大，出落成了大姑娘家。在农闲的时候，会打扮自己，梳个利落的发型，穿身整洁的衣服，一样乖巧和听话，一样恬静和美好。

她 16 岁的时候，家里来了一个陌生男孩，父亲和哥哥拿着自家种的花生招待他，向四姑介绍这个同村的男孩。他看起来比她成熟一点，穿着深蓝色的中山装，寸头，利落干净。两人在大人聊天的间隙抬头快速对视了一眼，都低下头，羞红脸。

后来在父母的安排下，他们结婚了。但新婚的快乐没有持续多久，抗日战争的局势越来越紧张，村里开始了新一轮的征兵，凡是年轻力壮的青年人都加入了队伍，他们只好告别。告别不是难事，只是因为没有人知道再次相遇是什么时候，甚至不知道还有没有机会，这场告别才格外撕心裂肺。

丈夫去当兵，四姑在家做什么事情都不踏实，终日惶惶。婆婆担心自己的儿子再也回不来，从外面领来了一个男婴，让四姑带他长大，顺便也让四姑分点心。四姑与这个没有血缘关系的孩子一起生活，为他把尿，教他烧柴，和他诉说自己对丈夫的思念，告诉他不要争不要抢，属于自己的东西总会来的。“啊，这就是我儿子，现在也 72 岁了。”四姑指着家里另一位老人，向我介绍。他穿着白背心，皮肤黝黑，很瘦，可以看见锁骨下方的骨头，卷起来的裤脚下也露出仿佛枯树枝般的小腿。

四姑经历的那样只有一个人的夜晚持续了 9 年，“太静了”，周围是吞没天地的静，万籁俱寂，有物流动着也是静默。四姑的心仿佛在下坠，就像小时候被抱着躲避战火时候的无助和恐慌，仿佛置身荒野，喊叫过后将是包围的野兽。她知晓自己的悲痛从何而来，但却仍然握不住一颗泪滴。

有一天，街上格外热闹，敲锣打鼓，鞭炮齐鸣，像来了什么重要人物。她拉着儿子的手走出家门，一群又一群的人，从他们身旁掠过。爆竹的浓云，欢快的鼓点，她被这些包围，满头满身都是强烈的期待。她猜到了什么，把儿子托付给摆摊的邻居，不顾一切，跟随人群奔跑起来，肺仿佛要炸裂，呼吸艰难。她的心，一瞬间狂喜而自由——丈夫回来了。

他的衣袖在西风中，他的身影在夕阳下。四姑朝那个期盼了 9 年的人奔去，丈夫也伸出手拥抱她，这对分别了几千个日夜的夫妻重聚，看着彼此已经有些陌生的脸，强烈的情感过后一时难以自处，像初次见面那般扭捏。

四姑是后来才知道，他跟着部队去了安徽，回来的时候，连长给了大家两个选择：跟着部队继续抗战，或者回家。他虽想继续光荣地战斗，但想起了家里杳无音信的妻子，还是向连长提交了申请，回到了家乡。后来，两人生了两个女儿。

笔者的视线逐渐模糊，眼前脸上布满皱纹的老人好像又成了 16 岁的少女。她说这些的时候，总是带着笑意，像在说一个与她无关的远古神话。笔者像是陪着她做了一个梦，梦中有花草，有月光，也有不可避免的恐慌和失落。

## 四、接头

四姑的一只眼睛在几年前失明了，只剩下眼白，去医院也检查不出具体的病症，她说：“可能就只是老了，谁也不知道。”她另外一只眼睛的眼皮也耷拉下来，盖住了小半的眼珠。但在数十年前，这双眼睛有很重要的事情要做。

抗日战争结束以后，村里分成了红军和白军两派。因为白军在资源方面更占优势，因此在村中划分了严格的封锁线，红军的沟通交流都受阻，连必需的粮食也日渐不足。隔壁的山头村有一人来找四姑，希望四姑能为红军做接头户。

接头户要做的事情其实很单纯，就是为在封锁线里的红军送信、送米。但这份工作的难处在于要通过敌人的封锁线并不容易。敌人通常是宁可错杀百人，不愿漏杀一人，因此村中已经有很多村民无辜丧命。但四姑仍然爽快地答应了。

四姑的目的地在另外一个村，叫山塘。红军在山塘村的廖姓祠堂“务本堂”

内创建了红色兵工厂，兵工厂为农民武装暴动、红军三打龙岩城提供枪支弹药。1929 年朱德带领部队经过山塘兵工厂，还在围墙上亲自题写革命标语："我们一定要革命到底。" 兵工厂的前面是一个小池塘，周围是密布的常青树，敌人要找到这里并不容易。

四姑通常在白天出发，穿一件老旧破烂的衣服，脖子上挂着一条湿透了的毛巾，肩膀挑着担子，伪装成过路的农民，借口要给亲戚家送东西吃，敌军便这样让四姑通行。这份危险但重要的工作，四姑一转眼就坚持到了 1949 年解放。

新中国成立后，四姑积极投身农村建设。老人的小女儿郭利贞说："镇医院缺少药品，母亲就带领妇女们上山采草药；乡镇开会缺少保障人手，她就发动妇女做好后勤保障。"

虽然年纪大了，可是四姑一直记着当年跟着队伍走的日子。如果有官兵野营拉练路过村里，四姑老人会开心地站在路边一直看，还给战士们送开水解渴。

老人现在的生活极其简单，每日早上 6 点起，晚上 9 点睡；儿女不在家的时候自己煮饭煲汤，老人的饭量不大，每餐菜和饭加起来大约一碗，可能是战争年代饿习惯了，她不喜欢吃太饱。其他的闲暇时间，她走出家门，在家周围转转，去邻居家聊聊天，一天总是过得很快。当问起老人长寿的秘诀，老人不以为意地摆摆手说："农村人，哪里有这么讲究。可能就是有点长寿命吧。" 在和老人的家人闲聊的时候，她的家人反复提到她的随和、温柔和宽容，这或许便是老人长寿最重要的原因。她一生没有光鲜亮丽，没有荣誉等身，没有奢侈享受，也经历过很多别人替她愤愤不平的事情，老人不生气，甚至不放在心上。她只是安静地生活在镇上一间平房里，在晚年对一切都释怀。

她好像一直都明白，"生活，便是生出来，活下去"，如果追求的是利益和实物，"会很累的"，该舍弃的不要便是。所以她过去总是对儿子说，"咱们虽然穷，但穷总有穷的过法"。

## 五、痕迹

在写下这些的此刻，笔者后知后觉想起来，当问起请她当接头户的人是谁的时候，四姑老人垂下眼帘，说："我忘记了，前两年还记得的。之前他都有来我家给我拜年。” 时间依旧流逝，老人也渐渐老去。前几年还记得的人和事，今年就记不太清了；前几年还可以去集市上逛逛，今年已经走不了那么远了。

这些起伏波折的经历，老人跟许多人说过。她没有跟人说过的，是对于年龄、对于时间、对于匆匆而过的百年的感慨。她的在乎并非是惧怕死亡，而是想起那些过往的风云和此刻只能靠在椅背上回忆的难。

四姑老人的背有些弯了，像是一滴问号之姿的水，未来的某天将会带着她，随着河床日夜奔赴，奔到天与地泯、悲与喜无的地方，大海自会为她解答。解答消逝的时间去了哪里、消失的人都在何处等待。

四姑老人喜欢真实的、自然的一切。植物、动物、风、尘土、生灵，微笑的和庞大的。她每天坐在家门口的塑料靠背椅上，从静谧无声中听出万千声响，在寂静中总有东西流向她、充满她、滋养她。独处时，她感受全部。

不说话的时候，四姑老人总是坐着，不看着谁，眼神好像在很远的地方才聚焦。但当她看向笔者，笔者不太费力就能感受到她的通透和百年光影留下的痕迹，干净、鲜明、确定，说到激动处有一种安静的爆发，收敛的张扬，尤其是，这出自一个那么安静的魂魄。

经过了整整一百年之后，她的记忆已经不是线状单程的，只是游走，不提及时间。这让笔者想起奥克塔维奥·帕斯曾说：“历史是原初时间的一种贬值……过去在每个轮回的尽头等待。过去是一个即将到来的时代。”

在这个网络避开神灵，食欲属于远古的小镇上，一个个高低错落的山峰就像一粒粒大小不等的沙子，连起来的整条曲线就像是所有沙粒排成行的一维沙漠，你可以沿着它向前向后走无限远。

离开老人家的时候，雨雾几乎将笔者的口鼻堵住。但在雾之间，老人脖子上挂着的红色围巾、她说起过往时已经释然的笑容，还有尝试走入她的记忆的体验，通通使笔者感受到了欣喜。她用力地挥手，说“下次还来啊”。笔者撑开伞，点点头。

## 采访手记

笔者从卷闸门下走进去，开了灯但仍有些昏暗。四姑老人和她的家人已经准备好了，站在客厅迎接我们。第一眼看到老人，便觉得温婉，是不争不抢、不疾不徐的样子。她留着短发，并未全白，在右半边夹了一个黑色夹子。她咧开嘴，与笔者握手，对笔者微笑。笔者注意到她的眼睛有些异常，一只眼睛好像只剩下眼白。

对于笔者的到来，老人虽已知晓，但仍然显得有些茫然，局促不安地站在客厅，四处打量。笔者猜到她应该耳背，周围的每个人张开嘴，但她却听不到，这让她有种不安全感。

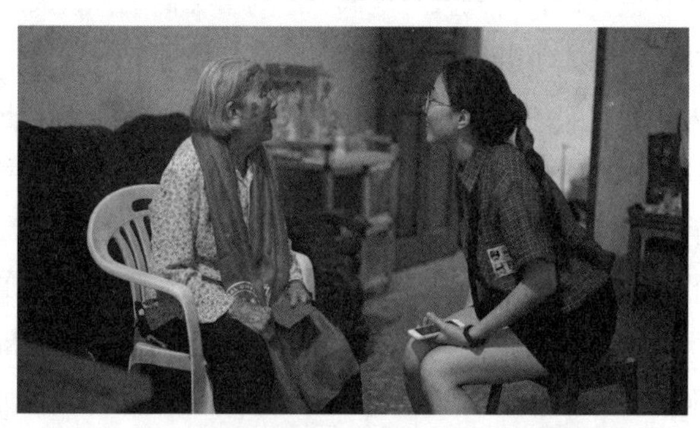

志愿者在采访老人（廖欣梅　摄）

已经过去太久太久了，就连老人自己都时常说："我记不太清了，前两年还记得。"就是在这时候才突然觉得自己的到来有了意义，最大的意义就是替她记住这一切，再把这一切告诉更多人。这就很值得。

在采访老人家人的时候，她的儿媳妇像是突然打开了话匣子，想要跟笔者说很多老人过去经历的不公平、不正义，想要说他们十几年前过得其实很委屈。儿媳妇越讲越激动，声音大到耳背的老人也听清了只言片语，老人露出了少见的怒色，制止她："都过去这么久了，没什么好讲的。"老人的外甥女告诉笔者，她的外婆就是经常这样，就算遭遇很多，仍然善良、仍然勇敢、仍然坚强。

那只失明的眼睛，笔者很好奇，但一直没敢问，怕触碰到老人的伤疤。最后还是没忍住问了，是 80 多岁时失明的，去医院也没查出原因，老人"咳"了一声，"就是老了嘛"。多洒脱，多无畏。

# 征途百岁，凡人不凡

## ——缪润庸老人传记

郑滋妤 北京师范大学 环境学院 2018级

### 人物生平

缪润庸，男，出生于1918年9月10日。现居住于福建省福安市城北街道冠后路5号。缪润庸在福安市长大，在教会学校学习一年后进入亲戚的杂货店帮工。16岁那年被国民党军强行招募，到福清参与反击侵华日军的战役。17岁回到福安市，继续在杂货店做帮工，与亲戚一起做生意。1942年结婚，婚后育有一女七子。1951年进入福安市食品公司工作，1978年退休。退休后坚持学习，坚持接触社会，在家中制作老漆家具、做中介服务至99岁。

缪润庸老人照（张健 摄）

### 一、旧时代的平凡童年

1918年9月，一个男孩儿呱呱坠地，福建福安的一个普通家庭又迎来了一个新生命。缪润庸就这样跨出了百岁征程的第一步。缪润庸的父亲是旧社会私塾的教师，母亲是织布厂的纺纱工人，缪润庸有三个姐姐、一个哥哥，后来又有了一个弟弟。旧社会的人们总是为了生活而挣扎奔波着，因此，他的童年并没有太多的娱乐。“小时候没得玩儿，哪像现在的孩子那么幸福哦！”回忆起久远的童年，老人咧开嘴笑着，用浓重的乡音述说着往事。旧社会的孩子不金贵，在风里吹着泥里滚着就大了，童年时最大的娱乐就是和伙伴们在屋前屋后疯跑打闹了。在泥地上打滚、在小树枝上绑上绳，做成粗劣的弹弓、用空心的竹管插入糖袋中偷糖吃…… 一件件微不足道甚至冒着傻气的小事，就是童年生活中难得的快乐了。

相对于其他的孩子们而言，缪润庸或许更加幸运一些。在做教师的父亲心中，教育的地位比一般的父母所认为得更高，缪润庸因此进入了天主教教堂开办的学校学习。在学校中，老师们带着学生读圣经，教导孩子们最朴素的人生道理。虽然他接受的教育并不系统，但在学校的学习生活教会了缪润庸读书识字，也在他心中留下了重视教育的种子。

动荡的旧社会容不下一张安稳的书桌，也安放不了孩子们对知识的渴望。仅仅在教堂学校学习了一年，缪润庸就离开了教室，走进了社会这所大学堂。“穷人的孩子早当家”，旧时代的儿童们总是承受着与年龄不相符的重担，缪润庸也是这些孩子中平凡的一个。离开学校后，他进入了亲戚的杂货店打杂工，这也是他的第一份工作。小杂工并没有工钱，只是得到了一份吃与住的保障。在杂货店中，他打扫卫生、接待客人、计算账目…… 天资聪颖又踏实肯干的缪润庸很快就熟悉了店里的工作，将小小的杂货店打理得井井有条。不仅如此，他还在亲戚的教导下学会了双手打算盘，算起账来分毫不差，许多成年人也不如他娴熟迅速。“小童工”缪润庸就在杂货店中忙忙碌碌地成长起来。

## 二、鲜血报国，九死一生

时代的洪流滚滚向前，裹挟着每一个平凡人的生活，每一天都是那么相似，每一天又都有着细微的变化。缪润庸在杂货店的柜前柜后转转悠悠，不知不觉中就长到了 16 岁。

个人的命运总是与时代的命运紧密相连。在1931年9月18日那天，日军炸毁铁轨，进军东北以后，中国的命运就彻底改变了。侵华日军在中国大地上为非作歹，当然也没有放过自古以来就饱受倭寇侵扰的福建沿海。当时的征兵政策规定，有3个男孩的家庭必须征召其中一个男孩参与抗日军队。于是16岁这年，缪润庸被国民党军征召入伍，参与在福清展开的抗日战斗。

缪润庸跟随大部队，从福安出发，向被侵华日军占领的福清市前进。军队步行前进，走了整整三天三夜，才到达目的地。长途跋涉使行军者的脚磨出了水泡，睡眠缺乏导致他们头昏脑涨，但缪润庸和他的战友们依旧咬牙坚持着。缪润庸所在的一团基本由征召入伍的青壮年组成，入伍前并没有经历过正规的训练，但在一场战争面前，他们依然表现出了军人的血性。

到达目的地当晚凌晨1点30分，战斗打响了。日军占据了山头，缪润庸所在的一团从山脚往山上进攻，试图夺取高地。一团的1000个战士，隐匿在夜色之中，借助着山林树木的掩护，缓缓向山上移动，直至半山腰。长官一声令下，战士们端起土枪，揣着手枪和手榴弹向山头冲去。缪润庸在团中担任卫生兵，负责与随队军医一起为伤员包扎伤口、治疗伤兵。身处战场，面对战争，他实实在在地目睹了地狱降临在人间。一波又一波的士兵向山头冲击，日军的子弹像豆子一般从山头倾泻下来。这致命的浪潮疯狂地涌向奋力向前的战士们，子弹穿破血肉之躯，勇士的鲜血喷溅在过溪山的土地上，浸没了福清的红土地。在寂静的夜幕下，一场用生命换取荣耀的悲壮战斗进行到了白热化阶段，枪声连连，喊声震天。负伤的士兵越来越多，他们的大腿和臀部淌下溪流般的血水，缪润庸与军医忙碌到了极点。轻伤的士兵，稍作包扎又重新冲上前线，重伤的在接受了简单的救助过后就用简陋的担架抬回后方。鲜血、泥污、伤口、伤兵痛苦的呻吟…… 16岁的少年缪润庸从未面对过此等人间炼狱，他尚属幼稚的心灵在战场上忍不住颤抖，恐惧紧紧攫住了他的心。起初，面对狰狞的伤口，他因惊慌而束手无策，包扎伤口的手在微微颤动着，但此时此刻，军人的身份使他战胜了人类本能的恐惧。在这生命疯狂流逝的战场上，他手中的绷带和药水就是与死神争夺胜利的武器；在枪林弹雨之下守护着撤下前线的战士们，是缪润庸在战场上的另一种战斗。

战斗愈演愈烈，我军由于装备落后逐渐呈现出劣势，有生力量被严重削弱。战士们边打边退，日军的子弹依然在空气中穿梭着，编织出死亡的大网，我军开始了大撤退。缪润庸和军医也带着伤员们往后撤。子弹在耳边穿过，呼啸声令人胆寒，缪润庸和军医一起躲进了半山腰的一个墓地中，借助墓碑作为掩护，努力隐藏自己，躲避子弹。子弹又肆虐了近一小时，枪声才渐渐变得稀疏，最终停止。缪润庸和军医这才逃出生天。战场之上谁又不是九死一生呢？以生命为赌注，在战场上与祖国的敌人以命相搏，把鲜血流在祖国的土地上，我们从不缺少这样一种伟大，以至于这种伟大都成了一种平常。缪润庸就是这些平凡而又伟大的人们中的一个。

## 三、踏实工作，努力付出

战败的军队一直撤退到了德化。在清点人员、重整行装的过程中，军队长官注意到了在战斗中坚守岗位，大难不死的缪润庸。长官有意留他在部队效力，但缪润庸考虑到家中的老母亲，委婉地拒绝了长官的挽留，不久就从福州回到了家乡福安。

缪润庸回到了亲戚家的杂货店，继续在店中打杂工。之后的日子依然过得平凡而又踏实，更多了几分日常生活中的幸福。时光匆匆流逝，缪润庸也逐渐成长起来。他在杂货店中的工作不再仅限于打杂，也参与了店里的生意。

在缪润庸成长的同时，中国也正在进行着一场脱胎换骨的蜕变。在结束了艰苦的抗日战争和解放战争之后，中国迎来了新生，中华人民共和国成立了！包括缪润庸在内的全体中国人民迎来了新的生活。

1951 年 6 月，缪润庸加入了农业合作社。由于他踏实肯干，还有一手打算盘的好手艺，很快就被推选为代表，加入了福安市食品公司，从此开始了他在食品公司数十年的工作生涯。

进入食品公司工作的第一年，缪润庸就加入了食品公司的工作队。当时的工作队主要负责深入农村，和人民群众密切交流，宣传党的方针政策，解答农民对一些政策的疑惑。工作队就是党和国家在中国每个角落安放的小喇叭，传达着新思想，打压着旧社会的歪风邪气。防赌防偷、破除封建迷信都属于工作队的职责范围。工作队促进着社会风气的进步。除此之外，工作队还要负责宣传育种知识、教授农业技术，推广优良农产品等，帮助农民圆满完成每年的粮食任务。工作队的存在切实提高了农村的生产水平。缪润庸年轻力壮又富有活力，在工作队中也是最积极的人员之一，他善于结合实践去思考，提出了许多有益的建议。在工作过程中，他感到单纯的说教和召开会议对于农民的吸引力并不高，农民对政策的理解也并不到位。于是，他建议把宣传内容编成顺口溜，教给农民群众，果然起到了不错的效果。

缪润庸在工作队中脚踏实地，踏实工作，与人民群众深入交流、打成一片，得到了农村群众的尊重和喜爱。在工作队工作一年后，他回到了食品公司担任会计，这一干就是几十年。这数十年间，缪润庸一直兢兢业业地工作，竟不曾算错过任何一笔账。在那个人才匮乏的年代，缪润庸是“万金油”一般的存在。无论是管理食堂还是组织工作，缪润庸都完成得有条不紊。人民公社时期，缪润庸负责安排数百人在食堂就餐，在他的组织下，食堂运营平稳，就餐秩序井然。领导到食堂视察，都不由得竖起大拇指啧啧称赞。

新中国的成立有什么意义？这是一个宏大的问题，答案丰富得足够写成一部皇皇巨著，但对于普通老百姓来说，这意义或许就在于，肚子能填饱了，衣裳不再破烂了，常年期盼的安稳生活逐渐实现了。从杂货店到食品公司，从小杂工转变为干部，缪润庸挺起了腰杆，拿上了工资。每月 40 元的工资是一份希望，是一份保障，呵护着他的小家，滋养着一朵平凡而可贵的幸福之花。

## 四、小家大计，教育为先

1942 年，缪润庸迎娶了他的新娘，从此组建起了属于他的小家庭。旧时代的婚嫁朴素而简单，依然延续着“父母之命，媒妁之言”的旧传统。见过一次面，吃过一顿饭，就当是婚礼了。两人从此相伴相扶，搭伙过起了日子。妻子在福安市的茶厂做检查工，缪润庸在杂货店做生意，日子倒也过得安稳。缪润庸的小家庭人丁兴旺，在之后的数年里，一个女孩和七个男孩来到了世界上。

或许是做私塾教师的父亲影响了缪润庸，又或许是童年时短暂的学校生活在缪润庸心中留下了渴望知识的种子，他和妻子都十分重视子女的教育。大儿子缪安平回忆：“父亲母亲一直都很重视我们的教育问题，从小就教导我们要好好学习。”在他的记忆中，母亲管教子女更为严厉，父亲相比之下比较随和，但在学习这方面从不允许他们懈怠。有一次，缪安平和父母走在路上，碰见一个小孩儿手上拿着好吃的。他一直眼巴巴地盯着，无比羡慕。父母注意到了他的目光，但并没有买给他，而是教导他“想要的东西要靠自己的努力去获取，而不是等待着别人给予，羡慕别人永远都是羡慕不来的”。这件事给缪安平留下了非常深刻的印象。缪润庸夫妇深知知识改变命运的道理，尽管子女很多，经济压力不小，但他们还是坚持让每一个孩子都接受教育。这或许也是缪润庸对儿时学校生活缺陷的一种补偿。他进入食品公司以后，家中的经济状况好转，有了经济支持，子女们在学习的道路上没有了后顾之忧，都取得了不错的成绩。

“百年大计，教育为本。”缪润庸的小家，将教育作为一家之重，将学习的精神传承在家风之中。

## 五、退而不休，学而不止

数十年的辛勤工作并没有耗尽缪润庸对于生活的热情。1978 年，60 周岁的缪润庸从食品公司退休以后，没有在家中无所事事，过上所谓安度晚年的生活，而是“退而不休，学而不止”。这是大儿子缪安平对父亲退休生活的评价。终身学习的精神已经镌刻在了缪润庸的骨子里。退休至今整整 41 年，缪润庸老人一直不曾停下脚步。他年轻时，在工作之余，曾和漆匠师傅学习过制作福安特色的老漆家具。退休以后，他重拾当年的技艺，在家中开张了福安老漆家具小铺。这家小铺并不追求营业额，缪润庸只是找到了一件自己喜欢的事来充实自己的退休生活。“忙了一辈子，闲不住啊！”随自己的心意接几单生意，在自家的大堂里仔细制作每一件家具，他把退休后的时间和精力沉淀进了每一层精心刷上的老漆中。

老漆家具做了十几年后，缪润庸又开始做起了房屋中介。中介是一个需要常常与人打交道的工作，缪润庸希望以这种方式多与社会上的人们交流，多了解当今的社会动向。他一直勤勤恳恳地做好每一件事，即使只是打发时间的中介工作，也从不敷衍。一直到缪润庸老人 99 周岁，他才彻底闲下来，在家中好生休养。

缪润庸老人还常常读书看报。百岁的他眼神依然犀利，阅读时甚至不需要眼镜的协助。笔者到老人家中采访时，他的桌上还放着一本《习近平总书记系列重要讲话读本》。当谈起这本书时，缪润庸老人笑呵呵地把它从桌上拿起来，翻开几页，一边翻看一边还用浓厚的乡音发表着看法。阅读也是他退休后接触世界、学习知识的重要途径。正所谓“活到老，学到老”，缪润庸老人用自己的行动践行着“学习为重，教育为本”的理念。

## 六、期颐之年，老当益乐

有人说，老人和孩子是最相似的，他们都有着同样的纯真。岁月在老人脸上刻下皱纹，又从灵魂中拿走世俗的污浊，怪不得这世上有“老顽童”一说。缪润庸老人也是如此，脸上总是挂着笑容。当笔者问起老人的养生之道，老人还没来得及开口，一旁的家人就赶忙说道：“他是天底下最开心的人了！从来不把愁人的事儿放在心上！”缪润庸老人也咧开了嘴笑，朝我们点点头，嘟囔着：“想要活得长，还是要开开心心！”

缪润庸老人的一天过得很有规律。早上起床，叠好被子，就走到大堂舒展筋骨。老人的身体依然康健，每天都要做简单的早操。甩甩手臂，跺跺脚，在大堂中绕着圈小跑几步，缪润庸老人精力充沛的一天就开始了。出门闲逛时，他会到老年人聚集的树下坐坐，在阳光和微风中和老年朋友们谈天说地，互相交流最近的生活。缪润庸有时候还会参与牌局，垒起麻将打上几盘。老人技术不错，有时候连年轻人也会输给他，每当此时他就乐得咧开了嘴，揣上赢得的几块小钱回了家。晚饭过后，老人会在房中看一会儿电视，了解一下最近的新闻，8点准时上床睡觉，11点醒来，吃上一小碗点心，再接着休息。

说到吃，缪润庸老人可真是一位“吃货”。他对食物有着独特的要求。他喜爱吃重盐重糖的食物。与家人口味不能统一时，他就会自己下厨，有时夜宵也是他自己烹饪，做完菜后他还能自己洗碗擦桌。一位已至期颐之年的老人，为了美食如此大动干戈，真是和热爱美食的年轻人没什么两样。缪润庸还会在闲暇时间踱步走上街头，穿过大街小巷，寻觅好吃的食物，再回到家报告给家人们。“哪个巷子里的面条好吃他都知道呢！”老人的家人笑着说。为了寻找好吃的，老人能徒步穿过好几条街道，有时还挤上公交，去更远的地方觅食。后来家人出于安全考虑，劝他不要乘公交，他才作罢。

健康的身体不仅得益于他乐观的心态、规律的生活，更得益于生活水平的提高。缪润庸特别注重卫生，夏季每天都要洗澡洗衣服，把房间清理得一尘不染。“我这人就是爱搞卫生，你要说这么多年我最大的感想是什么，就是卫生环境越来越好了。我十几岁的时候住在杂货店里，满床都是臭虫，咬得人受不了，难受！后来新中国成立了以后，要除四害，打扫卫生，整个家都敞亮起来了。”如今，缪润庸对物质生活也有一定的追求。隔了顿的不新鲜的饭菜他不吃；外孙女给他买唐装，他也要求要“买好点儿的”。家人开他玩笑说“一把年纪了还挺会享受”，他义正词严地反驳道：“以前日子苦，没得享受，现在国家发展了，日子过得好了，当然得好好享受享受！要搁以前，那要票买东西的日子，有钱还没处买呢！”说着，老人又咧开了嘴，自顾自地笑起来。

## 七、百岁征程，百年寄语

当笔者问起缪润庸老人有什么话想要叮嘱年轻人时，他低头思考了一下，一脸严肃地说：“年轻人一定要努力学习，认真工作，好好建设咱们的国家。我们这一辈人都是苦过来的，要感谢共产党把国家建设得这么好，现在的老百姓们才有好日子过。”

缪润庸并不是什么伟大的人物，也没有在中国的历史上留下多少墨痕。但他是千千万万平凡人民中的一个，是书写中国历史的大笔的一根狼毫。他走过的这一百年，是中国沧桑巨变的一百年；他的百岁征程，也是中国的百年征程；他的故事或许很普通，但也是奏响乐章中的一个音符。一滴水能够折射太阳的光辉，一个人也是一本记录时代的书籍。缪润庸老人用最平凡的身份，在百年的时光沉淀中，积累出一种别样的不凡。

## 采访手记

寒来暑往，时间的流动总是无声无息。老人的故事，在岁月的深处沉淀，化成一曲华章，洗涤了倾听者的心灵。

当笔者走进陈旧的屋子，在老人面前坐下时，才意识到所面对的不仅仅是一个可爱的老爷爷，更是从尘封已久的历史长河中取出的一段难忘的故事。

采访老人（张健　摄）

采访过程中，老人戴上了助听器，认真倾听回答着笔者提出的问题。笑容从未从他的脸上消失过，虽然老人的故事并不总是快乐的。旧社会的苦难童年，九死一生的战场经历，在笔者看来是那样惊心动魄，但竟然不曾从缪爷爷的表情中看出一丝抱怨、找到一分哀愁。或许，百年的时光把曾经的苦难打磨成了人生的财富，老人面对往事的那一份超脱正是岁月赠予的礼物。

缪爷爷实在是一个可爱的老人。当笔者和他的家人凑在一起看他年轻时的照片时，他在我们身后，笑得咧开了嘴，大声地讲述着照片中的情景。已至期颐之年，缪爷爷脸上的笑容却像稚气的孩童一样纯真，让笔者也不由得笑起来。

时光冲洗，岁月打磨，老人的一生就如一块璞玉，越琢磨，越光亮。老人的故事就像是一本书，值得细细品读，老人的经历像是一面镜子，不经意间映照了时代的模样。

# 五尺之躯，万里苍原

## ——邱葵老人传记

杨娃妮 北京师范大学 新闻传播学院 2018级

### 人物生平

邱葵，男，1924年12月17日生，广东省普宁县梅塘镇瓜园村人，家住梅塘镇瓜园村瓜园学校前。解放战争时期，参加过潮汕多个地区的战役，属中国人民解放军闽粤赣边纵队队员。解放战争后回村担任支部书记，为当地的生产建设工作做出重要贡献。老人一生历尽磨难，但一直保持着乐观随和的心态，为人率真耿直，坚韧不屈。

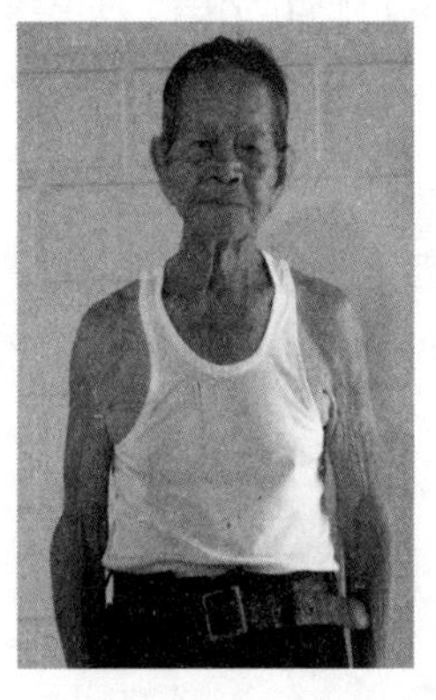

邱葵老人照（杨泽彬　摄）

### 一、志起——少年成长

1924年，邱葵出生于广东省普宁县梅塘镇瓜园村。邱葵在家里排行第二，哥哥要操持豆干坊的活，弟弟妹妹们都还小，家里田地的农活就都落在了父亲身上。为了分担父亲的重担，邱葵小学毕业就回家放牛。

20岁之前，邱葵的生活还算平静。清晨，水稻田上的薄雾未散，朝露未干，邱葵就牵着牛出门了，寻一块肥沃的草地，让牛悠闲自在地吃草。村野寂静，时间过得很慢，无聊的时候他就用弹弓打打树上的蚂蚁窝和树瘤。那时候的他没想到,少年时消磨时间的小游戏,竟为他后来打靶瞄准的技术打下了基础。

40年代，梅塘地区活动着一些地下党员，党员和农民百姓亲近，邱葵也在和他们的接触过程中，点燃了少年心中的热血。1945年4月，从未出过远门的农村少年下定决心，瞒着家里人，报名北上。就在他简单地收拾好行装，紧张等待着和成员会合出发的那个深夜，他突然接到消息——不用北上了，组织上要求他们转入当地的地下工作。邱葵服从安排，从那时起，他成为一名地下工作者，也开启了自己充满未知的另一段人生。

那时候他还不明白，心中那股模糊而强烈的情感应该如何定义和表达，他只觉得自己被一股强大的力量驱使着，他不再是那个懵懂无忧的放牛娃，他的一腔赤诚热血有了可以投注的方向。

转入地下工作后，邱葵每天都需早出晚归，侦察国民党顽军的行动。因为工作保密性的需要，他向家里人隐瞒了自己地下工作者的身份。他因此也承受着家人的不理解和怨怼，家人以为他是懒怠，不肯帮忙干农活。邱葵想要回家吃饭，只敢等父亲不在家的时候，偷偷跑回家里，残羹冷饭随意吃些，填饱了肚子又离家继续执行任务。风里来，雨里去，时常胆战心惊，时刻小心谨慎，他向着一名成熟战士的方向，慢慢成长着。

1948年初，邱葵的地下工作告一段落，他被安排到教导团学习军事。在教导团练习打靶的时候，邱葵的瞄准射击能力很出色，几乎弹无虚发，那时候团里的人还赠他“第一枪手”的称号。其他技能他也学得很快，两个月时间，各种轻重武器邱葵基本都能拆卸和组装了。团里说：“你毕业了，那就去招兵吧。”这句话，意味着邱葵可以上战场了。当时邱葵参与收编的一个连队，编入了潮汕部队，加入了潮汕地区的解放战争。从此，邱葵开始跟随所在的部队——东江纵队韩江分队第九团（沿用抗日战争时期的番号，后编入中国人民解放军闽粤赣边纵队），在潮汕多个地区游动，展开游击战。

## 二、历劫——百炼成钢

战场上波谲云诡,生死难料。1948年到1949年10月汕头解放的这段时间,邱葵从枪林弹雨中闯来，经历了攸关性命的惊险时刻。

1948 年，有一次游击队在云落地区的山野里行动，部队在前进的路上突遇国民党顽军。双方展开攻势，我方冲杀。敌人的子弹飞旋，邱葵往前冲的时候，一颗子弹从他右小腿内侧擦过。邱葵迅速隐蔽，卷起裤腿一看，伤口处的皮肉绽开，殷红的鲜血淋淋沥沥地往下流。他翻出随身藏的一小块刀片和一小包药末，用刀片割掉伤口表面绽开的皮肉，伤口平整了，再撒上药末，把裤腿扎紧，转头又冲入枪林弹雨里。后来医生检查伤员，问他："疼吗？"邱葵说："好了。"医生困惑，"怎么好了？"邱葵笑着说："结痂了就好了嘛！"

1948 年到 1949 年间，邱葵 5 次参加围攻洪阳的战斗。洪阳镇地理条件特殊，地处榕江中游平原，由于三面环山，四水归汇，素有"盘底珠"之称，地理位置险要。1949 年 6 月，普宁县除洪阳县城外已全部解放，洪阳是易守难攻之地。

凌晨四五点钟，夜色还很浓，队伍往洪阳潜行。

厚重低沉的乌云蓄势待发。待天刚蒙蒙亮，大雨倾泻下来，雨点密集。不一会儿，溪流水涨，道路泥泞。士兵们背着枪支弹药，一步步前进着，雨水拍到脸上，不时模糊视线。包裹、衣服和鞋都被打湿，增加了他们负担的重量。地上的雨水和着泥土，脚踩上去只觉得有些虚浮。队伍行进到河边准备过河，桥在水面下影影绰绰，倾盆大雨下，河流更加湍急。邱葵一脚踩上桥面，河水漫到膝盖处，能感受到河流的冲力把他向另一侧推。抱着试一试的心态，他又向前走一步，不料一抬脚便觉不稳，猖狂的河流仿佛抓住了机会，集中全力把他向另一侧推撞。邱葵双脚离了桥面，整个人立刻往下沉，还没待他反应过来，后面战友动作迅速，伸出手狠狠抓住邱葵的背包，用力把他往后扯。隔着包裹，邱葵感受到自己的后背着了地，冰冷的河水让他彻底清醒过来——没死。

"怕吗？"

"那时候已经没有怕的感觉了，上战场打仗都是抱着大不了一死的心态，哪里还敢奢求活着回来。"

那时候，北面的部队要蹚过榕江进入洪阳境内，由于时常遇上大雨天气，江水泛滥带走了不少性命。"身上又是枪弹又是包裹，哪里游得起来，游不起来的。”游不起来，被大水冲走便是生机渺茫。时至今日，回想起那天生死一线间的时刻，邱葵仍觉得神奇，他自顾自地摇头，笑了一声，说：“倒也没死。”

视死如归，大概是一种壮烈又残忍的精神。想活下来，却不敢让自己存有一点生的希望，把随时赴死的心理准备做到最足，若活下来了，只当自己捡回了一条命。生死两忘，才能全力以赴。

也有难得安宁的时候。那些不用行动，暂时平静的夜晚，队伍行走到何处，便在何处躺下休息。野外路旁，趁着夜色出行的蚊子多如牛毛。士兵们累极，躺下便沉沉睡去，轻轻的鼾声此起彼伏。而蚊子们，正疯狂享受着饕餮大餐。排长邱葵夜里没有睡，蹑手蹑脚走到排排睡的士兵旁边，他把手放在士兵的小腿上，从膝盖到脚踝，稍微用劲往下一捋，手上便是几只撑肠拄腹，饱到已经飞不动的蚊子的尸体。就这样，一个接一个，一排士兵捋下来，不觉手已湿津津的，几欲滴下血来。这些兵大多是 20 岁左右的孩子，很多是邱葵招来的。

“想当兵吗？”

“想！”

“怕死吗？”

“不怕！”

物质尚不富足的年代，少年不畏敌人、保家卫国的勇气和决心显得愈加真挚可贵。

1949 年 4 月，邱葵正式入党。1949 年 10 月，解放汕头之后，邱葵随部队驻扎在汕头海关。1950 年，组织将他调回瓜园村。当时和邱葵一样，到前线参加潮汕地区解放战争的有十几个同乡，再回来时只剩 3 人。邱葵接过了恢复瓜园村生产工作的任务，他一人身兼三职，担任支部书记、民兵中队长和治保主任。土地改革之后，1956 年，邱葵又被安排到梅塘区政府担任公安特派员，在梅塘的 3 年，他时常要在夜里独自行动，侦察国民党特务的行踪。

至今，在邱葵老人的左手尾指上，还戴有一枚纯银戒指。戒指是印章式的，上面刻有“邱葵”二字和一颗五角星。这枚戒指，是邱葵在梅塘区政府当公安特派员时，组织发给他的。说是这枚银戒指能试毒，其实邱葵也没有真的用来给食物试过毒，那时候危机四伏，连一碗水都不敢轻易在外面喝，更别提其他食物。

“我们那时候艰苦啊！”

艰苦，源自于身上背负的重大使命和任务，它们让人日日如临深渊，如履薄冰。那些目不交睫、辗转反侧的夜晚，只有亲历的人才最清楚。

## 三、负屈——云开有时

1958 年，邱葵因故被开除了党籍。这对他的工作造成了一定影响。家中还有妻子幼儿，养家糊口的担子还在他身上。“这样下去不是办法，想来想去，我还是去骑自行车吧。”在老一辈人口中，“骑自行车”是指给人送货。他们在自行车后座的左右两边，系上两个大竹筐，去工厂取货，再送到各地各村的合作社去。那时候，他们载的多是砂锅、陶瓮。砂锅有大有小，大大小小的砂锅装满两个大竹筐，重四五百斤。从普宁到潮阳，60 多公里的路，邱葵凌晨 3 点多钟出发，送完货回家，时常已是半夜。早晚披星戴月，中午烈日当空，十分辛苦。

邻近几个村里，干这一行的人也不少。邱葵记得，去送货的路上有一个斜坡，坡度太大，货物太重，踩着自行车骑上去是不可能的。送货的人都得下了车，把车推上去。每往前跨一步，都得屈膝成 90 度，弓着背，埋着头，等上了坡，早已气喘如牛、汗如雨下。于是他们就在坡上寻个阴凉处，坐下休息。若是遇上同村出来的熟识的人，就聊上几句，就算是不认识的，几次碰面下来，也就都熟络了。那时候，身强体壮力气足的人，还会互相较劲儿。载陶瓮的时候，把陶瓮一个叠一个，两边都摞得高高的，看谁摞得多，骑起车来还稳当，不摇不倒。一趟载上 14 个就算多的了，还有人能载上 18 个，倒也因此在这圈里留了名，好不威风。

1980 年的正月，组织通知恢复邱葵的党籍，得知这个消息，邱葵说：“不急，潮阳那边还有一批货没送，等我送完回来再说。”所谓“宠辱不惊，看庭前花开花落；去留无意，望天上云卷云舒”。邱葵心中自然是欢喜，只是 20 年都等过来了，此刻总该有一份自持的淡定。

有句话说，人生若经过炼金之人的火和漂布之人的碱，必能尝到丰溢的酒杯。邱老伯那一辈的人，熬过了人生最苦难的阶段，到他们老了，静静回忆，即使是想起自己的哪个老友，还是骑自行车那会儿认识的呢；或是提起某个名字，想到他年轻的时候能载 18 个陶瓮呢，脸上也会慢慢浮现出笑容。因为心中装了太多的苦，日后只要有一点点甜的补偿，他们也能感到满足。

## 四、回首——苦尽甘来

邱葵是 32 岁结的婚，在当时当地都算是比较晚的。1950 年，邱葵从汕头回瓜园村，二十五六岁的年纪，那时候上门替他介绍对象的人也不少，只是他连连摇头，总是拒绝。“像我这样的人，怕是照顾不好家庭，部队随叫随到，生死难料。”怕给不了对方安定的生活，是他心中的顾虑。娶了妻，便是对妻子、对女方家人的承诺，等到自己扛得起家庭这份责任了，他才敢许下这个承诺。

邱葵的妻子小他 10 岁，上了年纪后，身体倒不如他健朗了。94 岁的老人照料着 84 岁老伴的饮食起居，两人同甘共苦，相濡以沫。之前，妻子几次生病住院，幸得有儿孙们轮流到医院照料。邱葵老人没办法像年轻人一样在路上来回奔波，等妻子出院回家，作为丈夫，他照顾得细致尽心。

老人每天晚上 8 点多就睡觉，早晨 4 点半就起床。起床后，他就给自己蒸一碗蛋羹做早餐，然后出门散步。老人颇认真地告诫年轻人说：“人要多锻炼！我要是几天不走走啊，这膝盖就僵硬。”散完步，时间差不多了，老人就往市场走去，每天必买点新鲜排骨，再买点当天吃的菜。回到家里，把排骨放到那只电炖锅里煮。“我们都老喽，咬不动了，要炖得烂烂的。”妻子每天早上起来，都能喝到老人做的排骨汤。

前些年的时候，邱葵老人还爱骑着自行车到外面逛逛，也去别人家里串串门。但是路上来往车辆多，儿女实在不放心，只好把老人的自行车给“收缴”了。“院子里的杂草都是我拔的，要不那草长得可茂盛了。”老人闲不住，家门前的小院也打理得干干净净。天气好的时候，老人也会换上一双舒适的布鞋，到山里走走。虽然年纪大了，走不了很远的山路，但是他也想去山里散散步，呼吸新鲜空气。老人虽然行动不那么灵活敏捷了，但是容光焕发，精神头儿比很多年轻人都好。

遗憾的是，邱葵老人没有留下年轻时候的照片。那个时候很少有机会能拍照片，难得有几张，但是在迁居的时候弄丢了。老人有一条日字扣的马皮腰带，那是 1949 年解放汕头的时候，组织下发给军官的，当时邱葵是正排长，因此得了一条。说起这条腰带，老人记得有一次，他往潮阳县城送货，停在路边歇息，那条腰带就搭在车后座。当时正好有拉练的部队经过，有士官看到那条腰带，转头对自己的士兵说："这个人可不简单！"腰带的皮面虽然被磨损得斑驳了，但是还结实耐用，老人现在还在用着。

2009 年 1 月 1 日，是中国人民解放军闽粤赣边纵队成立 60 周年纪念日。这一天，邱葵老人重新穿上军装，戴上纪念奖章，拍照留念。两层丝巾包着一个红色方盒，打开看，奖章安静地躺在里面，"为人民服务"五个字赫然在目。收起来的时候，老人把两块丝巾叠放在膝头，把奖章上的绶带小心卷好，轻轻地把奖章放回盒子，盖好盖子后放到丝巾上，然后把丝巾的四个角捻起来打一个结。他一双枯瘦的手布满皱纹，因为全神贯注地往一处使劲，双手轻轻地、不可控制地颤抖着。

邱葵老人的纪念奖章（杨泽彬　摄）

夏天，难得的凉风穿堂而过。老人起身走到屋外，背着手望向远山，默然。他的个子并不高大，岁月让他的身影更加瘦小。他曾做出五指捏在一起的手势，自嘲地笑着说："你看我的身子骨，现在就剩这么一点了。"

"别看我就这么一丁点，我就是倔！"

这位 94 岁的老人，是使着劲说出这句话的，薄薄的上眼睑，下面的一双眼睛写满不屈服。

眼前，是他与山对望的背影。若是你看到这样一个背影，你是否会想到，他的一生竟有这样多的故事；你是否会知道，他是这样一个倔强不肯屈服的人。

## 采访手记

邱葵老人和阿公是老友，阿公对邱葵老人年轻时候的事情有所了解，因此在采访过程中给笔者做了补充解释。去拜访老人之前，笔者就听说老人身体健朗，但是第一次见到时，还是有些惊讶。当时他坐在茶几旁，桌上的小电磁炉已经烧着水，我向他问好，想向他说明来意，他抬起手打断说："坐，喝杯茶先。"一下子把笔者给定住了。水烧开后，老人拿起水壶冲洗茶杯，笑着说："我就是耳背，你们说大点声就好啦。"

采访过程中，老人的乐观随和令笔者印象深刻。他对事情记得清楚，但对时间有些模糊，从一件事跳到另一件事的时候，时间就会混乱。老人的小儿子在旁边听得着急了，建议说："你要按时间，逐年逐年说。"邱葵老人嘿嘿笑起来，无辜地说："那她问什么我就答什么嘛。"阿公和邱葵老人唠嗑，说到哪个人家的奇闻逸事，老人露出疑惑的神情，眼睛里满是好奇，脸向阿公凑近，问："哈？真的吗？"我原以为历尽沧桑的老人，对什么事大概都是淡淡的了，可是眼前这位九旬老人，着实可爱，不计较、不动气，乐观而充满生气。

每次采访完离开，老人都会送笔者到门口，并目送笔者走出好远。笔者回头看时，觉得那实在是一个瘦小的身影，我们在时光的这头，而他已经走到时光的那头，来时大家都是小孩，难得的是，老了的时候，他还能保有小孩的纯粹乐观。

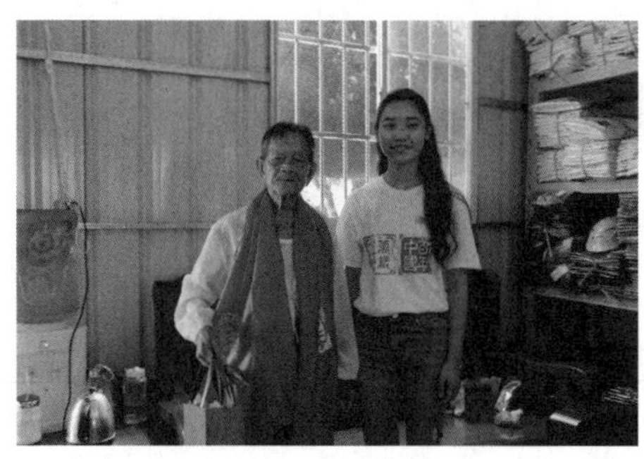

老人和志愿者合影（杨泽彬　摄）

# 平凡与英雄

## ——张云洲老人传记

赵星雨 北京师范大学 外国语言文学学院俄语系 2017级

### 人物生平

张云洲，男，1928年4月1日出生，汉族，天津市滨海新区宁车沽西村人。解放战争时期在中共冀东党组织成立的冀兴贸易公司担任采购员，实为中共地下党员，负责为我军采购枪支弹药和各种军需物资，为取得革命的胜利不顾自己生命危险，出生入死。新中国成立后在北塘交通管理局担任运输科科长。于1962年退休回乡。

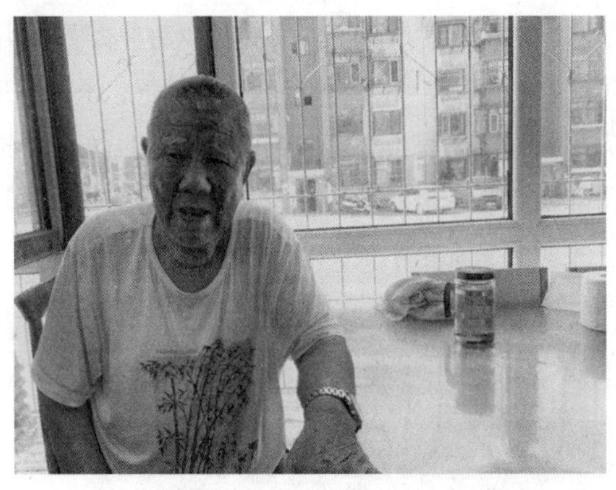

张云洲老人照（赵星雨 摄）

### 一、清风漾波，动荡中的童年

1928年，张云洲出生于天津宁车沽西村，一条大渠引水入津，这条渠被命名为“腰河”，将宁车沽分成四个村子。在张云洲出生那时，西村还不叫“西村”（这个名字是1958年人民公社成立后才有的），当地的村民们称它为“小河南”。宁车沽属于渤海退海沉积平原，地势平缓且分布有多处洼淀，满地都是盐碱滩涂。时至今日，老人依旧清晰地记得村南口大片白色的芦苇——这是宁车沽人赖以生存的重要资源。小的时候，他和小伙伴们经常会嚼芦苇根。物资匮乏的年代，那是孩子们最常见的“零食”。张云洲有四个兄弟，没有姊妹。张云洲的父母都是普通的劳动人民，像其他村民一样，在船上工作，靠老天吃饭，难免生活拮据。

动荡不安的年代，张云洲也是想读书的，在他9岁那年，也就是1937年，和村子里的其他小孩子一样，他也被父母送到村子里的私塾念书。私塾很小很破。在那个年代，村子里的小私塾何谈教学质量！对于他们这样的普通人家，读书又能派得上多大的用场？家里人也就是指望着孩子能多识几个字罢了。可惜平静的日子没过多久，村子里便开始闹土匪，整日兵荒马乱，鸡犬不宁。他还记得土匪冲进家里打、砸、抢的样子。从此之后，受时局影响，他便失了学。如今八十几年过去了，他再提起上学读书仍然是满脸遗憾之色。

张云洲的父母都在海上工作，待到他又长大了一点，便被父母带到船上，进行和父母一样的劳作，这个时候他还仅仅是个14岁的少年。宁车沽紧靠渤海，地势低平多为滩涂，人们挖了很多的引水沟。村民们大多在自家的渔港工作，在宁车沽这58平方公里内的各个角落养殖着各种的鱼虾。

并不似我们今日想象的岁月静好，对于那时村子里生活的老百姓们来说，日子并没有很好过。宁车沽是从明朝开始逐渐形成的一座偏远村落。在新中国成立前，这里一直是一个积贫积弱的地方。一方面，因为盐碱洼地长不出庄稼；另一方面，连年的战乱，使得这片土地饱受创伤。那个时候村里很多人都是靠砍柴打草，然后用一根扁担把柴草挑到北塘镇上去卖，换些油盐和粗糙的高粱面来维持一家人的生计。荒年的时候，村子里有人把枕头里填充的高粱皮倒出来碾碎了吃，甚至饿极了，连房顶上盖着的秸秆都拿下来吃了果腹。在船上做活儿显然已经不能维持这个大家庭的生活。1946年，张云洲下了船，离开了家里几代人劳作的地方，进了城。

## 二、山河破碎，暗潮汹涌

在解放战争期间，中国共产党冀东党组织为了打破国民党对解放区的经济封锁，成立了“冀兴号”贸易货栈，主要负责的任务是到天津市区等敌占区采购军需物资。结束了渔工生活的张云洲就在冀中贸易公司邢家港贸易站做采购员。年轻的张云洲秘密地作为一个地下党工作着。他明面上的身份是生意人，任务就是往返于天津市和邢家港之间，为共产党采购需要的枪支弹药以及各类军需消耗品。因为当时敌占区使用的货币与解放区使用的不同，所以在当地的商品交易方式大多是以物易物。“冀兴号”贸易货栈日常工作是将解放区内生活的老百姓们拿出来给共产党八路军支援的粮食、鸡蛋等吃食以及共产党政府从向我们投降的日伪机构接受的金条、银圆等硬通货弄到敌占区里去，用它们为共产党换回我军在战争时期急需的药品、医疗器械、各种军需工业制品以及各类枪支弹药。工作可以说是辛苦的，同时还有着极高的危险系数，稍有不慎就有可能命丧于阴险狡诈的国民党政府手中。

工作虽然十分困难劳累，而且还随时面临着生命危险，张云洲还是义无反顾地加入共产党的队伍中。因为这时的他，已经不再是只知道在村头的沟沿上追捕“螃蟹叶子”的孩子了。在这动荡不安的年代里，他见到了太多丧命于国民党政府手中的同乡，见到了太多因为敌伪政府的粗暴统治忍饥挨饿甚至丢了性命的村民。加入共产党的革命事业，贡献自己的一分力量，是他这个没有读过什么书，不认识几个字的青年心中的坚定信念。

这份工作带给他的危险与困难却不是生活在安逸年代的后人们可以轻易想象出的。那个时候他需要从邢家港坐火车到达仍笼罩在国民党政府统治下的天津市区，在天津他的联络接头人是王洪如。1948 年，一次张云洲按照组织要求在天津购买枪支时，在国育旅馆偶然碰到了窦国才，这个人是张云洲的同乡，也是宁车沽人，他们一早就认识，但是这个人与张云洲截然不同，他是个特务，是敌伪政府的走狗。两人相遇后，窦国才并没有轻易地放掉张云洲。“他是想诈骗我，讹我钱财。”

张云洲在与特务正面相遇时，只能不断地努力让自己保持镇定。特务一张口就朝他索要两个亿的法币。僵持之下，最后张云洲只得给了特务两千元的法币。特务拿到钱后仍然是不依不饶，离开前抛下了一句话：“咱们走着瞧，你就看着办吧，给我小心点。”

又一次，张云洲在和一个姓赵的采购员一起带着枪支从天津站乘火车。他们原本的计划是在宁车沽附近不远的金溪河火车站下车。这本来应该是非常顺利的一次任务，不料在火车上，张云洲偶然地发现了特务窦国才的身影。以防生变，他们迅速做出决定，为了防止被特务发现具体的行踪证据，临时改变计划，选择提前几站从东北塘火车站下车。谁也想不到，在他们准备按计划行动，离开火车的时候，张云洲的母亲闫氏匆匆赶来，给儿子带来了天津总部传给他的消息：与他接头联络的地下党员均已被捕，提醒他不要下车，仍然留在火车上，以免暴露自己。

张云洲这又返回火车上，在火车行驶到北塘半路时，他看到了特务窦国才的身影，逐渐向他接近。在这千钧一发之际，稍有不慎可能就是万劫不复丢掉性命，落入国民党的手中。张云洲当机立断，将从天津购入的枪支弹药一把抱起，从车窗扔了出去，丢到了桥底的大水沟里“毁尸灭迹”。

这时特务窦国才已经走到了他跟前，质问他：“从天津买来的两支枪在哪儿？你带来了吗？”

张云洲沉着应对：“没带来。”眼看着对面的窦国才面露不虞，他赶紧解释道：“我这次回来不是为了采购物资，是陪我母亲回乡。”加之张云洲母亲闫氏也在一旁附和，向窦国才解释，他这才勉强相信，冷哼了一声，转身离开。

国民党特务显然并没有完全相信张云洲的说辞，他仍未顺利脱离险境。母亲闫氏这时紧紧握住儿子的手：“下一站你就下车，不能等到金溪河，他们一定在那儿等着抓你。你先悄悄下车，让北塘的刘里长掩护你避一避，你等风头过了再回去，千万要小心，别暴露了。”“那您呢？您不和我一起走吗？”张云洲急切地询问自己的母亲。“我，我就留在这车上，要是窦国才回来发现我们都不在车上了，你也一样逃不掉！快走，我来稳住他！”

就这样，张云洲提前在北塘站下了车。在北塘的一位刘里长的掩护下偷偷地过了河，躲到了北塘的避风鸣村。那时的他并不知道，直到母亲闫氏在金溪河火车站下了车，窦国才特务等人这才发现张云洲不见了。然而这件事并没有这么简单地收场。与他接头的姓赵的采购员被捕，在严刑拷打后他坚持不住，向国民党特务承认了是给张云洲带的枪，张云洲也确实拿到了枪。赵姓采购员带领着窦国才特务以及国民党公安队，去到了张云洲丢下枪的桥底大水沟，顺利地捞走了那两杆枪。证据确凿，在车站和他的家中都没有找到人的国民党政府恼羞成怒，抄了张云洲的家，并将当时在火车上掩护儿子的母亲闫氏带走，押送到了天津国民党警务司。

张云洲躲开了国民党政府的追捕，但他的母亲就没有那么幸运了。张云洲回到家里才发现母亲已经被国民党带走下了大狱，生死未卜，下落不明。这样的状况一直持续到了 1949 年，共产党的军队顺利解放了京津地区，闫氏才获救，回到了家乡。这时的闫氏奄奄一息，满目憔悴。在狱中，国民党警察在闫氏身上用了他们各种惯用的招数，严刑拷打。连像赵采购员那样的壮年男子都承受不住的刑罚，这个并不高大的女人为了自己的儿子，为了掩护儿子的刘里长一家，为了更多的帮助过他们的地下党和老百姓，一个字都没有向敌人透露。

## 三、归芜田园，平淡坚守

新中国成立后，党和政府没有忘记为了革命出生入死的张云洲。时隔多年，他再提起政府仍是充满了感激。国家为他这种“扛过枪，过过江”的老干部安排了工作。

1951 年，他携带家眷来到了芦台镇，在芦台工会工作。生活逐渐走上了正轨，一切都在向好的方向奔去，而这时他那位在宁车沽人人称颂的女英雄母亲闫氏，却因为前些年在狱中饱受折磨，身体每况愈下，最终去世。这个时候，他已经不再是当年那个孑然一身往返于邢家港与天津的少年，他和他的妻子育有 7 个儿子和 1 个女儿。“那时家里并不宽裕，那么多张嘴都等着吃饭呢。”他回忆道。

1951 年到 1961 年之间，他与家人多次调动工作，铁路上、航道上、田野间都留下了他的身影。奔波了 10 年后，芦台航运办事处号召家属返乡，张云洲与家人终于得以返回生他养他的宁车沽。北塘交通管理局运输科科长是他在退休前经历的最后一个岗位。

张云洲的爱人身体状况并不好，常年的奔波操劳耗垮了她的精力。她最终先张云洲一步离开了人世。几十年过去，他们的儿女们都成家、立业、生子，又有了孙子孙女，然后儿女也渐渐老去。张云洲的妻子在家里留下的痕迹也越来越淡，但始终有一张她的黑白相片，摆在老人卧室的床头边。儿女们说，他们的母亲就是可惜在了因身体不好，走得早。可是在张云洲心里，她永远留在了他的生活里，无法分开。

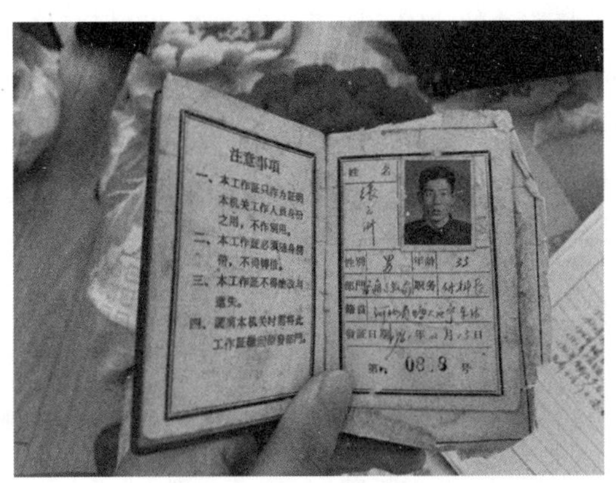


张云洲老人的工作证（赵星雨　摄）

## 四、回首百年，霜雪满头

现在已经是耄耋之年的张云洲老人依然精神矍铄，尽管已经头发斑白，牙齿也只剩下了一颗，他不需要保姆、子女的搀扶，尽管走得摇摇晃晃，却又是那么的稳健。

几年前房子拆迁，张云洲再也回不去他当年熟悉的盐碱滩涂，取而代之的是窗明几净的高楼大厦。儿女们为老人选择了一楼，因为老人总是闲不住。女儿提到这事时，脸上带着无奈的笑，向我们掰着手指算：“老头儿每天早上起来，保姆给做好饭，吃完早饭他就出去溜达，遛到中午回来了，就该吃午饭了。吃完午饭睡一觉又出去遛，然后回来吃晚饭。晚饭回来又溜达去了。一天非得出去三趟不可。”

随着年岁渐长，老人的子女们也都渐渐退休了，7 个儿子商量好，每周一人安排一天，轮流来老人这儿，和老人做伴儿。这样也不耽误孩子们的生活，也保证老人不会无人陪伴。

老人年轻时没读过几天书，在被问到养生方法的时候完全无法理解这个词汇。老人的女儿在一旁轻轻笑着：“就根本不懂得什么养生，每顿饭都得有鱼有肉的，要不然还不高兴呢。”保持心境平和愉悦，正是保持长寿之道，这不也是人生的大智慧大道理吗?

## 采访手记

天津的夏天总是炽热的。因为出乎意料到访的台风，连续下了好几天雨之后，天气再度放晴，恢复了它的威力。

这次笔者要采访的张云洲老人是笔者的干姥爷。虽然有这样一层亲属关系在，但笔者却从未见过这位老人。从笔者的老姨姥姥那里得知，张云洲老人现在已经91岁高龄，在解放战争时期，他曾作为一名中共地下党员，为革命的胜利贡献自己的一份力量，也正是因为他投身革命的这段经历，才与笔者家结下了缘分。

老人住在宁车沽的一个新建成不久的小区，笔者坐了好一阵子车才到达。对于我们一行人的到来，老人很是高兴。

战争年代的天津滨海，到处可见的都是低洼的盐碱滩涂，除了芦苇，什么都长不出。当时的战士们抗击敌人也是难以躲藏，战斗十分艰苦。

老人原本生而平凡，但当他成为一名中共地下党员的那一天，他就像在这荒芜的滩涂中长出的苇草，平凡着不凡。在战争激烈的时候，笔者的太姥爷为了掩护他的行踪，顾不上自己与家人的安危，将他秘密地藏匿了起来，谈及此处，他激动不已。一线的战场是炮火连天，而地下党们活跃的地区，却是暗潮涌动，布满荆棘。他隐姓埋名，忍受着与亲人骨肉分离的苦痛，终于盼来了新中国的成立。

如若不是这次采访，对于笔者这个出生成长于安逸年代的人来说，是无法想象战争年代的血雨腥风的。张云洲老人平凡却坚韧，因而不凡。

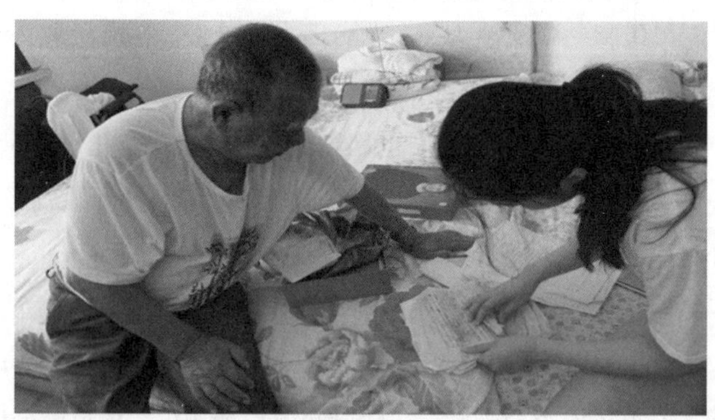

张云洲老人与志愿者在查看他的回忆录（李莉　摄）

# 半生戎马为国战，一生坎坷塑平生

## ——韩明进老人传记

张媛霞 北京师范大学 物理学系 2018级

### 人物生平

韩明进，男，1919年9月18日出生，100岁抗战老兵，祖籍河北，现居住于河北省张家口市阳原县大田洼乡朝阳沟村。1945年4月参加八路军。参军后韩明进转战于赤城大海陀、白草、沽源小河子等地，参加大小战役百余次，脑门上至今留有被日军炮弹炸伤的疤痕。1949年，韩明进被选为开国大典阅兵骑兵方队的一员，参阅前曾受到朱德总司令亲切接见。1955年，韩明进响应国家号召，复员回到家乡朝阳沟村。

韩明进老人照（受访人提供）

### 一、初见百岁老人

老人知道今天有志愿者前来看望，所以早早做好了准备。笔者刚走进院子，便看到了韩明进老人的身影。

由于一生戎马与操劳，老人的手背粗糙得像松树皮，手心上磨出了厚厚的老茧。虽然流水般的岁月无情地在他那绛紫色的脸上刻下了一道道深深的皱纹，但那双眼睛却炯炯有神。他身着一件大红色的外套，整个人显得比较精神。

看笔者走了进来，韩明进起身迎笔者进家。笔者本想去搀扶他起身，但是被拒绝了。他的家人告诉笔者，老人行动从来不用旁人的帮助，别人的帮助反而会使他不知所措，不知该用多大的力道起身。

虽然韩明进行动还是比较便利的，基本的饮食起居都可以靠自己解决，但是毕竟年岁已高，为了能更好地照顾老人，家人商量让老人和小女儿住在一起。

在家里，韩明进有自己的屋子，方方正正的炕头上叠放着整整齐齐的被子，炕头边放着一个水杯和一个留有岁月痕迹的烟灰缸。老人拄着拐杖走在前边带着笔者进了自己的屋子。他操着一口浓厚的张家口方言叨念着："让你们看看我的照片，看看我原来的照片。"他将拐杖放在一旁，从炕边拿出一个小纸箱子，他像抱着宝贝一样将纸箱子抱在怀里，带笔者到了另外一间屋子，激动地展示着令他思绪万千的老照片，以及他所获的勋章。

## 二、初闻那年往事

老人一边展示照片，一边回忆着往事，在与老人的交流中，最令我震惊，也最让我敬佩的是老人竟然可以清清楚楚地记住每一个重要的日子，甚至每一件事，每一个细节。

如果说，一个人经历的苦难可以用程度副词来形容，那韩明进的一生，可能需要用 N 多个极其艰苦才足以将其概括。

韩明进于 1919 年生于张家口阳原县的一个普通的家庭，4 岁时母亲便离他远去，那时的他刚刚开始记事，很多事还没有清晰的概念，对于母亲的记忆，完全是模糊的；11 岁时父亲又永远地离开了他，从此韩明进变成了一个没有人疼爱的孤儿，甚至连自己具体是 1919 年哪天出生的都不知道，因为没有人告诉过他。他隐约记得自己是 9 月生的，"18"对于他来说，是一个吉利的数字，因此他把自己的生日定在了这天，就这样，他有了自己的生日。

儿时的他，家庭贫苦，上不起学。父母离去后，为了生存，他一边放羊，一边学艺。直到 19 岁那年，他决定去口外闯荡一番。到了口外，他在地主老财家当长工。本以为这样可以安稳地生活，谁承想，地主老财故意刁难他，不仅不给他发工钱，更过分的是，连吃喝都不能满足他。长期的压迫与剥削使得他不得不想办法离开这个让自己每天备受折磨的地方。终于有一天，被逼无奈的他，在一个漆黑的夜晚从地主老财家逃了出来。

当他走到沽源县的一个小村子时碰到了红军的侦察兵，侦察兵误以为他是日本人的探子，就把他带到密林中交给了上级。在了解了他的真实情况后，八路军动员他参军。1945 年 4 月，他在赤城县参加了八路军，那一年，他 26 岁。一年后的 3 月 9 日正式入党。

刚参军那会儿，韩明进所在的部队在赤城县大海陀训练，在赤城县白草镇、沽源县小河子乡一带和鬼子打游击战。当时的部队还不到 100 人，武器装备也不好，全靠黑夜偷着打。回忆到这里，老人激动地介绍着当时带他们作战的游击队队长吴广义：由于个子高，大家称他为“吴大个子”，解放后历任内蒙古伊盟军分区司令员、哲里木盟军分区司令员，当时就跟着他打鬼子。

在打鬼子的游击战中，令韩明进终生难忘的莫过于让自己九死一生的在赤城县百草镇的那一战。提到赤城县百草镇，老人略显哽咽，一边指着头上的伤疤，一边向我们诉说当时的情形：“你看我这儿的伤，就是叫日本人的手榴弹给炸的。打日本人那会儿没有大仗打，全是打游击，当时在赤城县百草镇，那会儿日本人叫‘大乡’，大炮楼子里有七八个日本兵，还有七八个伪军。俺们半夜悄悄地摸到炮楼跟前，先干掉鬼子的哨兵，打炮楼时，日本兵往下扔手榴弹，炮弹皮子就把我这儿给炸了。后来医生把炮弹皮子取了出来，留下了这块伤疤。跟我一块冲过去的战友有好几个没有站起来。”

说到这里，老人的伤感明显加重，他挤了挤蒙眬的双眼，沉默了，仿佛在回忆当年的峥嵘岁月，仿佛当年的场景还历历在目。好一会儿，他才恢复初始的情绪。

“我们还在张北县和苏联红军一块并肩作战呢！因为我会骑马，就进了骑兵部队，当时的马靴、马刀全是靠缴获日本骑兵才有的。”韩明进说。他清楚地记得，在参加狼窝沟战役时，他和苏蒙联军一起打鬼子，还和苏联红军一起在张北县城站过岗。可能正是由于这些经历，使得老人每次见到自己从事马术教练的外甥女婿，都要唠个不停，说到动情之处，他还会情不自禁地抬高声调。

日本无条件投降后，韩明进跟随部队解放了张家口。此后的解放战争中，他又参与了三大战役中的辽沈战役和平津战役，山西大同及张家口诸县都曾留下他英勇战斗的足迹。在老人保存着的老照片中，至今留着一张朝鲜当年的国家主席金日成的照片，据老人回忆，是当年在鸭绿江畔，朝鲜的士兵送给他的。

这些老照片，勾起了老人数不清的回忆。在仅存的几张珍贵的老照片中，有一张老人年轻时候戴着棉帽的照片。老人拿着照片，向我们介绍："这是年轻时候的我，年轻时候的我。"照片中的韩明进，面露微笑，脸圆圆的，看起来壮壮的，长相十分英俊。老人虽然记忆力非常好，能记住每一个重要的日子，能记住每一个重要的人的名字，但是他的听力已经不足以支撑他听到我们用正常音调讲话的内容了。他看着我们微笑，脸上露出一副懵懂的表情。老人的外甥女意识到可能老人不知道我们为什么突然笑了起来，便凑到他的耳边，抬高音调，告诉他，我们在说年轻时候的他很帅。第一遍说完，老人依旧没有听清楚，当老人的外甥女又重复第二遍的时候，老人的脸上露出了羞涩的微笑，那种微笑在一个已到期颐之年老人的脸上展露出来的时候，是那样的温馨，那样的美好。听到夸赞，老人可能有些不好意思，便拿起另外一张照片给我们看。照片中的人物高高瘦瘦的，微挑的嘴唇给整个人增添了不少魅力，显得十分精神。老人介绍，照片中的人是他的一位战友，来自湖南，是和他一起当过兵，打过仗的人。翻过照片背面，有一行歪歪扭扭的模糊不清的字样，大约只能看清楚"四川省"这几个字。看着字样，老人的女儿说，这个应该是四川的一个战友，老人嘴里说的湖南战友是另外一个人，照片已经找不到了。但是老人嘴里一直重复着"他是湖南的，他是湖南的"。可见，这是一个刻在老人脑海里的战友。说到战友，老人又一次沉默了。他默默地低下了头，已经混浊的双眼变得更加模糊了。此时的他思绪万千。缓了好一会儿，恢复思绪的他，一边沉思，一边用伤感的语气又提到了另外一个让他至今都难以忘怀的战友。据老人介绍，这个让他记忆深刻的战友也是张家口人，是和他一起参军整整 11 年的老战友，但是战争结束后，便失去了联系，不知道对方是否尚在人间。听着老人娓娓道来，笔者不禁感慨，我们这代人是幸运的，也是幸福的，生在和平年代，没有经受过战乱的纷扰，没有过上一秒还在和身边人一起奋斗，下一秒已经天人永隔的经历，可能永远也无法体会，当年的战争在老人内心留下的伤疤有多深，给老人带来的打击有多大。而且那是一道永远也无法抹去的伤疤，那是一段永远无法令人忘却的记忆。

看到朱德总司令的照片，老人变得激动起来。还没等我们端详完总司令的照片，老人便从炕上起身，站到地上，抬起右手，慷慨激昂地说了一句“中国人民站起来了”！此时的他，眼中闪烁着激动的泪花。拿起这张照片，老人似乎有说不完的话，因为那是朱德总司令亲自赠予他的照片。

距离 1949 年已经过去了 70 个年头，但是老人对开国大典前后的事情仍然记忆犹新。

由于韩明进会骑马，参军时便进了骑兵部队，回忆到这里，老人又一次激动了起来，因为他不仅是抗日老战士，参加过解放战争，还作为新中国成立的 12 支骑兵师之一的中国人民解放军骑兵一师二团的代表，参加了 1949 年的开国大典大阅兵，成为开国大典阅兵式上受阅骑兵方阵的一员。这成为老人一生中最闪亮的记忆。

老人回忆说，1949 年 9 月 28 日晚，由于担心战马在阅兵仪式上受惊，朱德总司令亲自慰问骑兵方阵。当时朱德总司令在前排和干部们逐个握手，并发给每人一张自己的 2 寸相片，他也因此有幸得到了一张朱德总司令的照片。

1949 年 9 月 29 日下午，参加阅兵的骑兵方阵出发到北京，驻扎在清河。

10 月 1 日，开国大典阅兵开始时，党和国家领导人登上了天安门城楼。受阅部队依次通过。骑兵头戴钢盔，双手把衣角一拽，双眼瞪圆，胸脯坚挺。“那时候要求所有人不能往别的地方看，只准往前看。可是，好多人的眼珠子都悄悄地转了过去，因为大家都想看看毛主席啊！”韩明进老人一边说，一边试着挺直腰背，饱经沧桑的脸上流露出一种难以抑制的兴奋之情。

提到骑兵方阵经过天安门城楼时，老人突然抬高了声调——“中国人民站起来了！”当毛泽东主席向全世界庄严宣告时，韩明进的周围是山呼海啸般的欢呼声，他也跟着欢呼，当时他 30 岁。

1950 年，韩明进再次以骑兵的身份参加了国庆阅兵。

## 四、初回今时今日

在部队的时候，韩明进当过排长。1954 年 10 月，为了响应国家发展农业的号召，从部队转业到地方。韩老转业回到家乡，当过 4 年大队书记，还当过饲养员。之后，他在大队里看门，大队给他记工分。随着年龄的增大，他回到了家里。韩明进家中有地，但他没有种过，一直是孩子们在种，他只是在秋收的时候，在场面上帮帮忙。

2012 年，韩明进老人 87 岁的老伴去世。老人有 4 个儿子 1 个女儿，儿孙都很孝顺，女儿和其中两个儿子住在本村，另外两个儿子虽不住在村子里，但是也都生活在张家口。总之，老人身边从来不缺照顾的人。

韩明进老人虽已是百岁高龄，但身体依然十分硬朗，不仅生活能够自理，一些简单的家务也都可以操持。他每天作息都十分规律，不论冬夏，每天四五点就起床。他的早饭基本就是冲一杯奶粉吃点儿点心，也不用儿女操心。起床后，老人要么看会儿电视，要么看会儿报纸，天气好的时候，会在家门口摆放的沙发上坐一会儿，或者去街里溜达溜达。老人起得早，睡得也早，下午五六点就睡下了。老人晚饭吃得也很清淡，吃点儿水果，吃点儿点心，从来不吃油腻腻的东西。唯一需要儿女帮忙操持的就是午饭。用老人女儿的话说就是，老爷子特别让人省心，每天只需要给他做一顿午饭就好，其他的老爷子全部都可以自己解决。

在问到老人，如此高龄身体还这般硬朗，有没有什么长寿秘诀的时候，他摇了摇头。从和老人的交流当中可以看出，他是一位淡泊名利、清心寡欲的人，从来不被世俗的物质所羁绊。老人儿女们并不是什么大富大贵的人家，自己住的也不是什么十分宽敞明亮的砖瓦房，但是他却对目前的生活十分满意。每天玩玩儿骨牌，看看电视，闲时抽根烟，解解闷，和儿孙们聊聊天，给孩子们讲讲以前的故事，享受一下天伦之乐，在他看来，已是足矣。几年前看到自己的孙子买了车，老人开心得合不拢嘴，激动地和车子留下了宝贵的合影，仿佛在用自己的方式和家人分享着属于自己当爷爷的快乐。良好的心态，规律的饮食和作息，正是这些常人难以坚持的习惯才促成了的百岁老人吧。

韩明进老人除了将自己年轻时的老照片一直珍藏之外，还有两枚抗战勋章，老人也一直把它们和照片放在一起。一枚是 2005 年在中国人民抗日战争胜利 60 周年时，国家颁发的勋章，另一枚是 2015 年纪念中国人民抗日战争胜利 70 周年时颁发给老人的勋章。据家人回忆，2015 年 9 月 1 日，当阳县政协原主席、县民政局长和大田洼乡党委书记将这枚沉甸甸的勋章颁发给老人时，坐在凳子上的他站了起来，庄重地敬了一个军礼，接受这份荣誉。“国家没有忘记我们呀！”手捧着纪念中国人民抗日战争胜利 70 周年勋章，老人忍不住流下了激动的热泪。

现在韩明进老人享受政府发放的优抚金、低保、高龄补贴等，每月有近千元的收入。老人对国家的政策以及政府给予的帮助心怀感激，他经常和儿女们说：国家给我补助，我就领上，不给我也不抱怨，我现在的生活挺好的。

在采访接近尾声的时候，笔者将红丝巾戴在了老人的脖子上。老人和笔者握了握手后，静静地坐在家门口的沙发上，摸着红丝巾，若有所思地看着。又给我们讲起了他的故事 。“1952 年的时候，我所在的骑兵师开始扫盲运动，那个时候，每人搬一个小板凳在地里开始学习拼音，那个时候的我都 30 多岁了，才开始学习。”听老人讲这些，我的内心深处油然而生一种敬佩之情，老人真的是用实际行动把“活到老，学到老”这句话完美地诠释了出来。直到现在，即使视力不是很好，老人依旧会看看报纸，看看电视，了解一些当下的时事。

临走前，我提出想给老人拍个照，本想着告诉他稍微站直一些看镜头，不承想老人起身便笔直地站在那里，肃然敬了个军礼。不知怎么，此时的我突然眼眶热热的，心里有种说不出的感觉……

临别时韩明进向我们敬礼（张杰　摄）

## 采访手记

在河北省张家口市阳原县大田洼乡的大山深处，隐秘着一个小小的村庄朝阳沟村，这里住着一位身经百战的百岁老人——韩明进。

越过一座山，翻过一道沟，走过曲曲折折的路，我终于来到了大山深处的朝阳沟村。村头生长着一棵茂盛的大柳树，树干十分粗壮，看着就有些年头了，后来听村民讲，这棵树已经生长了 300 多个年头。看着大柳树，笔者在想，这是不是意味着些什么呢……

大柳树旁就是韩明进老人的住家了，由于房屋年代已经十分久远，显得有些破败，进了大门，便看到一位身着红色外套的老爷爷，这便是笔者要采访的主人公——韩明进老人。如果不是提前得知，韩老已经 100 岁高龄，我怎么也想不到，这是一位百岁老人。老人的脸上虽然印刻着岁月的痕迹，但更多的是红润的光泽。老人气色很好，行动也很便利。坐在家门口沙发上等着我来访的韩明进老人，起身不用任何人搀扶。

由于提前联系好了老人的家人，因此他一早就知道来访目的，便直接将笔者带进自己的屋子，把珍藏多年的盒子拿了出来。看得出来，他有多么珍惜自己的这个宝盒。老人打开盒子，一一向笔者展示盒子里的东西。盒子里放的是他这么多年来保留的照片以及其获得的勋章。在韩老慷慨激昂地介绍每一张照片背后的故事的时候，令人吃惊的是他竟然对每个重要的日子，每张照片中的每个人物全部都记忆犹新。这也使笔者多了一份对韩老的敬仰之情。

韩明进老人一生坎坷，但是拥有一份坦然面世的态度，笔者想这也是他高寿的重要原因之一吧。

# 燕赵“英雄”

## ——李书训老人传记

赵晓雅 北京师范大学 政府管理学院 2018级

### 人物生平

李书训，男，1925年10月25日生人，94岁，抗战老兵，祖籍河北省衡水市阜城县，现居于阜城镇东丽北街62号（阜城县光荣院）。李书训出身于农民家庭，14岁参加抗日战争，加入游击队成为一名通信兵，转战于衡水、德州、东光等地，凭借机智和勇敢，李书训多次带着情报通过日军控制的据点。新中国成立后，面对部队缺少领导者的情况，义不容辞地担起重任。94载，李书训宽厚待人、严于律己，在平凡中寻求生命的真谛，于经历中见证历史的变迁。

李书训老人照（ 赵晓雅 摄）

## 一、呱呱坠地

1925 年 10 月 25 日，农历九月初八。

一声婴啼，划破长空，一名男婴降生在河北省衡水市阜城县的一个农民家庭。父母万分喜悦，为他取名书训。

出生在农民家庭，兄弟姐妹 7 个，薄田几亩。李书训老人家里的条件不是很好，但他平日里和兄弟姐妹一起玩耍，农忙时就去地里帮忙，日子过得十分平静、快活。小孩子的快乐总是那样简单，几个小小的游戏就能撑过四季，春天爬到树上摘榆钱儿；夏天的夜里拉来几个小伙伴捉蛐蛐儿逮蚂蚱；秋天在铺满落叶的小路上踩来踩去听响声；冬天在雪地里堆几个大雪人。

上学是李书训老人孩童时期最快乐的时候了。那个年代，物资匮乏，在农村，人们满足基本的温饱都成问题，能上学的孩子很少，但李书训老人的父母依然送他去上学。但仅仅两年，日军侵入、战争爆发，上学也成了不可能也不敢想的事情。

## 二、捐躯赴国难，视死忽如归

1937 年春天，没有雷，没有风，雨不大也不小，但持续了一个多月就是不停。长时间不见太阳，空气潮湿，很多东西因为无法晾晒都发了霉，街道上也散发着霉味儿，人们没有办法洗澡，非常不自在。

这不正常的天气似乎在预示着什么……

果然，7 月 7 日，日本侵略者在卢沟桥向中国军队开了火，中国守军二十九军予以反击，抗日战争全面爆发。随后，日本人从北京南下，来到衡水。这一年里，日军的飞机在景县的上空盘旋，尖厉的呼啸声、铺天盖地的爆炸声过后，300 多名百姓失去了生命；冀县国民党县政府县长梅华发收拾细软，带着妻儿携款南逃；安济桥被炸毁；武强、深县被占领……这些消息冲击着这个 12 岁少年的心，一个强烈的念头在他的头脑中浮现：“日本人马上就要打到家里来啦！我要当兵，要去打仗、打鬼子！我要把鬼子赶出家乡，赶出中国！”

两年后，一位八路军伤员在组织的安排下来到了阜城县疗伤，机缘巧合之下，他住进了李书训老人的家里。两年的时间里，李书训早已听说日军的斑斑劣迹，他们烧杀抢掠，无恶不作，把曾经平静的村子变得生灵涂炭。而八路军就不一样了，他们坚持抗日，为老百姓服务，不拿群众一针一线。在这个 14 岁少年的心里，当兵的愿望愈发强烈，于是，他就把这个想法告诉了住在家里的八路军伤员。过了些日子，这名八路军去景县办事，带上了李书训。两人恰好碰到了当时衡水的一个连长，八路军就把李书训想要当兵的事告诉了李连长。“不行，年龄太小了，跟不上大部队！”李书训还没来得及失落，就听见炮弹爆炸的声音，人们都朝着八路军的防空地点跑去。李书训虽然年纪小，但丝毫没有落队，反而十分灵活。李连长被他的反应震撼，当即通过了他的入伍申请。就这样，在阜城县抗日民主政府及地方抗日武装建立的第二年，即 1939 年的正月初四，这名 14 岁的少年加入了游击队，成为一名通信兵。

入伍后李书训到了衡水军校学习，平日里，他和战友一起学习拼刺刀，累了就拉个歌。但平静的日子并没有过多久，半年后也就是那年的芒种前后，驻冀县、新河县日伪军将冀县东兴村包围施暴，致使 148 人惨遭屠杀。李书训所在部队前往参战，他也就离开了当时所在的军校。

## 三、来之不易的“三八大盖”

提起当年抗战的故事，李书训老人十分激动，他绘声绘色地给我们讲述当年打日本鬼子的故事。当我们问到老人在哪里参加过抗战时，老人满脸都是骄傲的神情，他用手在空中画了个半圆，说：“这一片我都打过！从衡水到德州，再上北打到东光，一直到日本投降，我们打了 7 年啊！”

都说当时条件艰苦，中国老一辈军人是凭借“小米加步枪”战胜了侵略者，这里的“步枪”就包含了日本三八式步枪，也就是经常听到的“三八大盖”。“咱啊，就指望着得到那个‘三八大盖’啊。你好比说，要是有一个排，日本人来了，咱先拿那日本‘大盖’，打两枪。日本人就会说：‘这不是小部队，这是大部队，小部队没有这枪！’咱们当时就是拿这枪唬他！”朴实的话语，反映了当时艰苦的条件，但没有人因为这个原因放弃，而是都想着怎样才能尽可能多地缴获武器，增强自己的力量。其实，李爷爷只上过两年学，他的好多战友甚至一天学都没有上过，可是他们懂得坚持，懂得不放弃，懂得为了自己的家而战！

1942年，几架轰炸机在河北省衡水市景县张家圈上空盘旋，爆炸声过后，砖块、泥土、瓦片在空中纷飞，整个地区只剩下了满目的灰色和其中夹杂着血的红色。20多人的游击队与人数众多的日伪军展开激战，日伪军的大炮轰炸使我方处于劣势，为了尽可能减少牺牲、保存实力，李书训所在的游击队不得不边迎击边撤退。

“炮弹落在我们俩的夹缝里，炸得身上净是窟窿了。”李书训和战友互相掩护，向安全的地方撤退，两人刚翻进一道沟里，炮弹在两人中间的夹缝里炸了。李书训不幸被弹片击中，一根手指被炸掉，腿也受了伤。后来，指导员在安全的地方为他清理伤口、包扎，并把他送到根据地进行治疗。

郁郁葱葱的麦苗散发着春天的气息，一切都静悄悄的。

河边，两个部队，300多人在汉奸的帮助下沿着河的两边悄无声息地进了村子，慢慢地向那个院子走去。“突突突……突突突……”突然，院子外响起了机关枪扫射的声音，敌军逐渐向门逼近，屋内的8个人这时才发现自己被日军和伪军包围了。“出不去了！快扔手榴弹！”不知是谁喊了一声，紧接着8个手榴弹在空中划出一道道弧线，在院外“嘭嘭嘭”地炸了。

良久……

“不响了，兄弟们，冲出去！”8个兵，猫着腰跑到门口，听着门外的动静，一下把门踹开，迅速往外冲。“砰”，一个兵倒下了，其他人看见战友被打死了，但是他们没有办法，只能继续往前跑。没走多远，几个人就和日军正面交手，英勇的战士们毫不畏惧，与日本鬼子拼起了刺刀。终于，快到河沿儿了。7个人走到洼里，一个炮弹在旁边炸了，炮弹皮四处飞溅，一个战友的脑袋被打裂了一个口子，还有一个人的后背被打出了一个窟窿。眼睁睁看着战友被打伤，李书训突然觉得自己被拽了一下，他一看，夹裤少了一块儿——被炮弹打下去了。虽然受伤了，但他继续向前，因为只有继续走才能活下来。“下水，我们蹚河走！”4月份的河水还有一些凉，伤口碰上带着沙的河水时，像被针扎一样，可这7个兵互相搀扶着，躲避敌人的子弹，前进，前进。

8个人被300多人包围，但战士们凭借熟悉地形的优势，一边迎击一边转移，愣是冲出了7个。而在这场遭遇战中，日军伤亡惨重。

那个年代，人们都很纯粹，他们的愿望很简单：把日本人赶出中国，满足温饱，孩子可以上学。他们经历了磨难，很多人失去了家园，丢掉了性命，但活下来的人会永远记住他们，用过上好日子来感激他们。而我们的国家，也因为他们的付出与牺牲变得强大。

## 四、路漫漫其修远兮，吾将上下而求索

1939 到 1945，打了 7 年游击的李书训终于听到了日本投降的消息。1945 年 7 月，李书训老人参加了德州战役，他和战友并肩浴血奋战，痛歼敌军，取得了这场战役的胜利。1945 年 8 月 15 日正午，日本无条件投降。战士们在队伍里欢呼，留下了两行热泪。然而，还没来得及好好庆祝，又传来了国民党发动内战的消息。“汉奸缴枪不交给共产党只交给国民党，没办法，我们只能又跟国民党打了 4 年。”李书训老人因右手残疾没有再上战场，但他依旧在自己的岗位上为解放战争贡献力量。

“日本鬼子被打败了，解放战争也胜利了，你有什么打算？等候分配还是……”

“我想回家！”

“你打了这么多年仗为了什么啊？现在日本投降了你反而要家走（阜城方言，回家）了！”

“司令，俺当兵的时候就想着打鬼子，打败了他们就回家。当兵就是为了打日本，保家卫国！”

“唉，行！打下天下来，回家也是报效祖国！”

1950 年，李书训老人和司令的一番话深深打动了我们，没有华丽的辞藻，没有绝美的语言，但这每一个字都发自肺腑。这个在外漂泊 7 年的铁汉，想家啦！得到老领导的批准，25 岁的李书训踏上了回家的路。阜城井庄，沦陷 11 年，在日本人的烧杀抢掠下失去了往日的光景。中华人民共和国成立后，井庄的状况逐渐改善，虽然没有完全恢复到战前状态，但对于李书训老人来说，这里才是家啊！

然而，一个月后，之前部队的干部，一个去了南宫任副县长，一个去了景县当书记。部队缺少管理的人，原来的领导十分着急。

“这可怎么办啊？谁能担这角儿呢？”

“让书训来吧！”

“书训刚回家啊，人家不愿意干啦，能来吗？”

“让书训来吧，我去跟他说，他会来的。”

隔天，领导到了李书训家，两人畅谈抗战的故事。随后，领导跟李书训说明了当时军队的情况，李书训毫不迟疑地说：“我去！”即使只想在家乡过平静的生活，但只要部队有需要，他总能二话不说、奋不顾身。“试问岭南应不好，却道：此心安处是吾乡。”就这样，回家仅一个月，李书训就再次回到了衡水的部队，成为一名连长。

“爷爷，我看照片上您戴了好几枚奖章，我可以看一看吗？”

“当然可以啦，在柜子里的黑包里。”

由于爷爷行动不太方便，我接过了爷爷拿出的钥匙，打开了柜子。在黑包的内层，找到了一个系绳子的小布袋，小心地打开布袋。里面是叠得整整齐齐的一个小白手绢，一层一层地掀开，终于看到了李书训老爷爷的奖章。存放的方式让我看到这几枚奖章在李书训老人心中的分量，这是老人戎马一生的见证。他一直珍藏着三枚纪念章：解放华北纪念章、中国人民抗日战争胜利 60 周年纪念章、中国人民抗日战争胜利 70 周年纪念章。对于李书训老爷爷来说，这一辈子，最值得骄傲的就是参加了抗战，打败了日本侵略者。这条道路历尽艰险也充满荣光。战争留下的伤痕是他的勋章，获得的奖章是他一生价值的见证。

李书训老人接受表彰照片翻拍（赵晓雅　摄）

## 五、有一分热，发一分光

每当提到抗战，李书训老人的记忆力都特别好，这段记忆或许太过刻骨铭心，所以并没有随时间的流逝而淡去。“我要把抗战的故事讲给更多人听，让孩子们知道抗战的艰难，牢记那段岁月，珍惜现在来之不易的幸福，努力学习，将来报效祖国！”

十几年前，李老和很多战友都还保持着联系，一有机会就登门拜访，和战友聊聊天叙叙旧，给难以行动的战友带去了很大的安慰。2015 年，为纪念抗日战争胜利 70 周年，老人接受了多次采访，把自己和战友的故事讲给大家听。当时 90 岁的李老还可以下地活动，他甚至在镜头前为大家展示当年是如何跟日本人拼刺刀的。视频里准确而有力的动作，让我们完全看不出李老当时已经 90 岁了。后来，李老受到衡水市长、市委书记的邀请，给基层干部讲抗战的故事，加强基层干部的党性教育，让他们牢记为“人民服务”的宗旨。今年是新中国成立 70 周年，94 岁的李老已经无法自由地下床活动，但老人的精神状态依旧很好，接受采访时侃侃而谈，亲切和蔼。

## 六、长寿之道

当提到养生秘诀、长寿之道时，李老并没有给出明确的答案，但经过几次相处，我觉得这跟李老积极的心态——心存感恩、知足常乐离不开。李老的老伴儿已经去世，养女在天津照顾儿子一家，因为距离较远没有办法同时照顾父亲，李老就在政府的帮助下住进了阜城县光荣院。

李老一生数次遭遇劫难，又劫后余生，经历了这么多事情，谈及国家、社会仍然十分激动，为之自豪，充满感恩。

“爷爷，您觉得最近的生活怎么样啊？”

“挺好的！在光荣院吃得很好，被照顾得很好。我啊，得感谢国家和社会对我的照顾，不然哪能这么舒服呢？你们年轻人要知道现在的幸福生活来之不易，要好好珍惜啊！”

李老的话总是那么朴实，但正是这一句句朴实的话，让他在历经磨难之后依旧可以平静地生活，始终如一地保持乐观积极的心态。

## 七、他的故事，还在继续

抗战虽然很苦，不知道什么时候就会丢掉生命，但对于李书训老人这样的抗战老兵来说，参加抗战是他们一生最自豪最骄傲的事。每一张照片，都是时光的印记；每一个人，在悠悠岁月中都有独特的风采。“位卑未敢忘忧国”，无论是谁，都应时刻怀有一颗爱国心、一颗中国心。李老已走过 90 年的岁月，他的故事，还在继续……

## 采访手记

每一个老人都是一本书，每一张照片都是时光的印记。

在去光荣院之前，笔者已经看了张院长发给笔者的 2015 年李书训爷爷接受电视台采访的视频，视频中李书训爷爷的记忆力非常好，他也十分健谈，他提到抗战故事时非常激动、自豪。他说，参加抗战是他这辈子最骄傲的事。4 年过去了，曾经那个可以在镜头前展示拼刺刀动作的老爷爷已经不能下床自由活动了。

笔者没有办法阻止时光的脚步，无论这一生是战功赫赫还是碌碌无为，都不能不面对老去和死亡。而笔者能做的，就是用另一种方式——用文字将老人们的一生记录下来，让更多的人看到他们曾经的牺牲与奉献，透过文字与一颗颗淳朴的心灵对话，感受当时那段岁月与历史。

可能，下一次见到李爷爷，他连自己在床边坐起来都困难，但是，他对生活的热情、积极乐观、知足常乐的心态无不激励着身边的人，他的爱国情怀、他对社会的感激无不使身边的人受到无声的教育。

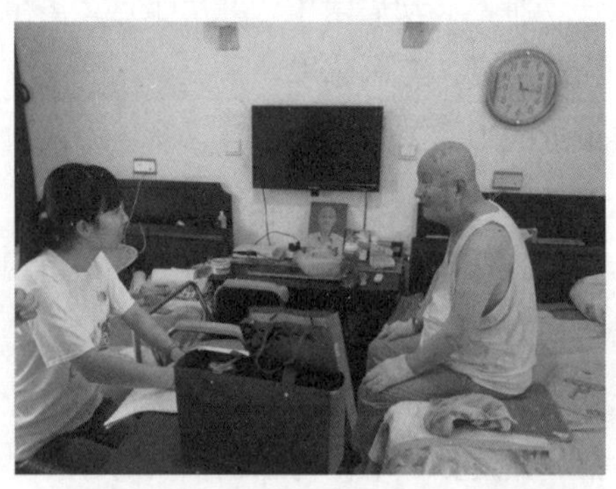

李书训老人与志愿者交谈（赵辉　摄）

# 生产力的解放

1949年前的中国，积贫积弱、一穷二白。共和国的诞生，让一片废墟有了生机和活力。三尺讲台、建筑工地、手术台前、铁路沿线……每片土地、每个角落，都能看到为家为国埋头苦干的建设者。是他们，把自己奉献给了伟大的建设事业，用一砖一瓦为祖国腾飞打下最坚实的地基。今日中国，屹立东方，这是共和国为各行各业建设者所彪炳的时代荣光！

# “困境不倒，砥砺前行”的一生执教者

## ——马澄龙老人传记

张林 北京师范大学 统计学院 2017级

### 人物生平

马澄龙，男，生于1922年农历正月十二，97岁，祖籍河南省驻马店市驿城区西六里庄，现居祖籍所在地。父母务农，有兄弟姐妹3人。

马澄龙老人照（受访人提供）

其幼时家中贫寒，机缘巧合得遇私塾先生减免学费。3年私塾后考入商丘师专，师专毕业后进入老街小学授课。1949年驻马店解放，随后被调入工会开展扫盲教育，1953年成功考入华中师范学院进修。1982年从十中离休。

### 一、私塾

麦田里，杂草丛里，都可以看到马澄龙小小的身影，家里的拮据使得年幼的他不得不早早下地劳作。马澄龙有三个兄弟姐妹，两个姐姐，一个哥哥。每当种庄稼或割草时，父母在旁边干些重活儿，哥哥姐姐就会悉心照料他，尽量多做些，让弟弟少做些，还会给他讲解不同的粮食应该怎样播种，怎样割杂草最省力。哥哥一句，姐姐一言，在欢声笑语中马澄龙做完了手里的农活儿。不做农活儿时，马澄龙就会牵起家里的牛寻找一个好地方，在田野或山坡青草茂盛处让牛饱吃一顿。每天除了这一顿，还会将粮食混合磨成粉后喂给牛。

日子一天天这样上演着，马澄龙的身板渐渐强壮起来，也越来越能做更多的农活儿，有父母、哥哥、姐姐的呵护与关爱，虽然家里贫穷，马澄龙却一直觉得每天都很开心。但慢慢地，马澄龙发现有些孩子会讲些他听不懂的话，比如“性相近，习相远”，“教之道，贵以专”。马澄龙询问这些孩子讲的是什么，孩子们说，是《三字经》，是学堂里的先生教的。马澄龙听着孩子们描绘书本上的内容、教书的先生，对学堂产生了朦胧的憧憬，并在心中渐渐生根发芽。马澄龙知道家里光景不好，有一天，他小心翼翼地问父母他可不可以去学堂。父母听到后沉默了几分钟，父亲先开口说：“儿啊，不是不让你去，咱家实在没有钱供你读书。”马澄龙听到后，神色顿然黯淡下来，低下了头，他理解父母，便宽慰父母自己只是随口问问。马澄龙离开房间时向后看了一眼，发现母亲正低头抹泪，学堂这颗种子便埋葬在了马澄龙心底。

1933 年的春天，马澄龙 11 岁了，那一年是马澄龙转折的一年。六里庄两位年轻的中医大夫——王宝恩和丛汉章是结交兄弟，他们胸有笔墨，为了乡里更多的孩子能读上书，开设私塾教学，惠及一方，边行医，边教书。丛汉章是马澄龙舅舅家的一个亲戚，私塾开办前一天见到马澄龙的父母，便说：“你家小儿要来呀。”马澄龙的父母知道孩子心心念念地想读书，听到这个消息后笑逐颜开，那天晚上把小儿叫到了身边：“儿，你汉章大爷开设了私塾，知道咱家贫苦，特意免了你学费，明天就可以到私塾读书，爹希望你好好读。”听到“明天”“读书”，马澄龙欣喜若狂，眼角泛起了泪光，暗暗下定决心，一定要峥嵘有日，奋发有时。

私塾的环境很简约，一间不大的茅草屋，十几个孩子认真聆听着先生的见解。看，坐得最挺拔、最笔直的那位就是马澄龙。马澄龙特别珍惜这次来之不易的机会，每天不但消化完所学内容，还把曾经学过的都巩固一遍，常学常新。私塾三年，马澄龙将四书五经、孔孟之道背得滚瓜烂熟，先生讲课时的风采也印刻在他心中。他有一个想法，他要当一名教书先生。

## 二、战争

看到马澄龙的刻苦与钻研，私塾先生认为他假以时日，必成大器，便推荐他继续读书，考取师范院校。马澄龙在老师的激励下，1936年的那个夏天，成功考上了商丘师专。那个时期的师范生不用缴纳学费，仅缴纳膳食等费用，费用的减免解决了马澄龙入学的经济困难。初秋，凉风习习，霜天红叶，马澄龙背上大包小包，告别家人，踏上了艰苦的求学路。这是他人生的第二个转折点，而相伴一生的“一支粉笔”“三尺讲堂”、未来道路的坎坷与不平皆始于此处。

1936年1月4日夜，一支只有7人、3支枪的鄂豫边红军游击队在信阳小石岭村诞生。这支游击队的“军师”是王国华，确山县人，他从小担起家中重担，底层人民劳苦的日子使他意识到，只有真刀真枪地反抗地主，农民才有翻身那一天。下定决心与地主抗争到底的王国华加入了农民运动的革命大军，成为地下党组织中的一员。游击队成立当晚就击毙了小石岭村联保主任，打响了鄂豫边区人民武装斗争的第一枪。5月，为创立革命根据地，游击队采取“化整为零”的策略，分赴泌阳、确山、信阳等地发动群众，秘密建立党和群众组织。

由于王国华年轻时为生计奔波做过很多活儿，如酒匠、油匠、轿夫等，确山的老百姓都亲切地称他为“王老汉”。马澄龙的二姐夫是王老汉游击队的一员，游击队的文化水平普遍低下，王老汉了解到马澄龙在商丘师专上过学时，看中了他的学识与才干，想要马澄龙加入他们。那个动乱的年代，每家每户都过着提心吊胆的日子，马澄龙不怕流血流汗，为了穷苦农民翻身做主，他愿意加入。但父亲认为那游击队就是“土匪”，坚决反对马澄龙加入。在父亲的强硬态度下，马澄龙最终没能加入革命队伍，而这也成了马澄龙一生的遗憾。

1937年“七七事变”后，日本帝国主义全面侵华，中华民族掀起了奋勇杀敌、保家卫国的抗日篇章。1938年5月19日，日军攻陷军事重地徐州，随即大举西犯，商丘位于郑州、武汉、徐州三角地带中央，战略位置极其重要，日军对商丘进行狂轰滥炸，烧杀掠夺，曾经的富饶大地变得满目疮痍，人民遭受空前劫难。此时的马澄龙在学校里听到轰炸机声声巨响，百姓哀号，默默地祈祷家人安好，不知道自己能活到哪天。在日军的步步紧逼之下，商丘师专紧急撤往西南，迁去南阳。迁徙的路上，由于经费紧张，时间紧迫，随身携带的干粮是他们食物的唯一来源，礼堂、戏园子等是他们的过夜场所。一天一天的过度劳累，有些同学身体已然出现不适，但他们毅然坚持下来了。经过10余天的长途跋涉，他们到达了南阳，商丘师专与南阳师专暂时合并。

学校迁到南阳后，马澄龙负责管理师专的灶台与伙食，碰到家乡的孩子来这里上学，或者有些人去找他，他就免费让这些孩子吃饭，马澄龙道："来了，只要是家里那片的，都可以在这吃点儿。"附近的学生上课带的粮食、馒头也都可以找到他，在锅笼里蒸煮加热。马澄龙为人处世信奉力所能及地为有需要的人提供一点帮助的原则。

同年的4月4日，日军出动战机轰炸驻马店，此后，为配合豫南战役、武汉战役，日军先后出动100多架次战机，各县无一幸免。伴随着小暑节气的到来，天气日渐炎热，暑假来临。在回家的那一天，马澄龙走到泌阳通往六里庄的路上时，不幸被日本人抓住，日本人要挟他寻找牛马大车送他们。被抓的马澄龙没有被日军的挟持乱了手脚，而是急中生智，谎称答应，他一人去寻找马车。离开日本人的视线后，马澄龙迅速沿着庄子的小道逃走了，天黑以后小心翼翼地回到庄上，绕着庄子走了几圈没有发现日本人的身影，立刻跑回了家。回到家后的马澄龙大声喊着爹娘、哥姐，听到那阔别已久的声音，父母、哥哥、姐姐激动地跑出房门，看到马澄龙毫发未伤，马澄龙也看到他们安然无恙，大家热泪相拥。

## 三、求学

在时局动荡的日子里，马澄龙苦读三年，于1939年的夏天，从南阳师专的理化专业顺利毕业。王宝恩大夫依然记着这位得意弟子，看到马澄龙求学成功归来，便推荐马澄龙去老街小学教书。那个时期的小学分为初小和高小，初小是1—4年级，高小是5—6年级，初小毕业后要参加升学考试，成绩达标被录取了才能上高小。马澄龙在这所小学正式开启了他的执教生涯。马澄龙坚信教育能振兴中华，课堂上严格要求学生，时常告诫学生们"为中华之崛起而读书”。但课堂外，马澄龙温柔对待学生，时刻关心着学生们的家庭、健康与学业状况，学生们也把他当作大朋友，有什么话都愿意讲给老师听。令马澄龙欣慰的是，学生们热爱学习，孜孜不倦，为赶走侵略者，建设家园，复兴民族而奋发图强。

随着马澄龙年龄渐长，父母开始寻找媒人为儿子说亲，不久，媒人为马澄龙介绍了邻乡一位漂亮的姑娘，见到姑娘第一眼后，马澄龙认定这就是他要找的人。一见钟情、互相看对眼的爱情不可多得，两人感情火速升温，宴席过后喜结连理。夫人是心直口快的人，爱说爱笑，马澄龙也常常看着夫人的笑容傻笑，俩人经常乐呵呵地聊天，即使偶有小别扭，二人也皆不记仇，几分钟后又和好如初。1948 年，马澄龙夫妇迎来了他们的第一个孩子，取名为“马争”，寄寓着对儿子的美好祝福与期待。

第二年的春天，驻马店全面解放。4 月 16 日，中共驻马店市委和市人民政府成立。新中国成立前马澄龙已经是老街小学的校长，新中国成立后马澄龙被调离老街小学，关系转到了驻马店工会。1949 年，全国约 5.5 亿人口中有 80% 是文盲，提高劳动者的科学文化知识水平迫在眉睫。1950 年，党和政府召开全国工农教育会议，确定开展扫盲教育，各省市的扫盲运动开始如火如荼地进行，马澄龙便被安排到各个单位当扫盲教师。

1953 年，由于全国教师整体文化程度较低，财政部下发了一个有关从在职教师里招考成绩优异者到高等师范院校进修的文件。喜欢研学求知的马澄龙知道这个消息后，立刻下定了报考的决心，开始投入紧张仔细的备考中。这一年全国统考,马澄龙成功考入华中师范学院,整个河南省考入的仅有两人。

1954 年，长江流域暴雨不停，武汉发生了百年一遇的特大洪水，全市陷入高警戒救灾状态。在洪水面前，各阶层人民众志成城，团结一致，30 万防汛大军投入抗洪救灾中。马澄龙义无反顾地报名参加了青年突击队，这支由青年组成的数万人的队伍，凭借着强有力的热情和干劲，在抢险斗争中发挥了重要作用。几十万人在 100 公里长的堤坝上安营扎寨，几块木板拼接在一起铺到地上就是他们的床铺，狂风骤雨不停歇，上游的洪峰一浪接过一浪。在夜以继日的抗洪战斗中，马澄龙从未想过退缩，而是一天比一天英勇，冲锋在青年突击队的前列。终于在军民合力奋战下，取得了抗洪斗争的重大胜利。这次特大的洪水，马澄龙第一次见识到天灾的毁灭性，刺骨的寒风、冰凉的雨水、顽强的对抗深深印刻在马澄龙的记忆中。

1955 年 9 月份，武汉长江大桥开始动工修建。次年进行 8 个江心墩的施工建设时，华中师范学院组织优秀师生参加义务劳动，马澄龙很幸运地被选入，为武汉长江大桥的建造贡献了一份自己的力量。

4 年的大学时光，马澄龙夫人为了让丈夫安心读书，一人勤俭持家，她一边照顾孩子，一边播种收割，把家里操持得井井有条，给予了马澄龙最强的后盾支持与保障。在学校的马澄龙对于妻子的辛苦付出看在眼里，疼在心里，心想毕业后一定要帮妻子分担重担，让妻子好好歇息。

马澄龙考上大学那年，国家承诺毕业后由国家财政部统一安排工作，但世事有变，临毕业时政策发生了变化，国家不再统一安排，而是让学生各自回到生源地找工作。1957 年，马澄龙毕业后回到了驻马店，这次来到了干部文化补习学校当教师。新中国成立之初，国家的干部文化水平普遍较低，很多小学都未上过，1950—1952 年，各县开办干部文化补习学校，主要吸收县直机关干部参加学习，编制了初小班教识字、高小班教语文与算术、初中班加开历史、自然的教学计划。到 1957 年时，干部文化补习学校已初具规模，马澄龙在学校里教授理化相关的课程。一家人其乐融融，日子一天一天地越来越好。

## 四、平静

1960 年，干部文化补习学校正式取消。此后，马澄龙被调往三中教书，授物理课程。在三中教书几年后，他又被调到十中，也是授物理课程。再之后，马澄龙未变动过学校。马澄龙常道："育人不是简单地教课，而要从多方面尊敬、关心学生。"马澄龙如果遇到学生有什么困难，无论是课程跟不上，还是家中有困扰，都会尽己之力帮助学生解决困难。当学生因为学费无法继续读书时，只要马澄龙家中经济条件支持，就会对学生提供一点资助。在课堂上，马澄龙除了把课本知识讲解清楚外，还经常告诫学生为人处世的原则，"先做人，后做事""做好人，做好事"这两句可谓是他的座右铭，马澄龙也用一生的时间诠释了这两句话。

1982 年，马澄龙 60 岁了，恰逢国家推行"1949 年 9 月 30 号前参加工作的，退休享离休待遇"的政策，他从十中离休了。

退休后，突然清闲下来，马澄龙一开始还很不适应。夫人由于在街道缝纫组工作，不算正式工，没有特定的退休日期，看到妻子每天有活儿干，他还略有羡慕。渐渐地，马澄龙觉得每天种菜种花，遛鸟，找兄弟聊天唠嗑的日子好是自在，他喜欢上了这种安逸舒适的慢节奏。为了出行方便，马澄龙买了一辆汽油三轮车。有了这个便捷的交通工具，马澄龙每天带着夫人四处溜达闲逛，听到邻里谈论哪里有物资交流会，就立马带着夫人前往。夫人喜欢听曲看戏，马澄龙就经常四处打探消息，哪里何时有唱戏的，便准时欢欢喜喜地带着夫人出门看戏。

马澄龙和夫人是同一年生的人，夫人是重阳节的生日，而他是正月的生日，比夫人仅仅大了几个月。2018 年的秋天，叶落化泥，马澄龙夫人病逝，96 岁高龄的她走得很安详。而此时的马澄龙已然有些痴呆，他分不清妻子是出远门了，还是去天堂了，或许在他有限的清醒时刻，知道妻子是真的走了，但他潜意识里不接受这个现实。妻子走后，他经常念叨“我爱人咋不见了，她去哪儿了”……

## 五、长寿

笔者第二次采访时恰遇老人正在吃饭，饭桌上摆了绿豆粥、南瓜菜和肉包子。老人的儿子介绍，老人吃饭，饮食有节，不偏食，肉菜皆吃。平日里老人喜动，尽管年纪大了，但老人每日必出门走走，散散步。除了膳食合理、适量运动，老人长寿的另一大秘诀是豁达心宽。老人为人热心，心胸宽厚，遇事不纠结，生气不过夜，心气顺了，身体自然也顺了。

马澄龙老人的一生跌宕起伏，每一个危险时刻，他都未有过放弃的想法，遇事的沉着、坚强的毅力、心态的平和使他度过了一个又一个危难的关卡。从私塾开始，他的一生是幸运的一生，也是苦难的一生。做人，老人与邻里相处和睦，与同事以诚相待，奉行与人为善，慷慨相助；做事，老人治学严谨，教学有法，育人有方，奉行精益求精、言传身教。于家，老人一家和和睦睦，夫妇两人比翼双飞，白头偕老；于国，老人尽职尽责，在教师岗位上兢兢业业；于己，老人一生心胸开阔，不烦闷，不忧郁。老人的一生是求知、育人的一生，也是困境不倒、砥砺前行的一生。

## 采访手记

2019 年 7 月末，笔者和家人一起采访了马澄龙老人。

初见时，老人看起来身体硬朗，见到我们便欣喜地和我们一一握手。但老人的儿子介绍，老人的听力衰退得厉害，我们需要在耳边很大声地喊出来他才能微微听到，而且老人神志有时不清，因此两次采访大都是他儿子转述。

老人育有二子二女，子女轮流照顾。我们采访时，老人的大儿子在照顾老人，老人和老人的儿子对我们的到来都很高兴。开始采访时，老人对我们的访谈问题听不太懂，对过去的事也忘却得厉害，他儿子就代替父亲向我们讲述了老人一生的经历。我认真聆听着老人儿子的讲述，心潮澎湃。百年历程下，老人经历着中国的兵荒马乱、百废待兴、开拓创新与繁荣富强，但无论何种阶段，老人始终秉承“好好做人，好好做事”的信仰，一辈子献身于教育事业。

两次采访中，老人会拉着我的手说：“坐，坐！”当我大声地问老人：“爷爷，您这一生最高兴的事情是什么？”老人可能只听到了“高兴”，便笑呵呵地说：“见到你们高兴。”等等这些小小的细节，令人动容。老人虽然有时糊涂，但对他人的一举一动都流露出温暖。老人忘记了很多事，但始终念念不忘的是他的爱人，他常常喃喃自语道：“我爱人去哪儿了……”老人的老伴和老人是同龄人，于去年秋天逝世，两人相互扶持，相伴一生。

两次采访结束后，笔者回味于老人一生的起起伏伏，也感动于老人处处为他人着想，诲人不倦，与妻子白头偕老。写下这篇传记，希望能够记录下老人的一生，记录下老人经历的那一整个时代。

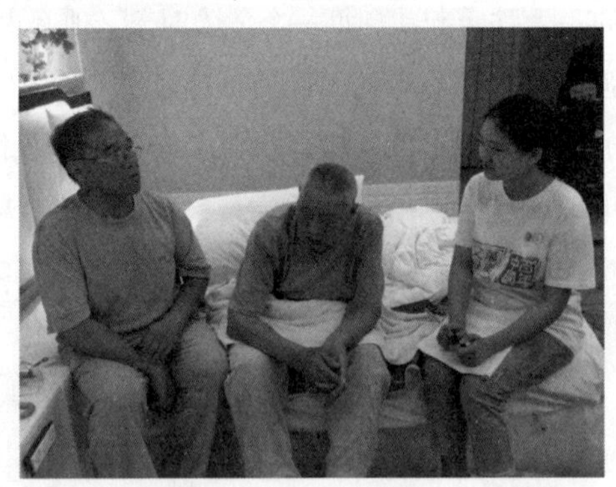

采访照片（家人协助拍摄）

# 百年风雨　无问西东

## ——赵恒青老人传记

陈可心　北京师范大学　会计系　2017 级

### 人物生平

赵恒青，男，汉族，1918 年 5 月 4 日出生，河南省驻马店市西平县杨庄乡操场村人。1937 年至 1938 年，三次被国民党军队强行抓壮丁至军队，又因种种原因三次从军队逃回家中。新中国成立后，伴随着新中国的发展，他又见证了新中国发展的每一个阶段。其中，在河道治理方面犹有建树。1951 年，他参与了针对洪河西平县合水至平舆杨埠段河道的疏浚培堤工程；1952 年，他参与了洪河平舆杨埠至新蔡县河道的局部疏浚培堤工程；1965 年至 1967 年，他参与了西平县五沟营乡至新蔡县的河道治理工程；1975 年洪水过后，他又参与了西平县杨庄乡拦河大坝的修建。此后，因年岁过大、身体素质不再允许其参与过多体力劳动而返回家中从事单纯的农业劳作。

赵恒青老人照（朱迪　摄）

## 一、耕读成家

1918 年 5 月 4 日，伴随着阵阵婴儿的啼哭声，赵恒青老人于河南省驻马店市西平县杨庄乡操场村出生了。作为家中长子，父母自然是对他寄予厚望，于是为其取名为恒青，期望他这一生多有建树，也寓含着父母对其健康长寿的美好祝愿。由于是家中长子，赵恒青老人的童年时光还算无忧无虑。五六岁前，虽然家庭条件并非很好，但是由于家中就只有这一个孩子，父母长辈自然是家中有什么好物，都尽着这个孩子；6 岁以后，家中陆续添了一些人丁，赵恒青老人又多了一些弟弟妹妹，日子过得虽然紧凑了点，但到了赵恒青老人 10 岁时，父母仍凑钱将其送入私塾，以期其能摆脱农民的宿命。说到这里，赵恒青老人告诉我们，这也是他这一生最感谢他父母的地方，那便是给了他受教育的机会。

然而好景不长，随着家中弟弟妹妹的逐渐长大，父母二人种地、做农活所得的收入全部都用来养家糊口却仍显得捉襟见肘，更别提还要供养长子赵恒青老人念书。彼时已经十二三岁的赵恒青，逐渐体谅到父母的难处，也心疼于幼小的弟弟妹妹和自己一样不能吃饱穿暖，担心这会影响到他们的健康成长；但刚接受了两年文化教育已对念书识字产生浓厚兴趣的他，对待私塾的感情自然也是不能割舍的。于是，赵恒青老人迎来了他人生中的第一个岔路口，摆在他面前的有两条路：一是继续念书，接受文化知识的熏陶。这样一来，家庭的经济状况就会因此承受很大压力——私塾要交学费，并且一旦去了私塾，赵恒青老人便无法在农活上为父母出力，相当于损失了半个劳动力，可谓是雪上加霜；二是放弃念书，转而全身心地帮助父母农忙、做活。这样一来，不但免除了学费，还能帮助父母照顾年幼的弟弟妹妹，然而他却从此失去了接受系统文化教育的机会。这对于一个当时只有十二三岁的少年而言，是多么难的抉择啊！经过几个日日夜夜的深思熟虑，彼时只有十二三岁的赵恒青老人最终决定牺牲自己，造福全家，替父母分忧。很快，赵恒青老人将自己的想法告知了父母，一开始却遭到了父母的强烈反对。但耐不住赵恒青老人的坚持，同时也出于对家庭经济状况的考量，最终，父母同意了赵恒青老人的决定，只是，这一决定伴随着父亲的声声叹息和母亲的小声啜泣。说到这里，老人微微摇了摇头，用一口浓重的乡音说："我后悔的是我没能继续学习知识，而并不是后悔做出放弃上学这个决定，毕竟，在当时，这确实是没办法的办法了……”

从那以后，赵恒青老人将身心投入到家庭当中。恰逢农忙时，他便整日跟随父母下地干活；平日里农活较轻时，他就在家中照看年幼的弟弟妹妹。起初，他还坚持继续温习过去的功课，但时间久了，随着年岁的越来越大，家庭负担的越来越重，读书一事便从此搁置了。

就这样日复一日，年复一年，赵恒青老人逐渐到了适婚年龄。当时的所谓婚配大多都是父母之命，媒妁之言。很快，父母便为赵恒青老人看中了一个对象，在双方老人的共同操办下，赵恒青老人娶了第一任妻子。整个家庭都洋溢着幸福的气息，赵恒青老人也因成家而更加争气，没多久便攒下钱买了除家庭原有土地外更多的土地。

## 二、成功“逃兵”

然而好景不长，1938年，国民党军队来到中原地带，由于军队管理混乱、溃不成军，便挨家挨户抓壮丁充军。无论是在街上，还是在农田里干活，又或是早已听闻风声、躲在家中、闭门不出的青年男子，大都被国民党军队直接掳走，有的甚至只有十四五岁，而有的甚至已有四五十岁。很不幸地，赵恒青老人就在被抓走的这些壮丁的行伍之中。正值新婚燕尔的赵恒青老人一家，被突然而来的噩耗所带来的悲痛瞬间笼罩，父母大病一场，妻子整日以泪洗面。而此时的赵恒青老人已被带到了军营，虽然此事对赵恒青老人也产生了不小的打击，但他骨子里却是一个善良、坚韧而又爱国的人。他想，终归还是为国作战，来了就来了，无论是被强迫或是别样，既来之则安之。于是他整理好情绪，没多久便投入到军营的训练中。然而，国民党军队的管理着实混乱，将士们惶惶终日，训练也是东一榔头西一棒槌，再加上国民党统治系统内部腐败，赵恒青老人的报国热情日益被消磨掉，他好不容易说服自己留下的心也渐渐失望冷掉。

没过多久，军营所在地附近爆发了一场小型战役，赵恒青老人所在的队伍被指派去参战。毫无疑问，这场战役国民党军队以失败告终。战士们死的死、伤的伤。而最令赵恒青老人印象深刻的便是在战争接近末尾之时，赵恒青老人和几位战友匍匐在一片斜坡下，这时，敌军的一颗炮弹打了过来，正落在赵恒青老人背后一米多远的位置，轰的一声炸开了花。赵恒青老人因距离较远而幸免于难，而他的一位战友却刚好处于炮弹所落地附近，因此失去了双腿。

战争结束后，赵恒青老人受了些轻伤，也因此得到了一些喘息的机会。据赵恒青老人回忆，在那些天里，他想了很多事情，或许是对国民党军队彻底失望，也或许是受战争冲击过大，赵恒青老人最终决定逃离国民党军队，回到家乡去。当时一场战役刚刚结束，国民党军队对死伤士兵几乎处于不管不顾的状态，这也给了赵恒青老人逃跑的机会。老人回忆道，他为这事密谋了几天的时间，最后选定了一个月黑风高的夜晚，借着起夜的由头，从军营后山溜了出去。当时他心里十分害怕，加上刚刚结束的战争中也受了一些伤，身体十分虚弱，但他不敢有丝毫停歇，只是不停地跑，不停地往前跑，翻过一座又一座山。或许是人的求生意识在紧急关头会激发出人体无限的潜能，赵恒青老人一夜之间竟也翻过了两座小山头，跑了很远很远的山路。在确定安全后，他才稍稍放慢逃跑的脚步，开始向四周村庄的人询问去路。经历了几天几夜的折腾，赵恒青老人终于如愿回到家中。

回来后，已经是 1939 年了，老人跌跌撞撞地跑回家中，着实惊到了家里的父母和妻子。简单地解释了缘由后，一家人欣喜得哭了起来。后来，随着赵恒青老人身体的逐渐康复，赵家的生活也慢慢步入正轨。

1940 年秋，赵家又有了喜讯。赵恒青老人的大女儿出生了。这是赵恒青老人的第一个孩子，初为人父的赵恒青老人十分激动，再加上正值二十出头的大好年华，赵恒青老人更加争干了。然而，1941 年，不幸降临到了赵家。赵恒青老人的妻子因病过世，留下了未满一岁的小女儿。

听到这里，命运仿佛是在跟赵恒青老人开着一个又一个玩笑。但好在赵恒青老人十分乐观而又坚韧，于是，他开始又当爹又当妈，一人拉扯女儿长大。但孩子毕竟过于年幼，家中农活又重，一人实在顾不过来。出于对生活的考量，赵恒青老人于 1943 年迎娶了第二任妻子张大妮。

时间的车轮滚滚而过，赵恒青老人与张大妮老人婚后几年的生活平平无奇，由于女儿过于年幼，二人并没有着急继续生子，而是遵循“男主外、女主内”的传统，赵恒青老人外出做农活赚钱，妻子张大妮在家中照看年幼的女儿，这样的生活一直持续到 1947 年。两位老人多年来努力做活，攒下了一些钱，也买了一些土地，家庭经济状况日见好转。在女儿七八岁时，赵恒青老人与张大妮老人的孩子出生了。这一胎，是个男孩。在当时的年代，重男轻女思想根深蒂固，有了儿子，就相当于有了传宗接代的希望。在当时的街坊邻居看来，赵恒青老人的大女儿肯定要受到冷落，甚至是排斥挤对了，毕竟是个女孩，而且并非现任妻子所生。然而，赵恒青和张大妮两位老人终究还是心地善良纯厚之人，对待两个孩子并无差别。

## 三、新的生活

日子就这样一天天过去，抗日战争早已胜利，解放战争也即将吹响胜利的号角。赵恒青老人人生中的又一个转折点再次出现了。解放初期政府进行了土地改革，这一改革不当紧，赵恒青老人辛苦几年刚置办的土地，随即在土改时期被没收，他也被划为富农，赵恒青老人自始至终都是一个心地纯良、明事理的人。他内心深处深深地明白，是共产党救了中国，他也深深地知道，只有土改才能彻底消除地主对农民的剥削。因此，虽然自己辛苦好多年攒下的家底全部充公，但为了大局着想、为了整个中国更好地发展，他从未在人前讲过一句怨言。

虽然土地被没收，自己和整个家庭都受到歧视打压，但赵恒青老人从未气馁。他又积极响应政府的号召，学习水利技术，并于1951年参与了针对洪河西平县合水至平舆杨埠段河道开展的疏浚培堤工程；1952年，参与了洪河平舆杨埠至新蔡县河道的局部疏浚培堤工程；1965年至1967年，参与了西平县五沟营乡至新蔡县的河道治理工程；1975年洪水过后，他又参与了西平县杨庄乡拦河大坝的修建。对河南省驻马店市下辖的多个县级地区的河道治理工程做出了极大贡献。

据赵恒青老人回忆，而后全家七口人齐心协力，渡过各种难关，新生活逐渐走向富裕。后来的几十年，他的人生都在平稳中度过，儿女各自成婚，逐渐子孙满堂，老伴儿仍时时刻刻陪在自己身边。他说："我这一辈子，什么苦都吃了，什么难都过了，现如今这样，平平淡淡，知足了，知足了。"

是啊，人生哪能时刻如意？或许也是应了那句话，人生本就起起落落，唯有知足，方能常乐。如今已101岁高龄的赵恒青老人笑呵呵地讲完了他这一生的故事，也让我们明白了一个道理：当风雨来临之际，不要怕不要哭，乐观地坚持住，就一定能看到彩虹。

## 四、无问西东

8 月份的烈日毫无保留地炙烤着中原大地，村路两旁树枝上的叶子微微卷曲着，路边的花朵也不再昂头直面骄阳，只有那知了仿佛有使不完的精气神儿，仍在用不停歇的叫声诠释着盛夏的酷热。由于初次采访仍存在一些欠缺，笔者一行人在这一天又来到了赵恒青老人居住的这个村庄。

刚一走近老人家附近，便感受到一股压抑的氛围，笔者没有多做反应，径直走向家中大门。没承想，刚几日不见，门口的红色对联已经被深蓝色挽联所替代，听闻我们赶来而急忙出门迎接的老人家属的衣服袖臂上也已别上了“孝”字。老人的儿媳解释道：“前几天你们刚走，老太太就不行了，这几天丧事刚办妥当……老太太也已经接近百岁了，你们也别太忌讳，这是喜丧……”

刚几日不见，赵恒青老人的精气神儿明显大不如前。在家人的搀扶下，赵恒青老人缓缓从床上坐起，却不愿再起身来到客厅。只是口中反复喃喃道：“人哪，岁数大了，也就该走了。”

停留了不多会儿，我们向老人家属表达了对老太太离世的哀惋之心，又与赵恒青老人告别后，便起身离开了这里。

我们哀惋，我们叹息，可时间终究还是会一点一滴流逝，这是常理，也是定律，无人能改，也无人可奈何。然而，纵然时间不留人，但当时间的车轮滚滚而过时，却一定会留下些许印记。我们能做的，也必须要做的，就是去记录下这无数个百年中散落的小美好、小坚韧、小平凡、小付出，不让这些随着老人们的离世而陨落。

“百年岁月，无问西东。”赵恒青老人这看似平凡又并不平凡、踏实而又坚韧的百余年，用这 8 字概括最为恰当不过。

## 采访手记

2019 年 8 月 3 日，与同行的志愿者一起来到河南省驻马店市西平县杨庄乡操场村，对村子里一位历经了百年沧桑的老者进行采访。他，就是赵恒青老人。

早在来之前，赵恒青老人的基本情况我已有所耳闻。他今年已有 101 岁高龄，妻子也接近百岁。来到家中后，我们如约见到了赵恒青老人，简单寒暄后便开始了正式采访。

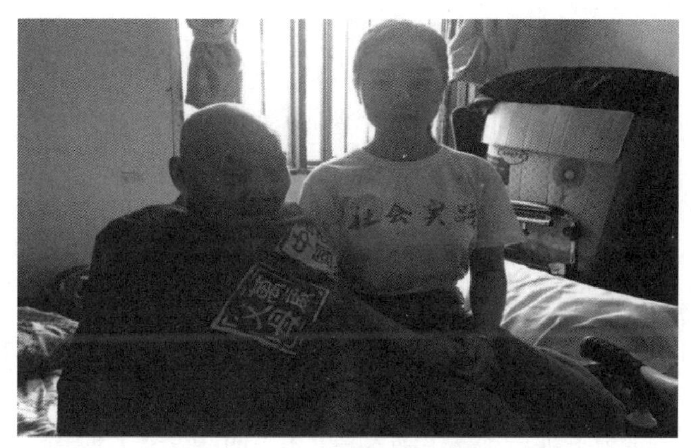

志愿者与赵恒青老人合影（朱迪　摄）

充实的时光总是过得飞快，访谈很快就结束了。然而，直至访谈结束，笔者才意识到，百年有余的岁月，到底还是不饶人的。已有 101 岁高龄的赵恒青老人，身形已十分伺偻，头脑不再清晰，听力、记忆力也逐渐衰退。这百载的岁月在赵恒青老人身上留下了深刻的印迹。笔者很乐意去了解感知他这百年来的经历，也更加荣幸能够成为这段平凡中处处显露不平凡经历的记录者。

而我，有幸成为这段平凡故事的倾听者、记录者，由衷地感激这次经历，衷心地祝愿中国其他许许多多像赵恒青老人一样的百岁老人身体康健，幸福无边。

# 小建筑里的大人生

## ——李文明老人传记

邓冰洁 北京师范大学 经济系 2017 级

### 人物生平

李文明，男，95 岁，现居北京，退休建筑师。1924 年出生于冀东蓟县（今天津），15 岁时逃荒到北京，在木厂当了 4 年学徒后进入辅仁大学工作。1952 年，辅仁大学与北京师范大学合并，李文明随之进入北京师范大学工作，主要负责校内小型建筑的设计。62 岁退休后，又被返聘到北京师范大学教学设备厂，为学校设计宿舍用具和教学设备。77 岁时，他罹患青光眼，被迫离职。此后一直住在北京师范大学社区内颐养天年。

李文明在家中整理照片（邓冰洁 摄）

## 一、幼儿已知躬耕苦，童音犹诵赵钱孙

在广袤的华北平原北部，雄踞着“京东第一山”——盘山，这里山崇岭峻，景色清幽，奇松成荫，盘虬卧龙。山间溪流瀑布潺湲倾泻，寺庙楼阁庄严傲立。相传清朝乾隆帝一生巡幸盘山多达32次，并留下了“早知有盘山，何必下江南”的感慨。清冷的流水不仅给盘山增添了秀美之姿，也孕育着山脚下世世代代的百姓。勤恳的农民们依山傍水建屋造舍，也靠这水源灌溉田地，养活一家老小。1924年，李文明出生于此地一个平凡的农耕家庭。

1931年，日本发动“九一八”事变，开始侵华战争。此时的李文明只有7岁，刚开始到私塾识字习文，年幼的他甚至不知道“战争”二字的含义。屋内“赵钱孙李，周吴郑王”的诵读声洋洋盈耳，而屋子以外的东北方却已是硝云弹雨，炮火连天。战火从东三省逐渐往南蔓延，1933年1月初，按阴历算法中国还停留在旧岁腊八节前后，悬崖边百丈冰雪仿佛要凝冻中国的新春，日军伺机攻陷了华北地区的东大门——山海关。山海关沦陷后，中国军队死守在长城沿线，但最终落败，于5月31日被迫签订《塘沽协定》。自此，冀东地区基本沦为日本的殖民地。

在老人的印象中，日军的到来仿佛并未对当地造成太大的影响，“当时日本人忙着在前线战斗，没时间统治。”但此后的冀东地区，却遭受了长年的困厄与穷苦。那时候的小孩子不像如今这般生活无忧。10岁过后，李文明因家庭拮据被迫停止私塾学习。家中还有两个弟弟需要照顾，作为老大，这个瘦弱的小男孩被迫离开母亲的臂弯，成为像父亲一样的男子汉，开始跟随父亲下地耕种。

夏天是劳动的好季节，“闻鸡而起，戴月而归”是农民生活的常态。骄阳似火的时节，李文明挥起锄头，面朝黄土背朝天，一干就是一整天。“足蒸暑土气，背灼炎天光。力尽不知热，但惜夏日长。”他稚嫩的肩头上，扛起的不仅仅是锄头，更是一个农耕家庭得以生存与延续的希望。

而到了冬天不用干农活的时候，李文明便拿出私塾先生发的书，逐字逐句地学习，从《百家姓》《三字经》到《论语》《孟子》，当时的读物大都是繁体字。不过，随着白话文的逐渐普及，李文明当时也看了一些白话文读物。“私塾虽然不能去念了，但人总得学习啊！”李文明回忆起过去时如此说道。

## 二、洪翻流涌民力竭，草行露宿少年别

日军统治下的冀东百姓生活极度贫困，食不果腹。小米和黄豆磨成面，和在一起做成的窝窝头，一天吃三顿。夏天要干力气活的时候就多吃点儿，不干活的时候就得省着吃，到冬天就只喝点稀粥了。那时候，面条是极其奢侈的，只有过年过节的时候才舍得吃。

李文明当时有两个弟弟，1937 年又添了一个妹妹，家里的粮食十分紧张。收成尚可的年岁倒也还好，歉收的年份全家都只能勒一勒裤腰带。虽然父母亲尽可能不让孩子挨饿，但正在长身体的李文明还是因为营养不良而显得瘦骨嶙峋。

辛苦耕耘的老百姓全靠地里的一点收成养家糊口，经受不起任何人祸天灾。他们企盼安定和丰年，而世事却并不总顺遂人愿。1938 年夏季，暴雨来袭，洪流翻涌。原本温婉涓泠的山间水流瞬间成了咆哮狂吼、吞粮噬命的恶魔，曾经受她滋养的田地化为一片汪洋，而由她哺育的儿女也被逼上了绝望的孤岛。暴雨过后的蓟县仿佛直接从盛夏进入了严冬，而冬夜漫漫，自是格外难熬。

1939 年 3 月，立春已过，万物重生，但空气中还残存着凛冽的寒气，去岁的洪水仍在冲击着新年的生活。蓟县百姓已经沦落到了四处逃荒要饭的地步，李文明家里的生活也实在难以为继。万般无奈之下，父亲决定送李文明去北京找老乡，期望儿子能在那边讨个生计，而他自己则继续留在农村种地。

于是，父亲四处向别人借钱，终于凑出了少量路费，而后带着儿子踏上了去北京的路途。初春的冷风吹在脸上还有点儿疼，更让人疼的是在草长莺飞、万物复苏的季节里，人们却为了能有口饭吃不得不背井离乡。他们草行露宿，日夜兼程。累了便席地休息，饿了就买点干粮吃，钱花光了就沿途乞讨。

从天津到北京，如今坐高铁只需半个小时，连打个盹儿都显得有些局促。但这段半小时的路程，李文明和他的父亲当年是如何走过来的，后人无法想象——两百里地，三天两夜，完全步行。

虽然风尘满面，足底又新磨出了几个水泡，但他终于到了北京。

## 三、四载小厂雕良木，一朝得结大学缘

到北京后，李文明经老乡介绍进了一家木厂当学徒，而后住进了木厂的宿舍。那是一间大房子，大木板靠墙根搭成一个长长的通铺，一群十几岁的少年便裹着各自的被褥，一个挨一个地睡在上面。木厂的饮食不像在冀东老家，这里一天只吃两餐，上午 9 点和下午 4 点各一餐，主食仍然是窝窝头，不过管饱。学徒生活不仅让李文明吃上了饭，而且他一辈子的生计问题开辟了门道。

李文明所在的木厂不大，总共二三十人。学徒分了好几种，有学木工的，学瓦工的，学铁工的，等等。李文明主要学木工，做家具，此外也兼学了一点瓦工和铁工的本领，会砌墙和修水管之类的。

在木厂的学徒生活并没有所谓的休息日，李文明每天都待在厂房里，拿着锯子，对着木材裁量切割。虽然这对一些人来说可能是枯燥而机械的，但李文明却做得认真而细腻，如同一位艺术家精心雕琢着自己的作品。

寒来暑往，一晃便是四年光景。此时，李文明做木工的本事已十分精湛，于是他拜别师傅，离开木厂，进入了当时北京四大名校之一的辅仁大学工作。从此，他的人生便在暗中被打了个结，同这所大学的命运交织在了一起。

辅仁大学对李文明的意义绝不仅仅是一个工作的场所。农村三年的私塾教育只教会李文明认字，学习的内容也仅限于那几本早已被翻烂了的书。文化上的缺失让李文明感觉受到了限制，虽然自己技术不差，但倘若一直如此故步自封，那自己这一生怕也只能止步于一个纯干活的技工。

教育上的缺憾在北京、在大学里得到了弥补。每当结束一天忙忙碌碌的比量切锯，简单吃过晚饭后，李文明便会跑去图书馆。大学图书馆里的书籍资料浩如烟海，李文明涉猎广泛，地理、历史等各类书籍他都会看，与自身工作相关的技术类书籍则看得更多。

博览群书的同时，李文明的职业规划也愈发清晰——成为一名设计师。从前在木厂虽然也跟着学了少许，但毕竟不是自己的专攻方向，只学到了些皮毛。而在大学里，整座图书馆都是他的老师，如此多的书籍资料，换在其他任何地方都很难有。李文明十分珍惜自己拥有的这些资源，他一有空便会去图书馆自学绘画和设计，这也为他日后的职业发展奠定了根基。

## 四、省亲娶得贤妻归，儿女满堂喜气洋

到辅仁大学工作后，李文明也从木厂搬了出来，住进了大学旁边的民房中。房子虽然不大，但一个人住绰绰有余。最重要的是不用睡通铺，有了很多自己的空间。

1944 年腊月，李文明 20 岁，正处于意气风发的血性少年时期。此时他在辅仁工作已经一年了，又是一年未曾回家，思乡情愈浓。不知家中父母双亲是否安好，今年庄稼收成如何，“想得家中夜深坐，还应说着远行人”。也到了该回家乡探亲的时候了，于是李文明收拾起行李，开始了归家的旅程。

回老家时他是铁骨铮铮的单身男儿郎，而再到北京时却已为人夫婿，肩上多了一份责任，眉宇间添了几分温柔。是的，李文明在老家结婚了。这在他看来似乎极其自然，当被问及婚礼之事时，这位 95 岁高龄的老人也只是以“父母包办的婚姻”“农村那一套”一笔带过。但从老人的眉眼之中很容易发现，他有着幸福美满的婚姻。

“男主外，女主内”是这个传统家庭的生活模式。李文明负责赚钱养家，而他的妻子则是待在家中负责洗衣做饭，打点日常起居。

3 年后，他们有了第一个孩子，是个可爱伶俐的小女孩。小而整洁的房间里，婴孩的每一声啼哭都分外清晰，声声入耳。孩子哇哇地大哭着，听着的大人却忍俊不禁，乐开了花儿，房间里的每一团空气都洋溢着温馨与幸福。

后来，他的妻子又相继生了一个儿子和两个女儿。家庭人员不断增多，房子却仍旧是辅仁大学旁边两间卧室的民房。李文明在一间房里放置了两张上下床给四个儿女住，自己则和妻子住在另外一间。小小的居室里小孩儿的身影灵活地蹿来蹿去，眨眼工夫便从卧室蹿到了厨房正在做饭的母亲身后。锅碗瓢盆相互碰撞，叮当作响，母亲一个转身，腰腹便撞上了孩子扎着羊角辫的头。

子女的出生给李文明造成了一定的经济压力，但当时他凭借精湛的木工技艺和自学的画图能力，已经基本实现了从技工向设计师的转变，工资水平也随之提升了不少。他凭着一己之力养活了一大家子，而妻子则始终留在家中，将他和子女照顾得无微不至。

他们的生活虽然简朴，但一家人在一起的时光总是被欢声笑语所填满。虽然偶有口角，但浓厚的亲情始终将他们紧紧地联系在一起。

## 五、神州大地蛟龙舞，十万民众笑颜开

1949 年，一条沉睡的巨龙被唤醒，腾起于东方大地。新中国犹如一个血气方刚的青年，气宇轩昂地走上了世界舞台。天安门广场上举行了盛大的开国大典，李文明当然不能错过此等国之大事。

即使过去了 70 周年，开国大典的盛况仍然记忆犹新，每每回忆起来的时候，这位年近期颐的苍发老者都难以抑制内心的激动与欣喜。“记得！那当然记得！”

那天清晨，李文明跟随辅仁大学的教职工队伍，一起从西城区定阜街步行到天安门广场。约莫五公里的路程，对他们来说不仅仅是从大学走到城楼的距离，更是从旧社会走向新时代的距离。每踩下一步，便离一个崭新的国家更靠近了一分。

到达广场的时间尚早，李文明看着周边有人群陆续排队前来，而到了正午时分，整个广场人山人海。后来，大约李文明通过报刊新闻才知道，当天在广场上共同见证这一伟大历史时刻的，大约有 30 万人。

下午 3 点整，毛泽东出现在城楼上，李文明跟随大家齐刷刷的目光向上瞻望，那就是新中国的主席啊！当他宣布“中华人民共和国中央人民政府今天成立了！”时全场立即响起了排山倒海般的欢呼声，李文明也跟着欢呼、雀跃，喜形于色。

这个建立在革命与血泪之上的崭新国家，尽管还不够强大，却为自己的儿女描绘出了一幅盛世图景，许下对未来美好生活的承诺。而事实也证明，这些承诺后来都得到了兑现。李文明，这位历经百年沧桑的老人，当被问及此生最大之幸福时，他的回答是：晚年生活十分美好，国家富强了。国家越来越富强，人民生活越来越好，中国人民站起来了！

## 六、微微木具藏大志，区区图纸出鲲鹏

李文明虽然没有参加过革命和战争，但他却以纸笔为武器，在自己的沙场上奋战了一生。1952 年，中国高校调整，辅仁大学主体并入北京师范大学。当时北京师范大学在和平门外，校园面积不大。合并后的学校需要建立新的校园，当时选址在铁狮子坟。

新校建立是一个艰难的过程。当时的铁狮子坟是一片坟地，埋葬的尸骨不胜其数。开挖，迁墓，建新楼，说起来简简单单的工程，却耗费了巨大的人力、物力、财力。从 1953 年开始，一座又一座坟接连被挖出而后迁往他处。除了坟墓外，周边的农民住户等也悉数搬迁，相应留下的则是他们的住地、菜地和耕地。

李文明在新校建立的过程中主要负责小型建筑的设计与建造。在辅仁大学近 10 年的工作和学习之后，李文明的设计水平已经是数一数二的了，而设计绝对不比亲手动工轻松。每一个建筑的设计，都要充分考虑场地的特征、材料的选择、建造的成本、建造中的每一个细节等，而绘制图纸则是这一切的基础。现实中看似简单的小型建筑物，从脑海中的一个影像到绘制出具体的图形可能需要花上好多天。并且制图是一件十分精细且严谨的事情，绘制过程中每一毫米的差距都可能会造成难以弥补的损失。

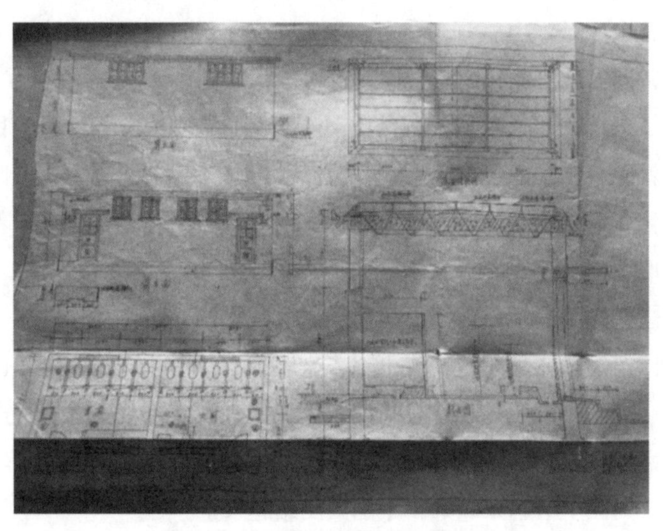

李文明绘制的建筑设计图（冯九铭　摄）

新校建设过程中，李文明仍然住在辅仁大学外的民房中。为了节省时间，他和其他工人一样，只在家中吃早晚饭，午饭则自带些粮食解决。当然还是吃窝窝头，两个窝窝头，再配上些咸菜，也算得上人间美味了。

直到 1957 年，教职工的宿舍建成，李文明才和妻儿搬进了北京师范大学新校区。当时的宿舍都是平房，由李文明本人设计建造。搬进新校区后，李文明一直兢兢业业地为学校设计和建造了食堂、浴室、花房、厕所、自行车棚等各类小型建筑，为广大师生提供了基础保障。老人尤其引以为豪的是他在1965年设计建造的太阳能房，在煤炭资源紧张的年代，它有效保证了师生洗浴的热水供应。只是后来随着时代发展，这些老的木质建筑逐渐被淘汰和拆除。旧的地点慢慢盖起了新的高楼。

1979年，原来的平房被推倒，李文明和家人被安排住进了学校北面新建的楼房，房子更加宽敞了，有3间卧室。当时李文明与妻子已经有了5个孩子，最小的姑娘后来进入了北京师范大学外语系学习。她的姐姐们当时基本都结婚了，小姑娘后来也外嫁离开了家。老人唯一的儿子跟着他住在新家，并在此结婚生子。后来，儿子的单位分了房子，便和儿媳一起住了过去，而孙子则继续留在老人家中由二老照顾。彼时，李文明已经接近退休的年纪，但由于工作岗位需要，延迟了两年退休。

62岁退休的李文明并没有在家中安享天伦之乐，而是返聘到北京师范大学教学设备厂，成为该厂的专业设计师。此后的15年间，他为北京师范大学的学生宿舍楼设计桌椅、柜子等，为教室、实验室等设计教学设备。当时学校里的主要大型建筑，如英东教学楼、化学楼、生地楼等楼内的桌椅设备大都出自李文明之手。

从19岁到77岁，日升月沉，周而复始。近60年光阴打马而过，青丝褪成了白发，然迟暮不减光华。车棚虽陋仍能遮风避雨，居室虽简亦纳半世悲欢。未能尽数锯过多少方木材、写空过多少管油笔，但每一张桌子、每一把椅子里面，都藏着少年的凌云之志，而区区图纸之中则饱含着鲲鹏终展翅、壮志乃得酬的豪情。

## 七、但得夕阳无限好，何须惆怅近黄昏

退休后继续工作的15年，回忆起来也不过须臾之间。这期间，孙子因为上大学离开了家，空荡的房子里只剩下李文明和妻子二人，老人头顶日渐增多的银发或许是岁月留下的最深刻的痕迹。

2001年，李文明的视野突然变得模糊，检查后才知道自己患了青光眼。对于突然爆发的眼疾，一向视力极佳的老人有些难以置信，不过他还是遵从

医生的建议，放下了手中的书本和图纸。

从繁忙的工作中突然抽身清闲了下来，李文明起初还有些不太适应，后来也就慢慢习惯了。在学校里到处逛逛，看着来来往往的学生，有的像他一样悠闲自得，也有的行色匆匆，不知是赶着去上课还是开会。在北京城的大街小巷，看看哪里又新开了一家面馆，哪家店铺又换了主人。

无事可做的李文明开始帮着妻子做饭。在阳光尚好的清晨，慢悠悠地走去菜市场，买一袋面粉，几两猪肉，一棵白菜，再挑几个苹果。在厨房抄起一口锅，将油盐酱醋尽情挥洒。包子、饺子、炖肉……李文明像研究建筑一样研究做饭之道，厨艺甚至赶超自己的妻子，成了人们口中的“模范丈夫”“带工资的保姆，不花钱的保镖”。

急景流年如一箭，从离工休息至今又过去了 18 年。在这 18 年间，老伴儿离开了他，只剩下一幅遗照摆放在客厅的柜子上，照片上的老人眉眼盈盈，温婉明朗的笑颜映照出安详与满足的一生。

李文明的儿女们如今有的已经到了国外定居，留在国内的，自己也早已到了需要被照顾的年纪，没人有能力再照顾他。李文明便孤身一人留在这个充满回忆的房子里，由家政人员照料。

虽然已近期颐之年，但老人在生活上毫不马虎，他十分注重自己的生活习惯。每天早晨 6 点起床，晚上 10 点之前必定睡觉。虽然腿脚不灵便了，但他仍坚持每天外出散步，活动筋骨。除此之外，老人还有自己的养生小秘籍——每天早饭前喝一杯水，沏上花蕊、蜂蜜、枸杞和葡萄干，然后再吃些核桃仁。

老人虽然眉发如雪，却始终保持着一颗年轻的心。他喜欢和人们交谈，而每当谈到重大历史事件时，老人便愈加慷慨激昂。“中国人民站起来了，那时候不就是这么说吗？现在是真站起来啦！”谈及如今时代的发展，国家的富强之时，老人更加掩盖不住内心的自豪之情。对于全社会的青年人，老人提出了自己朴素而实用的建议——按时起床，按时吃饭，按时工作，按时睡觉。

我有幸与老人有过几次交谈，静听那历史悠远的回音。但这沧桑的百年时光，又岂是几个小时便可说完道尽的呢？岁月悠悠如水流，淌过中国 70 年的跌宕起伏，也淌过老人脸上的每一道沟壑。嘘——你听，它还在往前流。

## 采访手记

竖纹的白色衬衫，碎花的白底棉裤，脚下一双黑布鞋，手里一根木拐杖，眉毛长而白，像是道士手里的拂尘。——这是初次拜访李文明老人时，他给笔者的印象。

笔者前后统共去过老人家里 4 次，每次都有不一样的体味。最初是被他的职业经历所震撼，其次是他美满的婚姻与家庭，而最让笔者敬佩的，是他身上散发出的老人的深刻透彻与青年的昂扬蓬勃融合而成的独特气质。

李文明在家中接受志愿者采访（冯九铭　摄）

即使年少时鲜衣怒马再风光，但近期颐之年而孤枕独眠，既无爱人偕老，亦无子孙同堂，笔者总觉得这样的人该是孤寂而哀愁的。但在这位老人身上，笔者看到更多的却是一种豁达之感。提及家事时，老人总是一副笑眯眯的样子，满脸沟壑都被幸福填满。

而当被问到抗日战争，问到开国大典，问到长寿秘诀，问到此生幸事时，老人总会说出这样一番话来："奇了怪了，以前生活那么困难，我还能活这么大岁数，为什么呀？还不是因为现在国家富强啦，生活水平提高啦，老人也长寿啦！中国人民站起来了！"

老人身上强烈的爱国情怀让我感动，是啊，中国人民站起来了！我辈虽未亲历过那些兵荒马乱、苦争恶战的艰难岁月，但从这位老人身上看到了中国的沧桑嬗变。"莫道桑榆晚，为霞尚满天。"笔者想，这就是百岁老人带给我们最大的力量吧，有幸与您共同见证这盛世光景，并为续其荣光而奋发图强！

# 山川岁月长　守望诉衷肠

## ——王大安传记

唐小晰　北京师范大学　外国语言文学学院　2018 级

### 人物生平

王大安，男，出生于 1920 年 9 月 17 日，祖籍四川省德阳市中江县。王大安出身贫农家庭，幼时家境贫寒，一生躬耕不辍。王大安在新中国成立后加入共产党，任毛店村 6 组生产队队长，30 多年来坚守工作岗位，兢兢业业、一心为公。他对毛店村的建设颇有贡献，多次获得上级的表扬。

王大安老人照　（受访人提供）

### 一、人画

老人王大安，生于 1920 年 9 月 17 日，一个军阀割据混战、百姓生活苦不堪言的年代。

他生在四川一个小山沟里穷困潦倒的贫农家庭，家徒四壁。他从愁吃愁穿的苦难岁月里摸爬滚打过来；新中国成立后成为中共党员，投身于轰轰烈烈的社会主义建设事业；改革开放后带领村里人勤劳致富；退休后生活归于宁静，依旧勤勤恳恳耕耘着他那一亩三分地，守望着大山，安静地生活着。

他是大山里一头倔强的老牛，用他被风霜侵蚀的身躯驮起个人的希望、一家子的希望，乃至大山里的希望。

王大安一辈子守着大山，守着田野，守着清苦。

一碟点心下茶，氤氲开了悠悠思绪，游弋回那火红的岁月里……

## 二、赤贫如洗　颠沛流离

1920 年，四川中江的一个小山沟。

是时的中国尚在北洋军阀统治下，世道黑暗，百姓生活深受压榨，生计艰难。1920 年 8 月，风雨飘摇之中，党的早期组织在上海老渔阳里 2 号成立了，陈独秀任书记。在上海成立的党的早期组织，实际上起到了中国共产党发起组的作用，为后来建立全国统一的共产党奠定了基础。一场伟大的革命风云拉开了序幕。

一阵风吹过，田野掀起了波浪。倏地，远处雁群结队掠过苍穹。只有远山似乎仍波澜不惊。

时过境迁，唯山川永存。这一方水土，见证了大山里的儿女在一成不变的贫苦生活中摸索、在政府高压统治的夹缝中挣扎喘息的悲惨过往。

9 月 17 日，王大安出生在四川中江的一个小山沟里穷困潦倒的贫农家庭里。他出生时，家里穷得修不起一间土房，过着寄人篱下的日子。一间小草屋里，家徒四壁，只有一张床、一个破木柜，没有一口灶。

幼年的王大安苦于气力单薄，干不了农活。他 10 岁时，母亲带着三姐弟去帮别人家做伙食，勉强能混口饭吃。王大安从小就很懂事，平日里跟着大他 3 岁的姐姐和他的弟弟去捡红薯，有时甚至得走到 20 里开外的山头，也从不抱怨过一句。一家人虽穷，但都很勤快，吃得了苦，算是能拉扯着过日子了。

他20岁不到时，一家人跟着打工的父亲去成都谋生，穷得没有地方住，夜晚就睡在坟山边。雪上加霜的是，某个夜晚，崩溃的父亲抛下了一家妻儿，挑着根扁担，只身悄悄走了，就再没有回来。家里的顶梁柱不在了，母亲便独自一人带着三个儿女回老家。年幼的弟弟却病死在从成都回家的路上。

青年王大安，早已被世事艰难磨去了年少轻狂，面临亲人的接连离去，只能攥紧双手、咬紧牙关，强忍着眼泪。在他的印象里，那些黑夜里，月光很凉，一家人只能相互依偎在冷风中。

28岁那年，王大安娶妻成家。妻子小他10岁，同样出身穷苦人家。夫妻俩开始做棉花生意，挑棉花到成都去卖。天麻麻亮，夫妻俩便各挑着一担棉花上路了。当时没有公路，全是蜿蜒泥泞的山路，一路上磕磕碰碰，草鞋不知磨烂了几双。走到成都，已是晌午。卖完棉花后，夫妻俩一刻不歇，又开始往回走，经常到家时已是半夜了。

## 三、俯首甘为孺子牛

1949年，百万雄师过大江，解放了南京，人民解放战争取得了伟大胜利。那一年新中国成立，中国人民站起来了，中华民族从此屹立于世界民族之林。

新生了，中国；新生了，千千万万在历史的隧洞里蜗行摸索的中华儿女；新生了，在遥远的四川小山沟浸泡在苦日子里的王大安。那年，他29岁。

新中国成立后，王大安积极加入了中国共产党，先后当了乡主任和生产队队长。

鲁迅先生曾说过：“横眉冷对千夫指，俯首甘为孺子牛。”这是鲁迅先生的志向，也是鲁迅先生之立场。同时，这也是王大安作为一名共产党员的志向和立场。

三十载春秋以来，他甘作大山人民的孺子牛，始终诚诚恳恳、一心一意为人民服务，有所爱、有所为。他是激情饱满的“实事求是”真理的追求者，是博爱的实践者，更是永葆“年轻精神”勇敢的战士。生产队上的人见了他，都唤一声：“安主任。”

1957年，我国制定的发展国民经济的“一五”计划圆满完成，社会主义的新中国在工业化的道路上迈出了坚实的一步。

集体农业时期，王大安作为生产队队长，始终恪尽职守。无论风吹日晒，每天到点了，王大安就吹哨子召集生产队的人统一出工。每当干活时，王大安总是身先士卒、率先垂范，往往走在最前头，也最舍得卖力。

当时的王大安管理有方、责任心强，组织工作都完成得出色，到乡镇、县里去开会，经常得到上级表扬，家里的奖状成摞。可未曾想到的是，王大安竟然连字都不识一个。小时候家里太穷，别说上学，王大安连书都没见过。但是他记性很好，每次的会议内容他都能一字一句记在心里，几乎过耳不忘，最后一五一十地复述给生产队里的群众。口才好的他总是能发动民众鼓足干劲、集中力量搞建设。

有人好奇：他那么能干，为啥不到山外头去打拼?

王大安总是淡淡地笑着："唉，我不识字，没啥文化，赶不上那些读了书的年轻人哟。再说，山里这么大块土地呢，多好哇，不种了怪可惜的，舍不得呀！"

于是，王大安就如同一头倔强的老牛，一直守望着这座大山，守着这一方土地和这土地上的人民，用他的嶙峋却有力的肩骨和脊梁驮起山里的希望。

没读过书，是王大安最大的遗憾，是他心里永远的梗。他早已暗下决心，决不能让村里的娃娃像他一样。

20 世纪 70 年代，毛店村第一所学校建成了。

已是知天命之年的王大安伫立在坡上简陋的学校旁，听着里面传来的琅琅读书声，喉咙喑哑，双手不自主地攥紧，眼角早已润湿。

不容易，真的太不容易了。盼星星盼月亮，毛店村的孩子们终于盼来了村上的第一所学校。

娃娃们都知道，这是安主任踏破铁鞋为他们争取来的。

王大安还是生产队副大队长的时候，去达县买木头。他在达县看到有试点修建的学校，学校模式效果还不错，他看到了将自己心中早已萌发的修建学校的想法变为现实的可能性。

一回去，王大安就在村上提出了修学校的想法。风声刚传出去，一片哗然，遭到了许多人反对。

"修学校要花多少人力财力，哪个来担？"

“怎么突然想起修学校了？以前村上没有学校不也是过了吗？”

“学校不是想修就修的，哪里去找那么多地给你修？种庄稼的地都不够用了。”

王大安何尝没考虑过这些问题，可孩子读书是大事，修学校是早晚的事。困难肯定会有，但只要有那个心，一切问题都不成问题。

王大安一心坚持要修学校，面对种种质疑声，他说：“学校是必须要修的。我们这一辈人因为家里苦没读过书，但是我们坚决不能让下一代的娃娃也吃没文化的亏。办法是人想出来的，只要为了孩子的前途，学校再难都要修起来。”

他挨家挨户地去给反对的人做思想工作，说清修学校的必要性和重要性，也针对面临的问题提出了解决办法。在他苦口婆心的劝说下，反对声渐渐平息下来了。可就有那么一两个人死活不答应，王大安毫不留情面地斥责他们。

终于，修建学校的公文批示下来了。以前，农民全靠土地来种庄稼获得收入。那时村上有 11 个生产队，通过调土地的方式，像赶鸭子似的把各个生产队的空闲土地赶在一起，最后就集中在了毛店村 6 组一个长陡坡旁的空地，毛店村学校就落在了这片地上。

毛店村学校建成了，成为了方圆几十里内唯一的学校，几个乡镇的孩子都在这儿来读书，孩子们可以在这儿从小学读到高中毕业。孩子们都很争气，读书刻苦认真，出了很多人才，许多村干部、乡干部都是从这儿出去的，甚至有县委书记也出自毛店村。

后来随着社会发展，初中和高中就分出去了。以前是瓦房子的毛店小学，现在在社会公益支持下翻新了，在原址修建成了一所希望小学。

有人说王大安倔得像头牛，拉都拉不住。偏偏正是他的倔，点燃了村里孩子们读书的星星之火，充满希望的教育之光才得以洒遍毛店村。

他固执、勇敢、努力，像一头倔强的老牛，驮起了山里孩子们对山的那边的憧憬与渴望。

他勤奋、富于创意、脚踏实地，是能担大任的人，致力发展村落的经济与文化事业，为村落建设做出了一定的贡献。

作为生产队队长，王大安响应国家号召，积极建设毛店村供销合作社。本着自愿、互利、民主、平等的原则，为农业、农村、农民服务，在加快推进毛店村农业现代化、促进农民增收致富、推动毛店村建设中发挥了积极作用。

20世纪六七十年代的时候，王大安带领毛店村人民种植经济作物。主要是棉花、海椒和水果。以前沟里一大片全是果树，主要是苹果、柑橘。毛店村的苹果出了名的好吃，是现在已经很少的品种了，苹果皮上有许多小麻点，当地人称“麻苹”，甜脆可口，每到丰收季节就会有许多果商大老远从外地来收。

农业生产中有句话叫：“靠天吃饭。”遇到冬季少雨之时，种庄稼常常缺水。毛店村种地的农民时常要走到另一条沟去挑水回来浇灌庄稼。农业靠天吃饭不假，但也不能只靠天吃饭。王大安便带动生产队一起修蓄水塘，几年下来，修了大大小小5个蓄水塘，全是一块块石头堆砌起来的。“水满塘，谷满仓，修塘就是修粮仓。”蓄水塘的修建，为冬天灌溉庄稼提供了稳定的水源，毛店村的人民种粮也种得更安心了。

以前种田不像现在有先进的机械化作业。70年代的时候国家拨款下来一万元给村上置办机器。抽水机、收麦机、打麦机、犁土机、拖拉机样样都搞了起来。王大安发动毛店村人民充分利用有限的来之不易的机械资源，鼓足干劲风风火火地发展农业生产，收获可喜。

1978年11月，安徽省凤阳县小岗村实行“分田到户，自负盈亏”的家庭联产承包责任制（大包干），拉开了中国对内改革的大幕。

渐渐地，改革的春风终于吹到了四川各个山沟角落里。1981年前，毛店村开始实行“包产到组到户”。王大安是生产队上负责分地的。开始时土地先是分到组，1983年才分到了户。每户分到土地后，家庭逐渐富裕起来了。不久，村里基本都通了高压电，生活条件越来越便利。一直坚持“勤劳致富”的王大安一家，生活条件也逐渐好转，家里的老屋由茅草房改成瓦房了。

80年代初，毛店村计划用联合国贷款修建自来水厂，也出现了一些反对声音，许多老一辈的农民伯伯不愿意在家里装自来水。王大安也是坚持给大家做思想工作，耐心沟通。最后，自来水厂修起了，每家每户都装上了自来水，至今自来水厂仍在使用。

在王大安任职期间，毛店村不仅经济建设得好，文化事业发展得也不逊色。

在场镇建设时期，王大安带动群众一起建电影放映点，丰富文化生活。当时没有国家拨款，就是村里组织自发修建，自筹资金，生产队投工投劳。最后，电影放映点建好了，每到村里要放映电影时，大伙儿干完农活吃了晚饭，就自个儿拎个小马扎，早早地去村上坝子里占个好位子。

逢年过节时，毛店村都要开文艺晚会，通俗地来说就是坝坝舞表演。每个生产队口才好的、有才艺特长的男女青年都被推荐去表演节目。王大安的二女儿很会唱戏，每逢这个时候，总是要上台唱几句的，赢得满堂掌声如潮。大山里的人民平日劳作的辛苦在这张灯结彩的欢乐嬉闹中得到了慰藉。

……

王大安尽情燃烧着自己的青春与激情，一心一意为人民服务。他兢兢业业、无私奉献、一心为公，尽党员的本分。在带领人民从贫穷到温饱的道路上，王大安愿意并始终俯首甘为孺子牛。

## 四、志在真诚　恪守不违

王大安为人处世公私分明。他在公事上严谨公正，不讲私情，但私下里从不摆架子，与人为善、赤诚相待。

集体农业时期，生活很紧张，吃的是大锅饭，生产工具和所收获的粮食都是公家的，严禁私拿公家财产。每年秋季收花生时，为防止有人偷藏花生，作为生产队队长的王大安时时留心采摘情况，严格监督，并且发动群众互相监督。

王大安性格直爽、耿直。哪里有不对的，该说的说，该讲的讲，从不怕得罪人。一次，有人出工出晚了，偷奸耍滑，王大安当着那人的面点名批评，那人面子上挂不住，就还了几句嘴。眼下两人就起了争执，愈吵愈烈，两人都面红耳赤、唾沫横飞，也不知是谁先动的手，吵架演化成打架，两人扭打在一起，把各自的衣服都扯坏了。

后来有人问王大安：不就是出工偷懒吗，何至于和别人大打出手，伤了和气？

“生产队挣工分，凭工分吃饭的嘛。不一碗水端平，以后有更多的人偷懒咋整？”王大安一脸严肃道。

生产队的人没有哪一个人不说王大安“严”。是的，他太严了，严到再也没有一个人敢在干活上偷奸耍滑，严到连顽皮的小孩子都不敢偷吃地里的花生，大老远见了他都要躲着他。

大家惧他，但更多的是敬他。因为正是有这么“严”的生产队队长，毛店村 6 组才在生产上小有成就。王大安把生产队带得好，花生产量高。分配下去，一人三两五两、一斤两斤花生，个个笑逐颜开，嘴都笑得合不拢，直夸：“队长好，队长好。”当时实行“一平二调”的分配方式，生产队上分配后盈余下的花生还能支持别的生产队。

平时不苟言笑的王大安，待邻里如同亲人一般。

别人家盖房子，他去帮别人烧青瓦。大热天的，燥热难耐，汗水淋漓，他却未曾抱怨一句。

田间溜达的他碰见别人挑重物困难，主动出手帮忙，一口气给别人挑回了家。

七队有个人被调到广元的某座山上，想回来却不敢回来。因为吃大锅饭的时期，没人愿意多分粮食给他。那人最后找到了王大安，王大安听后，思索了一小会儿，说：“想回来就回来吧。”

王大安当生产队队长时，队上有一些困难户需要救济。有一个 80 多岁的孤寡老人，他的儿子在小时候被带去了安县，后来在那边成家立业，没有再回来。王大安看在眼里，就组织全生产队共同分担，一起来帮扶老人。以前生产队上有保管室，王大安就把老人安置在保管室。安置好后，他又安排生产队的每家每户轮流送饭，一天三顿都安排得到位。在老人去世之后，他又亲自操劳老人的身后事。

王大安喜欢人多、爱热闹。知青下乡或者乡镇上来人基本都会去他家，第一站就来这儿。因为他特别热情好客，大家谈天说地，很快打成一片。王大安一家哪怕自己生活再苦，哪怕自己吃得再差，都愿意拿出最好的食物来招待客人。那时候吃饭是用粮票的，人家在这里吃了伙食，想把粮票补给他，他说什么都不要。

村里的人都说王大安是大好人。乃至王大安退休后，邻里见了他，都亲切尊敬地唤他一声：“安主任。”

## 五、戴月披星　不知老之将至

鞠躬尽瘁三十载，王大安退休了，卸下了生产队队长这一职务。

而他从未放下过那一方田地。

王大安种了大半辈子的地，“晨兴理荒秽，戴月荷锄归”早已成家常便饭，退休后仍一直坚持种地。王大安有 6 个儿女，子女们想接他去县城享清福、颐养天年，说他苦了一辈子，别种地了，子女挣钱养他。

他不肯，以为子女嫌他种地丢脸，反驳子女：“又没偷。”子女后来也不敢再提让他别种地了。

于是王大安坚持能干就干的原则，一直守着他那一亩三分地。种啊种，转眼都 90 多岁了。甚至他快 98 岁时还能每天下地干活，地里杂草都除得干干净净，腰背一点都没有驼，还能挑粪施肥。

王大安不仅下地种庄稼，家务事也不闲着。他依旧特别勤快、爱整洁，连屋子周围都扫得干干净净，地上看不到一片落叶。平日里还硬要帮着炒菜做饭，过年时争着要烧柴火，子女怕他累着、呛着，不让他干活，他急得在一旁抹眼泪，说自己是废人了，没有用了。子女也只好作罢。

步履不停，王大安已走过 99 年光阴，年近期颐的王大安守着这方土地，仿佛是在默默陪伴着一位亲密老友，深情尽在不言中。

## 六、天行健　君子以自强不息

王大安虽然 50 多岁时左眼因生翳子失明了，但他的心灵依然光明，依旧对生活满怀希望和热情。

他是老党员，却从来不主动提起，没有享受过国家任何待遇。党员们坐在一起评定哪些人能领低保，与他一批的老党员现在领几千块钱，他分毫不要。他说：“我有几个儿女，养得起我，我不需要。” 王大安觉得现在生活条件和以前相比已经好太多了，自己有能力解决生活问题，有吃有穿，已经很满足了，所以不想增加国家负担。王大安始终坚定不移地“有一分力，就发一分光”。

转眼间，祖国已走过了 70 年的风风雨雨，日益繁荣昌盛，作为老党员的王大安感触颇深：“这个社会好，以前的人说共产党好，现在的人还说共产党好。以前没有地，共产党带着我们打土豪分田地。改革开放后，实行包产到户，人民百姓更加安居乐业，有安全感。想发展什么，只要符合国家政策、不违法违纪，都可以去干。现在国家政策好，国家实施脱贫攻坚、土坯房改造、乡村振兴等政策，都在帮助关心弱势群体，带领人民实现全面小康。总之，只要你肯辛苦，就不会愁吃愁穿。”

王大安老人常说，现在的青年是一代比一代好，一代比一代强。他常常教育子孙后代要珍惜读书的机会，抓紧时间多学文化、多学知识。自己没有知识、文化，吃亏也就吃在这里。做事要勤快，铭记勤劳致富这一真理。最重要的是要学会做人，为人要和善，要真诚待人。

谈及老人长寿秘诀，老人不好意思地笑着：“我哪儿有啥长寿秘诀，什么都吃，不挑食，就健康。我闲不住，喜欢种地，我看着土里有杂草啥的都给它除得干干净净。还有就是心态比较好，从不整人、不害人，从不算计人，面对现实，踏踏实实做事，一天活得逍遥自在，心态就好了。平时喜欢帮助人，人要多做好事，才有好报。很重要的是，子女们都很孝顺……”

## 七、倔强守望　风骨永存

李可染在他的牛画中写道：“给予人者多，取与人者寡，其为牛乎！”

老人王大安勤奋、脚踏实地、兢兢业业、无私奉献、一心为公，他何尝不似大山里一头倔强的老牛，始终守着这大山，守着大山的子民。

他人生的一笔一画都在倔强守望中被岁月镌刻在身后的大山上，都化作无声的言语向大山诉说着衷肠，诉说着他的人生希冀。

天地日月，恒静无言；青山长河，世代绵延。老人王大安的守望精神将永远珍藏在大山深处，化作陈酿，流芳百世。

纵观历史变迁，波澜壮阔 70 年，新中国正是有了千千万万个像王大安这样不懈奋斗的人，才铸就今日之辉煌新中国。

山川岁月长
守望诉衷肠

所谓人生
应当是
在平凡中坚守
于守望中永恒

## 采访手记

2019 年 7 月 29 日，初访老人，于雨后放晴的清晨。

眼前是葱茏绿树果藤掩映着的青瓦人家，一道铁栅门轻掩。见有人来，看门的大黑狗一阵犬吠。屋主人——老人的妻子和大女儿闻声而来，笑呵呵地引我们进了小院。

听闻去年冬天 98 岁高龄的老人中风后一度病危，今年元宵节康复后只能依靠轮椅活动了。

老人的大女儿转身进屋去唤醒熟睡中的老人，不一会儿，吱呀一声，门开了，老人坐在轮椅上被女儿缓缓推出来。

安爷爷清瘦，一头花白寸发添了几分精神，年岁虽大却仍腰背挺直，还主动地朝我们挥手问好。但由于中风的缘故，他的面部表情不能自如，舌头蜷缩，说不清楚话，很多话需要家人复述才能听懂。

家人说虽然他说话有困难，但头脑很清醒，心里都是清楚的。聊到一些开心事，安爷爷露出鲜有的笑容。

安爷爷看似严厉、不苟言笑，实际心思特别细腻。采访过程中，他颤巍巍地抬起手想帮笔者驱赶蚊子，还会为笔者把被风吹乱的采访手稿叠好放在桌上，并贴心地用蒲扇压住。

在与安爷爷的对话中，上一辈人奋斗、建设社会主义的历史脉络在跨时代的对话中得以回忆起来。从中我们与几十年前一颗颗年轻的心产生精神共鸣，寻了 70 年间家和国的精神血脉。

谁也不能够攥住寸寸时光，笔者不禁感慨于王大安老人在一生的年华里尽情燃烧拼搏，从而可以为人民造福、创造出无限的意义……

志愿者与老人一家合影（唐小晰　摄）

# 杖朝步履春秋永，五世同堂慰平生

## ——武振元老人传记

李雅琪 北京师范大学 外国语言文学学院 2017级

### 人物生平

武振元，男，1919年6月19日出生，离退休老人，祖籍山东，现居住在山东省青岛市黄岛区嘉陵江路10号内477户。生在中国动荡的时期，经历了社会的几度变迁，不做不好的事，不该做的事不做。怀揣着一颗良善之心，幸福安享人生。

武振元老人照（受访人提供）

### 一、年轻工人

1919年6月19日，武振元出生于山东省青岛市黄岛区。

幼时的事武振元老人已经记得不太清楚，只是说小时候尽管家庭并不富裕，但还是非常重视教育，他上了私塾。在私塾里度过了 3 年的学习时光，虽然认的字不算太多,但是通过后来的学习,一些简单的建筑图纸都能看明白。

时间飞逝，转眼间武振元已经从一个小孩子长成了一名青年，为了学一门手艺挣钱吃饭，他在当地找了一位经验丰富的老木匠拜师学艺。

武振元老人在采访过程中（李雅琪　摄）

武振元最开始作为学徒接触木工活时，只能先打下手，继而学着磨斧子，伐锯条、拉大锯这些基础活。木匠用的斧子都特别锋利，都是不厌其烦地磨出来的。古人说“工欲善其事，必先利其器”，因此，磨斧子是木匠的一项基本功，就像过去学剃头先要学会磨剃刀一样。伐锯条其实就是用三角锉打磨锯齿。根据用途不同，木匠都有大、中、小好几把锯子，用过一段时间后就必须把锯齿挨个儿锉一遍。在武振元看来，这两样活儿既费力又单调，特别是伐锯条发出的那种刺耳的声音让人特别烦躁。因此，与其说是在磨工具，不如说是在磨徒弟的性子。

对武振元来说，比较畅快的是拉大锯。在他学手艺那时还没有锯木机，只能先通过拉大锯将原木分解成不同厚度的板材。“拉大锯可是个力气活儿哩！”他笑着说道。要先将原木固定在一个专用的架子上，一头像大炮似的斜着向上，通常是师傅站在架子上面，徒弟半蹲在下面，两个人此拉彼推做不停的往复运动。拉锯时还要注意不能让锯缝偏离事先画好的直线。由于锯齿的角度偏向下方，因此向下拉时比向上吃力得多。站在上面的师傅虽然不及下面的人费力，但他是掌舵的，是主角，他要保持锯缝不偏不斜。“没拉过大锯的人，不多会儿就腰酸腿疼，吃不消！”武振元作为学徒没有资格抱怨，“入了这一行，不适应也得适应！有时候一天大锯拉下来，晚上躺在铺上，浑身跟散了架似的！”

木工技术的具体操作主要是锯、斫、刨、凿四个方面。锯，就是下料，截段的长度要比成品稍长些，这是木匠们的经验，因为长一点有加工的余地，所谓的“长木匠，短铁匠”就是这个意思。斫，就是用斧子将某一部件尽量削成接近成品的模样，然后再进行抛光、凿榫眼、做榫头、整体安装。徒弟练手时，师傅大都会让他独立制作一张小板凳。这种小凳在我们这里叫爬爬凳儿，是普通长条凳的微缩版。“别看这物件小，但做起来可不容易。”因为爬爬凳儿与小方凳不同，它的四条腿是叉开的，凳腿与凳面连接的榫头是有一定角度的，因此凳面上的四个榫眼必须凿得十分精确才能保证其对称、匀称，稍有偏差就会十分难看。还有凳腿之间连接的撑子也是榫接的，如果把榫眼的角度搞错了，就没法将其拼成一个整体。因此，常听人说，如果徒弟能把一张爬爬凳儿做得四平八稳，就离出师那天不远了。

经过长时间的学习，武振元终于出师了。但战争开始了。

## 二、支援前线

掀开中国的历史，跳跃在眼帘的是“光辉灿烂”四个大字。奔腾的长江，宽阔的黄河，造就了一个伟大而倔强的民族，五千年的悠久文化沉淀出一种伟大而崇高的精神。它就是爱国精神，也正是这种爱国精神，让一代代中华儿女魂牵梦萦。

曾几何时，为了民族稳定，祖国大业，放弃了锦衣玉食的霍去病抱着“匈奴未破，何以家归”的信念携大军毅然北上；文天祥拒绝高官厚禄的诱降，高吟着“人生自古谁无死，留取丹心照汗青”慷慨就义；少年时期的周恩来立下了“为中华之崛起而读书”的誓言……

在抗日战争和解放战争期间，武振元参加了“出夫”，就是人民群众自愿运送物资去支援前线。他推着家里以前那种笨车子，肩上还用扁担挑着物资，随着群众的队伍一同为前线送上自己微薄却宝贵的支持。为了给抗联送盐，一开始他和村民们把粒盐缝在马脖子上的套包里，但由于粒盐太沉，马脖子上挨着套包的那地儿都被磨掉了毛、破了皮，马走起路来疼得直拉响鼻，当行到城门口时，就被日伪警察发现了。后来，他们就把盐用锅里的热水化掉，再把衣服放在盐水里煮，使衣服浸透了盐，变得沉甸甸的，然后以串亲访友的名义把盐衣及时送到山上。抗联战士们再用同样的办法把盐变成水，做菜吃、熬汤喝。虽然送盐时总会担心得要命，可看到抗联战士能吃上盐，武振元也感觉心里有说不出的舒坦和欣慰……

## 三、艰苦奋斗

战争结束了，新中国成立了。武振元由于手艺十分精湛，成了一名享有国家工人身份的木匠，在潍坊建设建筑公司工作。建筑业涉及木工活的方方面面，无论是房梁门窗还是桌椅板凳，都信手拈来。当时他把家安在潍坊，并在那里生活了很多年，但由于工作原因，也没少到处跑：烟台、威海、青岛、胶州……山东半岛跑了个遍。后来工作调到了胶南建筑建设公司，家也搬到了青岛。

那个时候，整个家庭只有武振元自己在外工作，养家糊口的任务自然是落在他的肩上。那时候工资又很低，只有几十块钱。虽然有一手好手艺，也是个五级工，每个月最多也就拿个 70 块钱，家里的日子仍然紧紧巴巴。

武振元的漫长的一生中经历了多次政治运动及社会变革，一双沧桑的眼睛早就看淡也看透了这世间的浮浮沉沉。在采访的过程中，老人多次提到“不好的事，不干”，不参与不好的事情。这个道理他也在生活中奉行：街坊邻里闲时的聊天免不了在背后叽叽喳喳，议论别人的短长，他从来不参与这些飞短流长，也绝不在背后议论他人。这也为他在左邻右舍中留下了很高的评价。

鹤骨霜鬓，伶仃瘦骨，隐藏不住赤诚之心；鲐背期颐，迟暮之年，阻却不住奋斗之劲；衣锦昼行，功成身退，绝不是担当作为的终点。

## 四、退而不休

我们每个人都在无意间或者寂寞时追问人生、探索前路。当你全心全意地为他人、为自己灵魂思想而工作时，不再感受时间的存在，时间已然停止，生命也将永恒。

1975 年，56 岁的时候武振元从胶南建设建筑公司退休了，退休早，但退休后他却一直没闲着。村里有个建筑队，又把他聘回去继续做木工、带徒弟，三儿子和大孙子都是自己带出的徒弟。

后来随着年龄的增长，体力不再像年轻时那样充沛，木工活干不动了，此时青岛开发区的发展建设恰好为武振元提供了机会，一切建设基本算是从零开始的开发区有很多工地和工人。已经 70 多岁了的武振元敏锐地发现了其中隐藏的商机，他自己进货，用自行车驮着，骑着车到各个工地去做小买卖赚钱以补贴家用。后来觉得骑自行车到处跑实在是太辛苦了，就对自己的装备进行了“升级”——买了一辆“老头乐”（带发动机的自行车）。这种车在交通并不发达的那个时候算是少见的。他当时从青岛、胶州、胶南等还有很远很远的地方去提货。这样退而不休直到 80 多岁。因为到处跑，武振元对青岛的大街小巷都很熟悉，成了别人眼里的“青岛通”，说哪个地方都知道。

不做小生意之后，武振元那颗好动的心并未停歇。他领着那些比自己小一二十岁的邻里到处游玩，胶南、胶州、青岛、黄岛……闲来无事时把周边地区玩了个遍。经常会坐着车到青岛沙子口去玩，山里（地名）也没少去。现在街坊里的老头儿还会跟老人的儿子说，早些年你爹还领着我们上山里呢！

1994 年，孙子要去长春上大学。武振元也不想缺席孩子成长的重要时刻，还和儿子一起坐火车去送孙子到长春上大学。

退休并不意味着混沌度日、享福享受，而是继续承担生命赋予我们的责任，挑战现实给予我们的幸福和苦难、无聊和平庸。百岁老人尚且退而不休，还在努力奋进地发挥余生余热，我们身处这最美好的青年岁月，且思且问自己又该怎样做呢？

## 五、规律生活

梁漱溟说：“情贵淡，气贵和，唯淡唯和养其物，苟得其养，无物不长。”把平淡的生活过好了，方能于心之清风明月处起舞，创造独属于自己的风采。

老人一直以来身体都很好，这么多年来一直是自己照顾自己。床铺也都是自己叠，且叠得板板正正。家里的木质家具根本不需要买，反正自己有好手艺，家具自己做的就完全够用。现在家里用的很多橱子、柜子、箱子、椅子都是他亲手做的呢。青岛这个地方有个传统，过年那天要去给父母上坟，武振元去年过年的时候还去代戈庄那个山头上去给自己父母上了坟。

武振元现在住在 5 楼，直到去年上半年，基本上是每天下楼。已经是接近 100 岁的人了，还能走到离小区有一定距离的维客商场去。所有的活，包括做饭洗衣服，都是自己做。到现在，身体还是非常硬朗，一点毛病也没有，到去年上半年之前耳不聋眼不花，看报纸看电视都没有问题。从今年开始听力稍有衰退。

到前年为止，大家庭里有个习惯，每年正月里老人要轮着到各家去。儿孙们过生日，武振元从不缺席。武家整个大家庭都非常和睦融洽，老人整天和很多家人在一起，心态也非常好，这可能是保持思维活跃的一个重要原因。

武振元没有不良嗜好，从不抽烟喝酒。虽然自己烟酒不沾，但在家庭聚会时从来不反对儿孙抽烟喝酒，甚至在家庭聚会时不住地劝他们多喝点多喝点，唯恐他们喝不够。他心态非常好，严于律己、宽以待人，让大家在酒桌上尽兴。

人生是舟，自律是水，以水推舟，方能扬帆万里，驶向自己人生价值的彼岸。人生是树，自律是土，树滋长于土，方能枝繁叶茂，结出人生的果实。人生是茶，自律是沸水，茶用沸水冲泡，方能芳香四溢，凸显人格的高洁。正如塞尼卡所说的：“能自律的人，就是最强有力的人。”

## 六、儿孙满堂

武振元一共有 5 个子女，最大的今年 80 岁，最小的今年 69 岁。老二 76 岁，老三 74 岁，老四 72 岁。时至今日，5 个子女都已经退休了。武振元非常重视子女和后代的教育问题。在他的积极影响之下，弟兄三个都是党员，二儿子和三儿子都去当过兵，也成了国家工人。大儿子曾经在村里的生产队做过队长。二儿子生性喜欢钻研，当兵回来后，喜欢研究无线电，自学成了一名技术娴熟的电工，在胶南供销社上班。他从杂志上看到日本有滚筒洗衣机，和同事一起研究，买来零件就捣鼓出来了；和两个同学一起琢磨着做出了烟感报警器；家里用的电视机、放唱片的电唱机都是自己做的；二儿子那时候技术很好，后来为了自我提升，到山东农业大学去进修；家里的无线电杂志一摞一摞、堆积成山，只能以箱计数，还有《三侠五义》这样的名著，热爱学习可见一斑。三儿子是武振元亲手培养出来的木匠。孙子辈的发展也都非常不错。

95 岁那年生日，全家人为武振元举行了隆重的庆典，大孙子联系了开发区电视台，三孙子找了报社做了个联合采访。为什么要这么隆重地庆祝呢？因为这一年除了是逢五的大寿，大儿子还在这年有了孙女，整个大家族迎来了第 55 个成员，五世同堂。

在采访的末尾，老人带着一丝愧意地对我说："脑子不行了，很多事基本都忘了，人名基本上都想不起来了。"旁边的三儿子补充道："今年不如去年，去年问他什么事都能想起来。主要还是因为皮肤病，3 年了，3 年就把他折腾老了。以前完全看不出来有 100 岁了。去年因为皮肤病住了 3 个多月的院，他的血小板几乎没有了，万一出点血就完了，在医院里周围人都说这个老头活不多久了。但他一直非常积极，到医院住了两天，各种指标恢复正常，接着就出了院，回家来过 99 岁生日，大家都说这真是个奇迹！"

## 七、老人的话

谈及长寿秘籍，武振元坦言，自己饮食清淡，不喜油腻，爱喝茶。武振元的三儿子武连洪说，父亲生性平和，从不与人争吵，脸上总是挂满笑容。因其心存善念、与世无争的处世之道，老人在村里备受村民敬重。做到一生无欲无求，幸福地活在当下。

这个最初只有两个人的家，现在已经从一株小树苗长成了一棵枝繁叶茂的大树，儿子、儿媳、女儿、女婿，加上孙辈、重孙辈，五代同堂已有 50 多口人。后辈们对老人都十分孝顺，老人的日子过得也十分舒心。

"老人是家里的一块宝，每个人都会有老的一天，对长辈孝顺，也会给下一代做出榜样。" 武连洪说，由于家里孝敬老人的氛围非常好，小辈们也都非常孝顺，经常会来看望老人，给他买一些好吃的。孝敬老人不仅是一种美德，也是一种责任。家里有一位百岁老人，更是一种快乐和幸福。

当笔者请老人给小辈们、年轻人提些要求，说说他们该怎么做时，武振元呵呵笑了起来："提什么要求，这些小辈们都不用人操心，都大了，自己本身都很好！好好学习、上进、孝敬老人、不干错误的事就行！"

笔者问他感觉现在的社会对他这样的老人如何，老人连连将"对老人很好，国家都很重视"这句话重复了很多遍。在武振元看来，大到国家，小到村里，对他一直都很照顾，他自己也切实感受到了社会发生的翻天覆地的变化，所以对社会很满意，对国家政策都很认可。

武振元一双眼睛目睹了百年之变局，从他的讲述中笔者感受到了他对工作的热爱、对家庭的热爱、对国家社会的热爱，值"五四运动"百年之际，祝他如月之恒，如日之升，如南山之寿，不骞不崩。如松柏之茂，无不尔或承！

## 采访手记

笔者在采访之前也想象了很多：这位素不相识的百岁老人怎么样呢？是严肃还是平易近人呢？他是会侃侃而谈还是有句讲句呢？他的背后又有哪些不为人知的故事呢？……

介绍人是爸爸的同事，他们一边谈论着工作上的事情一边领着笔者上楼。这位百岁老人是介绍人的爷爷，当得知老人住在5楼时，笔者不禁发出了惊叹，介绍人非常自豪地告诉我们："俺爷身体可好了！去年还天天下楼溜达呢！"

进门后不久，笔者的疑虑就烟消云散了：爷爷穿着短袖短裤，神色温和，虽然个子不高，但绝不弯腰曲背，精神矍铄，身体硬朗，操着一口当地方言，招呼我们赶紧坐下。

……

采访的过程也并没有特别顺利。100周岁的老人了，纵使身体再好，身体机能也有所衰退，很多问题都听得不甚清楚，笔者又只会说普通话，只能托老爷爷的儿孙代为传达，老人的讲述中夹杂着一些我听不明白的方言，也要靠他们解释。在面对一些突如其来的细节问题时，老人会头脑发蒙，沉思良久却给不出答案："这个……记不太清了。"

但老人为笔者绘声绘色地讲述了他的人生经历，讲到如何做木工活儿时甚至手舞足蹈，用手在空中比画着零部件的形状以及如何加工，眼睛里闪烁着光芒。笔者在记录的同时也会心一笑：热爱真的会使人年轻啊！

随着任务清单上的条目一条条地被划掉，采访也接近了尾声。最后笔者与这位名副其实的“百岁老人”及家人一起在 95 岁贺礼——“寿”字前合照，老人笑得合不拢嘴。

志愿者与老人一家的合影（武连洪 摄）

几个小时的采访让笔者深深感受到了武振元老人对工作的热爱，对家庭的热爱，对祖国社会的热爱，有热爱，才年轻！

# 浮生劳苦不为苦，历尽不凡喜归凡

## ——孟宪来老人传记

孔祥奕 北京师范大学 经济与工商管理学院 金融学 2018级

### 人物生平

孟宪来，男，1915年生人，生于曹州府单县，今属山东省菏泽市。其一生不识大字，然通明事理，勤于劳作，为人朴实，素有威望。幼时父母苦于儿女众多，养育艰难，遂将孟过继于母亲长姐膝下。后经水灾，北走关东，损毁日军铁路后重回家乡，筚路蓝缕，积累家业。新中国成立前主动分田，而后投身国家建设，尤重水利。期颐之年遇直播盛世，因其传奇身世与仙翁形象广受关注。而今儿孙俱在，五世同堂，家庭和睦，何其乐哉。

孟宪来老人照（受访人提供）

### 一、生于水浒畔，当为好儿郎

20世纪20年代，国内外形势波谲云诡，中国大城市里数不清的思想萌芽在孕育，无数人心头有火焰在汹涌澎湃。然而在当时的中国，这一切都无法下沉到鲁西南农村的最底层，无法进入这个曾经义和团运动盛行的地方。对于孟宪来贫困的家庭来说，一个新生命的诞生带来的显然不只是喜悦，随之而来的，还有沉甸甸的生存压力。

孟宪来有 8 个兄弟姐妹，而作为长兄的他在小时便被过继给了一位守寡的姨母。姨母为地主做女红活，而他则做长工维持生计。在这片毗邻水浒梁山的土地上，新的山东好汉孟宪来就像路边直愣愣刺向天空的白杨树，在贫瘠的土壤中硬生生长成了力量奇大的壮汉；同时，他也学会了这片土地的质朴，相信劳动能致富，纵使在当地“十取之八”惯例的严苛剥削下，既养活了自己和姨母，还不时接济兄弟姐妹们。在艰难的岁月里，勤劳的人依然能得到最起码的回报。

全家福（受访人提供）

这段岁月是艰辛的，要终日劳作。孟宪来曾经有跟着地主子女读书的机会，但他拒绝了。理由很简单：他去上学，家里谁去干重活呢？总要有一个人为家庭负重前行。孟宪来不识字，但不代表不知理，劳动磨炼出他可贵的品格，生活教会他最朴实也最普世的道理。

乡音难改，故人难忘，这段岁月的人情最可贵。不论是兄弟姐妹，还是乡亲邻居，甚至地主及其子女，孟宪来都与他们结下了不解之缘。兄弟姐妹们无论是读了书还是没读书的，都有了自己的发展与成就；不少乡亲与孟宪来共同闯关东，结下了兄弟情谊；地主没落后，孟宪来依旧念旧情，照顾着地主家的女孩子，而今地主的女儿也已 81 岁，住在邻庄，依旧常常往来。可以说，这一时段的情谊，陪伴了他一生。

## 二、500 里中原受难，40 月东北难挨

### （一）离乡——天灾难挡

1933 年，黄河咆哮，漫灌平原。

黄河是仁慈的，它哺育了全流域每个勤于劳作的农人；但它也是喜怒无常的，善于在太平盛世制造人间惨剧，在朝代更迭时推波助澜，恶作剧似的在历史画卷上肆意泼墨。孟宪来是幸运的，他生在黄河流域的鲁西南平原，有大片良田与丰沛水源供农人们用努力缔造美好未来；但他更是不幸的，在那个本就苦难的年代里，他亲历洪水—— 一场改变了他人生轨迹的灾难。

史料载：1933 年 8 月特大洪水，陕县流量 22000 立方米 / 秒，自河南温县至长垣决口 72 处，淹 3 省 67 县，12000 余平方公里，灾民 364 万，死 18000 余人。数字是冷冰冰的，后来者无法从中感到亲历者的哀恸，而对活下来的孟宪来来说，现实更是残酷得寒冷——在家乡，已经活不下去了。

农人信仰自己的双手，其中的佼佼者孟宪来更是以吃苦为平常。但家园已然化为汪洋，多年精心打理的良田毁于一旦，纵使孟宪来再吃苦耐劳，经过一段时间的劳作后，他也清醒地认识到，在这里，他无法生存，更不用说操持一大家人的生计。在闯关东的大潮下，走还是留，已经不再是令人纠结的选择。

孟宪来的选择并不是他一个人的选择。这场灾难席卷了太多人，乡亲们也面临着同样的抉择。这个精明能干、吃苦耐劳、意志坚定的青年人，像极了站在最前面的那个人，在不经意间成了一批父老乡亲的主心骨；一批浩浩荡荡的闯关东团队，在短时间围绕着这个刚刚 18 岁的青年，成型了。

之后的数月内，60 来号人临时组建的队伍推着小车，一路通过为途经人家干活的方式以挣取必要的口粮与衣物，算不得风餐露宿，但绝对是饱经风霜，艰难地从鲁西南大平原跋涉到了奉城。幸运地，缺乏劳动力的东北从来不抗拒任何一个肯吃苦的外乡人，孟宪来他们很快找到了能接纳他们的林场，秉持其勤劳本性，在远离故土的地方实现着他们的价值。

### （二）结缘绿林——终不为伍

为什么选择林场？原因很简单。既然选择了背井离乡，回家看起来又是那么遥遥无期，不如走一步看一步，多干些活，多挣些钱，将自己的生命力发挥到极致，像野草一样在东北的黑土地上扎根生长。

自然而然地，闯关东路上领队的孟宪来，也成了这 60 来号乡亲们在林场的“管家”。乡亲们信任他，给他统筹衣物、分配粮食的权力。孟宪来没文化，也没有学习过管理，没有相应的组织经验，但他有着农民最简单有效的思维方式：他把一切衣物粮食等财产尽可能分配到个人，按劳分配，把一切分清，最大限度上做到公平公正，少有纷争。正是这种最简单的管理方式，使他进一步获得了人们的认可，同时，也引起了另一批“朋友”的注意。

这批“朋友”还有另一个名字：土匪。纷争的乱世是诞生土匪的温床。在社会结构相对稳定的鲁西南平原都有土匪纵横，更不用说在地广人稀的东北了。加之孟宪来工作的林场位于深山老林之中，是无法无天的土匪们常常光顾的地方，与土匪打交道，倒成了他的日常生活。

土匪欣赏这批异乡的苦命人，更注意着总是走在人群最前面的孟宪来。在孟宪来他们到达东北最初的一段时间内，双方保持着井水不犯河水的态度，各自践行不同的生活方式。相安无事的这段时间里，孟宪来也没想过，日后他却差点成为土匪的一员。

1. 以酒结缘

东北很冷。20 世纪 30 年代的东北更冷。东北自然物产丰饶却少人加工，中原成熟的男耕女织小农经济在山间林场没有生存土壤，同时土匪遍地使商品难以流通。纵使孟宪来他们不缺钱财，但衣物等保暖用品却是紧缺。冷，是他们最苦恼的问题。

没有保暖的大衣，他们想尽了土法子。自制的厚厚棉衣外面，挂上水泥袋，加水热，凝结后还能遮挡冷风。这样效果很好，汉子们又不在意这些许重量，但是这套穿着颇具喜感——他们去澡堂泡澡时，一路上水泥袋早已凝固，坚硬的水泥壳子覆盖着他们，腿直直地往前甩，胳膊更是动弹不得，一个个像是头部涌着热气的水泥墩子，乐得旁边搓背客开怀大笑：好一个“盔甲队”，披甲带袍！当然，他们脱下水泥袋砸到地面上发出闷响后，让其他人估摸出负重，气氛便又是另一番光景了。

纵使如此，无处躲避的严寒依然困扰着他们。随着时间流逝，一个又一个兄弟染上了风湿的毛病。有时劳作结束，他们原地歇息时，应该是坐下来好好放松自己的时间，大多数人却仍然站立着，捂着自己发僵的、无法弯曲的膝盖，互相看看彼此，无奈地苦笑。每每到这时，这群人胡侃的欢快劲总会逐渐消散，孟宪来也总会陷入沉默。

后来严寒考验愈发严重了。一位小兄弟没有注意保暖，冻伤了腿；在休养了一段时间后仍无好转，关节严重肿大，眼看腿就要废掉了。孟宪来急了，他害怕他带着乡亲们来了东北却不能把人完好地带回去，他害怕因为闯关东的决定带给乡亲们一生的痛苦。他开始去找医生，找各路他能接触到的医生，向东北人寻求能御寒的法子，甚至向旁山的土匪们求教。他翻山越野寻遍了周边的医生，问遍了乡民们相关的偏方，终于在一位老中医的建议里看到了希望。老中医给了他几种药酒的配方，让他自己去挖中药，把握比例，勾兑药酒。身为山东大汉的孟宪来本就有好酒量，在自己调试比例的过程中更是如鱼得水，短时间内便选定了效果最好的配方，每顿饭喂小兄弟一大碗酒，如此数天，小兄弟病情好转，孟宪来也松了口气。

为了答谢土匪兄弟们为他寻找医生和指明药材产地，孟宪来不再在意其“土匪”身份，拿着自己配的药酒上门答谢。他豪爽的性格很对绿林汉子们的胃口，海般酒量更是与他们交流的利器，加之酒后暖融融的热流确实驱散了平日里身体累积的寒意，孟宪来这个朋友，土匪兄弟们认可了。

2. 走过鬼门关

来东北的第三个冬天，孟宪来病倒了。

很难想象，这么一个标准的山东壮汉也有被病魔打倒的一天。躺在床上的孟宪来病情迅速恶化：平日里永远隐着万千坚毅的眼睛，这时已经合上，往日挂着冰晶都显得挺拔的睫毛，也深深低下了头。厚厚的床褥依然捂不红他的脸颊，昔日脸上的冻伤，此时更是苍白可怖。看到已经陷入昏迷中的孟宪来，兄弟们急得像热锅上的蚂蚁。他们该怎么办呢？大雪封山，找不到名医，找到了翻山越岭也是数十日后的事情；换作自己去照料孟宪来，也没养人的好物，难不成天天喂一个昏迷的人药酒？实在没办法，他们连夜把孟宪来送到了旁山上的土匪兄弟那里，希望上百人合力能创造奇迹。

土匪兄弟们当然也不会治病，但他们真心想要帮助孟宪来。他们拿来平日里珍藏的上品野山参、灵芝等等药材，宰杀野鸡，一并熬成汤，一口口强喂给孟宪来，好生照料他，祈祷他能挺过这次疾病。

山风呼啸。今日没有雪花飞舞，地上却积了厚厚一层。林场高高的树木直插阴沉沉的天空，旁边山上土匪兄弟的木屋反常得静寂。孟宪来已经昏迷六天六夜了，土匪兄弟们预感，他们可能要失去这个难得的朋友了。

他们当然不感叹生命的流逝。在这个乱世里，他们已经能做到蔑视死亡；他们也相信人各有命，相信老天的存在，相信一些事情无法改变，但同时，他们也坚持最朴素的“兄弟义气”，看重每个兄弟。他们在这个乱世里落草为寇，活得艰难而又顽强，便顽固地相信，纵使孟宪来几近失去了生命迹象，只要人还没有死，就一定能活下来，就像他们自己。

兄弟们是对的。孟宪来在他们的精心照顾下，挺过了七天七夜，重新有了意识，醒了过来。

这个时代的人都像野草，越能折腾，越难死。

在一众兄弟的照料下，孟宪来终究活过来了。

因为孟宪来转死为生的经历，土匪们愈发敬重他了。又休养了几日，孟宪来有了清晰的思维、运动的能力后，土匪头子“三班子”来找他了。

孟宪来仍然躺在床上，厚厚的被单上映着经雪反射进入屋子的阳光。阳光四平八稳地覆着床被，温暖又祥和，直到一个人影破坏了这份静谧的美。

“兄弟们敬重你，你想不想当三爷爷？”三班子问得直截了当。

“不想！”孟宪来回答同样干净利落。

其实，孟宪来很早就考虑是否要加入他们，但永远无法克服的故土情结决定了他的回复。他一直抱着一个信念：带着乡亲们出关，就要带着乡亲们回家。当了土匪，手下又多了很多师弟需要自己去管理、养活，注定更难与异乡割舍，更难脱身带乡亲回家。虽然很感激土匪们的帮助，但孟宪来依然选择了拒绝。

这些选择都是节节相扣的。对孟宪来来说，他选择了带乡亲们远走他乡，就选择了日后的归乡，就选择了拒绝一切把他留在东北的选择。纵使成为土匪三当家会很逍遥，但当初已经选择了承担责任，此时他亦选择不忘初心。

### （三）不与敌共事——毁日铁路

九一八事变后东北迅速沦陷，这在我们后人看来是相当耻辱的历史，是民族危亡的苗头，但在那个时候的普通人心中，日本人，伪满政府，军阀及其他外国势力，太多太多人作威作福让民众无从判断谁是最大的敌人；同时，未受教育的人们看不透民族面临的危机，日本人的奴化教育让受初等教育的人们生不起反抗的意识。而孟宪来他们对于日本人的认识，也只能从接触时的观感与认识出发，而非从民族大义的角度，去反抗日本人在东北的统治。

但侵略者的狐狸尾巴是藏不住的。在孟宪来他们眼中，日本人就是“不讨喜”“惹人厌”，欺压百姓横行霸道，不把中国人当人看，他们也绝不给日本人好脸色，但也没有反抗的意图，只是继续赚钱，等待时机归乡。这个时局的日本人与中国人的关系，就像地下峡谷中的水流，看上去平缓祥和，其下却有无数看不见的暗流涌动。

可这个时代的人面临太多的身不由己。在来东北的第四个年头，林场周围两个县的县民们被征集起来修建南满铁路，在林场工作的孟宪来他们也未能避免。刚开始替日本人修铁路时，他们对日本人只是厌恶，但是可以忍受，只想再慢慢赚些钱，为归乡做准备；直到一则消息传来，就像一枚深水炸弹被引爆，在每个人心中掀起了滔天巨浪——

1937 年 7 月 7 日，卢沟桥事变。日军炮轰宛平城，大军压境，国将不国，民族危亡只在旦夕，纵使是没有文化的孟宪来他们，也绝不想关内的家人受日本人统治，遭到今日的侮辱。那一天，在国忧民愤之下，孟宪来他们提前了归乡的计划，组织一众修铁路的民工毁坏修好的铁轨，将运来的建材一并推入大山沟中，彻底破坏了南满铁路的建设进程。然后不待日本人报复，孟宪来他们便收拾好了行李，踏上回乡之路。

## 三、夹缝中求生存

“生存”，永远是那个年代农民们一切行为的指导。回到家乡的孟宪来，面临的是比东北大得多的生活压力。

他的家乡——单县，并不是兵家要地，虽然日本人闪电战以极快的速度占领了华北广袤大地，也曾把战局僵持在这一带，但单县却是难得的和平。这里很少出现日本人，明面上唯一的据点只有两座炮楼；日本人不愿在这里倾注兵力防守，抗战势力也很少与他们接触。对当时的单县人来说，他们好像完全和中国其他地方割裂了，在一个时代忘却的角落里，默默地生存。

### （一）组织贸易

再艰难的条件，贸易也是必不可少的。但是乱世纲常丧失，灾民落草为寇，日本人肆意抢掠，想要进行贸易，要背负极大的风险。乡民们信任孟宪来，孟宪来也当仁不让，扛起了跨县贸易的担子。他带着一起闯关东的兄弟们，尽力帮助全县百姓运输货物，一次货量超过 100 辆推车。这样的大宗货物运输，每次都面临着极大的困难，冒着极大的风险。

一是土匪横行，抢夺货物成了家常便饭。曾经一次另一批同乡商人没有随他们前行，而是独自上路，在路上被抢劫了货物，仓皇逃窜，幸好遇到了孟宪来他们。孟宪来将剩余不多的粮食分给他们，让他们快快回乡继续做生意，他则带着兄弟们继续前进，在做生意的胡同里遇到了同一批土匪，发生了一番械斗。孟宪来他们用行动证明了自己保护货物的决心，也让欺软怕硬的当地土匪们失去了啃硬骨头的意愿。

二是粮食短缺。路途遥远，货物繁重，很难从家乡带足一路所需的干粮。为了解决吃食问题，他们选择在中途出工换粮食的同时，借当地磨坊将自家货物里的花生磨成油，满满一大碗花生油喝下去，一天都不需要再进食。

### （二）救助灾民

抗战时期，每个生活在敌后战场的人民都面临着多重压榨，每一个家庭都到了省吃俭用仍无力维持生计的绝路，不事生产的小孩成了明晃晃的负担，考验着所在家庭的经济实力。当然，伟大的父母会尽一切可能抚养孩子长大成人，但有光的地方也有黑暗。很多家庭里孩子几近两位数，父母抚养孩子的方式都是放养；孩子能回家就好好养，孩子在外面出了意外，那就不管不顾了。

孟宪来看不下去当时这种“潜规则”。在贸易路上，他总是在怀里揣着几个大馒头，不是留作未来路上的口粮，而是随时寻找路上饿晕的孩子，救醒他们，离家乡近的带回家养一养，再去寻找他们父母；离家远的则送到邻近村庄，托人送回原生家庭。

抗战时期，孟宪来救活的孩子不计其数。单是周遭村庄，能叫上名字的小孩，便有近百个。抗战胜利后的大年初一，将每个上门道谢的孩子与当年路旁一个个蜷缩的瘦小身影一一对应，孟宪来总能收获最深沉最坦荡的欢欣愉悦。

## 四、投身建设为人先，敢教日月换新天

新中国成立伊始，孟宪来的生活便与之前截然不同：之前30年都是在被生计驱赶，为生存奔波，在毫无规则的社会里左冲右撞，试图闯荡出理想的结局，实现农人最朴实最简单的追求。但是乱世中个人的平安喜乐是一种奢求，因为没有规则法制的保证，哪会有守序的稳定？新中国成立后社会治安焕然一新，秩序开始确立、执行，孟宪来以前所期盼的渴望的好像都已经是数年内便可实现的了；以前负担的那么多责任，现在都由国家与政府承担了。那他还在追求什么呢？

孟宪来用行动给出了答案：投身国家建设。

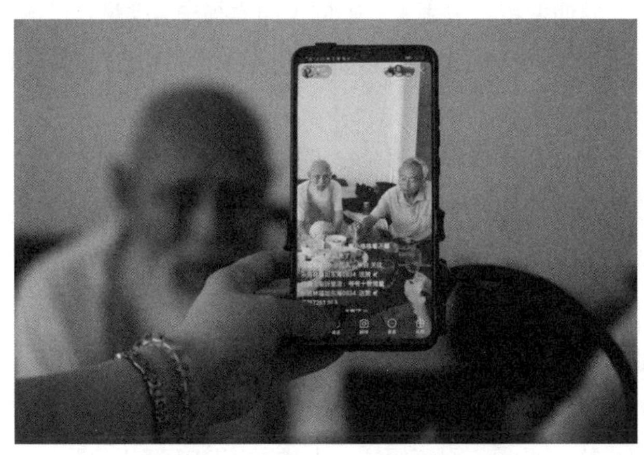

孟宪来老人在直播（受访人提供）

20世纪50年代初，孟宪来作为乡民代表，领导人们挖通了“东海”与“西海”，沟通了水系，带领两县人民解决了这个自唐宋起绵延至今的水利难题，为当地人民的生活带来很大便利。

后来，孟宪来与另一名党员精诚合作，带领单县2万人组织浮龙湖工程大会战，一众人肩挑建造了近3万亩的人工湖，保证了周边土地的水源。时至今日，单县伏龙湖已然成了AAAA级景区，作为修建者的孟宪来他们给后人留下了庞大的生态与经济资产。

## 五、百年岁月终归凡，五世同堂惹人羡

直播兴起的时候，孟宪来老人已经过百岁了。颀长的手指抚过虬枝般的白髯，黝黑的面容却映出圆润的红光，一双混浊的眼睛里折射出最简单最纯粹的安详，孟宪来老人的形象完美贴合国人对“老仙翁”的期盼。孙媳妇第一次传到网络平台上的视频，便给他带来了数千粉丝，也收获了无数的祝福。

或许老人并不知道镜头前的自己在与多少人隔空交流、沟通，或许他并不知道自己颤颤巍巍的双手比出的“六六六”手势有什么含义，但单是每次直播时自家五世同堂，热热闹闹敬酒劝酒、为他祝寿，孙辈的孩子绕膝嬉闹、笑语盈堂的热闹场景，都能使他发自心底地喜悦与开怀。

### （一）展示生活

家有一老，如有一宝。每个人都有和自己感情深厚的长辈，也或多或少有些许遗憾，人们便期望从孟宪来一家的美满幸福中，满足自己的情感需求，也会特别关注孟宪来老人的生活，希望在老人身上寄托自己对自家长辈的敬与爱。

孟宪来老人现在的生活很简单，却也不凡。

已然百岁的他一天也离不开酒。在老人的房间里，屋角成箱的白酒黄酒高高堆起，酒盏杯具整齐地码在墙边桌上，其旁是零零散散的各式白酒，或未开封，或已空荡，也有一两个横躺在桌上的空瓶，瓶底依然残存的酒滴，好像在无声地证明着老人的好酒量。

老人喝酒时更潇洒：他从不用酒杯，用的是农家大海碗。抄起自己在葫芦里酿的药酒，拔盖平举，引流倾注，上挑断流，还塞复位，一系列动作行云流水。平时行动时颤颤巍巍的双手，端起酒杯来激不起一条波纹；平日笑眯眯亲善的双眼，眸中映着潋滟的酒光便回归了些许锋芒。双手捧着海碗，双臂端平了举到眼前，看着我们点点头，垂下的白色眉毛颤了颤，也不言语，手一抬，头一低，海碗盖住了老人的脸；头一抬，手一低，明晃晃的碗底便闪着白盈盈的陶瓷光辉。对面的我们都痴了：这哪儿有百岁老人的样子？这分明就是标准的用碗吃酒的好汉！

除了直播敬酒、家人团聚的画面，孙媳妇也喜欢拍摄老人吃饭、打扫卫生的视频。每个熹微的清晨，慢悠悠清扫院落的老人背后，时常有孙媳妇跟

随，记录最平常也最难得的时刻。

### （二）传递孝

老人的视频下面的评论特别有意思，大抵分为三派：

一派是“民间诗人”，乐写打油诗，称赞老仙翁，文笔可不赖，人人都喜欢。

一派是借老人视频怀念自己敬爱的长辈，祝福老人的同时也抒发自己的哀思。

一派是关注老人为何长寿的，他们主动询问老人的养生秘诀，是老人自酿的药酒的忠实客户。

整个直播弹幕就由这三种构成：诗人的出现代表气氛的高潮，能引起一波称赞，写得好的还能受老人敬酒，让其他观众更叫好；怀念的人则是弹幕聊天的主力，与不相识的友好网友们交流故事，获得情感上的慰藉；第三类则不吝于礼物，殷切地希望学到老人长寿的秘方，通过各自方式支持着老人的直播。

但探究这三类人聚集在这一类直播间的缘由，却是整齐划一的“孝”。物以类聚，人以群分，相同价值观的人总会彼此吸引，而在老人的直播间里，大家都是重亲重孝，羡慕老人家庭五代同堂的美满，期盼自家长辈也能像老人一样硬朗。一份美好不会分裂成两份，但这种孝老敬老的氛围每多传递给一个人，确确实实会诱发他心中美好的萌芽，让社会敬老氛围更上一层楼。

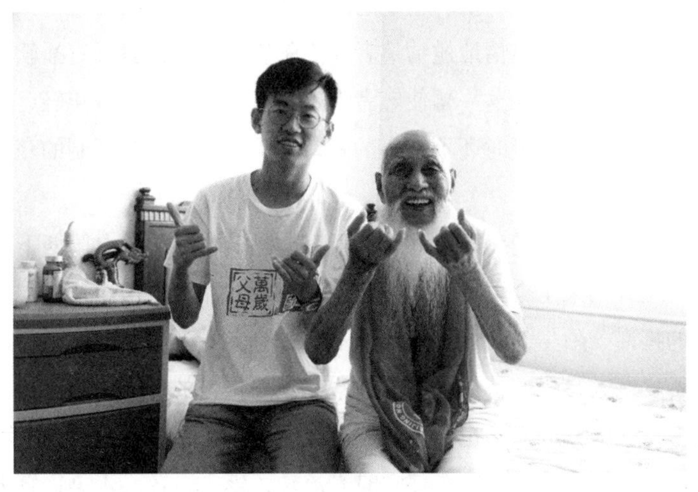

老人和志愿者一起为读者送上祝福（受访人提供）

## 采访手记

2019 年 7 月 22 日，晨光熹微，暑气初散，我们一行三人收拾行囊，出发去采访一位经历近乎传奇的百岁老人——孟宪来爷爷。路途遥远而颠簸，老人是否能正常接受采访？我们如何获取素材？我们不禁有些忐忑。但这一切的紧张，都在与老人见面的那一刻烟消云散。

走入老人家中，迎接笔者的是一位红光满面的“老仙翁”，他便是我们此次采访的对象——孟宪来爷爷。孟爷爷虽已年逾百岁，却依旧精神矍铄。他胡须花白，面带微笑，腰板硬朗，颇有仙风道骨。

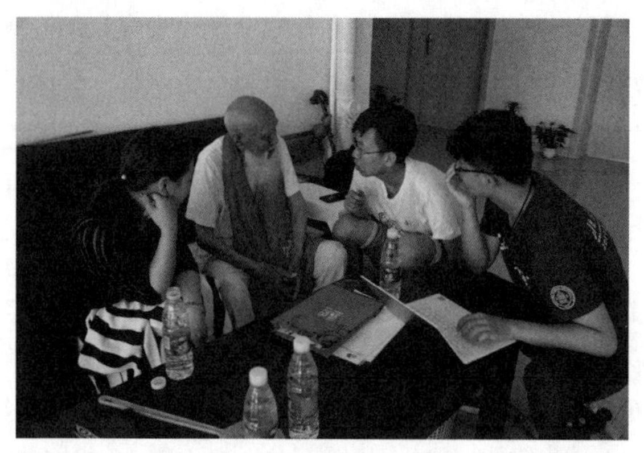

孟宪来老人在接受采访（郑值 摄）

爷爷在接下来的时间里讲述了他的故事。

中午时分，爷爷热情地邀请笔者共进午餐。只见他打开直播软件，乐呵呵地开始与粉丝互动。这一幕使笔者大感新奇，笔者对爷爷年轻、乐观的心态赞叹不已。爷爷吃饭时还不忘小酌两口，喝的是他自己调制的药酒，真是个可爱的“老仙翁”！

美好的时光总是稍纵即逝，一转眼，已是黄昏时分。夕阳西下，缀满晚霞。笔者正式结束了今天的采访，踏上了回家的路程。回想这一天的采访，从最初的拘谨、陌生，到最后的无话不谈，笔者看到了人与人之间最真诚的交流。百岁老人是我们整个社会的财富，他们传奇的一生值得我们去记录，他们身上那些闪光的品格也值得我们去认真思索。时光在他们身上刻下百年痕迹，也留下了宝贵的财富。任它时光流转，笔者自莲心不染，笔者想，这是我们此行最大的收获。

# 半生顺遂半生苦，通透淡然度此生

## ——李清贤老人传记

李雪琪 北京师范大学 法学院 2018级

### 人物生平

李清贤，男，1921年农历十二月十八出生，祖籍山西省运城市，现年98岁，居于山西省运城市万荣县光华乡北火上村。他曾读过两年半书，一生三进陕西谋生，于1956年至1959年在西安第十四染织社当工人，后又在长安县斗门镇纺织厂做工人直至退休。老人与妻子共养育了四个子女，现在身体康健，安享天伦之乐。

李清贤老人接受采访（李雪琪 摄）

### 一、童年贫苦 一进陕西

1921年，李清贤的出生并未给这个大家庭带来过多新生命降临的欣喜。那个时候北方军阀混战，人民生活并不安定。老人的祖父以拧麻绳为生，这种活计赚不了什么钱，家里人口又多，在当时远不足以支撑起一家人的生计。在这种时候，他的出生只会让本就困窘的生活雪上加霜。那时，全中国的老百姓都期望能吃饱穿暖，再也不必过担惊受怕的日子。以后的几年时局风云变幻，始终与一个农村的孩子没有多大关系。对于那个年代的人来说，他们从不曾拥有未来，也不曾拥有希望，有的只是日复一日面对全家生计的苦闷与愁绪。但他们不知道，那变幻的时局将永远牵扯他们的命运，纠缠到底，一起跌跌撞撞地向前走。

在这样的时代背景下，在这样贫苦的家庭出生，就注定了一个人的童年不会多么快乐。在吃饱饭都成为奢望的情况下，娱乐总是要靠边站。民国十八年（1929）是历史上著名的灾年，许多文学作品对这一时期有深入细致的描写，现在西北大地上还流传着这样一首当年的民谣：民国十八年来人吃人来狗吃狗，鸦儿雀儿吃石头，老鼠饿得没法走……如今的年轻人并没有经历过也鲜少主动去了解那些挨饿受冻的历史，它们是一本本充满苦难血泪的书，令人不忍卒读。那时半大的孩子们大概也只记得吃不饱饭，饿得前胸贴后背的感觉。吃舍饭的经历至今仍让老人记忆犹新。那时政府会救济贫苦的人家，村里的富户也多多少少会救济。舍饭是小米熬成的粥，大人们打上自己的粥就转身走开了，只剩一堆八九岁的孩童围拢在一口大锅旁，端着自己的碗，眼巴巴地望着锅底的锅巴，正在长身体的孩子们总是吃不饱饭，他们眼底那种对食物的热切渴望今天很难再见到了。

只有基本生活无忧，人才有动力去满足精神需求，渴望走进知识的殿堂，这句话是真理。李清贤老人是读过书的，认识一些字，只是识字的经历相当不易。现在的孩子，有的还只有两三岁，就被父母送去专门的早教机构学习，启蒙普遍较早。但老人那个时候启蒙很晚，到了七八岁，本该启蒙的阶段却因为灾年而作罢。后来好不容易读书了，也不过是 10 岁开始在村里上了两年半的学。家里境况越发困难，根本供不起他上学。与村里的其他不能上学的孩子相比，老人的情况要好一些，但没有怎么上过学的经历还是成为老人心里的一根刺，这根刺伴随老人的一生，并在以后的岁月里既让他吃过苦头，也让他时刻警醒。谈及上学的日子，老人微微仰起头，咧开嘴笑了，老人说他从前很听话的，从来没有跟老师顶过嘴，也没有怎么被老师责骂过，唯一一次就是因为跟别的孩子打架，那几个孩子的名字，他到现在都还记得，掰着手指头数数，一个一个念出来。少年时光总是美好的，这种美好会让人哪怕多年以后，哪怕饱经风霜，回想起来都会会心一笑。

没有学可上，就只能在家里打打杂。这种日子持续到他 15 岁，那一年，他决定跟同村人前往陕西省三原县去当棉花店的学徒。老人对学徒生活的印象很深，当初棉花店里有六七个学徒。学徒与掌柜的关系与现在的师徒关系有很大的不同。像烧火、倒尿盆、扫地等脏活累活都是学徒干的，甚至还要帮掌柜看孩子，简直是全能的保姆。但当时做学徒就像是做了掌柜的免费苦力，也挣不到什么钱。掌柜对他们要求还很严格，经常打他们耳光，不然就威胁说要把他们赶走。单是这些，讨生活已实属不易。吃不饱睡不好的经历对十五六岁的少年来说更难以忍受。当时有许多讲究，掌勺的大师傅往往不允许他们随便拿东西吃，他们只能包揽每天的菜底。为了不被赶出去，也为了能在六七个学徒中获得掌柜的青睐，手脚就要勤快，他那个时候晚上睡觉都在旁边放一把扫帚，每天醒来就拿着扫帚冲出去抢活干。贫困和苦难总能使一个人快速成长，但即便是过着这样苦的生活，在老人看来，也还有一点甜聊以慰藉。那时候晚上账房先生会教他打算盘，也会教他写字和认字。据说是掌柜的看他有天赋，有心要栽培他，这种机会也不是人人都有的，出门在外，学一门技艺傍身总归好过一事无成。但他毕竟不是账房先生专门的学生，再加上白天还要干活，因此学习的时间也不长，账房先生也只有空闲的时候才教他，因此大部分时候都是自学，有的时候会向同村人提问，求人家教教他。

## 二、被抓壮丁　二进陕西

做学徒的时光也很短暂，1937 年的上半年，他就回家结婚了。与他结婚的姑娘是家里介绍的，包办婚姻未必就不幸福，但在现在的年轻人看来总归是少了一些年少青涩的爱意和浪漫。从小生活在农村的少男少女并未想过要反抗，周围的人都早早结婚，生儿育女，他们没理由不那样做。于是这对新人也坦然接受了自己的命运，或许当初还是会有一些不安和慌乱，但时间让情感的量变最终成为质变，牢不可破的亲情诞生于每日的柴米油盐当中，他们在一起经历了大半辈子的风风雨雨，一生的大部分时光都是苦涩，少有生活的甜蜜。他的老伴没能同他一道安享晚年，在 2003 年的冬天先他而去，她的照片被摆在家里北屋一进门就能看到的地方。

1937 年 7 月 7 日，是每一个中国人都必须刻骨铭心的日子。一个国家，无论哪个地方开始弥漫战争的硝烟时，其他的地方也将很快沦陷于战火。战争是野蛮的代名词，所及之处，将文明践踏，一切因此而支离破碎。战火同样蔓延到了山西境内，日寇多次侵扰家园，老人与他的家人一起，躲避着侵犯家园的日寇。老人的家离村里的山沟很近，一听到日本人来的消息，他和家人便会急匆匆地跑到山沟里躲避，待日本人走后，便努力种种地，维持一家的生计。日本人并不一直待在村子里，他们会时不时来扫荡。老人说日本人很不讲理，一见到小孩子，就掏出枪来对着孩子的头问他是什么人，不说就会被当场杀掉，很多人被迫给日本人干活，他也被迫挑了几担水。他说这话的时候表情微微有变，脸上肌肉抽动，大概是不愿意回想那段时光。

当时，全国很多地方都有许多自发组织起来打日寇的游击队。他们不属于任何党派，不是什么正规军，而是地头蛇之类的人物组建起来的。他们招兵买马的方式也很简单，便是从当地村民里“抓壮丁”。当时抓壮丁采取的方法是“拾弹壳”，就是把许多弹壳扔在村子里的路上，强迫村民去捡，如果拿到的是实心的弹壳，就要参加他们的游击队，如果是空心的，便不用去了。如果捡到实心的弹壳却不愿意去，交一笔钱也可以。但如果交不起钱，他们就会用枪托打人。老人与他的哥哥都去捡了弹壳，万幸的是，他捡到了空的，不幸的是，哥哥捡到了实心的弹壳。当时家里也不富裕，拿不出钱，一定要有人去参加游击队，但哥哥不愿意去。老人与哥哥的关系并不好，哥哥经常会打骂他，嫌弃他做不好事情。最后李清贤老人还是替哥哥去参加了游击队。

他们那支队伍当时也在村子周边打过几次仗，老人也因此摸过了枪。但他们的队伍毕竟不是什么精锐之师，在当时也成不了什么气候，因此几场仗都败了。这支队伍被打败后，领头的人决定带他们偷渡黄河去投奔胡宗南的队伍，当时日本人还没有渡过黄河，陕西是他们唯一的选择。历尽艰险后，他们一行人终于到了胡宗南部队的所在地，但当时他们全都穿得破破烂烂，所有人都是一副精神萎靡的样子，不像能打仗的士兵，便被拒绝了。为求一条生路，老人想进入西安的黄埔军校七分校去学习，但因为文化程度不高，被拒绝了，这便成了老人心里的一道伤疤。此时，接二连三的拒绝让老人明白已经退无可退了，他不想再跟着这些从山西逃过来的同乡一起等死了，他决定逃跑。逃跑的细节老人已经记不清了，他说他只记得很多人与他一起逃跑了，那些人也如他一般幸运活下来了吗？可能如此，但更大的可能不是如此，他们的生命被定格在奔向新希望的永恒状态。那注定是一段无法细细回想的岁月，与那段岁月联系在一起的，是年少玩伴的性命，是生活的无望，是逃跑时的恐惧与慌张。有人没有他果决，有人和他一起却没有他幸运，最终他逃出来了，逃到了陕西泾阳。一个 20 多岁的年轻人获得了某种意义上的新生。

尽管遭受无数苦难，生活还是要继续下去。他要在陕西谋一份足以养活自己的工作，恰巧这时有一位邻村的亲戚介绍他到西北毛织厂，他于是又从学徒做到采购，去买卖羊毛、粗呢子和毯子。在此期间，他未能联系上自己的家人，直到 1945 年抗日战争胜利后，他才回到家乡。他的长子是在他还未被抓壮丁离开家乡时生的，到他回家时已经 5 岁了。我不知道当他推开阔别已久的家门，见到自己几年未见的家人，尤其是那已经长得那么高的、与记忆里的小婴儿全然不同的长子，心里该是怎样的翻江倒海。他的长子当时还小，说自己并不记得许多。若不是生活所迫，谁愿意远离故土，远离挚爱。在他被抓壮丁渡黄河之后，家里人也再没有收到过关于他一星半点的消息，那个已经远去的人究竟是生是死成为无解的谜题。好在那个离家的人已经回来了，他不再是十七八岁的少年了，他成为一个青年，一个真正成熟的人。老人这次回来是因为抗日战争胜利后得知了爷爷去世的消息，回家主持后事的。他在家里只待了差不多一年的时间，在此期间，他的二儿子出生了，但他又打算回到陕西去。家里添了新成员固然令人欣喜，但这份欣喜在现实面前究竟会存在多长的时间？生活的重担压着他做出选择，他已经错过了大儿子的成长，这次他不得不又要错过二儿子的成长了。就这样，他又回到了毛织厂。

1946 年抗日战争已然胜利，但中国将要走何种道路仍然没有定论。这一年，解放战争开始了，也是在这一年，西北毛织厂破产了。1946 年到 1949 年，中国的局势慢慢稳定，中国的前路也越发明朗。失去一份工作，并不代表就失去了全部，这三年，老人到了甘肃兰州做生意，挣了一些钱。1949 年陕西解放以后，他想要带着他这几年所有的积蓄回到陕西。但当时的甘肃并没有解放，从甘肃带钱去陕西也是不容易的。为此，老人绞尽脑汁想了许多办法，譬如把钱缝到被子里等等，但都没有成功。最后，他想出了一个绝妙的办法，将他所挣的钱全部买成冰碱，把它们运到陕西，然后再卖出去。这一次，他成功把冰碱运过去了，但随即一个新的难题又摆到了他面前——这批冰碱卖不出去。眼看着日子一天天过去，焦心和忧虑已经成为常态，但老人什么办法也没有。这批货被囤积的时间越长，他的损失就越大，因为他还得付仓库管理费用。最后，老人当机立断，索性不要那批货了，大不了就是两手空空，回家再另谋出路。

1950 年他回到山西之后，摆在他面前的有两条路。一是天津的一个皮毛行希望他去工作，他之前在毛织厂办采购的时候，也自学了一些看皮货的本领；二是毛织厂的老同事希望他到西安一起开办一个织布厂。几经权衡后，他选择再次回到陕西。

## 三、为谋生路　三进陕西

他这次去陕西的时候，终于不是一个人了，他的三个亲戚随他一起前往陕西。起初与老同事一起干了一段时间，后来就同他的三个亲戚独立出去开了一家“浴生织布厂”，专门做一些加工布匹之类的生意，别人提供棉纱，他们就织成布。当初厂里的机器是卖了自家的棉花后购入的，可以说是把大半身家压在了织布厂上，当时已届而立之年的老人仍有一腔少年人的孤勇。但生意终归不好做，老人之前只是做过一些采购工作，在织布这方面完全是外行，欠缺这方面的经验，自己家的亲戚也帮不上什么忙，生意自然不好，日子也过得比较艰难。自己一个月也就几十块钱，可以发给工人的工资就更少了，再加上 1953 年大儿子也来到西安读书，尽管赔了不少钱，竟也这样坚持了几年。

李清贤（前排中）去陕西前的合影留念（受访人提供）

1956年的社会主义改造，对老人的小织布厂而言是一次难得的机会。当时搞合作化运动，于是老人的小织布厂便被合并到西安第十四染织社，老人也因此成为一名染织工人。老人不必再花许多心思来管理织布厂，也不再为经营发愁，生活慢慢有了规律，也慢慢安定下来。1959年老人又转到了长安县斗门镇纺织厂去做工人。这个纺织厂先前是国营的，在三年困难时期又变成了集体所有制产业，老人在厂里只织了几天布，他的主要工作是检查哪个织布机没有正常运转以及检查别人织好的布有没有问题。老人就一直在这个工厂里当工人直至退休，由女儿接了他的班。在退休后为了改善家里的经济状况，他又在西安做了一些小生意。在老人快70岁时，他终于回到了家乡。

## 四、含饴弄孙　颐养天年

老人回到家乡之后，就尽心尽力服侍家里的老人。他是在成家之后才被过继到自己叔叔家里的，叔叔婶婶比自己大不了几岁，但他仍和妻子一起尽心服侍，他们也是在称得上长寿的年龄去世的。后来儿女已经长大，需要他操心的事情也渐渐少了。在老人腿脚还灵便，耳朵还听得清的时候，他常常出去走走，他的屋里以前摆放着一台电视机，他时不时看看新闻。尽管没有读过多少书，也讲不出什么所以然来，但老人对此很上心。后来老人的身体出了点问题，他便不再出门去，只是每天吃完饭后在院里走走，晒晒太阳。老人自退休后，一直都领着退休金。刚退休的时候，只有40多块钱，到了20世纪90年代逐渐变为60多块钱。90年代初，老人曾经工作的工厂就已破产，但到2000年国家进行社会统筹之后，他的工资增加到240块钱，2005年后每年都有增长，至今已经有3000多块钱了。

如今老人的孙辈也是快要做爷爷奶奶的人了，即将五世同堂。老人在说到那个即将出世的孩子时，脸上满是笑容。在98岁高龄，他仍思维清晰，十分关心小辈的学业。他喜欢听孩子们一切顺遂、学业有成的消息，每当听到这些消息，他都会露出宽慰的笑容。他一辈子重视教育，或许是因为自己总是吃没有文化的亏。他绝不允许自己的孩子有和自己相似的命运，所以他拼命挣钱，也是为了能供得起孩子读书，不让他们重蹈覆辙。他最骄傲的事情莫过于家里的孩子全都高中毕业，甚至还出了一个大学生。他一心想让孩子接受更好的教育，他的二儿子谈及他当年填报志愿时，因为没有报好，浪费了自己的分数，父亲大怒，嚷嚷着要打他的事情时，老人拉着儿子的手，一遍遍地叹气。李清贤老人生活的那个年代的孩子很多都是没有读过书的，对此他们的父母，甚至是他们自己都不以为意。而李清贤老人却从自己那早早辍学的过往及日后经历的苦难中悟出了读书的重要性，作为一个平凡的农村老人，有这样见地的实为少数。

谈到自己的长寿秘诀，老人直言就是不生气。他的确是个随和的人，好像也从不把自己的苦难放在心上。老人还说他不管周遭情况如何，也从不改变自己的生活习惯，该吃饭睡觉就吃饭睡觉，从不因为与别人吵架置气就委屈自己，豁达的心胸实在少有，老人的这种心态或许是品尝过生活的酸甜苦辣后所体悟的真理。其实，如此长寿一方面是老人的幸运，另一方面大概也造就了老人的孤独。眼看着朋友一个个离去，身边的小辈又少有能跟自己搭上话的，老人说起那些曾跟他一起上学如今都已离去的故人，默默低下了头，眼皮也耷拉了下来。

李清贤老人的这一生被分为两个阶段，半生苦难，半生顺遂，没有什么值得称奇的成就，他生于农村，一直平凡地活着。但他人生中的许多决策都透露出他的智慧与果决。这样的通透与从容似乎是天生的性格，但他的人生经历同样教会他坚强乐观地面对人生那十之八九的不易，遇到困难要积极解决，如若此路不通，尚且还有别的路可走，这种朴素的道理往往是一种大的智慧，淡然通透地面对苦难，在苦尽甘来之时认认真真地生活，这就是李清贤老人这平凡一生的写照。

## 采访手记

这次要采访的老人是笔者的太爷爷，在此之前，笔者从未想过会以这种方式去完完整整地了解他的过去。笔者的爷爷和爸爸，包括笔者的伯伯有时会说起太爷爷的故事，这些故事有的是太爷爷自己讲给他们听的，但那些记忆总会有所缺失，明明是同一件事情，笔者却往往听到不同的版本。时间久远，只有当事人最清楚到底发生了什么。但太爷爷向笔者完完整整地讲述他的过往也是不可能的，他的身体越来越不好，他的精神越来越倦怠。因此，笔者只能先从爷爷那里了解故事的梗概。

有些细节还是要询问太爷爷，但每次问起他的时候，他总是说得不多。笔者知道那么多年前的细枝末节回忆起来是很困难的，也知道老年人有时不愿意向小辈表露他曾经的心境。

作为一个普普通通的人，太爷爷只追求平和安稳的生活，对他来说前半生苦难的分量远比不过后半生的安宁。这也很好，如果能专注于幸福，何必勉强回忆苦难？

笔者不是一个爱好历史的人，但笔者尊重历史。笔者从太爷爷的讲述中明白了当时的艰难生活，笔者开始了解民国十八年饥馑，笔者尝试像浏览一本晦涩难懂的书那样浏览太爷爷的过去，尽管笔者并不能理解，不能感同身受。

一个平凡的人生比起那些建树颇丰、跌宕离奇的人生来说确实少了趣味。但这次采访让笔者看到了太爷爷对生活豁达通透的态度，看到了他有诸多不顺却又踏踏实实的一生，光凭这一点，他就值得笔者尊敬。他教给笔者的东西，值得笔者用接下来的人生去不断实践。

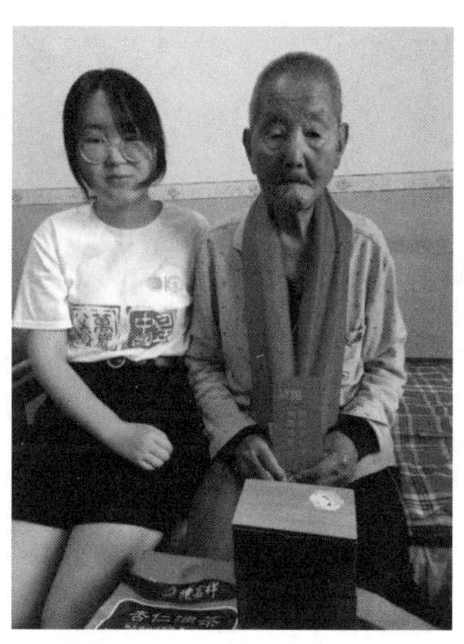

老人与志愿者合影（李成孝　摄）

# 世外沧桑阅如幻，开山大定记依稀
## ——仰大晏老人传记

陈瑞清 北京师范大学 新闻传播学院 2017级

### 人物生平

仰大晏，男，1920年3月28日出生，离退休干部。祖籍湖北安陆，家住湖北省安陆市府城办事处石桥村二组。少时家境清贫、饱经沧桑，当过放牛娃、打过长工。新中国成立后参与土地改革，随即加入共产党。历任党委书记、茶叶厂厂长、贫下中农协会会长、城建指挥部部长等职位。他与妻子曾氏相识于战乱时期，家庭和睦，共育有8个子女。如今老人子孙满堂，在家乡安陆安享晚年。

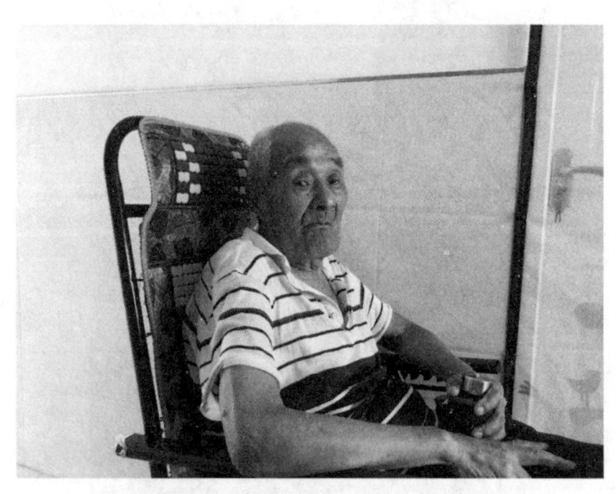

仰大晏老人在家中（陈瑞清 摄）

### 一、历尽风雨沧桑，仍怀赤子之心

1920年的春天，银杏树下的仰家迎来了他们家的第二个男孩，取名为

“大晏”。

那是两棵树龄逾百年的银杏树，在当地人看来，树龄上了百年的银杏都是有灵性的。

在仰大晏 4 岁时，由于家里实在太穷，仰父便召集村里的壮丁，砍了其中一棵银杏拿去卖钱。不久后，仰大晏的母亲便生了重病，离开人世。

“唉，银杏砍不得呀。”谈起母亲的离世，老人的言语中流露出了悲伤，他的双眼不经意间望向了门外——朝着那棵银杏树的方向，若有所思。

当地人都觉得，仰母的离开是因为砍了银杏树，招来了厄运。从此以后，人们不敢再随意砍银杏。那棵落单的银杏树，便一直栽在仰家的门前。到了现在，已是有着近两百年历史的老树。

本来生活就不富裕的仰家，在仰母离开后，生活变得更加艰苦。老人回忆道：当时家里最小的弟弟，才 10 个月大。因为实在是没人照顾，仰父只好把弟弟送给了别人家。之后，父亲和年长的哥哥外出打工，年幼的大晏和弟弟妹妹则全在姐姐照料下生活。

3 年后，年仅 7 岁的仰大晏，为了帮补家用，也早早地离开家门，去了别人家当放牛娃。“那时候穷，实在没有办法，我也读不起书，只能去别人家打打杂。”尽管老人笑着诉说起自己当放牛娃的经历，但我耳中听到的，却是无尽的辛酸与无奈。

谈到自己的父亲，老人嘴角渐渐上扬，言语里满是骄傲与崇拜。平日里，仰大晏的父亲是一个普通的农民，每天在家中栽花种田、去市场赶集卖菜。但逢哪家有了喜事丧事，仰父便又多了一个特殊的身份——道士。在过去的农村，不论是男女结婚，还是家人出殡，都有着不少的讲究。但是，普通人哪能记住那些繁文缛节呢？只有有一定天资的人才能够胜任这份工作，所以说在旧社会，道士是特别为人们所尊敬的一份职业。每当有红事白事的时候，街坊邻里便会邀请仰父，去为他们指导置办红白事，仰父在村中自然也备受村民的尊重。

母亲走后的第 10 年，仰大晏的父亲也因病离世。仰父走的时候 51 岁，在那个时代来看，已经是长寿之人，所以也算得上是寿终正寝。父亲离去那年，14 岁的仰大晏迫于生计，开始去别人家打长工。所谓打长工，其实就是工作以年为限，去别人家帮工。仰大晏就长期去别人家帮着种田来补贴家用。勤奋能干的他，自然深得主人家的喜爱与信任。于是，这份长工一干便是十几年。

## 二、时过于期，否终则泰

1949 年 10 月 1 日，新中国成立，土地改革推进到湖北部分地区。仰大晏的命运，也从这一年起，被彻底改写。

阴历十月初一，29 岁的仰大晏打完长工回家。5 天后，土地改革的号角在安陆石桥村响起——土改组进村选人。年轻力壮的仰大晏刚刚回家，便立刻被土改组选中，成为土地改革的参与者。随后，因为在工作过程中表现出色，他更是被安排进入地方党校学习。

学文化，是仰大晏进入党校后的第一件事情。由于家境贫寒，仰大晏年轻的时候没有机会上学。“别说读写文章了，当时我就连最基础的汉字都不会写几个，可以说是一个彻头彻尾的文盲。”在党校里，他一共学习了 200 天。前 100 天是扫盲，从最简单的汉字开始学起，终于，仰大晏不再目不识丁。后 100 天学政治，包括马列主义，但是这些在当时脑袋灵光的大晏看来并不晦涩难懂。同年，仰大晏加入了中国共产党，成为一名光荣的共产党员。

仰大晏人生的转变，靠的并不仅仅是幸运，还有自身的努力进取。每次县委书记做报告时，他都会专心聆听、虚心求教。“那时候脑筋比较好，在会上党委书记说的话，会后我都能复述出个七八成。”会议后，仰大晏还会将所复述的内容记录下来，以便日后加以学习参考。

仰大晏的勤恳被领导们看在眼里，他先后被任命为南城、陈沟大乡、刘庙乡党委书记，深受人民群众爱戴。询问起他如此受欢迎的原因，仰大晏坦称，从来不觉得自己是干部领导，“我们无论任何时候都要秉持‘群众观’，认真做事、踏实做人，全心全意为人民服务。”

随后，仰大晏被调往当地的一家茶厂任厂长。“我一个没有读过书的人，手下却有十几个大学生，他们也很愿意让我管理。”仰大晏对此感到很是自豪。没有接受过太多教育的他，却凭着自己的一腔热血与为民情怀，在自己的事业上大有所成。

在茶厂工作了几年后，仰大晏又被组织调整到“五七干校”任校长、指挥部指导员。几年后组织部将其调去城关镇，先后历任贫下中农协会会长、城建指挥部部长、环城管理区党委书记……30 多年来，仰大晏一直在自己平凡的岗位上默默坚守，直至退休。

现在，退休后的仰大晏一个月还能领到 4000 多块钱的退休金，他感到非常满足。老人直言道：“自己是幸运的。要是没有毛主席，就不会有今天的我。” 老人用着朴实的一字一句讲述着自己的人生，他从未忘记过党和国家给予自己的恩惠，“记住，吃水不忘挖井人，你们年轻人，要好好珍惜现在的生活呀……”我猛地点头没有说话，将老人的一言一语铭记于心。

是啊，中国的抗日战争和解放战争历程何等漫长，没有老一辈革命家的艰苦奋斗，我们便不可能会有今天和平安稳的生活。懂得饮水思源，方能勇往直前。

## 三、执手相看泪眼，竟无语凝噎

至于仰大晏与妻子的故事，还要从 1939 年说起。当年，日本人占领安陆县城。有一户姓李的人家落荒逃难，机缘巧合下借住至仰家。那年 19 岁的仰大晏正是娶妻之时。李夫人便把自己妹妹家的女儿曾氏介绍给大晏。仰大晏与曾氏相识不久，便定了亲事。

在硝烟战火之中，他与妻子成婚，但无情的战争又岂会体恤新婚的小两口。本就生活拮据的仰家，因为战乱而变得更加贫穷。想象中是幸福的新婚生活，现实却是家徒四壁。

“我是讨米（要饭）的，她过来就也跟着讨米，让她受了不少委屈啊！”想到早年间与妻子受的苦，老人长叹了一口气，并用手轻轻拂过逐渐湿润的眼眶。

婚后的第一个除夕，家里一贫如洗，甚至连大米都吃得一点不剩。当时全身上下只有一个硬币的仰大晏，无颜回家面对妻子，只得在街上四处徘徊，不知如何是好。

走着走着，他来到了一家赌场的门前。“反正一个硬币也什么都干不了，我心想着那就不如赌一把。”那天，仰大晏一赌，便连赢 12 把。

正当仰大晏准备继续赌博时，赌场里的老街坊叫住了他。老街坊清楚仰大晏家的情况，也深知依靠这种突如其来的好运并不是长久之计。

“他让我不要再赌了，还告诉我哪家刚杀了猪有肉卖，让我赶紧用赢回来的钱去买些肉回家过年。”仰大晏心情激动地说，“我现在还很感激那个老街坊，当初要不是他的一番话劝住了我，我赢回来的钱可能又会输得精光。”

傍晚，仰大晏回到家里与妻子团聚。他手拎着刚买回来的猪肉、大米，兴奋地迈过家中的门槛……终于，家里能过上一个好年了。

那是仰大晏印象最深的一个春节，即便是 80 年后的今天，那天所发生的事情的每一个细节，他仍旧记得清清楚楚。他说：“当时的一切就好像是前不久才发生的一样，历历在目。”

仰大晏与妻子相依相守，一起过了大半辈子。他们的生活并不富裕，但也算是过得朴实安稳。与大部分农村人家一样，丈夫是家中的顶梁柱，仰大晏早出晚归去外工作，妻子则在家中相夫教子。一生当中，他和妻子一共育有 8 个子女，三儿五女。他们当中有的是教师，有的当过兵，还有的在粮食国库工作。看到子女们个个出人头地，年近百岁的仰大晏很是欣慰。

现在，老人的家里已是四世同堂。平时他与大儿子一家生活在一起，老人的其他子女，则会在节假日过来看望老人。他们一大家子幸福美满、其乐融融。

## 四、岁月如歌，生命如诗

退休后，仰大晏的生活也逐渐趋于平淡。“我现在就是每天出门遛遛弯，坐在银杏树底下乘乘凉，感觉挺舒服、挺自在。”老人说，“这几天由于天气炎热，就没怎么出门。”在天气凉些的时候，他还喜欢去村里的茶馆打麻将。“整个茶馆就我一个九十多的，剩下的全是六七十岁的‘小伙子’，连上八十的都很少。”老人眼含笑意，“想了想，全安陆好像也没比我老的咯！”

“爹爹平时还很喜欢唱歌！”老人的大儿子在旁附和道。随即，爷爷便为我们放声高歌一曲。

“一劝世人孝为本，黄金难买父母恩……”

在聆听老人的歌声之际，我仔细地凝望着他的脸。一条条曲折不均的皱纹，爬满了他的面容，那是岁月留下的印迹。说来奇怪，尽管老人的鬓须已经苍白，他的眉毛却仍乌黑茂密，这其中一定蕴含着老人长寿的秘密。

一曲唱罢，我好奇地打听起老人的养生之道：“爷爷，您这么长寿，想必平时一定很注意身体吧？”

“我作息比较规律，而且戒了烟。”老人坦称，他在工作时曾抽烟抽得很凶，“我当党委书记的时候，又是‘合作化’，又是‘大集体’的。”那一段时间，仰大晏日夜加班、身体劳累。在当时高压高强度的工作环境下，甚至只用一天的时间，他就能抽掉两包烟。

退休后，仰大晏感觉自己身体有些不舒服，便去医院看病。“大夫说我有很严重的肺积水，让我马上住院。之后还做了手术，他用针管把水从我的肺里一点一点抽了出来。”老人用手比画起了粗粗的针管，“病治好了之后，大夫说我不能再抽烟了。从那之后，我就再也没有抽过，到现在已经 40 多年了。”老人靠着自己坚强的毅力，戒掉了抽了 20 多年的烟。

俗话说“烟酒不分家”，抽烟和喝酒对身体的伤害都不小。但时不时地，老人还是会小酌怡情。“今年春节还喝了一杯，但是现在我的心脏有些受不了，就没再喝了。”从言语中，我能够听出老人有着些许惋惜。

谈到家中有历史感的物品，仰大晏遗憾地摇了摇头。“之前家里有很多的，可惜现在都找不到了。”原来，因为多次搬家周折，许多很有纪念意义的老物件，包括自己年轻时的老照片，早已寻不见踪影。“不过，现在家里面还有把日本人留下来的大刀。”

老人从卧室中，提出了一把大刀。刀柄用鲜红色的胶带缠绕着，已然看不到里面的模样。祥云状的护手下，是方方正正的刀身与满是豁口的刀刃。

“这是我年轻时从地上捡来的，”老人平和地讲述起那段不平静的岁月，“当时日本兵来我们村子里，用这把刀杀了好多人嘞！”

粗糙的刀面上，布满了砖红色铁锈，一如它当时身上沾满的鲜血。这把大刀像是在无声地诉说着那段残忍而又刻骨铭心的历史。

老人的卧室房间地方虽小，但里面的物件却摆放得整整齐齐。环顾四周，我的视线最终落到了老人床头柜上的瓶瓶罐罐。上面的标识清晰可见：胆宁片、葡萄糖口服液、麻仁丸……

“人不服老不行！我现在每天都要吃这些乱七八糟的药。”老人似乎猜到了我心中所想，“也不知道自己还能撑多久啊……”

“表哥一定要照顾好爹爹，长命百岁！”父亲拍了拍身边伯伯（老人的大儿子）的肩膀。

“一定、一定！”伯伯随即应道。

“哈哈，只要不死就是长寿咯。”老人也笑着说道。

## 采访手记

询问了一圈身边的同学，大家似乎都不认识任何百岁老人。最后，笔者只得求助父母。

“老家的老亲戚今年 99 岁了。”父亲为笔者送来了好消息。

笔者恍然大悟，这位老亲戚我是见过的啊，他是我的姨爷爷。还记得第一次见到爷爷是在 2016 年的时候，父亲带笔者回老家过年。爷爷第一次见到笔者就送给笔者了一个大红包，令笔者印象深刻。

“伯伯是我看到 90 岁以上最清醒的老人了。”这句话在采访之前父亲不止对笔者说了一遍。的确，笔者身边很多 80 多岁的爷爷奶奶行动都已经不太方便了，已经 99 岁高龄的爷爷却仍精气神十足，的确难得。

在采访过程中的，爷爷与家人相处的点滴细节，总能让笔者感受到他们的温馨融洽。最难忘的一个场景，是爷爷的曾孙女在吃薯条时，不忘特意跑去给老人送上一根，老人自然也是十分欣喜，高兴地吃下薯条。

笔者与爷爷相处的时间是短暂的，两次的采访加起来也不过短短两天，但这却是这个暑假笔者最为难忘的两天。

临走前，笔者为爷爷戴上丝巾。笔者至今仍记得，爷爷露出的真挚笑容。在那一个瞬间，笔者觉得我所做的一切，都是值得的。

志愿者与老人一家合影（陈万平　摄）

# 棉花柔情，寄志一生

## ——黄茂清老人传记

袁汝钰 北京师范大学 政府管理学院 2018级

### 人物生平

黄茂清，男，生于1926年4月21日，原籍江苏省宜兴市，现居于湖北省襄阳市。他20岁进入上海国棉十二厂工作，1952年参与支援大西北建设，前往陕西咸阳筹建西北国棉二厂，1965年参加援助非洲马里的项目，1969年支援三线城市湖北襄樊（现改名为襄阳），成为襄樊棉纺厂设备科副科长，工作至退休，献身棉纺事业40余年。家庭和睦，夫妻恩爱，四世同堂，1983年，他的家庭获得 “全国五好家庭” 模范荣誉称号。目前夫妻两人均健康状况良好，搬入新家，由大女儿照顾。

黄茂清老人在看书（袁汝钰 摄）

## 一、悲惨童年，死里逃生

江南山水柔情，人文荟萃，自古多文人骚客；亦兵家重地，战火纷飞，出尽忠义之士。

太湖西岸、苏浙皖三省交界之处有个水乡小镇叫宜兴。民国十五年(1926)江浙战争后，宜兴重创未愈，硝烟弥留，一个男婴在军阀混战中呱呱落地，后唤名为黄茂清。

黄茂清没有太多时间和机会去享受童真快乐，在他十余岁时，日寇便发动全面侵华战争。在那段艰难岁月中，在宜兴这块土地上，各种政治势力犬牙交错，情况复杂。战火逐渐燃起，枪炮声越来越近，刚入学的黄茂清很快就失学了。局势动荡，人心不安，别说私塾学堂，就连路边小店都无法再营业，普通老百姓开始四下寻求自保。正在渴求知识年龄的他不得不丢下书本，从此，辍学的遗憾深深地刻入他的脑海。

10岁那年，他的父母像预知到什么一样，带着年幼的黄茂清踏上了向东逃难的路，离开故土，颠沛流离。一路上黄茂清看到的是几乎处处相同的场景，都是战争留下的痕迹：残破废弃的屋子空无一人，街道旁房门窗户紧闭，巨大的弹坑散落在村子里，还有和他们一样衣衫褴褛逃难的人们。没有饭吃没有地方住的日子里，他哭着问父母:“为什么要离开家，我不想离开！”母亲抹着眼角的泪告诉他：“敌人要来了，他们是坏人，他们要来抢我们的住所，他们要杀了我们，我们要赶紧跑！我们去上海找外婆！”

很快，1937年11月淞沪会战惨败，上海沦陷，日军从上海出发一路向西，烧杀掳掠、奸淫妇女、无恶不作。轰炸机的阴影笼罩了这片美丽的江南土地，日军屠刀的光影闪耀在温婉的水乡街道间，12月13日，震惊寰宇的“南京大屠杀”惨案发生，血流成河。日军不断派飞机对无锡、江阴、宜兴进行轰炸，医院中弹，伤兵多人被炸死，工厂区内的平民死伤更是不计其数。日军在三里桥纵火，无锡和宜兴城内的繁华街市在十昼夜焚烧中成为灰烬。

故居成灰，然而这一切，当时黄茂清一家人并不知情，此时他们好不容易逃到了上海，却还是一片混乱，甚至身陷敌占区。在日伪政府统治的敌占区中，黄茂清一家的生活度日如年，8年的屈辱时光，每天都在忍受上空盘旋的轰炸机的轰隆声，说话做事提心吊胆，生怕得罪日本人，担心着下一个倒霉的会是自己。但与那些或葬身故土，或曝尸荒野的人相比，他们是幸运的，躲过了那场腥风血雨。

和那个时代以及那个时代的其他人一样，他的童年是灰色的。没有安静明亮的教室，没有玩具和新衣服，逃难、挨饿、看人眼色是家常便饭。

## 二、人生转折，结缘棉纺

### （一）初进棉纺厂

乌云密布的天空乍现曙光，轰炸机隆隆的声音逐渐从耳边、脑海中消失，黄茂清人生迎来第一次转机。1945 年 8 月 15 日，中国人民抗日战争胜利了！此时刚成年不久的黄茂清欣喜若狂，他终于等来了战争结束，他终于不用在敌占区苟且生存。上海街角巷落里，一个个曾经放肆豪夺的倭寇低下了头，被赶上船，集体遣送回国。看着他们离开的背影，所有的上海老百姓都长舒一口气，转而庆祝这场伟大胜利！

一切都不一样了！

在抗战胜利的欣喜过后，青年的黄茂清清楚地认识到，如果不是战争，自己早就该工作了，此时正值劳动的最佳时机！待局势稳定下来，他马上投奔在上海工作的大哥，经大哥介绍他进入了上海国棉十二厂工作，这是一家曾经被日本人控制的棉纺厂，日军走了，正是亟须工人、重整旗鼓之际。

在大哥的陪伴下，黄茂清第一次踏入工厂，20 岁的他看着眼前的机床工件，笑了。此时的他还不知道，自己往后余生都将与它们有关。

### （二）重拾书本

抗日战争结束后，解放战争的枪声打响。温饱和安全又一次成了问题。那时的他，全部的希望就是有人能给他一个没有战乱的地方劳动、生活。

4 年后，这个愿望实现了。

1949 年 10 月 1 日，在这个万众瞩目的日子里，新中国宣布成立了。对于从战争中走过来的黄茂清，这份和平真的是来之不易，他回忆时说道：“那真是工人翻身做主人。”再也不用忍受每天提心吊胆的感觉了，再也不会因为自己是个小工人就被随便打骂，他可以安心地拥有自己的生活了。而这一切，他知道，那都是伟大的毛泽东领袖给的，是共产党、是新中国给的！

身处正是重整旗鼓待发展的上海，借着祖国母亲的荣光，这里的人们终于迎来了自我发展的机会。黄茂清日夜勤勤恳恳工作，终于得到厂里领导的认可，1952年初厂里保送他到华东纺织工业学习班学习。在童年辍学的伤痛过去多年后，他终于可以再次拾起书本，拾起他多年前的梦。数月的专业学习，让黄茂清知识和能力都得到进一步的提高，他说："读书多就是好，这就是新中国、共产党给的福利！以前不懂的现在知道是什么原理了，不只是低头做工，就专业问题也可以和别人交流二三了。"

## 三、男儿有志，志在四方

### （一）支援大西北

结课后回到工作岗位后不久，黄茂清遇上"支援大西北"招募志愿纺织工人的活动。厂长一声呼喊："有没有谁自愿报名的啊？"他明白如今的生活是受恩于谁，自己的知识是谁给的，二十出头的他年轻气盛，怀着报国之心，他振臂高呼："有！我！！黄茂清！！！"

那一年，他瞒着家里人，孤身一人，坐上一趟长途绿皮火车，离开日渐繁盛起来的上海，志愿前往陌生遥远的大西北。他这一离开，殊不知是与故乡的一场久别，但当时的他无比坚定，始终如一地奉献自己。

坐了七天七夜的火车，黄茂清和他的工友同伴终于抵达目的地陕西咸阳。那时的咸阳，虽是历史名城，但在战乱重创之后，剩下的只有"历史"了。迎接他们的，是参与筹建西北国棉二厂的重任。

次年，第一个五年计划开始了，"一五计划"的主要任务之一就是集中力量进行工业化建设。棉纤维是我国纺织工业的主要原料，它在纺织纤维中占很重要的地位，黄茂清所处的棉纺织业印染业毫无疑问是工业化建设中重要的一环，当时在建的每一个厂都有极其重要的意义。

和工友们一起听着工厂里播放的广播，黄茂清热血沸腾，他突然有了无比清晰的目标，有了努力的方向：听党的指挥，现在所有的辛苦劳动都是为未来美好的生活。他暗下决心，自己一定要亲手建好这个厂子！

### （二）工厂改造

眼看厂子越办越好，而立之年的黄茂清迷茫了：一是感到自己知识不够用了。虽然工作 10 年积累了很多经验，但总缺技术性的知识指导，在机器设备的理论知识上也十分缺乏。二是自己还没能加入中共产党。热血男儿都有一份报国理想，小时候逃难，现在得之不易的工作和生活都得益于党的领导，他多么想加入这个先进的组织，学习更多的知识，为建设新家园贡献出自己的力量。

第一个困惑很快解决了，黄茂清因为优秀的表现被保送到青岛参加为期 3 年的培训。3 年里，他接触了很多让他受益匪浅的前辈，结识了很多无话不说的工友，更重要的是，他接触到了棉纺织业最先进的设备，学习了相对专业的知识。1959 年，学成归来，正值工厂设备革新改造，刚学的一身知识马上有了用武之地，黄茂清喜上眉梢，立马投入工厂的改造任务当中。厂里提拔他为中层干部，直接参与到管理棉纺厂的工作当中去。此时的他，已不再是当年那个单纯低头做工的小工人了， 而是能独当一面领导新工人的干部了。

1962 年，随着工厂改造任务顺利完成，黄茂清写了多次的入党申请终于获得批准了！他的工作被认可了，他对党和国家的贡献被认可了，从今往后他就是一名光荣的中国共产党党员了！毛泽东思想、马列主义、共产党守则……一个个小本本，承载着他的信仰。

### （三）支援非洲马里

20 世纪 60 年代，新中国在中国共产党的领导下，在两个“五年计划”圆满完成的情况下，人民的生活水平逐渐改善，发展前景一片光明。中国是永远不会忘了兄弟的，向还深陷贫穷、无法自拔的非洲伸出了援手，各行各业的人前往非洲支援建设。1965 年，棉纺织业成立了“援助非洲马里”的项目，黄茂清又报名了。

那年，他身侧有妻子，膝下已有三儿两女，工作稳定，家庭幸福，但他没有贪恋这样安逸的生活，没有畏惧这次出国的任务，他把家交给妻子，就这样决定前往贫瘠凶险的非洲。上一次是离开故乡，这一次则是离开故国。他似乎从来没有停下脚步停歇，哪里需要他，他就跟着党指挥的方向前往哪里，他的命运和国家的命运早已通过棉纺厂连接起来。

“1967 年元月 7 日下午 1：30 从北京起飞，广州→孟加拉国达卡→巴基斯坦卡拉奇→埃及开罗→意大利罗马→法国巴黎→马赛→西班牙→摩洛哥→马里巴马科→塞古棉纺织印染厂”，这是退休后的黄茂清亲笔写在当年“马里塞古纺织厂工地合影”照片背后的一段文字。

黄茂清清楚地记下了搭乘飞机的时刻，这是他第一次坐飞机，但也是最为奔波的一次。那个年代，不像现在一样几乎每个国家间都能通过飞机直达，飞机罕见，航班更是少，要前往遥远的非洲，旅途必然艰辛。

一路上不断转折，舟车劳顿，花费了几十天的时间，黄茂清和工友们终于到达了马里首都巴马科。他们作为第一批“先锋队”，此行的目的要帮助马里“从零开始”建设纺织印染厂，完成一系列基础建设。从首都巴马科到塞古还有 100 多公里，他们就坐着小破车，一路颠簸到达目的地。一路上的场景唤起黄茂清儿时的记忆，灰尘、破烂、贫穷，人们的脸上满是生活刻下的苦难的印记。他突然想到了妻子和儿女，马上要过年了，却不能和他们一起。短暂的伤感后，他又马上和工友一起讨论接下来的计划。

塞古纺织厂的当地人热烈地欢迎了他们，虽然语言不通，但因为同样是工人，黄茂清依旧感受到了熟悉的气息。纺织厂初建，不仅机床工件需要组装，连工人也需要招新，招来的新工人也不会操作机器。于是，黄茂清和他的工友们一人身兼多职，既搬运工件组装机器，又当流水线上的工人参与生产；既负责维修机器零件，也负责在闲余时间教当地工人操作机器。工人都是从塞古本地招来的，因为马里之前是法国的殖民地，队里配备的一个翻译实际上是法语翻译，遇上不会讲法语只会土语的人，他们还要再找一个同时会法语和土语的马里人，经过两道翻译才能交流。实际工作中，整个厂子只有这一个翻译，平时翻译不在的时候语言不通，黄茂清就只能手把手、比比画画地教当地工人做活。他们基本没受过文化教育，而受教育较多的黄茂清就负责教他们最简单的加减计算，方便他们自己记账。在接触中，他跟这些当地人成为了朋友，也学了很多马里的土语，至今已经 90 多岁的他都还记得一些。

转眼，夏天到了，非洲条件的凶险恶劣逐渐显露出来，当地有很多奇奇怪怪的爬虫和飞虫，它们携带着疾病病毒。夜晚，黄茂清无法入睡，因为一躺下，围上来的黑压压的一片都是蚊子。采访时，老人回忆起来情绪有些激动，他边说边在自己胳膊上腿上比画着："不停地赶！自己拉布做蚊帐！就这样还是不行，胳膊上，这里，这里，都是红的，蚊子咬的，还抓不得。"不仅如此，赤道周围的非洲夏季高温常达 40 多度，工厂里就像一个巨大的蒸笼，在工厂里做工的他们浑身上下淌着汗，"衣服脱下来能拧出水。"条件如此恶劣，但他依旧坚持着，因为他们此时代表的是中国工人，"我们是在为国争光！"

1968 年 9 月 15 日"欢送回国留念合影"
（黄茂清第一排左起第四位）（受访人提供）

他好不容易从苦难中走出来，却又再一次主动走进苦难。不同的是，上次，他深受折磨，而这次，他微笑面对；上次，他被祖国母亲和党所救赎，而这次他是以救赎者的身份去化解苦难的。只有从苦难中走出来的人，在面对人生路的选择时才会如此坚定。

1968 年 9 月 21 日，为期一年半的一期任务圆满完成，黄茂清一行人受到了马里共和国总统的接见，并顺利回国。

**（四）支援三线城市襄樊**

1969 年 9 月 13 日，黄茂清到刚成立不久的湖北襄樊棉纺织厂报到。才回国仅一年，已经是中年的他，带着妻儿再次离开熟悉的、已经生活了 17 年的地方，跨过半个中国，支援这个三线城市的棉纺织业。何处为家？ 10 岁那年，逃难开始的那一刻，他也许就注定四方流浪，但无论何时他始终都和棉纺厂在一起，和他热爱的工作在一起。

从新建厂到整个樊城工业区欣荣起来，他作为棉纺设备科的干部又在这个地方踏实地工作了 17 年，升任设备科副科长，于 1986 年 9 月退休。

### （五）余温尚存

退休时他已是60岁的老人，膝下儿孙满堂，正是享尽天伦之乐的好时候。但也许是习惯了四处奔波，又或许心中仍然放不下工作，不愿离开棉纺厂这个熟悉的地方，他又背起行囊，再次出发，到襄樊的周边县城参与建厂指导。在谷城棉纺厂，他完全不像一位已经退休的老人，他依旧活跃在棉纺厂纺织工程的一线，用40年经验指导着工厂的规划，向厂长传授设备技术知识和管理经验。接下来，他又受邀前往保康、宜城等地，一个一个脚印踏遍襄樊县区，一座一座棉纺厂建立起来。

## 四、贤妻良母，三生有幸

黄茂清的妻子钱瑞珍也健在。钱太奶奶前两年不慎摔伤，现在还未痊愈，坐在轮椅上，但她精神状况很好，我们也有幸采访了她。

黄太爷爷和钱太奶奶相识于战火之中。钱太奶奶是上海人，也在棉纺厂工作，是名纺织工人。黄太爷爷在上海的时候，经家里人介绍认识了她，有了工作以后马上就娶了她。父母之词，媒妁之言，当时谁也没想到，两人不仅养大了三儿两女，还一同走到了百年之际。

但早年的时候两人过得很辛苦，因为黄茂清工作的需要，他们总是在不断地分别。

当问到两人“对彼此印象最深或最感动的事情的是什么”的时候，两人都提到了支援大西北。那时候结婚才6年，黄茂清是瞒着家里人报名，他害怕妻子反对、家人阻拦，于是决定自己一个人先过去。等待的日子里，钱瑞珍非常思念丈夫，终于鼓起勇气，拉着两个还未长大的孩子坐上了开往咸阳的火车，去找他。途程漫漫，七天七夜，思念愈浓。而没有了妻子精心照顾的黄茂清也十分想念妻子，想念自己活泼的小女儿。终于，钱瑞珍下了火车，在工厂接待室里，他们终于重逢了。黄茂清看到妻子和儿子、小女儿站在自己眼前时，激动得哽咽了，他没想到自己的妻子竟然来找他了。

后来，他要参加“支援非洲马里”的项目，钱瑞珍选择了支持他。送走了丈夫，可家里还有一摊子事要靠她来解决。一方面，丈夫离开了，她要工作挣钱养家糊口；另一方面，她还要在家里带孩子，要给他们做饭洗衣，要送小女儿、小儿子去上学，日子过得十分艰难拮据。但她没有觉得委屈过，没有埋怨过丈夫，她一直在背后默默支持着丈夫。黄茂清总是对别人说："因为有个好妻子，所以在国外能安心工作，为国争光！"

除了工作上的、家里的事情，她还担心着丈夫的生死安危。黄茂清毕竟是去了遥远的异国他乡，那个年代没有国际电话，唯一的联络方法就是写信来往。每个月，钱瑞珍只能通过一封家书了解丈夫的情况。有电报传来，听说去非洲马里援助的人中有一个不幸得病去世的，钱瑞珍心里火急火燎，不知是不是丈夫，担心得流下眼泪。黄茂清知道妻子可能会操心，很快又写了信回去，直到收到丈夫的信，她才松了一口气。

在襄樊的日子里，好不容易团聚了，黄茂清工作繁忙，她作为"一家之长"照顾一大家子。全家十余口人，一日三餐、柴米油盐、买菜做饭、洗衣服、搞卫生、带孩子，全靠钱瑞珍一人前后操持。1983 年，黄茂清一家 17 口人，除了已经退休的钱瑞珍和还在上幼儿园的孩子，在职 13 人，11 人都是纺织工人，而且都是双职工，工作非常辛苦，生活在一起全靠钱瑞珍承担起家务活。像他们这样的大家庭，当时已经很少见了，别人觉得她不会享福，但按她自己的说法是"让孩子们过得轻松点，多点儿精力工作，为'四化'做贡献"。钱太奶奶说："每当我看到一张张喜报和奖状，看到一张张笑脸，听到孩子们亲切地叫'妈妈'、喊'奶奶'的时候，我真正享受到了人间的天伦之乐。"维系这个家的不是钱，而是一种精神，一种母爱，一种中国妇女所具有的传统美德。

还好，苦尽甘来。中华全国妇女联合会授予钱瑞珍一家"全国五好家庭"金质奖牌，多家报纸刊物报道他们家的事迹，和睦的家庭关系成为全国模范。全家被评出 6 个先进生产（工作）者、6 个积极分子，2 个三好学生。正是因为多年夫妻感情和睦，丈夫在事业上努力工作，妻子就做好家中事务，他们的儿女都向父母学习，姐妹、兄弟、夫妻、妯娌、姑嫂之间相处有道，友爱团结。当问及钱太奶奶时，黄太爷爷就竖起大拇指，不停地夸："我的老伴真的很能干！也辛苦她了！"

1993 年，退休了十多年的妻子钱瑞珍也终于如愿入党了。

## 五、安度晚年，心有天下

### （一）言传身教

受 20 世纪的时代风尚的影响，黄太爷爷一直很提倡节俭。之前家里 17 口人的时候，黑白电视机用了多年没换成彩色的，小儿子结婚也不办酒席，没有粮食浪费就没有买电冰箱。他说：“家里这么多人工作着，不是没有钱，是想节省下来的多存钱到银行，支援国家建设！”

据黄奶奶回忆，那时候，黄太爷爷还总喜欢在饭桌上将马列主义、毛泽东思想中的观点讲给孩子们听，教导他们用其指导自己的工作，还告诫他们做工人，最重要的是本分。

如今，随着孙子孙女陆陆续续各自成家，儿女们分散各地，在自己的天地里有了一番作为。老人也搬出“襄棉北院”（现改为“人民路社区”，旧址依然在），住进了对面的新楼房。不过新房子面积很小，正好够黄太爷爷、他老伴和大女儿居住。物尽其用，不铺张、不浪费。

### （二）有话要说

本来是想问问黄太爷爷的养生秘籍，他才说两句“心态要好，吃得要好”后，便开始谈自己对职业的看法和对年轻人的希望。他说：“现在的年轻人也必须学习好马列主义，要用这些指导自己的工作。因为我是工人出身的，所以我对待所有工人都是一样的，不会因为地位差别就对谁不好，别人也是这样对我的。身为干部，一定要平等对待工友。”

黄太爷爷虽然现在听力不是很好，但听她女儿说，他到现在还是每天收看新闻，了解国家大事。也许老人已经看不懂记不住什么了，但是关心国家大事已经成了一种习惯。

## 采访手记

7 月末，笔者和笔者的外婆抵达黄茂清老人所在的湖北襄阳城区，27 日清晨前往“汉水嘉苑”社区拜访老人。

清晨，有温和的光、湿润的空气，单元楼有早上买菜归来的翁媪，也有出门上班的年轻人。“那不就是黄太爷爷吗？”外婆突然喊出来。笔者顺着她的目光，看往斜前方，看到了一位身穿白色背心，精神矍铄，拉着小手拉车的白发老人，和那些早上买菜回来的、60岁左右的大爷没有两样。如果不告诉我，还真的认不出这是一个已经奔百的人！

开门的是黄太爷爷的大女儿黄和琴，黄奶奶热情地招呼我们进去，客厅里钱太奶奶正坐在轮椅上。黄奶奶一边拉我们坐下，“当自己家里！”一边倒喝的、拿吃的。采访很顺利，黄太爷爷说话时声音洪亮，黄奶奶在旁边帮忙解释补充，钱太奶奶摇着羽扇在一旁微笑着看着我们。

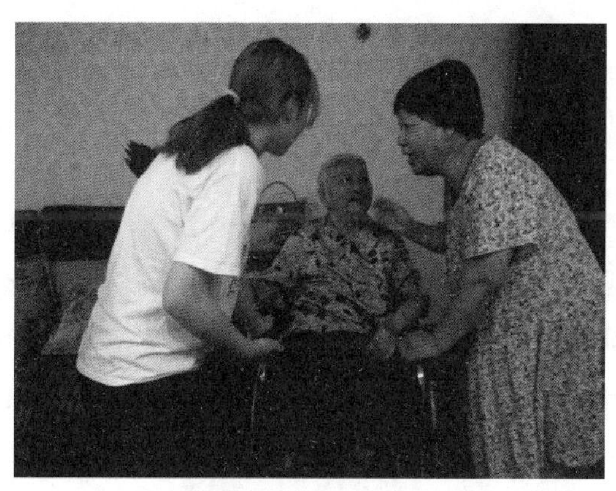

志愿者（左）和老人及家属 （张华丽　摄）

采访中钱太奶奶拍着笔者的肩膀，望着笔者笑得很开心，连夸：“真漂亮！上大学有本事！”黄奶奶解释说：“她是真的看到你欢喜！”钱太奶奶突然说：“我想我的小儿子和小孙女了。”黄奶奶告诉我们说，钱太奶奶最疼小儿子，他现在在苏州定居，不能常回来，小孙女今年又出国了。

走的时候，黄奶奶说了一句：“真的谢谢你们，老人喜欢热闹，谢谢你们来看我们。”其实，该说谢谢的是笔者，是他们让笔者听到了如此多的故事，受到了如此多的感动。今不复往，连理依旧，希望两位老人共同步入百岁。

# 守本分而安岁月，凭劳动以度春秋

## ——彭显杨老人传记

胡晨 北京师范大学 教育学部 2017级

### 人物生平

彭显杨，男，江西万年人，无党派人士，1925年9月21日出生，家住江西省上饶市万年县荷溪村，幼年接受私塾教育，之后就读于桃溪初级中学，毕业后成为一名教师，现已退休。在这90余载的岁月中，他曾为了理想挑灯夜读，为了信念诲人不倦。他永怀一颗真挚而热忱的心，安安稳稳地走着自己的路。

彭显杨老人在家中（胡晨 摄）

### 一、风华正茂恰少年

1925年的初秋，酷暑还未消退干净，迎面拂来的徐徐秋风中尚存夏日的压抑与闷热，在江西省万年县荷溪村一个低低矮矮的农舍中，一名婴儿呱呱坠地，彭显杨出生了。时年恰逢军阀混战，江西这块诱人的大蛋糕，被各大军阀连连争夺，战火纷飞，民不聊生。10月15日，原直系的孙传芳进攻奉军，迫使奉军撤离长江流域。至此，江西落入孙传芳的手掌之中，获得了短暂而又珍贵的安稳。但这苟延残喘般的安宁不到一年就被打破，国民革命军占领南昌，可不到几日又失守。频繁的作战给民众带来的不仅仅是血腥的杀戮，更是精神上的阴影与伤害，百姓们不知何时会爆发战争，整天整夜地担惊受怕。而这些，对于彭显杨来说，其实还有些遥远，正值咿呀学语的年纪，他宛如雨后春笋般狂野生长着。

时光像是挂在墙壁上的摆钟，嘀嗒嘀嗒地向前追赶着。彭显杨渐渐长大，被父亲送入私塾。那时入学并没有多么复杂烦琐的程序，向孔老夫子和先生各作了一个揖后，他便正式入学了。

比起之前的无拘无束、自由放荡的日子，上学之后的生活无疑是拘束而又枯燥的。先生每次上课时，都正襟危坐在讲堂之上，学生们亦被要求如此。而年幼的彭显杨喜欢外面的一切新奇有趣的小玩意，自是不会就此安分下来。表面上看，他的双眼胶着先生的一举一动，然而在他的课桌里，时有刚抓来的蟋蟀与蛐蛐。

先生每次讲课后，都会指定一两篇文章，要求学生们背诵，对背不出来的学生，先生就会拿戒尺来打学生的手心。每被打一次，孩子们稚嫩的掌心便会迅速地红肿，经常会有学生遭受此“酷刑”，这让孩子们对先生又敬又怕，但彭显杨却不。幼时的彭显杨调皮却聪慧，孩子好动而爱玩的天性在他身上展露无遗。然而对于冗长而又拗口的文章，他往往通读一遍就能够完完整整地背诵下来。惊人的记忆力使得彭显杨在学生当中名列前茅，他无疑是有天赋的。彭显杨的父亲也发现了这一点。在他读完私塾之后，他的父亲咬咬牙，终于决定将彭显杨送入桃溪初级中学。

在那个温饱尚难以解决的年代里，读书，对于大多数贫苦百姓来说，是一件只可远观的奢侈品，“初中”更是两个遥不可及的字眼。彭显杨深感父亲对自己的期望与自己身上所肩负的重量，在上了初中之后，愈发用功，尤其是在临近考试的日子里，通宵达旦早已是司空见惯。那时的少年意气风发，不去想未来的路是否遍布荆棘，只求自己无怨无悔。昏暗的光亮，纷乱的飞虫，俯首的学子，构成了一幅令人动容的画面。流下的每一滴汗水终究会得到回报，最终，彭显杨以优异的成绩从初中毕业。

## 二、呕心沥血育新苗

完成学业之后，彭显杨选择了毫不犹豫地投身杏坛，将自己的所得之学传授给下一代。当时的私塾还盛行，彭显杨又有过在私塾读书的经历，几经考量之下，彭显杨选择成为私塾先生。像教他的先生一样，他正襟危坐在讲台边，圈点口哼，若是学生不听话，那也必然是要罚的。看着孩子们畏惧疏远的眼神，有时彭显杨恍惚间也会想，自己是不是成了又一个自己曾经讨厌的先生，自己付出的那些日日夜夜，是否值得？日子一天天地过着，时光就像是开在旮旯里的一朵花，含苞待放，彭显杨却觉得，它快要凋谢了。在这一眼就能看到头的生活中，彭显杨感到有些疲惫。

1949 年 4 月 21 日，中国人民解放军在西起江西湖口、东至江苏靖江的长达千里的战线上，强渡长江天险，打响了著名的渡江战役。4 月 23 日，中国人民解放军解放了南京，之后途经江西追剿国民党中央军。当时彭显杨正在教私塾，下午回家时，看见米缸里的米变成了满满的一缸谷，超过了原来的两倍。现在的他回顾起自己第一次见到那些稻谷时的情景，当时的一切仿佛还历历在目，他激动地说道：“米 20 几斤，谷足足有 80 多斤，这件事给我很深刻的印象。”惊讶之余彭显杨还发现谷上面的一张字条：“老乡，我们是中国人民解放军，路过此地，你告诉大家中央军快要完蛋，全国即将解放，同志们需要站起来打倒蒋介石反动王朝，建设新中国……”看着这张字迹凌乱的小纸条，彭显杨的内心久久不能平静，一时间，手上这张薄薄的纸片犹如千钧重，他内心隐隐觉得，之后的生活将会发生翻天覆地的变化。

1950 年 5 月春，彭显杨接到县教育科的指令，动身前往人民村去创办一所小学。在那个时候，新中国刚成立不久，百废待兴，教育作为国家基石，更是亟待发展。然而在乡村，尤其是在这样偏远的乡村，对于孩子们来说，上学还是一件十分遥远而又奢侈的事情；对于家长们来说，送孩子去上学还不如让孩子们帮忙干些农活以减轻家庭负担；而对于彭显杨来说，在一块从来没有办学基础的村子里开办学校，他深感任重而道远，但是他斗志满满，他从来不是畏难者。

从确定讲授课程到招揽学生，从说服思想老旧的家长将孩子送入学校学习，到安抚来到新环境里学习的学生，他不断忙碌奔波。与此同时，他争分夺秒地认真备课，希望能使孩子们转变对学习的看法，从对学习的好奇与试探转变成对学习的热爱与坚持。开始的时候，学校在周边几个村子中，总共也只招收到32名学生，但是彭显杨坚信，时间会证明一切。随着时光的流逝，学校会越办越好，学生也会越来越多。一个简陋单一的“学堂”就这样逐渐成了一个拥有一至六年级的完全小学。看着学生们一个个稚嫩的笑脸，听着学生们琅琅的读书声，彭显杨内心适意而满足，认为自己总算是为国家、为村民做了一件有益的事。

## 三、何妨吟啸且徐行

对彭显杨来说，20世纪六七十年代的那段岁月，是痛苦而不堪回首的。在那个满城风雨的年代里，他从一名备受尊崇的教师，变成了人人皆可唾骂的阶下囚，落差之大，时至今日的我们难以想象。

也曾有过不甘，看着本该和同龄孩子坐在同一个课堂中学习的儿子，由于他的缘故，却只能扛着锄头在烈日灼烧的田地间耕作，彭显杨心里很不是滋味。

他忍受着他人不屑的眼神，还得安慰家人不安的内心。那段时间里，备受折磨的不仅仅是他的肉体，更多的是他的精神世界。

“您是怎么坚持下来的呢？”我追问。

他的心里扭着一根筋，总觉得不能放弃。

是信念与乐观一直支撑着他。他相信，只要还活着，一切都还有希望，“留得青山在，不愁没柴烧”，这句话用在这里十分熨帖，他选择不放弃。

“莫听穿林打叶声，何妨吟啸且徐行。竹杖芒鞋轻胜马，谁怕？一蓑烟雨任平生。”

1980年，彭显杨已经有55岁，时光在他身上留下了深深浅浅的印记，然而岁月并没有使其屈服，他看着一片狼藉的学校，义无反顾地回到了三尺讲台。

至此，教书、育人，成了彭显杨生活的主旋律。日子慢悠悠地向前驶去，彭显杨与家人一起，过着平淡却静好的生活。

## 四、苦尽甘来总是春

如今的老人早已退休，现与其三儿子生活在一起。老人的生活因为退休而变得简单，但却并不枯燥。闲暇之余，老人会和他人聚在一起打打麻将；

有兴致的时候，他还会提笔写几幅字，因为老人年少时曾苦练书法，老人的字写得颇有一番意味，他在退休后甚至帮别人写过对联与书信。而在采访当天，他还兴致勃勃地拿出了上好的宣纸，为我们写了一副自编的对联——“守本分而安岁月，凭劳动以度春秋”。正如老人一生所秉持的信念，老人真正做到了“守本分”，“安岁月”，“凭劳动”，“度春秋”。老人的儿子彭金生先生指着这些纸笔介绍道：“这个是专门从县城里买来的，就是为了他能尽尽兴。”老人的儿子又带着我们去看房子的门口与门楹处的对联。“这些都是他写的。”老人的儿子补充道。当然，除此之外，老人还喜欢看电视，尤其对抗战片情有独钟，屏幕中的热血与拼搏，总能让老人回想起青少年时代。虽然老人的耳朵已大不如前，但是老人仍能乐在其中。“我就是喜欢这些，可能会有点水分，但是我不在意。”老人笑着向我们说。

彭显杨年轻时酷爱文学，尤其对《三国演义》《水浒传》等讲述家国故事、英雄情怀这一类的书籍爱不释手，翻来覆去地看了很多遍，早就将里面的每一个人物、每一段故事都深深地印刻在了脑海中，以至于今日，他还能即兴给我们说上一段精彩片段。“他以前经常跟我们讲这些故事，有时候碰上他上山砍完柴回来，我会拉着他在我家里歇一会儿，让他给我们讲故事，他看得多，懂得多，讲故事讲得很好。”彭纪万老师向我们说道，“他真的是个蛮了不起的人。”

我问老人如此长寿，是否有什么保养诀窍，是不是因为老人平常注重锻炼？老人笑：“哪有那么多讲究，长寿最大的秘诀就是拥有一个乐观的心态，无论在什么时候，都要乐观，看得开。”老人的姐姐是在 90 多岁逝世的，妹妹也有 82 岁的高龄，可谓是高寿之家。我想，他们之所以都能如此高寿，与其乐观的心态不无关系。

老人说：“我经历了早年丧父，中年丧妻，晚年失子，生老病死是天地之间大自然的法规，谁也不能出这个圈子。但是不管什么时候，不管有多艰难，我都不会丧气。”

我突然就明白了我初见老人时的感受——淡。这种淡，是淡然，也是淡泊，是对生活的一种态度，是印刻在老人骨血中的永不会磨灭的精神。杨绛先生曾经说，保持知足常乐的心态才是淬炼心智、净化心灵的最佳途径。我想，所谓知足常乐，莫过如是。

在提及老人饮食方面时，老人说："吃饭三餐，要多吃烂饭（指煮得烂），要分清主餐和偏餐。有人主张晚上吃半饱，我不赞成。"老人顿了顿，又接着说："晚上也得吃饱，当然了，也不能过饱，因为我们晚上不运动。但是有些人，一日三餐，起居没有原则，没有规律，这样是很不好的。"如今的老人早已戒掉了烟酒，而熟识的朋友在见到他时还是会开玩笑地问一句"要不要来点"，老人总是会一边笑着，一边摆摆手说："吃不得了，吃不得了。"老人喜欢吃芋头，焖得烂熟的芋头是老人的最爱，爱喝饮料，有时也会嗑点瓜子，他从不挑食，但是总体来说，老人吃的都偏清淡。"我会刻意做得清淡些。"彭金生先生说。

除此之外，老人还提倡老年人应该动静结合。老人自己本身并不是一个喜欢运动的人，但是他还是会去散散步，也许是这个缘故，老人现在走路也难见蹒跚之态。"要成为新社会的老人。"老人讲到这里时，眉眼突然就变得生动起来，他兴致满满地说道，"除了走走路，散散步，看看电视，看看书报，保护自己的身体，增加自己的知识，跟着时代前进，老年人也不能做醉生梦死的人。"

"很多老年人觉得自己没有希望，没有未来，我不是这样认为的。因为社会改变了，那种'禾老当割，人老当死'的说法，一去不复返了。首先是政策好，人民富裕了，加上孩子发达了。所以说，老年人也有未来。明天就是今天的未来，今年就是去年的未来。旧社会说，人生七十古来稀，现在这种现象没有了。我已经 90 多岁，身体还是比较硬朗的。"老人在自己的自传里这样写道。

当我问及对于老年人与青年人的期望时，老人很是严肃认真，他提出三点：

一是老年人必须在"老"字上认识深一点，地球上的人谁都会病，谁都会死，但是未死之前，不要怕，不要怕死，更不要等死，要立足平安生存这个关键上。要发挥个人的爱好，做些陶冶性情的事，爱好什么，就去快快活活做什么，忘记自己的年纪，忘记自己的疾病，忘记过去一切怨恨，平平安安地生活下去……莫怕老、莫服老、莫怨老。

二是对青年人，我只能说请你理解社会、热爱社会，加强学习，与时俱进，为社会的前途而不懈地努力奋斗。青年朋友们，你们是初升的太阳，是未来祖国的基石，建设祖国和保卫祖国的重任，将落在你们的双肩上。你们必须整装待发，加强锻炼与学习，苦心钻研，充实自己。

三是当今中国，举世瞩目，未来的社会更是繁花似锦。全国人民必须和祖国的生命线连在一起，团结奋进，把祖国建设成一个大花园，让整个国家甚至全球都和平共处，永远消除战争。

老人子孙满堂，后代也都各自在自己的领域中发光发热。他对于子孙们最大的期望就是，希望他们都有爱国、爱家、爱人民的头脑，都做一个合格的公民。老人的儿女们也都到了做祖父母的年纪了，他也希望他们作为祖父祖母，多关心后辈的身体、学习与社会体验，要多鼓励后辈深入学习，勤加锻炼，“学习是丰富头脑，锻炼是健固身体”，要全面发展。

采访结束后，老人的儿子彭金生先生说，在老人百岁之日要宴请全村。我们笑着说，一定会的。老人虽然带着助听器，却依旧听不清我们讲了些什么，但看见我们笑得开心，他便也笑了。

离开时，我又回望那堆废墟般的砖头与旁边高高矗立的高楼，朦胧中眼前仿佛出现了老人与彭金生先生一起远去的背影，一个佝偻着，一个却宽厚而安全——

曾经，一个遮风挡雨，另一个平地而起，在前者的庇护下不断成长；而如今，一个终将远去，另一个成为其永远的支撑与依靠。

彭显杨老人与儿子在散步（胡晨　摄）

在这里愿所有的老人都幸福安康，也希望更多匆匆前行的人能放缓脚步，牵着老人的手，听他们讲一讲那些年的故事。

## 采访手记

采访是和与老人相识多年的彭纪万老师一同进行的，也正是这个缘故，和老人的接触与交流要显得容易一些。

第一次见到老人，是在老人的妹妹家。

那是个古色古香的村庄，廊腰缦回，檐牙高啄，房子错落有致，别具一番风味，但我却无暇欣赏。笔者坐在车上，一遍遍地翻着提纲，脑中全是见到老人时该如何措辞。当然，这种乱糟糟的心情在笔者见到老人的那一刻起便已冰消雾散——

一进门，便看见老人正稳稳地坐在门口的老人椅上。见笔者来，他笑着点点头，站起来迎接。我看着老人，仿佛窥见了时间的厚重与岁月的淡然，内心也在那一瞬间平静下来。

第二次见到老人，是在他儿子的家中，并不是笔者想象中的那种很经典的砖瓦平房，而是新建的楼房。在房子的另一侧，笔者看到了推倒了还未处理的旧房子的“遗骸”，很遗憾没有见到陪伴老人多年的老房子。

进门，老人正在房间中，他看见笔者，就像第一次一样，他笑着点点头，起身，缓步走来。老人的耳朵已不太好，但是视力却不减当年，所以采访以一种很特殊的方式进行——笔者在纸上写出问题，老人以此来回答。在采访的过程当中，老人常常笑，他的笑像是暖风轻拂心扉，像是有一种神奇的魔力，能够让躁动的心平静下来。

很庆幸能有这样的机会与百岁老人这样深入地对话，在这次与老人的相逢过程中，笔者遇见的是百年的时光。

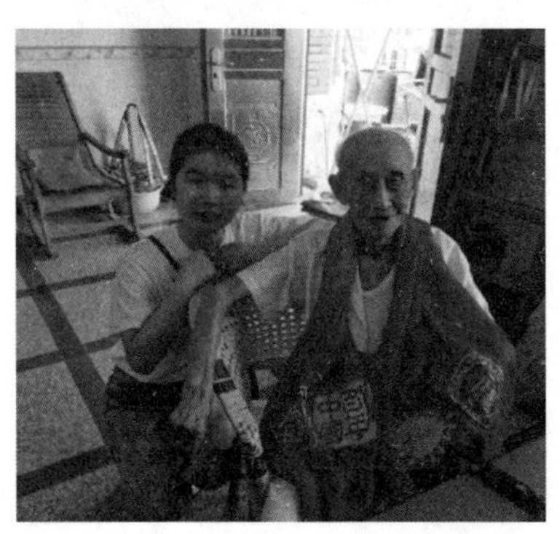

彭显杨老人与志愿者合影（陈华　摄）

# “演讲家”的乐活人生：生活就是舞台

## ——罗阳春老人传记

仇梦真 北京师范大学 教育学部 2017 级

### 人物生平

罗阳春，江西上高人，中国共产党党员，1923 年 10 月 25 日出生，家住江西省宜春市上高县敖阳街道，曾任土地改革萍乡地区工作队长，上高县区委党校讲师干部，现退休在家，身旁有子女照顾。罗阳春老人在他 96 年的岁月中，用自己的乐观，踏实谱写出了真正精彩的生活。面对苦难，他迎难而上，从容应对，甚至一路高歌。他的一生就是为演讲而生，他将自己奉献给了舞台，奉献给了他深爱着的听众。

罗阳春老人青年时期照片（仇梦真　摄）

### 一、曾经和日本鬼子斗智斗勇

罗阳春，江西上高人，他出生于一个贫穷的家庭，家中仅靠织布维生。母亲一边织着布，一边还得照顾嗷嗷待哺的孩子们，非常辛苦。由于贫穷，家里的食物非常有限，一家人常常是一碗稀饭就一点咸菜度日。小时候的罗阳春老人便经常饿肚子。穷人的孩子早当家，罗阳春很早便帮助父母分担家庭的责任，比其他家庭的孩子更加懂事。每当路过地主富人家的时候，闻到屋子里飘出的饭菜香，看到富人们无忧富足的生活，饥饿的本能使得他有时不由得羡慕这样舒适的生活，但是罗阳春从小便被父母教育，人穷但是志气不能短，“不争馒头争口气”，幸福的生活要靠自己打拼。罗阳春虽然羡慕这样的生活，但他脚踏实地，他深刻地明白如果想要拥有这样的小康生活，那现在便要加倍努力。日子就这样一天一天地过去，虽然拮据，但好在也平淡简单。然而，就在罗阳春成长到十一二岁之时，却经历了一件令其永生难忘的事情，几十年后再次谈起，即便是听者，也心惊胆战，暗自为老人捏了一把冷汗。

那是一个战火纷飞的年代，日军侵略中国。侵略的地区不断扩展，不久便深入江西上高县城。据老人回忆，日军在上高总共待了一两天。在这几天里，城中人心惶惶，路上随处可见被吊起来的中国人和路边的尸体。当晚上赶路认不清方向的时候，日军竟然放火将村庄房屋点燃，就着火焰的光线继续赶路，用火光冲天来形容当时的场景一点也不为过。当缺乏苦力的时候，日军便随便抓街上的路人来充人数，就连当时少年的罗阳春老人也不例外。老人说，当时他发现日军盯着他的时候便已发觉“大事不妙”，而当日军“小孩、小孩”地叫唤时，他的第一反应便是撒腿就跑，但是十几岁的孩子哪里跑得过壮年的日本士兵，没有坚持多久，罗阳春便被日本兵抓起来，让他背上了重重的背包，他的双手也被里三层外三层地用绳子绑住，防止他逃跑。罗阳春老人当时无疑是害怕与惊恐的，他明白，就算乖乖地服从日本鬼子的指令，束手就擒，他的日子也一定不会好过，他已经看厌了日本鬼子的恶行，他们哪里会好好地善待中国人呢！况且他还有他的家人，他的弟弟妹妹们还等着他回去，给他们带好吃的，还等着他讲故事；他的母亲这会儿正站在门口，望着他回家呢！他不想就这样与他们分开，要是他走了，他们怎么办？他要想尽一切办法逃脱日本人的魔爪，只怪自己今天没有多吃几碗饭，跑得再快一些！眼下被日军抓了个正着，硬拼肯定是不行的，刚才的实力较量显而易见，只能是靠智取了。历史战术上讲究天时地利人和，这样的艳阳天丝毫没有下雨的迹象，而且还要好一会儿天才会暗下来，“天时”是占不上了。而这么多的日本青壮年士兵对一个十几岁又瘦弱的小毛孩，“人和”也恐怕很难指望了。然而，“地利”却是逃跑的关键所在，本地人的优势恰恰给了罗阳春老人逃脱的契机。原来，上高地处丘陵，路上多陡坡，大树枝繁叶茂，军队行军，路上不时便遇到崎岖陡峭的山路，相比于日军笨拙踉跄的步子，走惯了山路的罗阳春行走在这样的山路上可以说是如履平地，跳跃、躲避障碍，轻巧得就像一只猴子。这一次，山中即便有恶虎，猴子也要称一次霸王了。当军队走到一段山路时，罗阳春佯装老实地跟在日军后边，不紧不慢、笨拙地迈着步子赶路，放松他们的警惕，不停地摩挲着手上的绳结，脸上还一副若无其事的样子。就这样，罗阳春悄悄地解开了束缚双手的绳子，并找准时机，趁日军不备，撒腿就跑，“嗖”的一下便钻入茂密的丛林中，不见了身影，等到日军反应过来，追过去，才发现这个看似笨笨的小孩早已像一阵风一样地消失了。实际上，罗阳春就躲在他们触手可及的灌木丛里，他一动不动，就连呼吸都放慢了节奏，成了一尊雕像，等到日军终于放弃了寻找，逐渐走远，罗阳春才敢挪一挪身体，直起身子，松一松僵硬的双腿，但还是蹑手蹑脚地，偷偷地向家的方向溜去。而此时得知儿子被日本人抓走的罗阳春的父母早已心急如焚，看到儿子居然平安无事地归来，罗阳春的母亲扑向儿子，一把抱住儿子，号啕大哭起来，使得在场的人无不为之哀叹可怜。所有人都明白落到日本人手里的下场，罗阳春死里逃生可以算是一个奇迹。“还好，我反应快。”“‘嗖’的一下就钻到树林里了。”多年之后，这段惊险的经历由老人用更为轻松、诙谐的语言呈现出来，我们已丝毫不见当时那个无知恐惧的少年，取而代之的是历尽风雨、看淡一切的老人。

## 二、群众中的演说家

灵活的头脑与过硬的口才，是罗阳春很早就表现出来的优点。家境贫穷挡不住求知的精神与好学的态度，没过多久，罗阳春便以优秀的成绩考取高安师范学院。在学校学习两年后，他加入了青年干部培训班，开始了 7 年的干部培训生涯。7 年，说短也不短，说长也不长。在这 7 年期间，罗阳春完成了很多事，学习、入党、提升自己，努力向党组织靠拢，逐渐形成了世界观、价值观、人生观，立下了为人民服务的志向。7 年的磨炼让别人看到了罗阳春的踏实努力的做事风格。因此，当土地改革时，作为青年干部，罗阳春被指派为江西萍乡地区土地改革工作队长。将土地分配给更加需要的贫下中农是一件好事，但是如何将这样的信息传达给村民，如何调动他们的积极性却不是一件易事。要让村民真正了解土地改革，明白其中的用意，就需要让工作队员挨家挨户地走访，去做工作，与村民同吃同住，让村民真正感受到国家对他们的关怀。罗阳春老人回忆，当时自己挨个儿走访了许多人家，其中不乏很多雇农、贫农，亲眼看到他们的生活，才会明白什么才是一贫如洗。雇农的生活最为艰苦，其次为贫农，屋顶漏水、饭菜不见油星子是普遍情况。这样的生活让罗阳春一下子便想起自己小时候同样的艰苦生活，他深知生活的不易，他为穷人感到悲哀。他刚刚生活好了一些，摆脱了饿肚子的生活，是党、是国家将这些给了他，而他也同样有义务将这样的信念传递给其他人。他深知，越是贫穷的家庭，越是对生活失去了信心；越是绝望，越不容易调动他们的积极性。于是，越是贫穷的家庭，罗阳春便越喜欢往这样的家庭跑，和他们聊天，与他们同吃同住。当其他队员都顺着饭菜的香气寻找“落脚点”的时候，罗阳春却“反其道而行之”，往那些破屋子里钻，即使每天吃咸菜就米饭，也毫不在乎，呼哧呼哧地吃着，像在享受美味的大餐。

去最苦的地方，感受底层人民的心声，罗阳春的工作就这样扎实稳固地进行着，他在群众面前也逐渐有了威望，人们都认识了这个“只爱往苦地方跑”的小伙子，村民们发自内心地喜欢这个朴实肯干的青年。当村里开集会的时候，只要罗阳春上台，村民们一定是他的忠实观众。他的报告和别人不一样，他深知他的听众是没有接受过规范教育的村民，他们对一些术语处于一知半解的状态，带有专业术语的演讲并不能很好地起到感化群众的目的，于是罗阳春便下功夫将他的工作汇报用更加生动的语言加工呈现给观众，并不时地附上肢体语言，魅力十足。村民们听他讲话就像听了一出戏一样过瘾，他紧紧抓住了村民们的心，在艰苦的工作中增添了一份趣味与活力。“村民们都竖起耳朵来听我讲话。”说到这里，罗阳春老人脸上的笑意一直就没有散去过。一出戏的好坏需要人气来体现，一场演讲亦是如此。台底下的听众时而蹙眉沉思，时而全场爆笑，时而拍手叫好，听众的情绪全由台上的人操控着，听众们都为台上的人着迷着，而台上的人也是如痴如醉地将“艺术”表现着。罗阳春是如此地热爱这样一段工作经历，以至于多年以后，他也能眉飞色舞地唱起土地改革的动员歌，那样的神态，那样的身体律动，仿佛回到了当年站在集会台上那个神采奕奕、朝气蓬勃的青年。

## 三、热爱的，请深爱

土地改革运动过后，罗阳春便被分配到上高县泗溪官桥区担任区委书记，当时的罗阳春实际上本是想继续回到高安师范深造，但当时的领导告诉他，只要有心，到哪里都是学习。这样的话给了罗阳春更强的工作动力，同时也在他心中树立了终身学习的理想。他要在工作中不断提升自己，生命不息，学习不止。于是，在担任书记期间他积极参加了各式各样的培训，其中包括省委培训和学习。在更高一级的地方他可以拓宽自己的视野，提升自己的能力。当时的官桥区实际情况并不好，一些人都不愿意到那里担任干部，而本着"去最苦的地方锻炼自己"的工作作风，罗阳春毅然地承担下了管理官桥区的使命，尽职尽责，即使再苦再累，也无怨言。因为他认为，"苦也是为了锻炼自己"。之后，老人还担任过其他区的区委书记，同样也是认真负责，恪守岗位。

因为老人的优秀工作能力，做过多区书记之后老人被调至上高区委党校，给青年干部讲课。在党校的日子里，老人充分利用讲课机会发挥自己的演讲能力，把每一堂课、每一个讲座都尽自己最大努力讲好，讲活。青年干部们也十分喜欢这个讲课生动的老师，爱听他讲的课。虽然与学生年龄存在差距，但学生却真真切切地被这样一位讲课有趣、新潮的老师所吸引，主动愿意和他成为朋友，而能与青年们打成一片，罗阳春自己的心态也是越来越年轻，接受着新鲜事物，每天都有不一样的乐趣，每天都满怀期待。能将兴趣与工作结合起来是较为幸运的，因此罗阳春老人是真真切切地乐在其中了。虽然之后老人还担任过水利局、税务局等单位的干部，但是当问起最喜欢的一段工作经历时，老人还是十分果断地选择了"上高区委党校的那段日子"。在党校期间，老人培养出了许多优秀的青年干部，现如今这些干部中不乏各地区的一把手，甚至是省级领导。对于一名讲师来说，看到自己的学生桃李天下无疑是十分欣慰的，这是对自己讲课的一种肯定。20 世纪 70 年代，老人还在党校带过一帮青年农场的上海下乡知识青年，他一视同仁，不摆架子，和这些青年朋友就像朋友一般，在尊重平等的氛围中帮助他们提升自己的技能，锻炼自己的能力。这让青年们十分感激，多年之后，当这帮上海青年故地重游，举行周年纪念活动之时，他们回来的第一时间便想到他们所感激的所心心念念的罗老师，这个与他们打成一片、包容他们、帮助他们的好老师。

在党校工作的日子是闪耀在老人生命长河中的一颗最亮的星，他所热爱的，在这样一个阶段被展现、被发挥、被人所认可。他也在这样的工作机会中不断磨炼自己，不断提升自己的演讲技巧，在给别人传达有趣生动的讯息时，实则自身的心态也得到了调整和改善。这便是人生所不断追求的意义——热爱的，请深爱。

## 四、积极乐观是最好的救心丸

退休后，罗阳春老人的生活也十分丰富，每天坚持锻炼身体，风雨无阻。每天早上，在广场上都能看到肩上背条毛巾呼哧呼哧跑步的老人。“常跑跑，身体好。”老人如是说。为了让身体更加健康强壮，老人还保持了每天多喝水、吃大蒜的习惯，因为他认为喝水和吃大蒜有助于身体的杀菌排毒，平时没事的时候还经常去种种菜，自给自足，既锻炼了身体，又吃到了健康放心的蔬菜。虽然老人退休多年，但是他对时事仍保持关注，每天都会看新闻，了解国家大事，对于外面世界的变化也十分好奇，想要去看一看、瞧一瞧。子女们也十分关心老人的老年生活，经常带他出去转一转、走一走，去感受时代的变迁、祖国的变化。有一次，老人问自己的子女什么是服务区，这让老人的子女意识到，需要带老人出去走一走、转一转了，于是不久便安排了带上老人出行的自驾游。当汽车行驶到服务区的时候，子女们还特意搀扶着老人，指着服务区给老人解释服务区是什么，让老人多体验多感受新生活，让老人在体验中领会新兴事物，是子女们孝顺老人的一种方式。

老人一生的偶像便是毛泽东主席，他对毛主席十分热爱和崇敬，以至于在老人家的客厅中还挂有大大的一张毛主席的画像，他们这一代人对于革命领袖的感情是超出后辈想象的。在老人的餐厅里还挂着十大元帅，足可见老人对他们的崇拜。在一次与子女的长沙之行中，当来到长沙毛泽东纪念馆近距离看到毛主席的铜像时，老人居然激动地握住了铜像的双手，久久不松开，就连子女想要为他拍个照，他都不舍得离开半步，手依然紧紧地握着，好像怎么握都不够。老人一生爱憎分明，且对于祖国，对于共产党有着强烈的热爱之情。

提起老人，子女们首先想到描述老人的词便是幽默有趣。他就像一个单口相声演员，每一天都能想出新鲜的段子。看到路上跑的汽车，他回忆起当时父亲给他们描述自己小时候看到汽车的场景，真是“平地出猛虎（汽车），山中长枯树（电线杆）”“当时追着汽车跑，辫子都飘起来”；还有一次，子女带老人去上海的餐厅吃饭，去的是一家粥店，名字叫“粥天粥地”，当老人了解到一碗粥居然要 6 元，是自己家的好几倍时，顿时嘟囔起来：“粥天粥地，走出去就是哭天哭地。”这样一句小小的抱怨可把旁边人乐坏了。老人的身体也并非百毒不侵，说是从未患病是不可能的，但每次老人都能以乐观积极的心态来应对生活给他的挑战，这才是他长寿的秘诀。2003 年的时候，老人患上了结肠癌，需要动手术，在医院住院的时候，临床的比他小十多岁的病友都比较虚弱，吃不下饭，而他却好像一个没事人一样，生龙活虎，胃口也好，别人来看望他送的保健品一样都不落下，送什么吃什么，从不剩下；在医院里，他还经常用冷水洗头，一度让身边病友看得心惊胆战，不时偷偷提醒老人的子女，担心其做出更大胆的举动。结肠癌的手术做得很成功，当老人麻醉劲过去了，子女们问他有什么感觉，他说看到“一群虾兵蟹将把我绑住，之后就不记得了”，又是逗得在场人一乐。胃口好，营养补充及时，老人身体恢复得很快，没过多久就出院了，走的时候老人还显得恋恋不舍：“怎么这么快就出院了？”好像还在怀念那段有人送东西吃的时光。

在我看来，老人真的是一个十分有趣的人，在我们刚到老人家时，我们问老人中午有没有休息，困不困。他说没有休息，是因为要等着给我们“作思想汇报”，在讲述自己故事的时候也不时地手舞足蹈，哼着歌，像给台下的学生讲课一般生动。不过老人毕竟年纪比较大了，记忆力有所衰退，我们需要不断地重复介绍我们自己，介绍我们的来意，老人的反应有时会比较慢，然而这样的年纪能保持如此强的逻辑与表达能力已经十分难得。我在心里也由衷地佩服这位如此乐观积极的老人，他用自己的一生诠释了什么叫作演说家精神，什么叫作乐活的人生，什么才是生命的意义。

## 采访手记

2019 年 7 月 10 日下午，笔者跟随罗阳春老人的女儿罗红英阿姨走进了罗阳春老人的家。进门前方玄关处一幅十大元帅的画像便映入眼帘，客厅显眼处更是毛主席的画像赫然在列，还没开始访谈便已经感受到老人对于中国共产党的深厚情感。老人坐在客厅的一张摇椅上，手拿着扇子在悠闲地看着电视。在笔者访谈的过程中，由于方言的缘故，基本上是通过罗阿姨与老人对话，回忆过去的故事，笔者在其中顺带穿插几个问题。在回忆的过程中，老人越聊越兴奋，越说越激动，在讲述土地改革故事的时候，竟高兴地唱起了土地改革的歌曲，手脚也跟着舞动，像一个孩子一样。笔者真真切切地感受到了老人乐观积极的生活方式，并由衷地佩服这样一位经历苦难却依然笑看生活的老人。

当然，随着年龄的增长，老人的记忆力也逐渐衰退，当笔者问到一些时间节点等问题时，老人都已经记不清了，在讲述故事的过程中也经常将一件事情翻来覆去地提起，有时候问到后头的事情，却突然又聊起前面的事情来了。听罗阿姨说，老人去年因为在路上"突然不记得路了"，还走丢过一次。我想起了电影《寻梦环游记》里的一句话："真正的死亡不是停止呼吸，而是被别人所遗忘。"每个人的故事都值得被记录，都值得被记住，老人的故事也同样如此，它不应仅停留于记忆中，而应当通过文字、图片、影像而给人传递情感，让更多人去感受。笔者开始领会到了此次活动的意义所在，每个人都应当被记住，每个人都是夜空中闪闪发光的星。

罗阳春老人与志愿者合影（邹美英　摄）

# 平凡岁月中的每一抹沧桑

## ——王素英老人传记

王莞婷 北京师范大学 文学院 2017级

### 人物生平

王素英，女，汉族，1927年11月10日出生，现年93岁，家住辽宁省营口市站前区东福园11号楼。王素英老人一生操劳，早年在乡村以织席种地为生，曾在纱厂做童工，也曾逃荒异乡，后来嫁入城市，生儿育女。5年后丧偶再嫁，搬迁至造纸厂东宿舍平房区，相夫教子，1967年在营口砖厂参加工作，吃苦耐劳，成绩突出，12年后退休，含饴弄孙，将人生经验传授给晚辈。随着棚户区改造，王素英老人搬进了楼房，和小女儿同住，尽享天伦之乐。

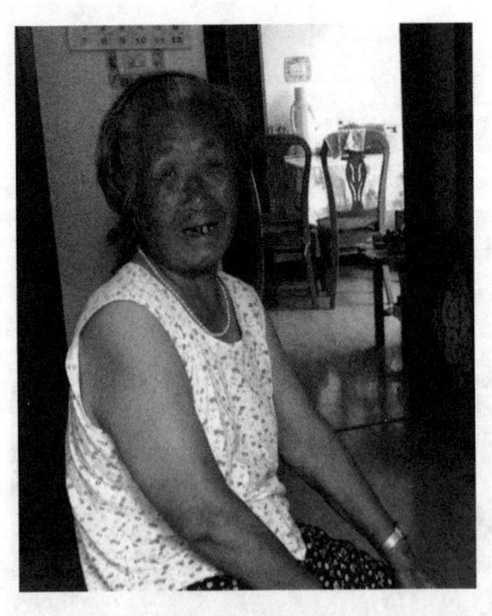

王素英老人照（王莞婷 摄）

## 一、芦花丛里织旧年

1934 年，沟沿镇鲍家屯。

浊浪翻滚，浩浩辽河唱起古老的歌谣，奔涌着融入海洋的怀抱，在广袤的平原上划出纵横交错的河网，滋养了无数生灵。人们在此栖居，依水而耕、临河而渔，靠着自然的馈赠和祖先的智慧获取衣食。侵略者洞开国门的炮火没能打扰到村庄的宁静，伪满洲国也不为此间所知，生活依旧鲜有波澜，人们为饱暖而劳作终日，将艰难视作命运的常态。

风中已夹杂着浓重的寒意，芦花随之乱舞，轻触小女孩的衣袂发梢。7 岁的王素英扬起头，鸿雁结队飞过如洗的碧空，云彩却不知躲到了何处。北风预示着漫长的冬天即将来临，烧热的土炕是熬过寒冬的保障，土炕上的苇席则完全出自灵巧的双手。在这个小村庄里，织席是女孩必备的技能，王素英从 7 岁开始就跟随长辈学织席，从最简单的“掴席边”到一人织出整张席，稚嫩的双手分担着生活的艰辛，勤俭的习惯也随之烙印心间。枯黄是王素英童年的底色，芦苇秆经过无数次编织，形成经纬纵横的纹理，小女孩也在日复一日的劳作中长大，将安稳的岁月织成一张坚实的苇席。

零碎的闲暇时光里，王素英会和左邻右舍的伙伴们共同玩耍，那时孩子们最喜欢的游戏叫“打瓦”：在空地上立起一块砖头，轮流用石块从远处击打，第一个把砖头打倒的人获胜。除了这种简易的游戏，王素英最期待的事情就是跟随大娘（大伯母）出门参加婚礼。每逢亲戚家办喜事，大娘总是充当“娶亲婆”，王素英则和另一个女孩负责“递宝壶”。所谓“宝壶”，就是在酒壶中装满大米，将一块方形手绢叠成三角形，扣在酒壶上，寓意“有财有宝”。新媳妇进门之前，需要两名未婚女子各持一个“宝壶”，递给新娘子，新娘子则需下车，双手接过。这样的日子里，王素英可以穿上她最好的衣裳，目睹最喜庆的场面，在新娘子身边绽放出最真心的笑颜，在满院的喜乐声中暂时忘却劳累。

## 二、田园已芜胡曰归

年华暗换，小女孩已渐渐出落成大姑娘。王素英本以为自己终将在鲍家屯度过此生，没想到一场天灾成为颠沛岁月的开始。

15岁那年，洪水袭击了王素英的家乡，暴涨的浊浪淹没两岸良田，人们的生计受到严重威胁。家里失去了田地，只能忍饥挨饿，这时亲戚带来消息，说市里（与沟沿镇相邻的营口市）的纱厂招人，包吃包住，王素英为了减轻家里的负担，就跟随亲戚来到纱厂当童工。那时的营口尚在日军控制下，轻工业刚刚起步，纱厂、造纸厂、火柴厂、卷烟厂等工厂都由日本人经营，但王素英和工友们对此并没有明确的认识，他们都是在时代浪潮中挣扎求存的贫苦人，期盼的只是一顿饱饭和一套温暖的铺盖。流水线上的工作机械而单调，王素英每天守在线轱辘旁边，双眼紧盯着旋转的纱线，等到累积的线量已足够，便将线圈快速取下来，捆扎完毕后放到一边，等待下一道工序。

初到纱厂的日子让王素英很满足，每天能吃饱穿暖，干活勤快利索的她由于工作完成得十分出色，还得到了一张袜子票。然而日子久了，工厂的伙食就越来越差，王素英经常被饿醒，在一片漆黑中思念起村庄、亲人、芦苇荡、一起打瓦的伙伴、满面含羞的新娘子。朦胧中，她萌生了回家的念头，可是工厂大门日夜有人把守，根本无法离开。一个月后，王素英终于等来了机会，那天她走到工厂门口，发现门卫没人，当机立断，从空隙中溜了出去。王素英的第一个想法是回家，但沟沿镇那么远，她又不认识路，靠自己回去是不可能的。站在空荡荡的大路旁，她想起姨姐家住在纱厂附近，便凭着模糊的印象往前走，很快就在楼房之间迷失了方向，虽然有路标，王素英却不识字，只得停下来问路。说来也巧，她遇上的这位好心人正是姨姐的邻居，王素英经好心人指点后顺利地到了姨姐家。两天后，在姨姐夫的帮助下，王素英终于回到了心心念念的村庄。

家里依然是揭不开锅的状态，粮食越来越少，愁容越来越多。这样下去不是办法，王素英的父亲最终做出了一个艰难的决定：带上全家二十几口人，逃荒到吉林柳河镇。那里地广人稀，成片的荒地无人料理，许多被水灾夺去家园的人们都千里迢迢地搬迁至此，打算开始新的生活。王素英随家人在柳河镇定居下来，耕种、织席，日子依然艰苦，但脚踩田地的感觉让她心里踏实很多。可惜好景不长，柳河县又闹起了瘟疫，染病的人全身溃烂，形容可怖，在缺医少药的情况下，挣扎一段时日就会痛苦地死去。厄运也降临到了王素英家中，她眼睁睁看着两个嫂子在炕上呻吟、翻滚，最终没有了呼吸，被人用她们亲手编织的苇席卷起来抬走。人的生命就是这么脆弱，灾祸随时可以夺走无数性命，侥幸活下来的人不知道明天是否还能见到太阳。瘟疫稍稍平息，王素英的父亲深感此地不可久留，带着一家老小，踏上返乡的漫漫长路。这一年，王素英 18 岁。

## 三、经年遍识愁滋味

河水恢复了昔时的温柔，仿佛从未露出过凶残面目。王素英望着面目全非的田野，心里有种说不出的滋味。不管怎么说，总算是回来了，这个令她魂牵梦绕的故乡，这片被磨难洗礼过的土地，还有她用芦苇秆编织起来的时光。在充满希望的 1945 年，人们庆祝着胜利、计划着未来，阳光撒遍中华大地，也照进了偏安一隅的小小村落，照亮了乡下姑娘的心房。

王素英还不知道，这次回归意味着新的别离。她已到了出嫁的年龄，家中虽然贫穷，父母还是尽心打听，四处托亲戚介绍，给她张罗了一门好亲事——城里一户姓田的人家，家境比较殷实，想找个老实能干的媳妇。婚礼的场面王素英早已熟悉，但这次角色调换了：手捧“宝壶”的是两个陌生女孩，头戴红花的新娘则变成了自己。结婚对于王素英而言是自然而然的事，在她的认知里，女人到了一定年龄总要出嫁，只要对方是个踏实过日子的老实人，无论认不认识，都没有关系。至于感情这种缥缈的东西，于挣扎在温饱线上的人们来说，是难以想象的奢侈。

大红喜字把王素英从鲍家屯带到了营口石头道（今营口市辽滨公园附近，20 世纪 60 年代初期更名为建设街），也把她的麻花辫变成了圆发髻。王素英每天要做的依旧是织席、操持家务，只不过换了一间房子，枕边多了一个男人。婚后的生活确实有所改善，至少每天都能吃饱，丈夫待她算不上体贴，但的确是个忠厚人。公婆对这个勤快的媳妇很满意，王素英在这个新家庭中每天忙里忙外，日子过得还算舒心。可惜老天爷总是喜怒无常，一场饥荒再次将生计逼入绝境。城里待不下去了，丈夫家中的田产全在乡下，王素英便跟随丈夫回到农村，靠着微薄的收成和织席换来的几个钱糊口。挺过了忍饥挨饿的日子，生活终于又见到了曙光，而与此同时，在王素英不知道的地方，解放战争已经打响。

“解放军是从河西过来的。”明亮的落地窗前，王素英老人拾起关于战争的记忆碎片。史料中，解放营口是一场拉锯战，作为国民党军队计划登陆的地点之一，营口在 3 年的时间里经历了四次解放，直至 1948 年 11 月，国民党第五十二军才彻底溃败，辽沈战役自此结束，东北全境获得解放。然而王素英的印象中并没有这些战况的反复、胜利的意义，她只记得枪炮的轰鸣近在咫尺，子弹从房檐上快速飞掠，墙壁在硝烟中颤抖，街道上却不见一个人影。“都是自己的房子，不愿意跑，也没别的地方可躲，”年过九旬的王素英老人目光平和，“不怕，没啥可怕的，共产党打仗心里有数，伤不着老百姓。”可见战乱年代，人民就是这样建立起了对中国共产党的信任。不同于影视作品中展现的锣鼓喧天，王素英不记得营口解放当天有什么庆祝活动，也没有见到军队进城，只知道拿着枪的卫兵换了，百年港城在宁静中获得了新生。

第四个孩子出世的时候，王素英嫁进田家已有 5 年。由于医疗资源匮乏，前 3 个孩子在襁褓中便已夭折，第四胎生下的女儿终于幸存下来，顽强地长到周岁。就在此时，厄运再次降临，丈夫染上“卸甲风”（学名腰背肌筋膜炎）不治身亡，年仅 24 岁的王素英守了寡，带着年幼的女儿回到娘家，寻找新的生计。邻里乡亲都知道王素英勤快能干，亲事很快找上了门，王素英又一次披上嫁衣，带着刚满周岁的女儿嫁给了转业军人焦云成，来到营口造纸厂东宿舍定居。

## 四、旧时茅舍蓬门边

所谓“东宿舍”，其实是造纸厂员工及家属集中居住的一片平房区，每户人家都有一个几米见方的小院。平日里，丈夫在工厂上班，王素英除了照顾孩子，也织苇席换钱，甚至在小院里种了些瓜果蔬菜，每到收获的季节都能给简陋的房舍增添些许新鲜气息，平凡的生活在王素英的悉心经营下逐渐变得有声有色。儿女的陆续出世让本来就不宽裕的日子变得更加紧紧巴巴，丈夫一人挣的粮票不够维持全家七八口人的生活，王素英就等到孩子们都睡熟以后再起床，多织几张席。光阴在年复一年的劳作中悄然滑过，十多年的安稳日子使王素英成了 5 个孩子的母亲，艰难困苦混浊了双眼，但她心里很是满足; 同时她也明白，让所有人过上踏实日子的，是共产党领导下的新中国。

40 岁那年，为了补贴家用，王素英来到营口砖厂，成为流水线上的一名女工。这其中还有一段小插曲。砖厂人事部门的负责人看王素英身形瘦小，似乎干不了太重的活儿，最开始的时候并不想收她。在砖厂工作的邻居老魏听说之后，特意找到人事主任，强烈要求收下王素英："有啥活儿她干不了？男人都没她能干！"

王素英在砖厂的第一份工作是粉碎炉灰，每天能赚 1 块 3 毛钱；几个月后，王素英觉得这份活儿挣钱太少，便主动要求调到"打板"这个更为辛苦的岗位上，每天能得 1 块 8 毛；又过了一年，王素英换到了"码架子"这个最累的岗位上，瘦小的身体里似乎蕴藏着无穷的力量，七八斤重的湿砖坯，她一次能运送九块。秋季落霜之后，日渐降低的温度已不适合再制作砖坯，此时便搭起砖窑烧砖，王素英的工作也就变成了一次将 100 多块砖坯推进窑中。"那时候非常受累，"王素英老人回忆道，"一天三班倒。早班是 8 点上班 4 点下班；夜班是 4 点上班 12 点下班；零点班是 12 点上班 8 点下班。但是大家伙愿意干，国家办的厂子，工资也稳定，谁不愿意干哪！受累咱不怕！"

汗流成河的重体力劳动，王素英一做就是 12 年。

寒来暑往，乌发被时间染上了银灰，额头也开始出现刀刻般的纹路。王素英已到了退休年龄，由于工作表现突出，厂里希望她再留两年。盘坐在炕头上，王素英看着刚刚初中毕业、四处闯祸的小儿子，最终决定退休，让小儿子接班。此时最小的女儿还在上学，大女儿早已成家，二女儿和大儿子也从乡下回到了城市，该准备谈婚论嫁了。王素英的退休金每月只有 30 元，加上丈夫每月 50 元的工资，全家温饱不成问题，但要操持两门亲事，加上供一个孩子读书，这点钱就显得捉襟见肘，王素英只能想尽办法攒钱。小院里的蔬菜水果依旧生得茁壮，平日里吃菜全靠这些；而到了万物凋零、大雪封门的冬季，王素英就会搬出一口大缸，把白菜帮腌成满满一缸酸菜，全家靠着棒子面饼和酸菜汤就能熬到来年春天。那时的东北尚未走出计划经济，每人只供给 3 两油，王素英勤勉地操持着家务，一年内硬是从牙缝里挤出了 20 斤豆油给大儿子当彩礼。

眼看着儿女各自成家立业，王素英的双手依然没有闲下。大女儿和女婿都在造纸厂流水线上工作，外孙女读造纸厂小学，王素英要照顾她两餐饭食，等到夫妻二人天黑下班把孩子接走。笔者采访时，老人的外孙女依然记得年幼时的场景："中午在姥姥家吃饭，咸黄瓜就着碴子粥；放学了还去姥姥家写作业，我犯懒不爱写的时候姥姥就说：‘眼睛是懒汉，手是勤汉，你看着作业这么多，动手写很快就完事儿了。’”几十年积攒的生活智慧，就在不经意的言传身教中对孙辈产生了持久的影响。

“大花就是这时候来的。”提起那只喜欢趴在屋顶上晒太阳的老花猫，93岁的王素英笑得合不拢嘴。“是别人家的猫，我喂过它几次，它就跟来了，来了就不走了。”“大花会抓耗子，也会自己去沟里抓鱼，累了就回家，往房顶上一趴，天冷就往屋里炕上蹿，可聪明了。”之后不久，亲戚又抱来一只刚断奶的小白狗，王素英看着喜欢，还给它起名叫小白。“小白能看家，见到生人叫得可凶，看见熟人就不停晃尾巴，撒欢作揖，讨糖吃，跟小孩似的。”“大花厉害，小白打不过大花，它俩一个房上一个地下，可有意思了……”小院里的猫猫狗狗和四处乱跑的孙儿孙女，都是王素英退休后的快乐源泉。

1984 年，90 多岁的老母亲来到王素英家住下，孝顺的王素英任劳任怨地照顾了母亲 7 年。其间，丈夫因病去世，孙辈逐渐长大，生活条件在一天天变好，王素英还抱上了重孙子。逢年过节，老老小小二十几口人挤在一起，火炕烧得滚热，饭菜香气扑鼻，咿呀学语和划拳劝酒的声音混在一块，这样的喧闹对王素英而言是种难以言喻的幸福。白驹过隙，韶华未央，熟悉的面孔在小院里来来去去，固执地坚守在原地的，只有王素英自己。

## 五、但见此间雪满头

“轰隆！”挖掘机轻描淡写地一扫，成片的平房瞬间报废成残砖断瓦，悉心经营了几十年的小院从此成了回不去的地方。2017 年，营口市政府对造纸厂东宿舍棚户区进行了改造，居民得到拆迁补偿后全部搬进楼房，王素英也在儿女的照顾下搬进了今天的住处。生活所需的一切都由儿女置办周全，老人每月 2600 元的退休金和 300 元的社区补助无处可花，全部攒了起来。年过 90 的王素英老人和小女儿共同生活，依然保持着健康的生活习惯，每天 5 点 40 就起床，吃罢早饭后约上邻居老人出门散步，公园、超市、广场……即使什么都不买，看看人来人往也很愉快。老人中午的饭食依旧简单清淡，开水泡一碗米饭，配点茄子咸蛋就是一顿，三伏天里也喜欢来根冰棍，苹果甜桃咬不动就吃香蕉葡萄。下午，王素英老人依然喜欢四处走走，或是站在树荫下和其他老人聊天，整整齐齐的白发沐浴着太阳的光辉，洗得褪色却不肯扔掉的衣衫被微风吹起，荡起层层涟漪。时光好像刻意放慢了脚步，对苍颜白发投以温柔的注视，霜雪满头后，混浊的眼中流露出的更多是笑容。

“新中国成立都70周年了啊！”王素英老人喃喃自语，“糊涂了，算不清了。这辈子最感谢的就是毛主席、共产党。要是没有共产党，我早就死了，哪还有命活到现在享福？”谈及人生中的遗憾，老人感慨：“这辈子最冤的两件事，一是没念过书，两眼一抹黑，吃了不知道多少亏；二是不会骑自行车，从前没条件，现在也骑不动了。年轻人有福气啊，赶上好时候，有国家养活着，咱就都好好的，上班的认真工作，上学的认真读书，为社会做点贡献！”

历史，于旁观者而言只是故事，对于亲身经历过的人们而言，却是真实的喜悦与悲伤。悠悠岁月，无限沧桑，都透过一位年近百岁的老人之口淡然讲出。没有惊心动魄的情节，也没有华丽优美的辞藻，全部是原原本本的经历、普普通通的民生，却足以令闻者动容。从今而后，历史不只是故事，更化作了心中最真实的温情与敬意，年亲一代以此观照往昔，创造未来的重任也愈加清楚明了。

## 采访手记

久远的记忆已泛黄
乡音无改诉说着岁月悠长
艰难困苦实则无妨
笑谈往昔安享这四世同堂

滨城的盛夏，微风中含着海洋的气息，笔者背起书包拾级而上，敲响那扇沐浴在晨光中的小门。熟悉的笑脸开门相迎，印象中逢年过节总是挤得满满当当的小屋此刻略显寂寥，那个硬朗依旧的剪影坐在床边，而笔者仿佛回到了童年，依偎在她身旁，撒娇一样地说：“太姥姥，我来啦！”

王素英老人与志愿者合影（郜岩　摄）

采访自己的亲人是一件既容易又尴尬的事情。血缘铸就的纽带是那样自然而牢固，使笔者能够亲密地坐在她身边，但尘封在久远岁月里的故事又不可避免地带着累累伤痕，笔者需要万分小心，才得以一窥那些泛黄的旧时光。太姥姥平日里沉默寡言，刚开始面对采访时有些紧张，但只要打开了话匣子，便会耐心地讲上许多。追忆往昔时，太姥姥的情绪并没有太大的起伏，语气中的从容淡然令笔者惊讶，那种朴素的达观态度更使笔者深感敬佩，所有的艰难困苦在太姥姥的话中都变成了一杯凉开水，入口无味，略有回甘。混浊的双眼见过人间几回悲欢离合，诉之于口仍只道是寻常。

采访快结束时，太姥姥用温暖干燥的双手拉着笔者，谆谆叮嘱："现在有条件，就好好读书，将来回报社会。"朴素的话语，道出对所有年轻人的期待，我们唯有砥砺自新，方能不负所托。

# 栉风沐雨九十载，一片丹心向阳开

## ——赵玉明老人传记

刘鹏博 北京师范大学 戏剧影视文学 2018级

### 人物生平

赵玉明，女，1929年生，北京人，中国共产党预备党员，单弦演员，谭（凤元）派单弦艺术的代表人物。亦擅长京韵大鼓等多种曲艺形式，是一位全能曲艺家。代表作品《倒拔垂杨柳》《祥林嫂》。

2003年元月，荣获由天津曲协、天津曲艺促进会颁发的“曲艺事业终身贡献奖”荣誉证书和“松龄鹤寿德艺双馨”奖牌；2018年10月7日，被授予“中国文联终身成就曲艺艺术家”荣誉称号；2019年6月24日，“七一”前夕，以90岁高龄成为一名中共预备党员。

赵玉明老人年轻时的照片（受访者提供）

## 一、时运不济幼多艰

现在人的一生按照小初高大研的学业和事业进行划分，而赵玉明的一生，却是跟着中国历史的变迁，走过一个个阶段。

20 世纪二三十年代，中国还处于旧社会的泥沙俱下的洪流中。老北京的城南，聚集着北京的杂耍艺人、梨园子弟等劳苦大众。能弹、能唱、能编、能教的赵松山正住在城南天桥附近的赵锥子胡同。1929 年，家中的第一个小姑娘赵玉明出生了。就算现在是 70 岁的人，新中国成立的时候刚刚出生，也没有经历过旧社会的辛酸苦辣，但早生 20 年的老师，的确是旧社会的见证人。曲艺世家生长起来的小玉明四五岁就能踩着小板凳儿唱京韵大鼓；五六岁就自己风雨无阻地跑到天桥听人说书；6 岁就跟着父亲去大宅门里唱“堂会”；10 岁就走街串巷卖唱挣钱养家、照顾弟妹；13 岁就进了曲艺杂耍园子，求着老爷太太听听曲儿、给个子儿。赵玉明有三个弟弟两个妹妹，家里 8 口人，小小年纪就出门谋生，都是为了家庭。

电影《霸王别姬》写的也是戏班子的故事，同是那样的社会背景，同是那样的苦难北京，同是那代人的写照，同是那么一步步走过旧社会、走向新生活。但不同的是，《霸王别姬》讲的故事，是有能耐的戏院“老板”的生平，赵老师们却没能成“角儿”，过的是乞丐的生活：

“大爷我给您唱一段儿吧……”

“给一毛钱滚蛋！”

“哎，谢谢您嘞！”

新中国成立之前，老百姓痛不欲生，家无隔夜粮。在曲艺梨园，大角儿上台能唱、下场有光，不受欺负、生活富足。但赵玉明这等小小角色，却只能在台下默默喝彩，在观众老爷们的白眼和施舍中夹缝里求生。

新中国成立之时，赵玉明还是一个 20 岁左右的女孩子。20 年间，亡国奴的痛、半殖民的苦，军阀混战、抗日救亡，辛酸苦辣遍尝。

新中国成立后，年轻的赵玉明参加了中央广播说唱团，70 年代初调到天津市曲艺团，80 年代末退休后从天津回到生养她的北京城。现在儿孙满堂共享天伦，生活幸福。但她不会忘了过去的经历，更不会忘了现在的曲艺和未来的教育。

## 二、曲罢总教善才服

赵玉明从小摸爬滚打，学习各种曲艺，单弦儿、京韵大鼓等北方曲艺几乎都收入囊中。无论是高雅还是通俗，无论是婉转的弦子还是粗犷的京鼓，都能与赵玉明清澈透亮的嗓音相得益彰，带着强烈的穿透力和吸引力博得新老观众的声声喝彩。

20 世纪第一次直播上场的时候，赵玉明没有经验十分紧张，但还是咬着牙坚持了下来，圆满完成了任务，获得了极大的鼓励和支持。

除了在京津两地的正规剧团演出，赵玉明等人还经常到乡下慰问，其中一个故事至今流传在赵玉明亲朋好友之间。几个村子的农人聚集在巨大的场院里，摩肩接踵不见空地，人数甚多无处可坐，早到的寻了前排将将站了，晚到的就在树上房上张望舞台。赵玉明气定神闲，稳声开场。当时的农村正在进行思想教育，适逢宣传不要近亲结婚，这么个表哥表妹近亲结婚生下怪胎的故事吸引了满场观众，台上的赵玉明一人三角儿，将表哥表妹和旁白演绎得活灵活现。演出完毕，掌声如雷，唯一的伴奏老师悄悄拉着赵玉明说："我弹一辈子，根本没见过这么多人一声儿不吭，大人小孩儿一个咳嗽的都没有，愣是安安静静仔仔细细，听一人儿讲二十多分钟的故事！"

昔年过往已风去，岁晚不改白首心。2019 年 7 月，年已九十的赵玉明受邀参加中国文联在二七剧场举办的庆祝新中国成立 70 周年活动，一上台，就受到了主持人鞠萍和全场领导观众的起立致敬。赵玉明一折《闹荆州》更是表演到位、高腔稳准、声音清亮，三层楼掌声雷动、满堂喝彩。

演员就是这样，台下观众反应热烈，好心情能持续一个月；如果台下冷冷清清，心里堵着半年都走不出阴影。所以赵玉明将自己的每一次表演都当作第一次，保持新鲜感和兴奋感；也当作最后一次，争取不出错误、不留遗憾。

## 三、敏而好学善索思

赵玉明在北方曲艺上的造诣十分深厚，不止表演令人称奇，其对曲艺的理解和爱护更是令人耳目一新、肃然起敬。

《倒拔垂杨柳》讲的是《水浒传》中鲁智深的故事，耳熟能详的故事其实并不容易出彩，观众了解情节走向，就少了几分意外和惊奇。赵玉明初次碰到这个段子，一时也难以如鱼得水，为了能尽善尽美，她八角鼓不离手，曲不离口，终于灵光闪现，拨云见日：

“表演，要让人爱听，这里面也有好多道理。怎么让人爱听呀？我们是语言文学，你跟人讲故事，人物的‘核儿’（核心）要拿稳，语言逻辑性必须要好，这句话我要怎么说才能让人爱听？必须要有逻辑重心，有重点有华点才能抓住观众。”

“语言表演和逻辑重音到了，手眼身法步都要到位，不会像平平的白开水，才能让观众听不烦、才能呈现出好的作品。逻辑重音不对，表演眼神没有，那观众绝对腻味，轰人下场。”

“最重要的是，要有体悟，从心出发，心中有，口中才有，手中才有，眼中才有。”

的确，曲艺中的单弦儿与大戏不同，没有舞者，没有场面，全靠一个人的功力吸引所有的观众。只一出戏，三四分钟，让观众不腻，能够听得进来，这就是演员的本事。如果本领不到家，三分钟观众都待不了。好的演员能唱 30 分钟，让观众聚精会神、津津有味、余音绕耳，那才是曲艺的特点和魅力的展现。

后来，《倒拔垂杨柳》果然成了赵玉明的代表作之一，每每开口，观众都能跟随赵玉明的指引进入那个朴素的菜园子，看见碧绿的菜畦，看见那棵葱茏的垂杨柳……

## 四、凝魂入骨艺生人

曲艺渗入赵玉明的生命，将形形色色的故事与角色凝结成她灵魂的一部分。谈到具体唱段时，那些潜在的灵魂便被激发出来，在赵玉明身上重新焕发出艺术的光芒。

### （一）曲艺中有阳春白雪

元代王实甫的《崔莺莺待月西厢记》流传 700 年，明代以来一直是中国梨园的榜中前席，《大西厢》便是京韵大鼓中极为经典的曲目。提到其中红娘的唱段，赵玉明总会不自觉地唱出来，手势、神情也不落下。一举一动、一颦一笑十分传神。

“我低言悄语呀就把我的红娘叫，这个小丫鬟儿就答应了一声，走进了绣房。哟，说是我的姑娘，您老人家喝点儿酒吧？再不然可是用饭？您要是不爱吃烙饼啊，我给您哪做上一碗汤。您要是爱吃酸的，给您哪多多地加上点子醋，要爱吃辣的咱们多切姜。哎哟我的姑娘！您要嫌咱们家的厨师傅做的菜不大怎么得味儿，小丫鬟儿我呀，挽挽袖子，系上了围裙我下趟厨房。”

赵玉明向学生传授这一折戏的时候，每每唱到这里，便要稳稳收住，细细讲解：“曲艺，不能糊弄。在这段唱词中，无论是哪个动作都需要有目标、有节奏，才好看，没有节奏乱伸手，就让观众提不起兴致，手伸出来要有劲儿，一就是一，二就是二。一点儿不能含糊，眼到手到才好看，小丫鬟的活泼可爱的灵巧劲儿就表现出来了，如果没有这些动作，只是背词儿，词儿也对，腔儿也对，调儿也对，但是就是不吸引人，让人不爱看。”

将将讲完，又捡起了刚刚截断的气口，瞬间入戏，认认真真将这折戏完成。

“系上了围裙我下趟厨房。我给姑娘您哪做上一碗甜滋滋儿、辣丝丝儿、酸不叽儿、又不咸又不淡，八宝儿一碗油酥菜，端在了绣房哎哟我的姑娘您哪尝尝。”

赵玉明对待曲艺就是这样严谨，唱就唱好，唱就唱完。

### （二）曲艺中有下里巴人

新中国成立之前唱的段子比较传统，比如《西厢》《红楼》《水浒》这些大段儿，艺术色彩十分浓厚，对观众的文学素养也有一定要求。新中国成立初期的单弦儿更多作为传递员，宣传各行各业工作平等、推广普通话等思想。《偷年糕》《捞孩子》这些小段儿，不仅语言朴素、通俗易懂，还能说明问题，引人思索，十分受欢迎。

赵玉明牢牢记得周总理的话：曲艺是文艺尖兵。她也领悟到：曲艺以很短小的形式就能反映现实，不像大戏需要那么多人。单弦儿这种艺术，一个人就是一台戏，可以跟观众讲故事，这就是曲艺的特点。曲艺中，一个人就能宣传党的政策，一个人就可以唱王若飞，就可以唱方志敏，可以唱红岩，可以唱工厂里的先进人物和各个时期的模范英雄，这，也是曲艺的作用。

### （三）曲艺中有异曲同工

一方水土一方人，一方百姓一方戏。赵玉明已经将北方的曲艺练得炉火纯青，不想止步不前的她遇到了如何突破与创新的瓶颈。

直到与戏友聊天时，谈到南北方曲艺的差距，她脱口而出：

“南方艺术的美跟北方不一样。北方的鼓曲像茶，解渴；南方的弹评像酒，醉人。”

说到此处，她猛然想道：“北方人听不懂南方戏，如今普通话正在推广，我把南方的曲艺‘翻译’成普通话唱出来，岂不一举三得？既能满足北方观众的兴趣，又能促进南北方曲艺的交流，还能为普通话传播做出贡献！”

于是，苏州的吴侬软语成了普通话，弹评的喜怒哀思忧恐惊得以在北方收获了越来越多的戏迷观众。不同的曲艺融会贯通，传递的都是艺术的魅力，延续的都是艺术的生命。

## 五、困局急煞眼前人

烟花绽开的时刻璀璨夺目，但极盛过后却逐渐暗淡。就像曲艺，曾经的辉煌将赵玉明的眼神点亮，可谈及当下的命运，却让她的眉目渐褪光华。

赵玉明敏锐地洞察到了时代的变化：曲艺曾经盛极一时，但现在，正处于艺术前沿的低谷。越来越多的外来文化逐渐进入大众的生活，越来越多的学习工作压力使生活的脚步逐渐加快。慢条斯理的曲艺仿佛成了老年人的专属，在年轻人的生活中泛外淡出。

赵玉明知道，时代变迁，节奏加快，古曲一定要革新，要迎合时代，才能获得生命。古曲属于传统艺术，属于文学艺术，要与时俱进，才能永葆青春。古曲要扩大影响，吸引关注，才能后继有人。

观众常常会感到疑惑，赵玉明唱《倒拔垂杨柳》怎么那么生动？因为刚刚解放的时候，赵玉明每年都要下乡劳动三四个月，跟老百姓同吃同住同劳动。知道地是怎么种、柳树怎么长、西瓜怎么熟，所以唱出来有生命感。如果她没下过乡，不知道园子什么样、铁锹怎么拿，出来的东西就不真实。艺术是给人享受的，是一种美，给不了观众享受，一听那么难听，一看那么难看，没人喜欢；一看恶心了，一看腻味了，没人还爱听。

所以赵玉明常常用自己的例子教导后辈：演员一定要深入生活，艺术来源于生活，来源于老百姓，再回馈给老百姓，不能天天拿着国家的补贴吃喝玩乐不出东西。那样的话观众不会喜欢，没有观众就别赖观众，没有好演员就没有观众，没有观众也成就不了好艺术。演员也必须与时俱进，不能生搬硬套、墨守成规。“师爷这么唱可以，师傅这么唱可以，我要还这么唱，那就坏了。”

2017 年，习近平总书记给乌兰牧骑队员的回信更是使赵玉明坚定了自己的观念：没有观众就不能成就好演员。扎根生活、贴近群众，才能出来好作品、才能成就好演员。演员勤勉，表演出色，才能进一步使曲艺受到更多关注，走得越来越远。

## 六、甘为梨园孺子牛

满腔热忱使赵玉明一直坚持曲艺教育，希望能为曲艺注入更多新鲜血液。

1973 年，赵玉明因工作调动从北京到了天津，天津市曲艺团的许多后辈都受到过赵玉明的教导。退休之后，赵玉明回到了北京，在北京曲协、中国曲协担任顾问，跟教学保持联系，持续关注教育事业。

赵玉明有一个口号：“谁爱曲艺，我就爱谁。”赵玉明这一辈子就喜欢这一个行当，不保密守旧，也没有门户之见，不管年龄多大，不管是不是自己的徒弟，就算已经拜了别的老师，只要过来求学，她都一样尽心尽力倾囊相授。并且赵玉明坚持以曲会友，对学生从不收费。有些学生特别崇拜赵玉明，坚持拜师，也不用因循旧礼，简单地吃个饭鞠个躬便罢。

赵玉明不仅自己带学生，还在解放军艺术学院担任过客座教授，真正站上了讲台。军艺的教学设施很先进，赵玉明第一次在黑板上写下自己的题目时，忍不住掉下了眼泪，旧社会的她只是一个小要饭的大鼓妞儿，一天书都没念过、一天学都没上过，新中国成立初期扫盲的时候才开始认字。万万没想到她自己有朝一日能当上教授，给 50 个大学生上课。

师生们对赵玉明都给予极大赞誉，系主任遗憾怎么没早点儿发现这个“老宝贝”，学生们在结课的时候也都十分不舍，期末考试各尽所能，呈现出十分优异的效果。

增长的年岁和遥远的路程使老师日渐力不从心，不得已告别了军艺，也拒绝了其他专业院校的邀约，以相对自由闲适的方式默默持续教学。赵玉明受北京曲协之托，给少儿比赛的辅导老师讲课，几十个老师一堂课，将曲艺特点、表演方式、教学方法等代代相传。

赵玉明身体状态良好，耳不聋眼不花，过一个蚊子能听见、手机小字儿能看见，什么毛病都没有，好几年没报销过医药费。去医院体检，结果出来什么毛病都没有。口齿清晰、腿脚灵便、思维敏捷，赵玉明自己没觉得岁数大，面对大家的惊叹和羡慕，只是笑笑说："激励你们年轻人要活泼开朗，心态好才能更健康。"

赵玉明也常常教导后辈：长寿和健康的秘诀就在心态。心态要好、敞开心扉，懂包容、会谅解、知道换位着想。什么过不去的事、别扭的事，都把它抛开，就觉得今天最好，健康长寿自然少不了。

赵玉明经历过很多苦难，但是展现给我们的还是良好积极向上的精神风貌。经历太多，越来越明白，反而把什么都看淡了，因此赵玉明一生的人际关系都十分好，没有人对她不好，其实是因为她对谁都好。眼里没敌人，心里没仇人。

她也年轻过，也知道年轻人在社会上保不齐遇见什么事儿，有人的地方就有斗争。但她知道一定要能够包容，不要过于在意输赢。自己对人家好，人家也会对自己好。包容了，人家能明白；懂谅解，也能感化。要把名利看淡了，名利都是苍白的。非要争个你死我活，最后受伤的也会是自己。万事万物都是会等价回馈的，你对别人好，别人也会对你好。

## 七、高龄圆梦慰党情

1963 年 10 月，周总理到中央广播说唱团视察工作，赵玉明和搭档马增芬需要出一个节目，因知道总理时间宝贵，就选了一个短小精悍的故事。总理听完就上台和两位演员握手，对两位演员的表演给予高度赞扬。说赵玉明的声音很好，只是唱得太短了，会后又让赵玉明唱了一段。周总理还亲自把广州市市长找来，把赵玉明引荐给市长，让市长准备救火女工向秀丽的事迹，让赵玉明这颗冉冉升起的明星演唱出来。

随后，周总理问赵玉明："你是团员吗？"

赵玉明心中一紧：总理这么欣赏自己，又把自己介绍给广州市市长，结果我连团员都不是！见赵玉明慌了神，总理毫不犹豫道：“没关系，不是团员，争取入党嘛！”

一句话，不仅给赵玉明解了围，让她感受到了家长式的爱护和关怀；更是在她心中种下了一颗革命的种子，第二年赵玉明就提交了入党申请，但由于当时中国社会环境比较复杂，这个心愿几十年都没能实现……

赵玉明的入党之路虽然并不顺利，但跟周总理接触、提交入党申请后，她就把自己当成了党员来要求。时时注意自己的言行举止，天天学习党的重要指示，两会等重大会议也跟着电视直播观看全程，关心国家大事，关心世界大事，关心周边实事，观察生活，淡泊名利，与人为善，善与人同。

2018 年，党组织找到 89 岁的赵玉明。2019 年，年已 90 的赵玉明终于在国旗面前庄严宣誓，圆了自己半个世纪的梦想。

赵玉明以 90 岁高龄入党，就是为了用自身的经历激励年轻人，起到标杆人物的作用。赵玉明在旧社会吃苦受难，新中国成立后却从一名“半乞儿”蜕变成一名光荣的文艺工作者，地位从地狱升到天堂，她十分感恩共产党，解放广大穷苦人，不用整日为生计低三下四、四处奔波。所以赵玉明把满腔的热情都投入到自己的艺术事业中，不管谁来学，赵玉明都愿意倾囊相授，把艺术献给老百姓。

2019 年 8 月 11 日，赵玉明还带着几个学生在民族文化宫唱《大西厢》，五世同堂的精彩表演让观众受到极大的震撼。赵玉明心中十分畅快，她再一次践行了自己的口号：“生命不息，奉献不止。”

其实，90 岁的高龄对赵玉明来说的确是一个不小的禁锢，小声唱，气息出不来，感觉不到位；大声唱，嗓子撑不住，容易高血压。耄耋之年的她知道自己栽不起跟头，身体输不起，但她还是尽自己最大的努力，坚持做到最好。无论大小活动，上台前都提前进行大量的准备工作。每天跟着录音唱好多次。她坚持每次上台得让观众满意，让观众觉得真好，有看头；要是 90 岁没音儿了也没神儿了，观众不买账，觉得“这什么呀下去吧你”，那坏了，这就太没意思了。

赵玉明不愿意让自己活得没有价值，为了持续激励自己的斗志，发挥自己的作用，她给自己定下了一个口号：有一分热就发一分光，能够尽到一点力量就尽个人所能。把身体保护好，好好锻炼，每天做一套气功，伸筋拔骨，让浑身都软和起来。走两千步到三千步，保持体型和身材、保持良好的精气神。养出好身体，好好工作好好学习。赵玉明现在唱的其实就是一股劲儿，一股不服输的精神头，让观众看到 90 岁老人的这股不服老的精神、这个不认输的劲头，从中获取鼓舞和激励。

## 八、来日花好玉更明

赵玉明独居，自己买菜做饭收拾屋子，十分热爱生活。平时陪伴她的，除了儿孙，便是学生。还有的，就是一张张奖状、一座座奖杯和那一段过过往的回忆。

忆及此生的荣耀，赵玉明的确取得了常人难及的成就：1997 年，新华出版社曾为她出版过名为《艺苑寻踪：赵玉明从艺六十年》的回忆录；2003 年元月，荣获由天津曲协、天津曲艺促进会颁发的“曲艺事业终身贡献奖”荣誉证书和“松龄鹤寿德艺双馨”奖牌；2018 年 10 月 7 日，被授予“中国文联终身成就曲艺艺术家”荣誉称号；2019 年 6 月 24 日，以 90 岁高龄成为一名中共预备党员。但赵玉明始终不矜不躁，默默地表演、讲课、带学生，为曲艺的发展、为文化的传承、为精神的鼓舞，日复一日地贡献自己的力量。

赵玉明最后送给我们一段话：“今天，北京师范大学的学生们来采访我，我特别高兴，因为大学生是我们的未来，是我们国家的栋梁，你们将来要做很多事。我今年 90 岁了，我还这么健壮，还能为党工作，我也希望你们能够日日成长，认真学习，将来做国家栋梁。你们都是好样的！今天能搞这么一个活动，这对社会，对老年人也都是一种爱戴（关爱），感谢你们，我代表老年人，对你们这个活动表示支持，谢谢同学们对我们的爱戴，谢啦！”

我们感恩，也相信：

旧岁弦鼓韵渐响，来日花好玉更明！

## 采访手记

能与赵玉明老师结缘，的确是笔者塞翁失马后的幸运。

变故突发，笔者提前回到北京，需要重新寻找百岁老人，这对于入京才一年的笔者实属困难。尽管得到老师们的帮助，仍是一无所获。联系附近敬老院，也未能成功。万般无奈之下，我搜索北京市 90 岁老人，意外发现了赵玉明老师的采访，在社区各部门工作人员的帮助下，几番辗转与老师取得联系，让笔者收获一段奇妙的缘分和一个立体多面的精神楷模。

机会来之不易，需要倍加珍惜。采访前，笔者做了大量工作，查阅了大量赵老师的代表作品、节目视频、采访稿件、个人传记等，意外发现赵老师不仅是一位单弦大拿，还精通各种北方曲艺，是一位曲艺表演全才艺术家。无巧不成书。笔者来自河南，从小受豫剧的影响，对各种曲艺的兴趣也十分浓厚。因此笔者根据常年积累和访前工作，在采访中得以与老师畅谈各种曲艺，并能对专业知识了然于心。

人的态度在长年累月中会变成微不可察的习惯，能让人在不经意间感受到这种态度的魅力和震撼。纵万般不舍，访谈终究结束，但赵老师的精神状态、意志品质、人生哲学，让我久久回甘。想提笔梳理，却觉实难写出十之其一，想来，人生大道，需得经历过后，才能领悟得更加通透彻底。也许未来某天，在某个节点，笔者会突然想到此年此记，恍悟一点灵犀。

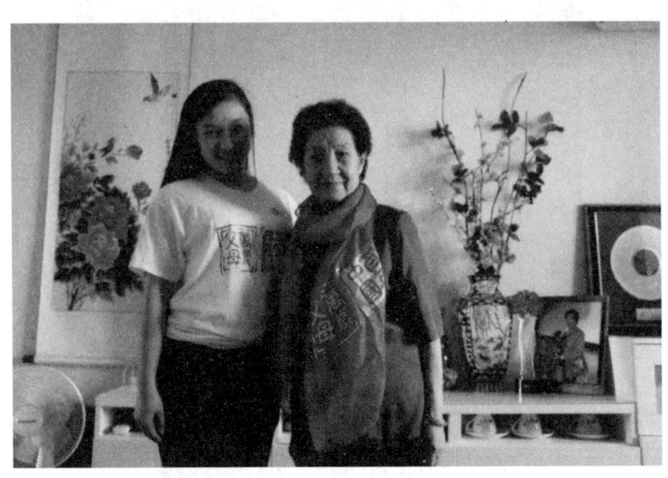

赵玉明老人与志愿者合影（黄欢欢　摄）

# 百年热血沃新花

## ——陈中才老人传记

闻艺 北京师范大学 国际经济与贸易系 2018级

### 人物生平

陈中才，男，浙江宁海水车人，1920年12月26日出生于浙江省宁海县水车上园村的一个普通的农民家。父母都务农，育有三儿，他排行第一。年少时有幸得以读书，上了几年小学之后跟着一位私塾的老师学习书法，而后又读了初中。19岁毕业后便开始在当地的小学教书，后又辗转几个学校，分别在竹口小学、桥头胡小学任教3年、5年。兜兜转转最后还是回到了家乡，一直义务教授书法至今。

陈中才老人照（郭婧　摄）

### 一、“童年的记忆与土地有关”

1920年是历史上不平凡的一年。这一年的夏天，上海法租界的一间屋子里热闹非凡，在共产国际代表的帮助下，陈独秀与李汉俊、李达、陈望道等人成立了上海共产主义小组，共产主义的星火开始燎起中华大地。同年9月，梁启超等人创立了讲学社，邀请各国学者来华讲学，这对于中国学术的发展影响深远。

同样在这年的深冬，远在浙江宁波的一个小山村里，陈中才诞生于一户普通的农民家。他只是个普通人，不曾和梁启超的讲学社有什么交集，却也一生投身教育事业，在这小小的一方水土发光发热，冥冥之中也产生了千丝万缕的联系。

陈中才的父母带着喜悦迎来了他的降生——他是他们家的第一个孩子。父母都是日夜伏于土地上劳作的农民，日子过得不算是富裕，但好在有能劳动的双手就有口饭吃。那一辈的人生长在土地上，靠土地吃，靠土地活，他童年的记忆，便是田野、粮食和老牛。陈中才自小便是个懂事又能干的孩子，帮着家里干农活，在田里掰玉米、挖土豆……那片土地陪着他度过了小山村里千百次的日升月落。

“穷人的孩子早当家。”老人坦言早已记不得童年时的游戏是什么，只记得帮家里干活劳作，与生活的艰苦为伴。而唯一的快乐，便是“和二弟去放牛，我骑在牛背上，二弟在前面牵着牛绳走”。夕阳西落，老牛吃饱了草，在二弟的牵引下慢悠悠地向回走，年少的陈中才坐在牛背上往远处望去，视线掠过近处矮小的房屋和老桑树，便是蔓延的青山和绚丽的晚霞，他不禁想，小山村外面的世界是什么样的呢？他所不知道的是，此时此刻在小山村外面的世界，工农武装割据的局面正在形成，一批有识之士正在全国各地建立红色政权。对于这些，年少的陈中才一概不知，他还是个无忧无虑的少年，守着父母和家里的几亩田，在牛背上暂时忘却劳累。一阵微风带来饭菜的香气，咕咕叫的肚子让他回过了神。片段的休憩时光过去，该牵着牛回家吃饭咯！

## 二、“书上说，要做君子”

一转眼就到了陈中才该上学的年纪。在那个缺衣少食的年代，很多孩子因为付不起学费或者要帮家里人干农活而上不了学，而陈中才无疑是幸运的，父母的日夜劳作换来土地的回报，除了留出家里人的口粮，还有些剩余的粮食可以卖了换钱，他又是家里最大的儿子，于是 10 岁那年，他走进了学校。读完小学之后，他念了两年私塾，后来又读完了初中。相较之下，他的二弟陈南才却没那么幸运。二弟读完小学之后，家里再无力同时供三个孩子读书，父母的年纪也大了，需要有人帮着家里干农活，于是二弟便回家种田了。

此时的陈中才，深知读书才能改变命运，却也理解父母的良苦用心，他的身上还寄托着二弟未了的读书梦，于是愈发用功读书。在学校求知若渴，放了学又赶回家干活，虽然忙碌而劳累，但他喜欢读书，也深知绝不能浪费二弟换来的读书的机会，这段时光是充实的。

机缘巧合之下，念完小学的陈中才跟着一个私塾的老师读了两年书。这位老师是个落第的秀才，写得一笔好字。正是在私塾的这两年，陈中才与书法结下了不解之缘。老师教他读《论语》《孟子》《左传》，儒家思想对他的性格和为人处世之道产生了深远的影响。孔子的一句句论述深深地印刻在陈中才的心中："君子喻于义，小人喻于利""君子坦荡荡，小人长戚戚""君子求诸己，小人求诸人"……他从那时起便不与人争吵，抱着宽容的心与人相处，乐于助人，严于律己，一生规规矩矩做人。他还给孔子立了一个牌位，上面写着"孔子位"，每周都买香虔诚地拜一拜，希望孔子保佑自己能够继续读书。在当时，儒家思想是他求学之路、人生之路上的明灯，指引他走向正道，也教他不被贫穷锉了骨气。这两年学习儒家思想的时光，影响了他的一生。

## 三、"学校不能让它关门"

19 岁那年陈中才从初中毕业，当时村里读书的人少，教书的人也少，学校里师资极缺，连校长都没人做。村民们都说："你是初中毕业，就去教书吧。"在那个贫苦的年代，村民们只能以这种方式勉强维持着这个小山村中唯一的一所小学。陈中才点点头，就这样走上了讲台。

一方三尺讲台上，一位年轻人以瘦弱的肩膀扛起了教书育人的责任。教书的日子开始了，而贫苦却依然困扰着他。当时学校里只有 3 个老师，办学、教书都需要资金，但在这个贫瘠的小山村，人人都为自己的温饱而忧愁，哪有多余的资金用来办学？好在学校的东边有一座寺，这座寺有 850 亩土地，一部分租给了农民，收来的租和尚也吃用不完，便好心拨出1500斤谷给学校。学校的另一边还有一个渡头，外面的船都是经过这个渡头将货运到宁海县里去的，有些船便会交一点税。仅靠着这一点点微薄的收入，三个老师撑起了这个学校。“日子过得虽艰难，但学校能一直开下去就好，总不能让孩子们没地方读书。”陈中才这么想。白天他勤勤恳恳教书，夜晚他伏案备课，他希望每一个孩子都有书念，都好好念书，因为他深知读书才能改变命运，否则只能一辈子在土地上劳作。

命运弄人，这样清苦但平静的生活也被上天打断。荒年到来，田里长不出粮食，农民们都交不上租了，学校再次面临着关门的境地。陈中才终日皱着眉苦着脸，另外两个老师也急得不知如何是好，直问他怎么办。陈中才看看五谷不收的田地，又看看眼巴巴望着他们的孩子们，咬咬牙，手一挥，声音中气十足：“办！学校不能让它关门！”

老人如今说起这件事时，语气平淡得像说起一日三餐，但我无法想象当时的他是如何靠着坚持要把学校办下去的决心，忍受着荒年肚子的饥饿，承担着四方的压力，坚持不让学校关门。学校不关门，就还有书声琅琅，这个小地方，就还有教育的火种。

## 四、“我不在乎名和利”

1945年6月，日军侵占了离水车村不远的宁海县城。枪弹、炮火将这个原本宁静的小县城变成了地狱，百姓流离失所，哀鸿遍野。而此时的水车上园村侥幸躲过了日军的侵袭，百姓们恐惧地一边打听着村庄外面的情况，一边祈祷着日军千万不要来村里。不远处的炮火也不能让陈中才停止教书，所幸这个小村落还算太平，他一边密切关注着外面的抗战情况，一边日复一日地站在讲台上。

同年9月，日军投降，此时的宁海县城沉浸在胜利的欢乐中。听到这个消息的陈中才无疑是高兴的，因为这意味着百姓生活不再受日军的侵扰，孩子们又能安稳上学了！

陈中才当时有一位志同道合的朋友名叫陈熙光。陈熙光是晚清进士，也致力于教育事业。当时他在县城的宁海中学当校长，兼任教育局局长，他推荐陈中才去竹口小学（位于宁海竹口村）做校长。这是陈中才第一次离开家乡的小山村到别的地方去教书，他收拾了行囊，决心将教育的种子播到另一片土地上。他在竹口当了 3 年校长，在这 3 年里，六年级的学生有 90% 考上了县里最好的宁海中学。邻里乡亲都夸他学校办得好、学生教得好。乡亲们的夸赞和尊重并没有让陈中才沾沾自喜，在他看来，“校长”这一名号不过是忙碌奔波的象征，他不在乎名和利，却也厌倦于以校长的身份处理各种大大小小的杂事，他更想单纯地做一个老师，守着一方讲台教书。

新中国成立后，陈中才回到了水车村。当时的教育局局长是他的同乡，与他交好，便劝他在水车小学当校长。可陈中才仍是不愿意。“当校长是奔波的，当老师是安稳的。”对他而言，功名富贵如尘土，做一个普通的老师足矣。

## 五、“我没做过”

土改开始了，陈中才原本平静的生活被打破，他被卷入了一个案子。

他有一个学生在工作队，因为陈中才对村里的事比较了解，就请他帮忙收集资料，好心的陈中才同意了。当时村里要拉出一个“典型的人”作为批斗对象，选定了一个当乡长期间作恶多端的地主。但这个地主当时身体抱恙，躺在床上被拉到村里的戏台上批斗，回去便病重去世了。地主的儿子一口咬定是熟悉村里事务的陈中才把他父亲的事报上去的，怀恨在心，几年后写了一张条子举报陈中才是国民党区党部委员。

当时的陈中才毫不知情，直到工作组的人找到他说：“你这样旧社会出来的人，总应该是干了什么事情，人家都举报到组里来了。”好在工作组里有不少陈中才的学生，相信老师，决定把这个案子调查清楚。学生找到陈中才了解情况，他坚定地说：“我没做过，国民党区党委的会我也没去开过。”有旁人说，那可能是有人把你的名字放上去了。听到这样的话陈中才有些动摇了：我的名字在上面吗？他不知道，也许真的有可能呢，这可怎么证明自己没去开会啊？他无奈地说：“名字在上面确实是可能的。”没想到，这一句话成了给陈中才定罪的证据，也成了压倒他的最后一根稻草。

怀着无限的冤屈，他被送往慈溪庵东盐场接受劳动教养，并被处罚禁止教书，这一禁，就是 20 年。

## 六、“大家送我一个名字叫‘农业郎中’”

背负着错案罪名在盐场劳作的日子自然是艰难的，第一个月辛苦的劳动只换来了 27 块钱的工资，之后干脆连这点工资都没了，只能吃自己种的粮食果腹。但陈中才没有怨天尤人，他不怪国家也不怪政府，只是在刚开始时心中对那个举报的人存有一点芥蒂。然而年少时在私塾受到的儒家教育让他宽容地放下了心中的执念，此时年近不惑的他依然是乐观而又随遇而安的，于是他积极地走向了在盐场的新生活。

年少时帮家里干农活的经历使他很快适应了这里的劳作，并且开始运用自己的经验和农业知识帮助别人解决问题。“我在那里写了一篇农业论文，获得了二等奖！”如今已是百岁老人的陈中才回忆起那段时光，丝毫没有提及劳累和苦痛，而是自豪地讲述起他解决病虫害问题的经历：那块地方盛产萝卜，但深受一种俗名叫地老虎的害虫侵扰。这种害虫喜酸，常在夜间活动，萝卜种下去长到第三天晚上，往往就被地老虎吃掉了，当地农民深受其害。陈中才想出了一个法子，他将农药撒到桑叶上，再拌上醋，在种下萝卜的第三个晚上把桑叶放到田里。第二天起来一看，地老虎都死光了。他还想到用石灰解决水稻的病菌问题。“乡亲们送我一个名字叫‘农业郎中’。”陈中才乐呵呵地说。

年近四十的他就像一棵野草，生命力顽强，在哪里都能生长。他以平和的心境面对艰苦的生活，并在帮助别人的过程中获得快乐的养分。

## 七、“终于……终于”

尽管被罚停止教书 20 年，但由于水车小学实在缺老师，陈中才在慈溪劳动了两年之后便被召回来教书。回到熟悉的家乡、熟悉的校园，陈中才又一心扑在了他最热爱的教育事业上。

直到 20 世纪 80 年代，中央下达了平反冤假错案的落实政策，陈中才背负的这桩错案才又被翻出来。陈中才的学生有不少在宁海县里工作，他们都惦念着恩师。“我们老师这个事情一定要帮他解决好。”学生们商量着让在肃反工作 5 人小组里的陈锡庆去公安局把档案查出来。公安局里警察桌子上堆着高高的一沓文件，都是还没落实的案子。他终于等来了这一天——在学生们的帮助下，陈中才的错案得到平反。

如今的老人说起这一段时情绪有点激动，双手微微颤抖："终于……终于！"

## 八、"书法在慢慢发展"

陈中才姓陈，但大家都叫他"才老师"。因为水车村民大多姓陈，为了区分便以姓名里的最后一个字来称呼。才老师教书近80年，桃李满天下，即使不是他的学生，也因为他为人正直、乐于助人、德高望重而恭敬地称呼他为"才老师"。

才老师深知读书改变命运，他希望孩子们珍惜读书的机会，不愿放弃每一个学生。曾经他有个"奇怪"的学生，上课总是窝在课桌上面睡觉，学校一定要让他退学，而陈中才极力保住了他。他亲自到那个学生的家里去，与他的父母商量说："我的计算班、书法班都是不收钱的，你让孩子来补补课。"在才老师的耐心辅导下，那个淘气的学生从考试只能考五六十分进步到以满分成绩小学毕业，又考上了宁海中学，前途一片光明。若是那个学生在桌板上睡觉的那天被赶出学校，也许他的命运会截然不同。是才老师让他改变了命运，像这样受到才老师教导和关爱的学生还有很多个。

1980年，水车小学成立了书法特色班，次年又成立了珠算特长班，这也是受到才老师的影响。正因为他坚持义务教书法和珠算，使得水车村有了浓厚的文化氛围。他所培养的书法人才和珠算人才，代表水车村获得了很多奖项，其中两个学生章春燕和李海平还分别获得了珠算比赛省里的第一名、第二名。每到寒暑假的时候，村民总爱把孩子送到才老师那里读书、写字、学珠算，既避免孩子假期玩得太疯，又能让孩子学到知识。才老师教了一代又一代的人，村里的老老少少几乎都跟着他学过书法，他见证了一代又一代的村里人握笔、写字，也悄然见证了书法这一中华传统文化的传承。

有一次，宁海县书法协会的会长跟着朋友前来拜访陈中才，正遇上他在家里写《兰亭集序》，会长对陈中才的字赞不绝口。第二次登门拜访，会长送来笔墨纸砚，他说："您这么大年纪的人都还在练书法，我们年轻人就更不能松懈了。"陈中才与会长聊起书法的发展现状，有些惋惜地说："在宁海书法的发展还是很困难的，凭我一己之力，只能带着二十几个学生。"会长笑道：“学书法的孩子有的是！宁海有很多书法班，青少年宫也有书法班，很多孩子跟着学呢。”才老师闻言十分欣慰：“书法在慢慢发展，其他的文艺、诗词也要发展。”

让更多的人懂书法、练书法、会书法，是才老师一生坚持的目标。正是有他这样的人存在，中华传统文化才能一代又一代地传承下去。才老师以他一生永不熄灭的教育热血，灌溉着中华民族传统文化的沃土，也滋养着一代又一代的孩子们。

## 九、“我现在的生活很好”

“写书法让我平静专注，教学生让我觉得开心快乐。”这也许便是才老师长寿的最大秘诀。此外，才老师还有很多养生小诀窍，比如说他常年腰上挂两块磁石用来消除老年斑，他不吸烟、不喝酒，作息规律，喜欢阅读月刊《健康指南》。

才老师的妻子、儿子都已过世，他现在与孙子一家住在一起，家庭和睦，生活平静。“我现在的生活很好，有吃有喝，还有点多的钱，我很知足。”老人历遍百年，亲眼目睹了新中国成立之后，百姓的生活越来越好。去年他还专门作了一首诗纪念改革开放 40 年。

改革赢来四十年，繁荣社会变新颜。
欣欣庆幸康而寿，美美歌吟乐又欢。
一带更昌添一路，山河打扮靓山川。
人间正道需跬步，世界大同肩并肩。

才老师在家里种了许多吊兰，因为吊兰可以改善空气，对人的健康有好处。他又想着氧气充足的教室对孩子的智力发展、身体健康都有益，于是特意给水车小学、幼儿园送了不少吊兰。

才老师听说我是北京师范大学的学生，特意关切地嘱咐我：“做老师，一定要勤。”他说自己学历不高、能力也有限，靠的就是“勤”这个字。他拿一碗水打比方：“老师自己的这碗水总应该要满到溢出来，要是老师自己这碗水都不满，怎么有多余的给学生呢？所以要‘勤’，勤能补拙。”他还为当代大学生们提了一些建议：要继续努力，勤奋学习，继续进修，好好珍惜学习的机会。

如今已百岁高龄的才老师，仍坚守在教书育人的岗位上，将教授书法、传播传统文化视为己任。日子过得虽简朴，他的内心却是充盈的——义务教授书法、写书法作品，还打算开办自己的健康知识讲堂。从外表完全看不出他是一个已经百岁的年迈老人：面颊布满皱纹但眼睛清亮，不需老花镜便可读书看报；听力下降但精神矍铄；身子虽佝偻着，但握着毛笔的手却是稳健的。孩子们练字的时候，他便坐在讲台上看着，带着和蔼可亲的微笑，看到有孩子字写得好，便会如数家珍地夸赞。他的目光长长地、缓缓地落在这一间明亮民房中的每一个孩子身上，落在他们的字上，带着欣慰，带着坚定，带着关怀。他这一眼，也许便回望了他这坚守着教书育人的一生，再望到中华传统文化一代代传承的未来。在此，笔者衷心地祝愿陈中才老人身体健康，万事如意！

## 采访手记

老人的一生起起伏伏，万千个故事都融于漫长的岁月中。百年岁月在他脸上留下皱纹，却难凉那一腔教书育人的热血。也许他的故事不应该由我来书写，因为他的千百桃李，自会铭记和传唱他的一生。

——题记

一间明亮的房子，一屋练字的孩子，还有一位百岁老人。

——当笔者和同学跟随着村民步入老人教授书法的教室时，映入笔者眼帘的就是这样一幅场景。

老人名叫陈中才，但大家都叫他“才老师”，村里的老老少少几乎都跟着他学过书法。他曾是水车小学的老师，自他退休，便开始义务教授书法，至今已经 40 余年。才老师虽已百岁高龄，但依然精神矍铄、下笔稳健。

当笔者到达时，才老师正拿着一支蘸了红墨水的毛笔给学生改字。

见笔者来了，才老师缓缓向笔者点头问好，然后从书桌上抽出一张宣纸，很抱歉地说他听力不好，只能由笔者写下问题给他看。笔者接过纸来，那是一张给学生练字用的宣纸，上面还写着老人的范字：“烟花三月下扬州。”笔者一时不忍在上面写字，那张纸是沉甸甸的，因为承载着老人日复一日教授书法的心意。笔者仿佛看见，每日清晨老人提笔写下一张张范字的场景。日子一天天堆叠，老人却从未放下教书育人的笔。

老人亲切地叫笔者坐到他身边去，仔细阅读笔者写给他的问题。他的视力很好，读起来毫不费力，思维也很清晰。他从自己的儿时讲到现在，说起有趣的事还会爽朗地笑，笑得露出嘴里只剩一颗的牙。他所讲述的他的一生，与“教书育人”四个字有着解不开的羁绊。漫长的年月，都被投入了教育事业，而且，他还想坚定地做下去。说起他的学生时他很骄傲，指着屋里的孩子说：“那个孩子，上四年级，字写得很好的。”“那个是考上大学又回来这里练字的。”屋里甚至还有一位从长街镇赶来的中年男子，带着儿子来这边一起练字。

这个小小的书法班在暑假的每一天都会上课，无形中在村子里形成了练字养性的良好氛围，在这个快节奏、浮躁、人们提笔忘字的时代，实属难得与珍贵。

百年的岁月磨不去老人教书育人的决心和坚持，尽管老人未曾教授过笔者一笔一画，笔者还是要恭敬地叫他一声“才老师”。

陈中才老人与志愿者合影（郭婧　摄）

# 风吹雨成花

## ——韩炯文老人传记

何歆怡 北京师范大学 教育学部 2017级

### 人物生平

韩炯文，男，1923年出生，96岁，离退休老人。祖籍陕西神木，现居贵州省六盘水市钟山区。幼年入学堂上学，少年时辗转他乡求学，青年时一直从事财会工作，随后响应祖国号召，参与钢铁建设，中年拖家带口前往贵州六盘水支援三线建设。从北到南，一生学习孜孜不倦，一生工作兢兢业业，一直怀揣赤子之心。

韩炯文老人照（贺宏 摄）

### 一、起风了

96年前，陕西神木县，婴儿的啼哭划破黎明，韩家的第一个儿子出生了，一段平凡老人不平凡的人生开始了，故事娓娓道来，关于青春、关于理想、关于苦难、关于信念……

1926年8月，一个平凡但不平常的日子，热浪席卷着黄土高原，烈日烘烤着地里的庄稼。眼看就要立秋了，但热气丝毫没有减退的意思。尽管酷暑难耐，一年四季为温饱而劳作的人们心里还惦念着，害怕大雨浇灭了一年的盼头。各家各户不敢放松，都在为不久之后的秋收忙忙碌碌，做决战前最后一阶段的准备。数千里外的北伐战争已然打响，浓烟四起，民不聊生。3岁的韩炯文摇晃着小脑袋，在窑洞前的院子里歪歪斜斜笑呵呵地跑，嘴里还咿咿呀呀地不知在说些什么，好像是父亲教给他的一首唐诗。少年不识愁滋味，彼时的他对战争还没有丝毫概念。

秋风乍起，地里的庄稼快要熟了，田边的游子也踏上了离家的路。韩炯文的父亲也是这莘莘学子中的一员。父母的婚姻是旧社会媒妁之言的产物。父亲是追求进步的新青年，从共青团的团员骨干由团转党，在家乡汾阳铭义中学毕业后，决意北上前往北大国文系求学。和那时中华大地许许多多的有为青年一样，怀着对知识的渴望，对未来的期许，对救国的信念，他背井离乡，踏上征程。母亲是老实本分、贤良淑德的少女，早早地便当了母亲，但也心甘情愿放手让父亲出门闯天下。那一天的韩炯文撇着小嘴号啕大哭，这是对别离本能的抵触。但是他不知道为什么母亲泪如雨下，也不知道这即将到来的离别究竟意味着什么，更不知道父亲究竟何时回来。父亲离家后的日子，母亲每日都忙碌不停，做饭洗衣，照顾老人。

时光的脚步深深浅浅，一走就走了12年。咿呀学语的小孩子在母亲的照顾下已经成长为窗前苦读的少年，小小的炯文渐渐长大了，哭着闹着要去上学，这是父亲在他心里悄然埋下的种子，他也希望能像父亲一样学习更多的知识，看见更大的世界。

尽管父亲未能陪在韩炯文身边，但断断续续的来信，嘱托、期望和父亲眼里的世界——从北京到远洋，从国内到国外都在韩炯文心里留下了深刻的烙印。尽管与父亲相隔万里，父亲的影响仍然注入了韩炯文的血液里。在家乡亲戚和朋友帮助下，韩炯文在乡里的学堂入了学。这是韩炯文最开心的一段日子，他兴奋地沉浸在知识的海洋里，不遗余力地刻苦读书。老师教的唐诗宋词，他总会反反复复地读，到倒背如流的程度才肯放心；老师讲的一字一句，他恨不得悉数镌刻在心底。母亲更是尽心竭力地操持家务，尽量让孩子每日上学回家都能吃上一口热饭，熬夜赶工也要缝纫出新衣裳给儿子穿。这一家在战火纷飞的年代算是过上了一段短暂的平静生活。

## 二、落雨了

时间一天天地过去，凛冽的寒冬来了，北风呼呼地吹，细密的大雨夹杂着冰冷的雪花噼噼啪啪地敲打在窗上。侵略者的炮火轰入了国门，血雨腥风席卷了中华大地，恶行肆虐，民不聊生。

广袤的黄土高原被冰雪覆盖，白茫茫的一片，寒风呼啸，像野兽在哀号。炮火声日益逼近，家里的囤粮越来越少，少年已经能从母亲日益消瘦的脸庞与日夜不断的咳嗽声中感到生活日益维艰，他怕有了上顿没下顿，怕再也没有读书的机会，怕每一天也许就是最后一天。

在风雨飘摇的日子里，生活如浮萍般飘飘坠坠，躺在中心的人儿，不知何时就会淌进这激流的漩涡中。这一年，韩炯文的母亲永远地离开了他。母亲不在了，家就真的不在了，曾经还算稳定的生活也不复存在了。从前尽管生活困苦，炮火不断，但他没有愁思，他还是在母亲怀里撒娇，在院子里撒丫子跑的小孩子；而现在，在这片他生长了15年的辽阔黄土大地上，苍茫茫一片就只剩下了他孤身一人，家中再也没有了“临行密密缝，意恐迟迟归”的那个人。

时局动荡不安，未来渺茫无望，但在绝望的洪流下，依然有人用笔挺的胸膛捍卫着和平的希望。八路军驻守在陕北，力求把敌人隔绝在黄河的对岸。战火日益逼近，大家都不知道未来会如何，学校的青年们计划着一场离开家乡的求学之旅。对于韩炯文而言，留下来也只能独守空门，孑然一身；走出去，像父亲那样留学求知，才能实现自己的一番理想。思虑良久，韩炯文简单地打包了自己的行李干粮，和朋友们一起上路了。北上被战火封锁，他们决定一路南下，到陕南躲避战火。不知明天会如何的日子至少是有盼头的，他们相信埋着头向前走，总能找到可以抵达的彼岸。

从神木到延安，从延安到汉中，黄河奔腾在峡谷中，从天而降、一泻千里、吼声震天，在解放区的大后方，雄兵百万、军民一心、众志成城。战争的炮火几乎席卷了整个中华大地，而陕西在黄河母亲与解放军的保护下屹立不倒，大后方的摇篮保卫着青年人的梦想。韩炯文和同伴们经过长途跋涉，在解放军的队伍里，干一点活计，有一口吃食。幸运的是，在兵荒马乱的年代，他们尽管路途遥远、历尽千辛，但并未受到战争的伤害。在各方人士的帮助下，这一年秋天，韩炯文在陕西省商业专科学校会计统计科入学了。在学校里，韩炯文一如往昔，抓住一切机会广泛阅读，学习算盘计数，学习英文，希望能在漂泊的浮萍之中找到一个立身之地。两年的光景过后，韩炯文成长为一个顶天立地的男子汉，会计统计系毕业后，韩炯文在陕西浮萍师范学校找到了一份财会工作。细心计算，节约开销，他争取让每一笔钱都花在刀刃上，尽力让学生们能安心读书，为革命储存后备力量。

雨还在不停地下，战争的炮火不停地打。革命战士们用血肉之躯撑起了一把大伞，保卫着祖国的花朵茁壮生长，鲜花朵朵在风吹雨打中毅然地肆意开放着。

## 三、云散了

1949 年，倾盆的大雨总算有了停歇的迹象，呼啸的狂风也停止了呼吸，10 月 1 日，天安门云开雾散，艳阳高照，百万雄师庄严笔挺，那一声“中华人民共和国成立了”，老百姓的心里也放晴了。

新中国成立以后的日子依旧艰苦，但经历过战争的残酷，经历过血与火的洗礼，得来不易的和平让百姓们甘之如饴，有了一份家的归属感，平凡的生活都如蜜一般甜美。此时的韩炯文到了山西省城，还干着自己的老本行，在西安女子中学的财会科工作，他已经从一名初出茅庐的小会计，成长为了熟练精通业务的老前辈。

韩炯文获得先进工作者称号照片（受访人提供）

1950 年，国家号召有志青年支援钢铁建设。为复兴祖国之梦，韩炯文毫不犹豫地响应了祖国的号召，从陕西辗转到辽宁鞍山钢铁公司烧结财务会计科，支援钢铁建设。令他没想到的是，这一次与钢铁的相遇，促成了这一世与钢铁的结缘。

修盖厂房，恢复机床，铺设道路，喊着劳动的号子，工人们虽已汗流浃背，但活力四射、充满干劲。“那个时候心里只有一个想法，就是努力工作、努力干活。”和众多年轻人一起，他们为吃饱穿暖的好日子铆足了劲，不留余力地努力生活着。韩炯文那时几乎每天都在加班，结婚成家都抛到了脑后，时时刻刻唯一所想的都是把工作干好。每一年的财会比武大赛韩炯文都会被单位推荐参加，而几乎每一届比武大赛，他都能赢得最好的名次。他练就了双手拨算盘的功夫，这源于小时候日夜苦练扎实的基本功。也因此，韩炯文屡次获得先进工作者的称号，还是全国冶金系统财务先进工作者。他说：“这只是做到自己该做到的事情。”

祖国的经济发展得越来越好，老百姓的日子也越来越美，韩炯文的小日子也越来越红火了。在厂里，韩炯文认识了一个美丽大方的江南女子，他被她的贤淑、能干所吸引，与她结婚成家，夫妻俩的感情非常好，从来没有吵过架，即使妻子脾气有时候比较急，他也总是谦让着她。那时的恋爱更多的是平平淡淡、相濡以沫。夫妻俩生了两个大胖小子，第二个儿子出生的时候，韩炯文已经 42 岁了，中年得子固然是天大的喜事，按理说应该对儿子宠爱有加，但韩炯文还是一心扑在工作上，闲暇的时候也在家里读书学习，充实自己，孩子们的生活基本上都交给妻子料理，但是父亲的好习惯潜移默化地影响到两个儿子，他们也喜欢看书，文笔也都不错，工作也很负责。

“备战备荒为人民，好人好马上三线。”为加强战备，逐步改变我国生产力布局，中央号召各个地方优秀人才前往三线地区建设工矿业。韩炯文作为优秀财会工作者又一次积极地响应了国家的号召，放弃了在鞍山稳定的生活，拖家带口，打起背包，从辽宁鞍山跋山涉水来到了大西南，参加了建设水城钢铁的工作。那时的水城由于长期下雨、天气潮湿，几乎没有一条像样的路，更没有一栋像样的房子。工人们上班要穿着大水靴，下班就住在牛毛毡的房子里。在艰苦的条件下没有路就修路，没有房子就盖房子，从头开始，一步一个脚印。肩扛人挑、毫无怨言，天南海北汇聚的青年们放下了芥蒂，在这个西南的小城拧成了一股绳，一心建设三线。也是在这一代人的肩膀上，西南的深山里筑起了厂房，燃起了锅炉，火红的钢水奔流不息。

刚建厂的时候，条件不好，灰尘很大，工人们穿着蓝色的涤卡上衣，戴着袖套，脚上一双已洗不出颜色的黄胶鞋。韩炯文对待工作仍旧仔细认真，和几个老伙计为水钢的财务工作努力奋斗，能双手拨算盘的他赢得了年轻徒弟们的爱戴。工作休息之余，他还饶有兴趣地参加了《工人日报》《中国青年报》举办的各种知识竞赛。他说："参加竞赛就可以让自己知道不足，了解的知识就更多喽。"在两个儿子的印象里，父亲从未停下学习的步伐，休息的时候也在家看书，他们能感受到父亲的身上有一道对未来的向往，有一道对知识热爱的光。父亲也要求他们要努力学习，勤恳踏实工作。

喷薄的锅炉烟囱是韩炯文大半辈子生活的背景色，浩瀚的书海是韩炯文毕生遨游的知识海洋，他的青春奉献在奔流不止的钢水里，他的青春延续在浩瀚广博的文山书海中。

## 四、花开了

风雨过后，空气清新，彩虹出来了，娇艳欲滴的鲜花在阳光下生机勃勃地开放着。改革开放以后，祖国的发展越来越快，人民的生活越来越好，半生漂泊的韩炯文终于拥有了自己的一间小房子，房里的妻子和自己忙碌但甜蜜，房里的孩子们也一天天长高，逐渐离开了小房子，有了自己的新房子。

退休后，韩炯文与老伴儿仍居住在水钢烧结厂的老房子里，韩炯文很高兴："国家每个月都给我发工资，这个月还涨了 200 元哩。"经历过流徙与漂泊的人，对安稳平淡的日子甘之如饴。韩炯文退休后也没有停下脚步，每天早上依旧 7 点起床，洗漱早餐后出门买报纸、馒头，中午妻子做一点吃食，自己就打下手。其余的时间就在家里读书、做笔记，还常常步行到厂里的图书馆阅读，甚至有时候为了弄懂一道题、一个词语，就几次到厂里的图书馆仔细地翻阅查看，或者问年轻人。他说："一天不读书看报，总觉得少点什么，生怕跟不上时代和形势的发展，心里面很不自在。"财经、民生、时事、诗书，韩炯文都很感兴趣，他边学边记，分门别类地整理，家里的笔记本堆起来有小山那么高。他每一年都参加中央电视台举办的"春节联欢晚会节目评选活动”，还获得过三等奖，他还参加过“港澳回归知识竞赛”。“活到老、学到老”的精神在韩炯文老人身上体现得淋漓尽致。2008 年，韩炯文获得了“水钢学习型老人”的称号，他希望年轻的孩子们也能静下心来好好地读书。

10 年前，韩炯文的妻子因病去世了。老伴儿走了之后，韩炯文依旧不肯从旧房子里搬出来，旧房子里有整理在册的书籍，有曾经共同生活的温暖岁月，有习以为常的味道。

生活的齿轮还是在一刻不停地滚动向前，往常平淡的生活依旧继续，只是掌勺的变成了自己。老人的笑容一直温暖如春，把最美好的嘱托都给了孩子们，“Time flies，work hard。现在是好时代，要珍惜时间，努力工作！”

韩老一家与采访者（贺宏　摄）

2015 年，孙儿们都考上了大学，小儿子放心不下老人的身体，把韩炯文老人接到了新家，儿媳和儿子把一切置办妥当，亮堂堂的客厅，特意为老人垫了软垫的宽椅子，手边每日更新的报纸、书籍。“现在真的就是享福喽！”韩炯文老人的生活还是如常，早上早起吃鸡蛋、牛奶，9 点准时看早间新闻，12 点午睡，午睡后吃一碗儿媳煮的面；下午看看书，在家中活动活动，偶尔吃两块饼干；晚饭喝一碗粥，三伏天的时候也照常吃一块西瓜，偶尔还偷偷喝小半杯啤酒。小儿子工作不忙的时候就推着他在小区里转一转，韩炯文老人喜欢看来来往往的人。散步后，晚上 9 点准时入睡。96 岁的韩炯文老人一直保持着一颗好奇、炽热的青春之心，前几个月在儿子的帮助下，学会了使用微信，现在经常用手机上网看新闻。他很自豪自己能活到现在，看到祖国的发展变化，还暗下决心，自己要努力追上 5G 新时代的步伐。韩炯文老人常常遗憾自己现在“举步维艰、寸步难行”，他还有梦想，渴望去香港、澳门看一看，去国外看一看，看看他不知道的祖国各地，看看他不知道的世界。

韩炯文老人长寿的秘诀就在粗茶淡饭的规律的平常日子里，在一家人的一团和气里，在永远不灭的青春梦想里。

水钢的大烟囱依旧喷薄着白色的烟雾，诉说着这个钢筋时代的繁荣发展；川流不息的车流在宽阔的沥青路上奔腾不止，讲述着这个和平年代的幸福美好；绿茵场上的少年汗流浃背地肆意奔跑，阳光下两鬓斑白的韩炯文老人笑容满面地看书、做笔记。期颐之年的老人鲜少谈起过去的苦难，他选择淡忘过去那段悲痛的往事，化作对当下的爱若珍宝。人总是要往前看，向前走，人总是要对未来的世界有追求。尽管口齿已经不再清晰，耳朵不再灵敏，但韩炯文老人心里一直都有个自己的小世界，这个世界纯粹自然、宁静平和、云卷云舒、书山文海，他渴望在这个世界里看见更多他没有看见过的事情，了解更多他不知道的事物。韩炯文老人不断地重复着："你们现在是好时候，要珍惜，要学习。"与历史发生的故事短暂遇见后，更深知这短短的一句话沉淀着百年人生的力量。这力量提醒着我们永远不能忘记我们的国家是怎样一步一步走到现在的，提醒着我们应该坚定我们要去的路，要永远满怀好奇地笃笃前进。

风吹雨成花，时间追不上白马，青春不会因为时间的变化而苍老褪色，代表青春的永远不是音容尚存，而是一颗永远好奇炽热的跳动的心。

## 采访手记

大雨过后的清晨，在阳光的照射下越发的晴朗，笔者和母亲前往韩炯文老人的家中拜望。笔者怀揣着崇敬的心情叩响了韩老的家门。

一进门，韩炯文老人正在看早间新闻，看到笔者走进来，就高兴地跟我们握手，笑颜明朗如春。韩伯伯跟笔者说："提前和爷爷讲明了我们的来意，爷爷听说我们要来高兴了一晚上。"现如今，97 岁高龄的韩爷爷听力有一些衰退，行动也有一些缓慢，但仍然精神矍铄、不减当年。

问起他从前的苦难生活，韩爷爷笑盈盈地用"那时候很苦"便一笔带过，只是正襟危坐、语重心长地告诉笔者"要乐观，要珍惜幸福生活，cherish the happiness”。笔者惊异于 97 岁高龄的韩爷爷还记得年少时期学习的英语，讲起英语的韵味像极了英国黑白电影里的绅士，彬彬有礼、掷地有声，但笔者却不知道这轻描淡写的“很苦”背后是怎样的很苦。接下来的两个小时里，我们一起拉开了时光的大门，看到了战争时期的血雨腥风、惊涛骇浪，新中国成立初期的一穷二白、艰苦卓绝，劳动建设时期的坚若磐石、努力奋斗。

现今和平发展年代，老人对学习时光视若珍宝，关心身边的世界，也渴望外面的世界，永远充满热情，也永远充满好奇。韩老总反复遗憾地说：“现在寸步难行、举步维艰”，委屈的眼神像极了被关在家里的孩子。韩老心里还有梦想，想去更远的地方看更大的世界。永远好奇、炽热的心，才是永远青春的模样。韩爷爷拍着我的肩膀反复强调：“Time flies, work hard”。像是一个交接仪式，这位“老大哥”把青春的旗帜交到了我们的手上。

水钢的大烟囱依旧喷薄着白色的烟雾，诉说着这个钢筋时代的繁荣与发展，阳光下两鬓斑白的韩炯文老人仍然继续着他的青春时代，而笔者带着这份热切的嘱托，继续上路。

# 人间有味是清欢

## ——丁沭原老人传记

丁明艺 北京师范大学 地理科学学部 2017 级

### 人物生平

丁沭原，男，汉族，1927 年 7 月 31 日出生于山东省日照县涛雒镇，为家中长子，有弟弟二人妹妹一人，其中两位弟弟已去世。抗日战争之际随家人迁出山东，辗转各地，新中国成立后定居遵义，成为工人，1959 年结婚，如今已 60 载，膝下育有二儿三女，现居贵州省遵义市忠庄镇。豁达开朗，心态平和，身患癌症后仍积极生活，清欢度日。

丁沭原老人照（丁明艺 摄）

### 一、回首故乡已千里

"我叫丁沭原，"爷爷在回想着，"在山东南部有一条河，叫沭河。"

发源于山东临沂的沭河，南流过郯城县入江苏省，与沭河相仿，爷爷也源于山东，漂流辗转，最终停在了贵州。1927 年 7 月 31 日，爷爷出生于山东省日照县涛雒镇（1985 年，日照县改为日照市）。3 年后，作为长子的他迎来了第一个弟弟，名叫丁淀原。回想起童年时，爷爷嘴角不禁会泛起笑容，多年以前也曾是孩子的他，也会同伙伴在晚霞染过的海滩自在奔跑开怀大笑，在温柔如水的夜晚仰望天际数着跳动的星，也会围在母亲身旁学做油饼包饺子……那时一家四口其乐融融，父亲丁复祥辛勤工作，母亲王裕材操持家务，生活算不上安富尊荣，却也衣食无忧。

生活并不似表面那般安宁，爷爷出生翌日，南昌起义爆发，危机四伏。1937 年“七七事变”震惊中外，战争露出狰狞的面孔，威胁恐吓着中国人。同年 12 月底的某天上午，日军两架飞机在涛雒镇上空扔下炸弹，宁静被刺耳的轰鸣声划破，碎了一地，刺痛着村民的心，伴随着房子一座座的倒塌，村民们来不及好好告别昔日熟悉可亲的故土，便踏上了逃亡的未知征途，爷爷也一样，随后辗转几十年，再没回头。

## 二、遥望前路或成谜

故乡再难回首，爷爷年仅 10 岁时便隐隐约约明白，身后是战火纷飞的故土，身前是白茫茫一片的迷雾，然而生活仍得向前，哪怕面对着不确定与未知。

爷爷的父亲丁复祥是黄埔军校第 11 期步兵部队学员，毕业后加入了国民党军装甲兵团。1937 年，抗日战争拉开序幕，上海抗战的国民党大军全线崩溃后，南京危急，父亲丁复祥所在装甲兵团向湖南湘潭县撤退，正值老家山东岌岌可危之际，丁复祥只好带着妻儿随军行走。1938 年 1 月，装甲兵团千里迢迢到达湘潭，在山沟里整训，被扩编为陆军第 200 师。一年以后，部队接到命令转往广西全州县开展整训，爷爷一家跟随辗转。尽管一步步随军远离故土，但所幸暂无性命之忧，粗茶淡饭也可度日。

不容忽视的是兵戈扰攘，抗日战争仍在继续，经费也越来越紧张，军队到达广西时，已不再给家属配发粮食，途径全州县绍水镇一片森林时，既无存粮也无饭店，爷爷一家只购得一些花生省着吃了几日，才得以走出森林。

当时，丁复祥在运输营担任排长，负责运输新兵和兵器，然而经费短缺，眼见着捉襟见肘，入不敷出，且战争形势危急，刻不容缓，他便只好出一下策：将运输大卡车空出一辆来载客赚钱，以贴军用。然而军法如山，不得动摇，丁复祥因此锒铛入狱。“判了 10 年零 2 个月。”爷爷记得很清楚。家庭的顶梁柱突然之间倒下，仿佛天都塌下来一般，生活化作了监狱铁栏杆冰冷的黑，压得人喘不过气来。无奈之下，母亲只得带着两个尚小的儿子摆摊贩卖旧衣服，靠这微薄收入勉强度日。

所幸的是，丁复祥旧时同学伸出援助之手，拉住了坠入深渊的一家人，他每月接济物资，并不断争取为老同学辩解，不懈努力下，半年后丁复祥终于走出高墙，携妻儿来到重庆，谋划找份工作养活一家。

抗日战争还在继续，重庆此时是国民政府战时首都所在地，从白山黑水到黄河两岸，从中原大地到苏杭上海，从江汉平原到岭南珠江，数千万不愿做亡国奴的中国同胞背井离乡，扶老携幼，踏上流亡之旅，迁往重庆，爷爷一家便是其中之一。

与此同时，重庆也成了日军轰炸的重要目标，在 1938 年 2 月至 1944 年年底长达近 7 年的岁月里，日军对重庆进行了“地毯式轰炸”“疲劳轰炸”、“月光轰炸”。对于爷爷来说，他不清楚数字的多少，但他明白意味着什么——“跑警报”的日子是印象深刻的，特别是在 1941 年，疯狂的轰炸持续了 5 个月，恐惧蚕食着整座城市，侵蚀着每个人的心，在破烂不堪的大街、随处堆放的尸体之间，人们惶恐度日。每天早晨，爷爷都要向远处山坡眺望，不是为了看见朝阳，而是看山坡上的警报架。和无数人一样，每天九点前爷爷和家人打包午餐跑到防空洞，忐忑不安地望着远处的警报架：如果再挂一个绿灯笼，代表轰炸机航向不是重庆，人们悬着的心可暂且放一放，但如果再升起一个红灯笼，是万县（万州）监视哨发现日机，航向重庆，当两个红灯笼降下来时，代表敌机大约一小时内将空袭，人们便纷纷往防空洞内逃窜。

“我印象最深的有一次，那一次轰炸得特别厉害。”爷爷顿了顿，眉头不自觉地紧锁，皱纹也越发深刻，沟壑之间写满了沧桑，一双深陷的眼睛看起来有些混浊，茫然地凝望着远方，往常挂在嘴角的笑容逐渐消逝，“好多房子垮了，人死了，饭还在锅里，都煳了。”

街上血肉模糊的场景似乎凝结了时间，那么多年来仍清晰地存留在爷爷的脑海里，每当他回想起来，感觉像是近在眼前，难以言喻的痛惜，无法衡量的悲痛，生命的弱小，战争的残酷，都是爷爷流亡他乡所感受到的。

战争就像煮煳的饭，黑乎乎的，散发着难闻的气息。

## 三、岁月枯荣一场戏

战火纷飞拦不住生活的热情，爷爷的父亲在重庆找到一份文书工作，一家人生活总算有了着落，爷爷也在重庆十一技术学校开始了新的学习，而在此之前，一张安稳的课桌是在 16 年前。随后不久，三弟和妹妹的出生又给家庭注入了新的活力，三弟名叫丁涪原，名源重庆涪林，妹妹名叫丁敏原，名源重庆岷江，名字里透露着对土地的热爱，这是中国人所特有的情怀。无论怎样，跋山涉水远行至此，也曾草行露宿，也曾惶恐不安，被生活威逼，被战争胁迫，所幸都走过来了，看着那段动荡不堪的岁月被时间拉着拽着，越变越细，最终消逝在天的那一边。

一家人的生活开始慢慢有起色。1948 年，那时爷爷 21 岁，从技术学校毕业的他只身前往贵州遵义，在面粉厂修理部当学徒，负责维护机器运转，拥有了人生第一份工作。与此同时，三大战役消灭了国民党主力部队，国民党已穷途末路，而全国解放已成定局。

1949 年 10 月 1 日，中华人民共和国在北京宣告成立。1949 年 11 月，中国人民解放军第三兵团第十军，在协同五兵团“插进贵州，断敌退路，聚歼川境之敌”的战役大迂回中，从湖南挺进黔东、黔北，于 11 月 21 日解放了遵义。爷爷笑着回忆着，人民欢天喜地拥上街头，敲锣打鼓，那时那景，依稀犹在眼前。11 月 30 日下午，中国人民解放军第二野战军所部第十一、十二、四十七军的 5 个营，分别从西、南、东三个方向进入重庆市区，重庆喜获解放，这座在战火中屹立不倒的城市，终于回到人民手中，恢复了久违的安宁。

次年 12 月，中央人民政府鼓励招收青年学生、青年工人参加各种军事干部学校，二弟丁淀原便报名参军了，他被安排在南京某学校学习，毕业后分配至空军部队，后又辗转至北京，在北京空军第三研究所工作到 20 世纪

90 年代末期退休，此是后话。

生命是给予人希望，却也是脆弱不堪的。1951 年，社会主义建设正有条不紊地进行，在全国形势大好之下，命运却戏剧弄人，病痛将魔爪伸向了这一家，扼住了命运的咽喉。

爷爷的父亲丁复祥失业了，一家人摆烟摊维持生计，后到建筑工地搬砖，年仅六七岁妹妹丁敏原也加入其中，重庆火辣辣的太阳毫不留情地炙烤着大地，一家人背着四五块砖，忍受着汗水的洗礼，熬过一个又一个焦灼难耐的日子。祸不单行，母亲王裕材被查出子宫癌，当时的医疗水平对此无能为力，癌细胞肆无忌惮地蚕食着生命。面临家庭的变故，身在遵义的爷爷心有余而力不足，空留叹息。

次年，母亲王裕材逝世，那年她 47 岁，留下了 4 个孩子，其中年纪最大的爷爷才 25 岁。

## 四、人生飘零亦乐兮

失去母亲的悲痛是难以言喻的，然而人生之戏并未止步于此，亲人们的相继离去让人感慨不已——人生如萍飘零散。

1952 年冬天，北方招收教师，爷爷的父亲丁复祥便携着三儿子和女儿不远千里来到河北唐山，在开滦中学教授初中生物，同时加入北京师范大学函授班，边学边教，他的课堂因图文并茂深受学生喜爱。女儿丁敏原在唐山初中毕业后，下乡留在了河北丰润生产队，结婚后定居唐山。

爷爷的父亲和兄弟姐妹去了北方，他独自留在了南方。遵义解放后，爷爷靠拉牛车运货维生，转眼便是两三年，1953 年他到遵义桐梓铁厂工作，结识了奶奶。“奶奶年轻时漂亮着哩，”爷爷笑了笑，“后来 1959 年和你奶奶结婚了，那时工资 39 块 5。”只见爷爷微笑着靠在沙发上，手指悄悄地打着节奏，不知是否在细数着 60 年婚姻岁月，他的眼神平静得如一潭泉水，映着忽隐忽现的光，脸上的每一条皱纹都洋溢着笑意，回想起来，也是从那时候起，漂泊 20 余年的他终于又有了一个家，一个可以停留、温暖的家。

一年后铁厂整改，奶奶被下放至农村，爷爷转去砖瓦厂工作，做机修电工。1962 年，爷爷第一个女儿丁萍出世，新生命的诞生带来了惊喜，也带来了压力，那时正值国家特定经济时期，吃饭要粮票，吸烟要烟票，喝酒就得有酒票，就连一分钱买一盒火柴，也得用火柴票。

1965年，大儿子丁华出世；1967年，二女儿丁慧出世；1969年，小儿子丁庆国出世；1971年，小女儿丁琴出世。爷爷一边说着，一边掰着指头算着，仿佛他的人生因孩子到来有了新转折点，是生命的力量支撑着他走过一段又一段的艰苦岁月。

远在北方的父亲丁复祥的生活也并非容易，他患了肺结核，1962年退休后带着三儿子丁涪原回到贵州，靠拉板车赚钱维生。正值铁路部招考，三儿子丁涪原考入成都铁路局，几年后调去非洲工作，一直到七十余岁回国，这是后来的故事了。

1978年是意义非凡的一年，改革开放的春风吹过中国大地，物资慢慢丰富起来，商品市场开始活跃。对爷爷来说，最重要的是，他们拥有了土地，家庭联产承包责任制的开展，让土地情感浓厚的千千万万中国人终于在自己土地上有了归属感。

生活似乎有所起色了，然而沉寂已久的命运又一次掀起了风波。20世纪初，正是一个世纪崭新的开始，爷爷大的女儿却看不到未来的曙光，白血病带走了她，留下孤苦伶仃的3个孩子。作为孩子，爷爷见证了母亲离世，而作为父亲，又送走了自己孩子。三辈人之间，死亡就像一个灰色悠悠球，上下颠簸，玩弄着一颗忐忑的心。

岁月如梭，回望故乡已隔几十年，乡愁如轻柔的蚕丝一般，一圈又一圈缠绕着、交错着，不时拨动着爷爷的心，秉承着同样血脉的弟弟妹妹，便是爷爷一直的挂念。2009年，远在北京的二弟丁淀原因肺癌去世，望着从北京寄来的照片，照片上孩子们捧着花，围在墓碑旁边，碑上赫然刻着弟弟的名字，爷爷拿着放大镜看了又看，一言不发。2016年，三弟丁涪原从非洲回到成都，本欲安享晚年，却不幸被查出脑癌，花光了一辈子的积蓄，也没能换回多看人间一眼，而百里之外的爷爷甚至还没买上火车票，还没来得及再看弟弟一眼。两个弟弟相继离世，一丝一丝抽离着回忆，爷爷心里填满说不出来的惆怅。

如此，命运也无一丝怜悯。2017年，一向身体硬朗的爷爷腹部出现不适，辗转多家医院后被查出结肠癌，听罢医生诊断，爷爷的女儿泣不成声，孩子们瞒住爷爷，骗说只是肠炎，只需小型手术，让他宽心。事实上，高龄手术风险甚高，且没有先例，医院也无十分把握，但手术是最后唯一的选择。爷爷安静地躺在病床上，孩子们凝视着他被推入手术室，从早上 9 点一直到下午 5 点，手术室外等待的心也随着时钟指针摇曳不止。

爷爷还是挺过来了，次日清晨，当他睁眼看见这熟悉、明亮的世界时，突然明白自己从癌症的阴影里走了出来，眼前这世界是那么新鲜又那么熟悉，生命是多么可贵，而对于死亡也是无畏。

多年风雨岁月走过来了，亲人逝世挺过来了，病痛折磨爷爷也活过来了。面对生活，他仍然乐观。他学着用手机发微信，给外出求学的孙子孙女打视频电话；他尝试摆弄智能音箱，放起奶奶喜爱的歌，脸上藏不住的得意；他每天给鹦鹉喂食，俯身偷听鸟儿呢喃；他每天准时打开电视，看世界纷纷攘攘；当世界杯来临时，他是半夜守着电视的球迷；当别人送上喜爱的茶叶，他是眉开眼笑的孩子。

当被问起延年益寿秘诀，爷爷只说了两个字——“简单”，吃简单的食物，做简单的事情，没有复杂的烦恼，收获简单的幸福。苏轼有道：“人间有味是清欢。”如果人生有味道，那爷爷的人生味道便是面食刚出锅时的清香，面食朴实无华的外表下藏着非一般的韧劲与包容，这也便是爷爷的一生。

## 采访手记

又踏入儿时再熟悉不过的四合院，风沿着瘦瘦的巷子赤脚跑着，带走渐行渐远的童年，留下已然长大的我和渐渐老去的爷爷。看到孙女来了，爷爷忙着摆出吃的热情招待，我拿起苹果咬了一口，香甜多汁，掉了牙齿的爷爷笑眯眯地看着，仿佛甜到了他心里。

爷爷出生于山东，因为战乱，他不得不随家人辗转各地。

“爷爷想回故乡看一看吗？”我问道。

“想啊。可腿脚不方便了。”爷爷挠着头，像一个犯了错腼腆的孩子。“不过就算回去，也找不到咯！”爷爷突然又释怀地笑了。

印象中爷爷总是乐呵呵的，哪怕是两年前被查出癌症的时候。

“爷爷，那你害怕吗？”面对癌症这个话题，我有些犹豫。

“不害怕，”爷爷的语气很平静，没有一丝波澜，“我已经走到人生的终点站了，我没什么遗憾，也没什么可怕的了。”谈论死亡——一个让人恐惧、让人忌讳的话题，爷爷就像谈论着一日三餐，他笑了笑：“我只希望孩子们努力学习、工作，我就放心了。”

我有些惊讶，也十分感慨，透过死亡这面镜子，在爷爷身上我看到了不畏风雨的勇气，从容前行的潇洒——谁怕？一蓑烟雨任平生。

老人与志愿者合影（丁明婧　摄）

厨房溢出淡淡的清香，爷爷小心翼翼揭开锅盖，熟透的蒸饺安安稳稳地躺着，像一轮轮晶莹剔透白色的船。一盘蒸饺，一碟醋，一头蒜，几十年未变。我慢慢明白，无论是白白胖胖的馒头，皮薄馅大的饺子，葱香四溢的油饼，还是辛辣的生大蒜，甜咸的甜面酱，都包含着爷爷对故乡的驰念，当爷爷揉面时，把乡愁一同揉进了面里，面食的清香，也成为他的人生味道。

# 书伴儒雅性，也长刚韧魂

## ——冯百泉老人传记

张雅惠 北京师范大学 日语系 2017级

### 人物生平

冯百泉，男，1920年2月出生于浙江绍兴，1954年10月加入中国共产党。1939年浙江绍兴沦陷后，冯百泉奔走大后方求生，进入到开明书店衡阳分店工作，身为“开明”人，一直用开明的民主风鞭策着自己的工作和生活。1937年后，冯百泉先后调动至绍关、桂林、长沙、武汉、南昌各地分店，担任财务主管和营业主管。1950年，开明书店并入新华书店，冯百泉被派到长沙新华书店担任书记、经理。1959年湖南省政府授予冯百泉省劳动模范称号，1970年调到长沙电线厂工作。1980年退休。

冯百泉老人照（受访者提供）

### 一、温一碗绍兴酒

绍兴，一个柔和的江南水乡。生长于这里的冯百泉老人也糅合着绍兴的气质：儒雅随和，又有着不可撼动的坚韧意志。1919 年，五四运动在北京举起了无产阶级革命的旗帜，1920 年，共产主义首次经由李大钊的文章进入中国，冯百泉就是在这个时候出生的，自此，他的人生也与中国共产党紧密地交织在一起。

1926 年，北伐战争开始如火如荼地打响，时年 7 岁的冯百泉掉进了自家酿酒的大缸，第一次尝到了绍兴黄酒的滋味。随着战争、革命的进行，普通百姓的生活越来越不易。土地革命时期，年仅 13 岁的他就开始打工谋求生路，减轻家里的负担。

1932 年，冯百泉踏上了从绍兴到杭州的路。几身简朴的衣裳，一些充饥的干粮，一个瘦小的身躯带着坚韧和勤勉在杭州开始了完全独立的生活。算盘成了他的工具，当时的他虽然年纪尚小，但是干一行精一行，一手算盘打得飞快，后来在新华书店还拿过珠算比赛的冠军。回忆至此，冯百泉笑着说："我也想低调，但实力它不允许啊！"

在杭州工作的几年中，冯百泉以他的勤奋和努力赢得了周边人的称赞和赏识，日子似乎越过越好。可谁都没有料到，当时处于内忧外患中的中国越来越紧张。1937 年，日本悍然发动全面侵华战争，繁华富庶的杭州自然没能幸免，冯百泉开始了他在抗战时期的传奇人生。

## 二、我命自由我

在自己的一篇回忆文章中，冯百泉曾经写道："树添年轮，人增岁月，但 70 多年前在日寇炮火中边逃难求生边经营书店的惊心动魄的往事，已成为脑海中抹不去的记忆。"

1939 年的冬天，不仅是飘着雪花的冬天，也是人们心中对不明未来的寒冬。彼时，抗日战争已经进行到最困难的时期，余杭、杭州、富阳、萧山等地相继沦陷，在这些艰苦的岁月里，仅令人发指的乔司大屠杀就持续了三天多，被害群众达 1300 多人，7000 多间民房被烧毁；日军侵入杭城时，日军以放假为名义，放纵士兵胡作非为，城内较为高大的建筑、木质结构的房屋，沿街一带的木行均被日本兵放火焚毁，无辜平民路遇倭寇，即被枪杀；1940 年杭州城站的日军仓库被烧，日军追查无着落，竟然抓走了与此事无关的 36 名工人，活埋于松木场。

第一次虎口脱险就是在这个时候，冯百泉被日寇抓捕，押送途中在一个油库过夜。20 岁的他正是个年轻力壮的大小伙，有着无限可能的未来，但被日寇抓走，他将面临的不是无休止的劳作，就是死亡。

寒冬的夜晚，冰冷的铁丝束缚着冯百泉的手脚，留下一道道伤痕。他想到亲人，又想到国家，他不甘心让自己的生命在此戛然而止：一束火苗即使熄灭，也要等散发尽所有的光和热之后，而不是被随意一阵寒风吹熄。这股对命运的不服输支撑他冷静下来，也支撑他重新燃起希望。趁着日寇夜晚休息，他利用油库的铁桶将铁丝压变形，使得手得以解放，随后解开了脚上的铁丝。这个 20 岁的年轻人，以生命为赌注，推开油库的后门向外跑去，游进门外的河潜水逃脱。

“冬天的河真冷啊！”冯老微微抬头，像是在回忆那个无畏的小伙子。是，那个冬天实在是太冷，冰水丝丝入骨，刺得人发疼，几乎都要游不动。冯百泉用一身热血支撑，在好不容易上岸后又为了逃避搜捕，在田里爬了 3 里路，任凭干枯的庄稼梗划破他的手脚。带着一身伤痕，他穿越了警戒线，回到了家乡。

回到家后，冯百泉又开始寻找工作，凭着一手好算盘和过人的实干能力，上海著名的出版机构——开明书店看中了他。当时的上海已经沦陷在日寇手中，为了让儿子有个更稳定的生活，冯百泉的母亲让他调去开明书店位于湖南衡阳这一内陆地区的货栈工作。自此，冯百泉就与湖南有了切不断的羁绊。

在衡阳的生活逐渐步入正轨，日军的侵袭却也蔓延到了这里。1940 年，日军轰炸衡阳城，整个衡阳几乎全部化为焦土。尽管冯百泉所在的图书货栈离城 20 里地，但轰炸也给这里带来了极大的冲击。

该怎么办？怎样才能活下去？

在战争面前，人显得无比渺小，不远处的轰炸声和迎面的阵阵热浪提醒着冯百泉，已经没有办法逃跑了。望向周边堆成山的图书，冯百泉急中生智，有了答案。他和 9 名同事用 500 大包图书围建起一个“书屋”，卧倒在里面，安然无恙地躲过了轰炸。但在轰炸后清理图书时，他们发现，书中的弹片多达 15 枚。冯百泉一辈子爱书，一辈子和书打交道，在生死攸关的时刻，也正是书救了他。

两次历险，两次脱险，大难不死，必有后福。两次死里逃生后，冯百泉终于迎来了人生的幸福时刻——他遇见了陪他经历此后人生一切风雨的妻子。

## 三、书中自有黄金屋，书中有女颜如玉

开明书店是 20 世纪上半叶在中国开设的一个著名出版机构，1926 年正式成立。淞沪会战中，梧州路总店毁于战火，后在广西桂林设立总办事处，又迁至重庆，1946 年迁回上海。其出版物包括茅盾《子夜》，巴金《家》《春》《秋》；林语堂《开明英文读本》等名家名作。

上海开明书店总店的高层家属一直居住在香港。1941 年，香港沦陷，家属团不得不从香港撤出，途经韶关，前往桂林。这时，冯百泉已从衡阳调任至开明书店韶关分店的营业主管，于是他奉命护送家属团前往桂林。

21 岁的冯百泉还没有成家，他肯吃苦，又勤勉，工作能力也是一顶一的棒。在他的身上，不仅有江南水乡带给他的儒雅随和，也有湖南这方水土“吃得苦，霸得蛮”的精神。高层家属团中的一位小姐与冯百泉就此相识，冯百泉也凭借自己的才能赢得了岳父岳母的喜爱。在乱世中，冯百泉得以与佳人相知、相爱。

分店经理金世泽为二人做媒，订下了婚事。1943 年 10 月，冯百泉和妻子在桂林结婚，主婚人、证婚人包括茅盾、巴金、丰子恺、胡愈之、宋云彬、傅彬然等多位文化界名人，这样高规格的婚礼阵容，无论在哪个时代都是罕见的。至此，曾经孤身一人在异乡打拼的绍兴小子冯百泉拥有了自己的家庭。回忆起妻子，冯老说：“她愿意嫁给我，我要护她一辈子的。”乱世中的爱情，无比坚韧，能够抵得过世间的纷纷扰扰，抵得过一切生活的不易。

在桂林的日子是逍遥自在的，这里仿若一个隔开了战争的世外桃源。冯百泉一边经营着书店，一边向众多文学、艺术大咖请教。他越发认识到知识的重要性，趁此机会弥补了过早出来打拼而导致的知识不足。

如果用“书中自有黄金屋，书中有女颜如玉”来形容书带给冯百泉的影响，实在是再合适不过。在家庭上，书带给他一位体贴、知心的爱人，两人因书相遇、因书结合；在事业上，书带给他成功，从开明书店起家，再到后来的新华书店，冯百泉人生的每一个瞬间，都倒映着书的影子。

## 四、战争与胜利

在那样一个年代，安定的生活总是来之不易又十分短暂，冯百泉人生的第三次历险随之而来。1944 年，衡阳失守，桂林疏散。书店一部分同事由总经理范洗人带领撤往重庆；另一路的五十多人则由冯百泉带领，雇船由水路去平乐避难，同时冯百泉还肩负运输几百件纸型和书籍的重任，这之中不仅有书店赖以经营的根本，还有许多珍贵的古籍，是中华文化不可或缺的灵魂。当时日军压境，兵荒马乱，途中又有散兵游勇骚扰，冯百泉带领的这一路吃尽苦头，在保住货物和人口平安的同时安排好生活，作为领头人的冯百泉更是经历了千辛万苦。忆起当年，冯老说："所幸在途中及平乐的几个月里，所带人员货物未出事故。"他既是感慨又是欣慰，感慨当年撤退的无奈和不易，同时也欣慰在战争中得以完好保存的书籍。

不久后，日寇开始冲击平乐县郊，分店经理不得已只好临时雇佣船只，将大部分家属和书籍纸型转运往昭平县，冯百泉则主动承担起留守平乐的艰巨任务，毅然决然地让其他人先走，自己处理完书店在平乐的事务再离开。几天后，日寇攻入平乐县,在枪林弹雨中脱险的冯百泉安顿好书店后续事务后赶到昭平，得以和家人、同事团聚。后来，他在文章中写道："抵达昭平当天，正值中秋佳节，团圆时刻，尽管一文不名，但心中也充满了劫后余生的喜悦。"

在昭平的岁月里，书店无分文资金，职工没有工资可发，全靠摆摊和卖旧日行李度日，但即便是在这样艰难的情况下，也少有职工提出要离开书店另谋生路，他们有着对文化共同的热忱，文化也赋予他们一身傲骨。

昭平是个小县，靠近河流，河中停泊着许多小船，是难民们临时的家。冯百泉和妻子的第一个孩子，就是在河中的小船上生产的。孩子是夫妻二人爱情的结晶，但他却没能来得及来这世上完完整整地走一遭。当时缺衣少食，营养缺乏，完全没有医疗条件，恶劣的环境最终夺走了一个刚刚 29 天的小生命。在接受采访时，冯老微微低下了头，或许是在想念那个幼小的孩子，又或许是想念在恶劣环境中生产的妻子。

妻子生产结束不到一个月，第四次历险接踵而至。冯百泉有一身才学，工作能力也过硬，书店不愿让这样一个人才局限在小小的昭平县，于是将他调往江西赣州。当时从广西到赣州要经过好几道封锁线，粤桂边境又是土匪频繁出没的危险地段，杀人越货的事件时常发生，前往赣州的路怎么看都是困难重重。考虑到前行的危险，冯百泉决定先前往赣州安顿，让妻子暂时在相对安全的昭平县休养。忍痛告别妻子后，他背上行李和几个朋友结伴而行，踏上了未知的前途。

从昭平到赣州，整整 3 天的路程，冯百泉用一双脚丈量了 600 公里的道路。这 3 天中，他多次穿越危险区，既要提防日寇的巡查，还要小心周边是否有土匪出没，可谓是身心俱疲。中途，他历经广东连县稍作休息，就在这时，日军攻打三江口，该地距连县仅有二十多公里，再往前行的危险程度自不必言说。于是冯百泉等人逃亡连县旁的一个小村庄，在一个破庙中躲避，回忆至此，冯老说："神佛只能给人以精神上的慰藉，真正要活下去还是得靠自己，靠党。"

次日，冯百泉收到消息说日军已经全部撤回，于是便匆匆赶往连县，却又打听到已经无法继续前行，这时，总店来电，命他就地成立开明书店连县办事处。冯百泉在连县一待就是一年，和妻子分别的这一年中，他一心扶持书店，将连县办事处经营得井井有条。凭借出色的工作成绩，在随后的几年中，冯百泉又被调到长沙、武汉、南昌等地分店工作。

作为文化界的领军机构，开明书店出版了多本革命性质的著作，作为书店的一名重要职工，冯百泉也间接参与过多次革命活动。在此期间，冰心等文化领域的革命家曾提出将开明书店作为革命的外围组织发展，传播先进思想，但后来开明书店被直接并入了新华书店，没能单独作为外围组织发展。

1945 年 9 月，饱受战争苦难的中国人民终于盼来了胜利的日子：日本帝国主义无条件投降。冯百泉在自己的一篇文章中说："在连县听到胜利消息的那一刻，头脑中只有一片空白，过了约莫半分钟才有了思维，开始回忆这些日子：枪声和辱骂、冰冻的河流稻田、狂轰滥炸、战争中的婚礼、逃难的艰辛，还有失去的亲人……"

## 五、苦难后结出的花

新中国成立后，开明书店并入新华书店，冯百泉被派至长沙市新华书店，先后担任工会主席、书记和经理，他工作勤恳、成绩出色，还在 1959 年荣获湖南省劳动模范的称号。

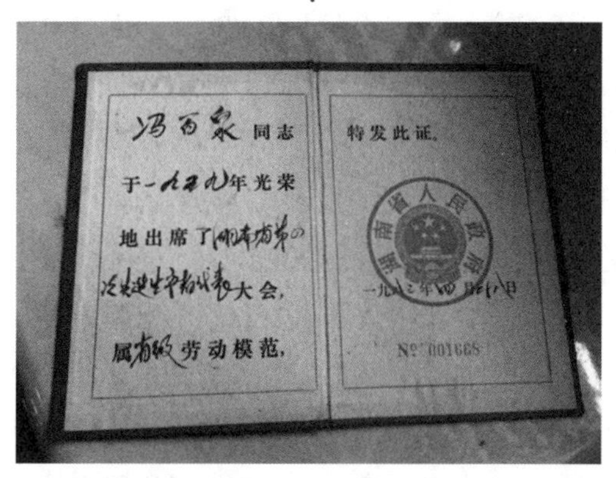


冯百泉老人所获部分荣誉（张雅惠　摄）

在担任长沙市新华书店经理期间，冯百泉不仅做好了书店的经营，还主动组织开办古籍书店，为中国文化的传承和保护做出了巨大贡献。开办古籍书店并不容易，一方面，当时社会总体上将精力都移到了工农业生产上，对文化保护和传承并没有那么重视；另一方面，由于多年战乱，许多古籍都已经难寻踪迹。抱着一份对中华传统文化的热爱和传承给下一代的殷切希望，冯百泉挑起了这个重任。

冯百泉的儿子冯自强说。“父亲在工作上，有一种钉钉子的精神，他认定要干的事情，有一股韧劲，总是一锤一锤接着敲，直到事情完成。比如他在开办古籍书店的过程中，克服了很多困难，一鼓作气开办了古籍书店。这种精神，对我们家来说，是学习的榜样，也是一种宝贵的财富。”

之后冯百泉被分配到长沙市电线厂工作，担任电线厂厂长一职，在这个岗位上，他仍然兢兢业业地工作，做出了许多傲人的工作成绩，一本本证书、一块块勋章，都是他勤勉的证明。

无论是新华书店还是电线厂，冯百泉都凭借着自己的能力担任着较高的职位，但他始终恪守着公私分明的原则。有一次冯百泉的女儿突发阑尾炎，儿子冯自强就提议借新华书店的三轮车送妹妹去医院。“不行，这是公家的东西。”冯百泉严厉喝止了这一想法，最终，还是冯自强背着妹妹跑了几里路去的医院。听到儿子讲述冯家“公车不能私用”的故事，冯百泉淡然一笑，在他看来，这不过是一名共产党员最基本的坚守。

1980 年，冯百泉从长沙市电线厂退休，开始在家里专心照料体弱多病的妻子。彼时，冯百泉的三个孩子都不在身边，但面对电线厂的诚挚邀请，冯百泉担任了关心下一代工作委员会主任，继续发挥余热。

在对于后代的教育上，冯百泉有一套严格的教育方法。

这个严，体现在对规矩的重视、对艰苦环境的重视。在冯百泉还任长沙市新华书店经理时，所有的职工都住在书店内，每晚十点半门卫按时关门，实行门禁制度。有一天，儿子冯自强出去和同学看电影，很晚才回到书店，冯百泉为了避免儿子叫门打扰到其他人，就一直坐在门口等他回来。儿子回来后，冯百泉严厉地教育了他，并且不允许他晚上进书店睡觉，自己去外面找个地方休息。提到这里，冯百泉说："规矩是不能废的，绝不能因为我的儿子就开这个先例，每个人都要学会为自己做的事情负责。"子女成年后，冯百泉对他们提出的第一个要求就是去农村，他认为，只有在艰苦的环境中才能磨炼意志、获得成长。三个子女到湖南的不同农村进行了学习，其中，女儿还扎根在了农村。

冯百泉严格的教育也使得儿孙都成长为对社会有用的人才。儿子冯自强退休前，曾获评广州铁路局长沙铁路分局株洲车辆段标兵荣誉，多次被评为优秀共产党员，儿媳罗新元也是一名共产党员。孙儿冯松是市医疗系统信息化建设专家；另一个孙子则在新华社工作，孙媳妇在外交部港澳台司任职。

当被问及长寿的秘诀，冯老笑着说，他的小名就叫长寿。多年来，他每天下午都要温一小碗绍兴黄酒喝，同时他还坚持读书看报，如今 100 岁高龄的他依旧会在每天上下午分别阅读一到两个小时。

"新竹高于旧竹枝，全凭老干为扶持。下年再有新生者，十丈龙孙绕凤池。"正如冯老的孙女卞卓丹女士所言：100 年来，在冯百泉老人的故事里，既有炮火枪声，又有书香酒味；既有风花雪月，又有风云激荡；既有修身齐家，又有师友天下；既有砥砺前行，又有悠然宁静；既有个人奋斗，又有家国情仇……他的人生，书、酒是寄托，乐观、平和是心性，忍耐、坚韧是本质，如此才能百岁。

## 采访手记

走进冯老家中时，他正在看湖南的午间新闻。一头银发，一身素衫，一双仍然有神的双眼，百年的岁月在他身上沉淀，又绽放出光华。

冯百泉老人与志愿者合影（张雅惠　摄）

99 岁高龄的冯百泉爷爷看书看报从来不用戴老花镜，但采访时笔者需要用较大的声音提问才能使他听清。同时，由于冯爷爷祖籍绍兴，所以语调中带着些许方言的影子，多亏他的儿子在一旁翻译，笔者的采访才更加顺利地进行了下去。看到我来采访，冯爷爷非常的开心，他也希望当代年轻人能增进对国家、对历史的了解，同时更加珍惜我们来之不易的生活。

随着老人的讲述，笔者的思绪逐渐跟随他回到了那个战火纷飞的年代，正如冯老在自己文章中写到的那样：“枪声和辱骂、冰冻的河流稻田、狂轰滥炸、战争中的婚礼、逃难的艰辛，还有失去的亲人……”这些都是笔者今天难以体会的辛酸和不易。

树添年轮，人增岁月。通过一份传记，笔者得以记载百年、传承历史，以文字储存百岁老人的品质和精神。

# 笑容是最强大的力量

## ——汪任远老人传记

蔡一诺 北京师范大学 外文学院 2017级

### 人物生平

汪任远，男，生于1924年4月11日，95岁，离退休老人。籍贯河南。家住河南省驻马店市水利局移民办家属院三单元。共产党员，年轻时曾参加中共地下党活动，于1948年离开大学投身革命工作。曾在多家报纸上发表散文、诗歌作品。后投身教育行业，曾担任驻马店师范学校副校长。

汪任远老人照（李岱原　摄）

### 一、当“肉票”的汪家小孩

汪任远出生在河南省商城县武家桥。武家桥地区规模虽小，却是个运送粮食的集中站，街上居民不足百户，开米坊的却有20多家，日经销量达5

万多斤的粮食从武家桥出发，可到安徽的阜阳、阜南、六安、合肥，以及湖北的麻城、汉口等地，粮食的来来去去也使外地的洋布、火柴、煤油运送进了武家桥，这里渐渐变成了商贸繁荣的地区，街上店铺林立，百货、杂铺、烟草店、糕点糖果店，都在武家桥车水马龙的街道上热闹地开着。汪任远当时居住的汪家老宅，当地人也称其“堰湾”。汪家全家开着米坊，乡下还有100多亩耕地，可以说是个富裕之家。

汪任远出生在1924年农历四月十一申时，那个时代，正是官匪勾结，横行霸道的年代，商城县也不例外。兵匪们洗劫村庄，抢劫财物，甚至杀人放火。1928年的时候，当地较为富裕的汪家，终于被土匪给盯上了。有一天，汪家老宅被土匪攻占，一大群土匪拥入了寨门。4岁的汪任远与爷爷、大姐等人一起被土匪李克帮给抓走了，汪家的宅子也被引燃了大火，整片烧起来，染红了天空。汪任远眼看着自己家的寨子被火点燃，火光冲天，心里非常担忧。

后来，他被带到一个土匪的家里，作为向汪家人要钱的“肉票”，就这样被软禁着住了下来。尽管与家人失去联系，还随时面临被“撕票”的危险，汪任远也很快适应了那里的环境，在天热且蚊子很多的地上睡觉，他很快就能睡熟；土匪的年龄大些的孩子欺负他，他围着磨盘一圈一圈地跑，让他追不上。汪任远老人在回忆这些时，说自己面临危险和恶劣环境“糊里糊涂，思想迟钝”，但是遇事不纠结不多想，努力适应现实状况，保持轻松的心态和坦然的心胸，这样的积极心态在年仅4岁的汪任远身上就已经早有体现。后来，土匪某天为了躲避当地驻军逃跑了，汪任远这才被军队接了回来，住回了被焚后的家里，和家人团聚。

## 二、学不好数学的“小小作家”

河南省商城县属于大别山革命区，红军在大别山开展武装斗争以后，蒋介石就不断进行围剿，本着“宁可错杀一千，不可放掉一个”的血腥原则，在鄂豫皖苏地区杀害无辜20万人，革命形势急转直下，大别山的红四方面军不得不于1932年开始长征，此时的武桥，似乎恢复了平静。汪家没有从荒山上住回老宅，只北迁至张碾坊的西宅住了下来。

1933年，汪任远的伯父将10岁的大姐和9岁的汪任远接到开封上洋学堂。

插班到三年级的两个人，除了一至九的阿拉伯数字，其余的数学知识几乎一窍不通，所以数学成绩很不好。但是，因为家里鼓励读书、常给买书，汪任远逐渐培养起了对于阅读的浓厚兴趣，渐渐地，汪任远成了一位偏科的“文科生”。

在刚刚接受教育的启蒙时代，有两句话让汪任远最为印象深刻，一句是母亲给自己讲解的《教儿经》里的话：“教儿经，仔细听……若是人家有一本，兴家创业人上人……”这让汪任远在以后的生活中每每遇到困难挫折，都想起小时母亲在耳边为他讲解的“兴家创业人上人”这句话，不论是面临任何困难与困境，他都积极地学习、勤勤恳恳地工作，保持着自己向上攀登的志气。另一句是抗战前夕小学时语文老师告诉他的话：“今后的社会竞争越来越激烈，人们越忙，哪有时间读你的长篇大论！写文章要越短越好。”这句话对于汪任远文学创作的风格有着深远的影响，奠定了他短小、朴实的写作风格。

对于文学的喜爱让汪任远早早地开始了创作，初中三年级时就在潢川地区报纸上发表了文章，到了高中更是在安徽省的报刊上发表了散文和诗歌，学校出墙报，也请他来当主编，做贞干中学三青团的宣传股长。1952 年中南局的党报内部材料上，还赞扬汪任远的文笔“短小精悍”。后来，汪任远考上了上海震旦大学，继续中文专业的深造。但汪任远始终认为，数学不好造成了他的逻辑思维、抽象概括、判断推理等能力的不足，让他有些后悔：“我中小学若不是偏科，不从文，一生中也许不会有那么多沟沟坎坎。”没有更好地掌握数学背后蕴藏的“思考的基本方法”，是汪任远在求学道路上的一个遗憾。

## 三、投奔解放区，向着 Victory！

1945 年，汪任远高中毕业，那时正逢抗日战争胜利，日本投降，Victory！

汪任远怀着和全国人民一样的激动和喜悦，去武汉临时大学上先修班，准备进入大学的考试。与汇聚到武汉的青年学生谈国事、论民生，使汪任远呼吸到了过去没有的新鲜空气。然而，思想上的春天脚步近了，现实中的生活却好像接近寒冬：战争被毁的高楼大厦底层传出爵士乐、狐步舞，出出进进的全是国民党的达官贵人；接收大员们强取豪夺、敲诈勒索，掠夺他人的财产为己有……1947 年汪任远还在《皖报》上发表了相关的诗歌描绘当时的情形：

我看见
灿然的闪光
在雕刻着都市的楼窗
于旷野里打个转
掠过贫瘠的村落
又转向森林去
这时
爵士乐狐步舞
饥饿的叫喊……
都宁寂了
雷，从这个屋脊
滚向另一个屋脊
咕隆隆……

蒋介石从重庆飞往南京路过武汉时，汪任远还参加了先修班同学一起组织的请愿，结果到处找不到蒋介石，累得筋疲力尽。祖父一句话点醒了他："这就是国民党！"他明白，蒋介石是不会为百姓、为青年学生着想的。1946 年，武汉临时大学先修班解散，武昌又成立了一所大学先修班，汪任远便转去这所学校念书，14 年抗战结束，全国人民好不容易想要过太平日子的时候，却又目睹国民党调兵遣将打起国人。学生们举起了"反内战"的旗帜，却紧接着发生了武大"六一惨案"。汪任远目睹了惨案的发生：手无寸铁的武大师生被逮捕、殴打，致 3 人死亡。汪任远还清晰地记得当时的情形，有人从楼上被扔下去了，有人被国民党的达姆弹打中，子弹进到身体里就开始扩张爆裂，情形极其惨烈。眼前所见让他更加认清了国民党的虚伪面貌，对于国民党的憎恨也更加强烈，同时更是坚定了他对于和平、正义的追求。1947 年，汪任远还在《大中国报》的副刊《散篇》发表过数篇短文，表达自己的反战思想。

1947 年下半年，汪任远进入上海震旦大学读书，以实际行动投入到"反饥饿、反内战、反迫害"的运动中去，在大学先修班便已经有了倾向共产党的思想基础的汪任远，到了大学之后又接触到了共产党的宣传。同寝楼的一位同学主动拉他参加地下活动，还给他地下印刷品供他阅读，汪任远了解到了毛泽东对自由民主的概念解说，以及对“历史周期律”的理解，再加上看到了最令他感兴趣的一封记录刚到解放区不久的青年学生介绍解放区民主生活的信。他具体地认识道：“只有中国共产党才能救中国！”

然而，因为幼年时心里曾经有土地革命时期极左路线的阴影，投奔共产党的决定还迟迟未下，直到在地下党资料中看到解放区颁布的新《土改法大纲》，了解到现在地主和农民一样可以分到田，还可以通过参加劳动改变地主成分，汪任远才彻底打开了自己的思想大门。1948 年 11 月，以“回家取钱上学”为理由，汪任远向学校请了假，登上轮船逆流而上，经过武汉，进入了大别山地区。走在回家的路上，汪任远听到了“共军已经攻占了商城”的消息，心里十分高兴。1948 年 12 月 3 日，商城解放第三天，汪任远到县政府，见到了县委书记罗丰同志，县委书记让他回武家桥住了两天，两天之后，汪任远就马上回去开始了革命工作。汪老人说家人坚决不同意他参加革命，想要多少钱就给你多少钱，赶紧回上海念书去！富裕且注重教育的家庭，儿子突然放着好好的书不念，放着上海轻松安逸的生活不过，辍学去参加革命，家里当然会担心，反对也是情有可原，尽管如此，汪任远也坚定地投入到了共产党的解放事业中。

## 四、知识分子，怎么拿起枪杆子?

1948 年 12 月，汪任远才参加革命 20 多天，就收到了驻潢川国民党军向商城行动的消息，爱国民主政府的同志们开始做起了撤退的准备工作，汪任远当然坚定地选择了与大部队共进退，于是，一位领导同志递给汪任远一把“马拐子”枪，那是骑马的时候拿的枪，比步枪短得多，但是汪任远却心直口快地说：“我不要，我要手枪！”汪任远老人说及此处，咧开嘴笑了起来说道：“唉，我那时候幼稚得很！”于是他得到了一把不久前缴获来的左轮手枪与 8 颗子弹，与部队一起出了商城南关，越过沙河，往大别山深处南进。一路上在狭窄的山路上单列行军，为了不让国民党发现，不能发出太响的声音，指令的下达只能依靠大家小声地从前往后传话，走走停停，惊心动魄，夜晚住在已经逃往别处的农民的空屋里，一间屋子横横竖竖躺了二十几个人。

夜里大家睡下了，还留着人在门口蹲着把守，是为了万一遇到特殊情况，方便及时叫醒大家投入战斗……从没有碰过刀剑枪炮的汪任远，也在这段时间真真切切地体会了一把游击队的生活。直到一段时间后，收到了“敌人未到商城”的消息，汪任远和同志们才放下心来，加上又听到了毛主席“将革命进行到底“的消息，心情无比轻松，于是和其他同志们一路又说又唱，回到了商城。这次回城，就是商城永远的解放，不用再退回山里打游击了！

虽然“游”而未“击”，但是“土八路”的生活也深深影响了汪任远，革命大家庭的温暖、真诚无间的革命友谊，让汪任远一直记在心里。

汪任远刚开始参加革命的时候，便被鄂豫军区党委和商城县树立成了“参加革命的大学生”楷模，组织里的王文枢同志评价他：“到大别山参加革命工作的意义重大，影响广泛。”领导让汪任远在县城中小学师生大会上讲“我为什么要来解放区投奔革命”，讲述蒋管区的学生和工人如何反饥饿、反内战、反迫害的情况，讲国民党统治的独裁暴政、贪污腐败。街上也贴起了“欢迎大学生汪任远先生来解放区参加革命”的大标语。汪任远本人投身革命的热情也非常充沛，曾经给县城中学写过公开信，介绍自己在农村欢快的工作情况，收到县委的表扬和老同志的称赞，汪任远成了知识分子的先进典型。

这一切的一切，都成了汪任远参加革命后温暖的记忆，和商城县的同志们共患难的游击经历、上级对他的到来的重视、对他生活各方面的关怀，以及同志之间的互相帮助与互相照顾，都让汪任远记忆深刻，参加革命的志向也因此更加坚定了。

## 五、参加工作后：起起伏伏，像坐过山车

汪任远老人回顾自己从投身共产党到改革开放的工作经历，觉得心情最畅快的就是 1949 年到 1955 年的时间了，自己踏踏实实、勤勤恳恳地工作，同时也有被组织倚重的感觉。

1950 年，组织把汪任远调回县委宣传部，主要为《长江日报》《河南日报》《潢川导报》等各级党委的党报提供新闻报道，以及培养地方的党的宣传员与报纸通信员。因为自己的文章篇幅短小、内容充实，还被《长江日报》表扬过。而工作中最大的收获，不仅是新闻报道工作的成就，更多的是下乡与

土改干部一起访贫问苦的时候，因为常常与农民们在一起，农民们渐渐对汪任远说起了“掏心窝子”的话，这是最让汪任远感到高兴的事情。

同年秋天，县委调汪任远担任县中学教导主任，主持学校工作，本来从事新闻通讯工作越来越得心应手的汪任远，突然被调派到教育行业，一下子难以适应这样的变动，直到组织上对他说：“学校现在还是人家的，你去培养我们自己的人才”，汪任远这才认识到了新任务的重要性。当时正是剿匪反霸的高潮，学校里一些有地出租的老师们对共产党非常害怕，觉得汪任远是共产党派来监视他们的，经过一番工作，情况才逐渐有些好转。到了 1952 年，汪任远又被潢川地委调到了潢川高中担任教导主任，这份工作汪任远做到了 1955 年。其间，他的两个孩子降生了，1952 年出生的大儿子叫汪新民，1954 年出生的二儿子取名汪建民，两个孩子的名字都体现了汪任远对革命事业的投入与热爱。

1955 年，学校教师都集中到信阳，汪任远却因为潢川高中的招生工作还在固始县，一时半会儿未赶到，在所有人都开始变得小心翼翼行事的当时，汪任远并不害怕或焦急，看起来十分地坦荡，而汪老人说，这是自己“糊里糊涂不知厉害”，不知后面有大的风浪在等着他。直到 1956 年，组织在伯父家搜出一本写满了对于国民党仇恨的日记，查证到汪任远是“进步青年”，汪任远才终于可以回去和家人团聚，为党组织继续工作。同年，汪任远被调到汝南师范学校做教导主任，“整党整风”的运动又开始初具规模，汪任远也格外的冷静，没有去参与那些运动，静下心来读书读报，还结识了学校的行政秘书武家俊同志。

## 六、当谈论退休时，我在谈论些什么？

1955 年后，汪任远辗转去过潢川高中、汝南师范、驻马店地区农业劳动大学工作过，直到 1977 年恢复了高考制度，汪任远被调到驻马店师范学校（后合并为驻马店职业技术学院）任教导主任，1979 年被提拔为任副校长，1981 年开始，汪任远担任驻马店地区教师进修学院的党委副书记。

1984 年，60 岁的汪任远退休了。离休后，他在干啥？这一问题，从驻马店市老干部局向上级汇报的《汪任远同志离休后的事迹》就可以知道答案：

“该同志主要干两件有影响的事：一是在驻马店市委和老干部局领导下，

协助老干部局同事办好市直老年大学；二是从事《人才学》的科学研究，尤其是创造了从人才成长学的角度审视教育方面问题的方法，获得了受人称赞的科研成果。”

在协助办好老年大学的工作上，汪老人十分具有奉献精神。离休后，有人高薪聘请他参与创办民办学校，被汪老人全部谢绝，但对于参与创办老年大学的工作，汪老人却在“零报酬”的条件下满口答应。深刻研究教学工作，精心设计课程，比如文学课紧密结合现在的电视剧，让学员喜闻乐见，激发兴趣，收获了很好的效果。而在人才学这一学科的研究方面，截至 2003 年，汪任远已经先后在省级以上刊物公开发表论文 23 篇，其中 12 篇发表在国家核心期刊上，可谓是成果丰硕。

如今，汪任远老人已经 95 岁高龄，虽然看起来仍然非常精神，每天笑口常开，但是老人也有着老年的病痛。因为青光眼，他手术摘除了右眼，并且现在还患有尿毒症和前列腺癌，但从汪任远老人身上能够看出来的不是病痛带来的颓靡，而是胃口好、心态好的乐观的心情。吃满满一碗的西瓜，真正开怀地哈哈大笑，汪老人展现给我们的轻松的生活日常，全部是开心明朗的片段，就像屋里那扇明亮的窗户，让人看到就觉得心情很好。

“您是一直以这种乐观的心态走过来的吗？”汪老人回答：“是啊，当年把我打下水也好，把我下放也好，该说的我就会说，也不求那些特殊待遇。”“我有自己的志气，我会比周围人更加努力，比他们强。”这就是汪任远老人轻松的笑容背后不变的坚持。

## 采访手记

7 月末，正是中原大地酷暑难耐的时节。

在河南省驻马店市，市中心繁华的文明大道上有一个不起眼的家属院入口，走进它，就好像和外面的车水马龙隔绝开来。走进位于一楼的房间，我们见到了正在服药的汪任远老人，他穿着简单的白汗衫和短裤，身体有些瘦弱，但是干净又清爽，他的背影映衬在开阔明亮的窗前，而窗外，绿树的阴影和轮廓就像莫奈的画作。

老人从见到我们开始就是笑着的，当我们告诉他今天的采访是为了给他写一篇传记，他的眼睛变成两道弯弯的细月牙，笑得很开朗；当他谈起自己的人生经历，那些开心的、伤心的、紧张的、荒谬的，汪老人总是用轻松的语气去讲述，也总是露出他那明亮的笑容。九十多年的人生，有过混乱，有过光明，时代的车轮踩着钢铁的步伐徐徐前进，每个人的生活都随着那颗最大齿轮的运动而变化，但汪老人的笑容好像在说：现实改变不了，但哭，或是沉默，都不如阳光地笑着面对一切！

采访过程中，汪老人为笔者讲述了自己的人生故事。从震旦大学学生，到革命工作者；从笔杆子与书房，到枪杆子与游击战场；后来又投身教育事业，兢兢业业几十年；退休后无偿地将精力投入到市属老年大学的创办，对社会的奉献从不停歇……起起伏伏的人生，为汪任远老人带来了精彩的“历险”。

而如今，站在 95 岁的时间上回望过去，不论是肃反运动时期经历挫折和磨难，还是在教育事业上取得成就时的开心喜悦，人生的高低起落，现在都以笑相迎。回忆起自己的人生，汪老人说起幼时母亲念给自己的话：“教儿经，仔细听……若是人家有一本，兴家创业人上人……”乐观、轻松，但时刻坚忍不拔，保持着敬畏之心，一生中不断地学习、进步，这样的精神，就是我认为汪任远老人最让人敬佩、最打动人的地方。

汪任远老人和志愿者合影（受访人提供）

# 为祖国教育事业奉献终生

## ——廖萃川老人传记

尹浩哲 北京师范大学 教育学部 2017 级

### 人物生平

廖萃川，男，1925 年 10 月 30 日出生，祖籍江苏省苏州市，现居北京市朝阳区安华里四区 14 号楼。1946 年开始参加革命工作，为党的教育事业奉献一生。先后在北京师大附中任副教导主任，北京师大工农速成中学、东城师范学校和北京市五十四中任副校长，北京市二十五中任校长，东城区职工业余大学任教务长。60 岁退休，退休后仍心系教育事业。

廖萃川老人照（受访者提供）

### 一、童稚尚未识世事，百炼锤定教育心

1925 年，廖萃川出生于苏州的一处恬静的小院落里。虽说时局混乱，但

是廖萃川的童年却是无忧无虑的。他在苏州老家与母亲和哥哥度过了最初的6年，由于父亲是上海《新闻报》的驻南京记者，常年在南京工作，于是尚且年幼的廖萃川便跟随家人离开了风景如画的苏州，来到了当时的首都——南京。

因为父亲的工作稳定，生活来源有保障，廖萃川的童年生活比较富裕。那时候祖父也与廖萃川一家住在同一屋檐下，他的祖父教过私塾，是一位老师。当时祖父年纪大了，而且拄着拐杖，外出和日常生活不方便，廖萃川便一直陪伴在老人身边。当时老年人夜间起夜都用夜壶，廖萃川便每天为祖父清理夜壶，祖父也乐于带着孙子出门喝茶，祖孙二人尽享天伦之乐。在南京市夫子庙小学读书时，拥有幸福平和生活的廖萃川还没有意识到读书的重要性，与童年玩伴们沉浸在调皮玩耍的快乐中。

日本加快了对中国的入侵脚步。1937年，日本军队向南京方向开进，廖萃川一家从此开始了近十年的逃难生涯。为了保证家人的生存，廖萃川的父亲和母亲分开逃难，因为祖父腿脚不便，廖萃川与祖父和四弟逃往上海租界内的叔父家，他的父亲与大哥则逃往四川。当时上海已经沦陷，上海租界人满为患，叔父只租了一间房，骤然增多的人数让居住的空间变得十分狭窄。晚上睡觉时，祖父在搭起的小床上休息，廖萃川和四弟就只能睡地铺。离开家之后的廖萃川在生存的压力下迅速长大，见识到了生活艰辛的他在上海民治中学读初中时非常用功，也为他之后的文化底蕴打下了坚实的基础。

因为当时只能靠叔父一人赚钱养家，所以家中关系十分紧张。随着祖父和婶婶的接连去世，叔父家的家庭矛盾也越来越大。廖萃川没办法继续在叔父家居住，于是到一个要好的同学李鸿礼家暂住。廖萃川在上中学的时候喜欢读书，也因此存下了不少书籍。离开了叔父家，他年纪小又在上学，生活没有来源，便靠卖旧书为生，实在没有钱的时候就只能买很便宜的五香豆来填肚子。他的弟弟投奔他们的干爹不成，被送去孤儿院勉强度日。初中毕业后，廖萃川念了不到一学期高中，就因囊中羞涩，没有继续念高中，靠在报纸上投稿、卖书勉强维持温饱。1940年前后，廖萃川的父母托人想把廖萃川和他弟弟带到大后方四川。但是因为连年的战火和混乱，走走退退好几年，廖萃川也没能走到父母身边。

在那段穷困潦倒的日子里，廖萃川开始接触到《钢铁是怎样炼成的》这类进步书籍，并逐渐懂得一些党的理念和革命的道理。辗转几年，廖萃川终于到达了重庆，而此时他的父母则已经到了兰州，时间也到了 1945 年。日军投降后，廖萃川的父母准备南下，廖萃川便干脆借此机会与三个同学一起去张家口参加革命。

1946 年 6 月，4 个布衣布鞋的年轻人拿着介绍信，满怀一腔热血，来到晋察冀边区行政干部学校学习，廖萃川也由此踏上了 38 年为党为民奉献的教育之路。

## 二、漫漫教育路坎坷，浓浓真情为国家

在学校学习一年之后，党组织为廖萃川等人分配了工作，廖萃川的第一份革命工作是在晋察冀边区联合中学当文印员。那时候的生活水平不比现在，学校里吃的小米都是在地里收割交上的公粮，所以难免会掺进沙子。一到吃饭的时候，学生一边吃一边“呸呸”地吐沙子，对学校的伙食意见很大。为此总务主任训了炊事员很多次，事情也没有得到解决。廖萃川办事认真牢靠，于是校长找到他，将他调到总务处做秘书，了解这到底是怎么一回事。接到任命后，廖萃川当即住进了炊事员的宿舍，并且和炊事员一起劳动。经过观察，廖萃川发现炊事员人少，但是学校里吃饭的人多，工作量巨大，炊事员经常天不亮就起床做饭，即便如此时间也十分有限，当然会导致米淘得不干净。廖萃川向同学们解释了这件事情的来龙去脉，同学们了解之后对于饭菜的不满立即减少了，甚至有同学主动前去帮厨，让炊事员十分感动。这件事使廖萃川得到了校领导的青睐，后来因为教师资源短缺，校领导便让廖萃川教代数课，廖萃川从此真正踏上了为国为民的教育之路。

1949 年，廖萃川跟随学校来到了北平。当时师大附中是北平城非常有名的学校，共产党进城后接管了这所学校，于是廖萃川被分派到附中一部担任语文教员并兼任教导员。

师大附中是一所老校，老教师很多，文化课教学水平也很高，但是廖萃川在教学过程中发现了教育中很大的一处缺漏——缺乏培养革命者的意识。因为廖萃川之前在革命老区的学校工作，有很高的思想觉悟，所以他敏锐地发现了思想政治教育正处于短板位置，便立即着手寻找解决的方法。作为语

文教员，廖萃川身先士卒地上了一堂初中语文观摩课，起名为“红领巾教学”。听课的老师和苏联教育专家都给予了这堂观摩课很高的评价，大大增加了廖萃川改变教育方式的信心，同时这种授课模式也逐渐在学校中流行开来。

在廖萃川 26 岁时，郝人初校长选拔他为副教导主任。师大附中的老师大多都是师大毕业的，水平很高，德高望重。当时的教导主任不爱管杂七杂八的小事，便将这些任务交给了廖萃川。廖萃川当时年轻且学历只有初中水平，而且之前又缺乏当领导的经验，面临着很大的压力。为了能够更好地开展工作，廖萃川经常去教室听课，学习授课的技巧，并且在课后开评议会，分析课程讲授方法、布置作业等细节。虽说当时的老教师都有一点架子，但是廖萃川勤学善问又对他们尊重有加，让这些老教师对他的态度十分亲切，也乐意听他的建议。为了更好地将思想教育渗透进课堂，廖萃川将空闲时间几乎全部用来听课和沟通，他相信每一个教学环节都是培养有社会主义觉悟、有文化的劳动者的必要经历。在师大附中的经历为廖萃川日后的工作提供了丰富的经验，也让廖萃川的教育工作走上了正轨。

在当时工农干部文化程度较低的背景下，教育部主持成立了北京师范大学工农速成中学，因为在师大附中的出色表现，廖萃川被调任为工农速成中学的教导主任和副校长。这所中学的建立应时代需要，培养文化程度低的干部用 4 年时间念完中学。这批特殊的学生都是成年人，有些人年岁比廖萃川都大，都是被调来学习的。他们的自学能力很强，当时学校的成果也十分明显。老人笑眯眯地说，东城区教育局的 3 个副局长都曾经是我的学生。在速成中学工作期间，廖萃川不仅事业有成，也找到了自己的幸福。经过朋友岳母的介绍，廖萃川与李柏汎相识，因为两人有共同语言且相处坦诚，在相识一年后的 1953 年 11 月 7 日，廖萃川和李柏汎结为连理。当时的结婚流程十分简单，拿着双方组织的领导开的介绍信去领区长签署的结婚证，然后在男方单位召开一个宣布两人结婚的茶话会，结婚典礼就算办成了。从那之后，两人携手渡过了一个又一个难关，时光见证了他们金石一般坚固的爱情。

1958 年，工农速成中学办学模式结束，学校改为北京东城师范学校，廖萃川继续任副校长。当时学校的校长、副校长都很少上课，但是为了更深入地了解学生，廖萃川主动请缨接手了教育学课程。虽然廖萃川没上过教育学，但是他在师大附中时听过苏联专家讲教育学，另外那时候也请了师大教育系毕业的老师来讲教育学，廖萃川就去听他们讲的课程。虽然没有系统学习过教育学的理论知识，但是他的实践经验丰富，他依靠自学的教育学理论加上他的实际教学经验，在课堂传授中运用大量实例，形象生动，受到学生们的欢迎。

1962 年，廖萃川调任北京市五十四中做副校长。五十四中位于和平里，与国家不少部门邻近，亟须提升学校教学质量，为工人和干部子弟提供更好的教育。它是一个新中国成立后成立的学校，校内的老师大多数都很年轻，大多是刚毕业的大学生，廖萃川在那里就算是他们的老大哥。廖萃川当副校长的主要任务是管理教育教学，当时没有正校长，只有三个副校长，另外两个副校长分管党务、总务。这与廖萃川在师大附中工作的情况有很大不同，所需的工作方法也不尽相同。为了完成组织派下的任务，廖萃川付出了很大的努力。虽然只有初中学历，但是廖萃川依靠之前从事教育的丰富经验与自身的努力，显著地提高了学校的升学成绩。时任东城区教育局局长的张幼成常到五十四中来蹲点，廖萃川经常和他到教室听课，与老师、学生和家长沟通了解情况，与老师们交流解决方法，时常工作到十一二点才结束。在廖萃川任副校长的 4 年中，他率领五十四中获得了显著的成绩，他为学校做出的奉献也是有目共睹的。大家都说，在办公室里是找不到廖校长的，因为他老在班上。除此之外，廖萃川请经验丰富的老师做教研组组长，将自身的教学经验传授给年轻老师，把教研组真正变成一个研究教学方法的组。这让老师之间变得团结起来，形成了老教师带年轻教师、年轻教师互相帮助的局面。虽说当时的教育目标主要是提升学校的教学质量，但是廖萃川并没有只重视文化传授，大力支持生物老师在五十四中校内开辟小农场的举动，让学生能够在学习的过程中体会劳动。因为廖校长经常与老师、同学们深入交流沟通，所以他与师生的关系非常好。

廖萃川一直主张有教无类。他清楚地记得当时有个高干子弟学习能力非常强，但在她父亲下台被关起来后，没有学校敢收她上学。廖萃川觉得虽然父亲犯错，但他的女儿是无辜的，不能被牵连到不让上学了，于是提建议要收她进五十四中学习，后来学校党支部开会商议此事并一致通过。这个学生也没有让廖萃川失望，十分精干，她后来当了药监局的局长，退休前已是副部级官员。

说到这里，老人突然笑起来：“我的这间房子也和五十四中有一点关系呢！”原来，就是这位学生后来当了东城区委组织部副部长，那时廖萃川还在宝钞胡同住比较小的房子。她前去看望老校长的时候就开玩笑说：“哎哟，廖校长，你怎么还住这么一小间房子呀？”老人就开玩笑说：“谁管我呀？”学生拍拍胸脯说：“老师，我来管你！”廖萃川那时候已经退休，是东城区的政协委员，在 1990 年的时候以政协委员的名义分到了现在居住的这间房子。

廖萃川为五十四中的发展付出了相当多的心血与汗水，直到现在他的成就也依旧被五十四中的人们铭记。五十四中成立六十周年校庆的时候学校就夸赞他是学校历史中的一位元老人物，为五十四中的发展做出了很大的贡献。

## 三、穷心尽力为学生，奔波劳碌为教育

从五七干校回来后廖萃川选择了被分配到北京市二十五中学。二十五中是一所老校，但因当时社会风气影响，学生天天打架，廖萃川作为教育革命组的组长（相当于教务处主任），经常听到学生打架的报告，但是老师却对这种现象无能为力。在这种混乱的环境里，学生自然是没有办法学到知识，廖萃川开始想办法解决这个问题，力图让学校回归正轨。当时廖萃川遇到一个很有意思的笑话。一个男学生写情书给女同学，一开头写的是亲爱的大袜子，因为他不会写妹子的“妹”字。笑话虽然有趣，但却让廖萃川陷入了深思。作为一个中学生，却连一些基本的字都不识，这表明他们接受的教育出现了很大的问题。于是廖萃川想了个办法，让学生们从识字开始学习，学校门口挂识字的牌子，每天进来必须得认字，认得出是什么字才让进来，如果不认识就得回去问别人。这一方法显著增强了学生的学习动力。同时，廖萃川借助学校课外活动丰富的传统，鼓励学生参与乐队、话剧、朗诵等表演，并在这些活动中灌输学习文化的思想，不仅让学生的校园生活丰富起来，还提高了学生学习的积极性。随着早读的积极恢复，学习的氛围也逐渐浓厚起来。因为廖萃川在二十五中出色的成绩，北京东区的领导夸赞他工作做得好，还让他去区里介绍如何提升学习气氛的经验。

1978 年，二十五中与一六七中学合并，廖萃川为了让两个学校能够更

好地融合，付出了很多努力。两所学校都是老校，老教师很多，为了保证内部的团结，廖萃川从来不因为之前在二十五中工作便偏心一方，而是不偏不倚，只要课教得好，他就会表扬。有一位原先来自一六七中学教初二的代数老师在完成每个章节的学习之后，都要求学生做一个章节的小结。但原先来自二十五中的数学组长不同意，就说："数学课又不像语文课，做什么小结？"廖萃川了解情况后坚决支持代数老师做章节小结的做法，认为这种做法可以培养学生的逻辑思维，将评议中的偏见纠正过来，坚持公正，不让好同志受委屈。

当时国家正好在调整工资，但是每个学校只有40%的教职工可以涨工资。教育局规定负责调工资的是党总支书记，当时的书记是从部队派来学校的军队代表，借口不懂学校规定，要廖萃川负责调工资。可是廖萃川并非党员，原本也并不需要负责调工资，如今这个局面该怎样开展工作呢？于是廖萃川去找负责人事的区教育局副局长询问，副局长最后表态说："你来搞这个调工资吧，我跟书记说一下，让他在支部支持你的工作。"这是一件非常难办的事情，调不好容易使两个学校之间产生矛盾，廖萃川经过深思熟虑，为了公平和服众，他没有要求上涨工资，并且规定主任和其他老师涨工资的比例都是百分之四十。虽然此举让主任们不太满意，但是却收获了群众的欢迎和支持。

廖萃川在二十五中度过了6年的时光，直到1980年早春，东城区教育局将他调到北京市东城区职工业余大学任教务长。虽然廖萃川学历较低，但是自50年代起，他就借在师大附中任教的便利前去北师大旁听大学课程，在此过程中积累下不少关于大学课程设置和授课的经验，也有了伦理学的基础，因此主动承担了学校伦理学的教学。廖萃川考虑到学生都是成年人，讲伦理道德可能太虚空，所以就着重讲马克思主义。当时业余教育还是一个新鲜事物，人们缺乏经验，而东北的成人业余教育开展得比较早，于是成人教育局关局长推荐廖萃川前往东北的长春、哈尔滨、沈阳等地学习，学习到了不少经验。此外，为了更好地交流经验，在市成人教育局的支持下，廖萃川建立了北京市成人高等教育学会并担任第一任主席。

在任5年，廖萃川为东城区职工业余大学的发展奠定了坚实的基础。60岁那年，廖萃川从大学退休，离开了他工作了三十多年的学校，也离开了他最热爱的三尺讲台。

## 四、一生学习笔不辍，卅年教育心无愧

退休后，廖萃川也没有因为不再工作而停止学习。1986年，民盟东城区区级组织成立，廖萃川担任了第一届主任委员，此后的四年多时间，他在民盟积极地参与党派工作，为东城区工委的发展奠定了基础，也完成了党交予的参政议政任务。除了为社会和党做贡献，廖萃川平时还会写写毛笔字，看书看报看新闻联播，一直没有停下认识社会充实自我的脚步。老人在回忆的时候感叹："我觉得这一辈子就是学习了一辈子，跟着党奋斗了一生。"这正所谓"活到老，学到老"。当我问到老人对自己这几十年的教育事业是怎样的看法时，老人微微笑着说："从事教育事业的过程，我从教导员，到副教导主任，到教导主任，副校长，校长，就主要是贯穿'培养有社会主义觉悟、有文化的劳动者'这个理念，我自己感觉还是做得比较好的。"

因为我是北京师范大学教育学部的本科生，最后老人还特意总结了他这三十多年的教育工作经验。他认为以身作则是教育中最重要的一点。因为老人自身热爱学习，他就用自身为范例来讲课，而这也对他的学生的一生产生了积极向上的影响。老人认为不论党交予了什么样的工作，都要认认真真地去完成。因为老人是在党的领导下才真正明白人活着是为了什么，才有了为党和人民奉献一生的觉悟。老人语重心长地说："我从事教育工作这么多年，当什么长都是其次的，主要就是党给你分配的工作你要很好地去完成。我自己从事了一辈子教育工作，心里面也很踏实，觉得自己这一辈子也没白活。"因为教育工作是知识比较密集的工作，所以要做好这份工作就需要不断地学习和实践。在师大附中工作的时候，廖萃川一边在学校里旁听老师的课程，一边还去北京师范大学听课。在20世纪80年代做成人教育的时候，廖萃川也在协会里与老师交流学习。时至今日，老人也坚持读书看报。老人淡淡地说："一般人90来岁就糊涂了，我就没有糊涂，我想主要就是我每天都在用脑子、都在学习。"另外老人还强调，一定要团结周围的人，处好人际关系，这不是为了自己的利益，而是为了更好地完成工作。在做领导时，必须要首先完善自己，这样老师才会信你服你，办事才会有效率，也正是应了那句话"打铁还需自身硬"。在学校的时候，有分配的房子，廖萃川首先都给了刚毕业的大学生，而廖萃川作为校长，直到1990年才以政协委员的名义分到了现在居住的房子，这样一个能够克制自己、为群众着想的领导怎能不让人信任？

所以在任上，廖萃川与大家相处得都十分融洽。

2009 年，老人在新中国成立 60 周年时得到了一枚纪念章，用以表彰他在建国之前参与革命的先进事迹。我想，老人的 70 周年纪念章一定也不会缺席。

廖萃川老人荣获新中国成立 60 周年纪念章（尹浩哲　摄）

## 采访手记

联系社区居委会后，笔者拿到了社区一些高龄老人的联系方式。也许就是缘分所在，笔者第一个联系的就是廖萃川老爷爷。甫一接通，笔者便听到电话那端的声音中气十足，令人难以想象接电话的是 90 多岁的老人。在联系过程中，爷爷的态度也十分的爽朗。最后，廖爷爷说："我在家里休息呢，小伙子你现在有空就来吧。"

于是，笔者怀着忐忑的心情从学校出发拜访爷爷。得知笔者快要到来，他便等在门后。我刚下电梯，爷爷便打开了门迎接我。采访时，笔者被爷爷的书房震撼了。只见占据了小半个房间的书架上摆满了各类书籍，凑近仔细一瞧便不难发现里面的书都是带着翻看过的痕迹。爷爷热情地与我聊天，在采访结束后为爷爷拍表情包，提到要表现喜怒哀乐的表情时，爷爷大笑，说："很多年都没有生过气了，人也这么老了，生活这么幸福，哪还生气呀！"

在为期两天的采访中，老人将他一生的经历对笔者娓娓道来。他出身于书香门第，老人的爷爷于私塾任教，他也受到了祖辈的影响，将一生全部奉献给了党的教育事业。在向笔者讲述他的故事的时候，老人的表情中隐含着对往事的怀念。老人的口齿十分清晰，坐在旁边的笔者仔细聆听老人的故事，逐渐便觉得自己也跟随着老人沧桑的声音走过了他的一生。

采访之时，廖爷爷说道："如今的生活比当年的生活要更舒适。笔者这一生都过得十分的充实，年轻时工作虽累但也乐在其中。"笔者想，老人的开朗豁达值得我们学习。

尹浩哲采访廖萃川老人的场景（高玥　摄）

# 心持佛法，游弋人间

## ——傅化通老人传记

赵津平 北京师范大学 社会学院 2017级

### 人物生平

傅化通，男，浙江省舟山市长白人，1922年11月22日（农历十月初四）出生，现住舟山市定海区昌国路98号祖印禅寺。20世纪40年代初，于舟山市紫薇乡里回峰寺出家，后辗转新昌大佛寺、宁波阿育王寺。20世纪60年代还俗，在宁波北仑农村务农。1994年，受舟山市普陀山妙善长老邀请，化通长老来到舟山市祖印禅寺担任住持。其间，他翻修寺院房屋，塑造各殿堂佛像，新建山门。他戒行高洁，领众清修，为佛教事业倾注一生精力和心血。现生活安稳，平安喜乐。

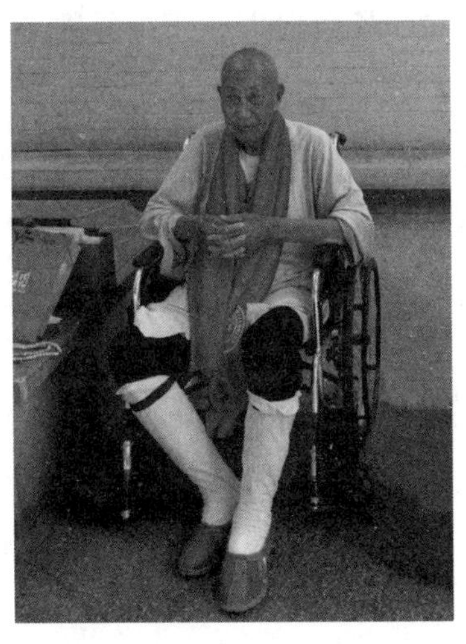

化通长老照（赵津平　摄）

## 一、一生许佛陀

“我每天早上 4 点起，不管天气冷冷热热，总是要做一个多小时功课，钟头定好的，这是不能改变的。”

正是 20 世纪 40 年代，20 岁的傅化通从定海区长白岛农家的老房子里走出，在紫薇乡的里回峰寺削发为僧，把目力所及投放到佛陀的眼瞳里去。自此，他与经书为伴，以惮悦为食，行使菩萨之道，恪守菩提之心。

从弱冠之年到两鬓苍苍，从未经世事的小僧人到德高望重的长老，他的佛珠见证了太多江湖儿女的聚散，见证了太多山河故土的变迁，从未离开过时代洪流中的家园。

离开家的 50 余年后，应普陀山全山住持妙善大和尚的邀请，已逾古稀的化通长老从宁波阿育王寺来到定海祖印禅寺。当时的祖印禅寺百废待兴，僧才紧缺。化通长老不辞辛苦，建寺安僧，重振家风，倾尽所能。

在化通长老主持的修建、恢复、开放、管理等工作中，这座祖印禅寺无寄所的某一部分生命，沉默多年后再次熠熠生辉。

如今的祖印禅寺香火鼎盛，梵音不绝，但化通长老的艰苦奉献，并不为众多世人知晓。这位在红瓦寺院里静坐的长老，还远远没有讲完他的故事。

## 二、长白降生，西行寻佛光

这是浙江省舟山本岛西北部的一个小岛。已是农历十月，秋意渐浓，凉风更甚，傍晚的海风夹杂着海水的咸湿气息，吹拂着山头茂盛的蓬蒿。天色将晚，晚霞映照着广袤的田野，村落的轮廓里，袅袅炊烟生起，飘散在云雾中。劳作一天的农户们结伴回到家中，与家人们共进晚餐，分享“今年收成尚可”的好消息。

1922 年的农历十月初四，在这个平凡又不平凡的日子里，长白岛一位傅姓农户的家中，一个新生命呱呱坠地。傅家已经有两个女孩，生活虽不富裕，却踏实安稳。在那个重男轻女的年代，这个襁褓中的男孩为这个务农之家带来了新的希望。

然而，突如其来的噩耗打破了这个积善之家长久的宁静。在小化通 9 岁那年，父亲不幸离世，傅家失去了强壮的劳动力。母亲和姐姐为家中生计忧心，以泪洗面。然而，斯人已去，生活还要继续下去。在 9 岁的小化通眼中，自己是这个家唯一的男性，理应承担家中的劳动。从那以后，小化通稚嫩的肩膀不再背起上学的背包，而是扛起犁田的农具。他弱小而坚毅的身影背负起了家庭的重担，也背负起了全家的希望。

40 年代初，弱冠之年的傅化通在定海区紫薇乡的里回峰寺参加劳动。民间传说，每月初一和十五是十斋日，是黑白无常在人间游历的日子。在十斋日祭拜，就能保佑全家平安如意。因此，每逢初一和十五，寺庙里的香火比往日更盛，傅化通就会提前准备各种新鲜蔬菜和水果，供佛祈福。

远舟长老是里回峰寺的住持，他将傅化通的辛勤劳动看在眼里，认为这个小伙子勤勉能干、独具慧根，今后必有所为，便劝说他出家为僧。

望着恢宏的庙宇和幽静的禅房，傅化通思忖多日：傅家一家都是信佛之人，傅化通从小牢记父母“与智者为伍，与良善者同行”的教诲，秉持善心、善语、善行；父母早已在小沙竹隐庵住持性谦禅师座下皈依，如果自己出家，也未尝不是一件好事；他当时并未娶妻生子，独身一人倒也少了挂念。思虑再三，傅化通最终在远舟长老座下披剃出家。远舟长老给他赐名“化通”，意为通晓自然变化的妙道。

出家后的日子平静而安宁，初入寺院的年轻和尚傅化通每日必须完成洒扫庭除的日常工作和师父安排的任务，还要在远舟长老座下听禅悟道。暮鼓晨钟，梵声清唱，金色的阳光勾勒出里回峰寺的剪影。在这个寓所，傅化通翻阅卷卷经书，聆听句句箴言，佛陀的思想在他年轻的心间埋下了一颗种子，抽芽、拔节，直至巨木参天。

## 三、度厄扶危，舍身护迷航

20 世纪 60 年代，化通长老在宁波北仑还俗，加入生产队参与劳动。在劳动中，他日日回想远舟师父的佛法教诲，保守一颗纯洁的初心。世间兴亡百态，世人啼笑奔忙，好似一场无常幻境，终将随风消散。世间纷扰让他更加坚定心中所向，他唯愿秉承佛法，参悟佛道，度厄扶危，全世法，弘正道。

80 年代初，化通长老再次回到了宁波阿育王寺，恢复僧装，重现比丘相，回到了他的信仰所在。

万物逆旅，百代过客。时光转眼就到了 1994 年的 4 月，舟山市普陀山全山住持妙善长老叩响了阿育王寺的山门。受妙善长老的邀请，化通长老接受了一项艰巨的任务：前往定海区祖印禅寺担任住持，并负责重修祖印禅寺。当时的化通长老不会想到，这个小小的红瓦寺院，将成为他安度余生的寄所。

这座祖印禅寺已有千年历史，素有“瀛洲第一古禅林”的雅称。它原名“蓬莱院”，宋治平年间赐今额，改名“祖印”。嘉熙年间，迁至定海古城，与原普陀山接待寺合并。元代元年至元十六年间，高僧一山一宁在祖印禅寺开法布教，后来又有密庵禅师住持该寺，弘扬禅宗佛法，祖印禅寺一时间声名鹊起，香火鼎盛。

1994 年，祖印禅寺终于被批准为开放寺院，舟山市政府从寺中迁出博物馆，着手恢复寺院佛像，重开佛事活动，而化通长老就是舟山市宗教局礼请来担任禅院住持、负责禅院重建工作的高僧。

初到祖印禅寺，寺院空荡，僧人稀少。化通长老致力于弘扬佛教文化，培育佛门弟子，以法会友，广结善缘，招徕众多香客来寺礼佛朝拜、游览观光。此外，他出计决策，扩大建设，翻修寺院房屋，塑造各殿堂佛像，新建山门。他将空荡的楼宇重新规划，请入佛陀神像，购入佛教用品，改建成恢宏气派的大雄宝殿。据祖印禅寺的僧人介绍，大雄宝殿约 500 平方米，殿高十余米，规模宏大，可容百余香客。

化通长老加强寺院管理，日日巡视，对寺内文物和佛教艺术品如数家珍。大雄宝殿内主供三世佛像，正中供奉释迦牟尼佛，左右有迦叶尊者、阿难尊者护持。殿内东西两侧沿壁塑有十八罗汉像和五百罗汉像。化通长老对这些宝物十分珍视，如今提及这些艺术藏品，他的眼中不自觉地透出欣喜而骄傲的神色。

在祖印禅寺修建期间，化通长老殚精竭虑，无私奉献。他奉行节约，与弟子们同吃同住，以寺院工作为先。闲暇时刻，他恭诵《大乘妙法莲华经》《地藏经》等大乘经典，召集一众弟子，传扬佛法，参悟佛道，为法为教，不遗余力。他刻苦勤勉的优秀品质成为后学释子的学习榜样。

在舟山市政府的鼎力相助下，祖印禅寺重建工作最终圆满完成。历经 3 年的艰苦整修，殿宇佛像从无到有，寺院建筑焕然一新。

竹香悠悠，木鱼声声。化通长老凝望着朱红的院落，回忆起初入宁波阿育王寺做弟子的时光，耳畔似乎又回响起远舟师父的教诲。在风雨飘摇的岁月，他坚守“全世法，弘正道”的初心，当年的小和尚早已成为如今饱经风霜的老住持。年岁已暮，他的佛珠见证了太多江湖儿女的聚散，见证了太多山河故土的变迁，只愿佛前莲花灯长明，此心向佛光。

## 四、迎舍利子，慈怀燃灯塔

在祖印禅寺大雄宝殿的右侧，有一座佛堂，佛堂内供奉着一尊高僧像。他便是元代高僧一山一宁，字“一宁”，“一山”为其号。祖印禅寺的历史资料早已亡殁，藏经楼里的佛经都是近几年重新添置的。而一山一宁高僧的佛像，是其在日本被封为国师后，后世教徒在祖印禅寺内修建的。佛教徒们新建这座佛堂，供奉其牌位，并塑像以示纪念。

一山一宁是宋末元初的禅师，他容止端严，秉性慈善，是中日双方一致公认的道行极深的高僧。他以元朝使节身份赴日，为传播中国禅宗文化，恢复和推进中日两国佛教文化友好交流做出了重要贡献，在中日文化交流史上有着重要地位。

一山一宁高僧是祖印禅寺的第一任住持。至元二十一年，他在祖印禅寺开布佛法。在此担任住持 10 年后，他被请到四大佛教名山之一的普陀山担任住持，盛极一时。

说到一山一宁高僧，化通师父为我们讲述了他记忆中祖印禅寺迎接一山一宁舍利子回家的“大事”。

2014 年，台风“凤凰”到来的前一天，海岛大雨如注。定海古城中大街、城隍庙弄一带，铺就了长长的红地毯。

滂沱大雨中，来自香港和本地的众多佛教信徒们静候两旁，迎接 700 多年前祖印禅寺住持一山一宁高僧的舍利子回家。当日上午，祖印禅寺梵音袅袅，一派庄严祥和，身穿雨衣的信徒们口念佛语，静静等候一山一宁舍利子回家。

化通长老将往事娓娓道来。5 年前，时任祖印禅寺住持的他已经 93 岁高龄了。为了迎舍利子回家，化通长老花了很大的工夫。从日本到普陀山，从普陀山观音道场到祖印禅寺，辗转中日两国，跨越茫茫山海，舍利子终于回到了舟山市定海区昌国旧址祖印禅寺，回到了一山一宁高僧曾经讲习佛法的红瓦寺院。

这件往事在化通长老的心中久久惦念，挥之不去。迎舍利子回家，便是让一山一宁高僧重新回到久别的故土，在故乡的禅寺里得以安息。望着佛堂内供奉着的一山一宁高僧像，化通长老苍老的脸上露出欣慰的笑意。

## 五、六根不染，自在观八方

云潮翻涌，光影柔和，东海之滨的舟山群岛碧波荡漾、风光旖旎，散发着千年古城的独特韵味。在这个佛教文化浓厚的“第一人间清净地”，乡情不减，诗意浓郁，如今昌国路上的祖印禅寺在岁月敦厚中，诉说着每一个恬淡晨昏的故事。

祖印禅寺的前门正好沿街，门上悬着“祖印”牌匾，映衬在红瓦和红门之间。

化通长老德高望重，弟子众多，受他启悟者恒河沙数，慕名皈依者遍及各地。但他自80岁后便不再收弟子，这是他“自己的规矩”。朱女士是20多年前在化通长老座下皈依的老弟子，她得空就会来看望长老。这一次，朱女士与化通长老聊起自己前段时间去台湾游玩时的见闻。

“台湾安静还算安静，就是希望两岸同胞早日团聚，能够早日和平统一就好了。”长老坐在轮椅上，安静地听完弟子的叙述，轻轻地叹息。

“那是肯定的。”朱女士安慰他，“通过两岸人民的共同努力，台湾回归指日可待。”

“台湾应该是中国的好地方啊……”长老的眼中流露出深深的期盼。

秀才不出门，但知天下事。化通长老身在寺院中，却时刻关心着时事。长老品性温和善良，说话轻声慢语，他平日里常常坐在庭院内的大树下，看着往来香客拜佛祈福，与照料起居的阿婆聊聊天。虽然年近期颐，但化通长老仍然耳聪目明，精神奕奕。朱女士告诉我们，像他这个年纪的高僧，全舟山也找不出第二个了。“以前天童寺有一个，普陀山有一个，现在都已经相继去世了。”

弹指廿余年，化通长老常常回忆起重建祖印禅寺的光景。“以前啊，祖印寺很长一段时间都是众生弟子去普陀山拜佛的必经之路，也就是说，去普陀山前要先到祖印寺，所以有‘不到祖印寺，就等于没去过普陀山’的说法。”谈及祖印禅寺，化通长老表现出无限的热爱和赞美之情。寥寥数语间，祖印禅寺在舟山佛教徒心中的崇高地位便展现出来。

在化通长老开始修缮祖印禅寺前，这座寺院一度被用作国家粮库。幸而如今禅寺风貌犹存，梵音未绝，在政府和社会人士的帮助下，祖印禅寺蹚过艰难，香火更盛。对那些曾给予他帮助的人们，化通师父都抱以最大的感恩之心。

化通长老将祖印禅寺作为自己生命中最重要的一部分，妥善珍藏。在那些风雨不绝、晦明交叠的岁月里，他抚过禅院的每一块砖、院内的每一扇红色木门、院墙上的每一道缝隙，他注视殿前的每一尊佛像、香炉中的每一缕轻烟、檐角下的每一只飞鸟，时光变换，不变的是他心中对禅寺的担当和对信仰的坚守。

在这座红瓦寺院中，化通长老培育弟子，教授佛法，尽心投入新时代的佛学建设，发扬慈悲为怀的佛理精神，立足宗教信仰的核心，与政府同心、同向、同行，促进宗教和谐，推进“道风兴教”“文化兴教”“修持兴教”。鉴于长老对祖印禅寺的巨大贡献，舟山市政府给予他无上的荣誉和嘉奖，并定期来看望他。然而，化通长老依旧保守简单质朴的生活方式，日日诵经，心怀感恩。当被问及心愿和期望时，他摆摆手：“我对自己现在的生活很满意，也没有什么未尽的心愿了，只希望风调雨顺、国泰民安。”

时光在化通长老的身上留下了印记：他的脸上增添了丝丝皱纹，他的脊背也日益弯曲。但长老为佛教事业所做出的伟大贡献，必定会在历史长河中经久不息，代代相传。

化通长老一生爱国爱教，布衣蔬食，饮食清淡，自奉甚微，一切供养收入，悉数用于建寺育人、赈灾济困。他保持规律的作息，每日寅时起身，戌时入睡。参悟佛教之法，常怀感恩之心，守六根清净，观八方自在，这大抵就是化通长老的长寿秘诀。

回望这须臾百年，从长白岛扛起农具辛勤劳作的幼小肩膀，到里回峰寺初入佛门的年轻弟子，从纷乱年代坚守初心的释家信徒，到呕心沥血重修山门的高僧住持，这一生，平凡而伟大，坚韧而如一。

“一花一世界，一叶一菩提。”这位在红瓦寺院里静坐的长老，一心护佛法，游弋人世间。历风霜雨雪，阅婆娑万相，普天下众生，度一切苦厄；百年兴衰，唯佛灯长明，梵音长留。

日月轮转，岁月变迁，不变的是化通长老皈依佛门的初心。

## 采访手记

2019年8月13日，在小外婆的陪同下，笔者踏进了祖印禅寺的院落。

正是上午9点，盛夏的日头已经高高爬上庙宇的檐角。笔者环顾四周，院落不大，但干净古朴。墙面是典型佛教元素的橙黄色，红木门和红窗整齐地竖立着，透出几分禅院的庄严和肃静。

院落中央的大树下，正坐着一位耄耋长老，身着白卦，脚踏僧鞋，身形瘦削，面容和善。笔者怀着崇敬之心，慢慢走近，与他交谈，试图了解他所经历的这百年岁月。

他精神尚好，思路清晰，言谈之间，透着几分出家人的儒雅和敦厚。在他的诉说中，笔者看到长白农家担起重担的小小身影，看到里回峰寺洒扫庭除的年轻弟子，看到纷乱岁月坚守初心的中年男子，看到祖印禅寺重振山门传扬佛法的高僧住持……百年沧桑过后，终归于红瓦禅寺的一隅安宁。

化通长老和志愿者合影（杨超楠　摄）

眼前的这位耄耋老人，见证了祖印禅寺的盛衰，见证了山河故土的变迁。他一生潜心佛法，听禅悟道，慈悲为怀，度厄扶危，想来这漫长百年岁月，也不过弹指一挥间。

漫步祖印禅寺，聆听笃笃木鱼之声，笔者感觉自己内心也得到了平和与安宁。纷繁闹市中有这样一处静谧之所在，为红尘中的旅人提供了休憩之所。正如长老的百年逆旅，过往许多悲欢，得失自有冥冥。

“人生天地间，忽如远行客”，此心安处，自是吾乡。

# 老战士与新时代

## ——冯挚老人传记

陈建彤 北京师范大学 教育学部 2018级

### 人物生平

冯挚，男，95岁，1924年8月24日生人，72年党龄。生于山东济南，祖籍湖北襄阳，现居北京市朝阳区，家中2女1子，四世同堂其乐融融。冯老为人刚正，关心国家大事，鲐背之年依旧精神矍铄。

生长于知识分子家庭，而平津一带重要的地理位置以及特殊的历史节点，造就了其注定不平凡的一生。冯老从小便加入抗日洪流之中，见证了中国一路风风雨雨。近百年沧桑的洗礼，带走了老人的青春，却留下了珍贵的记忆。

冯挚老人照（受访人提供）

### 一、与战火共生

冯挚老人出生在一个知识分子家庭，小时候的玩具就是打字机。老人出生那会儿，正赶上冯玉祥倒戈，社会动荡，冯擎老人7岁的时候，也就是1931年，又恰逢日本帝国主义发动了“九一八事变”，平津地区变成了全国抗日救亡的堡垒，在这样的时代背景下，老人9岁便成了一名童子军，跟着大家一起募捐、游行、抵制日货，就这样开始投身于抗日救亡运动的大潮之中。

1936年，“一二·九”抗日救亡运动爆发，冯擎老人当时就读的市立第七小学又是一座抗日堡垒，当时唱的歌老人还记得呢：“前进！前进！准备武装前进……”示威游行与各种抗日救亡集会，让爱国思想在他的心中深深扎根。

后来，冯擎老人的中学，又处在抗日第一线。学校的郑校长和段老师相继被宪兵队抓去了，那时候老人就下定决心，要一同参与抗日，为了抵制日语课，老人还努力学习英语，刻苦学习，准备高考，后成功考入燕京大学法学院攻读经济系。

燕大给冯擎老人带来的影响不仅仅是知识上的，更多的是激发了老人内心的爱国热情以及坚定老人抗日的决心。受到内战现实的影响，冯擎老人开始积极主动地参与学生运动，1946年冯擎老人参与了“抗议美军暴行”大示威，1947年加入了燕京大学地下党，成为民青支部的组织委员。1948年“七五血案”之后，冯擎老人成为华北学联“七五血案”抗联全国委员会主席，后来到了解放区，担任华北局城工部调研室的干部，负责整理情报。1948年12月，经过多番周折，冯擎老人的队伍终于要北上解放北平了，时任解放军参谋长的叶剑英将军亲自把冯擎老人编入了北平的“平西工作组”，一同参与解放任务。从此老人便与同志们一起保卫党中央，后又转到公安局工作，直到现在，老人还算是公安局的人。

冯擎老人简单的人生经历就是这样。

书房陈列品（陈建彤　摄）

## 二、与党共成长

冯挚老人一家人中不少是公安系统的，2 女 1 子，四世同堂，各自独立又不失温暖，定期家庭聚餐，老人的爱人是开国大典的警卫人员，大女儿是高级教师，二女儿是工人干部，儿子也是公安局人员，后任职于外交部。

家里人知道冯挚老人是地下党，这也就足够了。地下党都是横着出来的，他们支持老人的工作，甚至比老人还革命，所以也不会存在不支持的状况。老人儿子呢，一开始骗他说去约旦，结果自己偷偷跑去伊拉克了，刚回国一个月，大使馆就让人给炸了，现在想想都后怕啊！

“那您是怎样参加革命，坚定共同抗日决心的呢？”

刚一开始的时候冯挚老人想通过学习数理化，靠科技救国，恰逢燕京大学与哈佛大学有交换生，那时候老人一心一意地想争取那个名额，怎料路子一转，就加入了共产党，一起参与到学生运动当中了。

后来去访贫问苦，只见一个残败不堪的小土房，冯挚老人探头进去一看，小窗子、小土炕，目光一扫，只见一个破被子包着一个老头，不禁心里一颤，想着：我就是为了你我也得革命啊！念书有什么用？

又一次，他在街上走着，看见一个老头光着膀子耍沙子卖艺赚钱，汗水就那样滴滴答答地往下淌。冯挚老人又想：我就是为了你我也得革命啊！这书真的是念不下去了！

谈到过往的珍贵经历，老人时而神采飞扬：“中央的这些领导人啊，我都见过，毛泽东、朱德、刘少奇、周恩来、邓小平……我跟毛主席还在一起跳舞呢！我年轻时吸烟，吸着吸着突然发现毛主席一直看我，我想着这儿不能吸烟，赶快就把烟灭了。”

我们这些民主战士啊，就是这样，一心一意想要救中国于水火之中，我们的功课都很好，但为了中国，大家舍弃个人的利益，去争取全中国的共同利益，我们努力着、奋斗着，甚至流血牺牲也在所不惜。

当时的中国就是这样，太多贫苦的人民，太多饥饿的人民，我们不革命，谁来革命？

## 三、与国运共进

正如冯老所说："我一生的经历和中国整体大趋势命脉是一致的。"一路的坎坷与艰辛，冯老终于与爱国战士们一起，驱散了硝烟与战火，迎来了天安门城楼前高高飘扬的五星红旗。

开国大典时，冯挚老人就在海淀区保卫党中央，老人的老伴则是开国大典的警卫人员。那天军队开着小坦克车，后面还有马拉着的大炮，整个广场都是人，大家都在期待着即将到来的神圣的时刻。后来毛主席站在天安门城楼上宣布新中国成立，这场景真的是这辈子都忘不了啊！

国民党统治时期，大家都是自己种地，只要是没有天灾人祸都差不多可以自给自足，混口饭吃。到后来改法币为金圆券，金圆券大幅贬值，物价飞涨，民不聊生，电视剧里小伙子去办事的时候推着自行车拖着两麻袋的金圆券，并不是随随便便演的，事实就是这样。

后来冯挚老人在燕京大学的时候，喝的汤里面就几片胡萝卜红萝卜，一收饭费，还得马上借来个车去粮食站买面和米，没过两个钟头米就要涨价，里面还掺着沙子。老人当时还经常到东南去买美国兵的罐头，也就是Cheese，牛油，买回来牛油大家一桌分一点吃。穿的呢，就是最普通的大褂，也不像现在这样多的款式，这么多的材质，大家都差不多。

新中国成立之后，生活就有改善了，没了战火，大家积极性都很高，一起努力，一起建设新中国，日子基本上都比以前红火了。虽然几经波折，但总体向好。

没有改革开放，没有市场经济，后续人的工作也很难有今天的如此成就，基础打得好，后面的工作才能这样的稳健而有活力。咱们的领导人，都是好样的！

冯挚老人的理论简单概括来讲就是两个字：城市，了解了城市，从奴隶社会到共产主义社会就都有了，什么叫城，城就是政治，筑城以卫君，什么是市，市就是民生，建市以利民。人类的发展生产力的标志，不是农村就是城市，城市在奴隶社会才出现，封建社会有封建城市，资本主义有资本主义城市，到共产主义时代，还是离不开城市。我们要努力发展城和市，才能让中国更好地发展。

当时有人说：市场就像是潘多拉盒子里的妖精，一旦放出来，就收不回去了。但是事实证明不少问题都能很好地解决了。而且咱们中国人就是这双手厉害，经过多年的努力和创造，中国也算是有了一些能够在世界上立足的民族品牌，我们虽然发展得比别人晚，但我们劲头足，气势猛，中华崛起，指日可待！

中国现在正处于和平时代。战争时代是你死我活，和平时代却是斗而不战，可以说，和平比战争更复杂、更残酷，和平是没有硝烟的战争，想要维持和平，不是简简单单想就可以做到的。而想要在和平的基础上发展，更是难上加难。欲求更好的发展，一个国家不行，得全世界联合，中国现在一带一路等倡议的根本就是要诉诸幸福，并且我们是追求人类命运共同体的幸福，而非自己一国的发展，这是何等的大爱与远见卓识！现在的中国是全世界发展最为强劲的动力点之一，咱们不仅有能力做好自己的事，还可以帮助别人做事，寻求全人类的发展与幸福！我现在对中国的前途充满信心。

中国走到现在这一步，靠的就是咱们独树一帜，将东西方的理论与中国当前的实际相结合，走自己的道路。

我们不仅仅要注重人类社会的发展，更要注意与自然的和谐相处，咱们现在 70 多亿人，如果不加珍惜，这小地球是难以承受的啊！很难想象如果一味地胡乱使用，石油天然气还够我们开采多少年？虽然我们现在开发海底资源，研究新能源现状稍有缓解，却依然改变不了资源有限这一事实，我现在只希望人类可以早日意识到保护地球的重要性并付诸实践，毕竟目前为止，这是我们唯一的家啊！

冯挚老人是 8341 贴身的工作人员，考虑问题深一点，我现在就希望可以通过“笔杆子”，把我的所想所感记录下来。

离休后，冯挚老人一共出了 3 本书。1990 年，老人出版了一本《城市交通管理学》，这本书主要讲的就是城市化的问题，而这本书也是中国现代最早一批研究城市化问题的。

2004 年，冯挚老人又出版了《冯挚文集》，这本书讲的主要是中国近代史。正如老人的“冯挚思想库”所说：我不过首先点燃了国立燕京大学革命圣地和新中国近代史以及物质论的微弱的火种。

之前编写的中国近代史漏洞很多，并且有很多主观因素存在。例如关于中国近代的军阀，我们往往听到这两个字便自然而然将其划分为十恶不赦的坏人，然而实际上，军阀之中也不乏很多对中国革命做出突出贡献的人，就像张学良，他便是冯挚老人十分佩服的一位革命斗士，不仅发动双十二事变逼蒋抗日，成功推动建立抗日民族统一战线，还出资出物出力支援中国革命，我们把这样的人若是也一棒子打死了，那就是我们的过错了。而且即使是罪大恶极之人，也同样很有可能做过有益之事。冯挚老人希望通过自己的努力，能够编写一本新的中国近代史，以尽量客观的视角重新审视历史，让更多人能够了解到史实。侯润之是冯挚老人的先生，他把冯挚老人这本书从头看到尾以后特意打电话对冯挚老人说："我 90 多岁了，都不看书了，但你这本书研究得透啊！"

第三部便是《冯挚哲学》。冯挚老人这一辈子离得开哲学，又离不开哲学。离得开，是因为冯挚老人根本不用刻意学哲学，哲学时时刻刻都在他身边；离不开，则是因为哲学已经成了老人生命中不可分割的一部分，冯挚老人希望通过编写这本书，把个人劳动变成社会劳动。但可惜的是，因为这部稿件内容过于庞大，5000 多万字，1800 余张照片，还有 100 多件文物，实在是很难出版，目前都存放在海淀区档案馆。

## 四、过往与现在

冯挚老人挺佩服咱们国家的教育的，教育部现在又打算在 50 年以后将中国的义务教育发展到全中国大学水平，彻底消灭文盲。以前的时代，知识就是力量、就是权威。现在有了互联网，大家都有了平等获取知识的平台，不出门就能知天下事，他没事看看报纸、听听广播，就能了解当今时事。

现在孩子们升学考试的压力的确挺大的，但其实什么时候都是一样的，他们过去还更苦呢！他从小学开始就是好学生，小学二年级就拿着砚台描红模子了。现在的孩子们晚上想学习还有电灯，他们那时候，晚上 10 点钟灯灭了，就买油弄个线，伴着冒着烟的油灯学习。

冯挚老人小的时候，早上太阳很晒，坐在院里边，旁边就是泔水缸，院子里乱七八糟的，太阳晒得冯挚老人浑浑噩噩的，低头一看，满腿都是泥巴。现在他一个人住 6 间房，换作从前，想都不敢想啊！而且这个屋子这么干净，都是他自己整理的。现在冯挚老人每天就看看报纸，听听广播，加上做了手术，眼睛比年轻人还明亮呢！生活自在得很！社区每个月也会给老人 160 块钱补助，找人帮我忙，但老人不需要这个，要想活就得动，不动不行呀！

## 五、寄语未来

“那您对您这一生满意吗？”

“也谈不上满意，我觉得我是幸运，这么好的机遇都给我了。我自己肯干，有了这个力量，有机遇你能捕捉得到。如果你自己没有这个基础，机遇来了也是空的。其实还得靠自己，天上不掉馅饼。”

“那您目标是活到多少岁？”

“104。”老人笃定地说。

“哎，为什么是 104？”

“我之前看电视上一个美国的老太太 104 岁，跑 100 米才用 45 秒，我一看到她，就下定决心争取活 104 岁。”

“那您有什么想跟当代青年们说的吗？”

“要想尽办法把自己培养成中国共产党党员，只要有这个目标，中国青年就可以发光发热，不虚度一生。中国共产党是世界上最好的党，做了中国共产党员，那么就是做了最好的人。另外，个人价值一定要服从于社会价值，不能让社会价值去迁就个人价值，一个有为的青年，不要追求自己的价值。价值是不可以用货币来衡量的，一旦追求自己的价值，那就变成商品了，就变成有价格的了，这样的人即使是百万富翁也不值得尊重，一个人的价值如若是不能用货币衡量，这种人，就是无价之宝！”

## 采访手记

一次偶然却又冥冥之中蕴藏着必然的机会让笔者与冯老相遇，而这次机会，不仅仅让一位老人的生平被又一次记录，更是让一位大学生的心灵深受触动。

紧张而又期许地拨通冯老家的座机，响铃几声之后，另一方传来了洪亮而清晰的问候，一开始还没搞清楚，以为是家属，便问起老人的身体状况以及是否愿意配合采访，怎料电话的另一端正是冯老本人。说明来意后，冯老高兴地应下，而急性子的二人约好择日不如撞日，约定当晚便进行采访。

走入冯老家中，映入眼帘的便是家中满墙的书画作品以及各式老照片，老人热情地递来水，二人便开始了他们的谈话……

冯挚老人与志愿者合影（陈建彤　摄）

出生在知识分子家庭的冯老因时代原因，从小便加入了争取祖国独立民主的阵营，伴着老人的叙述，似是切身走进历史一般，让笔者对中国一路的成长有了新的认识。

而谈到家庭，老人则是一脸掩藏不住的笑意。老人家中共有 1 儿 2 女，四世同堂，其乐融融，老人健康的身体以及定期的家庭聚会，让这个家庭拥有了最简单而又最快乐的美好，羡慕之余，更多的则是对这个幸福家庭的衷心祝福。

最后谈及青年人与社会时老人作为结尾的一番话更是让笔者记忆犹新：“年轻人不要为了金钱而奋斗，因为一个人的价值是无法用金钱来衡量的，只有真正看淡金钱，不去刻意追求价值的人，才是无价之宝！”

# 悬壶济众心，儿孙慰平生

## ——张玉兰老人传记

杨颖斐 北京师范大学 文学院 2017级

### 人物生平

张玉兰，女，1925年1月17日出生，94岁，离退休老人，路易·艾黎义子段士谋夫人。祖籍天津。家住甘肃省兰州市城市学院（培黎校区）家属院9号楼。平生历尽沧桑，生于新疆博乐，年轻时随丈夫辗转山丹、兰州，在兰州市卫生学校深造后一直从事妇产科医生工作，爱岗敬业，任劳任怨，多次被评为先进工作者。

张玉兰老人照（受访人提供）

### 一、望春几枝粉初绽 见月一柄钩天山

民国初，华北地区灾难频发。一对来自天津的夫妻被迫外迁，出独石口向西走走停停，辗转多年。他们是“走西口”的浩浩人流中再平凡不过的一

员，既为谋生，也是机缘，最终选择在新疆西北部的博尔塔拉蒙古自治州落脚。夫妻二人在博尔塔拉河谷下游的博乐县定居，经营小酒坊，卖自家酿的酒，生活尚有保障。

1924 年冬，婴孩儿的一声啼哭给腊月带来几丝甜暖之气。寒日的凛冽北风丝毫无碍屋内的欢乐喜悦，这对夫妇给他们的第一个女儿起名“玉兰”。高洁、报恩、不畏严寒的决绝孤勇，许是冥冥自有天意，这句句话语竟也严丝合缝地悄然织进孩子的襁褓里，从这一刻起，成为用余生细细验证的精神印迹。

张家共生了 9 个孩子，4 男 5 女。玉兰作为老大，名唤“大喜儿”。废止缠足的命令虽已颁布，但不少地方的风俗却依然不变。玉兰渐渐长大，母亲只能狠心为孩子裹脚。在“三寸金莲”的传统礼教背后，那长布系着的是一个孩子的反叛与一位慈父的心软。白天母亲为她裹上，夜晚父亲又在她的哭闹和央求下偷偷解开。无数日与夜的家庭“斗争”过后，玉兰最终得以解脱，拖着一双“半成”的天足，也开始学着帮父母分担家务。

抗战时期，中央为巩固抗日统一战线，与新疆军阀盛世才建立统一关系，陆续派干部去往新疆就职。共产党人段士谋被委派至博乐县担任县政工作。十多年前，在从绥远灾区接济到上海红十字会的一两千名难民中，时年 14 岁的段士谋被新西兰人路易・艾黎收为义子。天资聪颖、勤勉努力的段士谋此后就读于上海圣约翰大学，学识渊博，能讲一口流利的英语。英俊帅气、一表人才的他在担任博乐县县长期间，为当地文化教育、抗战宣传工作所做贡献巨大。

为进一步开展文化扫盲、抗日统一战线教育，激发人们的抗战热情，段士谋还在当地开设了妇女识字班。二八年华，豆蔻枝头，在识字班学习的张玉兰就这样结识了与她相差 12 岁的段士谋。正规业余两手抓的段士谋还建立了俱乐部，创办了运动会；闲暇之余，他也暂时搁下沉重的工作，像所有单身青年一样，与朋友一同游泳骑马，威风潇洒。白天，张玉兰在识字班与同学们合唱着《大刀进行曲》《打回老家去》，激情高涨，歌声嘹亮；夜里，她也会跑去偷窥伏案工作的段士谋，少女心事如明镜，唯有付与皎月看。

20 世纪 40 年代初，如同幼年不愿裹脚时的固执，张玉兰告诉父母，她欲与段士谋私定终身。财礼俱无，也不顾亲人反对，她的爱情宣言是那样毅然决绝：“有钱没钱我都愿意跟着他！”二人一切从简，吃了一顿抓饭，收下了朋友送的一套茶杯，这就是婚礼的全部。

## 二、西风抱水穿明暗 落红卷沙赴山丹

1938年，为促进抗战后方工业生产，路易·艾黎在上海创立“工合”组织。在宋庆龄的帮助下，艾黎顺利得到授权，建立工业合作社组织，开始了“工合”运动。与此同时，他意识到更重要的任务在于培养技术人才，将理论与实践紧密结合，以满足之后的年代可能出现的种种新问题。于是，自1940年起，“工合”组织在我国西北、西南、东南等地试办培黎学校，校名意为“为黎明而培训”。

由于受到国民党的压制，桂林、武汉两地的学校都相继解散。1939年，从延安归来后的艾黎听从红军朋友的建议，决心在陕西双石铺将学校开办起来。然而政治形势愈发紧张，财政状况也愈加困难，艾黎和校长乔治·何克只得将培黎学校西迁至甘肃山丹。带着师生们一路跋涉，待身处这片丝绸之路上的绿洲时，二人又重新看到希望。谁知好景不长，学校的发展刚有些起色，何克却患破伤风早早去世。悲痛中的艾黎只得扛起全部的重担，举步维艰之时，他写信给段士谋：“我一个人忙不过来，希望你帮帮我，一起打理好这个学校。”1948年，段士谋当即决定举家前往山丹，并于3年后出任山丹培黎学校副校长。

就这样，张玉兰跟随丈夫，带着未满周岁的大女儿段海英离开了博乐。几年前，受到新疆三区革命的影响，父母苦心经营的酒坊倒闭，只得务农劳作，以种菜为生。为弥补妻子新婚的遗憾，也让二老彻底放心，段士谋已在婚后将彩礼一点点添置妥当。清贫的日子里，处处都可见两个家庭的互相扶持。段士谋十分孝敬老人，也尽自己最大的努力帮助张玉兰的弟妹们求学、就业；张家二老记在心里，后辈们对“大姐夫”也充满感激，敬重不已。

解放初期，在县长的推荐下，张玉兰被派至山丹县委担任妇联工作。头戴解放帽，身穿列宁服，专心于事业的她总是四处奔忙，风尘仆仆。一次丈夫外出办事，她要去张掖行府，只能将3个女儿寄放在培黎学校的外教家中，帮忙照顾孩子们的生活起居。工作繁重，张玉兰却始终热情高昂，认真执着；她依旧喜欢唱歌，学校里排演歌剧《赤叶河》，她也积极参与其中，在日复一日的忙碌疲惫中品味着自我实现的充实和快乐。

## 三、晓日才泊金城关 迎生实喜梦常断

1953年7月，为发展石油钻探事业，山丹培黎学校由石油部统一管理。同年9月，考虑到学校设施、材料供应、师资配备等诸多问题，学校迁至各方面条件更优的兰州，校址选在安宁区十里店邱家湾。张玉兰一家再次搬迁，与河西小镇就此作别。

当时，张玉兰已是5个孩子的母亲，顶着巨大的生活压力，她选择去卫校进修，接受助产科的专业培训，以期成为一名助产科医生。国家亟须大量的人才，她没有太多顾虑，“只要有活儿干就很乐意。”班上的同学们年龄不均，张玉兰刻苦用功，热心真诚，是大家的“老大姐”。受苏联“英雄母亲”的宣传和号召，她再次怀孕，怀着为人母的喜悦静待孩子降临。然而生产时难产大出血，张玉兰一度陷入昏迷。同班同学们跑去央求卫校的校长和老师，语气急迫，带着哭声：“一定要把张大姐救活啊，她还有5个孩子，真的不能……”

死神最终没能得逞，这朵坚韧的玉兰花并未垂败。危险期过去后，始终沉默的段士谋面沉如水，带着家中的儿女们去看望他们在医院休养的妈妈。小儿子出生后，历经生死劫难的张玉兰再未生育，一生共有3儿3女。

3年的深造结束后，张玉兰被安排至甘肃省人民医院妇幼保健站工作。为了更好地照顾丈夫和孩子，她又调到离家更近的安宁区医院，最终在兰州培黎石油学校校医室任职。带着6个孩子，张玉兰与段士谋住在学校家属区的八排房里。

医者，为医而生，便无昼夜之分。张玉兰在家中常备一两个接生包，随时待命。平日里正与家人一同吃饭，若是听到门外一声吆喝，碗筷也不顾就抄起包斜挎着跑出家门。一两个小时后，她又再次归来，带着眉眼掩不住的喜悦和满溢的成就感，吃着早已冷透的残羹剩饭。夜阑人静时，刚哄着孩子入睡，窗棂就有笃笃的敲击声：“张大夫，我家要生啦！”在孩子们耳边如同梦魇的催命符，在张玉兰听来，却是迎接希望的集结号。儿女们不知母亲何时才能安稳，她背着接生包，奔跑在朝夕折叠的间隙，用一双净手，一颗诚心，拥抱了多少滚烫的生命。张玉兰吃着段士谋用粗粮蒸的发糕，这暄软香甜的面点如同温润的丈夫，给予她太多支持和安慰。

岁月艰难，段士谋一边照顾家庭，身为副校长，也不忘关心师生。他帮学生们住的房屋刷漆，每逢过年也常邀请无法回老家的老师来家中吃团圆饭。

夫妇俩都古道心肠，喜欢热闹。冬夏匆匆，低矮的平房载满多少欢声笑语。

终日忙碌的张玉兰年关将近也不得闲。眼看着年三十到了，孩子们还等着穿新衣服。张玉兰总是选择在除夕前一两日的下午，踩着嗒嗒作响的缝纫机极快地作业。裤子来不及做口袋，大襟也随便钉几枚扣子，年味儿在孩子们试穿衣服时的嬉笑里渐浓，心满意足的孩子们鸡仔一般咯咯咯地笑着，跑着。望着儿女们的张玉兰长吁一口气，靠着椅背小息，也算是做了一回称职的母亲。

## 四、百年心事终平淡 抱朴含真自悠然

自 1978 年起，受路易・艾黎的邀请，段士谋与张玉兰每年都会带着儿孙去北戴河疗养，为期一个月。海浪翻涌，望着沙滩上自在玩耍的孩童，几位老人感到莫大的慰藉。儿女们工作忙，小孙子便留给段士谋和张玉兰两人照看。春秋几代，新老交替，段家枝繁叶茂，依然欣欣向荣。

在任职期间，段士谋始终坚持着义父“创造分析，手脑并用”的办校宗旨，为石油部门和国家培养了无数专业技术人才。张玉兰曾跟随段士谋去往全国各地的油田考察调研，看望从培黎学校毕业的学生，他们在石油战线上努力奉献，贡献卓著。青海冷湖、新疆克拉玛依、辽沈油田、大庆油田……每到一处，段士谋都受到校友和学生们热烈的欢迎，张玉兰也时时感受到丈夫作为一个老校长的威望和魅力。

从新疆成家到山丹辗转，再与学校一同迁至兰州，张玉兰与段士谋如同所有平凡幸福的夫妻一样，小吵小闹常有，但一直相敬相爱。在丈夫的提携帮助下，张家其余兄弟姐妹也都有了十分不错的出路。张玉兰常对子女们讲：“我这一辈子，世面也见了，福也享了，遇到你们父亲，我真的不亏。”

年轻时爱岗敬业的张玉兰曾多次被评为先进工作者，在校园里家喻户晓的“张大夫”是名副其实的“工作狂”，她热心上进，极富正义感，宁愿牺牲与家人共处的时间，听儿女们的埋怨，也不愿让工作受到丝毫影响。她的执着投入是何等纯粹，也是何等可贵。培黎学校许多由她接生的孩子如今已长大成人，也始终对她充满感激。对此她却看得很淡，觉得自己和老伴儿一辈子什么都没有做。“我们这种人，就是大老粗，没什么出息，只不过养了一大堆娃娃。”

1988 年，路易・艾黎去世。在遗嘱里他希望段士谋能同妻子去新西兰

老家探亲，其间所有费用都由艾黎的家人和新中友好理事协会承担。于是，张玉兰陪丈夫前往新西兰，圆了艾黎老人最后的心愿。这位新西兰的国际友人一生历经沧桑，为世界和平事业鞠躬尽瘁，而他无私奉献、不畏艰险的宝贵精神也早已注入段家的血脉传承中，在茁壮成长的孙辈们身上生根发芽。

在衣食上，张玉兰没什么特别的讲究，始终以俭朴的生活方式深刻影响着儿女，夫妻二人也反复教育孩子们，要做善良正直、诚实守信的人，不偷不骗、不争不抢。

退休后，张玉兰与丈夫由保姆照顾。她一如年轻工作时乐观开朗，喜欢和楼上楼下的邻居们打打麻将；或是在每年三八妇女节，约着学校里的老姐妹一起唱唱歌，吼着“大刀向鬼子们的头上砍去”。夫妇二人为人宽厚，家中常有客人，他们喜欢交朋友，喜欢年轻人，也疼爱小孩。

张玉兰老人十分直率可爱，坦言自己脾气并不小，性子比较直，也爱生气。以前有老伴儿陪着，如果跟孩子们置气了，“给老头一说，听他一解释，没事儿了。”现在又向谁说呢？“给孩子们说，孩子们还没想通，想来想去，都是自己生的，没必要争个高低。”老人常说，人要多忍让，说话无论多少，都要掂量掂量。吵吵嚷嚷一肚子气，忍一忍就过去了。“我老头陪我陪到90岁才走的。”张玉兰淡淡笑着，话语中并无遗憾。

张玉兰老人与丈夫段士谋金婚留念（受访人提供）

几年前，老人不慎股骨折，一向健康硬朗的她生活一下子无法自理。3个女儿商量轮流伺候母亲，一人 4 个月，在饮食起居上都颇为细心。因为早年在新疆生活的经历，老人身子骨很好，被询问起自己的养生之道、长寿秘诀时坦言："我不奢求，吃的也不挑，合口味就行。"尽管如此，后辈们也尽量让老母亲吃得丰富又顺意。蛋奶不断、菜色常换，老人喜欢喝奶茶，吃烙饼，偶尔也把醪糟、元宵作为甜点。

去年老人生病住院，偶然结识了一位 28 岁的新疆姑娘。两人用维语亲切愉快地交谈起来，很快成了朋友。姑娘病愈临走时曾邀请老人："您病好以后，一定要来我家做客啊！"张玉兰奶奶笑着说好，可是哪儿能呀，自己年事已高，远在天山的故乡已变成午后梦醒之时的孤帆远影，似乎越来越模糊了。

一年多来，张玉兰老人觉得自己身子大不如前。视力听力都有所衰退，人也变得嗜睡，饭也吃得少了。老人已记不起很多事，她常说"都说聋子爱打岔，别人问东我答西。如果我说得不好，说错了，就问问我的女儿。"但说起自己的孙子，老人却记得颇为清楚："我的孙辈出了四个博士"，学什么专业，在何处任职，老人都了如指掌，娓娓道来。他们在上海、深圳等地定居，能力突出，年轻有为。

家里的软沙发是张玉兰奶奶的"老窝"，她或坐或睡，渴了就喝温热的水。除了好好活着，老人已无须操心任何事。我们感慨老人的长寿和年轻向上的心态，她则谦虚道："唉唉，后来者居上。"自年轻起，她就一直喜欢和孩子们打交道。过年常有人来串门，有时老人听不清，答非所问，惹人发笑，她也跟着乐。"希望孩子们能多来看看我，给我很大的鼓舞，我的心里也暖乎乎的。"奶奶说，"现在的年轻人正赶上好时代，一定要努力学习，好好工作。"

作为一名妇产科医生，张玉兰老人自谦没什么能耐，只是"当了一辈子运动员，赶上了时代的末班车"。如同公公艾黎为中国革命和建设事业贡献自己毕生的精力；丈夫段士谋在教育战线上兢兢业业终生；她以仁心妙手温暖众人，带着对工作永远的热爱，对年青一代向善的期望，勤勤恳恳，为母为人。

2019 年 8 月 20 日下午，中共中央总书记、国家主席、中央军委主席习近平抵达山丹培黎学校考察调研，了解当地职业教育培训情况。作为张玉兰老人和丈夫段士谋曾经生活、奋斗过的地方，山丹培黎学校渗透着路易·艾黎对中国解放、建设和教育事业的心血以及对年青一代深厚的期望。得知新闻后的张玉兰老人与家人也十分开心。

## 采访手记

采访中，老人并不太了解当下时兴的语言，但金句频出的她却总是“无心插柳柳成荫”，将自己宝贵的生命阅历用极简极纯的短语寥寥概括，将囊括人生的趣味“三字经”云淡风轻地慢慢带过，在后辈们心中栽下万壑青松，一番咂摸后，耳边回响的亦是涛声阵阵，大吕洪钟。她说自己是经验颇丰的“运动员”，并不是在田径场上竞技，而是作为一名医护人员，亲历大大小小的运动，栉风沐雨数十年；她说现在生活好了，自己也只是幸运地搭上了时代的“末班车”，忆起早年在新疆博乐的岁月，油润香甜的抓饭，皮薄肉多的烤包子……奶奶笑着摆摆手，轻声感慨：“我不敢回忆，回忆起来都觉得很留恋。”

老人也谈到了对下一代的教育问题。她说，父母培养孩子一定要懂人情，“小一点的孩子更得教育，要告诉他们重感情。”有时我们叹这人世浇薄，如果没有了人情，生活便不是真活。而父母究竟如何更好地对孩子负责？也许“上行下效”就是一种春风化雨、耳濡目染的智慧法则。

附小诗一首：

玉兰

望春几枝粉初绽，见月一柄钩天山。
西风抱水穿明暗，落红卷沙赴山丹。
晓日才洎金城关，迎生实喜梦常断。
百年心事终平淡，抱朴含真自悠然。

张玉兰老人与采访者合影（杨顺娣　摄）

# 历尽百年沧桑路，总把新桃换旧符

## ——王兴如老人传记

瞿寒冰 北京师范大学 文学院 2017级

### 人物生平

王兴如，男，1922年12月10日出生，98岁，绵竹著名年画传承人。祖籍陕西，后迁入蜀，家住四川省绵竹市剑南镇小南街76号。10岁随父亲学艺，是家传技艺的第7代传人。中华人民共和国成立前以在寺庙做工和卖红货为生，之后务农30余年。直到20世纪80年代重新开始参与四川地区的寺庙修复工作；1983年受邀到锦城艺术宫制作全幅雕刻镏金；2000年，用传统手法将咸丰年间的落地门神重新用挤粉修复，目前收藏于绵竹博物馆；2006年其系列年画作品在加拿大温哥华博物馆展览并被收藏；2014年接受中央电视台《记住乡愁》栏目采访；2017年接受中央电视台《中国影像方志》栏目组采访；2018年被命名为绵竹木板年画市级传承人，同年，《绵竹年画传承人丛书王兴如》画册出版。

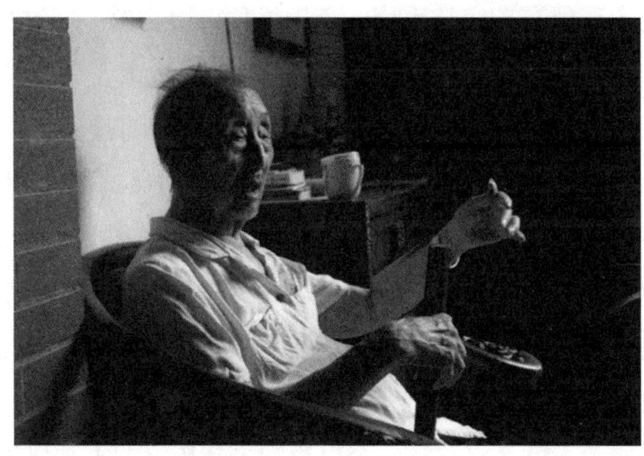

王兴如老人照（朱越 摄）

## 一、说些故事：百年盛衰终不改，父传子承用心一

王家有个《王氏宗谱》，据上面的记载，王家是清朝时从陕西迁到四川的，最早做的是皮坊生意。清嘉庆年间，先祖王登章开始学习绘画，从事装裱生意。从此，王家人与年画的缘分就这样一代又一代地延续至今。

听王兴如老人说，早些年时候，还没有“绵竹年画”这个提法。在年画最盛兴的清代，年画是人们日常生活中必不可少的一部分，也是画师们诸多作业中的一种。因此，最早的时候，并没有专门画年画的人，年画也并不是什么稀奇玩意儿，百姓们家家户户都有，全国各地也都或多或少的有人每到了佳节时辰就拿着自家画的年画上庙会去售卖。

而作为“竹纸之乡”的绵竹，在明清时便成了全国最大规模的四大年画制作中心之一。据《绵竹县志》记载：“竹纸之利仰给数万家犹不足，则印为书籍，制为桃符，画为五彩神荼郁垒，点缀年景。”年画制作行业最盛的乾嘉年间，有从业者九百余，作坊三百多户，“商贩远自陕甘滇黔，裹银来市易画”，这些年画经各地商贩之手，不仅在国内各省畅销，还远销到印度、日本、缅甸、越南等国，真可谓闻名遐迩。

王家正是在年画最兴盛的时期踏入了这个行业。继第一代的王登章老先生开始从事绘画装裱相关生意，第二代的王友室继续从事装裱生意和年画制作销售。到了王国臣这一代，王国臣自幼便跟着什邡的何晓痴师傅学习写生、工笔画和雕塑技艺等，是当时绵竹县有名的画师，他有《耕织图》传世，现在王兴如老人还保存有完整手稿，存于绵竹市博物馆……这样代代传承一直到第六代传人王天保老人，也就是王兴如老人的父亲。

王天保老人是第五代传人王正发的重孙，自幼随曾祖父学艺，15岁出师，绘画、立粉、揉金像、漆胎脱纱、拓片等样样精通。但20世纪初，由于民生凋敝、经济不兴，绵竹的年画行已渐渐走向笔墨不振的境况，年画作坊都几乎倒闭尽了，从业者们也大多另寻出路。王天保老人却依旧坚持从事着绘画、泥塑的这个家传行当，奔走于寺庙、集市之间，以一技之长含辛茹苦地供养着一大家子人。

而王兴如老人就是在这样一个以绘塑之技传家的家庭出生的。

## 二、幼儿学，壮而行，穷而工，始见精

王兴如老人生于1922年，当时家在绵竹县小西门。国不安而家难兴，王兴如上了几年私塾，但终因家境贫困在10岁那年辍学回家，随父亲学艺。从读书到学艺的转变，对当时尚不知世事的王兴如来讲，并不是什么大变动，只是父亲说什么，小辈儿的就做什么罢了。

父亲王天保当时在绵竹也是极有名气的画师，谁都知道小西门的王画师。久负名声之下是父亲的高超技艺和严厉要求。学艺很苦，画得不好就得重画，责骂训斥更是家常便饭。有时候母亲看不下去了，也只能对父亲说："你会他不会，你要好好教他嘛。"父亲的言传身教让他的绘画水平突飞猛进，他自己也攒劲儿地学，像一块小海绵一样不断地从各方吸收这个行当的知识：他不但和父亲学，还去临摹前人的画作，去寺庙里看前人塑的像，听说哪里有好东西，他就到哪里去观摩学习，慢慢地他也能看出好与坏的区别了。"哪些人画得好，好在哪里，我要怎么去改正我自己，当时就是这么个情况。"

当年学艺时，给王兴如老人留下最深刻的记忆的是那些活灵活现的塑像，有骑马扯缰的威风武将，面带桃花的青年女像，至今老人都是能描述出它们栩栩如生的模样。他不仅是看，看了还学，如今他还能将其中的做法一一细细道来："比方说过去有五色的颜料，这个五色的颜料它有它的性格，你不懂它的性格你就把它弄不好。""这些东西就是要学过的，没学过就不得行，要懂得里面的情况。"

天道酬勤，在这样的不懈努力下，短短四五年时间，王兴如就从一个对画什么也不懂的小孩子变成了能独立完成一幅画的少年了。出师的时候，他也才十五六岁。

出师之后他便去寺庙里做画工，塑像、画像、贴金样样都能做。这一做，直到二十四五岁时才算结束了。这近十年间，王兴如常常是忙得没空回家，在庙子里的时间比在家里的时间不知道多多少，回家往往都是为了到铺子上添补做工要用的膏子。

随着形势越来越明朗，家里的孩子们也都成人立业，王家才渐渐有了一些余钱。有人来游说王天保老两口买田，两个老的合计了一下，想着买了田就得租出去一些，租不完的还得自己来种，自己都已经年迈，也不愿这样操劳，便回绝了那个说客，只花了10石谷子买了个神柜回来，便是现在还摆

在王兴如老人家中堂屋正中的这个。余下的钱一辈子节俭的老两口也不知道怎么花，就借给了别人，后来似乎也没有收回来。

24 岁那年，家里人给介绍媳妇了，他也没空回去相看对象，最后是弟弟代他去相看，看了之后，家里父母便定下了这门婚事，等到他回家之后便成了亲。

## 三、巧手妙笔辞庙堂，荷锄戴日入田地

娶了媳妇之后，王兴如一家搬到了西南镇小南街这一带。大儿子出生在中华人民共和国成立前一年，取名叫王永，二儿子出生于 1952 年，取名叫王权。

中华人民共和国成立前后，反对封建迷信的大潮掀起，浩浩荡荡。在这种情况下，再在寺庙做工和卖红货显然都无法维持全家人的生计了。上有老下有小，王兴如只得放下拿了十多年的画笔，扛起了锄头，一双勾线染墨的手干起了挖地种菜的活。

又一次从零开始，他默默将笔墨纸砚细致收好统统束之高阁，将线条粉墨铭记在心时常回味。他学着种菜、卖菜，每天起早贪黑，担着菜到处赶场。“那阵汉旺、拱兴，绵竹到处的场我都赶遍了的”，提起那段苦日子，现在随时都笑呵呵的老人也不免神情酸涩。

虽说提起画画、塑像、贴金他样样精通，随便哪一样他都能给你说得头头是道且不带重样，经他手底下做出来的东西也广受称赞，但在卖菜这件事上他是外行。而且本地卖菜的之间都是有联系的，他作为一个算是外地迁来的人，真的是脚踏生地，眼观生人，不知走了多少冤枉路。有时为了贴补家用，仗着自己正值壮年，年富力强，去给别人担脚，卖力气。担一百五六十斤的粮，翻山越岭地走上三四天，到达目的地后除开饭钱能落下一些剩余。

这样的日子一过就过了近 30 年。在这 30 年的菜农生涯里他吃过的苦却不止如此。

由于被认为是搞封建迷信品，搬家把户籍从小西门换到现在住的地方之后，过了一年地方都没有给他上户籍，他去办公室问，就被办公室的人请到了派出所，那时候派出所刚成立不久。在派出所里，有人安慰他说未来国家

用得着你这样的技术，你不要灰心。或许这句话也很是鼓舞了他一番，不然他不会记到如今。

1959年这年，一直相伴的媳妇却因病撒手人寰，留下了还未成人的孩子们。这个时候最大的大儿子也才11岁，孩子们要读书，要吃饭。王兴如从媳妇走后却再没续娶，只能又当爹又当妈，那个时候的困难真的一言难尽，有时候为了给孩子交学费甚至只能把家里的帐子卖了来凑钱，总算供两个儿子读完了书。

## 四、枯树逢春重发芽，丹青墨笔再生花

人生的困苦境地似乎是一眼望不到尽头的，近30年的等待，或许早已让王兴如放弃了甚至遗忘了再次拿起笔的想法，可是人生的转机往往又是来得突然而让人惊喜。

1982年，宗教信仰自由作为公民的一项基本权利被写入了宪法。在这样的大背景下，全国各地都开始着手恢复重建宗教建筑。

正是在这期间，王兴如机缘巧合地在某一个晚上寄住在成都铁像寺，那时候的铁像寺还未正式开始重建，晚上睡在床上，月亮光能直直地投到人身上。

因为需要在屏障上画一个狮子，铁像寺的隆莲法师找到王兴如。条件简陋的情况下，他只能用手量了屏障的长宽，等到回家后画好了，才又找人送到隆莲法师那里去。没想到，隆莲法师看到送来的画作大为感慨："哎呀画这么好，以前都不晓得，他是光会画吗，会不会塑菩萨、穿菩萨？"送画的人说，人家会塑会穿，贴金咋样咋样好。隆莲法师更是惊讶，赶忙说请王兴如到铁像寺帮忙重塑菩萨。在铁像寺工作了十来天，隆莲法师又对他说："现在我们这边的工作暂时告一段落，以后有事我再来请你，文殊院那边要还需要，我把你介绍到文殊院去。"于是王兴如又来到了文殊院。

在文殊院，王兴如遇到了一位曾与自己父亲有过交际的管事人，当他提到绵竹小西门一位姓王的画师，王兴如说，那是我父亲，我们是父传子，几代人。管事人因此对王兴如倍加欣赏。

当时王兴如在文殊院做佛像的时候，省市佛教协会的领导都相当欢迎他，因为只有他是正经科班出身，有家传手艺的，而其他人都是看会的，终究只是学会了皮毛，很多材料和技法都不知道。就比如贴金这一项，他贴出来的

金是严丝合缝如同一块整玉，贴金做得就像镏金，而其他的工匠在贴金的时候不是差一线，就是两张重在了一起，有很多“豆腐块块”，王兴如绝对称得上当时贴金的王牌。

王兴如在文殊院做了 20 年，据他说里面 100 尊佛像有 99 尊他都做过，烂了的补，缺了的添，做颜色，贴金，画壁画，等等。那阵最开始一天 5 元的工资，在当时不算多也不算少，他似乎也不在乎挣的钱多钱少。

1983 年锦城艺术宫的大幅壁画要做贴金，别人说他本该十多万块钱的工作用一万多做下来是笨人，不晓得敲价钱。他却说，现在政策还是好了。似乎只要让他做这个工作他就很开心了。

儿媳妇说他做这个没挣到过钱，给点钱他就给别人做这个工。他笑道：“人家劝我，你有抓钱手，莫得聚财心，串子不兴挽疙瘩。”

只要能满足基本开销了，多的钱他就拿去支持社会事业。不管是修桥补路，还是修庙，只要有余钱，他就捐出去。他儿媳妇说，1983 年的时候修大桥，两父子一起把刚刚挣的钱又捐出去，“所以他才活这么大岁数”。

## 五、朝买一朵花，夕作一幅画

进入新世纪，已近耄耋之年的王兴如渐渐歇了外务，专心在家中创作。

现在的他，有一身绝技，他会木板年画、手绘年画、壁画，精通工笔写意，会立粉、揉金像、漆胎脱纱像、拓片等技艺，被称为“绵竹年画最后一位全卦手”，有一身荣誉，他修复的落地门神被绵竹博物馆收藏，年画作品被温哥华博物馆展览收藏，被川大聘为艺术系年画导师，被中央电视台等各大媒体采访报道，但他也有一身责任，以他为代表的绵竹手绘年画传人已寥寥、绘画用的天然颜料和工具的自制工艺也濒临失传。

当被问到是否有担心过这门手艺失传的时候，他还是笑着说道：“老话说得好，师傅领进门，学道在个人。”“不过当年我们学的时候是十岁就开始学了，现在都二三十岁了才来学，幼儿学，壮而行，他是一条心，人一大了就分了心了。”

老人现在有 4 个徒弟，其中一个是自己的孙女王官玲，一个是现在的绵竹年画博物馆馆长，还有两个是从外省慕名前来拜师学艺的徒弟。徒弟们一边有自己谋生的职业，一边也经常来家里继续向老人学习。“现在没有人挂门神了，学的人也就少了。”老人说这话时，语气很平淡，脸上的表情也很坦然。

旁人看来似乎压力巨大的技艺传承，在老人看来却是顺其自然的事情，一点儿也没影响他现在欢乐而活跃的晚年生活。

今年老人已经98岁了，还是每天早上6点刚过就起床，吃了饭就出去遛弯儿，直到中午吃饭才又回来，下午午休一会儿又出去逛街，到饭点又回来，吃过晚饭，坐着念一会儿经后就睡觉，生活规律，饮食清淡，不烟不酒，心态平和。喜欢一个人背着个布包包，搭着公交满城跑。

“你看这就是昨天他一个人去北门花桥那个花市买的花。”老人的儿子指着木桌上花瓶里插着的散发着清香的花束。

“这个叫晚香玉，香不香啊？”老人有点小骄傲地笑着说道。

老人身上真的是随时都洋溢着一种鲜活却又沉静的活力。他的儿媳说，地震过后家里重新装房子，说想装个电视墙，老人大手一挥，不用了，我给你们画。90岁高龄的他，爬高踩低地画了近一个月时间，画出了一幅从墙顶到墙脚大小的《竹报平安》。儿媳还说，就前年老人还徒步爬上了峨眉山金顶，真是让年轻人都汗颜的体力和身体素质啊！

老人手绘的《竹报平安》电视墙（朱越　摄）

当问他什么时候开他一直想办的年画展时，他严肃中透露出一点儿可爱地说：“再等几年嘛，慢慢画，画好了裱起，找个宽敞点儿的地方挂起，让大家都来参观，前三天、四天都来看，看了过后才来议价钱。”

或许，对于王兴如老人来说，画卖不卖其实都不重要，让大家都来参观、都来欣赏、都来了解绵竹年画，甚至像老人自己一样喜爱绵竹年画，才是老人时时刻刻记挂在心头的念想和愿望。

## 六、人生如画，画随人生

老人所住的这个幽静的小四合院，古拙的木板门，老人亲笔写的对联，还有繁盛得窜出红砖墙头的三角梅。这是一位画家，但他人生中有三十年的时光不能作画，甚至不敢对外人提自己会作画；这是一个身上担着七代家传的传承人，但他不像旧时代的匠人时刻都防备他人偷师学艺，反倒是从不吝啬向他人讲解、传授稀世的技艺；这也是一个普普通通的人，在经历了那么多的磨难、误解之后，他仍然像个孩子一样热爱着自己的事业，热爱着每一天的生活，甚至热爱着曾经带给他伤害的人们。在寺庙里待了半生，如今的他，也就好像是个扫地僧，其貌不扬地背着布包穿行在城市中，但谁能想到他一双巧手妙笔生花拯救了多少往事，多少传统。

或许，有一天，走在绵竹的路上，看到一位身穿白衫黑裤，右手拄拐，左手持扇，身背布包，正拉着扶手上公交车的老人，如果正好他脸上带着佛一般安详沉静而天真恬淡的笑容的话，那可能就是他——王兴如老人，又背着儿子儿媳偷偷从家里溜出来了吧。

## 采访手记

身为一个生在绵竹、长在绵竹的绵竹人，绵竹有两样东西是绝不可能不知道甚至是伴随着我们成长的：一是剑南春的香味，一是随处可见的绵竹年画。

无论走到哪里笔者都会骄傲地说起笔者的家乡是酒镇画乡，有时甚至会觉得好似自己也是绵竹年画的参与创作者一样与有荣焉。

但是随着年龄的增长，时间的推移和离家距离的不断增大，年画逐渐化成了笔者心中的一个符号，像童年背过的《弟子规》一样，变成了模糊而温情的记忆。

笔者是从妈妈那里知道王兴如老人的，笔者暑假还在北京时就跟她说起百岁老人项目，她跟我说，在我们家乡就有个家传七代的绵竹年画传承人，今年据说已经 98 岁了。

2019 年 8 月 18 日早上 7 点半，笔者和摄像同学朱越就敲开了王兴如老人家的大门。一进门，就看到老爷爷在堂屋里站着。

爷爷看到我们很开心，到堂上挪动竹椅，连声招呼我们坐下。寒暄了几句，提到了爷爷的画，爷爷就起身带着我们去小四合院一侧的他的小画室，把往时近日画的画都一一拿出来给我们介绍。

待在堂屋旁的木椅上坐下之后，我们才开始正式的采访。除了有一点耳背，爷爷的身体状态、精气神、思维都是杠杠儿的。我们从 8 点谈到 11 点，一上午的时间，爷爷没有表现出一丝一毫的疲惫，说话中气十足，说到有趣的地方哈哈大笑，说到当年的困难也不免有些小埋怨的语气。

这一次的采访，面前的老爷爷在我们心中的形象，从最初是一个年画大师、传统艺术的传承人，到后来慢慢变成一个有着丰富跌宕人生经历的、性格开朗乐观的邻家老爷爷，我们渐渐看到了他的命运与画的纠缠，也看到了画家身份之外的一个普通人的生存历程。

这样一位老爷爷，让在博物馆里、书本上的那些年画不再是沉封的遥不可及的圣物，变成了我们身边的鲜活的普通人创造出的艺术奇迹。

他也用行动告诉我们，七代家传，重点不在“家”，而在“传”。

或许，他就是我们最熟悉的陌生人，带领着我们去了解我们绵竹人生活中最常见但也最一知半解的绵竹年画。

王兴如老人与志愿者合影（朱越　摄）

# 忆往昔峥嵘岁月，扬悠悠军垦精神

## ——阎淑梅老人传记

鲁希玮 北京师范大学 教育学部 2016级

### 人物生平

阎淑梅，女，汉族，1925年1月29日生，祖籍河南洛阳淇县。1957年随丈夫一同搬迁至新疆维吾尔自治区，编入新疆生产建设兵团农八师一四七团三营二十连，随支边青年一同在田间生产劳作，后作为职工家属从事五七派工作，直至退休。阎老共育4子，现今均留在新疆石河子市（农八师）工作。

阎淑梅老人照（鲁希玮 摄）

### 一、支边人

这里曾是"平沙茫茫黄入天"的亘古荒原，这里曾是"只见风雪不见天"的茫茫戈壁，20世纪五六十年代，在"广阔天地大有作为""到祖国最需要的地方去"的时代召唤下，广大有志青年，带着激情与梦想，从燕山脚下、从海河两岸、从黄浦江畔、从齐鲁大地、从南国水乡、从江汉平原……从祖国的五湖四海来到兵团，支援边疆建设。现在扎根新疆的老人，很多都是20世纪五六十年代来到这里的支边青年，他们怀着一颗赤诚的心来到边疆，将自己的青春和热血奉献给了这片土地，和当地人一起建设新疆。在这片红色的土地上，一群风华正茂的年轻人，打破了戈壁荒原悠悠千载的沉寂。他们冒严寒、战酷暑，开荒造田、修路架桥，奏响了一曲曲惊天动地、感人肺腑的壮曲，为边疆的开发建设做出了历史性的贡献。

岁月更迭，曾经风华正茂的知青，用自己的血肉之躯，在荒凉的戈壁上留下了青春和生命的印迹。昔日那个离开故乡时的少女现在已是耄耋老人，吃过的苦，流过的泪，都成了无怨无悔的光辉岁月。沧海桑田，曾经的荒漠变成绿洲，而那些在这片土地上拉起第一犁的开垦者，有人已白发苍苍，有人已长眠地下。

让我们重温那段激情燃烧的岁月，聆听那一代人的青春之歌。

1925年元月，阎淑梅出生在河南省的一个小乡村里，这对于一个团圆家庭来说，本应当是一件锦上添花值得庆祝的事情。但对于一个已经有了4个孩子的贫困家庭来说，这就意味着又多了一个需要照顾的嗷嗷待哺的婴儿，对于每天为生计发愁的父母无疑是雪上加霜。

自小，她就没有吃饱过饭，随着母亲一起乞讨要饭，就这样过着吃了上顿没下顿的日子，一过就是12年。阎家姑娘初长成，12岁的她，聪明伶俐，又长得颇为讨喜。父母看着自家丫头逐渐长成大姑娘，便找人说了媒，男孩和她是一个乡的，两家只隔了8里地。

20世纪40年代，中原大旱，蝗灾泛滥，颗粒无收，加之如火如荼的战争征集了大量军粮，又一次饥荒将她推入苦难中。削树皮，挖草根，甚至是大雁粪便在难民眼中都是能够充饥的粮食。一次次敲开别人家的门，运气好时能碰到好心的富家人，给一碗米汤，运气不好的时候只能任凭肚子咕咕直叫。

## 二、入疆

熬过了战争，迎来了新中国的诞生，百废待兴。王震将军率部队入疆，新疆和平解放，数十万名将士扎根新疆，屯垦戍边。为使广大官兵安心扎根边疆、建设边疆，王震将军上书中央，组织动员大批妇女进疆，参加边疆生产建设。于是，八千湘女、山东女兵、支边女青年等接受祖国号召满怀豪情、背井离乡、踏上远赴边疆之路，义无反顾地来到兵团，在兵团各条战线上发挥聪明才智，无私奉献着青春和热血，成为兵团第一代女军垦战士。阎淑梅就是这十几万青年中的一员。

同行的几百人列队走进开封火车站的月台，依次登上了早在那里等候的车厢。她顾不得寻找站台外的送行人群中的父母和兄长，只顾初次坐火车的好奇新鲜。忽听汽笛长鸣，列车缓缓地启动，车厢外的房屋树林渐渐地迅速向车厢后没了去。夜幕开始降临，车厢内打开了昏黄的车灯，这才猛地想起：什么时候再回来呀？她禁不住鼻子一酸，眼泪夺眶而出，不一会儿，车厢内出现了低低的呜咽声。在这趟西行的列车上，沿途是漫天黄沙与荒滩，一百多号人挤在一节车厢里，一群豪情壮志的年轻人，他们用最美的年华定格了大漠中最美的画面。经过了5天的颠簸，终于来到了玉门，短暂停歇后又马不停蹄地乘坐汽车奔赴新疆。接下来的6天车程更为艰辛，那时，玉门往新疆不通火车，摇摇晃晃的汽车载着满腔热血的她一路西行。渐渐地青山绿水少了，荒坡秃山多了，车子走一天过不上几个村庄。她在车上饿了啃几口大饼吃点咸菜，渴了喝几口水壶里的凉水。晚上，多数是在老乡低矮平房的炕上打开自己的背包睡，若把手伸到褥子下摸摸，可以摸到沙子草屑。若到有流水的地方，车会停下来，大伙便洗把脸，用湿毛巾抹抹头发上的灰尘。炎热的戈壁，灼热的太阳刺得眼睛都睁不开，干燥的气候短缺的水源让她嘴上裂了口。回忆起这段改变人生方向的旅程，她没有一丝抱怨，没有一句后悔，仅一句“还好，我们还算快的嘞”淡淡地带过，那风餐露宿、尘土飞扬、旅途颠簸的经过，好似几个世纪以前的事了。

几番辗转，她和丈夫来到了一四七团。虽然经过十几天的车程后，她已经有了一定的心理准备，但刚下车时还是吃了一惊。“那时候连个人影都没有，找路也没有路，我们就看到那里有火，想着可能有人。”她这样形容初次踏入大西北的场景。他们随着戍边军队，组成军事化建制从事生产建设的兵团。一望无际的隔壁滩，一排大大小小不成形的地窝子，这显然与当时“不只是大漠孤烟、长河落日，还有覆盖着白雪的天山，气势磅礴、充满神话色彩的昆仑山，一望无际的草原，美丽富饶的绿洲”的宣传不相符。有人后悔了，有人想家了。但面对浩瀚的戈壁，阎淑梅毅然决然地选择坚守，她说："既然来了，就要在这里扎根。"

## 三、支边

在那段支边岁月里，她尝遍了苦辣酸甜。当时，他们吃粗粮，缺菜少油，肉食难见，节假日和冬季一天只吃两顿饭。白天劳动，到下午就饿得慌。住地窝子，昏暗矮小，无床无桌无凳子。十四五平方米，七八个人住在一起，照明靠一盏马灯。老鼠在麦草中乱钻，屋顶的土屑时常掉落。如遇到雨天就糟了，进出脚上全是烂泥，一不小心就会跌倒。"谁言大漠不荒凉，地窝房，没门窗；一日三餐，玉米间高粱；一阵号声天未晓，寻火种，去烧荒。最难夜夜梦家乡，想爹娘，泪汪汪，遥向天山，默默祝安康。既是此身许塞外，宜红柳，似白杨……"这首词形象地反映了支青当时生活的艰辛。

赶上夏收大忙的季节，早上4点，新疆的外边漆黑一片，还未迎来清晨的第一缕阳光，在这个称不上清晨的傍晚，阎淑梅推醒身边的丈夫，开始新一天农活的准备。出工的哨子一响，不用叫、不用喊，连队的上上下下，尤其是那些女将们顾不上洗脸漱口就收拾着准备下地。将孩子一裹，也不管是睡、是醒、是哭、是闹，抱起来往连队的托儿所一放，小跑着不自愿地随着人群走向麦地。因为凌晨4点到太阳高照是割麦子的最好时机。8点连队送来早饭，20分钟的吃饭时间，赶凉快赶紧去干活。10点一过，那气温一路飙升，太阳毫不留情地辐射着大地万物，时不时吹来的一阵微风也能掀起一场热浪。田里的人们两只手忙着拾棉花也顾不上擦汗，豆大的汗珠滚滚落在干旱的土地上。偶尔起身缓缓腰，拿手拭去脸上的汗水，却把手上的沙土和脸上的汗水混在了一起，变成了花猫脸。四十多度的高温里，他们顶着艳阳劳作。"哪里有什么防晒嘞！连帽子也没得！"就这样干晒着，狠毒的太阳仿佛要把人身体里的水分都蒸发了变成人干。直到天黑了好久，大家才陆续从田里出来，排队在灰暗的灯光下给自己拾的棉花称重。一回到家，累得连饭也不想吃，没休息一会儿，又要加班，打着马灯，开始掰玉米干、棉花干。"那时候，人们可辛苦了，脸都被戈壁滩上的风吹烂了，拿着砍头曼（新疆方言，锄头的一种）的手磨得满是水泡，有些人在大礼堂吃饭，吃着吃着筷子就掉地上睡着了。”

一天下午，天有些闷热，可是又不像要下雨。大伙在田间劳作，不时摘下草帽擦把汗，抬头观察一下西边的太阳。不对劲啊！两边的天阴阴沉沉的，太阳也像离地球远了些，人们预料到下午会有大风。习惯了风吹雨打的人们不在意地继续干着手中的活。天更加昏暗，不一会儿“呼、呼、呼”的西北风刮过来了，那黄沙随着一阵紧似一阵的风向大地扑来，庄稼苗在急骤地摇晃，人只能背着风眯缝着眼站住脚放下手中的工具，把草帽的绳子拴紧一点儿，以免帽子刮跑了。黄沙刮到脸上可以闻出有土腥气味。人们只能一会儿用手摸摸眼角和耳朵，抹去积在脸上的尘土。人们弯下腰顶着风，任凭那一阵阵风沙的呼啸，一边劳作，一边想着：这讨人厌的风快点过去。也就是不到两个小时，这阵恶风刮过去了，大地渐渐恢复平静，人们伸直腰，抹了抹脸上的尘土，轻松地喘了一口气。这时也突然想起了那房子里的被褥碗筷不知吹成个什么样子了。

收工的哨音响了，人们扛上工具心急地往家走，到了坝子里一看，挡在房门口的柳条把子被风吹倒在距门两米外的地下躺着，上面蒙了厚厚的一层沙土。那芨芨草门帘就更惨了，挂门帘的绳子吹断了两根，剩下一根绳子牵着斜斜拉拉的门帘耷拉着遮在半个门口。房门口堆了几小堆从四处吹聚起的麦草、残树枝、烂布条等。还有那晾在绳子上晒的单衣散落在坝子的四处，被沙土埋得只剩下边边角角还可以看出那是衣服。走进房子里面一看，哟，面目全非，床单子上、被子上一层沙土，灰蒙蒙的，脸盆里的沙土足有一指头厚，地下麦草纸片横七竖八地埋在尘土下，眼前的一切好似进入了风沙的世界。

这样的天气每年总要有几次十几次，大家都习以为常了，也没有什么怨言，总是充满信心地对付，显示着一代军垦人的坚定信念和追求。

转眼到了冬季，一进入 11 月，气温骤降，霜冻过后就迎来了第一场雪。在老家的阎淑梅从小到大没有见过如此厚的雪，一下就能下一晚上，第二天清晨起来，门都被雪堵上嘞！皑皑白雪给田里盖上了厚厚的棉被，但大家没有像动物那般冬眠休息。冬天的早上天亮得晚，但一样是天不亮就起床，遇上天气晴朗的时候，就集体到田里，一些人用耙犁将冻土从高处运往低处，以便来年种庄稼时浇水方便，一些人拿着铁锨，挖排水渠。若是屋外下大雪，大家就一起来到大礼堂，剥棉花桃、剥麻、扎扫把。

新疆的冬天出奇的冷，最冷的夜晚气温可以到零下三四十度，晚上干完活回到家里，围着地窝子里生的火炉，门缝里呼呼的寒风吹进屋子，把仅有的一丝火苗吹得更微弱。阎淑梅拿了家里仅剩一点的面粉兑了点水打成糨糊，找了几张泛黄的报纸，叫来丈夫，两人一起将屋子里漏风的墙缝贴起来。深夜，屋外的风吹得愈加放肆，第二天早上醒来，屋里飞得到处都是报纸。脚上即使穿着毛毡筒，还是被冻得长了冻疮，裂了口，渗出了血。

冬天粮食紧缺，食堂里只有苞谷面稀饭、麸皮、苜蓿，没有新鲜蔬菜和水果，年幼的孩子饿得精瘦。一天夜里，屋外鹅毛大雪，阎淑梅的大儿子染了风寒，发了高烧，她从屋外端来雪水，用毛巾敷在头上也不见好转。本想着用驴车拉着儿子去 3 公里外的卫生院，结果地上厚厚的积雪让她也只能望而却步。眼看儿子烧得已经开始胡言乱语，她急得如热锅上的蚂蚁唤来周围邻居。大家找来了一个小耙犁，将孩子放在耙犁上，同行的五个人，轮流在大雪中拖着走。寒冷的空气和脸上呼出的热气相遇结成了白色的霜，他们顶着凛冽的寒风，用尽全身力气终于将孩子拉到了最近的卫生院，叫来医生给孩子打了针，这才缓解了大儿子的病症。“那是我走过最长的 3 公里。”阎淑梅回忆起那段艰辛经历时这样说道。

20 世纪 60 年代，物资供应匮乏，吃糖实行糖票，而且定量少得可怜，两岁以下的小孩，每人每季 200 克。阎淑梅的 4 个孩子，只有一个是两岁以下的，从商店买回 200 克砂子糖，4 个孩子都眼睁睁地想吃。小孩馋糖是天性，家长不忍心厚此薄彼，于是她在给儿女们盛苞谷糊糊的 4 个小碗里，都放一小勺子砂子糖。糊糊里有点甜味，孩子们吃饭就快。200 克糖 4 个孩子吃，就算是很会过日子的人，也难以计划。糖没有了，孩子喊“糊糊不甜，不好吃”，这下为难她了，她忙拿出盛糖的空瓶子给孩子们看，还一边哄着说：“等下次发了糖票再买。乖孩子，吃点碱糊糊，可以长高个头哩。”

六七十年代，响应毛主席“五七”指示，作为职工家属的阎淑梅成了一名五七工，就这样一直集体劳动到了退休，她才从田间地头走出来，搬进了儿女家中，专心照顾孙儿。后来党的十七大报告明确提出，要“加快建立覆盖城乡居民的社会保障体系，保障人民基本生活”。因此，“五七工”“家属工”被纳入基本养老保险统筹范围，由政府为这部分人员发放生活补贴，养老保障的问题得以解决。谈起当今的政策，阎淑梅激动地说："现在政策好啊！什么都有，我过去都没想到我们这些五七工能得到政府的补贴。感谢共产党，让我们现在的生活都有保障，享福咯！"

## 四、当下

谈起现在的生活，阎淑梅表示自己现在膝下儿孙满堂，但还是不愿意麻烦自己的儿女孙儿，家里的家务活都承包了。"我还能动，就不给他们添麻烦了，我干了一辈子活，闲不下来。他们上班忙，好不容易周六周天能休息。我干点活也活动活动身体。"话语间，满是对儿女孙儿的宠爱。周六的早上，阎淑梅老人经常起个大早，穿梭在菜市场的各个小铺中挑拣最新鲜的蔬菜，回到家中，先蒸一大笼馒头，接着洗菜、切菜、炒菜，麻利的动作宛如一个年轻人。周末是阎淑梅老人一家吃团圆饭的日子，这个习惯自丈夫去世后的十多年就不曾变过。"再忙也要回家看看，我们看到母亲身体健康就放心了，母亲看到我们齐聚一堂也高兴。"阎淑梅的小儿子说道。饭后，孙女争抢着要洗碗，阎老坚决不让，谁也拗不过。转身一看，女儿说好这个周末要来给妈妈洗的床单，早都洗好了晾晒在阳台上。老人给每个子女都装了满满一袋热馒头，"他们可喜欢吃我蒸的馍了！我老了，这生活里最大的念想，就是能多见见这些儿孙，能看到他们喜欢我做的饭菜，我感觉我这一辈子受的苦都值了。"临走，儿子想帮母亲把垃圾顺便带到楼下，可空空的垃圾桶里也找不到垃圾袋的身影。等儿孙们一走，老人从柜子里拿出藏起来的垃圾袋，自己哼着小调拎着垃圾走下五楼。阎淑梅笑着解释："他们都穿着干净衣裳，让他们提这些干吗，我能干的就自己干了。你别看我九十多了，这五楼的台阶，我每天要上上下下六七趟嘞！"

回顾那些来时的路，阎淑梅感慨道："我这一生，大事也没遇到过几件，平平淡淡也过了九十多年。前半辈子的日子过得真的苦啊！要饭、开荒、种地，什么苦和累都受尽了。比起来，现在的生活真是幸福到不知道哪里去了！"

如今阎老坐在楼下的台阶上晒太阳，惬意的样子仿佛时空穿梭回了 60 年前，像极了那年她与其他支边青年一同在田里劳动累了坐在地埂上休息的情景。身体健朗的她，完全看不出已有 95 的高龄，只有那花白的头发、脸上深深浅浅的皱纹是她经历过近百年人生酸甜苦辣的见证。直挺的腰板，利索的腿脚，仿佛不曾有过那段面朝黄土背朝天的苦难。

年华似水、岁月如歌，他乡早已成故乡，只有那一口已经不纯正的乡音把她与老家相连。豆蔻年华，她响应祖国的号召，义无反顾一路向西，屯垦戍边，构筑起我国西北重要的安全屏障，让天山南北牧场遍地，戈壁沙滩变良田，积雪融化灌农庄；耄耋暮年，她将四代十几口人留在兵团，将中华民族母性的光辉从内地传递到边疆。“献了青春献终身，献了终身献子孙”是阎淑梅一生的真实写照。数十万支边青年用自制的开荒造田工具，满怀“敢教日月换新天”的豪情，一步步实现了“戈壁滩上建花园”的美好愿望。

60多年过去了，当年英姿勃发的英俊后生，如今已是白发苍苍的老人；当年如花似玉的妙龄姑娘，如今已两鬓斑白、满脸皱纹；还有的人，已经长眠地下。然而，大漠记得、戈壁记得，他们的青春风采早已被定格在兵团创业的辉煌史册上。

是他们的爱融化了天山上的千年冰雪，哺育着干涸已久的大漠戈壁，延续着绿洲上的生机与命脉。她们几十年如一日地开拓沉睡千年的戈壁荒漠，使茫茫戈壁变为片片绿洲。无私的品质、坚定的信念支撑着他们，在亘古荒原上演绎着可歌可泣的故事，谱写着一部英雄的史诗。

## 采访手记

本次采访称得上是过程曲折了。与阎老的见面是一种缘分，最初联系的并不是阎老，但是在经过了时间变动、老人搬家等多重突发事件后，几番辗转，终于敲定拜访阎老。初次见面，她坐在楼下的石阶上，与退休的小儿子回忆过往的逸事。面容慈善、身体硬朗是初见老人的印象。她热情地拉着笔者的手走进家门，端上了洗好的水果，招呼着笔者同行的小伙伴一起品尝。老人家中墙上贴着的全家福、柜子上摆着的旧照片，无不向笔者诉说着这位年近百岁的老人沧桑的过往和幸福美满的今日。采访中，老人一直谦虚地说自己没上过什么学，害怕讲得不好，但在笔者看来，她已经将过往的岁月描述得淋漓尽致。最有趣的是当笔者提出给阎老拍摄表情包，阎老笑眯眯地问笔者啥是表情包，在笔者一番解释后，阎老愣住了，随即一笑，告诉笔者，她这么多年都是笑呵呵的，哪里能拍得了什么表情包。采访结束后，万般劝阻也拦不住，老人硬要送出门，站在楼梯上，笔者看着阎老那笔直的身板倚在栏杆上，一手高举挥手再见，心中敬畏之情油然而生，正是千千万万这样心存善意、甘于奉献的老人，献出自己宝贵的青春年华，在辽阔的大漠中造就了一片绿洲，愿他们都如阎老一般身体康健、阖家幸福！

阎淑梅老人与志愿者合影（赵风香　摄）

# 生如长河，潮起潮落

## ——廖德明老人传记

刘梦瑜 北京师范大学 环境学院 2018级

### 人物生平

廖德明，男，1927年2月16日生于重庆市合川区铜溪镇廖家沟，现居重庆市巴南区花溪街道。幼时家贫，始龀之岁当家营生；少时得遇师傅，习得一技之长以傍身。饱尝苦难，曾经家破人亡；历经战乱，数次与死神擦肩而过。艰难岁月洗净铅华，廖德明身体康健，宁静平和，乐观善良，悠然迎来百岁时光。

廖德明老人照（受访人提供）

### 一、夏日生活

庭院内是一片宁静。夏日的绿树苍翠欲滴，叶片舒展着向前延伸去。知了懒洋洋地趴在树干上，尚未开始一天的鸣啼。云层筛过星点阳光洒向大地，晨露氤氲，山城的清晨被笼罩在了朦胧的云雾里。

推开房门，廖德明眼前祥和无限。他缓缓地迈着稳健的步履向庭院走去，微风拂过，干净的短袖衫在风中晃荡，衬得他的身形格外清瘦；满头青丝映衬着初晨的日光，鬓角几缕白发在阳光下透明莹莹，岁月长河淌过的痕迹此处只可窥见其点点端倪。走至庭院矮墙处，站稳，远处的风景一览无余。重庆的夏季闷热如蒸笼，唯有清晨与傍晚能令人感到些惬意。

趁着酷暑还未点燃这座火炉，廖德明前后晃了晃手臂，原地踏着轻松的步伐，开始了雷打不动的晨练。左右摆手、画圆式甩手臂、叉腰扭腰、双手交替拍肩……廖德明默默地数着每个动作做的次数，按部就班地进行着一整套晨练。时间一点点流逝，晨起锻炼或买菜的邻居陆陆续续地走出了楼门口，看着正在锻炼的廖德明微笑着点头打招呼。

晨练完毕，夏蝉清了清嗓子，宣告着交响乐表演的开幕，为即将席卷而来的热浪埋下伏笔 。廖德明掸了掸衣服，转身向屋内漫步而去。他从裤子口袋里摸出钥匙插入门内，单手一拧即开启房门；上身微倾，双手并用利索地脱下了鞋。一系列动作行云流水，廖德明带上大门走向客厅。客厅内的沙发旁摆了一张摇摇椅，一份重庆日报和一副老花眼镜安静地躺在椅子上。廖德明弯下腰拿起老花眼镜架上鼻梁，再拾起报纸，打开抖了抖，转身坐在了摇摇椅上。年轻时的廖德明为了识字下了一番功夫，从目不识丁到初中文化程度，识字为廖德明的人生也带来了一次又一次的转机。现在，识字仍然能为廖德明的生活带来乐趣，坚持每日读报，不仅是惯例，更是廖德明跟紧时代步伐、让思维保持清晰的重要途径。

报纸上正在演绎着这个时代、这个国家、这座城市此时此刻正在发生的大事小事。油墨香与空气里湿润的泥土气混合，摇摇椅前前后后晃来晃去。耀眼的日光投射进绿玻璃窗内，报纸上光影斑驳，恍惚间，好像在诉说着，那个年代、那个国家、那座城市、彼时彼刻发生的种种往事。

## 二、浮萍

战火纷飞，民不聊生，天昏地暗，这是 20 世纪 30 年代。内战愈演愈烈，战争矛盾升级，枪口火炮在中国的版图上肆虐，烽火狼烟，不生寸草，枯黄贫瘠的土地上，中国百姓正处于水深火热之中。

1936年，年仅9岁的廖德明和家人一起进城，为生计奔波。早些年在农村时，家里的光景已经非常惨淡。廖德明家是最穷最苦的佃贫农，种的是最差的田地，田地的收成供不起家里任何一人吃上一口米饭，一家老少总是饥肠辘辘，饿得实在撑不下去时才以杂粮充充饥。家中子女一共8人，5男3女，廖德明在男子里排行老四。在和平年代要维持如此庞大的一个家庭尚属不易，更何况是在这般国家生死存亡的关头？天灾人祸接连不断，佃来的土地几乎谈不上收成，家中断粮甚久，一家人的性命危在旦夕。万般无奈之下，廖德明的父母将大女儿早早嫁出，把二女儿抱走送给了朱姓人家，又忍痛将幺女送给了王姓人家，廖家至此分崩离析。即便如此，极度的贫困仍然压得剩下的七口人喘不过气，苦不堪言。为了生存，一家人不得不搬到城里来找活路。纵使飘零若浮萍，也只盼能在这乱世中觅得一线生机。

可这世道如此晦暗，浮萍飘摇无依如何扎根？于城中谋生又谈何容易？廖德明的大哥寻到了在豆腐店做工的差事，任劳任怨，拼死卖力，可就算如此苦心经营，豆腐生意仍然万分艰难，用扁担挑着豆腐走数十里都难卖出一块。大哥在店内做工收入微薄之至，但这又是这个家庭来之不易的唯一稳定收入，廖家一家上下苦苦撑着，咬紧牙关挨过了一年。

1937年，日寇战火延至重庆，家国内忧外患，满目疮痍，这年廖德明10岁。国难当头，战事吃紧，廖家三哥被送去前线参了军，在湖北与日寇作战后便杳无音讯。家国危难，三哥生死未卜，大哥没了豆腐店的生意，一家人即将落入前所未有的危机中。造化弄人，祸不单行，长年累月的劳作和饥饿使得廖德明的父亲身患疾病。因家中穷困潦倒无钱医治，久病成疾，廖父的重疾如同一朵乌云般笼罩着支离破碎的廖家。顽疾吹灭了生命的烛火，黑暗排山倒海而来，廖德明的父亲永远地闭上了眼睛。失去了顶梁柱，廖家陷入了彻底的绝望。

## 三、创伤

身寒，大风呼呼直灌打满补丁的领口；心寒，家破人亡的伤痛刻在了廖家每个人的心口。可是这生活再难，也还得过下去啊，只要活着，就总会有希望。穷人的孩子早当家，擦干眼角的泪花，将心中的创伤埋藏，廖德明开始和母亲兄弟一起外出谋生，为了活着而坚强。

枪子如林，弹落如雨，中华大地化为狼藉。凭着险峻的地势，重庆尚未沦陷为一片焦土。可前方战事吃紧，一座又一座城池被日军的炮火攻破，紧张的氛围萦绕在华夏子孙每个人心头。山城的雾，也愈发浓厚了，灰白的水蒸气层层叠叠，不见半点阳光。

穷困潦倒，天寒地冻，烧柴生火对于廖家来说已是奢望，家徒四壁，再无余钱购置柴火煤炭了。10 岁的廖德明因长期营养不良格外矮小，全身上下瘦得只剩皮包骨。为了补给家用，瘦小的廖德明捡起了煤炭花和柴火，饿得实在不行时便在农村的地里挖红苕根充饥。

臭气熏天的垃圾堆是廖德明的藏宝库，每天在垃圾堆里翻淘总能看见点煤炭花的影子。这日，廖德明如往常一般在垃圾堆里寻觅煤炭花的踪迹。他小心翼翼地扒开垃圾，将枯黄瘦弱的小胳膊伸进垃圾中，努力地翻找着煤炭花。他用手指敏锐地触摸着感受着，不放过犄角旮旯里的一星点煤炭花。突然，指尖传来讯号，一大块坚硬的、有棱角的物体出现在了廖德明的正前方。他上半身前倾，用力地抓住手前的物体，将其从一堆垃圾中抽了出来。错不了了！就是一大块煤炭！廖德明将煤炭拿到眼前，凑近了左看右看，用手搓去了煤炭上粘住的垃圾，满满的喜悦溢出了眼眶。正当他宝贝似的要把煤炭揣到兜里时，一阵剧痛从头顶直劈而下，廖德明只觉顿时天昏地暗，眼冒金星。

刺鼻的血腥味掩盖住了垃圾堆的臭气冲进了廖德明的鼻腔中。恍惚间，廖德明用手摸了摸头顶，手指刚触碰到伤口，一股钻心的疼痛又汇入五经六脉，疼得他叫嚷不已。这声突然的叫喊惊到了正把垃圾从扁担上倒出的人，那人定睛一看才发现垃圾堆里还有一个脏兮兮的、瘦瘦小小的男孩。他发觉自己倾倒的垃圾砸伤了那男孩，吓得一哆嗦，急忙把垃圾全部倒完，挑着扁担一溜烟跑了。眼泪夺眶而出，一滴一滴落下，打在了廖德明黑黢黢的破烂衣衫上。幼小的廖德明不知如何是好，赶紧把捡来的煤炭揣在兜里，忍着头顶的伤痛跑回了家。所幸天气寒冷，伤口被冻住了没有过多失血，廖德明的伤势并无大碍。而他捡来的炭火，则在这寒冬为一家人带来了来之不易的温暖。

天寒转暖，积雪消融，寒来暑往，日月交替，随着时间的流逝，廖德明头顶的伤口慢慢结痂，慢慢愈合，慢慢地成了陪伴他一生的创伤。

## 四、幸运

（一）

幸运女神第一次降临到廖德明头上是在 1939 年，那年廖德明 12 岁。1938 年，日军开始对重庆实行无差别战略轰炸。弹如雨下，无情的炮弹在山城来回扫荡，滚滚浓烟升起，在大火的吞噬中，重庆市市中心化作了一片废墟。廖德明的老家位于重庆市合川区廖家沟，离市中心尚有一段距离，此时日本人的战斗机还未涉足这片区域。

夏日炎炎，合川闷热不堪。烈日当空，湛蓝的天上没有一只飞鸟划过。这是 1939 年的一天中午，廖德明躺在床上，夏季的炎热糊得他睁不开眼睛。耳畔传来隔壁房内推磨机“嘎吱嘎吱”的运作声，暑气蒸得人晕头转向，不一会儿廖德明便沉沉睡去。

“轰隆——”一声巨响如雷贯耳，墙壁四周不停摇晃，廖德明立马从梦中惊醒，一下子腾到了床底躲着。一阵阵投弹声爆炸声响彻云霄，大地在日本人炮弹的淫威下瑟瑟发抖。完了，前所未有的恐惧涌上心头，廖德明一颗心已经提到了嗓子眼。房屋止不住地震动，屋顶的瓦片接连掉落，在地上摔得稀碎。战斗机引擎的轰鸣声久久不散，如秃鹫般徘徊于空中摄人心魄。瘦小的廖德明蜷缩在床板下，此刻他的大脑已经是一片空白。浓烟从窗口涌入，人们的哭喊声愈来愈清晰。不知过了多久，四周终于恢复了平静。廖德明这才缓过神来。他小心翼翼地从床底爬出走向屋外，映入眼帘的是散落一地的瓦块沙砾。刺鼻的黑烟呛得人直咳嗽，他捂着口鼻透过那黑烟仔细一瞧，只见隔壁的推磨房已经被炸得只剩下了碎片。看着眼前的废墟，廖德明冷汗直冒。与死神擦肩而过，他惊恐之余也感受到了自己是无比幸运的。

（二）

1940 年，幸运女神第二次眷顾了廖德明。廖家赤贫如洗，维持生活万般困难。廖家的困苦房东老板娘都看在眼里。老板娘心疼这一家子人，为了帮助廖家便将廖德明推荐给了熟识的照相馆老板做学徒。阳光穿破乌云，希望的曙光点亮了廖家每个人的眼睛。

缺衣少食的廖德明从小就奔忙于生计，家中穷困潦倒，从来没拍过一张照片，甚至连照相馆的门都没踏进过。此刻摆在廖德明眼前的是曾经只有在梦中才可能见到的三脚架、照相机，这一切对于 13 岁的廖德明来说是那么的美好，那么的不真实。掌握了一技之长，日后也好找工作，温饱也有了着落。心里这样想着，廖德明将在照相馆做学徒的时光发挥到了极致。从未接触过照相设备的他在老师和师兄的带领下逐渐掌握了照相的本领，瘦弱的臂膀逐渐能端稳沉重的土照相机并拍出满意的作品。在照相技艺登堂入室的同时，廖德明还在师兄的帮助下学习识字。师兄热情有耐心，廖德明年轻好学，一个个汉字从素未谋面的陌生人变成了再亲切不过的老熟人。知识的大门首次向廖德明敞开，桌上摇曳的烛火照亮了廖德明手中的习字本，也照亮了他未来的人生。在狭小但温暖的照相馆里，岁月静悄悄地流淌着，快乐填满了廖德明的心房，他再次感受到自己是无比幸运的。

## 五、美梦

（一）

1949 年 10 月 1 日，中华人民共和国成立了。秋高气爽，晴空万里，北京天安门广场上人们尽情地欢呼着，迎接着一个新时代的来临。此时此刻，重庆尚处于完全封闭状态，身处重庆市巴南区南泉镇的廖德明正努力地经营着他的照相馆，完全不知晓外界翻天覆地的巨变。

11 月 28 日，廖德明离开南泉镇前往师兄家小住。夜幕降临，北风呼啸而过，寒冷占领了整座山城，重庆的冬夜恢复了一如既往的宁静。四下寂寥无声，廖德明躺在师兄家的床上，慢慢地合上了眼睛。重峦叠嶂的这头，廖德明进入了梦乡；山川交错的那头，重庆解放战争的第一枪在南泉打响。在黑夜里，子弹炮火从一座山头射向另一座山头。无畏枪林弹雨，解放军铆足了火力，向国民党军队发出了致命的打击。第二天清晨，廖德明被屋外的欢呼声吵醒。恍惚中他简直不敢相信自己的耳朵，就在昨夜，重庆解放了！这一切太过美好，这一瞬间他太过高兴，如同做了一场美梦一般幸福无比。

## （二）

寒夜不再是寒夜，化作了指尖清凉的一滴露水。冬日暖阳终于拨开了层层云雾，阳光照射下的山城一片光明。重庆解放后，廖德明的生活逐步改善。1951 年，廖德明参加工作，白天在警察局做摄影登记工作，晚上还要坚持读夜校。时年 24 岁，年少有志，廖德明非常渴望学到更多的知识，同时也对自己的前途充满了信心。

天蒙蒙亮，雄鸡尚未报晓啼鸣，廖德明已经起了床开始为白天的工作做准备。诚可谓学以致用，廖德明少年时期习得的摄影技术此刻派上了大用场，工作上的任务处理得越来越得心应手，游刃有余。但廖德明并不满足于此，心有读书之志然幼时从未上过学堂的他一直盼望能进入学校学习，如今终于有了机会能够好好读书，自然要把握好时机。夕阳西下，倦鸟归林，廖德明结束了白天在警局的工作，简单吃过晚饭后便前往夜校学习。夜晚悄无声息地降临，繁星初挂，璀璨耀眼。夜校内灯火通明，拟与星光媲美。廖德明坐在前排窗边，讲台上授课老师滔滔不绝，一个个汉字从口中飘荡而出，连接成了一串串优美的知识旋律。徜徉在知识的海洋里，廖德明宛若置身梦境般美好。他认真地聆听着这令人陶醉的旋律，将每一个知识点深深地刻在了脑海里。

廖德明肖像照（受访人提供）

## （三）

重庆和平电影院门前的树下，廖德明有些局促不安。他在树下来回踱步，整洁的领口被整理了一遍又一遍。距离电影开场仍有一段时间，时钟摆针晃动的“嘀嗒”声在耳边回响，廖德明的心中忐忑不已。离开场时间越来越近，终于，廖德明等待的那个身影如约出现在了他的面前。此时的曾垂秀还是纱厂的一名员工，通过他人介绍而认识了廖德明。二人相处得不错，已经开始了正式交往，今天是他们俩第一次看电影约会。20 世纪 50 年代，人们的思想都还很保守，即便是正在热恋中的男女在大街上也不敢公然牵手拥抱。于是如电影院这般浪漫而相对私人的空间便自然而然地成为了情侣们表达爱意的绝佳场地。廖德明压抑住心中的激动，礼貌地笑着请曾垂秀一同进入电影院观看电影，二人的举止非常有分寸。在放映厅中落座，灯光熄灭，黑白色的人物跃然于电影荧幕上，诉说着一段段荡气回肠的故事。电影情节已经在记忆里模糊不清了，但曾垂秀美丽的笑脸至今仍镌刻在廖德明的心间。电影院浪漫的氛围化解了两人心中的紧张，真挚的感情通过一个个体己的动作准确地传达到了双方的内心。爱意在眼波间流转，浪漫的氛围在放映厅上空凝聚。

1956 年，通过了公安局的政治审查，廖德明和曾垂秀正式结为夫妻。没有喧闹的迎亲队伍，没有贵重的聘礼嫁妆，没有美轮美奂的红色婚袍，甚至没有婚礼，二人的结婚仪式一切从简，也就是在派出所里摆了些茶点糖果，请熟识的朋友简简单单地办了一个座谈会。真情不流于外在形式，红色的结婚证上两人亲手写上的名字，便是最美好的海誓山盟。廖德明终于有了自己的家，看着结婚证上娟秀的字迹，廖德明仿佛身处美梦中般幸福无比。

## 六、坚持

1959 年，原本在公安局工作的廖德明被上级抽到界石农村整社以求提高农村生产水平。得幸于从前的刻苦学习，已经有了初中文化的廖德明在界石公社当上了大队长。

农村生产力低下，生活水平不佳，廖德明仍然咬咬牙坚持奋斗于工作岗位上，为民谋福利，从未有过半分怨言。但身体也因此被搞垮患上了恶疾。为了医治廖德明的病，妻子日日夜夜守在他身边悉心照顾，花费了大量的人力财力后，廖德明的病情才得以好转。

身体慢慢恢复后，廖德明重新回到整社的第一线，带领生产队种下了一批又一批的秧子。功夫不负有心人。秧子的收成越来越好，界石农村百姓的生活也愈发美好。一年后，整社人员被撤离，廖德明回到了公安局的工作岗位。忆苦思甜，在农村工作的日子虽苦，但守得云开见月明后，这一切成果又是那么的甘甜。每每想到此处，廖德明总是觉得非常安心。

炒菜的香味从厨房里飘出，整个屋子里洋溢着平淡而又幸福的生活气息。左手持锅右手拿铲，温暖的灯光照在廖德明身上，在灶台上投射出一个忙碌的身影。铁锅被稳稳端在空中，锅铲麻利地在锅中翻炒，年近期颐的廖德明仍然能把握好火候，能做出可口的菜肴。放锅、关火、端菜、盛饭，廖德明动作连贯利索，身体力行着“自己动手，丰衣足食”的道理。先天基因优良加上后天认真刷牙保养，廖德明的牙齿非常好，一颗都没掉过，吃肉啃排骨对他来说完全不成问题。窗外的光线一点点黯淡了下去，逼人的暑气渐渐消散。在餐桌上大快朵颐后休息片刻，廖德明要准备出门散步了。

夕阳夹在两山中，绚烂的光线从山间迸发而出，天边的浮云被渲染成了斑斓的彩色。林荫小道上，清风带动绿叶，清脆的沙沙声如水波般在树梢上荡开，为夏蝉的交响曲应和着，生机无限。晚霞穿过绿意，柔光洒在了他的身上；水珠氤氲在空气中，润湿了他的眼眸。廖德明漫步在小路上，脚边是浅浅的嫩草。不抽烟不喝酒不打牌是廖德明的原则，数十年如一日的散步便是他最好的娱乐消遣。不用拐杖，裤管带风，双手自然地在身侧摆动，廖德明在来来往往散步的行人中穿行自如，脸上始终带着淡淡的笑意。偶然遇见熟人向他大声打招呼，廖德明也会以更加温暖的笑容回礼。换作旁人绝对想不到，这位慈眉善目步履潇洒的老人已经 90 多岁了。

天色渐晚，晚霞的绚烂被暮色冲淡。太阳落山，沉入了灰蓝色的云海。廖德明散步归家，等待着他的是下班回家的子女和每日必看的抗日连续剧。坐在沙发上，廖德明一手拿着蒲扇轻轻地扇动着，一手拿着儿女为他削好的水果细细品味。廖德明非常喜欢吃酸酸甜甜的水果，无意识间，他的肠胃也由此变得出奇的好，没有半点毛病。电视屏幕里英勇的战士在战场上与日本侵略者厮杀，廖德明的耳力不太行，因此电视的音量总是调得很大，即便是枪弹声如雷在他耳中也不过喃喃细语般轻声。所幸他的视力仍旧非常好，实在听不清时，光是看看字幕也能明白剧情。电视剧里的英雄们抛头颅洒热血，保家卫国，马革裹尸。这是廖德明未曾经历过的，他从未做过受万人敬仰的大英雄。回顾往昔岁月，一生磕磕绊绊，生命如潮水般时涨时落。廖德明心中的道德律固若磐石，即便是触及过最深层的黑暗，经历过最痛苦的绝望，他仍然坚守住了内心的道德情操，从未做过一件亏心事。浴血沙场能成就伟大英雄，大是大非也能造就千古人生。

“以前再穷也不着急，不会偷偷摸摸，自己挣的自己用，别人的东西不会去拿。”

“我心态平和，从不会与他人争斗。”

平日里待电视剧播完，十点半左右廖德明就已经洗漱完毕躺在床上准备休息。夜里睡觉廖德明不习惯吹空调，一个小电扇就足矣。今日稍稍有些例外，夜色浓郁，清凉的晚风从窗口绕进，窗外万家灯火亮起。还未等电视连续剧结束，廖德明便在不知不觉中合上了眼睛。蒲扇静静地靠在胸口，随着呼吸在胸腔前起伏，轻微的鼾声从鼻尖传出。未关掉的电视里仍旧上演着他人的不朽；在电视外，廖德明的传奇还在继续……

## 采访手记

第一次登门拜访笔者并未立即见着廖爷爷，而是坐在客厅的沙发上和老人的子女聊天，等待老人散步归来。老人的子女都非常热情，在短短的聊天时间内，廖爷爷的轮廓已在笔者的脑海中清晰了起来。

但当老人踏进房门时，笔者还是吃了一惊。

映入眼帘的是一个头发乌黑、步履稳健的清瘦身影。

在善良的人面前，残酷的岁月也变得无比温柔。笔者想。

廖爷爷思维非常清晰，准确的时间点一个一个脱口而出，串联成一生起伏跌宕的故事线。

故事里面是个人的酸甜苦辣，故事背后透出的是家国的浮沉。

老人与志愿者合影（刘娟　摄）

老人平静地叙述完曾经的艰难困苦，脸上始终带着温和的笑容。

看着手持清茶浅浅酌饮的廖爷爷，笔者不禁问道："爷爷，您身体这么棒，可是有什么养生秘诀？"

抿下一口茶，老人的笑容更深了："哎哟，哪有啥子秘诀嘛，每天开心，内心平和，不争不抢，也就是了。"

是了，是故非淡泊无以明志，非宁静无以致远。

生于乱世，战火纷飞，生灵涂炭，岁月无情至此，而廖爷爷仍能扛过岁月的炮火，行至今日和平年代，足见爷爷内心之宁静，心胸之广大。

淡泊明志，宁静致远。于人如此，于国亦然。新中国成立 70 年以来，便是一批又一批仁人志士无畏艰难，心存宁静，一步一脚印推动祖国向前发展，取得如今辉煌成就。

乱世之中颠沛流离守静不易；和平年代人心浮躁，诱惑重重，守静更难。

唯愿众生于浮世中坚守宁静，行千里致广大，成为国家栋梁之材。

# 十年树木，百年树人

## ——卫启璧老人传记

杜雨心 北京师范大学 法学院 2018级

### 人物生平

卫启璧，男，1928年农历腊月二十四出生于山西省运城市东郭镇下段村。原运城中学校长。曾多次被评为优秀教育工作者、模范党员干部，“中学模范校长”，被省教育部门评为中学高级教师、运城市拔尖人才，《山西日报》《山西教育》等报刊多次专题报道。地区教育学会第一、二、三届常务理事、市第六次党代会代表、市第九届人大特邀代表，市政协第五、六届常务委员。退居二线后，被聘请为运城中学名誉校长。主编《中国著名中学——运城中学》一书。

卫启璧老人照（杜雨心　摄）

## 一、疾风知劲草，暴雪愈凛然

舜耕历山、禹凿龙门、嫘祖养蚕、后稷稼穑……中华文化从千年前的河东大地滋养生长，一路摇曳而来，穿过汉风唐雨，经历宋韵元声，无声滋润着这片黄土。即使战争动乱，即使天灾人祸，文化之种在一次次摧残下愈发坚韧，也在一代又一代人的薪火相传中逐渐成长，将在这片遭受过深重灾难的土地上绽放出更加绚烂的花朵。

戊辰年腊月二十四，运城市下段村的一户贫寒农家中，婴孩的一声啼哭划破平静的村庄，为这寒意凛然的冬季增添了一丝喜庆的意味。父母以“启璧”为他命名，美好的寓意包含他们对孩子的爱意，卫启璧可称波澜起伏的一生从此展开。

自卫启璧能记事起，家里共 9 口人，都是目不识丁的农民。家里人多，地却少，经常缺吃少穿，日子过得很苦。为了养家糊口，家里上一辈中年纪最长的父亲不得不背井离乡来到濠头村去给人打长工。母亲则在家绣花织布做衣服，磨面做饭操持家务，晚上还要在昏黄的油灯下做针线活到深夜。

七七事变后，日本人在 1938 年侵占了运城，大举进攻扫荡各村庄和中条山，老百姓只能东逃西藏以远离硝烟战火，许多人都妻离子散，家庭再难重圆。那是最艰难的一段时间，卫启璧和姐姐跟着父母一直往深山逃难。卫启璧狂奔在崎岖脏乱的乡间小道上，身后是日本人在用机枪扫射、炮弹轰炸，前方是命运未卜、幽深晦暗的密林。血染般的残阳之下，炮弹在他身边爆炸，子弹从头顶擦着头发飞过，卫启璧踏过被同胞鲜血染红的土地，经过身旁数不清的尸骸，一家人最终侥幸逃得生天。保卫祖国、抗击侵略者的理想自此时便在童年卫启璧的心中扎根。

之后日本人驻扎在村子里，无辜的平民都在日本人的铁蹄下过上了亡国奴的生活。日本军队不断向着中条山和黄河边推进，今天要修铁路、安电线，明天就要盖炮楼、建营房，因此总会强征苦役或者乱抓人去做活，卫启璧一个十来岁的孩子有时也要去给鬼子做工。一年冬天，他被强征到平陆的深山区建营房，鹅毛大雪飘落，夹杂着肆虐的狂风拍在人脸上，真是割刀子一般的疼。苦工们自然是吃不饱饭的，一些鬼子还不时用鞭子毒打着饥寒交迫的工人，老百姓备受折磨，真是被当成畜生一样虐待。

哪里有压迫，哪里就有反抗。卫启璧跟着几个一起做苦工的大人，趁着夜晚下暴雪日本人放松警惕，毅然踏着没膝深的积雪逃跑进了深山。伸手不见五指的黑夜里，卫启璧只能靠着雪地些微的反光，跟着叔叔们跌跌撞撞地、深一脚浅一脚地翻山越岭，裹着单薄的衣服整整在严寒中走了一夜山路，才终于在拂晓时回到了家。衣衫鞋袜早已在冰雪中湿透，不仅没有保暖的作用，反而使身体浸没在刺骨的湿冷中，早早失去了知觉。回家后，卫启璧自然是腿脚肿胀，发了许久的高烧，躺在炕上不能动弹，卫启璧仍然记得母亲在床头看护他时因心疼流下的泪水。

家里人虽然都是目不识丁，但吃够了没有文化的苦头，便想让卫启璧念书，不再当睁眼瞎，将来支撑起门户不受人欺压，于是供他读了日伪路家巷新民小学高一年级。卫启璧自己也争着一口气，不愿意让父母失望，学习目的明确，用着“头悬梁，锥刺股”的一股心劲刻苦读书，成绩每每名列前茅，几乎每次考试都是全班第一，总被评为三好学生，受到学校的表彰奖励。

在高中二年级的一天，母亲不幸去世的消息意外传来，对他来说真是晴天霹雳。一位深明大义、通情达理、精明能干的母亲，为了抚育子女、关照叔叔堂兄，早就积劳成疾，又因为无力诊治，年仅 40 岁便与世长辞，这是多么沉重的打击！卫启璧心中满满的悲痛，后悔平日没能关注母亲的身体，多和母亲聊聊天，往后竟是再也没有这样一位将他放在心尖上的慈母了。

母亲去世后，家境更加恶劣，父亲只能沉痛地对卫启璧说：“你妈不在了，咱家里实在是太穷了，实在是无力再供你上学了，你就停了学，不要再上了。”卫启璧完全能理解父亲的处境，当即回答：“我还是想去上学，但我不要家里供我，我利用节假日去做工挣钱来支付上学费用，我想这完全能行。”父亲又说：“你觉得能行，那就试试看吧！”于是卫启璧便半工半读，在父亲和姐姐的不时接济下继续读书。

求学的路途仍是道阻且长，风雪交加。高小毕业后，卫启璧在报考运城师范的一千多人中，以排名十一的优异成绩考入运城师范公费班。可好景不长，在日军投降后，阎锡山的二战区军政人员进驻运城并接管了学校，公费班被取消，上学更困难了，卫启璧只能靠在家里背馍和靠姐姐接济，勉强挣扎求学。1946 年 11 月，蒋介石的青年军 206 师来运城招生，青年学生在对阎锡山失望后，对蒋介石是还抱有一丝幻想，所以纷纷报考。可被编入一团九连后受训 3 个月后，青年军便被拉上战场，在解放军围攻运城后攻打几天又要撤走。卫启璧看透了国民党把青年军当成炮灰的骗局，在从运城撤往安邑路上，便借故有病脱离了国民党的编制。之后恰逢运城农业职业学校高二班招考插班生，便报考入学，直到 1947 年运城解放。

“我曾遭受过敌人铁蹄蹂躏的悲痛，又经历过兄弟交恶的杀戮战场，在辛酸苦辣、死寂寂、黑幽幽、已失落的岁月中度过。”在黑暗的旧社会，四面八方的狂风暴雨没能打压下卫启璧的成长，没能摧毁他的根基，反而在一次次骤雨中磨砺了他的风骨，扩展了他的眼界，增长了他的学识。“宝剑锋从磨砺出，梅花香自苦寒来。”卫启璧在苦难岁月中的挣扎求学正是这诗句的真实写照。

## 二、玉壶存冰心，朱笔写师魂

新中国成立后，1948 年年初卫启璧在运城参加了党和政府举办的教育培训班。在文教班中，他结识了许多志同道合的朋友，殊不知未来这些人都将肩并肩奋战在教育战线的前线，用一生的心血浇灌下一代。

当时社会上流传的一句话是“一工交，二财贸，最没出息干文教”。这句打油诗反映的实际情况是教师在当时的社会地位低，工资待遇低，生活水平低。许多人也因此不想从事教师行业。可是卫启璧对他的同学说道：“在旧社会我家里很穷，有时揭不开锅。虽然这样，母亲还是要我上学读书，她省吃俭用，绣花织布，还要供我上小学、上中学。姐姐也帮助我上学，我自己半工半读也要上学。如果我不上学，今天哪能当一名教师、当一名教育工作者？”他认为教师是神圣的、高尚的、是受人尊重的，这样的信念支持他数十年兢兢业业、勤勤恳恳地在教育战线上坚守奋斗。正如泰戈尔所言：“信仰是个鸟儿，黎明还是黝黑时，就触着曙光而讴歌了。”在这个教师职业前途渺茫的时代，卫启璧便已经明晰了自己的信念，这无疑会是他未来大胆创新、冲破传统的锋锐武器。

1949 年，正当解放军解放大西北，怀着报国信念的卫启璧积极报名去支援前线，经批准到风陵渡、潼关等地做了半个月的支前工作。由于政治觉悟提高，决心在教育战线上为党和人民做出应有的贡献，他于 1949 年加入了青年团，被选为运城首届各界人民代表大会的代表；1950 年被评为模范教师，被任命为教导主任、团支部书记；1951 年被运城镇委任命为人民监察员；1952 年，组织上调他到运城镇委宣传部工作，由于不习惯机关工作，于是又几次要求回学校工作；1953 年下半年，被任命为运城二完校教导主任；1954 年，运城专区干部文补校移交运城，组织委派卫启璧接管，他被任命为教导主任。

在几年的干部文补校工作中，卫启璧在许多方面的工作都卓有成效，学校先后被评为先进单位、标兵单位。当党的“教育为无产阶级政治服务，教育与生产劳动相结合”的教育方针提出后，干部业余学校采用普通学校的课本显得不合时宜，形势迫切要求组织编写新课本。可是当时部分同志认为：编教材是专家的事，不是一般教师力所能及的。敢于突破的卫启璧针对这些思想，就“教材要不要改、我们能不能改”的问题进行了深入讨论，使许多同志解放了思想，破除了对权威的迷信，增强了信心，鼓起了干劲，在统一认识后，研究确认了 7 条编写原则：贯彻教育方针，符合多快好省；联系当前形势，联系学员实际；厚今薄古，古为今用；详中略外，详近略远；避免重复，直线上升；简明扼要，重点突出；照顾系统、保证质量。同时领导各编写组分头研究确认了编写本学科教材的细则和方法步骤。着手编写后，同志们按照专长，合理分工，日夜鏖战，在两个多月的时间中编印出了高小语文、算术各两册，初高中一贯制语文六册，代数两册，物理两册，化学一册，历史两册，地理一册，共计 8 个学科 18 册，印制了 4000 余本教材，获得了许多学员的赞赏。

在改革教材的同时，卫启璧领导教师在教学形式和教学方法上进行改进。他打破了只设置早班和晚班的常规，根据学员们复杂的工作情况，采取了灵活多样的教学模式。在早晚班中间设午班；有些学员单位休息时间分散的，就把一个班分成两次课；人数较多或者单位较远的学员，就在他们单位设班上课。通过多种多样、灵活有序的方法，文补校的课率从 40% 左右提升到 90% 以上，大大便利了学员们的学习生活。

通过贯彻党的方针政策和端正真心实意为学员考虑的态度，学校被多次评为先进单位、标兵单位，受到省地市的表扬，卫启璧个人也在 1959 年被评为教育战线标兵，《运城报》以“大跃进中的急先锋”为题对卫启璧主任的事迹进行了报道。

1965 年县上又调任卫启璧担任安邑中学的党支部书记兼教导主任，短短一年通过发动师生整顿纪律、整顿学风校风，使得学校风气和教育质量得到了极大改进；另一方面，通过倡导全校师生利用假期下盐池刮盐拉硝，勤工俭学得来的收入进行学校建设，大大改变了学校原本脏乱差的面貌。

## 三、律己治高校，桃李满天下

1971 年初，县委任命卫启璧为运城中学党支部书记兼革命委员会主任，从此拉开了运城中学传奇的序幕。

面对新中国成立前和初期建造的陈旧破烂的校舍，考虑到学校仅有的几幢楼房还是民国初年建的两层木板楼，学生上课全在低矮潮湿、年久失修的房屋里，卫启璧忧心忡忡。为了让学生有一个良好的学习环境，卫启璧当机立断采取修建新校舍的措施，重视办公设施和学习环境，努力为全校师生打造一个舒适的办公和学习环境。由于教学教室多为危房，为了防止危险发生，卫启璧动员教职工和后勤人员亲自动手，翻修了一部分的危房，以解燃眉之急。同时，卫启璧下决心逐步改建校舍，把改善办学条件当作一件大事来抓。于是除了抓好以教学为中心的各项工作外，他多次奔波省、地、市各级领导机关和有关部门进行申请汇报，积极争取各级领导的重视。功夫不负有心人。在经历了许多的挫折后，按照整体规划，于 1979 年新的校舍开始建设，崭新的校园图景开始展现。建设工程中，卫启璧也付出了艰辛的努力。星期天，常在工地上见到他的身影；下雨天，他打着伞视察房舍情况。校园建成后被省建设厅评为全省优质工程。

十一届三中全会后，拨乱反正，百业俱兴，崭新的时代呈现在世人面前。卫校长也心潮澎湃、热血沸腾，年近五旬的他觉得自己重回壮年时的活力，振兴教育的急切心情和强烈愿望像火一般在他心中燃烧、像海一般在他怀里涌动。他辗转反侧、思来想去，认为在运中要做出一番名堂，最重要的还是需要一支博学多才、热情饱满、道德高尚的教师队伍。要建设这样一支队伍，在当时必须要有一位敢于鸣锣开道的人，而卫启璧选择迎难而上，决意克服重重困难去建设教师队伍。

于是他带领他的“一班人”使出了几个招数。

一是敢护才。十一届三中全会后，卫启璧校长领导为32名教师平反了冤假错案，有18名优秀教师被吸收入党，为20户教师家属办理农转非手续。潘思嶂，一位具有30年教龄的老教师，不仅在教学上经验丰富，精益求精，而且在政治上要求积极进步，从50年代就向组织递交了入党申请。但由于家庭有所谓的“海外关系”而长期被党组织拒之门外。1976年，潘思嶂再次递交了入党申请，可谓一石激起千层浪，在学校和支委会都引起了讨论。卫校长坚信：“党的知识分子政策是符合国家和人民利益的，应该理直气壮、实事求是地去贯彻落实，决不能不分是非，怕担风险。”于是，他派出调查组到北京等地调查了潘老师的家庭关系，很快吸收他进入了党组织，使潘老师30多年的夙愿得以实现，从而迸发了极大的工作热情，更在1980年被评为省特级教师，当选为市政协和市人大委员。

二是能觅才。卫启璧在多年的教学生涯中深刻认识到教师是教学质量的决定性因素，学校办得好坏，教师举足轻重。为了寻觅好老师，他时时留意，一次偶然他听说龙居中学的吴金林老师是语文教学的一把好手，由于历史问题被贬到农村一所学校。为了更深入了解这位老师，他亲自到教育局翻阅档案。原来，吴金林老师新中国成立前就在武汉《大江日报》担任副刊主编，新中国成立后又被调到中宣部，负责联系《光明日报》。在1955年肃反运动中受到牵连，被下放农村工作。对于这样一位教师，敢不敢大胆启用？他想：在这动荡的岁月，运城中学也曾遭受到极左路线的摧残，骨干教师队伍四分五裂。学校需要这样一位优秀的教师！他一面和龙居中学做工作，一面又找教育局的领导商量，几番奔波才终于让吴老师站上了运中教室的讲台。50多岁的吴老师感念知遇之恩，连续多年带毕业班的语文课，作业全批全改，极大提高了学生的语文素养，在高考语文中过关斩将，取得优异的成绩。

三是会爱才。中年历史教师游传羔，是运中史地调研组组长，多年历史成绩都是名列前茅。但他一度申请要调回原籍四川工作，这引起了卫启璧的沉思。通过调查，了解到游老师的爱人在四川的一所学校任教，家里还有两个没上学的孩子，家庭困难程度可想而知。在如此艰难的情况下，游老师仍然兢兢业业从未耽误工作，甚至一年才能回家一次。这引起了卫启璧的内疚：不是老师真正要走，而是作为领导对教师的疾苦关心不够啊！于是他组织发函多次与四川联系，克服困难将游老师的爱人从四川调来，安排到运中担任化学实验员，使得这对夫妻真正在运中扎下了根，安下了心。

卫启璧护才、觅才、爱才、育才的例子比比皆是，当然能够建设一支优秀的教师队伍，运中也取得了全市瞩目的斐然成绩。他重视素质教育，让教师从片面追求升学率的桎梏中解脱出来，积极投身到培养21世纪合格人才的实践中去。他把劳动课排进课表，开展了丰富多彩的第二课堂活动，《人民教育》给予了极高评价。1981年，运城中学就被评为省体育先进单位。升学率也是节节攀升，从恢复高考以来，运中参加了13次高考，每年都有十数人考入清华、北大等顶尖高校，1988年高考就有8名学生被清华录取。20年间，他将一座普通的县级中学升格为省首批重点中学，并跨入中国著名中学行列，名驰三晋，誉满河东。20年间运中为国家培养了一万余名初高中毕业生，为大专高校输送3300余名优秀人才，卫启璧的功劳心血不可磨灭。

## 四、莫道桑榆晚，为霞尚满天

老骥虽伏枥，志仍在千里。年岁渐长的老校长从不倚老卖老，而是发扬民主，注意发挥人的主观力量，调动各个部门的积极性。当年，他为了及时听到师生心音，实行了校长开门办公，设立校长接待日。每周三下午，他都热情接待来访的师生员工，听取他们的意见和建议。例如：有学生反映灶房窗口少，领饭时经常发生打架斗殴事件。听到这个建议，他立刻召开领导班子会议，讨论解决方法，当场决定：开设学生二灶，加工馒头、油条、饼子、面条等；校领导分组轮流值班，开饭时执勤维持纪律。决定一形成，卫启璧立刻雷厉风行地执行。果然纪律变好了，物美价廉的饭食也深受学生好评。

历经数十年的风雨，卫启璧兢兢业业、勤勤恳恳、踏踏实实的精神也在家风中扎根生长，成为家风中核心的部分，潜移默化地影响了他的亲人和子孙后代。老伴张雪花也是一名人民教师，两人可谓是志同道合、举案齐眉，两人育有7个子女，家庭生活一直都是和和美美。几个子女在各自的事业上都是积极进取、踏实工作、时刻不忘老父亲的教诲，有传承师魂奋斗在教书第一线的人民教师、有在政府机关为人民服务的干部，小女儿卫晶仙已经是世界卫生组织著名眼科专家，山西省眼科学术带头人，省人大代表，投身医疗事业奉献自己一生。

已到退休年龄的卫启璧在学校再三挽留下，又勤勤恳恳付出数年，直到1990 年才卸任书记职位，被聘请为运城中学名誉校长，退居二线。可为教育事业奉献一生的卫校长哪里愿意休息下来？刚退居教育二线，他转身就又投入到《中国著名中学——运城中学》一书的编写，对运中的各方面资料进行了翔实整理，更是提出了许多值得借鉴的办学经验，不可谓不用心良苦、呕心沥血，真正做到了将每一份光热都奉献在教育事业上。

笔者从前不知道如何衡量一个人的价值，用财富，用地位，抑或是用名望？可是看着这位年迈的老人端坐在旁，他用一生的时间帮助过无数人，任用贤才，改变了许多老师的命运；励精办学，扶持莘莘学子蟾宫折桂；兢兢业业，忠于国家忠于党。他经过的时间不是单线程的，而是不断和他人交叉缠绕，改变了许多人原本的命运轨迹，老人也被塑造成了今天的自己。命运的年轮随着时光流逝不断增长，卫启璧的生命的厚度随着年岁增长不断累积，像一杯余味悠长的茶，经过酝酿更显回味的清香。他走过的这段时间，相对人类诞生以来的漫长岁月只是弹指之间，可是他用最宽宏的力量在历史的天空留下一道璀璨的闪电，划破黑暗。

即将离开时，和卫启璧告别。老人仍是温和地笑一笑，好像他前半生经历过的所有离别，既然无愧于心，自然不必不舍。最后一次笔者紧握他的双手，感受他干燥的手掌中蕴含的无尽力量，老人仿佛将火种传给了我们年轻人，眼神坚定地注视着笔者。学为人师，行为世范，文化通过教育一代代传承，我们总能在其中感受到人的温度和热度，这就是教师的意义。

三尺讲台，三寸舌，三寸笔，三千桃李。

十年树木，十载风，十载雨，十万栋梁。

致敬所有的教育工作者。

## 采访手记

那是炎热的一天，笔者在烈日下兜兜转转，才最终找到老人所在的养老院。

“板正”是笔者对老人的第一印象。卫启璧老人端端正正地坐在木质椅子上，双目有神，正视前方，完全是对古人“坐如松”的最佳诠释。窗帘随微风浮动，透过几缕光线，在窗台上的绿植缝隙中投下疏影横斜，营造出宁静致远的氛围，在房间中安然正坐的老人正是这幅画卷的点睛之笔，笔者一行人在烈日下奔波的浮躁瞬间便沉淀下来。

老人看到笔者没有任何震惊，只是温和地笑笑让我们坐下，便开始了此次传奇的回顾人生之旅。

“我是一名教育工作者，是坚守教育战线的一名普通战士，笔者作为一名教师感到十分光荣。”这是老人的开场白，掷地有声。

聊到他的童年，他说“我是农民的儿子，怎么会没做过农活？”

再到少年求学时：“我和老朋友都并肩奋战在教育第一线。”

被问到老人和妻子相识的过程，老人佯怒道：“人家女子肯定是经人介绍的嘛，不然还能怎样？”说着嘴角却露出了不自觉的微笑，想必穿过时光的长廊，老人又想起初见妻子时的年少模样，想起她和他作为老师志趣相投，想起她生儿育女，勤劳持家。有妻如此，夫复何求。

当问到老人办学多年最重要的经验是什么，他只缓缓道出两个字：“踏实。”正如老人给人的感觉，像一棵树的树根，经常会被忽略，却是给树木枝叶输送营养的最重要部分，踏踏实实地往深处扎根，为了让枝叶更加繁荣，树荫更加浓密。

最后用老人的座右铭做结：桃李满天下，教师最光荣。

老人与志愿者合影

# 平凡中的不平凡

## ——陈天生老人传记

李沈桐 北京师范大学 地理科学学部 2018 级

### 人物生平

陈天生，字宗文，1921 年 7 月生于福建省三明市大田县屏山乡卿里村，现年 98 岁。1948 年毕业于江苏学院机械工程学系。新中国成立后，在永安一中任教，先后任教导主任、副校长。曾获福建省劳动模范称号。1981 年离休，享受地专级待遇。晚年编印《漫谈我的保健》和《诗词习作》两本书。

陈天生老人照（李沈桐 摄）

### 一、锻炼强身，经验惠及师生

陈天生老人一生总脱离不了的两个字，便是“锻炼”。

陈天生童年生活在福建省三明市大田县的一个海拔超过 1000 米的小山村中，村落环境优美，空气优良，适宜行走锻炼，强身健体。他小时候就跟随母亲上山砍柴，一日两趟，早出晚归，饿了便吃地瓜果腹，因而体魄强健、动作敏捷，初中时就能在树林中爬上爬下。他回忆道，少年时期家乡的杨梅树长得十分茂盛，每当成熟的杨梅果挂于枝头，他总是轻松地爬到树上，摘取新鲜酸甜的杨梅猛吃。后来就读大学时，大牙疼痛难忍，请医问病，医生说："是吃多了杨梅所致。"

陈老说，高中毕业以前，他是被动锻炼身体的。中学时期，他对学习知识十分渴望。为了走出大山寻求知识，他背上大米、咸菜，沿着自家乡通往县城的崎岖小路，翻山越岭，一去三十里来到县城读书。一年之后，经过几次来往，爬山、走路于他已不在话下。除了在家乡与学校间往返，从初中伊始，他还接受严苛的军事训练。不论是初中的童子军训还是高中的正规军训，都有着严格的纪律，学生每日需要按时出操训练，完成任务。

从家乡到学校往返的行走，军训中按时按点的训练，让陈天生拥有强健的体魄。他也因此逐渐养成勤于锻炼的良好习惯。自此以后，无论是大学学习期间还是担任教师期间，乃至退休之后，陈天生每日都坚持早起锻炼，晚年甚至到了一日不锻炼便一日不舒服的境界。讲到这里，他情不自禁地呵呵笑起来，如孩子似的说："从小到老，我的脚都闲不下来，始终都在走动。"

一个人能够日复一日坚持锻炼，是非常难能可贵的。但陈天生却不止于此，他不仅自身坚持锻炼，还将自己的锻炼习惯及方法毫无保留地传予他人，让周围的人都向他学习，勤于锻炼，健康终生。永安一中现有的退休老师中，80 岁以上者近 30 人，其中 90 岁以上 5 人，最高龄者达 100 岁。

新中国成立后，陈天生来到永安一中担任物理教师，后又升任教导主任与副校长。在学校中，陈天生不断向他人传授自己勤于锻炼的习惯和方法。其中最直接的受益者，便是永安一中的学生们。

凌晨，天尚未亮，陈天生就从学校出发，一路跑步到四五公里外的吉山村，然后徒步返回学校叫学生起床集合。伴着清晨缓缓升起的太阳，他带领学生绕着操场跑步，再做操。就这样，几十年过去了，清晨，他的身影不知在吉山出现过多少次，他的脚步不知在学校操场留下多少印迹，一批又一批的学生更新换代，他却是雷打不动，每日都这般照做。

多数初到一中的学生，都没有主动锻炼的习惯，也不大愿意被迫跑步做操。但陈天生以身示范，用一己之行，告诉学生每日坚持早起锻炼的诸多益处。这一切，学生们都看在眼里、记在心里，因而深受感动，此后便自觉早起跟随陈天生跑操。许多学生即使在毕业之后，也保持着经常锻炼的习惯。如今，学校每天早晨的跑操传统已不复存在，作为在一中任教 30 多年的老教师，他目睹这一传统的消失，对此倍感惋惜。

讲到这里，陈老正了正身，语重心长地告诉笔者，生命在于运动。中学时代是一个人一生发育身体的重要时期，若在这个时期养成了良好的锻炼习惯，一辈子都将因此而受益。作为年轻人，早晨不应睡懒觉，而要勤于锻炼。不论是对于陈老自身，还是曾被陈老带领跑操的学生们，抑或是我们这个时代的年轻人，跨越了如此大的时间尺度，这段话从未过时。

从永安一中退休步入晚年之后，陈老每日坚持五点半起床，沿着巴溪畔的绿色栈道散步健身一两千米，并向糖尿病患者请教如何合理控制饮食。他坦言，控制淀粉摄入，荤素搭配，适度食糖与吃肉，是他合理饮食的秘诀。

陈老目睹改革开放之后，部分年轻人因营养过剩而导致肥胖的现象，于是在 90 高龄时，他将自己毕生保健的经历与心得进行总结提炼，带着对全社会健康生活的希冀，编印《漫谈我的保健》一书。

陈天生所著《漫谈我的保健》（受访人提供）

未见陈老时，笔者已拜读这本书。书中所言及的“健康三要素”“健康三嗜瘾”等，皆是当今健康问题的重点，实乃经验之谈。虽然他已是近百岁高寿的老翁，但对于今日健康问题之分析深刻而准确，足见陈老之智慧。

此时，正在聆听的笔者，不禁抬头注视陈老。老人脸上布满皱纹，但声音却洪亮清晰，且能持续讲述，不曾间断。时至今日坚持早起散步的他，依然拥有一副硬朗的身骨。一生的锻炼成果尽显于此，让笔者对陈老更增添了几分崇敬之情。

陈老一生始终追求身体的康健，坚持锻炼并合理控制饮食，或以身作则、亲自示范，或整理经验、著书成册，将保健习惯与方法慷慨传播他人。这样的人生怎能不谓是精彩非凡呢？

## 二、教书育人，桃李满园芬芳

陈天生的一生，离不开他的终生职业——教师。

他在永安一中的教师生涯，是从新中国成立后开始的。在此之前，他曾与一个令人羡慕的职业——飞行员擦肩而过。

陈天生高中毕业后，只身前往南平，渴望考入大学继续深造。当时正值抗日战争时期，国民党军队招募空军飞行员。看到报考飞行员对身体素质要求极高，他希望借此机会检验自己的身体素质。经过 3 天的层层选拔，许多报名者都没有通过测试而被淘汰，但陈天生依靠少年时代及中学时代的锻炼功底，过关斩将，成功通过飞行员的选拔。

这意味着，他能够驾驶战机，在战场上为祖国抵抗日本侵略者。若真如此，或许教师生涯便与他无缘了。但当时的他并不愿意加入腐败的国民党军队，仍然保留考入大学读书的那一份期望。

在回乡的路上，他经过三明，正好看到江苏学院前来福建招收学生的广告，于是欣然前往应考。经过考试，他顺利考取江苏学院机械工程系。当他得知江苏学院包办学生的伙食住宿时，顿时欣喜万分。如此一来，在大学就读便不需要家里花费财力物力了。最终陈天生前往江苏学院就读，放弃了成为一名飞行员。

1948 年，陈天生从江苏学院机械工程系毕业。其时，他的许多同学都选择在国民党政府从政当官，但陈天生已看清国民党即将失败的颓势，毅然回到大田老家等待时机。后经大田老乡的介绍，到永安专署担任专员。一年之后，他闻讯永安一中缺少物理教师，即辞去专员工作，来到永安一中，自此开始他的教师生涯。

最初，永安一中仅有陈天生一位物理教师。他以一己之力，将物理知识毫无保留地传授给学生。后来，陈天生被推荐到龙岩参与创办闽西大学，担任教师兼炼铁技术员。他带领龙岩一中的高中学生起早贪黑地烧木炭、建高炉、找铁矿，凭借丰富的知识储备，他们炼出的钢铁产量可观。炼铁完成后，他被安排做闽西大学的招生工作。但可惜的是，闽西大学最终没有办成，改为创办了龙岩师范专科学校。

此后，他为跟他一起参加炼铁的学生授课，指导他们复习。在他的教授指导下，90 余人有 87 人考取大学。在龙岩的 4 年，陈天生不仅加入了中国共产党，更凭借他辛勤劳动取得的丰硕成果，荣获福建省劳模的表彰奖励。

回到永安一中后，陈天生继续教授物理，同时担任教导主任长达 10 余年。他认为，初高中阶段是一个人一生非常关键的时期，需要细心指导教育，方可培养成才。因此他起早摸黑，时刻陪伴学生左右。遇有学生犯错，他总是耐心教育，促其改正缺点，养成良好习惯。

有一名学生因家境困难，饭吃不饱，偷拿同学的米，被抓个正着。陈天生得知后，先是将存在教务处的粮票换米补给丢失米的学生，叮嘱这些学生对外保密，维护偷米学生的尊严。接着，他叫来那名偷米的学生，严加责备：“你为什么要偷拿同学的米呢？将心比心，如果你的米被别人偷拿了，你会吃得饱、过得好吗？”学生意识到自己的错误，含着眼泪对陈天生保证：“以后不再偷同学的米了。”听到他的保证，陈天生反问道：“仅仅保证以后不偷行吗？不行！要想彻底改正错误，脱胎换骨，必须把以前犯的错误都坦白交代出来。”他承诺为那位学生保密。于是学生将自己的偷窃行为一五一十地向陈天生坦白交代，原来这次偷米不是初犯，在此之前，这位学生已有过 40 余次偷窃。

学生的父亲得知后，对陈天生说：“既然我的孩子已经犯下这样的错误，学校如何处理我都没有意见……”看着面前眼含泪水的学生和面容憔悴的父亲，陈天生不忍心让这名学生的学业就此荒废，于是回答学生父亲：“学校处理是很容易的，但这样一来，你的孩子就没有前途了。”他告诫学生：“你既然已经交代了错误，我不予追究，但是今后你一定要改正，断绝以前所犯的错误和坏习惯。”他要求学生所在班级的班主任，给予这位学生一次改正的机会。

一年之后，这位学生再次走进陈天生的办公室。但这一次，他不再是之前那个因偷米被同学带到这里的学生了。相反，他手上拿着一张 10 元的人民币。他将10元钱交给陈天生，解释道："这是我在上学路上捡到的。"面对这10元钱，陈天生有些难以相信，眼前这位学生曾经有过40多次的偷窃行为："这真的是他在路上捡到的吗？"陈天生贴出布告，公开在学校找寻10元钱的失主。可是等了数日，都不见有学生认领。这时，陈天生终于打消疑虑，10元钱确是这名学生在路上捡到的。在那个年代，10元钱是相当大的一笔钱。面对这10元钱，这名学生不为所动，完成了从"小偷"到拾金不昧的转变。作为教导主任的陈天生，成功挽救了这名学生，让他倍感欣慰。

后来，陈天生常以此为例教育学生。他告诉学生，一旦犯下错误要勇于承担，并彻底下决心改正。中学时代，学生尚未成年，犯了错误，养成坏习惯，将来就会在社会上遭遇失败。"不怕学生犯错误，就怕学生不改正"，这14个字成了陈天生教导学生最根本的理念。

陈天生教授物理30余年，可谓是"桃李满天下"。谈起自己的得意门生，他如数家珍，其中不假思索便脱口而出的一位，就是现任中国科学院院士的郑有炓。陈老回忆道，20世纪50年代，郑有炓三年的物理都是他所教授。郑有炓对物理一直有着浓厚的兴趣，陈天生所出的物理考题总是考不倒他。优秀的成绩和深厚的基础，为郑有炓日后献身物理领域的科学事业，成为中国科学院院士提供有利的条件。当他回到永安，第一眼见到陈天生时，便激动地脱口而出："陈老师，没有您就没有我郑有炓啊！"除了这位中科院院士，陈老所教的学生中，还有参与三峡水利枢纽工程设计的水利专家，参与原子弹研制的科学家等诸多优秀拔尖人才。每当提及他们，陈老的脸上总是洋溢着欣慰。他说："这些优秀学生在社会主义现代化建设中所做的贡献，离不开老师的教导，我已尽到一名教师的责任了。现在我老了，将希望和未来寄托于学生。"

退休之后，陈老虽然享受着地专级的待遇，却依然心系基础教育的发展与下一代的健康成长，应邀担任学校德育辅导员，为学生们的成长继续奉献着光和热。

站立讲台30余载，陈老如蜡炬春蚕奉献自我，教授一批又一批优秀学子，培养一代又一代国家栋梁。他的人生，是教书育人的一生；他的人生，因太阳底下最光辉的教师职业而出彩。

## 三、身教为重，家族英才辈出

作为教师，陈老不仅成功地培养出许多优秀的学生，对于自己的儿孙，他也同样用心教育，将其培养成才。

陈老的长子陈田安是下乡知青，恢复高考后，考取福建师范学院化学系，因成绩优异，毕业后留学美国，是林肯大学博士生，先留美工作，后回国定居上海、烟台，参与“泰山学者”“千人计划”等国家人才项目。陈田安和父亲一样教育出优秀的后代，陈田安的独子陈镥狄在美国读书、生活，年仅 26 岁就成为博士生导师，现工作于布朗医学院。他虽然已入美国国籍，但不忘故乡，一直将家乡与宗族铭记心中。他多次回国看望祖父，每次回来，都三代同行返回大田老家，缅怀祖先，看望父老乡亲，观赏家乡的新面貌、新气象。

谈起自己的子孙，陈老又一次露出微笑，语气中带着对他们的赞赏。作为一名父亲、一名祖父，看到儿孙事业有成，心里不由得感到骄傲和自豪。或许，这就是父祖辈的心灵慰藉吧。

当询问到教子心得，陈老摆了摆手，轻描淡写地说道：“我主要是用行动做给他们看，并不会单纯地去说教。”如东晋时期谢安教子一般，陈老身教重于言教，处处以身作则，用自己的一言一行，潜移默化地让孩子学会学习、学会生活、学会做人。陈老说，子孙的成就，与家族遗传及家庭喜好读书的氛围是分不开的。长子陈田安在青水乡当知青时，一听到恢复高考的消息，立刻投入到准备高考的复习中去，伏案苦读一年，将高中遗漏的知识补救回来，最终考上大学。长孙陈镥狄自幼酷爱读书，现在美国上学，他严格要求自身，以全优的成绩考入布朗大学。祖孙三代如此喜爱读书，渴求知识，与陈老所言原因不无关系。此外，陈老夫人和双胞胎女儿也都是教职员工，可谓是“教师之家”。

陈天生以身作则教育子孙，看着后代因此受益，长大成才，家族因此兴旺。此时此刻，此情此景，他的人生获得了真正的满足和幸福。

## 四、奋力笔耕，怀揣诗和远方

陈老一生，写了两本书，一本是前文已提及的《漫谈我的保健》，另一本则是《诗词习作》。

提到诗词，陈老仿佛打开话匣子一般，与我畅谈起他的诗词生活。如同臧克家自述，“我是一个两面派，新诗旧诗我都爱”。不论是新诗古诗，抑或生活中常见的打油诗，陈老都有所涉猎。但谈到最喜欢的诗词，陈老则盛赞李白、杜甫等唐朝诗人的作品。

聆听着他讲述丰富多彩的诗词生活，我感到有些惊讶。陈老大学时期就读于机械工程系，教师时代教授物理学科，似乎陪伴他走过一生的仅仅是这些理工知识。然而却是文章与诗词，为他后半生的绚丽晚景画下浓墨重彩的一笔。

作为一名人民教师，陈老扎根于永安一中，教授物理 30 余年。临近退休之时，他曾回忆度过的时光，遗憾地发现，自己虽是一名中国人，但对中华传统文化却一直没能加以重视。他下定决心，要将学习中华传统文化视作此后人生中不可或缺的一部分，争取在有生之年补上这一课。

为此，陈老潜心阅读古文、诗词、词典等书籍，鉴赏诗词，学习平仄。在阅读过程中，他渐渐被诗词的博大精深所吸引，在他看来，诗词中似乎有着天然的灵性和魅力。一段时间品读过后，陈老开始尝试写作诗词，期望从反复的读写练习中，学养得到真正的提升。于是，他找到高中的一位同班同学。这位同窗曾在高中时担任班长，后来加入中华诗词学会。陈老与他书信联系，寄去习作的诗词，请他批评指点。在这位班长的帮助下，经过约一年的时间，陈老的诗词写作水平得到快速提高，具有初步的写作技能。此后，陈老一发不可收，有感而发，挥笔引吭，不断提升写作水平。时至 90 高龄，他写了许多反映所见所闻所思、表达真情实感的诗词作品。为了交流学习、总结经验，他将这些作品进行整理，编印《诗词习作》一书。笔者虽未拜读这本诗集，但通过拜读《漫谈我的保健》中的几十首诗词，不仅欣赏到陈老精妙的文笔和丰富的感情，而且也感受到陈老晚年补学中华传统文化和习作诗词的执着与追求。诗意生活，让陈老不知老之将至也。

陈老虽然离休 30 多年，但他仍然怀有精修人文与诗词的远大理想，通过努力、付出与反复练习，在晚年成功出书，实现了这一理想。人生在世，能够实现年轻时的理想已是很不容易了，何况如陈老在临近百岁之时，实现晚年立下的理想呢！

陈老的晚年时光，诗词一直陪伴在他左右，可谓诗心不老。在我看来，他的人生，已经拥有了诗和远方。

陈老的话音落下，笔者两眼一睁，如梦初醒，发觉自己早已沉浸在陈老的人生历程中，如醉如痴，竟在不知不觉中已过了整整两个小时。两个小时，四个维度，在这洪亮激昂的声音中，他的人生已然完完整整地呈现——这段人生，经历近百年的风霜雨雪，经历无数次的艰辛砥砺，终于开花结果，豁然展现于笔者的面前。

这是一段平凡而又非凡、淡泊而又精彩的人生。面前这位慈祥而睿智的老人，正是这段在平凡中蕴含着不平凡人生的经历者。

他叫陈天生，是一名人民教师。

## 采访手记

8 月 18 日上午，笔者到了永安一中教工宿舍。

登上 2 楼，陈老家门敞开，这位年近百岁的老人正等候在门口迎接笔者，以充沛的精神，洪亮的声音，带着微笑与笔者打招呼。笔者不由得激动起来，上前伸出双手与陈老紧紧相握。随后，笔者与陈老相对而坐，开始了长达两小时的采访。

陈天生老人与志愿者合影（李廉德　摄）

此次采访颇为顺利。陈老告诉笔者，他至今每日仍于清晨 5 时，在燕江岸边绿道散步约两公里。因渴望记录下陈老散步锻炼的影像，笔者与陈老约定明日清晨再次前来采访。

19日清晨，笔者来到桥头，正见陈老从绿道往回散步。笔者与陈老步上台阶，坐在小公园的石凳上交谈。当提及对年轻人、老年人及社会想说的话时，他边谈边掏出自己准备的手稿，将其上的文字慢条斯理地读给笔者听。录制完视频后，陈老将手稿递给笔者，纸张有些微黄，但字迹遒劲有力，足见陈老为这次采访的精心准备。

道别之时，家中阿姨告诉笔者，陈老自昨日采访之后，中午与晚上均未睡好觉，今日还需前往医院开药。听了此番话语，万般感触不禁涌上心头，其中不乏因采访而影响老人生活的愧疚与歉意，但更多的则是对陈老的崇敬与对人生的感慨。

陈老这样的人生，在平凡中蕴含着不平凡，在淡泊中显示出精彩——这就是富有意义的人生。笔者有幸遇见陈老，听他讲述这样精彩的人生。

杜甫诗曰："人生七十古来稀。"但古稀今不稀，陈老正迈向期颐。祝陈老颐养天年，安康幸福！

# 百岁人生，爱与善始终是他的人生底色
## ——戴现老人传记

张诗悦 北京师范大学 新闻传播学院传播学 2017级

### 人物生平

戴现，1918年1月生于福建省漳州市南靖县山城镇山苑村，现101岁。幼年家贫，没有上过学，但自小懂事孝顺。6岁时双亲去世，与10岁的兄长相依为命。年轻时参加过剿匪战争，与妻子育有5男1女，抱养1男1女，70多年躬耕田亩。如今在山苑村养老，环境优美宜居，老人热情开朗。

戴现老人照（受访人提供）

### 一、人生如逆旅，我亦是行人

南方多丘陵，在山苑村的这座小山丘上，红砖白墙的小屋与葱郁繁茂的林木交相掩映。庭前是木篱笆围成的菜圃，木桩上钉着“Welcome”的指示牌，庭院宽敞明亮，立着数把遮阳伞和沙滩躺椅，门前有精致的茶几和五彩缤纷的盆栽，小厨房的墙上还贴着“Have a nice day”的字样。

他套着灰白色的背心和短裤，静静地坐在庭院树荫下的一隅，格子样子的阔边遮阳帽倚在腿边，一只毛发莹亮的黑色田园犬亲昵地用鼻尖蹭着他翘起的二郎腿，他伸出青筋微凸的手臂，宽大的手一下一下抚摸着黑犬毛茸茸的头颅。浅浅的阳光倾洒在他只剩些许白色短发的头上，老人脸颊干瘪枯黄，皱巴巴的嘴唇轻抿，牵出弯弯的弧度，眼角下垂，目光柔和地注视着小家伙。

目光越过低矮的围栏望向那个身影，无人知道，那双精瘦的的腿，蹚过多少河流与险滩；那对圆圆的灰黑色眼睛见识过何等繁华与荒芜，最终，他在南方的这个小村落里驻足，卸下满身荣辱，成了此刻坐在绿树下的老人。

他的身形佝偻消瘦，看起来很轻，轻得仿佛被秋风扫过的落叶，却又极重，重得宛若这百年来的生命足以压垮万顷山河。每一个生命，都得珍之重之，这份重量如今压在了笔者的手上，一路道阻且长，谁不是人间匆匆过客？他的故事，或许会如微风拂去微尘，渐渐飘散，但愿这支笔能留下一二，待后辈细细数来。

阳光微醺，天清云淡，林间微风恰好，老人依旧清明的眼眸盛满笑意，摇曳了满庭芳草。

## 二、人生卷轴——苦辣皆蘸，泼墨成画

山苑村地处漳州，坐落于南靖县城，隶属山城镇。彼时闽南尚有大片大片水田，九龙江西溪水系的干支流穿过县城，河岸是黑瓦土坯墙垒起的村舍。1918 年 1 月 8 日，初春已至，寒气未消，戴家降生了一个小男孩，长辈为他取名“现”。“戴”是山苑村大姓，这里栖息着世代耕种的田园人家，日出而作，荷锄而归。这户人家非钟鸣鼎食之家，非诗书簪缨之族，不过是有“茅屋一间，耗子几只”的穷苦人家罢了。出生在一个贫困家庭里，戴现幼年的种种苦难冥冥之中仿佛早已预言。

戴现小时候家里经济条件不好，捉襟见肘，温饱尚且难以解决，其他的更是奢望，因此他一辈子没上过学堂，没有文化，也不识几个大字。童年时没有厚实暖和的棉袄，戴现和哥哥在寒冬腊月里穿着单薄的粗布麻衣，裤子

上也是打满补丁。最难熬的是漫长的冬夜，简陋的土坯房根本无法抵御呼啸的寒风，家里也没有被子盖，一到晚上两兄弟只好躲进家里老旧的木柜子里，两人抱腿蜷缩着依偎在一起。残破的孔洞灌进刺骨的寒风，像一排排锋利的刀子，无情地割着小男孩瘦骨嶙峋的手臂。

黑黢黢的柜子，是留给戴现最大的童年阴影。

农村的孩子从小粗糙地放养着，戴现从小就养成吃苦耐劳的品格。儿时最大的打击莫过于父母相继亡故，不幸逼迫他不得不与年长 4 岁的哥哥相依为命。不及半个成年人高的瘦小孩童要咬着牙扛起沉甸甸的锄头、铁锹随兄长下田干活。田地里的泥土湿滑，颤巍巍的身影在交错纵横的田埂上留下了深一脚浅一脚的脚印。

动荡的岁月里，食不果腹的男孩子似一株脆弱的禾苗，被生活的劲风往上拔，与硝烟弥漫、纷争扰扰的家国一起成长。

29 岁那年，戴现迎娶了与他风雨同舟数十载的妻子。随后不久，大儿子出世。戴现结实有力的手臂小心翼翼托举着孩子，嘴角乐呵呵地咧着。看着襁褓中酣然入睡的婴儿，初为人父的喜悦冲淡了他脸上淡淡的愁容，他有了完整的家。尽管家徒四壁，但他也不怨天尤人，同妻子两人风里来雨里去穿梭在泥地里，耕着田，攒着钱，他想着日子拮据紧促，却也平和满足，血脉的延续让他的人生更有盼头。只是不太平的年代，国尚且危亡，家何能安在?

解放战争时期，战火蔓延到漳厦一带。1949 年，伴随着震天狂啸的枪炮，人民解放军第三野战军一路势如破竹，挺进国民党军队据守的漳州、厦门、金门等地。硝烟味在这片被战火灼烧的大地上弥漫，有仓皇逃窜的哭号，也有锣鼓喧天的欢呼。与古城漳州一衣带水的南靖县城似乎预感到即将到来的新生，积蓄已久的力量蠢蠢欲动似要破土。解放军攻势猛烈，守军节节败退。9 月 18 日，国民党南靖县长及自卫团数百人南逃。22 日，第八支队二十一团开进山城，南靖宣告解放。彼时，戴现 31 岁，刚过而立之年的他，目视着进驻的人民军队。破旧磨损的军装掩盖不了冷硬肃容，简陋的武器遮挡不住飒爽英姿，戴现抚摸自己的胸口，仿佛听到自己的心跳声，心脏在滚烫炙热的胸腔间剧烈涌动，久久不能平息。沸腾的热血如喷薄而出的红日染红了天际，也染红了他的眼。他年少孤苦，更珍惜安稳幸福的日子，但他此刻，前所未有地清醒认识到，人们的欢呼、泪水，都是眼前这群人豁上性命拼来的。这就是解放军战士啊！收拾了旧山河，保卫了大家园，男儿的铮铮铁骨和血气方刚被狠狠激起。

解放的胜利号角尚未停息，潜藏在大陆的国民党残敌，勾结地方霸匪、旧官僚势力兴风作浪，扰得湘西、闽越、两广多地暴乱不断，百姓不安。闽南浩浩荡荡的剿匪战斗跟着打响。戴现有了上战场的机会。

戴现少年时要养家糊口，一介农夫草莽，肩膀扛的是农具，而不是长枪炮弹，纵有豪情万丈也不能爆发。而今，兵荒马乱的家园亟待他的热血豪情。戴现张了张嘴，重重地叹了口气，道别的话又一次被咽了回去。他不怕牺牲，只是……看着妻子红肿的眼，再念及幼子，他握紧拳头。上阵杀敌毕竟不是儿戏，炮火无情，稍有闪失，便成永别，戴现心中不忍。但他是一个男儿，他该顶天立地守护他的妻儿，守卫他的家园。最终，妻子也只好成全了他的拳拳之心、赤子之怀。

闽南一带山峦丘陵连绵，林木遮天蔽日，与土匪周旋作战更是险象环生。戴现紧跟大部队，在山林间穿梭，既要听从指挥包围匪特在南靖县建立的“反攻大陆”的武装基地，又要躲避敌方的偷袭。戴现紧握着手中的枪杆，卧趴在杂乱的灌木丛下，头顶是“嗖嗖”掠过的子弹，不远处还有炸裂的炮弹，泥土飞溅，洒在倒下的战友的身躯上，或许那就是昨日和自己拍胸脯说笑的兄弟……戴现的手指不停地扣动扳机，一发发子弹朝敌人飞去，他的心中如有一头咆哮的野兽在嘶吼。子弹擦过耳畔，温热的鲜血喷溅在脸颊上，和尘土混杂在一起，耳后传来钝痛，但他不能停下。这场仗，怒吼声响彻天空，久久不绝。幸好，在人民军队的雷霆攻势下，敌军势力尽数被瓦解。戴现得到及时救治，止住了血，保住了性命，死神终是不忍再多带走一个人民的守护者。

1950 年 11 月，福建第六军分区警备团和南靖县大队，全歼台湾国民党当局派遣入南靖县境企图配合潜伏匪特建立的一个营两个连。

## 三、幼吾幼以及人之幼

很快，戴现终于能回到家与日夜思念的妻儿团聚，解放军团长为戴现颁发了一张手写的荣誉证明，薄薄的一张纸，承载了不知多少血与泪。

只是戴现的耳后因中弹留下的疤痕却无法消去，随着年岁的增长，与脖颈的褐斑逐渐融合在一起，皮肉松弛，早已分辨不出。

“早看不到了，年纪大了，慢慢就找不到了。”老人只是轻轻地微笑着，端起桌上凉透了的茶呷一口。闲暇时老人总要泡一壶茶，兴致勃勃地向别人讲述自己年轻时的经历。只可惜后来那张证明意外被烧毁，戴现 70 多岁的时候到乡政府办理相关手续，因缺少官方证明，且曾经一起打土匪的战友们早已不在人间，无人能够证明他曾亲身参与过剿匪，故无法办理。虽有遗憾，但他不求事事圆满。

这段辗转数十年的故事，最终都付他从容的笑谈中。

32 岁时，戴现听闻九龙江畔山边村有户人家养不起姑娘了，想找个好人家，便与妻子商量着把女娃儿领回来，这样家里也算儿女双全了。那天他走了两小时的村路，跨过花山溪，到那户人家时，才知道他们家的境况更为惨淡。小姑娘的父亲原先是国民党军医，后来被发配去劳改，家里失去了壮年劳动力，家里一穷二白，实在没有多余粮食供一个小娃了。戴现将孩子抱回来细心抚养，视为己出。奇怪的是，小娃虽然能吃能蹦，但教她说话时，她总是呆呆傻傻的，也不爱同大人亲近，别家同龄孩子都牙牙学语了，她说话时像嘴里含着水，喉咙吐出“咕咕”“咯咯”的声音，不成字句，倒像吆喝。戴现渐渐察觉她的怪异之处，带小姑娘去问诊才知她有些痴傻，脑子不灵光，话也说不清。戴现吓了一跳，当时县城的医疗水平和家里条件也无力医治，他尝试将小孩送还，但那家人态度激烈，无论怎样劝说都不肯再接受小女孩。最后戴现心软了，还是把小女孩带了回来。他说：“没办法呀，把小姑娘退还给那家人，但他们说我们已经领了，坚决不愿再抱回去。我们想清楚了，就养着吧，人还是要讲道德信誉的。”

小娃便在戴家住下了，家里人时常唤她“傻姑”。“傻姑”这一留，便是 70 年。

随后几年，其他几个儿子陆续降生，不久戴现又收留了亲戚家一个无家可归的男孩，孩子长大后进了部队。

50 年代山苑村实行农村合作社，农民凭劳力干活拿工分，工分和家庭收入挂钩。老人回忆那时候在生产队村里一群人集体上工，一天干下来，也不过 5 工分上下。戴现与妻子生育了 5 男 1 女，算上收养的 1 男 1 女，家里共有 8 个孩子。柴米油盐等琐碎家用加起来开销巨大，夫妻两人起早贪黑地忙活，勉强维持全家生计，一年到头也没剩多少积蓄。遇上丰收年景，年末好歹还能多挣点粮食，但大部分日子都是有上顿没下顿，孩子们面黄肌瘦，勒着裤腰带还穿不住裤子，像竹竿似的，一层薄薄的皮包着硌人的骨头。

戴现愁吗?

在田地里偶尔停下来喘口气歇息时，戴现将扛在肩上的锄头卸下，用力让锄刃嵌入松软的泥土，一端横亘在田埂。他就坐在锄柄上，卷起被泥巴溅满的裤腿，从敞开的大褂上衣口袋掏出烟草，用纸卷上，粗粝的手指夹着简陋的纸烟放进嘴里嘬一口。缓缓吐出的烟雾，仿佛是他胸中积攒的郁闷。望着烟雾里村子的轮廓，这片土地，田地一块一块阡陌纵横，青山一座一座连绵不断。他无法冲出这里到更广阔的市区，闯出新的天地，这里，是他的家，他的羁绊。

有天，戴现从田里回来已天色昏暗，走到家门口时，窗口漏出柴油灯微弱的光芒，借着微光，他看到了倒在墙角下的人。戴现吓了一跳，那人衣衫破旧，头发又脏又乱，戴现心里猜测那人应该是个乞丐，寻不到吃食，饿倒在他家门口。那年头寻常人家尚有无力养活的孩子，街上多的是吃不饱穿不暖的可怜人，谁还有空理会一个乞丐呢?戴现试探地喊了几声，大抵是快饿晕了，他哼哼几声，捂着肚子抬起头可怜巴巴地瞅着戴现。戴现放下手中的农具，快步走进屋子里，妻子给他留了饭，见他回来还未来得及打招呼，他便端起桌上仅剩的饭菜出门，将手中自己的那份晚饭递给对方，浑然不顾对方身上刺鼻的异味和脏兮兮的双手。戴现的儿子回忆道：“老妈以前给我们讲这个故事时，还笑老爸把自己的饭菜都留给了乞丐，自己却没得吃了。”而戴现却不以为意，拿这个故事教育孩子们：“人没钱不要紧，但一定要心存善念，善待一切。”

## 四、老骥伏枥

二十世纪八十年代后期，家里的境况好转。和平年代，国家发展，政府搞建设，县城修桥筑路，交通更加便捷了，国家像一颗冉冉升起的星辰，戴现的日子也明媚起来，充满希望。

孩子们是随共和国成长的一代人，戴现见证着新中国崛起的征程，也注视着儿女们成家立业，大儿子在村子里另外建了栋房子，其他子女有的在县城谋生，有的到漳州、厦门市打拼，在各处落地开花，戴现肩头的重担轻了许多。

政府实行农业包产到户政策，兜兜转转，田地还是在那里，主人却已经更名改姓，戴现终于有了自己能够做主的一亩三分地。他兴奋极了，对于一个朴实的农民来说，最欣慰的事莫过于有田可耕。尽管已经到了可以享福的年纪，65 岁的老人还是闲不住，干了几十年的农活，还忍不住扛着锄头上田里转悠。香蕉、水稻一样不落，春去秋来，像父母关爱孩子成长般，戴现守望着他的蕉园和稻田。想不到这一转悠，就是 30 年的光阴，戴现在山路、泥地里一脚一脚竟踏过了 30 年。

夏日里 95 岁的老人早上五六点起床，迎着微曦晨光，朝田地慢悠悠闲步而去。冬天戴现也不懈怠，裹着厚厚的皮夹，戴上他的红色针织帽，单手拎起四五斤重的锄头，闷头走向乡间的小路。山苑村的村支书也惊叹道：“真难想象这是一位年逾 90 的老人，看着瘦瘦弱弱的，浑身却有用不完的劲似的，不钦佩都难啊！”

戴现现今 101 岁了，几年前老人和妻子在庭前的空地上开垦了一小片菜园，屋前的坡下还种着香蕉和龙眼树。戴奶奶将农贸市场上买来的菜籽、菜苗种下，戴现则每天傍晚提着铁锹、簸箕去菜圃里施肥、除草。饭后，戴现习惯一手端茶杯一手背到腰后，缓缓踱步到园子外。寒来暑往，白菜、萝卜被两人养得体态肥硕，一丛丛荷兰豆顺着竿子往上爬，互不相让。

闽南的冬天，几乎没有凋零的绿植，园子里的青菜绿油油的，长相喜人，过年时家里来客，老人握着镰刀兴冲冲跨过篱笆，手起刀落就是一大把鲜嫩水灵的有机蔬菜。

几载光阴在田园闲居、煮酒品茶的日子中慢悠悠地流逝了。

2016 年，90 岁的戴奶奶离世。相伴七十载，死当长相思。据小儿子戴海鸿回忆，自从母亲离世后，父亲骤然苍老了许多。原本他年近一百岁，身体健朗如旧，精神矍铄，但妻子走后，戴现也不经营两人的菜园了，除了偶尔散步到山坡下的香蕉园，再没有气力拾掇那些农作物了。与妻子结婚 70 年，恩爱 70 年，戴现从未对妻子说过一句难听的话，即使斗嘴也绝不会说任何侮辱性的话语。

前尘隔海，往事早被时间冲刷得模糊不清，老人的回忆断断续续，谈及妻子，他的眼睛偶尔像失焦般空落落的，良久，摇摇头，叹息声轻得几不可闻。

屋子里两人晚年的合照被裱上相框挂在墙上，那是家里稀少珍贵的合影，照片中戴现和妻子的肩膀紧紧挨着，戴奶奶笑得合不拢嘴，戴现眉眼皆开，有些害羞地抿着嘴。

戴现的人生有苦辣，有酸甜，因而多滋多味。他的经历，或惊心动魄，或平淡宁静，如深浅不一的墨迹，时间运笔，在他百年的人生画卷上挥毫，一点一滴，峰峦沟壑，起落有致，绘成他的人生卷轴，色彩灰暗与明亮交织，终成一幅绚丽多姿的画。

## 五、处世之道：心存善念，以诚相待

对于年轻晚辈，戴现多次告诫他们，待人接物要心存善念，懂得感恩。人立于天地间不能失去自己的根，只有抓住了根，脚下站得稳，才能看更远的风景。

至于世间种种，他时常将顺其自然挂在嘴边，无论待人或是教子，都不将自己的意愿强加于他人。戴现对待人生里的挫折与无奈，也不怨天尤人，始终相信生命之路漫漫，前方终会柳暗花明。

戴现重孝道，时常教导孩子要孝老敬亲。戴现的儿子从小是听着村里人对父亲的称赞长大的。戴现幼时家里贫苦，小小年纪却主动为父母分担农活，是村里的楷模。“老爸没上过学，但从小就教育我们再苦再累也要读书，读书才能走出社会，我们都以父亲为荣。”没读过书，但他无疑是孩子最好的榜样。

孝与爱是可以跨越血脉传承的。孩子们的孝老之心，从他们为老人布置的这个世外桃源般的养老居所也能窥见一隅。

戴海鸿领着我参观庭院时，正撞见“傻姑”坐在客厅门口的走廊上，穿着花色衬衫，扣子也不系上，胸口大大敞开着，口中咿咿呀呀不知道说的是什么。戴海鸿神情无奈地介绍：“她就是我们家领养的‘傻姑’。”说着摇摇头走过去，在“傻姑”面前弯下腰，把她胸前的纽扣一颗颗系好，嘴里嘀咕着："怎么纽扣也不系……家里来客人了……"参观完小厨房出来发现"傻姑"跑到走廊远处的另一端，看着我们呼喊。虽然痴傻，虽非亲生，但70年了，自戴现从山边村将她抱回后，这个家始终有她的一席之地，父亲怜爱，弟弟照料。

戴现待人诚恳热情豁达，好客之名远扬。这一两年赋闲在家，每逢家里有客人到访，他都会拄着拐杖缓缓起身迎接，热情招呼客人饮茶，有时候上火喉咙里卡着痰，戴现用手不断比画桌上新沏的茶示意客人喝。客人要离开时，他也拉着人家要招待客人吃饭。采访结束时，下了台阶，便看到本因身体不适在房间歇息的老人扶着墙壁迈出门来，还同笔者招手，笔者连忙请老人家进屋休息，他频频点头，可还是站在走廊上相送。

## 六、养生良方：坐看云舒，笑口常开

戴现是县里屈指可数的百岁老人，政府温暖关照着百岁老人，去年县政府及相关企业领导还曾到家里慰问老人并赠予他红包，老人现在每月也可以领到120元补贴。虽然老人的身体机能随年岁增长大不如前，听力、视力都有些下降，偶有微小不适，但总的来说还算身体康健。101岁了，他在生活上依然能够自理，又极爱干净，将房间收拾得整洁舒适。戴海鸿在厦门从事健身行业，但他并没有刻意安排老人锻炼以强身健体，而是保持老人原来规律的饮食作息习惯。饮食主要以地瓜粥、鸡蛋和清淡汤为主，粗茶淡饭不会给消化功能退化的胃造成负担。饭后戴现会在屋子周围溜达几圈，既消食又稍微活动筋骨。

山间蛙叫虫鸣，空气清新自然，饮食清淡，作息规律，子孙孝顺，戴现得以颐养天年。不过，笔者以为他的养生良方里应有一味最特殊的"药"——乐观的心态。

磕磕绊绊的童年，几多艰辛的青年，从容不迫的晚年，戴现从风吹黑发走到雪满白头，再回首已是数十年光阴，所经历的一切最终不过化作他眉间轻轻一皱。世路无穷，劳生有限，百年时光如过眼云烟，又有什么凡尘俗事值得困扰忧愁一世呢？周末孩子们一起回家，他就搬个小靠椅在庭院太阳伞下坐着，眼神专注地看着这个，一会儿又转头瞅瞅那个，小孩子顽皮，在他身边蹦跳吵闹，他也不恼，偶尔有谁凑过来在他身旁耳语，他听不清就“嘿嘿”笑着冲人摆摆手。

若无闲事挂心头，便是人间好时节。

戴现老人身上的淡然从容是数十年风霜雨雪的人生磨砺沉淀下来的品性，他满心善意，乐以待人的热情性格是数十年酸甜苦辣的世故生活消磨不了的本心。

人生如逆旅，一路走来，对家国的热忱、对亲人的关爱和对他人的善意始终是他行囊里不变的装备。

林木葱郁，山花烂漫，一砖一瓦里，都是子女满满的孝顺心意，也是老人传给子女的最大教诲——唯爱与善，在时间长河里不朽。

老人一生走过山水万重，历经狼烟烽火，“心有猛虎”，不惧万敌当前，也“细嗅蔷薇”，以爱砥砺前行。岁月辗转，风霜侵蚀上他的面容，不变的是眉宇间的热情舒朗和心底沉沉的情意。

## 采访手记

从接到任务到采访前的一段准备时间里，笔者幻想过很多次这位百岁老人的样子，是苍颜白发，步履蹒跚，还是说话艰难，眼神混浊？老人的小儿子将笔者迎进客厅，转身去房间里搀扶出老人。一见面他便咧开嘴笑着，像个小孩子，还未走进房间就热情地向我招手。

听说老人早上 5 点就起床了，一直在客厅里等着，到 9 点多了身体有些撑不住，才到房间里歇息。平时有客人来访，他都会让儿子准备饭菜待客。喝茶时还会兴致勃勃地向人家讲述自己年轻时的经历。在戴海鸿的印象中，父亲一直对人热情，乐观开朗，尽管年龄上百，也不曾变过。

接触了老人笔者才发现，其实每位老人都是一部宝典，宝典里又是一个大千世界，困惑时翻开看看，或许能茅塞顿开，它似乎沉默不语，又总是指引着年轻人一路向前。

或许笔者情感不够深刻，笔触不够细腻，难以将老人的一生描摹得生动精彩，不过以心写心，希望将老人的故事告诉给更多愿意倾听的朋友，愿你们从老人的苍苍百年中获得一点生命的启示。

戴现及家人与志愿者合影（张馨彦　摄）

# 一个村庄的文化守望

## ——余和益老人传记

陈诗语 北京师范大学 环境学院 2018 级

### 人物生平

余和益，出生于 1920 年 6 月 13 日，居住在福建省连江县幕浦村西门 2 排 7 号。余和益从 9 岁起上了 6 年私塾，21 岁结婚，同年，日军侵犯连江，他为游击队员提供后勤保障。余和益在新中国成立前先后接济了若干生活困难的乡人。1950 年，连江进行土地改革，余和益协助生产大队顺利完成工作。余和益一生乐于助人，并积极宣传故乡文化，受到村人爱戴。

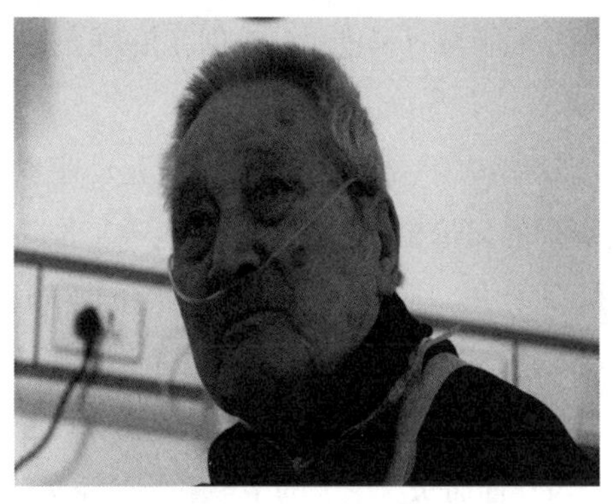

余和益老人照（郑诗琪　摄）

### 一、缘结纸笔

“我小时候上了 6 年私塾，学国语，就是读书、写字那些。”说起“字”来，老人家的话音都上扬了几分。“字可是很重要的，学习就该学好这个！”

老舅公幼时家境一般，父母带着他和他的 4 个姐妹，靠家中的一方土地维持生计。穷人的孩子早当家，老舅公在很小的时候，与邻里玩乐之余就会帮助父母干一些简单的农活。

老舅公是家中唯一的男孩，父母望子成龙心切，精打细算省下一笔钱，终于在他 9 岁那年供他上了私塾。由此，老舅公开启了他为期 6 年的求学生涯。每日放课后，老舅公总会抛下玩伴赶回家，放下课本捎上农具来帮助家人耕作。那时候的私塾教学没有专门教材，先生只教一门国语，设置的课程主要是认字、读书和写字。刚开始，先生带着学生们识字，是将新认识的字称作“生字”，学过的字称作“熟字”，采取让学生们每日学习生字，每隔几天复习熟字的方法巩固记忆。学生复习时出差错，就得挨戒尺。如此学习一两年，待学生们积累了一定的词汇量，先生就开始教读书，用的是让学生死记硬背的老法子。连日的重复读背，让一篇篇经典在老舅公脑海里生了根，时至如今，他对诸如《三字经》《千字文》等名篇仍能出口成诵。写字是贯穿私塾学习始终的重要课程，先生教学重模仿不重创造，只是让学生不断临名家碑帖，老舅公从大楷练到小楷，临帖无数，由此练就了一手好字，又由于一点悟性练出了自己的一番风格。老舅公很感激那段赋予他知识的私塾时光，但他也对私塾教育的缺陷直言不讳，认为先生的教导有时难免太过片面死板，并且科目单一，不能与时俱进，没有创新精神。孩童求知求新的欲望，在私塾里被抹杀大半。

六载岁月如梭，老舅公从私塾里走出，那时正是动荡岁月，国共内战正酣，日军来得猖狂。老舅公的父母担心他外出遇到危险，排除了他继续求学或是参军的选项，将他留在家中。所幸老舅公读书写字的本领，并没有由此蒙尘。

连江临海，渔业发达，老舅公的爷爷抓住商机做起了海产品生意。老舅公因为能够读书写字，被爷爷带在身边记账打杂。在县城里的熙攘的市场上穿梭，到海边感受咸腥的海风扑面而来，笔下的字被赋予了经文外的现实意义。一切的一切，对少年的老舅公都是新奇的初体验，大大开阔了他的视界。但好景不长，没过几年日军的魔爪便伸向福建，家中的生意在动乱中停摆，老舅公回归了农民生活。老舅公的学识在村里的大小事务中也总能派上用场，村委会的文件都经由他来抄写，村人有修家谱、写对联的需要，也首先找他帮忙。

老舅公过往生活中最浓墨重彩的一笔落在土地改革在农村开展得如火如荼的那几年。生产大队量地分田，需要有人负责做记录、写地契等事宜，那个年代村子里舍得供孩子上私塾的人不多，经历了新中国成立前的坎坷动荡后仍未离开村子的知识分子更没几个，大队兜兜转转敲定了几个备选人员。谁知不消大队动员，老舅公便主动报道，从此，生产大队走到哪儿，哪儿就有老舅公忙碌的身影。虽然大队只分配给他文书工作，需要有人搭把手时老舅公总是任劳任怨，并且不计报酬。村子顺利开展土改，老舅公功不可没。

如今，老人年事已高，老眼昏花，提起笔来手也止不住颤抖，兴致来了，写上寥寥三两个字便又力有不逮。近百年的悠长岁月里，他曾在私塾先生的教导下书写一笔一画，曾在爷爷的账本上仔细记录每一笔收支，曾为村里做出点滴贡献……一个农人，就这样一生与纸笔结缘。

## 二、患难真情

“日本鬼子来了哟，饭都来不及吃，赶紧躲起来……他们就到处抢。”老人说起日本鬼子来，声音总是颤抖得厉害，别过头去露出不忍的神色，话音里掺着几许叹气。终于赶跑了鬼子，苦日子却没有到头，老人在记忆里搜索出好些个生活困难的乡人的经历，思绪把话音带到好远。

21 岁那年，老舅公循着正常的人生轨迹讨了个媳妇，没什么轰轰烈烈的爱情故事，只是揣着夫妻同心搭伙过好日子的心思。谁料新婚燕尔，日本鬼子来势汹汹的消息便传遍全村，一时间，村子里到处人心惶惶。

日军侵略连江的那一天还是清早。老舅公家里的早饭刚开锅，日本人的身影已经出现在村口，一家人手忙脚乱，顾不上去盛锅里余温未散的饭菜，便你推我搡地摸到床下、柜子里等一切能藏人的地方，不管不顾地一头钻进去，好容易都安好了身，每个人都屏息凝神，警惕地借着幽微的缝隙观望屋外的风吹草动。日军将村子翻了个底朝天，到处是一片狼藉，所幸没有残害村人性命，老舅公一家都得以保全。

日军没有嚣张太久，就遭到了连江抗日游击队的迎头痛击，游击队员的浴血奋战，换来了村子相对的安宁。虽然日军仍在多地不断制造冲突，虽然头顶时常响起轰炸机的轰鸣，老舅公一家至少摆脱了在日本人眼皮底下小心翼翼过活的日子，可以在村中自由走动，不用担心田地被糟蹋，家中被搜刮。老舅公打心眼里感谢党的领导，赶上了好收成，都会送一些给党组织。1944

年，日军卷土重来，连江再次沦陷，抗日游击活动又迅速组织活跃起来。老舅公积极主动地承担了后勤保障的任务，配合游击队员取得了战争的胜利。

1949 年 8 月 16 日，连江县城得到解放，彻底获得安平，村人在炮火的洗礼后休养生息。老舅公的邻人家在连年战火中元气大伤，当年又没赶上好收成，接近年关，正是家家户户张灯结彩、走街串巷的喜庆时候，一家人却是相对无言，愁眉难舒。老舅公获知消息，咬咬牙省出一些粮食借给邻居，让邻居能过上一个安稳年。其实那时候老舅公家里也不到三分地，家里经济状况也不见得多好，可他没有向邻居索要多余的报酬，并且从那以后更关心乡人的生活状况，接济了更多乡人。

新中国成立前，有邻居生活太过困难，忍痛将老房子低价转手卖出，老舅公靠着家里经商时攒下的一点积蓄把它买了下来。同乡聊起这件事，都觉得稀奇，就连老舅公的家人也摸不着头脑——也不是个有钱人家，家人也没有多到老屋住不下，就算真要置办房产吧，破破烂烂一老屋，图什么呢？老舅公图什么，土地改革后才见分晓。1950 年，土改的春风吹过农村，贫农的生活都有了改善，老舅公就在这时候，无偿把房子归还原主。老舅公埋藏了多年的不声不响的好意终于破土而出，让所有人瞧见。

改革开放后，村人的生活质量一天天好了起来，老舅公的儿孙也纷纷找到谋生之路，那段把温饱作为最高理想，为生存拼搏的日子终于望到了尽头，村人互相扶持的温情却在岁月留声。患难见真情，老舅公为村人做过的一切，成为许多人心中的一片柔软。

时过境迁，岁月带走了太多酸苦的记忆，却没带走老舅公乐善好施的个性。逢年过节，仍有许多人上门拜托老舅公帮忙，这回解决的可不是生计，而是盼着老舅公为他们写副春联。老舅公也来者不拒，就连村里城门上的对联也出自他的手笔。土改工作终了，老舅公还在为村里服务，只是对象由生产大队变成了村委会，写材料、抄文件，他把村子里的事务当作自己的责任，几十年不曾放下。老舅公对村子和村人的情，同时光一样绵长。

## 三、故土难离

“我有几个孩子在国外哩，生活都很好。”老人提起儿女，眼底便泛起温柔的光，可远方的话头刚起，那光芒就随着有些黯淡。

老舅公从未离开过村子。

青少年时代，老舅公去过最远的地方就是县城里的市场，还有邻村的海滩，是为了随爷爷做生意。伴随他 6 年的私塾时光，教的是经书上的“人之初，性本善”，没有浪漫的诗与远方，那时候他对世界有多大概念模糊，幼小的身躯也不可能独自去闯荡。

1941 年日军从海岸登陆，连江县城沦陷，县政府内迁至丹阳、蓼沿等镇。同乡有举家随政府内迁的，有加入了抗日游击队的，也有远走高飞的。老舅公家中人口众多，爷爷年事已高，举家四处奔波不太现实，他作为家中唯一的青年男子，更不可能丢下家人远走他乡，只能选择在日本鬼子的恐怖统治下支撑起家庭。

连江安平后，老舅公养育了 2 个儿子，2 个女儿。他给了孩子们自己能给的最好的教育条件，4 个子女都至少有了小学文化程度。改革开放带来了各种各样的机遇，老舅公的儿女们纷纷离开村子外出打拼。老舅公虽然不舍，也不想用自己留在家中的私心框住儿女的未来。他的子女们也争气，有的在大城市发展，有的在国外扎根，日子过得都挺滋润。只是儿女离家远，有时春节也聚不齐人。老舅公想念儿女想念得紧，却始终没有到过儿女所在的城市。农人看重土地，土地是他们赖以生存的根本。老舅公虽然想与子女生活在一起，却不想丢了这个家，丢了祖宗给自己留下的老屋和田地，丢了自己的根。

人生步入晚景，老舅公的老伴先一步走了，老屋只剩老舅公一人。在县城生活的儿子怕老人孤独，想把老人接到镇上，被老人回绝了。近几年，老人渐渐料理生活有些吃力，好在村子和镇上离得不远，儿媳妇孝顺老人，日日为老人送餐、洗衣，帮着打扫卫生。儿子担心老人独自生活出事，也心疼媳妇天天来回奔波，又动了接老人到镇上的念头，老人依旧倔强地不肯离开村子，他过不惯单元房里的生活，不习惯熟识的同乡变成最多点头之交的邻居，不习惯一早上能从村东头悠闲地逛到村西头的日子，过成出了小区就得担心过往车辆不能舒坦地随处走动的日子，不习惯抬头望见的蓝天成为钢筋水泥的拼图。唯有生活了一辈子的村子才是老人心之安处。

老舅公心中总带着乡土情结，不是没有梦想过远方，只是离开故乡的感觉更让他难忍；不是惧怕陌生和未知，不是没有一腔热血的少年时候，只是一方田，一个家，方寸之间，拘束了他对外面的世界所有的向往。

## 四、文化守望

“明代的时候，倭寇袭击我们村子，可怕哩……这时候，戚继光大英雄来到了我们县里，村子里的人，高兴得不得了，连夜推举了一个什么来着？哦，对了！是我们余家的族长哩……”老人对于村子的历史如数家珍，说到兴头上，架势活脱脱像个专业说书人。

日子一点点过着，老舅公也慢慢老去，终于他离开了自己辛勤耕耘了大半生的农田。街头巷尾，多了个闲着遛弯的老人，夏天摇着蒲扇在某处人家前歇脚和屋前同样清闲的某某聊会儿天，冬天裹着棉外套到祠堂里和老相好们一起听戏。

老舅公人闲，嘴却闲不住，逮着个人都能聊上几句。他最爱和年轻人聊天，聊的不是东家长西家短，而是村史、族史。他这一辈子在村子里扎根，从小听长辈讲过去的故事，又亲眼见证了村子近百年的变迁，心里有说不完的故事。如今，村子里的年轻人大多数都在往大城市走，村子里剩下的青壮年不多，大多都在操持农活。农人劳作一天，傍晚都爱围着闲聊，老舅公有时路过，便会加入讨论，一天埋身田间实在没什么新鲜故事，大伙聊着聊着就变成了老人讲故事的专场。村子里还有一些留守儿童，孩子正是做什么都风风火火的年纪，总耐不住性子听那些太过久远的过去，每回聚在老人身边吵着听故事，都不过三分钟热度便又四散玩要去了，老舅公也不恼，下回孩子们再围上来，他又会掏出新故事来说。他还义务给村干部们科普村子的历史，以帮助下乡的干部更好地理解村子的文化。

老舅公这么做除了兴趣使然，也有更深的用意。如今，村子里人员大量流失，留下的人普遍文化水平低已成了不争的事实。人员向城市流动，儿孙辈回村越来越少，和村子的联系越来越薄弱，网络时代里他们甚至能接收到大洋对岸的讯息，对于故乡正在发生的变化却浑然不觉，遑论故乡的过去。同时，留在村子里的人没怎么受过教育、见过世面，眼光总还有点狭窄，每日都只是关心自己的生活和村人一些琐碎的八卦，听老舅公讲故事也大都是图个乐子，没几个会实实在在放在心上，村子的历史文化于许多人都是太过遥远的话题，不及“隔壁老王摔了一跤”来得更令人想要一探究竟。对村子的过去了如指掌的一辈人已然老去，当村里的后生对村子的了解越来越少，对村子的历史毫无关心，对传承村子的文化毫无担当的时候，村子将会变成一个没有灵魂的空壳。老舅公将这些现实看在眼里，冷在心里。所以他虽然也只上过几年私塾，却主动担起了宣传村子的历史文化的职责，不厌其烦地向每一个愿意倾听的乡人讲述村子的故事，从孩童到中年人，从土生土长的农民到回乡探亲的高才生。他把每次给人讲故事都当作一次机会，期待他们能够因为自己的讲述对故乡的文化燃起兴趣，接过传播故乡文化的接力棒。

老舅公还爱劝导年轻人外出求学，他自己上过私塾，把教育当作一件神圣的事。他希望村子里的年轻人，在现在的好环境、好条件、好政策下，能够充分接受教育。他对于后生的要求又不仅仅是受过教育，而是希望他们能充分理解消化自己学到的东西，做到学以致用。他对于一些提笔忘字的大学生很是失望，认为他们连基本的字都学不清，自然学不到更深刻的知识。每个来拜访他的年轻人，他都要认真敲打，不因自己文化水平低而自惭形秽，鼓励年轻人向更高的学术门槛迈进。

老舅公像村子里一座屹立近一个世纪的灯塔，即使历尽沧桑、光芒黯淡，仍尽自己所能绽放光芒，引领出海的船只返航，回到故乡的港湾停泊。不论是为村子整理文字资料，还是传播村史、族史，老舅公的一生都在为村子的文化建设添砖加瓦。他是村庄的文化守望者。

老舅公的一生，没有多波澜壮阔，生在一个普通的农民家庭，按部就班地过完普通的一生。他生命里也不是没有遇到过大风大浪，但他既不是掀起风浪的始作俑者，也不是平定风浪的盖世英雄，只是在其中挣扎着活下去的平凡的角色。可老舅公却在普通的生活中活出了自我的精彩，活成了大家交口称赞的模样。患难年代，他自身难保却还咬牙支撑起许多人；和平岁月，他时刻把村子的事务当作自己的责任，系在心间，落到行动上。他用自己的坚守和澄澈心性，来谱写属于自己的人生。

世界太大，我们每个人都只是其中的70亿分之一，有人生而光芒耀眼，吸引世人目光追随，也就有人看上去活得普普通通，平平淡淡，在少有人知晓处安静生长。可每个人都是独一无二的，有自己的人格魅力和气场。从旧时代一路走来的老舅公，一生没干什么惊天动地的大事业，只是守着自己的故乡，用一生为故乡服务。但试问，肯为一个无人问津的小地方，为不会被很多人注意到的小事，去用一生来坚守、奉献的人，世上又有多少个呢？老舅公做到了这些。乡人提起老舅公，都说他是“老好人”，都感激他做过的一切，这就是老舅公一生默默付出最好的回报。

## 采访手记

4年前在太爷爷的百岁宴上见到的老舅公，是一个活泼神气的老人。如今，太爷爷已驾鹤西去，家人说起的老舅公仍是一副活泼神气模样。故而接到采访任务时，老舅公的面庞即刻跳进笔者的脑海。

然而人算不如天算，笔者回家着手准备采访不到 2 天，老舅公就不慎肋骨骨折住院。病房里的老舅公依旧面色红润，说话、起坐却已然不很利索，没聊几句就显露疲惫神色。采访只好分了几天进行，老舅公的人生拼图也多半靠着邻里和亲戚的描述来重现。

老人记忆琐碎，聊起天来常常前言不搭后语，但当笔者聊到教育，老人却滔滔不绝地长篇大论起来。笔者现在仍能清晰地记起他认真地为笔者解释衣服上"百岁老人"4 个字分别的含义，又缓缓诵了一段《三字经》的场景。就算那 4 个字再简单不过，就算《三字经》于笔者很是耳熟能详，老人的热情都令当时的笔者不忍打断。一个一生没有见过外面的世界的农民，对于教育的热忱惊讶了笔者。这也是笔者选择老人与文化教育的故事为中心展开故事的原因，纵然一生是平凡的农民，他与纸笔的缘分也足够闪光。

用文字把老舅公带给笔者的感受传达给更多人，或许就是笔者落笔的意义。

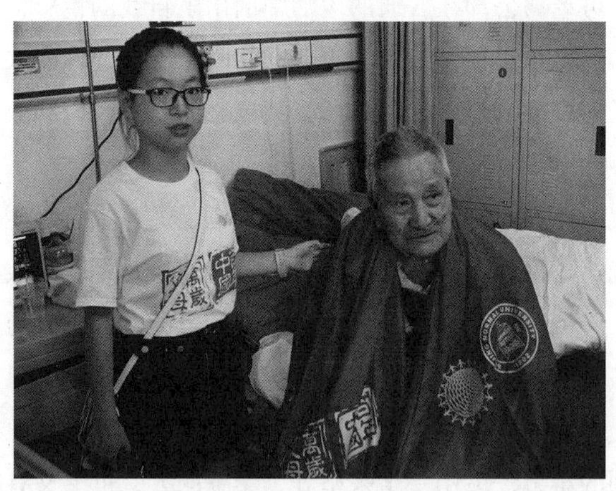

余和益老人与志愿者合影（郑诗琪　摄）

# 人生多艰　师心难灭

## ——黄桂筠老人传记

王舒炜　北京师范大学　化学学院　2018级

### 人物生平

黄桂筠，1929年7月26日生于四川省成都市，后移居江西省南昌市洪都区。黄桂筠从小多才多艺，与邻居家的小哥哥青梅竹马，最后两人于1949年组成美满的家庭，育有4个子女，现在已经携手走过了70个春秋。两人经历了患难与共的年代，相濡以沫。黄桂筠从1948年起就站上讲台，一站就是几十年，桃李满天下，留下一段段感人的师生情。黄桂筠和爱人依然康健，平日里由子女们悉心照料，生活平淡却幸福。

伏案工作的黄桂筠（受访人提供）

### 一、青春歌声回荡

四川成都的一个小县城，是黄桂筠老师记忆深处的故土，承载了黄桂筠小时候所有的安逸和快乐。黄桂筠从小就是个心地善良的姑娘，这样的善良来源于父母的耳濡目染。黄桂筠的父亲身负武功，因而常常免费帮人疗伤，而母亲是一位善良的家庭妇女，收留了一个孤儿，待她如自己的女儿一样，最终成为黄桂筠的家庭成员，待黄桂筠如姐妹一般。20 世纪 30 年代，日本鬼子的轰炸突然间扰乱了黄桂筠一家平静的生活，一家人从小县城逃出，被迫到了乡下，以躲避无情的战火。没有了国，何以为家？黄桂筠的父亲选择了离家抗战，行动不便的老祖母留在家里，母亲则独自在家种地，用自己的臂膀撑起孩子们的天，独自拉扯孩子们长大。在黄桂筠的脑海里，母亲一人种地以及年迈的祖母是印象最深刻的生活片段。父亲的缺席也让黄桂筠变得坚强和独立。波折的生活和家里一直不稳定的生活来源没能让黄桂筠接受当时的高等教育，但是在她心里埋下了早些扛起家里生活重担的种子。

黄桂筠从小就有音乐天赋，弹琴唱歌不在话下。初中时代便被幸运地选入了校宣传队。恰逢抗战时期，学校宣传队都在传唱抗日歌曲，这些歌曲对她来说易如反掌，随着岁月流逝，这些歌更融进了她的骨子里，今日唱起，似乎还是昔日的青春模样。

“我记得最清楚的就是黄河大合唱。”黄老师话音落下就唱了起来：

风在吼
马在叫
黄河在咆哮
黄河在咆哮

“还有一首初中毕业歌，我反复地唱，反复地唱，越唱越有味道，当时我们都有满腔的热血。”

同学们！同学们！
快拿出力量，
担负起天下的兴亡！

黄老师谈起自己的过往无比激动，脸上挂着些许不属于这个年纪的憧憬和激情，遮住了今天的沧桑，显露出黄老师的青春模样。“这首歌好有力，好有气，好振奋人心。”黄老师提起这首歌。老师一边唱一边说起她对这些歌词的深刻体会：“看到你们这些新鲜的面孔，就觉得歌词说的就是今天的景象，今天的桃李芬芳明天就将成为国家栋梁！”这些歌曲已经在黄桂筠老师的脑海里挥之不去，年轻时的记忆总是深刻的，在黄桂筠老人每一个失眠的夜里，翻来覆去都有这些歌词不停地在脑海里回荡。

即使后来黄桂筠成为一名老师，还是放不下唱歌的爱好。黄老师的爱人年轻时就读于四川大学，大学里的学生在学校里能够接收到的是最新的思潮，因此黄桂筠的爱人一直把从学校里学到的看到的回来说给黄桂筠听，他在大学里一学到新歌，回到黄老师身边就赶紧教她唱：

你要吃饭得做工哟
没人给你当牛羊
老百姓呀管村庄
讲民主呀爱地方

黄老师学好了歌到学校就忍不住教给自己班上的孩子，用新潮的歌曲丰富了孩子们的校园生活。但黄桂筠却差点因此被学校警告处罚，学校校长多次跑来警告黄老师不能随便唱歌。这时的共产党正在为了解放全中国艰苦奋斗着，虽然解放的脚步还没走遍全国，民主和解放却早已唱响在各个角落。那时人们还不知道什么是民主，什么是解放，也不知道为什么不能传唱，但却在潜移默化中记住了未来新中国即将迎来的巨变。

谈起黄桂筠和她的爱人，却是让所有人羡慕的模范夫妻。黄桂筠老师的爱人和她从小就在同一个村庄，还是邻居，两个人青梅竹马。黄桂筠很小就出落成了一个大美女，是村子里数一数二的大美人。不仅长得落落大方，还在学校里成为学生队伍的领头人，胆子大，敢出头，放在一群孩子里就是最显眼的那一个。那时黄桂筠的爱人也是人高马大，长得十分标致，是学校排球手，常常抱着个排球转悠，却没想见到黄桂筠能害羞得撒腿就跑。那时还流行媒妁之约，于是他马上就让媒人来黄桂筠家提亲。但是黄桂筠的母亲担心自己家的家庭条件和对方家差距太大，怕黄桂筠去了受委屈，就委婉拒绝了。却没想黄桂筠的爱人没有放弃，一直暗中努力。黄桂筠的母亲也在这接下来几年的时间里悄悄关注着他，逐渐看出这是个话不多，诚实稳重，值得托付的青年。于是在媒人间隔了几年后再次上门提亲时，黄桂筠的母亲终于答应了。黄桂筠和爱人开始了正式交往，最后两人于 1949 年正式结婚，黄桂筠坐上了大花轿，完成了一生中最重要的仪式，成为所爱之人的妻子。在后来的时光里两人相敬如宾，举案齐眉，不离不弃地相伴了 70 年，演绎了让人羡慕的童话般的爱情。

## 二、执教不问困苦

黄桂筠老师 1948 年开始参加工作，以参加幼师训练班开启了她的教师生涯。

刚刚踏上讲台的黄桂筠就在班上遇到了自己的弟弟，却不知她成了弟弟的大麻烦。刚刚上课，遇到想在课堂上捣乱的学生，黄桂筠忍不住抄起戒尺打上一个手板儿，学生却对黄桂筠抗议：你就打我们不打你弟弟。为了平息学生的争议，黄桂筠只好让她老老实实的弟弟也挨了她的板子，板子打在弟弟手心里，却真真切切地疼在她的心上。

1949 年，刚听闻新中国成立时，黄桂筠在学校上课，不知道这是个什么消息，也不知道这终将给整个中国带来翻天覆地的变化，只知道关爱学生是她的义务，认真上课是教师义不容辞的责任。这时黄桂筠刚刚到达洪都小学，学校黑板一擦就成了漫天飞舞的飞絮，粉笔灰飘飘落落像雪花一样，整个讲台就像铺满了雪花，在白炽灯的映衬下更加的雪亮。学校里只有几个平房，比现在小了好几倍，一个年级只有七八个班，一个班最多两个老师，整个学校只有几十个老师。虽然学校规模小，却时刻充满欢声笑语，温馨而美丽。这时正值新中国成立，学校一片祥和，和谐和团结是整个社会的主题。老师是充满热情的，学生是努力学习的，国家是蓬勃向上的，一切都是欣欣向荣的景象。学校里每一位老师都对这份职业抱着一腔热血，不辞辛苦，也不问回报，站在讲台上绽放着无私的光芒。利用课余时间加班、家访、谈话、补课成了老师们习以为常的事情，帮忙代课更是常事，却从来不求任何回报。黄桂筠老师在学校经常忙不完，只能把自己的工作带回家接着做，在学校工作到忘记了时间更是常事。没有手机，没有电话，黄桂筠经常让自己的家人为自己担心却也无奈。黄桂筠老师的女儿每天都能看见踏进家门的妈妈的胳肢窝里夹带着她的课本。黄桂筠即便回了家一心却还在工作，备课改作业占据了黄桂筠在家里的大部分时间，家里的 4 个乖巧的孩子不得不分担起大部分的家务活。

抗战时期黄桂筠全家一起从四川成都搬迁到了南昌，已经习惯了四川方言的黄桂筠没能转换成标准普通话。还说着一口"四川普通话"的黄桂筠在成为老师后遇到了不小的麻烦和尴尬。黄桂筠一开始在南师附小当一名语文老师，在她的第一节语文公开课上，由于黄桂筠的"四川普通话"，南昌的孩子们听不太明白老师在说什么，忍不住在课堂上闹腾起来，不停地又说又笑。这让脾气好的黄桂筠气得想批评学生，想叫他们"不许说话，乖乖听老师讲话"，一张嘴，舌头却不听使唤地说成了"不要'开枪'（四川话'说话'的谐音）"。开枪两个字一出口，学生们瞬间沸腾了，各种开枪的姿势活跃在课堂上的每个角落。不仅同学们热闹起来，就连过来听公开课的老师们也忍不住交头接耳，这场准备已久的公开课就在因语言而起的一场意外和吵闹中宣告失败了。这次的公开教学让黄桂筠面临了自己的第一次工作危机，但教育局根据她的特殊情况让她从南师附小调到了县城幼师训练班继续学习。四个月之后，黄桂筠到了八一公园里的市幼儿园工作，工作了一段时间后又调到洪都保育院，从这里开始黄桂筠老师结下了和洪都的不解之缘。

在洪都保育院工作的黄桂筠老师不知为何身体出了点问题，在没有来得及检查清楚之时被以为得了肝炎，就又一次因为误会被调离。辗转多次的黄老师，终于到了洪都小学教授语文。虽然黄桂筠多次被误会，但是时间给了黄桂筠老师肯定。黄桂筠老师刚刚到达洪都小学时，惊喜地发现洪都保育院教过的那些毕业的孩子们全都来了自己的班上，黄桂筠也没想过这些孩子们会又一次选择了自己，也让她对教师这个职业有了不一样的认识，更对这个职业产生了更高的信仰和敬意。在后来的日子里，黄桂筠为了不再出现当年语文公开课上的笑话，工作之余都拉着小女儿一起学习拼音。黄桂筠的小女儿刚上小学，白天上完课回家还要做妈妈的老师，"身兼数职"，学起妈妈的样子当妈妈的老师，可是教学效果却十分惊人，黄桂筠的普通话水平直线上升。今天见到 90 岁高龄的黄桂筠老师一点都没有当年四川普通话的影子，听到这件往事还真让人难以置信。

不管黄桂筠老师在执教的路途中遇到什么坎坷，始终都是与人为善，在这条写着师德的路上以苦作乐，不忘初心。

## 三、岁月不忘情深

执教的 20 年间，黄桂筠用心地对待每一个学生，即使岁月变迁，谁也不忘当年情深。

曾经在黄桂筠的班上有一个小女孩，得不到来自父母的关爱，只能自己一个人艰难地生活，每天穿着带着破洞的衣服裤子，经常顶着凌乱的头发脏兮兮地出现在教室里，没有好看的衣服，连温饱都是难事。心地善良的黄桂筠实在不忍心看着自己班上的孩子受委屈，于是决定把她带回家，每天放学让她能够像自己的孩子一样感受到温馨的家庭氛围，在寒冷的夜还有属于她的热腾腾的饭菜，有和其他孩子一样的玩具也有一件崭新的衣服。但是孩子天性爱打爱闹，不小心让黄老师的女儿也传染上了虱子，却始终没有听到来自黄老师的一丝责怪，孩子从心底里感恩黄老师让她对生活燃起的希望。

19 世纪 70 年代，黄桂筠的爱人被下放到基层，黄桂筠则坚持追随着她爱人的脚步一起到了农村。这辈子黄桂筠跟着她爱人辗转了多地，却从未分离。黄桂筠在农村待的几年间，依旧坚守在教师的岗位，而她的爱人去当地当了一名技术工人。生活虽然没有原来那么富裕，但接下来的日子还是平静和安定。黄桂筠离开了原来的学校，也远离了自己一直百般呵护的孩子。一个平时十分依赖黄桂筠的学生在一次休学回来后意识到平时最喜爱和疼爱自己的老师突然离开，感到非常懊恼和委屈。原本乖巧的孩子突然插进了一个陌生的班级，受尽了批评和惩罚。她便天真地以为把黄老师找回来就能找到自己的保护神，可以回到从前那样。于是她一个人踏上了寻找黄桂筠老师的路，从没想过自己的危险和路上将会遇到的波折和困难。一个人鼓起勇气踏上开往陌生终点的车，却没发现心急的自己坐错了方向，一路跟着车到了九江，离老师几百公里。发现自己走错了地方，饿着肚子而口袋里摸不出几分钱的孩子绝望地走在街头，支撑不住的她终于倒在了街头，恰逢一位好心人相助才得以回到了家。不禁让人感叹是一份什么样的师生情，才能让一个学生凭借自己寻师的信念踏上人生地不熟的土地，前往未知的目的地。

黄桂筠曾经只觉得地方上的学生调皮得让自己头疼，有的学生喜欢把附近工厂里的铜和铁偷偷拿去卖了买糖吃，还有的学生晚上不回家，直接睡在学校旁的山坡上，让家长和老师提心吊胆却束手无策。在这段时间里，黄桂筠和她的学生虽然风波不止，但却在吵闹中不知不觉建立了很深的感情。19世纪 80 年代中央落实政策，黄桂筠和爱人被调回了城市。直到此时，黄桂筠才发现自己早已把学生看作了自己生活的一部分，黄桂筠和她的爱人虽有万般不舍，却不得不回到原来的城市，突然的离别，犹如刀割，离别的泪浸湿了衣裳。黄桂筠在学生身上无私的付出化作了前来送行的孩子们的一滴滴泪珠，渗进了火车站台上的土地，却仍然留不住火车前进的车轮。30 年后，那些心系黄桂筠的孩子们费尽周折终于找到了当年含泪挥别的老师，岁月变迁，在农村奉献青春的黄桂筠也变成了头发斑白的老人，当年稚嫩的孩子全都变成了事业有成的中年人，有的成了护卫一方的军人，有人成了企业老板，有人当了官……过着各色人生的他们在黄桂筠的面前却似乎回到了当年调皮的样子，岁月消磨了青春却没能消磨镌刻在他们内心深处的师生之情。时隔 30 年的拜访让黄老师在最难度过的日子里有了很大的精神慰藉。

那是在黄桂筠退休后的一个清晨，和往常一样黄桂筠和爱人从家里走出，但刚一分手便遇到一个人向她打听“张大师”，听说她家徒四壁却有家里人急需治疗，善良的黄桂筠见不得别人的苦楚，一股脑将自己这辈子所有的积蓄掏空了给了人家。醒悟后的黄桂筠本想将此事埋在心里，却在家人的逼问下道出实情。在很长的一段时间里，懊恼、悔恨和自责像一块石头牢牢地卡在她的心里，跟丢了魂一样。此时，30 年前在火车站匆忙离别的孩子们突然来访，一群孩子给黄老师带来了久违的快乐和希望，还给老师留下了一个镌刻了他们师生情的戒指，成了消除黄老师内心忧伤的一剂解药。

## 四、几多风雨人生

20 世纪 50 年代，黄桂筠和她的爱人刚刚步入他们的职业生涯，也正是在他们结婚一年后，全国解放了。黄桂筠的爱人在四川大学上学时主修飞机专业，所以毕业后一直在厂里参与并负责国家各种飞机的模具设计和制作，在他们的家里头，一边是黄桂筠的爱人在手绘飞机图纸，另一边黄桂筠则一心倾注于培育引领中国未来的下一代，画面温馨而美好。虽然当时丈夫的工资只有 40 块钱，黄桂筠却觉得生活非常美满和幸福。这样的幸福，不仅仅是来自家人的，更多是来源于社会的。虽然当时的科技并不发达，生活也谈不上富裕，但是处于计划经济的中国给了黄桂筠最大的安心，家里的房子由国家分配，还带了一应俱全的家具，因此家里所有挣到的工资只有一个花销，那就是吃饭。没有互相的攀比，不用担心温饱，内心充盈而温暖，“满足”是黄桂筠最喜欢的状态。黄桂筠的爱人是一名航天工程师，每天忙于工作，鼓捣属于中国自己的实验机，为了实验机顺利飞天，还特意把女儿的名字取为“安翔”，寓意着全家人和中国航天的希望。黄桂筠夫妻俩虽然工作繁忙，但是娱乐生活也一点没落下，黄桂筠忙里偷闲地参加各种演出，而爱人则参加球赛，把一家人的小日子过得有声有色。

19 世纪 70 年代，黄桂筠的小女儿到了青年点，在扎岭水库当一名播音员。黄桂筠十分担心小女儿的状况，害怕自己的宝贝女儿不安全，一个人在外受苦，便偷偷去探望小女儿。才发现偌大的水库只有小女儿一个人，身为母亲的她非常担忧和焦急。得知有工作顶替的政策，如果一人辞职，子女可以顶替父母的工作。黄桂筠经历了几番犹豫和挣扎，最后还是选择放弃了自己深爱的工作，只为了让自己心爱的小女儿可以顶替自己，回到自己身边。

黄桂筠在 43 岁退休以后，生活悠闲而轻松，这样的清闲却让忙活了一辈子的黄桂筠感到些许空虚，闲不住的黄桂筠为了找些慰藉，也为了求精神上的清静，犹豫再三选择了在峨眉山皈依佛门。于是在家里建起了佛堂，自此以后吃斋念佛成了她生活必不可少的一部分，黄桂筠也在佛经的熏陶下看淡人生。黄桂筠老人提起自己的唯一遗憾，就是她母亲突然离世，自己却因为远离家乡，交通不便，爱人出门在外，没有人能够代替自己照顾几个年幼的孩子，最终没能离开南昌回到家乡。黄桂筠经历了一段时间的自责和悲痛，但她很快调整了自己的心态，重新乐观面对往后的生活。现在的黄桂筠和爱人都已九十高龄，却依然遵循自己的生活铁律，只吃素不吃荤，吃饭睡觉都做到一心一意。

黄桂筠一生的时间里，她对爱人的深情是最长久和坚定的，两个人的相濡以沫真的让旁人看到了“执子之手，与子偕老”的真实写照。黄桂筠的爱人年轻时是江西省有名的排球主攻手，还上过北京全国运动会的电影。在他工作单位的体育馆里的各种或大或小的排球比赛观众席上，常常能够上演黄桂筠带着四个孩子坐在第一排充当啦啦队给爱人加油的一幕。夫妻两个人一起携手经历患难与共的年代，从未红过脸，不管何时都是身边的人眼里努力工作的典范，矢志不渝的感情也让他们成了夫妻互敬互爱的典范。黄桂筠时常觉得爱人工作很辛苦，总是特地把家里的好吃的悄悄留给爱人。即使现在早已满头白发，一旦有一方生病了，另一方总是会坚定地拉起对方的手说，没关系，我在这里。陪伴才是最深情的告白！他们现在相濡以沫走过了整整70年的岁月，黄桂筠的爱人现在虽然已不太能够用语言清楚地表达自己，但黄桂筠却总是可以在他微妙的表情里，捕捉到他的需要。

黄桂筠老师虽然老了，但却还保有一颗年轻和不认输的心，和志愿者们攀谈起来没有一丝迟缓，思维甚是敏捷。问起秘诀，黄桂筠老人答道，那就是从不停止阅读。除了阅读，老人闲暇时还玩起了微信，不时在朋友圈写上一段心灵鸡汤，还忍不住一边用老师的语气教育年轻人。黄桂筠老人十分感慨，一直反复告诫我们："不要怕吃苦，做什么事都要有恒心，要有做好的决心。对爸爸妈妈一定要有孝心，还要学会感恩。年轻人要记得锻炼身体，不管再忙，不要乱吃东西。"黄老师也叮嘱我们："祖国的未来就靠你们了，你们要教育好我们的下一代。几十年前的孩子好带，现在叫我当老师，我也不会当了。现在独生子女好难办，不能打不能骂。你们还必须要学好心理学，把这些祖国的花朵用心理学的方法教育得不自私、懂理、胸有大志。还有学习传统文化是非常好和重要的，你们的任务是艰巨的！"

## 采访手记

南昌市洪都新区一场持久而温柔的雨陪伴了笔者在南昌的整个行程，雨水不停冲刷着车玻璃，模糊了车窗外的模样，却模糊不了黄桂筠老师身上饱满的精神气。黄老师用她流利而标准的普通话跟笔者打招呼，喜笑颜开的模样让笔者马上喜欢上了眼前这个老人，笔者在脑海里想象老师当年站在讲台是怎样一种气质不凡的模样。

这次采访选择在了黄老师执教20年的地方——洪都小学。笔者和黄老师一起走在这片她熟悉又陌生的土地上，眼前的一草一木，一花一树是从前的影子，但早已不见从前的红砖房，旧操场。黄老师一边不停地感慨“变了，都变了”，一边还是忍不住激动地告诉笔者这里以前是怎样一幅景象。

从第一眼见到黄老师，总觉得她身上有一股不俗的风范，和黄老师相处的短短的时间里能感觉到她的行为举止都体现着谦逊和善，身上没有太多的喜怒。采访中了解到，黄老师在退休之后选择了皈依佛门，因而在经历过起起伏伏后留有一种祥和。

采访结束，黄老师一直说着抱歉，没有心理准备，害怕乱讲了一堆，给笔者带来麻烦。而能在这样的一次行程当中和老者进行深谈是笔者无比的荣幸，让笔者能够第一次真正去了解一个老人的一生，感受从前的故事。黄老师沉淀了一生，才修得如此的心境，那微微下垂的皱纹和唱歌时打起拍子的铿锵，都是时间的重量。

黄桂�老人和志愿者合影（王晶萱　摄）

人生如酒
岂能轻易道尽悲欢与离合
路过人生
只愿不染风尘
滂沱雨后
昊天依旧

这次的访谈不仅是一次对经历了新中国70年巨变的老人的关怀，对我们来说更是一次对生命智慧的探询。黄桂筠老师用她一辈子的经验和经历告诉了我们长寿的秘诀就叫“简单”。我们在通往终点的旅途中都应该轻装上阵，去伪存真，永远怀有一颗真实的心，不管生活给我们什么苛刻的安排和无情的挑战，永远保持简单平和的心态，才能收获更加真切的幸福感。

# 闪耀的党徽　赤诚的情怀

## ——曲永新老人传记

邓天杰 北京师范大学 环境学院 2018 级

### 人物生平

曲永新，1925 年 12 月 5 日生，94 周岁，现居北京光熙长者公寓。1942 年，曲永新光荣地加入了中国共产党，并成了当地的妇救会长。1951 年，曲永新从山东调到北京工作，先后在原林业部、原国家计委、原国家机关事务管理局等机关工作。为国奋斗、为国倾尽全力是曲永新一生最好的描述。16 岁入党，57 岁退休，41 年的革命事业，41 年的默默坚守，付出了 41 年的劳动，献出了对党一生的忠心。

曲永新老人照（马奥宇　摄）

她曾是妇女救国会中的一员；她曾是某造纸厂中的一分子；她先后在很多国家单位工作；她从出生到现在，没有非常顺风顺水；她从出生到现在，可能历经种种艰难困苦，由于当时社会的不稳定，社会动荡，她也随之奔波。“国家要我去哪里，我就去哪里。”这便是她的真实写照。她，一直坚定地，为国奔波，为国奉献，为国倾尽全力，为国奋斗一生。

她，就是曲永新，一位老革命家，老党员，老干部……

## 一、信念在成长中萌发

1925 年的中国，处在国共第一次合作时期，社会依旧动荡不安。

同年 12 月，曲永新出生了。每个时代都有每个时代的不易，每个时代亦有每个时代的特点。20 世纪 20 年代，中国大部分家庭仍处于温饱都无法解决的窘境。每家每户尤其是农村的家庭，糠菜半年粮的日子也是司空见惯了。曲永新的降临，或许没有给家中带来很多幸运。原本就已经庞大的家族，又多了一个人来分食家里仅有的那些粮食。

儿时的曲永新，家里总共有 9 口人，父亲、母亲、爷爷以及兄弟姊妹 6 个，其中 5 个女的，1 个哥哥。多代人一起生活，让这个大家庭中的每个成员都感觉有重担压身。曲永新的父亲，给地主当长工，凭此赚取一个大家庭的生活费，母亲为地主家做鞋、缝衣服，地主便会给一点粮食，曲永新家又在山东沿海，没有太多的土地，整个家只有 3 亩地，这便是所有的经济来源。也许，贫穷才是曲永新一大家子的主色调。家庭的境况只允许有一个人上学，那么谁上学呢？旧中国，重男轻女的思想根深蒂固地存在在人们脑中，传统的观念里，女孩一般是不用读书的，因此曲永新家里便只有哥哥一人读了书。当曲永新说起镇上有两个女孩子家里有钱读了书时，我能够感觉到，年幼的曲永新心里还是有些落差。那个时候，没有人不渴望读书，在书海里畅游，摒弃世俗凡尘的侵扰，只有读书，可以让人短暂地远离生存烦恼。曲永新很羡慕，却也没有能力改变事实。

没有上学的曲永新，并没有因此而放弃自己之后的人生。相反，思想上进，行为积极，终究给曲永新带来了意想不到的惊喜。

1937 年，中国抗日战争全面爆发，中国军民奋起反抗，中国掀起了全民族抗战的高潮。曲永新一家虽说没有太多文化，但家中所有人思想都非常上进，1938 年，曲永新的父亲和哥哥加入了中国共产党，当时曲永新才 12 岁。

对于 12 岁的曲永新来说，父亲和哥哥的入党，让她看到了一丝曙光，也许，这就是一次机遇。曲永新入党的念头就好像一颗种子，在这个重要的时候，成功找到一块安稳的土地生长，也就是这个时候，加入中国共产党这个想法在曲永新心里生了根。

父亲已经不在地主家干活了，回家后干起了革命。曲永新回忆道，父亲当时年纪也不小了，依然拄着拐杖在地下活动。作为家中第一位党员，曲永新的父亲起到了非常好的带头作用，时不时给家中讲一些革命道理，鼓舞家人们一同为革命奋斗。同时，曲永新还结识了一位女党员。那位女党员经常给曲永新讲革命知识。就这样，曲永新心中那颗入党的种子一直在不断汲取外界的营养，逐渐地，曲永新对于入党的信念愈来愈强烈，那颗种子也在土壤中膨胀、膨胀、再膨胀。

1942 年，对于曲永新来说是一个转折点，这个转折点便是曲永新心中那颗种子萌发的时刻。种子，破土而出。16 岁的曲永新，通过老党员的介绍，光荣地加入了中国共产党。16 岁的碧玉年华在曲永新身上便是怀揣着满腔热血干革命。成为中国共产党党员的曲永新，更是积极参加了当地的妇救会组织，和其他妇女一起纺花织布、给解放军做军鞋、缝袜子。在曲永新讲述着她入党的经历时，一直强调，自己入党挺早的，16 岁啊，我 16 岁就入党了。

对此，曲永新非常骄傲。一谈到入党的年龄比较早，曲永新总是放声地开怀大笑。好的开始是成功的一半，加入中国共产党便是曲永新一个较为完美的开始。虽然曲永新如今戴上了老花镜，但透过眼镜还是可以看出一双坚定的双眼，炯炯有神，眼睛里展现出对于中国共产党的最高信仰。

作家麦家说："人生是个圆，有的人走了一辈子也没有走出生命的圆圈，他就是不知道，圈上每一个点都有一条腾飞的切线。"此时的曲永新，已经成为中国共产党党员的曲永新，找到了属于自己的那条腾飞的切线，带着她对中国共产党的信仰与敬佩，在这条切线上，即将舞出自己绚丽多彩的革命人生。16 岁的花季，正值青春上好。曲永新完成了她人生中第一大重要的事，完成了种子的萌芽，完成了自己的腾飞。

如此年少的她，佩戴着闪耀的党徽，踏上了革命征程。

## 二、毅力在风雨中锤炼

一个偶然的机缘，曲永新成为当地镇上妇女救国会组织的妇救会长。

曲永新所在的镇上，在当时有 3 个女党员。曲永新刚入党不久，原先那位妇救会长做媳妇了，离开了，在大革命洪流中成长起来的曲永新便担下妇救会长这个重任，成为妇救会长。从那时起，曲永新开始领导镇上的妇女，开始自己真正的革命奋斗征程。

妇救会长的工作不是那么好干的。在当时那个艰苦困难的时代，人们文化水平也不够，镇上很多家庭的老百姓可能还存在着较为严重的封建思想，光是动员大家支援解放军就非常困难。曲永新作为妇救会长，最主要的工作就是动员越来越多的人来为解放军做鞋、缝衣服。“每天都太忙了，太多事情，太困难了。”曲永新不禁感叹道。说着说着，曲永新摘下了眼镜，看着窗外，长叹了一口气。窗外，一簇翠绿，静谧而又祥和。奶奶就这样静静地看着窗外好一阵子，也许，如今的生活让曲永新觉得他们当时吃的苦都是值得的。待我从窗外迷人的景色中反应过来，曲永新早已湿了眼眶。泪水中饱含着太多的辛酸与无奈，太多让老人家不愿回想的艰难。

1946 年，20 岁的曲永新从家中那个小地方，走出来了。离家一二百里的一个大山沟里，有一个造纸厂，公家组织的，厂子里有几十个工人。当时，已经成为妇救会会长的曲永新，有着较为丰富的领导经验，便被派去造纸厂工作。第一次离家，曲永新心里五味杂陈。周围都是陌生的环境，陌生的人，思家肯定是难免的。也许是革命工作太辛苦，太劳累，很难有时间去想家，念家，也许是作为一名中共党员，那种随之而来的责任和为国奉献的使命，让曲永新逐渐习惯了那样的生活。造纸厂的工作，并不是那么容易的。那个时候，科技并不发达，一个造纸厂也只有很少的机器，大多工序都要靠人工来完成。年龄小，又是女生，众多因素让造纸厂的工作难度变得格外大。曲永新回忆说：“就一直在那儿打啊打啊，撕下来，又贴上去。”太具体的工序，曲永新如今也记不太清楚了，但她记得动作一直重复着，重复着，可能是太枯燥无味，让她记忆尤为深刻。

工作的辛苦也只有曲永新自己才能体会到。曲永新在回忆造纸厂的种种经历时，发表最多的感慨便是难和苦。“当时真的是太难了，太苦了。”

## 三、顽强在困境中培养

在造纸厂工作的曲永新还经历过一场惊心动魄却少有人知的大事。离家较远的曲永新当时没有住宿的地方，造纸厂周围有几个老百姓家，曲永新便住在这些人家。曲永新当时与一位 18 岁的女生睡在同一个炕上。谁能想到，不幸的事情发生了。那个和曲永新睡在一个炕上的女孩得了一场大病。先是脑膜炎，然后是发高烧。那个年代，医疗条件本来就不高，加上造纸厂的地理位置较为偏僻，又是农村，这种较为严重的病几乎无人可以治疗。无可奈何之下，那个女生离开了人世。而曲永新也被传染上了脑膜炎，发了烧。当造纸厂的工人们得知曲永新生病之后，开始寻找治病良药。迷迷糊糊的曲永新被带到了一个小屋子里，那是农民用来看菜的小屋子。屋子周围全是菜地，放眼望去只有郁郁葱葱的植株，没有人，没有烟。曲永新被隔离了。由于脑膜炎有传染性，为了防止其他同志再被传染，情急之下只好隔离曲永新。被隔离后的曲永新就一个人孤单地待在那间破房子里，每天定时专门有人送药送饭。曲永新病得很重，高烧一直不退，整个人昏昏沉沉。

生病的这一段时间，除了每天与病魔做斗争外，还有对丈夫亲人的思念。“我已经结婚了。”曲永新说道。当时，中国打响了解放战争，曲永新的丈夫在前线打仗，曲永新则在后方做保障工作。同是为了新中国的成立，两人却相距甚远。当时又没有如今通信那么发达，曲永新和她的丈夫可以说是完全无法联系。一个人在小屋里的曲永新，除了见到每天送饭的人，基本上没有见过其他人。外面战火纷飞，动荡不安，曲永新内心也无法安定。疼痛、焦虑、不安折磨着曲永新。曲永新一边回忆，一边说：“当时身边没有一个熟悉的人，甚至我老公都不知道我怎么样了。”确实，当时种种条件都在制约着，曲永新虽说已经结婚，但夫妻两人都无法见面。曲永新不知道自己的丈夫到底在哪里，是死是活。同样，曲永新的遭遇，曲永新的丈夫也一无所知。

还好，经历了 40 多天的艰难与孤独，坚毅顽强的曲永新痊愈了。革命的征程又步入了正轨。

## 四、相爱在奋斗中绚烂

1947 年冬天到 1948 年的冬天，是曲永新的丈夫去前方打仗的时间。说起曲永新和她丈夫，这缘分可不小。时间追溯到1928年，那年，曲永新2岁，她爱人4岁。曲永新的母亲和她丈夫的母亲是同一个村的。1928年的某一天，曲永新的母亲去走亲戚，看见他的母亲，他母亲便说道："你有一个闺女，我有一个儿子，实在不行，让你闺女做我家媳妇吧。"就这样一句简简单单的话，让曲永新和她丈夫之间牵上了一根红线。在双方父母见面之后，他们俩其实一直都没有见过面。两人见面时，年龄都已经很大了。1946年春节，曲永新22岁，她丈夫24岁，他们俩没有真真正正地谈一场恋爱，但也还是结婚了。可能由于双方见面不多，还不够熟悉，起初曲永新还有一丝丝羞涩，随着时间越来越长，两人慢慢有了默契，心也慢慢连在了一起，结婚后双方的相互熟悉、相互接近，也算是谈了一场恋爱。

这是曲永新和她丈夫的初次相遇，美好又单纯。

婚后，曲永新和她丈夫又各自奔赴自己的革命征程。为了国家安定和平，两人又被迫分开了。聚少离多或许可以真真切切地形容他们俩婚姻的前几年。但也正是这样，聚少离多成了他们爱情的添加剂。差不多两年的时间，曲永新没有和丈夫联系过一次，直到再一次的相遇。

1948年是解放战争关键的一年。在这一年里，中国的社会形势发生了翻天覆地的变化。在1948年下半年辽沈、淮海、平津三大战役中，解放军歼灭了国民党的重兵集团，曲永新丈夫所在的部队完成了目标，打败了国民党。曲永新丈夫回到家，再次相遇让一切的未知都成了真实的存在。

有时候，美好的事情总是转瞬即逝，在曲永新身上，的确如此。两人为了共同的目标用不同的行动证明了自己的价值。依旧是丈夫在前线，曲永新在后方山东老家。时代的特殊性无法让曲永新和她的丈夫像如今大部分夫妻一样天天在一起，但他们的每次相遇，都会增进彼此的感情，每次相遇，都会有无数朵爱情之花绽放，永不凋零。也许，这就是他们之间爱情的见证方式。

## 五、信念在平凡中绽放

1949年1月31日，北平和平解放。10月1日，中华人民共和国成立了。从16岁开始参加革命工作，到见证新中国的成立，24岁的曲永新心中洋溢着欣喜之感。同年，曲永新被调到了山东胶州工作。

1951 年 11 月，曲永新夫妇调到北京。1951 年到 1961 年，曲永新在原林业部兢兢业业工作了 10 年，然后调到原国家计委又干了几年，再调到原国家机关事务管理局。工作上的变化始终没有改变她的初心和使命。

57 岁，曲永新离休了。离休之后的曲永新，离开了“一线战场”，大半辈子都在为革命奋斗的曲永新，终于可以歇一会儿，喘口气了。曲永新即使是在家中，也不忘关心着国家大事。

每天，看看书，读读报纸。曲永新的四个孩子也纷纷有了小孩，孙子孙女又是四个，曲永新帮自己的孩子带孩子，这一来，曲永新就带过 8 个孩子。对小孩充满着爱心，和小孩一样有童心才能和孩子们打成一片。曲永新便做到了。当谈起曲永新奶奶如何永葆青春时，奶奶也说到最主要就是爱劳动。加在一起 8 个孩子，都是曲永新一手带大的，虽然带孙子孙女的时候，家里条件已经非常好了，也请来了保姆，但曲永新依然坚持自己做饭给孩子们和保姆吃。除了爱劳动，还有便是生活规律。生活上一直保持的规律作息让曲永新养成了每天 5 点左右起床，做运动的好习惯。

如今 95 岁高龄的曲永新，已经过上了非常幸福的老年生活，住在静谧的长者公寓里，每天读读书，看看报，没有了以前那种忙碌，如今的老年生活，都慢了下来。曲永新几乎每天都享受着儿子女儿、孙子孙女来看望自己。长者公寓里还经常会有活动，凡是较为重大的活动，曲永新基本上都会参加。没有了以前生活艰难的压迫，没有了以前为生计而拼尽全力，如今的曲永新，除了岁月在她脸上留下了一丝丝痕迹，她依然像一个阳光的大女孩，依然对世界充满希望。也就是这种向上的心态，让曲永新看上去完全不像是一个快百岁的老人，皮肤白净，双眼炯炯有神，双手非常有力，思维也非常敏捷。

曲永新奶奶拍照时，她穿了一件外衣，胸前闪亮亮的党徽引人注意。多年来，曲永新一直佩戴着党徽，让红色永远停留在自己胸前，让炽热永远保持在心中。

## 采访手记

对于大多数人来说，曲永新老人家也许就是一个普通人，中国近 14 亿人口，她仅仅是一个渺小的存在。如果没有这次庆祝新中国成立 70 周的百岁老人采访活动，很可能没有人能够聆听到她波澜起伏的故事。幸运的是，她，成了故事的主人公，而笔者更加荣幸地为她书写她璀璨的一生。

曲永新老人与志愿者合影（马奥宇　摄）

“一颗红心跟党走，一颗红心向党生。”是笔者采访曲永新奶奶过程中对奶奶产生的最强烈的感觉。奶奶早已退休了，在家休息了，但奶奶心中永远保持着一颗热忱的心。笔者没有机会能够体验奶奶一生的经历，但通过奶奶的讲述，笔者似乎像放电影似的，观看了奶奶与中国共产党一起建设新中国的场景。

奶奶真的很伟大，可能奶奶一生没有做出非常突出的贡献，但奶奶所做的事情，正是那个时代广大革命工作者的日常，他们就是新中国背后的支撑着，他们值得被尊敬。

在此，愿大家同我一起，向广大的革命工作者致敬！

# 人生要有所作为，为祖国，为人民，也为自己

## ——孟于老人传记

黄一橙 北京师范大学 教育学部 2017级

### 人物生平

孟于，女，歌唱家，四川成都人，1922年出生，1939年12月参加工作，1941年加入中国共产党。曾就职于中国民族青年文工团、华北联合大学文工团；历任中央歌舞团演员、艺术处副处长、党委委员、党委副书记、副团长。1984年离休。

孟于老人在老艺术家合唱团十周年表彰会上（受访人提供）

她是《白毛女》《血泪仇》等的表演者，是电影《白毛女》喜儿配唱者之一，演唱《平汉路小唱》等歌曲，在祖国音乐画廊中留下浓墨重彩的一笔。抗美援朝期间，她冒着枪林弹雨赴朝鲜为最可爱的人演唱《慰问志愿军小唱》，歌声在坑道和战壕中回荡，鼓起志愿军将士的万千豪情；她是新中国建立伊始的文化外交使者，1951年，随中国青年文工团赴民主德国参加第三届世青节。

2019年，新中国成立70周年之际，是她光荣加入中国共产党的第78载，是她为革命文艺事业一路前行、一路高歌的第80个年头，她就是著名歌唱家、革命工作者——孟于。

她的座右铭：“人生要有所作为，为祖国，为人民，也为自己。”

## 一、从家里逃跑（1939年）

我想真正参与抗日救国。

我看见报纸上登了一则消息：山西二战区办的民族大学在成都招生。我和好朋友李仲民看到学校地址在山西宜川，一查地图，宜川—延安，地图上距离就一点儿，太近了，顶多100多里地。我们就觉得宜川离延安这么近，怎么都可以跑去延安的。尽管我们也听到有同学在去延安的路上被国民党扣留的事情，但当时只想着怎么能够去延安，根本顾不上想其中的艰苦和危险。

当时我便瞒着家里，和李仲民报考了山西民族革命大学。

不久，我们就接到通知，被录取了。

因为我是瞒着家里报考的民大，所以出发也只能是逃跑了。

现在想想，虽然背着父亲是去参加革命，但因此让父亲担心甚至生病，心里也会有一些不忍。不管怎样，后来的事实证明我选择革命的道路是正确的，也算是对父亲的一点安慰吧。

## 二、这条路很好，因为山上有狼（1939年）

我想去延安。

我们做了八九天的车终于从成都颠簸到了西安，被选中去了前锋剧团，心里很不乐意。我心想我是要去革命圣地延安的，我去前锋剧团干什么？“你们去前锋剧团也是抗日的。现在要去延安也不是那么容易，你们先到那里去，等机会吧！”就这样，去了剧团的驻地宜川官亭镇，后来经过波折，才有了希望……

听说在民族艺术学院有一个同志，他经常到后山上去买粮食，知道有一条小路通延安。我听了高兴，就去找他，他挺好，后来他是我们北京杂技协会的会长，他就告诉我已经送了三批同志到延安去，这条路很好，国民党也不去，特务也不上去，因为山上有狼。

我们上到山顶上才看见丘陵那个地方，老百姓的铺面才打开，国民党那些警察出来了，我们已经上山了。我们就在山上走着，很高兴，后来碰到一个打柴的老乡，我们就问他："老乡，你到哪去？"他说："我回家，你看打了这一背柴。"

我们就问："山上有狼没有呀？"

他说："有呀！"

我们说："有没有国民党？"

"国民党不上来，警察也没有，就是有狼。"

那时一想，狼不是要吃人吗？

他说："不怕，你们不惹它，它也不惹你，你看我天天打柴，狼不管我，我不管狼，我也不惹它，你们就放心走吧。"他说得很轻松，但是我们还是捏了一把汗。

后来我们仨就商量，他从棉袄里扯一大块棉花给我，说："把这个火柴给你，你拿着，狼来了你就赶快点。"棉花一点着了，狼就跑了。我得到这个任务很高兴。

他们两个从老乡的柴火棍里找棍子，一人拿一个长长的棍子，我们三个就走了。第一次就碰见 4 只狼，真是看见了！离我们有 100 多米就走了，不理它。后来又来了 3 只狼，还带着 2 只小狼崽，小小的。

我那时候病刚好走不动，他们两个架着我，一直走出了一里多地，再回头看，狼真是没有跟着我们。

## 三、震撼人心的力量（1942 年）

要参与 500 人演唱、冼星海同志亲自指挥的《黄河大合唱》了！

1942 年 2 月 16 日，电影导演应云卫率赵慧深、舒绣文、黎莉莉、吴茵及盛家伦等组成"西北摄影队"，路过延安到榆林拍电影《塞上风云》。当时领导决定为他们开一个欢迎会，并以此来扩大解放区的影响，希望把解放区好的作品展现给他们，让他们了解延安。于是决定召集 500 人演唱《黄河大合唱》，那是我第一次演唱《黄河大合唱》。

合唱队由鲁艺、女大、陕公、青干班等单位的专业和业余的歌咏队联合组成，冼星海亲自指挥。各单位先有鲁艺星海同志的学生来排练，那时我们几乎把所有的业余时间都用在了练歌、背歌上。然后在女大门口、延河岸边，冼星海同志给我们合排了3次，每次都是尽心尽力。

2月16日那天，我们在党校的礼堂演出，由鲁艺的乐队伴奏，舞台上和舞台两侧都站满了合唱队员。鲁艺、女大的同志们站在前面，因为我们穿的是新的制服，很漂亮、很整齐，大家都注视着星海同志，他开始朗诵："朋友，你到过黄河吗？……如果你忘掉了的话，那你就听吧！"这时"划哟冲上前……"的歌声以排山倒海之势，展现了一幅黄河船夫拼着性命和惊涛骇浪搏斗的情景，歌声中充满了战胜困难的乐观和自信。当唱到《黄水谣》时，大家随着星海的手势唱出："自从鬼子来，百姓遭了殃，奸淫烧杀……"歌声由沉痛转为强烈的愤恨，马上又用很轻的声音唱出"一片凄凉"，大家好像看见遭受劫难后的情景，强压住满腔仇恨在歌唱……"保卫黄河，保卫家乡，保卫全中国！"歌声一浪高过一浪。

当唱到《怒吼吧，黄河！》的结束句"向着全世界劳动人民，发出战斗的警号"由慢到快反复五次，最后唱到"号"字时，星海同志右手指挥着，左手指做成一个大圆圈状，要求全体人员发自肺腑唱出那雄壮的高音，真实地表现出中华民族在怒吼中勇往直前、势不可当的战斗力量！

歌声震撼着山谷，响彻夜空，撞击着每个演员和观众的心灵，西北摄影队的朋友们跑上台来，拥抱着星海同志高呼"太感动人了""伟大的作品"。掌声经久不息。

我唱过不少歌，也演过不少戏，但这种激动人心的场面，我还是第一次经历，热泪夺眶而出。歌声使我和民族的苦难、祖国的危亡紧紧相连。《黄河大合唱》具有震撼人心的力量，它教育和鼓舞了我们几代人奋发前进。我作为一个青年学生，第一次认识到音乐力量的伟大。《黄河大合唱》对我以后选择从事艺术工作这条道路，应该说起到了启蒙和推动的作用，让我更意识到音乐可以唤起人民，可以给人以力量。

## 四、怎么演哭戏（1945—1949 年）

要出演《白毛女》了！

演出《白毛女》时剧照（受访人提供）

开始我演白毛女演得不好，因为我没农村生活经历，自小在城市里长大，那时候就照着葫芦画瓢吧。后来到了 1946 年搞土改，参加斗争会，看见老百姓诉苦。其中有一个妇女是被地主强暴了的，她在会上哭诉得特别伤心。我深受感动，心想：我扮演的喜儿和她的命运大体相同，我要表现好这个人物，就需要深入生活去观察、体验，恰如其分地、真实地表现剧中人物的思想感情，就要把体会到的真实的感情表现出来。从此以后我再演喜儿的时候就有了丰富的想象力，容易投入了，我哭得出来，我恨得起来，原来没有。

这就是毛主席讲的文艺创作要来源于人民群众的生活，大众的生活，各个阶层人民的生活，但是要高于生活。为什么要高于生活？就是作家、文艺家，通过你的世界观，通过你的人生观，通过你对事物的了解来创作这个节目，怎么集中优势，集中素材塑造人物来创造这个事情？所以，要源于生活，还要高于生活，而不是生活的翻版。

文艺工作者必须有丰富的生活、理解人民。文艺的作用很伟大，是鼓舞发展、激励战斗的武器。

## 五、炮火中的歌声（1946 年）

### （一）在大同前线

临战前，我被分到第二线，离大同还有一段距离。我们和担架队的老乡们蹲在一个战壕里。战斗打响了，枪炮轰鸣，震耳欲聋，子弹从头上、身边“嗖嗖嗖”地飞过。这是我第一次参加战斗，很兴奋但也很害怕。我一遍遍提醒自己：一定要勇敢，像战士一样勇敢，因为我是一个共产党员。

我们在大同前线工作时间虽然不长，但这次经历让我受到了严峻的考验和深刻的教育。从中我也领悟到了，真正为人民所知道的英雄烈士是极少数的，而大多数为祖国解放事业付出生命的战士都成了无名烈士。他们的行为让我感动，也让我铭记，胜利来之不易。

### （二）在朝鲜的高地上欢庆五一

当唱到“你们在前方打胜仗，我们在后方来支援”时，防空鸣枪声和炸弹爆炸声突然响了起来，大家赶紧熄灯，我也停止了唱到一半的歌。待敌机飞走，灯火再次点亮，我征求同志们的意见：“怎么唱？”大家异口同声地喊道：“从头唱！”这首歌给了战士们很大的鼓舞。

我是共产党员，这对我的人生观有极大的影响，一个人不是为名利，而是为解放、为祖国。

## 六、唱出铁路工人的心声（1948 年）

1948 年底，我们文工团调到了长辛店，住在铁路工人家里。当时彭真同志来看望我们，告诉我们：北平要解放了，中央已决定将北平改为北京，定为新中国的首都。你们要赶快准备节目，要到大剧院去演出了。听后大家特别兴奋，重排了歌剧《白毛女》，同时我参加了《大秧歌舞》《胜利腰鼓》和秧歌剧的排练和演出，还参加了小合唱等。

在这个时期，我们参加了长辛店铁路工人的一次诉苦会。会上工人们讲述了在日本和国民党统治时期的艰苦生活以及所受的压迫。在诉苦会之后，贺敬之同志连夜写了长诗《平汉路小唱》运用了当时在工人群众中流行的语言：“长辛店成了伤心店，琉璃河成了流泪的河，平汉路成了贫寒路……”加以发展和引申，赞美了中国铁路工人百年来的革命斗争，叙述了贫苦的生活和迎接解放努力生产的喜悦心情。张鲁同志听他朗诵后高兴极了，马上就谱曲子。

第三天，我们就在工人联欢晚会上演唱了这首歌。唱完之后，没有掌声，然后一些工人“呼啦”跑到台前，拉着我们的手：“哎呀，这才是我们铁路工人的歌！”“你们把我们铁路工人心里所想的都唱出来了！”“我们受的苦，我们的希望都唱出来了！”看着他们激动的样子，我们在台上也热泪盈眶，为可以唱出他们的心声而感到高兴和激动。我庆幸自己有和这些工人一起生活两个多月的经历，才能如此深情地演绎这首歌，这首歌的感人之处也在于此。我们唱出了工人的心声，也表现了我们与他们感同身受的情感经历。在长辛店的大街上，工人们看见我就问：“是你唱的《平汉路》吗？再给我们唱一次吧！”于是，马路上、工人住的小院里、学校里，有《平汉路》的歌声。

## 七、带着歌声转战各地（1945—1966 年，1974—1984 年）

抗日战争胜利了，但我脚下的路还有很长，如果说当初来延安只是一心为打日本救中国的话，后来告别延安则是我报效祖国、奉献人民的新长征的开始。

在战争的前线有我歌唱的身影，在和平的城市有我庆祝的身姿，在国外的舞台有我演出的身形……辗转各地的岁月间，流淌着我对艺术的追求、对祖国的热爱。

1949 年 7 月赴匈牙利参加第二届世界青年与学生和平友谊联欢节；1951 年 4—5 月赴朝鲜参加慰问演出；1951 年 7 月赴民主德国参加第三届世青节；随音工团“音乐列车”进行五省巡回演出；1955 年参加中国学生代表团访问印度尼西亚；1982 年到印度、尼泊尔慰问演出……

## 八、生命不息歌声不止（1984—2004 年）

我 7 岁开始上益州小学，老师选上我去表演小歌舞《麻雀与小孩》《明月之夜》《燕双飞》……我的声音很好听，大家都夸我，我也很得意。

慢慢地我长大了，唱歌就成了我的爱好，救亡歌曲鼓舞了我的爱国热情；从延安时期开始，唱歌在我的爱好之外也成了我战斗的武器、报国的途径……

我的生命已与唱歌、文艺结下了不解之缘。无论何时，舞台都在我的心中，为祖国、为人民歌唱的声音都会永远飘荡。

离休后，我组织并参加文化部老艺术家合唱团的工作20年，曾到30余个城市及新加坡等国家和澳门等地区演出，共演出400多场，观众60余万人。

我们的演出不计报酬，只要邀请单位解决我们的吃、住、交通、演出条件就行。记得1989年4月我们在武汉演出，《长江旅游报》的记者采访了秋里团长，当他听到合唱团是义务演出时非常惊讶，甚至怀疑情况不属实，后来他又特意采访了合唱团请来的一位年轻的钢琴伴奏殷根生同志："合唱团到各地演出确实没有报酬吗？"

"确实没有。"

"有礼品吗？"

"有小礼品。"他边说边指了指别在衣服上的3个纪念章。

记者又问："你跟他们演出不是吃亏了吗？"

他笑着说："他们和我们是两代人，信念不同，追求不同，他们愿意尽可能多地为人民做贡献，我就是个"财迷'，也会被这种精神感动的。"

年轻记者终于相信了，5月他在《长江旅游报》上发表了一篇题为"无偿演出的国家级合唱团"的文章。

我们团罗民池同志说："如果我们能将革命歌曲中艰苦奋斗的精神传给下一代，我们便获得了精神上最富足的享受。谁说合唱团没有报酬呀？只是这种报酬用金钱是买不到的。"

从建团以来，秋里和方松甫两位指挥为我们排了144首歌曲，但我们经过严格的挑选，最后的保留曲目只有三十几首。虽然是一个业余团体，但我们还是用专业团体的标准来要求自己，排练、演出都是非常认真的。

1996年台湾著名指挥家杜黑先生访问我团时，我们为他演唱了几首歌。他说："我到过许多国家，从未见到像你们如此高龄却唱得如此好的合唱团体。《纳布科》中的《奴隶合唱》，这是世界名曲，我听过无数次，像你们这样唱得让我感动得汗毛都竖起来的情景实属罕见。"

因为我们具有专业能力，工作又认真，所以我们的演出在社会各界都有着很好的反响。

1985年，我们曾收到清华大学学生会的来信："大幕一拉开，你们饱满的激情、激昂的歌声使我们青年人热血沸腾，大家情不自禁地和着音乐，打着节拍，沉浸在歌词所表现的意境中，你们的演出思想性、艺术性很高……艺术的真谛陶冶了我们的性情，也深深感受到老前辈们对火热战斗生活的情感，对祖国真挚的爱，对我们青年殷切的期望……”

1988 年的时候我们还收到了来自中国人民大学的信：“你们和同学们一起高唱《没有共产党就没有新中国》这首歌时，台上台下两代人的歌声汇在一起，这里没有代沟，有的只是两代人的心心相印。”

合唱团的成立正值我国改革开放初期，邓小平同志向广大文艺工作者提出：“我们要在建设高度物质文明的同时，提高全民族的科学文化水平，发展高尚的丰富多彩的文化生活，建设高度的社会主义精神文明。”我们到各地演出，通过和群众的接触也深深地体会到了人民需要文艺，而文艺更需要人民的理解和支持。因此，我们深刻地认识到改革开放以后，群众更加迫切地需要文化生活，渴望具有进步思想和完美艺术形式统一的优秀作品，而青年人更需要开阔视野，了解祖国的文化。而我们合唱团演唱了歌时代主旋律而又富有艺术魅力的作品来感动和激励观众，给他们以美的享受，鼓励大家一起投入社会主义现代化建设中，这是我们老一辈文艺工作者义不容辞的责任，也是我们团团结合作、不辞辛劳的凝聚力和推动力。

对于我们在老艺术家合唱团的工作，也有人表示不解，甚至我们的家人也表示过疑惑。他们说：“你们这么大岁数应该在家安度晚年，还这么忙，你们图什么呢？”是啊，我们究竟图什么呢？李波同志说得好：“我们啥也不图，就是要告诉你们这一代人，我们这一代人是怎样歌唱、怎样生活、怎样工作和战斗的。我们不图名、不图利，更不讲条件，只有一个共同的愿望，就是为建设中国特色的社会主义祖国再争一分光、再献一分热。”这就是我们合唱团全体的共识。合唱团 20 年来取得的成就，和领导的支持，全团同志们的努力，广大人民群众对文化的需求是分不开的。祖国在改革开放中前进，大家仍需一路前行一路歌，老艺术家合唱团仍需继续前进。

我们经历过抗日战争、解放战争以及抗美援朝战争，我们伴着新中国一路走来，我们把文艺作为武器，在战争年代起到了积极的作用。现在，我们和青年人一样怀着建设祖国的共同愿望而放声高歌，怎能不感到幸福呢？我们这一代人的理想就是希望为祖国不断培养出新一代有理想、有文化、有道德的人才。虽然我们年岁已老，但这个理想不会老，我们仍在为此而努力着。

## 九、歌声寄语

孟于老师在采访时曾这样讲道：“我们这一代人，经过了抗日战争、解放战争、抗美援朝，也经过了40年的改革开放，所以看到今天社会发展得这样好，在这儿回顾一下我们过去的生活、过去的战斗，也有必要！”“年轻的朋友们，你们现在也很幸福，过着很平稳、富裕的生活，很好！跟我们那个时代不一样，我们是在战争年代里经过来的，所以今天看见你们有这么好的生活条件、学习环境，国家又这么富强，你们是很幸福的。但是你们不要忘记了这幸福来之不易，希望你们努力学习，为祖国的建设，贡献你们全部的精力，把我们国家建设得更好！”

在奶奶的回忆录后记里面，她这样讲道：在抗日战争时期，歌声鼓舞着人民抗击侵略者的决心；在劳动建设时期，歌声激励着人民美好的愿景和奋斗的动力；在和平发展的年代，歌声启迪着人们内心的善美与对美好未来的畅想！

孟于老师是不忘初心、牢记使命的优秀共产党员。她有割舍不开的延安情结，不仅常常回忆延安时期的战斗生活、音乐生活，更牢记老一辈革命家文艺为人民服务的谆谆教导，她努力挖掘民族民间的音乐艺术，培养了一大批艺术人才，推出了许多优秀作品。62岁退休后又组建文化部老艺术家合唱团，坚持二十几年。她是艺术工作者以及全社会的学习榜样！

虽然我们没有经历那些岁月的风雨，但是今朝美好生活的来之不易需得我们的铭记！愿世界和平，看似宏大的愿景，但必将由无数诚意构成；盼身体健康，祝福每一位老人长寿平安，安享晚年！

## 采访手记

关于战争，好像遥不可及；
关于革命，似乎是前辈的事情；
98岁革命文艺工作者孟于老师的讲述；

我与那过去百年的中国“相逢”，
体味人生意义。
感恩所有英雄的付出，
向那些无名英雄致敬！

就这样，我与那过去百年的中国“相逢”……

老人和志愿者合影（志愿者家人协助拍摄）

“这条路很好，因为山上有狼”
“怎么演哭戏”
“炮火中的歌声”
……

一句句看似很奇怪的话，却是真人真事。
很感谢孟于老师的亲切分享，她说，她很高兴，能帮助年轻人做这样的事！

采访过程，没有想象中难以和老人交流；传记编写，却也没有因为奶奶的清晰表达和完整的资料而变得容易。一百年，很慢吗？并不会，因为在今天，依然有人可以亲口向我们讲述那时的故事。一百年，很快吗？也并没有，因为这其中的曲曲折折，没有工笔画艺术家来将其一一镌刻，很庆幸现在我们成为其中的工匠之一。一百年，很短吗？当然不，因为物资的匮乏、发展的落后，百岁被看作幸运的长寿。一百年，很长吗？笔者想，大抵是的。这一百年于众生而言只是一段历史，而对于亲身经历的一个人来说，一百年，是鲜活的一辈子。

虽然我们没有经历那年岁月的风雨，
但是今朝美好生活的来之不易需得我们的铭记！

（本文部分资料来源于孟于回忆录《一路前行一路歌》和中国东方演艺集团资料，已取得孟于老师同意。）

# 留一世芬芳

## ——高万里老人传记

朱杰一 北京师范大学 外国语言文学学院 2018级

### 人物生平

高万里，1918年5月1日出生于吉林省长春市。现今101岁，居住于北京师范大学励耘楼。中俄混血，父亲是中国人，母亲是俄国人。幼年时期一边打工一边学习，度过了自己坎坷的童年。1930年，高万里随家迁至北京。18岁时与张厚璁先生（张之洞之孙，北京师范大学心理学教授张厚粲之兄）结为秦晋之好。曾任中苏友协俄语播音员，后调入北京师范大学任俄语系教授。一生怀着一颗赤子之心，89岁高龄入党。至今已是期颐之年，身体健朗，精神矍铄。

高万里老人照（杨振霞　摄）

## 一、追忆的帷幕

师大的夏天很长，藏不住的炎热只能得以在阴凉中渐渐淡去。穿过喧嚣，沿着校园摇曳的树影一路向北，浮现眼前的是一栋藏在一片葱郁青色中的红楼。路边的苍翠欲滴挡住了酷暑的燥热，微风拂过，似乎轻轻开启了封尘在岁月里的那段时光，缓缓拉开了历史的帷幕。不大的屋子里，柜子中的照片摆放得整整齐齐，101 岁的老人高万里轻轻靠坐在椅子上，用音乐打破了一个人的沉寂，代替了曾几何时学生们的欢声笑语。老人身穿一件浅色的花衬衫，外搭一件黑色的马甲，中间系着几颗纽扣。她的头发已经花白，但时间留下的皱纹似乎丝毫没有影响老人的岁月静好。听着《莫斯科郊外的晚上》，她轻轻地跟随音乐打着节拍，时而像个孩子一样摇头晃脑，时而和着音乐小声哼唱。老人认真地说："听起音乐会思念起亲人。"

在这轻缓的乐声中，老人将她一生的画卷铺展开，娓娓道来。

这不是一条平坦的人生路。对于记录者来说，那个年代的狂风骤雨、惊涛骇浪在眼前铺开时，千言万语一时间都藏在笔下，无以言表。可没经历过的人不会懂，听着故事时时惊叹，觉得这一生不易、不凡。而对于老人来说，藏在记忆里的那些时光，又如电影般重映脑海。有些镜头已然模糊，喜笑颜开的回忆淡了，痛彻心扉的回忆也淡了；有的画面依然整整齐齐，不缺一角。今天回过头去，已经可以将走过的人生路看得很清。经历过那段历史的人，面对那些惊心动魄、刻骨铭心的记忆，却只是轻描淡写。没有华丽的辞藻，也没有丝毫的掩饰，却字字珠玑，声声入耳，把聆听的人带入了一个个真实的镜头中去。

镜头背后，是老人留下的一世芬芳。

## 二、何处是家乡

19 世纪末 20 世纪初，闹义和团，帝国主义的阴影笼罩中国大地。黄河下游灾难频繁，朴实农民向往的"固守一亩三分田，老婆孩子热炕头"的平静生活也随之破灭，成为梦中的场景。虚掩的山海关大门被迫敞开，流民潮涌奔向东北，"闯关东"浪潮迭起。高万里的父亲从山东来到东北，家境却并未得到改善。穷途末路之际，十几岁的少年，只身一人身无分文穿越西伯利亚，从俄国的最东部闯荡到了最西部，来到白俄罗斯毗邻波兰的林场，成了一名伐木工人。当时的俄国社会矛盾激化，民众食物短缺，高万里的父亲在水深火热中工作了十几年，形单影只的他有幸认识了一位白俄罗斯的农家姑娘，这个姑娘就是高万里的母亲。

在那个年代，没有人能平顺地度过一生。二人所求，不过是平淡无奇的生活。眼看着日子逐渐平静，生活也日渐幸福。俄国十月革命终于爆发后，在俄的华工纷纷被遣送回国，面对现实，高万里的父亲只得带着怀孕的妻子于 1918 年初返回长春。不久后，高万里降生。

东北的四季，春秋太短，冬夏太长。谋生尚且不易，何谈幸福生活？高万里的母亲是农奴家庭出身，没有文化，只能依靠为别人缝衣服挣得一笔微薄的收入，一针一线似乎永远看不到尽头。父亲在铁路上做翻译，两个人不畏生活的艰辛，依靠共同的努力维持着这个家。年幼的高万里改变不了什么，只是把父母的辛苦都记在了心上。随着高万里的两个弟弟和一个妹妹的降生，家里的生活条件越发拮据。

随着时光推移，少年时期的高万里，出落得楚楚动人、亭亭玉立，虽然没有接受过正规的语言教育，但却在不经意间轻松地学会了来自父母的两种语言。她学着、说着、笑着，那陌生的字符、不同的表达，对她来说不过是日常生活里的一部分、玩耍中掌握的技能罢了。那时年少的高万里，并没有意识到语言最后将成为她人生中多么重要的一笔财富。

甲午战争之后，日本侵略中国的野心逐渐暴露，惹得硝烟四起，战火不断。高万里身居东北，又被迫学习了日语。但或许是因为天赋，或许是因为好学，在三个兄弟姐妹当中，高万里的日语和俄语是学得最好的。

因为家庭贫困，高万里只能一边学习，一边为日本人做粗活，以此来补贴家用。亡国奴的耻辱难以洗雪，愤懑难平，这种情境带来的又是怎样一种痛楚。

“我跪在那里，跪了十几年！”老人突然大声说，原本平和的语气变得急促而悲愤。年少时的屈辱，直到现在依旧刻骨铭心。多少和她一样的中华儿女在日本侵略者的压迫下抬不起头来，只能化作满腔愤恨，无声地反抗着，等待着黑暗过后的曙光降临。

1930 年，为了避免战乱，高家迁回关内，来到北京。高万里为了家庭只好辍学，白天在理发店打工，晚上帮助妈妈做裁缝活。20 世纪 30 年代的北京城，少了许多亮丽的色彩。土色的城门楼在摩肩接踵的人群后十分显眼，街边年长的人们身穿马褂，和有轨电车相向而行。虽然生活平淡，更有些许的乏味，但终归安定，让人欣喜。

可惜平静的日子太短，随着侵略者的到来，一场腥风血雨席卷北京城。1937 年日本占领北京，一场又一场的战乱接连爆发，无数民众颠沛流离，无数战士献出了宝贵的生命，战争让一个又一个家庭支离破碎。家人远去，何以为家？高万里的两个弟弟都参加了抗日活动，走上了这条生死难料的漫漫长路。一个弟弟被日本人抓到九州当劳工，受尽折磨客死他乡；另一个弟弟加入了新四军，抗日战争胜利后只见到短暂的黎明，又投身解放战争，在解放四平的战役里，倒在了战火之中。

战火被时光拉得很长，但老人谈起那段往事，只是几句，便止住了话题，不再言语。一代又一代的革命志士，保家卫国、马革裹尸，对他们来说是作为一个中国人义不容辞的使命，为革命流血、为国牺牲是每个中国人的光荣！但对于亲人来说，这又是怎样一种难以忍受的悲伤！伤疤已经不再疼了，但却引起了回忆。老人想起那段岁月，心潮依旧难平。那是站在今天的视角回忆过去，是对亲人的思念和对战争的悲愤掺杂在一起的伤痛。

## 二、只道是寻常

1936 年，18 岁的高万里邂逅了她的人生伴侣张厚璁先生。老人提起那段往事，害羞地扭过头去，嘴角微微上翘，眼中是止不住的笑意。

两个人的相逢源自于一次溜冰的奇遇，高万里不会系溜冰鞋的鞋带，张厚璁走到她身边对她说：“我来帮你吧！”两个人朦胧的情怀被骤然唤醒，一见钟情的缘分和浪漫都是彼此最大的幸运。尽管在当时，这门亲事并不容易。张厚璁从日本留学归来，娶亲方面没有什么门第观念，可作为名门望族的张家自然看不起出身贫寒的高万里，高万里在这样的大家庭里吃了多少轻慢的苦头，可想而知。

但张厚璁先生对妻子很好，鼓励她学语言，给她补习文化课。原本少年时在东北学过日语的高万里，加上日本留学归来的丈夫的帮助，高万里的日语又有了质的飞跃。在生活与工作中两人的感情日渐深厚，共同克服了生活中的重重阻碍，走进教堂，穿上礼服，在牧师的见证下办了婚事，定了终身，这份记忆珍藏在老人心里的最深处。“家里人也不敢瞧不起你，也算是成了贵族了，小姐长、小姐短地叫你。”老人轻描淡写地叙述着，回忆如一帧一帧的画面展现在眼前。“但是我不在乎这个。”老人淡淡地笑着，轻声说。名誉和富贵，不过是生活中的调味品罢了。经历过那么多苦难，回头去看走过的路，高万里已经看清了人生的价值，坚信能通过自己的方式，活出自己精彩的人生。

“舍不得你的人是我，离不开你的人是我。”熟悉的歌声响起，总是能唤起一个人最脆弱的记忆，模糊的画面在老人的勾勒下渐渐清晰。丈夫是军人，老人提起这件事来总是骄傲而自豪。高万里虽没有子女，但两人相伴的日子是幸福而美满的。“只是不管怎么说，还是觉得孤单，因为他走得太早了……”距今张厚璁先生脑梗去世已经40余年了，无人陪伴的路，只剩下老人茕茕孑立，一个人踽踽独行。“因为寂寞，所以常常流泪……”老人一字一顿地说。101岁的高万里提起丈夫依旧眼中含泪。“我们长得挺像的。”老人望着柜子里丈夫年轻时的照片，轻声道：“这些照片永远放在这里，爱人永远在这里，他是真正的好人……”

战争的胜利是无数仁人志士用生命换来的，这条通向新中国的路，布满了血泪和汗水。二弟牺牲前给家里留下一封血书，鼓励高万里不要放弃俄语，以后的生活中一定大有裨益。高万里始终牢记着二弟的话，一直坚持着学习。1949年新中国成立前夕，高万里到达晋察冀革命政府所在地张家口。当时，许多中央机关未入京前都驻扎在这里。解放军为培训技术人才，在张家口建立了总参军事工程学院，张厚璁先生在其下设的外语及无线电通信技术培训部教授日语。在张厚璁的引荐下，高万里进入军校俄语班任教。

当时中苏建交，俄语教学正是炙手可热之际，俄语人才更是少之又少，备受器重。高万里还没来得及开始准备上课，就被调到刚成立的中苏友协开办俄语广播。出身贫寒和没上过学使得高万里对自己没有信心，不敢尝试，心中万分焦虑。一位长征干部带高万里去到中苏友协，要求她当俄语播音员，高万里连连摆手退缩，充满了不自信，颤抖着声音说：“我不敢，我没有什么学问。”长征干部大声呵斥道：“长征，世界上的人都知道难，以为不可能做到，但是我们胜利了！你连这个都战胜不了，又如何成就一番大事！”虽然是陌生的环境，陌生的工作，却是熟悉的技能，既然自己有这份能力，又为何不放手去做？高万里鼓足勇气挑战自己，迈出了这一步，不负众望，一战成功！

每天早晨，当“俄罗斯——北京”俄语开始曲一结束，就有一个标准、流利、悦耳的声音响彻在中国华北上空。无数听众围在收音机旁跟随着高万里学习俄语，这也是她第一次被尊称为老师，成为“察哈尔省的播音员”，新中国俄语广播教学的先驱。这个从旧社会走来，默默无闻的女子，终于第一次感受到了努力去做、放手一搏的快乐。回想这段经历，老人红光满面，自豪地称自己发音还算标准，“如果能再回去当一次播音员也很好。”老人想了想，笑着说。

## 三、另一寸故园

从迈进师大至今，高万里驻足此地已有60余年，师大也已然成了她的第二故乡。高万里在师大的校园里教书、生活，看着记忆中的校园一步一步变成今天的模样，感慨万千。

时光回到1952年，播音员的工作持续了半年之久，中苏友协的工作结束，军校迁至北京，高万里重回军校任教，之后调入北京师范大学俄语系，成为了一名真正的教师。或许是因为有做俄语播音员的经历，高万里站在师大的门前，并未因自己出身卑微而面露惧色，相反，取而代之的是一份自豪。说得一口流利俄语的她进门便自信地表明了身份。今天的光荣背后是不懈的努力，高万里将父亲的隐忍和刚强、母亲的谦逊和温和集于一身，成了一名优秀的俄语教师。这是高万里的幸运，也是北师大的幸运。老人回想当初，眼中闪着喜悦，兴奋而自豪地说：“因为我会语言，所以我胜利了！”

高万里气质高雅，俄语语言流利，教学有方，很快赢得了同事的尊重和学生的欢迎，她的混血面孔也使得她常常被人误认为是俄国长大的。她的学生甚至以为她是白俄贵族，却不知道她其实出生贫苦，从未在俄国境内生活过一天。老人腼腆地说，自己是教俄语的，却从来没去过俄国，也不知道自己说的好坏，总怕丢人，怕别人笑话。这是高万里的心结。因此在当时，高万里进入了师大校园之后，付出了超乎常人的辛苦，工作兢兢业业，一丝不苟。别人备课用两小时，她就花费 4 小时甚至更久的时间，仔细地为学生批改作业，尽心竭力地做好自己的工作。熬夜成了家常便饭，周末也几乎不休息。报纸上常常刊登她尽心负责的事迹，久而久之，人人皆知北师大的校园里有这样一位尽职尽责、优秀的好老师。

晚年，高万里学习了英语。她一直保持着自己的好奇心和求知欲，逢人便问，学生们也很愿意为她解答。阅读和学习对老人来说，更是终身的事情。高万里说："老年人还是应该保持清醒，要跟得上形势，跟着时代走。"提起会四国语言的高万里，无论是老师还是学生，无不惊讶于老人卓越的毅力。

桃李满园，春晖四方，这便是对一个老师最好的交代。她的学生中有功成名就的国家机关干部，也有桃李芬芳的大学校长、教授。很多学生如今也已是古稀、耄耋之年，却仍旧思念、牵挂着她，记得她在三尺讲台上的身影，师生间深厚的情谊一代又一代长存。

有时在老人的眼中，能看到闪烁的光芒，也能看到思索的智慧，那是一个老师的目光。提起师大，高老师热泪盈眶，一字一顿，连声感叹："师范大学忘不了，永远忘不了！"

高万里的另一处故乡，在千里之外。1976 年高万里退休，同年，妹妹远嫁瑞士，却没想此次一别再难相见，随着年龄的增长、时间的流逝逐渐断了联系。1978 年母亲去世，高万里想起了母亲多年未了的心愿。母亲在 1918 年远离亲人、远离故国，随父亲来到一个陌生的国度。从奔波忙碌，到现在的安定，经历了战乱与贫穷，也经历了失去的伤痛。时光飞逝，转眼间就是 60 年。老人说，母亲在世时一直思念家乡、思念远方的亲人，却一辈子也未能返乡探望。月是故乡明，但这未能实现的梦，只能由高万里来圆了。

改革开放的实施，犹如一把钥匙打开了国门。1984 年，在政府和有关部门的帮助下，年过花甲的老人终于等到了这一天。66 岁的高万里沿着父亲少年时的足迹，同样是只身一人，从俄罗斯的最东部到达白俄罗斯，看着眼前一片又一片的风景，心中感慨。坐火车沿途行驶了 24 天后，老人终于来到母亲的故园，在这另一处故乡的土地之上，高万里见到了妈妈的姨妈玛特廖娜，拜祭了外祖父外祖母的墓地，当年父母结婚的教堂，也终于出现在老人眼中。

## 四、尽倾赤子心

1949 年 10 月 1 日，新中国成立。这个万众瞩目的日子，对每个人来说都是振奋人心的时刻，对高万里来说更是记忆犹新。晴朗的天气装饰了大家的心情，她那颗爱党爱军人的心，也变得火热。高万里借了军装，穿了裙子去见毛主席，和北京的 30 万群众一样，聚集在天安门下，共同见证了一个新时代的开启，见证了中国人民翻身当家做主。从过去的村落、农田、土城墙，到今天鳞次栉比的高楼大厦，从过去的历尽艰险到今天的舒适生活，高万里慨叹世事变迁，也始终牢记着中国共产党为无数百姓付出的辛劳。“新中国成立之后的日子好太多了，都得感谢党！”战火平息，百姓的生活重归安定，这其中的艰难险阻，高万里始终记得。

“中国人民站起来了！”101 岁的老人，说起这句话，依旧是声音洪亮、字正腔圆，也永远热泪盈眶、心潮澎湃。

老人说：“妈妈是俄国人，没法穿军装，她不是军人。我也不是军人，我没有军章，但丈夫是军人，我和军人关系特亲！我一生羡慕军人！就爱军人！”

爱军人的高万里内心还深藏着一份对党的热爱。她从小生活在社会底层，中国旧社会风云诡谲的激烈动荡、普通老百姓寝食难安的贫穷疾苦，她见证过，她经历过。而随着解放、新中国的成立，个人命运的改变、生活的改变，高万里也时刻记在心上。“不入党我闭不上眼”，老人的眼神变得极为认真。加入共产党，是高万里埋藏心底多年的梦想。新中国成立初期，她第一次站上大学讲台，工作压力大，虽然成为一名优秀的教师，但依旧怕自己不够标准；20 年后，有她这样身世背景的人，不敢提出入党；50 年后，中国已经发生了翻天覆地的变化，任人宰割的记忆已然成为历史，每一个明天都是更好的今天，而老人此时已是耄耋之年。

2006 年，88 岁的高万里毅然提交了入党申请书，并在 2007 年 6 月 20 日成为一名光荣的中国共产党党员，多年来的心愿终于实现，这一步，89 岁的老人迈得骄傲而自豪！

高万里的高龄入党，成为北师大内的一段佳话，也成了一道亮丽的风景线。2007 年 7 月 1 日，高万里和 400 名党员一起，在北京师范大学京师广场参加了隆重的入党宣誓仪式。站在党旗下，高万里心中的千言万语都化成了宣读誓词时的振奋激昂，很多比高万里年龄小 60、70 岁的学生纷纷和高万里合影。记忆一幕幕回放，几十年沧海桑田，又有多少镌刻在了老人的心上。

此时，老人入党时的照片，还静悄悄地摆在柜子上，没有一丝灰尘。老人激动地说，宣誓那天穿的什么衣服，入党时的心情，她现在还记忆犹新……

音响的旋律偷偷换了风格，轻轻吟唱着那一段时光。对音乐的热爱是不分国界、不分时代的。音乐是高万里生命中不可或缺的一部分，老人沉醉在这旋律里，撰写着属于自己的时光。《再见了，大别山》的音乐播放着，每一句在老人心中都饱含深情。这是她最喜欢的一首歌，“听完就能上战场！”老人激动地说。每当熟悉的旋律响起，就仿佛回到了那些战火纷飞的日子。人们将生死置之度外，只有群情激昂的斗志。汗水泪水、奋发图强换来了今日的中国，这个过程，苦多于甜，但老人在音乐中回忆过往，目光异常坚定，充满了昂扬的斗志，没有丝毫的哀叹和痛苦，那是对党、对祖国的一份至死不渝的忠贞。

“我非常喜欢音乐，生活中一定要有音乐，人生没有音乐就没有意思。”老人一边说，一边沉醉在乐声里，仿佛忘记了这一生中所有的坎坷和忧伤。音乐将老人从冗杂和喧嚣中带出，给老人留下的快乐是无以言表的。在乐声中，老人也常常会思念亲人，在记忆里寻找他们的影子，回到往昔的峥嵘岁月里，回忆着过往的幸福。

高万里没有子女，却从来不是孑然一身。学生们的惦念、来访，成了老人生命中不可或缺的记忆。老人笑着对如今也已是年近八旬的徐老师，自己的学生说：“你不能离开我。”徐老师嗔怪道：“我不是不能离开您，我是不应该离开您。”师生间的情谊，经历了岁月的洗礼，如美酒一般越老越香醇。

如今，已步入期颐之年的老人，丝毫不受年龄的限制，每天都活得开心，身体健朗，精神矍铄。谈起养生秘诀，加糖块儿的茶、奶油面包、稻香村，都一一走进老人的生命中，给老人带来了无尽的快乐。对文字的敏感让高万里始终保持着清醒的头脑，老人说：“我不挑食，经常看报纸，现在老了，眼睛不行了，有时候看不清书上的字了……”

一生努力，一生被爱，也曾倾尽一生奉献，久立于党旗之下，也曾跋山涉水、不辞辛苦换来今天桃李满园。老人生命的轨迹，构成了一幅色彩斑斓的画卷，画卷中的主宰者手持笔墨，从开端的坚定到今日的从容，一步步慢慢靠近，一笔笔书写着岁月静好。那段时光里，许许多多和高万里一同走来的老人，是历史的见证者，是时代的创造者。没有一个生命平凡得不值一提，也没有一个人渺小得微不足道。正是每一个或大或小的故事，或长或短的经历，促使着他们用汗水与血泪为后辈铺了一条路，换来今日的和平幸福。或许这人生岁月中没有戎马倥偬的丰功伟绩，但这千难万险的人生路，也绝非沧海一粟。

101岁的老人身披一路风尘走来，在艰苦卓绝的漫长岁月里，在奋斗不息的悠悠时光中，留下一世芬芳。

## 采访手记

一生努力，一生被爱。

得到的都珍惜，得不到的都释怀。

高万里奶奶曾任北师大俄语系教授，是一位会四国语言的中俄混血。采访时奶奶听着音乐，不时地蹦着英语，还教笔者说俄语。“因为语言，我胜利了！”奶奶骄傲地说。笔者和高奶奶聊起师大时，高奶奶的话中充满了喜悦和自豪。

采访时，恰逢高奶奶的学生来家里探望——也已经是一位年近八旬的北师大教授，两人又说又笑，相互嗔怪，又聊了许久。

但那个时候，作为后辈，能有这样一次采访的机会，或者听着前辈们的聊天，是一种很神奇的感觉。

笔者经历过的太少太少，一百年前的历史，了解的不过是浅薄的一层。那个年代的惊涛骇浪、腥风血雨，只有从中走过来的人才懂。可是那些如此不平凡的故事，从老人口中的缓缓叙述竟是那番轻描淡写。岁月留下了那么多痕迹，走到今天，老人再回忆那些时光，已经可以心平气和，看得很清了。

走前奶奶拉着笔者，吻了笔者的手背和脸颊，轻声说：“以后当老师啊……”

志愿者与老人合影（杨振霞　摄）

采访没有想象中那么难以执行，可文字也没有想象中那么容易整理。

想找个合适的题目概括她的人生有多难啊……

不掺杂任何情感地缓缓叙述这不平凡的一辈子有多难啊……

一位 101 岁的老人，经历了那么多艰辛却依旧开朗乐观，失去了那么多却仍能笑对人生。

而对笔者来说，这一切都才是个开始。

希望通过笔者的文字，可以让大家看到您的笑容。

希望您得到世间最好的善待。

# 一十九年千夫指，三十八年孺子牛

## ——徐一心老人传记

朱颖慧 北京师范大学 环境科学系 2018级

### 人物生平

徐一心，原名徐翼林，号一心，1925年9月29日出生于河北省秦皇岛市抚宁县坟陀乡西徐庄村，老人一生勤勤恳恳做人做事，先后就读于私塾和昌黎萃文中学，工作期间参与了徐庄小学、坟陀小学和抚宁县进修学校的建设工作，并教育了一代代学生。1941—1943年，父母亲相继去世，同年不得不放弃学业，北上谋生；1945年，回乡教书开始执教路；1958年，被打成“右派”，失去工作；1963年，接受劳动改造；1977年，平反复职；1985年依法离休。

徐一心老人照（朱颖慧　摄）

### 一、无奈辍学

徐翼林，号一心，1925年秋天，出生在一个书香门第家庭。爷爷医术高明，民国时期曾担任过新民县的县长，一生积累下一大份家业，生活比较优渥。父亲懂文墨，是村中的私塾先生，受家庭影响还知晓医术，母亲是一名农民，性格大胆果断。家中共育有8个孩子，5男3女，徐翼林是老大。理所当然，出生在这样的家庭，徐翼林的人生，从第一声啼哭开始就混合了墨香。迈着颤颤巍巍的小步伐，父亲教书的私塾，是幼小的他待得最久的地方。随着辛亥革命影响的扩大，私塾逐渐被正规的小学取代。与私塾中学习的《三字经》《论语》不同，徐翼林老先生清晰地记得，上学校学习的第一篇课文，只有简单的两行字"这是谁？这是国父孙中山。"仿佛穿越时光，那泛黄的纸页上孙中山先生的画像，配上这两行字，真就如此清晰地呈现在他眼前。从老人一手流畅的毛笔字里，还依稀可以想象，当时的他是多么热爱学习。老人的女儿在旁边插话道："以前逢年过节的时候，左邻右舍都会来找父亲写对联写福字，每到这时候，家里面到处都铺展着半干的红纸，漂亮极了。"老人轻轻举了举手，眼睛里有一些遗憾："唉，这几年都写不了了，这手啊，抖得厉害。不过这写毛笔字啊，好处大了去了，修身养性、陶冶情操、增长学识……"老人细数着书法的一条条好处，认真而又执着。

人生，总是始料不及。时间回到1941年，平静的生活戛然而止——徐翼林的父亲突然因病去世了，享年50岁。家里失去了顶梁柱，留下8个未成年的子女，徐母年仅30岁就守寡，作为妇人，在当时又没有什么较好的谋生手段，生活过得异常拮据。在这种情况下，面对一群年幼的孩子，徐母的坚强与果断得到了充分的体现，她毅然变卖地皮房产，养活自己和孩子。当时村里面的人都议论纷纷，觉得徐母是一个败家子，徐母一句话都没有辩解，一力承担了所有非议与不解。1943年，母亲在艰难地撑了两年之后，终于也不堪重负，撒手人寰。家里一度陷入了更加艰难的境地。那年，徐翼林18岁，接连遭受丧父丧母之痛，作为家里的长子，徐翼林不得不做出一个艰难的决定：放弃学业，早早揽过赚钱养家的责任。

1943年，经表兄徐莹介绍，徐翼林结识了自己的妻子，并于同年结婚。妻子也是出身书香世家，岳父是私塾的一名老师，妻子从小学习识文断字。夫妻二人因此十分重视孩子的教育，共育有两个儿子四个女儿都上过学，但是由于时代大背景使然，接受教育的程度有高有低，高的大学毕业，低的刚刚读完小学。

## 二、执教之路

迫于家里的变故，徐翼林1943年从昌黎萃文中学毕业，放弃了继续学业的机会，选择北上谋生。刚刚成年的徐翼林选择来到吉林投靠一个远房表亲，在铁路上给人家帮忙，就这样生活了两年，还是决定回到家乡。

当时，乡村教育水平比较低，村庄里上过学的人寥寥无几，老师紧缺，即使是在任的老师也大多是小学毕业的水平。得知徐翼林回家，区里面的教育助理马上就来到徐翼林家中，请他去徐庄小学当老师。几乎没有任何犹豫的，面对这样一份可以与知识为伴的工作，徐翼林一口应承下来。1946年，他正式成为了徐庄小学的一名教师。面对破旧的、摇摇欲坠的校舍和一个五六十人，从一年级刚刚上学的孩子，到六年级快要毕业的学生，都有的混合班级，还要同时教授语文、数学、体育、艺术各个科目，徐翼林没有任何怨言。他积极备课，认真上课，一丝不苟。在承担起所有分配给他的教学任务之外，他还揽下了为学生们修缮学校的任务。那个年代连吃饭都成了难题，修缮学校的资金更是少得可怜，徐翼林并没有被眼前的困难打倒，他一方面动员左邻右舍，能出力的出力，能支持的支持，另一方面合理规划，极尽节约。世上无难事，只怕有心人。等到他两年后离开徐庄小学的时候，原本破败的校舍在他的组织与安排下早已被修复得完整稳固。

1948年，徐一心由于教学表现突出，被调任到抚宁县中心小学担任教务主任一职。正值国共两党对峙时期，形势紧张。在当时，采用写标语的手段来宣传成为最普遍的方法，而农村里上过学写过字的知识分子自然就成了写标语的主力军。在这一背景下，刚刚被调任到抚宁县中心小学任教学主任的徐翼林自然成了这些人中的一员。当时，抚宁县是解放区，紧邻的昌黎县却是在国民党统治下的地区，而徐翼林的家，抚宁县坟坨乡徐庄村，虽属于抚宁县，但是离昌黎县也就是国民党的统治区相距不过5公里。由于位于两党控制区的交界处，形势更加剑拔弩张，国民党特务神出鬼没，写标语的知识分子就成了被迫害牺牲的对象。徐翼林回忆起那段日子，只能用“胆战心惊”来形容：为了不被特务发现带走，他们三三两两结伴选择在大半夜偷偷摸摸起来写标语，甚至晚上都不敢在家里睡觉，跑去大山里面凑合休息一下，第二天又要去学校教书，有的时候去开会需要跨越村子，老师们都不敢从正道走，而是宁可多绕一些路，选择更加崎岖难走的山路，迂回到达开会地点。徐翼林怕特务通过自己以前读书时的同学找到自己，和同学朋友之间都断了联系，断了联系还不保险，他干脆对外称自己的号，改名为徐一心，以求能够掩护自己继续完成这份危险的任务。

一年后，由于认真的工作态度和丰富的教学经验，徐一心被再次调任，担任坟陀小学校长，由于之前有过建设徐庄小学的经历，他再一次挑起了建设坟陀小学的工作。为了将工作完成得更好，他一个出身教书的文人在短时间内学会了垒墙，抹灰，修补桌椅……他又当教书匠又兼任木匠、泥瓦匠，一心扑在了工作上，坟陀小学离家只有5里地的路程，可来回要走两个多小时的时间，为了不耽误工作，他干脆把家搬到了学校。儿子每天徒步过来给他送饭。当时乡村的医疗环境很差，老人12岁大的儿子不幸患上了脑炎，危在旦夕，家人求他回来看看儿子，可学校的工程还没有结束，还等着他去挑大梁，经过一番激烈的挣扎，徐一心毅然决然回到了学校继续工作，不幸的是，不久后，孩子就因为抵抗不住病痛的折磨去世了。谈起这件事，老人满脸苦涩与无奈，却从未后悔自己当时的决定，只是遗憾当时医疗条件确实有限，加上村里面又比较落后，导致了这样悲剧的发生。老人的敬业之心可见一斑。

## 三、陡生变故

1958年，平静的生活再次被打破。徐一心老人被打上右派标签，失去了工作，只能回到村子里面。这次的变故对于一个9口人的大家庭来说是一次巨大的打击，生活一下子变得紧巴巴的。所幸天无绝人之路，徐一心在村子里的民办小学谋得了一个老师的职位，虽然比起之前来说，没有了工钱，改挣工分，但好歹日子是顺利过下去了。

可谁料形势风云变幻，1963年，轰轰烈烈的“四清”运动展开了。教师的工作被无情剥夺，还要下放进行劳动改造。种地、割草、垒墙、拾柴……纯靠出卖劳动力赚取工分。对于一个9口人的大家庭来说，只有徐一心夫妻二人挣得的工分，根本支撑不起家庭的基本开支，没办法，大女儿徐晓娟虽然小学还没毕业，却不得不放弃学业，随父母一起干活。即使是这样，生活依旧很艰苦。

但老人一直很乐观。正是这种乐观豁达，一心想着只要能过日子就好的心态，让老人熬过了艰难黑暗的岁月，支撑到曙光的来临。现在回想起来，老人也觉得乐观给了他当时巨大的支持，愈发觉得对于生活，保持一个良好的心情的重要性。“要想活得久，身体健康，可不能生气，就得高兴，高兴就是长寿的秘诀。”老人笑着总结。

人的一生说长也很长，对于老人来说，这一生经历酸甜苦辣一味都不缺，能在大起大落面前，依旧保持积极向上的心态格外重要，这一生说短也短，站在百岁的大关上回望过去，老人的生活跌宕起伏，像极了电影中的情节，人生苦短，何不乐观地去迎接每一天呢？

## 四、平反复职

1977 年，一系列的浩劫接近尾声，全国开始了拨乱反正的工作。说起平反的时候，徐一心只有满满的感激：“我是 1958 年底回的家，1977 年就平反了。领导特意到家里来请我去抚宁县教育局上班，19 年的劳动也都当成工作时长来算。”就这样，笼罩生活的阴云终于散开，阳光开始顺着裂缝倾泻而下。

由于1976年唐山7.8级大地震，距离唐山不足100公里的抚宁县，房屋倒塌、学校破损严重，刚刚平反上班的徐一心，到抚宁教育局工作后，又开始了学校修复工作。老人自豪地说：“周边十多所学校，都是我亲自督建的！”

1980 年，抚宁县新办了进修学校，徐一心被安排在进修学校，负责基础建设相关工作。由于校区刚刚筹建，面临着重重困难。其中最大的困难就是资金短缺的问题。徐一心很快又将自己调整为工作模式，他先是几经辗转，托朋友从千里之外的东北林木的原产地，联系到了价格相对比较低廉的木料，又亲自监督工程的推进，每天睁眼就开始工作，晚上就在学校将就一晚，保证每个环节自己都能把关。据老人女儿回忆：“那段日子，一周也见不到父亲几次，他一心扑在工作上，连家都搬了过去。有一次看到父亲头痛都不肯休息，痛到往墙上撞，缓和一点之后又很快投入工作。”问及妻子会不会有意见之类，老人显得有点内疚：“意见肯定会有的。”复而又说，“不过有意见也没办法，工人半夜过去不能没有人盯着，出问题怎么办？我既然是负责人，就不能让这个工程出事。”工程顺利完工投入使用，徐一心也因为突出贡献，被学校表彰并授予奖金。

在进修学校任职期间，学校每年都会组织教职工去旅游，老人也随着去了不少地方。指着相片，老人都清晰地记得照相时的点滴细节。最后的工作时光是充实而享受的，1985 年，老人年满 60 岁依法离休，作为这么多年辛苦工作的奖励，老人拿到了一笔安家费和几根木材。

终于，徐一心老人在一生主持了多个建设学校的工程之后，终于能顾得上修建自己家的房子了。1986 年，老人和家人搬进了新家。

## 五、晚年生活

繁茂的合欢树掩映着大门，星星点点的粉红色伞花若隐若现，正午的阳光洒下斑驳的金色斑块，树下一把休闲椅，这，就是徐一心老人每天乘凉聊天的地方。

撑着一根有年代的木制拐杖，老人颤巍巍地逆光走来。

老人脸颊两侧已经布满大块大块的褐色斑块，瘦削的颧骨凸出得明显，皱纹深深从额头划到下颌，眉毛花白着，眼皮松弛地耷拉着，混浊的眼睛流露出淡然与平静。

和邻居闲扯几句家常，更多的是悠闲地坐在椅上，手指敲打出莫名的节奏，静静享受时光的流淌。

老人随手打理一下门前的花草，细细地浇上一层水，剪掉泛黄的枝叶。屋内早飘出了饭菜的香。一小碗农家里亲手磨的豆腐脑，两三只煮饺，组成了简单而温馨的晚餐时光。

谈起现在的生活，老人是十分满意，甚至一连用了“那是”“非常”多个语气词来表达自己的心情。掰着手指头老人开始细数自己得到的福利：医药费全额报销、每月有养老金的发放、每年还会有领导们关心慰问，除了金钱物质上的保障，还有丰富的文娱活动，除了之前退休单位组织的出游以外，在日常生活中有跳舞唱歌的活动老人也想着去凑凑热闹……

俗话说，家有一老如有一宝，徐一心老人对于子女家人来说正是无价之宝。

在家人眼中，毕竟天大地大，人的健康最重要。医疗方面的照顾，对于老人的幸福生活贡献最大。老人虽然身体硬朗，没什么大毛病，但是长年累月的执教生活给他留下了哮喘的职业病，年轻时还好，随着年岁的增长，哮喘也变得比较严重，每年都需要去大城市的医院进行住院治疗，平时家中也是常备吸氧机，怕老人的病再发作。2017 年冬天，老人的病情发生了恶化，先是因为肺气肿住院，后严重到心脏衰竭，从县医院转到市医院，在奋力抢救之下捡回了一条命。一方面现在先进的医疗条件，另一方面医药费的报销制度，因着这两点，老人的治疗少了很多顾虑，这两年老人的哮喘也得到了很好的控制。

每天晚上 7 点看新闻联播是雷打不动的习惯。看过半小时的新闻，老人又拿起了手机，继续浏览网页新闻。岁月在老人身上留下了不可磨灭的痕迹：模糊了老人双眼，颤抖了老人的手，老人倚躺在炕头，金边的花镜松松架在鼻梁上，虽然手机上的字号要调到最大，手也颤颤巍巍地滑动，他却兴致高昂看得起劲，活像个“老网虫”。

“现在科技发展太快了，谁掌握技术谁就有主动权，以前的中国经常被人欺负，因为啥？还不是咱技术不行，别人用枪炮我们还拿刀剑打，再说现在中美贸易战，为啥咱中国不怕打，也是因为咱有自己的技术，咱强大起来了，咱不用依靠别人。”“要时刻记得创新。”老人变得语重心长，慈祥的目光中带着期许，落在我身上，“作为大学生，你们可千万不能辜负国家对你们的培养，得好好学习，学习不只是为了自己，如果只是为了自己，你创造的价值就很少，只要是中国人，你就得为中国的发展做出贡献，使中国在世界上能够独一无二，要把自己一生的力量都献给祖国，必须要掌握技术，这样才配当一个现在的大学生。”

老人的眼神亮得发光，手指有力地敲着桌面，语气也随着清脆的“嗒嗒”声不断提高。恍惚间，我仿佛看到了当年站在讲台上，手执粉笔教具指点江山的徐一心，一字一句都是对学生的深情嘱托，一言一语都是对国家未来的殷切希望。

作为一名人民教师，这一生最大的成就可能就是教过的学生成长成才。虽然老人在谈起成就时连连摆手，但还是忍不住说起了他教过的学生们，这个在文化馆工作，那个去了银行，有的北上找寻自己的事业，有的留在家乡也成了一名人民教师……个个都有出息，老人为教育出一代又一代的有出息的学生而自豪。

白驹过隙，时光荏苒，当年那群精力好像永远也使不完的孩子们，终于敌不过时间的流逝，变得成熟，有了家庭，有些也已过世。老人能记起的学生们大半已经不在这世上，生离死别，让师生也更加珍惜这段缘分。还健在的学生年年都会记得打来电话，或是拉拉家常，或是回忆过去。徐一心老人已经快 100 岁了，每次电话的接起，都是上天的恩赐，他们只是想再多听听老人的声音，再接受一次老人的教诲。老人每次接到电话也是格外的高兴，都要家人百般劝说，才依依不舍地放下电话……往昔斑驳的时光犹如清晨叶尖滴下的露水，散落在泛尘的地下，然而时间不会无故消失，当年随着时间的推移洒下的露水，终会渗入土壤，滋润来年的花草，徐一心老人格外喜欢扮演园丁，教书育人的角色。

尽管老人已经走下讲台多年，可一颗热爱教育的心却不曾冷却。在关心国内外新闻的同时，老人十分关心现在的教育制度。聊起现在的教育现状，老人竖起了大拇指，拉着我介绍着现在的教育制度改革趋势："你对啥有兴趣你就学啥，学校就重点培养你这个，你对体育有兴趣就往体育方面发展，你对美术有兴趣你就往美术方面发展，俗话说，'兴趣是最好的老师'，现在的教育改革形势就是要充分发挥孩子们的兴趣特长，有了兴趣，他自然而然就会往深的方面去钻研，就有动力去走得更远，我们国家也有了主动性更强的人才。"

有国才有家，家是最小国，国是千万家。也许是经历了我们国家由孱弱到逐渐富强的过程，老人的家国情怀格外的深厚。

回顾一生，老人在面对"您觉得您这一生取得的最大成就是什么"这样的问题时，只是笑着说没啥特别的，只是教了 38 年的书罢了。这 38 年是从连绵战火到安详和平的 38 年，是从提心吊胆到幸福快乐的 38 年，是坚持初心热爱生活的 38 年。虽然在当事人的眼中，这 38 年，又或者自己的一生，都是平平淡淡普普通通的，可正是这无数的 38 年，无数人的一生，记录了也组成了一个国家一个时代鲜活的历史。

## 采访手记

从小笔者便是听着太姥爷的故事长大的，虽不至于倒背如流但也滚瓜烂熟。可当笔者以一个采写人的身份听他诉说的时候，却无力地感到笔者所了解的不过是太少的一部分。当那些在历史书上被客观陈述的史实被太姥爷讲得丰满细致鲜活可见的时候，笔者开始担自己拙劣的笔法能否配得上写下他这一生的跌宕起伏。

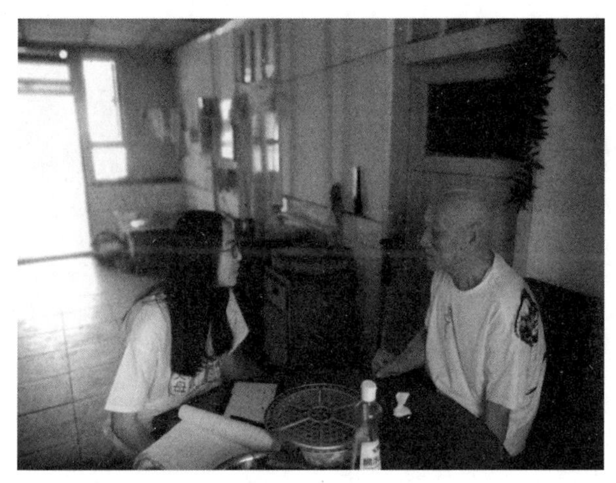

老人与志愿者（方馥馨　摄）

以前所了解的太姥爷停留在每次做客时偷偷塞给笔者麻糖的他，留在躺在病床上还要拉着笔者的手询问我课业的他，留在每次离开都要执着地送到大门口的他。但当笔者走进他的世界，与他一同经历这一生的喜怒哀乐，笔者了解到了一个宠爱关心后辈之外的他。这个他有担当，超敬业，敢牺牲，爱生活。记得罗曼·罗兰说过：世界上只有一种真正的英雄主义，就是认清了生活的真相之后，还依旧热爱它。太姥爷就是这样的一个英雄：他可以坦然接受命运的不公平，但没有丧失继续生活的勇气，他热爱生活并且懂得感恩，最最重要的，他永远乐观向上。

没有人能够抵抗岁月的侵蚀，笔者心目中的英雄也不行，采访过程中无数次笔者都是强抑制住鼻尖的酸涩感：看到他侧躺在炕头吸氧，手和胳膊控制不住地在颤抖；笔者看到他小心地一块一块缓慢咀嚼着香瓜块，却控制不住地蹭在嘴唇四周；笔者看他戴上老花眼镜，手机上的字号还要调到最大……

然而他依旧会将桌子“嗒嗒嗒”敲得响亮，说到激昂处还会手舞足蹈。他的目光依旧坚定，他的热血还在流淌。

英雄暮年，吾辈自当承其期望。

# 像是一株仙人掌

## ——杨恺老人传记

施艺 北京师范大学 文学院 2017 级

### 人物生平

杨恺，女，1919 年农历六月初三出生，100 岁，汉族，辽宁省朝阳县根德营子人。现居北京市朝阳区光熙长者公寓。父亲为东北四省慈善会会长，跟随朱庆澜将军参与“东北义勇军”并进行抗战活动。12 岁全家迁至北京，后进入青年会学习工商管理，1940 年毕业。1942 年前往西北，进入荣毅仁创办的申新纱厂工作，辗转武汉、广州两地。1949 年返京进入北京口腔医院工作，为国家十九级干部。退休后坚持学习，爱好古典诗词与书法。

杨恺老人照（施艺 摄）

## 一、百岁生日宴

她一直以为和往常一样，只是去看一次普通的表演。

养老院的工作人员让她坐到了第一排，周围坐着的还有一起住在养老院的伙伴，果然，她一眼看到了因为唱歌好经常会参加养老院表演的儿子。红领结、白衬衫、整洁利落的西装裤，和之前一样，50 多岁的儿子看上去容光焕发。对于没有戴助听器的她来说，眼前的表演几近默声电影，但仍然能够看到她微微上扬的嘴角。这是一首老歌《妈妈牵着我的手》：

再黑的夜也有尽头
妈妈牵着我的手
无论何时都那么温柔
为她画一幅美丽卷轴
愿时光为她而停留
……

儿子唱着慢慢走下舞台，递上了准备好的黄色花束，握住了她的手，继续唱着那句“妈妈拉着我的手”，她没有料到会有这样的环节，愣了好几秒，拥抱的时候都忘了伸手。惊喜像是一下子发生的，护工们推上了新鲜的草莓奶油蛋糕，她被请上台坐在最中央，戴上了金色生日皇冠，儿子站在身旁，大家簇拥在周围，一起唱起了生日歌，背景的幻灯片换成了“百岁老人生日会”。

她坐得笔直，双手拿着手袋放在膝上，因为戴着墨镜看不出任何神色，儿子帮她调整了生日皇冠的角度，“咔嚓——”时间定格在合照中大家灿烂的笑脸。

接受完许多闻“百岁老人”之名而来的祝福，她执意没让儿子送自己回房间。出大厅，老人突然对旁边的护工雪梅说：“那是我儿子，唱歌唱得很好。”说着她取下了墨镜，背过身，擦了擦有些湿润的眼角，向前走去。

仙人掌是世界上最柔弱的东西，她娇嫩如水，稍一触碰便失去了生命。上帝不忍，在她的心上加上了一套盔甲，坚硬如铁，上面还带有伤人的钢刺。从此，再也没有人能看到仙人掌之心了，凡是接近她的生物都会鲜血淋漓。很久之后，有一位勇者要铲除这恶物，剑出刀落，仙人掌变成了两半，从中流出的却是绿色的液体。原来，那是被封存的仙人掌之心，由于无人了解其中的寂寞，化成了滴滴泪珠。所以仙人掌的花语是——坚强。

杨恺奶奶就像是一株仙人掌。

## 一、生长：不需要太多的土壤

仙人掌是一种石竹沙漠植物，对土壤的适应能力强，不管在哪里只要一捧泥土就可以生长。

### （一）东北→北京

屋顶的草被拔脱，墙围头上的泥土翻花，一个一个的园穴起着狗毛，鸡和鸭子们被风刮得站也站不住。这是萧红笔下东北农村的景象，也是杨恺奶奶出生的地方。

杨恺原名杨桂平，是家里的老三，1919 年出生于东北朝阳县根德营子。清末民初，东北地方精英经办慈善事业的内容从简单趋向复杂，他们多以个人的名义参与慈善事业，有的演变为整个家族的善举，许多善士联合成立各种慈善团体，救济平民百姓。而她的父亲东北四省的慈善会会长杨子功就是带头人之一，他曾偕同奉吉江三省诸善士募款放赈，在山海关外设粥厂以救灾黎，同时在当地最大的慈善总会开设免费学堂。

上百平的院子坐落着一尊比人高的金身佛像，四周的小房间就是学堂。西边是小学，东边是夜校。30 人的小教室里是杨恺最喜欢的地方。不管在家再哭再闹，一到上学的点，杨恺总是背上包赶紧就走，“我姐姐老笑我怎么不哭了”。其实当时整个学堂只有一个老师，是来这边避难的，老师到底教了些什么，杨恺已经不记得了，那扎着辫子、白白净净的老姑娘的形象却留在了她的记忆里。

大 10 岁的大姐早早地嫁到了锦州，二哥在夜校学习，父亲总是在外忙碌，体弱的母亲常年在病榻。童年的杨恺也并没有太多同龄的伙伴，比起和孩子们一起叽叽喳喳，她更喜欢自己安静地观察周围的事物。传达室里偶尔会有不认识的大人来来往往，东边的厢房是乘凉的好去处，唯一的长工最关心的是西边马厩里的那匹棕色小马，前面院子里种着当季的蔬菜，萝卜在 9 月成熟，黄瓜在夏季开花，白色的蝴蝶是这里的常客，嗡嗡的蜜蜂也总在花季报到。

如果不是 1931 年“九一八”事变前夕突然拉响的警报，也许杨恺会像是爬上架子自由生长的倭瓜藤蔓，继续这样无忧无虑地成长。

消息来得很突然，父亲像往常一样回家，他说了些什么，大家忙碌起来，四嫂子开始收拾她的碎花衣服，哥哥打开了皮箱，懵懵懂懂中杨恺和家人踏上了去北京的火车。离开的时候，路过了少帅府，四合院正门两侧各立着一对抱鼓石狮和上马石，刻有“鸿禧”大字的汉白玉板镶嵌在南侧起脊挑檐的影壁中间，朱漆大门彩绘着秦琼、敬德两位门神画像，“真气派啊”。这座张作霖于 1914 年开始动工修建的建筑成了杨恺对于故乡最后的印象。

那时的她未曾想到所谓的故乡，一别至今就是 80 多年。

**（二）北京→西北→武汉→广州**

石驸马大街 88 号是杨恺一家五口在北京的家，也是东北慈善会的落脚点。80 多间房里收容了一起过来的慈善会成员，也成了他们在北京的工作点。在这里杨恺知道了父亲的领导，就是后来《义勇军进行曲》的命名人——朱庆澜将军。

曾任东省特别区行政长官兼中东铁路护路军总司令的朱庆澜将军在 1925 年脱离政坛，全力从事社会慈善和救济事业，联合各方多次为赈灾慈善贡献了巨大的力量。“九一八”事变后，他联络各界人士，组织“辽吉黑热民众抗日后援会”，自任会长，积极募款支持东北义勇军。次年，日军进攻上海，又向国内外募捐，并承担宣传、医疗、运输等工作，支持十九路军抗日。“他是一个完全没有一点私心的人。”朱将军收到慰问品总是第一时间拿给伤员，终其一生没有任何自己的财产。杨恺想起了朱将军在北京住的朋友送的小院子，没有任何多余的摆设。

而追随着朱将军的杨恺父亲也经常不在家，“节约于己，慷慨以人”是父亲一直信奉的法则，谈起父亲，除了那个总是行色匆匆的高大形象，似乎就是他的同仁们和他们所从事的慈善事业。

和忙碌的父亲一样，在北京，杨恺也开始了自己新的生活。12 岁的她进入了刚刚致电国民党政府要求对日宣战的京师私立志成中学，也就是现在的北京市第三十五中学，开始了自己的中学生活。后来又考入了青年会专科学习工商管理。当时的课程并不轻松，除了基础的财经知识，还需要掌握中英文打字。日本占领北京，学校还开设了日文课，“不过我们谁都不念，日文课等于虚设。”在这里杨恺认识了自己最好的朋友马淑卿，一位后来的地下党员、也是影响了她后半生的人。

中华门两侧东西交民巷的洋楼是唯一的楼房，人力车夫是北京城货物运输的主要依靠，天安门前小贩把一支支冰糖葫芦插成半圆弧状，骆驼的铃声从很远就可以听到，女孩挑着担子，有一个篓里装着她的弟弟。杨恺记得那个时候很穷，但在抗战最艰苦的时刻，“一穷二白”的北京人也在生活。

1937 年就读于西南联大的杨恺哥哥随同学老师离开了北京前往长沙。1938 年华北、东北因日寇侵略，灾民大量流入陕西，父亲随朱庆澜将军常年奔走于山陕豫之间进行赈济救灾。杨恺尚未毕业，母亲也去世了。1940 年的北京，只剩下了杨恺孤身一人。

“父亲来不了，我就去找他。”这样想着，杨恺踏上了去西北的路，一起出发的有北大、清华的大学生，还有去找丈夫的老太太。一行人坐上架子车，白天赶路，晚上直接就在地上睡。路过河南的时候遇到当地大旱，杨恺亲眼见到了人们啃树皮，走一段还会看到遗弃婴儿的惨象。到洛阳，遇到父亲的朋友来接应，过黄河，坐上皮筏子，“黄河的水是真黄啊！真的是跳进黄河洗不清。”上岸后，大家坐上了闷子车，类似现在拉肉的大车，在对岸的枪声中走过了那段不寻常的路。

1942 年杨恺终于和父亲会合，最先见到的是父亲的老朋友、一位小时候很喜欢她的叔叔。“桂平，你好啊。”叔叔招呼杨恺到自己的教养院临时工作，为收留的小孩和妇女上了 3 个月的课。之后父亲又安排杨恺进了荣毅仁的纺纱厂管理女工宿舍。女工大多都是河南人，个高力大，一天三班倒，杨恺的工作就是叫她们起床、吃饭、睡觉，女工们四人一屋，屋子不大，夏天热，常有人乐意到外面睡觉，杨恺还得一个个把她们招呼进去，“怕着凉”。有时，她还会给女工们上上课教古典诗词，女工们没文化，知识不知道听进去多少，但仍也尊敬地称她一声先生。

后来总管理处出纳的工作正好有空缺，于是杨恺又去了武汉，住在兰陵路，办公室在沿江大道。她还记得武汉大学特别漂亮，珞珈山上的樱花像雪一样。

没过多久，迁到广州，完全不懂粤语的杨恺一到那里就发了蒙，从 1945 年至 1949 年，尽管在广州待了近 4 年，杨恺还是没能掌握这门难懂的方言，倒是广州的小吃很对她的胃口。精致的包子茶点做成小猪的模样，冒着热气的云吞面加上虾仁，就是人间美味，大油条用剪子铰，鱼粥和豆腐，鲜香嫩滑是绝配。

**（三）广州→北京→广州→北京**

此时的杨恺已经逐渐习惯一个人，会计的工作也慢慢适应，远在几千公里外的北京成了她唯一的挂念。1945 年宣布抗战胜利之后的第二年，杨恺回到了北京，找到了以前的朋友马淑卿，这时杨恺才知道马淑卿随丈夫关肇元一起成了地下党员。

“北京什么时候解放啊？”

“快了！”

“好！”

回去奶奶就给自己改了名，把原来的“桂平”二字改为“恺”，“我是为了抗战改的。”《说文解字》中有这样的句子：“恺，乐也。”本义为快乐，和乐，后来也指军队胜利后所奏的音乐。为了这一声胜利的号角她等了 3 年。

1949 年还在广州工作的杨恺一听到新华社关于人民解放军胜利的消息，立刻就辞了职。

联系了在广州的朋友钱琴，辗转多个地方，只为求一张到北京的船票。两个礼拜，八个海军，两个地下党员，杨恺拎上一个大旅行包，登上了货轮，6 月 9 号终于到达了北京。在马淑卿的帮助下，13 号就进入口腔医院财务处上班。在北京工作结婚生子，一直生活到现在，刚刚好和新中国成立的时间一样，70 年。

一生几经辗转，杨奶奶像一株仙人掌适应着每一个环境，没有怨言，茁壮成长。

## 二、刺：为了更好的自己

在沙漠地区中，由于环境的恶劣，植物大多不易生存，因此雨季所带来的少量水分必须要小心地使用及保存起来，才能生存下去。仙人掌为了减少水分的丧失，以及避免被沙漠中的动物误食，于是就演化出特殊的形态，将自己的叶片特化成针状的小刺。茎部则变得肥厚而多汁，以便更好地储存水分。

和大多数老人不一样，杨恺奶奶并不喜欢热闹，从她工作开始就一直很独立，来养老院是自己的主意。独身多年，相比于打麻将和跳舞，一个人安安静静地做自己的事是她最理想的状态。

护工雪梅是奶奶在养老院指定的“专属”护工，也是她最信任的朋友。奶奶讲究干净整洁，与人交往有着自己的标准。每天早上六点半护工要给老人擦身，可换了一个又一个，奶奶始终没有找到自己满意的助手，直到一天轮到雪梅当值，奶奶认准了她的少言认真，从此几乎每样事情都找雪梅，其他人不行。两人年龄差距近 70 岁，但每天的朝夕相处却培养了一份难得的默契。

雪梅印象中的奶奶有一点敏感，会在意任何一个小细节，不愿意交往的人也绝对不会搭理。像是带着一点刺。

回顾一生，奶奶好像过得很苦。

从小到大很多时候都是一个人，从一个城市到另一个城市，辗转奔波。穷的时候一个屋子只有一个炉子，她冻出了气管炎。“我有很多的遗憾。”奶奶想起自己从 1951 年开始学习俄语，本来通过了国家公派留苏的名额，却在结果出来的第二天被临时通知公派人员年龄不能超过 30 岁。1953 年结婚，后来两个儿子出生，因为工作忙，和家人相处的时间并不多。年龄在逐渐增加，朋友、亲人也逐渐老去离开，现在奶奶的兄弟姐妹和以前的朋友们都已经不在人世。

所以她从很早就意识到，比起依靠别人，能够独立行走更加重要，即使自己已经是一个老人。

正如护工雪梅后来所说：“奶奶话不多，但很多时候我能感受到她在想什么，她也相信我，她这么大年纪了还能有这么清晰的思维真的很难得。”虽然总是有着大大小小的要求，但是每一个都是信任。从没说出太多煽情的话语，但有人看望奶奶带的慰问品，奶奶总是招呼着雪梅一起分享。

1976 年退休后，奶奶没有闲着，报名参加了老年大学，每周两次，坚持 4 年，学习古典文学、书法和绘画。王羲之的《兰亭集序》是最爱，老师送给了她临摹的本子。唐诗宋词的小册子常常拿在手边，“是安慰。我爱诗词。”《城南旧事》中间夹的白纸写着李叔同的《送别》：长亭外，古道边，芳草碧连天。这是 2006 年奶奶旅游时的夜晚一个人在酒店房间抄下的句子。

房间靠窗的左侧桌子的抽屉装着属于她的宝贝：文学刊物上的小诗、《参考消息》上的新闻，甚至是报纸上好看的书法字体，奶奶都细心地剪下来，整理到本子上。

奶奶不打牌，不跳舞。即使住在养老院，也并没有经常和大家待在一起，但总有 80 岁的“小李”来找她借字帖，有 90 岁的“老张”过来探讨诗词。

带着一点刺，和旁人保持适当距离，只是因为心中有自己的志趣，即使年老也不愿随波逐流。

比起成为一个大家眼中的老人，坚持学习，坚持做自己喜欢的事情，这也是奶奶最独特的养生秘籍。

## 三、眼泪：我在意的，我尊敬的

老人的眼泪来得很突然，谈起过去自己的种种，不管经历了什么，她总是一抬手，“嗐”，好像只是一件小事便说过去。但问到有什么想要对社会、对青年说的时候，却一下子湿了眼眶。

“我有两个心结，一个就是我们的教育，要是我们能够有义务高中该多好，另一个就是粮食问题，大家现在总是吃不完就扔，看着心疼，以前多苦啊！你们青年人得自己爱自己的国家，有国才有家，我们都是从艰苦过来的，国家受屈辱，可苦了。那时候西南联大没有一张课桌，都是在户外上课，这些志士仁人如今都不在了，需要你们前仆后继。”

对于杨奶奶来说看电视是一件有风险的事情。1998 年大水，奶奶看着新闻哭出了高血压，住了好长时间的院，前段时间因为一部关于日本 731 部队的纪录片，半夜被送进了医院。说不看吧，又怎么会不看呢？每天吃饭的时候依旧是雷打不动的新闻时间，国家发生了什么这个 100 岁的老人可能比很多人都清楚。

她也常常怀念那些在自己的时代闪闪发光的人：没有一点私心的周总理，在新中国成立后坚持留在祖国；“自己事小，国家事大”的荣毅仁；一生都奉献给慈善事业的朱庆澜将军……她亲眼见证了这些人的伟大和无私，也用最尊敬的态度去纪念他们。一谈起，就是泪流满面。

仙人掌的花语说仙人掌被劈开，流出的液体化作了颗颗泪滴。杨奶奶的眼泪很少为自己而流，却轻易地因为国家和志士们动容。这时我有些理解面前这个走路都坚持要自己走，总是挺直腰杆的老人身上的坚强为什么表现得如此坚定。

所有的坚强只因有一颗足够柔软和博大的心。

## 四、我心安处：家

最后一次拜访，老人病情加重，养老院联系家属接送至医院。

然而，想带一个老人去医院并不是一件容易的事情，实际情况常常像在哄孩子。

去哪里，见哪个医生是必须知道的，出行的衣着搭配也得讲究，裤子今日最佳是卡其色，皮鞋一定要红色那双，老花镜取下，换上摩登的墨镜，一顶黑白格的渔夫帽是点睛之笔，叠好的碎花手绢不可忽略的。跟了十多年的小乌龟也要带好。

“到时候得喝水吧，水果也带上。”儿子拿上水杯，环顾四周，生怕掉了什么重要的东西，护工雪梅正在努力收拾奶奶的备用衣物，即使已经说不出话，但长期相处的默契已经让她知道了奶奶的穿衣喜好。儿媳妇和雪梅左右搀扶，儿子拿着行李跟在身后，护工小李提上一大口袋的药，“第一次看到去医院自己带这么多药的。”儿子笑着把东西放进后备厢。从房间到车上，奶奶的背挺得笔直，没有说话，关门的时候轻轻点头算是告别。

对于儿子来说送奶奶去医院已经不是偶然，随着年龄的增加，奶奶的身体也变得脆弱，大病没有，小病却不少。6 月奶奶刚刚住了一个月院。所以比起惊慌，家人们似乎也心照不宣地用一种轻松的态度去面对。“没准今晚就能回来呢。”说着，儿子开车出发。

看着逐渐消失在视野的车辆，护工雪梅突然转过头说，“她这也是心病。”雪梅说的心病指的是奶奶的大儿子在 5 月因病去世，家里人一直瞒着她，可平日里经常来的儿子这么久没来，老人隐约还是有些知晓。雪梅说起前两天奶奶总是埋头在写些什么东西，白纸上密密麻麻。“她说是在给大儿子写信。”一张一张，雪梅凑近去看，已经看不清写了什么句子，只是每一张都有两个字——

想你。

## 采访手记

这可能是最一波三折的采访。

暑期前，奶奶大儿子去世，采访推迟到 7 月末。上午 9 点，奶奶早早地坐在房间等候，穿着粉色外衫、卡其色裤子，一进门就起身握手道一声“你好”。

杨恺奶奶和志愿人合影（李雨盈　摄）

采访老人并不是一件容易的事情，敏感时期老人的情绪、身体都需要时刻关注。倒是奶奶先打开话匣子，问了许多关于笔者的事。说起自己，又云淡风轻，一招手，“嗐”一声便是答案。

和老人的交往，百年岁月伴随着历史带给人震撼，但更让人动容的是老人坚强背后流露出的那份柔软。不管是面对诗词的深情，还是说起大儿子时不经意流露出的悲伤。

快离开的那天，老人突然说：“亲情友情说了，爱情还没有说，等你回来告诉你。”但等我从外地回来再次拜访，奶奶却因生病说不出话来。

第五次采访在目送叔叔开往医院时画上句号。遗憾好像成了最大的主题。坐上回程的公交车，从没想到的“物是人非”会发生在这一刻。没有听到的爱情故事，没有聊到的人生细节仿佛即将成为奶奶一个人知道的秘密。

回听录音，奶奶中气十足，总说“以后慢慢给你说”，让我想起去医院前，她有些抱歉地对笔者说“我快不行了”，突然间有点心酸。

或许正是采访的一波三折让笔者看到了更加立体的奶奶，稿子完成很顺利，仙人掌的花语像是为奶奶量身定做，坚强与柔软是笔者在奶奶身上看到最动人的符号。

一个月，五次采访，一场百岁生日会，老人的故事还没有说完，未来很长，此刻只希望奶奶身体健康，早日康复。

以后，听您慢慢说。

# 平凡的见证者

## ——赵晓晨老人传记

高诗蕊 北京师范大学 政府管理学院 2018 级

### 人物生平

赵晓晨，男，1925 年 3 月 21 日出生于沈阳，九一八事变后居天津，现居天津市武清区杨村镇亨通花园小区。1947 年考入黄埔军校，毕业后被分配至国民党七十二军，后随军在宜宾起义，改组后加入解放军。复员后担任中学老师，勤勤恳恳，关爱学生，所带班级成绩优异，多次被评为“优秀教师”。

赵晓晨老人照（受访人提供）

### 一、懵懂童年

1925 年春。奉天。

张作霖管辖期间东北三省的经济、工业、军事实力有所发展，人民生活相对安定。

赵晓晨便出生在奉天一个普通人家。家里靠替别人种地为生，父亲也会帮大户人家做饭赚钱，总的来看生活水平算是一般。那时的他们不了解什么是内乱，搞不懂各个军阀的争斗。他们守着自己的一亩三分地，过着最平凡也最安宁的生活。

像所有稚气的孩童一样，除帮父母做一些力所能及的事，让赵晓晨最快乐的就是和小伙伴一起玩耍。春日，在田间肆意奔跑，欢笑打闹；盛夏，在树荫下乘凉，太热的时候就跑到河边撩起一捧清冽的河水；入秋，互相交换甜甜的果子，在金黄的落叶堆上打滚；冬至，在银装素裹的世界里堆起一个个栩栩如生的雪娃娃……

然而，这种纯粹的快乐终究被1931年的枪炮声打散。1931年9月18日，日军发动九一八事变。

为躲避战乱，赵晓晨随家人迁往天津。幼小的他并不完全明白，只知道要离开朝夕相处的小伙伴，到一个陌生的城市开始所谓的新生活。父母不再放任他每天无所事事地玩耍，开始给他请一些补习先生，在传授基本学科知识的基础上，讲一些时事。小小的孩童听得入神，也逐渐对外面的世界产生了向往。

## 二、少年考学史

有志少年，当心系国家，奋勇争先。

抗日战争时期，目睹日军铁蹄践踏中华大好河山，眼见侵华日军的暴行，那时的少年，大多心怀壮志，以保卫家国为己任。赵晓晨自然也不例外。因为出身于普通的大众家庭，父母憨厚老实且较为开明，赵晓晨不像富贵人家子弟一样混日子，亦不像极穷苦的百姓家只能扎根于田间地头。他有着考军校的志向，而恰好家人也支持他。

在那个年代，想进入军校学习，也需要严格考试。“几十年前的考试也跟现在一样，考语文、数学、历史、地理什么的。”赵晓晨回忆说，“但是我当时啊，家里不富裕。除了小时候上过点类似补习班的课，初中高中的课都没有上过……”

黄埔军校是中国近代最著名的一所军事学校，培养了许多在抗日战争中著名的指挥官。自然，若想进入这所全国最好的军校，纵是天资聪颖，也要付出更多的时间和精力。没有老师教，赵晓晨便开始自学。“估计啊，我当时的学习经历跟你们现在高考的过程差不多。借书、做题，不会的去找学堂里的先生问。白天帮家里干活，只能零散着学啊，晚上家里又黑，眼睛差点熬坏喽……”老人憨厚地笑着。

老人慢慢挺起了胸膛，仿佛想起了什么：“当时我们去清华大学统一考试，上千人里我考了前 40 多名。”

黄埔军校的招生考试，要考 3 天。虽是考一些高中水平的基础学科，但即使放在现在，让熟知流程、身经百战的学生去考，战线这么长，也是有点吃不消，更别说赵晓晨一个没经历过如此大阵仗的“考试小白”。第一天还算顺利，第二天还能强撑，到了第三天就有点迷糊了。那天有个很有趣的科目——心理测验。大概进军校之后当兵要有强大的心理素质吧，赵晓晨这样想着，翻开了试卷。

“夜里一个人走夜路害怕吗？”“不怕！”

“一个人在家的时候进贼了害怕吗？”“不怕！”

……

一百多道题，为了显示自己胆大，赵晓晨竟都填了“不怕”。这样是不是有点假啊？耿直的少年终于怀疑了，太假了会不会也不行？可是已经填好了也没法改啊……时间一分一秒地过去，到底应该怎么办呢？直接画掉重写？不行不行，肯定一眼就看出来那点小心思；就这么硬着头皮交？可是这个假到一定程度的答案会得高分吗……突然，他眼珠一转，鬼主意上来了。“当啷”一声，他胳膊一动，碰洒了桌边的黑墨水，顺势举手，“报告老师，我这个卷子沾上墨水了，能不能帮我换一张呀？”拿到新试卷后，赵晓晨终于松了一口气，奋笔疾书，重新誊写，按真实情况填了答案并按时上交。

## 三、何为“战友”

上天总会眷顾踏实而又努力的人。赵晓晨最终以四十几名的成绩顺利进入黄埔军校。1946 年，他离开华北，来到四川学习。

这一年，关麟征将军成为黄埔军校新一任校长。关校长在军校任职期间，实行了“废除体罚，尊重人格”“赏由下起，罚自上先”“改革教学，时间第一”“人事平等，经济公开”等变革，他虽是出了名的严厉，却也赏罚分明，体恤学生。“那次我作为学生代表向校长汇报的时候，校长问我有没有什么意见。”老人挠挠头，“来之前队长叮嘱我别口无遮拦，我也怕说错了队长受罚，不敢瞎说。我就说——最近气温有点低……”没有说自己觉得冷，而是不失机智地联系了天气。这下我也完成任务了，校长肯定不在意天气问题，队长应该也不会挨骂吧，赵晓晨美滋滋地回到了班级。

谁知道，校长随后拨了 1000 多条军毯给学生。

这件事让赵晓晨印象深刻。关麟征将军每天忙于军务、学校事务，可以说是日理万机。这种情况下，校长竟然能记得一个普通学生的小小要求，并给学生发军毯御寒。他一直以为校长很严肃很厉害，却没想到校长还有如此关爱下级的一面。

之后再见到校长时，赵晓晨旁敲侧击地询问了这件事。校长回答道，因为你们不只是我的下级，还是我的战友，当然应该关心你们啊。

团结、关心、友爱、责任、担当。为了共同的目标而斗争，一起冲锋陷阵，毫不退缩。

战友，就该如此。

## 四、命运的转折

入学半年后，青年学生们迎来了分科。赵晓晨的学习成绩很好，队长对他印象不错，想要保送他去骑兵科。但是赵晓晨觉得步兵科学的内容比较全面，枪炮之类都能接触，能学到更多东西。于是他放弃了保送，最终选择了步兵科。

时光飞逝，3 年很快过去了。1949 年，赵晓晨顺利毕业。

此时，正值新中国成立前夕。国家政治局势大势已定。毕业后的赵晓晨被分配到国民党七十二军，做一些后勤工作。作为一个中国人，他自然是抵触内战，不想看到同胞战场相见。他知道共产党，知道那是一个为人民谋福利的好政党，也听闻过国共合作抗日。

赵晓晨并没有等太久。1949 年 10 月 1 日，中华人民共和国宣告成立，“中华人民共和国，中央人民政府成立了”响彻祖国的大江南北。那一刻，赵晓晨心中无比喜悦。他兴奋地想，终于迎来了和平，终于可以远离战争了对吗?

自己可以不用每天进行心理斗争，自己的家人也能有更安定的生活，最重要的，再也不用中国人打中国人，国家也可以更好地发展……

过了些许时日，发生了一件大事。

1949年年底，刘邓解放大军发兵大西南，蒋介石政府投重兵死守，妄图在西南地区和解放军抵抗。但蒋介石万万没有想到的是，1949年12月10日，赵晓晨所在的国民党七十二军，在军长郭汝瑰的带领下，在四川宜宾发动起义。自此，西南重镇宜宾经过了漫长的战争硝烟，告别了旧历史。宜宾和平解放，迎来了崭新而光辉的时代。

自然，“国民党七十二军”的名号也不复存在。

随后，这支部队接受改编，赵晓晨加入解放军。

他记得，整个部队举行庆祝大会，大家开心地笑着；全国的报纸上刊载着“七十二军起义，宜宾和平解放”；人人口耳相传“老蒋对大西南的筹划破产啦！我们终于能安生了！”

“你看啊，不打仗多好。”老人总结说。

## 五、“文武双全”

加入解放军后，因为文化水平相对较高，赵晓晨担任部队的文化教育员。

解放军的队伍里，没有受过系统教育的人占绝大部分。人们在战争年代没机会学习认字算术，但是如果在不打仗的日子里还处于文盲半文盲的状态，不但会被嘲笑，在日常生活中也会有诸多不便。赵晓晨的任务，就是教他们认字和算术。

“我教他们‘祁建华速成识字法’。”老人说，“这种识字方法还挺简单的，还有就是教他们算术……”战士们都很好学，有不认识的字或不会算的题都来问他，赵晓晨也乐得当个“小老师”，为他们耐心讲解。一来二去，赵晓晨迅速和新战友们熟悉了起来。

虽然在文化课上算个“大佬”，但是因为之前并未真正上过战场，赵晓晨在实战方面还是个新手。在训练使用刺刀的时候，赵晓晨笨拙的姿势总使教官束手无策。“不是这样的，是直接刺过去，”教官手把手指导，“对，用力刺！你这样可不行啊，你要多多练习呀！”

理论和实践确是有差距的，熟知理论的赵晓晨在实际操作中有些蒙，难以迅速掌握要领。要找到窍门，只能多练习了。酷暑时期，战友们经常能看见赵晓晨拎着一把刺刀，在稻草人面前站定，琢磨片刻便开始练习，直到汗流浃背方才停下，歇息片刻又起身继续。有以前军校的学习基础在，加上自己的刻苦训练，赵晓晨很快掌握了动作要领，在队内的展示中，也赢得了教官的夸赞。战士们也开玩笑说，这下我们的教育员是真的“文武双全”啦！

老人讲到这里的时候，眼中闪着自豪的光芒，那是努力终会得到回报的满足吧。

## 六、新技能

那是一次普通的会议。

照例，队长交代文化水平较高的赵晓晨，让他来做会议记录。

像往常一样，赵晓晨认真记录了会议内容，散会后交给了队长。“你把这个材料仔细整理一下吧，明天有个记者要来，你写成文章好在报纸上发表。”队长又给他布置了新任务。

赵晓晨一下子蒙了：“队长，我哪会写这东西啊，我就会从头到尾地记流水账啊！”

“没关系，”队长拍了拍他的肩膀，“哪里不会的明天问那个记者嘛！好好写，我相信你！最后登上报纸了会署你的名字的！”

赵晓晨心里还是犯嘀咕，他尽最大努力写了一篇文章，心知有很多不足，便焦急地等待记者的到来。

第二天，报社的记者来到了部队。

看了赵晓晨的稿子，记者沉思片刻道：“同志，你这篇文章文笔不错，说的也很详细很流畅。但是吧，确实有些问题……”

“有什么问题，您尽管提，我会好好改的。”赵晓晨谦虚地请教。

“我给你举个例子啊。就比方说，有个人在机械厂上班，偷了飞机的零部件，去面粉厂换面，这你能看出什么？”

“嗯？”赵晓晨又蒙了，“这……这不就是简单的偷窃吗？要受罚的！”

“对，问题就在这儿。你不只要看到这个人偷了东西，你要认识到这是一种破坏行为，是对公家财产的破坏！我们写文章，就是要透过现象看本质，看到事物背后的东西……”

赵晓晨一下豁然开朗。

为什么自己的文章总是差点什么，原来是对事件本身的思考。自己总是把事情原原本本地记下来，浮于表面，自然是少了很多看头。

记者接着说道：“而且同志啊，你这篇文章就是从头叙述到尾，重点不突出啊！写文章一般是把大事放后边，事情越写越小可不行。不能单纯按时间顺序来，要自己整理一下，由浅入深啊！”

……

好心的记者十分细致地讲了很多，又几乎是手把手教赵晓晨修改文章，折腾了很久。

“我那篇文章登报之后收到很多好评，但是我知道功劳并不全在我，实际上啊，是那个记者指导我写的。之后我的写作能力也提高不少，我真的要谢谢他……”赵晓晨谈及此事，仍是心怀感激。

经过这件事，赵晓晨的语文功底得到很大提升。写作这一新技能，日后也成了他的一项看家本领。

## 七、桃李满天下

“老师”这个词，与赵晓晨有着别样的缘分。

当时，村里的教师资格是可以通过考试认定的。在赵晓晨十六七岁的少年时期，他便靠自己的努力考上了教师，成为当地年轻的“小先生”之一。“那时候每半年就要进行一次甄别筛选，不合格的人刷下来。可是我每次都考过了，就当了几年的小老师，也有工资领。”老人回忆说。

参加解放军时期，赵晓晨成为部队的文化教育员，教战士们认字算数。

复员后，赵晓晨返回天津武清。在那个包分配工作的年代，民政局询问他心仪的工作方向是什么。

赵晓晨歪着头思索片刻，试探着说：“我以前当过老师，能不能……”

“好呀！”工作人员爽快地答应了。于是赵晓晨被分配到武清区黄花店镇，成为一名中学教师。

赵晓晨带学生很有一套，曾经参军的经历让热血少年对他十分崇拜，他的人格魅力和扎实的基本功也让学生和家长们很是满意。赵晓晨全身心投入这份工作，披星戴月、认真备课、批改作业、回答学生的问题，他很累，却也安定而满足。

改革开放以来，政府确定教育优先发展的战略，全面整顿教学秩序，改革教育制度，在全社会倡导尊师重教的风气，教师的地位较之前有很大提高。

“文革”后，赵晓晨被重新分配了工作。1978 年，他来到东蒲洼街道中学当语文老师。那时，他已经 53 岁了。

头上的白发一天天增多，皱纹也渐渐爬上了的面庞。随着年龄的增长，在教学过程中，赵晓晨明显感觉到了力不从心，即使仍是热情满满，也无法再像年轻时一样干劲十足。不同于现在的高科技教育——如备课直接查阅电子资料等的方便快捷，在那个科技相对落后的年代，所有东西只能靠手写，有疑问的地方就只能如大海捞针般查阅各种书籍，有时还需要在空闲时间跑到几公里外的镇上找资料。赵晓晨白天给同学们讲课，下班后依着昏暗的灯光，趴在家里的小桌子上，戴着老花镜，眯着眼睛一字一句地批改学生的作文，第二天再拿去讲评。日复一日，每天程式化的工作确是无聊，但是和青春阳光的学生们待在一块，过着安稳的日子，赵晓晨感到十分满足。

“爷爷当老师的时候有没有什么有趣的经历呀？”我好奇地问。

“哈哈，有个事我记得还挺清楚的，”老人带着微笑，“当时我们有两个班，也像现在一样有良性竞争关系。我是班主任呀，我们两个班的管理方法不太一样。那个班的班主任年轻，喜欢抓得紧一点，恨不得学生所有闲暇时间都去学他教的这一门。我年纪大点有经验啊，我觉得光学一科怎么行，最后是看总分啊！我就一点也不干涉学生应得的休息时间，孩子们也懂事，他们把自己的学习生活安排得都不错。我们班也总是能考得很好……”

说到学生，老人眼中闪着欣慰的光芒。

1985 年，赵晓晨 60 岁，到了退休的年纪，可他并不想就这么回家。他说，自己真的很喜欢这份工作，还可以再干几年。虽年纪已大，赵晓晨的工作热情却一如当年。他把每一个学生都当成自己的孩子，悉心教导，关怀备至。

帮笔者联系到老人的阿姨曾是老人的学生。阿姨拿起相册，把上边的同学们一个个指给老人看："这是我当时那同桌李 XX，您还记得吗？""记得记得，她当时学习真的不错，后来去 XX 厂上班啦！她之前还打电话跟我聊天呢……"老人答得很快，时间似乎并未带走他的一点记忆，这些事仿佛是发生在昨天一样。听他侃侃而谈，就好像提及的是一位极为相熟的老友。可分明，那只是一个普通的学生。

1989 年，赵晓晨正式退休。师恩如水，润物无声。真正热爱这份工作，真心对待每一个学生，笔者想，赵晓晨老人无愧于"优秀教师"的称号。

## 八、长寿秘诀

"爷爷，您平常都喜欢干什么呀？"

"他呀，早晨出去遛遛弯，平常喜欢在家写写字……"老人的女儿替老人回答，随后捧出纸笔："来，爸，给孩子写几个字看看呗！"

老人似乎有点腼腆，提起笔："写点什么呢？"

"您就写句您喜欢的古诗吧！"

写字时，因为年龄的原因，老人的手微微颤抖，可总体来说依然很稳。"明月出天山，苍茫云海间。"老人一笔一画地写着，每一笔都苍劲有力，入木三分。

"我能活这么大岁数啊，还是心态好，乐观！"老人说，"有什么事不斤斤计较，知足常乐嘛！平常出去遛遛弯，和小区里的朋友们聊聊天，在家看电视或者写字打发时间……其实这说着容易，大多数人都做不到啊！现在人们想得到的太多，总是不满足，这怎么保持好心态呀……"

在时间长廊中，每个人都有独一无二的光彩，每个故事都有独属于它的价值。赵晓晨老人是时代洪流中的一个普通人。他没有轰轰烈烈的人生经历，却也亲身经历了很多重大历史事件，为我们当今的美好生活做出了不可磨灭的贡献。他们无法左右历史，却也是历史的创造者。他们需要我们热心关怀，他们的故事需要我们用心去倾听。个人的力量虽微不足道，但无数个这样的人汇聚在一起，方能书写中国近代百年历史，方能成就祖国辉煌的明天。

## 采访手记

赵晓晨老人是笔者父亲学生的家长的老师，联系到他，确实经历了一番波折。

2019 年 7 月 9 日早上，笔者随父亲来到了老人家中。随着生活条件的改善，老人所居住的并非是平房小院，而是与女儿一起住在敞亮的楼房里。“我爸呀，听说你要来，特意都没有去遛弯，就等着跟你们这些小辈说说话呢！”老人的女儿对笔者说。

赵晓晨老人穿着干净的衬衫，端坐在沙发上，看得出来有一点紧张。老人的精神很好，且腰板挺得笔直，透出一种别样的神采。笔者把茶礼、丝巾等礼品递上，便开始了交谈。

老人虽略有耳背，但是讲话时声音清晰，饱含感情。笔者也是第一次做采写工作，开始确有些手足无措，但很快被老人的故事吸引。在老人的讲述中，一个个岁月中的场景就像电影画面，在笔者眼前一一展现。笔者仿佛看到了意气风发的少年郎，为考入军校而努力自学文化课程；在学校里渐渐成熟稳重，严守纪律，积极参与实战模拟；退休前从事教师工作，在昏黄的灯光下耐心批改作业……

老人虽历经风雨，却仍初心不变。他每天坚持早起散步，闲暇时写写书法。他一直保持乐观的心态，懂得知足，凡事明白分寸，这也是他健康长寿的原因。

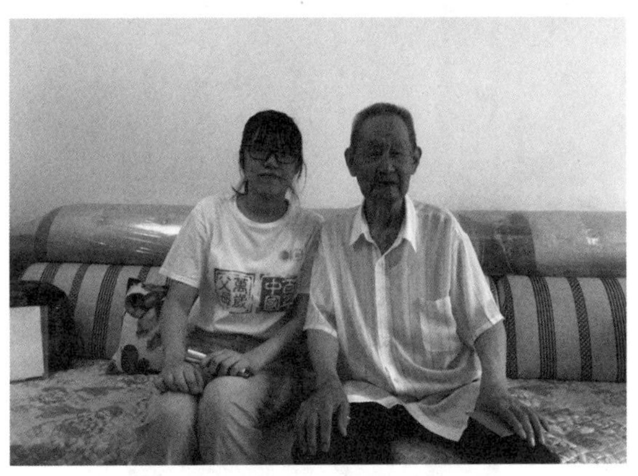

志愿者与赵晓晨老人合影（高生　摄）

# 历经寒彻骨，坐看云起时

## ——杨瑞章老人传记

毛贝宁 北京师范大学 环境学院 2018级

### 人物生平

杨瑞章，女，1925年7月5日出生，94岁，汉族，河北省昌黎县人。现居北京市朝阳区光熙门北里23号北万怡园光熙长者公寓。她幼时住于山西太原，两岁丧母，12岁时卢沟桥事变爆发，家庭支离破碎。离家逃难三年后勤奋学习，在初中高中各跳一级后考上武汉大学电机系，毕业后成为地下党员。在武汉电信局工作，平生历经沧桑，命运多舛，却始终热爱祖国，拥护和平，坚毅勇敢，宁静致远。

杨瑞章年轻时（1949年，受访人提供）

## 一、赏花寻乐扑蝴蝶，太原院中乐天伦

1925 年 7 月 5 日，那个在山西太原呱呱坠地的女娃娃放出了清亮的啼哭声，睁大着眼睛想要将这个世界尽收眼底。而她怎么也不会想到，在自己不到两岁的时候，母亲就离开人世，父亲于 1929 年续弦的妻子又患了严重的肺结核去世了。

于是，杨瑞章那严厉却温柔细心的父亲便承担起了父亲和母亲的双重职责。杨瑞章的父亲毕业于东京帝国大学（现东京大学），回国后在太原一个农业专科学校担任教授和农业试验场的场长。他在花卉学上相当有造诣，常常从日本或其他国家引进花卉种子，在试验场中改良，每当培育成功的时候，他总会特别高兴，有时还会把那些花儿带回家，和孩子们一起欣赏花朵开放和凋谢的过程。在杨瑞章上小学前，她的父亲经常带她去上班，在农业试验场的花园里，有着翩翩起舞的蝴蝶和许多樱桃树，杨瑞章便常常爬到樱桃树上摘樱桃吃，在种满了各式各样花卉的园圃中扑蝴蝶。那里的温室在冬日里依旧花团锦簇，春色宜人，不比外面的草木皆枯，而是姹紫嫣红，招蜂引蝶，美不胜收。待到父亲沾着满身的粉笔灰、带着疲倦的神色走时，杨瑞章总会被关切地询问渴不渴，要不要喝水。而后，她便会在父亲的办公室中一边喝水，一边看着父亲用鸡毛掸子拍打身上的粉笔灰，然后和父亲手拉着手到花园里摘一把鲜花，带回家插在瓶中。

受到父亲的影响，杨瑞章很小就对读书感兴趣。家中的文学书籍很多，她小的时候便常常沉浸于书籍的文字中，不能自拔。父亲还喜欢收藏字画，也常有朋友来到家中一同欣赏字画。在杨瑞章年幼的时候，父亲要求她学写欧阳询字体，在她写字时，父亲总会站在她身后，有时猛地把毛笔从指间向上一抽，来检查她是否握紧了毛笔，父亲常常对她说，一定要握紧笔才能练好字。或许，正是这种从小的耳濡目染，使杨瑞章后来在文学、书画上都有极大的兴趣，也都取得了不小的成就。

杨瑞章从小便身体瘦弱，经常生病，但父亲却往往在她生病第二天就把医生请来，并在她不愿吃药的时候耐心地抱着她，实在不愿意吃的时候便只好捏着鼻子灌了，却也是不辞辛苦，任劳任怨。

1937 年，杨瑞章的父亲再续弦后没多久便爆发战争，从此家庭四分五裂，几乎不曾感受过母爱的她从此开始了人生中逃难的一段旅程，她也似乎因此

而有着一股安静而坚毅的力量。

## 二、三年逃难行多艰，娇小玲珑但前行

卢沟桥事变爆发后，杨瑞章和他的哥哥姐姐们就像一只只被风浪打散的小船，在大海中颠沛流离，尝尽了人生的酸甜苦辣，历经了世道的炎凉沧桑。家从那时起便仅仅是他们情感深处的一个温馨却遥远的港湾，而实体早已支离破碎，不复存在。

杨瑞章的姐姐比她大 8 岁，当时正在山西临时成立的民族革命大学医学院担任教官，这个医学院只招收初高中毕业生，但由于姐姐的关系，尽管她只是小学毕业生，却也进入了医学院的中级班，成了全校最小的一个学生，在 1938 年，与全校师生一起进行转移，从此开始了艰苦的长途跋涉。

“特别苦啊！十二三岁，天天走路，从山西走到陕西三原，又从三原走到陕北宜川，后来又从宜川走回三原。”逃难的时候，杨瑞章和同学们一起，每天少则走六七十里路，多则走八九十里路，还常常要翻山越岭。他们走到哪儿就住到哪儿，住在沿途的老百姓家，而自己的家却早已荡然无存。除却弱小的她那单薄的背上背着的一床重重的棉被和几件衣服，还有盘亘在田埂上不成形的曲曲折折纵横交错的路，年纪尚小个头较矮的杨瑞章仍需要比大家走得更快才能赶上急行军时同行者的步伐。一次夜晚，学校禁止大家使用手电，可在行军时，她的脚跟却被后面的人踩了一下，鞋被踩掉了，待她停下来，艰难地弯下腰将鞋子穿好后，却发现队伍早已消失得无影无踪。在那个伸手不见五指的夜里，除了日军炮声，仅有无边的寂静迎面笼罩而来，是何其令人恐惧与绝望！她大声地呼叫着，声嘶力竭地喊着自己的名字和医学院的名字，却只能任凭她细腻而稚嫩的声音被黑暗吞没。正是在那时，杨瑞章知道了也许在人最恐惧的时候，是没有眼泪的。她就这样立在那里，一动也不敢动，所幸后面还有几个学校的后勤人员发现了她，就这样，他们伴着轰轰的炮声，在漆黑的夜晚中继续前行。

后来有一天，学校发了一袋用干黄豆炒熟的黄豆，这样他们在路上嚼几颗黄豆就能吃饱。可是跋涉了好几天后，杨瑞章的脚早已磨出了水泡，双腿也是又酸又疼，实在是无力前行了。但眼前的山，却是那样的高而陡峭，同学们

的步伐又是那样的快而坚定，于是她便只好将挂在手腕上的沉甸甸的黄豆扔在了这座光秃秃的山上的一块巨石脚下，想着也许有一天自己有了力气，会捡回这袋黄豆的，她努力记住了那块巨石的模样，最终一步三回头地离开了。

这段战争中逃难的日子，充斥着痛苦与艰辛，可那个瘦弱又矮小的小姑娘，却又是那么的坚韧与倔强，她也曾难过，也曾恐惧，却在大家的帮助和鼓励下顽强地坚持，忍着久不洗澡后虱子带来的瘙痒，为了顺利上船而咬牙蹚过了波涛汹涌的黄河，因为大家的鼓掌而全然不觉苦累，时常与同学们一齐激昂地唱着一首首抗日救亡歌曲。

“路漫漫，那一段战争中的路早已走完，人生漫漫长路也已走了很长很长。我常常想，人类是万物之灵，高科技不断发展，为什么不去相互扶持，共谋幸福，而要互相残杀，独霸世界？”战争给年幼的杨瑞章带去了苦难，带去了一生抹不掉的伤痕，可带着伤痕前行的她，却也多了份坚韧和博大的济世情怀。

## 三、长路漫漫而求索，挑灯夜读入武大

小学时，杨瑞章就读于山西太原国民师范附属小学（简称国师附小），其在太原的声望相当于北京的史家胡同小学。当时的老师们对学生的教育充满了爱，老师们善良而严肃，不会布置过多的家庭作业，但大家却都在老师的启发下利用课余时间阅读了大量的课外书。杨瑞章和她的同学们每年都会去野外露营一次，自己搭帐篷做饭，用老师教的方法采摘样本。他们的老师曾讲授过苏联的文学作品，包括高尔基的作品等；在六年级时，甚至还讲授了唯物辩证法的三个法则，在黑板上写下了“矛盾统一、质量互变、否定之否定”。尽管当时的杨瑞章还懵懵懂懂，但是数年后再次遇到时，便仿佛遇到早已相识的老友，很快就能愉快地理解接纳它们。

在逃难后，杨瑞章跳过了初一年级，直接进入了国立七中学习初二的课程。国立七中的很多老师，思想都特别进步，杨瑞章毕业后，有一天街上遇到了七中的老师，老师问道：“还读高尔基的书吗？”她点了点头，老师便忽然低声快速地说：“甚至也可以研究马克思主义。”说完便转身快步离开了。那里的老师虽然只教了杨瑞章一年，可是他们对她的启发、教导和鼓励，

却是终身受用。那时是抗战时期，食堂里的早餐是红薯稀饭，大家根本吃不饱。因为特别饿，于是大家一下课就都往食堂跑，跑在前面的同学就可以多捞一些红薯吃，以使稀饭不致太稀。放假的时候便好些，有家的同学们都回家了，杨瑞章的宿舍里就只剩下两个人，这时候，三顿饭变成了两顿饭，但好处却是馒头可以随便吃。她们兴奋极了，第一餐杨瑞章的舍友吃了 5 个馒头，她自己吃了 3 个，结果回到宿舍后，舍友就难受得走来走去，一边走一边说：“哎呀！我难受！哎呀！”后来，她们就再也不敢多吃了。

初三时，杨瑞章考入了师大附中，到高一时，她觉得头特别晕，就到西北医学院检查，却被告知肺有问题。于是，杨瑞章便到兰州找正在当大夫的姐姐，发现其实是用眼太多，只是散光引起的头晕。待到高一结束，她就留在兰州女中，跳过高二直接上了高三。同年 7 月份时，她正准备到四川考大学，却得了白喉病，出院时已错过了考试时间。幸而由于她的成绩十分优秀，甘肃省教育厅将她保送到西北工学院，尽管喜欢的是文科，杨瑞章还是来到了陕南进行学习。大二时，她便如愿地插班考进当时搬迁到四川的武汉大学。

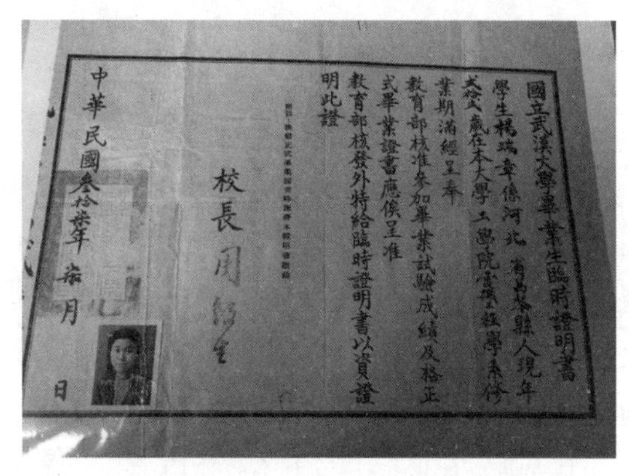
國立武漢大學畢業生臨時證明書
學生楊瑞章係河北省[illegible]縣人現年
式拾式歲在本大學工學院[illegible]學系修
業期滿經呈奉
教育部核准參加畢業試驗成績及格正
式畢業證書應俟呈准
教育部核發外特給臨時證明書以資證
明此證
校長周鯁生
中華民國叁拾[illegible]年[illegible]月 日

武汉大学毕业证明（毛贝宁　摄）

初中毕业时，杨瑞章获得的评语是“和蔼温厚，幽默聪明”，可实际上，她在学习上也是特别勤奋用功：“跳级的时候不拼命学怎么行啊，什么都不想，就一头钻进去。”抗日战争的时候，在七中和师大附中里没有电灯，就只能点着蜡烛学习，两个人一个桌子，共用一支蜡烛。后来，她也常常学习到很晚，熄灯之后也会自己点上灯偷偷地看。在武汉大学的时候，晚上至少学到 12 点，早上六七点就伴着清脆的鸟啼声而起。那时，一个星期要上一次体育课，但是点完名杨瑞章就会溜掉，因为工学院的功课特别多，作业做不完。她不喜欢运动，却会看很多的书。

## 四、铮铮铁骨心向党，峥嵘岁月守初心

1947 年 5 月 31 日晚，正在武汉大学电机系读大三的杨瑞章和同学们在校内观看反内战文艺晚会，感受着话剧、朗诵、歌咏等节目的蓬勃激情，直至晚上 12 点才散会。会后，那些慷慨激昂的反内战歌曲还久久回荡在校园的空气中，涤荡着每个同学的心灵。

然而，伴随着一阵砸门的声音，震惊全国的流血惨案发生了——武汉大学“六一”惨案。

粗暴的声音在门口回响着，持枪军人的脚步声近了，正在睡梦中的武大学子们从梦中惊醒，却发现来者不仅未佩戴任何标志，而且手中还拿着黑名单，不由分说地便占领了各层楼梯口，并在搜查了各个房间后抓走了 3 名同学。

“你们是什么部队？拿出逮捕证来！没有逮捕证随便抓人是违法的！”“她们有什么罪？为什么要抓走？”全体同学都愤怒了，簇拥着这三位同学和持枪军人，大声地质问道。

这些人一句话都答不上来，便走到门厅想要把同学们驱散，甚至拔出刺刀刺向这些并没有丝毫惧意的同学们。杨瑞章和她的同学们手挽着手，紧紧地包围着这些军人，愤怒地喊叫质问，不让他们离开。

而同时，男生宿舍的争斗更为激烈，军人们将被捕学生关进汽车，其他学生们如潮水般涌出，将囚车围住，奋力解救被抓的同学们。然而，“砰”的一声，屠杀的信号突然响起，顿时，机关枪、步枪夹杂着手榴弹的爆炸声响成一片，3 位同学当场死亡，受伤的同学也有 20 人左右。

“你听过上千人一起痛哭的声音吗？”在凄冷的月光下，杨瑞章随着同学们来到了体育馆，那不约而同的哭声响彻武大。它比任何哀婉的音乐都令人心碎，令人悲伤，令人潸然泪下。这是无辜的教授和莘莘学子的抗议和控诉，是纯洁的学术殿堂中的不甘和愤怒！

正是从那个时候起，杨瑞章更加坚定了要成为一名共产党员的决心，她从未害怕过尖利的兵器或是流血牺牲，正如她在西北工学院读大一时义无反

顾地报名参军，又为当时不招女兵而深感惋惜一般，她满心只想着为了人民的安康和早日解放全中国而努力奋斗。

后来，作为武汉电信局的一名女职员和地下党员，杨瑞章在电信局地下党的直接领导下，明确了局内开展工作的方向：发展进步力量，争取中间势力，进一步团结广大群众，反对搬迁，反对破坏，保护机器设备，保证通信线路畅通，迎接解放。她积极地发动群众，兢兢业业，负责党的外围组织建设工作和迎接解放军进城的准备工作。在护局斗争中，面对敌人搬迁、破坏、炸毁机器设备的企图，杨瑞章和其他职员一起抱着仪器设备，从报房、载波机务站、市话机键室、无线电终端室等跑向宿舍、食堂。她们宿舍的床底堆满了机器，并立誓与机器共存亡。最终，在地下党的领导和全体职工的努力下，武汉电信局被完整地保存了下来。

## 五、铁画银钩心从容，儿孙满堂乐享福

“现在享福了！是国家富强了才能有现在的生活哩！”杨瑞章在 2016 年 10 月来到了北京光熙长者公寓，此时，她已经是 91 岁高龄了。在这里，她每天早上 9 点到 10 点都会和其他老人一起做操，尽管年岁已高，杨瑞章却依旧精神矍铄，除了因膝关节退行性病变而不能较长时间户外运动和在读书看报时需要带上眼镜，她的一举一动无不散发着青春的气息。讲到愉快的事情，她便仰起头来开怀大笑；回忆起悲伤的事情，却又闭上眼睛沉默不语；谈到抗日时期的生灵涂炭，她又咬紧牙关愤愤不平；分享子女的经历与成就，眉眼间尽是满心的欢喜与自豪。

光熙长者公寓的环境十分幽美，各类设施和服务也是便利而暖心。有了被细心安排好的、营养健康的一日三餐，杨瑞章再也不必像在家时那样，需要时常考虑是否要添置新的油盐酱醋，而可以静下心来专注于自己的兴趣爱好。“在这里一点都不寂寞。”杨瑞章如是说。刚住进长者公寓时，杨瑞章什么活动都参加，做手工、画画、合唱、做操、写书法……而如今，杨瑞章却尤其钟情于写书法：“什么都参加，那写书法就没有时间了！一天不写字就难受啊！”于是，她一有空闲时间就会写书法，一得阁的墨汁浸润着羊毫，与那上好的印着格子的宣纸相得益彰。在杨瑞章的手下，那一个个汉字

饱满而又遒劲自然，“精气神”“不忘初心，牢记使命”等字跃然纸上，就仿佛它们并非用笔写成，而是与纸、与整个大自然融为一体，可谓是笔走龙蛇，入木三分。写书法作品要盖闲章，于是杨瑞章便细心且耐心地刻起了闲章，对于九十几岁高龄的她，刻章的辛苦自然可想而知，可是尽管累，为了有闲章，她还是一丝不苟地刻了出来。“龙”“真善美”“书法乐”“为人民”“中国梦”“吉祥”“安”“寿”……各种各样的闲章应有尽有，盖上了闲章和名章后，来到长者公寓才开始学习书法的杨瑞章的书法作品，更是令人赞不绝口，甚至还登上过《北京晚报》。“一写书法血压就降下来了，一量一百二，就跟年轻人一样了！”提起书法，杨瑞章便总是充满了欣喜与憧憬。

除了写书法，杨瑞章还常常参加读书会和合唱活动。她从小就喜欢唱歌，可惜从前在师大附中的时候只能自己抄歌本，抄完一摞后喜欢唱歌的几个同学就会聚在一起练歌。而如今在长者公寓就方便多了，一个星期就能学一首歌。如今，杨瑞章那厚厚的文件夹里已经装了 78 首曲子的乐谱，她们也一起唱过了 78 首歌之多。得益于在师大附中求学时期的音乐课，尽管杨瑞章早已忘记五线谱的知识，但只要有一份简谱，她都总能快速地将谱子识完。

杨瑞章特别喜欢读书看报，在读过季羡林先生的《病榻杂记》后，她便把书中提到的著名历史学家周一良教授自创的老年健身法视为珍宝：“吃得进，拉得出，睡得着，想得开。”杨瑞章在她的自传《我的故事（续集）》中写道：其实到了九十岁，对生与死已经置之度外，还有什么如意事不如意事呢！如意事不必太高兴，不如意事更不必去烦心，一切都淡漠对之，就能想得开了。所以这四得，其实也不难，只要稍加注意，就能做到。

沈从文曾说：“人生实在是一本书，内容复杂，分量沉重，值得翻到个人所能翻到的最后一页，而且必须慢慢地翻。”而关于杨瑞章老人的这本书，则更是令人惊奇，令人赞叹。它记录着一个在世界上呼吸了约百年的生命由一个呱呱坠地的婴儿，到出落成大姑娘，再到成为如今淡泊宁静的老人家模样的成长变化，也见证着近一百年来中国社会的发展进步。

提起过去的经历那些磨难，杨瑞章总是说：“无所谓，早都忘了。”“早都过去了，人的一生总要经过这些事情的。”“难过有什么办法呢？没有想不开的时候。”可实际上，她并非没有经历过悲伤与绝望，也并非从一开始就能如此淡泊宁静，只是在岁月的颠簸中，那份独有的坚毅助她在苦难中砥砺前行，而那些如刀如剑的文学书籍助她开阔了胸襟，增长了见识。

杨瑞章老人自谦没什么优点，只是朋友很多，知心朋友却挺少。她没有座右铭，却始终坚信中国能在共产党的领导下始终处于世界前列，并对“构建人类命运共同体”的方针理论尤为赞同。杨瑞章老人最希望的，就是青少年能多了解国家的历史，了解国家过去经历的苦难和发展的不容易，并勤奋学习，努力上进。

而杨瑞章老人的经历，也正如同哲学家罗素所言：“人的一生就应该像一条河，开始是涓涓细流，被狭窄的河岸所束缚，然后，它激烈地奔过巨石，冲越瀑布，渐渐地，河流变宽了，两边的堤岸也远去，河水流动得更加平静，最后，它自然地融入了大海，并毫无痛苦地消失了自我。”

（经老人允许，文章中部分内容源自老人的传记《我的故事》及《我的故事（续集）》）

## 采访手记

在去采访杨瑞章奶奶的路上，淅淅沥沥地下着雨。说来也怪，一见到杨奶奶那宁静却又洋溢着快乐的笑容，笔者便被她深深地吸引住了，待到将要采访完毕时再抬头望向窗外，那些乌云却不知在何时便已散去，唯有那万里晴空与我四目相对。

笔者想，杨瑞章奶奶的人生，便是这岁月静好的样子罢。人的一生，可以很短，却也可以很长；可以轻如鸿毛，却也可以重如泰山。而杨奶奶给我的感受，却是把这一切通通抛在了脑后，只是专注于当下的生活，宁静而又从容地踏遍荆棘，走过命运为她设下的一个个坎儿。乌云总归会散去，而若是本身岁月静好，这一团团乌云又何尝不是艳阳天的一部分？

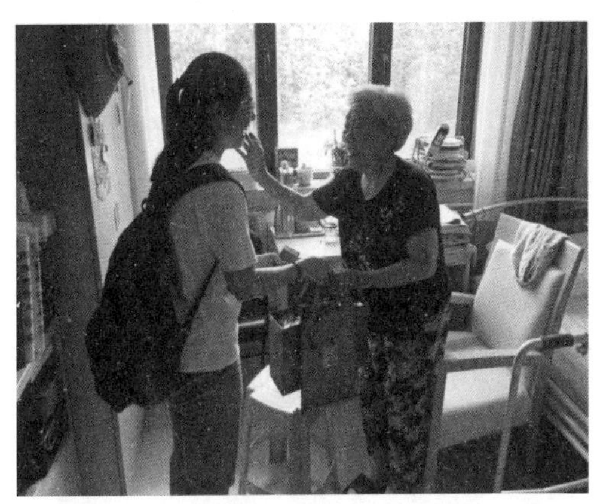

老人与大学生志愿者合影（刘蒙　摄）

一袭淡黄色的碎花衣裳，一颗眼角处的黑痣，94 岁高龄的杨奶奶站在宣纸旁，手中直立着一根毛笔，从容地在纸上挥着一撇一捺。94 年啊，她曾经历过多少我们可能永远都无法感同身受的沧桑，又感受过多少我们体验不到的快乐和安宁，可每当提起过去的苦难，她总是那样的轻描淡写："早都过去了，人的一生总要经过这些事情的。"可笔者想，对于那个正在经历着磨砺的小女孩来说，个中滋味，却恐怕唯有自知。

世界上没有完全相同的两片树叶，而我们也复制不了任何人的人生。但杨瑞章奶奶的坚毅与勇敢，从容与宁静，却可以被我们感受，被我们学习，在时光的转盘上，留痕。

# 赤子之心　行走百年

## ——陈敏诚老人传记

毕婧雯 北京师范大学 新闻传播学院 2017 级

### 人物生平

陈敏诚，女，95 岁，汉族，1924 年生人，祖籍北京，共产党员。曾荣获北京市电话局科研所技术能手、北京市先进生产、北京市劳动模范、“三八红旗手”等荣誉。新中国成立后就职于北京市电话局，“邮电合一”之际，自愿申请前往邮局工作，后再度调回北京市电话局科研所。因身体原因，1969 年办理提前病退。现居北京市海淀区厂洼街 7 号院社区。

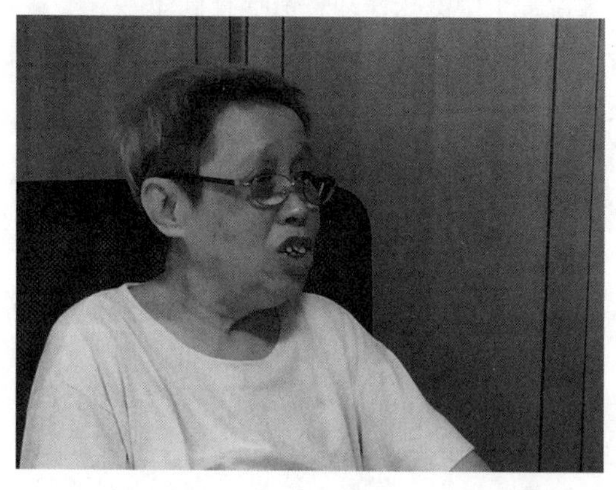

陈敏诚老人照（毕婧雯　摄）

### 一、味蕾上的童年

窗外呼啸的北风和着清脆的啼哭声打破了胡同的宁静，在一片忙乱之中，陈敏诚降生在北平广安门附近一间不到 10 平方米的屋子里。身边是虚弱的母亲和吵嚷着探头探脑的哥哥姐姐。

自陈敏诚出生以来，贫穷、饥饿一直笼罩着这个家庭。不到 10 平方米的屋子里除了一条炕，再没有其他的家具。而这间屋子的居住人口，却以每两年增加一个的速度迅速地增长着，陆陆续续地，竟塞下了 12 口人。

在陈敏诚的记忆中，家中每日的议题无外乎就是如何填饱肚子。全家 12 口人，都指望着父亲一个人的工资吃饭。在这种艰苦的条件下，最简单的食材得到了最极致的利用，任何可以被人的胃消化的东西都是餐桌上的美味佳肴。贫困的环境并没有击退人们研究吃食的热情，母亲总是有让饭菜变得更加可口的办法，没有黄酱，就在面上撒一小撮虾皮提鲜；小米饭蒸出来后干巴巴没有油水，就把蒜拍碎，用盐腌出汁水浇到饭上，大蒜独有的辛辣味刺激着味蕾，小孩子们辣得吸溜着口水，把一碗干饭咽到肚子里去。越是在这样艰苦的环境中，人就越能迸发出无尽的智慧。

陈敏诚最怀念的一道菜，莫过于白菜烫饭。掰几片白菜叶子细细地切碎，在煤炉上架起蒸包子的笼屉那般大小的铁锅，等到锅中的米被熬成了糊糊，就往里面放菜放盐，盖上锅盖，慢慢地在灶上闷着，等到快出锅的时候，烫饭在灶上咕嘟咕嘟地冒着泡，黏稠的粥液飞溅到锅盖上，留下一个个小饭粒。饭菜出炉，陈敏诚就和几个弟妹一哄而上，也不顾平日里的长幼尊卑，疯狂争抢那沾满粥液的锅盖。抢到的人，美滋滋地抱着自己的“战利品”，用舌尖小心翼翼地舔着锅盖上的粥液，剩下的人则继续去抢同样沾着粥液的饭勺和锅底，全都刮得一干二净。最后，所有的锅碗都被舔得干干净净，干净到甚至不用刷碗。对于陈敏诚来说，人间美味是父母盛到自己碗里的那一份白菜烫饭，尽管它总是有配额限制的，无论饥饱，就只有那么多。人间美味更是依靠自己努力争抢得来的、锅盖饭勺上那一点点的粥液，虽然少得可怜，却算得上是正餐之上的“额外奖励”。

## 二、懂事的童年

陈敏诚的母亲一共养育了 8 个子女，陈敏诚是家里的第三个孩子，前面有一个哥哥一个姐姐。

母亲患有肺心病，总是常年咳嗽着。家中只有 3 个女孩，陈敏诚的姐姐为维持家中生计，很早就远离家乡打拼。妹妹是家中老小，还需要别人照顾。重男轻女的时代，男孩子没有操持家务的义务，于是，全部的家务重担，都落在了陈敏诚的身上。当别的小孩在胡同里疯跑疯闹的时候，陈敏诚则被母亲使唤着从事各种繁重的家务活——从打水到洒扫，从做饭到缝纫，陈敏诚匆匆告别了她无忧无虑的童年，一步一个脚印地学习着一名传统家庭妇女所必须要掌握的生存本领。

陈敏诚七八岁的时候，就开始和母亲学习各种针线活。天气凉爽的时候，母亲就打发她到门口去纳鞋底。到了下半年，就要开始忙着制备过年时的新衣服。等到了来年开春，天气转暖，又要忙着拆解棉袄，将大号的衣服改成更小一号，传给更小的孩子穿。一年到头，针线活总是不断的，没有任何喘息的时候。于是，日子就从穿针引线的指缝间飞逝而过，留下一双巧手，一双巧目。

每天下午三四点钟，是陈敏诚一天当中最害怕的时刻。那时正是菜摊快收摊的时候，母亲总是让她出门去捡菜商收摊后丢弃的菜叶。在那个几乎家家都穷得揭不开锅的年代，那些打蔫的，甚至是坏掉的免费菜叶就是穷人的救命稻草。因而，人群所到之处，吵吵嚷嚷，尘土飞扬，犹如过境蝗虫一般将菜叶一扫而光。陈敏诚身材瘦小，被蜂拥的人群裹挟着，细如麻秆的手臂无论如何都拨不开横在身前的人影。推推搡搡间，一不小心绊一跤，身上立刻出现了几个黄土鞋印子。顾不得抹去眼眶中的泪水，伸出小手在众多手臂的缝隙间拼命刨抓，脑海中不断回荡着母亲出门前的“嘱托”：“今天再抢不到菜叶，就别回家了！”可是……

陈敏诚坐在地上呜呜地哭着，泪水冲刷掉脸上的灰尘，留下一道道泥沟。好心的菜商看她可怜，于是在每天的这个时候，都会替这个瘦弱的小姑娘留点丢弃的菜叶。

对于陈敏诚来说，相较于白天的辛劳，夜晚更有它独特的魅力。万籁俱寂的夜晚，家人都早早睡下，唯独自己被勒令必须保持清醒，因为要给晚班归来的父亲开院门。约莫 8 点来钟的样子，大门那边传来沉闷的“砰、砰”声——那是父亲在用砖头敲打院门——陈敏诚就飞身而起，快速穿过院子给父亲开门。与父亲一同到来的，还有一辆卖货的车，小贩吆喝着“萝卜赛了梨嘞，大花生喽——”悠长的尾音从胡同这头拖到那头。父亲从兜里掏出的几分钱，可以换到一大把花生或者一根萝卜。用指肚轻轻捻开表面的红皮，还要把每颗花生掰成两半，仿佛这样看起来就不那么容易吃完，一次半颗半颗地往嘴里送，几颗花生能吃小半天。萝卜切成长条，生嚼在嘴里满口白浆，恍惚间真比鸭梨还要多汁脆甜。

等到陈敏诚15岁的时候，日复一日的琐碎总算到了尽头，母亲说什么也不愿意再留她白吃白喝，陈敏诚就这样被父亲介绍到了电信局做学徒工。面对这样的安排，陈敏诚反而觉得是一种解放，她终于能够逃离母亲的责骂，逃离繁重的家务活，到新的世界去闯荡了。

一个声音不断地在前方召唤着她："去吧，到外面的世界去吧……"

## 三、技术能手

伴随着新中国的成立，陈敏诚被调到北京市电信局，成了众多职工中的一员。刚成立不久的新中国，百废待兴。电信局的资金和材料有限，维持机器正常运作的电容、电阻，都需要电信局的员工自己制作。陈敏诚被分配到制作变压器的流水线上，负责给变压器缠线。那时陈敏诚刚参加工作不久，脑子里没别的，就是干工作，身上仿佛有使不完的力气。只要站在生产的流水线前，手上的活就一刻不停，忙得连水都顾不上喝一口。手里一边忙活着，一边时不时地打听着旁边人的消息："哎，你做完几个了？"生怕自己一个走神，就掉了大队。"我不能落后，那会儿没别的想法"。

根据不同的使用需要，不同的变压器需要绕不同匝数的线圈，还要保证绕线美观、间隔均匀。为了提高生产效率，陈敏诚等一批职工想了不少的点子：他们先是用缝纫机的绕线结构代替人工缠线，通过踩踏缝纫机的踏板实现自动绕线。后来发现效率不高，就使用电动的转轮来提高绕线的速度。这些大胆的"技术革命"在试用之初，常常因为操作手法不够熟练，把线缠得七扭八歪，因此浪费了不少材料。

回忆至此，老人摆摆手，笑道："现在看来这算哪门子技术革命，简直是瞎胡闹。"是的，就像刚刚起步、一路跌跌撞撞、在失败中探索前进道路的新中国一样，在那个生产力极度落后的时代，陈敏诚和她的工友们确实走了不少的弯路，但若缺少了这些日夜忙碌、战斗在一线的劳动能手的大胆创新，缺少了从一次次失败探索中汲取的经验教训，也就不会有今天的中国。

## 四、身先士卒 主动请缨

新中国成立之后，国家设立了邮电部。1955 年，北京邮局、北京电信局联合向邮电部呈交《关于设立邮电局问题给邮电部的报告》，邮局与电信局合并的提议被提上日程。从 1956 年 1 月起，北京市电信局所属营业处与北京相关邮政支局合并，真正实现了“邮电合一”。

作为后成立的邮局，急需从电信局调动一批新鲜血液，陈敏诚等人成了被积极动员的对象。然而在“邮局干的都是跑里跑外的苦力活”“邮局工资不如电信局高”等现实风浪的冲击之下，许多人都拒绝调动到邮局。而陈敏诚，则是大浪淘尽之后仍旧坚守在原地的一员。她主动向上级领导请示，申请到邮局工作。“凡是大家不愿意去的，我都去，那会儿也不知道为什么，我想的特单纯。”

陈敏诚（一排左三）与工友在颐和园休养所（受访人提供）

在邮局的工作异常辛苦。陈敏诚和另一位年长的妇女被分配到一个局里，整个邮局上上下下全靠她们两个人打理，有时忙得连中午饭都吃不上。没有家用电话的时代，信件是传递信息的唯一选择，大街小巷，每一处人流密集的地方都立有墨绿色的邮筒。每天都有大量的信件需要在邮局完成集中分类，将喜怒哀乐传递到焦急等待着的人们手中。为了尽可能快地把信送出，陈敏诚只能加班加点，埋头苦干。现代人向往的“慢慢等待一封回信的浪漫生活”，背后是无数邮局职工辛苦奔波的身影。

在邮局的工作往往都是急活。有时候快下班了，会突然出现几辆邮车，满载着寄往全国各地的信件。雪片一样的信件堆得像座小山，陈敏诚需要根据寄送的地址分门别类地将信件一摞摞捆好，外面包上牛皮纸，填写好寄送的单子，连同信件一并塞到大号的邮包里。信件多的时候，整个邮局的大厅都挤满了邮包。家书抵万金的年代，为了能够让信件尽快寄出，陈敏诚和拉信件的男人们一起，把邮包送上车。小半人高的邮包，扛在身上少说也有几十斤，邮局门口的楼梯高而陡峭，陈敏诚扛不动，就用双手死死拽住邮包的封口，一节一节台阶地拖下来。停在邮政车前，运一运气，腰部和腿部一齐发力，猛地转过半个身子，依靠着惯性把邮包甩到离地面近半米高的邮政车上。接着又马不停蹄地去搬运下一个邮包。那样粗重的活，就算是健壮的成年男子干起来也是十分吃力，更何况在缺衣少食的年代，许多人都饿着肚子工作，干起重体力活来更是气喘吁吁，但是陈敏诚每次都干劲十足。“那会儿人好像也不知道饿似的，也不知道哪里来的那么多力气。”

巾帼不让须眉，陈敏诚用她的实际行动践行着毛主席的那句话：妇女能顶半边天。

陈敏诚的突出表现得到了上级的认可，她不止一次被评为劳动模范、“三八红旗手”，获得的纸质奖状一卷又一卷，全都宝贝似的收好了放在家里。身为党员的她，积极响应领导的号召，自愿将率先涨工资的名额让给别人，直到现在，老人的退休金仍旧比实际低了一个半的级别。“那会儿就是特别听领导的话，叫干什么就干什么，我没有那么多闲话。”

## 五、小家与大家

离家闯荡数年，陈敏诚跟随单位辗转多地，在工作岗位上吃过苦、受过气，没有哪件事情能够让这个倔强的女子低头。但自从她成为母亲，孩子成为了她唯一的软肋。

当时陈敏诚刚参加工作不久，工作异常繁重。每天回到家里，浑身上下都跟散了架似的，动都不想动，更不要提还要照顾孩子。工作和家庭，轮流争夺着她的身体，徘徊于大家与小家之间，分身乏术的她，最终做出了一个艰难的决定：把孩子托付给远在长春农安县的公婆去照顾，自己则一心一意地干好工作。

送走大儿子的那天，长春飘落着零星的小雪。陈敏诚给几岁大的孩子穿上家里最厚的棉袄，又在外面裹了一件军大衣。那个时候从长春火车站到农安县没有正经的公路，夫妇俩只能抱着孩子站在街头，拦下每一辆经过的马车，恳求车夫能够顺路捎他们一段。马车行驶在泥泞的黄土路上，一路颠簸，刺骨的北风在开阔的平原上肆虐地呼啸着，吹在人脸上，犹如刀割。陈敏诚担心孩子，又把自己的面巾围到儿子身上，但是到了目的地，大儿子还是冻得整张小脸红得发紫，在屋里好半天才缓过劲儿来。

母子连心，即便是将儿子送到了乡下，也依旧无法切断陈敏诚对孩子的牵挂。她总是利用每周唯一一天的休息时间，搭乘拉货的马车，颠簸大半日跑去看儿子。待不了多久，又要急匆匆地赶回城去，回到家里已是深夜，累到只想倒床就睡。在乡下的公婆不愿意把大儿子送回到陈敏诚身边，在经历了 5 年的异地分别之后，陈敏诚又生下了第二个儿子。

小儿子降生时，陈敏诚白天上班工作，晚上回家照顾孩子，一天下来几乎是连轴转，忙得焦头烂额。刚出生的小儿子活泼好动，一次半夜哭起来闹得厉害，挥手就把奶瓶打翻在地上，玻璃瓶摔得粉碎。为了保证第二天还能给孩子喂奶，陈敏诚急急忙忙地骑车冲出门买奶瓶，从街头小店到百货商厦，一路敲门，一路求人，一直骑到西单才总算买到。

虽然生活依旧艰辛，但陈敏诚说什么也不愿意再把儿子托付给旁人照料。为了方便照顾孩子，陈敏诚向上级请示上夜班。与其说是坐值班室，倒不如说是和单位的机器同住在一起更为恰当。值班室里大半的空间都被各种公家的机器占据，嗡嗡的运转声彻夜不停，只有一张狭窄破旧的行军床可以供人在上面休息，屋内配备有空调。在那个年代，吹空调本该是一件惬意、甚至是奢侈的事情，但是值班室的空调却常年开到 17 度——那是为了给机器降温，保证机器能够正常运转——那不是一个给人提供享受的温度。躺在行军床上吱嘎作响，空调的冷气顺着床底的缝隙直往人骨头缝里钻。透骨的寒气，即便是在被子上再加盖 3 件军大衣也抵挡不住。陈敏诚被冻得没有办法，却也不敢离开值班室半步，只能自己咬牙坚持。后来，陈敏诚不知从哪儿找来一个破旧的机器盖子垫到行军床与床褥之间，才总算是能够阻挡住一部分空调的冷气。

老人自己都没有意识到，那个勇于创新、唯恐落后的自己，那个身先士卒、主动请缨的自己，那个舍弃小家、顾全大家的自己，为社会创造了多少的价值。

## 六、变形的脚踝

1964 年，是陈敏诚人生中最黑暗的一年，这一年她被检查出股骨头坏死，且不能彻底治愈。扛送邮包的重体力活和 17 度的空调冷气最终还是摧垮了她的身体，她的股骨关节在常年的磨损下，磨出了积液，最终粘连在了一起。阴雨天一定会发作的关节疼痛和逐渐不受控制的双腿，将伴随她的下半生。那一年，她才 40 岁，就连医生看到她的病例也是频频摇头："太年轻了。"

陈敏诚第一次站到了自己人生的岔路口上，如果选择进行手术，那么以她的年纪和病情，每隔四五年就要来医院进行骨关节材料的替换；如果选择保守治疗，只能延缓病情，不能治愈。

在每一个辗转反侧的夜里，陈敏诚躺在病床上，用一根布条兜住自己的腿，双手玩命地向上拉，仿佛要证明自己还是这双腿的主人，自己还能够自如地控制它们。

她不甘心……

我们都不是先知，没有人可以预知自己的未来。灾难总是突如其来地降临，毫无征兆，没有理由。我们感叹命运不公，我们心中有所不甘，我们哭号呐喊，但最终，我们也只能在精疲力竭之后，平静地接受命运的安排。

陈敏诚最终选择了保守治疗。

采访的当天刚下过雨，空气中阵阵的凉风吹拂在身上很是怡人。但是老人却没有开窗——这种程度的凉爽已经让她的腿就像浸到冰水里一样寒凉。虽然现在是夏天，但老人依旧穿着缝有护膝的长裤。老人一边站起身来活动着腿脚，一边扯起裤管的一角："你看我这脚踝，比别人少一块骨头似的，两条腿都向里弯着……"随着年龄的增长，老人的股骨关节活动越发地不便，两腿走路只能努力地提起胯骨，把腿尽量往前伸，一点一点地蹭着地面走。双腿由于受力不均匀，变形地向里弯曲着，连同脚指甲也出现了向肉里抠的趋势……

## 七、噩梦再现

决定保守治疗后，陈敏诚在疗养院里休养了两年。两年来，她积极配合医生治疗，每天服用中药，使用中药热敷。渐渐地，竟然不用拐杖也可以行走了。出院后的陈敏诚继续回到了工作岗位上，不久后被调回电信局工作。病腿无法再承担过重的体力活，3 年后，陈敏诚办理了提前病退手续，离开了奉献自己青春的战场。

操劳了大半生，陈敏诚本以为自己就此可以在家专心带孩子，提前享受退休的生活。然而天有不测风云，在她 62 岁那年，疾病再一次找上了她，她被诊断出乳腺癌，不得不进行手术和后期的化疗。而手术的化疗无疑会对她的腿造成二次伤害，加速腿部病情的恶化。

化疗带来的后遗症导致她连弯腰都十分的困难，但是，“只要思想不滑坡，办法总比困难多”，她准备了两件“法宝”来解决生活上的各种不便：一曰长竹夹子，方便她捡起掉到地上的东西；一曰痒痒挠，方便她提鞋穿袜。总之，能够想办法自己解决的事情，绝不麻烦他人来帮忙。恍惚间，那个曾经活跃于生产线上喜欢琢磨创新的技术能手又回来了。

## 八、知足常乐 感恩当下

谈及现在的生活，年近百岁的老人脸上又有了笑容：“现在的生活变化太大啦，和过去简直没法比！”

治疗腿疾时，陈敏诚见识了中医的神奇之处，因而现在热衷于研究中医药学。家中摆放有各种用于舒活气血的健身锤、刮痧板。陈敏诚每天早晨醒来，先躺在床上做一套自创的保健操，用健身锤敲打腿上的穴位，等到两腿揉搓得微微发热后，再起床洗漱。饭后的空闲时间，或者伏在案前对照自己的抓药单，研究所吃中药的疗效；或者趁着天气好，到附近的河边走走转转，和几位老人聊聊天，践行“饭后百步走”。“乐观的心态是最好的良药”，老人已经不再像过去那样在意病痛与死亡，也不再盲目地服用各种药，只是吃几味中药慢慢地调理身体。晚饭后，看看当日的晚报、电视机里的新闻，心系家国大事，一天的生活过得从容而充实。“生活一好了，你就不用想这想那的，一天就过得特别快。”

到了周末的时候，屋子里会更加热闹。大儿子每周六上午都会帮忙买好各种蔬菜，陪着母亲一边做饭一边拉家常；小儿子喜欢四处旅游，知道母亲喜欢各种精致的小玩意儿，经常带回各地的特色纪念品送给母亲。两个儿子十分孝顺，生活富足，陈敏诚对于当下的生活很是满足。“国家是个大家庭，你个人是个小家庭，小家庭也要其乐融融的，这才叫生活，这一辈子才完美。”

流光易逝，日月如梭，老人回忆往昔的艰苦岁月，恍若隔世：“也不知道当时的困难都是怎么熬过来的，反正就是觉得国家有盼头，心里很踏实。”

几经挫折，几经磨难，百年光阴，陈敏诚老人的经历，就是一个值得被永久传颂的故事，这个故事，关于贫穷与饥饿，关于奉献与牺牲，关于病痛与抗争，最终，以温情与感恩结尾。“每一个老人都是一座图书馆”，无数的老人的人生轨迹，组成了共和国波澜壮阔的百年历史画卷，成为一部不朽的史诗。

## 采访手记

连日来的降雨，让北京过早褪去了暑热，穿过一栋栋老式居民楼，笔者敲响了陈敏诚老人的家门。

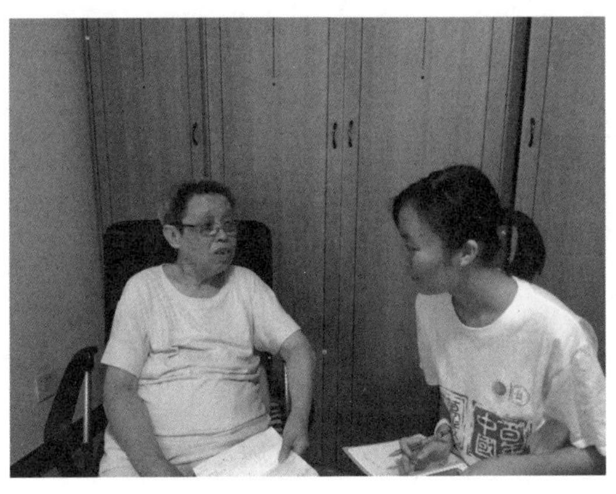

陈敏诚老人讲述（齐燕　摄）

一进屋，奶奶就忙不迭地从桌上拿起几张纸，兴奋地把纸拿给笔者看，就像一个刚上学的小学生完成了她的作业，正迫不及待地等待老师的检查。奶奶从来没有接受过采访，怕突如其来的问题让她无所适从，采访之前笔者特意提前来看望过她，并交给奶奶一份采访提纲。谁承想奶奶竟把提纲上的问题看作是组织交付给她的任一般，提前打好了底稿。奶奶说，青年人是国家未来的希望，自己有很多话想嘱托，但又怕思路不清楚说不好，因而特意落笔准备了提纲上的问题。

这位可爱的老人，从不吝惜她的力气与智慧，把自己的爱与热情无私地奉献给家庭，奉献给国家。沉浮百年，又将一生沉淀的人生智慧，无私地分享给祖国的年青一代。

每聊一会儿，奶奶就要起身活动一下。起身活动时，奶奶就带笔者去别的屋子里转转，向笔者展示她种的绿植盆栽、研究的中草药书、子女送给她的旅游纪念品……奶奶热衷于向笔者分享她生活的点点滴滴。

笔者无法阻止时光继续前行，但至少，笔者可以用手中的笔，记录下这珍贵的瞬间。

# 后记

2019 年 3 月，在国务院研究室原主任、中国西部人才开发基金会决策咨询委员会主任魏礼群的大力支持和指导下，中国西部人才开发基金会“百年中国 万岁父母”大型社会倡导公益项目顺利立项并实施。《100 个百岁老人的传奇》是项目实施的重要成果，本书的出版，凝聚了众多领导和专家的心血和汗水。

2019 年 6 月，中国西部人才开发基金会联合北京师范大学开展“走访百岁老人 感悟奋进祖国”社会实践活动，在全校范围内进行志愿者招募。经过面试和选拔，150 名同学最终入选，成为“走访百岁老人 感悟奋进祖国”社会实践活动的志愿者，他们在全国范围寻访和采访 150 名百岁老人，并为老人撰写传记。

为给志愿者们提供采访和写作的经验，中国西部人才开发基金会工作人员梁婧、何悦悦、贾雪、杨冰馨四人，采访了居住在北京的一位百岁老人宋光明。三次上门采访，得到宋奶奶女儿屈晓霞的大力支持和配合。采访过程深深触动了采访小组的每个人，让大家更加体会到这个项目承载的深远意义。这次采访，是一次成功的探索，采访组总结出了采访、拍摄、写作的全部过程，从细节到统筹，全面梳理、形成课件，给志愿者们提供了很好的借鉴。

2019 年 6 月底，基金会组织了志愿者培训。记者、媒体人唐建平老师以及《传记文学》主编斯日老师，讲授了传记采访和写作方面的专业知识。同时，基金会工作人员为志愿者全面介绍了对宋光明老人的采访过程，分享了采访和写作的细节、经验。为了使得文章符合出版要求，邀请了中央党校（国家行政学院）出版集团副编审王美丽从图书出版角度讲授了如何进行传记采写。随后，150 名大学生踏上了寻访百岁老人的征途。

这次社会实践，需要志愿者自己联系百岁老人，并取得老人家人的同意，进行 2—3 次采访，完成视频、照片拍摄，同时为老人撰写 8000 字的人物传记。这是一次巨大的挑战。百岁老人并不好找，还要身体条件好、家人配合。志愿者们不畏艰难，充分调动自己的社会资源，努力完成本次任务。据统计，志愿者们借助的社会资源包括：养老公寓、养老院、市县老龄委、社区居委会、村委会、老干部局、抗战历史文化研究会、街道办事处、医院、军休干部管理中心、民政局、教育局、大学、中学、小学、寺院、演艺集团等。本次活动 150 名志愿者走过中国 22 省，89 市，共调动近千余人参与其中。

通过本次社会实践，“00 后”志愿者和“00 后”百岁老人面对面的沟通交流，听老人用故事讲述过往、还原历史，让青年人上一堂生动、真实的人生课堂。在这个过程中，志愿者的社会动员能力、社会交往和沟通能力都得到了提升。志愿者在完成传记的同时，写下了一篇简短的采访手记，我们能从这些手记中，看到志愿者的感悟和收获。

外国语言文学学院 2018 级同学朱杰一在采访手记中讲道：“我们经历过的太少太少，一百年前的历史，我们曾经的了解不过是浅薄的一层。那个年代的惊涛骇浪，那个时期的腥风血雨，只有从中走过来的人才懂，尽管这一路跌跌撞撞，异常艰辛。”

经济与工商管理学院 2018 级同学孔祥奕深有感触：“百岁老人是我们整个社会的财富，他们传奇的一生值得我们去记录，他们身上那些闪光的品格也值得我们去认真思索。时光在他们身上刻下百年的痕迹，也留下了异于常人的心境。任虽时光流转，我自莲心不染，我想，这是我们此行最大的收获。”

2019 年 9 月，150 名志愿者完成社会实践。经过筛选，100 篇传记入选《100 个百岁老人的传奇》。本书由中国言实出版社出版，社长王昕朋对本书的出版工作给予了大力支持，抽调精干力量组成审核小组，对 100 篇传记进行了认真仔细审校，最终在 12 月底出版发行。

《100 个百岁老人的传奇》，记载着 100 位老人的传记故事，同时也是中国 100 年历史的缩影。这本书承载着百年历史，更传承着千年文化，有着巨大的社会和历史意义。《100 个百岁老人的传奇》是中国西部人才开发基金会“百年中国 万岁父母”大型社会公益倡导行动的第一步，我们将通过此举，倡导和呼吁全社会青年人——“为父母写传记 用墨香传孝心”，雁过留声，帆过留影，用传记把爱留住，让爱永恒！让“孝爱”精神深入每一位青年人的心灵，并一代一代传承下去！

本书由魏礼群同志题写书名，由国家发展和改革委员会原副主任、中国西部人才开发基金会决策咨询委员会副主任王金祥同志作序。中共中央党校（国家行政学院）社会和生态文明教研部主任龚维斌、北京师范大学党委副书记李晓兵、《传记文学》主编斯日对图书进行了热情推荐。北京师范大学社会管理学院副院长赵秋雁、北京师范大学团委书记于小雷、中国言实出版社社长王昕朋等在项目开展中给予了大力支持。在此，并表示谢意！